园洲镇志

园洲镇地方志编纂委员会 编

方志出版社
Publishing House of Local Records

图书在版编目（CIP）数据

园洲镇志 / 园洲镇地方志编纂委员会编. -- 北京 : 方志出版社，2019.11
ISBN 978-7-5144-3822-2

Ⅰ. ①园… Ⅱ. ①园… Ⅲ. ①乡镇—地方志—博罗县 Ⅳ. ①K296.55

中国版本图书馆CIP数据核字(2019)第229725号

园洲镇志

编　　者：园洲镇地方志编纂委员会
责任编辑：刘　珊
出 版 者：方志出版社
地址　北京市朝阳区潘家园东里9号（国家方志馆4层）
邮编　100021
网址　http://www.fzph.org
发　　行：方志出版社图书经销中心
电话（010）67110500
经　　销：各地新华书店
印　　刷：广东省博罗县园洲勤达印务有限公司
开　　本：787×1092　1/16
印　　张：57
字　　数：1200千字
版　　次：2019年11月第1版　2019年11月第1次印刷
印　　数：0001～5000册
ISBN　978-7-5144-3822-2　定价：398.00元

园洲镇地方志编纂委员会

主　　任　熊满池

常务副主任　陈沛林

副 主 任　朱新华　陈焕灼　刘永忠　黄水扬　杨雪兰　刘少峰　陈志荣　翟庆和
梁树坚　梁润田　林文捷　陈永良　梁炎光　梁耀洪　叶立波　王延金

委　　员　梁林秋　陈满波　冯旭球　陈锐球　冯健波　梁庆华　洪福如　朱裕明
谭国畴

园洲镇地方志编纂委员会办公室

主　任　梁润洪

副主任　谭汉稳

工作人员　谭景棠　黄秀巧　陈润德　陈松琳

《园洲镇志》编辑部

主　编　毛锦钦

副主编　梁金富　苏仲权　梁润泉

编　辑　谭汉稳　张　成　翟容泰　曾国劳　朱沛德　陈汉强
邱志忠　黄永相　莫剑敏　陈智通

总　纂　毛锦钦

电脑编辑　黄秀巧　陈润德　陈松琳

资料统筹、统计　谭景棠　朱陈华

《园洲镇志》编辑分工

总　　纂　毛锦钦

分　　纂　毛锦钦　总　述　编纂始末　农　业　林果鱼牧　水　利　乡镇企业　工　业　商　业　粮　油　财税金融工商保险　邮电交通　城乡建设（部分）

苏仲权　黄永相　谭汉稳：建置区域　人口姓氏　自然概貌与资源　大事记（部分）

谭汉稳　曾国劳：政　治

朱沛德　谭汉稳：军　事

翟容泰　梁润泉：城乡建设

梁金富：社　会　教　育　文　化　体　育　医疗卫生

张　成：风土民情　人　物　大事记（部分）

梁润泉：图　片　城乡建设（部分）

陈汉强：图　片

协助分纂　邱志忠　陈汉强　莫剑敏　陈智通

电脑操作　黄秀巧　陈润德　陈松琳

资料收集　谭景棠　朱陈华

供稿主笔撰稿员

（排名不分先后）

钟文穗（工商所）
简劲武（食监所）
陈炳毅（园洲派出所）
曾润强（国土所）
孔庆灿（国税局）
潘高志（地税局）
孙添胜（园洲供销社）
陈志扬（粮　所）
梁秀枝（园洲食品站）
梁国强（园洲兽医站）
钟健华（园洲卫生院）
陈凤英（供电所）
朱计祥（人社所）
李　勉（园洲交管所）
徐少艳（房管所）
朱国辉（农商行）
陈焕强（农　行）
黄彬强（电信分局）
刘建林（邮政局）

朱建良（园洲中学）
高美红（园洲中心小学）
邓庆辉（农机站）
谭汉容（园洲广播站）
冯秀媚（党政办）
陈郭东（计生办）
朱志勇（综治办）
陈万良（农　办）
刘创锐（环保办）
陈蕊兰（财管所）
熊银辉（社会事务办）
梁伟斌（经济发展办）
徐冠文（规划建设办）
梁文飞（政　协）
曾伟东（工　会）
朱燕有（共青团）
黄碧萍（妇　联）
梁志军（组织办）
梁润平（消　防）

余子良（武装部）
梁灿洪（水利所）
李永忠（文教卫生）
蔡淑娴（档案室）
陈汉强（园洲社区网）
叶育强（九潭供销社）
陈锦龙（物业站）
任伟焕（九潭食品站）
温计河（九潭兽医站）
曾海棠（九潭卫生院）
黄树根（九潭交管站）
周颂达（园洲中队）
李福志（九潭派出所）
胡世凯（九潭中学）
钟立锋（九潭中心小学）
李　洋（法　庭）
温计培（九潭广播站）

陈黄林（马嘶村）
陈可坤（田头村）
谭仲良（桔龙村）
朱绍平（廖尾村）
林陈沂（禾山村）
朱锦池（土瓜圩村）
梁积桥（深沥村）
梁灿明（沙头村）
任梓富（阵村村）
朱桂枝（上南村）
刘沛全（刘屋村）
陈润森（下南村）
梁楷烈（江头村）
梁钜池（白耀前村）
梁锐均（高头村）
李志勤（李屋村）
郑礼秋（寮仔村）
黄检沂（白马围村）
曾锦杰（上村村）
陈金惠（水口村）
梁旭财（凤山村）
翟旭棉（义合村）
徐树森（新村村）
徐银志（沥东村）
徐树荣（沥西村）
黄柱妹（佛岭村）
翟金元（马石岗村）
薛碧红（园洲居委会）
曾纪流（九潭居委会）

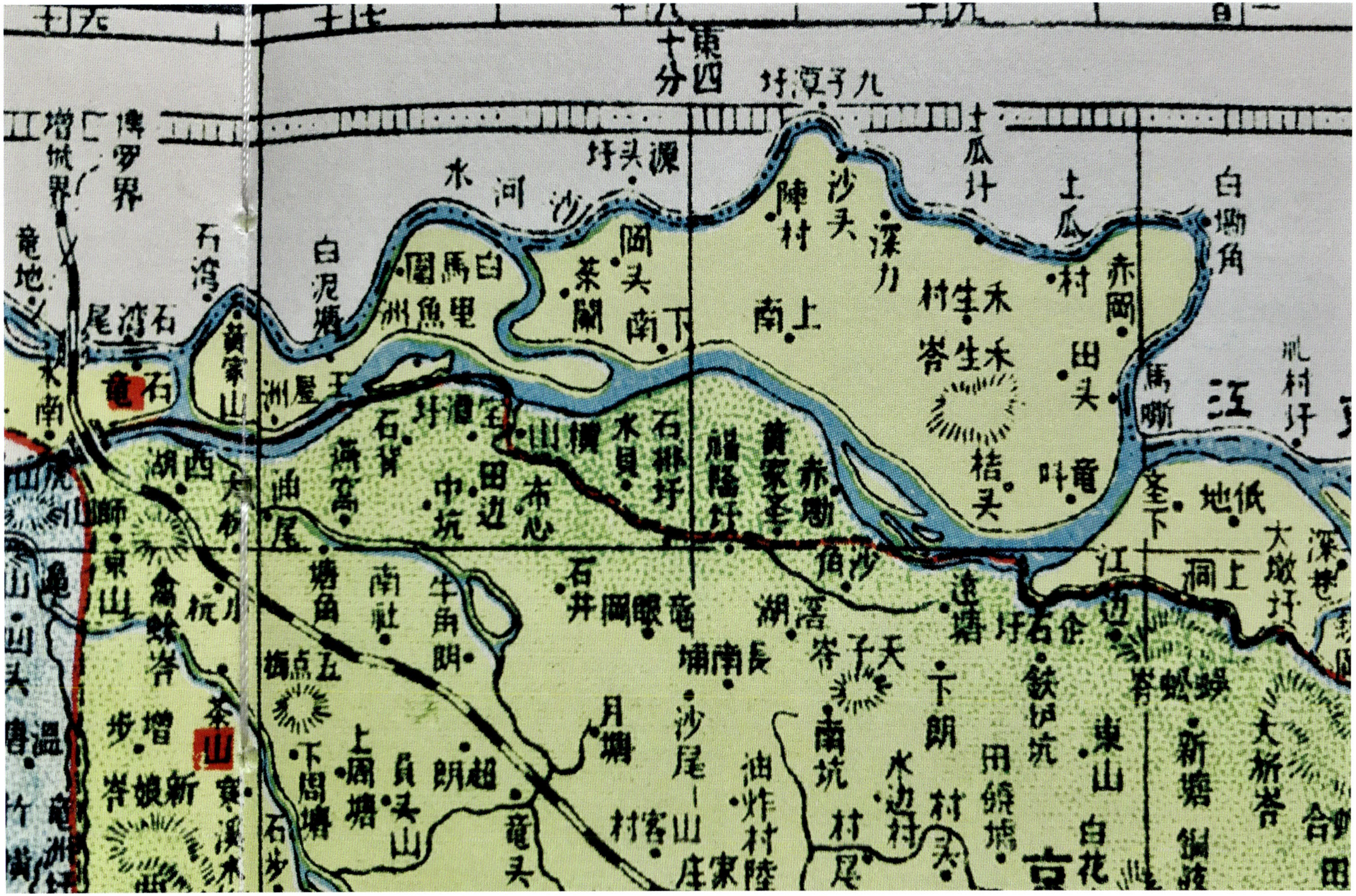

民国时期园洲行政地图（民国时期东莞县全境图局部）

国家级荣誉

广东省惠州市园洲镇
Yuanzhou Town of Huizhou City, Guangdong Province
国家卫生镇
National Healthy Town
(2014-2016)
全国爱国卫生运动委员会
National Patriotic Health Campaign Committee

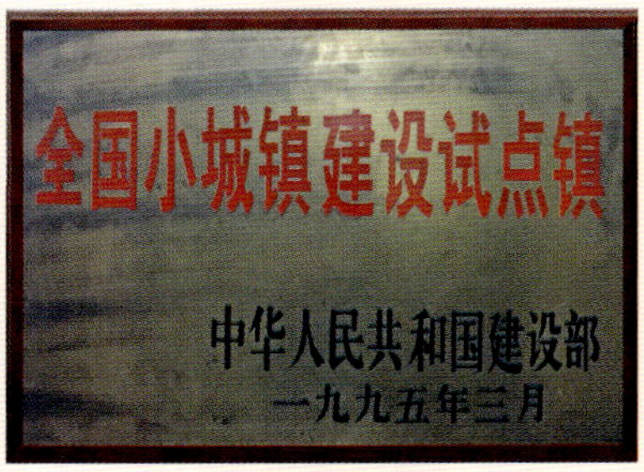
全国小城镇建设试点镇
中华人民共和国建设部
一九九五年三月

广东 · 博罗 · 园洲镇
中国休闲服装名镇
中国纺织工业协会
中国服装协会
二00九年九月

省级荣誉

广东省
文明镇
中共广东省委
广东省人民政府
2011年12月

广东省(制衣)技术创新专业镇
广东省科学技术厅
二00五年十二月

惠州市博罗县园洲镇
广东省宜居城镇创建指导点
广东省建设厅
二00九年九月

授予 惠州市博罗县园洲镇
广东省宜居示范城镇
二0一一年十一月

授予:
博罗县园洲镇党委
广东省先进基层党组织
中共广东省委
二00八年六月

广东省教育强镇
广东省教育厅

博罗县园洲镇
广东省卫生镇
(2012—2015)
广东省爱国卫生运动委员会

2009 年 6 月 26 日，民政部领导考察园洲镇刘屋村的新农村建设

2006 年 11 月 8 日，省政协副主席许德立（右二）到园洲镇考察民营企业工作

2013 年 6 月 14 日，广东省爱国卫生办主任许立凡（左一）向园洲镇颁发惠州市首个创建“国家卫生镇”的证书

2016 年 7 月 19 日，园洲镇党委、政府、人大三套班子合影

2016 年 9 月 29 日，园洲镇党委、政府、人大三套班子与第十六届人大代表合影

园洲城市文化长廊庆丰门

园洲镇中心区夜景

园洲城市文化长廊一景

园洲人民广场

罗浮影全景

中心区全貌

园洲人民公园

借山公园

刘伯温公园

上南公园

镇委、镇政府、镇人大办公旧址

1998 年 11 月园洲镇委、镇政府、镇人大办公大楼新址迁入

2016 年 5 月，园洲镇文化服务中心大楼启用

惠州海关园洲监管科、惠州出入境检验检疫局园洲办事处

园洲税务分局

园洲市场监督管理所

园洲工业大楼

园洲镇公共服务中心

园洲城建楼

园洲人民法庭

博罗县公安局交警大队园洲中队

博罗县公安局九潭派出所

博罗县公安局园洲派出所

园洲花园

御景半岛小区

御园别墅

东江华庭

君悦湾

汇景新城

上南农民公寓

下南农民公寓

园洲中学

九潭中学

东江广雅学校

园洲中心小学

园洲医院

九潭医院

1991 年 7 月，石洲大桥建成启用通车

广惠高速公路园洲出入口

1981 年，园洲引进全镇第一家“三来一补”企业 ——园洲毛织厂

制作西装

制衣车间

第三届“园洲杯”全国休闲服装设计大赛总决赛在园洲举行

2014“省长杯”服装设计专项赛（园洲赛区）作品发布会

时装发布会—模特走秀

2011 年 12 月，首届“园洲杯”全国休闲服装设计大赛

2015 年 8 月 21 日，园洲时尚产业发展联盟签约仪式

2007 年 4 月 25 日，园洲纺织服装行业协会成立

2009 年在全国纺织产业集群评选中荣获“中国休闲服装名镇”称号

制衣工业区

桦阳工业园

欣旺达厂区

蔬果种植场

综合养殖场

机械化收获土豆

玉米田

机械化收割稻谷

风 柜

传统农（渔）具

禾 桶

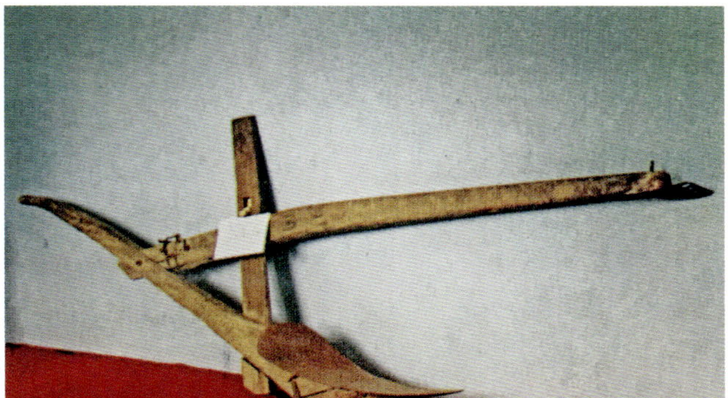

犁

耙

脚踏打禾机

水 车

渔 具

建于民国 8 年（1919 年）的马嘶水闸

建于 1961 年的和安电排站

1962 年改装的抽水泵机组

2003 年扩建的和安电排站

园洲商会（2016 年）

粤西商会（2013 年）

惠州市台商投资企业协会园洲联谊会（2013 年）

碌　鹅

腊　肠

金钱龟

传统米饼

粉　葛

荔　枝

黄　皮

20 世纪 80 年代的园洲街

园洲老粮仓

马嘶古村落

20 世纪 60 年代在建中的土瓜圩桥

马嘶古水井

园洲首个水塔——白马围水塔

园洲镇田头村梅花墩古窑址

出土的器皿和陶片

田头村梅花墩考古挖掘现场

苏东坡游罗浮泊岸遗址

李文甫烈士像

李源烈士像

陈志仁烈士像

坐落于石龙中山公园的莫公壁殉难纪念碑

2010 年 5 月，举办第一届全民健身运动会

2016 年 9 月 10 日，园洲足球协会揭牌

龙舟竞赛

拔河比赛

民兵防洪抢险演练

消防演练

园洲镇乒乓球协会组队参加“惠州市总商会杯”乒乓球球赛获冠军

园洲镇羽毛球协会成功主办羽毛球团体赛

博罗县书法协会园洲分会主办首届书法大赛

2016 年 11 月 园洲镇诗词协会诗词交流会

2016 年 12 月 博罗县书法协会园洲分会“迎新春、送温暖、义写春联”公益活动

2016 年，园洲镇篮球协会篮球队荣获博罗县篮球联赛冠军

2016 年园洲粤曲（剧）被列为博罗县第八批非物质文化遗产名录

2009 年园洲镇被授予“广东省教育强镇”和“广东省卫生镇”称号

2016 年 3 月 1 日，园洲镇苏东坡游罗浮泊岸遗址工作研讨会

20 世纪 60 年代园洲婚礼送嫁妆场景

新婚俗

20 世纪 60 年代园洲男性村民服饰

20 世纪 60 年代园洲女性村民服饰

1973 年 10 月园洲的下乡知青

知青向农民学习种植

2006 年园洲镇春节烟花会演

白马围黄、梁两姓祠堂

正德寺（洪圣寺）

20 世纪 50 年代东莞县表彰的奖状、奖章

石洲大桥全民集资建桥股票

東莞縣人民政府

愛國售粮奬狀

陳惠祖在愛國售粮運動中，發揮愛國主義精神，能積極帶頭……認真工作，推動運動。特發給愛國售粮奬狀，以資奬勵。

縣長 林若

副縣長 李林周 王廷玉

一九五五年壹月拾五日

東莞縣人民政府印

东莞县人民政府爱国售粮奖状

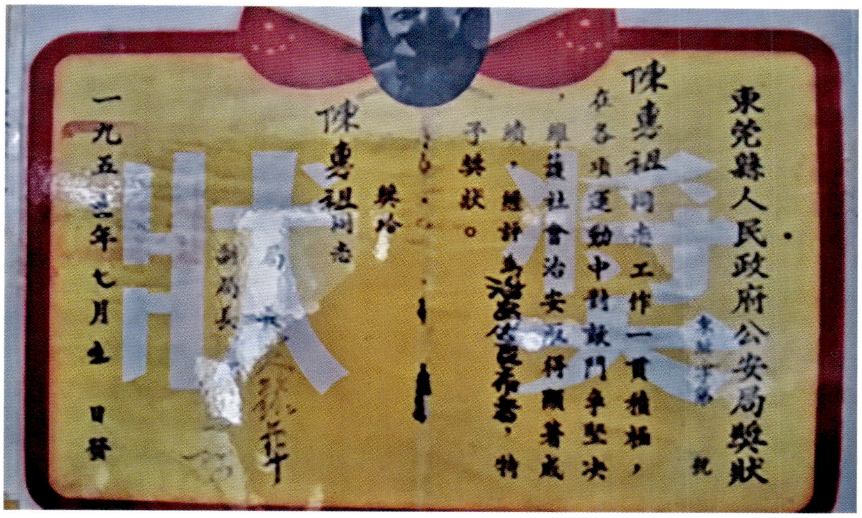

東莞縣人民政府公安局奬狀

陳惠祖同志工作一貫積極，在各項運動中對敵鬥爭堅決，維護社會治安取得顯著成績，……特予奬狀。

陳惠祖同志 奬給

副局長

一九五三年七月 日發

东莞县人民政府公安局奖状

中共园洲公社第一届党员代表大会出席证

2014 年 10 月 17 日，园洲镇地方志编纂办公室成立挂牌仪式

《园洲镇志》筹备会

园洲镇地方志编纂办公室全体人员

编纂办人员到县档案馆搜集材料

编纂办人员进行工作研讨

《园洲镇志》审稿会（2018 年 8 月）

序　一

“盛世修志”乃中华文化之传统。

时值改革开放和社会主义现代化建设历史新时期，《园洲镇志》付梓，这是全镇人民的一件大喜事，可喜、可贺！

园洲镇历史悠久，人杰地灵，山川秀丽，物产丰富。在历史的长河中，盛衰成败，经验教训，值得大书特书。2014年10月，本着“党委领导，政府修志”的精神，中共园洲镇党委、镇人民政府选调人力，拨付专款，成立园洲镇地方志编纂办公室，开展《园洲镇志》的编写工作。

《园洲镇志》上溯新石器时代晚期，下限断于2016年，纵述了园洲三千余年的历史。其内容从自然到社会，去伪存真，去粗取精，详今略古，全面、系统地记述园洲镇现行行政区域内政治、军事、文化、民情、风物等各方面的发展和变化，以及1978年改革开放以来所取得的巨大成就。

《园洲镇志》内容丰富，资料翔实，可考可证。全书计百余万字，称得上是镇的一部历史巨著，是园洲镇有史以来一项巨大的、系统的文字工程。这部博罗县有史以来的第一部镇志，凝结了广大修志者的集体智慧和辛勤劳动，值此，谨向参与修志的工作人员表示深深的敬意和由衷感谢！

《园洲镇志》文字简练，语言通俗易读，相信志书必定能为今人和后辈了解园洲、认识园洲、发展园洲提供借鉴，并在改革开放和社会主义物质文明与精神文明建设中发挥重要作用，激励园洲人民继承前人的光荣传统，谱写出更加灿烂的篇章。

是为序。

熊满池

2019年10月

序　二

2019年5月15日，我重回园洲工作以后，雪兰同志多次向我提起，镇里正在编纂《园洲镇志》，即将付梓出版，希望我能为新书作序。听到这个事情，我就为园洲人不畏艰难、敢为人先的精神深感震撼。地方志的编纂工作本身就艰难枯燥，而且据我所知，这是园洲第一次编写地方志，零基础的编纂工作可以想象其难度有多大。再三斟酌，我还是不敢对这沉甸甸的《园洲镇志》推卸责任，还是把我对编纂工作的感想写下来。

编修地方志是中华民族的优秀历史文化传统，早在西汉时期就开始编纂地方志，至今已有两千多年的历史。新中国成立后，党和国家十分重视地方志工作，1958年在毛泽东、周恩来同志的倡导下，上海郊县开展了新方志的编修工作。编纂《园洲镇志》，对园洲乃至于广东镇域经济发展研究，更是具有重要意义。重回园洲工作，我时常在想，园洲最宝贵的精神是什么？新时代园洲要怎样抓住新的发展机遇？这次有幸翻阅《园洲镇志》稿件，两个问题一直萦绕在脑子里。园洲镇作为博罗经济社会发展的排头兵，除了得益于改革开放的好政策，得益于上级党委、政府的正确领导，得益于优越的地理位置，园洲人独特的人文精神也是这个地方成功的关键。园洲人勤劳，在园洲无论是镇区还是农村，很少见到懒汉，“勤力先搵到吃”是这里普遍认可的价值观。园洲人勇敢，敢闯敢试、敢为人先。“三来一补”、乡镇企业、民营企业，这些改革开放后的新生市场主体，在园洲率先涌现，迄今仍然是园洲产业基础的重要组成部分。园洲人务实，更多地聚焦经济效益和社会效益，没有太多的繁文缛节，也没有太多的虚头巴脑。勤劳、勇敢、务实，就是园洲最宝贵的精神。《园洲镇志》在记述一件件大事中，也呈现了这一宝贵的园洲精神。

党的十九大召开以后，园洲也站在了新时代的起点上。习近平新时代中国特色社会主义思想为园洲提出了新的要求，粤港澳大湾区的重大战略为园洲带来新的历史机遇，园洲人民对美好生活的向往成为新时代党委政府施政新的目标。在这个节点上，《园洲镇志》即将出版发行，对我们更好地总结园洲经验、更好地提炼园洲精神、更好地勇往直前具有重要意义。园洲必将秉持着勤劳勇敢务实的精神，牢记初心使命，勇于担当作为，实现园洲新的辉煌！

感谢编委会的同志们的辛勤付出！

此记是为序！

黄卓豪

2019年10月

序　三

园洲镇位于博罗县之西南部，毗邻东莞、深圳。境内土地肥沃，水源充沛，资源丰富，素称“鱼米之乡”。

罗浮山南麓之园洲，历史悠久，英雄辈出，文化底蕴深厚。镇内有新石器时代晚期的贝丘遗址，有春秋早期烧陶的龙窑，有北宋大文豪苏东坡泊船上岸游罗浮的古码头，有明朝开国功臣刘基（伯温）的足迹。园洲是李源、李文甫、陈志仁、莫公璧、冯加盛等革命烈士的故乡，还是红色革命的摇篮。北伐时期，中共石龙市委党支部曾设在寮仔村……

新中国成立后，共产党领导园洲人民进行社会主义建设，各项事业发展迅速。改革开放以来，园洲之变化日新月异：城镇建设一日千里，镇村旧貌换新颜；民生工程建了一项又一项，各种生活设施日趋完善；人民生活水平不断提高；精神文明建设、社会主义文化事业方兴未艾……多年来，园洲相继被评为“全国小城镇建设试点镇”“中国休闲服装名镇”“国家卫生镇”“广东省先进基层党组织”“广东省文明镇”“广东省教育强镇”“广东省卫生镇”“广东省宜居示范城镇”“广东省（制衣）技术创新专业镇”“广东省专业镇建设先进单位”“广东镇域经济综合发展力广东百强•惠州十强”“广东省生态乡镇”。园洲的人文历史及其辉煌成就，理应载入史册。

2014 年 10 月，中共园洲镇委、镇政府敢为人先，组织精干队伍，编纂博罗县内首部镇级地方志——《园洲镇志》。承蒙社会各界的关心和鼎力支持，编志人员求真务实，历尽艰辛，四年修成正果。值《园洲镇志》问世之际，谨向参与编志的工作者深表敬意和衷心感谢！

《园洲镇志》以史为鉴，系统地记述了园洲的历史渊源、域属变更、自然风貌、人文景观、民情习俗、经济发展，是一部集历史价值、收藏价值，园洲地方特色突出的百科全书，也是一部认识园洲、了解园洲、解读园洲、建设和发展园洲的乡土教材。志书史料翔实、可考可证，语言朴实、通俗易读，分门别类、脉络清晰，融汇了编纂者的匠心和汗水，是一部不可多得的志书。

洋洋百万字的志书，讴歌先人，鼓舞当代，启迪后辈。让我们承前启后，继往开来，总结经验，开拓进取，捋起袖子，真抓实干，继续谱写园洲更加繁荣昌盛，更加绚丽辉煌的新篇章。

谨此为序。

陈沛林

2019 年 10 月

序　四

具有四千多年历史的人文古镇——园洲，文化内涵深厚，历史源远流长。

二十世纪九十年代初期，在田头村梅花墩挖掘出春秋时期的龙窑，就见证了园洲在先秦时期已有人类活动。

北宋哲宗绍圣元年（1094 年）4 月，苏东坡再遭贬谪，船泊博罗县泊头镇（今园洲镇义合村）。园洲泊头是苏东坡寓惠初地。东坡登岸码头的挖掘出土，见证了园洲千年历史文化的积淀。

园洲是钟灵毓秀、人才辈出的一方热土，从古到今，涌现出梁应龙、杨起元、翟宗鲁、朱祚昌、李文甫、李源、陈志仁、莫公璧、冯加胜等一大批历史人物和仁人志士。

园洲又是华侨之乡、粤剧之乡、龙船之乡，传统文化和各类竞技活动代代相承。

党的十一届三中全会的富民政策，给园洲这片古老文明的土地焕发出勃勃生机，带来了发展经济灿烂的前景。高速发展的工业，带动了第三产业和市政建设的发展，文化、教育、医疗卫生事业欣欣向荣，城镇乡村繁荣兴旺，市民安居乐业。

2019 年 4 月，我调至园洲镇工作，目睹园洲各项事业不断向前发展而欣慰，园洲人民敢于创新、善于进取、乐于奉献的精神令我无比敬佩，我有幸与勤劳勇敢、善良俭朴的园洲人民结缘，甚感开心与幸福。

园洲镇委、镇政府与时俱进，在全县率先修编《园洲镇志》，这是一项功在当代、德存千秋的民心工程。即将出版的《园洲镇志》，史料翔实、内容丰富、图文并茂，记录着园洲镇的地理、历史、社会、政治、经济、工业、农业、文化、教育、卫生、军事、体育、城乡建设、文物古迹、民情习俗、人物、大事记等方方面面的内容，是颇具园洲地方特色的百科全书。

《园洲镇志》修编成书，是有关专家、学者的诚挚指导与帮助，各村（居）委，各部门、单位和社会各界热心人士的大力支持，全体编纂人员艰苦努力，辛勤笔耕的结晶。《园洲镇志》的问世，将为园洲后人留下一笔宝贵的精神财富。

值此《园洲镇志》付梓出版之际，我谨对关心和支持修编镇志工作的领导、专家，各村（居）委、各部门、各单位、社会各界人士和全体编纂人员，致以衷心的感谢和崇高的敬意。

谨以此为序。

张剑辉

2019年10月

凡　例

一、本志为为以马克思列宁主义、毛泽东思想、邓小平理论、“三个代表”重要思想、科学发展观、习近平新时代中国特色社会主义思想为指导，坚持辩证唯物主义和历史唯物主义的立场、观点、方法，记载镇域政治、经济、文化、军事、社会各方面的历史和现状，以及发生在境外，但与本镇有密切关系的历史事件。

二、本志记事通合古今，但详今略古，立足当代。上限因事而异，据实溯源，下限迄于2016年。

三、本志首设概述、大事记。专志以事物性质分类，按“横不缺项，纵不断线”的要求，设置21篇、89章，各章设节（457）节、目、子目等层次。志末设附录。

四、本书体裁以志为主，述、记、传、图、表、录等体裁并用，图、表、录穿插其间。均使用规范的现代语体文。

五、本志纪年：民国时期及以前用历史纪年，同时括注公元纪年，例如：清顺治三年（1646年）。1949年9月30日后，一律公元纪年。相同朝代年号在同一节或一段中重复出现时，只夹注首次。公元纪年用阿拉伯数字书写，历史纪年用汉字书写。

六、本志中政区名称、官衔职称均用当时名称，历史地名以当时名称为准，必要时加注今名。

七、专有名称首次出现用全称，其后用简称。“中华人民共和国成立前”“中华人民共和国成立后”简称“新中国成立前”“新中国成立后”。今园洲镇行政区境简称“境内”或“镇域”。“河北区”（沙河以北）指原九潭镇辖地，“河南区”（沙河以南）指原园洲镇辖地。中国共产党园洲镇委员会称“中共园洲镇委”，园洲镇人民代表大会主席团简称“镇人大主席团”，园洲镇人民政府称“镇政府”。人名一律不加同志。

八、遵循“生不立传”的原则，本志仅为对园洲社会发展有较大贡献和影响的已故园洲籍和外籍人士立传，善恶并记，以善为主。对有突出贡献和影响的在世人物，在有关章节中则采用“以事系人”的记述方法，在有关篇章中记述。人物表收录历代进士、革命烈士、受省（部）、市（厅）级以上表彰先进人物和相当副教授以上高级职称人员和副处（团）级以上行政（军衔）职务人员及港台同胞、海外侨胞的知名人士。人物传的文风采取严谨、准确、朴实、精要的原则记述。人物传排列以卒年先后为序。

九、本志所书写的汉字，以教育部、国家语言文字工作委员会组织制定的《通用规范汉字表》（国发〔2013〕23号，2013年6月5日国务院公布施行）为依据。

十、本志所载数据、计量单位以国家法定的计量单位为准。

十一、本志所载币值，中华人民共和国建立前，以当时流通的货币名称及其币值，中华人民共和国建立后则使用现行人民币及其币值。

十二、本志资料、数据源于博罗县统计局、博罗县档案馆和有关家谱、报刊及有关人士回忆材料。引用时均经考证核实，一般不注出处。

目录

序一

序二

凡例

总　述 …… (001)

大事记 …… (007)

第一篇　建置区域 …… (027)

第一章　建置沿革 …… (027)

第一节　区　域 …… (027)

第二节　历史沿革 …… (028)

第二章　行政区域 …… (031)

第一节　行政区域隶属 …… (031)

第二节　圩　市 …… (033)

第三章　园洲镇村（居）民委员会 …… (033)

第一节　河南片区镇村（居）民委员会 …… (033)

第二节　河北片区镇村（居）民委员会 …… (049)

第三节　居民委员会 …… (058)

第二篇　自然概貌与资源 …… (060)

第一章　自然概貌 …… (060)

第一节　地　质 …… (060)

第二节　气　候 …… (061)

第三节　水　文 …… (063)

第四节　土壤植被 …… (064)

第五节　自然灾害 …… (065)

第二章　自然资源 …… (067)

第一节　土地资源 …… (067)

第二节　水资源 …… (068)

第三节 生物资源 …………………………………………（068）
第四节 矿产资源 …………………………………………（071）

第三篇 人 口 …………………………………………（072）
第一章 人口状况 …………………………………………（072）
第一节 数量与分布 …………………………………………（072）
第二节 人口构成 …………………………………………（077）
第三节 流动人口 …………………………………………（081）
第二章 人口控制 …………………………………………（082）
第一节 管理服务机构 …………………………………………（082）
第二节 管 理…………………………………………（084）
第三节 人口控制结果 …………………………………………（084）
第三章 姓 氏 …………………………………………（086）
第一节 姓氏录 …………………………………………（086）
第二节 园洲十大姓氏 …………………………………………（088）

第四篇 农 业 …………………………………………（094）
第一章 生产关系变革 …………………………………………（095）
第一节 封建土地占有制 …………………………………………（096）
第二节 第二节 土地改革 …………………………………………（097）
第三节 农业互助组 …………………………………………（099）
第四节 农业合作社 …………………………………………（099）
第五节 人民公社 …………………………………………（101）
第六节 家庭联产承包责任制 …………………………………………（103）
第二章 农作物生产 …………………………………………（104）
第一节 粮食作物 …………………………………………（105）
第二节 经济作物 …………………………………………（112）
第三节 农副特产 …………………………………………（123）
第三章 农业生产技术 …………………………………………（125）
第一节 耕作制度 …………………………………………（125）
第二节 良种引进和推广 …………………………………………（128）
第三节 栽培技术 …………………………………………（131）
第四节 病虫害防治 …………………………………………（136）
第五节 农业技术推广体系 …………………………………………（140）
第四章 农业生产结构调整 …………………………………………（141）
第一节 调整种植业结构 …………………………………………（142）
第二节 “三高”农业 …………………………………………（143）

第三节 产业化经营 …………………………………………（143）
第四节 创汇农业 …………………………………………（144）
第五节 农业综合开发项目 …………………………………（144）
第五章 农田建设 ……………………………………………（145）
第一节 农田水利 …………………………………………（145）
第二节 平整土地 …………………………………………（145）
第三节 土壤改良……………………………………………（146）
第四节 搬沙、填氹造田 …………………………………（149）
第五节 围滩造田……………………………………………（149）
第六章 农用机具 ……………………………………………（150）
第一节 传统农具 …………………………………………（150）
第二节 农用机械 …………………………………………（153）
第三节 植保机具 …………………………………………（156）
第四节 农副产品加工机具…………………………………（158）
第五节 排灌工具 …………………………………………（159）
第六节 渔业机械……………………………………………（160）
第七节 农田基本建设机械…………………………………（160）
第八节 农机管理 …………………………………………（160）
第七章 农村经营管理 ………………………………………（163）
第一节 管理体制 …………………………………………（163）
第二节 计划管理 …………………………………………（164）
第三节 劳动管理 …………………………………………（165）
第四节 财务管理 …………………………………………（169）
第五节 物资管理 …………………………………………（171）
第六节 收益分配……………………………………………（172）

第五篇 林果渔牧 ……………………………………………（173）

第一章 林　业 ………………………………………………（173）
第一节 林业资源 …………………………………………（174）
第二节 林木产品 …………………………………………（176）
第三节 植树造林 …………………………………………（178）
第四节 古树名木 …………………………………………（179）
第五节 林木管护 …………………………………………（181）
第二章 水　果 ………………………………………………（182）
第一节 水果品种 …………………………………………（185）
第二节 种植管理 …………………………………………（188）
第三章 渔　业 ………………………………………………（190）
第一节 渔业资源 …………………………………………（193）

第二节 淡水养殖 …………………………………………（194）
第三节 病害防治 …………………………………………（195）
第四节 捕　鱼 …………………………………………（196）
第四章 畜牧业 ……………………………………………（201）
第一节 禽畜饲养 …………………………………………（203）
第二节 畜禽防疫 …………………………………………（210）
第三节 饲　料 …………………………………………（213）
第四节 经营管理 …………………………………………（214）

第六篇 水　利 ……………………………………………（216）

第一章 水资源 ……………………………………………（218）
第一节 水　系 …………………………………………（218）
第二节 地表水与地下水 …………………………………（219）
第三节 水量与水质 ………………………………………（220）
第四节 开发与利用 ………………………………………（222）
第二章 水利工程 …………………………………………（223）
第一节 江河堤围 …………………………………………（223）
第二节 防洪渠堤 …………………………………………（225）
第三节 排涝渠道 …………………………………………（226）
第四节 引水工程 …………………………………………（227）
第五节 水　闸 …………………………………………（229）
第六节 电力排灌站 ………………………………………（232）
第三章 防汛抗旱 …………………………………………（235）
第一节 组织机构 …………………………………………（235）
第二节 防御措施 …………………………………………（237）
第三节 抗灾纪实 …………………………………………（238）
第四章 水利管理 …………………………………………（240）
第一节 管理体制 …………………………………………（241）
第二节 工程管理 …………………………………………（242）
第三节 规费征管 …………………………………………（243）

第七篇 工　业 ……………………………………………（245）

第一章 构成与所有制 ……………………………………（248）
第一节 构　成 …………………………………………（248）
第二节 所有制结构 ………………………………………（253）
第二章 管　理 ……………………………………………（258）
第一节 机　构 …………………………………………（259）

第二节 企业管理 …………………………………………（261）
第三章 工业行业 …………………………………………（261）
第一节 服装业 …………………………………………（261）
第二节 制鞋皮革业 …………………………………………（263）
第三节 木材加工业 …………………………………………（263）
第四节 家具制造业 …………………………………………（266）
第五节 纸品工业 …………………………………………（267）
第六节 印刷工业 …………………………………………（267）
第七节 玩具工业 …………………………………………（268）
第八节 化工工业 …………………………………………（268）
第九节 塑胶工业 …………………………………………（268）
第十节 建材工业 …………………………………………（269）
第十一节 机械工业 …………………………………………（273）
第十二节 电子工业 …………………………………………（273）
第十三节 电镀工业 …………………………………………（274）
第十四节 五金工业 …………………………………………（275）
第十五节 其　他 …………………………………………（276）
第四章 工业园区 …………………………………………（280）
第一节 桦阳工业园 …………………………………………（281）
第二节 新世纪工业园 …………………………………………（281）
第三节 丰平工业园 …………………………………………（281）
第四节 富园工业园 …………………………………………（282）
第五节 上南民营制衣工业园 …………………………………………（282）
第五章 企业选介 …………………………………………（283）
第一节 民营企业 …………………………………………（283）
第二节 外资、合作企业 …………………………………………（290）

第八篇 商　业 …………………………………………（294）
第一章 体　制 …………………………………………（294）
第一节 国营商业 …………………………………………（295）
第二节 集体商业 …………………………………………（297）
第三节 个体私营商业 …………………………………………（298）
第二章 市　场 …………………………………………（299）
第一节 市场建设 …………………………………………（299）
第二节 农村圩市 …………………………………………（301）
第三节 专业市场 …………………………………………（304）
第四节 商品供求 …………………………………………（306）
第五节 集市贸易 …………………………………………（307）

第六节 市场物业管理 …………………………………………（308）
第三章 生产资料购销 …………………………………………（309）
第一节 肥料 农药 农膜 ……………………………………（309）
第二节 农机 农具 农药械 …………………………………（310）
第三节 建筑材料 ……………………………………………（312）
第四节 金属 机电 化工 ……………………………………（313）
第五节 煤炭 石油 …………………………………………（314）
第四章 生活消费品购销 ………………………………………（315）
第一节 百货棉布 ……………………………………………（315）
第二节 五金交电 ……………………………………………（316）
第三节 日用杂品 ……………………………………………（316）
第四节 副食品 ………………………………………………（316）
第五章 饮食 服务 ……………………………………………（323）
第一节 饮食业 ………………………………………………（323）
第二节 服务业 ………………………………………………（327）
第六章 物流 快递 电商 ………………………………………（331）
第一节 物 流 ………………………………………………（331）
第二节 快 递 ………………………………………………（334）
第三节 电子商务 ……………………………………………（337）

第九篇 乡镇企业 …………………………………………（339）
第一章 体制结构 ………………………………………………（340）
第一节 镇办企业 ……………………………………………（340）
第二节 村（队）办企业 ……………………………………（341）
第二章 产业结构 ………………………………………………（342）
第一节 农业企业 ……………………………………………（342）
第二节 工业企业 ……………………………………………（344）
第三节 运输企业 ……………………………………………（346）
第四节 商贸企业 ……………………………………………（346）
第五节 服务企业 ……………………………………………（347）
第三章 乡镇企业管理 …………………………………………（347）
第一节 管理机构 ……………………………………………（347）
第二节 计划管理 ……………………………………………（348）
第三节 劳动管理 ……………………………………………（348）
第四节 财务管理 ……………………………………………（349）
第五节 安全生产管理 ………………………………………（350）
第四章 经营效益及企业选介 …………………………………（350）
第一节 经营效益 ……………………………………………（351）

第二节 企业选介 ……………………………………（352）

第十篇 粮 油 ……………………………………（357）

第一章 经营机构 ……………………………………（358）

第一节 新中国成立前机构……………………………………（358）

第二节 新中国成立后机构 ……………………………………（359）

第二章 粮油征收 ……………………………………（359）

第一节 明、清时期的田赋征收 ……………………………………（359）

第二节 民国时期的粮食征购 ……………………………………（360）

第三节 新中国成立后粮油统购 ……………………………………（360）

第三章 粮油统销 ……………………………………（369）

第一节 粮食统销 ……………………………………（369）

第二节 返销、借销粮 ……………………………………（371）

第三节 食油统销 ……………………………………（372）

第四章 粮食储运、保管、加工 ……………………………………（373）

第一节 仓储建设 ……………………………………（373）

第二节 粮食保管 ……………………………………（374）

第三节 粮食调运 ……………………………………（375）

第四节 粮食加工 ……………………………………（376）

第十一篇 财税 金融 工商 ……………………………………（377）

第一章 财 政 ……………………………………（377）

第一节 管理体制 ……………………………………（377）

第二节 财政收支 ……………………………………（378）

第三节 财政包干 ……………………………………（380）

第四节 财政管理 ……………………………………（381）

第二章 税 务 ……………………………………（382）

第一节 管理体制 ……………………………………（383）

第二节 税 制 ……………………………………（384）

第三节 税收征管 ……………………………………（386）

第三章 银 行 ……………………………………（388）

第一节 机 构 ……………………………………（389）

第二节 存 款 ……………………………………（392）

第三节 信 贷 ……………………………………（398）

第四章 工 商 ……………………………………（404）

第一节 管理体制 ……………………………………（404）

第二节 工商登记 ……………………………………（405）

第三节 市场管理 ……………………………………（408）

第四节 行政管理 …………………………………………（409）
第五节 监督执法 …………………………………………（411）
第五章 保　险 …………………………………………（411）
第一节 太平洋财产保险公司园洲营销服务部 ……………（412）
第二节 人寿保险公司园洲营销服务部 ……………………（412）
第三节 财产保险公司园洲营销服务部 ……………………（413）

第十二篇 邮电 交通 …………………………………（414）

第一章 邮　电 …………………………………………（414）
第一节 机　构 …………………………………………（414）
第二节 邮　政 …………………………………………（416）
第三节 电　信 …………………………………………（419）
第二章 交　通 …………………………………………（422）
第一节 交通设施 …………………………………………（422）
第二节 交通运输 …………………………………………（438）
第三节 运输工具 …………………………………………（440）
第四节 交通管理 …………………………………………（442）

第十三篇 城乡建设 …………………………………（445）

第一章 城乡规划 …………………………………………（445）
第一节 总体规划 …………………………………………（445）
第二节 城乡规划 …………………………………………（446）
第二章 村庄规划 …………………………………………（456）
第一节 村庄规划指引 ……………………………………（456）
第二节 村庄规划标准 ……………………………………（457）
第三节 村道、机耕路规划 ………………………………（459）
第四节 村庄规划举例 ……………………………………（459）
第三章 房地产 …………………………………………（465）
第一节 发展目标、规划 …………………………………（465）
第二节 区位确定 …………………………………………（466）
第三节 区位控制 …………………………………………（467）
第四节 效益 ………………………………………………（467）
第五节 居住小区建设 ……………………………………（468）
第六节 居住小区简介 ……………………………………（470）
第七节 房地产管理 ………………………………………（471）
第四章 建筑 ……………………………………………（474）
第一节 建筑企业 …………………………………………（474）

第二节 建筑工程 …………………………………………………………（475）
第三节 建筑管理 …………………………………………………………（478）
第五章 供电 供水 供气 ……………………………………………………（479）
第一节 供　电 …………………………………………………………（479）
第二节 供　水 …………………………………………………………（483）
第三节 供　气 …………………………………………………………（492）
第六章 环境保护 ……………………………………………………………（493）
第一节 管理机构 …………………………………………………………（493）
第二节 污染防治 …………………………………………………………（494）
第三节 监管执法 …………………………………………………………（496）
第四节 生态镇、村建设 ……………………………………………………（497）
第五节 生活垃圾治理 ………………………………………………………（498）
第七章 村镇建设 ……………………………………………………………（500）
第一节 集镇建设 …………………………………………………………（500）
第二节 农村住宅建设 ………………………………………………………（500）
第三节 村镇建设管理 ………………………………………………………（501）
第四节 国土管理 …………………………………………………………（504）

第十四篇 政　治 ………………………………………………………………（509）
第一章 政　党 ……………………………………………………………（509）
第一节 中国共产党地方组织 …………………………………………………（510）
第二章 政　权 ……………………………………………………………（523）
第一节 民国前的政权机构 ……………………………………………………（523）
第二节 新中国成立后的政权机构 ………………………………………………（524）
第三节 人民代表大会 ………………………………………………………（528）
第三章 社团组织 ……………………………………………………………（532）
第一节 农民团体 …………………………………………………………（532）
第二节 青少年团体 …………………………………………………………（533）
第三节 妇女团体 …………………………………………………………（535）
第四节 工　会 …………………………………………………………（537）
第五节 民间社团组织 ………………………………………………………（538）
第四章 政　法 ……………………………………………………………（542）
第一节 公　安 …………………………………………………………（542）
第二节 法　庭 …………………………………………………………（545）
第三节 司法行政 …………………………………………………………（546）
第四节 镇综治信访维稳 ……………………………………………………（547）

第十五篇 军　事 ……………………………………………………（548）
第一章 军事活动 ……………………………………………………（548）
第一节 明清时期的战事 ……………………………………………（549）
第二节 民国时期的军事活动 ………………………………………（549）
第二章 兵役制度 ……………………………………………………（554）
第一节 兵员征集 ……………………………………………………（554）
第二节 兵役登记 ……………………………………………………（556）
第三章 地方武装 ……………………………………………………（556）
第一节 新中国成立前地方武装 ……………………………………（556）
第二节 民　兵 ………………………………………………………（560）

第十六篇 教　育 ……………………………………………………（564）
第一章 旧式教育 ……………………………………………………（564）
第一节 私　塾 ………………………………………………………（565）
第二节 书　院 ………………………………………………………（565）
第二章 各类教育与管理机构 ………………………………………（566）
第一节 行政管理机构 ………………………………………………（567）
第二节 幼儿教育 ……………………………………………………（567）
第三节 小学教育 ……………………………………………………（569）
第四节 中学教育 ……………………………………………………（574）
第五节 成人教育 ……………………………………………………（579）
第六节 民办教育 ……………………………………………………（581）
第三章 师　资 ………………………………………………………（582）
第一节 教师队伍 ……………………………………………………（583）
第二节 师资培训 ……………………………………………………（583）
第三节 教师待遇 ……………………………………………………（586）
第四章 教育经营设施 ………………………………………………（587）
第一节 教育经费 ……………………………………………………（587）
第二节 校舍与设施 …………………………………………………（588）
第三节 教育强镇创建 ………………………………………………（590）
第五章 教育成果 ……………………………………………………（592）
第一节 教育科研 ……………………………………………………（592）
第二节 教育荣誉 ……………………………………………………（603）

第十七篇 文化　体育 ………………………………………………（608）
第一章 文　化 ………………………………………………………（608）
第一节 机　构 ………………………………………………………（609）

第二节 群众文化活动 …………………………………………………… (612)
第三节 公众文化设施 …………………………………………………… (613)
第四节 文学艺术 ………………………………………………………… (619)
第五节 文物古迹 ………………………………………………………… (622)
第二章 体　育 ……………………………………………………………… (626)
第一节 组织机构 ………………………………………………………… (626)
第二节 群众体育 ………………………………………………………… (627)
第三节 学校体育 ………………………………………………………… (628)
第四节 体育设施 ………………………………………………………… (629)

第十八篇 医疗卫生 …………………………………………………… (635)

第一章 医疗机构 …………………………………………………………… (635)
第一节 卫生院 …………………………………………………………… (636)
第二节 卫生站 …………………………………………………………… (641)
第三节 私人诊所 ………………………………………………………… (643)
第二章 卫生保健 …………………………………………………………… (644)
第一节 防　疫 …………………………………………………………… (644)
第二节 慢性病防治 ……………………………………………………… (644)
第三节 预防非典型肺炎 ………………………………………………… (645)
第三章 妇幼保健 …………………………………………………………… (646)
第一节 妇女孕产期保健 ………………………………………………… (646)
第二节 妇科病防治 ……………………………………………………… (649)
第三节 婴幼儿保健 ……………………………………………………… (650)
第四章 公共卫生 …………………………………………………………… (652)
第一节 环境卫生 ………………………………………………………… (653)
第二节 饮食品卫生 ……………………………………………………… (655)
第三节 学校卫生 ………………………………………………………… (656)
第四节 创建卫生镇工作 ………………………………………………… (658)

第十九篇 社　会 ………………………………………………………… (661)

第一章 民政、社会福利 …………………………………………………… (661)
第一节 民　政 …………………………………………………………… (661)
第二节 社会保障 ………………………………………………………… (665)
第二章 人民生活 …………………………………………………………… (666)
第一节 收　入 …………………………………………………………… (666)
第二节 开　支 …………………………………………………………… (670)
第三章 华侨及港澳同胞 …………………………………………………… (672)

第一节 概　况 ……………………………………………（672）
第二节 侨务工作 ……………………………………………（674）
第三节 对家乡建设的支持 ……………………………………（675）
第四章 水库移民 ……………………………………………（676）
第一节 机　构 ……………………………………………（676）
第二节 移民安置 ……………………………………………（677）
第三节 移民帮扶 ……………………………………………（679）
第五章 知识青年 ……………………………………………（681）
第一节 机构 ……………………………………………（681）
第二节 知青工作 ……………………………………………（682）
第二十篇 风土民情 ……………………………………………（685）
第一章 信仰民俗 ……………………………………………（685）
第一节 宗教信仰 ……………………………………………（685）
第二节 俗神信仰 ……………………………………………（686）
第三节 祠堂、庙宇 ……………………………………………（687）
第二章 婚丧民俗 ……………………………………………（696）
第一节 婚姻家庭 ……………………………………………（697）
第二节 婚　嫁 ……………………………………………（697）
第三节 上　灯 ……………………………………………（700）
第四节 寿　诞 ……………………………………………（701）
第五节 丧　葬 ……………………………………………（701）
第三章 生活民俗 ……………………………………………（704）
第一节 家　居 ……………………………………………（704）
第二节 传统美食 ……………………………………………（706）
第三节 服　饰 ……………………………………………（708）
第四节 发　型 ……………………………………………（709）
第五节 家　具 ……………………………………………（710）
第四章 游艺民俗 ……………………………………………（711）
第一节 舞　狮 ……………………………………………（711）
第二节 舞麒麟 ……………………………………………（712）
第三节 舞　凤 ……………………………………………（712）
第四节 赛龙舟 ……………………………………………（712）
第五章 禁忌民俗 ……………………………………………（713）
第一节 衣食礼节禁忌 ……………………………………………（714）
第二节 出行禁忌 ……………………………………………（715）
第三节 婚嫁禁忌 ……………………………………………（716）
第四节 生育禁忌 ……………………………………………（717）

第五节 丧葬禁忌 ……………………………………………（718）
第六节 祭祀禁忌 ……………………………………………（718）
第七节 节日禁忌 ……………………………………………（718）
第八节 语言禁忌 ……………………………………………（719）
第九节 性别禁忌 ……………………………………………（720）
第六章 传统节日 ……………………………………………（720）
第一节 春　节 ……………………………………………（720）
第二节 元宵节 ……………………………………………（721）
第三节 清明节 ……………………………………………（721）
第四节 端午节 ……………………………………………（722）
第五节 中元节（七月十四） ……………………………………（722）
第六节 中秋节 ……………………………………………（722）
第七节 重阳节 ……………………………………………（723）
第八节 冬　至 ……………………………………………（723）
第九节 会　节 ……………………………………………（723）
第七章 方　言 ……………………………………………（724）
第一节 各类用语 ……………………………………………（724）
第二节 歇后语 ……………………………………………（730）
第三节 谚　语 ……………………………………………（733）
第四节 儿　歌 ……………………………………………（735）
第五节 民　谣 ……………………………………………（736）
第八章 民间故事传说 ……………………………………………（739）
第一节 民间故事 ……………………………………………（739）
第二节 民间传说 ……………………………………………（743）

人　物 ……………………………………………（747）
人物传略 ……………………………………………（747）
人物录 ……………………………………………（751）
古今人物 ……………………………………………（751）
革命烈士 ……………………………………………（754）
人物表 ……………………………………………（757）

附录 ……………………………………………（798）

表格索引 ……………………………………………（822）

编纂始末 ……………………………………………（827）

总　述

一

园洲镇北近罗浮，南临东江，位于博罗县的西南部，距博罗县城罗阳镇43公里。镇中心位于北纬23°09′27″，东经112°57′05″，东西长35公里，南北宽12公里，总面积112.71平方公里（河南区面积63.71平方公里，河北区面积49平方公里）。东与博罗县龙溪镇相连，南与东莞市石排镇、企石镇隔东江相望，西与东莞市石龙镇及博罗县石湾镇接壤，北与博罗县福田镇、长宁镇相接。

据1957年、1975年出土的马嘶村遗址和梅花墩窑遗址及有关史料，早在5000年前的新石器时代，园洲就有先民在此生存。唐朝时，河北区商品交易开始频繁，逐渐形成圩市。宋代泊（塈）头圩，亦称泊头镇，遗址在义合村，总面积约6平方公里。《博罗县志》载："泊头圩距山（罗浮山）十五里，即宋泊头镇。广惠二郡舟楫及自陆至者皆泊此。"这是博罗较早有史志记载的圩市。泊头因南临槎江（今沙河）而得名。清澈的槎江流经此地，往西注入东江，造就了槎江水陆交通的便利。逐渐成为西出东江，东（北）上龙华、湖镇、横河、响水等地船运的停靠点，繁忙的埠头成了客运、货物中转站。宋明时，人口最集中，居住有程、杨、戚、杜、苏、吴、黎、孔八大姓人家，人口达7000余人。泊头镇为罗浮地区最繁荣的圩市，从水路乘舟游罗浮山的文人墨客都在此靠岸寄宿。苏东坡在《题罗浮》中记：绍圣元年九月二十六日，东坡翁迁于惠州，舣舟泊头镇。明晨肩舆十五里，至罗浮山。因此，园洲泊头是苏东坡寓惠初地。

新中国成立后，行政区域有所调整。河南区（园洲）原属东莞县，因农田灌溉和水利统筹建设原因，于1959年3月划博罗县管辖。河北区（九潭）一直是博罗辖地。2003年12月，九潭撤镇并入园洲镇。2016年，全镇设27个村委会，2个社区，94个村民小组；全镇21975户，153351人，其中非农业人口7367人，占总人口的4.8%，户籍人口71874人。汉族人口占总人口的99.7%，散居的少数民族有苗族、布依族、蒙古族、瑶族、土家族、藏族、仡佬族、傣族、朝鲜族、壮族，共25人。全镇有235个姓氏，人口较多的十大姓氏依次为：梁、陈、朱、徐、李、黄、曾、谭、翟、刘。改革开放后，由于第二、三产业迅速发展，吸收了许多外来劳动力。外来人口从1990年的2万人增至2016年8.14万人，占常住人口的53%。

二

园洲自然条件良好。位于东江中下游北岸，属珠江三角洲外缘的江河冲积平原，平均海拔6.8米左右。地势从东南向西北部倾斜，中部稍低，呈锅形状，中间有台地。东北部多为坡地丘陵，其他地区均为平原。东江由东向西流经镇域南部，流域面积15平方公里；沙河干流和支流贯穿镇中心，分别自东向西和由北向南注入东江，流域面积77平方公里。园洲属亚热带季风气候区。常年主导风向为西南风，夏季高温多雨，冬季温暖干燥，年均气温24℃，极端最高气温39.3℃，极端最低气温1.4℃。年平均日照时数1833.626小时。雨量充沛，年均降雨量为1700毫米，无霜期350天左右，为各种作物生长提供良好的条件。水资源丰富，年平均水资源总量达13.5立方米，人均水资源量1.93万立方米。2016年年底，镇域土地总面积为11096.2公顷，人均土地面积0.15公顷（按户籍人口计算）。其中农用地面积6718.0公顷，占土地总面积的60.54%（耕地3326.8公顷，占土地总面积的29.98%）；建设用地面积2416.9公顷，占土地总面积的21.78%；其他土地面积1961.3公顷，占土地总面积的17.68%。土地利用率为91.39%。土地开发强度21.78%。

园洲地理位置优越，且交通便利。50公里半径内有石龙、博罗、增城、东莞，100公里半径内有香港、广州、深圳、惠州等城市。广惠和从莞高速公路纵横镇域；流经境内的东江、沙河，曾经是博罗县水运的黄金通道。四通八达的交通网络，为镇域的物流和人流提供了方便。

园洲又是著名的侨乡，有华人华侨和港澳台同胞6万多人，是博罗县中有较多华侨和港澳台同胞的镇之一。改革开放以来，广大华侨、港澳台同胞热爱家乡，积极捐款捐物，大办公益事业，回乡捐资办厂，为园洲镇两个文明建设做出了积极的贡献。

三

新中国成立前，园洲贫困落后，人民生活艰辛。新中国成立后，在中国共产党和人民政府的领导下，经过土地改革、农业互助合作，农业生产力初步得到解放，农村经济发生了巨大的变化。在三年国民经济恢复时期，镇域的粮食产量逐年增长。尔后，由于“大跃进”、人民公社化运动，农村经济受到了严重挫折。加之自然灾害的影响，从1959年起粮食连续减产，1961年，河南区粮食播种面积57887亩，总产量4903吨，亩产85公斤。

1961年后，实行“调整、巩固、充实、提高”的方针，逐步纠正农村工作中“左”的错误，贯彻执行以“农业为基础，工业为主导”的发展国民经济总方针，把发展农业放在首位。同时实行减轻农民负担和增加收入的具体政策，对粮食实行加价奖励的办法，调动了农民的生产积极性，扭转了“大跃进”造成粮食产量下降的局面。1965年，河南区粮食播种面积63359亩，总产13726吨，亩产217公斤。总面积比1958年的65366亩减少2007亩，但总产量比1958年的7927吨增加5799吨，亩产比1958年的121公斤提高96公斤。

1966—1970年， 因“文化大革命”的影响，粮食生产停滞不前，亩产在200公斤徘徊。1970年以后，实行三级所有制为基础的制度，坚持按劳分配政策。1973年后，发动群众大搞农田基本建设，整治田间排灌系统，改造低产田。1975年，农田基本建设形成高潮，增加了旱涝保收、高产稳产农田面积。1977年，河南区粮食播种面积达73227亩，总产20190吨，亩产275公斤。1965—1977年平均亩产增52公斤，粮食生产发展缓慢，粮食供需紧张状况未得到改善。

1978年冬，开始对农村经济体制进行改革，实行农业生产承包责任制。1980年，基本实行家庭联产承包为主要形式的生产责任制。把按劳分配原则落实到实处，极大地调动农民的生产积极性。积极引导广大农民解放思想，更新观念，根据市场需求调整优化农业产业结构，大力推广“科技兴农”，改进农业耕作技术，大力发展多种经营，促进农业生产和农村经济发展。1983年，全镇粮食播种面积115003亩，总产32056吨，亩产279公斤，人均粮食占有量703公斤，基本上解决了农民的温饱问题。1984年后，农业生产稳步发展，1987年，粮食亩产315公斤；农业总产值从1978年的3564万元（90年不变价）增至5449万元，增长52.89%。

20世纪90年代后，园洲镇把握发展机遇，充分发挥地缘、人缘和资源优势，大力发展农业招商引资，发展外向型农业。同时，根据市场的变化和镇内实际，进一步调整优化农业产业结构，大力发展“三高”（高产量，高附加值，高科技含量）农业，大力推广科学技术，扎实开展各类农业基地建设，稳步推进农业产业化经营，高标准、高质量地建设农业综合示范区。至1999年，粮食总产量增至29393吨，比1977年的20190吨增长45.58%。

2000年后，全镇农业基地化、规模化、集约化生产发展迅速，“公司+基地+农户”的产业化经营模式不断扩展，建成一批优质粮、水果、水产、花卉、蔬菜、畜牧业等“三高”农业生产基地，初步形成区域化布局、专业化生产、社会化服务、产业化经营的农业发展新格局。与此同时，一方面随着工业和房地产业的兴起，农村耕地面积逐年减少，另一方面粮食增产，谷价下跌，谷贱伤农，少部分农户转产经营，粮食生产下降。2016年，粮食播种面积31509亩，比1979年的75574亩减少44067亩，粮食总产从1994年的23955吨减少至32761吨。虽然粮食面积和总产减少，但农业总产值大幅度增加。2016年，农业总产值37303万元，比1977年的12808万元增加24495万元，增长65.66%。

园洲镇属平原地区，林业生产没有优势，但水果、渔业和牧业既有传统的管理模式，又有现代的经营特色。进入21世纪后，已从一个传统农业模式初步转成渔、畜、果“立体式”农业雏形。园洲镇水果种植种类较多，历史上栽培面积较大的品种有荔枝、龙眼、香蕉、柑橘等。园洲荔枝种植有近千年的历史，始于宋，到了明代，植荔之风一时称盛。过去，博罗境内有“田头荔枝，仍图杧果，博罗黄皮”之说，园洲镇田头村以种植历史悠久、规模大、质量好而享有“荔枝之乡”美誉。1986年，全镇水果面积达14010亩（河南9799亩、河北4211亩），总产2958吨（园洲2584吨、九潭374吨），面积和总产为博罗县之冠。2000年后，由于城镇建设和工业发展的步伐加快，水果种植面积逐年减少，至2016年，水果面积仅有7884亩（河南3068亩、河北3181亩），总产8669吨（河南3891吨、河北4778吨），面积比1986年的14010亩减少6126亩，减少44%，但总产量比1986年的2958吨增加5711吨，增长193%，产量增加的原因是香蕉种植面积的增加和产量的提高。

中共十一届三中全会后，渔业生产实行多种经营，推广多级轮养、混养、密养、精养等先进技术，引进优良新品种。养殖面积和产量大幅度提高，1995年，全镇淡水养殖总面积5814亩，产量1907吨。2010年，养鱼面积11086亩，总产4065吨，面积和总产分别比1995年增长90.7%和113.2%。随着工业和城建的发展，鱼塘面积有所减少，但总产增长。2016年，养鱼面积9586亩，总产达4554吨，面积比2010年减少13.5%，总产比2010年增长12.1%。

兴修水利，提高防御旱、涝灾害的能力，改善农业生产条件。新中国成立前，镇域仅有2条高1～2米的防洪堤围。水利建设时兴时废，防御能力微薄，旱涝灾害频仍，且交错发生，给园洲人民带来深重灾难，流传着“三天下雨水汪汪，三天无雨地冒烟”的民谚。1915—1947年的32年间，东江堤围5次崩决，沙河堤决堤次数多不胜数。新中国成立后，园洲的水利建设实行旱涝并治。水利工程从无到有，从小到大，从单一到多功能，逐步形成了灌溉、供水综合体系。全镇筑东江、沙河、东博、增博堤围79.4公里；筑排洪渠堤15.2公里；挖排洪渠道53.92公里；筑灌渠30.7公里；建设电动灌站11座，装机11台，容量186千瓦；建东江、沙河水闸17座；兴建电排站8座，装机38台，总容量9950千瓦，总流量129.8立方米/秒。水利建设的不断投入和完善，提高了对自然灾害的防御能力，结束了 “大雨大灾、小雨小灾、无雨旱灾”的历史，园洲的农业实现旱涝保收、高产、稳产。

工业迅速崛起，成为镇域的主导产业。园洲的工业发展始于20世纪50年代后期，先后发展缝纫、铁木农具、砖瓦、副食品加工、制糖等一批工业，初步改变了园洲无工业的状态，形成了“三级所有”（公社、大队、生产队）以农业生产服务为主的工业格局。然而，由于受人的思想观念约束和地理环境的制约，特别是受“文化大革命”的影响，园洲的工业寥若晨星。1979年年底，镇域有社队工业企业25家，固定资产值820万元，从业人员300人，工业产值80万元。

中共十一届三中全会后，努力改善投资环境，以“三来一补”企业（来料加工、来件装配、来样加工、补偿贸易）为突破口，以乡镇企业为依托，大力发展对外加工业。1981年港商梁焕金在园洲人民公社会场兴办第一家“三来一补”园洲毛织厂。1982年，引进园洲第一家制衣企业华园制衣厂。1984年，园洲籍港商梁美婵回乡兴办园洲第一家塑胶厂——嘉华塑胶厂。1986年2月，园洲镇政府与香港惠联贸易公司合办惠园染织厂。至1990年，园洲工业从无到有，从小到大，初步形成了电子、染织、服装、毛织、塑料、玩具、五金、建材、木器制品的工业生产体系。1990年，河南区工业发展至247家，总产值达2495万元，比1980年增长21.1倍。至1999年，河南区实现工业总产值8.9亿元，比1979年增长1000倍。三大产业的比重由1979年的98.3:0.1:1.6调至1999年的14.8:77.9:7.3，实现了农业镇向工业镇的转变。

2000年后，随着镇域投资环境的日臻完善，在“外向带动、工业立镇”的发展战略带动下，凭借优越的投资环境和优质高效的服务，吸引了众多投资者，形成了以服装、染织、电子、印刷为主导的四大工业产业。为了营造更为完善的投资环境，园洲镇兴建了上南、刘屋、下南、深沥、新世纪、富园、梓阳、丰平工业园等20多个工业开发区，形成了带状式的工业走廊，让工厂企业集聚发展。服装产业一直是园洲的支柱产业，2005年，园洲镇被正式批准为“广东省制衣技术创新专业镇”，2009年被中国纺织工业协会、中国服装协会评为“中国休闲服装名镇”（并于2013年顺利通过复评），是全国纺织服装产业集群试点地区之一，2012年被评定为“广东省服装产业转型升级重点培育集群”。先后荣获“广东省专业镇建设先进单位”“广东省专业镇建设优秀示范单位”等称号和“服装产业推动大奖”“区域品牌推动大奖”等荣誉。发展至今,服装产业逐步形成了集纺织、印花、制衣、水洗、漂染及辅料于一体的完整的服装产业链，成为具有一定影响力的产业集群。

2005—2016年，镇域（包括河南区、河北区）工业实现了新的飞跃，工业总产值从2005年的26.4亿元增长到2016年的227.29亿元，增长760.94%；全社会固定资产投资快速增长，2005年为14.6亿元，到2016年为37.74亿元，年均增长16.73%。从企业数量看，11年间企业数由750家增长到1216家，增长62.13%

至2016年，园洲镇的工业已经形成了以轻工业门类为依托、以外向型工业为导向、以乡镇企业为基础、以民营企业为骨干、以高新科技为动力、以集聚发展为抓手、以品牌效应为龙头的发展新格局。2003—2016年园洲镇工业平均发展速度为19.87%。

1979—2016年改革开放的37年，是园洲经济社会快速发展并取得举世瞩目成就的时期。经济总量快速增加，产业结构日渐合理。1979年，全镇国内生产总值4.61亿元，2000年分别增至42.13亿元，2016年达242.5亿元，2016年分别比1979年、2000年增长52.6倍、5.7倍。

在经济不断发展的同时，各项事业快速发展。

电信事业发展迅速。1949年，园洲没有邮电部门，没有电话。新中国成立后，办起了邮电机构，并逐步增添和更新各种邮电通信设备和电子设备,邮电业务由原来的的报刊收订、汇兑等简单业务发展到电报、真迹传真、快件速递、有声信函、传呼机、互联网等业务。至2016年，镇域邮路总长300公里（单程），程控电话和移动电话用户分别为3.5万户、8万户，全镇住宅电话普及率、可移动电话普及率分别达90%。

交通建设突飞猛进。园洲公路建设始于20世纪60年代末期，至1980年，开通了博园公路（县道216线，龙溪礼村横埕至上南）、福园公路（县道195福园线）、石石公路（县道193线，石坳—石龙），总长达57.885公里。1991年7月，投资1250万元的石洲大桥建成通车。2006—2012年，总投资二亿多元，实施“四桥四路”（东坡大桥、禾安大桥、振兴大桥、龙江东江大桥和东坡大道、禾安大道、振兴大道、环城北路）工程。2004—2016年，围绕“省补投资，群众筹资，社会捐资赞助”的思路拓宽筹资渠道，全方位、多层次筹措农村公路硬底化改造，建设资金2000多万元，保障了硬底化改造工程的顺利实施。全镇公路总里程156.004公里，形成了四通八达的综合路网体系。到2016年，实现公路水泥硬底化，村村通车。

供电、供水、供气日臻完善。2016年，全镇用电量达120003.4946万千瓦时，其中工业用电98176.1313万千瓦时，占81.8%，比2003年增长4.3倍。2016年，全镇2家水厂日供水能力16.5万立方米，用水人口约20万人。2016年，镇域有煤气供应站21个，年供燃料2590吨，每瓶90元，普及率达97%。

镇村建设日新月异。城镇规划和建设迈开了新的步伐。镇域布局从1994年开始制定“功能分布与形象设计有机结合；确保道路、绿化、给排水三配套；功能、环境、造型三统一；生态、景观、格局三协调”的发展思路，构建现代、文化、生态城镇。形成以和安大道、福园公路、东坡大道为三轴，以环城北路、振兴大道、园洲大道、沿江路为四线，以河南区、河北区为双中心的“三轴四线双中心”城镇结构。控制性规划布局扎实推进，进一步充实和完善，无序建设成为历史。园洲城乡建设和布局日趋科学，宜居、宜业、宜游城镇魅力日益凸显。

商业、金融的作用正日益显现。新中国成立后，一改私人开设店铺和钱庄的局面，发展国营商业，逐步建立相应的国家金融机构，兴办供销合作社和信用合作社。至1956年，基本形成了国营商业、供销合作社、合作商店、公司合营商业和个体商业等多种经济成分并存的统一市场。供销社成为农村商品流通的主要渠道，商业网点遍布乡村，流通领域扩大。1978年起，改革原来以“统”为特征的商业体制，开放集市贸易，发展横向联合，个体商户崛起，市场日趋繁荣。2016年，全镇商品零售额达6.2亿元，比1978年的 1.25亿元增长4倍，比1985年增长1.3倍。

财税管理体制逐步完善。长期以来，镇内贯彻 “取之于民，用之于民”的原则，执行“发展生产，保证供给”的财政经济工作方针，达到财政预算的收支平衡并略有结余。

教育源远流长。新中国成立前，能进书院、私塾受教育者为少数。民国时，推行“国民教育制度”，兴办私塾学校。新中国成立后，特别是中共十一届三中全会后，园洲的教育事业发展迅速。2016年，全镇在校学生共30243人，占总人口的19.75%，儿童入学率100%，幼儿园18所，入园儿童5737人。全镇有中学2所，小学24所，教师1532人。形成了含幼儿教育在内的公立、民营体制和普通教育、成人教育、业余教育相结合的教育体系。2008年，园洲被评为“广东省教育强镇”。

群众性文化艺术活动欣欣向荣。20世纪50—60年代初，镇域有部分村庄组建文娱组和曲艺社，开展“唱粤曲、演大戏”活动。1968年后，兴办有线广播；1980年后，发展广播电视事业。2016年，电视覆盖率100%。镇、村两级重视文化建设，筹集资金兴建文化中心、文化广场、公园、文化室、老人康乐中心。上南、下南、刘屋、李屋、江头、沥西、九潭居委等村（居）委重组曲艺社。人民广场经常有大型文艺演出和歌、剧、舞比赛，广场舞遍及城镇和乡村，镇域的文化生活丰富多彩。粤曲（剧）表演成为园洲一张文化名片。有各种学会、协会、研究会17个，会员500余人。

医疗卫生事业蓬勃发展。新中国成立前，镇域的医疗卫生条件差，广大群众长期陷于缺医少药的困境。新中国成立后，园洲的医疗卫生事业得到快速发展。镇内有园洲、九潭两所新卫生院，共有医卫技术人员202人。至2016年，园洲镇共有乡村卫生站和医务站45所，改变了昔日乡间缺医少药的状况，初步形成了功能齐全、方便群众的医疗卫生网络。

群众性的体育活动活跃。不断加大体育事业的资金投入，修建运动场地，增设体育设备，发展体育事业。篮球、足球、长跑、登山、乒乓球、羽毛球等群众性体育活动逐步兴起。镇域文体活动活跃，逢省、市、县举办运动会，必组织参赛。2010年11月，园洲男子篮球队参加广东省“万村篮球赛”，获得博罗赛区和惠州赛区的冠军；2012年10月，获得博罗县第八届运动会男子篮球赛冠军。卫生条件改变，文体活动活跃，加上人民生活水平不断提高，使园洲人民健康长寿。2010年第六次全国人口普查，人口平均年龄73.58岁，其中男性70.53岁，女性76.64岁。近年来人口增长速度明显减缓，1982—2016年人口自然增长率从17.58‰降到6.01‰，下降了1.157个百分点。

经济条件的不断改善，人民群众生活逐年改善提高。20世纪80年代，已有人成为“万元户”（年收入一万元或以上的家庭）。1990年，农村人均纯收入1125元，比1980年增加887元，增长3.7倍。2016年，农民人均纯收入14761元，比1990年的1125元增加13636元，增长12.1倍。职工工资36000元，比1990年的3000元增长12倍。1990年年末，城乡居民储蓄存款余额3661.3万元，比1980年增长21.8倍，人均储蓄余额1330元。2016年年末，城乡居民储蓄余额578423万元，人均储蓄余额8.12万元。

2000年以后，国营企业、公私合营企业和集体企业职工领取一次性“解除合同补贴”后下岗。下岗后的职工或到工厂当工人，或自己创业。下岗再就业的职工月收入1800～2300元，2010年以后，普遍增至3000元。自己创业的下岗职工经营建筑业、餐饮业、办制衣厂、制衣加工作坊，他们的收入比当工人时更丰厚。城乡住房更新发展迅速，城镇居民居住面积从1978年的10平方米增加到2016年的35平方米，农村居民人均居住面积从1978年的15平方米增加到2016年的46平方米。全镇建立和健全了多项目、多层次的社会保险制度。2016年，全镇共有109420人，分别参加了养老、医疗、工伤等项保险。社会保险覆盖面扩大到个体、私营和外资企业，基本实现规范化管理。

人民群众的衣着款式从原来的唐装，不断更新为列宁装、中山装和现在的时尚西装。20世纪70—80年代普及的“四大件”（又称三转一响，指手表、自行车、缝纫机和收音机），现在的摩托车、洗衣机、电视机、空调机、电冰箱等高档消费品已进入普通家庭。2016年年底，全镇有摩托车21560辆，户均0.98辆；有小轿车2300辆，户均0.36辆。在有车一族中有大量的豪华车。

四

园洲人民富有光荣的革命传统，在各个历史时期中，为真理、正义，为反抗外来侵略、保家卫国，为人民的翻身解放，做出过重大的贡献，无数英雄儿女用生命和热血写下了壮丽的革命篇章。民国时期，受大革命和土地革命的影响，加之东征军对革命的宣传和中共地下党组织的发展，园洲农民运动掀起了高潮。

抗日战争时期，随着抗日救亡运动的兴起，形成了国民党武装、中共游击武装和民间自卫武装三方共同抗日的局面。抗日战争进入相持阶段后，东江纵队在园洲地区建立起税站、地下交通线，并经园洲挺进罗浮山开辟根据地。东江纵队北撤后，留守的武装力量继续进行隐蔽斗争，支持中国人民解放军粤赣湘边纵队的活动。

在近、现代革命斗争中，镇域许多仁人志士投身革命洪流，献出毕生精力，甚至宝贵生命。

清宣统元年（1909年），李文甫参加的同盟会。宣统二年（1910年）2月，李文甫跟随孙中山闹革命。1911年4月27日（农历三月二十九日）参加广州的革命党人起义，在黄花岗之役中，足部受伤，仍奋不顾身掩护同志外撤而被捕。翌日被押往黄花岗刑场，从容就义，壮烈殉国，英年21岁，为黄花岗七十二烈士之一。

李源于民国10年(1921年)秋加入中华海员工业联合总会，民国11年（1922年）1月参加香港海员大罢工，民国14年（1925年）秋加入中国共产党。民国16年（1927年）12月，李源任中共广东省委特派员、省委委员，并率领广州工人赤卫队参加震撼中外的广州起义。2月下旬任中共广东省委常委，并代理省委书记，不久任中共广东省委书记。同年6月，李源在中共六大被选为中共中央委员。秋末，李源在从丰顺往大埔途经三河坝渡口时不幸被捕，被捕后，他坚贞不屈，坚决保守中共组织和游击队机密，最后英勇就义，时年24岁。

陈志仁，民国13年（1924年）参加中国共产党，领导学校爱国学生运动。民国14年（1925年），陈志仁毅然投笔从戎，7月考入黄埔军校。10月参加南征讨伐追歼广东南路军阀邓本殷。民国15年（1926年）随军北伐。在汀泗桥的总攻中，冒着枪林弹雨抢救伤员。民国16年（1927年）回到家乡，组建“同盟协会”和建立农民武装军事训练队。民国17年（1928年）当选为中共石龙市委常委，任宣传科科长兼士兵委员会主席。同年6月，陈志仁奉命策动国民党驻军起义， 6月24日早上在石龙公园的八角亭被捕。敌人软硬兼施，使用各种酷刑，陈志仁宁死不屈。6月27日凌晨，陈志仁在石龙火车站的高地上英勇就义，时年仅22岁。

冯加胜，1965年12月加入中国共产主义青年团，1970年1月参加中国人民解放军，1970年6月加入中国共产党，任解放军某部一营机枪连连长。服役期间，曾获嘉奖3次，荣立三等功2次。1979年2月，冯加胜参加中越边境自卫还击作战。27日早晨，冯加胜带领战士冲向敌阵地时，头部中弹，壮烈牺牲，时年29岁。冯加胜牺牲后被追记二等功。

这些先烈，为了革命事业，前赴后继，不怕牺牲，谱写了一部壮丽的革命斗争史诗。革命先烈的光荣传统和革命精神永远激励着园洲人民，是园洲宝贵的精神财富，是发展园洲的强打精神动力。

五

人杰地灵，物华天宝。新中国成立后，尤其是中国共产党十一届三中全会以来，园洲镇经济、文化的发展速度是前所未有的。在物质文明建设和精神文明建设中取得的成就是巨大的。2016年，园洲镇荣获“广东省百强镇”和“全国综合实力千强镇”称号。

然而，在快速发展中仍存在着不少困难和问题：经济发展不平衡，河北区发展较缓慢；一些基础设施还不能适应经济发展的需要；产业结构不尽合理；缺少自己的骨干企业，拳头产品少；一些企业管理不善，经济效益不理想，经济攀升后劲不足等，这些都不同程度地制约着园洲的经济和社会发展。

“以铜为镜，可正衣冠，以史为镜，可知兴废。”园洲镇在新中国成立后的67年中，既有顺利、成功的喜悦，也有挫折、失误的痛苦。园洲镇7万人民和各级领导者，定能从自身经历中吸取教训，吸收营养，为建设有中国特色社会主义做出应有的贡献。

大事记

新石器时代

5000年前 马嘶和上南已开始有人类活动的足迹。从挖掘的马嘶村遗址和上南村遗址的文化层判断，属新石器时代晚期的贝丘遗址，发现有石锛、石环、残石器、骨镞、陶器。以夹砂黑陶、红陶为多。有灰、红色软陶出现，也有磨光红、灰陶。纹饰有绳纹、篮纹、曲尺纹、方格纹、云雷纹等。完整器有纺轮，为惠州市已发现13处新石器时代遗址中的两处。

周

东周年间（公元前770—476年） 田头塘角村梅花墩发掘出颇具规模的龙窑窑址。经考证，是县内乃至附近一带掌握有最先进烧制陶瓷工艺技术的窑址。该窑址是广东发现年代较早的一座龙窑。

南北朝

园洲河北区（九潭）已有人类活动的足迹。两晋南北朝时期，石龙沙洲与园洲、石碣一带沙洲露出水面。

唐

园洲河北区（九潭）商品交易开始频繁。

五代

南汉乾和年间（943—958年） 泊头古镇（在今园洲镇义合村）村民为防山洪而筑建泊头山堤。

宋

北宋绍圣元年（1094年）九月 苏东坡左迁为宁远军节度副使，迁居惠州。23日，苏东坡携家眷从广州向惠州进发。26日，经东江水道取沙河，入古水道槎溪，后舣舟登陆九潭墟镇以东一公里的泊头墟码头。27日晨，登罗浮山。

南宋淳祐五年（1245年）五月 镇域连续阴晦，台风引起东江暴涨，12月初，连降三日大雪，地面积雪尺余。

元

元至治二年（1322年）九月 全镇地震。

明

洪武四年（1371年） 建石湾巡司署，辖仙福、神护、仙都三都十一个图，管属的51个村（约），含今属园洲镇河北区的赤沥约、新村约、泊头约、佛岭约、凤屯约（今凤山村）等。

永乐十二年（1414年） 知县昌祚在原泊头山堤基础上，修建成泊头登山堤。现为义合村张屋旧址。

正统五年（1440年） 知县赵沣修建县署，四都增建学舍。四都为铁治（在今仍图镇）、仙福（在今园洲河北区）、新集（在今公庄镇）、罗溪（在今泰美镇）。

嘉靖、万历年间（1522—1620年） 博罗全县划为十都、四十九里，仙福都辖五里，主体为今园洲河北区（九潭），含石湾、福田、龙溪、龙华一部分。

万历三十二年（1605年） 五月二十八日丑时，大地震，连震三日，其后六、七、八、九、十、十一月均有微震，园洲、九潭均有震感。

万历四十六年（1618年） 十二月六日，镇域连续降雪三日，本邑罕见，此后多年丰收。

崇祯二年（1629年） 园洲镇河南区为东莞县辖地。园洲镇河南区是由东江、沙河冲积成各小洲，逐渐连成片而成。居民大都由东莞迁徙而来，在此耕洲定居。

崇祯年间（1628—1644年） 博罗全县划为六坊、十都、四十八图，仙福都辖五图，主体为今园洲河北区（九潭），含石湾、福田、龙溪、龙华一部分。

清

光绪七年（1881年） 博罗全县划为十都、四十九里，园洲镇河北区（九潭）仍属仙福都五里。

光绪三十四年（1908年）春 海潮昼夜三至。5月，广州大水，东江尤甚。园洲上下游俱成泽国。

宣统三年（1911年）4月28日 跟随孙中山先生闹革命的李文甫（园洲菉兰李屋村人）在参加广州新军起义时，足部受伤不幸被捕，从容就义，壮烈殉国。为黄花岗七十二烈士之一。

清 东莞县派左哨游击（军官职称）率领兵丁千人驻石龙，防守菉兰、梁家村（属今石碣）。

清 清沿明制。清代在石龙头设游击署和千总署。千总署管理石龙镇。游击署管理范围为石龙的外围，西至梁家村，东至园洲菉兰，并在菉兰李屋设厘金所。

清 石龙讯设在石龙讯地。负责管水上交通，水上治安等事宜。设把总，下有双桨、四桨艇数艘。兵近百人。负责园洲下南至石碣梁家村的东江河段治安事宜。

中华民国

民国8年（1919年）冬 广东军政府拨海关6万元余款修建马嘶水闸及附近堤围。由广东治河处曹汝英率正工程师柯维廉等督办。1921年竣工。

民国9年（1920年） 园洲已有桑蚕生产，而且有一定规模。

民国10年（1921年）年底 孙中山在东征期间，曾游览罗浮山。同行有夫人宋庆龄，廖仲恺及其夫人何香凝。一行人从广州乘小汽船，沿东江溯流而上。经石龙镇，入博罗县泊头圩（在今义合村），转石坳到横河圩，再乘轿至罗浮山冲墟观。

民国15年（1926年）夏 中共惠州地委和香港党组织分别派温良、郭华等人到博罗城和园洲菉兰（时属东莞县）建立党组织,开展农运工作。是年冬，菉兰设立党小组，李养任组长，成员9人，隶属东莞石龙党组织。

是年秋 园洲菉兰、寮仔、李屋、梁屋等村先后成立农协会，会员近千人。

民国16年（1927年） 博罗先后发生了镇压蓝田农会的“四一七”事件和菉兰大屠杀事件。革命形势进入低潮。是年冬，中共党员陈志仁回到园洲，与隐蔽下来的中共党员李养、陈坤等4人，重新恢复中共园洲地区党组织，在博罗西部地区开展革命活动。

民国17年（1928年）1月 共产党员陈志仁回乡开展武装斗争。在园洲菉兰寮仔村组建石龙市委，任市委书记。

是年2月 隐蔽在园洲菉兰的中共党员李养、陈坤、罗群、李引田、李九女等人，在陈志仁的领导下，在马嘶、上南、下南、菉兰等地组织农军，开展武装斗争。

是年春 国民党军队以查窝藏黑枪案为名，派一连军队围攻阵村曾屋村，因天黑方向误差而与阵村任屋村联防队员和村民发生交火，结果造成任屋村阵亡107人，伤70人，国民党军队死亡32人，重伤23人的特大惨案。

是年6月 石龙市委机关从园洲寮仔迁至石龙镇，策划石龙暴动，配合第一次广州起义。石龙市委派人深入国民党石龙驻军，策反士兵起义，并组织农军敢死队，接应起义士兵。24日，陈志仁在石龙公园与罗群等接头时，不幸被捕。27日凌晨，被杀害于石龙火车站止轩亭侧。

是年9月 原中共广东省委书记李源（园洲禾山村人）前往潮汕、兴梅地区指导工作时，在大埔三河坝不幸被捕，英勇就义。

民国26年（1936年） 国民党抓壮丁以补充兵源，打死阵村曾屋数人。

是年（1937年） 抗日战争爆发后，园洲、九潭地区部分村庄纷纷组建农抗会或农会，各地农抗会（农会）与其他群众团体一起开展抗日救亡运动，推行“二五减租”（抗日战争时期中共实行的一种政策，即农民向地主交租一律减少原租额的25%）。

民国27年（1938年） 10月17日 原石龙中学校长莫公璧（园洲龙叫人）率领部分教员和学生赴粤北抗战，途中遇敌机轰炸不幸殉难。

是年 博罗县划为十三区、十八乡。第十二区的礼仪乡以九潭为中心，管属赤沥、沙迳、白沙、佛岭、新村、前矛冈、泊头、凤屯、榕树墩、梁屋田、李下堡、陈牙冈、曾谱围、茶沥、黎冈、冈头岭、蒲江岭、聚和、黄茅岭、马石冈、大岭冈、龟岭、何木围、上村、木杓岭、塘角岭、长冈头、长宁湖、十排场、硬塘湖、水口埔、平浦岭（余缺）。

是年10月16日 为抵挡大亚湾登陆的日军入侵广州，原驻宝安的国民政府军第一五三师钟芳峻旅两个团奉命从广九路东调，于17日到达九潭一带抗击沿广汕公路西进的日军，18日拂晓前部队在福田布防，随之与日军先遣队发生了福田之战。

是年10月30日 日军侵占石龙。黄家山农民在仙溪小学教师、中共地下党员卢仲夫等人带领下，沿岸抗击日军。黄家山被日军烧杀数天，日军沿江搜捕至园洲一带。

民国32年（1943年）春 东江一带发生历史上近百年罕见大旱灾，民众四处逃荒。

民国33年（1944年）3月 阮海天部六十余人，在铁场袭击县警第二中队队部，全歼敌人，俘伪中队长及官兵五十余人并两次击退日军对园洲上南、下南的扫荡。

民国34年（1945年）3月 李潮的“抗红义勇军”营长陈珠(南光)率众四十余人，在九潭起义。

是年5月 东江纵队独立第六大队政治委员曾文奉命率大队一百三十余人在九潭圩英勇反击日军骑兵队与伪军李潮部的联合进攻，给以沉重打击，确保部队突围和安全转移。

是年7月 在中国共产党的领导下，长宁平埔岭组建博罗县抗日民主政府，韩继元任县长，九潭等十多个民主乡政府也先后成立。

是年8月15日 日军宣布无条件投降。10月1日，新一军88团到石龙接受日军投降，园洲光复。

是年 时称“九仔潭”的九潭复用“罗埠圩”一名。

民国36年（1947年）6月10日 发生特大洪水，东江堤廖尾段崩堤，博罗水文站水位14.15米，镇内洪水吞没80%的农田。导致灾民卖儿卖女，四处逃荒。

是年 朱敬修等人于1943年创办的上南小学被东莞县定为“圆洲乡第一中心国民学校”。

民国37、38年（1948年至新中国成立前夕） 东莞分为6个区、58个乡、3个乡级镇、1405保。其中设园洲乡，30保（保甲制），隶属于东莞县第二区，辖土瓜圩、禾山梁屋村、禾山朱屋村、禾山林屋村、禾山李屋村、田头村、马嘶村、岭贝村、龙叫村、桔头村、淡岗村、磡头村、廖尾村、上南村、上南村园和圩、上南鹤佬寮村、下南刘屋村、下南陈屋村、菉兰岗头村、白耀前村、高头村、李屋村、赤岗村、陈村、沙头村、深沥村。白马围村则隶云山乡。

20世纪40年代 田头村开始种植油菜，开创博罗县种油菜先河，以后逐步扩大到博罗沿东江地区。

中华人民共和国

1949年

8月19日 河南区（园洲）解放。9月10日，中共东莞第七区委（企石）成立，辖区含园洲、茶山、企石、石排等乡，后改为第六区。

10月17日 东莞全境解放。至1952年12月，全县仍辖9区、3镇，但76个乡划为223个小乡。园洲镇河南区隶属第六区，分上南、马嘶、菉兰、下南、田头、丰平（含阵村、沙头、深沥）、桔头6个小乡。

1949年12月 博罗县内划分为5区、1镇。河北区（九潭）释九潭、东博两乡，受第五区所辖。

是年 设园洲乡，属企石区。朱文光任乡长，乡政府初设土瓜圩，后迁至上南“洋楼”。

1950年

划分区人民政府。辖云山(燕窝、黄家山)、和平(石排)、民主、丰乐(桥头)、大同(谢岗)、东莞县园洲共6个乡，组成东莞县第七区。

是年 园洲开始使用机械动力设备，最早建有马嘶大光米机，有20匹马力电动机一台，每小时加工大米1000公斤。

1951年

秋 复办的罗浮中学由冲墟观迁往九潭乡赤沥村的徐家祠堂，曾炎任校长。

1951年至1952年年底 园洲实行土地改革，村民分得土地。

1952年

7月10日 博罗县的区乡行政管理制度由原来的大乡管理制改为小乡管理制，经多次调整后，划分为

11区、33大乡、2镇，九潭、东博两乡受十一区所辖。

1952年冬—1954年春 博罗、增城携手共筑增博堤、东博堤，捍卫耕地面积四万多亩。

1953年

是年3月25日 博罗县原来的11个行政管理区不变，但对33个大乡建制又复为154个小乡的管理体制。园洲河北区（九潭）仍受第十一区所辖。

是年 东莞县第七区改称为第六区。1—3月 在土改复查期间，东莞县原9个区划分为15个农村行政区，仍以数目字顺序作称谓，下辖227个乡。菉兰乡隶第二区，下南、上南、丰平（含阵村、沙头、深沥）、田头、桔龙等乡隶第六区。

1954年

6月30日 东莞县从第二区划出菉兰乡给第六区。

是年 园洲地区开展扫除文盲运动。至1957年结束时，脱除文盲达90%以上。

1955年

9月 东莞县农村行政区改用地名称呼。第六区改名企石区，园洲河南区属企石区。

是年10月18日 博罗县内各区成立区人民政府，各区所辖的乡进行了调整，第十一区改铁场区公所，园洲河北区（九潭）受铁场区公所所辖。

是年 加固园洲东江沙河南堤，以防东江洪水。

1956年

11月12日 撤区并乡，推行大乡管理制，博罗县划分为36个大乡，园洲河北区划为九潭乡。

1957年

3月13日 东莞县开展撤区并大乡的工作，至12月26日结束，成立了37个大乡，园洲河南区称上南乡。

1958年

1月10日 博罗县36个乡并为20个大乡，撤九潭乡，并入铁场乡。

是年5月1日 东莞县第一个人民公社在园洲河南区成立，命名“五一人民公社”。

是年9月 园洲创办园洲农业中学，校址设在上南村北方祠堂。

是年 因兴修水库在显岗段截流，沙河流水减缓，水面缩小。

是年 九潭医院成立，院址在东堤街。

是年10月 五一人民公社改称“园洲人民公社”，社址设在上南（中心小学旧址）。

1959年

4月 中共园洲人民公社第一次党员代表大会在园洲上南举行。大会选举黄伟才为党委书记。

5月 原属东莞县企石人民公社的园洲人民公社划入博罗县管辖。

6月16日 因连日暴雨，东江下游出现历史最高水位9.02米，东江堤岭背至龙叫段（八百多米）决堤。

接着，沙河、东江决堤47处，总长1.7公里，其中100米以上缺口有4处。霎时，河南区成为汪洋大海，淹没农田4.6万亩（不包括河北九潭），农作物全部失收，房屋倒塌7578间（不包括河北九潭），3500亩良田变成沙滩，13838人无屋住。

6月 创立园洲卫生院，医院占地面积3600平方米，院址在下南码头西面。

7月 东江堤马嘶段八一大堤修复工程动工，8月完工。

8月 全县调整为17个人民公社，园洲河北区（九潭）归铁场人民公社，河南区归园洲人民公社。

1960年

3月 园洲出现春旱缺水，造成严重春旱春荒。5月，县委从园洲、龙溪、铁场人民公社抽调6000多名劳动力，在马嘶堵截东江，引水灌溉农田。

9月 园洲中学成立，校园占地面积15亩，建筑面积1500平方米。校址位于下南陈屋祠堂东南面。

9月 显岗水库支流配套工程马嘶七孔水闸建成，设计灌溉面积2万亩。

11月 中共园洲人民公社第二次党员代表大会在园洲公社大会堂举行。大会选举姚若怀为党委书记。

1961年

3月 引显岗水库水入园洲灌溉工程建成。开通北灌渠13公里，南灌渠15公里，受益农田3万亩。

4月 园洲河北区（九潭）从长宁人民公社分出，成立九潭人民公社，社址设在九潭圩内。

8月 创办于1958年9月的园洲农业中学停办。

是年 公社医院改称公社卫生院，设园洲卫生院和九潭卫生院。

是年 输入新丰江电站电力后，园洲公社在全县率先兴建了电力排灌站——和安电排站。

1962年

2月 中共园洲人民公社第三次党员代表大会在园洲公社大会堂举行。大会选举余金陵为党委书记。

10月 开挖园洲中心排洪渠。以后多次裁弯取直，清淤疏通,扩宽渠道，加高堤围、延伸渠道，全长17.95公里。

是年 国家进入国民经济三年困难第三个年头，园洲一些群众因饥饿发生严重水肿病。

是年 在三年国民经济困难时期，园洲公社、九潭公社再次出现逃港潮，近千人逃至香港务工。

1963年

6月 园洲人民公社、九潭人民公社全面通电。

11月 九潭人民公社撤销，并入铁场人民公社。

1964年

6—8月 第一批广州知识青年下乡，538名知青被安置到园洲人民公社、铁场人民公社九潭片区共16个大队。

7月 园洲公社、铁场公社九潭地区发生轻度地震。

9月 铁场人民公社在九潭圩镇的沙河边创办铁场农业中学。

是年 桔头村新挖大水井，建成博罗县农村第一个供水设施，水塔容量100立方米，在村内几个中心点安装水龙头，供村民接水。

1965年

3月 1964年复办的园洲农业中学搬迁，从前村祠堂迁到和安电排站的新校区。
是年 铁场人民公社凤山变电站建成投产，向铁场、园洲、长宁、福田、龙溪、横河等公社输电。

1966年

5月 广州市第二批知识青年下乡，65人被安置铁场人民公社义合村。
6月下旬 连日暴雨，洪水暴涨。25日凌晨，沙河堤九骑篱堤段破堤，造成万亩农田受浸。

1967年

镇域水稻遭遇严重的三化螟虫害，受害水稻面积达4万亩，损失稻谷5000吨。

1968年

7月 中共园洲人民公社第四次党员代表大会在园洲公社大会堂举行。大会选举黄伟才为党委书记。
8月 第三批广州知识青年下乡，被安置在园洲人民公社马嘶、田头、桔龙、禾山、土深、和安、上南、下南、梁屋、李屋大队。
冬 九潭农业中学并入铁场中学。

1969年

9月 园洲农业中学并入园洲中学。

1970年

1月 博罗县改设民兵独立团，下辖4个营，园洲、铁场、长宁、福田4个公社的民兵编成第4营。
是年 园洲人民公社派出200名民兵参加枫树坝蓄水建坝工程建设，时间两年。

1971年

10月 园洲人民公社投入劳动力约1.5万人，整治南、北灌渠。

1972年

6月 铁场人民公社九潭片区赤沥大队新丰移民村安置龙川县岩石人民公社珍贝村四组的移民80户247人。
10月 铁场公社九潭片区佛岭大队先锋移民村安置龙川县岩石公社珍贝村六组的移民25户78人。
是年 桔龙大队于1969年打响的“围海造田”战役，经过4年奋战，完成工程总土方43万立方米，新筑一条高6米、面宽6米、底宽40米、总长2300米的大堤，造田1000亩，改造可耕地200亩。

1973年

3月 铁场人民公社九潭片区马石岗大队长虹移民村安置龙川县贝岭人民公社石马坝村移民32户146人。

9月 以军事化的形式组织农田基本建设民兵专业队，各大队为民兵突击连，园洲、九潭组建18个大队农田基本建设民兵突击连，共有民兵1860人，投入以治水改土为中心，建设旱涝保收、稳产高产的农田基本建设高潮。

1974年

是年 在县城召开博罗县民兵代表大会，园洲人民公社在会上介绍了民兵工作经验。
是年 桔龙大队党支部书记谭始出席广东省访问朝鲜代表团，参观了朝鲜国家建设。
是年 县武装部在园洲人民公社召开民兵“三落实”工作现场会。

1975年

2月 铁场人民公社与华南农学院挂钩，在九潭圩镇（今园洲镇九潭卫生院处）创办铁场农业大学。

1976年

5月15日 博罗县组织各公社分管农业副书记和农业技术人员、各村支部书记，在园洲人民公社桔龙大队召开全县冬种春收（小麦）工作现场会，推广园洲春收工作经验。
8月 为配合县的水利建设，园洲人民公社抽调千余名民兵参加治理杨村河道整治工程。
秋 铁场人民公社在九潭圩镇创办九潭中学。

1977年

8月30日 博罗县第五批农村党的基本路线教育在园洲等公社全面铺开，至1978年年底结束。
1977—1978年 园洲人民公社抽调600名民兵参加惠阳淡澳河排洪工程建设。

1978年

5月22日 经中共惠阳地委批准，原铁场人民公社划出九潭片区，成立九潭人民公社。
7月 铁场农业大学停办。
是年 中共园洲公社第五次党员代表大会在园洲人民公社大会堂举行。大会选举黄光佑为党委书记，梁润文为副书记。

1979年

2月27日 冯加胜连长（园洲镇田头村人）在参加对越自卫反击战的战斗中壮烈牺牲。
9月 九潭中学新校区建成投入使用校园面积2.8万平方米，建筑面积1060平方米。

1980年

4月3日 中共九潭人民公社第五次党员代表大会在九潭公社大会堂举行。大会选举周改为党委书记，黄柱水、梁善忠为副书记。

1981年

11月 农村体制改革，园洲、九潭两地的农村开始实行耕地承包责任制。

是年 园洲人民公社引进港商梁焕金兴办第一家“三来一补”企业——园洲毛织厂。

是年 博罗县政府推广园洲反季节蔬菜种植。70年代后期，园洲已试种“反季节蔬菜”并取得成功。

1982年

12月 中共园洲人民公社第六次党员代表大会在园洲公社大会堂举行。大会选举黎才为党委书记，叶沛贤、徐月镜为副书记。

是年 园洲乡第一中心国民学校被博罗县教育局定为园洲中心小学。

是年 实行一社一所制，园洲、九潭分别设立公安派出所。

1983年

11月 撤销人民公社，恢复区乡建制，园洲、九潭人民公社分别改为园洲区、九潭区。

12月 中共九潭区第六次党员代表大会在区公所召开。大会选举马炼标为镇委书记，黄柱水、梁善忠、苏齐宋为副书记。

1984年

3月 园洲派出所所长朱金福被中共广东省委、广东省政府授予省级“公安战线先进个人”称号。

年底 镇域完成承包责任制调整土地承包工作。

是年 镇域贯彻中共中央〔1984〕1号文件精神，把公社、大队、生产队改为地域性的农村经济合作社。原大队称“经济联社”，原生产队称“经济合作社”。

1985年

是年 河南区建成32座水厂（塔），基本普及农户用水自流化，成为县内第一个实现自来水塔（以村单位）的地区。

是年 九潭陶瓷厂建成投产，日产彩釉墙地砖4.5万块。

1986年

1月 全县改区设镇，园洲区改园洲镇，镇政府驻下南圩。九潭区改九潭镇，镇政府驻九潭圩。各镇管属的大队相应更名为管理区。

2月 园洲镇政府与港商共同投资，港商投资1亿港元，园洲镇府投资658万元，兴建县内最大的合资合作企业惠园染织厂。这是惠州市最早引进的合资合作企业。

是年 九潭镇引进第一家“三来一补”企业——新兴制衣厂，投资金额200万元。

是年 园洲水果种植面积达14010亩（园洲9799亩，九潭4211亩），总产2958吨（园洲2584吨，九潭374吨），面积和产量为博罗县之最。

1987年

3月 中共园洲镇第七次党员代表大会在政府举行。会议选举叶沛贤为党委书记，徐月镜、朱金福为副书记。

是月 园洲镇第八届人民代表大会第一次会议在镇政府召开。大会选举徐月镜为园洲镇人民政府镇长，朱金福、陈美秋、陈浩林为副镇长。

是月 中共九潭镇第七次党员代表大会在镇政府召开。大会选举马炼标为镇委书记，苏齐宋、黄柱水、梁计根为镇委副书记。

是月 九潭镇第七届人民代表大会第一次会议在镇政府召开。大会选举苏齐宋为九潭镇人民政府镇长，梁善忠、温光、梁庆光为副镇长。

7月31日 园洲内涝成灾，2.6万亩农田受浸。

8月 园洲镇在田头岭建成3.5万伏变电站并投入使用。

是年 园洲派出所荣获省公安系统集体一等功。

1988年

12月18日 园洲中学举行第一次校庆活动，庆祝建校28周年。

1989年

4月 园洲镇第八届人民代表大会第二次会议在镇政府召开，大会选举朱金福为园洲镇人民政府镇长，梁美齐为副镇长。

是年 园洲石洲大桥建设总承包合同招标，经公证审定，节约预算500多万元。

1990年

1月13日 于1989年8月动工兴建的、连接沙头新村和九潭河唇街的沙头大桥（石拱桥）通车。麻石、钢材、水泥结构，由5个大孔组成，孔宽30米，大孔与大孔之间有个小孔。桥身长180米，宽7米，高20米，并设有护栏。2012年，桥北端因洪涝倒塌。

3月 中共园洲镇第八次党员代表大会在镇政府举行。会议选举徐月镜为党委书记，朱金福、陈佛发为副书记。

4月 中共九潭镇第八次党员代表大会在镇政府召开。大会选举马炼标为镇委书记，苏齐宋、黄柱水、梁会光为副书记。

是年 石石公路（石湾至石坳）九潭路段（经沥西、沥东、新村、九潭圩、义合、凤山、水口、上村等村居）通车，全长12公里。2007年，园洲镇投资650万元改造为水泥公路。

1991年

3月 园洲镇政府在田头鹅岭岗动工兴建园洲第二中学，校园占地面积80亩。同年9月，首期工程投入使用。

4月4日 园洲与观音阁、九潭与平安等镇互结为友谊镇，在信息、项目、技术、资金等方面互相支持、互相帮助。

4月7日 在广州召开的精神文明建设工作会议上，上南管理区被省委、省政府授予“广东省文明单位”称号。

7月15日 港商李鸿仁投资的园洲镇第一个房地产项目“海港城”奠基。

7月26日 于1990年1月8日动工兴建的园洲镇东江石洲大桥建成通车。大桥1988年12月立项，1989年11月18日动工，1991年7月26日建成通车。工程规模：桥长949米，其中主桥699米，南北引桥150米，桥面宽12.5米，行人道2×1.75米，桥底高程16.53米，南北延伸公路2.5公里，工程投资1800万元。

9月1日 园洲镇普及九年义务教育。

12月24日 广东省文物考古研究所发掘队与县博物馆联合发掘园洲镇田头管理区塘角村梅花墩的春秋时期窑址，出土文物100多件。

是年 园洲镇在刘屋水角建成第一家自来水厂。该水厂投资1200万元，日供水能力一万立方米，铺设管道18公里，提取东江水，解决圩镇1.5万人的饮用水。

是年 园洲中心市场正式开业。市场总投资3280万元，占地面积13300平方米，建筑面积8500平方米，零售档位160个。

1992年

4月12日 博罗县政府确认园洲镇田头管理区塘角村梅花墩春秋时期窑址为县第四批文物保护单位。是年，在园洲镇田头村塘角梅花墩的窑内出土大量的云雷纹、曲折纹、方格纹、菱格凸块纹、动物模型等纹饰装饰陶器。

5月 园洲镇农业技术推广站被广东省农业厅评为先进单位。

10月 园洲镇第九次人民代表大会第一次会议在镇政府召开。大会选举陈锦理为镇人大主席，选举朱金福为园洲镇人民政府镇长，陈美秋、梁美齐、陈锐深、蔡包景为副镇长。

是月 九潭镇第八届人民代表大会第一次会议在镇政府召开。大会选举黄柱水为镇人大主席，选举东齐宋为九潭镇人民政府镇长，梁善忠、温光、梁庆光、黄林生为副镇长。

是年 九潭镇委、镇政府编制16平方公里的新型集镇总体规划。园洲镇委、镇政府编制19.4～20.7平方公里的新型集镇总体规划。

1993年

3月13日 中共九潭镇第九次党员代表大会在镇政府召开。大会选举梁会光为镇委书记，徐容溪、梁善忠、梁庆光、徐树荣、梁锦源、曾国保为镇委副书记。

3月17日 九潭镇第九届人民代表大会在镇政府召开。大会选举梁善忠为镇人大主席；选举徐容溪为九潭镇人民政府镇长，曾锦清、梁继添、徐树荣为副镇长。

3月18日 园洲镇第十届人民代表大会第一次会议在园洲镇政府召开。大会选举陈锦理为镇人大主席；选举朱金福为园洲镇人民政府镇长，陈美秋、梁美齐、陈锐深、蔡包景为副镇长。

3月23日 中共园洲镇第九次党员代表大会在园洲镇党校召开。大会选举徐月镜为镇委书记，朱金福、陈佛发、谭卓坤、吴建华、陈建群为镇委副书记。

是月 于1991年2月动工兴建的园洲宾馆建成投入使用。宾馆投资8600万元，占地面积41000平方米，建筑面积28000平方米，是园洲镇第一家集饮食、旅业、娱乐、健身等项目为一体的大型宾馆。

是月 园洲镇侨联被广东省侨联授予先进集体称号。

11月13日 中共惠州市委授予上南管理区党支部为“红旗党支部”，授予上南管理区党支部书记朱泽南为“优秀党支部书记”。

是年 中国电信在园洲开通模拟移动电话业务。是年，装机1000台。

是年 九潭镇开始普及九年义务教育。

1994年

2月5日 园洲镇人民医院、园洲发电厂、园洲110万伏变电站、园洲大道和福园公路园洲路段等工程举行奠基仪式，市、县、镇有关领导和群众1000多人参加奠基仪式。

4月 园洲镇被评为广东省水利水电经营、管理、效益先进单位。

5月21日 经广东省民政厅批准，九潭、园洲镇被划为革命根据地所在镇。

6月 园洲镇政府投入资金415万元，完成园洲中学第二、第三期配套工程建设。

10月26日 广东省公安厅扫除黄赌毒专业队与惠州市公安局紧密配合，对园洲镇白马围管理区一柑橘园内聚赌人员采取突然袭击，当场擒获聚赌人员33人，缴获摩托车11辆。

是年 桦达制衣有限公司成立。该公司投资1500万元，公司厂房4000平方米，员工300人。1996年扩大生产规模，投资260万元，占地面积2.5万平方米，厂房面积达1.2万平方米。

是年 九潭中心市场建成投入使用。市场位于九潭居委会东面，占地面积13800平方米，建筑面积4500平方米，是县政府属下的物业和事业单位。

是年 园洲镇侨联被中华全国归国华侨联合会评为先进集体。

1995年

3月29日 园洲镇被列入建设部小城镇建设试点镇（第二批）名单，成为500个全国小城镇建设试点镇之一。

是年 福园公路园洲—九潭段通车，1998年改造为水泥路面。年底，由1993年开始改造为水泥路面的福园公路九潭—福田段通车。

是年 园洲引进惠州市第一家育秧工厂。育秧厂房面积2500平方米，有员工20人，亩造软盘育秧340斤稻谷，插秧340亩。

1996年

1月19日 沙河大桥通车。该桥于1995年动工，桥长310米，宽12.5米，高8米。

1月20日 园洲镇第十一届人民代表大会第一次会议在镇政府召开。大会选举陈锦理为镇人大主席，梁东祥为镇人大副主席；选举陈佛发为园洲镇人民政府镇长，陈美秋、梁美齐、陈锐深、蔡包景、梁贤泽为副镇长。

1月23日 中共园洲镇第十次党员代表大会在园洲镇党校召开。大会选举梁美兴为镇委书记，陈佛发、谭卓坤、陈锐深、赖卓斌为镇委副书记。

1月25日 中共九潭镇第十次党员代表大会在镇政府召开。大会选举徐容溪为镇委书记，梁庆光、徐树荣、黄崇基为镇委副书记，张伟忠挂任副书记。

1月26日 九潭镇第十届人民代表大会第一次会议在镇政府召开。大会选举梁锦源为镇人大主席；选举梁庆光为九潭镇人民政府镇长，曾锦清、梁继添、徐景新为副镇长。

6月10日 撤管理区设村。

7月5日 广东省农业机械收割现场会在园洲镇召开，率先推广农业机械自动化。

12月 园洲卫生院新院区投入使用，并晋升为一级甲等医院。新院区投资300多万元，占地2.3万平方米，建筑面积7000平方米。

是年 园洲镇农民男子篮球队代表博罗县参加“惠州市首届农民篮球赛”并荣获第一名。

是年 园洲镇开通程控电话4000门。其中刘屋村安装程控电话200户，成为县内第一个电话村。

是年 园洲镇成立惠州市第一个外来工俱乐部。

1997年

是年 园洲镇被评为“惠州市先进卫生镇”。

是年 镇域开通互联网业务。至2000年，镇域因特网用户2000户。2016年，光纤宽带用户18000户。

是年 因历史遗留土地归属问题，东莞石排赤坎村与园洲桔龙村、廖尾村发生械斗。经两地政府调解达成协议后，两地再次引起争端，经再三调解后，双方协定以当年签订的协议为准划分界线。

1998年

11月28日 位于园洲大道中心位置的园洲镇府新办公大楼落成启用。镇政府大院占地约20亩，内设综合大楼、工业大楼、城建大楼、会堂和饭堂，总建筑面积约9000平方米。

是年 博罗县编写《博罗县三胞知名人士传》，园洲镇侨胞梁植、李棠、梁契权、刘贵洪、朱容香、林新、朱继祥、李沛良入编。

1999年

1月12日 园洲镇第十二届人民代表大会第一次会议在园洲镇政府召开。大会选举陈锦理为镇人大主席，梁美齐、陈美秋为镇人大副主席；选举陈佛发为园洲镇人民政府镇长，蔡包景、梁沃河、刘容森、梁贤泽为副镇长。

1月15日 中共园洲镇第十一次党员代表大会在镇政府召开。大会选举梁美兴为镇委书记，陈佛发、陈锐深、谭宇杰为镇委副书记。

1月16日 九潭镇第十一届人民代表大会第一次会议在镇政府召开。大会选举徐树荣为镇人大主席，黄崇基为镇人大副主席；选举梁庆光为九潭镇人民政府镇长，曾锦清、梁继添、徐景新为副镇长。

1月18日 中共九潭镇第十一次党员代表大会在镇政府召开。大会选举周容志为镇委书记，梁庆光、曾国劳、黄崇基为镇委副书记。

1月 九潭镇敬老院被省民政厅评为省二级敬老院。

6月 上南曲艺社成立。

是年 园洲镇被评为惠州市“六好示范镇”。

2000年

1月 九潭镇敬老院被省民政厅评为省一级敬老院。

1月9日 九潭镇东安烟花厂车间发生药珠爆炸，造成2死、1伤的重大伤亡事故。

8月9日 园洲镇白马围村安置重庆市巫山县大昌镇凤凰村三峡移民8户33人，九潭镇上村村安置重庆市巫山县大昌镇三峡移民7户26人。

9—11月 园洲镇开展第五次全国人口普查。

2001年

4月 园洲镇团委被共青团省委评为“五四”红旗团委创建单位。

5月16日 园洲镇举行人民公园、人民广场、汽车客运总站和海关、商检办公大楼等工程奠基庆典项目签约仪式。

9月 刘屋村被评为“广东省文明村镇”。

10月 园洲镇被中宣部、国家计生委评为“全国婚育新风进万家活动”先进镇。

是年 园洲镇马嘶大桥建设改造工程完成。

是年 园洲镇被评为惠州市“模范镇”、惠州市“六好先进乡镇党委”。

2002年

1月18日 园洲镇第十三届人民代表大会第一次会议在镇政府召开。大会选举陈锐深为镇人大主席；选举陈佛发为园洲镇人民政府镇长，刘容森、梁沃河、朱日森为副镇长。

1月21日 中共园洲镇第十二次党员代表大会在镇政府召开。大会选举徐建辉为镇委书记，蔡包景、熊满池、叶植辉为镇委副书记。

是日 九潭镇第十二届人民代表大会第一次会议在九潭中学召开。大会选举梁庆光为九潭镇人大主席；选举梁世斌为九潭镇人民政府镇长，李平、徐建扬、黄水扬为副镇长。

1月24日 中共九潭镇第十二次党员代表大会在镇政府召开。会议选举周容志为镇委书记，梁世斌、曾国劳、梁炎光为镇委副书记。

4月 园洲镇被评为广东省第五次全国人口普查先进单位。

12月 总投资1650万元，项目总占地面积56732平方米的园洲镇人民广场投入使用。

是年 园洲镇被评为惠州市先进镇。

2003年

1月1日 园洲商贸市场正式开业。市场总投资3500万元，占地面积37752平方米，建筑面积3万平方米，零售档位130个。

6月22日 镇政府投入6.35亿元，规划建设新世纪工业园、富园工业园、第二自来水厂、御园别墅、和安电排站改造升级扩建工程、教师村、社会福利院七项工程举行奠基仪式。

9月 园洲镇自来水厂被评为广东省农村优秀水厂。

2004年

2月 位于桔龙工业区的骏达制衣（惠州）有限公司创办。公司投资6300万元，占地面积250亩，厂房面积13万平方米，员工2500人，经营织布、各式服装、布制玩具，产品出口内销。

3月 广东省人民政府同意撤销九潭镇，将其行政区域并入园洲镇。调整后的园洲镇辖2个居民委员会和27个村民委员会。

是年 园洲镇篮球协会成立。

是年 市汽车运输公司跨市开通博罗园洲至广州班车。

2005年

1月25日 总投资600多万元的园洲上南公园建成使用，成为博罗县第一个村级公园。

5月 位于园洲镇区桥北路，占地面积2.8万平方米，建筑面积3.5万平方米，楼高12层，投资5000多万元，按四星级酒店设计，集客房、餐饮、酒吧、娱乐、桑拿、沐足、会议于一体的晶港酒店建成营业。

5月29日 国际官员和专家组成的技术代表团，在省环保能源总站站长林瑞等有关领导陪同下到园洲考察。

8月 总投资达800万元，项目总占地面积约5万平方米的园洲人民公园建成使用。

9月 位于田头村鹅岭岗的园洲中学新校区建成投入使用，园洲中学与园洲二中合并，延用园洲中学校名。

10月13日 博罗县秋冬水利大会战整治沙河现场会在园洲镇召开。

12月8日 园洲镇举行“十二项工程”竣工和上南民营工业区18幢厂房、胜丰集团公司落户园洲、富士精工五金制品厂等“八项工程”奠基庆典仪式。

12月 园洲镇被批准为广东省（制衣）技术创新专业镇。

是年 位于园洲镇中心区东侧的新世纪工业园部分企业建成投入使用，开发面积1500亩（规划面积5200亩），计划投资120亿元。至2015年已进驻的企业有欣旺达惠州新能源有限公司、大红马实业有限公司、惠州庄记拉链辅料有限公司、惠州富宏运动器材有限公司、惠州市铭科达机电科技有限公司、广东罗巴克实业有限公司等企业。

2006年

1月4日 博罗县园洲东园（民营）学校创办，校址位于上沙路深沥段北侧。

是日 博罗县园洲东晖（民营）实验学校创办，校址位于兴园四路，原园洲中学校址。

3月24日 园洲镇阵村朱屋一私人养猪场自制土锅炉发生爆炸，造成4死、1伤，即“3・24”事故案。

5月26日 惠州市“百万妇女健康行”活动启动仪式在园洲镇举行。

6月27日 国家人口计生委副主任王国强率调研组一行到园洲镇进行流动人口计划生育的情况调研。

7月22日 副省长佟星率省救灾复产第四工作组到博罗园洲等镇察看灾情，指导救灾复产工作。

7月 受第4号强热带风暴“碧利斯围”影响，园洲镇普降特大暴雨，造成3万多亩农田受浸。

是月 园洲东晖实验学校与北师大现代中小学远程教育学校达成办学意向，并举行挂牌仪式。

8月 惠州市大红马实业有限公司创办。该公司位于园洲世纪工业园，总投资三亿元，占地面积17万平方米，厂房面积20万平方米，工人1000人。主要产品有直纺染色化纤色纺，缝纫线、花色纱线等，年产值6亿元，产品内销。

9月16日 园洲镇十四届人民代表大会第一次会议在镇政府召开。大会选举徐建辉为镇人大主席，梁耀洪为镇人大副主席；选举熊满池为园洲镇人民政府镇长，选举叶植辉、梁炎光、陈沛林、刘少峰为副镇长。

9月19日 中共园洲镇十三次党员代表大会在镇政府举行。大会选举徐建辉为镇委书记，熊满池、刘容森为镇委副书记。

10月18日 园洲镇召开秋冬水利大会战誓师大会。27日，在人民广场举行“水利大会战募捐活动”，筹得水利款1600多万元。

10月 国家农业综合开发项目落户马嘶村，项目投资650万元。

11月8日 省政协副主席许德立率驻粤全国政协委员考察团到园洲镇上南村和桦达制衣厂等地视察。

11月13日 镇委、镇政府在人民广场召开城市建设工作大会。

12月9日 园洲镇举行东坡大桥、和安大桥、县道193线改造工程、政府机关便民服务中心、丰平工业区等11项重点工程奠基庆典仪式。

12月11日 博罗县首个镇级社区网“园洲社区网”正式注册成立，并于2007年2月28日由网友发布第一条网帖。截止至2016年年底，合计注册网民15万人。

是年 园洲卫生监督分所成立；园洲刘屋小学更名为“园洲第二中心小学”；园洲九潭工业区排渠河整治工程完成；田头变电站建成投产；园洲污水处理厂投入运行。

是年 东坡大道园洲路段动工。该大道投资14337万元，全长7.75公里，路面宽30米。

是年 田头村民陈锡钦获“2006年惠州十佳孝子”称号，刘屋老人协会获“广东百强基层老人群众组织”称号。

是年 上南村获“广东省模范党支部”称号。

是年 园洲镇破各类刑事案件138宗，抓获各类嫌疑人980人；侦破“5・23”诈骗案、“5・26”入屋抢劫案、“7・13”机动车被盗案、“9・16”持枪抢劫案、“11・3”故意伤害致死案等大案要案。

是年 中共园洲镇委被中共惠州市委授予“保持共产党员先进性教育活动先进单位”称号。

2007年

4月25日 园洲镇纺织服装行业协会正式挂牌成立。该会于2007年1月15日注册，朱沛容任第一任会长。

7月14日 全国政协教科文卫委员会副主任、作家王巨才、《人民日报（海外版）》原副总编邓荣来一行到园洲镇进行采风活动。

8月10日 镇政府召开“园洲镇告别泥砖房动员大会”，全面推进泥砖房改造工程。

8月15日 园洲镇组织工作人员逐步对13家非法砖厂的烟囱、厂房进行爆破拆除。

11月17日 园洲镇举行桦阳环保产业示范基地、广惠高速公路园洲互通口、政法大楼、振兴大道首期工程等七项工程剪彩和全面告别泥砖房工程、园洲文化服务中心、中心运河美化整治工程等六项工程动工庆典仪式。

是日 水利部原总工程师朱尔明、省水利厅副厅长李粤安等组成专家组到园洲镇考察水利工作。

11月 广惠高速公路园洲互通口通车；河北区振兴大道首期工程正式通车；镇机关便民服务中心落成投入运作。

12月17日 全县冬春农田水利基本建设现场会在园洲镇召开。

是年 九潭社区被授予2006—2007年度“惠州文明社区”称号。镇纪委、镇监察室获全市纪检监察系统先进集体称号。园洲社区被评为省第一批“六好平安和谐社区”。

是年 园洲镇人民政府获“全省残疾人工作先进镇”称号。

2008年

1月 园洲镇被市委、市政府授予“惠州市文明镇”称号。

2月 园洲镇被评为“惠州市绿色城镇”。

4月30日 园洲镇召开“百佳新园洲人”表彰大会，授予张伟等100名外来工“百佳新园洲人”荣誉称号。

5月16日 镇党委、镇政府开展“支援四川地震灾区献爱心”活动，共筹得善款367万元，全镇党员缴纳特殊党费29.3万元。

7月21日 园洲镇马石岗养猪场和佛岭养猪场2个具备沼气发电功能的大型沼气池建成使用，是全市首次实现利用沼气发电的案例。

7月 博罗县政协园洲联络组全体政协委员发起成立民间组织——园洲乐施会，对园洲镇范围内在校孤残儿童及低保家庭未成年儿童实施帮扶救助。

是月 刘屋村获“广东省卫生村”称号。

9月 园洲镇工会被广东省总工会授予“抗震救灾先进基层工会”称号。

10月24日 惠州市农村饮用水安全工程建设现场会在园洲镇召开。

11月18日 博罗县政法机关在园洲镇召开全县宣判大会，对43名犯罪嫌疑人现场进行宣判。

12月 园洲镇通过“广东省卫生镇”的考核鉴定，成为惠州市首个“广东省卫生镇”。

12月 园洲人民法庭副庭长黄植忠被最高人民法院评为“全国优秀法官”。同年，黄植忠被评为“感动惠州”2008年度人物。

是年 园洲镇党委获省表彰，被授予“先进基层党组织”荣誉称号。

2009年

1月 园洲镇举行庆祝园洲镇被评为“广东省教育强镇”“广东省卫生镇”新春大型文艺晚会，省教育督导室、省爱卫办负责人分别为园洲镇颁发了“广东省教育强镇”“广东省卫生镇”牌匾。

5月 总长1800米，宽40米，投资1.8亿元（总投资2.3亿元）的园洲城市文化长廊客厅工程竣工。

6月26日 民政部副部长孙绍聘一行到园洲镇刘屋村调研社区建设情况。

是日 惠州市2009年农村爱国卫生工作会议在园洲镇召开。

8月10日 广东省职业技能大赛“园洲杯”总决赛在园洲镇举办。

8月11日 园洲镇被广东省建设厅确定为“广东省10个宜居城镇创建指导点”之一。

9月1日 中国工业纺织协会、中国服装协会在北京人民大会堂授予园洲镇“中国休闲服装名镇”荣誉称号。

9月21日 博罗县首届粤曲大赛“园洲杯”总决赛在园洲镇举行，园洲镇朱顺娣获得粤曲演唱金奖。

9月25日 园洲镇举行龙江东江大桥建设工程动工仪式。

11月18日 园洲镇举行涉及水利、工业、城建、文化教育等方面的29项工程竣工暨龙东东江大桥北引桥选址等9项工程奠基庆典仪式。

12月 和安大桥通车。该桥投资1200万元，于2006年12月动工，主桥长205.08米，宽18米，高9米。

是月 园洲镇获“广东省第二次全国经济普查先进集体”称号。

是月 投资1833万元的惠州海关园洲车检场正式通关。

是月 下南刘屋社区获“全省民主法治示范村（社区）”荣誉称号。

2010年

1月 园洲镇被市委、市政府、市军分区授予“惠州双拥模范镇”称号。

1月 位于沥西工业区的民营企业——罗浮山水泥集团有限公司水泥粉磨生产线投产。该企业于2009年3月动工，投资2亿元，占地面积10000平方米，建筑面积6000平方米，员工100人。

3月8日 园洲镇马嘶村妇女学校获评“2009年度全国城乡妇女岗位建功先进单位”。

3月23日 从莞高速公路惠州路段建设动员大会暨奠基仪式在园洲镇举行。

3月 园洲镇委、镇政府被市委、市政府授予2009年度“科学发展好班子”称号。

是月 园洲镇被市委、市政府授予2009年度“人口和计划生育综合改革先进单位”。

4月7日 园洲镇在人民广场举行博罗县爱国主义教育基地揭牌仪式。县、镇领导为李源、李文甫、陈志仁三位烈士的雕像揭幕献花。

5月15—17日 园洲镇在园洲中学举行园洲镇第一届全民健身运动会，运动会设23个项目，73支代表队2600名运动员参与竞赛。

6月23日 园洲镇社保所正式挂牌办公，全镇参加养老保险老人39712人，其中60岁以上老人7008人。

8月 振兴大道通车。该大道于2006年5月动工，投资4800万元，全长3.3公里，路面宽30米。

是月 园洲镇供水公司二厂二期工程竣工通水。

11月20日 园洲镇在第六次全国人口普查工作中完成了494个小区的普查工作。

11月23日 园洲镇人民政府镇长熊满池获得了“全国纺织产业集群发展突出贡献者”荣誉称号。

11月 园洲镇被评为“广东省宜居示范城镇”。

12月 园洲镇被评为“广东省百强镇”“惠州市十强镇”。

12月18日 园洲中学举行50周年校庆庆典，新老校友、有关单位部门、社会各界热心人士捐资740.8823万元。

是年 全镇共清拆或关闭禁养区养殖场340家。

2011年

2月14日 园洲镇村级换届选举正式启动，选举29个村（居）委会的领导班子成员207人。

4月 园洲镇被评为“省级专业镇建设优秀示范单位”。

7月1日 园洲镇在园洲人民广场举行“庆祝建党90周年表彰大会暨红歌会”。

7月21日 中共园洲镇第十四次党员代表大会在镇政府举行。会议选举熊满池为镇委书记，陈沛林、朱新华为镇委副书记。

9月16日 园洲镇第十五届人民代表大会第一次会议在镇政府召开。大会选举熊满池为镇人大主席，梁耀洪为镇人大副主席；选举陈沛林为园洲镇人民政府镇长，陈焕灼、梁炎光、陈永汉、刘少峰为副镇长。

是日 中央组织部调研组一行在省、市、县组织部领导陪同下，到园洲镇参观调研基层组织建设。

12月17日 首届“园洲杯”全国休闲服装设计大赛决赛在园洲镇人民广场举行，在526名初赛选手中，产生25名优胜者。

12月 园洲镇被评为“广东省文明镇”。

是年 园洲镇全年清理新增和反弹禽畜养殖场287家，面积19万平方米；清拆罗汉地军事用地非法禽畜养殖场26户，面积16万平方米；关闭污染企业、无证照加工厂43家。

2012年

2月10日 欣旺达电子股份有限公司与园洲镇签订合约，10月创办，正式落户园洲镇的新世纪工业园区，用地面积为1000亩，总投资为60亿元，预计年产值380亿元，用工人数超过2万人。主要产品有塑胶、五金件、电动自行车电机、锂电池等。该公司是有史以来落户园洲镇规模最大、效益最好的企业，预计产值200亿元。

5月 园洲镇获“惠州市双拥模范镇”称号。

6月17日 园洲镇男子龙舟队包揽“中信杯”2012年惠州国际龙舟邀请赛男子组和公开组双冠军。

6月24日 在园洲镇2012年“龙聚东江，幸福园洲”龙舟锦标赛中，22支龙舟队1500多名运动员参赛。白马围一队获冠军，土瓜圩队获亚军，高头一队获季军，上南一队获殿军。

10月15日 农业部巡视员关锐捷一行到园洲镇检查农村经济体制与经营管理工作。

10月16—26日 园洲镇派出90多名运动员参加了博罗县第八届运动会和第七届老人运动会，共取得4枚金牌、5枚银牌、2枚铜牌，并以团体总分197分名列全县团体总分第一名。

12月15日 园洲镇2012年男子篮球友谊邀请赛暨八届“建汇杯”男子篮球赛在人民广场举行，43支篮球队参与竞赛。

是年 园洲镇深入开展环境污染治理行动，清拆禁养区禽畜养殖场390个，依法关闭涉重金属污染企业3家和无证照加工厂45家。清拆面积2.48万平方米。

是年 镇政府投入8000多万元完成了和安大道、振兴一桥、振兴大道、环城北路扩宽工程建设；投入2600多万元，完成了城市文化长廊客厅中的景观设施；投入3770万元，完成了57个电网建设工程和18项新增变压器工程。

是年 镇政府全力推进“三打两建”工作。打击欺行霸市54宗、制假售假88宗、商业贿赂8宗；取缔无证照小作坊6家、水泥包装加工场1家、黑网吧14家、非法诊所11家。

2013年

1月 广东中康织绣科技有限公司创办。该公司位于上南工业园，投资11600万元，占地面积95389平方米，建筑面积3万平方米，从业人员90人。主要生产编花边、刺绣花边等高档时尚女装面料，年产尼龙拉架布260吨、年产值1770万元，产品远销中东、欧美等地。

3月31日 成立于1月25日的园洲粤西商贸促进会举行成立典礼暨揭牌仪式，冯贵程任名誉会长，陈源任会长。

5月9日 环境保护部华南督查中心一行对园洲镇第二生活污水处理厂进行检查。

5月15日 园洲镇江头村村民梁美婵（婵姑）被评为第五届“感动惠州”人物。

6月19日 博罗县130宗项目动（竣）工暨欣旺达一期工程项目等40个项目签约仪式在园洲镇举行。签约项目共170个，总投资606亿元。

6月 园洲镇的禾山、上南、高头、阵村、白马围、李屋、下南、田头、土瓜圩9个村被评为“广东省卫生村”。

8月 占地面积39164平方米，位于水电路沙河堤段西边的借山公园建成向公众开放。

12月13日 县、镇两级公安、交通、工商、环保、供水、供电部门联合行动，对东江内河（园洲段）进行整治清拆大小非法码头、砂场、堆场13个，拆除违建场30多处，拆除违建面积1万多平方米。

12月21—22日 园洲镇第二届全民健身运动会在园洲中学运动场举行，62支队伍、2200名运动员参加竞赛。

12月 占地面积14156平方米，位于沙河大桥北引桥东面、增博堤路北边的刘伯温公园建成向公众开放。

是月 园洲镇通过“国家卫生镇”的验收，成为惠州市首个“国家卫生镇”。

是年 园洲镇排查整治“三小”（小工场、小作坊、小娱乐场）场所2115家，完成整改2098家，停业关闭17家。

是年 园洲镇投入教育经费7700万元完善各中小学的设施设备，通过了“广东省教育强镇”的复评。

2014年

3月26日 园洲镇档案室被评为“省特级档案综合管理单位”。

5月9日 园洲镇梁美婵女士荣获“广东省十大慈母”荣誉称号。

5月18日 中央人民广播电台、中央电视台、《人民日报》、《新华社》、《光明日报》、《经济日报》6家中央媒体记者到园洲镇进行全方位的实地采访，报道园洲镇深入开展党的群众路线教育实践活动的经验和做法。

5月26—27日 在2014年中国龙舟公开赛暨第三届惠州国际龙舟邀请赛中，园洲代表队获得公开组5000米绕标赛冠军、公开组200米直道赛冠军和公开组500米第三名，荣登公开组团体榜首。

5月 2012年10月9日动工，位于阵村沙河堤段的广东省“水利内涝整治试点工程”——任屋中心电排站建成投入使用。该站担负园洲镇中心镇区及12个村（居）10多万人，1.6万千多亩耕地的防洪排涝任务。

6月4日 全国妇联党组书记、副主席、书记处第一书记宋秀岩一行5人到园洲镇上南村调研基层妇联组织建设工作。

10月17日 园洲镇举行纪念苏东坡莅临园洲926周年暨“园洲镇地方志编纂办公室”成立挂牌仪式。

10月24日 第二届“园洲杯”全国休闲服装设计大赛在园洲人民广场举行。

11月5日 副省长邓海光到园洲镇调研指导村务公开和农村财务管理工作。

12月 园洲镇被评为“广东省生态乡镇”。

是年 园洲镇依法关闭涉金属污染企业3家和无证照加工厂45家。

2015年

1月6日 新丝路时尚产业投资集团考察团一行到园洲与镇领导共商大计、共谋发展。

4月26日 园洲镇在园洲人民广场举行2014年志愿者服务表彰大会暨“我运动、我健康、我快乐”亲子活动。

4月28日 园洲镇人民法庭副庭长黄植忠被授予“全国先进工作者”荣誉称号。

5月15日 在惠博医院举行广州中医药大学第一附属医院和园洲镇惠博医院合作办医签约暨揭牌仪式。

5月17日 韩国时装考察团在省服装协会副会长周仑等领导陪同下到园洲镇考察时尚产业园项目。

6月11日 省领导杨万里率广东省人大代表调查组一行到园洲镇东江广雅学校考察调研。

7月1日 园洲镇3000多人在园洲人民广场举行纪念中国共产党成立94周年“七一”晚会，为入党50周年的老党员颁发荣誉勋章。

7月20日 博罗县园洲镇志愿者协会挂牌成立，朱润发任会长。

8月4日 博罗县园洲镇慈善会成立，刘泽标任会长。

9月2日 投资6亿元，校园面积21万平方米，建筑面积18万平方米，可容纳幼儿园、小学、初中、高中学生总数6000人的博罗园洲东江广雅学校举行揭牌仪式暨2015年学年开学典礼，惠州市副市长刘冠贤、广州市教育局副局长沈子鸣、中国教育学会副会长吴颖民等领导出席。

9月10日 园洲镇足球协会注册成立，李华茂任会长。

12月28日 园洲镇河北区商贸中心农贸市场开业。

12月 上南村获“全国妇联基层组织建设示范村”称号。

2016年

1月1日 园洲河北商贸中心农贸市场正式开业。总投资4000万元，占地面积16000平方米，建筑面积28000平方米，零售档位50个。

1月24日 园洲镇下了自1929年以来的第一场雪，这是自宋朝1246年初至今园洲的第九次下雪。

2月23日 镇委书记、镇人大主席熊满池，镇委委员陈志荣、副镇长梁炎光，组织镇政府有关干部和镇志办全体工作人员，到义合村考察苏东坡登罗浮山时船只泊岸遗址。

2月24—27日 镇政府组织人力，在义合村苏东坡游罗浮山舣舟泊岸遗址现场挖掘出三个千年古码头。

2月26日 镇领导熊满池、陈志荣、梁炎光，带领镇政府有关部门负责人，镇志办部分工作人员，园洲社区网志愿者一行26人，沿着当年苏东坡登罗浮山的足迹，开展3小时的徒步活动。

3月1日 园洲镇委、镇政府举行“启动挖掘苏东坡登罗浮山泊岸遗址工作座谈会”。镇领导，惠州、东莞两市、博罗县有关专家、学者、教授出席论证会。

3月2日 园洲镇志办主编毛锦钦、副主编苏仲权联名发表的文章《泊头镇考》在《惠州日报》上刊登。

4月28日 “黄植忠劳模创新工作室”在园洲法庭挂牌成立。

5月1日 园洲镇文化服务中心揭牌启用暨中国少儿国学大赛2016赛季广东赛区启动仪式在文化中心大重举行。

6月7日 博罗县园洲镇曲艺协会成立，邱梅田任会长。

6月30日 博罗县东坡文化研究会成立庆典仪式在园洲镇文化中心举行，毛锦钦任会长。

7月1日 园洲镇在人民广场举行“纪念中国共产党成立95周年暨红军长征胜利80周年”文艺晚会。会上，镇党委表彰了6名“好人好事好党员”并为11名50年党龄老党员颁发了勋章。

7月19日 中共园洲镇第十五次代表大会在镇政府召开。大会选举熊满池为镇委书记，陈沛林、陈焕灼、刘永忠为镇委副书记。

7月27日 博罗县园洲镇羽毛球协会成立，刘松柏任会长。

7月27日 博罗县园洲镇篮球协会成立，徐建寿任会长。

8月5日 园洲镇粤曲（剧）列入县非物质文化遗产代表名录。

8月22日 园洲镇组织参加第八届“省长杯”工业设计大赛服装专项赛，园洲镇参赛项目获工业组第一名。

8月23日 博罗县创建省级文明镇街工作部署会在园洲镇召开。

9月2日 园洲镇通过了“国家卫生镇”第一次复审。

9月29日 园洲镇第十六届人民代表大会在镇政府召开。大会选举朱新华为镇人大主席，梁炎光为镇人大副主席；选举陈沛林为园洲镇人民政府镇长，黄水扬、梁耀洪、叶立波、王延金为副镇长。

10月17日 园洲镇健儿夺得博罗县首届篮球联赛冠军。

10月25日 园洲镇文化服务中心获评“广东省特级文化站”暨揭牌仪式在园洲镇文化服务中心举行。

10月27日 镇人大代表议政日活动在马嘶村八一堤现场举行，妥善解决权益纠纷，维护村民合法权益。

11月5日 园洲镇荣获“2016年度中国纺织行业人才建设示范单位”称号。

12月8日 县委宣传部，县文联，园洲镇委、镇政府在园洲镇文化服务中心举行“园洲杯”中华古典诗词朗诵比赛。

2016年12月31日至2017年1月1日 园洲镇在园洲中学举行第三届全民健身运动会。全镇共有69支运动队和2200多名运动员参加32个项目比赛。

是年 位于佛岭村、义合村的榉阳工业园开发面积1095亩（规划面积1200亩），投资总额31亿元，进驻企业27家，员工共6000人。该园区于2008年部分建成投产。

是年 上南民营制衣工业园进驻企业33家。该园区于2005年始建，已开发面积800亩（规划面积1000亩），总投资1.5亿元。

是年 整治禽畜养殖场清拆工作，清除违章养猪场140个，清拆面积4.6万平方米，全镇规范整改非法禁养区养殖场30家。

是年 园洲镇的园洲社区和九潭社区被评为广东省四星级宜居社区。

第一篇　建置区域

园洲镇，位于博罗县的西南部。镇域包括河南区（原园洲镇）和河北区（原九潭镇）。河南区于1959年之前属东莞县管辖，河北区一直属博罗县管辖；2003年12月原九潭镇与园洲镇合并（仍用园洲镇之名）。至2016年年底河南区面积63.71平方公里，河北区面积49平方公里，全镇总面积112.71平方公里。至2016年12月止，镇域常住人口近15.32万人，其中户籍人口7.18万人，外来人口8.14万人。

第一章　建置沿革

第一节　区　域

一、地域范围

园洲镇隶属于广东省惠州市博罗县，坐落在珠江三角洲东部。镇域东面的马嘶村与龙溪镇银岗村和黄屋村相连，上村村与龙华镇塘边村连接，南面的上南与东莞石排镇隔东江相望，西面的白马围村与石龙镇王屋洲接壤，北面的马石岗村与长宁镇古坭塘村、黄竹沥村、新江村相连。

二、地理位置

园洲镇位于博罗县西南部，距县城罗阳镇43公里。镇政府位于北纬23° 09′ 27″，东经112° 57′ 05″。地处珠江三角洲外缘的江河冲积平原。东江、沙河流经园洲镇域，北高南低，间有台地。

三、地名由来

园洲（河南区） 东江与沙河环绕的一片沙洲，状如芭蕉叶，近乎圆形，故得名“圆洲”。“圆洲”的称谓最早出现于民国初期，1959年由东莞划归博罗县管辖，才将“圆洲”写成“园洲”。

九潭（河北区） 早在南北朝时，九潭已有居民，墟市则形成于唐朝。明崇祯二年（1629年），称罗埠圩。关于“九潭”名称的来历，据传民国某年的盂兰盆节，有十名牧童在沙河转弯处的深潭中游泳，其中有九人溺水身亡，故此潭得名“九仔潭”。后“九仔潭”又泛称罗埠圩广大地区，后来再简称为“九潭”。1945年，曾复用“罗埠墟”。新中国成立后又改称“九潭”。民间也流传“罗浮九水汇一潭”一说。所谓的“九水入潭”，指：一水“三合圳”，罗浮山之水流经沥西村入九潭；二水“赤沥”，罗浮山之水流经沥东村入九潭；三水“新村陂”，罗浮山之水流经佛岭村入九潭；四水“黄竹沥”，罗浮山之水流经凤山村的聚和与马石岗村入九潭；五水“瓦窑沥”，罗浮山之水流经凤山村与义合村入九潭；六水“槎江”，罗浮山之水流经义合村的向西、西联村小组入九潭；七水“涌仔”，罗浮山之水流经义合村的张屋入九潭；八水“新涌”，由东江支流沙河之水流经义合村的曾温、向南村小组入九潭；九水“石啥涌”，由沙河之水以及湖镇显岗之水流经凤山、义合村入九潭。

第二节　历史沿革

一、园洲河南区

镇域河南区在1959年3月以前，一直属东莞县管辖。1959年3月之后，划归博罗县管辖。

（一）战　国

园洲属楚国地。

（二）秦

园洲属南海郡番禺县地。秦二世元年（公元前 209 年），属南越国地。

（三）西　汉

园洲属番禺县地。

（四）东 晋

园洲属东莞郡宝安县地。

（五）南北朝

园洲属梁国东莞郡辖。

（六）隋

开皇十年（590 年），废郡设州，园洲属广州总管府宝安县。

（七）唐

武德四年（621 年），园洲地区属广州总管府宝安县。至德二年（757 年）九月，宝安改名东莞，属东莞县。

（八）宋

开宝五年（972 年），园洲地区属广州中都督府增城县辖。六年（973 年），复属东莞县辖。

（九）元

园洲地区属广州路东莞县辖。

（十）明

园洲属广州府东莞县分属广州府东莞县文顺乡。

（十一）清

清沿明制，园洲仍属东莞县文顺乡第四都辖。

（十二）民国时期

东莞县以下划分为区，区统乡（镇），乡统村。中期，推行地方自治和保甲制。民国23年（1934年），全县有11个区。 园洲属第二区（石龙），第二区辖10个乡（镇）。园洲乡有13172人，30保。辖土瓜圩、禾山梁屋村、禾山朱屋村、林屋、李屋、田头村、马嘶村、岭贝村、龙叫村、桔头村、淡岗村、磡头村、廖尾村、上南村、上南村园和圩、上南鹤佬寮村、下南刘屋村、下南陈屋村、岗头村、白耀前村、高头村、李屋村、赤岗村、阵村、沙头村、深沥村。当时白马围不属园洲乡，属第二区的云山乡。

（十三）新中国成立后

1949年，东莞县第七区（企石区）成立，园洲乡隶属第七区。园洲乡辖上南、下南、马嘶、田头、丰平、桔头六乡。1953年，第七区改称为第六区。1954年，菉兰乡由第二区划归第六区。至1956年，第六区又改称为企石区。1956年1月4日，因行政区域变迁，东莞县划归惠阳专区管辖。1957年，东莞县开展撤区并大乡的工作，废除区制和乡级镇制，原企石区拆分为企石、石排、上南3个大乡，上南大乡下辖上南、下南、丰平、田头、赤马、桔龙、菉兰七乡。9月20日，废除大乡制，成立“政社合一”的人民公社，原上南乡(大乡)隶属企石人民公社。1958年5月1日，东莞县第一个人民公社在园洲成立，命名为“五一人民公社”。1959年3月，将企石公社原上南大乡全部划归博罗县管辖，改称“园洲人民公社”。1966年5月，“文化大革命”开始，园洲人民公社改为园洲人民公社革命委员会，实行党务、行政、经济工作一元化领导。1980年9月后，改为园洲人民公社管理委员会。1983年12月，河南区撤销园洲人民公社管理委员会，成立园洲区公所。1987年3月，河南区撤区建镇，成立园洲镇人民政府。

二、园洲河北区

河北区（九潭）发展较早，一直是博罗辖地。

（一）明

隶属惠州府博罗郡石湾巡司署仙福都，含赤沥约、新村约、泊头约、佛岭约、凤屯约（今九潭凤山）。

（二）清

隶属惠州府博罗县石湾巡司署仙福都仙福都5里（主体为现河北区，含石湾、福田、龙溪、龙华一部分）。

（三）民国时期

民国3年（1914年）隶属广东省潮循道博罗县。民国15年（1926年）隶属广东省第四行政督察区博罗县第十二乡（礼义乡）。1945年7月7日，博罗县抗日民主政府成立，镇域河北区九潭、东博两乡隶属之。

（四）新中国成立后

1949年10月14日，博罗全县解放，成立了社会主义人民政权。12月，县内划分为5区1镇，一镇为罗阳镇。九潭乡、东博乡隶属第五区。1952年7月10日，博罗县内的区乡行政管理制由原来的大乡管理改为小乡管理制，划分为11区152乡，上村、水口隶属第十区，九潭、凤山、佛岭、马石岗、新村、赤沥、义合隶属第十一区。1955年10月18日，铁场区（十一区）公所成立，原九潭乡、东博乡隶属之。1961年4月，九潭人民公社成立，辖赤沥、佛岭、马石岗、义合、上村、水口、九潭、凤山、东博。1963年11月，并入铁场人民公社。1978年4月，九潭从铁场公社分出，成立九潭人民公社。1980年9月，九潭人民公社革命委员会改称九潭人民公社管理委员会。1983年12月，河北区撤销九潭人民公社管理委员会，成立九潭区公所。1987年3月，河北区撤区建镇，成立九潭镇人民政府。 2003年12月，九潭撤镇并入园洲镇，称河北区，含上村、水口、凤山、佛岭、马石岗、新村、沥东、沥西、义合9个村委会和九潭居委会。

第二章 行政区域

第一节 行政区域隶属

一、河南区

（一）清朝以前

据《东莞县志》记载，莞地秦属南海郡。明天顺八年（1464年），园洲隶属东莞县文顺乡。

崇祯二年（1629年），园洲为东莞县辖地。清康熙年间（1662—1722年），园洲大部分属东莞石龙管辖。雍正八年（1730年），东莞全县设三坊一厢四乡十三都，下统177个图、40个街巷、356个村镇。菉兰、沥口、宝潭、上南、下南、赤坎、福隆、障村、沙头、深沥、禾山、土瓜、田头、马嘶、龙叫、桔头、乌涖、沙角、沙莆尾、龙眼岗、企石、铁炉坑等隶属第四都，有编户11图，统22村。清，县戎厅管理石龙。县戎厅在石龙设有两个衙门：一是陆路提标后营游击署，管理范围西至梁家村，东至园洲菉兰，各有定额驻兵。二是游击署下属千总署，直接管理石龙，有定额兵员。

（二）民国时期

民国时期，东莞县以下划分为区，区统乡（镇），乡统村。民国中期，推行地方自治和保甲制。民国23年（1934年），全县有11个区、176个乡，园洲属第二区，辖10乡（镇），265保，115486人。

园洲乡30保，13172人。当时白马围不属园洲乡，属云山乡，云山乡属第二区。分上七约，名龙叫保；下七约，名曾子保。上七约包括马嘶、田头、龙叫、桔头、廖尾、禾山、土瓜围，下七约包括上南、下南、菉兰、沙头、深沥、阵村、白马围。

1924—1927年，据民国17年（1928年）石龙工务局制的《石龙新市区图》，园洲菉兰乡属石龙管辖，隶属东莞县第三区。

1940年，石龙改市为区，属东莞县第二区，县派区长，园洲乡受第二区管辖。

（三）1950—1958年

1950年7月，东莞县划分区人民政府，园洲属东莞县第七区。

1950年12月至1952年12月，东莞全县仍辖9区、3镇，但76个乡划为223个小乡。园洲属笋七区。

1953年，第七区改称为第六区。至1956年，第六区又改称为企石区。与此同时，划分石排、园洲、企石三个大乡。

1953年1—3月，在土改复查期间，将东莞全县原来的9个区划分为15个农村行政区，仍以数字顺序作称谓，下辖227个乡。园洲属第六区，第六区辖下南、上南、阵村、田头、赤马、石排、龙江、福隆、黄家坣、桔龙、铁炉坑、新村、江边、上洞、坐下、铁江、李朗、东和、山和、迳联、田新、东山共22个乡。

1954年6月30日，茶山、寮步、大朗、常平、清溪、桥头、厚街、道滘、望联、东中10个乡改为乡级镇，并从十区划出塘朗、杨屋2个乡归三区；从二区划出菉兰乡归六区。1955年9月，农村行政区改用地名称呼。

1956年1月4日，因行政区域变迁，东莞县划归惠阳专区管辖。

1957年，东莞县开展撤区并大乡的工作，并于当年12月26日完成，成立37个大乡。

1958年5月1日，东莞县第一个人民公社在园洲乡成立，命名为“五一人民公社”。

（四）1959—2003年

1959年3月，原属东莞的园洲划归博罗县管辖。1973年，博罗县调整为19个人民公社，园洲人民公社属博罗县管辖。1983年，园洲人民公社改称园洲区。1986年建镇，镇政府驻下南。1983年11月，恢复区乡建置，博罗县内设22个区，园洲区属博罗县管辖。1986年1月，撤区设镇，园洲镇属博罗县管辖。

1990—2003年，博罗县22个镇（乡），其中园洲镇辖马嘶、田头、禾山、李屋、寮仔、桔龙、上南、梁屋、下南、深沥、沙头、陈村、廖尾、土瓜圩、刘屋、白马围16个行政管理区，管属59个村民委员会（村小组）。

二、河北区

（一）清朝以前

园洲镇河北区一直是博罗县辖地。南北朝时期，河北区已出现民居。唐代，河北区商品交易频繁，泊头（今义合村）逐渐形成圩市。明洪武四年（1371年），河北区属石湾巡司署管辖。嘉靖、万历年间（1522—1620年），博罗县划为10都、49里，仙福都辖5里（主体为现河北区，含石湾、福田、龙溪、龙华一部分）。崇祯年间（1628—1644年），河北区属仙福都5里。清乾隆年间（1736—1795年），博罗县以下政区划分与明万历年间基本相同，九潭地区属石湾巡司署管辖。光绪七年（1881年），博罗全县划为10都、49里，河北区仍属仙福都5里。

（二）民国时期

据民国《博罗县志》载,民国初期实行清制。民国27年（1938年），县内划为13区、18乡，以九潭为中心的礼义乡为第十二区，辖赤沥、沙径、白沙、佛岭、新村、前矛冈、泊头、凤屯、榕树墩、梁屋田、李下堡、陈牙冈、曾谱围、茶沥、黎冈、冈头岭、蒲江岭、聚和、黄茅岭、马石冈、大岭冈、龟岭、何木围、上村、木杓岭、塘角岭、长冈头、长宁湖、十排场、雁塘湖、水口埔、平浦岭。

（三）新中国成立后

1949年10月14日，博罗县成立了社会主义人民政权。12月，县内划分为5区1镇,九潭乡属第五区，同区的还有联和乡、福田乡、铁场乡、东博乡、石湾乡。1950年3月，全面实行区乡行政管理制，县内划分为5个区、25个乡、279个行政村、1个镇。九潭乡仍属第五区。1951年3月，调整为6个区、31个乡、279个行政村和2个镇。九潭乡仍属第五区。1951年6月5日，调整为7个区、34个大乡、166个小乡、298个行政村。九潭乡仍属第五区。1952年7月10日，博罗县内的区乡行政管理制由原来的大乡管理改为小乡管理制，划分为11区152乡。上村、水口属第十区，九潭、凤山、佛岭、新村、马石岗、赤沥、义合属第十一区。1952年11月8日，博罗县内的行政区域建制进行了调整，11 个区建制不变，原152个乡调整为113个乡。九潭、凤山、佛岭、新村、马石岗、赤沥、义合属第十一区。1952年12月22日，九潭属十一区，十一区还包括联和、福田、长宁、东博、九潭、铁场、石湾7个大乡，管属20个小乡。1953年3月25日，原来的11个行政管理区不变，但对33个大乡建制又复为154个小乡的管理体制。上村、水口属第十区，九潭、凤山、佛岭、新村、马石岗、赤沥、义合属第十一区。1955年10月18日，成立区人民政府，各区所辖的乡进行了调整。九潭属十一区，其中上村、水口划归第十区。1956年11月12日，撤区并乡，行大乡管理制，划分为36个大乡，九潭称九潭乡。1958年1月10日，改划为20个人民公社（镇），九潭属铁场人民公社管辖。1961年4月，九潭片从铁场公社分出，成立九潭人民公社。1973年，博罗县调整为19个人民公社，九潭地区属铁场人民公社管辖。1978年5月22日，经惠阳地委核准，同意成立九潭人民公社。1983年11月，恢复区乡建置，博罗县内设22个区，九潭区属博罗县管辖。1986年1月，撤区设镇，九潭镇属博罗县管辖。1990年，博罗县内22个镇（乡），其中九潭镇辖上村、水口、凤山、义合、佛岭、马石岗、沥东、沥西、九潭、新村10个行政管理区，管辖50个村民委员会（村小组）。2003年12月，撤销原九潭镇并入园洲镇。园洲镇划分河南、河北二区。河南区辖园洲居委会以及马嘶、田头、桔龙、廖尾、禾山、土瓜圩、深沥、沙头、阵村、上南、刘屋、下南、江头、白耀前、高头、李屋、寮仔、白马围18个村委会。河北区辖九潭居委会以及上村、水口、凤山、马石岗、义合、佛岭、沥东、沥西、新村9个村民委员会。

第二节 圩 市

境内曾有过6个圩市，详见第八篇《商业》第一章《商业体制》。

第三章 园洲镇村（居）民委员会

第一节 河南片区镇村（居）民委员会

一、马嘶村民委员会

马嘶村民委员会（简称马嘶村委会）于1998年改设，村委会驻地马嘶村。马嘶村位于园洲镇东部，沙河南段支流与东江交汇处，距镇政府8公里。东面与博罗县龙溪镇黄屋村接壤，南面至东江边，与东莞市企石镇隔江相望，西面连接桔龙村，北面与田头村相接，总面积9.3平方公里。2016年总户数1099户，户籍人口3868人。

马嘶村民委员会

陈姓是马嘶村主要姓氏。南宋绍兴五年（1135年），陈氏先祖迁居至广东省南雄市珠玑巷，后又迁至东莞市常平镇九房村。传说嘉定八年（1215年）一天，陈子贵带着儿子陈墩实骑马闲游。突然，坐骑朝北奔驰渡东江，在东莞与博罗交界处停下。马两后蹄直立，昂头嘶鸣，意似于此定居繁衍。取马嘶之意，定村名为“马嘶村”。陈子贵是马嘶村陈氏先祖，其子陈墩实在此立村，为马嘶村始祖。

新中国成立前，马嘶乡隶属东莞县文顺乡（现石龙）。1949—1957年，隶属东莞县第七区（企石区）。1958年隶属于东莞县企石公社上南大乡。1959年3月隶属博罗县园洲人民公社。1961年，马嘶村与赤岗村合并，称"赤马乡"，后改称"马嘶大队"。1984年成立马嘶乡，1987年3月后成立马嘶管理区，1999年成立马嘶村民委员会。

马嘶村以种植为主，农作物主要有水稻、番薯、花生、黄豆、萝卜、甘蔗等。马嘶萝卜盛名博罗西部地区。20世纪80年代后，逐步向"三高"农业方向发展，水稻亩产超过400公斤。90年代中期以后，调整农作物布局，发展种植玉米、冬瓜、萝卜等。随着产业结构的调整和二、三产业的迅猛发展，耕地面积逐年减少，2016年耕地面积1578亩，比1980年的2963亩减少1205亩。农业产值比重逐年下降。

马嘶萝卜已有300余年的栽培历史，马嘶萝卜口感清香，甘甜爽脆。1980年以前，马嘶萝卜种植面积达千亩以上。改革开放后，马嘶种植萝卜的习俗逐渐消失。

1982年，引进"三来一补"企业——马西毛织厂。至2016年，有工业企业7家，外资企业10家，私营及个体工业企业60家。至2016年，马嘶村委集体固定资产3140万元，集体经济年收入286万元，人均收入16621元。

马嘶小学成立于1910年。1997年，马嘶村民集资兴建新马嘶小学。1998年成立陈善良教学基金会，奖励优秀师生。2016年，马嘶小学在校学生506人。至2016年，在校大学生53人。

村内有篮球场2个、农家书屋1个、幼儿园1所、卫生站1座。村道实现硬底化，博园公路经过村域。

马嘶村古村落有800年历史。村内有大小祠堂15座，古民居保护较好，古村落具有典型的明代岭南建筑特色。80年代后，村民逐步在古村外围建屋，多为二、三层楼房。

马嘶村陈氏族人践行"精忠报国、至孝维家"的祖训，涌现出许多尽忠尽孝、保国爱乡的优秀人物，如姚氏守节、文武双全陈邦彦举人，革命烈士陈志仁（中共石龙市委早期负责人）、陈松佳、陈黄金等。

二、田头村民委员会

田头村民委员会

田头村民委员会（简称田头村委会）于1999年改设，驻地田头村。田头村位于镇东部，距镇政府7公里，东面是龙溪银岗白勘角村，南面是马嘶村、桔头村，西面是禾山村，北面是土瓜圩村。田头村委会下辖旧围、新陈、油房、庙下、塘角、竹园岗、土瓜围、赤岗村8个自然村，共5个村民小组。全村面积5.37平方公里。2016年总户数1419户，户籍人口5029人。有陈、梁、叶、曾、朱、冯、钟、姚、陆8姓，其中陈姓人占半数以上。

南宋景炎二年（即1277年），为避战乱，田头陈氏始祖允迪携妻儿共六人，从南雄珠玑巷迁至田头，在此开荒定居。田头属于岭岗地带地形，形成"田"字地势而得名。

竹园岗村是田头村的分支。1959年特大洪水后，部分村民到土名为"竹园岗"的岭地建新村，取名竹园岗村。土瓜围村始祖福笔于元末（约1341年）于东莞常平板石迁入，距今675年，村中居住梁、叶两姓村民。塘角村成立时间无从考究，村中居住冯、陆两姓村民。赤岗村立村时间不详，村民统一姓叶。

新中国成立前，田头乡隶属东莞县文顺乡（现石龙）。1949—1957年，隶属东莞县第七区（企石区）。1958年隶属于东莞县企石公社上南大乡。1959年3月隶属博罗县园洲人民公社，成立田头大队。1984年成立田头乡，1987年3月成立田头管理区，1999年成立田头村民委员会。

20世纪80年代前，村民房屋多为泥砖或青（红）砖瓦面平房。80年代后，民房改建或新建为二、三层楼房。2000年后，新建的楼房多为三层以上。

田头村以农业种植为主，种植乌榄有300年的历史，种植荔枝有200年的历史，田头荔枝远近闻名。农作物主要有水稻、甘蔗、番薯、花生、黄豆等。60年代前，粮食亩产50～60公斤。60—90年代，经过大力发展农田水利基本建设，推广科学种田和优良品种，粮食产量不断提高。到90年代初期，水稻亩产量达到400～500公斤。随着产业结构的调整和二、三产业的迅猛发展，耕地面积逐渐减少，2016年有耕地2887亩，比1980年的4776亩减少1889亩。农业产值比重逐年下降。

70年代，田头村开始种油菜，开创博罗种油菜先河，以后逐步扩大到博罗、东莞沿东江地区。

改革开放后，先后引进大中、斯达高、巨人、南钢、天风、亨通、济合、鑫泉铸造厂、佳得鞋材有限公司等企业，工业园区面积达186万平方米。至2016年，田头村委集体固定资产2199万元，村集体经济年收入76万元，人均收入13989元。

1950年，田头村在公祠办起1所小学，1956年新建1所小学。1968年在田头小学开办初中班，学制是小学五年制，初中两年制。80年代，田头小学加建。2016年，学校总面积2750平方米，教学楼建筑面积1680平方米，在校学生618人。至2016年，在校大学生95人。

村内有篮球场2个、农家书屋1个、卫生站1座。田头村保存较好的公祠有东塘公祠、琼山公祠、丽庄公祠、抱全公祠。

三、桔龙村民委员会

桔头村民委员会（简称桔头村委会）于1999年改设，村委会驻地桔头村。桔龙村位于园洲镇东南部东江河畔，因桔头和龙叫村，取名桔龙村。距离镇政府6.8公里，东与马嘶村相连，南面与东莞市企石镇隔东江相望，西面是廖尾村，北面是田头村和禾山村。桔龙村委会下辖4个自然村，分别是桔头村、新村、龙叫村、岭贝村，共有6个村民小组。全村面积5.6平方公里。2016年总户数1233户，总人口4516人，主要由谭、莫、陈，梁、周5个姓氏组成。

桔龙村民委员会

桔头村谭氏先祖居江西宁都，后入广东韶关南雄珠玑巷躲避战乱，先祖谭维月退官后，迁入东莞大宁立村。元至大三年（1310年），谭维月第六代后裔谭礼常第四子谭禄郎移居园洲桔头（由于村中社公庙旁有一棵特别大的老桔树，故称桔头）。

龙叫村全村姓莫，其先祖由江西省迁入广东南雄珠玑巷，再由珠玑巷迁到东莞常平大洲村定居。始祖叙伦公，于南宋端平二年（1235年）由大洲村迁至龙叫立村。因村庄所在地附近，东江水冲刷“石龙”（水流角）发出哗哗声，取名“龙叫”村，是园洲较早立居的村庄。

岭贝村陈氏，原籍马嘶村长房子孙，清代从马嘶村分支到岭贝村定居。因居住地在小山岭的北面，处于山之阴，也称山岭的背面，故取名“岭背”。

新中国成立前，桔头乡、龙叫乡隶属东莞县文顺乡（今石龙）。1949—1957年，隶属东莞县第七区（东莞企石区）。1958年隶属于东莞县企石人民公社上南大乡。1959年3月隶属博罗县园洲人民公社。1961年后，桔头、龙叫合并后称桔龙大队，1984年成立桔龙乡，1986年1月成立桔龙管理区，1999年成立桔龙村民委员会。

20世纪80年代前，村民房屋多为泥砖或青（红）砖瓦面平房。80年代后，民房改建或新建为二、三层楼房，2000年后，新建的楼房多为三层以上。

桔龙村以耕种为主，有耕地1618亩，以种植水稻为主，一年两造。60—70年代水稻亩产达450公斤。

80年代，开始种植香蕉、橙柑、荔枝等经济作物。

1969—1972年，大队党支部书记谭始组织干部群众，向河滩要田，组织近千人，在东江北岸的沙滩上新筑总长2300米的大堤；造田1200亩，人均耕地面积增加0.4亩。

90年代后，随着产业结构的调整和二、三产业的迅猛发展，耕地面积大量减少，2016年有耕地1618亩，比1980年的2974亩减少1356亩。农业产值比重逐年下降。

70年代，桔龙大队、龙叫生产队分别办有砖厂和耐火砖厂。1983年，桔龙村有多家木器家具制造的民营企业。同年，桔龙籍港商谭林培投资创办来料加工桔头毛织厂。2008年，引进香港（惠州）胜丰集团有限公司。至2016年，村委集体固定资产6663万元；2016年，村集体经济年收入达100万元，人均收入13641元。

民国14年（1925年），桔头村已开办私塾小学。新中国成立后设立公办桔头小学。至2016年，桔头小学有学生548人，教职工24人。丽精置业有限公司引进东江广雅学校，投资5亿元，占地面积260亩，于2015年9月1日开学。古代，桔头村中举者有8人之多。2016年，在校大学生61名。

村内有篮球场6个、农家书屋1个、老人活动场所1个、卫生站1座。

谭氏宗祠建于清嘉庆十年（1806年）。族人谭建勋经殿试成为同治十三年（1874年）武进士。

村内至今保存古树、大叶榕5棵，小叶榕3棵，树龄超过200年。

四、廖尾村民委员会

廖尾村民委员会

廖尾村民委员会（简称廖尾村委会）于1999年改设，村委会驻地廖尾村。廖尾村位于园洲镇政府驻地东南面4.5公里处。东面与禾山村、桔龙村相接，南面与东莞市企石镇隔东江相望，西面是上南村，北边是禾山村。廖尾村委会下辖自然村有坎头村、上廖村、下廖村、新围村、学佬村，共5个村民小组。总面积为4.8平方公里。廖尾村姓氏有朱、梁、郭、周、蔡、余、赖、刘、黄。2016年总户数530户，户籍人口1929人。

清雍正九年（1731年），廖尾村始祖从东莞鳌峙塘迁入。该村位于“洋花潦”的末端，故称廖尾村，后分为上廖村和下廖村。乾隆二十七年（1762年），鹤佬村人从泰美秀岭迁入。乾隆二十八年（1763年），坎头村人从东莞横沥镇黄圹村迁入。民国27年（1938年），新围村人从韶关南雄珠矾巷迁入廖尾、梁屋。1949年，新围村人迁到禾山，重建新围定居。1963年，廖尾村归属禾山大队管辖。1978年析出成立廖尾大队。此时，新围村划入廖尾大队管辖。1984年，廖尾大队并入禾山乡，次年8月再次析出。1986年1月成立廖尾管理区，1999年成立廖尾村民委员会。

20世纪80年代前，村民房多为泥砖或青（红）砖瓦面平房。80年代后,民房改建或新建为二、三层楼房。2000年后,新建的楼房多为3层以上。

农业种植为水稻、甘蔗、柑橘、番薯、粉葛、蔬菜等作物,产量低。1978年改革开放后，大力推广科学技术和优良品种，粮食产量由新中国成立前后的50～60公斤提高到400多公斤。90年代，随着产业结构的调整和二、三产业的迅猛发展，耕地面积减少。2016年有耕地675亩，比1980年的1510亩减少835亩，农业产值比重逐年下降。

廖尾村1973年开始发展集体蚕桑业，每年种桑200多亩。80年代后，蚕茧价格下跌，蚕桑业停止。

1988年，引进第一家外资企业达成电子厂。至2016年，先后引进个体企业达30家，外资企业7家。至2016年，廖尾村委集体固定资产3577万元，村集体经济年收入为17万元，人均收入为16257元。

新中国成立前，廖尾村有私塾1个。新中国成立后，开办公立小学，现拥有1所楼房式的完全小学，学生有252人。2016年，在校大学生34人。

村内有农家书屋1个、篮球场1个、老人活动场所1个、卫生站1座。

五、禾山村民委员会

禾山村民委员会

禾山村民委员会（简称禾山村委会）于1999年改设，村委会驻地虾岗村红岭上禾山小学路口。禾山村位于园洲镇政府驻地东面5公里处。东面与田头村接壤，南面与桔头村隔洋花潦小河相望，西面与廖尾村、上南村相接，北面与深沥村、土瓜圩连接，博园公路穿村而过。禾山村有9个自然村，村西部为村尾、岗头、虾岗、庙边上围、庙边下围5个自然村，5个自然村均姓梁。东部为朱屋、林屋、向西李、向东李4个自然村。下辖村尾、岗头、虾岗、朱屋、林屋、李屋6个村民小组。全村面积为4.54平方公里。古语云："铁场九十九眼塘，禾山九十九个岗。"山冈多有野禾，故得名禾山。2016年总户数894户，户籍人口2997人。

禾山村5个梁姓村的始祖，于宋朝从东莞常平板石村迁徙而来。岗头村始祖，于北宋靖康二年（1127年）迁居到岗头岭，故定名为岗头村。虾岗村的始祖于南宋建炎三年（1129年）选择了一块虾状的山冈定居，村名叫虾岗村。村尾村始祖于咸淳四年（1268年）迁至岗头村与虾岗村两村的西北部，位于水流的末尾，故名村尾村。庙边上围与庙边下围，因其两村位于一大庙两旁故得名。这两村村民于民国31年（1942年）前后，全部外迁。朱屋始祖于明永乐元年（1403年）从廖尾村下廖迁居到禾山村，部分朱姓是民国初期由上南村北方家族分支过来的。林屋村的始祖，于天顺四年（1460年）从福建蒲田北螺村迁徙而来。李屋村由向西李（包括花园李）和向东李组成。向西李始祖在绍定五年（1232年），从东莞县后李迁来。向东李和花园李的始祖于嘉定元年（1208年）由博罗云步迁来。

新中国成立前，禾山隶属东莞县文顺乡（现石龙）。1950年，与土瓜圩、田头联合组成田头乡，隶属东莞县第七区（企石区）；1958年隶属于东莞县企石公社上南大乡；1959年3月隶属博罗县园洲人民公社；1963年后，从田头大队分出，与廖尾合并组成禾山大队；1984年成立禾山乡；1987年3月成立禾山管理区；1999年成立禾山村民委员会

20世纪80年代前，村民房多为泥砖或青（红）砖瓦面平房。80年代后，民房改建或新建为二、三层楼房。2000年后，新建的楼房多为3层以上。

禾山农业以种植为主，农作物主要有水稻、甘蔗、番薯、大豆、蔬菜等，产量低。1952年进行土地改革，60—80年代通过大力发展农田基本建设，推广科学技术和优良品种，粮食亩产不断提高。到90年代，粮食亩产量由新中国成立前后的50～60公斤提高到400多公斤。2000年后，随着产业结构的调整和二、三产业的迅猛发展，耕地面积减少，2016年，耕地面积645亩，比1980年的3141亩减少2496亩，农业产值比重逐年下降。

1983年，引进第一家来料加工港资毛织厂。至2016年，有外资企业15家，集体企业9家，个体企业230家，工业总产值达3000多万元。至2016年，禾山村委集体固定资产5798万元，村集体经济年收入162万元，村民人均收入13628元。

1950年以前，禾山村有两个私塾，分别是禾梁和禾朱私塾。1953年成立禾山小学，1980年新建禾山小学，教学大楼高3层，占地面积300平方米。2008年再加建1座教学大楼，高4层，占地面积为320平方米。2016年，在校学生302人，其中在校大学生26人。

村内有农家书屋1个、篮球场6个、老人活动场所1个、卫生站1座。

禾山村历史知名人物有烈士李源（曾任广东省委书记、中共第六届中央委员会委员）、东江游击队员林镇发。

禾山村有梁氏宗祠、“容厚堂”等古代建筑；有100多年的秋枫和细叶榕等古木。禾山村有游会的习俗，会期为农历正月十三至十五。该习俗始于明朝。

六、土瓜圩村民委员会

土瓜圩村民委员会

土瓜圩村民委员会（简称土瓜圩村委会）于1999年改设，村委会驻地土瓜圩。土瓜圩村位于园洲镇东北部，距镇政府东面8公里。东邻田头村，西连深沥村，南与禾山村接壤，北与凤山隔沙河相望。总面积1.3平方公里。土瓜圩村委不设村民小组。2016年总户数375户，户籍人口1228人。

清道光年间（1821—1850年），镇域河南区仍没有圩场，村民只能到土瓜围上游的水口圩（龙溪镇旧白勘角村）赶圩。后因受洪灾，水口圩散圩，一些村民不约而同在土瓜围西侧的沙河埠头上方摆卖农副产品，逐渐形成永和圩。后来，朱、梁、熊、陈、毛、蔡、邱、李、邓、黄等姓氏先后在此定居。因摆卖的多是土地里种出来的瓜菜，同治四年（1865年）起称作土瓜圩。同治十二年（1873年），因东博圩开圩，不久土瓜圩散圩，圩内的商人弃商务农。（详见第八篇“商业”第二章“商业市场”第二节“农村圩市”）。

新中国成立前，土瓜圩隶属东莞县文顺乡（现石龙）。1950—1952年，属田头乡辖。1952年，土瓜圩村与深沥、沙头、阵村4个村合并为丰平乡，隶属于东莞县第七区（企石区）。1958年隶属于东莞县企石公社上南大乡。1959年3月隶属博罗县园洲人民公社。1959年，土瓜圩村与深沥村合并为土深大队。1980年，拆分为深沥大队和土瓜圩大队。1983年，土瓜圩与深沥合并为土深乡，1986年，成立土瓜圩管理区，1999年，成立土瓜圩村委会。

20世纪80年代前，村民房多为泥砖或青（红）砖瓦面平房。80年代后，民房改建或新建为二、三层楼房。2000年后，新建的楼房多为3层以上。

1974年，土瓜圩村建起园洲第二座自来水厂。1979—1981年，建成沙河大桥，全长125米，宽4米。1992年铺设了马嘶路街道，全长1000米，宽6米，接驳博园路。

土瓜圩1890年就开始种植荔枝，禾枝品种远近闻名。

新中国成立前后，土瓜圩农业以水稻种植为主，主要农作物有甘蔗、番薯、玉米、大豆和蔬菜等，粮食亩产仅50～60公斤。20世纪60—70年代，大力发展农田水利基本建设和平整土地、改良土壤。80年代，推广科学种植技术和优良品种，粮食亩产达到400多公斤。90年代，随着产业结构的调整，养殖业和二、三产业迅速发展，耕地面积减少，土瓜圩现有耕地241亩，比1980年的1137亩减少896亩，农业产值比重逐年下降。

1990年后，发展工业。至2016年，有台资五金厂、泰宏电镀厂、高辉五金厂等数家企业，工业总产值795万元。至2016年，村委会集体固定资产1148万元，集体经济年收入267万元，人均收入15488元。

新中国成立前，土瓜圩有私塾1家。1950年，在敷文书院办起了小学。1962年，扩建为完全小学。教室是三间砖瓦平房，共380平方米，学生有70多人。2000年，土瓜圩小学进行了重建。2008年，土瓜圩小学与田头小学合并。2016年，在校大学生学生9人。

1978年，土瓜圩成立文娱组，如粤剧小组等。2012年，成立龙船队，人数达68人。

村内有农家书屋1个、篮球场1个、老人活动场所1个、卫生站1座。

土瓜圩村古建筑有敷文书院和仑山飞庙（又称大胜庙）。有3棵民国2年（1913年）种植的木棉树。

七、深沥村民委员会

深沥村民委员会（简称深沥村委会）于1999年改设，村委会驻地上沙路深沥段。深沥村位于园洲镇政府驻地东面3.24公里，东邻土瓜圩，南与禾山村、上南村相邻，西与阵村、沙头村相接，北隔沙河与义合村相望，总面积2.9平方公里。深沥村有梁、林、黄、庄4个姓氏。深沥村委不设村民小组。2016年，户数895户，户籍人口2155人。

深沥村民委员会

南宋末年，东莞常平板石有部分梁姓居民迁移到深沥建房定居，村庄建在沙河南岸边分流一条大沥，命名为“深沥村”。

新中国成立前，深沥村隶属东莞县文顺乡（现石龙）。1952年，深沥村与土瓜圩、沙头、阵村合并为丰平乡，隶属东莞县第七区（企石区）。1958年隶属于东莞县企石公社上南大乡。1959年3月，隶属博罗县园洲人民公社。1959年，深沥村与土瓜圩村合并为土深大队。1983年，深沥与土瓜圩合并为土深乡，隶属园洲区。1986年，从土深乡分出，成立深沥管理区。1999年，成立深沥村民委员会。

20世纪80年代前，村民房多为泥砖或青（红）砖瓦面平房。80年代后,民房改建或新建为二、三层楼房。2000年后,新建的楼房多为3层以上。

新中国成立前,深沥以农业为主,农作物主要有水稻、甘蔗、番薯、蔬菜等。 由于生产技术落后，作物产量低。新中国成立初期，粮食平均亩产仅60公斤左右。1952年土地改革,农民分得土地。之后,通过改造土壤、改进耕作技术,大力发展农田水利基本建设和推广优良品种，粮食亩产达到400多公斤。20世纪90年代后,随着产业结构的调整,养殖业和二、三产业迅速发展,耕地面积大量减少,现有耕地860亩，比1980年的2297亩减少1437亩。农业产值比重逐年下降。

1992年，深沥村开始发展村集体工业，建起4栋厂房，共15000平方米。先后引进陶瓷、家具、五金、化工、电子等企业。至2016年，工业总产值1950万元；深沥村委集体固定资产2165万元，村集体经济年收入575万元，人均纯收入15935元。

1949年，深沥村自筹资金，建立1所小学，是复式班教学。1960年，深沥小学才成为完全小学。1999年，拆除旧校舍重建。2016年，有学生276人，其中在校大学生39名。

2014年，开始筹建深沥文化中心，总面积约为1800平方米，设有运动场、乒乓球场、健身室。

村内设有卫生站1个、农家书屋1个、老人活动场所2个。

八、阵村村民委员会

阵村村民委员会（简称阵村村委会）于1999年改设，村委会驻地朱屋村。阵村位于园洲中心区。由东向西沿沙河南岸而建，东起曾屋村，依次为陈屋、朱屋、莫屋、下朱，西止任屋村。阵村东起的曾屋村，与沙头村接壤。南与上南村、刘屋村相邻，西边的任屋村与刘屋村、江头村相接。北临沙河岸滩的莫屋村因靠近沙河边的洲头滩地，又名洲背村。总面积3平方公里。阵村村委会下辖曾屋、陈屋、莫屋、朱屋、

阵村村民委员会

下朱、任屋6个村民小组。2016年，总户数为829户，人口2840人。

清嘉庆五年（1800年）以前，阵村原名坑口，彼时属东莞县管辖，因东莞县有多处“坑口”，便依据6个自然村形成的长蛇状阵势，改名阵村。

阵村有曾、朱、陈、任、莫、杨、徐姓。曾氏于明宣德十年（1435年）从河源迁至阵村。朱氏于清顺兆十一年（1654年）从东莞横沥迁到阵村。陈氏于康熙十三年（1674年）从新作塘迁到阵村。任氏于乾隆十年（1745年）从东莞常平迁至阵村。莫氏，于1785年从东莞企石迁至阵村。杨氏迁入信息不详，后渐散去，现属任屋村。徐氏于1944年从东莞温塘迁入，现属朱屋村。

新中国成立前，阵村隶属于东莞县文顺乡（现石龙）。1952年，阵村与深沥、土瓜圩、沙头4个村合并为丰平乡，隶属于东莞县第七区（企石区）。1958年隶属于东莞县企石公社上南大乡。1959年3月隶属博罗县园洲人民公社。1962年，阵村与沙头合并为和安大队。1978年，和安大队解散，成立阵村大队。1986年成立管理区。1999年，成立村民委员会。

20世纪80年代前，村民房多为泥砖或青（红）砖瓦面平房。80年代后，民房改建或新建为二、三层楼房。2000年后，新建的楼房多为3层以上。

新中国成立前，以农业种植为主。农作物主要有水稻、甘蔗、番薯、蔬菜等，粮食亩产50～60公斤。通过推广科学种植技术和优质良种，至1980年亩产达到400多公斤。之后，二、三产业发展迅速，耕地面积减少。2016年，有鱼塘200亩，渔业生产是阵村的“品牌”。2016年，有耕地390亩，比1980年的1766亩减少1376亩。农业产值比重逐年下降。

新中国成立前后，家庭手工业主要有竹编或竹木器具。1956年，个体手工业改造为队办集体工业。2016年，全村有私营企业43家。阵村工业园内有工厂71家，工业总产值1.2亿元。2016年，阵村村委集体固定资产7578万元，村集体经济年收入116万元，人均收入13442元。

谚语云：“阵村食粥，上南听见。”意为阵村在新中国成立前经济不好，每天只能喝白粥，大家仓促喝粥的声音在上南村都能听见。1990年以后，村民住上四、五层的楼房，生活有了翻天覆地的变化。村民以外出务工、小型加工厂、物业出租为经济来源。至2016年，阵村有房地产项目3个。

阵村有两所学校。园洲第三中心小学，有学生1200人。民办学校星洲双语学校，设班从幼儿园至初三，在校学生728人。至2016年，阵村有硕士生、大学生共172人（2016年在校大学生41人）。另外，阵村设有卫生站1座。1994年，村道实现混凝土硬底化，福园路以及和安大道从该村辖区经过。

民国17年（1928年）春阵村任屋发生“百人坑惨案”。阵村有古树3棵。特色美食有曾屋濑粉、阵村咸菜。

九、沙头村民委员会

沙头村民委员会（简称沙头村委会）于1999年改设，村委会驻地沙头新村。沙头村位于园洲镇中部，距镇政府3.6公里。沙头村东面与沙河、深沥村相接，南与上南村相邻，西与阵村相接，北面隔沙河与九潭圩相望。整个村庄沿河边而建。东西走向2.5公里，西北走向2公里，因村庄在沙河的上游，故名沙头。总面积约2.3平方公里。沙头村委会辖村头、村心、村尾自然村，共设7个村民小组。2016年，总户数600户，户籍人口1928人。姓氏有梁、胡、林。

沙头村梁氏发源地是陕西夏阳（今韩城）。南宋时，先人从福建晋江迁至南雄珠玑巷，再从南雄迁往东莞常平。后从东莞常平板石村迁至福田山下村，又从山下迁到沙头。随后，有胡姓和林姓迁入。沙头村建于元末明初。新中国成立前，沙头隶属于东莞县文顺乡（现石龙）。1952年，沙头与深沥、土瓜圩、深沥、阵村4个村合并为丰平乡，隶属于东莞县第七区（企石区）。1958年隶属于东莞县企石公社上南大乡。1959年3月隶属博罗县园洲人民公社。1962年，沙头与阵村合并为和安大队。1978年，和安大队解体，成立沙头大队，1986年成立管理区，1999成立村民委员会。

沙头村民委员会

20世纪80年代前，村民房多为泥砖或青（红）砖瓦面平房。80年代后,民房改建或新建为二、三层楼房。2000年后,新建的楼房多为3层以上。

新中国成立前后,沙头主要以农业种植为主,农作物主要有水稻、甘蔗、大豆、番薯、花生、蔬菜等,生产技术落后,作物产量低。1952年土地改革，20世纪60—70年代大力发展农田水利建设，80年代推广科学技术和优良品种，粮食亩产量得以提高。90年代后随着产业结构的调整和二、三产业的迅猛发展，耕地面积减少。2016年耕地面积1472亩，比1980年的3835亩减少1855亩。农业产值比重逐年下降。

1992年，村集体创办砖厂。2006年后，沙头村先后引进五丰五金厂、好润成染花厂、蒙地利皮具制品厂、斯莱达医疗器械、永兴泰服装辅料等多家企业。2007年，开发丰平工业园，内有工厂7家。2016年，工业总产值1000万元，沙头村委会集体固定资产2578万元，村集体经济年收入49万元，人均收入15843元。

1950年，丰平小学在沙头建立。1978年改革开放后，沙头加大教育投入，完善教学设施。学校占地面积约7000平方米，建筑面积2172平方米。至2016年，在校学生297人，教职人员16人。2016年，在校大学生40人。

1960年以前，村民的房屋大都是泥砖房。1980年以后，村民陆续建起二、三层水泥钢筋结构小楼房。

村内有农家书屋1个、篮球场3个、老人活动场所1个、卫生站1座。

1990年，沙头大桥建成，扩建了沙头新村。

沙头村有木棉树、朴树、细叶榕各1棵，有300多年的历史。

沙头村有古祠堂穀贻堂，建于明万历年间（1573—1620年），于1985重建，总面积310平方米。正门有1副对联：“源流板石，支派沙溪”。

罗浮山有梁信墓碑，刻有“元赐进士资政大夫讳信梁公墓”。

十、上南村民委员会

上南村民委员会（简称上南村委会）于1999年改设，村委会驻地兴园五路51号。上南村位于园洲镇中心区南部，东面与廖尾村接壤，南面与东莞市企石镇隔东江相望，西面是下南村，北面与深沥村、阵村相邻，总面积4.08平方公里。因在下南之上游，故称上南。村内有村头、沙尾、屋厦、东方、北方、西方、南方7个自然村和百胜（姓）街。百胜（姓）街是1980年后，由来自粤西的村民自筹资金买地兴建而成的新街道。2016年，总户数1183户，总人口为3933人。户籍姓氏有朱、邱、陈、梁、庄、吴、王、姚、翟、林、霍、李。

上南村民委员会

上南村，始建于南宋中期，淳熙十四年（1187年），罔陵堂宋始祖七三郎匹避靖康之变，从江西建昌府（现今广昌县）南迁，从水路直至上南村开基立业，繁衍生息，相传30代，至2016年有830年的历史。

最早是村头邱姓及西方的朱姓聚居，后陈姓、李姓、郑姓、樊姓陆续迁入。上南村先后共出进士或相当进士的有6人，举人或相当举人的48人，秀才114人。

新中国成立前，上南隶属于东莞县文顺乡（现石龙）。新中国成立后，隶属于东莞县第七区（企石区）；1958年10月，隶属于东莞县企石人民公社。1959年3月，隶属于博罗县园洲人民公社。1983年11月，成立上南乡。1986年1月后成立上南管理区，1999年3月成立上南村民委员会。

20世纪80年代前，村民房多为泥砖或青（红）砖瓦面平房。80年代后，民房改建或新建为二、三层楼房。2000年后，新建的楼房多为3层以上。

2012年，上南村委会投入近3亿元，兴建占地100亩的上南农民公寓。公寓共14栋，每栋17层，共896个单元，免费分配给村民。

1949年以前，上南村以种植业为主，作物有水稻、甘蔗、花生、番薯以及各种蔬菜。三年逢两灾（水灾、旱灾），产量极低。新中国成立后，兴修水利，建排灌站，推广科学种植，产量逐年提高。90年代，随着产业结构的调整和二、三产业的迅猛发展，村的集体经济收入迅猛提高。

70年代，办起砖厂等集体企业。1992年，上南兴建了第一个工业区，引进第一家外资企业华南制衣厂。随后有10多家企业，工业总产值首破百万元。与此同时，村委加大基础设施建设，集资兴建了18万平方米的工业厂房和10万平方米商业铺位。至2016年共有工商企业近千家，投资总额近20亿元。2016年，工业总产值达5亿元。上南村还划出300亩地，建立民营工业区，村民创办的民营企业达200家。2005年，上南村集体投资4500多万元，兴建了占地2.4万平方米的三新休闲购物广场。2007年，投资4500多万元建起了占地约300亩的中大轻纺城。另外，兴建占地4000平方米的上南假日名城商务大厦。

2016年，上南村委集体固定资产49982万元，集体经济年收入2211万元，人均年收入19741元。60岁以上长者每人每月可领取福利金900元和农保金375元。村民每年每人80元的新农合医疗费则由村委会支付。2016年，上南村有房地产项目11个。

村中有园洲第一中心小学、东晖实验学校、幼儿园、老人活动中心、曲艺社、电影院、上南各生产队餐厅、上南公园、图书室、医疗卫生站、便民服务站。上南村每年投入近20万元，改善教育环境和设施，并成立教育基金会资助困难学生，对成绩突出的师生给予奖励。至2016年，村累计有大学生385人。上南村建有两所卫生院，第三家卫生院即将建成并投入使用。上南有粤曲组织，被评为县非物质文化遗传项目。

上南有镇楼，供奉大帝。有贞节牌坊，建于清康熙三年（1664年）。有盘古宫、大王庙。百年阔叶榕2棵。

十一、刘屋村民委员会

刘屋村民委员会

刘屋村民委员会（简称刘屋村委会）于1999年改设，村委会驻地顺安路73号。刘屋村位于园洲镇中心区，村委距镇政府驻地约600米。东邻上南村，南临东江，与东莞石排一江之隔，西与下南村相连，北与阵村接壤。面积为3平方公里。刘屋村委会不设村民小组。2016年总户数193户，户籍人口925人。户籍姓氏有刘、周、朱、梁4姓，其中刘姓人口909人。

明正德年间（1506—1521年），村始祖十一世祖乳南公偕两个儿子刘明顺、刘明安从江西沿北江、东江南下谋生，至刘屋，见地平土沃，且与古镇石龙相靠，水陆交通便利，于是在此建村，因其姓刘，故取名刘屋。刘屋村建村至2016年，有500多年的历史。

新中国成立前，刘屋隶属于东莞县文顺乡（石龙）。1950年，刘屋、陈屋、田寮（现为东莞市石排镇田寮村）三村合为下南乡，隶属于东莞县第七区（企石区）。1958年10月，隶属于东莞县企石人民公社上南大乡。1959年3月，隶属博罗县园洲人民公社。1962年，刘屋村成立刘屋大队。1963—1979年，刘屋村与上南村、陈屋村三村合并为上南大队。1979年，刘屋村自成刘屋大队。1983年11月，刘屋村与圩镇、陈屋村合并为下南乡。1986年1月，下南乡解体，刘屋村成为刘屋管理区。1999年3月，刘屋村成立刘屋村民委员会。

20世纪80年代前，村民房多为泥砖或青（红）砖瓦面平房。80年代后，民房改建或新建为二、三层楼房。2000年后，新建的楼房多为3层以上。

新中国成立前后，刘屋经济以种植为主。农作物以水稻为主，经济作物有番薯、甘蔗、花生、黄豆、蔬菜。50年代，水稻亩产80～150公斤。80年代，亩产达700公斤。1982年，推行多种经营，瓜果蔬菜远销香港。80年代，刘屋村柑、橙、香蕉、蔬菜等经济作物的种植面积占总面积的95%以上。85%以上村民进入“万元户”行列，其余的村民也基本脱贫。随着城乡一体化的建设，刘屋原有的753亩耕地，全部用于城乡建设和发展工业。

1992年，刘屋村兴建镇域第一工业区刘安工业区，引进第一家外资企业金恒织造厂。随后，信兴制衣厂、手表带厂等数十家企业落户刘屋。工业年总产值突破千万元。至2016年，刘屋村村民办的企业、个体商户有95家。刘屋村辖区工商业达960多家，年总产值达4.5亿元。2016年，村农副业总产值达400万元，村委集体固定资产9282万元，村集体年收入达924万元，人均收入达20879元。

1996年，刘屋村安装程控电话有200户，成为博罗县的第一个电话村。

刘屋村有兴园路、桥北路、园洲大道等干道贯穿村周边，纵横交错。石洲大桥于刘屋村西南水角处连接东莞。村中有园洲第二中心小学、幼儿园、老人活动中心、曲艺社、影剧院、体育中心、青年活动中心、刘屋餐厅、休闲公园、图书室、医疗卫生站、便民服务站。至2016年，累计有大学生60多人。2016年，刘屋村有房地产项目7个。

2001年9月，刘屋村获“广东省文明村镇”称号。2008年，省爱卫办授予刘屋村“广东省卫生村”称号。2012年12月，获得“全省民主法治示范村（社区）”荣誉称号。

十二、下南村民委员会

下南村民委员会

下南村民委员会（简称下南村委会）于1999年改设，村委会驻地南岗路。下南村，原名下南陈屋村，又名下南老围。位于镇中心区，东面是上南村、刘屋村，南面与东莞石排镇隔东江相望，西与莨兰梁屋高头村相邻，北与莨兰江头村相接。面积为2.4平方公里。下南村委会不设村民小组。2016年总户数为343户，户籍人口为1149人，姓氏除了1户姓周，其余全部姓陈。

南宋时期，始祖少一公随父母从河南许昌颍川南迁。少一公有两个儿子，南震公为长，南冥公为次。还有陈圆围玉存公，也从河南许昌颍川迁居到南雄珠玑巷，来到东莞城马齿巷经商，又从东莞城来到下南经商定居。先人以养鸭为生，后发现下山岗往南的东江鱼虾、蚬丰富，于是在下南村沿东江河畔建村繁衍生息，因村处下山岗下游，故称为下南。

1950年，陈屋、刘屋、田寮（现东莞市石排镇田寮村）三村合为下南乡。1963年，下南陈屋与上南、刘屋合并为上南大队。1968年，下南陈屋析出为下南陈屋大队。1983年，下南陈屋大队与刘屋大队、下南居民合并为下南乡。1986年，下南乡解体，下南陈屋改为下南管理区。1999年为下南村民委员会。

1950年以前，下南村流行两首民谣：“有女要嫁下南村，朝朝担水望官船，又有黄沙蚬肉食，又有蚬汤淘饭甜。”另一首民谣：“有女吾嫁下南和差咁差，二头牛牯五张耙。”（牛牯，谐音指捞蚬的牛鼓工具。耙，也是捞蚬工具）。

20世纪80年代前，村民房多为泥砖或青（红）砖瓦面平房。80年代后，民房改建或新建为二、三层楼房。2000年后，新建的楼房多为3层以上。

新中国成立前后，下南村经济以种植为主，农作物主要是水稻、甘蔗、花生、黄豆。下南村土地1300亩，其中水田900亩、旱地200亩、鱼塘200亩。水田中的70%是单造田。水稻每造亩产150～200公斤。20世纪50年代后期，开展水利建设，单造改双造，从亩产200公斤提升到400～450公斤。1980年，有耕地840亩。1992年被镇政府征收了700多亩，剩40亩鱼塘作风景湖，其余变为厂房和房地产用地等。

据2014年底统计，商铺收入及市场管理租赁费达150万元。厂房面积174312平方米，年共收租赁费1820万元。1993年，下南村建有铺位57间，招商经营。1996年，筹建了综合市场，占地面积8000平方米，经营面积达6000平方米。2016年，村委集体固定资产12135万元，工业总产值4.8亿元，村集体经济年收入1983万元，人均收入39360元。21世纪，村民每月分配股金1000元，60岁以上老人每月分配股金3000元。2015年建成下南农民公寓分配给本村村民。

2016年，下南村有房地产项目1个。

解放前下南村有私塾1间，名为紫垣家塾。2008年，下南小学拼迁至民营学校蓓蕾小学。2016年，下南村在校大学生25名。

村内有农家书屋1间，篮球场1个，老人活动场所1个，卫生站1间，餐厅1间。

下南现有1口人称“罗浮影”的鱼塘和270多年历史的陈氏宗祠。鱼塘约40亩，宗祠占地792平方米。

十三、江头村民委员会

江头村民委员会

江头村民委员会（简称江头村委会）于1999年改设，村委会驻地江头村。江头村位于镇政府西1.8公里处，东至刘屋村，南与下南村相连，西至白耀前村，北与石湾镇源头茹屋村隔沙河相望。占地约1.2平方公里。江头村委会不设村民小组。

梁氏始祖东莞常平板石文奎公之三子瑾公，字石泉迁至莨兰梁屋，为梁屋一世祖。瑾公有五子：长子爱泉支派岗头村，次子怀泉支派白耀前村，三子思泉支派禾山后回迁高头村，四子慕泉支派前村，子五念泉支派高头村。清康熙四十一年（1702年），江头村梁氏先人民岗头立村，因处在岗岭的头，故名岗头。1959年，园洲归属博罗县管辖后，“岗头村”的“岗”，误写成“江”，发现时已无法更改，因此“江头村”一直沿用至今。新中国成立前，江头村隶属于东莞县第二区（石龙）莨兰乡。1954年，莨兰乡由东莞县第二区划给东莞县第六区（企石区）。1958年，隶属于梁屋大队，1984年改为园洲区梁屋乡。1994年，撤梁屋管理区，分出江头管理区、高头管理区、白耀前管理区。1999年4月，成立江头村村民委员会。

1950年以前，江头村有人口180人。因地势低洼，水涝严重，村民被迫漂洋谋生，所以，江头村华侨较多，其中越南侨胞有300多人，美国侨胞有30多人，香港同胞近400人。2016年，江头村全村320户，人口1070人，梁氏为主姓。

20世纪80年代前，村民房多为泥砖或青（红）砖瓦面平房。80年代后，民房改建或新建为二、三层楼房。2000年后，新建的楼房多为3层以上。

江头村以种植水稻为主，旱地种花生、甘蔗，但产量低。1949年以前，水稻一年只收一造。1949年以后，进行水利建设，水稻变为两造收成。把水田改为旱地，种植花生、甘蔗等经济作物。到80年代，水稻亩产450公斤。2016年，有耕地800亩，鱼塘400亩，园地50亩，农业产值比重逐年下降。

70年代,办起砖厂等队办企业。1980年后，外商在江头先后办厂，也带动了该村村民办厂。至2016年，江头村工厂有数百家，工业总产值800万元。2016年，村委集体固定资产796万元，村集体经济年收入75万元，人均收入15136元。

江头村有大叶榕1棵、木棉树2棵，约为150年树龄。

江头村有社稷庙，庙内有对联："作事公平到坛，不用低头诉；存心奸诈入社，何庸绍语尖"梁氏支祠建于清道光三十年（1850年），有160多年的历史。

江头村有兰溪学社，俗称大庙。建于光绪三年（1877年）。2016年，江头村在校大学生人数21人。

村内有农家书屋1个、篮球场1个、老人活动场所1个、卫生站1座。

1950年之前，每年有"游会"活动。时间是农历正月十二至十五日，一连4天。

十四、白耀前村民委员会

白耀前村民委员会（简称白耀前村委会）于1999年改设，村委会驻地白耀前村。白耀前村位于镇政府驻地西2.3公里处，东邻江头村，西与李屋村相邻，南面与高头前村一塘相隔，北面与石湾镇源头村隔沙河相望。全村总面积5平方公里。白耀前村委不设村民小组。2016年，白耀前村总户数209户，户籍人口680人，其中，梁姓668人，袁姓12人。男性332人，女性348人。

白耀前村在1949年之前，叫"白庙前"，后因被讹叫为"白面前"，因不好听，众议再改为"白耀前"。

白耀前村民委员会

白耀前村有梁、袁两姓，其中梁姓为大姓。梁氏始祖东莞常平板石文奎公之三子瑾公，字石泉，迁至菉兰梁屋，为梁屋一世祖。瑾公有五子：长子爱泉支派岗头村，次子怀泉支派白耀前村，三子思泉支派禾山后回迁高头村，四子慕泉支派前村，五子念泉支派高头村。新中国成立前，白耀前村隶属于东莞县第二区（石龙）菉兰乡。1954年，菉兰乡由东莞县第二区划给东莞县第六区（企石区）。1958年隶属于梁屋大队，1984年改为园洲区梁屋乡。1994年，撤梁屋管理区，分出江头管理区、高头管理区、白耀前管理区。1999年3月，成立白耀前村民委员会。

20世纪80年代前，村民房多为泥砖或青（红）砖瓦面平房。80年代后,民房改建或新建为二、三层楼房。2000年后,新建的楼房多为3层以上。

1980年，白耀前有耕地900亩。80年代之前，仔洲坦一直种植甘蔗、黄豆、花生等农作物，改革开放后,又种植橙、柑,间种龙眼、荔枝。随着产业结构的调整和二、三产业的迅猛发展,耕地面积大量减少,2016年有耕地面积356亩，比1980年的900亩减少544亩。农业产值比重逐年下降。

2000年，仔洲坦兴建为工业区。2014年，建立福兴工业区，面积300多亩。2016年，村集体建有厂房25000多平方米。2016年，全村工业总产值300万元，村委集体固定资产1850万元，村集体经济年收入达560万元，人均收入16953元。

2000年，修建园洲大道（时称"48米大道"），投入资金1000多万元，完善"三通"工程和基础设施。2000年，兴建水塔1座。同年，兴建善怀楼餐厅，占地面积800多平方米。

白耀前村一直开展舞麒麟、舞狮、赛龙舟等活动。

村内有农家书屋1个。

梁屋祠堂敦睦堂始建于明永乐二十二年（1403年）。民国33年（1944年），广州石室天主教堂派人到此传教，白耀前村民曾经大部分入教。每月农历初一、十五是活动日，活动地点设在炮楼大礼堂内。

十五、高头村民委员会

高头村民委员会

高头村民委员会（高头村委会）于1999年改设，村委会驻地高头村。高头村位于镇政府驻地西面2.7公里处。东面靠江头村，南面与下南村相邻，西面与寮仔村接壤，北面与李屋村、白耀前村相连。总面积3.5平方公里。高头村委会下辖4个自然村，分别为高头、前村、吴屋、熊屋。高头村委会不设村民小组。2016年，高头村委总户数820户，总人口2567人，其中男性1272人，女性1295人，总劳动力1800人。

梁氏先祖东莞常平板石文奎公之三子瑾公，字石泉，迁至莘兰梁屋，为梁屋一世祖。瑾公有五子：长子爱泉支派岗头村，次子怀泉支派白耀前村，三子梁探，字思泉支派禾山后回迁高头村，四子慕泉支派前村，五子念泉支派高头村。梁探迁回莘兰梁屋高头村后，建孟一祖梁公祠。方圆十里，有一冈埠高出十多米，名“高墩园”，先人陆续在此地建房，取名“高头村”。

新中国成立前，高头村隶属于东莞县第二区（石龙）莘兰乡。1954年，莘兰乡由东莞县第二区（石龙）划归东莞县第六区（企石区）。1958年成立园洲公社梁屋大队，1984年改为园洲区梁屋乡。1994年，撤梁屋管理区，分出江头管理区、高头管理区、白耀前管理区。1999年，成立高头村村民委员会。

高头村姓氏较多，包括梁、杨、余、莫、盖、吴、熊等。高头村熊姓，居熊屋。熊氏四世祖熊舞，其弟熊飞，于元军攻打广州和韶关时招兵勤王（宋王）。后兵败，家族成员被追杀，故走避莘兰。后来熊姓有部分迁至土瓜圩谋生，另有多人迁至东莞石龙，2016年，高头村有熊姓210多人。

20世纪80年代前，村民房多为泥砖或青（红）砖瓦面平房。80年代后，民房改建或新建为二、三层楼房，2000年后，新建的楼房多为3层以上。

高头村以种植水稻为主，旱地种植花生、甘蔗，但产量低。在1950以前，水稻一年只收一造。1950年以后，进行水利建设，推广科学种田，发展经济作物。到80年代，水稻年亩产450公斤。改革开放后，随着产业结构的调整和二、 三产业的迅猛发展，耕地面积大量减少，2016年有耕地面积569亩，比1980年的860亩减少291亩。农业产值比重逐年下降。

70年代，办起砖厂等队办企业。1980后，外商在江头先后设厂，也带动了该村村民办厂。至2016年，高头村有厂房面积48000平方米，工业总产值3088万元，村委会集体固定资产6221万元，村集体经济年收入764万元，村民人均收入16608元。

1950年以前，有1所私塾，名为兰溪舍学，校址在梁屋宗祠内。1950年后，改名为莘兰小学。1991年，改名为梁屋小学。1994年扩建，学校占地面积20545平方米，建筑面积6750平方米。2016年，梁屋小学有学生673人，教职工32人，在校大学生38人。

村内有农家书屋1个、篮球场3个、老人活动场所1个、卫生站1座。

现存梁氏宗祠，建于明永乐二十二年（1403年）。孟一梁公祠建于明正德十六年（1504年）。南派公祠建于清光绪三十四年（1908年）。康王宫建于明末，面积30平方米，曾香火不绝。

高头村有高墩园石碑、古榕，有100多年的历史。有古龙眼树1棵，200多年树龄。村中有古井1口，数百年历史。

十六、李屋村民委员会

李屋村民委员会

李屋村民委员会（简称李屋村委会）于1999年改设，村委会驻地李屋村。李屋村位于园洲镇中心区西面3.5公里处。东至白耀前村，南与高头村接壤，西与寮仔村、白马围村相接，北至沙河。东西长1.7公里，南北宽1.4公里，村西面是东江，北面是沙河在南冲口分支流，总面积为2.42平方公里。李屋村委会不设村民小组。李屋村95%人口姓李。1950年，全村居住人口约1200人。到第六次全国人口普查，全村总户数742户，户籍人口2316人，其中男1167人，女1149人。2016年总户数768户，人口2436人。李屋，旧称“菉兰”，1958年行政区域调整时村里李姓居多，故名“菉兰李屋”，后简称“李屋”。李屋村最早由两个始祖迁来定居，分别是向北宗祠（永思堂）始祖（李氏族说名讳不详）；向西宗祠（惠宗堂）始祖，讳严，字南山。两始祖先后在南宋末年南迁，至今已有700多年的历史。在民国时期，陆续有熊、梁、吴、殷、莫、陈、林、温、何、叶、黄等姓迁入定居。

新中国成立前，李屋村隶属东莞县第二区（石龙）菉兰乡。1954年，菉兰乡由东莞县第二区（石龙）划归东莞县第六区（企石区）。1958年成立园洲公社李屋大队，1984年改为园洲区李屋乡，1999年成立李屋村村民委员会。

1950年以前，村民住房80%属泥砖墙，有的住房甚至人畜不分。1980年，村民陆续建起了2～4层为主的红砖小楼房。

1950年，李屋村有耕地面积2800亩，其中水田面积1500亩，旱地面积1300亩，鱼塘面积106亩。李屋村经济以种植为主。1950年以前，李屋流传一句话，叫“三日唔落水要车水，连落三日雨水浸禾”。李屋主要种植水稻、甘蔗、黄豆、花生、番薯。20世纪80年代，大部分耕地转型种植韭黄、橙柑、香蕉、蔬菜。当时，李屋韭黄远近闻名。90年代，随着产业结构的调整和二、三产业的迅猛发展，耕地面积减少。2016年，有耕地面积811亩，比1980年的1318亩减少507亩，农业产值比重下降。

1983年，李屋村开始种植韭黄。1987年，全村种植面积500多亩，韭黄年平均亩产达1500公斤，产品远销港澳等地。

新中国成立前后，主要以手工业为主，产品有竹编和木制器具等。1956年，个体手工业改为队办集体工业。至2016年，全村集体出租厂房面积达67500平方米，有工厂、企业40多家，外来人员5000多人，年总产值1.5亿元。村内有李屋综合市场，市场面积达5000平方米，至2016年全村个体商铺达330多间。李屋村有轮胎市场，面积达139000平方米。

2016年，李屋村委集体固定资产6403万元，村集体经济年收入达1030万元，人均18347元。

1950年，李屋村在向北祠堂开办了菉兰小学。1990年，李屋小学（原菉兰小学）扩建，2011年加建。2016年，全校总占地面积10604平方米，总建筑面积3965平方米，在校学生445人，教职工23人。2016年，李屋村有大学生38人。

村内有农家书屋1个、篮球场3个、老人活动场所1个、曲艺社1个、卫生站1座。

李屋村李氏祠堂有2个，分别名为向北祠堂和向西祠堂，均建于明朝。坐落于村西北面的活如院，建于明朝末年，民国4年（1915年）重修，面积为430平方米。

黄花岗七十二烈士之一李文甫为李屋人。

十七、寮仔村民委员会

寮村仔村民委员会（简称寮仔村委会）于1999年改设，村委会驻地寮仔村。寮仔村位于镇政府西4.2公里处。东邻李屋村、高头村，南与东莞市石排镇隔东江相望，西与白马围村接壤，北与李屋村相邻。总面积2.2平方公里。寮仔村委会不设村民小组。

寮仔村民委员会

一百多年前，李屋村兰溪李的村民李发记到此耕种，并搭草寮居住，后得名“寮仔村”。1986年以前，寮仔村系李屋村辖下一自然村。1986年后从李屋分出，成立寮仔管理区。1999年4月，成立为寮仔村民委员会。

1949年，寮仔村人口约250人。据2014年年底统计，寮仔村有李、卢、梁、张、曾、郑、叶、吴、姚9个姓氏。其中，李姓545人，卢姓395人。2016年，总户数325户，总人口1039人。男526人，女513人。

1949年以前，寮仔村房屋多为泥砖房，而且每间不足30平方米，有的相邻房屋，中间墙只用竹栏间开，正所谓“一家点灯三家亮”，甚至集住房、厨房、猪牛栏于1室。直到20世纪70年代，村民逐渐建起红砖屋，而且做到人、畜分家。1980年后，陆续住上二、三层的小楼房。21世纪起，村民大部分住上四、五层的楼房。

1949年年初，寮仔村有土地1380亩，其中水田350亩，旱地550亩，果园50亩，鱼塘30亩，堤外滩田400亩。寮仔村经济以种植为主，农作物主要有水稻、甘蔗、花生、黄豆、番薯以及冬小麦。1950年前后，水稻亩产100公斤。60—70年代，亩产提高到400公斤。1980年，农业实行多种经营，发展蔬菜、养鱼、菜干等副业经济，还种植橙、柑、橘、龙眼、荔枝、香蕉等果树。90年代,随着产业结构的调整,金鱼养殖业和二、三产业迅速发展,耕地面积大量减少。 2016年耕地面积356亩，比1980年的640亩减少284 亩。农业产值比重逐年下降。

70年代初，寮仔开办2家砖厂、1家瓦厂。2005年，寮仔村建2座厂房，面积共有2万平方米。引入信隆电缆厂、海洋家具厂。2016年，引入村民经营的私企20多家。

90年代后期，寮仔村还在二皮坦（土名）建1条商业街，商铺有34间。寮仔轮胎市场面积达150亩。至2016年，寮仔村委有固定资产2727万元，村集体经济年收入达440万元，人均收入15647元。

1950年以前，寮仔村有1个名为“仁厚社”的私塾班。1976年，创办寮仔小学，是完全小学。1988年，扩建寮仔小学，建筑面积500平方米。2016年，学校总面积3000平方米。学生有250人，教师12人。2016年，有在校大学生10人。

村内有农家书屋1个、篮球场1个、老人活动场所1个、卫生站1座。

寮仔村有1棵300多年树龄的木棉树。

十八、白马围村民委员会

白马围村民委员会（简称白马围村委会）于1999年改设，村委会驻地白马围。白马围位于园洲镇政府驻地西5.8公里处，被东江与沙河环抱。东面与李屋村连接，南面与东莞市石排镇隔东江相望，西面与东莞市石龙镇相接，北与石湾镇滘吓村隔沙河相望。总面积2.192平方公里。白马围村委会不设村民小组。2014年年底，户籍人口396户，人口1336人，其中男性658人，女性678人。外来人口约2000人。2016年总户数400户，总人口1351人。

白马围村民委员会

白马围村建于明万历二十六年（1598年），进士邓云霄（1566—1631年）受到皇帝封赏，赐木鹅一只。此木鹅沿东江漂流，木鹅停留处便是邓云霄收租之地。后木鹅在东江从城南漂到一片荒洲停下来。邓云霄请来黄姓、梁姓两位老表（表兄弟）前来耕洲。两位老表原是东莞县厚街白马村人，故此地开始称“白马洲”。后来，人们在此地繁衍生息，白马洲改名为“白马围”。

白马围人口主要由黄、梁两姓组成，距今已有400多年的历史。2016年，黄姓人口有614人，梁姓人口有614人。黄姓、梁姓人口每年统计都相差无几，其余简、郭、熊等姓，都是从邻近迁来的小户人家。1950年，全村人口约400人。

1986年前，白马围系李屋村辖下一自然村。1986年后从李屋分出，成立白马围管理区。1999年4月，成立为白马围村民委员会。

1980年以前，白马围村房屋全部是泥砖墙瓦房。1980年后，村民逐步建起钢筋水泥框架结构的小楼房。

白马围村经济以种植为主。1950年，白马围村有土地1888亩，其中，水田888亩，旱地1000亩，鱼塘80亩。农作物主要是水稻、番薯、甘蔗、花生、黄豆等。因地处低洼，常受水浸，产量低。1973年后，通过改善水利设施，实行科学种田，农作物产量逐年提高。20世纪90年代,随着产业结构的调整，工业迅速发展,耕地面积大量减少。2016年耕地面积811亩，比1980年的1361亩减少550亩。农业产值比重逐年下降。

白马围村种植粉葛已有近百年历史，生产的粉葛，肉质白，纤维少，含淀粉高，味甜，是白马围的特产。每年8—12月收获上市，大量出口港澳及销往周边县市。

1962年园洲通电后，白马围建有1家碾米加工厂。1968年，办有土窑烧红砖厂1家。1993年，集体自筹资金，办起1家轮窑红砖厂。之后，进驻有惠日实业有限公司、东江顺东造船厂等36家企业。2016年，白马围村民委员会有固定资产1391万元，工业总产值达6000万元，集体经济年收入404万元，人均纯收入16477元。

1972年，白马围村在村中心建起1座高22米、直径5米水塔，容量50立方米；过滤池1个，容量100立方米。在当时的惠阳地区，白马围是第一个家家户户用上自来水的农村。

2001年，白马围村建1个市场，占地500平方米。

新中国成立前，白马围村有小学1所。1964年，办起1所完全小学。2000年，加建新校舍，学校占地面积400平方米。2010年，扩建校舍，面积144平方米。2016年，校园占地面积7000多平方米，在校学生279人。2011年起，村委会设立奖项，奖励本科生每人6000元，大专生每人3000元。2016年，有在校大学生26人。

村内有农家书屋1个、篮球场1个、老人活动场所1个、卫生站1座。

每年农正月二十为白马围村的土地诞（又称“天姬诞”）。

第二节　河北片区镇村（与社区）概貌

一、上村村民委员会

上村村民委员会（简称上村村委会）于1999年改设，村委会驻地上村村。上村村位于园洲镇东北部，

上村村民委员会

距镇政府驻地8.6公里。东边隔沙河与龙溪镇银岗相连，南边与水口村相接，西边与长宁镇相邻，北边与龙华镇塘边村接壤。上村东西长4.8公里，南北宽1.3公里，总面积4.7平方公里，占全镇面积约4%。上村立村时，因东南下方（今下村岭）有 下村围村，上村在其上方，故名“上村”。

上村村委会下设东门、西门、南门、格田、南朗和三峡移民新村6个自然村5个村民小组。至2015年，曾氏人口最多，徐氏次之。1950年，全村人口约600人。2000年全国第五次人口普查，总人口1901人。2015年，上村户籍人口2509人，其中男性1259人，女性1250人；外来人口220人。另有港澳台同胞27人。

上村村始建于明正统五年（1440年）。上村最早由徐氏迁入居住，曾氏随后迁入。明清时期，上村村隶属石湾巡司署。民国时期，隶属博罗县第十二区礼义乡。1952年，上村村和水口村合并为上水大队，隶属博罗县第十区龙溪人民公社宁和小乡。1958年2月，隶属博罗龙华大乡。1958年10月，隶属长宁人民公社（罗浮山人民公社）。1959年8月，隶属铁场人民公社。1978年5月，九潭片从铁场人民公社分出，成立九潭人民公社，上水大队隶属之。1983年11月后，九潭撤社改区，上水大队改上水乡，隶属九潭区。1986年1月，九潭撤区设乡，上水乡分别成立上村管理区、水口管理区。1999年3月，成立九潭镇上村村民委员会。2003年12月，九潭撤镇并入园洲镇，称园洲镇上村村民委员会。

新中国成立初期，全村有土地6126亩。农业以水稻种植为主。20世纪60年代前，粮食亩产仅为50～60公斤。1960年后，通过改善水利设施，实行科学种田，农作物产量逐年提高。随着工业的发展，耕地逐年减小，2016年耕地面积738亩，比1980年的1256亩减少518亩。农业产值比重逐年下降。

20世纪90年代中期，引进烟花厂及炮竹厂。1998年开办1家红砖厂，2010年后停办。2016年，有个体成衣加工厂3家、家具厂1家。工业产值约185万元，村委集体固定资产933万元，集体经济年收入48万元，人均收入9856元。

1980年以前，上村村房屋全部是泥砖墙瓦房。1980年后，村民逐步建起钢筋水泥框架结构的小楼房。

2016年，村建集体小市场1个、店铺6家、饭店1家、化肥农药零售店2家、卫生站1座。

上村有1所上水小学，有在校学生415人，学校占地面积11018平方米，建筑面积2880平方米。被上级评为“广东省义务教育规范化学校”。有61名毕业生考入大学，其中本科生16人，专科生45人。2016年，有在校大学生27人。

村内有农家书屋1个、篮球场1个、老人活动场所1个、卫生站1座。

上村现存曾忠恕堂宗祠，南朗小组有钓鳌书院。

二、水口村民委员会

水口村民委员会（简称水口村委会）于1999年改设，村委会驻地塘尾村。水口村位于园洲镇东北部，距镇政府驻地8.1公里。东面与上村村相邻，南面与土瓜圩村隔沙河相望，西面与凤山村对望，北面至罗浮山部队军用基地（罗汉地）交界。总面积5.6平方公里。水口村委会辖陈屋、叶屋、曾屋、塘尾、黎屋5个自然村，设陈屋、叶屋、曾屋、黎屋4个村民小组。2016年总户数704户，总人口为2396人，其中男性1196人，女性1200人；外来人口有320人。

水口村在沙河边，沙河流经村时形成了一个坑口，故名水口。水口村主要由陈、叶、曾、黎4个姓氏组成，其中陈氏由园洲镇田头村迁徙过来，有600多年历史；叶氏由园洲镇土瓜围和长宁镇黄源村2支迁徙过来，有近300年历史；曾氏由韶关市南雄县迁徙过来，有600多年历史；黎氏由河源紫金古竹镇迁徙过来，

水口村民委员会

有300多年历史。

明清时期，水口村隶属于石湾巡司署。民国时期，隶属于博罗县第十二区礼义乡。1952年，水口和上村合并为上水大队，隶属于博罗县第十区龙溪人民公社宁和小乡。1958年2月，隶属于博罗龙华大乡。1958年10月，隶属于长宁人民公社（罗浮山人民公社）。1959年8月，隶属于铁场人民公社。1978年5月，九潭片从铁场人民公社分出，成立九潭人民公社，上水大队隶属之。1983年11月后，九潭撤社改区，上水大队改上水乡，隶属于九潭区。1986年1月，九潭撤区设乡，上水乡解体，分别成立上村管理区、水口管理区。1999年3月，成立九潭镇水口村民委员会。2003年12月，九潭撤镇并入园洲镇，称园洲镇水口村民委员会。

新中国成立前后，水口经济以农业为主。农作物主要有水稻、甘蔗、番薯、黄麻等，产量低，水稻的平均亩产50公斤。1960年后，通过改善水利设施，实行科学种田，农作物产量逐年提高。2016年，水稻年亩产达450公斤。随着工业的发展，耕地逐年减小，2016年耕地面积1782亩，比1980年的2673亩减少891亩，农业产值比重逐年下降。

1980年以前，水口村房屋全部是泥砖墙瓦房。1980年后，村民逐步建起钢筋水泥框架结构的小楼房。

1970年，大队自办打铁铺。1975年，村有5家砖厂。1991年，通过引资开办4家炮竹厂、1家烟花厂。1998年，全部炮竹烟花厂关闭。2016年，水口村有集体经营及个体工业企业8家，工业总产值203万元。2016年，村委会集体固定资产855万元，村集体经济收入27万元，人均收入12450元。

2016年，水口村有小市场1个，出售农副产品；村中还有10多间小型店铺及2家诊所。

上村与水口两村合办上水小学，学校占地面积11018平方米，建筑面积2880平方米。2007年8月，被评为“博罗县一级学校”；2008年8月，被惠州市评为“义务教学水平达标学校”“广东省义务教育规范化学校”。自创办学校以来，有130名学生考入大学，其中本科生35人，专科生95人。2016年，有在校大学生32人。

村内有农家书屋1个、篮球场1个、老人活动场所1个、卫生站1座。

水口村有陈氏宗祠、叶氏宗祠、曾氏宗祠、黎氏宗祠、曾屋敬文书室等。

三、凤山村民委员会

凤山村民委员会

凤山村民委员会（简称凤山村委会）于1999年改设，村委会驻地三厅村民小组。凤山村位于园洲镇北部，相距镇政府驻地7.1公里。东邻水口村，南面与土瓜圩村隔沙河相望，西与义合村相邻，北面与长宁镇相连。凤山村总面积10平方公里。北面的罗汉地、现有面积8.7平方公里。凤山村委会辖三厅、上围、下围、聚和、黄毛岭5个自然村，共有5个村民小组。2016年，梁姓人口2845人，陈姓人口712人，周姓人口157人，甘姓人口17人。2014年，凤山户籍人口3731人，其中男性1875人，女性1856人。2016年总户数3830户，户籍人口1080人。

凤山村在新中国成立前名凤屯岗。当时，凤屯岗被4个山冈环绕，似凤凰栖息在山冈上，故名凤屯岗。新中国成立后，改名为凤山村。

明清时期，凤山村隶属石湾巡司署。民国时期，隶属于博罗县第十二区礼义乡。新中国成立后，凤山村隶属于第五区东博乡。1952年7月10日，隶属于第十一区铁场区公所。1956年11月，隶属于九潭乡。1958年10月，隶属于长宁人民公社。1959年8月，隶属于铁场人民公社。1978年5月，九潭片从铁场人民公社分出，成立九潭人民公社，凤山大队隶属之。1983年11月，九潭撤社改区，凤山大队改为凤山乡。1986年1月，九潭撤区设乡，凤山乡改为凤山管理区。1999年3月，成立凤山村民委员会。2003年12月，九潭镇并入园洲镇，称园洲镇凤山村民委员会。

凤山村以梁、陈、周3个姓氏为主。梁姓始祖永誉在元朝从东莞常平板石迁到凤屯岗居住，至今700年历史。陈姓的聚和村，其始祖永昌在清康熙年间（1662—1722年）从园洲镇马嘶村三房移居过来的，至今有300多年历史。周姓的黄毛岭村，其祖先原居住在园洲镇桔头村石子湖，在清道光年间（1821—1850年）迁到黄毛岭立村，至今近200年历史。随后在清同治至民国期间，陆续有梁姓、陈姓、甘姓移居到黄毛岭居住。

新中国成立前后，凤山村民房多为泥砖瓦房，且人畜共住。1960年后，逐渐建起了红砖墙瓦房。1980年后，村民陆续建起了水泥结构楼房。2016年，90%住房是水泥结构楼房。

新中国成立初期，凤山村有土地6881亩，以种植水稻、番薯、甘蔗、花生、黄豆等为主，水稻亩产仅80公斤。20世纪70年代初，亩产400多公斤。1978年后，水稻亩产达600公斤。新中国成立前，凤山村有650亩果园，种植荔枝、龙眼、石榴、沙梨等。随着工业的发展，耕地逐年减小，2016年耕地3354亩比1980年的5210亩减少1856亩。农业产值比重逐年下降。

20世纪70年代，凤山石榴以产量多、味道俱佳而出名，其中青皮红心的“胭脂红”闻名博罗县西部。

1950年，村开办凤山小学。2016年，凤山小学扩建校舍，学校占地面积达9400平方米。2016年，有在校大学生67人。

1985年，村建了1个规模较小的市场，此外还有10多家商店。

2016年，凤山村工业总产值达450万元，村委固定资产1933万元，集体经济收138万元，人均纯收入11370元。

村内有农家书屋2个、篮球场3个、老人活动场所1个、卫生站1座。

宗祠有梁氏宗祠、上围梁氏宗祠、上围德盛书室、下围梁氏宗祠、三厅始祖十郎墓、三厅清同治元年（1862年）“武魁”牌匾1个。

四、义合村民委员会

义合村民委员会（简称义合村委会）于1999年改设，村委会驻地向西村。义合村位于园洲镇北部，东与凤山村接壤，南与沙头、深沥、土瓜圩村隔沙河相望，西与九潭圩相连，北与佛岭、马石岗村相邻，总面积约8平方公里。义合村委会辖岗贝、曾屋、温屋、梁屋、容屋、新翟、冠古、登俊、街上、渔村、上陈、下陈、张屋、新张14个自然村，设岗贝、曾温、向南、向西、西联5个村民小组。2016年总户数1070户，总人口3661人。

义合村民委员会

北宋时，义合村称泊头村（后改称泊头村），至今有1000多年的历史。宋时的泊头镇居住着程、杨、戚、杜、苏、吴、黎、孔八大姓氏人家，总人口达7000人，后因瘟疫和洪灾，人口骤减。明宣德年间（1426—1435年），翟氏族人从东莞市皇村镇周溪迁至泊头冠古定居，以后分支至登俊、街上、新翟、渔村（上翟）、马石岗等地，其后，梁、曾、张、容、陈、温、丁各氏族人迁入。明朝嘉靖十年（1522—1566年），举人翟宗鲁，在任广西融水县县令期间，因为官清廉，政绩卓著，其家乡被嘉靖皇帝封为“乡贤村”。新中国成立前，因村大氏众人多，村与村之间、姓与姓之间的关系复杂，常为水利、地界引起矛盾纠纷。新中国成立后，为消除偏见和矛盾，打破村界姓界之间僵化的局面，促成全村群众团结一致，合力同心共建美好家园，经各方干部合议，报上一级政府的批复，把泊头村改名为“义合村”。

明清时期，义合村隶属于石湾巡司署。民国时期，隶属于博罗县第十二区礼义乡。新中国成立后，隶属于博罗县东博乡；1952年7月10日，隶属于第十一区铁场区公所；1956年11月，隶属于九潭乡；1958年10月1日，隶属于长宁人民公社；1959年8月，隶属于铁场人民公社管辖。1978年5月，九潭片从铁场分出，成立九潭人民公社，义合大队隶属于九潭人民公社。1983年11月，九潭撤社改区，义合大队改为义合乡。1986年1月后，九潭撤区设镇，义合乡改为义合管理区。1999年3月，成立义合村民委员会。2003年12月，九潭镇并入园洲镇，改称园洲镇义合村民委员会。

新中国成立前后，义合村民房多为泥砖瓦房。1960年后，逐渐建起了红砖墙瓦房。1980年后，村民陆续建起了水泥结构楼房。2016年，90%住房是水泥结构楼房。

新中国成立前，义合村主要种植水稻、甘蔗、花生等，水稻亩产平均约70公斤。20世纪50—70年代，政府兴修水利。80年代，水稻亩产达450公斤。1980年，全村有耕地2998亩，随着二、三产业的发展，耕地逐年减少。2016年，有耕地1498亩，比1980年减少1500亩。

90年代，曾温、向南、向西办起3家大型红砖厂，以股份制合股经营。1992年，办起3家爆竹厂。2016年，义合村辖区内有10多家工厂，工业总产值达9000万元。2016年，义合村委会集体固定资产2884万元，集体经济收入57万元，人均收入13490元。

新中国成立前，义合村个别有钱人家办起了私塾。新中国成立后，义合村就办起了以岗贝、曾温为服务对象的义合小学，以向南、向西为服务对象的乡贤小学，以西联为服务对象的西联小学。后合并为义合小学，1978年搬迁至新校址。90年代，义合村建起了1幢水泥钢筋结构教学楼。2016年，义合小学有学生约300人。2016年，全村在校大学生23人。

义合村文体活动丰富，向南、西联、岗贝等村小组都建起水泥灯光球场，曾温村小组成立老人协会，开设老人活动中心，并成立了舞凤队。

义合村有190年历史的翟氏大宗祠和梁氏宗祠、400年历史的洪圣寺、卫氏墓（茶园坟）、苏东坡船只停泊的遗址等。

宋绍圣元年（1094年），苏轼被贬岭南，曾“舣舟泊头镇（今义合村）”，坐肩舆上罗浮山。

五、新村村民委员会

新村村民委员会

新村村民委员会（简称新村村委会）于1999年改设，村委会驻地增博堤新村段。新村位于园洲镇河北片的南面，面积2.4平方公里，东至九潭圩，南隔沙河与阵村村相望，西邻石湾镇的源头村和白沙村，北接沥西村。新村村委会辖新一、新二、新三、新四、牛头潭5个自然村，新一、新二、新三、新四小组和牛头潭小组5个村民小组。2016年总户数375户，总人口1270人。

新村历史上有4个姓氏，2016年徐氏最多，黄氏次之。新村徐姓始祖于元泰定二年（1325年）从广州市增城区罗岗村迁徙到博罗县园洲镇沥东村，后分迁到新的村落立村，故取名新村。随后有黄、朱、邓3姓到此居住。新村牛头潭小组有5姓，分别是魏、蔡、林、翁、张，于清光绪二十四年（1898年）从博罗县罗阳镇百足岭（新角）迁入。

新村村一直属博罗县管辖。1949年12月，新村村隶属于博罗县九潭乡，1952年7月后隶属于第十一区铁场区公所，1956年11月后隶属于九潭乡，1958年10后并入赤沥大队，隶属于长宁人民公社管辖，1959年8月后隶属于铁场人民公社。1978年5月，九潭片从铁场人民公社分出，成立九潭人民公社，新村从赤沥大队分出，隶属于九潭人民公社。1983年11月后，九潭人民公社改为九潭区，新村大队改为新村乡。1986年1月后，九潭撤区设镇，新村乡改为新村管理区。1999年4月后，归属义合村村民委员会。2003年12月，九潭镇并入园洲镇，改称园洲镇新村村民委员会。

村域基本为平原，地势低洼。1980年，全村有耕地1230亩，鱼塘1100亩，旱地80亩，林地50亩。水稻种植是新村主要的经济收入来源，年亩产400多公斤。荔枝120亩，销往东莞及周边镇各个市场，还种植甘蔗、花生、马铃薯等。20世纪70年代中期，办起了农业技术科研小组，水稻亩产达450公斤。小麦种植获得大丰收。1990年，牛头潭小组有10亩无渣粉葛，年收入12万元。

随着二、三产业的发展，耕地面积有所减少，2016年有耕地880亩，比1980年减少430亩。新村养鱼业发达，2016年，全村水产养殖面积1070亩，有“鱼米之乡”之称。

1978年后，个体户与饲料厂合办农资店，商品销售额每年达1000多万元。1983年，新村引进第一家外资企业——金龙服装厂。1993年，新村与投资商合办班信线路板厂，还有私人合伙办的银柏手袋厂。3家工厂为村集体每年增加20万元的租金收入。

2016年，新村村委会集体固定资产1003万元，工业总产值达1000万元，集体经济收入43万元，人均收入13684元。

新中国成立前，新村房屋多为泥砖瓦房，牛头潭全部是茅草房。80年代后，村民陆续住上水泥钢筋结构的楼房，牛头潭小组有“金田大厦”之称。

村民经济来源以经商、外出务农为主。

1978年，新村与九潭居委合办和扩建九潭中心小学。2003年，村办起老人活动中心、文化广场。至2016年，全村有59人考入大学，其中硕士生2人，本科生29人，专科生28人。2016年，有在校大学生17人。

村内有农家书屋1个、篮球场1个、老人活动场所1个、卫生站1座。

1940年，东江纵队博西大队长徐博航到新村号召人们参加抗日救国活动，发展党员徐瑞龙、徐吉利、徐周洪、徐继坤等人参加抗日义勇军。解放后，徐瑞龙曾任九潭乡乡长、龙溪区区长等职。徐淦权于1979年3月参加中越边境自卫还击作战并任营长、教导员。转业后任佛山市卫生局局长。

新村有百年古树5棵，其中榕树3棵，枫树1棵，木棉树1棵。

六、沥东村民委员会

沥东村民委员会（简称沥东村委会）于1999年改设，村委会驻地东昌围。沥东村距离镇政府驻地5.2公里，总面积6平方公里，东临佛岭村，南连九潭圩和新村村，西邻沥西村，北与福田镇相接。沥东地处丘陵地带，村中有洞头埔、托盘岭、黎岗岭等。因罗浮山洪水冲积成沥，谓“创基安沥水”，即“察沥”之由来。后族人为了书写方便，把“察沥”写作“赤沥”。

沥东村民委员会

1960年，行政区域调整，赤沥析出沥东大队、沥西大队、新村大队。沥东位于赤沥的东部，故名沥东。

徐氏族谱记载，始祖梧祐，定居石巷坊（今是沥西村石门楼），繁衍已有二十五世，600年历史。温姓（邱岗村）、黎姓（黎岗村）、曾姓（牙岗村—曾保围）居住此地有500年历史。1972年建造枫树坝水库，原籍龙川县岩镇镇新丰村的移民定居沥东村。沥东村一直属博罗县管辖，1949年12月，沥东村隶属于博罗县九潭乡，1952年7月后隶属于第十一区铁场区公所，1956年11月后隶属于九潭乡，1958年隶属于长宁公社管辖，1959年8月后隶属于铁场公社。1978年5月，九潭片从铁场公社分出，成立九潭公社，沥东村从赤沥大队分出，隶属于九潭公社。1983年11月后，九潭公社改为九潭区，沥东大队改为沥东乡。1986年1月后，九潭撤区设镇沥东乡改为沥东管理区。1999年4月后，成立沥东村村民委员会。2003年12月，九潭镇并入园洲镇，改称园洲镇沥东村村民委员会。村内有新丰、牙岗、邱岗、围一、围二、围三、黎岗、外南、外北9个自然村，下辖九个村民小组。2016年，全村总户数600户，总人口2196人。沥东村徐姓为多，有1458人，另有温氏174人，黎氏94人，曾氏49人，新丰移民杨、刘、陈姓氏共421人。

新中国成立前，沥东村民房多为泥砖瓦房，且人畜共住。新中国成立后，村民建起了红砖瓦房。1980年后，村民建起了水泥结构楼房。

沥东村农作物主要有水稻、番薯、花生、黄豆等。新中国成立前，水稻亩产仅50公斤左右。新中国成立后，亩产逐年提高。20世纪80年代，水稻亩产达400公斤。沥东村有种植柑橘、荔枝、龙眼、杧果等果树习惯。90年代后，耕地面积逐年减少，2016年有耕地面积1642亩，比1980年的2000亩减小358亩。

1992年开始，沥东村引资建10多家工厂。2016年，工业总产值1813万元。1998年，沥东村在村中心地带兴建小市场。2013年由商人投资兴建了1栋占地面积约为1000平方米、4层楼高的新市场，还有家庭经营的3个农庄、10多间商铺。

2016年，沥东村委员会固定资产1000万元，集体经济收入72万元，人均收入12704元。

新中国成立前，沥东村有私塾，校址在新屋村，学生20人左右。1950年，建赤沥小学，有100余平方米的瓦房校舍。同年，原在冲虚观的罗浮中学搬迁到沥东村。3年后，该中学又迁到长宁石坳处，原中学校址改为中心小学。

1970年，赤沥大队在沥东与沥西交界处，兴建察沥小学，学校占地面积9681平方米，校舍建筑面积3970平方米，有学生500多人。2016年，有在校大学生26人。

村内有农家书屋1个、篮球场1个、老人活动场所1个、卫生站1座。

沥东东昌围有1棵200多年的木棉树，树干直径约2米。

七、沥西村民委员会

沥西村民委员会

沥西村民委员会（简称沥西村委会）于1999年改设，村委会驻地下巷。沥西村位于园洲镇北面，距镇政府驻地6公里。东边与沥东为邻，南边与新村相望，西边与石湾镇白沙村接壤，北边与福田镇的荔枝墩村和横溪头村相连，地势北高南低，总面积5.8平方公里。村内有新屋、石门楼、下巷、下岗、上周、中周、下周和长平8个自然村，下辖12个村民小组。2010年第六次全国人口普查，沥西村总人口2026人。其中徐姓人口1090人，周姓人口610人，陈姓9人，杨姓41人，吴姓80人，其他姓氏196人。2016年总户数522户，总人口2152人。

沥西村和沥东村从原来赤沥分出，位于赤沥的西面，故称沥西村。沥西村以徐姓村民较多，周姓为次，此外还有陈姓、张姓、杨姓、曾姓。据徐氏家谱记载，师祖梧祐于明朝中叶（约1475年），从增城罗江迁徙至赤沥，定居于石巷坊（即现在的石门楼小组），已繁衍了二十七代后人，有500多年历史。周姓在赤沥立居也有400多年。长平小组于1977年从博罗公庄镇水东坡水库迁来，其姓氏以杨姓、吴姓为主，个别有朱姓和黄姓，还有田姓和梁姓。田屋为田姓居住地，在上周北边。民国时期，因为受外姓欺压而散围，有的人到越南谋生，有的人改姓后被沥西村民收养。

沥西村一直隶属于博罗县。1949年12月，沥东村隶属于博罗县九潭乡，1952年7月后隶属于第十一区铁场区公所，1956年11月后隶属于九潭乡，1958年隶属于长宁人民公社，1959年8月后隶属于铁场人民公社。1978年5月，九潭片从铁场人民公社分出，成立九潭人民公社，沥西村从赤沥大队分出，隶属于九潭人民公社。1983年11月后，九潭人民公社改为九潭区，沥西大队改为沥西乡。1986年1月后，九潭撤区设镇沥西乡改为沥西管理区。1999年4月后，成立沥西村村民委员会。2003年12月，九潭镇并入园洲镇，改称园洲镇沥西村村民委员会。

20世纪60、70年代，住房简陋狭窄，而且人畜混住。80年代，村民陆续住上混凝土楼房。

新中国成立前后，农业耕作落后，农作物特别是水稻产量低。1960年后，随着生产条件的改善和耕作水平的提高，农作物产量不断提高。80年代，水稻亩产400公斤以上。1982年后，引进水果种植技术，种植椪柑、荔枝、龙眼等。随着二、三产业的发展，耕地逐年减少，2016年，有耕地1307亩，比1980年的2642亩，减少 1335亩。

70年代初，新华（下巷石门楼小组）、前锋（中下周小组）、红星（上周小组）分别建起砖窑，后停产。2016年，工业总产值达2000万元。

2004年，建立1个市场，有门市部5间、商场2间。

2016年，村委会固定资产1865万元，村集体经济收入达40万元，人均收入12993元。

1950年前，赤沥村有一间私塾。1950年，在冲虚观的罗浮中学，搬至赤沥。3年后，该中学又迁到长宁石坳，原中学校址改为中心小学。1991年投入300万～400万元，改建校舍，在赤沥大队在沥东与沥西交界处，兴建察沥小学，学校占地面积9681平方米，校舍建筑面积3970平方米，有学生500多人。2016年，全村有大学生23人。

村内有农家书屋1个、篮球场1个、老人活动场所1个、卫生站1座。

八、佛岭村民委员会

佛岭村民委员会于1999年改设，村委会驻地南门。佛岭村位于园洲镇的北面，距镇政府驻地6公里。东与马石岗村交界，南与义合村相连，西与沥东村接壤，北与长宁镇的古泥塘村毗邻，总面积4.2平方公里。佛岭村原有一高地，上有1座佛寺，寺内有佛像，且佛岭地势高，岭上又立有佛像，佛岭因而得名。佛岭委会下辖西一、西二、南门、北门、新围、先锋6个自然村，共有6个村小组。2016年总户数780户，户籍人口2340人。

佛岭村民委员会

佛岭立村已有700多年的历史。南宋时，黄氏先祖海虎公从江西南昌迁至广东龙川，随后又从龙川迁徙至博罗横河新村。直至700前，先祖桂英公迁入佛岭丁屋湖居住，后又搬迁到西门坊居住。后来，长子澄江居住西门，次子澄溪居住隔田园（今北门），三子澄槐迁往东莞黄家坐。澄江生二子，长子文亮仍住西门，次子文仲居住南门。清乾隆年间（1736—1795年），北门村有部分民居和一部分外地黄姓居民迁至新围居住，形成新围村，至今有200多年的历史。佛岭先锋村建于1972年，村民从龙川县移民至佛岭村。先锋村黄姓是海虎公的后裔。

明清时期，佛岭村隶属于石湾巡司署。民国时期，隶属于博罗县第十二区礼义乡。新中国成立后，隶属于博罗县九潭乡；1952年7月后隶属于第十一区铁场区公所；1956年11月后隶属于九潭乡；1958年10月后，与长宁古泥塘村合并为古泥塘大队，隶属于长宁人民公社；1959年8月后从古泥塘大队分出，成立佛岭大队，隶属于铁场人民公社；1964年后，马石岗大队并入佛岭大队，隶属于铁场人民公社；1978年5月，九潭片从铁场人民公社分出成立九潭人民公社；马石岗从佛岭大队分出，佛岭大队隶属于九潭人民公社；1983年11月后，九潭人民公社改为九潭区，佛岭大队改为佛岭乡；1986年1月后，九潭撤区设镇佛岭乡改为佛岭管理区；1999年4月后，成立佛岭村村民委员会；2003年12月，九潭镇并入园洲镇，改称园洲镇佛岭村村民委员会。

佛岭村种植水稻、甘蔗、花生、番薯等。20世纪60年代以前，水稻亩产约100公斤，70年代后亩产450公斤以上。副业收入以禽畜和鱼塘养殖为主。80年代后，农业结构转型，农民以种蔬菜、水果和养鱼为主。1980年，农业逐步转型后，2016年，耕地面积1344亩，比1980年的3450亩减少2106亩。

80年代，引进外资，建立桦阳工业园区、合益工业园区。2016年，工业总产值5000万元。

80年代后，全村增设个体商店10家、门市部13间、个体饮食店5家。

2016年，佛岭村委会固定资产2787万元，村集体经济收入23万元，人均11851元。

1950年前，佛岭村只有私塾。2016年，佛岭小学有7个教学班，在校学生330人。2016年，有在校大学生20人。

佛岭村民文体活动丰富，南门、西二村小组建起了水泥灯光球场，西一、西二村、新围、南门小组各设有文娱活动场所1个，很多妇女晚上跳健身舞。村内有农家书屋1个、卫生站1座。

佛岭村现存文物古迹有黄氏宗祠、飞星楼。东庙、西庙、北庙在20世纪60年代被拆除。

九、马石岗村民委员会

马石岗村民委员会

马石岗村委会于1999年改设，村委会驻地马石岗村。马石岗原名东新乡，距离镇政府驻地7.5公里。土地总面积6.2平方公里。因所处地如同一匹卧马，山冈上又遍布岩石，因此得名马石岗。东邻长宁新江村，南面与义合村岗贝土地相连，西面与赤沥、佛岭村相接，北面紧邻长宁镇古泥塘村。马石岗村委会由两个自然村（马石岗村、长虹村）、7个村小组组成（一至六小组，长虹小组）。2016年总户数446户，户籍人口1686人。

马石岗村一直属博罗县管辖。1949年12月，马石岗隶属于博罗县九潭乡，1952年7月后隶属于第十一区铁场区公所，1956年11月后隶属于九潭乡，1958年10月后隶属于长宁人民公社。1959年8月后隶属于铁场人民公社。1964年后，马石岗大队并入佛岭大队，隶属于铁场人民公社。1978年5月，九潭片从铁场人民公社分出，成立九潭人民公社，马石岗从佛岭大队分出，马石岗大队隶属于九潭人民公社。1983年11月后，九潭人民公社改为九潭区，马石岗大队改为马石岗乡。1986年1月后，九潭撤区设镇马石岗乡改为马石岗管理区。1999年4月后，成立马石岗村村民委员会。2003年12月，九潭镇并入园洲镇，改称园洲镇马石岗村民委员会。

马石岗村主要由翟、钟、杨、刘4个姓氏组成，翟姓是村内的大姓，钟姓次之。

翟姓始祖于宋朝，从河南省南阳市迁至广东省南雄县珠玑巷，再由南雄迁往东莞市南街，成为一世祖。从七世祖由东莞市石碣杨梅洲迁至博罗县园洲镇义合村。到十六世祖时由义合村向南村小组迁至马石岗村，至今已有380年。钟姓村民大多原籍广东省河源市龙川县贝岭镇石马灞村，1972年因河源市枫树坝水库工程而迁移到马石岗，建长虹村。

至2014年年底，全村总人口1630人，其中男性818人，女性812人；翟姓村民1176人，钟姓村民422人，杨姓村民15人，刘姓村民17人。

1980年前，马石岗民房多为泥砖结构的瓦房。1980年后，村民陆续住上多层高的钢筋水泥结构楼房。

马石岗村主要种植水稻、番薯、甘蔗、花生、黄豆等，还种植乌榄、荔枝、龙眼、石榴、黄皮等果树。经过多年发展，1980年后，村里的主要农业生产已从种植转为养殖，主要养殖“三鸟”（鸡、鸭、鹅）、猪、鱼等，农作物种植则多种植蔬菜、玉米、香蕉等作物。1980年后，农业结构不断调整。2016年有耕地1350亩，比1980年的2800亩减少1450亩。

20世纪80年代，办起爆竹厂和砖厂。村有化工涂料厂1家、小卖部若干家。2016年，工业总产值100万元。

2016年，马石岗委会集体固定资产655万元，集体经济收入26万元，人平均收入11256元。

新中国成立前，马石岗村有1间私塾。1959年，马石岗村办起小学。1972年扩建，学校占地面积扩至2000平方米，新建1栋建筑面积为800平方米的校舍。2016年，有在校大学生28人。

村内有农家书屋1个、篮球场1个、老人活动场所1个、卫生站1座。

乌榄树是马石岗村土特产，更是马石岗村的代名词。乌榄树数量最多时，全村共有200亩，600多棵，至2016年只有不足50亩，200多棵，最老的树龄已有380年。

第三节　居民委员会

一、园洲居民委员会

园洲居民委员会（简称园洲居委会）2002年改设，办公地址位于园洲镇富丽路35号，距镇政府驻地1公里。

2016年，园洲居委会总户数2011户，常住人口5043人，其中男性2748人，女性2295人。常驻人员包括园洲镇河南片区各机关、企事业单位干部、职工、教工、原居民家属、早期外来投资经商人员以及新户籍政策下入户的新园洲人。定居的人来自五湖四海，成为现在的“百家姓”。

园洲居民委员会

1991年前的园洲居委会居民主要为镇内各机关、企事业单位工作人员及其家属。由于历史原因，当时的居民户籍主要由各机关单位自行管理，并没有统一的管理机构。1991年,园洲大桥工作人员陈展荣被任命为各单位居民户籍联络员，成为首位园洲居民户籍管理者。

1992年，成立园洲镇居民大队，将镇内所有居民户籍统一集中管理，并相应成立园洲镇居民区支部委员会。

2002年，成立园洲社区居民委员会，并完成第一届居民委员会选举。

园洲居委会办公地址经历了好几次搬迁。1991年前，设在园洲石洲大桥办公室；1992—2003年，办公地址位于园洲旧街的中心位置；2004—2007年，办公地址位于园洲镇桥北路2号；2007—2013年，办公地址位于园洲镇兴园三路107号（原电排站办公楼）；2014—2016年，办公地址位于园洲镇富丽路35号（原国税大楼）。

2006年，被中共惠州市委、惠州市人民政府评为“平安和谐先进社区”。2007年，被广东省社区建设工作领导小组评为“六好”平安和谐社区。2015年，被博罗县城市社区建设工作领导小组办公室、博罗县精神文明建设委员会办公室评为“博罗县文明社区”。2016年，被广东省住房和城乡建设厅评为“广东省宜居社区”（四星级）。

二、九潭居民委员会

九潭居民委员会

九潭居民委员会（简称九潭居委会）于1986年改设，村委会驻地福园大道长寿路15号。河北区管辖面积为1平方公里，距离镇政府驻地4.1公里。东面与义合西联相连，南面与沙头村隔沙河相望，西面与新村村相接，北面相邻沥东村和佛岭村。2016年九潭居委会总户数704户，总人口1802人，其中男1020人，女782人。

九潭圩一直隶属于博罗县管辖。1949年12月，隶属于博罗县九潭乡，1952年7月后隶属于第十一区铁场区公所，1956年11月后隶属于九潭乡，1958年10月后成立九潭大队，隶属于长宁公社，1959年8月后隶属于铁场人民公社。1978年5月，九潭片从铁场人民公社分出，成立九潭人民公社，九潭大队隶属于九潭人民公社。1983年11月后，九潭人民公社改为九潭区，新村大队与九潭大队合并为九潭乡。1986年1月后，九潭撤区设镇新村从九潭乡分出，九潭乡改为九潭居民委员会，隶属于九潭镇。2003年12月，九潭镇并入园洲镇，改称园洲镇九潭居民委员会。

九潭圩居民大都是来自方圆10公里的地方，主要姓氏有陈、李、徐、黄、王、何、张、曾、毛、莫、盖、翟、梁、翁、林、蔡、朱、钟、熊、容等。圩市占地面积40亩。

九潭圩位于沙河之滨，是横河—九潭—石龙—广州主要水运通道。商人多来自增城、龙门、东莞、博罗、南海、顺德等地。1954年成立工商联盟会，原来九潭圩经商居民，分别归入百货站、供销社、合作社等单位。不久，取消工商联盟会，成立九潭居民大队。九潭居民大队创办了1家砖瓦窑厂，占地面积80亩。1986年，修建农民街，街长700米、宽16米，两旁设有330间商铺。九潭圩面积有2平方公里。

九潭居委会规模较大的工厂有双喜鞋厂、兴发制衣厂、陶瓷厂等。

九潭圩解放前，私塾有学生10多人。1952年，九潭圩办过初中。1978年，兴建九潭中心小学，为钢筋混凝土结构的教学大楼。2014年，九潭中心小学进行改建，建教学大楼4层，占地面积693平方米，学校总面积有25000平方米，有班级18个班，在校学生1028人，教职工55人。1976年，开办九潭中学，2006年改建九潭中学，总面积有44307平方米，教学大楼5层，占地面积486平方米，学校有22个班级，在校学生人数达1172人，教职工75人。

九潭卫生院于1958年兴建，2004年改建，现在医院有医救、防保、住院部、门诊部，大楼占地3600平方米，医院职（员）工有94人。

第二篇　自然概貌与资源

第一章　自然概貌

园洲地貌以冲积沙洲为主，小部分为丘陵。土壤为沙质，主要是赤红壤和沙土壤，自然资源丰富。

第一节　地　质

一、地　层

园洲地层属陆相沉积类型中的河流冲积层，为第四系冲积层，层厚1～33米，构成Ⅱ、Ⅲ、Ⅳ、Ⅴ级河成阶地，高出现代河水面5～60米。各阶地堆积物一般由砾石层、砂砾层、砂层、砂质黏土和黏土层组成。

（一）岩 石

镇域地质大部分为河流冲积层，为第四系冲积层，距地表8米以下有紫色砂岩和变质砂岩。第四系冲积层为人工堆积层、冲洪积层和残积层，主要成分为砂砾石、残积土和风化岩，厚度0.5～10米。河流两侧多为冲积层覆盖，由下部基岩风化残留而成，厚度3～35米。

（二）构 造

园洲镇位于紫（金）惠（阳）凹褶断东北西缘，地壳活动频繁而强烈，地质构造错综复杂。主要有褶皱构造和断裂构造两种构造。紫金有邵武断裂带一条，以西南60度经河源、博罗至园洲、石龙一带拐向东南方，以倾角40～70度伸延至珠江口。

二、地 貌

（一）丘 陵

主要分布在上村、水口、凤山、马石岗、田头、马嘶、禾山等地，约占全镇面积的10%。凤山村的黄毛岭较高，海拔达到40米，镇内其余地区的丘陵海拔20米左右。

（二）平 原

镇域地貌以平原为主，占全镇面积的90%，属于河流冲积平原，主要受东江及沙河影响。

第二节 气 候

一、日 照

园洲处于低纬度地带,冬夏季节白天相差2～3个小时,夏至最长约13个小时,冬至最短约10个小时。全镇日照充足,全年平均日照时间约1833.6小时，平均日照率45%。园洲历史上日照时间最长的年份是1963年,2320.8小时；日照时间最短的年份是1961年,1570小时。

二、气 温

园洲气候温暖多雨，年平均气温24℃。一年中7月温度最高，月平均气温28.2℃，极端最高气温39.3℃，出现在2015年7月13日。1月气温最低，月平均气温14℃，极端最低温度为-2.3℃，出现在2016年1月24日。

三、降 雨

园洲降雨分为3类:第一类是每年2—4月，受冷空气影响造成低温阴雨天，持续时间长，阳光不足，对于农作物播种和果树开花授粉造成一定影响；第二类是5—6月，受高空槽盒静止锋(冷锋)影响，造成汛期降雨，且雨量、雨势较大，并伴有短时雷雨大风，容易造成灾害；第三类是7—9月，受台风影响出现暴雨。

1911—1982年，园洲年均降雨量1724毫米。最大降雨量出现在1959年，达3320毫米；最小降雨量出现在1963年，972毫米。每年4—9月为雨季，占全年总雨量80%以上；每年5—9月为全年雨量最多月份，月均降雨量250～350毫米，每年有两个雨峰：5—6月，月均雨量250～350毫米，俗称“龙舟水”；8—9月，月均降雨量250～300毫米，俗称“白露水”。

四、风

园洲地处低纬度，南面是南中国海，因此海洋和大陆对园洲气候都有明显的影响。春季（3—5月）吹东风，夏季（6—8月）由于受海洋气团的影响，普遍吹偏东南风，带来丰沛的雨水。同时，每年的7—8月是受热带气旋影响的主要时段，全年影响园洲的热带气旋一半以上出现在这个季节。秋季（9—11月）冷空气开始影响园洲，气温逐渐下降。此时多晴朗天气，降水渐少，开始进入旱季。但9月热带气旋影响仍比较多。11月热带气旋不活跃，但仍有可能影响园洲，在对园洲有影响的5个台风中，有4个出现在11月上旬。在冬季（12—2月）盛行东北风或北风，来自北方既寒冷又干燥的空气，经过“长途跋涉”以后变性、增湿，强度大为减弱，并受到罗浮山山脉阻挡，到达园洲时风速已经变小、气温偏高，所以冬季较温暖。

据1961—1979年的资料显示，对园洲有影响的台风有61次，平均每年3次，影响较严重的有20次，平均每年1.1次。台风的年际变化较大，最多年份可达6次，最少的一次也没有。近五年极值大风，园洲观测站2010—2015年，极大风19.3米/秒，出现时间是2010年5月7日。

五、霜　冻

园洲霜冻天气较少，正常年份4～8天，年均5天，最多年份15天(1973—1974年，1975—1976年)。霜冻的最多月份是1月，平均1.9天。霜冻天气一般发生在11月至次年3月。初霜平均日期为12月30日，终止日期平均为1月24日。无霜期平均338天，最长一年365天。2016年1月24日，园洲下了自1949年以来的第一场雪，飘雪时间约半小时。

六、物　候

园洲物候特征明显，向来有“察物观天”之称，

一月小寒、大寒：上旬木棉落叶，常有冷空气或寒潮；中旬，气温低；下旬，霜冰期终，桃李花开。

二月立春、雨水：上旬，低温阴雨始期，甘蔗瓜类播种；中旬木棉观蕾，苦楝萌芽，桃李结子，早稻浸种，花生播种，燕子初来；下旬，春雨较多，早稻大播。

三月惊蛰、雨水：木棉开花，平均初雷，蛙始鸣，早稻播完；中旬，甘蔗出苗，早荔开花，水田犁耙办田，鱼种落塘；下旬，回南潮湿天始，苦楝开花，桑树出叶，早稻始插，冬薯收，龙眼花穗抽出。

四月清明、谷雨：上旬，早稻大插，木棉出叶，苦楝结籽；中旬，早稻除草追肥；下旬，雨量渐多，梅李成熟。

五月立夏、小满：上旬，木棉吐絮；中旬，“龙舟水”（农历五月初五端午节前后的较大降水过程）暴雨期始，凤凰树开花，蝉鸣，早荔成熟，台风始发；下旬，早稻抽穗扬花，湿热雷阵雨天始。

六月芒种、夏至：“龙舟水”高峰期到，晚稻播种；中旬，前汛期暴雨期至；下旬，杧果成熟，早稻谷黄。

七月小暑、大暑：上旬，晚荔熟，春花生收；中旬，炎热暑天高峰期，早稻大割；下旬，台风盛发，暴雨期始，早稻割完，晚稻始插。

八月立秋、处暑：上旬，晚稻大插，龙眼大熟，秋花生下种，蝉绝鸣；中旬，插植秋薯；下旬，晚稻除草施肥。

九月白露、秋分：上旬，“白露水”暴雨高峰期至，柚子、柿、橄收摘；中旬，黄麻长；下旬，“白露水”暴雨期止，北方冷空气到，秋高气爽，雁南飞。

十月韩露、霜降：上旬，雁南飞，晚稻抽穗，“寒露风”（秋季冷空气侵入后引起显著降温使水稻减产的低温冷害）至，雨季止；中旬，晚稻灌浆，平均雷终；下旬，苦楝落叶，旱季始。

十一月立冬、小雪：上旬，柑橙黄，苦楝籽熟；中旬，晚稻大收，种冬薯；下旬，犁冬晒白，整修水利，小阳春天始。

十二月大雪、冬至：上旬，木棉叶黄，马尾松、苦楝、桐树采籽；中旬，秋薯收；下旬，平均初霜，果园清理，积肥备耕。

第三节　水　文

一、地表水

园洲镇内地表水丰富，为农业生产发展提供有利条件。详见第六篇“水利”第一章“水资源”第二节“地表水与地下水”。

二、地下水

根据地层分布、岩芯观察及钻孔简易水文观测，园洲镇内土层为相对隔水层，强风化泥质砂岩裂隙发育，含少量裂隙水，主要接受大气降水和邻近地下径流渗透补给，地下水量及地下水位变幅受季节性降水量的影响而变化，详见第六篇“水利”第一章“水资源”第二节“地表水与地下水”。

第四节　土壤植被

一、土　壤

（一）自然土壤

园洲镇处博罗县西部的冲积平原，主要由东江及沙河冲积而成。自然土壤主要是零星分布在丘陵上的赤红壤以及江河岸边形成时间较短的沙洲（松沙土）。

黄　壤　常绿阔叶林下的土壤。酸性，pH值5.0左右，土层湿润。因心土层含有大量针铁矿而呈黄色，故名。土表有大量草本植物和灌木，以黄毛草、芒萁、茅草为主。黄壤主要分布在上村、水口、凤山、马石岗、沥东、沥西、田头、马嘶等地的丘陵。

红　壤　为发育于常绿阔叶林植被下的土壤。其主要特征是缺乏碱金属和碱土金属而富含铁、铝氧化物，pH值5.0左右，土壤酸性呈红色。土表以草本植物和灌木为主，主要有芒萁和桃金娘，有人工种植松树。红壤主要分布在上村、水口、凤山、马石岗、沥东、沥西、田头、马嘶、桔龙、禾山等地的丘陵。

赤红壤　是高温多雨的南亚热带气候条件下形成的地带性土壤，植被以灌木草坡为主，呈酸性，pH值在4.4～6.3之间。园洲镇的赤红壤多为洪积母质赤红壤，为古老洪积物，洪积层深厚，土壤呈棕红色。多分布在上村、水口、凤山、马石岗、沥东、沥西、田头、马嘶、桔龙、禾山等地的丘陵，多开垦作旱地或种植荔枝龙眼。

紫色土　是由侏罗纪、白垩纪紫色砂岩、泥岩时代形成的紫色或紫红色砂岩、页岩形成，表层有大量半风化母岩碎石，质地粗糙，土层硬实，pH5.0左右，极少开垦为农用。植被多为桃金娘和低矮的松树，主要分布在凤山村。

（二）耕作土壤

耕作土壤中的旱作土，小部分是岗地上的赤沙土，大部分是潮沙土、潮沙泥土。

水稻土壤　分为洪积冲积相的沙田、沙泥田、泥田和河流冲积相的潮沙田、潮沙泥田、潮泥田等不同土质。其土壤分布大体上是由河床向河漫滩地的中部直至丘陵台地而呈现出规律性的逐步更替。土壤由江边向基岸的更替顺序是：潮沙土（旱作土）—潮沙田—油潮沙泥田—潮沙泥田—潮泥田—紫沙土（旱作土）—沙泥田—沙田—赤红壤。土壤种类随着滩地升高而逐渐更替，由冲积母质发育的潮沙田、潮沙泥田、潮泥田而变换成洪冲母质发育的沙泥田、沙田乃至赤红壤，其规律性明显。

旱地土壤　主要分为两种类型，分别是耕种赤红壤和潮沙土。耕种赤红壤由各种母质赤红壤发育而成，pH在4～6之间，主要分布在九潭。潮沙土分布在沿江河两岸的阶地，由冲积母质发育而成，肥力较强，pH为6。

二、植　被

（一）灌木群落

灌木群落主要分布于上村、水口、凤山、马石岗、佛岭、田头、马嘶、桔龙等地的丘陵，每逢下雨时，山脊流水常带泥粒向低地积聚，形成低地土层深厚且肥沃潮湿，是植物生长的良好环境，故树木生长茂盛，高达1～2米，桃金娘为主要植物。

（二）高草群落

高草群落以黄毛草、桃金娘、岗松为主，黄毛草高度可达两米，在野外的荒地可见，丘陵地带分布较广。

（三）中草群落

中草群落土壤湿度大，腐殖质层不厚，肥力中等，故其生长以黄毛草、芒萁、岗草为多。

（四）矮草群落

矮草群落主要分布在平原地区，这一地区地势平缓，土层深厚，日温变化不大，生长尚好，但常受人为的破坏，使植物不能继续保持长大，一般高度不超过0.5米，覆盖土50%～80%，以芒萁和其他草本植物为主。

第五节　自然灾害

一、洪涝灾害

暴雨是引发园洲镇水灾的直接原因。园洲镇域历年平均暴雨日数不多，水灾往往发生在暴雨集中时段。据气象资料记载，在全年12个月内均可能出现暴雨，成灾的暴雨一般在3—10月，主要集中在4—9月。5—6月是暴雨最集中的月份，也是发生水灾最多的月份。暴雨年平均日数为7.8天，暴雨日数年际变化大，多的年份可出现10多天。洪灾的发生，给人民群众的生产生活造成了较为严重的影响，参见第六篇“水利”第三章“防汛抗旱”。

二、旱　灾

自有历史记录以来，园洲镇发生的旱灾如下：

唐开元七十四年（714年），园洲大旱，民大饥，竹实如麦，民取食之。

清顺治五年（1648年）三月，园洲地区天大旱，岁大饥，斗米千钱，民有相食者。

乾隆五十一至五十二年（1786—1787年），园洲连续两年旱，米大贵，斗米五百钱，路有饿殍。

民国36年（1947年），园洲连续四月不雨，米价飞涨，民卖儿女求生。

民国32年（1943年）3月，园洲大旱，日军占领东莞（当时园洲属东莞），灾年强索民粮，民采竹实充饥，有因消化不良致死者，难民饿死甚多。

1952年秋旱，10—12月雨量仅44.1毫米。
1955年春，中旱，1—3月雨量仅65.3毫米。
1956年春，小旱，1—3月总雨量185.4毫米。
1960年春，中旱，1—3月总雨量98.2毫米。
1963年春，大旱，1—3月总雨量29.2毫米。
1966年秋旱，10—12月总雨量27.2毫米。
1967年秋旱，10—12月总雨量13.1毫米。
1969年秋旱，10—12月总雨量21毫米。
1970年春，中旱，1—3月总雨量93毫米。
1971年春，中旱，1—3月总雨量54.6毫米。
1973年秋旱，10—12月总雨量16.3毫米。
1977年春，大旱，1—3月总雨量48.1毫米。
1979年秋旱，10—12月总雨量仅4毫米。
1980年秋旱，10—12月总雨量26.2毫米。
1984年春，小旱，1—3月总雨量76.2毫米。是年秋旱，10－12月总雨量28.6毫米。
1985年秋旱，10—12月总雨量48.8毫米。
1986年春，小旱，1—3月总雨量140.2毫米。

三、雷电灾害

雷暴多发生在4—10月，园洲镇不是雷电高发区，偶有发生雷电伤人伤物的现象。1995年5月24日下午6时许，上水小学五年级女生陈某被雷电击中，烧伤面积达20%。为深2度烧伤，经及时抢救后脱离生命危险。2000年5月29日下午1时30分，园洲镇福和纸厂一号车间被雷电击中，导致电器设备短路着火，点燃车间内制纸原材料，烧坏厂房近千平方米，直接经济损失20多万元，无人员伤亡。

四、寒潮 冰雹

自有历史记录以来，园洲镇发生的寒潮、冰雹如下：
清顺治十二年(1655年)十月二十四日，大雨夹雹袭击园洲，庄稼受毁。
乾隆六十年(1795年)二月，隆雹,禾稻大损，民饥。
光绪三年(1877年)十一月二十九日，园洲忽降风雨雷霍,霜雪并至，鱼冻死，乞丐冻毙。
光绪十八年(1892年)十一月十七、十八两日,园洲普降大雪，平地积雪4寸，果树多冻死。
1957年2月21—22日，园洲霜冻气温降至-0.5℃，结冰。3月13—16日，连续多日倒春寒。
1961年4月，园洲忽刮大风、降雹,庄稼损失严重。
1963年1月14—17日，连续风潮侵袭霜冻，水结冰。
1964年2月2日，园洲发生寒潮霜冻，冬种作物受损。
1967年1月17—18日。园洲连续两天霜冻，结冰，冬种作物及果木受损。
1969年2月5日，气温降至零度，霜冻，水结冰，冬种作物受损。
1971年10月7日，渡寒露风，晚稻受害。

1974年1月1—6日，园洲持续霜冻，水结冰。农作物受损。

1975年12月22—25日，园洲持续霜冻，香蕉冻死，猪、牛、塘鱼冻死甚多且损失严重。

1976年1月24日，园洲发生霜冻，农作物损失严重。

1978年3月13日，园洲发生倒春寒。

1979年4月19日，园洲刮龙卷风，夹冰雹，水稻、果木受损。

9月25日，发生寒露风，青禾受害。

1981年3月14日，园洲突降大雨夹冰雹，农作物损失严重。

五、其他灾害

园洲镇内其他灾害多发生在农业领域，包括农作物病虫害（如20世纪90年代柑橘树的黄龙病）、禽畜流行疫情（如禽流感）等。

第二章　自然资源

园洲自然资源丰富，包括水资源、土地资源、生物资源、矿产资源。

第一节　土地资源

2016年年底，镇域土地总面积为11096.2公顷，人均土地面积0.15公顷（按户籍人口计算）。其中农用地面积6718.0公顷，占土地总面积的60.54%（耕地3326.8公顷，占土地总面积的29.98%）；建设用地面积2416.9公顷，占土地总面积的21.78%；其他土地面积1961.3公顷，占土地总面积的17.68%。土地利用率为91.39%。土地开发强度21.78%。

第二节 水资源

境内的降雨量因不同季节雨量差别大，冬春季少雨，夏秋季多雨。地表径流主要来源于降雨，其变化规律与降雨规律基本一致，即丰水期4—9月降雨量大，枯水期10月至次年3月降雨量小。地下水资源主要接受大气降水和邻近地下径流渗透补给，地下水量及地下水位变幅因季节性降水量的影响而变化。随着整治力度的不断加强，境内水环境质量总体保持良好。详见第六篇“水利”第一章“水资源”。

第三节 生物资源

一、植物资源

（一）粮食类

主　粮　黏米（文华黏、零五黏、珍珠矮、齐眉、丝苗、苏子、新四黏、香黏、早黏）、糯米（大精、小额、黑精、香糯）。

杂　粮　木薯、番薯、鸡仔薯、马铃薯、芋头、粉薯、红白薯（即薯）、玉米、高粱、小米(鸡爪粟、狗尾)、麦豆、绿豆、黑豆（乌豆）、黑白眉豆、蚕豆（罗汉豆）。

（二）油料类

花生、黄豆、芝麻、油菜、葵花籽。

（三）瓜菜类

黄瓜、白瓜、苦瓜、丝瓜、冬瓜、南瓜、水瓜、木瓜、节瓜、葫芦、匏（读蒲）瓜、茄瓜、老鼠瓜（即番鬼瓜）、白毛瓜、龙牙豆、荷兰豆、豆角、（青皮、白皮）园椒（即灯笼）、牛角椒、番茄、韭菜（青叶、韮黄）、葱、生姜、芫荽、香芹、筒蒿、蒜、洋葱、芥菜、白菜、菜心、芥蓝、芥蓝头、芽白萝葡、菠棱菜、椰菜、椰菜花、枸杞、西洋菜、薛菜、生菜、沙葛、头菜、苦麦菜、慈姑、红萝卜、粉葛、莲藕、君莲菜、胡满、夜来香、豆芽菜。

（四）其他经济作物

剑麻、黄麻、草麻、烟叶。

（五）树木类

榕树、苦楝、木麻黄、相思、油加利、日本松、柳树、桉树、大叶榕、木棉、柏树、凤凰树等。

（六）水果类

橙、柑、年橘、金橘、香蕉、大蕉、荔枝、龙眼、杧果（芒果）、蒲桃、葡萄、石榴（番石榴、鸡尿吉）、柠檬、白元、乌元、菠萝、阳桃、沙梨、三稔、黄皮、杨梅、桃（毛桃）、柚（俗叫禾碌）、果蔗

（白蔗、紫蔗）、马蹄、菱角、风眼果（富贵子、蘋婆）、西瓜、黄木瓜、三华李、枇杷。

（七）竹类

白眉竹、黄竹、勒竹、观音竹、佛肚竹等。

（八）中药材类

香附子、相思子、磨金草、金银花、菟丝子、木棉花、车前草、神仙掌、灯笼草、七叶一枝花、半边莲、臭草、了哥王、草果、凤尾草、颠茄、牵牛、革麻、蒲公英、地胆头、蛇泡勒、会钱草、紫苏、白艾、黄艾、路头菊、鞋头、三角草、灯芯草、香茅、野葛、薄荷、凉粉草、狗蛋菜、山地、党参、葛菜、鸡旦花、木棉花托、枇杷叶等。

（九）花卉类

玫瑰、蔷薇、茉莉、素馨、米仔兰、白玉兰、含笑、茶花、水横枝、白婵、吊钟、海棠、芍药、兰花、吊兰、夜来香、夜合、大红花、鸡冠花、急性、日光花、姜花、水葵、美人蕉、万年青、富贵竹、铁树、杜鹃、勒杜鹃、鸡旦花、狗芽花、九里香、桂花、菊花、莲花、水芙蓉、石榴花、散尾葵、大叶葵、鱼尾葵、假槟榔、橡胶榕、日本榕、福建茶、玉簪、鹤顶红、鹤望兰、佛肚竹、且花、老采娇、万寿菊、虎尾草、龙吐珠、一串红、景天、满天星、五针松、鸡爪松、月季、紫薇花、绣球、向日葵、红杏碧桃、天冬草、茑萝。

（十）绿肥、水生饲料类

紫云英、田菁、红萍、绿萍、水茜、假水仙、水浮莲、水兰、山毛豆。

二、动物资源

（一）昆虫类

龙虱、桂花蝉、蝉、地鳖、蜻蜓、蝴蝶、黄蜂、蜜蜂、鬼头蜂、蛉、寄生蜂、三化螟虫、稻飞虱、蚱蜢、蝗虫、螳螂、金龟子、甘体、纺织娘、鼻涕虫（即冷蜞）、放光虫、萤火虫、黄蚁、黑蚁、白蚁、蜘蛛、地蚕、蚯蚓、蛾、蝇、蜗、蚊逆、牛虻、蜻烘（即水蛭）、跳蚤、蟋蟀、蚕、水剪、蟑螂、天牛、猪类虫、土胸、叩头虫。

（二）两栖、爬行类

田鸡、青跃、树蛙（雍梅）、蛤纷、水蛇、草眼蛇、四脚蛇、盐蛇、眼镜蛇（番薯头）、布机客（银环崛蛇）、金脚带（金环蛇）、黄水吕、过树龙、禽螈、百足（蜈蚣）、青竹蛇（三步跌）等。

（三）介壳类

蜘烘、旧螺、河螺、黄沙规、大肉蚌、草龟、金钱龟,水鱼、沙量蜗牛等。

（四）家禽类

鸡、鸭、鹅、白鸽等。

（五）野禽类

鹤、鸦、鹰、鹊、水鸭、水鹅、画眉、白眼圈、猪雀、相思、鹅鸪、斑鸠、鹌、麻雀、瓦的、啄木鸟、猫头鹰、禾谷、八哥（了哥）、杜鹃、田乙鸡燕、白头翁、翡翠鸟（即叼鱼郎）、布谷、禾鹊、沙组等。

（六）家畜类

猪、牛、山羊、肉兔、毛兔、狗葵鼠等。

（七）野兽类

山猪、狐狸、豺狗、埔狗、老鼠等

（八）鸟 类

鹤、鸦、鹰、鹊、水鹅、水鸭、画眉、白眼圈、猪屎雀、相思、鹌鸪斑鸠、麻雀、啄木鸟、猫头鹰、杜鹏、田一鸡、燕、白头翁、翡翠鸟、布谷等。

（九）鱼 类

鳙鱼（大头崇）、鳊鱼（胡须）、鲮、鱼、鲤鱼、土鲫鱼,非洲鲫、泰国鲮鱼、塘虱、埃及塘虱、生鱼（斑鱼）、鲶鱼、泥鳅、黄善、白善、黄斑婢、庵公、蓝刀、红眼感鱼、白饭鱼（银鱼、龙须鱼）、马蛴（凤尾鱼）、三笏（鲥鱼）、达沙、剑鱼、鲈鱼、屐鱼、白蛲、塘虾、蛱公、锦鲤、金鱼等。

第四节　矿产资源

一、河　沙

由于园洲镇内有沙河和东江两大河流流经，且两河的含沙量较大，所以园洲的河沙资源丰富。沙河和东江的河沙成分多为石英砂，是优质的建筑材料。20世纪90年代大量抽取河沙用于填埋和平整土地，现上南至高头村及阵村以南的区域大多是采用东江和沙河的河沙填埋和平整。

二、陶瓷土

园洲镇凤山村黄毛岭周边地下有丰富的陶瓷土资源，陶瓷土层离地表四五米，陶瓷土层厚二三米。该地区陶瓷土呈黑色，土质细腻，土中有时夹杂远古时期的树木残枝。该黑陶瓷土经过高温烧制后会变成白色或粉红色，是制陶的好材料。20世纪80—90年代，九潭陶瓷厂多采用此地区的陶瓷土制作建筑陶瓷，现已无九潭陶瓷厂。

三、砖瓦黏土

烧制砖瓦所需要的黏土是指地表耕作层的土壤及耕作层以下的黏土，这些泥土再拌入煤渣、页岩等物进行烧制。园洲镇境内广大地区是冲积平原，砖瓦黏土资源丰富，镇内在20世纪90年代有多座砖瓦厂，几乎每村都有。红砖多卖给当地和周边地区作建筑用，由于红砖坚固耐用，当时人们普遍采用红砖作建筑材料，环保型砖还没被大众接受。由于烧制红砖产生大量有害废气，而且挖取黏土会严重破坏耕地，所以到了2000年后，砖瓦厂逐渐被取缔，现园洲镇内无砖瓦厂。

四、岩　石

园洲镇境内无山体，没有发现可用于建筑的花岗岩和其他质地坚硬的岩石。在马石岗、凤山、佛岭、沥东、沥西、上村、水口、田头、马嘶等地有少量红砂岩裸露出地表，这些红砂岩质地松软易爆裂，风化较严重，不适宜用于建筑。

第三篇　人　口

第一章　人口状况

1950年之前，河南区大都是以耕洲为目的的移民。这些移民，来自四面八方。河南区人口多数从东莞县移民过来。河北区人口，除从附近迁入外，还有从江西、福建等地迁移过来。

第一节　数量与分布

一、数　量

1949—1979年，河南区的人口增长率较高，1979年达到峰值，当年出生率为39.51‰，自然增长率为35.03‰。1979年以后，执行国家的计划生育政策，人口增长率开始回落。1981年，出生率开始低于30‰，当年的出生率为26.98‰，自然增长率也跌破30‰，为21.24‰。1988年和1989年的自然增长率创新低，分别是9.18‰和8.89‰。1989—1999年，河南区的出生率控制在20‰内，人口自然增长率控制在10‰～15‰之间。1999年，河南区总人口比1956年的总人口增加了22048人。1956年至计划生育政策开始实行的1979年，人口平均每年增加642人。从1979—1999年，平均每年增加人口365人，计划生育政策有一定的成效。有数据可查的1971—1999年，死亡率在3‰～6‰的范围内。

河北区从1978年到1984年出生率较高，范围在22.58‰～36.6‰，1979年达到峰值，当年出生率为36.6‰，当年的人口自然增长率为31.42‰，是1978—1999年间的峰值。1979年以后，执行计划生育政策，人口出生率和自然增长率开始回落。1985年出生率开始低于20‰，当年的出生率为19.84‰，自然增长率为15.66‰。1999年的出生率和人口自然增长率最低，分别是12.6‰和7.9‰。从1978—1999年共增长人口4188人，平均每年增长人口200人。1978—1999年，死亡率在3.41‰～5.53‰的范围内。

2016年，园洲镇户籍人口73544人，其中，男37655人，占户籍人口51.2%；女35889人，占户籍人口48.8%，男女性别比例为104.9。

1956—2016年园洲镇户籍人口变动状况表

表3-1

年份	年末总户数（户）		年末总人口数（人）		出生率（‰）		死亡率（‰）		自然增长率（‰）	
	河南区	河北区	河南区	河北区	河南区	河北区	河南区	河北区	河南区	河北区
1956	3890		15376							
1957	3956		15892							
1958	3982		16123							
1959	4030		16891							
1960	4086		17197							
1961	4120		17300							
1962	4280		17888							
1963	4275		18712							
1964	4366		19708							
1965	4451		20379							
1966	4485		21103							
1967	4565		21450							
1968	4871		22862							
1969	5130		23700							
1970	5118		24479							
1971	5260		25115		31.9		5.1		26.8	
1972	5235		25789		31.8		5.8		26	
1973	5289		26620		34.8		4.92		29.88	
1974	5514		27443		32.3		4.96		27.34	
1975	5570		28135		30.88		4.61		26.27	
1976	5902		28625		21.32		4.9		16.42	
1977	6300		29273		21.54		4.83		16.71	
1978	6398	3240	30115	14836	37.39	29.65	4.58	4.82	32.81	24.83
1979	6344	2783	30129	15364	39.51	36.6	4.48	5.18	35.03	31.42
1980	6170	2789	30347	15622	34.82	32.66	5.42	5.03	29.4	27.63

续表3-1

年 份	年末总户数（户）		年末总人口数（人）		出生率（‰）		死亡率（‰）		自然增长率（‰）	
	河南区	河北区	河南区	河北区	河南区	河北区	河南区	河北区	河南区	河北区
1982	6255	2921	31208	16302	18.5	25.03	4.41	3.95	14.09	21.08
1983	6310	2751	31505	16690	17.16	24.43	4.31	4.3	12.85	20.13
1984	6436	2997	31789	16872	16.4	22.58	4.49	4.48	11.91	17.75
1985	6512	3143	31841	17092	16.44	19.84	5.12	4.18	11.32	15.66
1986	6703	3150	32120	17209	16.73	16.91	4.07	4.2	12.66	12.71
1987	6834	3289	32246	17427	14.09	16.17	3.82	3.29	10.27	12.88
1988	6966	3429	32223	17517	13.77	14.99	4.59	4.46	9.18	10.53
1989	7096	3485	32289	17675	13.39	15.17	4.5	4.32	8.89	10.85
1990	7220	3538	32494	17761	15.03	15.46	4.37	5.53	10.66	9.93
1991	7214	3734	32701	17798	19.03	15.04	4.87	3.82	14.16	11.22
1992	7341	3789	33263	17935	18.22	17.34	4.6	4.19	13.62	13.15
1993	7532	3839	34075	18017	19.51	18.02	4.66	4.95	14.85	13.07
1994	7686	3826	34404	18171	18.46	16.9	4.64	3.64	13.82	13.26
1995	7940	3913	35640	18503	19.08	19.03	4.73	4.25	14.35	14.78
1996	8139	3986	36197	18619	18.87	19.77	4.18	4.74	14.69	15.03
1997	8389	3889	36859	18787	18.03	18.3	3.84	4.51	14.19	13.79
1998	8544	3956	37100	18838	15.47	17.36	4.91	5.51	10.56	11.85
1999	8952	4241	37424	19024	13.66	12.6	4.1	4.7	9.56	7.9
2000	9487	4410	37521	18936	9.8	9.6	4.7	5.4	10.21	8.2
2001	9579	4390	37880	19068	9.7	8.71	4.9	5.7	10.3	8.1
2002	9652	4491	38325	19541	9.6	8.6	4.7	5.5	10.1	8.0
2003	9721	4562	38657	19985	9.56	8.5	4.85	5.6	10.25	8.3
2004	14882		58968		11.16		3.95		7.2	
2005	15334		59987		11.49		4.52		6.97	
2006	16121		61421		11.51		4.55		6.96	
2007	17161		62319		11.38		4.55		6.84	
2008	17725		64758		12.47		4.86		7.61	
2009	18211		66014		12.54		5.01		7.54	
2010	18848		67515		12.99		4.84		8.16	
2011	19835		68127		12.86		4.84		8.03	

续表3-1

年份	年末总户数（户）		年末总人口数（人）		出生率（‰）		死亡率（‰）		自然增长率（‰）	
	河南区	河北区	河南区	河北区	河南区	河北区	河南区	河北区	河南区	河北区
2012	20030		67806		14.01		5.19		8.83	
2013	20647		68762		13.18		4.2		8.98	
2014	21193		69276		13.35		5.62		7.72	
2015	21632		70906		12.56		6.45		6.11	
2016	22141		71232		12.57		6.52		6.01	

二、分　布

2016年，镇内人口密度为1319人/平方公里。

农业户口与非农业户口的分布，农业人口占绝大多数。2010年，镇内农业人口137286人，约占总人口的94%；非农业人口8038人，约占5.5%。2016年，镇内农业人口64507人，约占总人口的90%；非农业人口7367人，约占10%。

2000—2016年园洲镇人口密度及变动情况表

表3-2

年份	人口密度(单位：人/平方公里)	人口密度增减数（人）
2000	1090	+15
2001	1110	+20
2002	1115	+5
2003	1128	+13
2004	1134	+19
2005	1152	+18
2006	1177	+25
2007	1193	+16
2008	1236	+43
2009	1258	+22
2010	1319	+61
2011	1395	+76
2012	1412	+17
2013	1432	+20
2014	1443	+9

续表3-2

年份	人口密度(单位：人/平方公里)	人口密度增减数（人）
2015	1477	+34
2016	1484	+7

2010年园洲镇户籍人口分布表

表3-3

地　区	户　数（户）	人口数（人）		
		合　计	男	女
园洲居民委员会	1626	3626	2019	1607
九潭居民委员会	1675	4571	2473	2098
马嘶村民委员会	1140	3888	2023	1865
田头村民委员会	1929	7149	3898	3251
桔龙村民委员会	1680	5775	3008	2767
廖尾村民委员会	1110	3132	1792	1340
禾山村民委员会	1478	4754	2672	2082
土瓜圩村民委员会	449	1345	724	621
深沥村民委员会	1212	3538	2009	1529
沙头村民委员会	662	2215	1171	1044
阵村村民委员会	2356	7717	4349	3368
上南村民委员会	7818	23373	12337	11036
刘屋村民委员会	3586	10261	5590	4671
下南村民委员会	3622	10436	5676	4760
江头村民委员会	483	1503	844	659
白耀前村民委员会	334	864	482	382
高头村民委员会	2864	9280	5021	4259
李屋村民委员会	2076	6151	3216	2935
寮仔村民委员会	1550	3950	2413	1537
白马围村民委员会	1094	2979	1764	1215
上村村民委员会	559	1856	957	899
水口村民委员会	754	2155	1128	1027
凤山村民委员会	976	3345	1699	1646
义合村民委员会	1233	4204	2196	2008
马石岗村民委员会	403	1461	730	731
佛岭村民委员会	1174	3962	2311	1651
沥东村民委员会	2272	6286	3595	2691

续表3-3

地 区	户 数（户）	人口数（人）		
		合 计	男	女
沥西村民委员会	1241	3850	2169	1681
新村村民委员会	647	2427	1446	981

第二节 人口构成

一、民族构成

园洲镇户籍人口以汉族为主。2016年，园洲镇户籍人口73544人，其中汉族人口73519人，占全镇户籍总人口的99.97%。10个少数民族共25人，占户籍人口0.03%，其中，苗族5人，布依族3人，蒙古族3人，瑶族2人，土家族4人，藏族1人，仡佬族1人，傣族1人，朝鲜族1人，壮族4人。

2016年园洲镇各民族常住人口统计表

表3-4　　单位：人

总人口合计			汉族			蒙古族		
合计	男	女	小计	男	女	小计	男	女
146053	79712	66341	138675	75456	63219	12	9	3
苗族			彝族			壮族		
小计	男	女	小计	男	女	小计	男	女
1734	1035	699	207	98	109	3426	1970	1456
朝鲜族			满族			侗族		
小计	男	女	小计	男	女	小计	男	女
5	3	2	17	7	10	219	132	87
傣族			黎族			傈僳族		
小计	男	女	小计	男	女	小计	男	女
26	15	11	80	45	35	3	1	2
水族			景颇族			土族		
小计	男	女	小计	男	女	小计	男	女
20	11	9	7	5	2	38	23	15

续表3-4

撒拉族			毛南族			仡佬族		
小计	男	女	小计	男	女	小计	男	女
6	5	1	9	4	5	35	16	19
回族			藏族			维吾尔族		
小计	男	女	小计	男	女	小计	男	女
40	23	17	16	9	7	9	4	5
布依族			白族			土家族		
小计	男	女	小计	男	女	小计	男	女
414	254	160	19	12	7	531	290	241
瑶族			哈尼族			哈萨克族		
小计	男	女	小计	男	女	小计	男	女
350	199	151	10	3	7	2	1	1
佤族			畲族			拉祜族		
小计	男	女	小计	男	女	小计	男	女
11	7	4	35	19	16	5	2	3
仫佬族			羌族			布朗族		
小计	男	女	小计	男	女	小计	男	女
65	41	24	6	3	3	3	1	2
阿昌族			怒族			京族		
小计	男	女	小计	男	女	小计	男	女
2	1	1	1	0	1	1	0	1
独龙族			赫哲族			其他未识别民族		
小计	男	女	小计	男	女	小计	男	女
2	1	1	3	1	2	8	5	3
外国人加入中国籍								
小计	男	女						
1	1	0						

二、性别和年龄构成

（一）性 别

2016年12月，园洲镇户籍人口73544人，其中，男37655人，占户籍人口51.2%；女35889人，占户籍人口48.8%，男女性别比例为104.9。

园洲历次人口普查男女性别数据表

表3-5　　单位：人

年份	总人数	其中		男性	其中		女性	其中	
		河南区	河北区		河南区	河北区		河南区	河北区
1990	48520	31472	17048	24330	15679	8651	24190	15793	8397
2000	91918	70477	21441	46197	34958	11239	45721	35519	10202
2010	146053			79712			66341		

（二）各年龄组人口比例

1979—2000年，先后进行了三次人口普查，学龄前儿童和青少年组（0～19岁）占总人口的比重逐渐下降。1990年第四次全国人口普查，学龄前儿童和青少年组占镇总人口43.5%。2000年第五次全国人口普查中学龄前儿童和青少年组占镇总人口28.07%。2010年第六次人口普查，学龄前儿童和青少年组占镇总人口23.22%。截至2016年12月底，在全镇户籍人口中，1～9岁8739人，占户籍人口11.88%；10～19岁9432人，占户籍人口12.82%；20～29岁11638人，占户籍人口15.82%；30～39岁12815人，占户籍人口17.42%；40～49岁11686人，占户籍人口15.89%；50～59岁7968人，占户籍人口10.83%；60～69岁6569人，占户籍人口8.93%；70～79岁3435人，占户籍人口4.67%；80～89岁1485人，占户籍人口2.02%；90～99岁261人，占户籍人口0.35%；100岁以上12人，占户籍人口0.016%。

劳动年龄组（20～59岁）的占比逐渐上升，1990年占全镇人口47.26%，2000年占全镇人口61.63%，2010年占全镇人口70.86%。退休年龄组（60岁以上）在1990—2000年期间占比率呈上升趋势，1990年占9.24%，2000年占10.3%，在2016年则呈现大幅下降，所占全镇人口比率为5.91%。截至2015年12月，全镇户籍劳动人口56077人，其中男29441人，女26636人。

三、职业构成

根据2010年第六次全国人口普查园洲镇内职业人口统计表，抽取镇常住人口10%（9560人）进行调查。其中，农林牧渔业871人，占在业人数9.1%；制造业6268人，占在业人数65.6%；电力燃气及水的生产和供应业33人，占在业人数0.3%；交通运输、仓储和邮政业152人，占在业人数1.6%；信息传输计算机服务和软件业8人，占在业人数0.08%；批发和零售864人，占在业人数9%；建筑业411人，占在业人数4.3%；住宿和餐饮业365人，占在业人数3.8%；金融业11人，占在业人数0.12%；房地产业31人，占在业人数0.3%；租赁和商务服务业27人，占在业人数0.2%；科研技术及地质勘查业2人，占在业人数0.02%；水利环境和公共设施管理业10人，占在业人数0.1%；居民服务和其他服务业180人，占在业人数1.9%；教育业109人，占在业人数1.1%；卫生、社会保障和社会福利业39人，占在业人数0.4%；文体娱乐业52人，占在业人数0.5%；公共管理和社会组织业112人，占在业人数1.2%；采矿业15人，占在业人数1.6%。

五、农业人口和非农业人口构成

园洲历年人口普查农业户口数据表

表3-6　　单位：人

年份	农业户口人数								
	总人数	其中		男性	其中		女性	其中	
		河南区	河北区		河南区	河北区		河南区	河北区
1990	45091	29512	15579	22436	14577	7859	22655	14935	7720
2000	90721	69907	20814	45607	34681	10926	45114	35226	9888
2010	137286			74755			62531		

园洲历年人口普查非农业户口数据表

表3-7　　单位：人

年份	非农业户口人数								
	总人数	其中		男性	其中		女性	其中	
		河南区	河北区		河南区	河北区		河南区	河北区
1990	3368	1937	1431	1863	1088	775	1505	849	656
2000	8221	5831	2390	4578	3259	1319	3643	2572	1071
2010	8038			4578			3460		

六、平均预期寿命

1981年，园洲镇人口平均预期寿命为71.74岁，其中，男性68.8岁，女性74.55岁。1989年，人口平均预期寿命为73.58岁，其中，男性70.53岁，女性76.64岁，比1981年提高1.84岁（男性提高1.73岁，女性提高2.09岁）。2000年，人口平均期望寿命为74.85岁，分别比1981年和1989年提高3.11岁和1.27岁。其中，男性71.89岁，分别提高3.09岁和1.36岁；女性77.98岁，分别提高3.43岁和1.34岁。1981年、1989年和2000年，女性比男性分别多5.75岁、6.11岁和6.09岁；2001年和2002年，女性比男性分别多5.95岁、6.31岁；2013年和2014年，女性比男性分别多6.3岁、6.5岁；2016年，女性比男性分别多6.5岁、6.8岁。

第三节 流动人口

一、外来人口

改革开放初期，园洲镇外来人口少。1982年，省内外流入园洲人口不足1000人。20世纪90年代起，随着镇内工业快速发展，外来人口随之大幅增加。2010年，第六次全国人口普查资料显示：园洲镇有外来人口78406人，占常住人口146053人的53.68%。其中，男性41555人，占外来人口的53%；女性36851人，占外来人口47%。截至2016年，全镇外来人口达8.14万人。

2000—2010年园洲镇人口变化情况表

表3-8

所属镇人口	2000年			2010年			2000—2010年	
	常住人口数（人）	占全县人口比例（%）	外来人口（人）	常住人口数（人）	占全县人口比例（%）	外来人口（人）	常住人口增减（人）	外来人口增减（人）
园洲镇	54186	7.10%	11303	146053	14.07%	85405	+91867	+74102

园洲镇常住人口增加91867人，占全县常住人口增加总数的33.42%,其中外来人口增加74102人，占全县外来人口增加总数的45.06%。

二、外出人口

据2010年第六次全国人口普查数据显示，园洲镇外出半年以上人口有5098人，比重占总户籍人口的7.54%，其中男性2521人，女性2577人。

2010年园洲镇外出人口统计表

表3-9

户籍人口（人）			外出半年以上人口（人）			外出半年以上人口占总人口比重（%）		
合计	男	女	合计	男	女	合计	男	女
67647	34326	33321	5098	2521	2577	7.54	7.34	7.73

第二章　人口控制

20世纪50年代后期至70年代中期，对节制生育仅是一般号召，没有具体要求和措施，人口发展仍处于无绪状态。70年代中期，人口发展被纳入国民经济和社会发展规划，制定具体措施，落实生育计划，人口发展有所控制。

80年代后，国家把计划生育列为基本国策。计划生育工作逐步从“晚、稀、少”向“一对夫妇生育子女最好一个，最多两个”的目标过渡。从1991年开始，全镇逐步建立和健全人口与计划生育工作目标管理责任制。

2013年11月后，国家启动仅生两胎政策，夫妻一方是独生子女的，可生第二胎。2016年1月1日起，全面放开二胎。

第一节　管理服务机构

一、计划生育领导小组

1980年，园洲人民公社成立计划生育领导小组，由党委委员梁贤泽任组长，陈福兴任计生助理。1980—2016年，园洲镇主管计划生育工作的副科级领导分别有梁贤泽、陈锐深、陈美秋、梁沃河、朱日森、梁炎光、叶立波、梁润田。

1980年8月，九潭成立计划生育领导小组，党委委员黄柱水任组长。之后，镇委领导梁炎光、曾国劳相继当过组长。

二、计划生育办公室

20世纪70年代初期以后，园洲、九潭人民公社先后配备计划生育专职干部。1980年，河南区（园洲）成立计划生育办公室，当时只有3人，主要负责辖区人口统计、计划生育宣传教育、政策法规引导等工作。1997年以后，计划生育办公室扩展到40多人，下辖统计组、专业服务队、计生服务所、考核信访组，负责全镇人口统筹、管理工作。

河北区于1980年8月成立计划生育办公室，当时只有2人，莫燕芳任计生助理。1996年以后，人员增至21人，组织机构与园洲计划生育办公室相同。

三、计划生育专业服务队

园洲镇计划生育专业服务队成立于1997年5月，队伍编制5人；2002—2007年，队伍编制15人；2016年，专业服务队核准为12人。九潭镇计划生育专业服务队成立于1998年，当时队伍有3人。1999年，队员增至11人，办公地点设在计划生育服务所内。

专业服务队的工作职责有六个方面：宣传国家计划生育的方针、政策和法规；协助做好违反计划生育政策的对象的调查和处理工作，经常性做好计划生育对象的管理和监察工作；对村（居委会）抓计划生育人员进行业务指导和培训；掌握育龄群众结婚、怀孕、生育和节育等情况，督促育龄妇女按要求落实孕检、避孕、节育以及补救措施；做好对育龄人群的管理和服务工作；掌握流动人口婚姻、生育、节育、流向等信息，做好流动人口计划生育管理和服务工作。

四、计划生育服务所

1997年6月，园洲镇计划生育办公室建立园洲镇人口和计划生育服务所（简称园洲服务所）。园洲服务所位于园洲镇兴园四路，建筑面积2160平方米。曾润月为首任负责人。

1998年3月，九潭镇人口和计划生育服务所（简称“九潭服务所”）成立。九潭服务所位于新丰街（原农民街），建筑面积1680平方米。陈国伦为首任负责人。

（一）规模与设施

园洲服务所配医技人员19人，其中妇科医生5人、化验员2人、B超员1人、护士3人、药剂师2人、管理人员4人和杂工2人。

九潭服务所有员工12人，其中医生3人、化验员1人、B超员1人、护士2人、药剂师1人、管理员2人和杂工2人。

服务所内设有优生优育咨询室、手术室、妇检室、化验室、B超室、药具发放室、消毒室、休息室、婚育学校、办公室、药房，有10多个床位。

服务所的主要医疗设备有心电图机、心电监护仪、全自动化分析仪、血凝仪、自动尿液分析仪、自动血液分析仪、培养箱、进口彩色B超机、短波治疗仪、化验离心机、双目显微镜、无影灯、电动人流吸引器、力普刀、红光治疗仪、超声波电疗机、手提式消毒炉、妇检床、综合手术床等。

（二）开展项目

按照“计划生育技术服务机构执业许可证”批准的业务范围和项目，园洲和九潭服务所开展女性结扎手术、人流术、环术、查环查孕、避孕药具发放、妇检、宣传教育、生殖保健及优生优育咨询等计划生育项目。

第二节　管　理

一、造册跟踪

各村对育龄妇女登记造册，进行经常性的跟踪管理，发现异常情况，及时家访、及时处理。比如，发现缺席查环查孕的妇女，村委干部及时家访，了解具体原因。若发现有育龄妇女离家时间较长，村委干部及时家访查询，防其怀孕到异地超生。

二、优待奖励

2008年，园洲镇制定《部分计划生育家庭优惠奖励实施办法》规定：

（一）农村独生子女和纯女户，男满60周岁，女满55周岁，每人每月奖80元。

（二）农村生育一孩结扎户和纯女结扎户，在男年满22周岁以上、满60周岁前，女满20周岁以上、满55周岁前，每人每月奖60元。

（三）农村独生子女户和二女结扎户，发给《博罗县计划生育优惠卡》。

（四）凡独生子女户，夫妇每人每月发保健费10元。

（五）为农村独生子女、纯生二女结扎夫妇购买养老保险。

（六）凡已获得“计划生育家庭奖”的对象，在享受省、市、县有关优惠和奖励的同时，镇政府再给予80元奖励；凡已获得“计划生育节育奖”的对象，在享受省、市、县有关优惠和奖励的同时，镇政府再给予每人每月60元奖励。

（七）对纯二女结扎户，镇政府一次性给予2000元补助。

第三节　人口控制结果

全镇人口控制工作，经过20世纪50年代后期的舆论准备，60年代的宣传试行，70年代后期的深入开展，80年后的全面政策落实，已取得重大成果：

婚育观念发生深刻变化。50年代前，镇域早婚早育者多，实行晚婚晚育者少；提倡多生多育者众，奉行少生少育者寡。以“多子多福”为荣，以“断子绝孙”为耻。自开展计划生育工作、进行人口教育、落实人口控制政策后，广大群众逐步形成以晚婚、晚育、节育、少生、优生、优育为荣的良好风尚。婚育观念的转变引起婚育模式的变化，晚婚率、晚育率、节育率、一孩率、独生子女领证率逐年提高，早婚率、早育率、多孩率逐年下降。

1991年，镇域计划生育率为73.1%；到2014年，计划生育率为92.66%。1996年，节育率为88.3%；到2010年，节育率为90.42%。1996年，人口出生率为18.87‰；到2015年，人口出生率下降至12.56‰。1999年，人口增长率为14.7‰；到2015年，人口增长率下降为6.11‰。1997年，办领独生子女证有6人；至2014年，办理独生子女证的共有3562人。

2001—2012年，园洲和九潭计划生育办公室多年被市、县评为“人口与计划生育先进单位”“人口和计划生育综合改革先进单位”“先进计划生育办公室”。田头、刘屋、陈屋、白耀前、土瓜圩等村先后被博罗县评为“计划生育先进村”。

1991—2016年园洲计划生育情况表

表3-10

年份	计划生育率（%）	节育率（%）	领取“独生子女优待证”人数（人）
1991	73.01		
1992	74.21		
1993	71.68		
1994	70.52		
1995	71.47		
1996	72.12	88.30	
1997	71.60	85.38	6
1998	83.33	91.46	8
1999	83.53	91.46	418
2000	89.77	91.27	93
2001	91.71	90.42	241
2002	95.12	87.90	204
2003	95.23	86.07	198
2004	97.08	86.86	225
2005	95.41	85.18	305
2006	95.64	84.90	214
2007	95.69	82.55	309
2008	95.75	82.38	279
2009	97.01	80.05	399
2010	97.12	81.47	286
2011	97.16	81.67	316
2012	82.04	74.26	45
2013	86.67	71.05	8
2014	92.66	75.84	8
2015	92.43	75.12	0
2016	91.56	73.03	0
合计			3562

第三章 姓 氏

第一节 姓氏录

截至2016年12月，园洲镇户籍人口中有235个姓，其中单姓233个、复姓2个，两个复姓分别是夏侯和欧阳。园洲镇户籍人口中，数量超过1万的姓氏有梁氏（14059人）和陈氏（11039人）；数量超1000人的姓氏有12个，分别是朱氏（5757人）、徐氏（4113人）、李氏（4105人）、黄氏（3678人）、曾氏（3647人）、谭氏（2747人）、翟氏（2308人）、刘氏（1579人）、叶氏（1558人）、周氏（1258人）、张氏（1247人）、莫氏（1240人）；数量超过100而不足1000人的姓氏有28个；数量超过10而不足100人的姓氏有68个；数量不足10人的姓氏有125个。

园洲镇户籍人口姓氏统计表

表3-11　　单位：人

姓氏	人数	姓氏	人数	姓氏	人数	姓氏	人数
梁	14059	韦	49	文	6	成	2
陈	11039	孔	46	盖	6	藏	2
朱	5757	尹	45	缪	5	耿	2
徐	4113	龚	42	涂	5	柏	2
李	4105	彭	38	明	5	荆	2
黄	3678	蒋	35	郝	5	闫	1
曾	3647	郑	35	蒙	4	丛	1
谭	2747	曹	33	邝	4	乐	1
翟	2308	宋	33	鲁	4	项	1
刘	1579	汪	31	岑	4	廉	1
叶	1558	蓝	29	庞	4	尖	1
周	1258	薛	28	施	4	池	1
张	1247	翁	26	腾	4	代	1
莫	1240	孙	25	汤	4	敖	1
黎	989	范	25	冼	4	符	1
钟	839	崔	24	詹	4	葛	1
林	796	简	24	左	3	湖	1
杨	703	赵	23	龙	3	俞	1

续表3-11

姓氏	人数	姓氏	人数	姓氏	人数	姓氏	人数
任	591	马	23	祝	3	悦	1
蔡	583	丁	22	包	3	植	1
吴	514	董	22	梅	3	鲜	1
熊	450	古	22	麦	3	诸	1
邱	423	尹	21	米	3	禤	1
王	383	邵	21	白	3	尧	1
邓	325	陶	21	戚	3	尤	1
温	319	丘	21	兰	3	岳	1
何	307	方	21	齐	3	湛	1
胡	280	杜	20	易	3	都	1
冯	249	颜	20	阳	3	谯	1
谢	232	游	20	房	3	香	1
姚	227	贺	18	伍	3	辛	1
毛	227	雷	17	沙	3	旋	1
罗	211	向	15	荀	3	舒	1
卢	181	洪	15	公	3	郎	1
关	170	付	14	武	3	勉	1
容	152	许	14	冉	3	车	1
廖	152	段	13	班	3	屈	1
郭	147	韩	13	宗	3	超	1
赖	141	秦	13	夏侯	2	释	1
程	129	柯	13	单	2	佘	1
余	127	傅	13	焦	2	区	1
苏	117	聂	13	鄢	2	冀	1
陆	97	巫	12	万	2	疔	1
唐	95	巫	12	闻	2	木	1
魏	94	骆	12	邬	2	列	1
肖	94	饶	11	夏	2	芦	1
庄	89	凌	11	顾	2	姜	1
袁	82	金	11	喻	2	具	1
殷	81	卜	11	石	2	康	1
赵	79	江	10	史	2	练	1
潘	75	戴	10	劳	2	炉	1

续表3-11

姓氏	人数	姓氏	人数	姓氏	人数	姓氏	人数
邹	72	阮	7	乐	2	欧阳	1
覃	66	沈	7	倪	2	樊	1
欧	62	利	8	闾	2	俸	1
茹	60	吕	8	宁	2	草	1
童	56	由	8	路	2	霍	1
高	56	严	8	皮	2	卓	1
甘	55	田	7	揭	2	管	1
胡	51	钱	6	侯	2		

第二节　园洲十大姓氏

一、梁　姓

2016年，梁姓人口14059人，占镇总人口的9.1%，镇内排名第一。主要分布在土瓜围、禾山、土瓜圩、深沥、沙头、江头、白耀前、高头、白马围、义合、凤山、廖尾新围等村。

西周末年，秦康征西戎有功，周室王封其到梁山（今陕西省韩城市）建梁国，称梁康伯，人尊梁康为梁氏始祖。周襄王十一年（公元前641年），秦穆公率军攻梁，梁亡。梁氏子民四处逃散，其中有部分逃到南方。北宋末期，金兵占领中原，梁氏子民又从中原逃到广东韶关南雄珠玑巷一带，随后沿北江顺流而下，迁至广州、增城、佛山、东莞等珠三角一带。明末清初，梁氏子民从梅州合浦迁徙到博罗、东莞等地。园洲梁姓的12个村庄，有9个是从东莞市常平镇迁徙而来的。

元朝末年至正元年（1341年），土瓜围村始祖福范从东莞常平迁入，距今675年。禾山岗头村始祖于南宋建炎元年（1127年）从常平迁入，距今889年；禾山虾江村始祖于建炎二年（1129年）从常平迁入，距今887年；禾山村尾始祖于咸淳五年（1268年）常平迁入，距今748年。南宋末（绍定四年，1231年），深沥村始祖从常平迁入，距今785年。清初（康熙四十一年，1702年），常平板石梁文奎之第三子瑾公举家迁到菉兰梁屋。瑾公有五子，分别支派到白耀前、江头、高头、禾山、前村等村庄。其中长子爱泉被支派到江头，二子怀泉被支派到白耀前，三子梁探被支派到高头。爱泉、怀泉、梁探分别成为江头、白耀前、高头三村的始祖。元初（延祐三年，1316年），凤山（含三厅、上围、下围）始祖永誉从东莞常平迁入，距今700年。民国27年（1938年），廖尾村新围小组的居民从韶关迁入廖尾梁屋，1949年又举村迁入禾山，定村名为“新围”，距今78年。1985年8月，新围划归廖尾大队管辖。清道光年间（1821—1850年），土瓜圩渐成圩市，园洲镇白耀前、禾山等村梁姓居民迁入土瓜圩经商，于是形成梁氏族群。元末明初，沙头村始祖从博罗县福田镇迁入，距今700余年。明万历年间（农历二十六年，1598年），白马围梁姓居民从东莞厚街迁入，距今418年。明代，泊头镇（今义合）有住民7000多人，多数是各地到此做生意的商人定居下来的。明宣德年间（1426—1435年），泊头镇梁氏先祖从东莞常平板石迁至泊头共同建村而居，定村名“岗背梁村”。

园洲镇14个梁姓村庄，多数建有宗祠。土瓜围宗祠的对联，上联：“源流板石”，下联：“派衍土瓜”。禾山岗头村宗祠“厚容堂”对联，上联：“源流板石家声远”，下联：“派衍岗头世泽长”。禾山村尾载义堂对联，上联：“源流板石”，下联：“派衍禾溪”。沙头村梁氏宗祠对联，上联：“源流板石”，下联：“支派沙溪”。莸兰梁屋(含高头、江头、白耀前)宗祠孟一祖公祠对联，上联：“芳传板石”，下联：“派衍禾山”。白马围乐忍梁公祠对联，上联：“江水为衣带”，下联：“罗峰作画屏”。义合(岗背梁)梁氏宗祠对联，上联：“揽九子而安定之开祥更钦世德七序薪传留手册”，下联：“拱三台太平献瑞预卜文蔚千茂衍泊头乡”。凤山三厅梁氏宗祠对联，上联：“梁氏十郎传万代”，下联：“宗祠子孙耀祖先”。上围德盛堂对联，上联：“善行安定地”，下联：“德盛凤屯岗”。下围序伦堂对联，上联：“序列长幼尊卑行知昭乐穆位”，下联：“伦明父子兄弟当循好友风”。

历史上，园洲梁姓名人孝士有：土瓜圩梁包昭，清同治四年（1865年），任国民革命济南军区军需主任；泊头梁应龙，宋朝进士；沙头梁文槐，清朝副进士；义合村梁海波，烈士；凤山村梁培仔，烈士；梁卓田，烈士。

二、陈　姓

2016年，园洲陈姓人口11039人，占镇总人口的7.1%，镇内排名第二。主要分布在马嘶、田头、下南陈屋、阵村、水口、凤山、桔龙等村。

据水丰《陈氏公族谱》记载，陈氏在中国版图上建立过7个王朝。约唐圣历三年（公元700年），陈氏公族从河南淮阳迁往长葛。陈败亡后，其后裔迁徙到全国各地。其中，河南淮阳人向南迁到广东韶关珠玑巷一带，后又从韶关迁往东莞、博罗等地。园洲镇的马嘶村和田头村的陈姓居民，是从东莞市常平镇迁徙而来。南宋时期(约建炎五年，1135年)马嘶始祖陈墩实从东莞常平迁入马嘶，在此立村定居，至今880多年。元至元十四年（1277年），田头始祖充迪为避战乱，携妻儿从韶关南雄迁到田头定居至今740年。南宋时期(约开禧二年，1206年)，下南始祖少一公从韶关珠玑巷南迁到下南陈屋村定居，至今800多年。园洲其他陈姓居民，有的属镇内迁徙。康熙十三年（1674年），阵村陈屋的居民是从博罗县湖镇镇的新作塘村迁徙而来的，至今300多年。明洪武四年（1371年），水口村的村民由田头村迁来定居，至今700多年。清雍正六年（1728年），马嘶村岭背小组的陈氏村民，由马嘶村陈氏长房的子孙派支而来，至今近300年。康熙三十五年(1696年)，凤山村的聚和小组的陈氏村民是由马嘶村支派而来的，至今320年。

园洲7个陈姓村庄，多数有宗祠。马嘶陈氏宗祠的堂联，上联：“秀列鸣琴案”，下联：“清环浴凤池”。田头莊丽公祠的堂联有二，其一，上联：“四海翻腾云水怒”，下联：“五洲震荡风雷击”；其二，上联：“百代孝慈高仰止”，下联：“万年支派永流泉”。下南陈屋绎思堂堂联，上联：“罗浮钟淑气”，下联：“科甲振家声”。水口村陈氏宗祠堂联，上联：“颍川世泽”，下联：“渭水家声”。

历史上，园洲陈姓名人志士有：田头陈国球，清同治武举人；马嘶陈帮彦，清光绪武举人；马嘶陈志仁，革命烈士；陈黄金革命烈士；陈松佳，革命烈士。

三、朱　姓

2016年，园洲朱姓人口5757人，占镇总人口的3.71%，镇内排名第三。主要分布在上南、禾山、阵村、土瓜圩、廖尾等村。

据上南朱氏族谱记载，北宋靖康二年（1127年），罔陵堂宋始祖七三郎因避靖康之乱，从江西建昌府（现今广昌县）南迁，从水路直至上南村开基立业，繁衍生息约800年，相传二十九代。据载，上南共出进士或相当于进士官职的6人，举人或相当于举人官职的48人，秀才114人，可谓：“书礼传家，人杰地灵。”上南有朱氏宗祠、养拙祖祠和讷轩公祠坐落在上南村北方，建于唐永徽元年（650年）前，占地面积1500平方米，三祠并排朝北，意为祖先自北南迁。廖尾朱氏。廖尾村始建于清雍正九年（1731年），始祖从东莞鳌峙塘迁入。该村位于洋花潦的末端，故称廖尾村，后分为上廖村和下廖村。 禾山朱氏始祖在明建文四年（1403年）从园洲镇廖尾村下廖迁居到禾山村；部分朱姓是民国初期由园洲镇上南村北方家族分支过来的。阵村朱氏，1615年从东莞横沥迁到阵村，有400年历史。土瓜圩朱氏，约在清末时期土瓜圩开圩时由上南迁去，多是上南的南方三房人，举家搬迁至今约有380人。

四、徐　姓

2016年，园洲徐姓人口4113人，占镇总人口的2.65%，镇内排名第四。

园洲徐姓人口主要分布在赤沥（沥东村、沥西村）、新村和上村的南朗小组，阵村有少量徐氏。北宋皇祐年间（1049—1054年），徐信公（泽江）中进士，历官中书台谏，娶董氏生3子，后携3子从江南迁移到广东南雄珠玑巷，南宋绍兴元年（1131年）因天灾人祸再举家南迁到珠三角一带，之后迁移到增城。赤沥徐氏先祖梧祐于明朝中叶（约成化十一年，1475年），从增城罗岗迁徙至赤沥，定居于石巷坊（即现在的石门楼小组）。新村徐氏始祖在元泰定二年（1325年）从增城罗岗迁移到沥东村的徐牙岗，最后迁移到新村。上村南朗徐氏于明正统年间（1436—1449年）迁到南朗定居，至今500多年。

五、李　姓

2016年，园洲李姓人口4105人，占镇总人口的2.65%，在镇内排名第五。主要分布在禾山村、李屋村和寮仔村。周秦时期，李氏公族一直住居在甘肃一带至西汉高祖四年（公元前203年），李氏的后人中有一支迁往赵郡（河北邯郸）定居，李征的儿子利贞逃往伊侯之墟（河南）避难。南宋末年，在赵郡定居的李姓公族南渡黄河，迁居福建、粤北一带。李屋村李氏由两个始祖迁此定居，分别是向北宗祠（永思堂）

始祖，向西宗祠（惠宗堂）讳严字，最南山始祖。两始祖先后在南宋末年南迁，至今已有700多年的历史。禾山李屋村李氏由向西李（包括花园李）和向东李组成。向西李始祖在宋朝即1232年，从东莞县后李迁来。向东李和花园李的始祖，宋嘉定元年（1208年），由博罗云步迁来。

禾山李氏大宗祠门联：“李氏繁衍甲中华，氏族盛唐家天下”，横批：“祖德流芳”。李屋向北李氏宗祠门联：“门高拱北，陇旧传西”，横批：“永思堂”。李屋向西祠堂门联：“陇西旧泽，兰水新声”，横批：“惠宗堂”。

六、黄　姓

2016年，园洲黄姓人口3678人，占镇总人口的2.37%，在园洲镇域排名第六。

园洲黄姓人口主要分布在佛岭村和白马围村，深沥村、李屋村有少量黄氏。

南宋末年，黄化后裔南迁粤东、粤北一带。佛岭黄氏在佛岭定居已经有700多年的历史，南宋时黄景昇后裔桂英公，带领家人从博罗横河迁到佛岭丁屋湖居住，后又搬迁到西门坊居住。至此，长子澄江居住西门，次子澄溪居住隔田园（今北门），三子澄槐迁往东莞黄家坐。澄江生二子，长子文亮仍住西门，次子文仲居住南门。清乾隆年间（1736—1795年），北门村有部分民居和一部分外地黄姓居民迁至新围居住，形成新围村，至今有200多年的历史。佛岭先锋村建于1972年，村民从龙川县移民至佛岭村。佛岭先锋村姓黄是海虎公的后裔。白马围黄氏在明万历年间（1573—1620年）从东莞县厚街白马村迁来。

七、曾　姓

2016年，园洲曾姓人口3647人，占镇总人口的2.35%，镇内排名第七。园洲镇曾氏主要分布在阵村、上村、水口、义合。另外寮仔、土瓜围、沥东、九潭居委会有少量曾氏人口。

阵村曾氏376人，于明宣德十年（1435年）从长乐县天洋径大塘尾（今紫金县水墩镇）迁至阵村，至今有500多年历史。上村曾氏于明代由韶关市南雄县迁徙而来，至2016年人口达1800多人。水口村曾氏600多年前亦是由韶关南雄县迁徙来，至2016年人口达978人。义合村曾氏至2016年有430人，于500年前从新会迁至博罗县城浮淀岗（今博罗县城葫芦岭），以后部分族人迁至义合。寮仔村曾氏是民国时期河源1户人家迁此定居，至今发展为5户共12人。土瓜围曾氏于新中国成立前从水口村迁至此定居，至2016年有人口30人。沥东村牙岗村民小组的曾保围曾氏是清光绪年间（1875—1908年）从湖南青田迁至此立居，至今已有100多年的历史，至2016年有人口49人。

曾氏排辈是：希、言、公、彦、承，宏、闻、贞、尚、衍，兴、毓、传、纪、广，昭、宪、庆、繁、祥等共60个字。曾氏宗祠通用联是：“南丰世泽，鲁国家声”。

水口村人曾禄，明成化十七年（1481年）登进士三甲第98名，成化二十年（1484年）升至浙江武义县县令、福建监察御史等职，弘治七年（1494年）任云南贵州巡抚，弘治十年（1497年）任福建巡抚，弘治十一年（1498年）任四川巡抚。曾禄在任职期间，为官公心，理事公正，做人公德，留下许多为民谋福利的事迹，被家乡人称为“邑人贤士”。

八、谭 姓

2016年，园洲谭氏人口约2800人，占镇总人口的1.77%，镇内排名第八，主要集中在桔龙村。

谭氏起源于山东，谭氏早期主要在山东省境内繁衍发展，后因战乱、自然灾害、官职调迁等原因离开故土，向各地迁徙。汉代时，谭氏已分布于河南、山西等地。南北朝时谭氏开始迁入广东，唐末时迁入江西。大约从清代开始，闽、粤谭氏部分族人迁徙至东南亚。

桔头村谭氏先祖居江西宁都，北宋建隆元年（960年），谭宏帙入粤珠玑巷里水村避战乱。南宋绍兴四年 （1134年），谭宏帙后裔谭维月授官南粤游历东莞宝安，退官时，从广州东双桥举家迁入东莞大宁立村。谭维月第六代后裔谭礼常第四子谭禄郎移居园洲桔头，其时约公元1310年。谭氏宗祠建于清嘉庆十年（1806年），门联上联是“江水为衣带”，下联是“罗峰作画屏”，横额是“百世其昌”。

九、翟 姓

2016年，园洲翟氏人口有2308人，占全镇总人口1.49%，镇内姓氏排名第九。翟姓主要分布在义合村和马石岗村。翟姓始读作“狄”，后改为“宅”音。其实二者为一姓，同出一源。

翟氏一族为中原人士南迁粤地的著名代表，北宋靖康（1126—1127年），中原大乱，翟氏一世祖徽，文字岳，号翠峰，官工部郎中，由安徽休宁举家南迁至广东南雄珠玑巷。南宋建炎三年（1129年），翟徽再从珠玑巷迁至东莞城南街（今东莞市篁村镇周溪社区），为东莞翟氏族长房始祖。七世祖蒙丁，景堂公子，号从善，由东莞南街迁至博罗泊头乡（今义合村）的冠古定居。以后分支至泊头的登俊、街上、新翟、渔村（上翟）等地。到了十六世祖，部分翟氏族人由泊头村迁至马石岗定居，至今已有380年。

于清道光四年（1824年），翟氏族人（含马石岗村翟氏）共同建造翟氏大宗祠，对联是“叙德家声远，伦回世泽长”，堂号为“叙伦堂”。

翟氏族人翟宗鲁（1489—1562），字一贯，明嘉靖十年（1531年）举人，初出任为宣平教谕。嘉靖二十五年（1546年）被聘执掌四川考试。嘉靖二十八年（1549年），升任广西融县县令。因政绩卓著，其故乡被皇帝封为“冠古乡贤”。

翟宗鲁刚毅有操守，性甘淡泊，因触怒上司，请求告老回乡。翟宗鲁热心教育，在家乡兴办涵江书院及罗仙社学，为发展家乡的教育做出了重要的贡献，学者称他为涵江先生。

十、刘　姓

2016年，园洲刘氏人口有1579人，占镇总人口的1.02%，镇内排名第十。主要分布在刘屋村、沥东村和马石岗村。

夏朝，帝尧后裔的一支刘姓公族，自河北唐县南迁到河南鲁山一带定居。到了周朝，该支刘姓又分为两部分，一部分北上山东，一部分东迁江苏。南宋末年，刘姓公族又南迁福建、江西和粤东。明末清初，福建、江西、粤东部分刘姓逐步迁居博罗。

刘屋村始祖十一世祖乳南公偕两个儿子刘明顺、刘明安，在正德年间，从江西沿北江、东江南下谋生，至刘屋处，见地平土沃，依山傍水，且与古镇石龙相靠，水陆交通方便，于是在此建村，取名刘屋。刘屋村建村至今，有500多年的历史，刘姓村民909人。刘屋村定居在此几百年，全部都是刘氏后裔。直至1951年，有吴姓、周姓几家在东江打鱼的渔民互助组时迁入刘屋村，一朱姓人家从西樵到刘屋村落户，另一梁姓户从园洲镇的白耀前投亲靠友，再一周姓户是“文化大革命”初期的1964年下放刘屋村的广州知青与当地人结婚，没有回城而定居刘屋村。

2016年，刘屋村户籍姓氏有刘、周、朱、梁四姓人家，其中刘姓909人，占全村94%；周姓28人，占2.9%；朱姓15人，占1.5%；梁姓11人，占1.1%。农业户籍人口888人，刘氏常住人口80人，占8.26%；其中60岁以上长辈210人，占21.7%。祠堂联：上联“顺在勤修业”，下联“安居永爱乡”，横批“天下为公”。

沥东村刘氏在该村新丰小组，是20世纪70年代从河源市新丰江水库迁来的移民。1972年6月，河源市龙川县岩石公社（现为岩石镇）珍贝村四组由杨、刘、陈姓氏组成的80户247人移民被安置到沥东村，建立自然村新丰小组，现该小组刘氏人口接近200人。

马石岗村刘氏在该村长虹小组，是20世纪70年代河源枫树坝水库移民。1973年3月，河源市龙川县贝岭公社石马坝村移民包括刘氏在内的32户146人被安置到马石岗，建立自然村长虹小组。至2016年年底，该小组刘姓村民17人。

第四篇　农　业

园洲镇自然条件优越，土地资源丰富，1979年前是博罗县农业重镇。1979年，全镇耕地75574亩（河南区43458亩，河北区32116亩），其中水田56642亩，旱地18932亩，人均耕地面积1.4亩。随着农业产业结构调整和工业化进程加速，镇域耕地面积逐年减少。

园洲镇属亚热带季风气候。温高热足，雨量充沛，霜期短少，结冰日极少。一年三熟，四季宜耕，具有发展农、林、果、牧、渔各业的有利条件。农业以种植水稻为主，兼种花生、玉米、蔬菜、豆类等经济作物。

园洲镇粮食作物包括稻谷、小麦、薯类和其他旱粮。种植面积最大的是水稻，其次是番薯类、小麦和旱粮。新中国成立前，农业生产落后，粮食产量低，人民的温饱问题一直没有解决。1949年，河南区粮食总播种面积8315亩（早造3752亩，晚造4563亩），平均亩产只有90公斤，总产41067吨，人均占有量270公斤。

新中国成立后，实行土地改革，少数人占有多数土地的现象，从根本上扭转过来，并对小农业经济实行社会主义改造，引导农民走上互助合作道路。新中国成立初，农田荒芜，粮食供应紧缺。人民政府认真组织粮食生产，不误农时，复耕荒废的土地，扩大种植粮食面积，并实行减租减息、保护耕种者利益等措施，粮食增产增收。1954年，农业合作化，兴修水利，改良土壤，改善生产条件，增强防御灾害能力，粮食获得丰收。1957年，河南区不仅提高了抗洪和抗旱能力，而且增加了灌溉面积1100亩，总灌溉面积3200亩，占耕地面积的0.4%，水利总投资45万元，完成土石方1000立方米。由于水利条件的改善，为旱地改水田，单季稻改双季稻创造了条件。1958年，战胜旱涝，粮食生产获得较好的收成。

1958年，镇域开展“大跃进”和农村人民公社化运动，粮食生产急于求成，出现了高指标、浮夸风、瞎指挥等不正之风。盲目推行水稻“大棵高度密植”，名“双龙出海”；更甚者把几丘“孕穗”稻苗拔起并在一丘，追求“高产卫星”，结果适得其反。由于过高估计产量，征了生产队的过头粮（指在我国粮食征购工作中，超过农业生产单位实际负担能力征购的那部分粮食），社员的口粮分配下降，挫伤了社员的生产积极性。1959年6月，东江发生百年一遇洪水，马嘶等地决堤，损失惨重。加上10月闹旱灾，农业生产遭到严重破坏，粮食生产大倒退。1961年，河南区粮食播种面积57887亩，总产4903吨，亩产85公斤。

1961年后，实行“调整、巩固、充实、提高”的方针，逐步纠正农村工作中“左”的错误，贯彻执行“农业为基础，工业为主导”的发展国民经济总方针，把发展农业放在首位。同时实行减轻农民负担和增加收入的具体政策，对粮食实行加价奖励的办法，调动了农民的生产积极性，扭转了“大跃进”造成粮食产量下降的局面。1965年，河南区粮食播种面积63359亩，总产13726吨，亩产217公斤。总面积比1958年的65366亩减少2007亩，但总产量比1958年的7927吨增加5799吨，亩产比1958年的121公斤提高96公斤。

1966年，“文化大革命”开始，强制“农业学大寨”，搞穷过渡，推广“政治评工分”，严重挫伤农民积极性，农业生产受到严重损失。1966—1970年，粮食生产停滞不前，单产在200公斤徘徊。1970年以后，实行三级所有制为基础的制度，坚持按劳分配政策。1973年后，发动群众大搞农田基本建设，整治田间排灌系统，改造低产田。1975年，农田基本建设形成高潮，增加了旱涝保收，高产稳产农田。1977年，河南区粮食播种面积达73227亩，总产20190吨，亩产279公斤。1965—1977年平均亩产增277公斤，粮食生产发展缓慢。粮食供需紧张状况未得到改善。

1978年冬，镇域的河南和河北区开始对农村经济体制进行改革，实行农业生产承包责任制。1980年，实行以家庭联产承包为主要形式的生产责任制。把按劳分配原则落实到实处，极大地调动了农民的生产积极性。根据市场需求调整优化农业产业结构，大力推广“科技兴农”，改进农业耕作技术，大搞多种经营，促进农业生产和农村经济发展。1983年，全镇粮食播种面积115003亩，总产32056吨，亩产279公斤，人均粮食占有量703公斤，基本上解决了农民的温饱问题。1984年后，园洲农业生产稳步发展，1987年，粮食亩产315公斤；农业总产值从1978年的3564万元（90年不变价）增至5449万元，增长52.89%。

20世纪90年代后，园洲镇政府把握发展机遇，充分发挥地缘、人缘、和资源优势，大力发展农业招商引资，发展外向型农业。同时，根据市场的变化和镇内实际，进一步调整优化农业产业结构，大力发展“三高”（高产、高质、高经济效益）农业，大力推广科学技术，扎实开展各类农业基地建设，稳步推进农业产业化经营，高标准、高质量地建设农业综合示范区。至1999年，粮食总产量增至29393吨，比1977年的20190吨增长45.58%。2000年后，全镇农业基地化、规模化、集约化生产发展迅速，“公司+基地+农户”的产业化经营模式不断扩展，建成一批优质粮、甜玉米、水果、水产、花卉、蔬菜、畜牧业等“三高”农业生产基地，初步形成区域化布局、专业化生产、社会化服务、产业化经营的农业发展新格局。与此同时，随着工业和房地产业的兴起，农村耕地面积逐年减少；另一方面谷价下跌，谷贱伤农，少部分农户转产经营，粮食生产下降。2016年，粮食播种面积29730亩，比1979年的125201亩减少95471亩，粮食总产从1994年的23955吨减少至11112吨。

第一章　生产关系变革

新中国成立前，镇域的农业生产关系属于封建的、分散的、个体的私有制。农村绝大部分土地、农具等生产资料为封建地主所占有，绝大多数农民只有租佃地主的土地、农具才能进行生产。

新中国成立后，镇域生产关系的变革经历了四个阶段：土地改革，废除地主阶级封建剥削的土地所有制，实行农民的土地所有制，解放了农村生产力；农业合作化，把土地等生产资料由私有制转变为公有制，实现集体经营，进一步提高了农业生产能力；人民公社化，提高公有化程度和规模，挫伤了生产者的积极性；家庭联产承包责任制，坚持土地公有制的前提下，改变经营管理方式实行分田承包，自负盈亏，极大调动了农民生产积极性，推动了农业生产的发展。

第一节　封建土地占有制

明、清两代，外地人（客家人）大量迁入，定居、垦荒，耕地面积猛增。民国37年（1948年），全镇有耕地75574亩，每人平均1亩，劳动力平均3亩，耕地大多数为地主阶级所占有。地主阶级利用占有的土地，对农民进行经济剥削。

一、地租剥削

地主占有和控制的土地，除小部分雇工自耕外，将大部分土地租给无地或地少以致不足以养活家人的农民，佃户则要上交一定数量的粮食作为地租。地主利用地租进行剥削有两种形式：

（一）包耕制

包耕制，是租佃双方有严格的契约（包括租金额、押金、交租时间、出租年限等）。起初是互利共赢的。但在实际操作中，地主采取不同形式剥削农民。一是丈大土地面积，上南村地主林柱婆出租土地时，两亩地以两亩五分地租给农民。二是灾歉不减，丰年加收。地主不但高额出租土地，而且通常订明“灾歉不减，丰年加收”。遇到饥荒、洪水、干旱等情况时，粮食产量减少，农民在租的耕地上的收获不足以偿还地租时，就只能从自家原有地里的产量里拿出一部分做补偿。特大灾害时则采取“分割”形式，即租佃双方协定一半面积，佃方负责收割，收获后全部交给租方；另一半的收成为佃户自己所得。

（二）雇耕制

田主以实物的形式作为给佃户的报酬。1948年，马嘶村的田主雇耕一亩田，只给负责耕种的佃户稻谷15公斤，作为犁田、耙田、牧牛的工资。此外收割稻谷工资：早造每亩0.45公斤稻谷，晚造每亩9公斤稻谷，打禾每百斤稻谷工资为3.5公斤稻谷。

地租缴纳也是多种多样，一般是谷租和钱租。水田以谷租为多，旱地以钱租为多。抗日战争后，货币贬值，多转为实物，很少再以钱为地租。此外还有糖租和肉租。

佃租主要采取投注（押金）方式，5年或10年为一期，期满再投。

二、债利剥削

贫农、雇农和部分中农的绝大多数是要向地主或富农借债。借债的形式有借谷、借钱等。放高利贷款，每年的利息最少是30%，最高是100%，且以稻谷来计算。

廖尾村贫农朱炳树，因水灾所迫，分别向十多名地主借高利贷，所有的家产、房屋被债主霸占后还不够抵偿债务，只好将两个女儿卖掉还债。

三、土地买卖

因天灾人祸或负债过重，造成家庭破产的农民而出卖土地，地主、富农趁机低价收购。卖者必须立具田契，双方和中间人签押，办好过户手续，买者即获土地使用权。土地买卖的结果，大部分土地为地主、富农所占有，丧失了土地的农民只得靠租赁土地、做长工、借高利贷、卖儿女和讨饭度日。

四、雇工剥削

雇工分为长工、短工和童工三种。

（一）长　工

长工一般是一年一期，元宵节后上工，年尾（春节前）完工，没有休息日，工钱只得13～18箩谷，衣服两套，每天劳动时间12—14小时。

（二）短　工

短工是有自己的家室并且定期回家的农民，一般来说短工分为月工、散工和半工。

月工，也叫“做造”，即春耕、夏收，夏种、秋收。每一“造”一个半月时间，工钱是6～8箩谷。

散工，指游离在长工和月工以外的劳动力，每逢圩日，要出卖劳动力的人在圩场等待雇工，叫作“企圩”，雇工者（多是地主、富农）与“企圩”者面议工价后，雇工者将散工带回家，工钱按天计算，每天一斗谷。

半工，指为有钱人做简单劳动的人，如放牛、做饭、带小孩等，劳作时间与长工相同，而工钱只为长工的二分之一。有的没有工资，叫作“赚饭吃”，年内给衣服和一些日常用品。

（三）童　工

童工主要是牧牛和做家务，每天五更起，半夜睡。无工钱，一年只给两套衣服。

五、额外剥削

一些地主通过兼营商业获取高额利润。主要是开米铺，囤积粮食，平买贵卖，从中剥削农民。

第二节　土地改革

1949年10月，建立人民政权，废除保甲制，基层政区改行区村制。

1949年8月19日，河南区解放；9月10日，中共东莞第七区委（企石）成立，辖区含园洲、茶山、企石、石排等乡，后改为第六区。1949年10月，博罗县建立人民政权；2月，县内划分为五区一镇。河北区（九潭）设九潭、东博两乡，受五区所辖。1950年6月至1952年年底，镇域和全国各地一样，开展了轰轰烈烈的土地改革运动。

一、清匪反霸，减租退押

反霸斗争的主要对象是恶霸地主和反动党团骨干分子，军、警、宪、特务头目等，通过发动群众，摧毁和打垮地主及封建势力在农村的封建统治，在清匪反霸斗争中，枪决恶霸土匪22人；收缴一批枪支弹药。农民群众看到人民政府为民除害，保护人民群众的利益，思想觉悟得到提高，积极拥护土地改革运动。

在开展清匪反霸的同时还进行了减租退押。对债务凡付息超过本金的，停付利息，分期还本；所付利息超本金两倍的，本息停付；出租土地，按原缴纳地主的地租减少25%，只缴纳75%。所有押金应无条件退还农民。

二、发动群众，划分阶级

土改的真正大事是“划分阶级”。划分阶级主要依据是“土地占有、是否劳动、有无剥削”三大标准，将生活在农村的人划分地主、富农、中农（上中农、下中农）、贫农、雇农等不同阶级。这既是土改中变更土地使用权的理由，更成为确立新政权在乡村中合法性的基础。

土改中，经东莞县和博罗县土改委批准，评出地主460户，富农370户。评出地主、富农后，村农会主席团派民兵到地主家去封锁财产，叫作“封家”，贴上封条，严禁动用。

三、征收没收，分配土地

根据土改条例规定，没收地主土地的同时，没收地主的耕畜、农具、多余的粮食及其在乡村中多余的房屋。对没收的土地、财产，除了必须收归国家所有的以外，统一由农民协会接收，按政策规定分配给无地少地及缺乏房屋和其他生产资料的贫苦农民。对地主也同样分给一份，使他们能够依靠自己劳动生产，并在劳动中改造自己。

土地的分配一般是以乡计算土地平均数，以村为单位按人口统一分配。采取“满足贫雇农，填坑补缺，有利生产，有利团结”的原则分配“果实”，分配程序为自报公议，民主评定，先分土地房屋，后分耕牛、粮食、农具等。然后由农代会审核修正，报乡人民政府批准公布。

四、土改复查，颁发土地证

1952年12月至1953年3月，全面开展土改复查，颁发土地证工作。东莞县派出300多名干部在桔头村办试点。复查步骤分四步：第一步，宣传动员，摸清情况；第二步，酝酿准备，交代政策；第三步，处理遗留问题，评好产量，填好土地证；第四步，颁发土地证，进一步号召增产节约，制定生产计划，准备来年大生产运动。

1953年5月，镇域人民彻底消除了封建地主阶级的土地所有制，实现耕者有其田，胜利完成土地改革任务。

土改后，广大农民由于分得了土地、房屋、耕牛、农具等生产资料，土改复查又颁发了土地证，生产积极性空前提高，生活状况普遍好转。

第三节　农业互助组

土地改革后，农民实现了“耕者有其田”。但一家一户的生产，人单力薄，难以维系生产生活，更难抵御自然灾害，有的人出卖土地又沦为雇工，有的农民致富后又雇用长工、短工。土改后的农村，萌发着两极分化，农民如站在十字路口，不知走向何方，中共中央及时引导农民走社会主义合作化的共同富裕道路。

1953年2月15日，中共中央通过《关于农业生产互助合作的决定》，互助合作在镇域逐步展开。

1953年3月，桔头村村民谭张锦、谭志明、谭九仔等7户人组织了园洲第一个互助组。谭张锦互助组中，劳动力不足的有3户，有耕牛农具而劳动力不足的有2户，既有劳动力又有耕牛农具的有2户。组织起来后，劳力、耕牛、农具互通有无，不误农时耕种，当年水稻亩产从原来的90公斤增至115公斤，亩增25公斤。

镇域建立一批农业生产互助组，包括临时互助和常年互助两种形式。互助组的建立一般是从临时互助组转为常年互助组。临时互助组是在农忙季节时，几户农民临时帮助，以工换工，没有生产计划，不固定形式，农忙过后，自行解散，各自互理。常年互助组是农业生产互助组的高级形式，其规模比临时互助组大一些，一般有七八户或十几户，组员之间除全年在主要农事活动上进行换工互助外，还在工副业方面进行互助合作，组内有简单的生产计划和初步的分工分业，评工记分，年终结算，有的还有小量的公共财产。

组织互助并非易事。起初，部分农民对互助组的优越性认识不足，顾虑重重，纷纷退社。到1954年春，互助组不足300户。为此，工作队和村干部组织积极分子，做好宣传发动工作，互助运动全面掀起。

1954年，镇域入互助组120个，4362户，占境内总户数的54%。

第四节　农业合作社

1954—1956年，镇域河南区（园洲）和河北区（九潭）遵照中共东莞县委、中共博罗县委的指示，稳步开展了农业合作运动。

一、初级农业合作社

1954年冬，河南区派出刘月满、谭志堂、朱鉴全3人到东莞学习，回来后在刘屋、桔龙、寮尾办试点，1955年1月，分别成立桔龙、寮尾、刘屋合作社。

至1955年年底，河南区在互助组的基础上建立初级农业合作社35个，普及率达到100%。按照“土地入股，权属私有，耕牛农具折价入社，共同劳动，评工计分”的原则订出合作社章程。具体办法是：土地分红占入社评定产量的45%，劳动力分红占55%，增产部分按劳动力分配，因为减产，按土地分红适当降低。耕牛折价入社公养公用，价款5年还清，年息12%，价款从公积金逐年提取；农具（犁、耙、水车）折价归社，价款从公积提留逐年归还，不负利息；小农具自带，私有公用、公修；肥料除集体积肥外，由社统一购买；种子随土地带入社；评记工分，根据劳动力的强弱、耕作技术和劳动态度，每年（月）活评。

农业社统一使用土地，可以因地制宜种植作物，改变了单干和互助组分散经营的方式，充分发挥土地潜力，集体劳动可以统一使用劳动力，有利于兴修水利和农田基本建设、改进耕作技术，提高抗御自然灾害能力，受到广大农民的欢迎。1956年，农业大丰收，甘蔗增产50%，稻谷增产20%～30%，黄豆增产20%。

1955年2月15日成立的桔头农业合作社，靠合作社的优势，战胜了1955年早造旱灾，夺得水稻大丰收。全社除交清公粮外，还多卖余量160多担，全社每人每月平均口粮25公斤，黄麻等经济作物也获得好收成，96%的社员增加收入。

廖尾村未建社前的1954年，水稻总产仅1200担，亩产125公斤，1955年成立初级社，总产量2200担，比上一年增加1000担，增长73%；亩产272公斤，比上一年增长一倍多。除交公粮和卖余粮外，人平月口粮十五公斤。经济作物和副业生产也获得大丰收。农副业总收入113862元，其中农业收入76994元，副业收入36868元。平均每个家庭分红所得624元，每个劳动日分红1.4元。集体经济和福利事业有所发展，建鹅房、鸭房各一间，猪舍一幢二十间，修建粮仓四间，开挖鱼塘两亩多，购置了鱼花（鱼种）工具、鸭苗孵化工具和农机具一批；饲养母鹅570只、母鸭310只、肉鹅7000只、肉鸭2000只、母猪18只；新建保健室一间，配备接生员和保健员各一人。

二、高级农业合作社

1956年年初，在初级社尚未完全巩固的情况下，创办高级农业生产合作社（简称高级社）的运动在镇域迅速展开。由于高级社发展过于迅猛，其中有些是通过行政手段把尚未成熟的初级社全部转为高级社。部分农业合作社生产管理不善，财务混乱，社干部处理问题不公，部分社员的国家观念、集体观念和合作意识薄弱，本位主义严重，致使部分社员闹分配、闹分社。一些坏分子和地主富农乘机进行破坏活动，散布谣言，煽动闹事，到1956年秋，河南区60农户闹退社。1956冬，派出工作队组织群众学习东莞县委《关于转社、并社工作的指示》，反复宣传办高级社“入社自愿、退社自由”的政策，做好耕牛、果树、鱼塘、私养牲畜、自留地、青苗的互利处理和对鳏寡孤独者的照顾工作，消除群众的顾虑和误解。为巩固合作社，在中国共产党的领导下，于1957年开展社会主义教育和民主整风运动，通过大鸣大放，纠正了干部工作中的错误和缺点，揭露和打击了各种破坏活动。同时，处理建社遗留问题，实行民主办社，勤俭办社，稳定社员情绪，遏制退社现象。到1957年末年，河南区有高级社65个，参加农户6200户，占总农户的54%以上。至此，镇域的社会主义改造基本完成。

高级社一般都由邻近的初级社合并建成。其主要生产资料的土地实行集体所有，耕畜、农具折价归公。公积金、公益金的提留，一般占总收入的5%～10%，对寡、孤、独实行“五保”（吃、烧、穿、医、葬）；并健全劳动、民主、财务、计划等四大管理。高级社取消土地入股分红。完全实行“按劳分配”原则。高级社是一个完全社会主义性质的集体经济组织。

1957年3月13日，东莞县开展撤区并大乡的工作，至12月26日结束，成立了37个大乡，园洲地区称上南乡。1958年，河南南区成立“五一社”（大社），下设35个高级社。“五一社”设置上南元和圩的两间平房，党委办公点在上南洋楼。

第五节　人民公社

一、“三面红旗”

1958年5月，中共中央提出的社会主义建设总路线、“大跃进”和人民公社，在1960年5月以前曾被称作“三个法宝”，5月以后改称为“三面红旗”。“三面红旗”的出现，是共产党领导全国人民进行的一次社会主义建设的探索。

伴随着总路线的实施，“大跃进”运动兴起。1958—1960年在社会主义建设总路线指导下，发动的全国范围的以“高指标、瞎指挥、浮夸风、共产风”为特征的经济建设运动。虽然，“大跃进”是一场违背经济发展规律瞎指挥，挫伤了生产者的积极性。然而，园洲人民公社从实际出发，因地制宜地推进各项工作，并取得了显著的成效：

第一，大力发展水利建设。1960年开始用电，兴建禾安排灌站，受益面积2万多亩；开挖南北排灌渠，收益面积三万多亩；除了大型水利工程，还兴建了水利设施，如下南排灌站，马嘶白堪角水闸，菉兰白冲口水闸，土塘水闸、田头红岗水利工程等，完成土方150万立方方，其中南北排灌渠45万立方方。

第二，战胜特大自然灾害。1959年夏，东江河水猛涨，马嘶至岭背堤坝决堤，由于高度重视安全工作、防患于未然，取得抗洪斗争的胜利（参见第六篇“水利”）。1963年春旱，园洲公社组织8000多人，用5天时间堵截东江河，引东江水灌溉农田。

第三，农业生产获得丰收。1958年晚造。水稻总产量144890担，亩产130.25公斤，总产比1957年增长54%。

第四，民生事业快速发展。教育方面，在办好小学和农业中学的同时，于1960年开办园洲中学，共2个班，学生112人。

二、人民公社

1958年8月29日，中共中央《关于在农村建立人民公社问题的决议》，园洲人民公社诞生。

1958年9月14日，东莞县第一个人民公社在园洲乡成立，命名为“五一人民公社”。

1958年10月，五一人民公社改称“园洲人民公社”。社址设在上南（中心小学旧址）。同年6月成立公社党委。1959年6月22日，园洲遭特大洪水社址倒塌，10月底，社址迁至下南江边粮食仓库。当时园洲人民公社辖下分七个乡：马嘶、桔龙、田头、丰平、上南、下南和菉兰。1960年年底迁入新办公大楼。1959年3月16日至6月14日，划博罗县管辖，改称“园洲人民公社”。河北区的九潭、东博、上水、风山等高级社并入铁场公社。

从1958年5月实现人民公社化，至1983年撤销人民公社，历经25年。在此期间，农村人民公社的所有制及基本核算单位,经历了从人民公社的“一大二公”的大集体所有制，到以生产大队为基础的核算单位，再到生产小队的部分所有制，最后到以生产小队(又称生产队)为基本核算单位的演变历程。

（一）以公社为统一的核算单位

1958年10月至1959年3月，实行以公社为统一核算单位，其基本结构和做法：政社合一。人民公社以原来的园洲乡为基础，一乡一社，政社合一，既是基层政权单位，又是集体经济组织。实行“一平二调”，人民公社实行平均主义的供给制、食堂制（一平），对生产队的劳力、财物无偿调拨（二调），把原属高级社的土地、劳力、耕畜、农具、粮食、资金和其他公共财产，都无偿归公社所有。高度统一经营，人民公社实行“五统一”，即统一生产计划，统一指挥生产，统一调配劳动、物资，统一财务收支，统一分配。实行工资制和供给制相结合的分配制度。工资制仍是采取按劳分配的社会主义原则。供给制具有共产主义的分配形式，这种分配形式多以“生活集体化”——公共食堂的形式实现。1958年10月，办公共食堂132个，其中园洲93个，九潭39个。食饭不要钱，每天三顿干饭，人均月吃粮食28公斤。至1959年3月，大部分公共食堂无法坚持，人均口粮只保持16公斤。到6月，人均口粮只有10公斤。1961年春，所有公共食堂解散。

（二）以生产大队为基础的核算单位

1959年3月底至1961年12月，贯彻中共中央政治局的第二次郑州会议精神，实行“统一领导，队为基础；分级管理，权力下放；三级核算，各计盈亏；分配计划，由社决定；适当积累，合理调剂；物资劳动，等价交换；按劳分配，承认差别”的建设人民公社的方针。改公社单一所有制为大队所有制为主的三级所有制。把原属各高级社的土地、果树、林木、耕牛、农具等生产资料分别下放给所属的生产大队所有和经营。生产大队，是人民公社的基本核算单位，他有权按照公社的计划和有关规定，统一安排本单位的农业生产、收益分配、兴办和管理小型工厂以及文化教育卫生和公共福利事业，搞好劳动管理。

（三）以生产队为基本核算单位

1961年下半年，通过整风整社运动，贯彻中共中央《关于改变农村人民公社基本核算单位的指示》和《农村人民公社工作条例（修正草案）》（即《六十条》），园洲人民公社改变人民公社基本核算单位，实行“三级所有，队为基础”的体制，纠正了人为的错误：（1）缩小社队规模，解决队与队之间的平均主义；（2）人民公社落实“三包一奖”（包产、包工、包成本，超产部分按一定比例，一部分交大队，其余留给生产队作为奖励，节约的费用全部归生产队），有产可超，全奖全罚，承认差别；（3）权力下放，克服生产瞎指挥；（4）取消供给制，解散公共食堂；（5）分给社员自留地，鼓励社员开荒扩种；（6）生猪下放，恢复社员私人养猪；（7）恢复农村集市贸易；（8）贯彻按劳分配，多劳多得政策；由此，调动了农民的生产积极性，农业生产迅速改观。1962年是实行生产队核算的头一年，河南区（园洲人民公社）粮食总产达到7902吨，比1961年总产量4903吨增产2999吨，增长61.67%。

第六节　家庭联产承包责任制

1978年12月，中共十一届三中全会以后，农村逐步进行经济体制改革，以建立各种生产责任制为主要内容，贯彻按劳分配原则。

1981年，遵照中央指示，镇域的园洲、九潭镇农村实行包干到户的家庭联产承包责任制（亦称“大包干”）。

1982年，中共中央下发《全国农村工作会议纪要》后，镇域根据上级的指示精神，不断完善、稳定、发展家庭联产承包责任制。在承包期内，承包者可以将其承包土地的经营权依法转让、转包、入股、互换、联营、出租等；1983年，继续完善多种经营生产责任制，把荒山、荒地、荒滩、小林场、小果园、水利工程和工副业等全面落实承包责任制，能统一经营的，就由集体统一经营，能分散经营的就由农户承包，即所谓“统分结合”的经营模式。在承包期内，承包者可以将其承包土地的经营权依法转让、转包、入股、互换、联营、出租等；土地承包经营权有偿流转的收入受法律保护。1984年年底，完成了调整土地承包工作。此后，土地承包期为15年。1993年11月5日，中共中央、国务院印发《关于当前农业和农村经济发展的若干政策措施》，提出在原定的土地承包期后再延长30年不变。园洲镇随之执行。

家庭联产承包责任制，改变了以往“三级所有，队为基础”的经营管理模式，家庭成了基本生产单位，农民可在自己承包的土地上安排生产活动，其劳动效益除按合同规定向国家纳税及上交集体提留外，其余归自己所有，农民生产积极性大大提高。园洲镇粮食生产连年获得好收成。1980年，粮食总产29444吨；1981年，遇洪涝灾害，粮食仍获丰收，粮食总产25952吨；1982年，粮食总产31960吨，1983年，粮食总产32056吨。实行土地承包后的两三年内，农民已基本解决了温饱问题。农民人均收入由1978年的1000元增加到1982年的1500元，增长50%。

这期间，农民利用土地种植、养殖，发展多种经营，农业生产结构趋于合理，农户一改以往只重视单一种植水稻、忽视其他经济作物生产的格局，而利用水田种甘蔗、花生、玉米、蔬菜、水果，或利用低产田开挖鱼塘发展水产养殖的面积增多，水稻种面积逐年减少。

家庭联产承包责任制开启农村发展新时代家庭联产承包使粮食生产快速增长，同时也促进了农产品购销制度改革。1985年，国家取消粮、棉、猪等主要农产品的统购派购，代之以合同收购，密切了农业生产与广大市场之间的联系。农户除了按合同规定完成承包生产任务外，还可以自购生产资料发展其他自营经济，独立进行商品生产。一批“能人”的专长得到发挥，以多种经营为主的专业户、重点户成为发展生产力的先进代表和勤劳致富的带头人、示范户。到1985年年底，全镇农村专业户、重点户达370户，占总户数的7.9%，新经济联合体52个。同时，乡镇企业异军突起，推动农村自然经济向社会化、专业化的商品经济转化。

此后，家庭联产承包责任制稳定至2016年，出现以家庭联产承包责任制的经济组织。

一、经济合作社

1984年，贯彻中共中央〔1984〕1号文件精神，把公社、大队、生产队的体制改为地域性的农村“经济合作社”。原大队称“经济联社”，原生产队(有的一条自然村合并几个生产队)称“经济合作社”。

二、农村股份合作企业

从1992年开始，镇域推行农民股份合作制工作，农民股份合作制一般是指由三人或三户农民以上，以股份的形式把资金、技术、实物、劳力等生产要素联合组成的合作企业，这种类型的股份合作制的特点是：自愿参股，合作经营，实行民主管理，按劳分配，按股分红。至1994年3月26日，河南区（园洲）14个管理区、38个村完成土地股份制改革，入股土地面积21000亩，占总耕地面积的60%，兴办股份合作企业43家，吸收工人84人。

三、农民专业合作社

农民专业合作社是在农村家庭联产承包经营基础上，同类农产品的生产经营者或者同类农业生产经营服务的提供者、利用者，自愿联合、民主管理的互助性经济组织。农民专业合作社以其成员为主要服务对象，提供农业生产资料的购买，农产品的销售、加工、运输、贮藏以及与农业生产经营有关的技术、信息等服务。镇域依照《中华人民共和国农民专业合作社法》兴办农民专业合作社，始于1989年，至2016年，全镇有专业合作社15个，主要经营水稻高产栽培和蔬菜生产。其中规模最大的是万利合作社。园洲万利农民专业合作社成立于2010年10月，当时有社员5人，主推马铃薯、水稻高产栽培、蔬菜无公害生产、病虫害综合防治等技术。2015年，有社员户23户，种植马铃薯600亩、莲藕100亩。

第二章　农作物生产

新中国成立前，土地是私有财产，掌握在少数人手中，农民种植的土地靠租赁承耕生产条件极为低下，生产力没有充分发挥出来，产量极低。

新中国成立后，人民政府重视农业生产，组织农民兴修水利，平整土地，改良土壤。农业合作化和人民公社化以后，建设标准的排灌系统，充分挖掘土地潜力，农业生产不断发展，基本上实现旱涝保收。

1961年体制下放后，各级政府也较好地贯彻执行“以粮为纲，全民发展”的方针，因地制宜，调整种植业结构，在抓好粮食生产的同时，合理安排各种经济作物的种植。

20世纪80年代初,全面推行家庭联产承包责任制,农业生产以粮油为主,发展农业采取兴修水利、推广良种、推广抛秧新技术、种植紫云英以提高地力、农田灭鼠等系列措施。后期开展多种经营,促进农、牧、副、渔的发展。90年代后,以调整农业生产结构,提高农业生产效益为重点,在确保粮食生产的基础上,指导农户合理安排农作物布局,发展“三高”农业。

第一节 粮食作物

镇域的粮食作物生产以稻谷为主，兼生产小麦、薯类以及其他旱粮作物。

1956—2016年园洲镇粮食面积、产量统计表

表4-1

年份	总面积（亩）	其中		总产量（吨）	其中	
		河南区	河北区		河南区	河北区
1956	73020	73020		7910	7910	
1957	72765	72765		5900	5900	
1958	65366	65366		7927	7927	
1959	63507	63507		5829	5829	
1960	65182	65182		6341	6341	
1961	57887	57887		4903	4903	
1962	60085	60085		7902	7902	
1963	63706	63706		10192	10192	
1964	62374	62374		11523	11523	
1965	63359	63359		13726	13726	
1966	65903	65903		10158	10158	
1967	69480	69480		15906	15906	
1968	68717	68717		16031	16031	
1969	70364	70364		17710	17710	
1970	71347	71347		15921	15921	
1971	70262	70262		18197	18197	
1972	68039	68039		18479	18479	
1973	68938	68938		18181	18181	
1974	69259	69259		18599	18599	

续表4-1

年份	总面积（亩）	其　中		总产量（吨）	其　中	
		河南区	河北区		河南区	河北区
1975	72511	72511		18552	18552	
1976	74073	74073		16588	16588	
1977	73227	73227		20190	20190	
1978	129474	72841	56633	28977	19496	9481
1979	125201	70309	54892	29618	19624	9994
1980	117472	66619	50853	29444	19299	10145
1981	110412	61490	48922	25952	16095	9857
1982	107870	60377	47493	31960	19935	12025
1983	115003	63090	51913	32056	19730	12326
1984	110768	60884	49884	31134	19097	12037
1985	106417	58120	48297	30572	18907	11665
1986	98096	52752	45344	28956	17567	11389
1987	94595	50701	43894	29770	17902	11868
1988	93955	51916	42039	29428	18135	11293
1989	99293	56414	42879	31619	19519	12100
1990	96908	53505	43403	31727	19284	12443
1991	91360	49429	41931	28749	17932	10817
1992	83426	43309	40117	26324	15513	10811
1993	64859	37992	26867	20373	13191	7182
1994	73903	46500	27403	23955	16273	7682
1995	77114	47500	29614	24855	16893	7962
1996	79294	51100	28194	27953	19390	8563
1997	80222	50900	29322	31108	21083	10025
1998	79062	49600	29462	12859	2179	10680
1999	78875	49300	29575	29393	19629	9764
2000	76104	47000	29104	28951	18789	10162
2001	51761	33220	18541	18814	12550	6264
2002	46562	30232	16330	17095	11421	5674
2003	40943	27174	13769	14824	10084	4740
2004	37413			13848		

续表4-1

年份	总面积（亩）	其中		总产量（吨）	其中	
		河南区	河北区		河南区	河北区
2005	36627			11955		
2006	25443			8646		
2007	25802			8117		
2008	23439			7799		
2009	25716			8762		
2010	25817			8964		
2011	25293			9121		
2012	25293			9121		
2013	25545			9274		
2014	27111			10190		
2015	28476			10674		
2016	29730			11112		

一、水　稻

镇域水稻栽培历史悠久，大约3000—4000年前就已有稻谷栽培。

新中国成立前，农田水利条件差，耕作技术落后，水稻产量低。1949年，河南区水稻面积为2000亩，占总耕地面积的78%。总产4000吨，平均亩产180公斤，按当时13320人口计算，人均产稻谷370公斤。

新中国成立初期，经过土地改革和合作化运动，生产条件有所改善，粮食生产迅速发展。1957年，河南区水稻总产量7325吨，比1949年增加28675吨，增产率为20%。人均生产稻谷505公斤，比1949年人均增加135公斤。

1958—1961年，由于“大跃进”和人民公社运动，出现“一平二调”（“一平二调”是平均主义和无偿调拨的简称，“一平”是指把贫富拉平，搞平均分配，“二调”是指对生产队的生产资料、劳动力、产品及其他财产无代价地上调）“刮共产风”，社员、生产队的生产资料被无偿收归生产大队、公社所有。农业生产瞎指挥脱离实际，出现“浮夸风”“瞎指挥”，甚至提出“人有多大胆，地有多高产”不切实际的口号，县、社层层大搞高产指标田。水稻栽培不讲究科学。推广深翻土层、集中施肥和所谓“双龙出海”“蚂蚁出洞”“满天星斗”等高度密集的插植规格。1958年冬至1959年，约有2000亩耕地深翻2～3尺（1尺≈33.33厘米），因打乱土层，黄土翻至表层，表土被埋，地力严重下降，造成两年减产。1959年又盲目推行“少种、高产、多收”方针。同年6月，遭受百年不遇的特大洪灾，早稻损失严重，河南区水稻面积51407亩，比上年的52606减少1559亩；总产5178吨，比上年的7326吨减少2148吨；亩产101.4公斤，比上年的139.2公斤减少17.5公斤。总产减产幅达29.3%和12.57%。1961年，稻谷下降到4553吨，比1958年的7326吨下降至4553吨，下降37.85%。

1961年，贯彻中央“调整、巩固、充实、提高”的八字方针，纠正错误，调动了广大农民的劳动热情，同时，推广化学磷肥，普及水稻矮秆良种。至1965年，粮食生产得到恢复和发展。水稻面积56790亩，总产达到13428吨，亩产达236.5公斤。

1966年后的“文化大革命”期间，推行“政治评分”，取消劳动定额管理，挫伤社员生产积极性。但各队社员积极改造中、低产田，兴修水利，大种绿肥，扩大水稻种植面积，提倡合理密植，推广农业机械，强调“以粮为纲”，水稻生产有所发展。至1977年，水稻面积63184亩，总产达19500吨，亩产达308.6公斤，比1965年总产增加6072吨，亩产提高72.1公斤。

1979年后，农村逐步实行家庭联产承包责任制，农业部门推广科学种田，并开展粮食创高产活动，水稻产量不断提高。至1990年，全镇水稻面积95460亩，总产达31467吨，亩产329.6公斤，比1978年总产28062吨增加3.405吨，亩产比1978年的243公斤提高86.6公斤。

1999年后，继续推广各项农业技术，开展粮食创高产活动，推广水稻抛秧技术。并开始调整种植业结构，扩大花生种植面积，水稻面积逐年有所下降，到1999年，水稻栽培面积68404亩（其中园洲41000亩，九潭27404亩），比1990年的95460亩减少27056亩。

进入21世纪，园洲的种植业结构调整，进入了新的阶段。2000年，全镇粮食作物和经济作物（蔬菜、水果、花生、水产、畜牧）的比重从1990年7:3调整为3:7。

随着“三高”农业的兴起和工业发展带来的耕地面积的减少，种植业面积逐年减少。至2016年，全镇水稻面积14600亩，总产5327吨

1956—2016年园洲镇稻谷面积、产量统计表

表4-2

年份	总面积（亩）	其中		总产量（吨）	其中	
		河南区	河北区		河南区	河北区
1956	62320	62320		7325	7325	
1957	60100	60100		5503	5503	
1958	52606	52606		7326	7326	
1959	51047	51047		5178	5178	
1960	54396	54396		5994	5994	
1961	47388	47388		4553	4553	
1962	52624	52624		6904	6904	
1963	55593	55593		9842	9842	
1964	54697	54697		11160	11160	
1965	56790	56790		13428	13428	
1966	60365	60365		9823	9823	
1967	60105	60105		15573	15573	
1968	63639	63639		15680	15680	
1969	65380	65380		17366	17366	
1970	65470	65470		15516	15516	
1971	65047	65047		17870	17870	
1972	64474	64474		18280	18280	

续表4-2

年份	总面积（亩）	其　中		总产量（吨）	其　中	
		河南区	河北区		河南区	河北区
1973	64253	64253		17939	17939	
1974	64357	64357		18363	18363	
1975	63645	63645		18017	18017	
1976	64678	64678		15929	15929	
1977	63184	63184		19500	19500	
1978	115488	63237	52251	28062	18758	9304
1979	113494	61919	51575	28913	19084	9829
1980	110663	61230	49433	29072	19034	10038
1981	106193	58730	47463	25604	15942	9662
1982	105267	59056	46211	31720	19839	11881
1983	111922	61613	50309	31817	19626	12191
1984	107772	59781	47991	30852	19018	11834
1985	103928	57041	46887	30314	18808	11506
1986	96319	52284	44035	28741	17490	11251
1987	92637	50053	42584	13469	1779	11690
1988	92233	51336	40897	29236	18097	11139
1989	95323	53398	41925	31029	19063	11966
1990	95460	53350	42110	31467	19245	12222
1991	89906	49095	40811	28492	17847	10645
1992	82438	43256	39182	26121	15497	10624
1993	63283	37007	26276	19848	12809	7039
1994	70263	43500	26763	22761	15223	7538
1995	71384	44000	27384	23841	16006	7835
1996	70514	43500	27014	25650	17205	8445
1997	69822	42900	26922	27387	18018	9369
1998	69809	42900	26909	28398	18555	9843
1999	68404	41000	27404	25344	16193	9151
2000	63306	37400	25906	24250	15006	9244
2001	35574	21300	14274	12927	7941	4986
2002	30431	18450	11981	11201	6878	4323

续表4-2

年份	总面积（亩）	其中		总产量（吨）	其中	
		河南区	河北区		河南区	河北区
2003	27366	17788	9578	9900	6486	3414
2004	19156			6541		
2005	18846			6344		
2006	13569			4235		
2007	12397			3758		
2008	11693			3811		
2009	12215			4244		
2010	12109			4115		
2011	12003			4326		
2012	12003			4326		
2013	12355			4570		
2014	13312			4895		
2015	14012			5131		
2016	14600			5327		

二、薯　类

（一）番　薯

新中国成立前，番薯是园洲地区的传统粮食作物，种植面积仅次于水稻。新中国成立后，由于农村长期处于集体经济体制模式，农村人口从集体分得的粮食不多，农民普遍利用自留地种植番薯，以补充粮食的不足或作饲养牲畜的饲料。由于粗耕粗放，产量低，亩产100公斤左右。

20世纪80年代初，农村土地承包到户，水稻产量大增，家家户户有余粮，番薯种植面积逐年下降，而亩产、总产则逐年提高。1988年，全镇番薯种植面积300亩，亩产104公斤，总产20.8吨。到2000年，番薯种植面积2100亩，亩产259公斤，总产543.9吨。

进入21世纪后，番薯的种植面积逐年下降，随着人民群众生活的改善，番薯成为健康食品，以杂粮的“身份”出现在酒楼的饭桌上。

（二）木　薯

木薯是粮、经兼收作物。木薯是一种奇特的薯类，其植株高大如树，叶片分叉有长柄，如五指张开的巨掌，所以又称树薯。木薯淀粉含量25%～35%，被专家称之为“淀粉之源”。木薯最早产于南美洲亚马孙河流域。相传中国木薯是19世纪从外国引进。至于何时传入园洲，史料无载。民国时期，木薯种植均以零星分散种植为主，少见有大面积种植，产量不高。新中国成立后，农民有了自己的土地，在地头地尾、五边地、开荒地种植木薯。20世纪50年代中期，园洲、企石等地建有木薯加工厂（淀粉厂），大量收购木薯作原料，一些农业社曾经扩大种植面积，后因人民公社化和“大跃进”运动，生产体制改变，木薯生产受冲击，种植面积减少。20世纪60年代初的经济困难时期，生产队组织群众种木薯，面积达万亩。田头村山坡地较多，而且土质适应木薯生长，无论是集体还是农户都种植木薯，每年种植面积2000亩以上。

20世纪80年代后，随着农业生产结构调整和耕地面积的减少，只有少数农户种植木薯。

木薯主要分青梗及黄梗两种，青梗木薯煲熟后粉香，但毒性难尽，时有煲新鲜木薯吃中毒事发生。木薯含有剧毒，不可生食。即使煲熟了，稍为不慎，亦可能致命。木薯收回来后，通常的处理方法是刮皮，切片放在晒坪上晒干，放在干燥的地方保存。木薯的种植也很容易，只要在地里挖一个洞，或者犁出一条沟，把木薯茎砍成一段一段的，再放到地里，埋上土，其只要施一两次肥，除草，成熟的时候就可以收获了。

（三）马铃薯

马铃薯，俗称土豆，是粮、菜兼用作物。20世纪70年代，园洲从外地引进马铃薯，以冬种作物零散种植，亩产约500公斤。2010年后，推广新的耕作制度，把原来一年种两造改为种三造（两造水稻，一造马铃薯）。收割完晚稻后再种一造马铃薯，每亩需种子150公斤，生长期4个月，平均亩产4000多公斤。2012年，采用滴灌新技术种植马铃薯，试验种植面积200亩，博罗县在园洲召开机械化收获现场演示会，实收平均亩产2994公斤，每亩收入近9000元，每亩纯收入在5000元以上。2012年，全镇种植面积1250亩，其中万利农业合作社种植600亩，亩产3000公斤，最高亩产达4800公斤。2016年，全镇种植面积3500亩，亩产2500公斤。

三、小　麦

新中国成立前，园洲地区很少种小麦。20世纪50年代，试种小麦成功。因其是冬种作物，不与水稻争地，在粮食不充裕、“把冬耕当一造”的年代，小麦成为冬种的主要作物。园洲镇栽植小麦鼎盛时期为70年代，每年种植面积达3000多亩。80年代始，小麦种植面积逐年下降。1980年，小麦种植面积减至2000亩。

1982年实行家庭联产承包责任制度后，农民丰衣足食，再没人种植小麦了。

四、芋　头

过去，芋头是园洲人民的主要杂粮，与番薯并列，有“番薯芋仔半年粮”之称。现在，芋头已成为一种美食，粤菜“香芋扣肉”经常出现在百姓的餐桌上。芋头全身都是宝，芋梗、芋叶是猪的上等饲料，腌泡过的芋梗是稀有的下饭菜，芋梗焖鲶鱼、芋梗炒肉丝均受广大食客的欢迎。

芋头的种植比较简单，绝大多数与番薯复种或与多种作物间套种，惊蛰后，农户在一小块地种上一二百棵芋，称为“芋园”，芋园还立体种植番薯、葛、豆角、各种蔬菜等作物。“六月六，打开芋园食芋粥。”（即芋头收获）。芋头的种植面积少、产量又低，但种植很普遍，至2016年还在零散的土地上种植。

第二节　经济作物

一、甜玉米

玉米，又称包粟，是禽畜的上等饲料。过去，玉米栽培面积小，产量低。20世纪50—80年代，农户在自留地零星种植，以作补充食粮，亩单产100公斤左右。20世纪80年代后，随着推广种植鲜食玉米（糯玉米和甜玉米），种植面积逐年增加。1997—1999年，在马嘶种植300亩出口甜玉米，年亩产值4000多元。此后，大面积推广，全镇年种植面积3000多亩。

2010年，全镇玉米种植面积18000亩，亩产1吨，总产18000吨。至2016年，全镇玉米种植面积9000亩，亩单产1吨，总产9000吨。

种植玉米，既有主种，也有间套种的。玉米主种，可以与水稻进行水旱轮作，两年一换，可以减少玉米的病虫害，尤其地下害虫。玉米可间种大豆、花生、番薯等作物，以提高土地利用率。

二、豆　类

豆类有大豆、眉豆、绿豆、黑豆、红豆（赤小豆）等。园洲以种植大豆为主。

大豆，俗称黄豆。镇域种豆的历史有1000多年。新中国成立前，豆的品种单一，迟熟，产量低。1954年开始引进早熟大豆品种，代替低产、迟熟品种。1955年和1956年，集体和农户都分别利用旱地和自留地种植大豆。1958年、1959年，农民自留地被取消，大豆种植面积下降。1960年后经济困难时期，扩大种植面积。1966年起逐步推广甘蔗等作物、间种大豆，大豆种植面积增加。1968年1月，县农业局、粮食局、供销社发出《关于发展豆类生产有关问题的联合通知》后，大力支持解决了种子供应和收购工作，鼓励生产队发展大豆生产，扩大了种植面积。20世纪70年代后，引进推广良种，单产提高。黄豆种植面积和总产量最高年份为1980年，全镇大豆面积8778亩（其中园洲6106亩，九潭2672亩），平均亩产59.3公斤，总产521吨。由于乡村城镇建设耕地面积减少和外地黄豆大量进入，黄豆种植面积逐年下降，2006年，种植面积仅95亩，总产157吨。面积和总产均比1980年分别下降98.92%、69.87%。2016年，种植面积204亩，总产20吨。

1956—2016年园洲镇大豆面积、产量统计表

续表4-3

年　份	总面积（亩）	其　中		总产量（吨）	其　中	
		河南区	河北区		河南区	河北区
1956						
1957						
1958	3900	3900		109	109	
1959	5205	5205		41	41	

续表4-3

年　份	总面积（亩）	其　中		总产量（吨）	其　中	
		河南区	河北区		河南区	河北区
1960	3048	3048		83	83	
1961	2656	2656		52	52	
1962	4398	4398		155	155	
1963	4424	4424		109	109	
1964	3217	3217		121	121	
1965	2686	2686		120	120	
1966	3135	3135		143	143	
1967	4320	4320		341	341	
1968	4890	4890		291	291	
1969	5120	5120		351	351	
1970	4639	4639		365	365	
1971	4112	4112		307	307	
1972	4596	4596		270	270	
1973	4866	4866		204	204	
1974	6115	6115		524	524	
1975	6474	6474		430	430	
1976	6055	6055		356	356	
1977	5407	5407		382	382	
1978	6125	4879	1246	337	289	48
1979	8625	6471	2154	485	391	94
1980	8777	6106	2671	521	368	153
1981	8017	5591	2426	353	240	113
1982	7605	5239	2366	538	385	153
1983	6134	4045	2089	309	217	92
1984	6450	4225	2225	349	239	110
1985	5722	3747	1975	325	253	72
1986	5405	3516	1889	328	230	98
1987	4281	2877	1404	268	198	70
1988	4263	3065	1198	248	185	63
1989	4898	3649	1249	321	242	79

续表4-3

年份	总面积（亩）	其中		总产量（吨）	其中	
		河南区	河北区		河南区	河北区
1990	4951	3662	1289	374	278	96
1991	6076	4854	1222	397	345	52
1992	4579	3654	925	323	265	58
1993	2320	1720	600	175	133	42
1994	1470	1000	470	120	86	34
1995	1515	1000	515	129	91	38
1996	1995	1500	495	167	125	42
1997	1232	800	432	85	70	15
1998	1174	800	374	99	74	25
1999	1464	1000	464	138	105	33
2000	1262	800	462	133	92	41
2001	3535	2500	1035	381	291	90
2002	2740	1630	1110	282	184	98
2003	1283		1283	114		114
2004	1581			158		
2005	382			37		
2006	95			15		
2007	88			11		
2008	110			11		
2009	165			17		
2010	151			18		
2011	170			17		
2012	170			17		
2013	170			17		
2014	183			18		
2015	193			19		
2016	204			20		

三、花　生

花生，俗称地豆、番豆，是园洲的主要油料作物。

过去，镇内花生种植面积较小，均为春种秋收的“八月豆”，“八月豆”含油量虽高，但生长时间长，产量低，采收困难，收获时大部分豆荚留在泥土中，需要人工将泥土堆起，然后用筛子过筛进行挑选，古称“筛豆”。新中国成立初期，农民在自己的土地上零星种植花生，产量不高，但逐年扩大种植面积。1960年，引进推广新品种，“八月豆”淘汰。从1961年起，实行派购政策，花生种植面积有所扩大，单产也有所提高。1965年后，推广水旱轮作花生，并规定于食油统购任务外，多卖的花生，每百公斤可定抵稻谷250公斤，因而花生种植面积逐年增加，亩产逐年提高。1978年，花生种植面积13988亩（园洲9262亩，九潭4726亩），亩产90公斤，总产1258吨（园洲953吨，九潭303吨）。1980年，花生推广良种良法，单产迅速提高，总产大幅增加。1980年，全镇花生种植面积21306亩（园洲13754亩，九潭7552亩），亩产达103公斤，总产2196吨（园洲1495吨，九潭701吨）。1985年取消油料统购统销，实行合同收购，多渠道经营，价格放开，食油来源增加。此后，花生种植面积便逐渐减少了。1999年，全镇花生种植面积3410亩（园洲2200亩，九潭1210亩），亩产达162.17公斤，总产553吨（园洲388吨，九潭165吨）。

2010年，全镇花生种植面积减少2074亩，亩产154.64公斤，总产减少345吨。以后，花生种植面积徘徊在1500亩左右。

1956—2016年园洲镇花生面积、产量统计表

表4-4

年　份	面积（亩）	河南区	河北区	总产量（吨）	河南区	河北区
1956	1674	1674		75	75	
1957	1534	1534		60	60	
1958	2230	2230		120	120	
1959	3217	3217		20	20	
1960	2230	2230		73	73	
1961	1931	1931		62	62	
1962	1241	1241		122	122	
1963	3680	3680		115	115	
1964	3918	3918		167	167	
1965	7242	7242		430	430	
1966	7154	7154		434	434	
1967	6939	6939		540	540	
1968	6580	6580		433	433	
1969	7381	7381		665	665	

续表4-4

年　份	面积（亩）	河南区	河北区	总产量（吨）	河南区	河北区
1970	6463	6463		439	439	
1971	6764	6764		556	556	
1972	8933	8933		819	819	
1973	8428	8428		602	602	
1974	8731	8731		796	796	
1975	8594	8594		695	695	
1976	8353	8353		698	698	
1977	8609	8609		813	813	
1978	13537	9261	4276	1256	953	303
1979	16245	11086	5159	1518	1095	423
1980	21306	13754	7552	2196	1495	701
1981	24464	14939	9525	2652	1563	1089
1982	22434	12472	9962	2900	1612	1288
1983	14012	7655	6357	1393	765	628
1984	17880	9907	7973	1933	1095	838
1985	16163	9216	6947	1761	1039	722
1986	13312	7404	5908	1508	867	641
1987	8610	5001	3609	933	566	367
1988	7734	4770	2964	880	554	326
1989	8146	4972	3174	969	606	363
1990	8662	5336	3326	1088	693	395
1991	9432	6467	2965	1128	870	258
1992	7955	5230	2725	942	644	298
1993	5639	3230	2409	790	503	287
1994	5845	3500	2345	779	508	271
1995	5815	3500	2315	806	518	288
1996	4580	2400	2180	665	393	272

续表4-4

年　份	面积（亩）	河南区	河北区	总产量（吨）	河南区	河北区
1997	3658	2200	1458	525	363	162
1998	3733	2600	1133	576	434	142
1999	3410	2200	1210	553	388	165
2000	3169	2000	1169	512	351	161
2001	7253	3000	4253	1150	537	613
2002	4460	2090	2370	705	371	334
2003	1925	1250	675	319	222	97
2004	1664			297		
2005	2635			385		
2006	1861			265		
2007	1145			177		
2008	1116			157		
2009	1316			231		
2010	1336			208		
2011	1353			203		
2012	1373			206		
2013	1455			225		
2014	1468			227		
2015	1548			235		
2016	1615			245		

四、甘　蔗

甘蔗包括糖蔗、果蔗。园洲是博罗县的重要甘蔗产区。

（一）糖　蔗

民国时期，园洲已种植糖蔗，大多数在旱地种植，亩产500公斤左右，经济效益不高。新中国成立后，人民政府把食糖列入一类统购统销产品，统一由糖烟酒公司经营。对糖厂、土糖寮都给予财力、物力支持，对甘蔗除收购价格合理外，还给予奖售物资，因而镇域甘蔗种植面积逐年扩大，成为博罗县食糖生产基地之一。

20世纪60年代，食糖是计划供应商品，镇域集体、私人种植甘蔗，河南区保持种植面积在3000亩左右，占总耕地面积的6.98%。1964年，仅河南区甘蔗种植面积7912亩，为镇域种植面积最高年份。大多数在旱地种植，亩产1500公斤左右。为方便砍运和提高经济效益，各村都有村办土糖寮。70年代，甘蔗生产为顶峰时期，保持种植面积6000亩左右。1978年，甘蔗种植面积7519亩（园洲5822亩，九潭1697亩），占耕地总面积的9.8%，总产26411吨（园洲23278吨，九潭3133吨）。

80年代初，甘蔗生产走入低谷，年平均种植面积5000亩左右，特别是1985年后，甘蔗生产继续呈下滑趋势。1993年，全镇甘蔗面积仅有290亩（园洲110亩，九潭180亩），总产1427吨（园洲657吨，九潭770吨），基本上作果蔗销售。石坳糖厂也因甘蔗供应不足于1993年4月停产。园洲镇的甘蔗生产和制糖历史告一段落。

甘蔗下滑的主要原因是：糖蔗政策不稳定，市场价格波动较大，收购价格逐年下降，砍、运、榨中出现不正之风，糖厂经济效益不好，收购农户的甘蔗款未能及时兑现，挫伤了农户种植甘蔗的积极性。

1956—1993年园洲镇糖蔗面积、产量统计表

表4-5

年份	总面积（亩）	其中		总产量（吨）	其中	
		河南区	河北区		河南区	河北区
1956	1885	1885		4070	4070	
1957	3642	3642		4639	4639	
1958	2594	2594		7284	7284	
1959	2508	2508		549	549	
1960	2366	2366		4175	4175	
1961	1634	1634		2444	2444	
1962	2278	2278		5215	5215	
1963	4028	4028		18309	18309	
1964	7912	7912		28303	28303	
1965	6170	6170		22309	22309	
1966	6611	6611		18237	18237	
1967	6187	6187		22600	22600	
1968	6005	6005		12367	12367	
1969	5243	5243		16772	16772	
1970	6558	6558		23228	23228	
1971	6225	6225		20399	20399	
1972	5955	5955		20525	20525	
1973	6342	6342		19248	19248	
1974	6203	6203		23170	23170	

续表4-5

年份	总面积（亩）	其中		总产量（吨）	其中	
		河南区	河北区		河南区	河北区
1975	6225	6225		20485	20485	
1976	6126	6126		21468	21468	
1977	5789	5789		24262	24262	
1978	7519	5822	1697	26411	23278	3133
1979	5981	4536	1445	17686	13943	3743
1980	4306	3546	760	16190	14222	1968
1981	5380	4389	991	19640	16820	2820
1982	5242	4303	939	22125	19164	2961
1983	4485	3589	896	11968	10707	1261
1984	4603	3955	648	22029	19757	2272
1985	4852	4006	846	21417	19017	2400
1986	3958	3218	740	13880	11791	2089
1987	1777	1591	186	4938	4500	438
1988	2407	2092	315	9477	8379	1098
1989	2155	1710	445	9518	8140	1378
1990	2313	2003	310	15068	13859	1209
1991	2029	1494	535	12515	10310	2205
1992	1862	1301	561	6948	4870	2078
1993	290	110	180	1427	657	770

（二）果　蔗

传统的果蔗品种有紫蔗和白蔗两种。1970年前，果蔗的主要栽培品种为紫蔗和小量的竹蔗。白蔗因茎高需用木材、竹子搭架防风，成本高，甚少种植。紫蔗，皮紫黑色，茎粗壮，皮脆汁多，味清甜，可以不搭防风支架。1980年后，果蔗市场广阔，农民种果蔗逐年增加，但增幅不大。1981年，果蔗种植面积1100亩，为历史最高年份。随着农业结构的调整和土地面积的减少，果蔗种植面积逐渐减少。至2016年，种植面积300亩。

五、黄　麻

黄麻在园洲种植历史悠久。黄麻主要利用皮做绳索，所以种植面积不广，每个生产队（村）一般种植几亩地。20世纪80年代后，化学纤维取代了大部分麻制品，黄麻种植基本绝迹。

黄麻在水田或旱地种植，可以与水稻、豆类、薯类轮作或套种。黄麻除了利用皮做绳索，黄麻叶可回田作肥料，晒干的茎可做燃料，在柴火紧缺的园洲地区，黄麻茎尤为珍贵。

六、油　菜

油菜是油、肥兼收的冬种作物。油菜因其籽实可以榨油，故得油菜之名。油菜籽含油40%～50%，还含有24%～32%的粗蛋白，被誉为“绿色油库”。油菜是继水稻、玉米、小麦、大豆、花生之后的油料作物。

20世纪40年代，田头村开始种油菜，开创博罗种油菜先河，以后逐步扩大到博罗、东莞沿东江地区。70年代，油菜作为多种经营作物，各村均有种植，种植面积及产量未记载。油菜秋种春开花，次年5月左右收获。因油菜籽产量低，亩产15公斤左右，脱粒困难，收获时适逢春雨天，如不及时收获脱粒容易腐烂，自80年代初开始停止种植。

七、蚕　桑

民国9年（1920年），园洲已有蚕桑生产，并有一定规模。抗日战争爆发后，因南方蚕桑生产遭受破坏而停种。新中国成立后，逐渐恢复蚕桑生产。20世纪60年代引进推广木薯蚕生产，蚕桑生产有所发展。70年代初期为养蚕业最高峰时期，全镇有桑田1000亩，年收入近400万元。廖尾村1973年开始发展集体蚕桑业，种桑200多亩，建蚕房6000平方米，年收入10万元。1980年，实行土地承包到户，土地不能集中种植使用，廖尾村集体养蚕业结束。20世纪80年代后，蚕茧价格下跌，蚕桑生产倒退。至2000年，镇域蚕桑业停止。

八、芝　麻

芝麻，又称油麻，为园洲传统作物之一，农户多在旱地种植。芝麻具有较高的应用价值，用芝麻（油）制作的特色食品和美味佳肴，一直著称博罗地区。芝麻品种以土种芝麻为主，产量低，种植面积少，农户多在自留地种植。

九、蔬 菜

园洲是博罗县蔬菜主产区。新中国成立前，园洲农户多在房前屋后种植蔬菜自用。新中国成立后，家家户户都在自留地种植蔬菜，大部分留作自用，少量上市。随着非农业人口的增长，市场蔬菜需求量逐年增加，蔬菜成为农民家庭收入和集体经济的来源之一。1978年，全镇蔬菜种植面积2823亩（河南区2252亩，河北区571亩），总产4279吨（河南区3818吨，河北461吨）。1999年，全镇蔬菜面积增至35069亩（园洲22000亩，九潭13069亩），总产58910吨（园洲49400吨，九潭9510吨）。与此同时，园洲试种反季节蔬菜并取得成功，从而获得较高的经济效益。1981年，博罗县政府推广园洲反季节蔬菜种植。

20世纪80年代初开始，园洲镇进入工业化初始阶段，蔬菜的需求量急剧上升，县外贸部门在园洲建立蔬菜生产基地，外商纷纷在园洲办菜场，蔬菜生产已成为农民致富的重要门路，涌现出一批种菜专业户、专业村。2000年后，随着城镇建设的扩大和工业的发展，种菜专业户和外商兴办的蔬菜场的增加，优质、高产的蔬菜的品种越来越多。2005年，全镇蔬菜面积达39499亩，总产43559吨。蔬菜产品除供应当地市场外，主要销往深圳、广州、东莞及香港等地。2016年，全镇蔬菜面积达41123亩，总产56937吨。

镇域蔬菜不仅栽种历史悠久，而且品种繁多，主要有七大类、60多个品种。

叶菜类：菜心、芽白、白菜(大白菜、黄芽白)、苕菜、芥菜、生菜、蕹菜（通心菜）、菠菜、苋菜、芹菜、茼蒿、豆瓣菜（西洋菜）、麦菜、梅菜、杓菜、椰菜、菜花、芥蓝、枸杞等；

根茎类：萝卜、沙葛、粉葛、淮生、马铃薯、慈姑、藠头、芥蓝头、洋葱、莲藕、头菜等；

瓜菜类：黄瓜、白瓜、苦瓜、丝瓜、节瓜、冬瓜、南瓜、青瓜、蒲瓜、木瓜等；

豆类：豆角、荷兰豆、豌豆、绿豆、黄豆、红（赤）豆、四季豆、扁豆等；

茄类：茄子、牛角椒、青大椒、灯笼椒等；

食用菌：冬菇、草菇、黑木耳、平菇、金针菇、蘑菇等；

调味类：葱、蒜、生姜、砂姜、薄荷、芫荽、韭菜等。

1956—2016年园洲镇蔬菜面积、产量统计表

表4-6

年份	面积（亩）	其中		总产量（吨）	其中	
		河南区	河北区		河南区	河北区
1956—1968						
1969	1325	1325		1512	1512	
1970	1298	1298		1168	1168	
1971	543	543		496	496	
1972	915	915		1061	1061	
1973	1206	1206		1202	1202	
1974	963	963		1352	1352	
1975	1178	1178		1374	1374	
1976	1425	1425		1875	1875	

续表4-6

年份	面积（亩）	其中		总产量（吨）	其中	
		河南区	河北区		河南区	河北区
1977	1624	1624		3711	3711	
1978	2823	2252	571	4279	3818	461
1979	1939	1298	641	2270	1814	456
1980	2494	1669	825	2583	1737	846
1981	2299	1500	799	1860	1459	401
1982	2368	1649	719	2022	1357	665
1983	2520	1898	622	2647	2161	486
1984	3985	2588	1397	3744	2824	920
1985	3619	2910	709	2797	2358	439
1986	4035	3229	806	3654	2952	702
1987	5147	4356	791	7095	6655	440
1988	5799	4638	1161	5037	4271	766
1989	6104	4747	1357	5601	4720	881
1990	7307	5896	1411	7642	6831	811
1991	7667	6044	1623	15916	14398	1518
1992	11777	9620	2157	15617	13887	1730
1993	16860	11466	5394	22606	18070	4536
1994	22912	12785	10127	34252	24335	9917
1995	24806	12500	12306	37240	25750	11490
1996	31014	17900	13114	46159	36200	9959
1997	32870	20000	12870	57962	47300	10662
1998	30864	17000	13864	49687	37900	11787
1999	35069	22000	13069	57910	48400	9510
2000	38459	25000	13459	62662	53170	9492
2001	48520	30000	18520	76861	61836	15025
2002	49957	27233	22724	74808	54295	20513
2003	58558	32260	26298	89508	65235	24273
2004	35459			62646		
2005	39499			43559		
2006	36105			46719		

续表4-6

年 份	面积（亩）	其 中		总产量（吨）	其 中	
		河南区	河北区		河南区	河北区
2007	32560			35304		
2008	31881			32064		
2009	35571			37939		
2010	35548			35756		
2011	36046			36654		
2012	35457			43371		
2013	39065			51860		
2014	37329			50495		
2015	39084			52898		
2016	41123			56937		

第三节 农副特产

一、田头、马石岗乌榄

镇域种植乌榄历史较久远的有田头村、马石岗村。田头种植乌榄始于清雍正三年（1725年）。村民到增城购买一批乌榄苗，由增江经东江运回，在村后的山坡地种植300多亩。15年后，榄树挂果。乌榄年年挂果，产量稳定。到20世纪50年代，田头种植乌榄达2000棵。田头乌榄因果身尾部有点偏左，故又名“左尾”，它与其他品种乌榄相比，具有皮薄、肉厚(占全果60%以上)、肉纹幼嫩、油质适中、味道芳香等特点，而且乌榄出仁率高，每担榄仁比一般品种多出一倍多，为榄仁的最好品种。随着工业和村庄建设的发展，田头村的乌榄已所剩无几。

乌榄树也是马石岗村土特产，乌榄树数量最多时，全村共有200亩乌榄树，现有近50亩、200多棵，最老的树龄已有300年。

二、马嘶萝卜

马嘶村位于东江和沙河中间，水源充足，沙质土壤，松散柔软适应于萝卜生长。马嘶种萝卜已有300余年的栽培历史，它即可做蔬菜，也可生食，在当地冬、春季主要蔬菜之一。马嘶萝卜口感清香，甘甜爽脆，甚是可口，成为果蔬菜中的珍品。由于马嘶萝卜质地好，远近出名，邻近的村民都到这里“抢购”。1980年以前，马嘶萝卜种植面积达千亩以上。随着经济作物的调整，1980年后，马嘶种植萝卜的习惯逐渐消失。

三、白马围粉葛

白马围村种植粉葛已有近百年历史。近年，全村种植面积保持在50亩左右，亩产约2000公斤。农户普遍选用经过本村多年提纯、培育的粉葛品种种植，加上土层深厚、土地肥沃，生产的粉葛个体适中，粉葛纺锤形，沟纹少而浅，皮薄且光滑，淡金黄色，单株一般重1～4公斤；肉质白，纤维少，含淀粉高，味甜、质优，是粉葛中的珍品。每年8—12月收获上市，大量出口港澳及销往周边县市，深受客户的欢迎。

四、李屋韭黄

韭黄茎长肥壮，白如象牙，嫩黄透亮，香气浓郁，滋味鲜美。韭黄炒蛋，用它做饺子馅，香气扑鼻，妙不可言。其特点是营养丰富，含有极高的蛋白质、脂肪、铁、胡萝卜素、维生素C等营养物质。

1983年，李屋村开始种植韭黄，1986年前只有部分农户种植，面积有50多亩。当时种植韭黄比种植其他蔬菜利润要高，到1987年，全村种植面积有500多亩，韭黄年平均亩产达1500公斤，产品远销港澳等地。

五、甜玉米

1997年引进种植，甜玉米早熟性强，品质优，产量高，抗性好，成熟的鲜果穗既可作水果，又可作蔬菜。既能生吃，又能熟食，还可加工成多种不同的风味食品。鲜食具有香甜嫩脆、皮薄无渣、清香爽口、带有奶油风味等特点。营养丰富、平衡，还含多种维生素、氨基酸及微量元素。

六、莲　藕

唐宋时期，镇域已栽种莲藕。莲藕有田藕（浅水藕）和塘藕（深水藕）两种。藕营养丰富，白嫩鲜甜，夏秋季上市，生食、熟吃皆宜，还可以制成藕粉作滋补品。莲心（莲子）是滋补品，藕节、荷叶等均可入药，因此，莲藕是一种保健食品。莲藕种植成本低，生长期短，经济效益高，亩产达2000公斤，亩产值6000元，比种植水稻产值高4～5倍。种植莲藕有很高的社会效益，莲藕田既能水土保持和繁衍多种生物，又能减少环境污染净化水质。万利农民专业合作社2014年种植莲藕30亩，2015年种植100亩，2016年种植300亩。

第三章 农业生产技术

新中国成立前，园洲农业生产耕作制度和栽培技术落后，农作物产量低。新中国成立后，各级政府重视农业，总结推广先进的耕作制度和良种良法，实施科技兴农，进行一系列的栽培技术改革，促进各种农作物栽培技术的提高。

第一节 耕作制度

据史书记载，园洲在唐代之前，水稻等作物实行“火耕水耨”的一年一熟耕作制。汉代，镇域已有早晚稻连作制。“稻，水禾也。有早稻，有晚稻，春播夏熟者，早稻也；夏稻秋熟者，晚稻也。”

民国时期，镇域耕作制度和耕作技术落后。全镇单造面积二万多亩，占水田面积的四成多，单造田条件恶劣，产量低。两熟连作水稻也因劳力、资金不足，耕地分散，耕作技术落后，粗耕粗种粗管，大行疏植，迟播迟插，品种差劣，无法有效防治病虫害，因而影响农业生产的发展。

一、传统耕作制度

原始农业时期，园洲人口稀少，生产工具原始落后，常采用放火烧荒，开垦生荒土地，经过火烧的土地变得松软，耕种时不翻地利用地表草木灰作肥料，播种后不再施肥，一般种一年后易地而种，形成生荒耕作制，即“刀耕火种”。之后生荒地愈来愈少，只能重新开垦之前撩荒土地，出现熟荒耕作制和轮休耕作制。随着人口不断增加，轮休耕作制越来越不能满足人们生活的物资需要。人们开始通过施用农家土杂肥来恢复和提高地力，以增加农作物产量。清代以后，逐渐形成以水稻为主、旱地作物为辅的一年一熟和一年两熟的耕作制。民国时期，镇域仍以一年一熟和一年两熟的耕作制。水田耕作的一年一熟制，多以种植一季水稻为主。一年两熟制属两造水稻包括“三捞七”和“挣稿”。“三捞七”，即以七成早稻种子与三成晚稻种子混合播种，早稻成熟时，将晚稻一同割掉后，及时施肥促使晚稻重新分蘖生长的一种耕作方式。“挣稿”，则在早稻中间中耕耘田时，在禾苗行间套插晚稻秧，早稻收割时留下晚稻禾苗继续生长。“三捞七”和“挣稿”是一种节省劳动力的少耕法，但产量低。一年三熟的冬季作物主要是麦类和番薯。旱地耕作制则多由一年一造甘蔗、花生、豆类、麻类、番薯、芋头等，少数一年两造花生、黄豆等。冬季作物以蔬菜为主和少量麦类、番薯。

二、耕作制度改革

20世纪50年代后，镇域在改善生产条件的基础上，根据当地的气候、土壤、水利、作物等条件，进行耕作制度的改革。

（一）单造改双造

新中国成立初期，由于农田排灌条件的原因，镇域依然有无水灌溉的“望天田”、水源不足的易旱田、沿江无堤的易涝田、水患受浸的低垄田、土壤通透不良的板结田、地下水位高的湖洋田。这些农田仅能插植早稻或插植晚稻，俗称单造田。1952年开始，为了扩大水稻种植面积，根据不同的情况，分别采取完善水利设施，解决“望天田”的水源问题；修筑加固沿江堤围，减少洪涝灾害，大搞挖沟改土，降低地下水位，逐步改造单造田为双造田。同时，通过早造推广早熟品种，晚造推广迟熟、高秆品种，避过早造“龙舟水”洪涝灾害和晚造的内涝积水。改双造后，早造水稻品种有珍珠矮、矮脚南特、13027等；晚造有七担种、白壳齐眉、丝苗等中熟或迟熟稻种，亩产300～400公斤，比单造亩增120～180公斤。至1980年，镇域基本消灭单造田。

（二）两熟改三熟

农田冬闲是传统的农业耕作制度的一种弊端。农民于10月收获稻谷后，只有少数乡村或个别农户利用冬闲期间栽种蔬菜等。此外，大多数农田任其丢荒，放弃耕种。农田冬闲，耕地利用率低，农田整体效益不高。

新中国成立后，大搞农田水利建设，为两熟改三熟耕作制创造了条件。在稻、稻两熟耕作制的基础上，发展冬种作物，主要有稻、稻、麦，稻、稻、薯，稻、稻、菜，稻、稻、豆，稻、稻、肥5种形式。20世纪70年代初，提出“把冬种作为一造来抓”，变冬闲为冬忙。镇域绝大部分地区在晚造收获后适宜种植绿肥、蚕豌豆、大小麦、马铃薯和蔬菜，冬种面积达50%，桔龙大队每年的冬种面积达80%。1975年，桔龙大队冬种面积2600亩，其中油菜600亩，绿肥2000亩，冬种面积占耕地面积3300亩的78.78%，冬种作物长势良好。

（三）连作改为轮作

随着耕作制度的改革，镇域的水稻种植逐步形成一年早晚两造连作，一年两造（双季稻）面积占水田总面积的80%。水田连作水稻，造成地力降低，产量下降。同时，花生长期在旱地连作种植，诱发青枯病，影响产量。

随着农业科技的推广和应用，耕作水平的提高，连作改为轮作的形式不断变化。20世纪60年代，开始在部分高岗（旱田）田推行轮作：一是早造水稻、晚造花生或早造花生、晚造水稻的水旱轮作；二是早造黄麻、晚造水稻，第二年早造种花生或水稻，晚造种水稻，第三年再种黄麻。20世纪70年代初期，推广“两造水稻，冬种小麦”“两造水稻，冬种绿肥”“两造水稻，冬种蔬菜”“两造水稻，冬种蚕豆”“两造水稻，冬种番薯”和甘蔗水稻轮作（第一年新植蔗，第二年宿根蔗，第三年除去蔗蔸种水稻），少面积试种早、中、晚三季稻。

1976年，博罗县组织各大队支部书记到桔龙参观冬种春收现场。同年5月15日，博罗县组织各公社分管农业副书记和农业技术人员，在园洲公社召开全县春收（小麦）工作现场会，推广园洲春收工作经验。

1995年后，全镇每年水旱轮作的面积约1000亩，其中水稻、花生轮作约6000亩；水稻、甘蔗轮作约3000亩。园洲耕地资源不多，因地制宜采用科学的轮作耕作制度，可有效地利用土地资源，不仅能改良土壤的理化性能，而且能非常有效地抑制病虫害和抑制杂草生长等，既保证粮食生产，又能提高经济收入。

2010年后，推广稻谷蔬菜“123种植模式”，即以提高耕地种植效益为中心，实现粮食数量安全与经济增长，用地与养地两个结合，实现一年三季多元结构种植的新模式。以“新华占1号”和“黄华占”两个水稻品种探索了“菜、稻、菜”这一全新的生产耕作模式。种植面积800亩。

（四）间种 套种

1.间 种

在一块地上，同时期按一定行数的比例间隔种植两种以上的作物，这种栽培方式叫间种。主要间种形式有：

（1）甘蔗、木薯间种豆科作物。20世纪50年代开始，有一部分农民在甘蔗、木薯间种豆科作物。这类间种多为主作物（甘蔗、木薯）压青作绿肥。间种此作物以黄豆为主，也有部分绿豆、花生。间种方法，先种甘蔗或木薯，后种豆。豆类一般在播种后上花下荚时压青，肥效最好。花生在收获荚果后将花生藤压青，如果压青时间迟，对甘蔗生长有一定的影响。

至今2016年，部分农户仍然有甘蔗间种豆科作物的耕作习惯。

（2）甘蔗间种西瓜、红瓜子。1970—1980年，部分生产队有甘蔗间种西瓜、红瓜子的习惯。甘蔗间种西瓜、红瓜子具体方法：每年2—3月，种完甘蔗之后根据天气情况进行西瓜或红瓜子定植，定植规格为每亩种100～110棵，一般来说，按每畦种甘蔗两行，畦面上的甘蔗行距0.8～0.9米，西瓜或红瓜子定植在畦面的两行甘蔗中间，每畦种一行西瓜或红瓜子，株行距为2×3米。收获西瓜或红瓜子后，将瓜藤和瓜瓤压青。

（3）花生间种玉米。花生间种玉米也是镇域的传统间种方式，高矮秆结合，粮经并重。花生间种玉米多利用花生畦沟边隔畦种一行玉米，于花生播种后接着点播玉米，留双株。亩收玉米百斤左右。

（4）小麦间种绿肥紫云英。方法有两种：一是稻底撒播紫云英，亩播0.5公斤种子，割禾后不犁田，直接点播小麦，亩播麦种7～8公斤；二是割禾后耙田后，先播紫云英，后播小麦，用土杂肥覆盖。

此外，还有新种植的荔枝、龙眼、柑橘等水果行间种花生、黄豆等。

2.套 种

在一块地上按照一定的行、株距和占地的宽窄比例，不同时期种植几种庄稼，叫间作套种。

套种的形式主要有：

（1）甘蔗、木薯套种豆科作物。甘蔗、木薯套种豆科，有两个好处：一是提高复种指数，多收一造豆类。甘蔗前期生长较慢，一般在六七月才封行，不影响豆类生长；豆类也不影响甘蔗的生长。二是提高主种和套种作物的产量。豆类收获后，甘蔗起垄培土，将残留土壤中的豆根和未完全分解的有机质肥料培于蔗垄，起到增肥作用，甘蔗亩产可提高2吨以上。

（2）稻底套种黄麻。20世纪60年代，推广稻底套种黄麻。水稻套种黄麻选用早熟水稻品种，雨水播水稻种，春分插秧，清明播麻种育苗，麻秧期40天，苗高0.5～0.6米，立夏左右水稻抽穗时两行水稻套种一行黄麻，麻株距0.13米，套种黄麻时麻秧高矮要分级，同一规格麻秧套在同一畦水稻中，麻秧在稻中寄生期30天左右。在水稻收割前5天施用氮、磷肥，作麻促根肥，使水稻收割后黄麻生长快；收割水稻后23天内，施磷氮钾肥和土杂肥若干，结合开沟培土；20天后视情况，每亩再施氮肥。处暑收麻，全生长期110天。

（3）稻底套种绿肥等。60年代中期，推广稻底套种紫云英或苕子绿肥。在晚造水稻收割前1个月播绿肥种子，即9月下旬播种结束，亩播种量1.5～2公斤。在早上稻叶露水干后播种，以避免种子黏在水稻茎叶上，影响种子落泥。在播种前，结合晚稻晒田，开沟排水，待水稻根系多分布于表土层。播种时稻田土壤要保持湿润状态，力争做到均匀，有利于早出苗、出齐苗、多出苗。绿肥既怕渍，又怕旱。水稻收割后，要开好“井”字沟和田边围沟，排灌自如，保持田面湿润而不积水。绿肥虽然有很好的固氮作用，但是也需要补充适当的营养供其生长，及时追肥肥料，促进绿肥早发夺高产，达到“以小肥养大肥”的目的。

绿肥利用主要有翻犁压青等形式。翻犁压青还田一般以紫云英盛花期（3月下旬至4月上旬间）翻犁为宜。

第二节　良种引进和推广

一、粮食作物

（一）水　稻

1. 传统品种

镇域传统水稻品种多栽种时间长，混杂、退化严重，秆高易倒伏，产量低。20世纪50年代以前，早稻栽植的品种有夏至白（东莞白）、早金凤、早白、雪白粘、金包银、龙牙粘、早红糯等；晚稻的主要品种有鼠牙粘、霜降粘、金山粘、白壳丝苗、红壳丝苗、大赤谷、大粘、黑糯等。50年代初，早稻品种有地赤、艾禾、石燕白、苏紫、洋粘、矮赤竹粘、潮州赤、珍珠早、花腰子等；晚稻有霜降粘、油粘、西粘、赤壳谷、黄粘、矮黄粘、毛粘、江西红、高脚粘等。

2. 矮秆良种

60年代初期，小批量引进推广矮秆良种。早稻有矮脚南特、南特16、广场13、夏至白等；晚稻有塘甫矮、鼠牙粘、新西洋粘等。因其矮秆抗倒伏，产量高，推广面积逐渐扩大。60年代后，大批量引进推广矮秆良种，早稻有珍珠矮、广场矮、陆才、红梅早、广陆矮、小金早；晚稻有广二矮、溪南矮、中山红、秋长3号、包胎矮、广二选二等。70年代，引进早稻兴农1号、广农矮、窄叶青、朝阳选18号、台珍等；晚稻有寒露早、二白矮、朝阳201、秋二矮、包选7号、广二选三等。寒露早因其能早熟，避过寒露风，确保稳产高产，种植面积仅次于广二选二。至此，基本上实现水稻品种矮秆良种化，其中早稻的珍珠矮、晚稻的广二选二成为当家种，各占早晚稻的50%左右。广二选二至80年代仍有较大的种植面积。

3. 早、晚兼种型品种

20世纪70年代后期，引进早、晚兼型桂潮2号、双桂26号等常规品种以及汕优2号杂交水稻。80年代，先后引进特青、81005、双桂1号、双桂36号、珍桂矮、双潮25号、青梅203、三二矮等早、晚兼种型常规稻以及早、晚兼种型杂交稻和常规优质稻。这些品种因其矮秆、茎秆粗壮、抗倒伏、耐肥，穗大粒多，早造表现为中、迟熟，有利于获得高产。晚造种植（翻秋）表现为中熟，有利于避过寒露风，安全齐穗，确保高产、稳产。因此，种植面积不断扩大。桂潮2号种植面积也较大，但因其病虫害较重、米质差，90年代初被淘汰。珍桂矮成为90年代常规稻当家品种。此外80年代还少量引进钢白矮、秋桂矮、竹包384、金风矮、晚华1号等晚熟常规种。传统的晚熟品种植株较高，茎秆较细，稳产性较差，逐步被早、晚兼种型品种和晚性杂交水稻取代。21世纪后引进推广华航一号等新品种。

4. 杂交水稻

1976年引进试、示范杂交水稻，主要组合有汕优2号、汕优6号等。

1980年后，先后引进汕优36、汕优63、汕优64、汕优桂33、威优64、威风6号早、晚造兼种型组合，后期引进晚造组合博优64等。推广初期，因组合抗性、种植纯度和耕作习惯等因素，影响农民种植积极性，推广种植面积不多。

1990年后，杂交稻抗性提高，推广组合增加，种植面积逐渐扩大。早、晚兼种型组合品种有广优青、汕优桂99、枝优桂34、汕优63、汕优79，汕优77、汕优99、竹优61、枝优903等品种。推广种植面积较大的有汕优63、汕优79等。晚造组合品种有博优501、博优903、博优香、博优96、博优84、博优25等品种，推广种植面积较大的有博优64。

1996年，引进种植二系杂交水稻，有培杂山青、培杂茂选等普通组合和培杂双七、培杂茂三、培杂67、培杂南胜等优质组合，并逐步推广三系杂交水稻汕优2、汕优6、汕优30等，产量逐年增长。梁屋村村民梁焕然种植汕优2，取得早稻亩产600公斤的高产纪录。

1975—2000年，镇域累计种植杂交水稻12.5万亩，总产3700吨。

5. 优质稻

新中国成立初期，已有少量种植优质稻。早稻有洋粘、竹粘等品种，晚稻有霜降粘、油粘、矮黄粘、毛粘等品种，因产量低，1960年开始逐渐被新品种取代。1970年后，国家鼓励农民种植优质粮，组织出口，增加外汇收入，主要推广双足粘翻秋种植。1970年后期，因优质稻产量低，国家采取加价、奖售等政策收购，年均种植面积8000亩。

80年代初期，政府重视常规优质高产水稻品种引进和推广，先后引进早、晚兼种型优质稻七桂早25号、新惠粘、三黄粘、七加粘、马坝软粘、银丝粘等品种。90年代，先后引进种植广七山粘、粳籼89、万家香、特籼粘、欧洲丝苗、粤香粘、七黄粘、华航1号等品种。其中，粳籼89种植面积最大，其次是特籼粘、粤香粘，也有较大的种植面积。1998年后，特籼粘、粤香粘成为当家品种。

2006年引进种植“黄华占”“美香占”新品种，适应性强，抗稻瘟病，耐肥高产，枝叶形态好，分蘖力强，米质较好，适合园洲地区地力较高田块种植，为水稻创高示范点推荐品种，

在引进和推广水稻良种的过程中，也有过一些失误的教训。如1967年早造，从福建省引进科情3号（又称古浪粳），没有经过试验示范，当年便大面积翻秋加速繁育，次年大面积推广，由于该稻种对当地气候不大适应，易感稻热病和纹枯病，造成减产，收获时脱粒难，米质又差，群众埋怨说，“科情变苦情”，该稻种两年就被淘汰了。

（二）小　麦

新中国成立前，以光头麦等当地农家品种为主。易感锈病、白粉病和赤霉病，穗少粒少，产量低。1963年，从揭西引进中熟种六角麦，因其穗大粒多，抗病力强，适应性强，产量较高，成为当家种。同时，引进种植穗麦。1970年后，大量引进种植小麦良种，先后从福建引进红芒、晋麦2814、晋麦4058、晋麦52、福麦7号等，引进墨西哥小麦波达姆、努尔依、叶考拉、欧柔。其他地区繁育红芒、广麦74、郑引1号、文革1号、白沙13等品种。国外品种除欧柔种植面积比较大外，其他品种因迟熟，影响第二年春耕春种，或不适应当地气候条件，推广面积不大。20世纪80年代初引进种植福建龙溪系统为主，大面积种植仍以晋麦较多。80年代中期后引进种植粤麦79—8、粤麦6148、安麦5号、华南T400华南T2003、红芒22号、安麦74—5、白沙13号。

以后随着小麦面积的缩小，极少引进其他品种。

（三）薯　类

1. 番　薯

番薯传统品种有“陀薯”“西南种”等，20世纪50年代引进种植鸟咬梨、禺北白等，这些品种抗性强，适应性广，产量稳定而且产量高，至80年代仍有种植。1970年后，引进种植广薯6号、广薯7号、普薯6号、橙薯9号、东方红、槟榔薯、惠红早、广东60～74等品种。其中普薯6号、惠红早种植面积较大。1990年后，引进种植广薯系统、普薯系统。2000年后，种植龙薯9号、湛薯93-16、普薯24、广薯95—145、广薯111号、广薯62号、澄薯9号、川农等品种。

2. 木　薯

主要有青梗木薯、红梗木薯、面包木薯、东莞木薯、中山木薯、红心木薯等品种。

3. 马铃薯

1970年以前，多数农家自留种，因薯块较小，易退化，产量不高。1970年后，引进神植荷兰种、集农958。1980年后，引进种植金冠种。1990年后，推广广东农303、粤引85—38、粤引86—2等品种。

（四）芋　头

主要有香芋（槟榔芋）、南华芋、白芋、狗爪芋、红芋、红芽芋等，以红芽芋为主。

二、经济作物

（一）玉　米

传统的玉米品种包粟，其特点是早熟，籽粒白色，质柔软，口感好，耐肥、耐旱性和抗倒性强。

20世纪60年代引进种植河南白马牙，1970年后引进种植新单1号，1980年后引进种植杂交玉米聊玉5号、新黄单、桂顶1号等品种，1990—1998年引进种植超甜43号、粤农90—137、粤顶1号超甜20号2、穗甜1号等杂交玉米或杂交甜玉米品种，2000年后引进种植杂交品种——超甜103号。

（二）大豆（黄豆）

1953年前，镇域大豆的品种均是迟熟种。1954年后，引进早熟大豆品种，代替低产迟熟品种。主要种植品种有穗选黄、八月黄、白花豆、细粒黄、五月仔、大粒黄、花面黄、大白角、黄毛仔、抱脚黄、丰收选、东北黄豆、青豆仔、菊黄、粤豆1号、粤豆2号、粤豆86—37等。

（三）花　生

新中国成立前，镇域花生以一年一造的蔓生型迟熟种为主，有迟花生、八月豆等。这些品种生长期长，耐干旱、抗病，但产量低，收获困难。20世纪50年代后期引进丛生型早熟六月仔、狮头企，60年代引进狮选64、粤油22、韶早红、惠杂24号、战斗1号、湛油1号等品种逐步取代蔓生型迟熟种。70年代引进的粤油551品种，其适应性强，抗逆性强，高产稳产，比原有品种和增产二至三成，成为当家种；同时，还引进美引1、2、3、4、5、6、7等系列品种和新油8号、澄油505号、粤油551—16等品种。80年代，引进粤油551—116、粤油187、粤油92，从汕头引入抗锈病、耐肥抗倒伏的汕油27、汕油523等。90年代后引进粤油256、汕油71、粤油79等，1998年后，汕油71号成为当家种。

（四）糖　蔗

新中国成立前，镇域甘蔗的品种以竹蔗为主，间有木蔗、白蔗，这些品种粗生，适应性强，但蔗茎细小，产量低。民国时期，引进种植东爪哇2878、东爪哇2883、东爪哇2725、东爪哇2714等品种，这些品种产量低，糖分少。1953年引进种植东爪哇3016，1955—1957年引进种植台糖134、台糖108。这些品种分蘖性强、适应性广，抗旱、抗寒力强，宿根性好，产量高，适宜在丘陵区旱坡地种植；东爪哇3016蔗茎粗大高产，糖分高，适宜在低洼地区种植；台糖108抗风力强，耐旱高产，适应高岗地区种植。台糖134从1955年至90年代仍是主要栽培品种。20世纪70年代，从广西引进桂糖57/624以及粤糖63/237等品种。80年代引进桂糖11号、粤糖76/169、台糖11、粤侨引1号、粤侨引2号、闽引79/8、台糖172、粤蔗71/210等一大批新良种。90年代引进粤糖79/177、新台糖10号、新台糖1号、新糖糖16号、桂糖11号、桂糖26号、桂糖40、桂引5号等。

（五）蔬　菜

20世纪60年代以前，镇域的蔬菜品种多以传统农家品种为主。60年代后，逐年更新原有农家种。80年代中后期，农民的蔬菜由自给性生产转向商品性生产，并出口销售于港澳地区，种植蔬菜的品种不断优化和增多（详见第四篇第二章第二节“经济作物”）。引进推广种植有“白玉春”萝卜、“夏阳”白菜、石碣紫红茄等50多个品种。

（六）水　果

详见第五篇第二章“水果”。

第三节 栽培技术

一、水 稻

园洲的水稻栽培长期都是以密播、密植、大科疏植、疏于管理的粗放型耕作方式。随着水稻品种的逐步更新，栽植技术也进行了一系列的改革。

（一）播秧育秧

育秧传统的方法是清水浸种，满田洒播。早造密播水育，铲秧移植；晚造密播干育，拔秧移植。一般秧田亩播种量50～100公斤以上。1952年，园洲开始改良播秧育秧方式，用盐水或黄泥水选种，改满田洒播为分畦播种。

20世纪60年代初期，水稻矮秆化的改良推进为育秧革新带来了契机，一种新的“湿润育积”方法开始推广，即把传统的“大畦密播水育”，改为“窄畦疏播湿润育”育秧。播种后实行泥浆盖籽，出苗后实行水层护秧，成苗后实行湿润育苗。新法带来良效，1亩秧可插10亩稻田，每亩稻田用种降至7.5公斤，亩均增产在25公斤以上。

1963年开始，推广尼龙薄膜育秧，以减少烂秧，因当时所用的尼龙薄膜较厚使用不方便，加上成本较高，推广面积不大，至70年代初期停止使用。

20世纪70年代，推广“禾塘密播小苗秧”和“通风温室育秧”。

80年代中期，推广超薄型农用薄膜，面积逐年扩大，1998年面积扩大到4万亩（大田）。

从20世纪50年代初至80年代末，水稻育秧的方式不断变化，但湿润育秧法凭借综合优势，超越其他方式，在园洲得到了广泛沿用，一直延续到80年代末。

20世纪90年代初期，引进软盘育秧移栽技术。1990年，在下南村开办水稻抛秧试验场20亩，当年获得成功，优质稻亩产810公斤。1995年，软盘育秧移栽技术推广普及率在90%以上。每亩用软盘45～50张。它是采用钵体育苗盘或育出根部带有营养土块的、相互易于分散的水稻秧苗，然后将秧苗连同营养土一起均匀撒抛在空中，使其根部随重力落入田间定植的一种栽培法。塑盘育秧改变了沿袭几千年的农民“脸朝黄土背朝天”的拔秧、插秧传统习惯，省工省时，减少秧田面积，方便抛秧，而且增产增效。每亩稻田耗种量大幅减少，杂优稻仅需1.5～2公斤，常规稻也不过3～4公斤，而且亩增产又上新台阶，达40公斤以上。塑盘育秧是水稻栽培技术的一项重大改革。

（二）秧苗插植

1.播插期

新中国成立后，秧苗播插期由过去清明后开始插秧，提前到清明前开始插秧，谷雨基本插完秧。20世纪70年代中期，提出早造清明前，晚造8月1号前插完秧。收割也从“小暑小割，大暑大割”，提早到小暑前收割完毕，以利于晚稻抽穗杨花避过寒露风。

2.插植密度

新中国成立前，园洲水稻插秧疏植是历史不变的规矩，流传“排行尺二三，退步尺三三”（即行距1.23尺，株距1.33尺，1尺≈33.33厘米）。

1953年开始推广适度密植，科技人员与老农一起，根据不同的水利、肥料条件，进行各种不同密度的试验与推广。开始为10×9寸（1寸≈3.33厘米）、9×9寸，后逐步改为7×7寸、7×6.5寸。

20世纪60年代后，适度密植已普遍为农民所接受，株行柜为6×5寸，每株苗数为8～10条。每亩插2～2.5万棵秧苗，使插秧本数和有效穗数明显增加。

1979年后，常规稻插植规格多为6×4寸、科插8～10苗；杂优稻插植规格为6×7寸，科插1～2苗，小科密植已成为广大农民群众所掌握的重要的增产措施之一。

水稻插植也曾出现偏差，发生过“越密越好”的错误做法。如1958年“大跃进”期间，盲目推广“大科高度密植”“移苗并田创高产”（把成熟的稻子移到一亩田上，然后收割）等脱离生产实际的做法，致使水稻生产受到损失。1975—1980年，曾推广水稻“双龙出海”“宽行窄株”（8×2.5寸）等插植方式，因费工大经济效益小，而未在生产上应用。

（三）肥水管理

1960年以前，水稻施肥多是采用接力式施肥方法，长期深灌，水稻根系生长不良，谷粒充实度差，千粒重低。随着化肥供应量增加，农民普遍使用，但欠科学用肥知识，不少地方出现偏施、滥施氮肥倾向，出现有机肥施用减少，施肥中氮、磷、钾比例不当，耕地硬化。1960年后，逐步推广配方施肥，氮、磷、钾合理搭配，水稻前、中、后期合理施肥，施足基肥，早施前期肥，适施中、后期肥，促进水稻前期早生快发，中、后期稳定生长。水分管理实行浅水分蘖、够苗露田、湿润灌浆、干干湿湿的排灌方法。

二、番　薯

园洲镇域种植番薯，多栽植于旱地、秧地、五边地。春、秋、冬季均有种植，以秋植面积最大。春植在春分前后，秋植在小暑前后，冬植在冬至前种植。番薯栽培有平作和垄作起畦，平作以收割薯苗（茎蔓）用以喂猪为主，垄作番薯以收获番薯为主。垄作的种植技术比较讲究，垄宽0.7～1米包沟，垄高30～40厘米，以土杂肥为基肥。

平作和垄作均以番薯藤为种苗，将番薯藤割剪成段，约0.3米长，按穴将藤兒段顺插入土中，露一节连叶，株距0.15～0.2米，植后盖稻草防晒、防杂草；植后20天左右中耕除草、松土、追发苗肥；中期开垄追施壮苗肥，并翻蔓2～3次；后期适当追施壮薯肥。每次施肥以农家肥为主，增施甲肥。中后期施药防虫害，翻薯藤防野生根。

三、小　麦

传统的小麦耕作方式采取大畦或无畦密播，粗耕粗种，小麦亩单产长期停留在25～35公斤之间。20世纪50年代初期，在大雪前后播种，以分畦条播为主。每亩播种小麦种6～8公斤。以农家肥作为基肥和施肥。70年代以后，小麦栽培实行“五改”，即：改劣种为良种，改迟播为早播，改少施肥为施足肥，改梳播为合理密植，改窄畦浅沟条播为宽畦深沟。水分管理，前期灌好“跑马水”（灌一次水后马上放掉，到田边开始发白时，再灌一次水，再放掉的方式），后期防渍水，全生育期保持土壤湿润。小麦病虫害主要有纹枯病、白粉病、赤霉病、锈病、黏虫、麦芽虫，防治方法详见第四篇第四章“农作物保护”。

四、甜玉米

镇域种植玉米，一般有春植和秋植。春植在3月上旬播种，秋植在7月底播种。玉米是喜肥水、好温热、需氧多、怕涝渍的作物，过酸、过黏和瘠薄的土壤都会使玉米生长不良。因此，选地以排灌方便、便于管理、肥力中等以上的壤土或沙壤土种植。主要栽培技术：（1）起畦播种：具体方法是起畦种植，畦宽1.2～1.4米（包沟），畦高约0.2米左右，在畦面上开两行间隔0.5～0.6米的浅沟，将已处理好的种子每点双粒播于沟中（按株距），边播边盖土，盖土1寸（1寸≈3.33厘米）并踏实。（2）施足基肥：亩用灰粪或土杂肥1500～2000公斤，尿素5公斤，磷肥25公斤，钾肥5公斤，追肥做到“苗肥轻、穗肥重、粒肥补”。（3）加强田间管理：玉米生长期中耕3次，培土2次，后两次中耕结合培土，做好化学除草，及时查苗补苗和间苗定苗，不宜留双苗，留单株苗。（4）合理排灌：按照苗期少、拔节期增加、抽雄前后需水多的规律，进行排灌水。（5）人工辅助授粉：人工辅助授粉在雌穗吐丝盛期进行，可以减少“秃顶现象”，提高单产5%～10%。（6）及时防治病虫害。

五、马铃薯

多在10—12月种植，开沟起畦，畦宽1.2米，株行距离0.25×0.25米，每亩用种4000～5000株。施足基肥，出苗后培土，生长期追3～4次肥。适当施用化肥时要氮、磷、钾配合使用。马铃薯对钾需要量大，科学合理的氮、磷、钾投肥比例是1.85:1:2.1。马铃薯喜欢吸收铵态氮，对硫的吸收比较多。据实验，每增施1公斤硫酸钾肥，可增产土豆100～150公斤。保持土壤湿润，防旱方渍，及时防治病虫害。

六、花　生

新中国成立前，花生多在旱地栽培，以春植为主。20世纪60年代推广水旱轮作和秋植，春植多在雨水至惊蛰播种，秋植在立秋前后播种。花生种植要落足基肥，起畦点播，人工踩实，整畦平面，开花前追肥两次，并进行中耕除草、松土，开花封行后增施钙、钾肥。70年代实行良种良法：选择良种，合理密植，双粒点播（直畦横行双粒植），深沟排灌，施足基肥，精种细管。1983年后，推广化学除草、配方施肥、施用微量元素（硼、锌、钼）后，平均亩产增花生20～40公斤。花生主要病虫害有锈病、叶斑病、青枯病、蚜虫等，防治方法详见第四篇第四章“农作物保护”。

七、黄　豆

20世纪80年代，加强对栽培技术的推广，主要抓好以下五项措施：（1）适时播种：春植黄豆在3月上旬播种，夏植在芒种至夏至播种，秋植在大暑前后播种。（2）合理密植：畦宽0.84米包沟，畦高0.18～0.24米，种双行，株行距0.3×0.18米。（3）科学施肥：增施有机肥料，合理施用化肥，碳、磷、钾配比适当，避免单纯过多施用氮肥，防止贪青徒长、倒伏及晚熟，以提高大豆抗病虫能力，使大豆整个生育期间均能健壮发育。（4）注意病虫害防治：害虫有豆莞青、剃枝虫、卷叶虫、豆荚螟等，病害有锈病、根腐病、炭疽病、灰斑病、褐纹病、细菌斑点等。(5)合理轮作：对土传病害(大豆根腐病)和以病残体越冬为主的病害(灰斑病、褐纹病、细菌斑点病等)以及在土壤中越冬的害虫(大豆根潜蝇、二条叶甲、蓟马等)，通过3年轮作即可减轻危害。

八、甘　蔗

园洲的耕蔗传统栽培以宿根为主，宿根，俗称“留老头”，宿根年限一般为2—3年，长的可达4～5年。栽培宿根蔗，不但具有省工、省种、成本低的优点，还具有早生快发、早分蘖、早拔节、生长期长、植株高大、有效茎多、高产稳产、早熟高糖、耐旱耐涝、增产潜力大的优势。采用宽行窄株，穴植斜插种植，种植后中耕除草、施肥、培土，培土分两次，第一次为上小脚，第二次为上大脚。20世纪60年代后期至70年代，推广“冬育春移”、“春育春移”、浸中催芽、平放蔗种和“深耕、浅种、宽行、密植”新技术，甘蔗亩产量大大提高；80年代后，每亩放2500～3000条双芽苗，推广配方施肥技术和合理轮作等综合性高产栽培技术，甘蔗产量不断提高。甘蔗主要病虫害有蔗螟、蔗龟、棉蚜虫等，防治方法详见第四篇第四章“农作物保护”。

九、芝　麻

芝麻主要在旱地、坡地种植，为单作。播种时间夏至节气前，中耕除草根据杂草生长情况而定，一般3～4遍。由于芝麻茎秆直立，遮阴面积少，芝麻常用来与矮秆作物混作。例如与甘薯、花生、大豆等作物混作或间作。一般在甘薯地隔1～2行沟内间作一行芝麻或每隔2～4行花生间作一行芝麻。芝麻比较耐旱，而豆类比较耐湿，芝麻与豆类混作有利预防旱涝。

十、蔬　菜

20世纪70年代以前，园洲蔬菜生产以自给为主，多栽培在自留地里。80年代后，蔬菜生产作为农村发展商品生产的支柱产业，成为农业生产结构调整的重要内容，水田种植蔬菜，面积逐年增加，先后推广反季节栽培、地膜覆盖栽培、栽培技术不断提高。

（一）菜　心

菜心，被誉为蔬品之冠，是境内栽培面积最大的蔬菜作物，其风味独特，质嫩味佳，食用方便，品种繁多，适用性广，生长迅速，栽培简单。20世纪80代前在冬季栽培，90年代始推广反季节种植（采用遮阳网，在春、夏、秋进行反季节栽培），有直播、育苗移植栽培。栽种（播）前落足基肥。栽植后生育前期施足肥水。早施、多施、薄施速效肥。

（二）冬 瓜

冬瓜的栽培技术：（1）育苗：冬瓜种植都是先育苗再定植大田。冬瓜播种后，及时浇水，并覆盖地膜，保持土表湿润，并搭建好小环棚保温。（2）定植：春植在3月中旬，秋植在7—8月，落足基肥，支架栽培，单行植行距约1.5米，株距0.75～0.80米，冬瓜定植活棵后，以水带肥促早发。（3）压蔓：冬瓜蔓长至0.7米左右开始压蔓，压蔓就是将泥块压在瓜蔓上，使蔓在田间均匀分布，并不为风吹动。蔓长1米时要插竹引蔓，摘除侧蔓，选留发育正常的小瓜。（4）采收：一般要等其成熟后采收，即瓜型已大，瓜毛稀疏时采收。为了均衡供应市场，还可通过贮藏来延长供应时间，但贮藏的冬瓜必须是充分成熟的，并且搬运时相互不能碰撞，也不能乱抛、倒放，否则不耐贮藏。

（三）萝 卜

镇域传统种植的萝卜秋种，冬、春收获。

萝卜适于生长在疏松的沙壤土上，因此要选择土层深厚的中性或微酸性的沙壤土，最好是前作施肥多而消耗少的菜地（如种植瓜类、豆类和葱蒜类）。避免与十字花科蔬菜连作。萝卜地要早耕多翻，打碎耙平。农民施肥的经验是“基肥为主，追肥为辅，盖籽粪长苗，追肥长叶，基肥长头”。整地时先施入占总施肥量70%的肥料作基肥，施后耕翻入土；播种前再施入人粪尿2000～3000公斤，浅耕后耙平，做畦。播种期9月中旬至12月。撒播或穴播。穴播，株行0.26×0.33米。及时间苗和中耕除草。当萝卜具2～3片真叶时，开始第一次间苗；当具5～6片真叶时进行定苗。第一、二次间苗要浅耕，锄松表土，最后一次深些，并把畦沟的土壤培于畦面，以防止倒苗。收获期12月中旬至第二年3月。20世纪90年代后，有反季节栽培。

（四）苦 瓜

苦瓜是高产作物，特点是根系发达、侧根多、喜肥怕涝、喜光不耐热、喜肥、耐肥。苦瓜种植技术：（1）选地整地：苦瓜以春播为宜，要及早选地整地。应选上层深厚、肥力上等、排灌方便的地块种植。整地前每亩施优质农家肥2000～3000公斤，氮肥40公斤，磷肥50公斤，钾肥30公斤。耕深0.3米，平整打畦，畦宽1.6米。（2）催芽播种：3月中旬左右开始催芽。采用营养钵阳畦育苗。用纸卷成直径0.08米、高0.1米的圆筒，装灌营养土，排列在苗床内。每个营养钵内播1粒种子，随即浇水，水渗透后，上撒0.01米厚的细土，然后盖塑料布。（3）移栽定苗：苗龄在5叶1心时转大田定植，4月25日为适栽期。在整好的畦内扒穴，每畦两行，行距1.2米，穴距0.5米，每穴施复合肥20克左右，亩定植1600～1700株。种植时撕去营养袋带土移入穴内，盖土使之略高出畦面，淋足定根水。（4）搭好支架：苦瓜开始抽蔓时要搭好“人”字支架，架顶要用横杆连接，固定架杆要选用长2.5米，直径0.3米的竹竿。前期要注意人工绑蔓，辅助瓜秧上架。（5）整枝打叉。苦瓜上架后，主蔓0.5米以下不能留瓜，应把雌花摘掉以利于整体发育。待主蔓坐稳6～7个瓜后，留5～6片叶打顶，同时摘除其余子蔓孙蔓。（6）肥水管理：苦瓜生育期长，采收期达3个多月，因此要保证水肥供应充足，如遇连阴雨，应注意排涝。蔬菜的病虫害防治，详见第四篇第四章“农作物保护”。

（五）韭黄种植

3月春回大地的时候，韭菜的种子撒进施足基肥的菜地，浇水，施肥，除虫。经过170～200天的生长，韭菜像麦子一样，从根部被齐刷刷收割后，就开始培育韭黄了。收割后，进行松土，施肥，用直径约0.25米，高0.47米的瓦筒(底无孔)紧密罩住。再往瓦筒里浇水，经过10～15天，鲜嫩的韭黄就长出来了。

第四节　病虫害防治

镇域农作物有害生物群种类繁多，伴随农作物的生长发育常有发生，给农作物生产带来严重危害。新中国成立前，由于防治技术落后，只能采用人工捕捉害虫、清除杂草、捕鼠等简单的人工保护措施，面对严重的病虫灾害，往往束手无策。新中国成立后，随着农业科学技术事业的发展和生产条件的改变，特别是化学农药、抗病品种、优化栽培技术相结合的防治措施的推广应用，农作物保护效果大大提高，使病虫害、鼠害、草害造成的损失控制到最低限度。

一、农作物虫害

（一）水稻病虫害

水稻的主要病虫害有三化螟、稻纵卷叶虫、稻飞虱、稻瘿蚊、剃枝虫、白叶枯病、细菌性条斑病、纹枯病、稻瘟病等。

三化螟虫　当地人称钻心虫或白羽仔，是境内水稻主要害虫之一，分布很广。一年发生 4～5 代，早晚两造均受其害。新中国成立后有 10 个发生年份，以 20 世纪 70—80 年代发生面积较大。此后，由于化学农药的使用和加强虫情的预测预报工作，实行“预防为主,综合防治”的植保方针，自 70 年代后期，三化螟虫的危害有所减。防治措施：20 世纪 50 年代以前，多采用点灯诱杀螟蛾、人工摘除卵块、拔除枯心苗等。60—70 年代，与化学农药使用相结合。80 年代后，以药剂防治为主。

稻纵卷叶螟　当地人多称卷叶虫。新中国成立以来，稻纵卷叶螟间歇性大发生。防治上除使用农药外，养鸭啄食和保护青蛙，是除虫的重要手段。

稻飞虱　有褐飞虱、灰飞虱、白背飞虱 3 种，一年发生 5～8 次（世代），以 9—10 月的第 5、6 世代幼虫危害晚造严重。过氮或田间密度大的稻田，加上高温多湿气候，则加重为害。20 世纪 70 年代以前，化肥施用量少，发生较轻。20 世纪 80 年代，落实家庭联产承包责任制后，农民种田积极性提高，但缺乏科学栽培技术，普遍出现过氮栽培，造成多次局部或大面积自发性稻飞虱暴发成灾。80 年代后期以后逐年减少。防治稻飞虱，使用叶蝉散药杀效果较好。

稻瘿蚊　别名稻瘿蝇、标葱。水稻从幼苗至幼穗形成前，均可遭受它的幼虫为害，被害秧苗形成“标葱”，不能抽穗。20 世纪 70 年代镇域开始发生稻瘿蚊危害水稻。1988 年曾出现大面积为害，因防治及时，未造成严重损失。其他年份和其他县份为害面积不大。防治上除使用农药外，铲除越冬寄主游草、野生稻等，减少越冬虫源；减少单、双季混栽，消灭“桥梁田”。

剃枝虫　俗称行军虫，有正种黏虫、劳氏黏虫、白脉黏虫、水稻叶夜蛾 4 种。以正种黏虫发生较多，为害较重。一年发生 6～8 个世代。以第 6～7 代（9 月中旬至 11 月）为害晚稻稻穗，以当年第 8 代，翌年第 1 代（12 月至翌年 2 月）为害冬小麦。严重发生时，可在短时间内把大片稻穗咬断落地，往往造成局部暴发为害。防治剃枝虫主要是防治幼虫，减轻危害，降低基数。根据“以触杀药剂主攻低龄、以胃毒药剂补防大龄”的原则，在二代幼虫发生初期及时喷药防治，尽量把幼虫消灭在 3 龄之前。

此外，水稻虫害还有稻蟒象、二化螟、大螟、稻包虫、稻螟蛉、稻螨等，数量少，危害轻。

白叶枯病　此病在台风雨多、大面积受浸的年份尤为严重，早稻始于禾苗拔节分化期，流行于抽穗期；晚造秧苗期便开始发病，直到孕穗期达发病高峰。1950年后几乎每年或多或少都有发生。20世纪90年代，随着科学种田的推广，发病面积逐渐减少。防治白叶枯病：选用抗病良种，培育无病壮秧；做好种子消毒；加强肥水管理；药物防治：对出现病害的田块用叶枯净兑水喷雾。

稻瘟病　有叶瘟、节瘟、穗颈瘟和谷粒瘟，以叶瘟、穗颈，危害最大，严重发生时，可造成水稻失收。

一般早造重于晚造。稻瘟病发生与水稻品种和栽培水平密切相关。1950年以前，农民不认识此病，谓之“雷打禾”“鬼烧禾”。20世纪70年代以前，施氮水平较低，为害较轻。80年代，水稻施氮量增加，病害发生较重。20世纪90年代后，随着抗病品种的推广，发病面积有所减少。防治办法：选用抗病、无病、包衣的种子；消灭菌源，药剂浸种；向大田移栽前，喷施一次除虫灭菌的混合药；浅水勤灌，防止串灌，晒田适中；药物防治：田间防治采用50%多菌灵粉剂兑水喷细雾。

纹枯病 破坏稻株组织和茎、叶的光合作用，削弱根部的吸收能力，降低营养物质的积累，使灌浆不足，空瘪粒增加，甚至不能抽穗或引起腐烂、倒伏等。一般早稻重于晚稻，往往造成谷粒不饱满，空壳率增加。镇域纹枯病常有发生，由于防治得当，造成的危害较少。防治办法：加强肥水管理，稳施氮、磷，增施钾、锌肥。以施足基肥，水稻生长中期不宜施氮肥提苗。灌水要贯彻“前浅、中晒、后湿润”的原则；药物防治用多菌灵兑水喷细雾防治。

此外，水稻病害还有赤枯病、徒长病、稻曲病等，多为零星发生，危害较轻。

（二）小麦病虫害

赤霉病 20世纪70年代中期引进墨西哥、汤麦后，发生较多。

锈　病 有条锈、叶锈、秆锈3种，锈病主要在幼苗期至开花灌浆期发生，叶锈病在抽穗前后发生，秆锈在小麦成熟时发生。

黏　虫 以幼虫取食叶片危害，以夜间取食为主，黏虫是食性很杂的暴食性害虫，主要为害麦类、玉米等，它不仅食尽叶片，且能咬断穗茎，造成严重减产。

麦蚜虫 主要有麦二叉蚜、长管蚜、黍蚜、玉米蚜，均以成、若蚜集中在茎、叶和穗部刺吸为害，并排泄蜜露，影响小麦的呼吸和光合作用，为害严重时小麦叶片枯黄，植株生长不良，甚至枯死。同时，麦蚜还是传播小麦和其他作物病毒病的主要媒介。

（三）花生病病虫害

锈　病 花生锈病在花生各个生育阶段都可发生，但以结荚期以后发生严重。20世纪60年代引进新品种时传入此病，主要侵染花生叶片，亦可为害叶柄、托叶、茎秆、果柄和荚果。严重发生年份一般减产30%～60%。防治办法：清除田间及四周杂草，减少病原和虫原；和非本科作物实行水旱轮作；选用抗病、无病、包衣的种子；多用多菌灵或胶体硫防治。

叶斑病 花生叶斑病是叶部黑斑病、褐斑病和网斑病的总称，病害能混合发生于同一植株甚至同一叶片上。褐斑病发生较早，约在初花期即开始在田间出现；黑斑病和网斑病发生较晚，大多在盛花期才在田间开始出现。黑斑病和网斑病造成荚果不饱满，一般减产8%左右。常用药剂防治有多菌灵可湿性粉剂、托布津可湿性粉剂、波尔多液。生育后期不要喷施多菌灵，以防诱发锈病。

青枯病 俗称花生瘟，是花生的毁灭性病害，以连作旱地花生发病严重。以盛花期最多。感病初期通常是主茎顶梢叶片失水萎蔫，早晨叶片张开晚，傍晚提早闭合。随后病势发展，全株叶片自上而下急剧凋萎，整个植株青枯死亡。20世纪60年代以前，此病发生较少。60年代后，随着花生面积的扩大和土壤菌源的积累，发病逐年扩大。70年代后，推广花生、水稻轮作后，发病逐年减轻。80年代引进新品种，基本控制该病的发生。

花生虫害主要有蚜虫、斜纹夜蛾、卷叶虫，常年发生，危害较轻。

（四）甘蔗病虫害

蔗　螟 俗称甘蔗钻心虫。以幼虫钻蛀心叶、叶稍或茎，造成枯心、枯梢或蛀茎，影响甘蔗的产量和质量。防治办法：选用无虫健苗；蔗成长期勤剥枯叶；药剂防治：在螟卵盛期喷施敌百虫、杀螟松或杀虫脒、磷胺、螟蛉畏等农药。

蔗　龟 又称金龟子。幼虫、成虫均能危害蔗基部或根系，造成甘蔗倒伏。防治办法：实行轮作与深耕；灌水驱杀；灯光诱杀；药剂防治：用呋喃丹放于蔗沟内种苗上，然后覆土；黑色蔗龟成虫为害初期，用敌百虫或辛硫磷兑水淋施于蔗行间。

棉蚜虫 俗称“蔗虱”。常年发生，群集于叶背面中脉两侧吸食叶汁致叶片变黄、生长停滞、蔗株矮小，且含糖量下降，制糖时难于结晶。此外，棉蚜分泌蜜露易引致煤烟病，是甘蔗重要害虫。防治办法：调整种植布局，确定春植、秋植、宿根蔗田；尽量连片种植，可减轻受害；蚜虫发生严重时适时灌水；及时剥除甘蔗枯老叶鞘，改善蔗株通风透光条件；药剂防治：喷洒乐果乳油或敌敌畏等。

（五）蔬菜病虫害

霜霉病 危害对象主要是白菜、芥蓝、菜心、芥菜、萝卜、黄瓜、甜瓜、南瓜、冬瓜、丝瓜、苦瓜等瓜类蔬菜。受害严重时病斑冻结成块，全叶枯萎，产量减少三成以上。防治办法：选用抗病品种；定植时选用无病壮苗，高垄地膜栽培；加强田间管理，适时追施肥料，促进生长；药剂防治：发病初期可用杀毒矾可湿性粉剂，或百菌清可湿性粉剂，或普力克药剂交替喷雾防治。

豆角锈病 危害对象主要是白菜、芥蓝、菜心、芥菜、萝卜、黄瓜、甜瓜、南瓜、冬瓜、丝瓜、苦瓜等瓜类蔬菜。霜霉病主要危害叶片，幼苗和成株均可发病。发病时叶片背面产生一层白色霜状态，病斑中部组织随后干枯变褐色至枯黄色，受害时严重时病斑冻结成块，全叶枯萎，产量减少三成以上。防治办法：选用抗病品种；加强田间管理，灌后及时排湿，要避免阴雨天灌水；药剂防治：可用杀毒矾可湿性粉剂，百菌清可湿性粉剂6等药剂交替喷雾防治。

蔬菜病害主要还有软腐病、花叶病、青枯病、白粉病、枯萎病等。

菜　螟 别名菜心野螟、萝卜螟、甘蓝螟、卷心菜螟、白菜螟、菜剜心野螟、吃心虫、钻心虫、剂心虫。幼虫为钻蛀性害虫，为害蔬菜幼苗期心叶及叶片，受害苗因生长点被破坏而停止生长或萎蔫死亡，造成缺苗断垄。甘蓝、白菜受害则不能结球、包心，并能传播软腐病，导致减产。防治办法：耕翻土地，减少虫源；调整播种期；适当灌水，抑制害虫；采用灭杀毙(21%增效氰马乳油)或其他药剂防治。

小菜蛾 主要为害甘蓝、紫甘蓝、青花菜、菜薹（薹菜）、芥菜、花椰菜、白菜、油菜、萝卜等十字花科植物。全年均有危害。初龄幼虫仅取食叶肉，留下表皮，在菜叶上形成一个个透明的病斑，叫“开天窗”，高龄幼虫可将菜叶食成孔洞和缺刻，严重时全叶被吃光，仅留主脉。在苗期常集中心叶为害，影响包心。在留种株上，危害嫩茎、幼荚和籽粒。防治办法：收获后及时清除残株落叶，进行翻耕，可消灭大量虫口；在虫发生期，可放置黑光灯诱杀小菜蛾，以减少虫源；药剂防治，可用灭幼脲、快杀灵，卡死克等药进行防治，或用福将液喷雾。注意交替使用或混合配用，以减缓抗药性的产生。

黄曲条跳甲 俗称土跳蚤，主要危害十字花科以及菠菜、白菜、胡萝卜、番茄等蔬菜。成虫咬食叶面后形成小孔和不规则裂孔，幼苗受害最重，刚出土的幼苗子叶被害后整株枯死，造成缺苗。幼虫将菜根蛀食成许多弯曲的虫道，并可咬断须根，使叶片发黄萎蔫。幼虫危害萝卜后，萝卜上形成黑色蛀斑，并逐渐腐烂；危害白菜后叶片变黑死亡。防治办法：在整地时及时铲除田间周围的杂草，深翻晒土，施石灰7、敌百虫，杀死土壤中的虫卵、幼虫和蛹；适时喷雾防治和淋根防治相结合：用乐斯本喷杀成虫，同时用杀虫双灌根毒杀地下幼虫。

菜粉蝶 也称白粉蝶。在大白菜、卷心菜、小白菜等蔬菜的叶上。菜粉蝶的幼虫，长大后变蛹，蛹再羽化为菜粉蝶。危害特点：幼虫食叶。二龄前啃食叶肉，留下一层透明的表皮；三龄后可蚕食整个叶片，轻则虫口累累，重则仅剩叶脉，影响植株生长发育和包心，造成减产。此外，虫粪污染花菜球茎，降低商品价值。在白菜上，虫口还能导致软腐病。防治办法：清除菜粉蝶越冬场所的杂草，耕翻田园等活动，用以灭蛹、降低越冬基数。可用苏云金杆、青虫菌 6 号液剂等药物。

菜　蚜 主要危害为白菜类。以成虫和若虫群集叶背吸食汁液，使叶片变黄蜷缩，并分泌蜜露诱发烟煤病。防治药剂多用辟辟芽雾、乐果、敌敌畏等。

蔬菜害虫还有甜菜夜蛾、菜螟、豆荚螟等。

二、鼠、螺、草害及防治

（一）鼠　害

危害农作物的鼠类繁多，镇域主要有黄毛鼠、小象鼠、针毛鼠等。黄毛鼠是危害稻谷、旱作物的主要鼠种，对作物危害最大。常在水稻抽穗前后，咬食禾胎、谷穗。番薯、花生等作物也受到危害。20世纪60至70年代，镇域开展多次群众性的灭鼠行动。当时的灭鼠方法主要有：（1）捕杀，用捕鼠器放在老鼠经常出没的地方进行捕捉；（2）挖洞追打；（3）用水灌淹；（4）熏烟；（5）药物毒杀（磷化锌），收到一定效果。防鼠、灭鼠工作虽常年进行，但鼠害日趋严重。1985年后，推广低毒的敌鼠钠盐。1990年，在博罗县农业局的指导下，实行水稻IPM（有害生物的综合防治）工程，采用高效低毒灭鼠，实行“三统一”（统一时间、统一用药、统一投放）灭鼠。1995年后，推广使用杀鼠迷。

（二）螺　害

危害农作物的螺主要是福寿螺。福寿螺又称“大瓶螺”，原产南美洲亚马孙河流域，属热带贝类，20世纪80年代，通过非正式渠道引入广东，博罗地区个别乡镇在此期间作为商品螺引入饲养，后因无销路被丢弃，成为野生，因其繁殖迅速，生命力强，由圈殖地向四周围田野扩散。至90年代，成为农作物生长的一大祸害。其主要危害对象是水稻、番薯、慈姑、水生蔬菜等作物，其中以水稻的受害面积最大，且受害程度最重。田间调查表明，刚孵化不久的幼螺即开始啃食水稻等水生作物，尤喜幼嫩的秧苗。它咬剪水稻主孽，导致有效穗减少而造成减产，受害严重的将导致植株全株被折，秧苗无法下大田。防治措施：（1）清理越冬场所，降低越冬螺的成活率和冬后的残螺量；（2）人工捕螺摘卵，简单易行，见效快，而且相当环保；（3）养鸭食螺，在螺卵盛孵期放鸭子到水沟、农田啄食幼螺，减少螺害；（4）药物防治，在水稻插秧前后，当稻田每平方米平均有2～3只福寿螺就要施行药物防治，药剂主要有五氯酚钠、硫酸铜。

（三）草　害

园洲地处亚热带，温暖潮湿，适宜杂草生长，沿江（河）地区更为严重，主要杂草有莎草、稗草、野慈姑、鸭舌草、红头草、狗尾草、牛尾草、辣蓼草、狗牙根、野苋菜、竹节草等。草害一般损失作物产量的6%～10%，严重的30%～40%。新中国成立前，不少农田因草害严重而荒废弃耕。20世纪60年代以前，虽组织人工拔草、铲草，草害减少，但仅人工除草，花费劳动力甚多。60年代中期，开始用化学除草，效果好，除草率达98%，一般为60%～80%。1966—1974年因“文化大革命”而中断，至1977年又恢复化学除草试验。主要在冬种作物田间进行，后来逐渐推广普及化学除草。至1985年后，化学除草使用范围从水稻、小麦推广大柑橘、香蕉、花生、蔬菜、甘蔗、桑等。实行化学除草后，不但节省了开支，还减小了劳动强度，还使一批农村劳动力转移到第二、三产业。

2000年后，一些外来恶性杂草入侵境内，最严重的是紫茎泽兰，为多生草本植物，俗称飞机草、破坏兰、野泽兰、野腚叶、赫鲁晓夫草、墨西哥魔鬼草、烂脚草、外国草等。因分布广泛，危害极大，被列入《外来有害生物的防治和国际生防公约》中四大恶性杂草之一。紫茎泽兰侵入农田、路边、宅旁、经济林地，还能在荒坡、屋顶、水沟边、岩石缝隙、丢荒轮歇地生长，排挤当地物种，形成单优势群落，破坏生态平衡；改变土壤的理化性质，破坏其可耕性，紫茎泽兰的特殊中草药气味会熏晕人、畜，引起动物过敏和拒食，用其垫圈还会引发动物烂蹄发炎。紫茎泽兰严重影响土地的合理利用和农业生产的发展。防除途径：（1）人工和机械防除，但该法不能彻底除去遗留残根，加之生境复杂，使用机械防除受到一定限制；（2）化学防除，用除草剂在春夏之交、夏秋之交或营养生长旺盛时期喷雾进行防除；（3）植物生态替代，主要是利用一些生长快、竞争性强的禾本科草类，覆盖地表防止紫茎泽兰侵入或实施替代，防止紫茎泽兰滋生、繁殖和种子萌发生根。

第五节　农业技术推广体系

一、推广网络

镇域最早的农技推广机构建立于20世纪50年代末，县农业局、农科所安排科技人员派驻公社，人、财、物皆归属县农业主管部门垂直管理。公社农业部门选择有代表性的大队、生产队为点，传播和推广新品种、农科技术和增产增收经验。1960年，河南区的园洲公社组建农科站，有员工8人，耕地30亩，耕牛3头，县农业局派农业技术员常住推广农业技术。

1965年，开始建立县、公社、大队、生产队的“四级农科网”，即县有农业局、农科所，公社有农科站（农业技术推广站），大队有农科队（站）生产队有农科组。公社建立“四站一会”的农业技术推广体系，即有农业技术推广站、农机服务站、畜牧兽医站、水利会。1968年下半年至1972年上半年，因受“文化大革命”冲击，农科机构被撤销，农业技术推广体系一度解体。1972年下半年开始恢复农业推广机构，“四级农科网”得以恢复。至70年代中期，镇域的大队和生产队均有农科队（站）和农科组。1979年后，随着农村家庭联产承包责任制的落实，大队和生产队农科网解体。

80年代后，为适应农村经营体制的变化，中断的农业技术推广网络得以恢复和加强。1983年，公社设生产助理1人，管农业生产，配备一名农业技术员为科技助理，园洲、九潭的农业技术推广站成立于1986年，管理区农科服务站63个（其中园洲45个，九潭18个），公社科技助理兼任站长，各大队（又称乡，后称管理区）建立农业技术推广服务站，在每个自然村选出1～2名农户为科技示范户。1990年，全镇29个管理区中有80%建有农技服务站，农科示范户60户。形成了镇农业技术推广站和村科技示范户相结合的农业技术推广体系，农业新技术普遍得到推广应用。1992年始，河南区和河北区每年都开办农技培训班，培训课程有水稻、水果、水产、蔬菜及经济作物栽培技术，每年开办5～10期，受训人员达1500人次。

1991年，开办园洲农业科技示范场，耕地300多亩，有员工15人，主要养殖和推广水产、花卉、珍禽、水稻育秧、无土栽培的先进生产技术。

为更好地推进软盘育秧移栽技术，1995年，引进惠州市第一家育秧工厂。育秧厂房面积2500平方米，有员工20人。每造软盘育秧170公斤稻谷，插秧340亩。

1995年，按照惠州市关于加强乡镇农业技术推广站建设的要求，园洲、九潭农业技术推广站达到“五有”标准，有站址、有队伍、有经营服务场地、有试验示范基地、有试验示范推广设备。1998年，园洲、九潭农业技术推广站的建设，经省、市、县的检查、验收后，确认为达标。农业技术推广站主要职能有四项：一是负责农业新技术的试验、示范、推广，完成上级单位下达的相应任务；二是负责农业技术推广的业务指导，协调解决推广工作中的重大技术问题；三是提出农业生产技术措施、建议，组织技术考察，并总结先进经验；四是开展技术咨询、技术培训、技术宣传和普及工作。

二、农技队伍

20世纪60年代后，为充实农业技术力量，更好地开展农科试验、示范、推广，公社领导重视农技队伍建设，或从外地聘请经验丰富的老农，开展农业技术的推广。1963—1975年，27个大队从潮汕、东莞等地聘请老农117人，其中番薯老农27人，果树老农35人，菜农28人，稻农27人。同时，逐年培训一些当地的农民技术员，作为大队农科队（站）、生产队农科组的技术骨干，有的还用以充实公社农科站。至1978

年，境内培养农民技术员328人，其中公社农科站的农民技术员15人，大队农科队83人，生产队农科组230人。

20世纪80年代后，公社（镇）每年都不定期举办农技培训班，全镇68%的农户基本上掌握了1～2门种养技术。有的成为大队（管理区）农业助理员指导生产，有的成为专业户或农科示范户。

（一）园洲农业技术推广站

园洲农业技术推广站成立于1986年，位于园洲旧街49号，初建站时，有员工3人，一个门市，面积380平方米，经营化肥、种子、农药；农技推广站的主要任务是农业咨询。1992年5月，园洲镇农业技术推广站被广东省农业厅评为先进单位。2002年后，园洲农业技术推广站兼挂“园洲镇水产技术推广站”“园洲镇水果技术推广站” 和“园洲镇农产品质量安全监督检测站”，从事行政和科技推广工作，人数共9人，全为大专以上学历，实行一套人马，四块牌子。位于富丽路76号即现园洲居委会办公楼对面，主要负责全镇种植业的农业技术推广、示范试验和指导工作。

（二）九潭农业技术推广站

九潭农业技术推广站成立于1986年，位于九潭旧街53号，初建站时有员工2人，一个门市，面积290平方米，经营化肥、种子、农药、肥料。农技推广站的主要任务是农业咨询，2002年后，九潭农业技术推广站兼挂“九潭镇水产技术推广站”“九潭水果技术推广站”，从事行政和科技推广工作，人数共6人，全为大专以上学历，实行一套人马，三块牌子。2003年，九潭并为园洲镇，归园洲镇管辖，负责全镇种植业的农业技术推广、示范试验和指导工作。

第四章　农业生产结构调整

随着农业生产力水平的不断提高和社会消费结构的不断变化，园洲农业的生产结构也在悄然发生变化。从作物轮作制度的改革，到作物布局的调整，从计划经济“以粮为主，多种经营”，到市场经济的农业结构、产品结构调整、产业化经营，实现了传统农业向现代农业过渡，从而奠定了农业产业化经营的基础。

第一节　调整种植业结构

镇域种植业历来以粮食（水稻）为主，经济作物次之。

新中国成立后，农村的种植业都是根据国家下达的国民经济计划和传统习惯进行安排。新中国成立初期，为解决温饱问题，种植业的结构是比较合理的。1961年体制下放后，中央制定了《农村人民公社工作条例（修正草案）》（简称人民公社“六十条”）和一系列经济政策，调整了粮食征购任务。各级政府也较好地贯彻执行“以粮为纲，全民发展”的方针，因地制宜，调整种植业结构，在抓好粮食生产的同时，合理安排各种经济作物的种植，粮食作物和经济作物的比例约为7:3。

“文化大革命”期间受“左”倾思想影响，大搞“以粮唯一”，把发展经济作物作为资本主义倾向来批判，盲目砍掉经济作物，扩大粮食种植面积，同时还挤掉了传统性作物，白马围粉葛和马嘶萝卜是镇域的土特产，至20世纪70年代末，种植面积锐减，逐步失去了特产的“光环”。此外，薯、姜、芋高收入作物的种植面积寥寥无几。

改革开放后，随着家庭联产承包责任制的实施，过去高度集中和僵化的经营模式被打破，摸索出“因地制宜，扬长避短，不放松粮食生产，积极开展多种经营”的调整种植业结构的路子。

1979年，扩大花生种植，面积达16245亩，总产1518吨；1981年增至24464亩，总产2652吨；面积、总产分别增长50.6%和74.7%。花生面积的扩大和总产量的提高，不但增加了社员的收入，增加食油，而且一亩能收花生藤（鲜茎）二三千斤，可用二三亩稻田作基肥，还有花生麸，花生迹地为稻田增加有机肥料，解决了用地与养地的矛盾，促进了粮食生产的发展。

1984年开始，根据中央一号文件精神，围绕“土地承包期一般应在15年以上。生产周期长和开发性项目，如果树、林木、荒山、荒地等，承包期应当更长一些”的精神，再次调整农业布局，河南区（园洲）粮食面积不断调减，由1980年的三万亩调减到1999年的10000多亩，“三高”农业得到较大的发展，农民种植适销高产值的经济作物后，耕地每亩产值大幅度提高，1986年平均亩产达到1000多元，比1980年提高了五倍多。粮食和经济作物的种植比例调整为6:4，1986年平均亩产达到1000多元，比1980年提高了5倍多。至2000年全镇粮食作物和经济作物（蔬菜、水果、花生、水产、畜牧）的比重约为3:7。

2006年，成功推广了“菜—稻—菜”轮作高效种植制度，通过种植“黄华占”“美香占”两个新品种，从产量、品质方面调整水稻种植结构，不但增加了粮食种植面积，而且改善了菜田土壤肥力与生态环境，从而提高了耕地的综合效益。

2007年，继续抓好粮食生产，确保粮食生产安全，不断调整品种结构。水稻播种面积14660.6亩，甜玉米播种面积18587亩，经济作物播种面积40898亩。以发展现代农业、效益农业、特色农业为重点，引导农户走集约示范模式，以优质蔬菜、甜玉米、水产、畜牧业等新型农业为主，特别是打造好优质马铃薯、特色甜玉米、“希望”椰菜、生猪等品牌农产品，努力提高农民收入。

2008年，扩大粮食种植面积，优化经济作物结构。水稻播种面积1.73万亩，甜玉米播种面积1.85万亩，薯类播种面积1000亩；经济作物播种面积4.28万亩。其中“希望”椰菜8000亩，春雪萝卜、红花白夹龙芽豆九千多亩。希望椰菜、优质马铃薯、甜玉米（彩糯1号）成为园洲的特色农业。

2009—2016年，水稻、甜玉米、蔬菜种植面积保持相对的稳定。

第二节　“三高”农业

园洲“三高”（高产、高质、高经济效益）农业始于20世纪90年代。镇域“三高”农业投资经营范围主要有：种植类包括优质杧果、蔬菜、香蕉、荔枝、龙眼、番石榴、夏威夷木瓜、超甜玉米、花卉等；养殖类包括鱼、虾、猪、龟、鸡、鸭等。1992年，园洲镇人民政府颁发《关于农业战线开展创“三高”活动的通知》，动员全镇广大干部群众参加农业创“三高”活动。涌现一批创高产活动的先进集体和个人。

1992年5月，园洲镇府从北京请来国家星火计划研究所的专家帮助建立园洲现代化农业研究所，划出300亩土地作为开发示范场，重点研究高效水产养殖、优质水果、无土鲜花的栽培技术等课题。1993年，分别与广东省家禽研究所和华南农业大学合作办起了珍禽场、水鱼场和花卉栽培基地，引进和培育泰国皇鸽、鹧鸪、水鸭、水鱼、澳大利亚龙虾等名优品种及50多种鲜花。

2003—2006年，创办马嘶农业综合开发项目和赤岗滩农业综合开发项目。通过农业开发的示范带动，逐步推进了农业产业化进程，提高了农业的效益。

进入20世纪90年代，镇域的“三高”农业进入快车道。河北区推广“公司+基地+农户”的经营方式，大力发展“一村一品”农业，加大引进外资办农业，进一步调整农业产业结构。先后引进500万港元，兴办3个大型菜场，并逐步形成佛岭村的鱼、鸭、猪，义合村的鱼、猪，风山的瓜菜，风山、水口的荔枝等“一村一品”农业产业结构。河南区农业已走出传统农业模式，初步建成一个立体式、“三高”农业雏形，种植优质水果20000亩、蔬菜8000亩，美国甜玉米3000亩。建设现代农业综合开发区500亩，兴办渔、畜、果综合养殖场13个。2000年，已形成优质水果、优质粮、无公害蔬菜、甜玉米、水产养殖等“三高”农业基地。

随着“三高”农业的发展，境内的农业发展速度加快。2000年，农业总产值增至27523万元（其中，南区17635万元，北区9888万元），比1978年分别增长107.86倍和51.04倍，其中，种植业14923万元，畜牧业7740万元，渔业2219万元，副业2626万元（仅九潭）。农民人均纯收入：河南区增至4680万元，比1978年增长24.86倍；河北区增至3503元，比1978年增长18.14倍。

至2010年，园洲镇发展外向型“三高”农业项目17个，其中种植蔬菜41123亩，水产养殖1700亩，蔬果场400亩。

2016年，园洲镇发展外向型“三高”农业项目13个，其中种植蔬菜15000亩，水产养殖1300亩，蔬果场8000亩。

第三节　产业化经营

20世纪80年代，园洲的农业生产逐步转向适度规模的基地化生产，农业商品化大大提高，河南区形成了优质水果、优质粮、无公害蔬菜、甜玉米、水产养殖五大基地，产品销往港澳地区和国外。1999年，这5个基地的产值已经占（河南区）农业总产值的八成多。河南区耕地平均亩产达1980元。农村集体经济不断发展壮大。至1999年，河南区8个村中，村集体经济年纯收入超百万元的有6个，超300万元的有3个。农用土地平均每亩出产值达1965元，比前3年增加1倍多。

2000年，全镇水果种植6306亩，其中河南区4850亩，河北区1456亩，比1978年的1951亩增加4355亩，增长223.22％；水产养殖5794亩，其中园洲2050亩，九潭3744亩，比1978年的2812亩增加2982亩，增长106%。蔬菜种植35571亩，比1978年的2823亩增加32748亩，增长1160%。

同时，涌现出一批种养专业户，全镇有较大规模的各类种养大户（场）30个，其中种水稻50亩以上的户（场）18个，养猪100头以上户（场）12个，养肉鸡万只以上的户（场）13个，养肉鸭一万只以上的户（场）8个，养鱼30亩以上的户（场）10个，种菜100亩以上的户（场）28个。

第四节 创汇农业

镇域根据自身优势，调整农业种植结构，发展创汇蔬菜种植，始于20世纪70年代初期。

1974年，博罗县外贸局在园洲组建出口站，初期，选择李屋、梁屋、刘屋大队一些生产队菜场为种植出口蔬菜基地，种植面积300多亩，年出口蔬菜约十吨。1980年后，出口站以合同的形式，将蔬菜种植推广至上南、禾山、田头、桔头、风山等地，每年种植面积8000余亩，蔬菜品种有苦瓜、节瓜、冬瓜、韭黄、枸杞、奶白菜、马铃薯等，年出口1900吨，出口创汇3200万元。创汇农业亩产值高于普通农业产值3～6倍。

第五节 农业综合开发项目

一、赤岗滩农业综合开发项目

2003年，国家农业综合开发项目落户田头村赤岗滩，投资总额550万元。2003年，项目区开始进行综合开发整治，新增灌溉面积0.2万亩，改善除涝面积0.35万亩，新增节水灌溉面积0.2万亩，新增机耕面积0.5万亩。经过农业综合开发治理，改善了农业基本生产条件。通过科技培训和良种良法的示范推广，提高了农民科技知识和科技应用水平，项目区农民收入有较大的提高，人均年纯收入增450元，增加收入总额170万元。2011年，在赤岗滩种植的冬种马铃薯最重达1.85公斤，亩产达3499.5公斤，经济收益4000元/亩；萝卜亩产5000多公斤，卷心菜亩产4000多公斤，亩收入3500元以上。

二、马嘶农业综合开发项目

2006年，国家农业综合开发项目落户马嘶村，项目投资650万元。项目主要工程包括排灌渠道、机耕路、排灌站、桥、闸等配套建筑，输变电线路等的设计和规划，农机具和仪器设备的购置计划、科技推广等。实施农业综合开发土地治理项目以来，改善了农业生产环境，新增灌溉面积3000亩，改善灌溉面积1600亩，新增除涝面积700亩。该项目区以种植希望椰菜为主，2010年种植的椰菜亩产4000多公斤，亩收入约4000元，萝卜亩产4000多公斤，亩收入3000元以上。

第五章　农田建设

园洲地处东江中下游，土地贫瘠，易涝易旱，农产品产量低而不稳，遇有水旱之灾，农作物减产，人民生活受到威胁。1950年后，为增加农田效益，园洲人民在长期的农业生产劳动实践中，不断加强农田基本建设，逐步积累了经验：兴建水利，实现旱涝保收；改良土壤，建立高产农田；平整土地，实现农田标准化，田园化灌溉、道路网络化，林带田园化。从而改善生产条件，农田产出不断增加，农作物产量逐年提高。

第一节　农田水利

1949年前，镇域基本上没有农田水利设施，东江、沙河沿岸，地势低洼部分虽有堤围，但矮小单薄，长期失修，易涝易浸农田达3万多亩，早造受浸于“龙舟水”，晚造受涝于“白露水”，故有“十年九不收”之说。1947年，东江堤廖尾段破堤，河南片早稻失收面积达80%。1959年6月16日，东江堤马嘶段（800多米）决堤，接着，沙河、东江决堤47处，总长1.7公里，其中100米以上缺口，有4处，洪水像猛兽般冲向境内，霎时，河南区成为汪洋大海，农作物被淹，房屋倒塌。1960年，春夏受旱，河南区受旱面积近3万亩，详见第六篇“水利”）。

至20世纪60年代初期，河南区旱涝保收面积仅2.6万亩，占耕地45000亩的57.78%，是博罗县的粮食低产区。

新中国成立后，农田水利只是小修小补，遇水灾旱年难以为继。1953年始，园洲乡政府根据广东省“以防洪复堤，培修抢险”的精神，组织人力培修河堤。1953年至1955年年底，对东江、沙河堤围进行加高培厚和整修险段，维修加固马嘶水闸。1956年，提出消灭普通水灾和旱灾，重点解决防旱用水的蓄、引水工程（拦东江河、沙河）。1958年“大跃进”时掀起兴修水利运动，根据“以蓄为主，以小型为主，以社办为主”的要求，蓄、引、提相结合，一方面组织3000多名劳力参加显岗水库的兴建，一方面在境内掀起筑堤围高潮。1959年7月，在解放军的支援下，仅用1个月的时间，完成土方73万立方米，在东江堤缺口处一则，新筑0.8公里大堤，被命名为“八一大堤”。与此同时，开通园洲南北灌渠和九潭中心排渠，兴建禾安等电动排灌站。1960—2010年，镇域的农田水利建设一直没有停止过，水利建设的规模、速度、质量、效益远近闻名。这些水利工程的建成，在防洪、灌溉等方面发挥了巨大的经济效益和社会效益，为园洲国民经济持续、稳定、高速发展起到了重要作用。

第二节　平整土地

新中国成立前，由于长期的土地私有制，镇域大多数耕地大小不一，田块凌乱，高低不平，耕作极为不便。水田排灌串灌、漫灌，全是跑水、跑土、跑肥的“三跑田”，产量一向很低。20世纪50年代初期，建立高级农业合作社统一规划利用耕地，结合修筑沟渠，整修田埂，对小量的耕地进行平整。1964年开始，结合挖沟改土进行较大规模的平整耕地，锄掉老田埂，按耕作片规划，改造成为“方格”田块。新开挖排灌渠道，实行排灌分家，改变了串排、大排大灌的状况，变“三跑田”为“三保田”。70年代初，随着“农业学大寨”运动的深入，打破小修小补的格局，实行山、水、田、林、路综合治理，重点进行群众性的较大规模的土地平整。1973年9月，以军事化的形式组织农田基本建设民兵专业队，县为民兵师，公社为民兵团，大队为民兵突击连。园洲、九潭组建18个大队农田基本建设民兵突击连，共有民兵1860人，开展有组织、有检查、有评比的坚持常年施工，以治水改土为中心，建设旱涝保收、稳产高产农田的农田基本建设高潮，将耕地挖高填低，将机耕道、田埂、排灌系统垂直交叉，实现农田方格化，且社、队各有样板。据1978年年末统计，全镇农田整治面积3万亩，大部分农田实现方格化。1980年后，群众性大规模平整土地运动减少。根据农村实行家庭联产承包责任制的新情况，采用统分结合、以统为主，层层落实田间工程管理责任制，责任到田，分户管理；外沟组织专人管理养护，统一要求，明确报酬，或随田到户，分段负责，分户清理，或集体统筹，组织力量，突击清理。

第三节　土壤改良

1950年以前，镇域农民在长期的耕作中，逐步积累了犁冬晒白，稻稿烧灰、增施农家肥和土杂肥等原始改良土壤经验。但是，随着不合理耕作、过度种植、农用化学品的大量投入和沟渠设施老化，导致农田土壤普遍性的耕层变薄，养分非均衡化严重，土壤板结，土壤生物性状退化，土壤酸化、潜育化、盐渍化增加，防旱排涝能力差，耕地土壤基础地力不断下降。1950年后，政府重视耕地的土壤改良，组织发动群众开展改土运动，进行挖沟改土、深翻改土，挖沙入泥，圈猪积肥，“三稿”回田，高温堆肥，广种绿肥。

一、挖沟改土

20世纪50年代，合作社组织群众对冷底湖洋田进行改造，主要挖沟排泉，以降低地下水位。人民公社成立后，土壤改良成为农村的中心，开展挖“三沟”（排洪沟、环田沟、排灌沟），排“五水”（黄泥水、冷泉水、铁锈水、积水、毒水），改造低产田的群众运动。至1965年冬，镇域挖沟改土、整治排灌系统面积1万多亩。

20世纪70年代，在“农业学大寨”运动的推动下，掀起农田基本建设运动，突出以改土为中心，进行山、水、田、林、路综合治理的农田基本建设。1970—1972年，为实现亩增100公斤目标，河南区建立9个高产片（田），面积6500亩，高产田实行领导挂帅，专人负责，落实增产措施。通过挖沟改土，实现排灌分家，增厚耕作层；结合增施土杂肥、种养绿肥和红萍，增强地力。1973—1976年，以挖沟改土为中心的农田基本建设进入高潮。以专业队（民兵突击）施工和“大兵团”（群众性）作战相结合，专业队长期施工，主要挖主渠道，建桥梁、涵闸；“大兵团”把冬闲变冬忙，主要加固堤围、挖支水渠、平整土地、入泥入沙入土杂肥，“白天两头黑，田头两餐饭，晚上加一班”，时而是公社或大队的大会战，时而以生产队的各自为战。经过10年的苦战，80%农田的排洪、排涝、排泉渠道较为完善，对改良土壤、提高地力起到重要作用。

1980年后，随着农村家庭联产承包责任制的落实，群众性的挖沟改土、整治排灌系统运动逐年减少，多在冬季组织收益农户清理、维修、加固原有排灌系统。

二、挖沙改土

1959年6月，东江决堤，洪水直卷河沙覆盖耕地，河南区覆盖耕地2000多亩。从1959年冬起，挖沙改土。对盖沙的农田进行“翻底”，每隔2米挖1.5米的深沟，把黄沙扒开，挖出被掩盖的耕作层的泥土，把表层的黄沙埋入沟底，然后回填耕作层的泥土，并掺入塘泥。到1978年，河南区挖沙400万立方米，回填熟化土壤450万立方米，将盖沙的农田建成高产稳产农田。

三、深翻改土

20世纪50年代中期始，合作社组织群众对部分低产田深翻改土和掺沙入泥，取得较好的效果，每亩稻田亩入塘泥200～300担，增施磷肥、农家肥，改造农田5000多亩，水稻年亩产由原来的200公斤提高到300公斤。1958年，受“大跃进”影响，凭着“一大二公”优势，各行各业都抽调精兵强将开赴“深翻改土”第一线，和广大农民一道掀起了“翻地三尺深，黑土变黄金”“人有多大胆，地有多高产”的全民深翻改土地运动，约有千亩农田深翻土层达0.6～1米，把深层黄土翻上表面，打乱耕作层，造成部分粮田减产。

四、泥肥改土

1963年，政府总结50年代深翻改土和掺沙入泥经验教训，组织群众积集塘泥、河沟泥和河涌泥53万担，施用面积3350亩，平均每亩施150担。1973年，结合挖沟改土运动，进行深翻改土，重点是增施塘泥、河涌泥、农家肥，全镇施用面积8500亩，平均每亩施200担，以此改造低产农田3000亩，平均亩产增加110公斤。

五、“三稿”还田

随着生产水平的提高，稻田土壤长期大量使用化肥，少施或不施有机肥，造成水稻生长季节土壤封闭性强，通透性差，土壤碳氮比失调，导致土壤板结。将收割后的“三稿”（稻稿、花生藤、青黄豆藤）还田，能够明显改善土壤理化性状。其主要作用在于：（1）土壤水稳性团粒明显增加，土壤保水和通气性能明显改善；（2）鲜“三稿”施入土壤后，为微生物提供了碳源，微生物活动增强，土壤酶活性也明显提高；（3）“三稿”还田并经过淹水浸泡后，土壤中致病细菌量减少，水稻根茎病害明显减轻。

“三稿”还田的方法：早稻收割后，将鲜稻稿、花生藤均匀撒在田间，用拖拉机将“三稿”与土壤混合或用犁田将三稿压埋，保持田间水分，一个月后用拖拉机或牛耙翻耕。豆苗还田比较简单，将间种在甘蔗垄内的黄豆苗用犁培（埋）在蔗垄中就可以了。在“三稿”还田时，适量施用石灰中和“三稿”分解产生的有机产生的有机酸，加快“三稿”的腐解。1976年，全镇“三稿”还田1.8万亩。

六、高温堆肥

1976年8月，惠阳地委在惠东铁冲公社召开了大队支部书记以上干部参加的高温堆肥现场会，推广了该社的高温堆肥经验。为了更好地贯彻全国第二次“农业学大寨”会议精神，建设高标准大寨社，铁冲现场会后，园洲、九潭掀起了群众性的高温堆肥运动。

高温堆肥就是将人粪尿、禽畜粪尿和秸秆、垃圾、泥炭、绿肥、草皮等有机物等堆积起来，使细菌和真菌等大量繁殖，细菌和真菌等可以将有机物分解，并且释放出能量，形成高温，腐熟而成的一种有机肥料。

肥堆的规格：长方梯形，长3～4米，宽1.5～2米，高1米左右。操作方法：先挖好四边沟，然后将原料和土、禽畜粪一层层堆放，撒上石灰和洒入粪尿，达到规定的高度后以3寸（1寸≈3.33厘米）泥巴封堆。由于在“有数量才有质量”错误思想指导下，致使高温堆肥变了样。为了应付上级检查，不讲求质量，将难以腐烂的树枝、树叶、干草做原料，不施放禽畜粪尿和石灰，最后，高温堆肥变成了“高温堆土”。据统计，仅1976年的八九月，园洲、九潭两地有600堆，共3600立方米，仅有五分之一的肥堆可作土杂肥施用。

七、种植绿肥

在早造“三稿”还田的同时，大种绿肥。绿肥是重要的有机肥源，养分含量丰富，茎秆叶用来还田，能起到改良土壤结构、增加土壤肥力，从而提高后茬作物产量和品质；还能减少农田化肥使用量，从而降低农业的环境污染，改善农业生态环境。镇域种植的绿肥主要有田菁和紫云英。

田菁在早稻造套种。在早稻封行之后，把育好的田菁苗移植在水稻的行垅间，移植时田菁苗高0.35米左右，行距2.7～3.3米，株距0.7米。田菁生长至早稻抽穗杨花时株高大概1～1.1米，高出禾面0.2～0.3米。亩产达750公斤。收割完早稻后进行压青，田菁压青后，养分释放快，数量大，因而晚稻插秧后能及时吸收到肥料，回青早、分蘖快，生长旺盛，发育良好。压田菁的晚稻株高、穗长、结实率高，每亩增产稻谷100公斤以上。

紫云英在晚稻种植。在晚稻抽穗杨花前，把预先育出芽梢的种子撒到稻田中，收割晚稻后进行灌水、施肥、杀虫等一系列田间管理，待来年春耕前犁田把紫云英盖在泥土下腐烂成有机肥。1966—1976年，河南片90%的水田稻底套种绿肥，桔龙大队每年种植2000亩，十年不间断。每亩稻田绿肥压青600～750公斤，每年还为国家提供绿肥种子8000公斤。

套种绿肥还田，不仅有效地提升了土壤的有机含量，而且改善了土壤的团粒结构，增加土地肥力，每亩增产稻谷100公斤以上。

八、养殖红萍

红萍，也称绿萍。稻田养萍是用地养地、不断培肥地力比较有效的措施。稻田养萍后，由于断根残体的大量累积，有机质显著增加，土壤理化性状得到改善，土色乌黑而油润，土壤质地松、软、烂、滑，耕作性能良好。镇域气候温和，宜于红萍生长繁殖，又有发展养萍的广阔基地。1973年，河南片下南大队开始养殖红萍。1976年，在大面积推广在早稻本田养殖红萍，面积8000亩。养殖红萍改良土壤，增产效果极为显著，平均每亩增产稻谷75公斤。

第四节　搬沙、填氹造田

1959年洪灾，河南片被毁坏的2000多亩农田被河沙覆盖0.7～1米，严重的堆成沙堆，冲刷成水氹。洪水刚退，公社、大队干部立即组织搬沙、填氹造田。岭背、龙叫、新村、垦头坊生产队奋战一个月，挖沙近万立方米，造田500多亩。桔龙大队在“农业学大寨”运动中，组织群众，农忙打突击，农闲不停干，一年四季不歇工，搬掉365个沙堆，填平88个水氹，搬沙748000立方米，造田640亩。

1959—1970年，河南片搬掉了6000多个沙堆，填平了300多个水氹，搬沙近200万立方米，造田2000多亩。

第五节　围滩造田

桔头村，位于东江边，人多田少，至1966年，人平只有0.8亩耕地。该村在东江堤围外有1000亩滩涂，早造洪水浸淹，晚造因沙质不能耕种。1969年，大队党支部书记谭始组织干部群众近千人，“出工收工两头黑，两餐在工地，晚上点灯干”，“离家百步不回家，争分夺秒把沙（土）挖”，手锄肩挑，搬沙填土，修筑堤坝。至1972年，完成土方43万立方米，新筑一条高6米、面宽6米，底宽40米，总长2300米的大堤；造田1200亩（包括改造200亩可耕地），人均增加耕地面积0.4亩，挖沙填土120万立方米。当时有人换算，造田一亩，要挑1000立方米沙土，走6000公里路。

第六章　农用机具

园洲农民长期沿用传统农具，手工操作，劳动强度大，生产效率低。新中国成立后，政府积极发动群众，改进旧农具，引进推广新农机具，培训机手和修理人员。1954年后，先后引进喷雾器、双轮双铧犁等。20世纪60年代初期，开始使用半机械化农具。70年代后，大力发展和使用新式农具。农田耕作、灌溉、植保、脱粒、农副产品加工等各种机械逐年发展。至1981年，河南区拥有各类农机1308台（部），半机械化农具5577台（部）。农村实行家庭联产承包责任制后，小型农业机械成倍额增加。

2016年，全镇拥有各类农机（不包括农具）120151台（套），比1978年的711台增加168倍。

第一节　传统农具

一、耕作农具

（一）犁

犁是耕作翻土的工具，古时称曲辕犁，民间俗称为犁。犁由犁头和犁架组成。园洲传统上用牛拉犁。1954年后推广双轮双铧犁。双铧犁因双铧作业，拉力比木犁增加一倍以上，此犁耕地需两头牛并拉，畜力消耗大，未能在农业生产合作社中推广。1959年停用。此后，逐渐恢复使用木制步犁耕田，木制步犁轻便、操作简单。1980年后，铁犁代替了木犁。铁犁的使用、保管、维修比木犁方便。

（二）耙

耙在形制上分为长耙和短耙两种，长耙用来耙田，短耙一般用来给旱地作物的除草和松土。长耙一般长达1.2米，高0.5米，有10根齿；短耙长0.3米，有3根齿。耙由扶手、撑杆、杷子公（耙钩）和耙齿组成。

二、插播工具

人力插秧机　1966—1970年，镇域先后引进江西人力牵引自动夹式插秧机45台。该机结构简单，操作方便，但作业时要求秧苗整齐，粗壮一致，育秧难以达到要求，故逐年减少使用，1970年后不再使用。

三、中耕农具

（一）锄　头

锄头的结构十分简单，由锄头、楔子（锄头尖）和锄柄构成。柄长至多1.6米，最短的仅0.4米，视用途而定，一般是下粗上细，锄头圆柄直径约0.025～0.03米。

锄头属于万用农具，收获、挖穴、作垄、耕垦、盖土、除草、碎土、中耕、培土、开荒垦地、挖沟疏浚、筑路修道，皆可使用。

（二）铁　搭

铁搭由刃（搭齿）和搭柄组成。它与锄头一样，是一种常用的劳动工具。铁搭结构简单，柄长一般1.6米，有4根铁齿；铁搭柄为木制，下粗上细，柄直径约0.025～0.03米。这种“制如锄而四齿”，不仅适用农作物中耕，而且有翻地、钩泥等作用。

（三）稻　耥

俗称禾耥、禾耙。稻耥结构简单：一根长1.8米的竹子做长柄，耥体为长0.18米、宽为0.08米、厚度为0.08米的木块，木块的一边置有耙齿（短铁钉）。秧苗移载大田半月后，将稻田水放干进行中耕，劳作者将禾耥放稻田的水稻行中，顺着稻行的走向前后推动，其作用主要在于耘除田间杂草，并有助于疏松表层土壤，耥平田面，改善土壤通透性；追肥与耘耥相结合，可使肥料与土壤充分融合，加速分解，减少流失。耥田，是水稻生长前期田间管理的重要措施。

四、收割械具

（一）镰　刀

镰刀，是农村收割庄稼和割草的农具，镰刀有三种：

1.禾　镰

禾镰，割稻子的镰刀。禾镰由刀片和木把构成，势微弯；禾镰身窄，刀刃薄而有细齿，刀把处装有木柄。禾镰有单柄禾镰和钩镰（本地叫镰钩）两种。单柄禾镰是在一小段柴柄上安装铁制镰刀即可；但钩镰要找有勾的木枝，在枝上装上镰刀，割稻时，先用镰钩把稻秆拢在一起再割，较单柄的倍提工效。

2.草　镰

草镰，草镰形似禾镰，比禾镰大，由刀片和木把构成，刀刃薄利，刀把处装有木柄。草镰主要用来割草、也可以割麦子、砍蔗、砍木、刨土等，几乎无所不能，是农家最常用的工具之一。

3.蔗　镰

蔗镰，剥蔗叶的镰刀。蔗镰形似草镰，比草镰小，俗称小镰刀。蔗镰由刀片和木把构成，刀刃比草镰较厚，刀把处装有木柄。蔗镰削蔗叶时，势如破竹。

（二）割禾器

20世纪80年代初，曾一度引进立式手推割禾器，功效虽能提高3倍，但因不能适应行距参差错乱及稻秆倒伏的稻田而停止使用。

五、脱粒机具

（一）打禾石

原始的水稻脱粒，当地人称为“打谷”，打谷用的工具称打禾石，打禾石是镇域最原始的脱粒工具。打禾石由两块石材配套：一块为石板，一块为石墩。石板宽约0.5米，高约0.8米，厚0.1米，整块石板约有百斤重，打谷的正面较平整，背面稍粗糙些，石板正中靠上端凿有一孔洞，方便使用者插手提携或插入竹木杆两人抬起搬移。而重约半百的石墩边石块长为0.3米的方石，上面为斜面，两侧面的上端各凿有一浅窝，为石耳，方便人抓手抬起搬移。打谷时，将这石板和石墩抬放至禾坪间，石板依靠在石墩上方的斜面上，与地面约成60度角，这样便可使用。

（二）石　碌

石碌是一种原始的生产工具。过去，园洲属于湿地。由于生产力低下，一年两造的水稻分为水禾（早稻）和旱禾（晚稻），晚造割旱禾用打禾石或板桶脱谷粒；早造割水禾用石碌脱粒。石碌的形状为圆柱体，大小不一，大的直径约有0.03米，小的也有0.15米，一般长度为1.2米。收割下来的谷子，把它铺在晒场上，然后用牛拉着石碌绕行碾压，把谷子从稻草中分离出来了。20世纪60年代中期后，电动打禾机代替了石碌。

（三）连　枷

连枷，俗为“禾打”。“禾打”由三部分组成：“禾公”（柄、把子）、“禾打仔”（即杖、条子）、“禾打心”（即掼轴、木轴）。使用禾打脱粒，通常叫“打禾打”。打禾打时，使用者前后挥动“禾公”，让“禾打仔”绕轴转动，敲打已收回的农作物，作物的籽粒就会脱落。“禾打”操作方便，适用于稻谷、黄豆、小麦、大麦、油菜、芝麻、高粱、豌豆及各种豆类等籽粒作物的脱粒。

（四）攀　桶

攀桶指农家用以打稻脱粒的木桶，也称稻桶、打禾桶。20世纪80年代之前，攀桶一般适用于晚稻收割脱粒。攀桶是用木板做成的。脱粒时，使用者用两手握住适量的稻把，向上举起，然后往下（攀桶）摔打。“摔打”，当地方言叫“攀”，在这一语境中，“攀”是一个动词，指向着板状平面用力摔打。因此，摔打稻谷的木桶，被称为攀桶。攀桶有扁攀桶和四方攀桶之分，园洲地区的农民主要使四方攀桶。

（五）脚踏打禾机

脚踏打禾机是取代板桶脱稻谷的一种半机械化的农具。脚踏打禾机于20世纪60年代后期在镇域使用，它由木桶（后用铁皮桶）、踏板、连杆、齿轮、飞轮、机架、滚筒、档罩等构成。其操作原理：滚筒外围是“N”形的铁环，滚筒中间有一根轴伸向稻桶外，而稻桶外的左右两边（或一边）装有齿轮，齿轮上装有一根连杆，连杆一端连接踏脚档，人在踏脚档上用力一踏，在连杆的带动下，齿轮就转了起来，带动了中间的轴和桶内的滚筒，这样构成了整套传动式脚踏打禾机的传动系统。打稻时，农夫把整束谷子举在自己面前的圆形滚筒上，脚下用踏板使劲踩，圆形滚筒就会转动，滚筒上的铁环就会把谷子从稻把上脱下来，左右翻动几次，稻把就变成了草把。脚踏打禾机拥有量最高的是1987年，全镇共有6544台。

（七）风　车

风车是园洲地区常用的是一种风谷工具，由杉木制成。是一种在收割后将晒干谷粒分离的机动设备，风车由风箱、上漏斗、下出口等部分组成。使用时用手摇动轴柄，转带动扇叶，通过风的作用将稻谷中的谷粒和谷皮分离。由于是完全手动的，风扇“呼，呼”作响，很有节奏，所以被称为风车，现已绝迹。

五、运输农具

传统运输农具 参见第十二篇“邮电 交通”。

第二节 农用机械

一、耕作机械

（一）拖拉机

1. 手扶拖拉机

手扶拖拉机以柴油机为动力（多为GN121配15马力的柴油机），其小巧灵活且动力强劲的特点使其受农民的欢迎。1970年，河南区有手扶拖拉机20台，1980年拥有手扶拖拉机296台。手扶拖拉机最大的特点是一机多能：（1）配犁就可以犁田；（2）配耙就可以耙田；（3）配拖斗就可以拉货物；（4）配水泵可以抽水。由于手扶拖拉机价格低廉，较为适应家庭经营，拥有量逐年增加，至2016年增至1420台。

2. 大、中型拖拉机

大、中型拖拉机是农业生产中具有多方面作业功能的主要行走动力，也是农业现代化的重要标志。1968年10月，园洲拖拉机站组建，至1975年购置拖拉机8台，配有犁、碟耙、齿耙。1977年，南区菉兰、李屋、上南、禾山等大队各购置中拖，1980年河南区有大中型拖拉机13台。农村全面实行家庭联产承包责任制，鼓励私人购买拖拉机，同时将原公社、大队、生产队三级所有的拖拉机，折价卖给农民个人所有。2016年，（南区）大中型拖拉机的拥有量达到最高，总数达45台。

1970—2016年园洲镇机耕情况表

表4-7

年份	机耕面积（亩）	其中	
		中型拖拉机（台）	手扶拖拉机（台）
1970	91210	3	11
1971	96360	3	13
1972	96430	6	17
1973	96500	6	20
1974	100151	6	20
1975	200301	9	65
1976	206232	9	85

续表4-7

年份	机耕面积（亩）	其中	
		中型拖拉机（台）	手扶拖拉机（台）
1977	208234	9	94
1978	442013(173837)	11(6)	152(42)
1979	520032(175832)	11(6)	151(41)
1980	676595(231570)	11(6)	282(82)
1981	706564(230170)	14(6)	338(95)
1982	787100(362900)	9(5)	489(128)
1983	600000(233400)	5(2)	610(197)
1984	771819(291259)	3(1)	784(215)
1985	830353(267353)	3(1)	889(254)
1986	866700(307900)	1(1)	991(267)
1987	1003700(338200)	2(2)	1270(495)
1988	1006100(366100)	6(2)	1310(501)
1989	1007000(506800)	1(1)	1440(505)
1990	1015000(526000)	9(2)	1510(511)
1991	621600(311000)	6(2)	1211(501)
1992	143000(59000)	6(3)	1321(601)
1993	131000(50000)	9(3)	1381(660)
1994	121000(78000)	6(1)	1840(690)
1995	181000(96100)	9(3)	1702(609)
1996	225600(80100)	11(6)	1781(570)
1997	195000(78000)	9(1)	1901(690)
1998	195300(75600)	9(2)	1895(691)
1999	117450(51300)	11(3)	1808(693)
2000	120750(51300)	9(3)	1887(693)
2001	124500(55500)	11(2)	1837(696)
2002	123000(55500)	9(3)	1779(691)
2003	123900(55950)	9(3)	1787(691)
2004	108100	9	1412
2005	79500	6	1412

续表4-7

年份	机耕面积（亩）	其中	
		中型拖拉机（台）	手扶拖拉机（台）
2006	82500	6	1614
2007	83100	6	1721
2008	55950	13	1552
2009	51750	17	1355
2010	59850	27	1396
2011	59850	31	1361
2012	60090	35	1352
2013	59115	37	1355
2014	64875	37	1352
2015	64875	37	1352
2016	64875	39	1532

说明：表中括号内的数字为原九潭镇数字

（二）马铃薯种植机

2012年，园洲镇万利专业合作社实现马铃薯种植机械化。购买4台青岛洪珠农业机械有限公司生产的2MB-1/2型大垄双行覆膜马铃薯播种（可下滴灌管）。该机性能特点适合各种土壤，并能达到各项农艺要求。可以铺设滴灌系统，达到节水、节能、提高产量的目的。种子深浅，起垄高低，行距和株距，均可调节，一次性完成开沟、施肥、播种、起垄、喷除草剂、铺膜、铺设滴灌系统，具有结构紧凑、机动性好、布局合理、工作平稳、适应性强、维修简单等特点。能使种子呈三角形布置，合理使用空间，为增产、结果大打好基础。该机采用国际先进工艺铸胶驱动轮，运转轻快震动较小，克服收薯分离伤皮现象，具有：节人工、出苗齐、保水分、提温度、薯形好、大个多产量高、上市早的特点。使用马铃薯种植机种植马铃薯，一机三人一天可以种8～10亩，比人工种植省近10倍人工，大大提高了劳动力。马铃薯全程机械化作业与人工相比，平均每亩节约成本200元左右，机械收净率、损失率、破损率优于人工收获。

2012年10月16日，博罗县马铃薯种植机械化现场演示在园洲镇举行。当地马铃薯种植户和周边村民40多人参加了现场演示会，通过现场观摩马铃薯机械化种植演示，更加直观感受到机械化种植马铃薯在减轻劳动强度、提高劳动效率上的重要作用。

二、收割机械

（一）水稻收割机

镇域使用水稻收割机始于1995年。1996年，有25台珠江牌收割机，功率为12匹，每小时收割稻谷500公斤。1996年7月5日，全省农业机械收割现场会在园洲镇上南村召开。参会人员有省农业机械局领导、各县农机和县农业局领导，共约500人参加。

（二）马铃薯收获机

2010年，园洲万利农民专业合作社购置8台4U-170型马铃薯收获机是青岛洪珠农业机械有限公司与青岛农业大学联合研制的一款新型根茎类作物收获设备。该机与10～18马力手扶拖拉机配套作业，主要用于马铃薯、红薯、花生等薯类一次性实现挖掘、清土、铺放等功能，具有收获效率高、伤薯率低、可带秧收获、运转轻快无振动、不堵草、漏土快、结构简单、使用寿命长等特点。整个作业过程顺畅，每天能收获马铃薯25亩，是人工收获的20多倍，大大降低人力需求，减缓农村劳动力不足，降低收获作业成本。

三、电动打禾机

电动打禾机，又称电动脱粒机。1971年，园洲开始使用半喂入（滚筒式）机电动脱粒机，主要用于早稻的脱粒。作业时，将稻谷的穗头部分塞入脱粒装置，在滚筒齿的连续梳刷和打击下脱粒干净。脱净后的稻草由夹持链送到机体后面排出。脱下的稻谷由滚筒流出。排出的稻草有少量的稻谷，需要大量的人工清理。半喂入电动脱粒机使用简便，配套动力3～5千瓦。至1979年，园洲拥有电动打禾机209台，平均每个生产队两台。随着水利程度和科学种田水平的提高，早稻结束了割水禾的历史，脚踏打禾机得到广泛推广，电动打禾机逐渐退出了历史舞台。

第三节　植保机具

一、手摇喷粉器

1956年前，对农作物的虫害采取人工捕捉。1956年引进单管手摇喷粉器，将药粉通过机械作用直接均匀地撒布在植物上，不需用水，因而功耗小，劳力消耗少，撒布均匀，工作效率高。其构造简单，操作容易，使用效率高，一人操作一天可撒30亩地。但喷粉时，受气候条件影响大，粉剂农药对植株的附着性能差，药粉损失较多。1965年，共有手摇喷粉器90部。后因农药“六六六”和混合粉禁止生产而停用。

二、肩负式打气喷雾器

20世纪60年代中期，推广使用肩负式打气喷雾器。1978年，全镇有肩负式打气喷雾器有246部，平均每个生产队2部。至2000年，全镇有背负式打气喷雾器18000部，平均每户农村家庭一部。

三、背负式机动喷雾喷粉器

1973年后，镇域机动喷雾喷粉器开始使用。机动喷雾喷粉器与手摇喷雾器比较有轻便、快速、省工、省时、高效、适用范围广等优点，1975年，共有机动喷雾喷粉器80部，平均每个生产队0.7部。但由于机动喷雾喷粉器成本高、噪音、振动大、操作劳动强度大等原因，未能普遍推广。

四、水唧筒

20世纪70年代，手摇喷粉器和背负式机动喷雾喷粉器使用不广泛，农民植保工具以使用水唧筒为主。用定量的乳油、可湿性粉剂或水剂等，加水稀释，搅拌均匀，向植物进行喷洒。境内作物病虫害防治面积的70%以上是通过水唧筒来完成的。1989年，全镇有水唧筒13000支，每个劳动力平均1支。

五、黑光灯

黑光灯是一种无药诱杀害虫的器械，对蛾期害虫诱杀效果显著。每盏灯担负20～30亩田。同时，在三化螟高峰期时，组织群众诱杀螟蛾，但“万家灯火”的灯，多属煤油灯，稍遇风雨就不能点灯。1980年，农村实行家庭联产承包责任制后，灯光诱杀虫害因不能一家一户所用，一处使用反招来虫害，故全部停用。

六、除卵梳

20世纪70年代初期，推广使用除卵梳。除卵梳用竹木制成，形似梳子，用人工拖着梳子在秧地行走，将粘在秧苗叶片上的三化螟卵块除掉，可梳除90%以上的秧田螟卵块。

第四节　农副产品加工机具

镇域传统的农副产品加工工具，有碓、石磨、谷磨、木油榨、石压蔗碌等，补助加工工具有米筛、糠筛、竹箩等。20世纪60年代后，农副产品加工工具逐步由加工机械所代替。

一、传统农副产品加工具

（一）石　磨

20世纪60年代以前，祖祖辈辈的园洲人就是用石磨来加工稻米、小麦、玉米和磨豆腐的。石磨是由石匠用质地坚硬的花岗岩开凿而成的。由上下两块圆形石盘组成，分别称为“上扇”和“下扇”，两块磨扇上下对合，使用时，摇动拐柄使上扇磨石绕轴旋转，谷物由磨眼注入，在两扇之间散开并在磨齿之间被磨碎。石磨多用于磨米粉、磨米浆和磨豆腐。伴随着现代面粉加工机械的发明、应用和普及，石磨逐渐退出了历史舞台。

（二）谷　磨

谷磨的制作原理和石磨的一样，它利用上下磨盘相互逆向转动，稻谷在磨齿的缝隙中滚动摩擦，使谷壳与大米分离。20世纪60年代初期，碾米机械逐渐进入园洲，取代了这种人力操作的“土机械”。谷磨也成为历史古物，在人类进化的历史长河中渐渐消逝。

（三）石　绞

20世纪60年代以前，镇域种植甘蔗，几乎每个村庄都有农民自办的土糖厂。土糖厂中用来压榨甘蔗的工具，俗称石绞。石绞榨蔗机由两块圆形的花岗岩石碌组成，大小不一，大的直径约有一米，小的0.6米，高和直径约相等。石碌的周围都凿有右深左浅形状相同的方孔，用以插入硬木楔，做成齿轮，带动两个石碌旋转。石碌底下是一个大石盆，也是用花岗岩打凿而成，厚约0.2米，四周边缘凸起，中间凿有凹槽。石绞两个石碌上下端都有碗口大小的方孔，用途就是绞榨甘蔗时套上两根木柱子，再用一条弯弯的杠杆往外延展，在外围形成一条环形的轨道。动力来自牛拉，牛拉着杠杆绕行，从而带动石碌转动，通过木楔带动另一个石碌反向转动，把甘蔗放在两石碌之间，由碌带动并产生挤压，就把蔗汁榨出来了，然后熬煮即制成黄糖。60年代中期，铁制的榨蔗机代替了石绞。

（四）木制油榨机

1980年前，开油坊榨油的设备就是榨油机，是用原木加工而成的。木榨油机是个庞然大物，制作榨油机时，将树干整修好掏空树心，制成 油槽，用以填装油胚饼；槽底有一小孔贯通，用于榨油时流油。木榨榨油，主要是通过人力的挤压来完成的。木榨榨油工艺比较复杂，要经历风车去杂，炒锅炒熟，上槽碾末，蒸锅包饼，上圈装榨，木槽打榨，沉淀沥油等过程。20世纪90年代后，铁制手摇式榨油机代替了木制油榨机。

（五）石　碓

石碓是一种古老的粮食加工工具，又称脚碓、舂臼，是由杵臼发展演变而来的。石碓利用杠杆原理，将一根长木方安在石架上，木方一端装上石碓头，下面埋放一石窝。人踩木方的另一端，碓头即翘起，脚移碓头落，下舂打谷米。如今，乡下的石碓已经退出了历史舞台。

二、现代农副产品加工工具

1961年开始，镇域开始推广使用碾米机。至1970年，碾米机有横式铁辊碾米机和螺旋铁辊碾米机两种。这种碾米机主要用来加工稻谷，也可加工糙米，结构简单，制造容易，使用维修比较方便。随后，压蔗机、磨粉机、碾糠机、饲料粉碎机广泛使用。至20世纪80年代，粮食加工、磨粉（浆）、饲料加工、油料加工，基本上实现现代化。据统计，境内有各种农副产品加工工具1000多台（套）。

第五节　排灌工具

一、传统排灌工具

（一）戽斗

20世纪50年代以前，戽斗是抗旱工具。戽斗用藤条或竹篾编成，或用木板组合再用钉钉的开放式圆筒。后来戽斗大都是铁皮制成。用铁皮制成的戽斗经久耐用，但比藤条或竹篾编成的戽斗显得笨重。戽斗一般高0.32米，戽口长0.34米，宽0.3米。从形状上看，戽斗口大尾窄。

（二）水车

水车是中国古代一种先进、流传久、使用最普遍的农用灌溉工具，主要由木链、过水槽、踏板、刮板等组成。它提水时，一般安放在河边或水沟渠、溪，利用链轮传动原理，以人力手摇或脚踏去带动木链周而复始地翻转，装在木链上的刮板就能顺着水把水提升到岸上，进行农用灌溉。水车简便、实用，不用电，不用油，提水成本低，而且没有污染，是乡间人利用自然水力灌溉的一部杰作。由于水车结构合理，可靠实用，所以能一代代流传下来。1965年，镇域拥有水车970部，每个生产队平均有3部水车。20世纪70年代后，随着电动提水工具的使用，水车逐年减少。至1975年，水车退出了历史舞台。

二、电动排灌设备

20世纪60年代初，园洲实现电气化后，机灌设备逐步使用（参见第六篇“水利”）。

第六节　渔业机械

镇域的渔业机械主要是养殖过程作业机械，有池塘养鱼用的排灌机械，增加水域溶氧量的增氧机械，投放粉状、颗粒饲料或液体饲料的投饲机械和投饲料车、投饲料船，对养殖用水进行过滤消毒的水质净化装置，使鱼池保持适宜水温的温控装置、鱼塘清淤机等。2016年，全镇有增氧机380台，投料机120台，鱼塘清淤机60台。

第七节　农田基本建设机械

1979年，郭松胜购置第一台推土机。到1999年，全镇推土机达到30台，挖土机30台。

随着农业机械化不断发展，农田基本建设作业水平也在逐步提高。过去以人、畜为动力的农田建设方式发生了深刻的变化，挖沟、筑堤、清淤、挖洞等基本实现了机械化，到2016年，全镇有推土机15台、挖土机60台，其他机械35台。

第八节　农机管理

20世纪70年代前，零散的农业机械由县有关部门管理，乡镇（公社）无管理机构。

1968年10月，园洲人民公社成立农机站，配备农机专管员负责全社农机管理、使用、维护和技术人员的培训、组织农田作业等。各生产大队也成立了不脱产的农机具管理组，由大队干部和具有一定农业机械技术水平的农民2～3人组成，在县农机管理局和公社农机站指导下，为该队的农机管理使用服务。1973年6月，公社拖拉机站改名为园洲公社农机管理站，九潭农机管理站成立于1980年，是博罗县农业机械管理局下属的社会公益型单位。园洲农机管理站现有工作编制4人，有站长1人、副站长1人、职工2人。主要职责是依据《中华人民共和国农业机械化促进法》的规定，引进、试验、示范、推广先进适用的农业机械及其技术，农业机械的安全监理，产品质量检验监督与认证管理，为农民与农业生产经营组织无偿提供公益性农业机械技术的推广、培训等服务。

1965—2016年园洲镇各类农机具拥有情况表

表4-8

年份	载重汽车	中型拖拉机	手扶拖拉机	推土机	挖土机	机帆船	农艇	胶轮手推机	喷雾器	机动喷雾器	电动打禾机	脚踏打禾机	压榨机	炸油机	碾米机	农用水泵	合计
单位	辆	台	台	台	台	艘	艘	架	个	个	台	台	台	台	台	台	
1965	3	3	6				109	282	132			302	2	1	6	52	898
1966	3	3	6				122	376	141			391	2	1	9	69	1123
1967	6	3	9				135	576	143			465	2	2	11	79	1431
1968	6	3	9				146	615	150			575	3	2	15	85	1609
1969	6	3	9				150	940	151			631	3	3	17	93	2006
1970	6	3	11				152	1260	152			702	3	3	20	102	2414
1971	6	3	15				161	1596	161		6	769	3	3	20	109	2852
1972	8	6	17				181	1920	169		9	827	6	3	27	115	3288

续表4-8

年份	载重汽车	中型拖拉机	手扶拖拉机	推土机	挖土机	机帆船	农艇	胶轮手推机	喷雾器	机动喷雾器	电动打禾机	脚踏打禾机	压榨机	炸油机	碾米机	农用水泵	合计
单位	辆	台	台	台	台	艘	艘	架	个	个	台	台	台	台	台	台	
1973	8	6	20				185	2250	172	2	11	906	6	3	27	126	3722
1974	9	9	23				191	2576	181	2	43	983	6	5	31	135	4194
1975	9	9	65				196	2901	196	2	52	1031	6	5	35	145	4652
1976	9	9	79	2		1	212	3230	206	2	85	1091	6	5	35	155	5127
1977	9	13	94	2		1	242	3557	218	3	103	1803	6	5	37	167	6260
1978	9	13	152	2	1	3	241	4504	246	6	190	2101	6	5	41	192	7712
1979	9	13	231	2	2	6	226	4896	396	6	209	2106	6	6	43	202	8359
1980	11	13	296	2	2	6	213	5046	585	6	231	2118	6	9	47	226	8817
1981	11	13	388	2	2	6	176	5564	605	6	251	3537	9	9	47	231	10857
1982	11	13	557	2	3	8	110	6224	639	6	256	6261	9	11	53	239	14402
1983	11	13	683	3	3	8	110	6313	696	6	648	6226	9	11	61	252	15053
1984	14	15	829	4	4	9	110	6659	816	6	614	6203	9	13	61	267	15633
1985	14	15	914	4	4	11	110	6729	822	8	719	6468	9	13	67	288	16195
1986	15	15	1031	5	6	11	110	7348	1607	8	835	6373	9	13	70	268	17724
1987	15	15	1169	6	6	11	110	7660	798	11	1048	6544	11	15	70	372	17861
1988	17	15	1331	6	6	11	110	7972	1839	52	1319	6552	11	15	73	396	19725
1989	20	15	1503	9	6	11	110	8261	3580	87	1791	6396	11	15	79	494	22388
1990	31	15	1696	9	6	11	96	8511	3827	331	1793	6331	11	15	79	931	23693
1991	37	15	1782	11	6	11	96	8879	3996	501	1793	6296	11	15	79	1109	24637
1992	54	15	1868	15	9	12	96	9096	4240	552	1796	6206	11	15	80	1460	25525
1993	64	15	1991	15	9	12	96	9313	4318	601	1799	6206	11	16	80	1471	26017
1994	74	15	1996	15	9	12	96	9485	4366	632	1804	6206	11	18	93	1540	26372
1995	91	15	2003	15	9	12	96	9696	4396	651	1809	5676	11	18	93	1552	26143
1996	113	15	2006	15	9	12	93	9891	4502	672	1809	3872	11	23	93	1566	24702
1997	122	15	2008	15	9	12	93	10031	4569	693	2246	2884	13	24	93	1569	24396
1998	142	15	2009	15	9	12	93	10328	4591	693	2246	2683	13	24	93	1572	24538
1999	145	15	2011	16	11	12	93	10606	4669	693	2266	2361	13	24	96	1575	24606
2000	145	15	2018	18	11	12	91	10811	4691	693	2271	2253	15	24	96	1641	24805
2001	145	15	2018	18	11	12	91	11009	4803	693	2271	2224	15	24	98	1751	25198

续表4-8

年份	载重汽车	中型拖拉机	手扶拖拉机	推土机	挖土机	机帆船	农艇	胶轮手推机	喷雾器	机动喷雾器	电动打禾机	脚踏打禾机	压榨机	炸油机	碾米机	农用水泵	合计
单位	辆	台	台	台	台	艘	艘	架	个	个	台	台	台	台	台	台	
2002	145	15	2018	18	11	12	91	11128	4889	693	2271	2224	15	27	98	1851	25506
2003	145	15	2018	19	11	12	91	11301	4903	693	2271	2224	26	29	106	1865	25729
2004	145	31	2018	20	14	12	89	11446	4931	695	2183	1683	28	35	107	1880	25317
2005	145	33	2018	20	15	12	89	11506	4931	695	2183	1683	28	35	107	1902	25402
2006	145	35	2018	20	15	12	89	11635	4931	695	2183	1683	28	36	107	1902	25534
2007	145	41	2018	20	17	12	89	11802	5181	945	2183	1683	28	53	107	1962	26286
2008	243	13	2018	36	17	20	89	11932	5351	1115	2183	1361	28	93	117	1962	26578
2009	243	19	2019	36	17	27	89	12106	5838	1602	2183	1206	31	107	137	2060	27720
2010	243	27	2020	36	20	31	83	12396	5898	1661	2183	1091	31	107	137	2141	28105
2011	243	34	2024	36	20	31	83	12552	5961	1726	2183	1008	31	107	137	2176	28352
2012	283	40	1713	36	20	37	83	12619	6205	1946	2047	876	35	104	127	2187	28358
2013	335	43	1651	28	27	37	83	12693	6215	1978	2012	809	35	102	127	2187	28362
2014	337	45	1420	28	27	37	83	12803	6215	1978	2012	691	35	102	127	2187	28127
2015	337	45	1420	28	27	37	83	12893	6216	1979	2020	672	35	102	128	2189	28211
2016	339	48	1420	30	28	37	83	12893	6213	1929	2020	672	35	102	128	2189	28166

第七章　农村经营管理

农村经营管理系统承担着贯彻落实党的农村基本政策、巩固和完善农村基本经营制度和维护农民合法权益等重要职能任务。长期以来，园洲各级农业管理部门认真贯彻落实党的方针政策，大力推进农业经营体制机制创新，强化计划管理、劳动管理、财务管理、物资管理和收益分配，切实维护农民合法权益。

第一节 管理体制

1953年国家第一个五年计划起,农村经济以计划管理为主，每年或每五年，根据上级经济计划制定农业生产计划，落实各类农作物种植面积产量及其农、林、牧、副、渔等发展指标。

1954年互助组成立，贯彻“平等互利、等价交换、自愿结合”的原则，镇域开始实行“以互助组为单位，工日以评底分计工分，年终以货币结算”的简单劳动管理和计划管理。1955年，成立初级农业社，实行“土地入股，统一经营，评工记分，年终分配”的经营模式。

1956年下半年，园洲并成52个高级农业社（园洲35个，九潭17个），取消了土地报酬，实行各尽所能、按劳分配的原则。计划管理、劳动管理、财务管理和收益分配进一步完善，1957年，乡配备一名农村会计辅导员，专司高级农业合作社财务管理，指导社内收益分配。1958年秋建立人民公社后，所有土地生产资料全部转为集体所有，实行“统一经营、统一核算、统一分配”。农村财务、集体资产及收益分配管理，由生产大队延伸到生产队。

1961年冬，实行“三级所有，队为基础”的经营体制，确立了以生产队为核算单位，采取基本口粮和按劳动工分相结合的分配方式。恢复了各尽所能，按劳分配政策。1965—1968年农村会计辅导员与农业银行合并办公，具体职责是：协助辅导大队生产队财会业务、抓好年终分配报表、督促执行上级分配政策。1969年后，公社建立经营管理站，设经营管理专职干部和会计辅导员，由管委会副主任领导经营管理工作

1981年秋，推行家庭联产承包责任制，确立了以家庭为主体的经营模式。同年4月，园洲、九潭分别成立农村经营管理办公室（简称经管办），为公社经济管理职能机构，公社农村财务辅导员任办公室主任，信用社和粮管所派出会计辅导员、农村办事员，驻公社经管办联合办公。公社经管办主要任务是负责对公社、大队、生产队三级农业、副业和工业经济组织，开展财务管理、资产管理、土地管理、劳力管理，做好生产队经济和粮食收益分配，亦称“三级、三业、四大管理加分配”。

1983年，政社体制改革，设立乡人民政府（区公所），乡（区公所）成立经营管理站，人员编制未动。管理范围扩展到乡镇工业、农业和多种经营等企事业单位。其工作职责：一是村级财务管理，二是农民负担管理，三是土地承包合同管理。统计工作未设专职统计员，由经管站兼管，负责做好人口、农业年报及上级有关工作。

1985年7月，执行农牧渔业部颁发的《乡镇合作经济组织经营管理服务站工作条例（试行）》，经管办改名为农村经营管理服务站（简称农经站），主要职责是贯彻执行党和国家农村经济政策、法规，维护合作经济组织合法权益，控减农民经济负担，管好用活农村合作经济组织资产和生产要素，参与农村社会化服务。

1986年，撤区建镇，园洲镇经营管理站共有职员2人；九潭镇经营管理站共有职员2人。

1993年1月，成立农民负担监督管理领导小组；4月，成立农村承包合同管理委员会。两个经济管理组织均以农经站为办事机构。是年5月，园洲、九潭农经站分别挂牌成立农村合作基金会，开展合作经济组织内部资金融通。2002年4月人事制度改革，经管站限编定员2人。同年，推行“村账镇管”，镇成立农村经济合作服务中心，主任及记账员均由农经站人员兼任。

第二节 计划管理

新中国成立之初到20世纪80年代中期，国家实行计划经济，农、林、牧、副、渔等主要农产品的生产，

都在国家的指令性计划管理下进行。年度的生产计划包括以下的主要内容：（1）作物的种植计划、产量计划，保证完成计划的技术措施；（2）林业、畜牧业、水产业和其他副业生产计划；（3）基本建设计划；（4）劳动力和畜力的使用计划。计划经济时代的人民公社，以“以粮为纲，全面发展”的方针编制生产计划，既强调粮食生产，又注重农、林、牧、副、渔五业以及粮食作物与其他作物全面协调发展。这一方针的贯彻对园洲社会、经济发展既产生了积极的促进作用，也带来深刻的历史教训。

1977年，执行贯彻国家、集体和个人的“三兼顾”的原则，订好生产计划和收购计划，保证完成国家规定的各项生产和各项任务，当年实现增产、增收、增积累、增分配、增贡献。中共十一届三中全会以后，逐步把过去指令性计划改为指导性计划，并遵循经济发展规律，进行计划管理；推行合同制，以合同的形式把农民的生产活动纳入国家计划的轨道。

一、生产计划

新中国成立初期建立的互助组，是劳动农民在个体经济的基础上，为了解决劳力、耕畜、农具缺乏的困难，按照自愿互利组织起来的劳动组织，组内有简单的生产计划和初步的分工分业。

1954—1956年合作化时期，合作社在每年的秋末或冬季定出下一年度的生产计划。按照《农业发展纲要四十条》中关于“发展农业和副业相结合”“在优先发展粮食生产的条件下，各地应当发展农业的多种经济”的指示，以及国家、省分配的生产、交售任务、落实各项作物的播种面积、亩产、总产以及技术措施，同时合作社根据自己的条件，从实际出发，制定“发展农业和副业相结合”的年度生产计划，年度生产计划包括以下的内容：播种计划和产量计划；劳动力和畜力的使用计划；生产资料的供应计划；基本建设计划；副业生产计划。为了保证年度生产计划的完成，合作社按照当地的农事季节或者耕作段落，订出一个季节或者一个段落的计划，具体地规定生产任务和完成任务的期限。为了使年度生产计划能够有长远的打算作根据，并且使合作社的活动能够适应整个农村的各方面发展的需要，合作社制订三年以上的长期计划，全面地规划这个时期内各项生产和建设的任务。

1958—1978年人民公社时期，按照“以粮为纲，全面发展，多种经营”的农业生产方针，编制农、林、牧、副、渔各业发展和收益计划。1979年9月，中央颁布《中共中央关于加快农业发展若干问题的决定》，贯彻执行“农林牧副渔同时并举”和“以粮为纲，全面发展，因地制宜，适当集中”的方针，编制“农林牧副渔同时并举”的计划。

20世纪80年代始，农村实行家庭联产承包责任制，生产体制的改变，生产计划的编制也随之改变。根据国家“绝不放松粮食生产，积极开展多种经营”的方针和县委的要求，通过农户与农户（专业户）、合作经济组织签订生产承包合同，将作物面积、产量、上交任务（包括国家征购和集体提留）逐项落实到承包单位（者）。

1985年，国家不再对农村下达指令性的收购计划，以“合同定购”的具体约定来编制生产计划。1992年年底，全国放开了粮食价格，粮食市场形成，统购统销才真正退出了历史舞台，农业生产的编制完全结束了计划经济时代的编制方针，由指令性计划完全实行指导性计划。

二、劳动调配计划

互助组、合作化时期生产资料所属，经历了从半公有化到公有化两个阶段，劳动调配包括土地、耕牛、农具、劳动力的组织调配计划安排发生了重大变化。其计划权属于集体，集体可以根据工作的需要来安排劳动力。凡是劳动力的调用，要经过集体组织领导人的同意；对于防洪、抗旱，突击抢插、抢收等特殊情况，合作社可以统一调动劳动力。

计划经济时代的人民公社，实行高度统一经营，劳动力的调配以生产队为主，公社、大队两级根据需要可以调动部分劳动力，各生产队必须服从。在平时，生产队根据生产计划及其他方面的需要，按照劳动定额，编制劳动力的编制和使用计划，社员投工计划根据粮食生产和工副业生产的用工比例，在保证粮食生产用工的基础上，调剂劳动力的余缺，并照顾贫困老弱者出工，努力做到全体社员增收。

实行家庭联产承包责任制后，各承包户向国家缴纳农业税，交售合同定购产品以及向集体上缴公积金、公益金等公共提留，每名劳动力每年负担8～10天的义务值勤工，投入公益生产活动。

第三节　劳动管理

一、劳动力安排与使用

1956—1957年，实行包工、包产、包成本和超产奖励制度，再加上劳动力、土地、耕畜、农具固定给生产队使用的制度，统称为“三包一奖四固定”制度。

1958—1959年人民公社初期，生产管理权大部分集中于人民公社管委会，由公社实行统一计划、统一经营、统一调动、统一核算、统一分配的“五统一”经营管理体制，在“组织军事化、行动战斗化、生产集体化、管理民主化”的口号下，组织大兵团作战，劳动力按“军事化”形式，编为团(公社)、营(大队)、连(生产队)、排(专业组、突击队)。农田基建、“大炼钢铁”，劳动力以公社为单位组织。生活上实行集体化，社员一律在公共食堂吃饭，口粮分配到食堂，定量到人。凡有劳动力而不参加劳动者不得食，以约束强制社员参加集体劳动。1960年冬至1961年春整风整社后，1962年贯彻《农村人民公社工作条例(草案)》（简称《农业六十条》），实行以生产队为基本核算单位，劳力固定到生产队，恢复高级社时的劳动管理制度。

二、劳动定额和计酬

1956—1957年，农业合作社贯彻生产责任制——包产、包工、包费用，超产奖励。采取“包”的形式，把个人利益和集体利益结合起来，基本上解决了社与队之间的责任制问题以及队与队之间劳动报酬的平衡问题。1958年，实行“吃饭不用钱”“月月发工资”的超越生产力发展水平的做法，取消评工记分，结果行不通。1962年，恢复出勤评分计工制。按社员劳动能力、上工迟早、技术程度，评定社员每天应得工分。上工迟、偷懒、旷工者扣罚工分，年终按所得工分，参加分配。恢复出勤评分计工制，直到1980年“大包干”为止。

1968—1971年，在“农业学大寨”的号召下，取消定额管理，采取“自报、互评、公议”的形式进行“评工记分”。那些所谓出身和“政治思想好”的，得工分多，劳动好而所谓出身和“思想政治”不好者，就少记工分。结果挫伤农民生产积极性，造成出勤不出力。1971年，贯彻中央81号文件，取消“评工记分”方法，恢复定额管理制度。1972年，各大队、生产队均制定了《劳动定额》。

1976年后，推广“三包”（即包工、包产、包投资）、“四固定”（在生产队划分若干小组,定劳力、定地块、定工分、定任务,超奖短罚）。

1982年后,实行家庭联产承包责任制，均以家庭为单位组织生产劳动，工分报酬自然停止。

1976年赤沥大队劳动定额计算表

表4-9

工种	项目	工作条件	定额及报酬数量					
			定额		完成定额报酬			
			单位	数量	等级	劳动日	报酬	
							单位	劳动日
割禾	上造	151～200	斤	1	1	13	斤	13
		201～250	斤	0.8	1	13	斤	16.2
		251～300	斤	0.7	1	13	斤	18.6
		301～350	斤	0.6	1	13	斤	21.7
		351～400	斤	0.5	1	13	斤	26
		400以上	斤	0.4	1	13	斤	32.5
	下造	100以下	斤	10	1	13	斤	13
		101～150	斤	13	1	13	斤	10
		151～200	斤	15	1	13	斤	8.7
割禾	下造	201～250	斤	18	1	13	斤	7.2
		251～300	斤	21	1	13	斤	6.2
		301～350	斤	23	1	13	斤	5.7
		350以上	斤	25	1	13	斤	5.2
晒谷	上造	晒谷	斤	700	1	13	斤	1.9
	下造	晒谷	斤	900	1	13	斤	1.5
晒草	上造	晒草	斤	900	3	10	斤	13
	下造	东草	把	180	3	10	斤	5.6

续表4-9

工种	项目	工作条件	定额及报酬数量					
			定额		完成定额报酬			
			单位	数量	等级	劳动日	报酬 单位	报酬 劳动日
犁禾头		1级牛	亩	2	6	6	亩	3
		2级牛	亩	1.8	6	6	亩	3.3
		3级牛	亩	1.6	6	6	亩	3.8
		4级牛	亩	1.4	6	6	亩	4.3
		5级牛	亩	1.2	6	6	亩	5
操田		1级牛	亩	2.5	6	6	亩	2.4
		2级牛	亩	2.3	6	6	亩	2.6
		3级牛	亩	2.1	6	6	亩	2.9
		4级牛	亩	1.9	6	6	亩	3.2
		5级牛	亩	1.7	6	6	亩	3.5
直耙坡		1级牛	亩	4	6	6	亩	1.5
		2级牛	亩	3.5	6	6	亩	1.7
		3级牛	亩	3	6	6	亩	2
		4级牛	亩	2.7	6	6	亩	2.2
		5级牛	亩	2.5	6	6	亩	2.4
上造	打禾	电动打禾机	担	1	1	13	担	0.8
全年	选种	块选	亩	1	3	10	亩	8.3
		穗选	斤	15	10	10	斤	3.3
	浸种	上造	担		2	1.2	担	6
全年	浸种	下造	担		2	1.2	担	3
上造	打禾	脚踏打禾机	担	1	1	13	担	1.9
草	割牛草	割牛草	斤	250	4	8.5	斤	3.4
		割牛草	斤	200	4	8.5	斤	4.3
木茨	妆木茨	锄木茨	亩	1	3	10	亩	10
		切茨花	斤	400	3	10	斤	25

续表4-9

工种	项目	工作条件	定额及报酬数量					
			定额		完成定额报酬			
			单位	数量	等级	劳动日	报酬	
							单位	劳动日
横耙用（下造）		1级牛	亩	4	6	6	亩	15
		2级牛	亩	3.6	6	6	亩	17
		3级牛	亩	3.2	6	6	亩	19
		4级牛	亩	2.8	6	6	亩	21
		5级牛	亩	2.4	6	6	亩	25
下造	莳田	6×6	亩	7	1	13	亩	19
		6×7	亩	8	1	13	亩	16
	剖秧 打秧 担秧	剖秧	亩	3.5	1	115	亩	37
		打秧（易）	把	350	1	115	把	37
		打秧（难）	把	250	1	115	把	43
黄麻	301～400		斤	40	2	85	斤	29
	201～300		斤	30	2	10	斤	39
	200以下		斤	20	2	115	斤	57
	晒、浸	晒麻	斤	400	4	10	斤	21
		浸麻	斤	200	3	10	斤	25
冬种作物	豆类	挠沥平沥	亩	4	2	115	亩	28
		放肥	亩	30	3	10	亩	33
冬种作物	豆类	放种	亩	15	3	10	亩	68
	蒜仔	挠沥平沥	亩	2	2	115	亩	57
		放肥	亩	2	3	10	亩	5
		放种	亩	0.25	3	10	亩	4
		乜蒜仔	斤	70	3	10	斤	14
	马铃薯	挠坑	亩	1.3	3	10	亩	77
		放种	亩	2.5	3	10	亩	4
		放肥	担	15	3	10	担	67
		翻坑挠沥	亩	1.5	3	10	亩	67
		切茨卵灰	斤	300	4	85	斤	28

续表4-9

工种	项目	工作条件	定额及报酬数量					
			定额		完成定额报酬			
			单位	数量	等级	劳动日	报酬	
							单位	劳动日
全年	田间管理	惊蛰	亩	200	至	250		
		至	亩	260	至	350		
		霜降	亩	360	至	以上		

说明：赤沥大队原属铁场公社（后九潭），现为园洲镇沥东、沥西村

第四节 财务管理

一、管理制度

1953—1957年，以互助组或初级社为独立核算单位，设兼职会计、出纳、保管各一人，为合作社管理人员，由乡人民委员会任免。1958—1961年，实行两级核算（公社、大队）。公社统一核算、统一分配，大队为报账单位，生产队只是生产单位。公社负责农、工、商、信贷等收支核算，大队负责粮食、财物登记、记账，生产队组织生产。

1959—1961年人民公社时期，实行“统一经营，分级管理”的财务管理制度。公社内部财务由公社、大队、生产队三级进行核算。

1962—1978年，实行“三级核算(公社、大队、生产队)，队为基础”的生产资料所有制，以生产队为基本核算单位，独立核算，自负盈亏。公社配有会计辅导员，大队、生产队配有专（兼）职会计。

1958年后的人民公社时期，生产大队、生产队统设不脱产（误工补助）会计员和现金出纳员各一人，至此，农村三级会计队伍业形成。此后，每年进行集中培训，开展“经济四清”(即清账目、清实物、清现金、清工分)。1963年7月，按照上级的要求，进行以“四清”为内容的社会主义教育运动(简称“社教”)把原来以清经济为内容的“四清”，发展为以“清政治、清思想、清经济、清组织”的政治运动。当时清理的经济问题有相当一部分不实、不当，伤害了一些干部、群众。

从20世纪70年代起，各大队及大部分生产队建立贫下中农民主理财监督小组(简称“贫监组”)，监督生产队的财务收支账目，生产队按月或按季度口头或张榜公布一次账目。

1982年，农村实行家庭联产承包责任制后，民主理财小组自行消失。生产队不再设会计。大队设会计负责提留及集体土地、企业承包费的收缴。生产队不再进行分配记账。农民联产承包的土地收入，交清公购粮、集体提留后，其余归己有。1987年，开展农村会计制度改革，为减轻农民负担，村民小组（原生产队）不再专设会计，由村成立3～5人的专业会计组（又称联组会计），设记账员和统计员各1人，出纳员数人，集中在村部办公，统管全村各村民小组账务。1992年年底，统购统销退出了历史舞台。财务管理的重点是收取集体承包款和集体公积金。2002年开始推行的“村账镇管”制度，以镇农村经济合作服务中心

为主体，统一记账、统一制度、统一审核、统一提供财务，公开资料，统一建档，分村核算，做好村级年终收益结算及报表工作。在村账镇代管的同时，实行收支两条线管理，做到规范有序的资金运行机制，将村内的全部收入纳入村账镇代管核算范围，规范资金收入的收缴程序，及时足额存入村账镇代管银行账户，强化管理，进行资金拨付制正常运转。

二、经济核算

镇域的农村集体经济组织的会计核算，历经由简到繁，由繁到简，不断改进、调整和完善的过程。

1953—1956年，采用收付记账法。按现金实际收付记账，收入则记收，付出则记付，收付金额相等，设置现金流水账、总分类账，社员投资（预支）登记簿、社员预支登记簿、固定财产登记簿、现金出纳簿的“二账四簿”，使用17个会计项目。

1956—1957年，采用现金收付记账法。一切经济事项，都按照“有收必有付，收付必相等”的原则来处理账目，设置二日记账、现金出纳账、总分类账、明细分类账、劳动工分账、固定财产登记簿、库存物资及材料登记簿、股份基金登记簿、产品登记簿、社员预分登记簿、作物生产项目登记簿、社员往来手册、社员劳动手册的“五账六簿两册”。会计项目增为28个。

1958—1961年人民公社时期，记账采用借贷记账法。按照“有借必有贷，两者必相符”的原则来处理账目，会计项目设32个。账簿实行“以表代账”，仅设总分类账、明细分类账、产品物资登记簿。

1962—1978年实行“三级所有，队为基础”的体制，决定了以生产队为基本核算单位。记账方法、会计项目、账簿设置沿用高级社使用制度。

1979—1981年，实行全国统一的会计制度，记账方法采用钱物收付记账法，会计项目28个。账簿设置现金实物流水账、总分类账、明细分类账（后改为承包结算明细账、产品账、固定财产账、社员往来手册、现金手册）。

1983年后，推行农业家庭联产承包责任制，原有的会计制度已经不适应发生重大变化的经营方式和管理办法。采用“统计核算”的方法，客观反映承包户的产量、收支状况，即除会计核算外，还采用普查、典型调查、抽样调查等方法，各承包户的产量、收入、支出，作为统计当地有关农作物产量的依据，并以此来衡量承包经营效益。1997年3月，开始实行农业部、财政部制定的《村合作经济组织财务制度》和《村合作经济组织会计制度》，境内开展“账改”工作，收入较多的经济合作社（全部）建立新账。村级财务管理主要任务转为编制财务收支计划，做好会计核算，管好用活集体资金和财产，对村民小组和村办企业开展财务监督，做好村级收益分配，正确处理国家、村组合作经济组织与农民的经济利益关系。

三、民主理财

20世纪60年代，通过开展社会主义教育运动，生产队普遍建立以贫下中农骨干为主的民主理财小组，参与集体财务管理，维护国家、集体、社员三者利益。

“文化大革命”期间，尽管农村工作受到严重冲击，唯有民主理财活动在动乱中得以存续。

1982年，实行家庭联产承包责任制后，农村经营管理体制发生重大变革，民主理财活动逐渐停止。

1995年，在推行财务公开中，逐步恢复民主理财活动。

1998年，镇域27个村委会实行党务、政务、村务、财务公开（简称“四公开”）。1999年，镇政府印发《园洲镇村务公开实施意见》，在全镇统一村务公开中财务方面的具体内容。27个村委会统一制作铝合金橱窗式公布栏。是年，园洲镇建立民主理财小组27个，成员162人。“四公开”后，财务透明度提高，促进了农村民主管理制度的建设。

2014年，镇政府印发《园洲镇人民政府关于村务公开工作的实施方案》，对民主理财的内容作出以下规定：

（1）年度财务计划及各项收入、支出和债权债务情况；

（2）集体资产及其经营管理情况，包括土地、物业等生产资料的经营情况和集体企业承包经营方案、投标结果、承包费收缴、合同履行情况；

（3）村集体经济收益及其使用情况；

（4）兴办村集体经济项目和公益事业的经费筹集以及招标投标、建设承包方案及实施情况；

（5）征用集体所有土地各项补偿费的收入和使用情况；

（6）救灾救济、扶贫助残、拥军优属、社会捐赠等款物的接收、发放、使用情况；

（7）各级政府下拨的补助经费、专项经费的收支情况；

（8）农民负担各种费用情况；

（6）农村合作医疗费的收缴和开支情况；

（10）村干部工资、资金、补贴及其他福利，公务活动方面的开支情况；

（11）计划外生育费的收缴、管理、使用情况。

第五节　物资管理

合作社时期的房屋、建筑物、机器、设备、工具、器具和农业基本建设设施以及公共财物、粮食、农副特产、农机具、化肥、农药等都属于集体经济，纳入物资管理范畴，由集体按规定处置。

20世纪60年代开始，农村集体经济的物资管理重点是管好、使用好财产物资，做好仓库的储存保管。各生产队设有保管员，建立保管制度，对财产物资采用分类、计价、登记和定期盘点。每年结合分配，全面清查实物，对储备粮、种子翻仓过秤，做到账物相符。同时建立实物进、出、存数量明细账和维修保养以及折旧制度。1982年后，对生产队、大队集体所有的固定资产和农机具、公房、耕牛、物资等折价售给农民，集体物资管理逐步消失。

第六节　收益分配

新中国成立前，绝大部分生产资料为统治阶级占有，地主、富农和土地出租者利用其占有的生产资料，以租佃等方式获得产品。农民以极少的耕地靠自耕的形式获得少量的农产品。

新中国成立初期，农民各自有生产资料，生产的粮食除上交国家的征购粮，留足下年（造）的种子，其余的作为口粮，年人均粮食200公斤左右。一些农户因粮食不足，国家还要返销供应一部分粮食。

初级社，粮食安排，先完成国家征购任务，留足生产种子、饲料粮，分配给社员部分为基本口粮。初级社的总收入，在扣除当年生产费用、税金、公积金和公益金以后，所余部分分给社员，作为社员的劳动报酬和土地等生产资料的报酬。社员劳动报酬一般高于土地报酬。劳动报酬根据按劳分配原则，采取劳动工分的形式。

高级社，高级社的总收入在留下8%左右税金、生产费、2%的公积金和公益金以后，剩余部分根据按劳分配原则在社员之间进行分配。对烈军属、“五保户”、老弱贫困户进行补贴。

人民公社初建时（1958—1960年），一度超越经济基础能力，实行所谓“供给制”或半供给制的方法：即扣除公粮、公积金、公益金、生产费用后，按劳按月发给少量工资，仅实行几个月，因无钱可发而中止。粮食采取社员口粮以人定量，按户计算，分配到食堂，社员吃饭、治病、理发不计费。

1961年春，食堂解散，粮食分配到户，恢复评分记工，按劳动日数分配。社员口粮采取人劳比例分配，即粮食70%～80%按人口平均分配，20%～30%按工分多少分配。以后，为调动农民积极性，按劳动工分分配粮食部份提高为40%～50%。

1962—1978年，收益分配分为两大块，一块是实物分配，一块是资金分配。

实物分配。主要是粮食分配。粮食分配严格按照先国家、再集体、后个人的原则，即必须确保国家的粮食征购任务的完成，必须确保集体的贮备粮、籽种、饲料留足留够，然后再确定社员个人的口粮分配。社员口粮按“人七劳三”的比例分配，按人头分配口粮总数的30%，按社员的劳动日数分配30%，按人分配的口粮，0～6岁人口算四成，4～16岁算七成，15岁以上为成人。

资金分配。将全年的各项收入合计起来减去全年各项支出，为全年纯收入，以纯收入进行分配。其中公积金占百分之五到十，公益金占百分之二，各项支出按上年实际支出数字预留，剩余部分为社员劳动工分进行分红。社员参加生产队分红，是按社员参加生产队集体劳动所记工分数进行分配的。一级社员每参加生产队劳动一天记十分工（级数由社员大会评定，一般青壮年男劳力为一级，每劳动日十分工，青壮年女劳力为二级，每劳动日八分工，其余老弱病残者五至七分不等），用参与分红的总金额除以全体社员全年劳动工分总数，就是社员劳动日值。按照劳动日值，计算出各户应该得到的分红，再减去各户已经分配到手的实物（粮、油、糖等项）折价以及社员借欠生产小队的其他账项，就是各户全年应分配到手的现金。

往往，人多劳力少的农户，应分的现金不能抵消分到手的实物折价，就造成超支户，超支户需要支付现金以弥补因投入劳力不足而形成的短款。

1978年中共十一届三中全会后，随着实行家庭联产承包责任制，分配形式也随之改变，实行“上交国家的，交够集体的，剩余全部自己的”分配政策，体现国家、集体、个人“三兼顾”和按劳分配原则。由此调动了广大农民的积极性，农业生产连年丰收。

1992年年底，取消统购统销后，收益分配比较单一，村、组的经济收入，除留用公共事业建设外，其余部分一般都按人口分配到户。

第五篇　林果渔牧

园洲镇属平原地区，虽然林业生产没有较大的优势，但水果、渔业和牧业既有传统的管理模式，又有现代的经营特色。进入21世纪后，从一个传统农业模式初步形成一个鱼、畜、果“立体式”和“三高”农业雏形。

第一章　林　业

园洲镇属平原地区，河南区的田头、禾山村及河北区的凤山、上村、水口村为半平原半丘陵地区，宜林山地不多。

新中国成立前，镇域堤单路狭，洪水泛滥，村民在小河堤种些蒲葵、黄竹、荔枝外，绝大部分围堤都空旷无树木，更无林网建设。一些农户有在房前屋后、河旁路边、山边地塱植树遮阴习惯。至1949年，“四旁”（屋旁、村旁、路旁、河旁）都保存有一些樟树、榕树、苦楝树以及麻竹、泥竹、黄竹、荔枝、龙眼、乌榄、蒲桃等树木。

新中国成立后，人民政府倡导植树造林，开展“四旁”绿化种树和山水田林路综合治理，取得较好的生态效益。

1978年后，改革林业体制，开展全民义务植树，林业生产有所发展。至2016年，全镇林地实有面积830亩，其中用材林380亩，经济林250亩，绿化100亩，农田林网100亩；“四旁”植树500万株。在抓好林业生产的同时，加强城市园林绿化，为保持城乡的生态平衡方面起到积极作用。

第一节　林业资源

一、林　斑

1984年，林业部门进行了林业资源清查，计有林斑7个片区、36个图斑分布8个村委会，总面积447.58公顷，折合6713.7亩。

园洲镇林斑统计表

表5-1

片区号	序号	图斑号	所在村委会	拟安排项目	面积	合计面积	备注
1	1	1-0乔/8.0-果	沥西	安华	8.0公顷(120亩)	30.42公顷（456.3亩）	
	2	2-0乔/7.2-果			7.2公顷(108亩)		
	3	3-0乔/10.9-果			10.9公顷(163.5亩)		
	4	4-0乔/3.8-果		启丰	3.8公顷(57亩)		
	5	2-0乔/4.1-果		安华	0.52公顷(7.8亩)		占用石湾镇图斑
2	1	1-0乔/3.9-果	佛岭	合益	3.9公顷(58.5亩)	24.6公顷（369亩）	
	2	2-0乔/3.2-果			3.2公顷(48亩)		
	3	3-0乔/8.2-果			8.2公顷(123亩)		
	4	4-0乔/4.0-果			4.0公顷(60亩)		
	5	5-0乔/5.3-果			5.3公顷(79.5亩)		
3	1	1-0乔/40.9-果	义合	欣旺达	40.9公顷(613.5亩)	48.7公顷（730.5亩）	
	2	2-0乔/7.8-果		大红马	7.8公顷(117亩)		
4	1	1-0乔/4.5-果	凤山	振昌	4.5公顷(67.5亩)	54.2公顷813亩	
	2	2-0乔/14.3-果			14.3公顷(214.5亩)		
	3	3-0乔/22.9-果			22.9公顷(343.5亩)		
	4	4-0乔/12.5-果			12.5公顷(187.5亩)		

续表5-1

片区号	序号	图斑号	所在村委会	拟安排项目	面积	合计面积	备注
5	1	1-0乔/60.1-果	田头	天风、大中	60.1公顷(901.5亩)	71.2公顷（1068亩）	天风31.1公顷、大中40.1公顷
	2	2-0乔/11.1-果		大中	11.1公顷(166.5亩)		
6	1	3-0乔/-果	田头	新德(低丘)	33.7公顷(505.5亩)	136.2公顷（2043亩）新德 111.9公顷 胜丰 24.3公顷	
	2	4-0乔/-果			6.3公顷(94.5亩)		
	3	5-0乔/-果			62.9公顷(943.5亩)		
	4	6-0乔/-果		胜丰	16.3公顷(244.5亩)		
	5	7-0乔/-果			5.1公顷(76.5亩)		
	6	8-0乔/-果		新德(低丘)	9.0公顷(135亩)		
	7	1-0乔/-果	桔龙	胜丰	2.9公顷(亩43.5)		
7	1	1-0乔/23.6-果	上村	太湖度假村	23.6公顷(354亩)	31.66公顷（474.9亩）	
	2	2-0乔/4.9-果			4.9公顷(73.5亩)		
	3	1-0乔/16-果			0.133公顷(2亩)		占用龙华镇图斑
	4	2-0乔/3.2-果			0.373公顷(5.6亩)		占用龙华镇图斑
	5	7-0乔/7.0-果			2.65公顷(39.8亩)		占用龙华镇图斑
	6	1-0乔/15.0-果	水口		15.0公顷(225亩)	50.6公顷（759亩）	
	7	2-0乔/9.1-果			9.1公顷(136.5亩)		
	8	3-0乔/10.9-果			10.9公顷(163.5亩)		
	9	4-0乔/2.1-果			2.1公顷(31.5亩)		
	10	5-0乔/11.3-果			11.3公顷(169.5亩)		
	11	6-0乔2.2/-果			2.2公顷(33亩)		

说明：以上合计7个片区、36个图斑分布8个村委会总面积447.58公顷折合6713.7亩（其中4个图斑根据套用最新航片界线定性为跨镇飞地分别为龙华、石湾镇面积约为3.68公顷折合55.2亩）

二、林木品种

亚热带季风气候使镇域的丘陵生长着各种亚热带常绿季雨林植物，有竹、木、藤等品种。

新中国成立后，人民政府对有限的林木资源实行有效的保护措施，在极力保护原有林木品种的同时，因地制宜发展林业生产。重点以田园防护林的形式，配以桉树、樟树、木麻黄等树种，配置以橙、柑、橘、龙眼、荔枝等水果。竹林有黄竹、泥竹子、青皮竹等，分布于沙河、东江两岸地区。在人工造林中，先后引进集绿化、香化、美化于一身的树种。

第二节　林木产品

一、经济林

（一）马尾松

马尾松是坡地绿化的主要品种，乔木，树干较直；外皮深红褐色微灰，纵裂，长方形剥落；内皮枣红色微黄。20世纪60年代始种植于北区（九潭）和境内的主要公路，作绿化用。

（二）桉　树

桉树分大叶桉、小叶桉两种，是在20世纪50年代间山地造林和“四旁”植树的主要树种之一。桉树是世界著名的三大速生树种之一，具有适应性强、培育周期短、木材产量高、用途广泛等优点，可作为道路两边的绿化，速生、成效快，林相整齐，是优良的行道树。进入21世纪后，境内河北部分地区种植桉树。桉树因生长速度快，用途广，效益好，因而又称“经济林”，受商人欢迎。

（三）柠檬按

柠檬桉是在20世纪60年代间山地造林和“四旁”植树的主要树种之一。树干通直，刚劲挺拔；树皮年年脱落，呈灰蓝灰白；树冠轻盈柔软，似杨柳轻飏；柠檬香气，清香四溢；故人们把它叫作“林中仙女”。

（四）木麻黄

木麻黄于1955年开始种植，道路、堤围等“四旁”绿化。20世纪80年代，曾用木麻黄更新绿化福园公路。

（五）竹

镇域沿江（河）一带，不少农户历来就有栽种竹子的习惯，品种以青竹、泥竹、黄竹为主。

（六）杉树

历来，镇域种植杉树较少。20世纪70年代，在园洲中心排洪渠的两边渠堤种杉树450亩。

二、观赏花木

新中国成立前，只有少数富户种植观赏花木。新中国成立后，多为学校、机关种植。20世纪60年代以前，镇域的花木只在田间丘陵地自然生长，没有专门培育生产。进入70年代后，花卉苗木逐步兴起。圩镇少数花卉爱好者自行到罗浮山寻找种苗栽培；春节期间广州等地运来四季橘、金橘及一些应节花卉。80年代后，人们生活不断改善，种植花木的人逐渐增多，品种有雪松、穿柏、珍珠柏、龙柏、玉兰、四季橘、金橘等近10个品种。80年代后，引进种植罗汉松、桂花、海棠、金橘、月季等30多个品种。

1985年后，出现了一批从事花木生产的专业户。同时市场花木走俏，需求量增长，镇域花木发展较快。

1993年10月，园洲镇政府在桔头兴办花木场，面积50亩，主要经营秋枫、盘架子、垂榕、高山榕、细叶榕、万紫千红、香樟、火焰木、美丽木棉、大王椰、小叶榄仁、海南红豆、阴香、桃花芯、黄谨、白玉兰、杧果等观赏花木；2008年10月，园洲镇花木场迁至田头村，2016年有员工15人。

2016年，全镇有20个花木场，200多亩，生产观赏花木有100多个品种，主要有：

常绿乔木：雪松、五针松、松柏、广玉兰、樟树、万紫千红、槐树、凤凰树等；

落叶乔木：白玉兰等；

常绿灌木：柏树、黄杨、金橘、棕竹等；

落叶灌木：梅花、蜡梅、紫薇、玫瑰等；

温室花卉：茶花、米兰、杜鹃、茉莉、兰花等；

宿根花卉：牡丹、芍药、菊花等。

园洲镇园林花木场情况统计表

表5-2 单位：亩

园林花木场名称	地址	开办时间	面积	主要花木
长丰园艺	沥东村新丰小组	2013年	10	园林绿化、苗木及草皮
昌盛花木场	沥东村新丰小组	2013年	10	花木、果苗
长盛花木场	沥东村新丰小组	2010年	7.5	花木、果苗
林盛花木场	沥东村新丰小组	2010年	4	花木、果苗
下南花木场	下南兴园路	2016年	0.2	花木果苗
下南花木场	下南兴园路	2015年	0.2	花木、果苗
桔龙花木场	桔头东江边	2008年	20	秋枫、高山榕、细叶榕
新村花木场	牛头潭路	2012年	3.5	花木、果苗
园洲园美花木场	田头	2008年	7	樟树，万紫千红
纳绿苗木场	九潭振兴路	2013.04	10	花木、果苗
纳绿苗木场	九潭振兴路	2013.04	10	花木、果苗
志飞绿苗木场	九潭振兴路	2016.05	6	花木、果苗
恒景盛园林	九潭振兴路	2013.02	10	花木、果苗
绿园花木场	九潭振兴路	2014.07	7	花木、果苗
三友花木场	九潭振兴路	2015.08	4.5	花木、果苗
金花花木场	九潭振兴路	2016.06	5	花木、果苗
明记花场	九潭振兴路	2016.06	5	花木、果苗
群兴花木场	九潭振兴路	2015.05	4.5	花木、果苗
联盛花木草皮场	福园路沙头路口	2013年	2	果树、盆栽、草皮
辉和花木场	和安大道东边	2017年	4	果树、作物
得利花木场	和安大道东边	2016年	5	花木、果苗
桂成花木场	和安大道东边	2016年	3	果树、花草
玉兴有机果园	和安大道西边	2016年	15	果树、作物
石榴果园	和安大道西边	2016年	10	果树、作物
杰兴花场	和安大道西边	2017年	7	果树、作物
贵景花木场	和安大道西边	2016年	8	花草、果苗
合计			178.4	

三、绿化草皮

境内园林绿化草皮始于2005年。至2016年，全镇有15个草皮场，100亩，种植经营台湾草、玉龙草、马尼拉草、大叶油草。

第三节　植树造林

新中国成立前，群众植树为自发形式，地为私有，树为己有。多数是在宅基地、堤边沟旁、田头地尾或不宜种庄稼的“烂脚地”，栽树植竹。少数经营果园，或在坟墓上栽柏树。

新中国成立后，在人民政府的倡导下，开始有组织、有领导的在公有土地上植树。新中国成立初期，开展“有什么树，采什么种，育什么苗，造什么林”活动。1955年，开展“每人10株”的“四旁”绿化种树活动，公路、村道、公共场所种植大叶桉，农民在宅旁栽植苦楝树。1956年春，毛泽东发出“绿化祖国”的号召，人民政府提出“三年绿化园洲”的号召，掀起“四旁”绿化高潮。镇域的公路，各大队、生产队的小道全部种上树，以木麻黄、苦楝、竹、果树为主。1958年秋，人民公社化后，各村办食堂，再加上“大炼钢铁”，砍伐树木做烧柴，不少村把树全伐光。1962年，县政府提出用竹子绿化东江、沙河。县林业局连续2年从广宁县调进小黄竹在境内东江和沙河岸边种植，共计2万余株。1964年后，充分利用房前屋后、河岸、堤围、农田耕作路等“五边地”，发动群众，以落羽松、水杉、苦楝、桉树、木麻黄等树种为主，大搞平原绿化。1966—1970年，造林质量差，管护不力，形成“年年种树不见树，年年造林不见林”的状况。1971年，贯彻全国林业工作会议精神，以建设农田林网、防护林和四旁植树为主要形式。1972—1973年，全面更新公路树木，共出动1000多人投入砍树、扩宽路面、修整路基、开穴种树等工作，并且以大队为单位，组织专业队，定任务，定报酬，定质量，连续3年包干负责。根据上级的精神，公社提倡每名社员种树5株，“谁种谁所有”，全社“四旁”绿化保存株数达3万株。1973—1976年，在开展山水田林路综合治理的农田基本建设中，境内的河南区、河北区，组织人力在新筑的公路、机耕路全部种上风景林和香蕉、龙眼等水果树。

进入20世纪80年代，镇域的公路扩建后，提高了绿化标准，树穴要求0.7×0.7×0.5米，采用竹笠大苗种植。在全民植树行动中，境内12公里道路植树300万株。

从1982年起，每年春天开展全民义务植树。

进入21世纪后，随着交通建设的大发展和农村小城镇的大建设，植树造林成为政府的重要工作，植树造林，绿化园洲的工作一直没有停止过。至2016年，全镇280.108公里的镇道村街，全部种上细叶榕、阴香、盘架子、樟树等绿化树；镇、村的4个公园全部种上榕树、香椿、万紫千红等风景树。文化广场、人民广场、人民公园、上南公园等公共空间，中心区绿化覆盖率26.5%，人均公共绿地面积达13平方米。

第四节 古树名木

园洲民间素来重视保护古树名木，故古树遗存较多。全镇有古树名木64棵，其中400年树龄1棵（榕树），300年树龄1棵（榕树），250年树龄2棵（榕树），230年树龄8棵（榕树），200年树龄12棵（榕树11棵、木棉树1棵），150年树龄18棵（榕树15棵、木棉树3棵），130年树龄4棵（榕树），120年树龄1棵（榕树），100年树龄17棵（榕树13棵、木棉树4棵）。这些古树名木，有的造型千奇百怪，而有的则富有传奇色彩，历尽沧桑，具有很高的历史价值、景观价值、生态价值。

园洲镇古树名木一览表

表5-3　　单位：棵

村别	古树名称	棵数	地址	科别	树龄	树高（米）	主干胸围（米）	冠幅（平方米）
马嘶	榕树	2	水塔旁		约250年	15	3	600
			一队饭堂		约250年	15	2	350
田头	榕树	7	旧围		约200年	15	3	200
			旧围		约200年	15	3	200
			旧围		约200年	15	3	200
			旧围		约200年	15	3	200
			旧围		约200年	15	3	200
			旧围		约200年	15	3	200
			旧围		约200年	15	3	200
桔龙	榕树	5	丁子坊		约230年	25	5	314
			学校		约230年	20	3.5	235
			学校		约230年	23	4.5	254
			学校		约230年	22	4.8	200
			学校		约230年	20	3.5	314
	榕树	3	学校		约230年	25	4	314
			岭贝		约230年	18	3	113
			龙叫		约230年	15	3	113
禾山	榕树	1	朱屋		约100年	18	1.5	314
	木棉树	1	朱屋		约100年	25	3	490
沙头	榕树	1	村头		约200年	15	3	490
	榕树	1	村尾		约300年	15	3	490

续表5-3

村别	古树名称	棵数	地址	科别	树龄	树高（米）	主干胸围（米）	冠幅（平方米）
上南	榕树	2	西方餐厅		约100年	20	10	314
			村牛枥塘边		约100年	20	10	314
刘屋	榕树	1	刘屋海边		约150年	18	8.5	220
			村委旁		约100年	10	6	270
下南	榕树	7	东江边		约150年	12	4.2	137
			东江边		约150年	12	4.5	154
			东江边		约150年	11	4.7	133
			东江边		约150年	11	5.5	45
			东江边		约150年	11	3.2	314
			东江边		约150年	12	6.3	113
			东江边		约150年	12	4	113
	榕树	3	东江边		约150年	16	4	452
			东江边		约150年	17	6.5	706
			东江边		约150年	15	6.6	452
	木棉树	1	旧围		约150年	11	1.5	176
江头	木棉树	3	高洲		约150年	10	3	314
			花滩		约150年	10	3	314
	榕树	1	围面塘西面		约120年	20	10	196
白耀前	榕树	3		桑科	约200年	15	6	176
高头	榕树	1	高灯园		约100年	30	3	200
李屋	榕树	5	活如院		约100年	15	6	180
			大埠头		约100年	15	6	180
			村尾围		约100年	15	5.8	180
			村尾围		约100年	15	6.5	215
			向北塘		约100年	15	6	180
寮仔	木棉树	1	小学旁边		约200年	20米	3.5米	200
白马围	榕树	1	村委会侧旁		约400年	20	8	325

续表5-3

村别	古树名称	棵数	地址	科别	树龄	树高（米）	主干胸围（米）	冠幅（平方米）
水口	榕树	1	黎屋		约150年	15	5.6	180
	榕树	1	黎屋		约150年	15	5.8	180
	榕树	1	陈屋		约150年	15	6.3	200
	榕树	1	叶屋		约150年	14.5	5.8	180
凤山	榕树	1	上围		约130年	18	5	200
		1	上围		约130年	15	4	138
		1	上围		约130年	1	3.5	138
		1	三厅		约130年	13	4.5	200
		1	黄毛岭		约100年	16	5	300
义合	榕树	1	义合向南		约100年	13	4	180
	榕树	1	义合岗贝		约100年	15	3	250
	木棉	1	义合西联		约100年	10	2	113
	木棉	1	义合西联		约100年	10	1.8	110
新村	木棉树	1	下园		约100年	8	4.5	25
新村	榕树	2	牛亭		约200年	12	3.5	200
	合计	64						

第五节　林木管护

一、管理机构

1958年，成立人民公社后，境内河南区因平原地区没有设置林业工作站，林业工作由农业部门负责。1978年，河北区的九潭人民公社成立了九潭林业站。九潭林业站隶属镇政府（公社）编制，业务受县林业局指导。林业站主要任务是宣传贯彻执行国家有关林业的法律法规，制订和实施全镇林业发展规划，加强林业资源管理，落实农村林地权证的发放，调节林地争议纠纷，防止山林火灾等。2004年，九潭镇并入园洲镇，九潭林业站撤销。

二、禁止乱砍滥伐

1979—1981年，砍伐和破坏林木现象严重，影响了林业生产的发展和植树绿化工作。1982年，国务院发布《关于制止乱砍滥伐森林的紧急指示》，境内广泛宣传，认真贯彻，并按县林业局的安排，统一发放林木砍伐证，对无证砍伐的一律依法论处。至1990年年底，乱砍滥伐之风得到控制。至2015年，境内无发生较大规模的乱砍滥伐案件，个别未批先砍林木的现象得到及时的制止和处罚。

三、护林防火

镇域虽然没有成片的山林，但护林防火工作一直没有停止过。20世纪80年代以来，镇域的园洲、九潭分别成立护林防火指挥部，各队（村）成立由青年民兵组成的护林防火队，随时应对突发情况。此外，政府和农业部门重视护林防火宣传工作，经常利用电视、广播和标语横幅宣传护林防火。

四、病虫害防治

对于林业生产中的病虫害，在县林业技术人员的指导下，采用化学防治和综合防治的办法，得到有效地控制。在荒山植树造林上推广ABT生根粉浸根技术，即对树苗在栽植前用ABT生根粉浸根半小时，提高苗木的成活率。

第二章　水　果

园洲镇属亚热带季风气候带，适合种植水果的山坡地、旱地较多，水果种植种类较多，其中栽培面积较大的品种有荔枝、龙眼、香蕉、柑橘等。

《广东新语》载：“海南、东莞多荔枝”，“石龙亦邑之一会，其地千树荔，千亩潮柑、橘、柚、蕉”。1958年前，隶属于东莞县而临近石龙的南区（园洲），是名副其实的水果之乡。

民国时期，园洲水果生产丰盛。由于近日占区石龙，水果生产损失惨重，抗战时期，兵荒马乱，部分村庄的村民害怕荔枝、龙眼挂果后招来麻烦，忍痛将果树砍掉；一些蕉农因香蕉无销路，价格大跌，纷纷将香蕉树砍掉，改种水稻。直至新中国成立前夕，水果生产仍未恢复元气。

新中国成立初期的1950年，镇域的荔枝、龙眼、香蕉等水果不足千亩。1956年起，由于社会稳定，水果的种植面积和产量都得到稳步发展。1957—1961年水果生产受到挫折，特别是1958年，在“跑步进入共产主义”的“左”的思潮冲击下，政府动员群众砍果树，用来烧炭、“大炼钢铁”，至1960年，水果面积不足600亩。十年“文化大革命”，水果生产亦厄运难逃，在大批“资本主义”，狠批“以钱为纲”的“左”倾干扰下，水果生产停滞不前，种植面积在1000亩徘徊。1978年后，水果生产进入较快的发展时期。1980年，全镇水果种植面积1720亩。1983年以后，镇政府因地制宜，合理调整农业生产结构，大力发展水果生产，并加强管理，取得较好的经济效益。1986年，水果面积达14010亩（园洲9799亩，九潭4211亩），总产2957吨（园洲2584吨，九潭373吨），面积和总产为博罗县之冠。

2000年后，由于城镇建设和工业发展的步伐加快，水果种植面积逐年减少。1997年后，由于城镇建设和工业发展的步伐加快，水果种植面积有所下降。2016年，全镇水果面积6249亩，总产量8669吨，总面积比1986年的14010亩减少55.4%，但产量比1986年的2957吨增长193%，原因是荔枝、龙眼、柑橘面积减少，香蕉面积增加。

1956—2016年园洲镇水果面积、产量统计表

表5-4

年份	面积（亩）	其中		总产量（吨）	其中	
		河南区	河北区		河南片	河北片
1956—1968						
1969	452	452		3	3	
1970	655	655		154	154	
1971	558	558		52	52	
1972	926	926		399	399	
1973	850	850		110	110	
1974	645	645		132	132	
1975	1067	1067		131	131	
1976	1294	1294		146	146	
1977	1309	1309		175	175	
1978	1951	1307	644	229	174	55
1979	2178	1541	637	120	63	57
1980	1720	1134	586	91	31	60
1981	1788	1242	546	16	15	1
1982	1856	1245	611	376	287	89
1983	1964	1301	663	643	528	115
1984	3224	2312	912	783	614	169
1985	9343	6996	2347	1184	972	212
1986	14010	9799	4211	2957	2584	373
1987	13119	8343	4776	3234	2886	348

续表5-4

年份	面积（亩）	其中		总产量（吨）	其中	
		河南区	河北区		河南片	河北片
1988	11365	5980	5385	5454	4952	502
1989	10986	5598	5388	5785	4860	925
1990	10692	5574	5118	8456	5566	2890
1991	9277	4421	4856	8322	4460	3862
1992	9322	4246	5076	11393	6181	5212
1993	9602	4836	4766	11529	5700	5829
1994	9138	4836	4302	10468	5965	4503
1995	8519	4836	3683	8194	4673	3521
1996	8533	4850	3683	9252	6435	2817
1997	6765	4850	1915	6394	5715	679
1998	6570	4850	1720	5017	4669	348
1999	6285	4850	1435	4436	4302	134
2000	6306	4850	1456	4124	4016	108
2001	6429	4973	1456	4575	4469	106
2002	6067	4715	1352	6092	5988	104
2003	8103	6751	1352	5637	5530	107
2004	10428			6036		
2005	10583			7266		
2006	8038			8757		
2007	7426			8659		
2008	7657			8840		
2009	8427	5574	2853	6429	4709	1720
2010	7884	5098	2786	5961	4038	1923
2011	6914	4110	2804	6461	3991	2470
2012	5751	2838	2504	6607	3160	2947
2013	6110	3740	2370	7152	3689	3463
2014	6091	3246	2845	7228	3699	3529
2015	6188	3091	3097	7291	3400	3891
2016	6249	3068	3181	8669	3891	4778

第一节 水果品种

一、荔 枝

园洲荔枝有近千年的历史，始于宋，到了明代，植荔之风一时称盛。过去，博罗境内有“田头荔枝，仍图杧果，博罗黄皮”之说。田头村荔枝始种于清嘉庆年间。嘉庆五年（1800年），东莞文人陈伯陶与田头陈氏有来往，见田头村坡地多，且适宜种植果树，便建议种植荔枝。村中族人派人到增城购买2500棵荔枝苗，种植在村中的250亩的山坡地上，其中有早熟种“大路”，中熟种有“黑叶”和“桂味”，多数为晚熟种“槐枝”。因气候、土质适宜荔枝的生长，产量高，质量好。其色泽红艳鲜丽、肉厚核小、甜而不腻，剥开果皮不溢汁，被人们所偏爱。1964年，田头联队办林场，组织社员，分别在东鬼岭、蜢省、鹅翼、大岭美等山坡地种植荔枝200亩，1985年开始挂果。20世纪80年代初，当地重视发展“三高”，确定以发展当地优质荔枝为龙头，推进农业产业化，扶持农业村民种植荔枝。同时，增加科技投入，聘请专家传授技术，推动荔枝的迅速发展。1980—1999年，全村荔枝种植新种面积2500亩，约2.5万棵，年产150～200吨。品种有早熟种“水梀”、中熟种“妃子笑”和“白蜡”、晚熟种“糯米糍”。产品销往全国各地。

新中国成立前，园洲荔枝种植面积不大，镇域的荔枝均是老祖宗留下的“百年老树”。1950年后，发展缓慢，产量大小年明显。1970年后，发展多种经营，欣起种荔枝热潮，开垦山地、荒坡地、旱地连片种植。1990年后，推广“矮化、速生、早熟、丰产”荔枝良种。

种植面积增加，不少农户还把稻田改种荔枝，百亩以上的荔枝园有90个。到1999年，全镇种植面积5000亩，总产4000吨。

1995年后，荔枝价格不稳定，加上城镇建设规模不断扩大，荔枝面积逐年减少。2010年以来后，荔枝的价格低下，农民对荔枝的投工投料减少，荔枝的产量亦有所下降。2016年，全镇荔枝种植面积2300亩。

园洲荔枝品种主要有妃子笑、糯米糍、桂味、淮枝等中晚熟品种，后来又引种了三月红、状元红等早熟品种，使园洲荔枝更加丰富多样，特别是糯米糍，桂味因其风味最正宗而名声显赫，享誉全县。

糯米糍荔枝 糯米糍荔枝，又称米枝，古称水晶丸。该品种果形呈偏心脏形，歪柄，杲形较大，色泽鲜红间蜡黄，果肉乳白色、半透明、丰厚，口感嫩滑，味极清甜，核瘦小，是不可多得的岭南佳果。该品种有“荔枝之王”之称。糯米糍荔枝6月下旬至7月上旬成熟。

桂味荔枝 桂味荔枝因有桂花味而得名。桂味荔枝果实品质极佳，以细核、肉质爽脆、清甜、有桂花味而闻名。桂味荔枝是优质的中熟品种，也是重要的出口商品水果。该品种对土壤适应性强，耐旱适宜山地种植品质风味极优，6月下旬成熟上市。桂味大小年结果现象明显，产量极不稳定，故一直发展较慢。

黑叶荔枝 黑叶荔枝，又名乌叶荔枝，其粗生，叶色浓绿近黑，故称黑叶。黑叶荔枝是园洲广泛种植的古老地方品种。该品种较丰产、稳产，适应性较广。尤适于积温较高的丘陵山地和台地戎培。果实皮薄、肉质较滑、多汁、味甜，6月上中旬成熟上市。

槐枝荔枝 槐枝荔枝，又称淮枝、怀枝、禾枝。果近圆球形或圆球形。果中等大．果肩平，果顶浑圆。果皮暗红色，厚而韧。槐枝是境内荔枝中最大宗的产品，产量较为稳定，7月中上旬上市。

妃子笑荔枝 妃子笑荔枝，别名落塘蒲、玉荷包。该品种果大、肉厚、色美、核小、味甜，是中早熟优质品种之一。

三月红荔枝 因该品种在农历三月下旬成熟，故名三月红，属最早熟种。该品种果实呈心脏形，广下尖，龟裂片大小不等，排列不规则，缝合线不太明显，皮厚，淡红色；肉黄白，微韧，组织粗糙，核大，味酸带甜，食后有余渣。

二、龙　眼

龙眼，传统品种主要是人们按果实的大小而命名，有“木眼”和“蛇眼”，没有特别命名的品种。20世纪80年代以前，多为零散种植，面积不大。1980年后，从外地引进“储良”“石硖”等的优良品种，龙眼种植逐年发展。至2000年，全镇龙眼种植面积达5000亩，产量4000吨。龙眼适应性强，易于栽培管理，经济效益高。一般种植后3—5年即可投产，7—8年后进入盛产期。

龙眼可晒或焙加工成龙眼干，具有益脾、安神、补血之效。

2000年后，龙眼价格不稳定，加上城镇建设规模不断扩大，面积逐年减少。2016年，全镇龙眼种植面积1000亩，产量900吨。

三、香　蕉

蕉类，镇内广有种植，有香蕉、大蕉、粉蕉等品种。

香蕉特点是收益快，当年栽育，当年收果，投资少，易管理，销路宽广，农户喜爱在屋前屋后、田头堤围栽种。20世纪60年代初期，在发展水果 “一步三元钱”的口号下，集体开始种植香蕉， 1968年，南区（园洲）香蕉种植面积1000亩，总产1000吨。改革开放后，农户形成了种香蕉的习惯。2000年后，全镇香蕉种植面积5000亩，总产7000吨。2010年后，香蕉面积略有调整，2011—2016年种植面积一直保持在1000亩左右，总产量在20万吨徘徊。

四、杧　果

新中国成立前，园洲的杧果甚少，且有花无果。新中国成立后，少部分农户零散种植，产量不高。20世纪80年代后，由于杧果价格高，每公斤零售达20余元，农民有了种植杧果的积极性，同时农业部门培育、改良一些优良品种，种植面积逐年扩大。栽培品种主要有：紫花芒、金煌芒、金穗芒、红芒、桂香芒、象牙芒等。1998年，杧果种植面积500亩，总产100吨，后因受市场等因素的影响，种植面积有所下降。到2010年，种植面积仅有150亩，总产300吨。2016年，种植面积350亩，总产760吨。

五、柑　橘

柑橘分为柑和橘两类。20世纪80年代前，园洲没有种柑橘的习惯。80年代初期，调整农业生产结构，开始种植“潮州柑”和“红江橙”。由于良种柑橘产量高、价格实惠，农民欣起大种柑橘热潮，不少农户调整作物布局，砍水田种柑橘，仅几年时间，河南区（园洲）成为博罗县种柑橘大镇。1993年，柑橘种植面积达3630亩，总产3865吨，柑橘面积为水果面积的35%。1995年后，柑橘生产受土地制约和黄龙病影响，面积逐年减少。接着受其他优质水果的冲击，柑橘价格下降，成本高，技术难度大，农民积极性受挫，自1995年起，园洲柑橘生产萎缩。至2000年，全镇的柑橘树被砍掉，改种其他作物。

六、李

园洲产李，品种有三华李、南华李、香蕉李，多植于田头地尾，或房前屋后。

20世纪70年代后期引进三华李，三华李原产翁源县三华镇而得名，均以集体在旱地、坡地种植。三华李适应性强，易种易管，生长快，结果早，一般定植后3年就能结果，5年开始进入丰产期。境内的三华李均由集体种植，1980年，全镇三华李种植面积1000亩，总产1000吨。90年代以后，随着生产布局的调整，三华李生产逐年减少。

七、西　瓜

西瓜对土壤条件的适应性甚强。不论河滩沙地、黏重土壤、酸性土壤、轻度盐碱地，经过土壤改良、深耕、多施有机肥料，西瓜都能够良好地生长并可能获得高产。园洲种植的果用瓜类作物以西瓜为主。新中国成立后至20世纪70年代极少种植，80年代有小面积种植（集体），90年代有所发展。至2000年全镇西瓜面积达3000亩，总产1800吨，主要分布在廖尾、桔头、马嘶等地区。

虽然西瓜对土壤条件要求不高，但由于西瓜轮作时间较长，不利于作物布局，加上种植习惯和价格等因素，农民种西瓜的积极性不高涨，种植面积不大，市场上的西瓜大多从外地调入。

八、草　莓

草莓，又叫红莓、洋莓、地莓等，是一种红色的水果。草莓的外观呈心形，鲜美红嫩，果肉多汁，含有特殊的浓郁水果芳香。草莓营养价值高，含丰富维生素C，有帮助消化的功效，与此同时，草莓还可以巩固齿龈，清新口气，润泽喉部。1985年后引进种植草莓，每年种植面积2000亩，亩产值7000元。现禾安大道、上园路两旁和白马围有30个草莓种植园。

九、番石榴

民国《东莞县志载》："邑近罗浮，产此者尤多，亦称鸡矢果。"番石榴，俗称树拔，熟透的果实有些鸡屎味，而称鸡屎果。果形有球形、椭圆形、卵圆形及洋梨形，果皮普通为绿色、红色、黄色，果肉有白色、红色、黄色等。肉质细嫩、清脆香甜、爽口舒心、常吃不腻，是养颜美容的最佳水果。凤山村从清朝开始已有种植番石榴。村民多在宅基地、菜园边种植番石榴。河北区凤山等村成片种植，20世纪70年代，凤山村种植面积达150亩，年产75吨。凤山石榴以产量多，味道俱佳而出名，其中青皮红心的"胭脂红"闻名博罗县西部。潘石榴收成时，村民把石榴运去龙溪、龙华、长宁、福田等圩，甚至挑到农耕地田头地尾售卖。因面积大产量多，给村民们带来一笔可观的收入。改革开放后，由于石榴经济效益不高，村民逐渐把石榴砍掉，改种其他作物。

2000年后，引进种植台湾番石榴，面积最多1990年，面积达2500亩，总产达2000吨。台湾番石榄一年四季皆有果实，且果大，肉质甜脆可口，很受人们青睐，是近年较为流行的水果品种。

十、其他水果

园洲水果主要有黄皮、阳桃、桃、榄、柚子、木瓜等，多数单家独户零散种植，规模较小，缺乏管理，产量不高。

第二节　种植管理

一、果树栽培技术

（一）育　苗

20世纪60年代以前，境内多采用种子实生育苗，荔枝、龙眼少部分采用圈枝育苗。70年代开始推广嫁接育苗技术。砧木的选择，荔枝多选用槐枝、黑叶等品种。龙眼选用木眼。橙、柑、橘类采用酸橘、柠檬为主。桃、梅、李类多选用桃作砧木。嫁接多采用单芽切接法，分四步进行：第一步是削接穗，第二步是切削砧木，第三步是插接穗，第四步是绑扎薄膜带。育苗期一般一年半至两年，幼苗枝梢老熟，有3～4条一级分支，中部茎粗0.005米以上，苗高0.5～0.6米时出圃移植。香蕉除了杂交育种必须采用种子繁殖之外，在生产上过去均采用吸芽或球茎切块的方法繁殖种苗。随着科技的进步，现在除继续采用吸芽作种苗之外，主要是采用生物技术即组织培养和快速繁殖的技术来繁殖种苗。

（二）建　园

20世纪50年代后，果树种植规模不大，多为零散种植，种植建园要求不严。80年代后，随着果树栽种面积不断扩大，而且多为成片种植，园地建设标准提高。建园包括做好分区、道路、排灌系统、肥料基地、防护林及田间辅助建筑的规划。首先根据园地地形和土质把全园分成若干个小区，在山地中部或环绕果园周围至山顶修建宽5～7米的主干道，小区之间修建宽3～4米的支道，小区内修建宽1～2米的小道。另外，在坡地果园的园顶和园底分别开挖环山排洪沟，以防山洪侵蚀果园及保护山下农田。根据地形特点做好水土保持和改良工作。首先按等高线规划修筑好水平或内斜式梯田，梯田的两头应稍低些，以利于排水。开筑梯田时应从上坡往下进行，先筑梯壁再平整田面。

（三）规　格

随着果树栽种面积扩大，果树的种植规格尤为重要。荔枝的种植密度:行距4×54.5×5（米），即亩植28～33株，打穴规格0.8×1.0米大穴。橙、柑、橘类一般为0.03×0.04（米），每亩植50～60株。植期多采用春植（2—5月），也有部分秋植（9—11月）。香蕉种植，起畦挖穴0.6×0.6×0.4.5米。植前，分层压入植物秸秆，绿肥，垃圾，土杂肥及石灰；植后回土填到高出原土层0.2米。定植后充分灌水，树盘处进行覆盖，并立支柱防风。

（四）果树管理

20世纪60年代前，果树管理粗放，产量低，效益差；以后，推广一系列果树栽培技术。

1.土壤管理

树盘覆盖：树盘是根系分布最多的地方，是供给树体养分、水分的基地，栽培管理除经常浅耕、松土、除草外还要做好树盘覆盖工作。利用山草、稻草或果园杂草等做材料，覆盖于树干周围的地面上，覆盖前先进行中耕松土，覆盖厚度一般为0.05～0.1米，树盘覆盖既能减少水分蒸发，提高土壤含水量，又能防止水土流失，抑制杂草生长，使土壤疏松，透气性好，为根系生长创造良好环境条件。

土壤改良：在山坡丘陵种植的果树，除种植前进行植穴和壕沟式深翻改土外，定植后在二三年内逐年进行扩穴（壕沟）改土，并分层填入绿肥、杂草、混施石灰、磷肥及土杂肥等，改善龙眼园土壤肥力。

2.修剪整形

修剪整形，可使树冠的骨干枝强健牢固，能承担最大枝、叶、果的负荷。整形时保留3～5个分布均匀主枝构成树冠骨架，无中干，形成下大上小、枝梢密集、树冠紧凑的树形。另外要及时抹除主干的萌芽，减少养分消耗。

3.枝梢管理

新种植的幼树，绿叶面积少，应尽量增加枝梢生长量，保护叶片，扩大绿叶面积，制造足够的养分，供应根部生长的需要，从而达到促进生长的目的，所以每次新梢生长期间，喷一次防虫防病的药物，保护新梢。

4．肥水管理

果树幼龄园的施肥常年均可进行，但施肥方法、数量及种类随树龄的变化有所不同。定植第一年，施肥应勤施薄施，以施水肥为好。以后，树冠逐步扩大可增加施肥量，做到每抽一次梢施1～2次肥，三四年树龄准备进入结果阶段，适当控制氮肥的施用量，增施磷钾肥特别是重施有机肥，以培养发达的根系和强壮充实的枝梢。注重排灌系统的建设，新梢生长期间尽可能保持土壤湿润。

5.结果树管理

柑橘类春季以施肥促梢、壮花、保花、保果为主；夏季以控梢、保果，施钾肥壮果，防止果园渍水；秋季以施肥促秋梢、壮果，合理排灌防干旱；冬季注意清园修剪，制水控梢促花。荔枝、龙眼管理，采果前后施肥恢复树势，修剪促发2～3次秋梢；冬季清园，控梢、促进花芽分化；春季见花施肥壮花促果，要及时施肥壮果，合理排灌防止裂果，促果膨大。

二、病虫害防治

水果主要病虫害有柑橘黄龙病、柑橘红绣蜘蛛、柑橘木虱、荔枝霜霉病、香蕉束顶病、龙眼鬼帚病等。

柑橘黄龙病 又称黄稍病，是柑橘的毁灭性传染病害。柑橘黄龙病全年都能发生，春、夏、秋梢均可出现症状，以秋、冬季症状最为明显。新梢的症状是叶片表现黄化和黄绿相间的斑驳。在叶片凋落后，枝梢上新长出的叶片表现缺素状的花叶。病梢变短、生势衰弱，病叶黄厚、变小，且易脱落，形成枯枝。开花不适时，花开的多、落得多。果小而畸形，或红鼻果。后期，根部往往表现为小根腐烂。

镇域于20世纪80年代初期调整农业生产结构，开始种植柑橘。90年代，黄龙病因调进种苗或接穗传入。1995年受害面积2541亩（总面积3630亩），受黄龙病影响和土地制约，柑橘生产萎缩。至2000年，全镇的柑橘树被砍掉，改种其他作物。

柑橘溃疡病 是柑橘的主要传染性病害之一，在高温多湿季节或台风暴雨后发病加重，以为害叶片和果实为主。历年发生面积占柑橘总面积的 50%～70%，防治上，多采用石硫合剂、叶枯宁、百菌清等药剂。

柑橘红绣蜘蛛 是柑橘上发生数量最多、产生抗药性速度最快，用药次数最多的害虫，对柑橘的为害性仅次于柑橘木虱，是柑橘上第二重要害虫。对柑橘的为害主要表现在破坏叶绿素，造成叶片、果实失绿，影响树势，严重时造成大量落叶和落花落果。防治药剂多用石硫合剂、三环锡、三氯杀螨醇等。

柑橘病虫害还有炭疽病、裙腐病、烟煤病、立枯病、介壳虫、金龟子、天牛、蚜虫、木虱、凤蝶、乌咀(吸果)夜蛾、蝽象(臭屁虫)等,常年为害较轻。

荔枝霜疫病 也称霜霉病。主要为害成熟果实,每年5—6月间果实成熟期如遇4～5天以上雨日,常发此病。受害后,果实变黑褐色,果肉烂成浆,流出褐色汁液,病部表面产生白色霜状霉。常年发生不严重。防治药剂常用瑞毒霉、瑞毒霉一锰锌、瑞毒铜等。

荔枝蝽象 俗称臭屁虫。常年有发生,年发生一个世代。以成虫、若虫吸食花序、幼果，导致落花落果，造成减产。防治药剂主要用敌百虫喷施。

香蕉束顶病 俗称蕉公病。生长早期发病病株明显矮缩，叶柄会变短，叶片也会逐渐变小，使得外表呈隆起状。孕穗后发病，如叶片已出齐，则不现“束顶”，叶片也不狭小、黄化，但幼嫩叶片主脉仍现“青筋”，抽出的花蕾直生，不结蕉或结蕉性能极差，果实扭曲变形，果肉脆、无香味。防治上以选用无病种苗、防治蕉蚜、拔除烧毁病株，施工药消毒相结合。

龙眼病虫害主要有鬼帚病、龟背天牛、白蛾蜡蝉等。

第三章　渔　业

园洲南临东江，沙河贯穿全境，河涌交错、湖泊纵横，河网密度大，且雨量充沛，气候温和，日照时间长，浮游植物丰富，有利于鱼类繁衍。渔业为园洲古老的行业之一。

境内在四五千年前，园洲已有渔业捕捞。《博罗县志》对秦汉时期捕捞生产有记载：“临江做网，疍人业之”，“舟楫为家，捕鱼为业”。唐朝中期，东江、沙河沿岸已有捕鱼和淡水养殖的记载。到了宋明，东莞一带渔民迁入，居住东江沿岸，以捕捞东江的鱼、虾、贝类为生。

1949年以前，镇域的渔业生产技术落后。渔船均为木质小船和竹排。捕捞方式有围网、抛网、垂钓，渔获量低。由于土地均被地主富农占有，农民只能在有限的耕地上种稻谷艰难地谋生，养鱼是可望而不可即的事情，因而鱼塘面积少，效益低。村前的祖宗池塘大都小而浅，或泉多水冷，或过于肥沃，只作风水之用；视养鱼为一种多余的农业，有放无养，不投料，不管理，年初放鱼苗，年末竭泽而渔，有鱼就收，无鱼就丢。加上经常水灾，往往竹篮打水一场空。由于养殖环境差，渔业生产发展缓慢。1949年，池塘面积1900亩，总产量38吨，平均亩产20公斤。

1949年以后，经过生产资料的变革，土地由个人所有变为集体所有，促进了渔业的生产。1958年后，随着农田建设的兴起和养殖技术的提高，渔业成为园洲农业中重要产业。陆续利用湖泊、池塘养鱼，但由于采取自然放养方式，产量都很低，平均年亩产量只有30公斤。

1959—1965年，镇域的鱼种由有关的育苗场提供种苗来源，成鱼养殖推广精养法，提高农民养鱼技术水平，促进稳产高产。

1966—1976年“文化大革命”期间，农业生产贯彻“以粮为纲”方针，鱼塘面积减少，群众养鱼积极性不高，渔业生产徘徊不前。

中共十一届三中全会以后，坚持农、林、牧、副、渔“五业”并举的方针，渔业生产实行多种经营、多种形式的承包责任制，池塘由集体经营转向个体承包，出现了许多养鱼专业户。1985年后，开放农贸市场，允许自由买卖，调动了群众养鱼的积极性。同时，结合农田基本建设，开挖、整治池塘，合理利用生态环境，实行 “菜篮子”工程化养殖，推广多级轮养、混养、密养、精养等先进技术，引进优良新品种。养殖面积和产量大幅度提高。1995年，全镇淡水养殖总面积5814亩，产量1907吨。1996年广东省淡水渔业工作会议后，加快推进淡水渔业发展，稳步提升淡水综合生产能力，使之成为大农业的主导产业。2010年，养鱼面积11086亩，总产4065吨，面积和总产分别比1995年增长90.7%和113.2%。随着二业和城建的发展，鱼塘面积有所减少，但总产增长。2016年，养鱼面积9586亩，总产达4557吨，面积比2010年减少13.5%，总产比2010年增长12.1%。

1969—2016年园洲镇渔业生产情况统计表

表5-5

年 份	总面积（亩）	其 中		总产量（吨）	其 中	
		河南区	河北区		河南区	河北区
1969	1366	1366		251	251	
1970	1679	1679		276	276	
1971	1347	1347		274	274	
1972	1322	1322		267	267	
1973	1437	1437		286	286	
1974	1428	1428		309	309	
1975	1467	1467		305	305	
1976	1605	1605		280	280	
1977	1424	1424		292	292	
1978	2812	1487	1325	444	324	120
1979	2748	1603	1145	512	355	157
1980	2833	1674	1159	487	339	148
1981	2988	1851	1137	499	344	155
1982	2997	1659	1338	529	357	172
1983	3099	1761	1338	527	354	173
1984	3680	1953	1727	558	340	218
1985	4047	2019	2028	696	393	303
1986	4393	2163	2230	734	419	315
1987	4491	2213	2278	682	359	323
1988	3901	1910	1991	719	361	358
1989	5734	1924	3810	957	534	423
1990	4096	1812	2284	982	504	478

续表5-5

年 份	总面积（亩）	其 中		总产量（吨）	其 中	
		河南区	河北区		河南区	河北区
1991	4297	1714	2583	1029	521	508
1992	4770	1875	2895	1323	631	692
1993	5460	2100	3360	1525	735	790
1994	5625	2100	3525	1806	750	1056
1995	5814	2050	3764	1907	800	1107
1996	5754	2050	3704	2134	850	1284
1997	5760	2050	3710	2029	830	1199
1998	5760	2050	3710	1863	861	1002
1999	5794	2050	3744	1843	886	957
2000	5794	2050	3744	1845	895	950
2001	5794	2050	3744	2662	906	1756
2002	5539	1875	3664	1897	961	936
2003	7066	3402	3664	3420	1361	2059
2004	7728			6837		
2005	9965			4729		
2006	10303			3435		
2007	9727			4231		
2008	9727			3715		
2009	10712			3706		
2010	11086			4065		
2011	5086			3939		
2012	5086			4128		
2013	9586			4255		
2014	9586			4425		
2015	9586			4557		
2016	9586			4671		

第一节 渔业资源

一、水面资源

（一）江河水系

江河水系有东江河、沙河（参见第六篇“水利”）。东江河、沙河河床比较大，水流湍急，枯涨期明显。游浮生物丰富，适于鱼类生长。2000年前，江（河）水清澈，鱼类繁殖良好。据有关资料表明，20世纪末至2007年，江（河）被严重污染，鱼类生长的产量和质量受到影响。

（二）湖泊鱼塘

1.湖　泊

大湖，位于凤山、上村、水口之间的丘陵地带。1976年前是蓄水养鱼之淡水湖（参见第六篇“水利”）。

2.鱼　塘

境内除江河、湖泊流域面积外，还有星罗棋布的鱼塘，据1999年统计，鱼塘5794亩，比1949年的1900亩增长2倍多，分布在68个自然村。境内鱼塘底面平整，水面较阔，池水较深，光照充分，水源畅通，水质肥沃，交通方便，以利于鱼类的生长和产量的提高，并利于生产管理。

二、鱼类资源

（一）江河鱼类

据《基于鱼类名录的30年来东江干流（惠州段）鱼类多样性变化》①一文介绍，镇域东江河段水域有鱼类94种，隶属11目29科77属，其中鲱形目2科3属3种，鲑形目1科1属1种，鳗鲡目1科1属1种，鲤形目2科42属52种，鲇形目6科8属12种，合鳃鱼目1科1属1种，鳉形目2科2属2种，颌针鱼目1科1属1种，鲀形目1科1属1种，鲈形目9科15属18种，鲽形目2科2属2种。江河鱼类中，经济价值较高、产量较大的有草、鲢、鳙、鲤、鲫、鳊、鳗、鳡、鳜鱼等,贝壳类有河蚬、河蚌、田螺等。

20世纪50年代，江、河、湖水系通连，浅滩沼泽地多，杂草丛生，藻类沉水植物茂盛，浮游生物多，适应鲤、鲫、鳊等鱼栖息、繁殖、生长，产量高、个体大。60年代，由于江、河、湖设水利工程，马嘶建有拦洪闸，春季闭闸蓄水，切断洄游性、半洄游性的鱼蟹的入湖通道；夏季既要接纳沙河上游排洪，使大量的存湖鱼虾随之泄入东江；填湖造田减少了定居鱼类栖息、繁殖、生长的水域。加之捕鱼工具的不断革新和捕鱼手段的现代化，以至于竭泽而渔、只捕不养，境内河、湖区的鱼类资源逐年减少，蟹、鳗等品种几乎绝种。

（二）池塘鱼类

镇域鱼塘养殖的鱼类主要有鲤、鲢、鳙、草、鲮、鲫、鲶、鳗、泥鳅、塘虱为主。1958年后，引进、驯化的新品种有非洲鲫鱼、罗非鱼、泰国鲮、杂交鲤、淡水白鲳等，还有水生动物甲鱼、河虾、蟹等。

①张豫等撰，《中国科学环境》，2014 Vol 34（5），第1293～1302页。

第二节　淡水养殖

一、鱼种培育

1955年前，镇域的水产养殖的种苗来自东江捕捞鱼花（苗），或到东莞等地购买。常见的品种有草、鲢、鳙、鲮“四大家鱼”，因生长环境不适应，成活率低，产量不高。1958年3月，石湾公社在太湖建石湾苗场。主要培育从东江河装捞的鱼花，1959年后，境内的鱼种由有关的育苗场直接供应。

1973年，博罗县农科所对草、鲢、鳙、鲮“四大家鱼”人工孵化成功之后，太湖鱼苗场孵化鱼苗。鱼苗除满足境内需要外，还外销邻近乡镇。

二、鱼塘养殖

镇域的淡水养殖历来以鱼塘养鱼为主。长期以来，由于鱼塘数量多，面积少而分散，浅水漏水，粗放经营，养殖品种单调，因而产量低，1949年，池塘养殖总产38吨，江河捕鱼5吨，全镇人平年占有鱼量为5公斤。1966年“文化大革命”时，受“海造田”的影响，鱼塘面积锐减。3000亩的大湖，全部改造成水田。

1979年，国家颁布《中华人民共和国水产资源繁殖保护条例》，镇域利用低洼田和低产田改造成鱼塘，扩大鱼塘面积。随着农村经济体制改革和渔业养殖效益的提高，农民大规模利用机械化开挖整治鱼塘，并将低洼地河涌改造成池塘。渔业养殖实行量产承包责任制，并以招标的方式，使渔业养殖由能人经营。1985年取消水产品派购，实行多成分、多渠道、少环节的流动形式，渔业生产发展很快。1989年，全镇养鱼面积5734亩，其中有养鱼承包户150户，养殖面积4500亩。2010年，鱼塘面积11086亩，总产4065吨，面积和产量分别比1949年（鱼塘面积1900亩，总产量38吨）增加4.8倍和106倍。2011年后，因工业发展建设的需要，鱼塘面积减少。2016年，全镇鱼塘面积9586亩，比2010年的11086亩减少2500亩，减少15.68%；产量4557吨比2010年的4065吨增加492吨，增长12.1%。

（一）改粗养为精养

1959年以后，推广“水、种、饵、密、混、轮、防、管”八字精养法，提升放养技术水平；重点实行鱼塘“轮捕轮放”，增加复养次数，将精养高产鱼塘中达到食用规格的鱼捕出，再适量补放一龄鱼种。轮捕轮放既能提高单产，使鲜鱼均衡上市，还能同时培育大规格鱼种。对塘鱼生产以养鱼为主，结合饲养牲畜家禽，并利用塘基种植水果蔬菜，配套生态循环综合利用，大大提高鱼塘的经济效益。与此同时配用增氧机，根据天气情况及鱼塘溶氧量的变化，对鱼塘水体进行增氧和水质调节，减少或杜绝 “翻（泛）塘”事故，以促进增产效果。

（二）推广饵料养鱼

20世纪80年代，推广“定质、定位、定量、定时”的“四定”的饵料投喂方法。90年代后，推广膨化颗粒饵料养鱼，增加产量和产值，节约饵料，降低养殖成本。

（三）引进优良品种

1985年后，引进美国加州鲈、罗非鱼等品种，精养、混养优质鱼的面积达400亩，占养殖面积的10%

以上。改良品种以后，每亩产值1100多元。

1992年后，推广（斑鳢）、桂花鱼、加州鲈鱼、淡水白鲳、鳗鲡、青鱼、罗非鱼、泰国野鲮、鲫鱼、鲂鱼。1999年，增加了水鱼（鳖）等优质品种。2002年，全镇精养、混养优质鱼的面积1900亩，产量7600吨。

三、养 龟

园洲镇属于亚热带季风气候平原地貌，气候、温度、雨量都适宜龟的繁衍生息。在20世纪80年代的初期，镇域一些养龟爱好者将金钱龟等珍稀野生龟种进行人工饲养繁殖，开创了博罗县龟养殖业的先河。当时，镇域的养龟业还处于“一家一口池，一家一个价”的“庭院经济”。随着时间的推移，养龟的居民越来越多，已由零散养殖户发展为联合养殖组织。2013年1月25日成立了龟鳖养殖业协会，现有注册会员330人，由个体小规模养殖发展成为园洲镇的支柱产业，吸引了国内外大批商家前来参观洽谈业务等。

园洲镇龟业养殖户饲养的龟种以金钱龟、石金钱龟繁殖种苗为主。由于金钱龟石金钱龟野生资源极少，且有独到的药用、观赏、美食、科研价值，种苗销路广泛。虽然市场价格有所波动，但总体保持相对稳定，养龟业的发展给予当地群众丰厚的回报，刺激了园洲镇群众养龟热潮。2016年，全镇有养龟户1200户，石金钱龟50万只，年产龟苗40万只；金钱龟0.7万只，年产龟苗0.1万只，中华草龟30万只，年产龟苗30万只。

第三节 病害防治

淡水鱼的常见病主要有细菌性烂鳃病、肠炎病、赤皮病、打粉病、舌形绦虫病等，此外，鱼塘生产上也会出现鱼“感冒”“浮头和翻（泛）塘”“中毒”等。1949年后，各地坚持“预防为主，防重于治”的方针，采取“无病先防，有病早治”的积极方法，尽量避免或减少因发病而带来的损失。比较行之有效的预防措施主要是消毒、治疗和增氧。

一、消 毒

鱼塘消毒 每年冬季干塘后，排干池水，挖去池底淤泥，暴晒数日。放种前用生石灰、漂白粉对鱼塘消毒。

鱼种消毒 选择、鳞片完整、无损伤、不带病原体的优质鱼种放养，鱼种下塘前，杀灭体表微生物和寄生虫，有利于鱼病的防治，严防鱼种带菌带疫落塘。

二、治　疗

一些鱼病的防治仅靠水体消毒是不够的，还须内服药物配合防治，如出血病、肠炎病等。防治采取水体消毒与投喂药饵相结合，定期投喂与即时投喂药饵相结合。如每20天用漂白粉等水体消毒一次；每10天投喂1次药饵；如发现鱼病，立即连续两次水体消毒(隔2天再水体消毒一次)，之后投喂药饵，4～5天为一个疗程，基本可治愈鱼病，控制鱼病发生，达到增产增效增收。

三、增　氧

当水质恶化、水体缺氧时，鱼类呼吸困难就会浮头，最先浮头是鳙、鲢鱼，次之是草鱼，最后是鲮、鲤、鲫、罗非鱼等。当溶氧进一步缺乏，鱼类就会窒息死亡，俗称泛塘。池水缺氧的原因主要是天气异常，气压低，闷热，如傍晚下雷阵雨，阴雨连绵的天气，村边塘、塘边有猪场等池塘水质过肥，池底沉积大量有机物，下半夜耗氧大，造成黎明前鱼类大面积浮头。鱼类浮头是泛塘的先兆，当发现鱼类浮头的先兆，如池水严重缺氧或天气巨变时，应采取措施预防和解救。方法是：注入新水，排放污水；开动增氧机或水泵；施放增氧剂等药物。

第四节　捕　鱼

境内农民历来有在江河湖泊特别是在鱼塘捕鱼的习惯。

明弘治十四年（1501年）后，沿东江一带有疍家（水上居民的旧称）使用简单的工具以捕鱼为生，一般使用罾网捕捞。随后，一些农民陆续在陆地发展渔业生产，捕捞工具有所更新，普遍使用抛网、刺网、围网、钓、缯、鸬鹚等作业方式进行。近代，捕鱼的工具和方法越来越先进，电鱼、毒鱼、炸鱼曾广为使用。

一、罟　鱼

罟，渔网。罟鱼，即用渔网捕鱼。是一种传统捕捞鱼类方法，通长带形或一囊两翼形网具将鱼塘围起来。罟网一般高2～4米，长20～60米，罟网上纲系有浮子，罟网底部系有“网坠”（短铁棒）。罟鱼时，罟网两端各绑一条粗竹竿，俗称“罟头竹”，在罟头的三分之一处绑一条较粗的绳子。罟网时，先在鱼塘的一边下罟，然后由一人下水抓“罟头竹”，1～2人在岸上牵引着渔网向对岸拉；开始时，随着罟网拉动，将一些小石块（0.5厘米左右）每隔2～3栓系在罟网的下端，使罟网坠沉。收罟时先将网拉起，将入网的鱼捞出。境内使用的鱼罟有三种：一种是密罟，用罟布缝接而成，专门以捕捉各类鱼苗；二是浮罟，及水面罟，20世纪70年代前用麻线，70年代后用尼龙线编制而成，网眼较大，专门用以捕捉鲢、鳙、草等生活在上层鱼；三是沉水罟，网眼较小，在罟网的下部装有长兴网袋，专用以捕捉鲮、鲤鱼等底层鱼类。罟网作业在湖泊、鱼塘等水域广泛使用，生产效率高，机动灵活，生产规模大。

二、干　塘

干塘，是指每年或每隔几年在入冬前后，渔农将鱼塘中的水排干，让鱼暴露在塘底的泥泞之上，或徒手捉，或用器物舀，干净彻底，绝无漏网之鱼。

三、刺　网

刺网，又叫挂网或丝网。是一种较为常见的捕鱼工具，具有装配简单、操作方便、捕鱼效果较好等优点。根据网眼大小的不同，捕获的鱼大小也不同。一般来说，网眼越大捕获的鱼越大。挂网的捕鱼原理是利用网眼套住鱼鳃或鱼身，达到捕鱼的目的。为了提高捕鱼效率，一般使用的挂网多为不同大小网眼的多层网，最多可达3层。

四、抛　网

网具像圆顶蚊帐。20世纪70年代前用麻线，70年代后用尼龙线编制而成，一般高8～9米，直径4～5米，网脚周围装有网坠和网袋，网顶有一条十多米长的绳子。使用时仅1人操作，先将绳子、网接叠在手，然后用力将网向前抛出，纲举目张，以撒开时最阔为最佳。

五、钓　鱼

钓鱼的主要工具为钓竿、鱼饵。钓竿一般由竹子或塑料等轻而有力的杆状物质制成。春末夏初以后，江河、小溪、陂头、水沟中的大小鱼虾从冬眠中醒过来出来觅食。村民常垂钓于水边。钓是用铁丝弯成“L”形，上端系上小绳，中间绑上浮物，再连接竹竿的一端。钓鱼时，在钓钩上装上蚯蚓、熟番薯粒或小甲虫之类为饵。当浮物下沉时，显示鱼已“吃饵”，快速起钓，便能使鱼上钩。

六、钓　蛤

钓蛤，即钓青蛙。放钓时，以小蛙或蚱蜢钩在钓上为饵以诱惑大蛙上钩。钓蛤人在傍晚或大雨过后，选择青蛙常出没的地方，将钓一上一下来回晃动，青蛙便张口含住诱饵。

七、定置网

将网袋状的渔网架设于沿岸，利用锚将渔网固定绳，架牢渔网。鱼被拦路网所阻进入网袋，成为网中之物。有网人定时捞出网袋取鱼。

八、拗　罾

罾是一种捕鱼的网具，其“形如仰伞盖，四维而举之”，罾网方形，以四根竹竿缚成十字形为罾，下端紧连罾网四角，上端缚一根长竹竿为提竿，支架另用一根收缩绳形成等三角。罾鱼，就是将罾网置于鱼群活动区，将罾沉入河底，固定支架，隔少许时间，双手收缩拉绳一前一后握绳提起罾网，如果有鱼，就可以用捞箕捕获。

九、鱼笼诱捕

用竹篾编织的捕鱼器具，常见的有装笼（鱼篡或称鱼关）、虾笼、塘虱笼及黄鳝笼。

（一）鱼　关

顺水将笼安装在小溪，让鱼“自投罗网”的捕鱼方法。鱼关由竹篾编制而成，为“漏斗”形的竹编渔具，有大有小，大的“漏斗”口径(关口)超过0.8米，小的0.5米左右，“漏斗”后面织成橄榄形的部分，俗称“关肚”，是收集已被捕游鱼的“牢笼”。捕鱼时，不放诱饵，只把鱼关置于鱼出入水流必经之道，使之顺流水游入“关肚”中。

（二）虾　笼

虾笼外形像个小喇叭，是由竹篾编织的直径一般0.2米、长0.4米的圆柱体笼子，上端留一个放饵及倒出里面鱼虾的三角形开口，笼中及笼底各用削尖的软篾片织成喇叭形的“关卡”，使虾进入觅食后不能出去，困于笼中。通常将几十个虾笼绑在一条绳子上，每隔0.6～1米1个。使用时，在笼内放一些诱饵，然后投入水中。

（三）塘鲺笼

塘鲺笼的形状像大的咸肉粽子，由主体、头守、二守、笼胆以及笼掩五部分组成，高度和直径均为0.5米。将编织好的塘鲺笼放在水中浸泡出直至长青苔，目的是让塘鲺以为是一块大石头。等青苔出来后就往里装满诱饵，塘鲺闻到香味就往里钻，钻进去就出不来了。

（四）黄鳝笼

黄鳝笼长条圆形，笼的两端有口，进口处像喇叭形状，易进难出，中间为连接处。根据鳝鱼昼伏夜出的生活习性，选择有黄鳝活动的湖泊、塘堰、河汊等水域放笼。

虾笼、塘虱笼及鳝笼中的诱饵，多为烤糠团、猪牛及三鸟的碎骨头、熟番薯块及蚯蚓等;黄昏时，捕鱼者将鱼笼沉放于鱼虾鳝等常出没的地方，次晨起笼，即有收获。

十、照 鱼

园洲境内的沙河、东江河，水清沙净，鱼翔浅底，居住在河两岸的村民，素有夜晚到河里照鱼的习惯。照鱼在夜晚作业，待河中鱼卧在河底沙面“休息”时，捕鱼人提着照明的火把(60年代前常用)、灯具(风灯、汽灯)或手持电筒，轻手轻脚淌入河中，发现沙面有鱼，使用鱼罩迅速向鱼罩去，一次罩中通常获鱼一条，捕获的鲶鱼、鲤鱼居多。

十一、罩 鱼

罩鱼的工具是鱼罩。鱼罩以竹子为材料，呈喇叭形，上口直径约0.5米，下口直径约0.8米，高约0.9米。根据河水深浅和使用人等具体情况，可大可小，可高可矮。但鱼罩口宽不能超过人张开手臂的长度，罩身不能超过人的身高。

做鱼罩时，先扎一个小圆环，再扎一个大圆环，然后用结实的竹片做骨架，周身再用篾片编成篱笆状。罩鱼人单独作业。一旦有人罩到大鱼，怕鱼从罩顶飞逃，呼喊渔友帮忙“加罩”。罩住鱼时，鱼在罩内乱撞，称为“惊罩”。渔民便俯身按在罩上，“稳罩”后徒手抓鱼。

十二、鸬鹚衔鱼

鸬鹚，又称鱼鹰，能潜入水中捕鱼。作业时，渔民划小船或竹排，船上栖数只鸬鹚，鸬鹚脚上系有绳环。到捕鱼水域时，每只鸬鹚颈项间套上专用环，以防鸬鹚直接将鱼吞到肚子里，然后用竹篙将鸬鹚赶入水中，不断用竹篙击水，惊动水下鱼类，在水下形成鱼逃鸬鹚追捕的局面，等鸬鹚衔住活鱼浮出水面后，渔民用竹篙将鸬鹚拉引上船，取出口中之鱼。鸬鹚衔鱼是一种古老而又清闲的捕鱼方法。但鸬鹚衔鱼，不论大小皆捕食，不利于水产资源的保护。从1985年5月起，政府禁止鸬鹚衔鱼。

十三、戽 鱼

戽鱼，即用戽斗把水沟或河塘里的水戽干以取鱼。戽斗是一种取水灌田用的旧式汉族农具，用竹篾或薄铁皮做成。这种方法比较适合在池塘或水流不大的水沟渠里使用。一般是先把沟拦腰切断，两头围上坝，再用戽斗等将其戽干，等到渠底渐干的时候，水浅鱼跳，这时就可以将鱼捕获了。戽鱼一般在夏秋季节。20世纪80年代后，稻田普遍施用化肥、农药，水质变差，鱼虾渐少，戽 捕鱼者不多见。

十四、箔　鱼

箔鱼，即用栅箔捕鱼。栅箔是用竹木及其制品编织成栅帘状插在水域中拦捕鱼类的一种渔具。栅箔捕鱼有两种形式：一是拦截式。以竹或木杆固定竹帘(栅)，拦截流水中的鱼类。由拦帘和取鱼部组成。拦帘用竹帘按折线或进线横拦河道或湖泊出入口，铺设长度根据水域宽度而定，高度一般露出水面半米。二是推进式。捕鱼者推进前面栅箔，围捕鱼。栅箔的长度根据水域宽度而定，推进式栅箔捕鱼一般在比较平缓的鱼塘进行，具有“一网打尽”的效果。

十五、摸　鱼

或赤手在溪流两岸水草里、石头缝捉鳖，或蹲在河边浑水摸鱼，或潜入江底擒拿大鱼。是一种原始的捕鱼法，需要的是耐心。

十六、电　鱼

电鱼是用电鱼机电鱼的一种捕鱼方式。电力捕鱼是利用直流、交流或脉冲电流，通过电极在水中形成电场以驱集或击死、击昏鱼类，再配合其他渔具捕获鱼类。由于电鱼对渔获物没有选择性，在操作过程中，其扩散电流形成的电场会给水域中鱼类和鱼类饵料生物带来毁灭性打击，属于一种掠夺性捕捞方式。

十七、炸　鱼

炸鱼即用炸药捕鱼。是一种野蛮的捕鱼方式，早已为人们所弃用。二十世纪七八十年代，炸鱼较为盛行。炸鱼的工具制作简单，存在一定的危险性。一般采用玻璃酒瓶子，内装半瓶工程用的炸药，雷管置于炸药中，炸药上压实沙土，使用时点燃引线，投入河中鱼群处，爆炸后即可获得大量被炸昏的鱼。炸鱼存在诸多危害，一是杀灭在爆炸冲击波有效强度范围内的鱼类和其他水产动物；二是大量鱼类及其他水生动物尸体沉于水底无法捞取，造成资源的浪费和严重的水体污染；三是炸药爆炸冲击波会影响到河堤的防洪安全；四是存在严重的安全隐患，操作上稍有不慎，将危及人身安全，影响家庭和社会的稳定。

十八、毒　鱼

毒鱼即用药毒鱼。用药物毒鱼也是一种严重破坏渔业资源和污染水域环境的捕捞方式，其对鱼类资源、生物饵料、水域生态环境的危害性大，直接危害食用者的身体健康。

1949年以前，境内的渔业生产以江河、湖泊为主。1955年，“四大家鱼”繁殖成功后，渔业生产逐渐扩大，渔业生产从以捕捞为主逐渐转向以鱼塘养殖为主。1965年后，鱼塘养殖业逐年增加，江河、湖泊的水产资源逐年减少。减少的原因的主要因素是：（1）“三废”（废水、废气、固体废弃物）污染与渔业生产水产的生长环境恶劣，严重危害着渔业生产效益的提高；（2）滥渔滥捕，使用围网、抛网等作业方式捕鱼，电鱼、炸鱼、毒鱼现象严重，造成鱼的种类、数量锐减；（3）乱砍滥伐，水土流失，江河淤塞；（4）兴修水利，拦河筑坝，切断了鱼洄游通道，影响鱼类的繁殖。

第四章　畜牧业

园洲地势平坦，土地肥沃，水草丰美，宜农宜牧，农民历来有饲养禽畜的传统。

园洲的畜牧业始于唐代，随着人口的增加，农业的开发，饲养畜禽便成为农耕役畜和民生肉食的来源，成为农家不可缺少的副业，但饲养的数量不多，只是农家自养自用自食自销。明代以后，由于移民的大量涌入，畜禽的饲养有所发展，民间互相交流转让畜禽为数不少。民国时期，畜禽疫病猖獗，牛瘟、猪瘟和鸡新城疫时有发生，饲养技术落后，饲养数量不多，畜力满足不了农耕的需要，家禽食品亦稀有紧俏。

新中国成立后，政府提出保护耕牛和发展畜牧业的方针，鼓励农民积极养猪、牛、羊、禽，园洲畜牧业迅速恢复，养猪业得到发展。从农业合作社到人民公社，又经历了“文化大革命”，园洲的畜牧家禽业呈螺旋式的发展。中共十一届三中全会以后，畜牧家禽业贯彻执行“以私养为主”的方针，生产直线上升。特别是取消了家禽生猪的派购，开放市场经济，发展专业户、重点户，畜牧饲养业蓬勃发展。

1979—2016年园洲镇耕牛、生猪、“三鸟生”产情况表

表5-6

年　份	生　猪（头）		耕　牛（头）			家禽出栏量（只）
	全年饲养量	全年出栏量	年末耕牛数	水　牛	黄　牛	
1979	39422	13488	4553	2845	1708	
1980	30589	10821	4553	2918	1635	
1981	27106	8469	5383	3665	1718	
1982	33232	11418	6426	4506	1920	70000
1983	35822	11770	6644	4331	2313	100000
1984	38643	15254	6920	4488	2432	180000
1985	41284	17087	7014	4622	2392	180000
1986	41793	16568	6789	4227	2562	150000
1987	43637	17016	6558	3975	2583	120000

续表5-6

年 份	生 猪（头）		耕 牛（头）			家禽出栏量（只）
	全年饲养量	全年出栏量	年末耕牛数	水 牛	黄 牛	
1988	45336	19068	6300	3724	2576	190000
1989	45510	18830	6350	3535	2815	140000
1990	43768	18269	6387	3611	2776	460000
1991	43754	18595	6058	3338	2720	260000
1992	45272	19421	5614	3138	2476	960000
1993	52400	25575	5131	2762	2369	750000
1994	48963	19755	4642	2323	2319	1170000
1995	70113	38403	4319	2064	2255	1220000
1996	72104	39960	4157	2008	2149	1320000
1997	79701	44900	3793	1805	1988	1410000
1998	58424	34711	3166	1439	1727	770000
1999	68899	41907	3324	1492	1832	1290000
2000	74790	44708	3282	1448	1834	
2001	76051	45893	3134	1382	1752	
2002	75874	45721	2734	935	1799	
2003	73367	44145	2618	911	1707	
2004	174873	124616	1432			
2005	165981	116309	1448	409	1039	
2006	162287	110700	1374	403	971	
2007	175739	80035	909	270	639	
2008	157511	93245	1063			
2009	166412	104434	1190			1057809
2010	171737	119056	1184			968131
2011	143509	100340	1256			943868
2012	135414	84884	1157			705587
2013	136324	99336	1245			895164
2014	112360	101320	1269			801154
2015	112760	101368	913			760302
2016	95203	84106	504			605843

第一节　禽畜饲养

一、猪

养猪是农户普通的家庭副业。民国时期，马嘶、九潭、东博等地的圩市，已有猪苗市场。当时，农民为积累一笔钱以备急需自用，利用糠、瓜、菜于年中饲养一两头猪。

新中国成立初期，政府提出“私人养猪，自产自销”的政策，农民可以独立自主地根据自己的能力和需要发展养猪业，随着农业生产的恢复和发展，农副产品饲料增加，养猪业得到迅速恢复和发展。

但从1955年开始，由于实行粮食统购统销，粮食安排偏紧，米糠供应不足，加上番薯等杂粮因灾减产，饲料价格上涨，猪苗价格下降，各地出现大量宰杀、阉割母猪现象，农业生产合作社的集体养猪亦因饲料和栏舍不足，饲养管理不善，疫病流行的影响，造成生猪生产下降。1956年7月1日，贯彻执行《国务院关于发展养猪的指示》和中共广东省委《关于积极发展副业生产，开展多种经营的指示》，实行“私有私养公助发展家庭养猪为主”的政策后，1957年养猪生产大幅回升。

1958—1960年，私人不准养猪，全部实行公养，集体兴建猪舍圈养。1962年开始，贯彻“公私并举，私养为主”两条腿走路的养猪方针，集体养猪均为圈养，私人养猪大都放养。20世纪70年代初期，为提高养猪效益，改变散养猪的旧做法，政府提出“多养猪，广积肥，增产量”的号召，做到“人有厕，猪有圈”，开展全民建猪栏运动，镇域实现了养猪圈养化。随着生猪政策的不断完善，生猪品种、饲料、饲养方法的改良，肉猪饲养量、出栏量大增。1978年，生猪全年饲养量44037头，出栏量13550头。

1979年后，随着饲料产能的提高与市场消费的增长，养猪已经由过去的“一家一户一头猪”逐渐的过度为农户“小型专业化+专业中型化+大型规模化+重点集约化”的四平八稳的发展模式。1994年，全年饲养量48963头，出栏19755头。2000年后，东莞禁养生猪，养猪业向博罗转移。2007年，园洲镇生猪饲养量175739头，出栏量80035头，饲养100头以上的猪场有300个，饲养量为历史最高。2010年后，政府清理养猪场，生猪饲养量下降。2016年，生猪饲养量95203头，出栏量84106头。

为扶持养猪业的发展，政府采取了一系列政策措施。

（一）政策扶持

1954年4月开始，由国家拨出部分粮食向农民定购和换购生猪，推行“私有私养公助”，由食品公司向养猪户提供预购定金和以奖售的形式提供饲料，扶助农民养猪。

1956年1月，开始实行生猪派购政策，“见猪派猪，倒扣自留肉10%”，规定养猪户必须完成国家派购任务，超产猪也要交售，分三级计价，国家倒扣10%的猪肉给养猪户，发给有效期一年的购肉票证。生猪收购由上调任务和居民供应量而定。

1960年提出“以私养为主”，同时实行“见猪派猪，购六留四”的政策，即总肉（猪肉的总重量）60%上调国家，40%留给养猪户。70年代改为“收五留五”的收购政策。1964年起，实行“第一头购六留四，第二头购三留七，第三头自宰”，对超产部分的生猪实行议价收购。至1970年，90%的农户都养了猪。

1970年后，实行“购六留四，任务到队，超购加奖”。1975年开始，凡上调总肉70公斤以上的猪，加价6%收购。1976年，集体划给社员养猪饲料地3～5厘（1厘≈6.67平方米），养种猪户则一分（1分≈66.67平方米）地。

从1961年开始，对派购任务的生猪，除按牌价结算外，还给回一定物资奖售，奖售品种有稻谷、统糠、化肥、布票或补助饲料差价款等。

在收购价格上，1979年以前收购价每50公斤总肉为64.63元。1979年开始升至80.4元。

（二）引进良种

园洲境内饲养的生猪，主要有肉猪、母猪及少量种猪。20世纪60年代前，以当地猪为主，猪体较小，长势较慢，净体重一般60～75公斤，生产率不高，出栏期通常一年以上。1954年后，不断从外地引进普宁流沙猪、顺德大花白猪、紫金蓝塘猪。70年代初，境内猪种结构有较大改善，实现“外引公猪良种化，本地母猪纯种化，育肥猪杂交一代化”的“三化”育种。母猪的品种以当地土种猪占多数，夹有二元杂、纯种母猪等，以饲养纯种母猪的农户较多。70年代后期，先后从顺德、南海引入大花母猪，提高产仔数量，获得较高效益。良种公猪以纯种长白、大白、杜洛克种公猪为主，畜牧部门设有兽医站和种猪配种站，境内约八成母猪实行人工授精配种，效果良好。如用长白公猪或约克公猪与当地母猪杂交的后代猪，适合当地饲养，耐粗饲、抗病力强、生长快，两个月龄断乳窝重110～140公斤，肥育猪至宰杀时每月平均增11.6公斤，比当地猪月增40%～60%。

（三）科学饲养

为了提高养猪生产水平和增加经济效益，在推广“三化”育种的同时，推广生猪饲养的“五改”经验：（1）改土种猪育肥为杂交一代育肥；（2）改单一饲料喂养为混合饲料喂养；（3）改熟饲料稀喂为生饲料干（湿）喂；（4）改“吊架子”（即小猪精养、中猪粗养、大猪精养）育肥法为“直线”（又称“一条龙饲养法”，是从小猪到大猪上市，按照不同时期的科学饲养标准饲料喂养）的育肥法；（5）改直接配种为人工授精。1981年，园洲专业户黄光勇先后养猪两批110头，当年上市40头，平均每头边肉125公斤，除成本后，获纯利7000元；1982年又养163头，收入3.1万元，纯利1.86万元。

1969—2016年园洲镇生猪生产情况统计表

表5-7

年份	全年饲养量（头）			全年出栏量（头）			全年猪肉产量（吨）		
	总量	河南片	河北片	总量	河南片	河北片	总量	河南片	河北片
1969	22058	22058		7576	7576		462	462	
1970	25663	25663		8299	8299		506	506	
1971	26383	26383		9301	9301		567	567	
1972	24516	24516		9528	9528		571	571	
1973	22881	22881		8802	8802		537	537	
1974	24936	24936		8790	8790		545	545	
1975	29639	29639		11059	11059		686	686	
1976	33086	33086		12205	12205		757	757	
1977	34500	34500		13000	13000		806	806	
1987	44037	33798	10239	13550	11019	2531	3214	683	2531
1979	39422	29615	9807	13488	10545	2943	3597	654	2943
1980	30589	21396	9193	10821	7542	3279	3607	328	3279
1981	27106	18999	8107	8469	6645	1824	2223	399	1824
1982	33232	23941	9291	11418	8190	3228	3736	508	3228
1983	35822	24946	10876	11770	7274	4496	5154	658	4496
1984	38643	26586	12057	15254	10188	5066	5768	702	5066

续表5-7

年份	全年饲养量（头）			全年出栏量（头）			全年猪肉产量（吨）		
	总量	河南片	河北片	总量	河南片	河北片	总量	河南片	河北片
1985	41284	28914	12370	17087	11703	5384	6330	946	5384
1986	41793	28307	13486	16568	11256	5312	6074	762	5312
1987	43637	30368	13269	17016	12435	4581	5436	855	4581
1988	45336	31298	14038	19068	13577	5491	6349	858	5491
1989	45510	30995	14515	18830	13376	5454	6275	821	5454
1990	43768	29041	14727	18269	12831	5438	6303	865	5438
1991	43754	27833	15921	18595	12253	6342	7743	1401	6342
1992	45272	27646	17626	19421	12016	7405	8180	775	7405
1993	52400	34450	17950	25575	17600	7975	9119	1144	7975
1994	48963	27591	21372	19755	9465	10290	2291	1262	1029
1995	70113	46000	24113	38403	26000	12403	14173	1770	12403
1996	72104	42600	29504	39960	23500	16460	18110	1650	16460
1997	79701	46000	33701	44900	26000	18900	20720	1820	18900
1998	58424	30719	27705	34711	16964	17747	18934	1187	17747
1999	68899	33960	34939	41907	20200	21707	22919	1212	21707
2000	74790	38380	36410	44708	23400	21308			
2001	76051	39390	36661	45893	24540	21353			
2002	75874	39466	36408	45721	24615	21106			
2003	73367	36597	36770	44145	22723	21422			
2004	174873			124616					
2005	165981			116309					
2006	162287			110700					
2007	175739			80035					
2008	157511			93245					
2009	166412			104434	4334	61100			
2010	171737			119056	73752	45304			
2011	143509			100340	46116	54224			
2012	135414			84884	17683	67201			
2013	136324			99336	25414	73922			
2014	112360			101320	17240	84080			
2015	112760			101368	11628	89740			

续表5-7

年份	全年饲养量（头）			全年出栏量（头）			全年猪肉产量（吨）		
	总量	河南片	河北片	总量	河南片	河北片	总量	河南片	河北片
2016	95203			84106	11000	83006			

二、牛

镇域养牛大多以役牛为主。新中国成立前，只有富裕之家才有条件饲养，一般农户无能力饲养，多以劳动力代牛力或向养牛户租牛劳役。1949年，镇域仅有牛2000头，其中水牛1200头，黄牛800头。新中国成立后，党和政府严禁宰杀耕牛，并发放养畜贷款给农户发展养殖业。1956年实行耕牛折价入社，发展缓慢；公社化后的1961年，实行“三级所有，队为基础”，耕牛所有权下放归队。1962年，又允许社员私养，但以集体为主，由于折价时价款未付清，大牲畜进入市场交易频繁，不少社队出现“宰牛尾巴”现象(即以大换小，从中赚钱)，耕牛比1957年减少28.7%。20世纪60年代，随着水利条件的改善，河南区双造田成倍增加，现有的耕牛不能满足耕种需要。70年代初期，河南区的园洲人民公社从海南岛购回500多头役牛，以解决耕作缺役牛问题。1958—1980年的22年间，因体制和政策多变，耕牛存栏数在3000头徘徊。1982年，农村实行家庭联产承包责任制，集体耕牛折价到户，实行自养自有，调动了群众养畜积极性。1985年耕牛存栏数7014头（河南区4119头、河北区2895），比1979年的4553头增加2461头，增长54%。1986年后，因农耕面积减少，且宜牧的荒地、草地消失，耕牛吃草困难，耕牛数量逐渐下降。2000年后，农贸市场上出售的牛肉皆从外地调进。2007年，镇域养牛仅909头。2001年后，全年耕牛饲养量在1200头徘徊。

镇域所饲养的耕牛主要是当地水牛和黄牛。

水牛毛色铁青，背毛粗短而稀，耐寒耐热差。公牛头大，体格较粗壮，胸宽腹大，肩峰不明显，力大持久。母牛较公牛清秀，额平眼眶突出，鼻大口方，角呈半月形，颈细长，有1～2条白环；性温驯，耐粗食。公牛日耕地2～3亩，母牛1.5～2亩；每日可役8小时，役用年限20年左右。由于水牛高大有力，一般为水田劳役。

黄牛大小适中。公牛体型紧凑，额与鼻均宽，嘴方颈短，肉垂和肩峰均明显，角有“鹰爪角”“萝卜角”之分。母牛发育良好，骨胳粗大，蹄质坚实，性格温驯，动作灵活。黄牛耐力持久，耐粗食易管理，适合耕种旱地，役用年限一般为18年左右。

镇域饲养耕牛以放牧、拴养、牵养为主，沿江一些村实行群牧，即以几户或几十户的牛集中成群，赶到堤围牧放。其他村庄因草原零散，一般采用牵养，即把牛牵到田坎、沟边或青草较多的地方牧放。一些农户劳动力少或遇到特殊情况，只好把牛拴在一些草地上吃草，俗称“特牛”。在寒冷季节，多为圈养，喂干稻草、薯藤、花生藤、甘蔗尾等饲料，并适当加喂番薯粥等。

1963—1982年，镇域公养耕牛的形式主要是集体（生产队）“寄养”，农户“管养”，并制定出管养具体措施：1.管养水牛1头，每年计工分1000～1200分；黄牛1头600～800分。2.牛屎、牛尿交回生产队，每百斤牛屎计2～5分，每百斤牛尿计3～6分。3.由生产队分配稻草、番薯作耕牛冬季饲料，每头水牛分得稻草1000～1500公斤，番薯50公斤；每头黄牛分得稻草800～1200公斤，番薯30公斤。4.每年每头牛供给黄麻1.5公斤，畚箕1担，尿桶1个。5.牛姆产仔一年后按五五分成，折价归回生产队。

1956—2016年园洲镇耕牛生产情况统计表

表5-8 单位：头

年份	年末耕牛数			水牛			黄牛		
	总头数	河南片	河北片	总头数	河南片	河北片	总头数	河南片	河北片
1956	3226	3226		1406	1406		1820	1820	
1957	3158	3158		1375	1375		1793	1793	
1958	3015	3015		1367	1367		1648	1648	
1959	3004	3004		1528	1528		1476	1476	
1960	2873	2873		1578	1578		1295	1295	
1961	2598	2598		1380	1380		1218	1218	
1962	2235	2235		1215	1215		1020	1020	
1962	2441	2441		1366	1366		1075	1075	
1964	2346	2346		1179	1179		1167	1167	
1965	2522	2522		1235	1235		1287	1287	
1966	2448	2448		1202	1202		1246	1246	
1967	2634	2634		1220	1220		1414	1414	
1968	2933	2933		1452	1452		1484	1484	
1969	2991	2991		1485	1485		1506	1506	
1970	3136	3136		1559	1559		1577	1577	
1971	2970	2970		1550	1550		1420	1420	
1972	3068	3068		1645	1645		1423	1423	
1973	2967	2967		1674	1674		1293	1293	
1974	2893	2893		1672	1672		1221	1221	
1975	2811	2811		1688	1688		1123	1123	
1976	2785	2785		1677	1677		1108	1108	
1977	2692	2692		1670	1670		1022	1022	
1978	4549	2780	1769	2713	1768	945	1836	1012	824
1979	4553	2754	1799	2845	1838	1007	1708	916	792
1980	4553	2718	1835	2918	1871	1047	1635	847	788
1981	5383	3243	2140	3665	2356	1309	1718	887	831
1982	6426	3938	2488	4506	2999	1507	1920	939	981
1983	6644	3945	2699	4331	2796	1535	2313	1149	1164
1984	6920	4003	2917	4488	2804	1684	2432	1199	1233
1985	7014	4119	2895	4622	2860	1762	2392	1259	1133

续表5-8

年份	年末耕牛数			水牛			黄牛		
	总头数	河南片	河北片	总头数	河南片	河北片	总头数	河南片	河北片
1986	6789	3873	2916	4227	2361	1866	2562	1512	1050
1987	6558	3528	3030	3975	1978	1997	2583	1550	1033
1988	6300	3393	2907	3724	1895	1829	2576	1498	1078
1989	6350	3313	3037	3535	1744	1791	2815	1569	1246
1990	6387	3268	3119	3611	1639	1972	2776	1629	1147
1991	6058	2984	3074	3338	1385	1953	2720	1599	1121
1992	5614	2740	2874	3138	1299	1839	2476	1441	1035
1993	5131	2740	2391	2762	1299	1463	2369	1441	928
1994	4642	2500	2142	2323	1150	1173	2319	1350	969
1995	4319	2450	1869	2064	1150	914	2255	1300	955
1996	4157	2440	1717	2008	1145	863	2149	1295	854
1997	3793	2240	1553	1805	1090	715	1988	1150	838
1998	3166	1905	1261	1439	927	512	1727	978	749
1999	3324	1900	1424	1492	922	570	1832	978	854
2000	3282	1900	1382	1448	922	526	1834	978	856
2001	3134	1908	1226	1382	930	452	1752	978	774
2002	2734	1551	1183	935	581	354	1799	970	829
2003	2618	1533	1085	911	580	331	1707	953	754
2004	1432								
2005	1448			409			1039		
2006	1374			403			971		
2007	909			270			639		
2008	1063								
2009	1190	461	729						
2010	1184	643	541						
2011	1256	616	640						
2012	1157	593	564						
2013	1245	633	612						
2014	1269	529	740						
2015	913	368	545						

续表5-8

年 份	年末耕牛数			水 牛			黄 牛		
	总头数	河南片	河北片	总头数	河南片	河北片	总头数	河南片	河北片
2016	504	215	289						

三、家 禽

（一）鸡

饲养鸡以当地鸡为主。当地鸡的优点是觅食能力和抗病力强，肉嫩味美；缺点是生长慢，母鸡就巢性强，年产蛋80枚左右。当地鸡有大种（重型）和细种（轻型）之分。农户有饲育“剦鸡”的习惯，每年的10月左右把未成年的当地公鸡进行阉割，阉割后两个月以圈养，俗称“藏鸡”，待来年春节前出售或节日自用，称之为“煽鸡”。“煽鸡”体重2公斤以上，大型者可达3～4公斤，毛色红黄相间，肉嫩味甜，口感好。

20世纪70年代，引进三黄鸡，其外貌特征为黄羽、黄喙、黄脚、短身、矮脚。颌下有发达的胡须状髯羽，无肉垂或很小，又因其柔嫩、味美而独立于群鸡。

70年代以前，农民养鸡采用传统的方式。一般用母鸡抱窝孵化，一窝15个蛋左右，孵化后的雏鸡由母鸡带着觅食，直到母鸡开始产下一窝蛋前才自然离开。在水稻等作物收获时，农户把鸡挑到稻田里放养，拾吃遗谷和昆虫。长至肉鸡后才圈养，喂以较好的饲料。由于园洲的居住环境大多是大围大村，适宜养鸡的场所有限，大多为房前屋后分散养殖，是畜牧业中比重最低的养殖品种。

70年代以后，农民养鸡采用“人工孵化、人工育雏、大群舍养、混合饲料喂养、注射疫苗”等方法，推广新法养鸡。80年代开始，实行混合饲料饲养，养鸡业得到大发展。2000年后，又开始放养和半放养，利用果园养山地鸡的养鸡场逐年在增加。同时，引进石岐杂、日本白等良种鸡。

（二）鹅

“养鹅无巧，清水青草。”鹅是一种食草水禽。养鹅投资少、见效快、效益高，是一项适宜千家万户普遍发展的节粮型养殖业。

过去，园洲属于水沼地，自然生态环境优良，有众多的湖泊、河涌、鱼塘水库以及水田草地等，加上雨量充足，气候适宜，为鹅的养殖提供了良好的条件。

园洲养鹅发展历史悠久，群众历来有养鹅的习惯。过去，养鹅是为了应节需要，数量不多，产量不高。新中国成立后，境内的养鹅业有了较大的发展。20世纪70年代始，养鹅不仅是满足肉食的需求，而且是家庭、集体经济收入的来源之一。“队队养鹅乸，户户养肉鹅”的养殖特色，远近闻名。1982年后，集体养鹅逐渐消失。

20世纪80年代，境内的沙头、深沥、篆兰、阵村等地有养鹅苗（俗称养鹅花）的习惯。每年3—8月，一些村民从当地市场购回刚孵出的鹅苗，饲养7～15天，运往阳江、湛江等地出售，养鹅苗利润达100%。

园洲饲养的鹅多属本地种，俗称“草鹅”。其特点为体型小、易育肥，肉质鲜美。羽毛多为灰色。成年鹅3～4公斤，鹅乸（公）鹅4～5公斤。鹅乸年产蛋30枚左右。

鹅一般采用白天放养，夜间圈于鹅舍，每天还补充饲料2～3次。未成年鹅饲料以米饭混合糠、青菜、青草为主；成年鹅以瘪谷（或稻谷）统糠、青菜、青草为主，饲养时间较长，但鹅的肉质好。2000年后，实行混合饲料饲养，饲养时间短，但肉质下降。

（三）鸭

鸭是一种不与人争地、不与牛羊争草、不与鸡鹅争食的动物。一直以来，养鸭成为园洲老百姓油、盐、酱、醋的经济来源和宴请宾客的佳肴，在计划经济年代养鸭也是集体经济的来源之一。

鸭主要以麻鸭为主，麻鸭个小、腿干、脖细、能游、会飞、具有野性，亦有耐热、耐寒、早熟、产蛋多等优点。

番鸭与泥鸭也有小量饲养。番鸭原产于中、南美洲热带地区。番鸭是一种似鹅非鹅、似鸭非鸭的鸭科家禽，体重比鸭大比鹅小，具有体型大、生长迅速、耐粗饲、易肥育、肉质鲜美、产肝性能好等优点。泥鸭一般称为半番鸭，是用公番鸭与母家鸭杂交的后代。

20世纪70年代引进北京鸭和松香黄鸭。北京鸭原产于北京玉泉山一带，因此而得名。北京鸭羽毛纯白色，体形硕大丰满，挺拔美观嘴，生长快，刚出生时体重约56克。60天就可达2～2.5公斤，雄鸭可长到3～4公斤。香黄鸭是由广东省佛山市农业科学研究所用东莞鸭母鸭和北京鸭公鸭杂交育成的肉蛋兼用型新鸭种。松香黄鸭生长较快，肉层厚，脂肪比北京鸭少，肉质比北京鸭鲜美；产蛋较多，蛋个大，饲料转化能力强。

鸭的孵化多用人工孵化，一般的麻鸭出壳一天饮水3～5次，第二天喂大米饭，第五天后和食小鱼虾、蚯蚓等，10天后开始，白天放养，晚上圈于鸭舍。中、成鸭后，可掺喂谷糠、稻谷、番薯等。20世纪80年代始，养鸭户普遍饲喂混合饲料或全价颗粒料。饲养方式也逐步采用鱼塘圈养。

四、羊

园洲境内羊的饲养以当地山羊为主。山羊是以青草和树叶为主食的草食动物，羊群多放牧于灌木丛或较陡的丘陵，具备水源让其自由饮用。养羊户通常养羊几十只，多则成百只，常有公羊和后备公羊一只(羊头)作配种和放牧时带队。

第二节　畜禽防疫

一、禽畜疫病

（一）畜　病

牛　瘟　牛瘟是牛类烈性传染病，死亡率很高。镇域在新中国成立前30年广泛流行。牛瘟的流行，一直延续到新中国成立初期。1950—1952年，每年坚持以预防为主的综合性防疫措施。到1953年基本消灭牛瘟，1958年以后彻底消灭牛瘟。

牛炭疽病　牛炭疽是人畜共患的烈性传染病。新中国成立初期，此病散发性流行很普遍。每次发现疫情，县都派人到疫区，免费给耕牛作预防注射。至2016年，再没发生疫情。

猪　瘟　猪瘟是一种急性致死很高的传染病，一年四季皆有发生，对养猪业破坏性极大。从1957年起，逐步建立健全畜牧兽医机构，加强防疫措施。至1979年，猪瘟病较少。而1979—1985年，由于防疫队伍管理体制跟不上，兽医防疫工作存在“吃大锅饭”问题，防疫措施得不到落实，因而猪瘟等疫情又逐渐散发流行。1983年后，加强检疫，控制屠宰点，疫苗预防，逐步控制了猪瘟病的流行。

猪丹毒 猪丹毒是一种急性败血性传染病，境内历来都发生，主要是散发性流行，尤其以冬春季较为多见。因其病状特殊而称“出红斑”或“鬼打印”。新中国成立后，做好预防防疫，虽有效地控制疫情流行，但由于防疫密度低，疫情反复。后来，掌握了疫情的规律，定期做好免疫工作，猪丹毒未有发现。

猪肺疫 猪肺疫，又称猪巴氏杆菌病或猪出血性败血症，是由多杀性巴氏杆菌引起的猪的一种急性、热性传染病。其特征是最急性型呈败血症。境内历年都有发生，主要在春夏两季散发性流行。

猪喘气病 猪喘气病，又名猪病毒性肺炎，为接触性传染病，常发生在饲养不善，营养缺乏，或经长途运输的猪群中，境内历来都发生。由于按疫情发生规律做好预防免疫工作，基本控制此猪病。

畜牧五号病 畜牧五号病又称口蹄疫，属一类传染病，是由口蹄疫病毒所引起的偶蹄动物的一种急性、热性、高度接触性传染病。主要侵害偶蹄兽，偶见于人和其他动物。其临诊特征为口腔黏膜、蹄部和乳房皮肤发生水疱。口蹄疫可通过空气、灰尘、病畜的水疱、唾液、乳汁、粪便、尿液、精液等分泌物和排泄物，以及被污染的饲料、褥草和接触过病畜的人员的衣物传播。口蹄疫通过空气传播时，病毒能随风散播到。此病常在猪群中蔓延，一旦发生，5～7天就蔓延全群，由于国家对此病预防控制高度重视，严格处理疫情，因而较少扩展。

狂犬病 俗称疯狗病，是一种人畜共患的自然疫源性疾病，过去历年发生的病例皆死亡。新中国成立后，大量捕杀狗只，因而传染病减少。1978年以后，农村家庭家犬饲养量增多，狂犬病有逐步上升的趋势。1984年后，县畜牧部门使用狂犬疫苗对犬只进行免疫接种。此后，政府多次发出预防狂犬病的通知，境内很少发生狂犬病死亡事件。

此外，禽畜疫病还有猪肺疫、猪链球菌病、猪布鲁氏菌病、牛流行感冒、牛气喘病、牛锥虫病、牛肝片吸虫病等。

（二）禽　病

鸡　瘟 鸡瘟是鸡的急性败血病，具有高度的接触传染性，发病率高，死亡率也高。境内流行甚广，一年四季都有发生，新中国成立前及新中国成立后，常有整村的鸡因患鸡瘟而全部死光。直到有疫苗预防，才得到较好的控制。但是，养鸡是涉及千家万户的事，防疫工作不易彻底，因而农村仍有零星鸡瘟的出现。

鸭　瘟 此病鸭、鹅均可感染，为一种急性、烈性败血性传染病，传染迅速，死亡率高。1964—1965年，此病情蔓及全境。1966年后，推广使用防鸭瘟疫苗，才控制了鸭瘟的猖獗流行。1985年以后，鸭瘟已基本控制。

小鹅瘟 此为小鹅病毒性肠炎，属急性败血症传染病，以3～25天龄雏鹅最易感染，常有发生，且危害极大，死亡率高达90%～100%，群众把此病描写成“头缩缩、颈曲曲，三五七朝死满屋”。20世纪60年代中期，推广小鹅瘟免疫苗，用于种鹅的遗传免疫。至此以后，养鹅业有了保障。1980年后，养户饲养雏鹅多能在购回鹅苗时作注射预防血清，以免疫情的发生。随着种鹅疫苗接种，基本上控制了小鹅瘟的发生。

禽出败 禽出败，又称禽霍乱，是由多杀性巴氏杆菌引起的一种热性败血症，以发病急，病程短，死亡快为特征。此病常呈地方性流行，气温较低的湿热季节尤易爆发，或禽舍通风不良，或禽类长途运输均可诱发。如能及时防治，注意环境消毒，做好死禽无害处理，疫情也容易控制，但千家万户发散饲养，防治措施较难落实，以致辗转发生。

鸡球虫病 鸡球虫病是鸡常见且危害十分严重的寄生虫病，是由一种或多种球虫引起的急性流行性寄生虫病。10～30日龄的雏鸡或35～60日龄的青年鸡的发病率和致死率可高达80%。病愈的雏鸡生长受阻，增重缓慢；成年鸡一般不发病，但为带虫者，增重和产蛋能力降低，是传播球虫病的重要病源。20世纪90年代后，由于在加强卫生管理的基础上，在饲料或引水加入防治此病的药物喂食，此病已得到较好的控制。

鸡马立克氏病 属舶来病，主要是由国外引进种禽带进病原而致。临床上的主要症状是病鸡运动障碍，先是一肢或两肢发生不全麻痹，步态不稳，一肢脚向前，另一肢脚向后伸，呈“游泳姿势”。往往神经一处或多处受到损坏。因此，病鸡表现翅膀下垂，头下垂，或者头颈歪斜，有时或见嗦囊麻痹或扩张、呼吸困难等。当眼球的虹膜受到损害时，病鸡表现失明，虹膜环状或点状褪色，成淡灰白色混浊。随着病程的延长，病鸡常因吃不到饲料或饮水，发生贫血、饥饿、脱水而死，或者因同群鸡践踏而被压死。死亡率一般在30%左右，高者可达60%。20世纪80年代，此病在境内发生，后普遍推广使用接种马立克氏疫苗作预防，有较好的效果。

二、防疫制度

镇域防疫机构负责辖区畜禽疫病防治、检疫，做好群防群治工作；坚持“以防为主，治疗为辅”的方针，采取“适时、重点、密集、连续”的预防注射。建立猪、牛的保险制度，有效地控制畜禽疫病的蔓延，促进了家禽畜牧业的发展。

（一）综合防治制度

新中国成立后，禽畜疫病的防治工作得到政府的重视，实行“预防为主”的方针，发动群众，采取以预防注射为主的综合防治措施，控制和消灭禽畜的主要传染病。

1950—1955年，由东莞县设立的家畜保育队，做好防疫注射为工作，以消灭牛瘟为中心，开展牛炭疽、牛气肿疽的预防注射。1956年，境内相继消灭牛瘟、并控制牛炭疽、牛气肿疽病。1956—1966年，以消灭猪瘟、猪丹毒、猪肺疫及鸡城疫为主要任务。并开展猪丹毒、猪肺疫疫苗的注射。1967—1978年，增加鸡新城疫的防疫制度。1979—1980年，采用猪瘟、丹毒二联苗兼防二病。禽病防治的主要措施：给母禽注射疫苗，使雏禽自动获得母源抗体；制定合理的免疫程序，定期进行疫苗注射；发生疫病，立即隔离病禽，采取紧急疫苗注射或药物治疗，迅速控制疫情；实行全进全出，加强饲养管理，做好免疫、驱虫、消毒和清洁工作。

1981年后，改春秋季防疫为常年防疫。县畜牧局建小型冷库，镇兽医站相应配备冷藏瓶、箱，形成严密的冷藏系统，保证高温季节防疫效果不受影响。

1983年实行合作防疫制度。规定每年春秋为“大防疫”季节，进行突击注射；春节前为“小春防”，防疫注射一次，平时查漏补注。每次“大防疫”进行突击防疫时，由业务主管部门召开会议，提出完成时间、任务和要求，分片包干，落实到人，在全镇各村范围内统一行动。每次“大防疫”分两步进行，先“猪防”，后“鸡防”，各占10～15天左右。防疫注射后，各村做好造册登记工作，防疫结束后，各村之间由业务主管部门组织人力进行交叉检查验收，发现漏注即行补注，保质保量完成畜禽防疫注射任务。

（二）疫情报告制度

疫情报告作为制度规定，最早见于1965年8月11日发表农业部关于《防治口蹄疫试行办法》的通知，1984年9月21日，国务院办公厅要求各单位按照规定上报疫情报告表，牲畜发生疑似口蹄疫时要即日报告，即日进行诊断处理。新发生五号病（口蹄疫）疫点时、区、乡（公社）畜牧兽医站或有关企事业单位，必须及时采取防疫措施，并在12小时内报告县，县要立即派人确诊，及时研究处理意见，同时将疫情上报。

（三）死畜处理制度

1974年开始，全面推行死畜无害化处理，在人畜少到的地方，设“死畜处理站”，站内设二级或三级死畜处理池，经兽医解剖诊断后，作无害化处理。

（四）检疫制度

1. 肉品卫生检疫

20世纪50年代，由县农业部门派人或由当地经过培训的检疫员进行肉品卫生检查。1958年，检疫取消。1959年，公社成立畜牧水产站，负责检疫工作。1965年，由食品部门执行肉品卫生检疫。检疫形式有目测、触诊、嗅诊、体温检查等项，健康合格的在耳部改盖以红色标记才可上市，做到病猪不出队、不上市、不收购、不运输，杜绝病畜传染。1984年起，农牧部门（或生猪协调小组）全面实行生猪售前检疫、宰后检验、苗猪售前检疫、牲畜市场检疫防疫、集贸市场白肉检验、运输检疫等执法检查。1990年开始，检疫开始由市场检疫逐步向屠场检疫、定点检疫过渡。

2. 市场牲畜交易检疫

1956年，由牲畜检疫站派员或委托当地兽医执行。60年代后，镇域收购、调运的畜禽，由食品系统进行检疫，猪苗及其他畜禽在集市交易，仍由兽医部门检疫，并出具健康凭证。1987年，境内所有畜禽交易的市场都建立和健全检疫制度。

3. 畜禽运输检疫。

1956—1979年，对过境畜禽进行检疫，由县畜牧部门统一管理。1980年后更为严格，凡过往的畜禽无检疫证或过期检疫征者必须按个体、群体或抽样进行检疫，对运载畜禽的车辆，实行药物消毒，发给消毒证，方能营运。

第三节　饲　料

一、饲料资源

镇域饲养畜禽的饲料主要来源于牧草、农作物及其副产品。

牧草包括天然草料和农作物草秆。天然草料主要有野草、野菜，种类以鸭嘴草、鹧鸪草较多，其次为岗稔、芒箕、灌木林草丛等。天然草料主要分布在东江、沙河边一带，用于养牛、养羊。农作物主要有木薯、番薯、芋头等，草秆主要有稻草、蔗尾等。

新中国成立前，饲料主要以天然的牧草和以人力加工的米糠或稻谷、木薯、番薯等原粮食直接喂养禽畜。市场极少有饲料买卖。

新中国成立后，禽畜除放养觅食牧草外，主要来源于稻谷、大豆、玉米、麦皮、木薯、番薯、豆粕、花生、米糠、薯苗等农作物及其副产品。

随着禽畜业的发展，政府重视饲料生产、分配、购销工作。从20世纪50年代末开始，粮食部门利用碾米脱壳将大糠（谷壳）加工成“统糠”和“玉康”，供应市场。60年代后，加工“四六统康”（四成玉糠、六统糠），后改为“三七统糠”，每年生产供应的统糠百吨以上。

禽畜的饲料资源大多来自农户的自产自供，少量由国家以奖励的形式提供。

1964年前，农村的饲料供应，在纳入粮食分配项目的“五粮”（公粮、余粮、种子、饲料、口粮）安排中，按交售的征购实绩，每担粮食供应统糠2.5～3.5公斤，同时给养猪户一定的奖励。1964年后，以销售生猪的形式奖售稻谷。

1963—1970年，出售蛋类、鸡、鸭等还有一定数量的粮食奖售。

80年代后，国家取消了计划供应，饲料来源主要靠种植业，特别是增加粮食生产面积和提高产量，并从外地购进玉米、麦皮、玉糠等精饲料。

二、饲料加工

过去，园洲没有大型的饲料厂，饲料加工仅有小型的加工作坊，以加工稻谷、玉米、花生麸、玉糠和粕糠等为主。

20世纪70年代后，随着集体养猪业的兴起，禽畜饲料加工从单一的统糠和玉糠加工发展为多种加工方式。部分生产队将稻谷、大豆、玉米、米糠、薯苗等农作物及其副产品混合加工成“杂品饲料”。80年代后，饲养生猪、“三鸟”农户，尤其是专业户增多，规模较大，畜禽饲料几乎使用工厂制造的颗粒浓缩产品，以全价饲料为主，或者购进预混料加上玉米粉、花生麸、玉糠，按一定比例调配成类似的全价饲料。全价饲料和预混料均靠外地购进。

第四节　经营管理

一、管理体制

新中国成立前，镇域无专门防治畜禽疫病的机构，民间兽医一般专治大牲畜病，且多以中草药医治。猪、禽的医治几乎是空白。新中国成立后，政府设立专门的兽医机构，采取以预防注射为主的综合防治措施，控制和消灭禽畜的主要传染病。1958年后，境内设立畜牧兽医站，各大队（乡、村）配备1名防疫员。20世纪70年代末，县、社、队三级畜牧防治网形成，公社有兽医站，大队有防疫员（赤脚兽医）。

1972年镇域有赤脚兽医32人，1977年增至45人。1985年后，镇兽医站体制改革，部分赤脚兽医经考核择优录取，参与承包，大多数赤脚兽医另行就业。

（一）园洲畜牧兽医站

园洲畜牧兽医站成立于1958年，负责管辖园洲公社（镇）的动物防疫工作。当时仅有干部职工 1 人，与园洲公社的畜牧水产站合并办公。其工作计划、业务科技、财务经费均由县畜牧部门主管。主要任务是以防为主，开展畜禽疫病防治、检疫，掌握疫情，推广畜牧兽医先进技术，种畜改良，培训防疫员，配种员，普及畜牧兽医知识等工作。

1975年，园洲人民公社畜牧兽医站成为县内的6个示范点之一，建立了猪、牛的保险、保健制度。与大队建立生猪保险，畜牧兽医站为受保生猪进行预防注射、治病及死亡赔偿等，收取一定的保险费。所得收入，由兽医站与大队按比例自负盈亏。但因1979年后私宰生猪严重，保险费收不起来，保险保健制自行消失。1978年，受博罗县兽医检疫站委托代办检疫、签发检疫证明书和牲畜交通运输、市场检疫、检验等工作。

1979年畜牧水产局成立后，园洲人民公社畜牧兽医站才划分出来，成为独立核算、自负盈亏单位。到1990年，园洲公社畜牧兽医站是县内保留22个畜牧兽医站之一，有干部职工13人，辖区有1个圩镇居民委员会和16个管理区的59个自然村。

1996年机构改革后，园洲畜牧兽医站属股级建制事业单位，人、财、物三权归县畜牧局，为自收自支单位。1998年受县动物防疫监督所委托，进行检疫。2000年，辖区有1个圩镇居民社区和18个村，共43个村小组。2007年，园洲畜牧兽医站从园洲旧街20世纪70年代建成的单层砖混结构，建筑面积60平方米的办公楼，搬迁到上南新建办公楼，办公房面积为300平方米。

一直以来，园洲畜牧兽医站切实做好各辖区内畜禽防疫工作，尤其是春防和秋防，落实动物防疫责任制及动物和动物产品的检疫工作。2009年后，积极配合镇政府做好禽畜养殖污染整治工作，对非禁养区的猪场和禽场进行整改。从2006年度至2012年度连续被县人民政府评为 “先进畜牧兽医站”；获得县人民政府颁布的2008年度和2012年度动物防疫责任制考核“优秀单位”的称号。

（二）九潭畜牧兽医站

1978年前，九潭畜牧兽医站原铁场公社兽医站属下工作站，位于九潭圩老街，建筑面积80平方米，单层砖混结构，当时有干部职工5人。1978年，成立九潭公社畜牧兽医站，成为独立核算、自负盈亏单位。1981年，九潭畜牧兽医站在九潭河唇街新建办公楼，面积为120平方米。

到1990年，九潭公社畜牧兽医站是县内保留22个畜牧兽医站之一，有干部职工6人，辖区有1个圩镇居民委员会和9个村委员会，共52个村小组。

1996年机构改革后，九潭畜牧兽医站属股级建制事业单位，人、财、物三权归县畜牧局，为自收自支单位。1998年受县动物防疫监督所委托代办检疫、签发检疫证明书和牲畜交通运输、市场检疫、检验等工作。

一直以来，九潭畜牧兽医站做好畜禽疫病防治、检疫和推广畜牧兽医先进技术、种畜改良、培训村防疫员等工作，落实动物防疫责任制，及动物和动物产品的检疫工作。2005年度至2011年度连续被县人民政府评为 “先进畜牧兽医站”；获得县人民政府颁布的2009年度动物防疫责任制考核“优秀单位”的称号。

二、保险　保健

1951年实行耕牛保险，由于管理不善，缺乏兽医技术人员，1953年上半年停办。1954年推行耕牛保健制，由兽医实行分地段作诊疗承包，并恢复耕牛保险，至1955年境内耕牛保健日趋完善。1964年起实行耕牛、生猪“两保”（保健、保险）制度，按饲养户或实际饲养量收取保健费，兽医负责登门防治，只收药品费，1968年终止。1973年，恢复生猪、耕牛保健、保险制度，兽医出诊只收出诊费，药品费由公社统筹。1979年，由于农村体制变化，生猪私宰多，生猪、耕牛保险保健业务停止。1982年，实行生猪保险。1985年，实行生猪技术承包责任制度，无病包防，有病包治，死亡包赔（三包责任制）。

第六篇　水　利

园洲镇地处博罗县西部。东江水由东至西，流经境内；沙河水分别自罗浮山、象头山、太屏山经横河、湖镇、福田、长宁和龙华、龙溪入境，分南、西支干汇入东江。镇域集雨面积88平方公里（河南区46平方公里，河北区42平方公里）。地势中间低，周边略高，一般地面高程为2.6～4.3米。境内除北区的上村、水口、凤山村和南区的禾山、田头村有些许小山丘外，其余都是平原，地势低洼，每逢汛期，东江上游和沙河水位暴涨，东江下游潮水顶托，极易泛滥成灾。

镇域防洪筑堤始于汉朝，南汉乾和年间（943—958年），泊头古镇（今九潭义合）村民为防山洪而筑堤190丈。明永乐十二年（1414年），博罗知县昌祚为方便游客游罗浮山，扩建堤路，称登山堤。至清朝，修筑东江简易堤围。民国时期，建马嘶水闸和加固水闸两边部分堤围。水利建设时兴时废，防御能力薄弱，旱涝灾害频仍，且交错发生，给园洲人民带来深重灾难，流传着“三天下雨水汪汪，三天无雨地冒烟”的民谚。1915—1947年的32年间，东江堤围5次崩决，沙河堤决堤次数难于统计。

新中国成立后，党和政府发动群众兴修水利，洪患状况有所好转，但因堤围基础太差，难于抵御较大洪水的冲击。1959年，发生百年不遇的特大洪水，河南区堤围被冲开大小决口47处，农田被淹，房屋倒塌。

除了洪、涝灾害，园洲还受旱灾的威胁。虽有东江、沙河环绕，但由于地属平原，枯水期没有山泉水灌溉农田，旱灾频发。1959年以后，园洲人民积极响应人民政府的号召，进行洪、旱、涝并治，蓄、引、堤结合的水利建设，取得显著的效果。水利建设经历了三个阶段：

第一，1950—1965年，起步阶段

1950—1952年，当时农村实行个体经济，水利建设以“堵口复堤”为主，维修堤坝决口、疏通内河道、培土加高基围。这个时期的水利工程虽然原始简单，但发挥了防汛作用。灌溉工程从维修加固陂圳、开发鱼塘，实现“一村一塘”开始。

1953—1959年，由于开展合作化运动和成立人民公社，农村个体经济变为集体经济，人力、物力、财力、土地由合作社统一使用、调配，群众性兴修水利活动形成高潮，靠“一条扁担，一把锄头，两个畚箕”，筑起了十年一遇的南区东江、沙河堤和北区的东博、增博大堤。1959年4月，园洲从东莞县划归博罗县管辖，在博罗县的统一领导下，400多名（最多时近千人）民工参与显岗水库工程建设，并在显岗水库下游的支流出口处白磡角修筑了一座活动陂，拦堵和控制沙河水灌溉农田。

1960—1965年，虽然是国民经济调整时期，但园洲的水利建设步伐迈得更快。这一时期，博罗县在河南区（原园洲公社）开展了综合治水示范。一方面引显岗水库水源灌溉农田；另一方面全面加厚东江、沙河堤围，提高防洪标准。1960年，从东莞石龙引进新丰江电源后，境内的防洪排涝逐步进入机械时代。1962—1964年，新建禾安、北冲口、茶亭和东博电力排灌站，并开发中心排洪渠，初步解决了东江、沙河水位顶托的内涝问题。至此，境内粮食种植面积和作物的复种指数大幅度增加，产量明显提高。园洲水利建设的经验在全县推广。

从1963年冬开始，园洲镇提出了建设“大堤围”策略，坚持秋收“放下禾镰就上堤”的秋冬水利大会战。一方面加高加固东江、沙河堤围，另一方面抛石头护堤、填塘固基。至1993年，共填土方810万方，砌石5.5万立方米，加固加高东江堤和沙河堤。

第二，1966—1979年，发展阶段

“文化大革命”期间，排除“左”的干扰，园洲的水利工程建设一直没有停止过。

1966年秋后，在横河、麻陂、石坝等公社的支援下，培土加固东江堤围。

1975年，改造白鹄角两处拦河闸，兴建摇头式活动拦河闸3座，共长184.8米，45孔，有效地调控水流向和流量，合理调节灌溉与排涝。

1968—1978年，建设电动灌站10个，装机10台，容量154千瓦，灌溉面积13200亩。

至1978年，增建任屋、北冲口、新村电排站。至此，境内的电排站达7座，装机38台，容量9950千瓦，实行分仓排水。对河北区的东博大堤、河南区上南东江堤培土加高；开发了4条总长84.62公里的排灌渠，从而形成了灌溉、防洪、排涝等比较完整的水利体系。

至此，镇域汛期的洪灾涝患基本消除，全镇8.5万亩农田实现了旱涝保收。

20世纪70年代中期，建设高产稳产农田，开展了以挖沟改土、平整土地为重点的农田基本建设。

第三，1980—2016年，提高阶段

这一时期，针对水利建设先天不足、老化失修、效益衰减的状况，采取高标准设计，高质量施工，开展工程续建配套。东博电排站原装机7台725千瓦，20世纪80年代经两次改造，新装机6台，装机容量1005千瓦；禾安电排站原装机7台，装机容量900千瓦。1987年，新建西站装机6台，装机容量1005千瓦，是当时全县设备最优良的电排站；任屋电排站增设移动泵2台，装机容量为370千瓦。任屋电排站于2008年进行技术改造，投入资金483.5万元，于2009年4月完成并投入使用，装机6台，装机容量1090千瓦。以上电排站的技改扩容工程、重建或新建工程的完成并投入使用后，大大提高境内的排涝标准和排涝效率。

2005—2016年，开展大规模的排灌渠清淤扩阔、裁弯取直，堤围加高培厚、填塘固基、除险加固水利工程建设，累计投入资金2.3亿元，使东江堤防洪标准提升到50年一遇，沙河及其他排洪渠堤防洪标准由原来10年一遇提高到20年或30年一遇。清淤排灌渠道13条80公里。投入巨资改造维修涵闸，维护机电设备，整治易涝区和水利设施综合经营。水利设施的防灾抗灾能力和经济效益逐步提高。2005年10月13日，博罗县秋冬水利大会战整治沙河现场会在园洲召开。

2011年，禾安涝区被广东省列为“农村易涝区整治试点工程”，工程总投资3491.67万元，工程主要建设包括：新建任屋泵站（任屋中心排站），灌渠工程，电气化自动工程等。

同时，强化水利工程管理与养护，开展综合经营，提高水利设施效益。

经过几十年的艰苦奋战，镇域的水利建设成绩卓著，曾多次受到省、市、县的表扬和奖励。1990年，广东省水利电力厅授予“管好工程，造福人民”锦旗；1991—1993年，连续三年被惠州市人民政府授予“水利先进乡镇”称号；1994年4月，园洲镇被评为全省水利水电经营、管理、效益先进单位；1996年，被博罗县人民政府评为水利工作先进单位；2005年，被博罗县水利局授予抗洪抢险救灾先进单位；2008年，被中共博罗县委评为先进基层党组织；2010年，被中共博罗县委评为“五好”红旗基层党组织； 2012年被中共博罗县委评为争先创优先进基层党组织。

第一章　水资源

境内水资源丰富，平均降水高于全县水平值，地表水、地下水资源以及水资源总量也高于全县平均值。镇域水资源总量（含浅层地下径流量）30立方米，人均水资源占有量6500立方米，比全市人均水资源占有量高出1527立方米。若包括过境水量，年平均水资源总量达13.5立方米，人均水资源量1.93万立方米。

第一节　水　系

一、东　江

东江位于镇域南部，属过境河流，古称循江、湟水、龙江。东江自江西寻乌椏髻钵山（另一源头为安远县三百山）至石龙，全长520公里。东江干流自东向西，流经龙川、河源、紫金、惠阳、惠城、博罗、龙溪。东江干流流入境内的有马嘶、桔头、上南，下南、梁屋、李屋、寮仔、白马围等村，再经石龙、虎门流入海。流经境内21.8公里，流域面积15平方公里，年平均流入水量6.89亿立方米，每年4—9月汛期。东江河道宽650～1000米，水深1.3～2.5米，通航水深4米以上，属C级航道。

二、沙　河

沙河是东江支流，分干流和支流流经镇域。干流位于镇域中部，由东至西流经土瓜、田头、深沥、沙头、阵村、白耀前、李屋、白马围、上村、水口、凤山、义合、新村、九潭等村，全长9.9公里，流域面积约35平方公里，河道宽180～230米，通航水深1米以上；支流位于镇域的东部，由北向南流经马嘶和龙溪镇银岗，全长3.6公里，流域面积约77平方公里，河道宽100～200米，通航水深1米以上。沙河上游的横河山高坡陡，集雨面积大，雨季径流集中。1958年，因兴修水库在显岗段截流，从此沙河流水减缓，河面缩小，河滩显露，曾是历史上博西地区船运交通的大动脉亦日趋衰落。

三、大　湖

大湖处于镇域河北区东面的上村、水口、凤山三个村之间的低洼地，四面丘陵山合围。自民国以来，逐步形成湖泊，因面积较大，当地人称之为“大湖”。大湖于1959年蓄水，为水口、凤山、义合等村农田灌溉用。面积10.5平方公里，最深水位8米。1974年，因“农业学大寨”，围湖造田，原铁场人民公社（石湾镇前身）组织全镇的农田基本建设民兵突击连500余人，将龙华罗汉地（地名）集雨面积切断，排向马石岗排洪渠。同年，又把大湖水排向东博水闸流出沙河。湖内的四周垦作农田，低洼处作鱼塘。1978年，九潭从铁场人民公社分出后，为保障大湖农田双造丰产，在黄毛岭建了一座电动排水站，装机一台，容量750千瓦，1990年电动排水站弃置。此后，大湖内水由东博电排站排出。

四、河　溪

镇域河溪主要分布在北区，位于西面的横溪头河，全长5公里，接罗浮山南麓水经福田横溪头流入境内的沥东、佛岭、马石岗，进入马石岗排洪渠汇入沙河，于2007年扩宽渠道；位于东面的罗浮山排洪渠，全长4公里，接罗浮东南麓水经长宁东平、牛颈筋流入境内的聚和、马石岗，进马石头岗排洪渠汇入沙河；河溪的宽度一般为8～10米。境内有人工开发的排洪渠道9条（南区4条，北区5条），总长53.92公里，一般宽度为10～15米。这些河溪渠道承载着境内大部分地表水。

第二节　地表水与地下水

一、地表水

地表水全靠降雨，丰水年径流深2600毫米，径流量2.9亿立方米，平水年径流深600毫米，径流量1.15亿立方米；枯水年径流量1800立方米；多年平均径流深1800毫米，径流量1.89立方米。按2000年人口和耕地面积计，平均每人3300立方米，每亩土地2390立方米。地表水径流的分布变化规律与降雨量状况一致，冬春少，夏秋多。地表水蒸发量大，平均值比年降雨量多出14%。

二、地下水

按照承压水的补给来源、富水性及降落漏斗情况推算，镇域的地下水水源丰富。据地质部门勘测计算，境域地下水源地面积约90平方公里，可开采资源：浅层水16万立方米/日，中层水12万立方米/日，深层水4.75万立方米/日，总计33万立方米/日。由于工业发展快，部分地下水也已被污染。一些工业区浅层地下水中大多含有砷和氧化物；在部分自来水中，也检出微量的氧化物，而酚、铁含量均超过了饮用卫生标准。

第三节　水量与水质

一、降雨量

园洲属南亚热带季风气候区，降雨量主要由低压槽和台风天气形成。每年的4—6月多为锋面雨，7—10月多为台风雨。镇域降雨丰富，多年平均降雨量为1850毫米。降雨量最大的1983年为3137.3毫米，最低年降雨量为1963年的1326.2毫米（博罗县889毫米）。沙河防洪警戒水位5.5米，历史最高水位为1966年6月的8.66米；东江防洪警戒水位为6.5米，历史最高水位为1959年6月的9.62米，全镇历史最高内水位4.5米。

不同季节的雨量差别很大，冬春季少雨，夏秋季多雨。

二、蒸发量

全境多年平均水面蒸发量在1200～1400毫米之间，多年平均陆面蒸发量在700～900毫米之间，以7月最大，1月和2月最小。降雨量的40%～50%为水体、土壤、植物的散发所消耗。多年平均干旱指数为0.6%～0.7%。

三、径　流

地表径流主要来源于降雨，其变化规律与降雨规律基本一致，即丰水期4—9月多，枯水期10月至次年3月少。镇域多年地表径流量20立方米（含浅层地下水），按人口平均有地表水资源量6500立方米（惠州4973立方米）。除当地产水量外，还有来自东江、沙河的过境水600立方米/秒。地下径流主要是浅层地下径流，地下水3.15亿立方米。据分析，境内浅层地下径流占地表径流的30%。另外，境内深层地下水蕴藏量尚未探明，尚未开采。

四、水　质

镇域主要河流水质总体良好。据1998年惠州市水质监测结果，东江园洲段水质为II类水。据1998年博罗县对沙河进行水质监测结果，园洲段为III类水。境内水质量污染较严重，主要是由于上游和境内污染所造成。

五、水质保护

20世纪80年代以来，随着社会经济的快速发展，水资源污染问题日益凸显。主要是东江、沙河上游植被受破坏，水土流失，造成生态污染；工业废水、废渣骤增，造成日益严重的工业污染；区域内生活垃圾增加，生活污水治理不到位；农业方面，大量使用农药化肥，大部分残留在土壤中，通过降雨和地面径流的冲刷而进入地表水和地下水中，造成污染。

由于各种污染物的大量排放，超过水体的自净能力使水质恶化，水体及周围的生态平衡遭到破坏，对人类健康、生活和生产活动等造成损失和威胁，受到各级政府的高度重视。

2001年，园洲、九潭镇分别成立环保办公室，负责环境保护和污染治理工作，重点是防治境内的水体污染。2003年园洲、九潭合并后，以防治水体为重点的环保工作日益加强。

严把“绿色门槛”，从源头上防控水源污染，消除结构性隐患，建设各类园区，引导更多的项目入园，有效遏制重污染项目向农村转移与蔓延。

按产业政策调整产业结构和产品结构，严格控制电镀、化工、印染、造纸等工业进入境内。坚持以“铁腕治污，科学治水”的原则，开展了水环境整治和污染行业整治专项行动。

重点整治马嘶河、义合排渠和新村排渠周边的重污染企业，淘汰、关闭了一批重污染企业。

清理整顿畜禽养殖业污染。2010年，全镇共清拆或关闭禁养区养殖场340家。2011年，清理新增和反弹禽畜养殖场287间，面积19万平方米；清拆罗汉地军事用地非法禽畜养殖场26户，面积16万平方米。2012年，完成全镇18家列入县重点流域水环境整治的禽畜养殖场的清拆工作，清拆禁养区禽畜养殖场390个，清拆面积2.48万平方米，累计出栏猪只5500多头、家禽3500只。2013年，清拆禁养区禽畜养殖场293户。2016年，整治的畜禽养殖场的清拆工作，清除违章养猪场140个，清拆面积4.6万平方米，累计出栏猪只20190头、家禽560只。同时，积极指导协助非禁养区养殖场建设规范化污染防治设施。截至2016年，全镇已规范整改非禁养区养殖场30家，共建造沼气池4481立方米、化尸池533立方米。

依法打击无证照污染企业。对全镇无证照企业进行全面摸底调查，按照“发现一间，清理一间”的原则，开展打击无证照地下加工厂行动。2012年，依法关闭涉重金属污染企业3间和无证照加工厂45家。清拆面积2.48万平方米。2013年，关闭11家电镀企业43家无证照塑胶五金厂，处理污染案件53宗。2014年，依法关闭涉金属污染企业3家，关闭各类无证照加工厂45家，其中电镀厂6家，洗布加工厂4家，洗水厂2家，线路板厂7家，塑胶厂10家，炼油厂1家，氧化厂3家，炼铝厂5家，五金喷漆厂6家，鞋材厂1家。同时，通过调整工业布局，促进村镇的规划和建设。采用新工艺、新技术，减少和消除工业污染源排放的废水量。

建设农村污水处理、垃圾处理、改水改厕等基础工程，使农村水环境保护工作逐步走上良性发展轨道。

2004年，新建生活污水处理厂一、二期工程，投资4956万元，配套管网总长7.2公里，覆盖面积达15平方公里，截污进水量达到主体工程设计能力的80%，建成区生活污水处理率达85%。

2013年，建成第一座生活污水处理厂，投资2956万元，配套管网总长7.2公里，覆盖面积4.867平方公里，截污进水量达到主体工程设计能力的85%，建成区生活污水处理率达90%。

2016年，建成第二个生活污水处理厂，投资4126万元，配套管网总长3.67公里，覆盖面积7.3平方公里，截污进水量达到主体工程设计能力的80%，建成区生活污水处理率达85%。

水利部门不断加大水土保持监督执法。2000—2016年，查处水土保持违法案件7宗，拆除违章建筑6处，共425平方米。至2016年，园洲境内水环境质量总体保持良好。

第四节　开发与利用

一、居民饮用水

20世纪70年代前，园洲农村居民饮用井水，还有少数地方直接饮用河水、溪水或塘水。取水方式主要是靠肩挑手提，长期存在着取水难、水质差的问题。据统计，全镇有水井121口，供饮用人数3万多人。

1964年，桔头村新挖大水井，建成博罗县农村第一个供水设施，容量100立方米的水塔，用水泵提取地下水，在村内几个中心点安装水龙头，供村民接水。1964年，园洲人民公社在社址建容量20立方米的自来水塔，铺设2000米水管，供应圩镇粮所等十多个单位的饮用水。1970年后，土瓜圩、白马围等村陆续建水塔。

1972年，白马围村在村中心建起一座容量100立方米的自来水塔。在当时的惠阳地区，白马围是第一个家家户户用上自来水的农村。

20世纪70年代末，农村经济发展，社员生活水平提高，农民纷纷建起了单家独院式的房屋，旧时的围屋村落，变成了分散居住。原来集中到大井取水的形式已不适应新的情况，很多家庭都使用手摇井。用水多的居民，还装上电动小水泵。

1985年，河南区（园洲镇）建有32座水塔，基本普及农户用水自流化，成为县内第一个实现自来水塔（以村单位）的镇。

1991年，园洲镇在刘屋水角建园洲第一座自来水厂，1992年建成投产。该水厂投资1200万元，日供水能力1万吨，铺设管道18公里，提取东江水，解决圩镇1.5万人的饮用水。境内的圩镇下南、刘屋、上南、圩镇、阵村等村2万多人饮用上自来水。1994—1998年两次扩建，日供水能力扩大4万吨。至1995年，河南区农民饮用自来水的普及面达95%。1992年，河北区九潭镇政府投资1100万元，在东博圩（地名)建一座容量为1万立方米的水厂，铺设管道10公里，提取河沙河水，解决圩镇1万人的饮用水。2004年6月，园洲镇政府投资8000万元，在上南灰沙潭建园洲第二自来水厂，容量5万立方米。2006年，自来水实行联网供水。至此，全镇两家水厂日供水能力16.5万立方米，用水人口约20万人。自来水工程的实施，不仅使居民告别了肩挑手提绳拉的取水历史，从“有水喝”到“喝好水”的嬗变，而且加速改变了村民的生活方式、生活习惯。居民们在新建房里建起了冲水厕所，安装了淋浴设施，添置了洗衣机、热水器。

二、工业用水

1980年前，境内工业用水为零。进入20世纪后，随着工业的快速发展，工业用水量不断增加。1991—1992年，南区（园洲）和北区（九潭）分别新建自来水厂，既保证居民的生活用水，又保证了工业生产的用水。2016年，全镇工业用水1818万立方米，主要用水大户是纺织、电镀等行业。

三、农业用水

1960年前，园洲境内的农业用水水源大部分是区域内的地表水，天旱时，从东江、沙河提水。水桶、戽斗、水车都是过去农村取水灌田的农具。1961年后，随着电气化的发展，取水灌田逐步实现了电动灌溉。1963年显岗水库建成后，南区（园洲）成为主要灌区。全镇灌溉面积3.6万亩，占耕地面积70%，灌溉用水量2800万立方米（每亩800立方米）。2000年后，由于工业的发展，耕地面积的减少，灌溉用水逐年减少，2015年，全镇灌溉用量仅1680万立方米。

第二章　水利工程

新中国成立后，园洲人民把修筑水利工程视作生命线。修筑江河堤围，开沟排洪，引水灌溉，兴建电动排灌站，并不断完善和提高，构成一套完整的水利系统工程，呵护着112.71平方公里的园洲大地。

第一节　江河堤围

镇域的东江、沙河、东博、增博堤围，分布在境内的南部和中部，总长79.4公里。

一、东江堤

东江堤，亦称园洲堤，位于东江北岸，起点为马嘶横坝（与龙溪交界处），终点为白马围白泥塘，长19公里。东江堤灌溉耕地4.6万亩。清朝时已有小堤，基础十分单薄，加之年久失修，多数只剩围基。民国8年（1919年）广东军政府拨款建马嘶水闸及培高附近12公里基围；民国12年（1923年），堤围加固工程完工，后经洪水侵蚀，围堤损毁严重，完全失去防御洪水能力。新中国成立后，人民政府组织民工加固堤围，1955年，19公里东江堤围加固工程完工，防洪标准为50年一遇。1959年6月，东江出现特大洪水，马嘶段决堤；7月，驻罗浮山人民解放军千余名官兵与群众共同奋战一个多月完成堵口复堤。1966年秋后，在横河、麻陂、石坝等公社的支援下，六千多名民工参加水利“大会战”，完成土方9万立方米，培土加高东江大堤，坝体增高1米。至1993年，实现50年一遇洪水，警戒水位6.5米设计标准，共填土方600万立方米，砌石4万立方米，将东江堤从标高9米提高至10.8米，3米宽的堤面扩宽至8米。为确保堤围安全，1994年，由博罗县投资，在闸口50米处建公路桥，结束了马嘶水闸桥闸两用的历史。1993年，由县、镇两级投资，将马嘶水闸至横垦的路面铺设混凝土路面。

二、沙河堤

沙河堤位于镇域沙河南岸，起点为马嘶水闸，终点为白马围茶亭，全长24公里，沙河堤捍卫耕地面积6.9万亩。1951年，沙河堤与增博堤同时动工，1953年完工，防洪标准为50年一遇。1958年，沙河上游的蓄水防洪工程——显岗水库建成后，沙河园洲段成为显岗水库的溢洪走廊。20世纪60年代中期，对沙河堤进行培土加固，防御上游水库汛期泄洪造成的威胁，并在龙溪白礤角建设两座拦河闸。20世纪70年代加固堤坝，共填土方210万立方米，砌石1.5万立方米，堤顶高程8.8米，堤身平均高度5.5米，堤面从3米扩至4米，防洪标准为30年一遇。

三、东博堤

东博堤位于镇域沙河北岸，于1953年11月建成，起点为上村南塱，终点为九潭桥，全长15公里，东博堤捍卫耕地面积3万亩。20世纪60年代中期，对东博堤进行培土加固，共填土方15万立方米，砌石3000万立方米，堤顶高程9米，堤身平均高度6米，堤面平均4米，防洪标准为30年一遇。

四、增博堤

增博堤位于镇域沙河北岸。1952年冬至1954年春，博罗、增城两县联合改造增城县属远固、鲤鱼洲、上下太平三条矮短小堤和博罗县属的沙河小堤，称增博大堤（或增博联围），是年冬动工，于1953年11月完工。增博堤园洲段起点为河北佛岭第一岭，终点为园洲与石湾交界处，长6.2公里，堤围工程按50年一遇洪水设计，警戒水位4米。2000年，培土加固，共填土方8万立方米，砌石1000万立方米，堤顶高程达8.7米，堤身平均高度5米，堤面平均4米。堤坝建洪闸两座。增博堤捍卫耕地面积2.7万亩。

这些堤围修筑后，提高了防洪能力，捍卫着境内10多万亩（交叉捍卫）农田，使2万多亩单季稻田改为双季稻田。

从2005年开始，实行“两个结合”，加固防洪堤：一是整治堤外鱼塘烂滩地与加固堤体相结合，运石筑基、抽沙，运土填塘、垫滩，将洪水冲毁的堤外荒塘、荒滩、荒地填成高台平地。除东江堤外，抽填沙、土546万立方米，石55万立方米，将零散的300亩鱼塘滩地填成高平台与大堤连成一体，形成新的经济开发区，既增强防洪实力，又美化了环境和促进经济的发展；二是扩大地面与公路相结合，铺设混凝土路面作公路行车使用。

20世纪90年代，通过运石筑基、运土填塘、抽沙垫滩，将洪水冲毁的堤外荒塘、荒滩、荒地填成高台平地。仅东江堤外，填沙、土546万方，石55万方（包括浆砌石），部分平台开发成房地产。与此同时，为了保护堤围的安全和提高堤围的综合利用，将8.5公里的堤围公路铺成水泥路。

第二节　防洪渠堤

排洪渠堤是将客水拦截流入东江和沙河，减小客水对围内农田的威胁，既起到抢先（在东江、沙河水位达到警戒线之前）分洪的作用，又可防止冲刷农田。从1960年始，镇域的排洪渠堤工程逐步建设，总长15.2公里。

一、福田排洪渠堤

福田排洪渠堤长5公里，高3米。途经沥东村、佛岭村、马石岗村，灌溉面积2.7万亩，于1962年建成，防洪标准为20年一遇。

二、铁场排洪渠堤

铁场排洪渠堤长3.5公里，高4米，途经园洲沥西村，新村村，灌溉面积2.7万亩，于1967年建成，防洪标准为20年一遇。

三、马石岗排洪渠堤

马石岗排洪渠堤长2.3公里，高4米，位于马石岗村，灌溉面积2500亩，于1962年建成，防洪标准为20年一遇。

四、大湖截洪渠堤

大湖截洪渠堤长4.4公里，高3米，途经凤山村、水口村，灌溉面积6000亩，于1974年建成，防洪标准为10年一遇。

以上排洪渠堤，进行过多次的维护，工程效益不断突显。

第三节 排涝渠道

从1960年开始，开挖排水渠道，实行高水高排，分仓排水。境内有9条排洪渠道，总长53.92公里，分布如下：

一、河南区（园洲）排渠道

河南区排洪渠道（以下称排渠）总长24.45公里，其中：

（一）中心排渠

中心排渠全长17.95公里。该排渠分两段。第一段：由禾安电排站至田头竹园岗，长12.75公里，宽10米，1962年开挖，途径田头、竹园岗、桔龙、廖尾、禾山、深沥、上南、沙头、阵村、刘屋等村以及园洲桥北路、水电路以东的圩镇范围。第二段：由北冲口电排站至农场桥，长5.2公里，宽10米，1974年开挖，途径下南、江头、白耀前、高头、李屋等村和水电路、桥北路以西的圩镇范围。1998年以后，中心排渠拓宽渠道，从原来的10米扩至为40米。因城建需要，2006—2011年，改造阵村至刘屋段（广场旁边），累计投入2.3亿元，将渠道全覆盖，总长1800米，宽40米，东起福园路以东200米起，西至中园桥止。主体结构为框架形式，主要包括渠底硬底化、上部园林景观、水电安装等工程。项目建成后，改善片区环境，盘活周边土地商业价值，提升园洲的城市品位，为居民和游客提供新的休闲、文化、体育活动场所，故曰“园洲城市长廊客厅”。

（二）土瓜中心排渠

土瓜中心排渠长2.5公里，宽10米，于1968年开挖。由土瓜电排站至田头小学，途径土瓜围、塘角、田头、马嘶、赤岗村。

（三）茶亭排渠

茶亭排渠长4公里，宽8米，于1974年开挖。由茶亭电排站至李屋，途径寮仔、白马围以及明丰开发区。

（四）北冲口排渠

北冲口排渠长5.2公里，宽20米，于1964年开挖。由北冲口站至高头。

二、河北区（九潭）排渠

河北区（九潭）排洪渠道总长29.47公里，其中

（一）东博中心排渠

东博中心排渠长11.07公里，于1955年开挖，渠底宽10米，2005年扩宽至25米，由东博电排站至上村南朗村，途径上村、水口、凤山、义合等村。

（二）新村中心排渠

新村中心排渠长7.6公里，宽20米，于1970年开挖，渠底宽10米，2005年扩宽至20米，由新村电排站至桦阳工业园，途径九潭圩。

（三）铁场排洪渠园洲段

铁场排洪渠园洲段长3.5公里，渠底宽20米，1966—1968年开挖，由白沙至上窖，途径赤沥村，2007年清淤拓宽，40米渠底宽，扩至60米。

（四）福田排洪渠园洲段

福田排洪渠园洲段长5公里，渠底宽40米，2006—2007年开挖，由福田荔枝墩村至马石岗村，途径沥东、佛岭村，2007年，对马石岗出口处至佛岭新围段的2000米进行截弯取直、清淤疏通，渠底宽从原来的8米扩至40米。

（五）马石岗排洪渠

马石岗排洪渠长2.3公里，宽40米，于2007年开挖，由马石岗至九潭圩。

这些排涝渠道发挥了较好的效益，既防内涝积水，又降低排水成本和电动排水压力。

第四节　引水工程

一、陂　头

1970年以前，境内的引水工程为陂头，这些陂头有的年久失修，有的被洪水冲毁，有的管理不善。1970年后，由于排灌站的建设，陂头逐年减少，只剩下6处小型陂头，分布在北区（九潭）。

1963—2016年园洲镇引水工程（陂头）情况统计表

表6-1

陂头名称	地点	所属	兴建时间	建成时间	原工程投资	投工（劳动）	坎高	坎长	现受益面积	备注
凤山村陂头	聚和小组	园洲镇	1966年	1966年	10万元	135	2.5米	40米	750亩	2013年修复
义合陂头	向西小组	园洲镇	1967年	1967年	15万元	168	2.5米	50米	700亩	2014年修复
义合岗贝陂头	岗贝小组	园洲镇	1963年	1963年	15万元	101	3米	15米	700亩	2007年重新修复
沥西陂头	沥西小组	园洲镇	1963年	1963年	10万元	84	3米	10米	1250亩	2007年重新修复

表6-1

陂头名称	地点	所属	兴建时间	建成时间	原工程投资	投工（劳动）	坎高	坎长	现受益面积	备注
沥东陂头	沥东小组	园洲镇	1963年	1963年	15万元	151	3米	18米	2500亩	2007年重新修复
佛岭陂头	佛岭移民村	园洲镇	1963年	1963年	15万元	168	2.5米	20米	1550亩	2007年重新修复

二、灌　渠

镇域灌渠道总长30.7公里，分布如下：

（一）河南区（园洲）灌渠

河南区灌渠总长25.2公里，其中：

1.北灌渠

北灌渠长12公里，宽6米，灌溉面积1.2万亩，由田头赤岗滩至阵村任屋，途径土瓜圩、深沥、沙头、陈村、刘屋等村。1961—1962年开挖。灌渠的水源来自显岗水库，由白勘角引入。20世纪60年代后期，沿渠建有土瓜围麻埔沙电灌站（15千瓦），土瓜圩牛郎头电灌站（22千瓦）和沙头的村头电灌站（10千瓦）。1971年10月，园洲人民公社投入劳动力约15000人，整治北灌渠。

2.南灌渠

南灌渠长13.2公里，宽6米，灌溉面积1.35万亩。由田头赤岗滩至下南村，途径马嘶、田头、桔头、寮尾、禾山等村。1961—1963年开挖（一作1957年12月始工，1958年3月完工）。灌渠的水源来自显岗水库，由白勘角引入。20世纪60年代后期，沿渠建有岭背电灌站（10千瓦）、龙叫电灌站（20千瓦）、桔头的门口坊电灌站15千瓦、桔头的丁子坊电灌站（22千瓦）、坎头电灌站（10千瓦）、下廖电灌站（10千瓦），功率为10～30千瓦。1971年10月，园洲人民公社投入劳动力约15000人，整治北灌渠。

（二）河北区灌渠

河北区（九潭）灌渠总长10.5公里，其中：

1.上村灌渠

上村灌渠长3.8公里，宽4米，灌溉面积0.45万亩，由上村至东博圩，途径水口、上村、义合村，1962—1964年开挖。灌渠的水源来自显岗水库水源，由白南郎涵引入。

2.水口灌渠

水口灌渠，4.7公里，宽4米，灌溉面积1.1万亩，由水口至义合村，经风山村，1964年开挖。灌渠的水源来自显岗水库，由水口涵引入，沿渠电灌站1座，向南站功率为30千瓦。

3.水口至土瓜圩灌渠

灌渠长2公里，宽4米，由勘角到水口，1974年开挖，水源来自勘角水闸。灌溉面积6000亩。

三、电灌站

1968—1978年，分别在南区的北灌渠、南灌渠和北区的水口灌渠建设电动灌站11座，装机11台，容量186千瓦，灌溉面积13200亩。

1974—2016年园洲电灌站基本情况表

表6-2

电站名称	地址	建设时间	装机		灌溉面积（亩）	废弃时间	显岗水库水源
			台	千瓦			
麻埔沙电站	土瓜围麻埔沙	1976	1	15	1200	2006	北灌渠
牛朗头电站	土瓜牛朗头	1974	1	22	1800	2004	北灌渠
村头电站	沙头村村头桥	1968	1	10	1100	2002	北灌渠
岭背电站	桔龙岭背村	1976	1	10	900	2002	南灌渠
龙叫电站	桔龙龙叫村	1974	1	20	1600	2000	南灌渠
门口坊电站	桔龙门口坊	1974	1	15	1300	2000	南灌渠
丁子电站	桔龙丁子坊	1974	1	22	1800	2000	南灌渠
坎头电站	廖尾坎头村	1978	1	10	900	2000	南灌渠
下廖电站	廖尾下廖村	1976	1	10	1000	2000	南灌渠
学佬电站	廖尾学佬村	1976	1	22	1600	1999	南灌渠
向南电站	义合村	1978	1	28	1000	2000	水口灌渠
合计			12	184	14200		

第五节 水　闸

镇域东江、沙河共有17座水闸，因拦蓄水而堵，为排洪泄水或防止洪水倒灌而启动。

一、大型水闸

（一）马嘶水闸

马嘶水闸位于沙河下游支流的马嘶沙河（龙溪银岗与马嘶之间）与东江交汇处，为III等中型水闸。民国8年（1919年）12月，广东省政府拨款6万元始建，荷兰工程师设计，并派员监督施工，1921年竣工。水闸结构为自启5.2米单孔通天闸。1952年，维修加固，改单孔为双孔闸门。1959年，为配套显岗水库工程，增大排洪量，又改双孔为三孔闸门，孔宽3.3米，高6米，设计流量150立方米/秒，为混凝土结构。1963年扩建一孔新闸。1970年加固为水闸公路桥。1968年，改建水闸，将闸门扩大一倍，从开合式改为升降式，最大过闸流量700立方米/秒。1971年培土加固水闸两边堤坝。2000年，在水闸下游（南面）建公路桥，实现水闸公路分离。

（二）白磡角水闸

白磡角水闸，又称十八孔水闸或白勘角拦河活动陂，属显岗水库干流配套工程，位于龙溪镇白磡角村沙河叉口分流处，沿园洲与九潭镇至石湾注入东江，为II等大型18孔水闸，长69.5米。1959年11月动工兴建，1960年9月竣工，最大过闸流量2494立方米/秒。1975年改造为“摇头式”活动拦河闸，1985年重修改为12孔，其中活动孔9个，电动孔3个。2005年除险加固。白磡角水闸有七条干渠：园洲南干渠、园洲北干渠、东博干渠、龙溪砖厂干渠、南塱干渠、鳗鱼场干渠、银岗干渠，设计灌溉面积4.116万亩。

（三）马嘶七孔水闸

马嘶七孔水闸，又称白磡角七孔水闸，属显岗水库支流配套工程，位于龙溪镇白磡角村沙河叉口分流处，沿龙溪银岗马嘶水闸汇入东江，为III等中型7孔水闸，长27米。1959年11月动工兴建，1960年9月竣工，最大过闸流量636立方米/秒，设计灌溉面积2万亩。1975年改造为“摇头式”活动拦河闸（改成钢板水利自控闸）。1985年重修，2011年除险加固。

二、小型水闸

（一）东江洲仔水闸

东江洲仔水闸位于廖尾村，始建于1958年，单孔，闸门为混凝土结构，规格2.5×1.8米，设计流量4.5立方米/秒，闸底标高1.28米，活动型关闭方式，2004年重建后，改为电动升降。

（二）沙河竹园南水闸

沙河竹园南水闸位于田头村，始建于1959年，单孔，闸门为混凝土结构，闸底标高4.2米，规格3×2.5米，设计流量7.5立方米/秒，2014年重建后，改为电动升降。

（三）沙河竹园北水闸

沙河竹园北水闸位于田头村，始建于1971年，于2014年重建，单孔，闸门混凝土结构，闸底标高4.5米，规格2.5×2米，设计流量5立方米/秒，电动升降。

（四）沙河庙下水闸

沙河庙下水闸位于禾山村，始建于1959年，闸底标高2.8米，单孔，闸门混凝土结构，于2014年重建，规格4×2.5米，设计流量10立方米/秒，电动升降。

（五）沙河土瓜水闸

沙河土瓜水闸位于田头村，始建于1968年，单孔，闸门为混凝土结构，闸底标高2.8米，规格2.5×5.2米，于2014年重建，规格2.5×2.5米，设计流量9.2立方米/秒，电动升降。

（六）沙河中心站水闸

沙河中心站水闸位于阵村村，始建于2014年，三孔，闸门为混凝土结构，闸底标高0.6米，规格4.6×4.5米，设计流量108立方米/秒，电动升降。

（七）沙河任屋水闸

沙河任屋水闸位于阵村村，始建于1978年，两孔，闸门为混凝土结构，闸底标高0.6米，规格3×4米，设计流量24立方米/秒，电动升降。

（八）沙河北冲口水闸

沙河北冲口水闸位于李屋村，始建于1953年，两孔，闸门为混凝土结构，闸底标高0.525米，规沙河格3×3米，设计流量9立方米/秒。1976年改电动升降，防旱排水两用。

（九）沙河茶亭水闸

沙河茶亭水闸位于白马围村，始建于1959年，单孔，闸门为混凝土结构，闸底标高1.6米，规格2.5×2.5米，设计流量6.25立方米/秒。1976年改为电动升降。

（十）沙河东博水闸

沙河东博闸位于义合村，始建于1953年，闸门为混凝土结构，闸底标高1米，于2012年重建两孔，规格2×4.5米，设计流量95.25立方米/秒，电动升降。

（十一）沙河新村水闸

沙河新村水闸位于新村村，始建于1970年，孔数两孔，规格3×4米，设计流量75立方米/秒，电动升降。

（十二）沙河南塱水闸

沙河南塱水闸位于上村村，始建于1965年，闸门为混凝土结构，闸底标高4米，于2014年重建，孔数一孔，规格1.5×2米，设计流量3立方米/秒，电动升降。

（十三）沙河水口水闸

沙河水口水闸位于水口村，始建于1965年，闸门为混凝土结构，闸底标高4米，于2014年重建，孔数一孔，规格2.5×1.8米，设计流量4.5立方米/秒，电动升降。

（十四）东江大基水闸

东江大基水闸位于下南村，始建于民国时期，规格2×2米，单孔混凝土结构，闸底标高1.78米，活动型关闭方式，1993年因堵塞废弃。

第六节　电力排灌站

境内地势低洼，集雨面积大，每逢暴雨，外河水上涨，围内的积水无法排出，农田经常受淹。1960年，博罗县与东莞、增城两县在东莞石龙合建了一座35千伏变电站，输入新丰江发电站电源。1961年，开始有民用供电。为了解决堤围内的内涝和农田灌溉问题，从1961年开始，兴建电力排灌站（以下简称电排站）。目前，镇域有电力排8座，装机38台，总容量9950千瓦，总流量129.8立方米/秒，收益耕地面积8.45万亩。

一、禾安电排站

禾安电排站位于沙河堤阵村。集雨面积37.2平方公里。建于1961年，3台机组，装机容量390千瓦，排水总流量3.6立方米/秒，是博罗县最早的电排站。电站刚建成不久，1961年8月底台风带来暴雨，东江河水暴涨，内涝水排不出，南区刚插下的21000亩的晚稻受淹。禾安电站即开机排涝，受淹面积减少到6000亩。干部、群众高兴地说："几台机器轰隆隆，赛过万人日夜忙，只是拉上两条线（当时采用两线一地送电），电排抗灾立大功。"

2003年，增机扩容，由原有的3台机组扩充到12台机组，装机总容量2085千瓦，排水总流量28.2立方米秒，排涝标准按10年一遇24小时暴雨产生的径流量3天排干设计。工程在2004年完成，并通过省、市、县专家验收并投入使用，是当时全县设备最优良的电排站。同时为防止暴风雨破坏大电网造成停电，于2008年在禾安站西面建成发电机组4台功率为800千瓦的发电机组，作为备用电源。

二、任屋电排站

任屋电排站位于沙河堤阵村。集雨面积37.2平方公里。建于1974年，1台机组，装机容量130千瓦，排水总流量15立方米/秒。2005年，增设移动泵2台，装机容量370千瓦。2008年2月增容改造，于2009年4月完成并投入使用。现有6台机组，总容量1090千瓦，排水总流量15.36立方米/秒。排涝标准按10年一遇24小时暴雨产生的径流量3天排干设计。

三、任屋中心电排站

任屋中心电排站，位于沙河堤阵村。集雨面积为36.5平方公里。该工程是广东省"水利内涝整治试点工程"，以站闸合建的结构方式建筑。主要工程有泵站、水闸、电气自动化工程等。泵站设计排涝流量22.8立方米/秒，3台移动泵机组，总容量为1680千瓦，水闸设计总净宽13.5米，最大过闸流量140.6立方米/秒。工程排涝标准按10年一遇24小时暴雨产生的径流量1天排干设计，工程等级为3级。该工程担负着园洲镇中心镇区及12个村（居委会）10多万人、16000多亩耕地、70多亿元工农业总产值和工厂企业的防洪排涝任务。工程从2012年10月9日开始动工，于2014年5月完工并投入使用。

四、北冲口电排站

北冲口电排站位于沙河堤李屋村。集雨面积3.9平方公里。建于1964年，2台机组，装机容量210千瓦，排水总流量2.8立方米/秒。2008年10月，增容改造，增加两台水泵，装机容量360千瓦，排水总流量4.8立方米/秒，排涝标准按10年一遇24小时暴雨产生的径流量3天排干设计。2009年4月完工并投入使用。

五、土瓜电排站

土瓜电排站位于沙河堤土瓜围村。集雨面积4.7平方公里。始建于1968年，装机一台，容量180千瓦，排水总流量2.4立方米/秒；1978年扩容装机一台，容量360千瓦，排水总流量2.4立方米/秒。2005年增设移动泵1台，装机容量185千瓦，排水总流量2.88立方米/秒，排涝标准按10年一遇24小时暴雨产生的径流量3天排干设计。

六、茶亭电排站

茶亭电排站位于沙河堤白马围村。集雨面积5.1平方公里。建于1964年，1台机组，装机容量90千瓦，排水总流量0.8立方米/秒。2008年11月，增加2台机组，装机容量260千瓦，排水总流量3.4立方米/秒，排涝标准按10年一遇24小时暴雨产生的径流量3天排干设计。

七、新村电排站

新村电排站位于增博堤新村。集雨面积16.6平方公里。建于1969年，4台机组，装机容量720千瓦，排水总流量9.6立方米/秒。于2005年增设移动泵2台，装机容量为370千瓦；2007年11月增容改造，2009年4月完成并投入使用。现有6台机组（轴流泵4台，720千瓦；移动泵2台，370千瓦），总容量为1090千瓦，排水总流量15.36立方米/秒。排涝标准按10年一遇24小时暴雨产生的径流量3天排干设计。

八、东博电排站

东博电排站位于东博堤义合。集雨面积29.4平方公里。建于1961年，6台机组，装机容量1005千瓦，排水总流量16.5立方米/秒。2009年11月始，重建工程，包括集水前池、压力水管、消力池、渠道整治和自排涵闸、办公综合楼、泵房重建以及机电设备安装工程。2012年8月完工并投入使用。现装有4台高压机组，装机容量2840千瓦，排水总流量32.2立方米/秒。

1961—2016年园洲镇电力排灌站基本情况表

表6-3

<table>
<tr><th>站名</th><th>建站时间</th><th>系型</th><th>装机台数（台）</th><th>装机容量（千瓦）</th><th>流量（立方米/秒）</th><th>受益耕地面积（万亩）</th><th>受益面积（平方千米）</th></tr>
<tr><td>和安电排站</td><td>1962年始建，2003年扩建</td><td>轴流泵</td><td>12</td><td>2085</td><td>28.2</td><td>1.8</td><td>37.2</td></tr>
<tr><td rowspan="2">任屋电排站</td><td rowspan="2">1974年</td><td>轴流泵</td><td>4</td><td>720</td><td>9.6</td><td rowspan="3">1.1</td><td rowspan="3">37.7</td></tr>
<tr><td>移动泵</td><td>2</td><td>370</td><td>5.76</td></tr>
<tr><td>任屋试点工程</td><td>2012年新建</td><td>移动泵</td><td>3</td><td>1680</td><td>22.8</td></tr>
<tr><td>北冲口电排站</td><td>1964年</td><td>轴流泵</td><td>2</td><td>360</td><td>4.8</td><td>0.85</td><td>12.6</td></tr>
<tr><td rowspan="2">土瓜电排站</td><td rowspan="2">1978年</td><td>轴流泵</td><td>2</td><td>360</td><td>4.8</td><td rowspan="2">1.2</td><td rowspan="2">4.7</td></tr>
<tr><td>移动泵</td><td>1</td><td>185</td><td>2.88</td></tr>
<tr><td>茶亭电排站</td><td>1964年</td><td>轴流泵</td><td>2</td><td>260</td><td>3.4</td><td>0.8</td><td>5.2</td></tr>
<tr><td>东博电排站</td><td>1961年始建，2010年重建</td><td>轴流泵</td><td>4</td><td>2840</td><td>32.2</td><td>1.2</td><td>29.4</td></tr>
<tr><td rowspan="2">新村电排站</td><td rowspan="2">1969年</td><td>轴流泵</td><td>4</td><td>720</td><td>9.6</td><td rowspan="2">1.5</td><td rowspan="2">16.6</td></tr>
<tr><td>移动泵</td><td>2</td><td>370</td><td>5.76</td></tr>
<tr><td>合计</td><td></td><td></td><td>38</td><td>9950</td><td>129.8</td><td>8.45</td><td>143</td></tr>
</table>

九、移动泵站

2005年后，增建任屋、土瓜、新村移动泵站。

（一）任屋移动泵站

任屋移动泵站位于阵村任屋，2005年建设，装有900QGW-125移动泵2台，容量370千瓦，排水量5.76立方米/秒。

（二）土瓜移动泵站

土瓜移动泵站位于田头土瓜围，2006年建设，装有900QGW-125移动泵1台，容量为180千瓦，排水量2.88立方米/秒。

（三）新村移动泵站

新村移动泵站位于河北新村，2006年建设，装有900QGW-125移动泵2台，装机容量为370千瓦，排水量5.76立方米/秒。

这些电动排灌站和移动泵站作用很大，既可以排内涝水，又可以提水灌溉农田。

第三章 防汛抗旱

镇域洪灾主要有两种类型：一是全流域性的洪涝水灾，上游地区普降暴雨，形成长时间的流域性洪灾。1959年东江流域和沙河流域的特大洪水，对园洲造成严重的洪涝灾害。民国32年（1943年）春，东江一带发生历史上近百年罕见大旱灾，赤地千里，米珠薪桂，民众四处逃荒。

二是局部性的内涝水灾。洪水来势迅猛而历时较短，成灾时间不长。1915—1947年32年间，境内的东江堤围5次崩堤：民国4年（1915年），学佬寮崩堤；民国7年（1918年）下南刘屋崩堤；民国22年（1933年），桔头崩堤；民国29年（1940年），坎头崩堤； 1947年6月10日，全省发生特大洪水，博罗水文站水位14.15米。东江堤廖尾段崩堤缺口300米，镇内洪水吞没80%的农田，冲毁190间房屋，淹死耕牛、生猪共计465头，淹死7人。由于水灾破产沦为长工的有764人，讨饭的有101人，逃荒到外地217户792人，477户人家靠卖屋、卖田、卖耕牛，有300户人卖儿女325人。在洪水中劫后余生的人，食野菜、吃木薯、食竹米（竹子开花后结的果实），艰难度日。沙河堤围更是“三年逢三闰”，崩堤的次数无法统计。每次决堤后，房屋倒塌，耕地被毁，庄稼失收，人民群众无衣无食，不少人家卖儿卖女，四处逃荒。

新中国成立后，党和政府积极发动群众兴建水利，洪水泛滥状况有所好转。但因基础太差，难于抵抗较大洪水的袭击。1959年发生的百年不遇的特大洪水，损失严重。

镇域的内涝也很严重，尤以南区田头、赤岗、深沥、禾山、沙头、阵村、上南和北片的风山、义合、新村、沥西为甚。内涝水田面积达80%以上。除了洪、涝灾患，境内还受旱灾的威胁，旱情主要有春旱、秋旱。一般春旱范围较广，对粮食生产影响更大。虽有东江、沙河环绕，但由于水利设施不完备，天旱时农田亦无水灌溉。民间有“三日无雨水车响，两天落雨淹农庄”之说。民国32年（1943年）春，东江一带发生历史上近百年罕见大旱灾，农作物失收，米珠薪桂，民众四处逃荒。由于天旱，因争水灌溉农民发生纠纷的事屡见不鲜。清光绪二十三年（1897年），春、夏干旱，九潭察沥、佛岭、泊头三村发生械斗事件。民国32年（1943年）春夏，博罗发生大旱灾，（九潭）赤沥徐姓、佛岭黄姓与（福田）荔枝墩曾姓、横溪头蓝姓、山下叶姓因争陂水冲突，进而酿成械斗。1960年3月，东江下游园洲、企石、石排等地出现春旱缺水，造成严重春旱春荒。加上水利设施不完备，天旱时无法从东江、沙河提水灌溉，受旱面积达2万多亩.

1960年春，园洲公社发生严重旱灾；5月，堵截东江蓄水抗旱。

1987年7月31日，园洲内涝成灾，2.6万亩农田受浸。

2006年7月，受第4号强热带风暴“碧利斯”的外围影响，园洲镇普降特大暴雨，3万多亩农田受浸。

旱、洪、涝三灾给园洲的农业造成了巨大的损失，农民生活极端困苦。曾经有一位领导在调离园洲时，吟了一首打油诗：“园洲硬骨头，落后压亚洲，不堪回首地，阵村与沙头。”道出了在园洲工作的干部对灾害的畏惧情绪。

随着水利建设的常态化和水利工程的日臻完善，境内的防汛抗旱工作有序地开展。

第一节 组织机构

新中国成立前，境内没有设置防汛抗旱组织机构，每逢自然灾害，人民生命财产蒙受重大损失。

新中国成立后，中国共产党和人民政府把防汛抗旱工作作为头等大事来抓。1959年后，防汛抗旱工作常态化。

每年防汛季节，镇（公社）制定抗洪抢险救灾应急方案，相应成立抗洪抢险指挥部，由镇（公社）领导成员和相应的部门负责人组成，下设抢险组、保卫组、后勤组、交通组、通讯组、群众安全转移组、医疗卫生防疫组、电排供电抢修组，明确领导分工和领导责任，实行部门负责制，协调行动；村（大队）成立巡逻队、抢险队，由基干民兵组成。当洪水达到警戒水位时，抗洪抢险指挥部开始（就位）运作，领导亲临第一线，汛区巡逻队和抢险突击队日夜坚守，以应急需。

2015年园洲镇各村负责河堤地段及巡逻护堤人数一览表

表6-4

河南区东江堤段

村别	负责地段		长度（千米）	巡逻人数（人）	护提人数（人）	备注
	起	止				
桔龙	竹头潭	坎头	4	44	22	/
马嘶	马嘶水闸（沙河）	红岗	3.5	34	17	包括马嘶水闸
	礼村横坝（东江）	竹头潭				
廖尾	坎头	铜古祠	2	24	12	包括洲仔水闸
上南	铜古祠	间介	3	36	18	/
刘屋	间介	原镇府门口	1.4	18	9	/
下南	原镇府门口	南冲口尾	1.3	18	9	包括大基水闸
高头	南冲口尾	敬祖滩	2.1	24	12	/
寮仔	敬祖滩	龙船卒	2	24	12	/
白马围	东江龙船卒茶亭	白泥塘	3	27	26	包括沙河堤
	沙河龙船卒茶亭	洲尾				
合计	/	/	22.3	249	137	/

河南区沙河堤段

村别	负责地段		长度（千米）	巡逻人数（人）	护提人数（人）	备注
	起	止				
田头	红岗	土瓜岭	5.03	56	28	包括竹园两个水闸、土瓜水闸
禾山	庙下闸	牛郎头	1.06	16	8	包括庙下水闸
土瓜圩	牛郎头	长河	1	14	7	/
深沥	长河	村头洲头	1.35	16	8	/
沙头	村头洲头	基围潭	2.5	24	13	/
阵村	基围潭	和安水闸	2.74	24	12	包括和安水闸
江头	和安水闸	羊屋洲	1.2	13	8	/
白耀前	羊屋洲	满城埔	1.15	13	8	/

续表6-4

河南区沙河堤段

村别	负责地段		长度（千米）	巡逻人数（人）	护提人数（人）	备注
	起	止				
李屋	满城埔	洲尾	3.4	30	15	包括北冲口水闸
合计	/	/	19.43	206	107	/

河北区各堤段

村别	负责地段		长度（千米）	巡逻人数	护提人数	备注
	起	止				
上村	南朗嘴	眼镜涵	3	20	25	包括大湖截洪渠1公里
水口	眼镜涵	麻埔沙	3	20	22	包括大湖截洪渠1公里
凤山	麻埔沙	深沥对面	4	30	25	包括大湖截洪渠1公里
	岗贝水闸	聚和	1	12	10	东博排洪渠
义合	深沥对面	牛仔鱼塘	6	40	25	其中3公里东博排洪渠
马石岗	牛仔鱼塘	岗背水闸	1.2	18	20	/
佛岭	第一岭	张屋泵站	3.5	20	20	包括福田排洪渠2公里
沥西	白沙桥	牛头潭	3.5	20	13	铁场排洪渠
沥东	张屋泵站	沙河大桥	3.7	20	13	包括福田排洪渠2.2公里
新村	沙河大桥	石湾交界	3.2	15	13	包括新村水闸
合计	/	/	32.1	215	186	/
总计	/	/	73.83	670	430	/

第二节　防御措施

防御措施包括：（1）按照“防大汛，抗大洪，救大灾”的要求制定应急预案；（2）物料准备，主要有沙料、石料、木料、编织袋、绳索、照明器材、运输工具、救生衣等；（3）汛期，启动《抗洪抢险应急预案》，各级领导按指定地点坚守岗位，指挥抗灾救灾工作；（4）灾情发生时，立即向县“三防指挥部”报告灾情发生的时间、地点、发生趋势以及可能造成的危害等；（5）制定出非常时期的撤退方案，根据境内地形、交通和人口分布等情况，拟定安全疏散路线和地点。疏散时，指定专人指挥，有组织有序地撤出危险地带，转移到高地的安全地带；（6）加强值班，保证通信畅通；（7）当东江、沙河水位达到警戒水位时，立即组织人力巡逻堤围，抢险队伍就位等待命令；（8）根据水位情况，或启闭水闸以抢排内涝水和防止客水倒灌，或启动电排站排水。

第三节　抗灾纪实

一、1959年抗洪、抗旱

1959年夏天，园洲（园洲河南区）发生了罕见的特大洪灾，当地人称之为“大水王”。

5月下旬，东江上游流域连降大雨，东江河水暴涨。6月2日，博罗县城洪峰为10.61米。11～15日再降暴雨，博罗降雨量666.5毫米。东江洪流滚滚，堤内汪洋一片，水患猖獗，抗洪斗争艰巨。

6月上旬，为了迎战洪峰，博罗县的领导到园洲，指挥抗洪。园洲人民公社成立抗洪指挥所，各大队成立抗洪抢险队。4000多群众在东江堤抢险护堤。6月10日，马嘶至岭背（龙叫）段堤洪水渗坝，堤围漫顶，马嘶、龙叫、岭背、桔头等村的群众全力以赴在堤上加筑小坐。

6月13日，暴雨不停，洪峰压境，大堤摇摇欲坠，险情恶化。

16日21时，博罗县城洪峰15.68米，为县城自有水文记录以来的历史最高洪峰，洪峰流量12800立方米/秒，超过警戒水位4.49米；东江下南站出现历史最高水位9.02米，沙河东博闸出现历史最高水位8.64米。风雨交加，电闪雷鸣。晚上12时，“轰隆”一声巨响，马嘶至岭背段决堤。洪水像猛兽般冲向境内，霎时，园洲成为汪洋大海。

决堤前，公社领导坐镇指挥，一方面指挥强壮劳力守堤，一方面动员群众撤离。党委紧急征集了大小船只近百艘，抢运没来得及转移的居住在危房、低洼地的居民到安全地方。

驻惠部队派出1000多人，水陆两用汽车两辆，军用橡皮艇和冲锋舟十多艘参与抗洪抢险，他们不分昼夜地在乡村的各个角落搜寻，共抢救出居民数十人。

群众撤离后，大多数集中在田头、禾山、桔头、土瓜围、铁场、义合等村庄，有的在山坡上栖身，有的投靠亲友。人民政府立即组织救灾，或空投，或船运，紧急调往粮食和药品等物资到灾区。各居住点统一办理伙食，保证群众不饿肚子。还给老少病弱者搭上简易窝棚，使之避免日晒雨淋。

境内灾情严重，沙河、东江决堤47处总长1.7公里。其中100米以上缺口就有4处。淹没农田4.6万亩（不包括河北九潭），房屋倒塌7578间（不包括河北九潭），3500亩良田变成沙滩，13838人无屋住。

马嘶段缺口达800多米，洪水退后10天，博罗县领导带领园洲4000多人和1000多名解放军，奋战一个月，在马嘶堤坝的缺口[马嘶至岭背（龙叫）段]旁，筑起一条长800米、面宽6米、高9米、堤宽62米的大堤，完成土石工程73万立方米，贴草皮55000平方米。为铭记解放军的无私奉献，园洲公社党委将马嘶堤命名为“八一堤”，以纪念解放军的功绩。同时，在晚造插秧前完成土方120万立方米，将1900米长的41个堤坝缺口复堵。

重建家园工作紧随其后。秋收后，安排30%的劳动力突击建房。12月底，共投资36万元，木材362立方米，水泥16吨；新建5609间房屋，3306户13838人进驻新家。

扩大晚造水稻种植面积，增加田间有机肥，不误农时，在8月1日前插完秧，加强水稻的田间管理。

但10月闹旱灾，河南区受旱面积2万多亩，园洲人民公社组织群众全力抗旱，组织800名劳动力，完成6000多个劳动日，在白勘角筑起一条长200米、高5米的土坝，拦堵沙河水；出动3台机械和210架人力水车提水，使1万多亩农田解除了旱患。

1959年，晚造水稻获得了大丰收，总量达六万吨，等于丰收的1958年的92%，实现了“早造损失晚造补，一造夺回全年粮”。

在这年的抗洪、抗旱斗争中，境内计动员民力1.2万人，完成土石方1300立方米。

1959年园洲特大洪水后修复水利工程统计表

表6-5

堤围名称 缺口地点	缺口情况			工程任务			粮食补助 （吨）
	段数	长度 （米）	深（米）	土方 （万立方米）	石方 （万立方米）	劳动工日 （万个）	
总合计	55	5770		65.07	2.11	68.2	371
河南堤围小计	47	4875		60.5	1.71	63	34.5
马嘶	1	600	9	19	0.7		
波坦土瓜	4	275	6	4.2	0.05		
黄屋塘	3	120		0.92			
上沙头	2	296		3.57	0.06		
阵村附近	4	1210	6.5	7.54	0.2		
寮墩对面	2	600		7.52	0.2		
莨兰以下	6	606		7.86	0.25		
白马围	5	1180		7.91	0.25		
其中100米以下	20			1.98			
河北东博堤围小计	8	845		4.57	0.4	5.2	26
水口	1	150	4	0.7	0.05		
麻埔沙	2	300	3	2.4	0.25		
深沥对面	3	265	3	1.06	0.1		
张屋桥头	2	180	2.5	0.36			
其他小段				0.05			

二、1960年抗旱

1959年10月至1960年3月，东江流域连旱。东江水情，3月上旬日平均水位在5米以下，流量在40立方米/秒上下徘徊。3月11日，东江出现历史最枯流量23.1立方米/秒。

园洲境内溪水断流，泉水枯竭，鱼塘、水库干涸见底，人畜饮水困难，早稻无法插播，旱地作物只完成种植面积的60%，受旱面积近3万亩。

面对严重旱情，博罗全县总动员，组织抗旱，决定在东江河马嘶段拦江筑坝，壅高水位，引水抗旱。

5月中旬，县委从园洲、龙溪、铁场公社抽调6000多劳动力，在马嘶堵截东江，引水灌溉农田。堵江工程采取土办法施工：用木头搭桩架，竹箔座护屏，石块、沙包和稻草砌坝体，连续奋战五昼夜，筑起一条长600米的拦江大坝。3月18日引翻江水进入河涌水渠，再用抽水机和水车分多级提水灌溉，使2万多亩农田有水插秧，其中园洲收益面积达6000多亩。堵江材料款和民工补助共37041元，除县拨款外，还有9272元由收益公社分担，园洲公社承担46.3%。

5月5日降雨，雨量156.9毫米，旱患解除。

三、1966年抗洪

1966年6月，东江上下游连降暴雨，据博罗县水文站记载，6月10日至7月6日有12天超过警戒水位，最高洪峰流量10200立方米/秒。

园洲人民又一次经受仅次于1959年的大洪水的考验。

这次洪水比1959年洪水小，堤围工程比较牢固，干部群众抗洪抢险的意识和经验较之前提高。但是，由于领导指挥不妥，造成了不必要的洪涝灾害。

由于受东江河接连洪峰的影响，沙河水位猛涨，园洲河南沙河堤和河北东博义合堤漫顶。又由于堤体受浸时间过长，堤坝下层导致渗透、管涌、脱坡等险情。

此时，博罗县的四清运动结束，适遇“文化大革命”运动开始，“四清”工作队准备撤离。当时，工作队与当地领导正在交接工作期间出现大洪水。又由于工作队队员都是外来干部，当地的主要领导就任时间不长，不了解抗洪抢险工作特点，便提出“丢沙河，保东江”的口号。主要劳动力安排在东江大堤抗洪，把在南沙河堤抗洪的人力调往东江堤。

随着水位的提高和险情的加重，一些大队干部见上级没有派人组织到沙河堤抗洪，抗洪物资又没有到位，便到公社向“四清”分团请求组织群众上沙河堤抗洪。分团领导正在商量是否爆破南沙堤事宜，打电话向县请示，答复是：现在还不到破堤时候。分团领导只好要求大队干部安排人力在沙河堤上巡逻。

25日凌晨，南区沙河堤只有21人，其中巡逻队12人，每人扛把锄头；抢险队8人，每人带担畚基；领队1人。因没有及时抢险，6时30分崩堤，80%的农田被淹。

第四章　水利管理

新中国成立后，随着水利设施的不断完善，水利工程管理实行“分级负责，分级管理”的体制及“谁建、谁有、谁管、谁负责”的原则，并在长期实践中建立起一套比较完善的管理机制。境内的水利管理包括组织管理、工程管理、设备维护、经济管理。水利管理的目标是：保护水源、水域和水利工程，合理使用，确保安全，消除水害，增加水利效益，验证水利设施的正确性。

第一节 管理体制

一、管理机构

新中国成立前，境内水利设施很少，没有水利机构。

新中国成立后，随着水利事业的发展，逐步建立和健全水利管理机构。1952年，园洲属东莞县管辖，设立堤围水利会，专管境内堤围和兼管水利事宜。20世纪50年代后期，水利设施不断增加，成立水利会，专管水利工作。水利会由公社（镇）和县水利局双重领导，原以公社（镇）为主，县水利局只作技术指导，不管行政工作。水利会原属公社（镇）集体单位，没有建立规范的管理制度。这种状况一直延续到1988年年底。1978年，九潭从石湾（铁场）分出后，成立水利会。

1989年1月，博罗县编制委员会发出《关于乡镇水电会机构设置和人员编制问题的通知》，规定："水电会为股级建制事业单位，由县水利电力局与乡镇政府双重领导。""双重领导"由原来以乡镇为主改为以县水利电力局为主，水利会属县水利局派出机构，由县水利电力局和镇党委、政府双重领导，县水利局负责镇水利所业务组织领导及人员录用、调配、任命，人员及事业经费参照县级水利事业单位标准，纳入县级财政预算，核定编制人数，行政关系上归镇政府领导。

1989年1月，镇水利会改变"身份"，由集体单位正式改为国家事业单位。

2001年，水利机构再次改革，镇水利会改称水利所，列为镇事业单位，业务上接受上级水利主管部门的指导。2004年4月，原九潭镇水利所并入园洲水利所后，园洲水利所编制9人，编外人员56人，内设机构办公室、工程组、水政组、收款组和八座电动排灌站。

二、分级管理

（一）县管工程

1963年前，园洲围（东江堤）由园洲人民公社管。1963年11月归县管工程。

1965年前，九潭增博围由铁场人民公社管理。

1965年，园洲围、九潭增博围下放园洲和铁场公社（当时九潭属铁场人民公社）。

1973年前，马嘶水闸由园洲人民公社管，1973年6月收归博罗县管。

显岗水库灌渠枢纽工程的白礤角水闸（又称十八孔水闸或白礤角拦河活动陂）和马嘶七孔水闸（又称白礤角七孔水闸），一直由县管，县水利部门（或显岗水库）在白礤角设立水闸，有专人管护。

（二）镇管工程

镇管工程包括：江河堤围，4条64.2公里；排洪渠堤，4条15.2公里；排涝渠道，9条24.45公里；灌渠，5条30.7公里；水闸14个；电动排灌站，8座，装机38台，总容量9950千瓦；引水工程。这些工程由镇水利所统一管理。

（三）村管工程

村管工程包括：任屋、土瓜泵站；电动排灌站，10座，装机10台，总容量154千瓦；引水陂头6座。具体管理是分别由建设或收益村派出专人管理。

（四）镇、村共管工程

镇、村共管工程主要是江河堤围、排洪渠堤、灌渠等。这些工程由所在地负责管护和小型维修，负责筹备砂石等防洪材料；工程量较大的由镇、村共同管理，或由镇府负责管理。汛期，由所在地负责巡逻检查。

水利工程管理实行岗位责任制和经济责任制。岗位责任制是将工程管理单位的各项任务要求定下来，落实到基层单位或个人，并根据实际情况，分别按季、半年、年终或不定期进行检查评比，视其完成任务情况给予奖罚。

第二节 工程管理

一、堤防维护

堤围培土加高是堤防维护的重要工作，每年秋冬，则由政府组织收益区群众对堤围进行维护加固，按收益面积和劳动力分配工程量。支堤（排洪渠堤）实行分段包干，支渠收益村组（大队、生产队）包干。

2005—2008年，连续多年开展大规模的秋冬水利大会战，实施了排渠清淤扩宽、堤围加高培厚、填塘固基、堤围除险加固和裁弯取直等一系列水利工程建设，累计投入资金2300多万元，使东江堤防洪标准提升到50年一遇，沙河及其他排洪渠堤防洪标准由原来的10年一遇提高到20年或30年一遇。

二、涵闸管理

随着涵闸工程的增多，逐步建立和健全涵闸管理机构，实行统一领导，分级管理。境内入江河水道控制线的马嘶水闸、勘角水闸归县管，其他13座小型涵闸由镇管理。由镇水利会派专职人员负责养护和启闭管理。镇水利所从实际出发，制定涵闸管理办法和闸门启闭操作规程的规章制度，冬春枯水期进行涵闸工程及附属设施的检查维修。

三、河道管理

一直以来，镇水利所配合县水利部门对县境流域性的东江河和沙河进行强化管理。在东江河、沙河设置水尺测量水位，汛期定时汇报，及时掌握水情变化。20世纪80年代起，每年汛期前，镇政府组织水利所等部门对境内的河道进行清障，以保证河道引排畅通。强化河道采沙管理是河道管理的重要工作，镇水利所配合县水利执法部门强化河道采沙管理，严厉打击非法盗采河砂行为。2013年，县、镇两级公安、交通、工商、环保、供水、供电部门联合行动，对东江内河（园洲段）进行整治清拆大小非法码头、砂场、堆场13个，拆除违建场30多处，拆除违建面积1万多平方米。

四、电排站管理

境内的8座电动排灌站，每站约有3～5名管理人员。电排站为镇水利所的派出机构，是生产单位，不单独经济核算，站长由水利所任命，负责本站的机务、工程、安全生产和人员的管理工作。电排站管理制度，由纪律、岗位责任制、值班守则、交接班制度、设备维护制度、财务管理制度6个项目组成，重点是交接班制度和设备维护制度。排灌站的管理重点是值班管理和设备维护。

第三节 规费征管

水利工程征收水费是保证水利机构的正常运作和保障水利工程正常运行，提高工程效益，促进工程管理良好循环的重要措施。20世纪50年代，境内水利建设主要是复堤堵口，疏通渠道，收益范围小，没有征收规费。从20世纪80年代开始收取规费。

一、灌溉水费

根据《中华人民共和国水利法》和上级政府的具体要求，县政府曾3次调整灌溉收费标准。1982年8月，规定灌溉水费按水库实灌面积每亩每年征收1～1.5元，或收稻谷2.5～3.5公斤。1983年10月，水费征收标准调整为每亩年征收1.5～2.5元，或收稻谷4～6.5公斤。1994年9月，再次调整水费征收标准：经济作物每亩每年12元，其他作物每亩每年8元。

二、堤围防护费

从20世纪80年代开始，县政府曾3次核定堤围防护费征收标准，每年按征收标准征收一次。1983年10月，凡受堤围直接捍卫的农田、工矿、交通、商业、企业单位的厂房、仓库、商店、门市、旅店、营业所，均应缴纳堤围防护费。征收标准为：工商企业、厂矿按建筑面积计征，每平方米0.5元；农田每亩1～1.5元；鱼塘每亩15元。1987年5月，调整堤围防护费的标准为：农业按面积计征，粮食作物每亩2元，经济作物每亩3元，鱼塘每亩5元；工商企业、粮食部门按营业总额的15‰计征；银行按应纳营业额1.8‰计征。不能按营业额计征的工商企业按占地面积每平方米1元计征；个体工商户每户每年征收15元。1994年9月，再次调整堤围防护费的计征标准：粮食作物每亩4元，经济作物每亩5元，工商企业、交通运输、建筑安装、进口贸易、邮电通信、水产养殖、物资供销、文化娱乐、旅游企业等按营业总额15‰～18‰计征。不便按营业额计征的个体商户每户年征收30～150元。外资和中外合作企业原则上按国内企业标准计征。外来加工企业按工缴费总额的8‰计征。纯属出租厂房按租金总额的4‰计征。1998年以后停止征收农田堤围防护费。

三、机电排涝费

机电排涝费由镇自定收费标准，大体实行电费和管理费分别计征：电费按当年排涝实际用电量与排涝效益面积按亩平均分摊电费。

四、河道采沙管理费

1992年7月，县政府对县内河道采沙，实行征收采沙管理费，征收标准按采沙销售总额的2%计征。1994年7月，县物价局调整河道采沙管理费标准为每立方米收0.5元。

其他如水资源费、水土保持补偿费、水利规划管理等费用，从1994年开始计征。

第七篇　工　业

园洲的早期工业始于20世纪50年代后期，先后发展缝纫、铁木农、砖瓦、副食品加工、制糖等一批工业，初步改变了园洲无工业的状态，形成了“三级所有”（公社、大队、生产队）以农业生产服务为主的工业格局。然而，由于受人的思想观念约束和地理环境的制约，园洲的工业寥若晨星。1979年年底，镇域的有社队工业25家，固定资产值820万元，从业人员300人，工业产值80万元。

中共十一届三中全会后，国家实行改革开放政策，镇政府及时抓住世界经济发生新变化所提供的有利时机，致力交通、能源、通信建设，努力改善投资环境，以“三来一补”（来料加工、夹件装配、来样加工，补偿贸易）为突破口，以乡镇企业为依托，大力发展对外加工业。1981年，港商梁焕金在园洲人民公社会场兴办第一家“三来一补”园洲毛织厂。1982年，引进园洲第一家制衣企业华园制衣厂。1984年，园洲籍港商梁美婵回乡兴办园洲第一间塑胶厂——嘉华塑胶厂。1986年2月，园洲镇政府与香港惠联贸易公司合办惠园染织厂。至1990年，园洲工业行业从无到有，从小到大，初步形成了电子、染织、服装、毛织、塑料、玩具、五金、建材、木器制品等行业的工业生产体系。1990年，河南区工业发展至247家，总产值达2495万元，比1980年增长21.1倍。

1991年石洲大桥通车后，园洲镇的工业发展势头良好。1992年，园洲镇投资1400万元，在园洲中园路、兴园路建9栋厂房，面积2.5万平方米。先后引进电子、机械、毛织、制衣厂。1994—1999年，河南区的18个村新建厂房25万平方米，大力开展招商引资办工业。至1999年，河南区实现工业总产值8.9亿元，比1979年增长1000倍。三大产业的比重由1979年的98.3:0.1:1.6调至1999年的14.8:77.9:7.3，实现了农业镇向工业镇的转变。外资、乡镇企业迅速增加。到1999年，全镇（河南区）已有“三资”企业18家，“三来一补”企业255家，乡镇个体企业达1283家。

进入21世纪，随着镇域投资环境的日臻完善，在“外向带动、工业立镇”的发展战略带动下，凭借优越的投资环境和优质高效的服务，吸引了众多投资者。河南区共有2168家中外企业在这里发展壮大，其中外资企业有148家，民营企业及个体工商户有2020家（园洲本土人士自主创业企业达1172家），形成了以服装、染织、电子、印刷为主导的四大工业产业。为了营造更为完善的投资环境，兴建了上南、刘屋、下南、深沥、新世纪、富园、桦阳、丰平工业园等20多个工业开发区，形成了带状式的工业走廊，让工厂企业集聚发展。

2005—2016年，镇域（包括河南、河北区）工业实现了新的飞跃，从2005年的264007万元增长到2016年的2272936万元元，增长760.94%；全社会固定资产投资快速增长，2005年为14.6亿元，到2016年为37.74亿元，年均增长16.73%。从企业数量看，11年间企业家数由750家增长到1216家，增长62.13%

至此，园洲镇的工业已经形成了以轻工业门类为依托、以外向型工业为导向、以乡镇企业为基础、以民营企业为骨干、以高新科技为动力、以集聚发展为抓手、以品牌效应为龙头的发展新格局，2003—2016

年，园洲镇工业平均发展速度为19.87%。

2003—2016年园洲镇工业发展速度表

表7-1

年份	总产值（亿元）	同比增长（%）
2003	15.89	13
2004	22.94	15
2005	26.82	16.9
2006	33.01	23.08
2007	41.33	25.2
2008	52	24.3
2009	62.8	20.8
2010	74.1	18
2011	84.55	14
2012	97.06	15.2
2013	139.5	43.7
2014	142.15	1.86
2015	188	32.25
2016	216	14.89

1988—2016年园洲镇工业企业发展统计表

表7-2

年份	企业数（家）	职工人数（人）	产值（万元）
1988	198	4898	1678
1989	212	5480	2109
1990	246	6836	5417
1991	250	7288	8266
1992	255	9863	20276
1993	260	10806	46076
1994	271	12316	65078
1995	285	14323	78023
1996	299	16215	89076
1997	308	18272	92328

续表7-2

年份	企业数（家）	职工人数（人）	产值（万元）
1998	320	20102	102620
1999	332	23123	113585
2000	340	24020	128268
2001	371	25918	146832
2002	445	26852	174474
2003	520	28350	199452
2004	578	31062	229380
2005	750	46000	264007
2006	990	46800	315471
2007	1123	49000	413645
2008	1136	52010	547918
2009	1148	53020	693530
2010	1163	56060	832153
2011	1192	58326	970600
2012	1210	60125	1132080
2013	1248	68292	1395000
2014	1296	67820	1648519
2015	1323	67526	1880013
2016	1216	58376	2272936

附：1985年园洲镇“三来一补”“三资”企业优惠规定

（1）凡外商在园洲镇兴办“三来一补”和“三资”企业，使用的厂房和土地优惠安排。⑴租让厂房现价每月每平方米6～8元人民币。⑵租让土地，期限可达30年，现价每月每平方米0.6～0.8元人民币。⑶购买地皮的，期限可达50年，现价每平方米60～120元不等（即接土地类别出让定价），购买地皮兴建的厂房，协办有关手续，在规定的时间内允许租让和转让。

（2）外商投资企业，三年内免征营业税、所得税。免征期满后，经企业申请，税务部门批准，可继续减征营业税和所得税。

（3）外商投资企业的出口产品，除国家规定的有关产品外，一律免征工商统一税。

（4）优先为外商投资企业办好一切手续，包括领证照和申报海关手续等。

（5）外资企业的外汇可汇出境外，免征汇出额的所得税。

（6）外商投资企业，有依法任免、奖惩、聘辞职员的权力，可自行确定工资标准，工资形式及奖励，津贴等制度。

（7）对骨干人员、技术人员，如户口是在外地的，可协助办理园洲户口入户手续。

（8）外商投资兴办的企业，属于发展生产性项目和高新技术项目的。给予优惠政策。

（9）对引进兴办企业的有功者，待该企业投产后，给予奖励。

第一章　构成与所有制

镇域工业的构成与所有制的变化，因时而变，顺势而变，逐步形成了镇、村工业比翼齐飞和民营企业、外资企业各居半壁河山，纺织服装制造业、家具制造业、电子制造业、五金制造业、造纸及纸制品业、食品饮料制造业、化工制品制造业七大支柱产业齐头并进。工业经济体制经过多次重大转变，形成了民营企业和外资企业竞相发展的新格局

第一节　构　成

镇域工业的构成，形成了镇、村工业比翼齐飞和民营企业、外资企业各居半壁河山。规模工业在产业结构的比重较高，纺织服装制造业、家具制造业、电子制造业、五金制造业、造纸及纸制品业、食品饮料制造业、化工制品制造业七大支柱产业齐头并进。

一、整体构成

园洲的工业由内资企业（镇办企业、村办企业、民营企业）、港澳台投资企业、外国投资企业组成。2016年全镇企业总数1216家，总产值2272936万元。其中内资企业 1069家，总产值1136469万元；港澳台投资企业132家，总产值 681880万元；外国投资企业 15家，总产值454587万元。

二、产业结构

新中国成立后，园洲工业门类极少，生产规模不大，劳动效率不高。工业行业主要有粮食加工业、木材加工业、小五金及修理业、建材的砖、瓦业及铁器小农具制造业。1978年后，镇域工业行业发生了新的变化，而且高速度发展，形成了以服装、纺织、五金、电子、印刷为支柱，食品、家具、建材、五金、塑胶、机械化工齐头并进的多元化工业群体。

2016年，在十多种行业中，其中产值超10亿元的有6种，分别是电子、服装、房地产、家具、化工、五金、塑胶。服装行业年产值60亿元。园洲服装行业经过多年发展，到2016年为止，园洲镇共有制衣及面辅料、印染、绣花等服装生产及配套企业近千家，年产各类休闲服装约1.2亿件（套），产品销往全国各地及90多个国家和地区，年销售额数十亿元，是名副其实的“中国休闲服装名镇”。

（一）主要产业构成

2015年，园洲规模以上（年度产值2000万元以上）工业企业共58家，占全镇工业企业的4.8%；完成工业总产值110亿元，占全镇的85%。

园洲镇年产值2000万元以上民资规模工业表

表7-3

企业名称	业主姓名	企业地址	固定资产（万元）	经营项目	工人（人）	年产值（万元）	办厂日期
惠州市众信天成电子发展有限公司	张瑞春	禾山工业区	2349.80	生产销售印刷线路板	157	7221.30	2010.3
博罗县韵达服饰有限公司	朱惠强	博罗县园洲镇上南管理区上南村	1514.00	机织服装制造	95	10549.50	2010.3
惠州市恒泰酒店家具制造有限公司	冼家裕	博罗县园洲镇九潭大道黄实岭地段	5356.10	生产销售家具	314	9761.80	2010.4
惠州市瑞能热力有限公司	张华伟	佛岭	6858.10	电力、燃气及水的生产和供应业热力生产和供应	90	12090.60	2010.12
博罗力至五金加工有限公司	朱付强	博罗县园洲镇阵村工业区内	2528.90	加工五金制品及金属表面处理	53	4783.00	2011.12
惠州市太基电子实业有限公司	梁建忠	沥东村民委员会	5350.10	电子元件及组件制造	244	22790.20	2008.3
博罗县仁和织造制衣有限公司	杨伟强	上南工业区	3515.30	机织服装制造	300	30524.00	2008.10
博罗县富轸塑胶五金制品有限公司	王转弟	深沥	1222.70	生产销售塑胶制品五金制品	210	6292.10	2008.3
惠州市美林电线电缆有限公司	陈志辉	田头	2961.70	生产电线电缆	128	9190.40	2008.4
惠州澳龙无纺布有限公司	金均民	佛岭村民委员会	2179.90	非织造布制造	48	4232.90	2008.5
博罗县园洲罗浮山水泥有限公司	吴国强	园洲镇沥西工业区	22770.00	水泥制造	174	58786.20	2008.12
泰山石膏（广东）有限公司	贾同春	博罗县园洲镇福园路与环城北路交会处	16085.70	石膏制造	180	36018.70	2009.5
胜伟新织造制衣（惠州）有限公司	邱国新	陈屋工业区	1707.10	服装制造	215	12911.60	2011.1
惠州市永鑫有色金属有限公司	叶昆成	土瓜圩	181.10	有色金属加工	108	10669.30	1999.5
博罗万山五金制品有限公司	杨天在	九潭新村	2722.00	生产接头	60	6339.50	2001.12
博罗县园洲港日实业发展有限公司	陈进忠	下南村	2464.60	油墨及类似产品制造	61	5698.10	2003.7
博罗县园洲镇明兴五金有限公司	李永松	秀丽路	1503.30	金属表面处理及热处理加	12	12434.20	2003.7

续表7-3

企业名称	业主姓名	企业地址	固定资产（万元）	经营项目	工人（人）	年产值（万元）	办厂日期
惠州市南钢金属压延有限公司	沈乐群	田头工业区	11178.50	钢压延加工	115	9817.20	2004.4
博罗县力诚五金塑胶制品表面处理有限公司	陈惠明	沥西	2307.30	生产五金	150	7754.70	2004.4
博罗县信隆电工材料有限公司	叶焕良	寮仔	3499.00	电线电缆制造	95	31783.30	2004.10
博罗县华意织染有限公司	闫雄鹰	佛岭	2700.40	加工纱线	99	6078.40	2006.6
博罗县园洲欧艺时装厂有限公司	尹柳崧	下南村南岗路	1044.00	生产服装	143	4032.80	2005.8
博罗县惠湖五金制品厂	陈芳	土瓜圩	4571.90	塑料零件制造	231	34991.10	2005.11
惠州市汇能热力有限公司	张华伟	佛岭	17615.10	生产销售蒸汽	81	17247.50	2006.4
博罗县园洲自来水厂	朱容浩	东堤路3号	12246.20	自来水生产和供应	102	10332.60	1992.3
博罗县永耀电子五金厂	冯格丰	李屋工业区	1391.30	生产销售电子五金产品	162	5125.60	2004.3
博罗县达威奇制衣有限公司	李惠培	博罗县园洲镇李屋村	297.30	纺织服装制造	81	3056.30	2011.1
广东弘大管桩有限公司	杨域明	廖尾村民委员会	6530.30	生产水泥预制品	122	8744.70	2011.12

园洲镇年产值2000万元以上外资企业表

表7-4

企业名称	业主姓名	企业地址	固定资产（万元）	经营项目	工人（人）	年产值（万元）	办厂日期
惠州市汇星印刷有限公司	陈晃枝	博罗县园洲镇南岗路下南工业区	19102.70	包装装潢印刷品印刷	933	38066.00	2011.1
博罗县富士精工五金制品有限公司	斋藤胜雄	博罗县园洲镇禾山工业区	2542.30	精密轴生产	330	10041.10	2011.6
广东省博罗县园洲勤达印务有限公司	黄志成	广东省惠州市博罗县园洲镇下南管理区	25235.50	印刷	1414	17699.70	1994.9
博罗县园洲镇达泰制衣有限公司	商国栋	上南	1561.20	纺织制造	150	5186.30	1994.6
惠州福和纸业有限公司	李舒鹏	博罗县园洲镇梁屋高头村小海唇	77517.70	机制纸及纸板制造	632	48887.40	1996.3

续表7-4

企业名称	业主姓名	企业地址	固定资产（万元）	经营项目	工人（人）	年产值（万元）	办厂日期
高业制衣（惠州）有限公司	陈洪光	惠州市博罗县园洲镇桔龙村胜丰工业园	9059.00	机织服装制造	66	19485.20	2009.5
博罗县园洲昌兴五金有限公司	朱梁明	惠州市博罗县园洲镇兴园四路	4340.30	五金制品加工	15	6178.60	2009.10
博罗县力群纺织化工有限公司	郭宏芬	刘屋	7379.80	前处理助剂	48	31800.30	1999.5
博罗县冲压精密工业有限公司	林宪凳	上南园洲大道	3501.80	电子元件	53	5051.30	2000.7
博罗县园洲嘉和塑胶电子有限公司	刘少辉	刘安路工业区	13142.80	塑料零件制造	574	28391.20	2000.7
惠州鸿财化妆品有限公司	梁宝玉	阵村村民委员会	4784.70	生产洗发水	105	3213.30	2002.4
高意（惠州）家具有限公司	梁万亿	下南村	5064.40	家具	300	37187.60	2002.12
胜丰织造制衣（惠州）有限公司	黄志坚	惠州市博罗县园洲镇桔龙工业区	16373.70	机织服装制造	63	10013.40	2008.2
骏达制衣厂（惠州）有限公司	黄志坚	桔龙村民委员会	21347.20	机织服装制造	1280	85436.40	2008.2
博罗县合兴隆洗水有限公司	马导光	新村	710.60	服装洗水加工	85	3778.40	2004.6
金丰制衣(惠州)有限公司	黄丽明	桔龙村民委员会	2752.30	服装生产	58	9329.30	2008.2
高新锡业（惠州）有限公司	苏明斌	下南工业区南江路	8270.00	有色金属加工	103	24792.10	2004.8
惠州高比烘焙设备有限公司	Baumgartner Alexander	沙头工业区	2387.60	生产销售烘焙厨房设备	80	6835.40	2005.3
惠州蒙特莉皮具加工有限公司	基卡•鲁道夫	沙头	5323.40	皮革加工	125	10395.30	2005.5
惠州利宝粘剂有限公司	马幸瑜	深沥	3313.80	其他专用化学产品制造	87	25281.10	2006.6
大中塑胶电子礼品（惠州）有限公司	畅达	博罗县园洲镇田头工业区	11709.90	塑料零件制造	600	38465.80	2008.4
惠州市诚业家具有限公司	潘素卿	深沥村民委员会	11669.90	金属家具	1815	60695.80	2006.3
东方化成（惠州）精密制品有限公司	崔加荣	阵村福源路	3992.60	汽车制造	318	9607.10	2008.3

续表7-4

企业名称	业主姓名	企业地址	固定资产（万元）	经营项目	工人（人）	年产值（万元）	办厂日期
博罗承创精密工业有限公司	陈建华	上南村	16182.20	电子元件及组件制造	810	46744.00	2009.9
启丰实业(惠州)有限公司	陈嘉伦	沥东工业区	9000.00	玩具制造	698	28113.70	2008.6
博罗县九潭班信线路板厂	徐志雄	九潭新村	1162.40	印制电路板制造	260	28223.30	2004.3
博罗县九潭弘亿电子制造厂	李国平	九潭工业区开发区	956.00	电子元件及组件制造	199	29194.10	1997.8
斯莱达医疗用品(惠州)有限公司	唐荣	沙头村民委员会	1000.00	生产医疗用品雾化器	57	2966.00	2007.6
昶宏电子塑胶(惠州)有限公司	邱茂彰	下南村西堤路	2741.10	生产塑胶薄膜	60	6997.80	2006.7
惠州市华大远东洗染有限公司	刘国权	九潭佛岭	1807.30	毛纱线及成衣	87	6347.40	2006.10

（二）支柱产业

2016年，镇域的纺织服装制造业、家具制造业、电子制造业、五金制造业、造纸及纸制品业、食品饮料制造业、化工制品制造业七大支柱产业共有企业40家，占规模以上企业数的63%。2016年完成工业总产值115亿元，占规模以上企业的63%。从业人员3562人，实现利税4.5亿元，占规模以上企业的75%。

电子、五金两大产业生产规模大，总量大，分布广。两大产业共有企业20家，占规模以上制造业的34%。2016年完成工业总产值30亿元，占22%；实现利税1.2亿元，占13%。从业人员4000人，占20%。两大优势产业的生产规模在全镇具有绝对优势，大部分企业的产品技术含量较高，电子信息产业以电脑零部件及周边设备、电子元器件为主，配套率高达95%。

服装制造业是园洲的最大支柱产业，其产业劳动密集型的特征均十分明显，从业人员占规模以上的企业的比重明显高于其产值、利税所占比重，完成工业总产值占规模以上制造业的15%，具有较大的生产规模，产业链较完善。

化工产业在园洲分布较广，生产规模和利税贡献较大，属于用工少，利税贡献大的产业，但有一定的污染。2016年完成工业总产值8.5亿元，占规模以上企业的5%；实现利税2250元，占2.5%；从业人员500人，占2%。该产业主要以化工涂料、油墨为主。

（三）其他主要产业

金属制品业、专用设备制造业、通用设备制造业和交通运输设备制造业均属于装备制造业范畴，4个产业2016年工业总产值为25亿元，占规模以上企业的14%，利税相对较高，占规模以上企业的18%。但由于4个产业布局较为分散，又缺乏大企业带动，而且近年来政策引导力度还远远不够，发展速度不快。

塑料、皮具制品业和印刷业有较大的生产规模，但总体上看，多数占镇工业的份额并不大，而从业人员较多，利税贡献也偏低。

农副食品加工业是镇域近年发展较快的产业，也是区域集聚度最高的产业，该产业2016年完成工业总产值1800万元，占镇工业总产值的15%。

水泥及制品企业规模大，但数量少，2016完成工业总产值7亿元，占规模以上制造业的4.3%;从业人员550人，占2.5%。

电镀作为镇域主要的重金属排放行业，数量多、分布广、环境影响十分敏感。近年来，镇域已逐步淘汰了该产业的一些污染较重的企业，总体上看该产业利税贡献较大，但属高耗能产业，而且具有一定污染。

三、产品结构

园洲的工业产品结构的特点：（1）出口产品占主导地位，出口的产品有成衣、印刷、五金，占产品结构的 20％；（2）轻工业产值比重大，重工业产值比重小，2016年轻工业产值112028万元，是重工业的2倍；（3）发展自己产品少，对外加工产品多。

四、地域分布

工业布局的分布既受自然条件的影响，又受社会经济条件的影响，园洲工业分布的特点是工业单位相对集中于河南地区。2016年，全镇1300个工业单位，其中分布在河南区的有910个，河北区390个。纺织、制衣、电子、五金、塑胶分布主要在河南地区，建材、印染、电镀、家具分布在河北地区。全镇5个工业区中的上南民营工业园、新世纪工业园、丰平乡工业园、上园工业园分布在河南，长寿工业园、桦阳工业园分布在河北。

第二节　所有制结构

新中国成立前，园洲基本无工业，仅有手工私营工业单一的经济成分。

新中国成立后，镇域工业经济体制经过三次重大转变：第一次是新中国成立初期到1980年，从建立以社会主义公有制为主体的多种经济成分并存，向高度集中统一管理的计划经济体制转变，手工业改为集体，私营工业绝迹。第二次是1980—1990年，从单一的公有制经济变为以公有制经济为主体的多种经济成分并存，从计划经济转变为计划经济为主、市场调节为辅的工业经济；第三次是90年代以来，向社会主义市场经济体制转变，由粗放经营向集约式经营转变，形成了民营企业和外资企业竞相发展的新格局。

一、“三来一补”企业

“三来一补”，是园洲镇最早引进利用外资的方式，始于1981年。当时，因陋就简，利用仓库、“三堂”（会堂、饭堂、祠堂）和会场做厂房，引进来料加工项目，均是规模较少、用人不多的小型企业。1981年5月，园洲人民公社腾出1000平方米的会场，引进港商梁焕金兴办第一间“三来一补”企业园洲毛织厂（详见第七篇第三章“工业行业”）。1984年，在东江边建600平方米新厂房，经营毛衣生产的织、缝、洗，产品全部出口。

1981—1985年，汤炳然、周锦全和马导光、朱润钰等港商分别在北区（九潭）和南区（园洲）兴办“三来一补”企业。1986年后，镇域的“三来一补”从对外加工装备从简单加工的胶丝花、毛织、手袋等几个行业发展到电子、电气、五金、机械、塑料、工艺首饰、玩具、服装、毛织、纺织、食品等十多类、300

多个品种。1986年，九潭镇引进第一家“三来一补”企业新兴制衣厂（详见第九篇“乡镇企业”）。

至1990年，河南区投资1400万元，建标准厂房3.2万平方米，引进“三来一补”企业13家。是年，引进“三来一补”企业51家，其中镇办14家，村办37家，引进外资达1.03亿港元，全年工缴费收入719万元，同时，引进“三来一补”企业的规模越来越大。

1999年，河南区“三资”企业18家、“三来一补”企业255家。

1978—1986年园洲镇 “三来一补”企业利用外资统计表

表7-5

年份	合同项数（项）	合同利用外资金额（万元）	实际利用外资金额（万元）	收取工缴费（万元）
1978	4	200	180	300
1979	6	224	202	336
1980	8	250	226	376
1981	11	280	253	421
1982	13	314	283	472
1983	15	352	317	529
1984	16	480	450	793
1985	18	550	520	850
1986	20	700	650	1100

二、合资合作企业

园洲的中外合资合作经营企业始于1986年。合资合作企业主要是镇或村（原称管理区）与外商合资合作兴办的企业。

1986年2月，园洲镇政府与港商朱容香共同投资，兴建县内最大的合资合作企业惠园染织厂。这是惠州市最早引进的合资合作企业。

1995年，中外合资企业惠日实业有限公司落户园洲镇白马围工业区，该项目总投资3000万元（中方投资1000万元，企业投资2000万元），厂房面积3000平方米，有员工300人，主要生产五金机械、电动工具、电子产品；专业针对在研磨系列工具设计，开发生产，其中电镐、角磨机、模具电磨获得中国电工产品认证委员会3C认证，并在2001年正式通过ISO 9002质量体系验证，成为一家具国际质量体系检验的企业。

1999年，河南区“三资”企业18家，注册资金共116862.6万元，固定资产合共3.6万万元，从业人员5000人。

随着外商对中国改革开放政策的理解与园洲投资环境的改善，不少外商，特别是一些资本较雄厚的外商，采取独资方式来园洲办厂兴业。越来越多的外商企业到镇域独资办厂，外商在园洲所办的独资企业，一般投资额较大，技术含量较高，产品前景较好。

2016年，外资企业147家，注册资金合共116862.6万元，固定资产30亿元，从业人员7684人。

1986—2016年园洲镇中外合资合作企业统计表

表7-6

年份	企业总数（家）	总投资（万元）	经营项目
1986	1	950	服装
1987	3	1300	电子、服装
1988	4	2360	塑胶五金、服装
1989	1	1800	五金
1990	5	3200	服装、电子、五金
1991	4	3700	塑胶、服装
1992	6	4300	化工、五金、服装
1993	8	5700	印刷、服装、化工
1994	8	5900	电镀、纸品、五金
1995	9	6010	电镀、塑胶五金、化妆品
1996	10	6800	服装、毛织、鞋业
1997	5	4600	化工、纸业
1998	0	0	
1999	2	1685	毛织、五金
2000	2	2014	毛织、塑胶
2001	2	2067	纸业、电子
2002	10	7300	服装、塑胶、电子、五金
2003	18	35163	制衣、电镀、电子、纸业
2004	21	7639	服装、化工、化妆品
2005	17	25555	制衣、五金
2006	21	33130	制衣、塑胶五金、印染
2007	23	42598	服装、塑胶、化工
2008	16	29172	服装、电子
2009	12	9267	服装、五金
2010	13	22091	服装、印刷
2011	11	35277	塑胶、电子、
2012	7	22938	纸品、化妆品
2013	12	34572	制衣、五金
2014	9	81500	制衣、五金

续表7-6

年份	企业总数（家）	总投资（万元）	经营项目
2015	12	450000	五金电子、服装
2016	6	350000	电子、五金

三、独资企业

随着镇域经济的蓬勃发展，越来越多的外资企业进入园洲投资办企业，而且投资结构也发生了变化。1986年始，部分外商投资企业以独资的经营方式开办企业。港商朱桂祥于1986年，在园洲食品站兴办“三来一补”企业昌利制衣厂。1993年，扩大生产规模，转为独资企业，为园洲最早的独资企业。

至2015年，欣旺达惠州新能源有限公司、惠州市大红马实业有限公司、胜丰织造制衣（惠州）有限公司、大中塑胶电子礼品（惠州有限公司）、冲压精密工业有限公司、勤达印务有限公司、嘉和塑胶电子有限公司、惠州市诚业家具有限公司、启丰实业（惠州）有限公司、惠州市美林模具有限公司等外商企业落户园洲。

2016年，园洲独资经营企业130家，协议利用金额30亿元，实际利用金额25亿元。

1988—2016年独资经营企业利用外资统计表

表7-7

年份	合同项数（项）	协议利用金额（万元）	实际利用金额（万元）
1998	0	0	0
1999	2	1685	1685
2000	2	2014	2014
2001	2	2067	2067
2002	10	7300	7300
2003	18	35163	35163
2004	21	7639	7639
2005	17	25555	25555
2006	21	33130	33130
2007	24	42598	42598
2008	16	29172	29172
2009	12	9267	9267
2010	13	22091	22091
2011	11	35277	35277
2012	7	22938	22938
2013	9	25719	25719

续表7-7

年份	合同项数（项）	协议利用金额（万元）	实际利用金额（万元）
2014	10	14360	14360
2015	12	450000	450000
2016	6	350000亿	300C0

四、镇村工业

园洲的镇村工业（1984年前称社队企业，1984年后称乡镇企业）是以1958年兴办的小企业为基础发展起来的企业。1966—1976年“文化大革命”期间，社队企业发展缓慢，停留在为农业生产服务水平上。1979年后，园洲镇村工业，随着改革开放和社会主义市场经济的建立，不断发展起来和壮大起来。

五、个体、私营企业

（一）个体企业

清代、民国时期，镇域各村有零星个体手工业。一般以一家一户、村民劳资合伙的形式，自采自用，或自产自销，农闲而作，农忙而息。主要从事建材、食品和木器加工、编制等行业的手工劳动，多属季节性生产。新中国成立后，在人民政府的领导下，境内各村积极开展生产自救，传统的个体手工业生产逐步得到恢复和发展。1956年，对私营工商业、手工业进行社会主义改造，境内成立了手工业合作社和合作商店，私有性质的企业一部分消失，一部分逐步走向社、队村办或转为国营。

20世纪60—70年代，镇域个体工业无发展。中共十一届三中全会后，农村实行改革开放政策，鼓励农民劳动致富，个体工业始得恢复和发展。

1978年后，随着农村家庭联产承包责任制的普遍推行，个体联户企业发展很快。起初，一些农户，或几户农民联合办起木器加工厂、粮食加工厂、榨油厂、豆腐坊、腐竹厂、小农场或从事小五金和成衣的生产等。这些企业规模不大，一般是实行自己投资、自己招工、自负盈亏。至1982年12月，登记注册的个体户有126户，主要经营项目有修自行车、零售服装、销售家禽、日杂店等。

进入20世纪80年代后，个体联户逐渐投资较大的项目，并引进外商兴办来料加工企业。1990年12月登记注册的个体户有412户，其中制衣、毛织、塑胶、五金等生产加工型个体户有150户。至2015年，刘屋村村民办的企业、个体商户有95家。刘屋村辖区工商业达960多家。随着传统农业经济向现代化工业经济的转移，境内一大批农村劳动力从土地的束缚中解放出来，一部分人进入乡镇企业就业，一部分人利用自有资金，办企业，开商店，跑运输，个体联户企业得到空前发展。至2000年12月，登记注册的个体户有3854户，其中个体（联户）工商户1270户。

2016年，登记注册的个体户有9047户，主要经营项目有销售日用百货、服装、五金交电、家用电器、饮食店、日杂、理发店、美容院、酒店住宿服务、小型服装加工厂、销售摩托车、二手汽车。

（二）私营企业

私营企业（包括联户办企业）是从个体户起家，逐渐积累发展起来，或是朋友、同事参股合资开办的合伙企业。1984年前，境内只有零星手工业及家庭式个体工业。1984年时，多数是几户农民联合起来办企业。1988年，中共十三大确定继续鼓励扶持个体私营经济发展的方针，境内开始扶持和发展私营企业，并确立以发展私营工业为主的方针。1999年，全镇有私营工业企业386家，从业人员23000人，注册资金9650万元。20世纪90年代后，随着私营经济的发展，私营企业的经营行业不断扩大。到2015年，私营企业在工业行业中成为主导地位。

2016年，园洲有私营企业1250 家，固定资产值168亿元，从业人员73000人，总产值108亿元，上缴国家税收9000万元，税后利润 6000万元。

第二章　管　理

园洲镇工业的管理体制经历了一个由简到繁又由繁至简的螺旋式上升过程。在计划经济体制下，工业管理部门单一，管理手段滞后。市场经济体制下的工业管理，成功地改革了以产业管理为主的工业管理体制，实行多方位，多层次的综合管理，工业生产和再生产过程的经济活动的决策、计划、组织、指挥、调节、监督职能较好的发挥。

第一节 机　构

一、行政管理机构

（一）园洲经济发展办公室

园洲镇经济发展办公室的前身是园洲公社工业交通办公室，成立于1958年，1977年改称园洲人民公社社队企业办公室，1986年改称园洲镇乡镇企业办公室。2002年，以园洲镇乡镇企业办公室为班底，设立园洲镇经济发展办公室，组建时有员工30人，现有员工95人。园洲镇经济发展办公室是园洲镇委、镇政府主管民营经济发展工作的职能部门，是镇民营经济发展工作的日常办事机构。园洲镇经济发展办公室主要职能：负责全镇工业的管理、统计、招商引资、企业服务等，统筹协调工业系统各部门工作。下设引进办、民营办、实业发展公司、企业办公室、集群办、外商投资服务公司等机构。

（二）园洲乡镇企业办公室

园洲镇企业办公室的基本情况和基本职能详见第九篇“乡镇企业”第三章“乡镇企业管理”。

（三）民营经济办公室

园洲镇发展民营经济办公室成立于2004年10月，组建时有员工3人，现有员工8人。主要履行以下工作职责：1.主管全镇民营经济发展的日常工作，就全镇民营经济的发展战略、规划、政策和重大决策向镇委、镇政府提出建议；2.指导民营经济的科技进步、技术改造、职工教育、专业技术人员的培训工作；3.协调指导民营经济出口创汇和引进先进技术、项目、资金工作，协助办理有关涉外事宜；4.依法保护民营企业的合法权益；5.帮助民营企业解决项目、资金、土地、用水、用电、交通、通讯等方面的困难和问题；6.负责全镇民营经济调查研究和统计工作，定期发布统计、分析资料。

（四）园洲镇对外引进办公室

1994年设置，组建时有员工6人，现有员工8人。主要履行以下工作职责：负责招商引资工作及签约项目的跟踪、协调、服务工作；负责招商引资项目及外贸工作信息数据的统计、汇总、管理工作；负责在本辖区投资的企业办理和认证备案及建立外来企业档案工作。

（五）环境保护办公室

成立于1999年12月30日，组建时有员工4人，2016年有员工44人。主要工作职能项目办理及咨询工作、镇环境监察工作。

（六）博罗县园洲镇外商投资企业服务公司

成立于1993年5月4日，组建时7人，2016年有47人，工作职能主要是代理报关报检业务。

（七）园洲安全生产监督管理所

园洲镇安全生产监督管理所安全办公室成立于1993年3月，该办公室属于企业办下属的其中一个办公室，成立初期，有工作人员3人。2004年5月，根据政府的分工安排，安全办划属政法线，和派出所消防队合拼为一个部门，有工作人员13人。2006年11月，安全办根据职能，划属于行政线有工作人员10人。2009年7月，园洲安监所成立挂牌，共有工作人员24人。工作职责：1.监督检查、指导、协调镇政府有关部门的安全生产工作；2.制定全镇安全生产发展规划；3.依法监督检查工矿商贸生产经营单位的重大危险源监控、易燃易爆物品、危险化学品、新建、改建、扩建工程项目的安全设施重大事故隐患的排查、整改工作；4.组织、指导安全生产宣传教育工作。2016年，共检查企业1197家次，发出整改通知书1500多份，落实整改隐患超过3000多处，整改率达95%。

（八）服装产业集群发展办

2011年设置，职能：负责加强与中国纺织联合会纺联、广东省服装、服饰行业协会、镇服装产业群发展办公室的沟通联系，推动服装产业发展及转型升级；负责组织镇内服装企业参加各类展销、交流及宣传活动，推广园洲区域服装品牌；负责中小型企业电商平台的日常运作；负责组织、协调有关服装产业发展各类大型活动；负责推动、跟踪“中国—园洲时尚产业城”项目。

（九）人力资源和社会保障所

1978年5月，园洲、九潭成立劳动管理站。1999年12月，分别成立园洲、九潭劳动管理所，园洲、九潭劳动管理所隶属县劳动局直接领导和管理，正股级建制。2002年3月，原园洲劳动管理所和九潭劳动管理所分别更名为“博罗县劳动和社会保障局园洲管理所”“博罗县劳动和社会保障局九潭管理所”。2005年9月，县劳动和社会保障局九潭管理所并入县劳动和社会保障局园洲管理所管理。2011年12月，县劳动和社会保障局园洲管理所更名为“博罗县园洲镇人力资源和社会保障所”（简称园洲镇人社所），实行县的领导和管理，属县人力资源和社会保障局派出机构。人社所的主要工作职能：宣传人力资源和社会保障方面的法律、法规和政策；组织职业培训，创业培训；协助落实社会保险补贴政策；协助企业处理好劳动关系，调节矛盾纠纷；加强劳动保护，维护工人合法权益。

（十）工商行政管理所

园洲工商行政管理所成立于1978年1月，股级建制，2007年6月，为副科级建制。园洲工商行政管理所的基本任务是依据法律、法规的规定，对辖区内的企业、个体工商户和市场经济活动进行登记注册、监督管理，保护合法经营，取缔非法经营，维护正常的经济秩序（详见第十篇“财税 金融 工商 保险”第四章“工商”）。

二、行业管理机构

（一）红海进出境货运车辆检车场园洲查验点

红海进出境货运车辆检车场园洲查验点，简称车检场，组建于1996年6月。园洲镇政府在园洲宾馆旁租借了5000平方米场地，为惠州海关设置监管点，作为红海海关办事处的外派检验点车检场。1999年，惠州检验检疫局实行“三检合一”（卫生检疫、动植物检疫、商品检验）后，设立了园洲检验检疫办公室。2002年9月，深圳海关设置园洲监管场，作为红海海关办事处的一个作业现场。

2002年12月，园洲镇政府投资1833万元，在福园路兴建了车检场，占地面积5万平方米，设有办公大楼、车辆检验场（检查台4个）、待检区、仓库、货柜、重型地磅、电子监控系统等设施。车检场吞吐能力为日通过货柜车100辆次，可为企业提供进出境货物的审单、检验、放行等一条龙服务。2002年12月正式通关。

2003—2015年园洲“检查场”通关车辆情况一览表

表7-8

年份	2003	2004	2005	2006	2007	2008	2009	2010	2011	2012	2013	2014	2015
进出口辆次	8123	8575	9012	9328	9854	9731	9560	9366	8373	8275	7968	5636	5133

（二）各类协会

园洲镇纺织服装行业协会 见第十四篇“政治”第三章“社团组织”。

园洲台商联谊会 见第十四篇“政治”第三章“社团组织”。

第二节 企业管理

园洲工业、交通办公室成立于1958年，见第九篇“乡镇企业”第三章“乡镇企业管理”。

第三章 工业行业

新中国成立后，镇域的工业行业逐步发展，由于受政策因素的制约和生产力的约束，行业单一，设备落后，经济效益不高。改革开放后，镇域的工业得到了长足的发展，工业格局发生了重大变化，形成了以服装、制鞋皮革、木材加工、家具制造、纸品、印刷、玩具、化工、塑胶、建材、机械、电子、电镀、五金等多元化工业行业体系。

第一节 服装业

一、制衣业

园洲制衣业最早出现在上南、下南、马嘶和九潭的圩市内，俗称车衣店，厂店一体，边做边卖，既做新衣裳，又补旧衣服。此外，也有一些家庭妇女在家里缝制衣服，挑到圩镇出售。1956年，成立园洲车衣社和九潭车衣社，有17名工人，有11台缝纫机，隶属博罗县二轻企业，1962年分别纳入园洲人民公社和铁场人民公社企业。主要生产款式单一、颜色单调的传统服装。20世纪70年代后期，缝纫机以“三大件”（手表、自行车、缝纫机）之一的身份逐渐进入部分家庭，缝补衣服由半机械代替了人工，给人们的生活带来了极大的方便。至1995年，镇内有缝纫机2000台。2000年后，随着生活水平的提高和服装市场的兴起，作坊式和家庭的缝纫业逐渐淡出。

1981年后，在改革开放的浪潮的推动下，河南区上南籍的港商朱润玉在上南先后开办华园、华南制衣厂等“三来一补”企业。1984年，港商梁美婵在在篆兰兴办嘉华制衣厂（同时兴办嘉华塑胶厂）。1984年，港商周锦全、马导光在九潭开办兴发制衣厂，厂房面积1200平方米，有员工800人，生产牛仔裤、风褛，1994年后扩大生产规模，增办合兴隆洗水厂，是当时境内最大的“三来一补”企业。1986，港商朱桂祥在园洲食品站兴办“三来一补”企业昌利制衣厂，厂房面积1000平方米，有员工200人，生产女性内衣。1994年，港商翟利稳，独资在河北区开办利稳制衣厂。1994年，外资企业博罗县园洲镇达泰制衣有限公司落户上南村。

随着投资环境的日臻完善，园洲籍的港澳商人纷纷回乡办制衣厂，并动员在港或内地的亲戚朋友在园洲兴办实业。1992年，港商朱浩平、朱汉平兄弟投资1000万元，在上南分别兴办永超制衣厂和超勤制衣厂。至2000年，动员在港或家乡的亲戚朋友在园洲开办制衣厂45间，员工4000人，年产值1.2亿万元。1988年6月，港商朱润流投资200万元在下南兴办利昌制衣厂。1991年9月，港商刘贵洪投资600万元在上南兴园五路兴办信兴制衣厂，至2000年，带动刘屋籍贯的香港亲戚朋友办间制衣厂，员工5000人，年产值1.5亿元。

随着制衣企业的不断增量，企业生产管理的不断完善和企业经营效益的不断提高，园洲的服装业形成聚集效应，有的从家庭式的作坊或“三来一补”企业，转化为民营企业；有的增加投资，不断扩大生产规模，转化为独资企业。1994年，上南商人朱沛容投资400万元，创办桦达制衣厂，这是园洲最早的民营制衣企业。1996年9月后，桦达制衣厂注册更名为“桦达制衣有限公司”，扩大生产规模，设计、生产、经营POLO衫系列，年产100万件女装休闲衫，产品具有风雅、简便、实穿、舒适、美观大方、透气吸汗、易干等特点。“宝路小子”和“纳奇”服饰两大品牌远销国内，年产值3000万元。

2004年2月，投资6300万元的港商独资企业骏达制衣厂（惠州）有限公司，落户桔龙工业区。年生产500万件衣服，年产值4亿元。

2005年10月，民营企业博罗县园洲万豪服装加工厂创办于田头工业区。年产衣服45000打，年产值300万元。

2005年8月，民营企业博罗县园洲欧艺时装有限公司，开办于梁屋高头村。投资300万元，年产皮草衫762件、尼克服953件、化纤梳织防寒大衣1468件，年产值1230万元。

2007年1月，民营企业博罗县雅丽纺织服装厂建厂于阵村莫屋。投资800万元，年生产牛仔服装25万件、针织衫30万件，年产值500万元。

2008年2月，外资企业金丰制衣(惠州)有限公司落户桔头村。投资2752万元，年产针织毛衫20万件，产值2000万元。

2010年3月，民营企业博罗县韵达服饰有限公司创办于上南村。投资1514万元，生产针织裤、衫等。年产值5000万元。

2011年1月，民营企业博罗县达威奇制衣厂开办于李屋村。固定资产297万元，年产服装100万件，年产值1500万元。

2011年7月，创办于上南村的外资企业建丰制衣（惠州）有限公司，投资800万港元，年产女式化纤针织胸围150万件、女式化纤针织内裤88922件，年产值3450万元。

这些企业专业化程度比较高，生产的运动服、牛仔服装、西装、裙、褛、内衣，装款式多样，颜色丰富，远销国内外。2005年12月，园洲镇获“广东省（制衣）技术创新专业镇”称号，纺织服装行业协会应运而生。2006年，纺织服装行业协会与东莞虎门富民集团建立了战略伙伴关系，得到了虎门服装技术创新中心的全面协助，拥有了信息资讯互动、设计生产技术开发、人才培训交流、企业管理咨询和市场营销拓展五大平台。

园洲镇为加快制衣行业配套设施建设，以求制衣业的高速发展， 2006年规划建设一个占地面积达300亩的园洲布匹辅料服装批发市场；并与上南村委会联合开发一个占地600亩的民营制衣工业区，对制衣企业实施优惠政策，吸引民资进园投资。2006年，全镇已建成了园洲民营工业园上南制衣园区、丰平乡工业园、上园工业园区等3个专业制衣工业园区。

此间，园洲出台了一系列政策措施，以扶持服装产业的发展，如《园洲镇打造服装技术创新专业镇“十个一”措施》《关于加快休闲服装产业发展的实施意见》《园洲镇服装产业发展规划(2009—2015)纲要》《园洲纺织服装产业发展规划白皮书》等，促进了当地服装产业的发展。

2007年4月25日，博罗县园洲镇纺织服装行业协会正式挂牌成立，千家制衣及制衣配套企业有了自己的“娘家”。这是博罗县成立的首个镇级行业协会纺织服装行业协会。协会的成立，加强行业内外的交流合作，改变了小打小闹、各自为政的局面，实现信息共享，把握市场先机，提高了整体竞争力。大力实施品牌战略，实行区域品牌和产品品牌同步推进的策略。一方面，通过注册“中国服装名镇·园洲”的集体商标，提高园洲服装在法律意义上的地位，以增进集体行动，减少恶性竞争。并多次组织会员企业参加国内外知名面料、布料、服装展览，如广交会、广东惠州产品展销会、广东省泛珠三角产品展销会、广东时装周、虎门国际服装交易会、中国国际中小企业博览会、中国名镇博览会等，以此提高园洲服装的知名度。园洲的区域品牌及产品品牌，如桦达制衣有限公司的纳奇、邦尼诺服饰有限公司的嘟塔、金咏制衣有限公司的金咏宝宝、泉记制衣有限公司的丽蓓纳、麦辰服饰的HOLYMOLY等，都取得了良好的成效。

与此同时，园洲服装企业采取两手策略，一部分在网上开拓销售平台，一部分大胆地走出去抢占市场。据不完全统计，园洲服装企业在东莞虎门富民时装批发城、广州白马服装批发市场、广州沙河服装批发市场等地投资的铺位都在100家以上，近百家制衣企业在无锡“新世界国际”投资设铺。

2008年，全镇共有制衣企业1000多家，其中印花、纺织、染整等配套企业200多家，占全镇工业企业总数的60%，年产各类服装近2亿套，销售总额达50亿元，从业人员近10万人，产品销往全国各地以及美国、韩国、日本、东南亚、非洲等90多个国家和地区。2009年9月1日，园洲镇被中国纺织工业协会、中国服装协会评为“中国休闲服装名镇”（并于2013年顺利通过复评），是全国纺织服装产业集群试点地区之一。2012年被评定为“广东省服装产业转型升级重点培育集群”。先后荣获“广东省专业镇建设先进单位”“专业镇建设优秀示范单位”“服装产业推动大奖”“区域品牌推动大奖”等称号。服装产业逐步形成了集纺织、印花、制衣、水洗、漂染及辅料于一体的完整产业链，成为具有一定影响力的产业集群。

2016年，园洲镇制衣企业有330家，年产各类服装12000万件（套），年销售总额达60亿元，产品销往全国各地以及美国、韩国、日本、东南亚、非洲等90多个国家和地区。制衣行业从业人员达5万多人，占劳动人口的40%。

二、针织　纺织业

园洲的针织、纺织业起步于20世纪80年代初。1981年，园洲人民公社腾出800平方米的会场，由港商梁焕金兴办园洲毛织厂，这是园洲第一家“三来一补”企业。港方投资100万港元，设备有针织机50台，缝盘机20台，员工有70人，经营毛衣的针织，每年收工缴费10万元。1982年，谭树培、林谭德、朱洪等港商分别在桔头、禾山等村兴办毛织厂。1989年5月，个体企业兴发电脑绣花厂开办于下南旧街，是园洲最早采用电脑绣花服装配套产品的专业厂。投资150万元，有电脑绣花机6台，员工20人，年产值350万元。

20世纪90年代，园洲利用本身的地理条件和华侨、港澳同胞众多的优势，积极引进国外资金和设备，大办“三来一补”、合资、合作企业。1997年10月，“三来一补”企业惠州市金铿柏新织造有限公司落户梁屋村，投资3000万元人民币，年产值5000万元。

进入21世纪，镇内针织、纺织企业逐年增加，规模较大的企业有：

2004年1月，民营企业博罗县富得针织厂，开办于佛岭村。投资800万元，年染腈纶320吨、人造毛460吨，年产值1000万元。2008年5月，民营企业惠州市澳龙无纺布有限公司，投资2179万元，落户佛岭村。经营非织造布，年产量4000吨，年产值3000万元。2009年3月，外资企业卓颖织绣（惠州）有限公司，落户上南村。投资800万元，年产花边70万码，年产值821万元。2013年1月，广东中康织绣科技有限公司（惠州）有限公司，落户上南工业区。投资11600万元，年产尼龙拉架布260吨，年产值1770万元。2014年1月，民营企业博罗县华瑞针织事业有限责任公司，落户佛岭村。投资1800万元，年产内衣面料和泳装面料各60吨，年产值3100万元。

与此同时，园洲纺织业向规模化、集团化方向发展，成为园洲镇工业的一支主力军。

2004年10月，香港综合型纺织企业——胜丰集团有限公司，进驻桔龙工业区。总投资3.4亿港元，进驻骏达制衣厂、金丰制衣厂、信丰制衣厂、高业制衣厂、金塘制衣厂、耀辉包装材料厂6家企业。生产经营织布、漂染及各式服装、布制玩具，年产值4亿元。2006年8月，外资企业惠州大红马绿色纺织集团子公司惠州市大红马实业有限公司，落户新世纪工业园。总投资3亿元，年产涤纶DTY1万吨、锦纶DTY1200吨、涤纶FDY2000吨，年产值6亿元。

三、印染业

最早兴办的印染厂是惠园染织厂，是园洲镇政府与香港惠联贸易公司合办的来料加工企业，1986年2月2日签订加工染、织品协议，3月开始动工兴建，1987年3月试产，1988年1月18日正式投产。年产值2亿港元，产品出口。1998年11月，民营企业博罗园洲天旺纺织有限公司，落户刘屋村。投资800万元，占地面积8000平方米，厂房面积4500平方米，工人150人，设备有染缸、洗水机、锅炉等，年产毛料800吨，年产值400万元。

至2016年，落户园洲规模较大的印染企业有：

外资企业博罗县荣泰纺织有限公司，2000年6月落户九潭长寿路。总投资3700万元，年产蚊帐布859吨，服装面料450吨，泳装、内衣面料368吨，年产值1200万元。

民营企业博罗县九潭天羽漂染有限公司（壕钧实业有限公司、壕鑫实业有限公司公司），2002年4月落户九潭牛群埔工业区。投资3750万元，生产国内知名泳装、内衣，年产值2000万元。

民营企业博罗县九潭天正毛织洗染有限公司，2004年3月于凤山村办厂。年产毛线280吨、毛衫308吨，年产值1350万元。

外资企业博罗县合兴隆染整有限公司，2004年6月在新村办厂。投资1060万元，年产值1200万元。

民营企业博罗县园洲镇新大江毛纺织洗染厂，2005年7月创办于阵村。投资800万元。年产值1000万元。

民营企业博罗县天俊纺织漂染厂，2006年1月落户九潭牛群埔工业区。投资1200万元，年产值2500万元。

民营企业博罗县华意织染有限公司，2006年6月在佛岭村办厂，投资2700万元，年产值6000万元。

外资企业惠州市大红马实业有限公司，系惠州大红马绿色纺织集团子公司，2006年8月创办于世纪工业园，总投资3亿元，占地面积17万平方米，厂房面积20万平方米，有工人1000人，年产值6亿元。

2006年10月，外资企业惠州市华大远东洗染有限公司（规模外资企业）落户佛岭村。投资1807万元，年产值1500万元。

民营企业信辉服装有限分公司，2007年8月办厂于禾安。投资1100 万元，年产值2000万元。

民营企业桦泰服装加工有限公司，2008年4月办厂于阵村朱屋。投资1200万元，年产值1600万元。

民营企业博罗县成就纺织印染有限公司，2008年6月落户园洲水电路。投资3000万元，年产值3000万元。

民营企业炜和染印有限公司，2009年10月落户梁屋村。投资3500万元，年产值7800万元。

外资企业博罗县九潭芬迪漂染有限公司，2012年1月落户佛岭村。投资3000万元，年产值5700万元。

民营企业博罗县园洲镇今日纺织有限公司，2013年8月，落户佛岭村。投资1000万元，年产值6000万元。

民营企业博罗县园洲镇年盛服装洗漂有限公司，2014年8月设厂白耀前村。投资1200万元，年产值2500万元。

民营企业博罗县园洲镇东红绿色针织厂有限公司，2014年12月设厂义合村，投资3000万，年产值3000万元。

博罗县园洲联兴泰服装洗染加工厂，2015年8月落户于白耀前村。投资800万元，年产值1400万元。

以上印染企业经营纺织品、针织品、服装及各种布匹的洗染。染色工艺流程：排布—缝头—烧毛—退浆—煮练—漂白—丝光—染色—拉幅—缩水—码布—成品。主要机械设备有染缸、轧染机、冷漂机、烘机、拉帽机、缩水机器等。

2016年，园洲镇共有60家印染企业，生产工人12000人，年产值10亿元。

第二节　制鞋皮革业

1981年，港商汤炳然在九潭兴办“三来一补”企业九潭鞋厂，这是境内的第一家鞋厂，也是最早的“三来一补”企业之一。厂房面积2000平方米，工人135人。生产“创业牌”鞋子，年收工缴费200万元。

1989年，港商丁良在新村开办“三来一补”企业双喜鞋厂，占地面积3600平方米，房屋面积2800平方米，员工400多人，有设备300多套（台），生产半成品鞋材，年收工缴费500万元。

1993年，港商梁有浩独资在园洲河北区开办泰浩鞋厂，投资800万元，厂房面积2700平方米，有员工96人，有设备60台（套），生产运动鞋，年产值1000万元。

1998年5月，“三来一补”企业博罗县园洲大利皮革制品厂创办于下南工业区。初时，公司占地6000平方米，建筑面积2500平方米，投资500万元，主要生产皮革。于2012年扩大生产规模，企业变更为惠州浩腾皮草有限公司（民营企业）。公司占地6000平方米，建筑面积2500平方米。主要设备：脱水机、水缸、网转桶、拉长机、伸宽机、翻皮机、烫毛机、缝皮机、干洗机、圆刀机、磨刀机等。主要产品：水貂皮、狐狸皮、硝鞣生产加工，年加工生产40万张，年产值1.2万元。原材料由欧洲进口，产品全部出口香港。

2016年，全镇有制鞋、皮革厂13间，员工1500人，生产总值达1.5亿元。

第三节 木材加工业

园洲木材加工历史悠久，各村均有个体木匠加工生产水车、风柜、水桶、尿痛、秧盆、射桶、禾桶、粪桶、木勺、尿勺、牛轭、锄头柄的生产、生活用品。新中国成立后成立的农具社，生产产品以支援农业生产为主，按县主管部门下达生产计划，有木材主管部门按计划供应木材，实行计划生产。一些村（大队）开办木材加工场，经营楼板、桁桷板。1978年后，联户和个体经营木材加工迅速发展，每个大队办起了木材加工场，生产家具、包装箱、门窗、方板、桁桷板等产品。1990年，全镇有木材加工场40家，从业人数600人，年产木制家私用木材20万立方米。至2016年，全镇有木材加工场20家，从业人数250人，年产木制家私用材木10万立方米。

第四节 家具制造业

一、木制 铁制家具

新中国成立后，镇域传统的木制、铁制家具制作均由家主（用户）备好木料请木匠制作，按件或工时计算制作费。

1958年，河南区和河北区成立铁（木）器社（农具厂），共有员工46人，设有家具生产车间，产品有床、柜、台桌、木箱、木屐等。此外，乡村间有制作家具的能工巧匠，为居民修理或制作家用木器用品。进入20世纪80年代中期，塑胶、铁、不锈钢和皮革等家庭用品大量出现，取代了大部分木制品，木制品行业也日渐式微。1990年后，镇内开办一些木制、金属家具厂，生产床架、台、凳等。生产过程不断提高质量，特别在防锈性能、焗漆质量方面得到了提高。

2003年5月，外商企业柳树木业家具有限公司，落户深沥村。投资1000万元，生产各式木制品家具，年产值4180万元。

2003年4月外资企业恩达木业家具有限公司，开厂于深沥村。投资1000万元，生产木制家私等产品，年产值600万元。

2006年7月，民营企业广东惠州市华韵木业有限公司，办厂于李屋工业区。总投资150万元。专业生产原木门、原木厨衣柜、仿古卫浴家私。年产25000套（件）产品，年产值3000万元。

二、红木家具

红木家具也是木制家具的一种，因其用酸枝、花梨木等红木制成，而统称红木家具。1980年以前，园洲只有修理红木家具店铺，没有制造工厂。1980—2016年，镇内开办了20家红木家私作坊，年产值4000万元，主要制作传统红木家具凳椅、桌案、橱柜、台架等。

三、钢木家具

园洲的钢木家具是1990年开始发展的产品，生产企业大多是引进外商。1995年，焯荣、联兴、港龙等一批家具制造厂落户园洲。随着产品需求量的增加，钢木家具的企业规模越来越大。1998年10月，“三来一补”企业友邦家具厂落户下南村，总投资2000万元，年产值5000万元。

进入21世纪，镇内的家具业工艺和规模不断提高和扩大。

2003年3月，民营圣龙五金家具公司落户桔龙。投资500万元。主要产品有环保餐台、餐椅、餐车、吧椅、休闲椅、电脑台及家庭办公系列、茶几、衣架、酒柜、台灯、落地灯、壁灯及各种树脂工艺品。年产值800万元。

2004年9月，民营企业博罗县园洲金属制品厂落户深沥，是一家研发、设计、生产、销售金属家具为主的家具制造运营企业，投资5000万元。2006年3月，该公司与港商合作转型为外资企业惠州市诚业家具有限公司，扩大生产规模，累计投资1.6亿元，年产值3亿元。

2012年2月，民营企业惠州市恒泰酒店家具制造有限公司，办厂于九潭大道黄实岭。投资1380万元，公司生产多种规格的铝合金管系列、钢管系列等高级酒店宴会金属家具台椅和运输车，以及活动舞台、拆装式跳舞池和各类型的酒店、家用金属家具系列产品。年产值1000万元。

2016年，全镇有家具厂32 家，生产工人8000人，年总产值10亿元。

第五节　纸品工业

1996年4月，香港福和集团在园洲镇梁屋高头村开办中外合作企业——园洲福和纸业有限公司，投资7800万港元。由日本引进两条纸板生产线和新建2400纸板机，向客户提供高质量的A级涂布白板纸、白底白板纸、灰板纸和挂面牛卡产品。产品广泛应用于精装书籍、画册的封面、高档文件夹、礼品盒等印刷行业。2011年，该公司上市，2015年与民营企业横益合作经营。至2015年，公司投资规模达3.4亿港元，年产值1.7亿元。

嘉利纸品厂、永晟纸品厂、江帆纸品厂等主要经营生产、加工、销售各类生活用纸、纸箱、彩盒及其他包装产品。

2016年，全镇纸品企业有20家，员工1200人，年产值115000万元。

第六节 印刷工业

园洲镇的印刷业始于20世纪90年代。这些印刷行业为适应国内外产品包装、各种图书、装潢广告等需要得到快速发展，投资办厂的有外资独资、合资、民营企业，采用电脑排版，五色彩印的技术装备，产品内外销相结合。

1994年8月，港勤达印刷集团旗下的博罗园洲勤达印刷集团有限公司在下南村开办，投资累计1250万美元，从事各种图书、包装装潢、画册、挂历、说明书、产品样本、手工纸品、期刊等印刷。年产书本四千万册以上，年产值3亿元。该公司先后获得ISO 0001:2008、ISO 14001:2004、CTI、FSC等多项认证。2015年实现产值1.6亿元。

2005年10月，“三来一补”企业博罗县园洲汇星印刷厂，办厂于下南工业区。经营包装装潢印刷品印刷，年产量42000吨。2011年，企业转型为外商独资企业，更名为惠州市汇星印刷有限公司，注册资金1.5亿元，为澳洲、新西兰、英国、美国及德国客户印刷，各类图书、杂志、画册。年产值3.6亿元，年税利921万元。截至2015年，年营业额逾7亿港币。

到2016年，全镇印刷企业发展至20家，有员工5000人，总产值达6亿元。

第七节 玩具工业

1985年后，镇内开始引进外商办起玩具制造业。到2000年，引进东江、长江、盈发玩具厂等企业。规模较大的企业是港商独资企业启丰实业（惠州）有限公司。2006年8月落户九潭沥东工业区。投资600万美元，年产1000万套塑胶玩具、电子电动玩具，年产值9000万元。

2016年，全镇有玩具厂10家，员工2500人，总产值达3.2亿元。

第八节 化工工业

1996年4月，台资企业港力化工厂落户园洲镇上南村。总投资1000万港元，生产油漆、天拿水等产品，年产值3000万元。1999年5月，外资企业园洲力群纺织化工有限公司落户园洲镇刘屋村。投资1100万港元，年产柔软剂500吨、固色剂500吨、软水剂600吨，年产值2000万元。2000年后，博罗县园洲镇丰源年丰化工有限公司、外资企业惠州嘉裕新材料有限公司、民营企业博罗县园洲镇诚兴粘合剂有限公司、民营企业伟明树脂（惠州）有限公司、外资企业惠州利宝粘剂有限公司、民营企业博罗县九潭惠丰油漆化工有限公司、民营企业博罗县园洲镇深沥油漆厂、民营企业博罗县园洲镇协成制漆有限公司、民营企业博罗县园洲镇林辉化工有限公司、民营企业博罗县园洲镇日祥乙炔气厂、民营企业博罗县园洲镇逸升化工涂料有限公司、民营企业博罗县园洲镇昱胜油漆有限公司、民营企业博罗县盈科涂料有限公司等企业在园洲落户。生产规模较大的企业有：

民营企业博罗县园洲港日实业发展有限公司，2003年7月创办于下南村。投资2464万元，经营油墨及类似产品制造，获ISO 9001:2015、ISO 14001:2015、中国环境标志产品等认证。年生产油漆522吨，年产值4300万元。

民营企业博罗县园洲镇秆日实业发展有限公司，2003年7月落户下南村。投资500万元，年生产油漆522吨，年产值4128万元。

2016年，全镇有化工厂13家，员工600人，总产值达3亿元。

第九节　塑胶工业

1984年，园洲籍港商梁美婵回乡在原公社会堂兴办“三来一补”企业——园洲胶袋厂，投80万元，厂房面积500平方米，员工20人，生产塑胶袋。这是园洲第一家塑胶制品厂。1995年，华成五金塑胶珠宝盒厂在刘屋村开办“三来一补”企业。2006年10月，以外商独资企业的身份，投资800万港元，开办万鸿（博罗）珠宝盒有限公司，生产首饰盒、纸饰盒、纸袋。

1995年3月，在刘屋村开办的“三来一补”企业园洲华成五金塑胶珠宝盒厂。2006年10月，以外商独资企业的身份，投资800万港元，开办万鸿（博罗）珠宝盒有限公司，年生产首饰盒600万个、纸饰盒380万个、纸袋70万个，年产值763万元。

1999年8月，民营企业博罗县园洲镇昌盛印花厂创办于新世纪工业园。经营工艺礼品、喜庆用品、贺年礼品等，代加工印花，年产值200万元。2012年，扩大生产，总投资6000万元，生产、经销工艺礼品、喜庆用品、贺年礼品、春节用品。产品70%出口外销，30%内销。年产值1200万元。

2006年7月，外资企业园洲昶宏电子塑胶（惠州）有限公司落户园洲镇下南村，固定资产2741万元。生产多种塑胶产品，年产值2000万元。

2006年3月，外资企业东方化成（惠州）精密制品有限公司落户阵村，投资1000万元，生产胶电子、汽车配件产品，年产值6000万元。

2009年3月，外资企业（日本）翔洋化成精密制品（惠州）有限公司落户阵村，投资5000万元，年产值5000万元。

大中塑胶电子礼品（惠州）有限公司位于园洲田头工业区，外商独资企业。1996年创办于东莞，初名东莞大中公司，由于扩大生产，2005年8月搬至园洲发展。总投资1.8亿元，年产塑胶水壶3000吨、塑胶杯4000吨、塑胶保鲜盒1000吨，年产值1.2亿元。

2014年8月，民营企业惠州市胜丰裕实业有限公司创办于园洲阵村丰平区工业园。投资8000万元，生产PVC充气玩具、充气水池、充气泳圈、充气沙发等塑胶制品，年产值2000万元。

民营企业惠州市峄董塑胶科技有限公司位于园洲禾山工业区。2010年8月创办于东莞市高埗镇，2015年8月迁厂于园洲。投资2000万元，主要生产产品：聚烯烃复合高发泡材料，箱包用板，如周转箱、刀卡等，PP发泡文件夹，包括高档西德夹、便携式文件夹、资料册、双板夹、写字板、文件盒、文件架、风琴包、笔记本、名片册，工具箱，旅行箱等。年产值2500万元。

2016年，全镇有塑胶厂25家，员工2500人，生产总值1.5亿元。

第十节 建材工业

一、砖 瓦

1954年以前，园洲无砖瓦生产，民用所需砖瓦均从东莞、增城等地购买。1954年，九潭工商联盟会，创办了第一家砖瓦窑厂，占地面积80亩，有员工15人，年生产砖瓦40多万块。1958年，园洲人民公社开办马嘶砖厂；1978年，开办园洲公社农场砖瓦厂。同年，九潭从铁场人民公社分出后，兴办八一砖厂。1969年，桔头大队龙叫生产队兴办耐火砖；1970年，兴建耐火材料砖厂。以上砖厂详见第九篇“乡镇企业”。

1965—1980年，大队、生产队开办砖瓦厂59家，其中河南44家，河北15家，场地面积700亩，年产砖瓦5120万块，产值47446.5万元。至2012年，全镇累计开办砖瓦厂90家，其中轮窑25家，立窑59家（露天4家、明窑1家、窑洞1家），田头、桔头、禾山村（大队）每队皆办砖厂。2012年后，砖厂停办。

园洲镇砖瓦厂统计表

表7-9

名称	所属村/大队	开办时间	类型
马嘶圩砖瓦厂	马嘶村	1963—1979年	立窑
田头砖厂	田头村	1967—1970年	立窑
竹园岗砖厂	田头村	1968—1969年	立窑
田头瓦厂	田头村	1968—1970年	立窑
田头第一砖厂	田头村	1991—2012年	轮窑
田头第二砖厂	田头村	1993—2012年	轮窑
神头贝	田头村	1972—1976年	明窑
车前砖厂	田头村	1976—1983年	窑洞
赤岗砖厂	田头村	1976—1985年	立窑
桔头砖厂	桔头村	1965—1972年	立窑
余岗岭砖厂	桔头村	1962—1965年	露天
丁子坊砖厂	桔头村	1964—1966年	露天
谭玉棠砖厂	桔头村	1965—1968年	立窑
墈头坊砖厂	桔头村	1964—1968年	露天
门口坊砖厂	桔头村	1962—1966年	露天
新村砖厂	桔头村	1965—1968年	立窑
龙叫砖厂	桔头村	1964—1966年	立窑
岭贝砖厂	桔头村	1965—1968年	立窑

续表7-9

名称	所属村/大队	开办时间	类型
禾朱砖厂	禾山村	1966—1968年	立窑
村尾砖厂	禾山村	1977—1981年	立窑
虾江砖厂	禾山村	1981—1983年	立窑
岗头砖厂	禾山村	1981—1982年	立窑
朱屋砖厂	禾山村	1978—1982年	立窑
林屋砖厂	禾山村	1981—1982年	立窑
李屋砖厂	禾山村	1981—1982年	立窑
禾山砖厂	禾山村	1976—1980年	立窑
禾山砖厂	禾山村	1994—2004年	轮窑
村尾砖厂	禾山村	1994—2009年	轮窑
禾朱砖厂	禾山村	1994—2004年	轮窑
虾江砖厂	禾山村	2005—2009年	轮窑
廖尾砖厂	禾山村	1969—1993年	立窑
李屋砖厂	禾山村	2005—2009年	轮窑
洽鑫环保砖厂	禾山村	2016年开始	轮窑
上廖砖厂	廖尾	1995—2010年	轮窑
下廖砖厂	廖尾	1994—2011年	轮窑
学德砖厂	廖尾	1993—2012年	轮窑
过海	深沥	1966—1967年	立窑
新塘	深沥	1968—1969年	立窑
大埔	深沥	1970—1992年	立窑
土瓜圩村四队瓦厂	土瓜圩	1976.3至1986.10	立窖
土瓜圩村砖厂	土瓜圩	1992.1至2001.2	轮窑
上南村向南砖厂	上南村	1989年	轮窑
西方队学校、海仔砖厂	上南村	1970年	立窖
西方队学校、海仔砖厂	上南村	1981年	立窖
沙洲尾砖厂	上南村	1974年	立窖
上南砖厂	上南村	1965年	立窖
大洲、四禾洲砖厂	上南村	1983年	立窖
南方队砖厂	上南村	1976年	立窖
北方砖厂	上南村	1976年	立窖
刘屋砖窑	刘屋村	1966—1977年	立窖

续表7-9

名称	所属村/大队	开办时间	类型
曾屋红砖厂	阵村	1993.1至2011.8	轮窑
下南砖厂	下南村	1957—1990年	立窑
李屋砖厂	李屋村	1970—1973年	立窑
李屋南北队砖厂	李屋村	1973—1976年	立窑
李屋二先砖厂	李屋村	1973—1976年	立窑
李屋三联砖厂	李屋村	1973—1976年	立窑
李屋村尾围砖厂	李屋村	1973—1977年	立窑
江头一队砖厂	江头村	1966.8	立窑
江头二队砖厂	江头村	1966.1	立窑
耀前砖厂	白耀前村	1980—1987年	立窑
白马围砖厂	白马围村	1968.8至1985.8	立窑
白马围砖厂	白马围村	1980.8至1984.8	立窑
白马围红砖一厂	白马围村	1993.8至2011.8	轮窑
白马围红砖二厂（过海）	白马围村	1995.8至2011.8	轮窑
水口村曾屋砖瓦厂	曾屋 生产队	1973—1983年	立窑
曾屋砖厂	水口村	1985—1993年	立窑
黎屋砖瓦厂	水口村	1973—1987年	立窑
陈屋砖瓦厂	水口村	1972—1991年	立窑
陈屋砖瓦厂	水口村	1994—2012年	轮窑
塘尾砖瓦厂	水口村	1967—1978年	立窑
塘尾砖厂	水口村	1972—1982年	立窑
叶屋砖瓦厂	水口村	1973—1984年	立窑
新村砖厂	新村村	1997.10至2013.1	轮窑
沥东围内砖瓦厂	沥东村	1967—1970年	立窑
牙岗砖瓦厂	沥东村	1967—1983年	立窑
高头砖厂	高头联队	1992—2006年	轮窑
上村东门	上村村	1968—1981年	立窑
上村西门	上村村	1968—1981年	立窑
上村南门	上村村	1968—1981年	立窑
上村格田	上村村	1966—1983年	立窑
上村南朗	上村村	1968—1981年	立窑

续表7-9

名称	所属村/大队	开办时间	类型
上村西门	上村村	1993—2011年	轮窑
向南砖厂	义合村	1992.1至2010.12	轮窑
向西砖厂	义合村	1993.10至2009.10	轮窑
曾温砖厂	义合村	1993.10至2009.10	轮窑
岗贝砖厂	义合村	1993.10至2009.10	轮窑
沙头红砖厂	沙头村	1995.1至2007.7	轮窑
九潭工商联盟会砖厂	九潭	1954年	立窑
园洲人民公社农场砖瓦厂	园洲	1978—1983年	立窑
九潭八一砖厂	九潭	1978—1982年	立窑

二、墙体材料

2011年8月，外商投资企业天风（惠州）墙体材料有限公司，投资2800万元在田头工业区办厂，占地面积6万平方米，厂房面积12万平方米，从业人员33人，主要设备有蒸压机、搅拌机、输送机等，年产蒸压泡沫混凝土砖19万立方米，年产值8454万元。

三、水　泥

1994年，石龙商人张锦明与广州水泥厂合伙在园洲高头村办水泥磨粉厂，总投资1500万元，占地面积35亩，厂房面积2000平方米，有工人150人。主要设备有球磨机、碎石机等，年生产“粤垒牌”水泥8万吨，年产值2000万元。

2008年12月，民营企业惠州市罗浮山水泥集团有限公司在广东省博罗县园洲镇沥西工业区投资兴建水泥粉磨生产线，2010年1月正式投产，总投资为2亿元。主要产品有“罗浮山牌”普通硅酸盐水泥（42.5R）和复合硅酸盐水泥（32.5R）。年产水泥100万吨，年产值7.7亿元。

四、水泥制品

20世纪70年代，镇内一些建筑企业设水泥预制场，生产水泥窗框、桁条、地板砖、涵砼。生产品种单一、规模小、数量少。随着建筑业的发展，专业水泥制品企业逐步形成，生产品种越来越多，档次越来越高。

2011年，民营企业广东弘大管桩有限公司落户廖尾村，总投资3.5亿元，生产预应力高强混凝土管桩。

年生产水泥管桩3000件，产值3000万元，为当地提供300个就业岗位。

五、陶　瓷

园洲的陶瓷业始于1985年九潭陶瓷厂的开办（参见第九篇“乡镇企业”）。1994年，港资“三来一补”企业雅泰彩瓷厂在兴园五路建成投产。厂房面积4000平方米，有职工60人，生产采花瓶、玻璃器皿，年产花瓶50万个，年产值100万元。2006年停办。1994年，台商在深沥兴办“三来一补”企业玖龙陶瓷厂，总投资700万元，厂房面积4000平方米。年生产花瓶、花盘、装饰瓶等彩瓷产品100万件，年产值200万元。产品外销，2004年停办。

六、新型建筑材料

泰山石膏（广东）有限公司，2009年5月建厂于九潭再生资源工业区。投资2亿元，2011年投产，公司主导的新型建筑材料 “泰山牌”系列纸面石膏板，广泛用于各种工商业、民用建筑。公司已通过ISO 9001质量管理体系认证和GB/T 28001—2001职业健康安全管理体系认证。公司年产值2亿元，年税收1000万元，利润1800万元。2015年，实现产值2亿多元。

第十一节　机械工业

镇内的机械工业始于20世纪50年代。1958年，兴办园洲农具社和九潭农具社，生产脚踏打禾机。1968年建立农机站，主要维修拖拉机、电动脱粒机等农用机械。20世纪80年代后，境内的机械工业逐步发展，先后引进合生机械厂、聪伟电梯厂、佳登曼电梯厂、万威电镀设备厂等一批外资企业。

2016年，全镇有机械制造厂35家，员工800人，总产值达2亿元。

第十二节　电子工业

园洲的电子业是20世纪90年代后的新兴产业，绝大部分是引进外商“三来一补”或合资合作企业，少数消化吸收后成为自办企业。

1992年5月，港商郑宽英购买2100平方米厂房，投资600万元，在上南村兴园三路开办泛亚电子厂，来料加工电脑、电子零件。

1994年3月，民营企业博罗永耀电子五金厂开办于李屋工业区，投资额50万元，生产单面、双面、碳膜线路板。2005年，投资500万元，扩大生产规模，年产线路板145380平方米，年产值2200万元。产品涉及的领域有家用电器、影映产品业、灯饰业、数码消费产品业、汽车业、电脑业、电子制造业等。公司获得UL、CQC、ISO 9001:2008、ISO 14001:2004、SQS等多项认证。

1996年10月，“三来一补”企业华基电子模具厂落户阵村，投资3500 万元生产塑胶五金产品。年产值500万元。

1995年10月，香港班信实业有限公司投资100万元，在新村开办“三来一补”企业博罗县九潭班信线路板厂。主要生产单双面印制线路板，这是园洲镇第一家线路板专业工厂。2015年7月，该厂转型为外商独资企业，更名为班信科技（惠州）有限公司，总投资1000万元，年产15万平方米多层及双面线路板，年产值8000万元。

1999年8月，从事电子类、半成品加工和成品组装型的港资企业达高电子厂落户园洲下南，投资400万元，占地面积12500平方米,有员工400多人。2001年10月通过ISO 9002国际产品质量认证，年产值2000万元。

1999年9月，外资企业博罗县冲压精密工业有限公司办厂于上南园洲大道。投资3501万元，生产LED支架、连接器等电子元件产品。获ZS09-004:2008等多项认证。年产1000万件产品，年产值3500万元。

2000年后，外商投资企业新达高五金塑胶（惠州）有限公司、民营企业博罗县精汇电子科技有限公司、民营企业博罗县信和塑胶电子有限公司、外资万鸿（博罗）珠宝盒有限公司、营企业惠州市众信天成电子发展有限公司等电子企业先后落户园洲，其中规模较大的企业有：

外资企业博罗县园洲嘉和塑胶电子有限公司，2000年7月办厂于园洲刘安路工业区。投资1200万港元，主要经营：塑胶制品、模具设计、加工和制造，电脑显示器、扫描器、鼠标、电源插座、电热水器、光纤、通信设备、汽车机械、玩具、文具、水管接头等相关五金零部件制造。年产塑胶产品112万吨，年产值956万美元。

外商投资企业诚讯电子厂，2004年10月落户廖尾村。投资4000万元，主要产品电话机、感应垫片、门锁配件。至2015年有员工2000人，年产值5000万元。

外资企业博罗承创精密工业有限公司，2006年9月设厂于园洲上南工业区，投资620万元，年产值18759万元，年出口额3014万元。

民营企业欣旺达惠州新能源有限公司，2012年2月10日落户新世纪工业园。投资总额60亿元，项目建成投产后，拥有员工2万人，计划年产值200亿元。主要产品有塑胶五金件、锂离子电池模组、电动自行车电机、锂电池。产品主要客户为苹果、飞利浦、亚马逊、联想、OPPO、步步高、海尔、sanDisk、顶星、华硕、凌海达、海洋王、迈润等国内外知名品牌厂商。工程建设一期投资20亿元，建筑面积40万平方米，于2013年10月动工建设，2016年上半年陆续投产。

到2016年，园洲镇有电子企业100家，员工15000人，总产值达25亿元。

第十三节　电镀工业

镇内的电镀生产始于21世纪初。至2016年，生产规模较大的企业有：

民营企业博罗县盛源金属表面处理有限公司，2003年月办厂于九潭长寿路。总投资3300万元，年产值3000万元。

民营企业博罗县力诚五金塑胶制品表面处理有限公司，2004年4月创办于九潭长寿路牛群埔工业区。投资3500万元，年产值8000万元。

民营企业博罗县安科五金塑胶表面处理有限公司，2004年2月落户佛岭村。投资15000万元，年产五金件21000吨，年产值3800万元。

民营企业惠州市鸿润五金家具有限公司，2004年3月落户九潭牛群埔工业区。投资6000万元，年产值3500万元。

境内的电镀企业有废水深度处理自动系统、生化系统、废气处理系统，生产工艺流程：五金制作—除油—清洗—电镀（镍、铜、锌、铬）—清洗—烘干—包装。电镀产品销往国内外。

2016年，全镇有电镀厂9家，员工3600人，生产总值达3亿元。

第十四节　五金工业

20世纪80年代初期，园洲引进外商创办的五金制造业。1983年12月，港商陈镜明在农机站开办园洲第一家五金厂——园洲亿宝五金厂，来料加工汽车门装置。1993年8月，外商独资企业博罗县超联五金制品有限公司落户兴园四路，投资1500万元，占地面积13341平方米，厂房面积1.5万平方米，经营马口铁盒、铁罐。随后，昌兴、超联、东成、金利、纪华、创汇等一批五金厂落户园洲。

2000年后，民营企业博罗县金富达五金制品加工厂、博罗县园洲镇宏科五金塑料厂、博罗县惠湖五金制品厂（规模企业）等企业在园洲投资办厂，规模较大的五金企业有：

民营企业富润精工五金制品厂，2003年9月开办于刘屋村。投资100万元，生产精密轴产品，年产量50吨，产值300万元。

民营企业博罗县园洲镇明兴五金有限公司，2003年6月创办秀丽路。投资50万元，公司生产的马口铁产品规格齐全，是广州太平洋马口铁游侠公司和海南海宇锡板工业有限公司一级代理商，营销网络遍布广东、广西、福建、湖北、江西等地。年产马口铁6000吨，年产值3000万元。

民营企业惠州市南钢金属压延有限公司，2004年4月落户田头工业区。投资2000万元，以钢铁为产业，形成了普碳、低碳、优碳、锰钢等热、冷产品系列。年产量10万吨，年产值1亿元。

外资（日本）企业博罗县富士精工五金厂，2004年创办于禾山工业区。经营精密轴生产，投资2542万元，年产量350万吨，产值8000万元。

民营企业博罗县园洲富轸塑胶五金制品有限公司，2008年3月落户园洲镇深沥工业区。投资1200万元。主要生产五金铁管铁线架为主、针车布套类为辅的家用塑胶五金类产品，年产值4000万元。

民营企业惠州市美林模具有限公司，2013年4月创办于丰平工业区。从事汽车五金模具设计、开挖、制造及服务，投资9000万元，年生产汽车五金模具750套，年产值5000万元。

外资企业高新锡业（惠州）有限公司是园洲第一家高新企业，1996年5月创办于下南工业区。注册资本1200万港币，拥有年产5000吨锡焊料和年产150吨锡膏的生产能力。年产值2.3亿元，在锡焊料生产行业中，产品产量占国内行业排名前5位，是惠州市最大的焊锡材料生产厂家。2014年荣获广东省名牌产品称号。2015年度，公司销售收入22991.10万元，税利498.19万元。

2016年，全镇有五金厂80家，员工7500人，产值4亿元。

第十五节　其　他

一、食品工业

（一）粮食加工

几百年来，园洲镇传统的粮食加工沿用舂碓、石磨等人工劳作，作坊遍布各乡村。人力加工粮食，劳动强度大，效率低。新中国成立初期，镇域开始使用机械动力加工大米。1950年，马嘶陈大光等人合办大光米机厂，有20匹马力的碾米机一台，每小时加工大米1000公斤。这是园洲镇内第一家用机械加工大米的加工厂。大光米机厂属于个人办的工厂，1956年被东莞粮食部门没收，将全部机件拆下卖掉，所得款项除支付工人工资欠账外，其余交财政部门。

1956年，河南区的园洲人民公社在下南巷开办碾米厂，配20匹柴油机一台，每小时加工大米1000公斤。1961年，镇内的河南区通电，新建禾安电站，园洲人民公社在禾安电站安装一台110千瓦的碾米机，开始使用电力加工粮食。1962年，园洲人民公社在从禾安电站架设一条长10公里的专用低压线至下南巷头碾米厂。1963年后，镇内部分大队（生产队）使用电力加工粮食，广大农民告别了世代粮食加工靠舂碓、石磨的历史。1973年，园洲粮所粮食加工厂建成投产，碾米机马力为30匹，时产大米1240公斤。1985年年底，九潭粮所与当地农工商联合公司联合建了一家粮食加工厂，碾米机马力为30匹，时产大米1240公斤。1975年，园洲实现队队（生产队）有小型碾米机厂。1980年以后，集体兴办的粮食加工厂均为承包经营，同时，一些私人也开办小型粮食加工厂。

2016年，全镇粮食加工厂有28家，年加工粮食36000万吨。

（二）花生油加工

花生是镇域主要农作物之一。园洲人很早就会用花生榨油，新中国成立前，土瓜圩、马嘶、田头等村设有油坊，使用手工操作的木榨榨花生油。人力木榨榨花生油，不仅劳动强度大，而且出油率低，一公斤花生一般只榨出花生油二两半。但由于采用烘焙、碾磨、上甑、过蒸、抟饼、开榨等工序，油的质量极佳，当地人喜欢吃，所以直到现在，一些乡村仍保留这一传统榨油方法。

1980年后，镇域机械榨油逐渐发展起来。1988年，镇域有机动榨油机15台，花生油年生产能力1300吨。

2016年，全镇榨油厂有36家，年产食油2500吨。

油榨的管理，在食油统购期间，多数是国营和集体油坊，粮食部分设专人管理，经常检查督促，因而油品质量绝大部分符合国家标准，出油率也高。取消食油统购统销后，多数是私人榨油，国营和集体油坊由个人承包。

（三）制糖工业

园洲甘蔗种植和制糖业有悠久的历史，传统制糖业始于明朝。明永乐十八年（1420年），田头村开办日榨3500公斤的石绞糖寮。至清朝，旧寮、上南大洲等糖寮开办。新中国成立前，镇域共开10家糖寮。至1964年，累计开办石绞压榨糖寮25家。

园洲传统的制糖业主要是手工操作，即土法制糖，俗称“糖寮”或“绞蔗”，用石碾作“绞”，以荔枝树干为臂，用两头牛扼背牵拉石碾压榨，蔗液从石绞中流出，以木桶盛装。蔗液经过滤、煮熬，再经不同制法产出黄沙糖、粉糖、片糖（俗称糖砖）。土糖寮石绞压榨每百斤甘蔗可煮糖4公斤左右。

1964年后，镇域开始使用电力压榨甘蔗，制糖技术依然采用传统方法，俗称“前机后土”，即压蔗用机械，制糖过程全部手工操作。

1981—1982年，全镇共有电动压蔗糖寮39家。1983年后，政府禁止开办土糖厂（除小部分糖寮开办），镇域的甘蔗全部调往惠州糖厂和石坳糖厂。1986年，镇域制糖业退出历史舞台。

1920—1964年园洲镇石绞糖寮统计表

表7-10　　单位：吨

名称	经营单位	开办时间	日榨甘蔗
沙头糖寮	沙头村	1949—1963年	5
马嘶四联队糖寮	四联队	1948—1956年	5
土瓜围糖寮	土瓜围	1957—1963年	9
赤岗村糖寮	赤岗村	1956—1968年	6
田头糖寮	田头	1420—1962年	3.5
糖角糖寮	塘角	1950—1967年	0.05
丁子坊糖寮	联队	1952—1962年	7.5
坳头新村糖寮	联队	1952—1962年	7.5
龙叫村糖寮	集体联营	1952—1963年	7.5
岭贝糖寮	联营	1952—1963年	3.5
禾山糖寮	禾山大队	1949—1959年	5
禾山禾梁糖寮	村尾、虾江、岗头	1960—1963年	5
禾朱糖寮	朱屋、林屋、李屋	1960—1963年	5
下廖	下廖	1949—1963年	5
背底塘	深沥	1962—1963年	5
荔枝园糖寮	上南村	1940—	5
大洲糖寮	上南村	1910—	3
旧寮糖寮	个体	1900—	2
葡萄下糖寮	个体	1920—	2
糖寮	刘屋村	1952—1961年	1.5
下南糖寮	下南集体代户加工	1951—1962年	5
李屋石绞糖寮	李屋村	198—1961年	3
白马围糖寮	白马围村	1940—1961年	25
水口曾屋、糖尾糖厂	红卫一队、二队	1953—1964年	1.6
陈屋糖厂	东风一队	1952—1964年	1.5

1960—1986年园洲镇土糖厂（电动）统计表

表7-11

名称	经营单位	开办时间	日榨甘蔗（吨）	机动功率（匹）
四联队糖寮	马嘶四联队	1960—1968年	20	40

续表7-11

名称	经营单位	开办时间	日榨甘蔗（吨）	机动功率（匹）
一、二、联队	一、二联队	1960—1968年	10	20
土瓜围糖寮	土瓜围	1963—1982年	9	15
赤揽寮	赤岗村	1968—1983年	8	15
田头糖寮	田头村	1962—1986年	30	30
竹园岗糖寮	竹园岗村	1971—1986年	15	17
墉角糖厂	墉角	1968—1977年	15	14
桔头村糖厂	集体联队	1962—1981年	10.5	24
龙叫村糖厂	集体	1964—1981	5	15
岭贝糖厂	集体	1964—1981年	3	10
村尾糖寮	村尾	1964—1983年	8	15
虾江、岗头糖寮	虾江、岗头	1964—1970年	8	15
虾江糖寮	虾江	1971—1983年	8	15
岗头糖寮	岗头	1971—1983年	8	15
禾朱糖寮	朱屋、林屋、李屋	1964—1970	13	20
朱屋糖寮	朱屋	1971—1983年	8	15
林屋糖寮	林屋	1971—1983年	8	15
李屋糖寮	李屋	1971—1983年	8	15
廖尾	上廖、下廖、新围	1964—1983年	20	30
牛牯地	深沥	1967—1969年	10	20
糖寮地	深沥	1970—1982年	15	25
沙头糖厂	沙头村	1963—1979年	50	15
上南糖厂	上南村	1965	10	40
上南糖厂	上南村	1975	10	40
刘屋糖厂	刘屋村	1962—1979年	15	4.5
下南土糖厂	下南村集体	1963—1990年	20	30
李屋糖厂	李屋村	1964—1976年	10	40
白耀靖	白耀前村	1965—1976年	4	20千瓦
联降糖厂	江头联队	1963—1971	1.5	80
高头村糖厂	高头联队	1963—1983年	30	30千瓦
白马围糖厂	白马围村	1962—1980年	10	45
陈屋糖厂	陈屋生产队	1965—1983年	23	150
叶屋糖厂	叶屋生产队	1968—1982年	15	150
曾屋、塘尾糖厂	曾屋、塘尾生产队	1965—1983年	26	150

续表7-11

名称	经营单位	开办时间	日榨甘蔗（吨）	机动功率（匹）
黎屋糖厂	黎屋生产队	1967—1982年	21	150
向南糖厂	生产队	1971—1978年	5.5	15
曾温糖厂	生产队	1972—1978年	5	12
西联糖厂	生产队	1972—1978年	3	8
新村糖厂	新村生产队	1966—1973年	8	不祥

（四）酿造业

新中国成立前，农村均有酿酒小作坊生产米酒，产品自产自销自用。农村酿酒成本低，酒质纯。1953年实行粮食统购统销，酿酒小作坊取消。1960年后，随着土糖寮的兴起，推广蔗渣（糖泡沫）酿酒。1980年后，镇内河北区一些农户办有酿酒小作坊。

镇内酱料酿造始于清末民国初，农民以自产黄豆为原料，通过煮熟、晾晒、发酵等工序，制作豆豉、豆酱、酱油。1958年兴办的园洲副食厂生产的豆制品酱料远销东莞、博罗等地。

（五）糖果　饼食　副食

新中国成立前，园洲各圩市的茶楼、饼店和家庭作坊加工生产糖果、饼食、豆腐、腐竹、腊味以及腌制品等副食产品供应市场。1956年后，圩市的糖果、饼食、副食生产供应统一由供销社经营。1958年，园洲副食厂建成投产，生产猪仔饼、核桃酥、酥饼、月饼和腐竹、豆乳等副食品。1980年后，农村兴办一批饼店，生产经营各类饼干、糕点等产品；一些传统的食品加工逐步向批量生产发展。博罗县园洲镇园味煌腊味食品厂，从家庭作坊发展成为传统和机械化相结合腌制（生产）各式腊味，生产规模不断扩大。1990年后，一些传统食品加工升级改造，同时引进或创办一批现代的食品加工企业，规模较大的有：1998年引进惠州市好顺景食品有限公司，是从事肉制品研发、生产、销售于一体的食品加工企业；2013年引进惠州市爽口佳农产品有限公司，主营鱼制品、豆制品、酱腌菜制品、肉制品四个系列产品品类。

二、有色金属

民营企业惠州市永鑫有色金属有限公司（规模企业），1999年5月办厂于土瓜圩。固定资产181万元，占地面积16660平方米，建筑面积2759平方米。主要设备有磨床、铣床、固定台压力机等，经营有色金属加工，工人50人，年产值2280万元。

三、热　能

民营企业惠州市瑞能热力有限公司，2006年4月办厂于佛岭。固定资产2.1亿元，占地面积5333平方米，建筑面积38178平方米。主要设备有锅炉、汽机等，生产销售热气，员工81人，每年为桦阳工业园提供70万吨蒸汽，年产值5000万元。

四、电　缆

园洲镇内生产电线始于20世纪90年代。1995年9月，港商周玉忠投资1500万元在廖尾村兴办园洲达成电线厂。

2008年4月，民营企业惠州市美林电缆有限公司落户田头工业区，投资1000万元，占年产通用橡套软电缆2000公里，年产值5500万元。

五、医疗用品

2007年6月，外资企业斯莱达医疗用品（惠州）有限公司办厂沙头村。固定资产1000万元，生产医疗用品雾化器、回路、面罩等。年产值4500万元。

第四章　工业园区

经过二十多年的发展，园洲工业从无到有，从小到大，有力推进经济增长。然而，在工业快速发展的同时，依然存在工业布局不合理的问题。“村村点火”“处处冒烟”的工业发展格局，存在“纯、偏、小、散”的问题。“纯”就是把工业园区办成“纯工厂区”，办成工业厂房的聚合体，园区的用地几乎全都作为工业用地出让。甚至发展到厂区里不建职工宿舍，员工到圩镇租房住，上班时，员工们从圩镇里往工业区赶；下班后从工业区往圩镇里跑，被称为“流动工业区”。“偏”是指相当部分工业园区远离圩镇，为的是避免工业区对城市带来的“干扰”与“污染”。“小”就是规模小；“散”就是布局分散。这样的工业布局，受土地资源、产业集聚、城市建设、行业趋势等因素的限制。

2005年3月，广东省政府制定出台了《关于我省山区及东西两翼与珠江三角洲联手推进产业转移的意见(试行)》，将产业转移上升到“全局和战略的高度”，正式拉开广东省产业转移园建设的序幕。园洲镇顺势而为、因势利导，从2004年开始启动建设工业园区，至2016年，共投入资金100亿元，建设五个工业园区，进驻企业158家。2016年，实现工业总产值536843万元，工业增加值180927万元，税收20263万元。

第一节　桦阳工业园

桦阳工业园位于佛岭、义合村，规划面积1200亩，已开发面积1095亩，计划总投资31亿元，是“统一规划、统一定点”的印染、洗水行业工业园区和环保产业示范基地。特色主要体现在“四个集中”：集中污水处理、集中供热、集约利用土地和集中物业管理。同时还为企业提供金融担保、物流仓储、研发、管理培训和信息功能等全方位服务。2004年开工建设，2008年部分建成并投入生产，至2015年，建成投产企业27家，共6000名员工，投资总额31亿元，其中公用工程系统投资总额2.8亿元。进驻企业中，规模较大的（投资3000万元以上）的有外资企业博罗园洲运峰电子有限公司（投资5000万元）、独资企业惠州市华大远东洗染有限公司（投资1.4亿元）、民营企业博罗县园洲宁盛纺织厂（投资3000万元）、民营企业惠州富鑫纺织有限公司（投资4000万元）、民营企业卓霖实业有限公司（投资3000万元）、民营企业惠州澳龙无纺布有限公司（投资7250万元）、民营企业盛兴隆实业有限公司（投资1.4亿元）、民营企业博罗顺利景服饰有限公司（投资1.6亿元）、民营企业惠州市亿冠纺织实业有限公司（投资7250万元）。

2016年，桦阳工业园工业总产值8亿元，工业增加值20128万元，税收2428万元。

第二节　新世纪工业园

新世纪工业园位于镇中心区东侧，地跨上南、深沥、禾山、土瓜圩等村，规划面积5200亩，已开发面积1500亩。主导产业纺织、电子、家具、纺织制衣，计划投资120亿元。2004年动工，2006年投入使用。园区由辽宁省城乡建设规划设计院规划设计。供水、供电、排水、污水处理、绿化、主干道等基础设施预计投入1.5亿元。新世纪工业园交通便利，区位优越：东西走向、60米宽的园洲大道和南北走向、68米宽的工业大道横贯其中，东经龙溪直达博罗、惠州，南经石洲大桥通往东莞和深圳，西由园洲大道通东莞石龙和107国道，北经工业大道接广梅汕公路，距离深圳、广州、惠州等城市均为70公里左右利尽南粤。园区优越的交通条件有力地保障了园区与外界资源、信息、人才的快速交流。至2016年，进驻企业48家，投资63亿元；在建企业2家，总投资5.7亿元。进驻企业中规模较大的有民营企业欣旺达惠州新能源有限公司（投资60亿元）、民营企业大红马实业有限公司（投资3亿元）、民营企业惠州庄记拉链辅料有限公司（投资7000万元）、民营企业惠州富宏运动器材有限公司（投资3亿元）、民营企业惠州市铭科达机电科技有限公司（投资5000万元）、民营企业广东罗巴克实业有限公司（投资1.5亿元）。

2016年，新世纪工业园工业总产值99970万元，工业增加值23017万元，税收2918万元。

第三节　丰平工业园

丰平工业园位于园洲镇中心区北侧，地跨阵村、沙头、深沥等村，规划面积2175亩，已开发面积345亩。主导产业纺织、塑胶、五金，计划投资30亿元。2007年动工建设，2008年投入使用。至2015年，投产企业31家，在建企业6家，总投资26500万元。进驻企业中规模较大的有民营企业惠州市胜丰裕实业有限公司（投资5000万元）、民营企业美宝皮具（惠州）有限公司（投资3000万元）、民营企业惠州保均玻璃材料有限公司（投资6000万元）、民营企业惠州市金乡实业有限公司（投资2500万元）、民营企业惠州市美林模具有限公司（投资1亿元）。

2016年，丰平工业园工业总产值193558万元，工业增加值48294万元，税收5588万元。

第四节　富园工业园

富园工业园位于镇域东南面，地跨禾山、廖尾、桔龙、田头、马嘶等村，主导产业纺织。园区由辽宁省城乡建设规划设计院规划设计，规划面积12600亩，分工业、住宅、商业等园区，其中工业园区用地约6600亩，住宅园区用地约2600亩，道路、绿化及商业园区用地约3400亩。供水、供电、排水、污水处理、绿化、主干道等基础设施建设预计投入3.5亿元。富园工业园交通便利，博园公路及68米宽的上园路贯穿其中，南经正在筹建的龙江东江大桥，20分钟车程就能到达常平火车站，西经园洲大道，15分钟车程就能到达石龙火车站，西北与新世纪工业园毗邻。

该园区于2006年开工建设，2008年部分建成并投入生产。至2015年，已开发面积840亩，进驻企业19家，在建企业2家，总投资4亿元。进驻企业中，规模较大的有高业制衣厂、骏达制衣厂、金丰制衣厂、信丰制衣厂、金塘纺织厂、耀祥包装材料厂，总投资3.8万元。2016年，富园工业园工业总产值69336万元，工业增加值17656万元，税收3023万元。

第五节　上南民营制衣工业园

上南园区位于园洲镇秀丽路（上南段），与布匹辅料服装批发市场相毗邻。于2005年开始规划筹建，规划面积1000亩，总投资1.5亿元。已开发面积800亩，园区首期已经于2007年建成使用。至2016年，进驻园区的企业33家，总投资1亿元。驻企业中规模加大的有上元制衣厂、卓颖织绣厂、利丰达制衣厂、长丰制衣厂、华超制衣厂、君琦弹力厂，总投资8000万元。2016年，上南民营制衣工业园工业总产值99876万元，工业增加值2894万元，税收3857万元。

第五章　企业选介

第一节　民营企业

一、博罗县园洲镇园味煌腊味食品厂

位于园洲李屋，系民营企业。园味煌腊味食品厂初为家庭作坊。20 世纪 80 年代中期，园洲屠夫李锦榴利用没有卖完的猪肉腌腊肉出卖，年产腊肉 300 公斤左右。由于腊肉质量好，供不应求，从 1995 年开始，制作工场不断扩大，收购生猪腌制腊肉和腊肠，年产腊味 10 吨以上。2010 年后，采用传统和机械化生产相结合的腌制方法，扩大生产规模，厂房面积 1000 多平方米，拥有 300 多平方米大晒场，年产腊肉 40 多吨，获利 30 多万元。主要产品：园味煌腊肠、园味煌腊肉，商标注册第 29 类，注册商标号：第 11443731 号。味皇腊味食品厂是博罗首家取得生产许可证的腊味企业，全封闭模式管理，干净卫生。腊味选用当地鲜猪肉精制而成，风味独特，不含人工色素和防腐剂，在当地成为家喻户晓的老字号。

二、桦达制衣有限公司

位于上南福园路，系民营企业。1989年，在东莞石排开了一家服装加工的小作坊。当时资金有限，市场也没有打开，只是做一些很简单的代加工。经过四五年的经营，服装小作坊有了较为充足的资金，服装市场的销路也逐步打开。1994年，将厂房搬回园洲，初名为华达制衣厂，投资1500万元，厂房4000平方米，有员工300人，生产一般服装，是园洲最早的制衣企业制衣，年产值2000万元。1996年9月后，桦达制衣厂注册更名为“桦达制衣有限公司”，扩大生产规模，投资260万元，占地面积25000平方米，厂房面积达12000平方米，有员工200人，其中开发设计、企业管理、市场营销的人才占企业总数的25%，成为从事高档男女装设计、生产、经营于一体的现代企业。主要设备有电车、衣车和吊挂式两条生产线。设计、生产、经营POLO衫系列，年产100万件女装休闲衫，产品具有风雅、简便、实穿、舒适、美观大方、透气吸汗、易干等特点。“宝路小子”和“纳奇”服饰两大品牌远销国内。1994年，“纳奇”休闲衣荣获“广东人最喜欢的广货奖”称号。公司在2001年被列入“惠州市百强私营企业”，是年通过ISO 9001:2000国际质量体系认证。公司连续多年被评为惠州 “重合同守信用企业”。2010年后，年产值3000万元，产品销往中国香港、欧、美等国家和地区。

三、香港班信实业有限公司

位于新村，系外资企业。1995年10月创办，属“三来一补”企业，初名：博罗县九潭班信线路板厂。

投资100万元，厂房面积3000平方米，员工200多人，主要生产单双面印制线路板，是园洲镇第一家线路板专业工厂。2015年7月，该厂转型为外商独资企业，更名为“班信科技（惠州）有限公司”，总投资为1000万元，建筑面积扩至8000平方米，员工有400多人，有数控钻床等线路板生产设备，年产15万平方米多层及双面线路板，年产值8000万元。产品远销澳洲、美国、欧洲和日本等地。

四、惠州市好顺景食品有限公司

始建于1998年，位于园洲大道梁屋段，系民营企业。投资3000万元，员工200人。占地面积6500 平方米，厂房面积6000平方米，是从事肉制品研发、加工、销售于一体的企业。生产设备及相关配套设施先进，有多条从德国进口的汉特曼全自动灌肠生产线和速冻调制食品生产线。公司严格按照ISO 22000,HACCP要求进行生产控制和管理。生产产品涵盖台湾热狗、西式肉制品及速冻调制食品（各种丸类和速冻肉类制品）三大类50多个品种。主要产品：台湾热狗肠系列天然肠衣，蛋白肠衣，鱼糜制品，畜禽肉制品，台湾热狗肠品牌“好顺景”“景泰龙”远销西南地区。2016年，实现产值3000万元。

五、惠州市昌盛塑胶礼品有限公司

位于新世纪工业园，系民营企业。1999年创办，初名博罗县园洲镇昌盛印花厂，投资20万元，租用厂房800平方米，经营工艺礼品、喜庆用品、贺年礼品等，代加工印花。有员工30人，年产值300万元。2012年扩大生产，总投资6000万元，占地面积8000平方米，建筑面积2万平方米，员工100人，是生产、经销批发经营工艺礼品、喜庆用品、贺年礼品、春节用品民营企业。产品70%出口外销，30%内销。年产值1200万元，税利120万元。

六、惠州市鸿润五金家具有限公司

位于九潭牛群埔工业区，系民营企业。2004年3月创办，投资6000万元，占地面积25000万平方米，厂房面积2000平方米，从业人员500人。经营五金配件、电子零件电镀。年度产品从原来8万吨增加至13万吨，年产值3500万元。产品销往欧美、东南亚等地。

七、博罗县力诚五金塑胶制品表面处理有限公司

位于九潭长寿路牛群埔工业区，系民营企业。创办于2004年4月，投资3500万元，占地面积28000平方米，厂房面积25000平方米，工人650人，有9个车间，35条生产线，有废水深度处理自动系统、生化系统、废气处理系统。生产工艺流程：五金制作—除油—清洗—电镀—（镍、铜、锌、铬）—清洗—烘干—包装。年产五金配件750吨、电子件400吨、饰品150吨，年产值8000万元。公司污水处理系统投入800万元，两套

系统，日处理污水400吨，实行电镀废水管网分类收集，员工12人，每日准许排放污水280立方米，固体废物（污泥）年产生量200吨，年产值3000万元。

八、惠州市南钢金属压延有限公司

位于田头工业区，系民营企业。2004年4月创办，投资2000万元，占地48000万平方米，建筑面积25000万平方米，主要设备有环保型连续性酸洗（生产）线一条、四连轧机组一组、六辊精密可逆机冷轧机组一组、四辊平整机组一组、拉伸矫正直机组一组、罩式退火炉17套；南钢以钢铁为产业，形成了普碳、低碳、优碳、锰钢等热、冷产品系列，经过密封盐酸除锈槽—清洗—压延—光亮退火—平整—拉矫正—分条等加工，员工80人。年产量10万吨，年产值1亿元，产品内销。

九、惠州市诚业家具有限公司

位于园洲镇深沥工业区。2004年创办，初名博罗县园洲金属制品厂，为民营企业，是一家专业研发、设计、生产、销售金属家具为主的家具制造运营企业。投资2500万元，占地面积15000平方米，建筑面积5500平方米，有工人1800人。2006年3月，该公司与港商合作经营，为外商独资企业，扩大生产规模，累计投资1.6亿元，占地面积66000平方米，建筑面积40000平方米，有1815工人；主要设备有大型冲床、滚压机等。主要产品有铁制办公用具、家具等。年产值7500美元，年出口额7300万美元。产品销往欧美、东南亚等地区。

十、博罗县园洲欧艺时装有限公司

位于园洲梁屋高头村，系民营企业。创办于2005年8月，投资300万元，建筑面积3088平方米，员工70人，主要设备有缝纫机、电子平车、锁边车。年产皮草衫762件、尼克服953件、化纤梳织防寒大衣1468件，产品销往俄罗斯。年产值1230万元。

十一、博罗县天俊纺织漂染厂

位于九潭牛群埔工业区，系民营企业。2006年1月创办，投资1200万元，占地面积4万平方米，建筑面积11000平方米，有员工120人。主要生产牛仔布、牛仔服浆染和纺织品、针织布、毛织品漂染，兼营牛仔服加工、销售。设备有染缸130台、脱水机13台、烘干机35台、印染设备1套、定型机2台、平车3台6吨、10吨锅炉各1台。年产服装150万套，年加工（漂染）纺织品、针织布、毛织品100万套。年产值2500万元，产品销往国内。

十二、广东惠州市华韵木业有限公司

位于园洲李屋工业区，系民营企业。创办于2006年3月，是集设计研发、生产管理、销售服务为一体的现代化综合性企业。公司总投资8000万元，占地面积3万多平方米，厂房面积8000平方米，有员工130人。专业生产原木门、原木厨衣柜、仿古卫浴家私。主要生产设备有木工机械、喷漆、雕刻等设备。年产值3000万元。“百麗美家”品牌的木门、墙板、衣柜、书柜、酒柜、吊顶等整木定制产品，先后荣获“国际知名品牌”“中国著名品牌”“全国消费放心品牌”“国际品质、服务、信誉AAA品牌”“中国绿色环保重点推广产品”等荣誉称号。销售网络遍布全国，产品远销美国、加拿大、欧盟、日本、韩国等国家和地区。

十三、博罗县华意织染有限公司

位于佛岭村，系民营企业。创办于2006年6月，投资2700万元，占地面积2万平方米，建筑面积200771平方米，员工99人，产值5500万元。主要设备有染缸等，加工纱线。产品销售中国香港和澳门、欧洲、美国。

十四、惠州市美林电缆有限公司

位于园洲田头工业区，系民营企业。创办于2008年4月，投资1000万元，占地面积1500平方米，厂房面积3000平方米，从业人员41人。拥有密炼机、开炼机、辗页机、押出机、成型机等设备，拥有从铜线胶线、缆芯成缆、橡胶挤出硫化、橡胶密炼、开炼、滤胶、辗页、连硫线加工的生产流程和技术。产品有通用橡套软电缆、电源插头和连接线组。公司先后通过ISO 9001质量管理体系认证、中国强制性3C认证、CUL加美联合认证、VDE德国电器工程师协会认证、KTL韩国产业技术实验院、澳洲等多国产品认证。产品通过欧盟ROHS、PAHS、REHCH、邻苯二甲酸酯的标准。年产通用橡套软电缆2000千米，主要客户是美国、德国。年产值5500万元。产品销往欧美、东南亚等地区。

十五、泰山石膏（广东）有限公司

位于九潭再生资源工业区，系民营企业。2009年5月建厂，投资2亿元，占地183亩，建筑面积2.6万平方米，员工175人。建设两条3000万平方米/年纸面石膏板生产线，它是以脱硫石膏（电厂烟气脱硫工业废渣）和护面纸为主要原料，掺加适量纤维、淀粉、促凝剂、发泡剂和水等辅助材料，通过烘干、煅烧球磨等制粉工序及配料、成型、切断、切边等制板工序，制成纸面石膏板。2011年投产，公司主导产品“泰山牌”系列纸面石膏板是新型建筑材料，具有轻质、防火、抗震、保温隔热等优点，而且施工方便、装饰效果美观，被广泛用于各种工商业、民用建筑。“泰山牌”系列石膏板赢得“中国环境标志产品认证”和“中国绿色建材名优品牌”“中国建筑装饰协会信得过推荐产品”等荣誉称号，并被建设部指定为“国家康居示范工程选用部品与产品”。“泰山牌”纸面石膏板被评为“中国名牌产品”，“泰山牌”商标被认定为“中国驰名商标”。公司已通过ISO 9001质量管理体系认证和GB/T28001—2001职业健康安全管理体系认证。公司年产值2亿元，年税收1000万元。

十六、罗浮山水泥集团有限公司水泥粉磨生产线

位于沥西工业区，系民营企业。投资2亿元，占地面积1万平方米，建筑面积6000平方米，有员工100人。2009年3月开始动工建设。2010年1月投入生产。主要设备：4.2×1.3开路高细磨配1600×1400大型辊压机V型选粉剂2台，3700S型立磨1台。主要产品有“罗浮山牌”普通硅酸盐水泥（42.5R）和复合硅酸盐水泥（32.5R）。公司的生产采用合理的流程和先进的技术和管理，于2012年4月被评为广东省清洁生产企业。2016年产水泥100万吨，产值1.5亿元。产品除内销外，还销往全省各地。

十七、炜和染印有限公司

位于梁屋，系民营企业。创办于2009年10月，投资3500万元，占地面积10万平方米，建筑面积7万平方米，有员工200多人。主要从事布、棉、纱线染色，集织造、漂染、定型、印花加工。有针织车间、漂染车间、定型车间、抓毛车间、QC车间、锅炉车间、维修车间，有各类针织、染整、定型、抓毛、磨毛、缩水等设备。年产值7800万元。产品销往欧美、东南亚等地区。

十八、博罗县韵达服饰有限公司

位于上南村，系民营企业，2010年3月创办。投资1514万元，占地面积750平方米，建筑面积1750平方米，员工95人。主要设备有平车、轧车、裁床机等，生产针织裤、衫等。计划年产值228万元，2015年产值5575万元。

十九、惠州市众信天成电子发展有限公司

位于禾山工业区，系民营企业。2010年3月创办，投资150万元，占地面积5161平方米，厂房面积8000平方米，从业人数500人，公司拥有高精度台湾总格数控锣机禾高精密度德国马尼亚数控钻机，全自动沉铜、电镀生产线，荣华科创专业水平生产线、志圣曝光机、精密液压冲床等生产设备。年产线路板13万平方米，年产值9000万元，税收300万元，利润650万元。产品广泛应用于数码、通信、工控、电源、电脑、

家电、汽车等领域。

二十、惠州市峄董塑胶科技有限公司

位于园洲禾山工业区，系民营企业。2010年8月创办于东莞市高埗镇，2015年8月迁厂于园洲。投资2000万元，占地面积6000平方米，建筑面积1万平方米，员工120人。从成立至2016年，一直从事高分子材料——聚烯烃复合发泡板材的研发和应用。于2013年申请评定为国家高新技术企业，于2014年参与挤出聚丙烯发泡片材的国家行业标准的制定，此行业标准编号为QB/T 4879—2015，并于2015年10月10发布。是目前为止2～3倍pp发泡板的国内首家且唯一的制造供应商。生产主要产品有聚烯烃复合高发泡材料，箱包用板如周转箱、刀卡等，PP发泡文件夹包括高档西德夹、便携式文件夹、资料册、双板夹、写字板、文件盒、文件架、风琴包、笔记本、名片册、工具箱，旅行箱等。年产值2500万元。产品主要出口到欧洲、澳洲、美国、日本。公司自创有文具品牌：ECOFILE，宠物箱品牌：PETSUV。公司拥有有效发明专利9项，外观设计2项，实用新项2项。产品销往国内。

二十一、广东弘大管桩有限公司

位于廖尾村，系民营企业。创办于2011年5月，总投资3.5亿元，占地面积100亩，建筑面积4000平方米，员工150人。主要有搅拌机、离心机、吊机、蒸压釜等设备。生产预应力高强混凝土管桩。管桩生产以砂、石、水泥、减水剂为主，经过原材料筛选、计量搅拌、布料、张拉、离心成型、初级蒸汽养护、脱模、高压蒸养等工艺过程制成管桩产品。管桩直径300～600厘米，长5～10米，混凝土强度C80。年生产水泥管桩3万件，产值3000万元，产品销往省内各地。

二十二、惠州市恒泰酒店家具制造有限公司

位于九潭大道黄背岭，系民营企业。公司前身为广州番禺华美酒店金属家具厂，于2012年2月，落户园洲扩建新厂，厂名为惠州市恒泰酒店家具制造有限公司。投资1380万元，占地面积90亩，厂房面积45000平方米，工人350人。主要设备有大型冲压机、数控弯管机、数控切割机、抛光机、焊接机等。公司生产多种规格的铝合金管系列、钢管系列的高级酒店宴会金属家具台椅和运输车以及活动舞台、拆装式跳舞池和各类型的酒店、家用金属家具系列产品。年产值1000万美元，产品60%外销，40%内销。生产的“恒美牌”酒店金属家具系列产品，美观、耐用、环保，设计和工艺上都具有良好的质量和独特的风格，获得中国多项技术专利和多项认证。

二十三、欣旺达惠州新能源有限公司

位于新世纪工业园，系民营企业。2012年10月创办，投资60亿元，占地1100亩，计划建筑面积270万平方米，其中工业建筑面积100万平方米，商业配套建筑面积170万平方米。至2016年，建成50万平方米厂房和配套设施。有锂离子电池电芯、封装自动化生产设备、BMS设备等。该公司是有史以来落户园洲镇规模最大、效益最好的企业。项目建成投产后，拥有员工20000人，预计产值200亿元。主要产品及年产量：塑胶五金件4亿套，锂离子电池模组1600兆瓦时、电动自行车电机、锂电池1600万套。产品60%内销，40%外销，主要客户为苹果、飞利浦、亚马孙、联想、OPPO、步步高、海尔、sanDisk、顶星、华硕、凌海达、海洋王、迈润等国内外知名品牌。工业建设一期建筑面积40万平方米，于2013年10月动工建设，2016年上半年陆续投产使用。工业一期项目投资20亿元，年税收3亿元，年利润5亿元。

二十四、广东中康织绣科技有限公司

原为富利制造（惠州）有限公司，位于上南工业区，系民营企业，2013年1月创办。投资11600万元，占地面积95389平方米，建筑面积3万平方米，从业人员90人。设备有织拉经编染色机、洗衣机、干衣定型机、平幅干布机、印花机、10吨蒸汽炉、6吨导热油炉等。主要生产经营经编花边、刺绣花边等高档时尚女装面料及辅料。年产尼龙拉架布260吨，年产值1770万元。产品销往中东、欧、美等地区。自主研制的高端激光电脑绣花技术，已获得6个实用新型专利证书：（1）“一种电脑激光绣花一体混合机”（2013年3月2日），证书号第2776484号；（2）“一种绣花机布料锁定机构”（2016年2月3日），证书号第4980425号；（3）“一种激光切割点的气化散热装置”（2016年2月3日），证书号第4980729号；（4）“一种立体绣花的双层布料锁定机构”（2016年2月3日），证书号第4981709号；（5）“一种电脑绣花补绣机”（2016年3月2日），证书号第5030292号；（6）“一种激光电脑绣花机的激光发生器高压直流稳压电源电路”（2016年3月2日），证书号第5030387号。

二十五、惠州市美林模具有限公司

位鱼丰平工业区，系民营企业。2013年4月创办。从事汽车五金模具设计、开挖、制造及服务。投资9000万元，占地18000平方米，建厂房16600平方米，员工130人，其中高级工程师和设计师45人。主要设备1200吨冲床、630吨冲床、1500吨油压机等。年生产汽车五金模具750套，年产值5000万元。产品内销和销往欧美等地区。

二十六、惠州市爽口佳农产品有限公司

隶属爽口佳集团，创办于2013年，位于李屋工业区。系民营企业。投资1000万元，面积106亩，有员工300人。主营鱼制品、豆制品、酱腌菜制品、肉制品4个系列产品，并代理销售数十个知名品牌产品。产

品畅销全国400多个城市。年加工产值1000万元，利税300万元。曾荣获“中国农产品十强企业”“中国最受尊敬的雇主企业”“中国最具发展潜力的农产品企业”等荣誉称号。2016年，实现产值5000万元。

第二节　外资、合作企业

一、惠园染织厂

位于高头村，系外资企业，隶属香港惠联贸易公司，是园洲最早兴办的染织厂。1986年2月2日签订来料加工染、织品协议，后园洲镇政府与港商朱容香合资合作经营（港商投资1亿港元，园洲镇政府投资658万元），是惠州市最早引进的合资合作企业。1987年3月试产，1988年1月18日正式投产。有员工880人，其中港方公司常驻技术员20人，中方技术员10人。厂内设针织、漂染、定型、抓毛、QC、锅炉、机修7个车间，备有各类针织、染整、定型、抓毛、磨毛等先进设备，有针织机50台、染缸103台、定型机5台、验布机41台、抓毛机2台、磨毛机1台、打水机10台、干布机10台、歌布机9台、翻布机4台、发电机组15台。日产针织布4万磅、漂染布7万磅、定型布7万磅，年产值2亿港元，产品出口。

二、博罗县园洲勤达印务有限公司

位于园洲下南村，是香港勤达印刷集团旗下的独资公司，　创办于1994年。1996年，于香港证交所上市后扩大生产规模，投资累计1250万美元，公司占地面积38000平方米，生产厂房及存储仓库13800平方米，有员工1500人，引进瑞士、德国等国家先进印刷设备，主要设备有电脑印刷机17台、精装龙生产线2条，从事各种图书、包装装潢、画册、挂历、说明书、产品样本、手工纸品、期刊等印刷。年产书本4000万册以上，产品90%出口，计划年产值3亿元。该公司先后获得ISO 0001:2008、ISO 14001:2004、CTI、FSC等多项认证。2016年实现产值1.6亿元。公司拥有120多项产品专利。产品销往中国香港、东南亚、欧美等地区。

三、园洲福和纸业有限公司

位于梁屋高头村，1996年4月创办，中外合作企业。投资7800万港元，占地面积四万多平方米，厂房面积2万多平方米，有生产工人2300人，公司集生产、销售和贸易纸品。由日本引进两条纸板生产线和新建2400个纸板机，向客户提供高质量的A级涂布白板纸、白底白板纸、灰板纸和挂面牛卡产品。产品广泛应用于精装书籍、画册的封面用高档文件夹、礼品盒等印刷行业。该公司2011年上市，至2015年，投资规模达3.4亿港元，占地面积16.6万平方米，建筑面积5万平方米。员工约1500人，年产值3亿元，税收1000万元，利润2000万元。自有品牌“飞鹰王”已获国家外包装专利产品证书，其产品技术含量达到国家同类产品的指标。年产生活用纸、工业用纸等各类纸品9万余吨，年分选处理各类废纸20余万吨，已成为广东省最大的废纸分选中心及生活用纸的重要生产企业之一。公司主要以废纸脱墨浆和原木浆作为纤维原料生产卫生纸原纸及后加工产品，包括卫生卷纸、小盘纸、擦手纸、面巾纸等。产品70%出口，远销到美国、菲律宾、澳大利亚、牙买加等国家，向沃尔玛、人人乐等知名连锁超市供货。Smeell思蜜儿被评为广东省著名商标。公司先后通过获得了FSC、PEFC、ISO 9001、ISO 14001、广东省清洁生产、粤港清洁生产伙伴、香港安全标志等国内外一系列认证及嘉奖，得到了政府、行业及客户的认可。

四、大中塑胶电子礼品（惠州）有限公司

位于园洲田头工业区，外资企业。1996年创办于东莞，初名东莞大中公司，由于扩大生产，2005年8月搬至园洲发展。总投资1.8亿元，占地面积10万平方米，厂房面积46000平方米，工人1000人，工厂设备有注塑机、吹瓶机等。年产塑胶水壶3000吨、塑胶杯4000吨、塑胶保鲜盒1000吨。2005年，通过ISO 9001:2000、ISO 13485及ISO/TS 16949的质量体系认证。成为国际品牌公司的产品制造商（如W—mart、迪士尼，COOL、GEAR等）。计划年产值1.2亿元。产品销往欧美等地区。

五、惠州市金铿柏新织造有限公司

位于梁屋高头工业区，系外资企业。1997年10月，以“三来一补”企业的身份落户高头，投资1000万元，建筑面积二万多平方米，员工1300人，年生产混纺毛衫150万件。年产值5000万元。至2016年，扩大生产规模，厂房配套、机械设备不断更新，厂房面积三万多平方米，有员工1000人。半自动化流水生产线，采用电脑针织机织成片—缝挑—再挑撞—查衫—补衣—洗烫—包装—出货工艺流程。产品销往欧、美、东南亚等地区。2006年获得ISO 9001—2000质量管理体系认证。

六、高新锡业（惠州）有限公司

位于下南工业区，外资企业。2000年6月创办，注册资本1200万港币，占地面积2500平方米，建筑3000平方米，生产工人100人，拥有年产5000吨锡焊料和年产150吨锡膏的生产能力，年产值2.3亿元。在锡焊料生产行业中，公司产量在国内行业排名前5位，是惠州市最大的焊锡材料生产厂家。主要生产“成利”和“高新”品牌的锡焊料，包括焊锡条、焊锡丝、阳极棒和阳极球（锡粒）、锡膏五大类成品，达100个品种的系列产品。产品在国内外市场销售。生产设备包括油压机、拉丝机、卷线机、电磁炉、乳化炉、研磨机、锡膏搅拌机等。锡焊料主要生产工艺：配料—领料—熔炼—浇注—化验—锡柱（半成品）—锡条（成

品）等；锡膏主要生产工艺：助焊膏—锡粉—搅拌—化验—计—成品检测等。公司严格按ISO 9001:2008和ISO 14001:2004标准建立质量环境管理体系。公司已拥有3个发明专利和3个实用新型专利。2014年，公司被评为广东省安全生产达标单位，同时为中国电子材料行业协会锡焊料分会的会员单位，在全国锡焊料领域和电子行业有广泛的知名度，是惠州市高新技术与民营科技协会会员单位，为深圳市线路板协会会员单位。2009年，公司被广东省人民政府认定为惠州市第一批高新技术企业。2012年高新技术企业复审通过，2015年高新技术企业重新认定通过，取得高新技术企业证书。2012年3月，公司获“广东省科学技术奖三等奖”，2012年5月获“惠州市科学技术奖二等奖”，2013年6月获“博罗县科学技术奖一等奖”及“2009—2012年度博罗县科学技术专利奖优秀奖”。2015年，经广东省科技厅批准，组建广东省工程技术研究开发中心[广东省无铅锡焊料（高新锡业）工程技术研究中心]，“无铅钎料”产品于2014年荣获广东省名牌产品称号。2016年度，公司销售收入22991.10万元，税利498.19万元。

七、博罗县园洲嘉和塑胶电子有限公司

位于刘安路工业区，系外资企业。2000 年 7 月创办。投资 1200 万港元，占地 2 万平方米，厂房 6000 平方米，有员工 1000 人，拥有 88 台注塑机。主要经营：塑胶制品的模具设计、加工和制造；电脑显示器、扫描器、鼠标、电源插座、电热水器、光纤、通信设备、汽车机械、玩具、文具、水管接头等相关五金零配件制造。年产塑胶产品 112 万吨，年产值 956 万美元。产品销售欧美。

八、骏达制衣厂（惠州）有限公司

位于桔龙工业区，外资企业。创办于2004年2月，投资6300万元，占地面积250亩，厂房面积13万平方米，有员工2500人。主要设备：全电脑横编机、智能服装吊挂系统、干衣机、洗水机、缝盘机、针织横机等。经营范围：织布、各式服装和布制玩具。年生产衣服500万件，年产值4亿元，产品80%出口，20%内销。

九、惠州市大红马实业有限公司

位于世纪工业园，系外资企业，为惠州大红马绿色纺织集团子公司，2006年8月创办，总投资3亿元，占地面积17万平方米，厂房面积20万平方米，有工人1000人。主要设备有母粒造料机、切片干燥机、涤纶纺丝机、加弹机、倍捻机、络筒机、锦纶纺丝机、卷绕机、母粒计量机。主要生产工艺：通过引进喷丝生产设备，采用原液着色技术纺丝，实现纤维和染色一体化生产，从源头上实现节能减排，创造绿色低碳环保的发展模式。同时，利用各种纤维不同性能之间的优势互补，通过色纺纱线实现多种纤维组合，提升纺织品的时尚性及多样性。主要品牌有直纺染色化纤色丝、缝纫线、花式纱线、花边刺绣、织带、服装原辅料。年产量：涤纶DTY1万吨、锦纶DTY1200吨、涤纶FDY2000吨，年产值6亿元，产品内销。

十、园洲昶宏电子塑胶（惠州）有限公司

2006年7月落户园洲镇下南村，外资企业。固定资产2741万元，厂房面积3000平方米，有员工320人。是一家集销售、加工为一体的外商独资企业。一级代理综研化学、DIC、KGK、中井、邦泰、岱稜等知名公司的产品为主。主要产品有：（1）EMI材料：导电泡棉、导电布、无基材导电胶、铜铝箔胶等；（2）绝缘材料：铁氟龙管、布、棒、板、薄膜、KAPTON、PET、PVC、PE；（3）单双面胶：玛拉胶带、KAPTON胶带、NOMEX胶带醋酸布胶带、玻璃丝胶带、无基材双面胶、导热双面胶、各类工业专用胶带；（4）离形材：氟素离形膜、PET离形膜；（5）保护膜：光学保护膜、PET保护膜、PE保护膜；（6）热转印膜：IMD、IML(主要应用于家电及铭版上的不规则产品印刷）。年产值2000万元。产品销往欧美等地区。

十一、博罗承创精密工业有限公司

位于园洲上南工业区，外资企业。2006年9月创办。投资1620万元，占地面积2万平方米，厂房面积13000平方米，有员工1350人。年产值18759万元，年进口额751.02万元，年出口额3014万元。主要机器设备有高端精密冲床90台、立式注塑成型机86台、卧注塑成型机25台、磨床70台、火花机4台、线割机2台、光学研磨机1台、全自动卷二桶道电镀设备4套。拥有10条现代化生产线、20台自动装机，生产模式全自动化。主要产品有LED支架、端子系列、高频连接器系列、2.54Din连接器、HDMI系列、记忆卡卡座系列。公司采用日本、德国等品牌的先进检测仪器检测产品，通过ISO 90001、ISO 14001、TSI 6949、OHSASI 8001认证。2013年获高新科技企业。公司拥有120多项产品专利。产品销往韩国、印度、欧美等国家和地区。

第八篇　商　业

园洲商业源远流长。唐朝年间（618—907年），园洲河北区商品交易开始频繁，逐渐形成圩市。宋代，河北区泊头为当时重要商埠，大宗粮、油、糖等物资由此集散，转销大江南北。之后由于历代战乱频仍，商业时有兴衰。相延至民国年间，镇域的小集镇商户经营规模一般较少。抗日战争时期，由于镇域近石龙日占区，商民惨遭屠杀和迫害，商店大部分被烧，财物被洗劫一空。抗战后期到解放战争年代，由于国民党政府腐败、财政空虚，市场物价波动大，大商家囤积、操纵市场，小商号则有朝不保夕之虑。

新中国成立前，园洲有元和、马嘶、九潭、土瓜等圩市，其中又以马嘶的规模为最大。马嘶在新中国成立时期商业贸易一向被称“小香港”，主要是日常用品和小百货，还有较大的市场，每天早上有猪、三鸟、鱼、蔬菜、水果售卖，还有商贩售卖衣服、被褥、日用品、厨具、农具等，周边的村民经常到此。

新中国成立初期，百废待兴，园洲商业走上了新的里程。国营商业和供销社逐步建立和发展，并对私营商业实行社会主义改造。至1956年，基本形成了国营商业、供销合作社、合作商店、公司合营商业和个体商业等多种经济成分并存的统一市场。此后，商业体制多变，特别是“文化大革命”期间，市场供应短缺，流动渠道单一。直至1978年后，实行改革开放，逐步由计划经济走向市场经济，生产飞跃发展，市场物价放开，取消统购统销政策，商品取消凭证供应。商业经营状况发生了巨大的变化，建立起多层次、多形式、多渠道的流动体制，出现了国营、集体、联营、私营积极参与竞争的格局，商品丰富，品种齐全，购销活跃，市场繁荣。2016年，全镇商品零售额达6.2亿元，比1978年的 1.25亿元增长四倍，比1985年增长1.3倍。

第一章　体　制

新中国成立后，商业体制由私营转变为公有制，经历了计划经济向市场经济体制转变的改革。1980年后，商业体制沿着经济体制改革的前进步伐，把过去那种高度集中统一的、层层调拨的集权分配式商业旧体制转变成以公有制为主，以国有商业为主导，个体、私营商业以及有外商商业零售业等多种经济成分共存于一体共同发展的新体制。

第一节 国营商业

20世纪50年代初期，园洲的国营商业机构分别由东莞企石区和博罗县铁场区的供销、食品、粮食部门设置门市。1959年后，设立供销、食品、粮食等商业部门。在80年代中期以前，由于国家实行计划经济，粮油、食品等物资统购统销，定量供应，这些机构在当时的历史背景下，对社会经济的发展和人民生活的保障起到了重要作用。20世纪80年代末后，随着改革开放的深入，市场经济日渐完善和成熟，国营商业的性质、经营方式等都开始发生变化，如出口站取消，食品站、粮管所转制为股份公司等。

一、粮食管理所

园洲的粮食管理机构有两个，分别是园洲粮食管理所和九潭粮食管理所。（成立时间、管理职能参见第十篇“粮油”）。

二、供销合作社

供销合作社是农民自愿入股、自我服务的合作经济组织。基本原则是自愿、互助、互利、平等、民有、民管、民享，宗旨是为农业、农村和农民提供综合服务。在国家计划经济时期，园洲供销合作社秉承“发展经济，保障供给”方针，承担着农村商品流通的重任，在收购农副产品、供应生产资料和发放肥料贷款中，国家在税收、贷款、货源供应和价格政策上给予多种优惠，供销社成为联络城乡、工业与农业、生产与消费的桥梁。经营的生产资料有化肥、农药以及铁、竹、木三类中小型农具，生活资料有糖、烟、酒、布和各种日用百货。1980年后，同时经营建筑材料、高档家用电器，如洗衣机、电视机、电风扇、冰箱、收录机等。

中共十一届三中全会后，供销社发挥农产品销售的主渠道作用，稳步经营，但总的趋势是“购销上升，经营亏损”。随着改革开放的深入发展，农产品的收购由原来独家经营到百家经营。1980年以后，由于竞争激烈，加上经营管理滞后，经济效益不断下降，1985年，园洲供销社仅盈利0.9万元（全县唯一盈利的基层社）。1985年以后，随着国家统购统销制度的取消，供销社退出部分农产品市场，经济效益骤降，迫使供销社围绕经济效益进行改革。由于运行机制和治理结构上的深层原因，再加上一些历史遗留问题，供销社对农村市场的开拓力不从心，甚至难以自保。1987年后，随着中国经济体制逐步由计划经济向市场经济转变，供销社进一步推进改革，完善企业内部的经营承包责任制，全面实行“确定基数、公开招标、明投暗标、高者中标、自负盈亏”的风险承包制。1995年后，根据《中共中央 国务院关于深化供销合作社综合改革的决定》，供销社按照省、县社的要求，转换经营机制、落实企业自主权，将工作重点转移到为农业、农村、农民服务的轨道上来，增加为“三农”服务的功能，重点做好农资商品供应，抓好农副产品收购、加工、销售，解决农民买卖难的问题，供销社经营业务明显好转。1998年，由于政策变动，取消“粮挂肥”（购粮和供应肥料挂钩）的计划分配以及其他不利因素的影响，加上几十年累积的政策性、经营性包袱和巨大的人员负担，供销社的商业经营出现了“购销下降，亏损增加”的状况。

（一）园洲供销社

园洲供销社成立于1959年9月，原属于东莞县企石区，之后划分区域，园洲划入博罗县。未划入博罗前，在上南圩设合作社，经营副食和少量百货，1959年，上南合作社迁至下南陈屋，以合作社为基础成立园洲供销社，隶属博罗县供销社。从1962年起，根据“调整、巩固、充实、提高”的方针，供销社有较大发展，有五金、文具、日什、建材、什货、生产资料等门店，干部职工有150多人。1968年，博罗县商业局、外贸局和供销社撤销，县商业服务站成立，园洲供销社改为商业组。1972年7月，县供销社恢复。1976年，供销社贯彻“发展经济，保障供给”的方针，以群众生产和生活服务为目的，推广多种经营发展，协助农民种植黄麻、大头菜等高收入经济作物。1983年，县供销社改为供销合作社，园洲供销社改称园洲基层合作社。1984年，社员入股20份，股金1780元。直属部门有办公室、收购组、百货、农资等部门，干部职工40人，有流动资金292万元，固定资产总值378万元万元。1984年后，经营市场急剧回落，背上沉重的经济包袱。供销社为了重振经济采取了一系列措施，实行将门店评估分类发包，发包的门店有农资、农具、百货、建材、五金、茶楼、副食、收购、书店、日杂等门店年收入承包款1.8万元。1985年，体制下放，供销社留办公室4人，出租门店100平方米，出租仓库200平方米，年出租收入50000元。为适应市场竞争的需要，把农资网点设立在各个村，2009年由园洲供销社牵头成立萝卜专业合作社和蔬菜专业合作社，组织农民进行种植蔬菜，帮助农民进行销售。其中蔬菜合作社有60户农民种植100多亩蔬菜，当年销售额100多万元，利润12万元。

（二）九潭供销社

1961年10月，九潭供销社从铁场供销社分出。翌年10月又合并铁场供销社。1978年7月设九潭人民公社，设立九潭供销社。当时有门店7间、仓库2座，干部职工37人。1985年有门店12间，职工干部57人，有自有流动资金39万元，固定资产25.5万元，社员入股616份，股金1780元。九潭供销社建社以来，把服务和支援农业生产作为首要任务。一方面因地制宜，收购农副产品。20世纪80年代年均收花生2261担，稻谷791担、大豆46担、总值达16.8万元。另一方面积极采购农业生产资料，供应量逐年增长。同时扶持农民发展多种经营，增加收入，扩大商品销售。20世纪70年代末年销售额130万元，80年代初年销售达140多万元。1985年以后，由于产销直接见面，购销有所下降。中国经济体制逐步由计划经济向市场经济转变，九潭供销社的所有门店也开始由职工实行自负盈亏、上缴利润的承包制。

三、食品购销站

食品购销站是县商业部门派驻区（镇）、公社（乡）的管理“服务机构”常设性部门，境内的食品站包括园洲食品站和九潭食品站。

（一）园洲食品购销站

园洲食品购销站成立于1959年，当时站址位于下南旧圩，占地面积3500平方米，建筑面积1800平方米，其中猪仓700平方米，屠宰场250平方米，有员工10人。主要经营生猪、猪苗、鸭、鹅苗购销。1983年以前，生猪屠宰、猪肉买卖一直是由食品站独家经营。20世纪90年代中期，园洲食品站改为园洲镇食品公司，其主要职能是指导生猪生产，肉食管理，经营范围主要是屠宰加工。自从惠州市实行生猪定点屠宰管理，按“一镇一场”的格局，于1997年，在园洲廖尾管理区学佬村路口新建屠宰场，占地面积约1500平方米，建筑面积1100平方米，有员工8人，设有办公室、生猪栏舍、检验检疫室、屠宰车间及“三机一线”的机械化屠宰设备等。2002年，园洲食品公司在园洲沙头村沙河堤边新建屠宰场，占地面积约4000平方米，车间新建两条自动化机械设备，实现了生猪的“生产、收购、屠宰、消费”一条龙经营。2008年8月，园洲食品公司更名为“博罗县园洲林鑫食品购销有限公司”。至此，全县21个食品站，只有园洲食品站改制成功。

（二）九潭食品购销站

九潭食品购销站成立于1960年，当时站址位于九潭旧市场，占地面积1000平方米，建筑面积400平方米，其中猪仓150平方米，屠宰场200平方米，有员工6人。食品站主要经营生猪、猪苗、鸭、鹅苗购销。1983年以前，生猪屠宰、猪肉买卖一直是由食品站独家经营。1998年，食品站于九潭市场东面义合张屋建立屠宰场，占地面积约1200平方米，设有办公室、生猪栏舍、检验检疫室、屠宰车间及“三机一线”的机械化屠宰设备等。2003年，撤销九潭镇并入园洲镇，九潭划分为园洲河北片区，北区食肉方面仍由九潭食品站负责。

四、出口站

园洲出口站成立于1974年8月，有工作人员3人，临时工13人，行政业务上隶属于县外贸局。站址设在刘屋水角（地名）。初建站时，仅有50平方米的竹棚，专营蔬菜、家禽，出口香港。1976年，拆除竹棚，新建200平方米的出口蔬菜堆放场。出口的蔬菜有苦瓜、节瓜、冬瓜、奶白菜、丝瓜、莲藕、韭黄、马铃薯及蚕茧、北京白鸭等。为了确保有足够的蔬菜出口，出口站与生产队或社员签订产销合同，为菜农提供农药、种子和技术指导。蔬菜出口量从原来的每年10吨增加到1900吨，年出口创汇3200万元。20世纪90年代后，出口站业务日渐减少。2002年，园洲出口站解散。

第二节　集体商业

（一）合作商店

1956年，私营工商业进行社会主义改造，园洲小贩和小手工业者组织起来成立的合作商业组织，有统一经营属集体所有制的合作商店，也有分散经营、各负盈亏的 “政治上带帽子，经济上单干”的小商贩。合作商店实行投资入股，独立核算，自主经营，自负盈亏，并接受县有关部门盈利分配，提取一定比例的公积金、公益金和股金分红。合作商店不经营棉布和大宗百货，只经营小百货、副食品和杂货等。“文化大革命”期间，合作商店受到冲击，人员流失较多，经营混乱。1967年，合作商店撤销。

（二）农工商公司

1. 园洲农工商公司

园洲农工商公司于1982年成立，由园洲人民公社“工交线”（铁木社、农具厂、副食厂、农机站、购煤组等企业）有关人员组成，为政府所属企业。初建时，有员工8人，门市一间，仓库80平方米。主要经营化肥、农药和花生、黄豆等农副产品购销。1984年，为适应经济发展的需要，组建4家分公司，俗称“四大公司”，共有职工16人。园洲农工商公司下设：综合贸易公司，有员工4人，主要购销建筑材料和协助企业办理汽车等进口物资手续；农业公司，有员工4人，主要经营农药化肥等生产资料；农机公司，其前身是农机供应站，有员工4人，主要经营农机具及其配件；化工燃料公司，有员工四人，其前身是公社购煤组，主要经营煤炭。

1988年，园洲农工商公司建制彻消，“四大公司”隶属镇（公社）企业办公室。1988—1998年，“四大公司”逐渐解散。

2. 九潭农工商公司

1984年，九潭公社货栈与社办企业办合并，成立九潭公社（区）农工商公司，有员工15人，门店一间。主要管理社办企业。经营农副产品购销和跨地区商贸。1984年，与博罗县社队企业局、四川商人经营腊味生意，对方提供货源，公司推销产品。四川产“九潭腊肠”“万福腊肠”销售广东各地，并在深圳开办商店，经营粮油、天府花生、涪陵榨菜。1985年，九潭粮所加工厂归并九潭农工商公司，投资与盈亏各负责50%，共同经营粮食加工。1990年，九潭农工商公司解散。

（三）联营商业

1978年后，国营商业流通体制大改革，垄断经营的方式被改变，市场逐步开放，商品流转规模和市场容量不断扩大，流通体制逐步完善，园洲镇的联营商业应运而生，多渠道、宽领域、多功能、开放型的市场体系初步形成，多元化、多层次的流通格局逐步显现；另一种是跨地区、跨行业、跨所有制、投资主体多元化的联营。至1990年，全镇有联营商业80户，从业人员80人，投资总额900万元。到2010年，联营商业增至120户，从业人员1200人，投资总额1400万元。

第三节　个体、私营商业

明清和民国时期，境内商业购销全由私人经营，多为小商小贩。商店分布在上南元和、马嘶、九潭、东博、土瓜等圩。主要行业有谷米、油、糖、柴、副食、百货、药材、布匹、饮食和金银首饰等，还有部分服务行业。抗日战争时期，商店倒闭大半。

1952年，在国营商业、供销合作社建立之初，私营商业在市场上仍占优。1953年起，按照“利用、限制、改造”的政策，有步骤地对私营商业进行社会主义改造，贯彻国家《关于实行粮食的计划收购和计划供应的命令》。停止私商经销粮食，由供销社按国家牌价统一收购、统一供应，全面代替私营粮商。1954年9月起，国家对棉纱、棉布实行统购统销，境内的布店全面停业。

1956年，社会主义改造基本完成后，全镇所有私营工商业和个体工商户被合营工商业、合作社、合作商店、供销社等取而代之。

“文化大革命”期间，个体商业被视作“资本主义尾巴”受批判，相继停业。

中共十一届三中全会以后，个体商业有了较大发展，成为社会主义商业体系的组成部分。1982年，发放个体工商户执照126户，到1990年年末有412户。2000年年底，全镇个体户发展到3854户，到2015年发展到9047户。这些个体户主要经营日用百货、服装、五金交电、家用电器、饮食店、日杂、理发店、美容院、酒店住宿服务、小型服装加工厂、摩托车、二手汽车等。

第二章 市 场

集市贸易是通过固定地点即农村圩市进行的集中贸易。从唐宋的罗埠圩、泊头圩，到清代、民国的土瓜、东博、马嘶圩，再到新中国成立后的元和、下南圩，境内贸易参与者之间的买卖活动是生产者向消费者的直接出售，是生产者之间的商品交换，是一种简单的商品流通。这种简单商品流动，随着社会经济的发展，特别是农村经济发展和农村产业结构调整，农民生产生活需求比较旺盛，促使农村集市贸易迅速发展，境内传统的贸易逐渐消失，而市场建设、农副产品的集散和专业商品的交易，从初级向高级发展。

第一节 市场建设

新中国成立前，镇域的圩市摆卖商品交易均为露天。新中国成立后，仅马嘶圩内有一栋300平方米砖木结构廊亭式的房子，绝大部分商品露天摆卖。露天市场是利用圩场的空地搭帐篷、支撑太阳伞，或在大树荫庇下摆摊设档，进行货物交易。1978年后，下南、九潭陆续建有市场。自1984年起，镇域领导坚持“取之于市场，用之于市场”，先后投资1亿多元新建市场。至2016年共建市场20个，总投资3亿多元，建筑面积近2亿平方米，有固定摊位3000多个（间）。市场建筑由简陋栅架式结构发展为初具规模的钢筋水泥架结构，并趋向永久性、楼层型和多风格方向发展。这些市场，有由县工商局投资兴建的，有镇投资兴建的，有由村委投资兴建的，也有由企业或商人投资兴建的。镇政府投资兴建的市场均分布在园洲、九潭圩镇，村投资兴建的市场均分布各村。投入建设资金和建设规模较大的有园洲河北商贸中心农贸市场、园洲中心市场、园洲商贸市场、三新商贸市场、中大轻纺城市场以及园洲步行街。

各市场由镇有关部门和工商部门参与管理。

1986—2016年园洲镇市场建设情况表

表8-1

名称	地址	投资方	投资额（万元）	开业时间	经营商品	建筑面积（平方米）
上村市场	上村卫生站	集体	5	1986年	杂货、三鸟、蔬菜、农副产品	180
水口市场	水口村委会	水口村委会	25	1998.8	三鸟、猪肉、鱼、蔬菜	860
凤山围面市场	园洲镇凤山村	凤山村民委员会	25	1988.8	肉食类、蔬菜及日用品	300
深沥综合市场	深沥村	香耀枝	300	2007.05.01	杂货、三鸟、农副产品	15000
马嘶市场	园洲镇马嘶村	马嘶村委会	177.9968	1994.4.1	农副产品、日用百货、衣服	2500

续表8-1

名称	地址	投资方	投资额（万元）	开业时间	经营商品	建筑面积（平方米）
下南综合市场	园洲镇下南村南岗路	陈国良	150	2011.12	农副产品、百货	3132
九潭新（中心）市场	园洲镇义合村	九潭工商所	200	1994年	农副产品、日用百货	4500
吉兴市场	园洲镇陈村任屋路口	博罗县吉兴实业公司	1000	2014.7.1	日用百货、农副产品	10000
阵村陈屋消费综合市场	园洲镇阵村陈屋福园路旁	博罗县康胜实业有限公司	2000	建设中	日用百货、农副产品	15000
园洲中心市场	兴园二路	园洲镇房地产开发公司	3280	1991年	服装、日用百货、农副产品	8500
园洲商贸市场	园洲大道	园洲镇房地产开发公司	3500	2003.1	服装、日用百货、农副产品、餐饮消费	30000
园洲河北商贸中心农贸市场	河北片振兴大道	园洲镇房地产开发公司	4000	2016.1.1日	服装、日用百货、农副产品、餐饮消费	28000
桔头综合市场	博罗县园洲镇桔龙村上园路边	广东省东洲天天商贸有限公司	1500	2011.7	杂货	15000
上南旧市场	上南深泽门	上南村委会	25	1984年	杂货、农副产品	600
上南市场	上南新塘	上南村委会	400	1994年	农副产品、日用百货、服装	10000
中大轻纺城	园洲大道	上南村委会	3700	2008年	布匹、线扣、衣链、花边等制衣配料和配件	30000
三新商贸市场	园洲大道	上南村委会	4500	2008年	服装、电器、日用百货	50000
李屋综合市场	李屋村开发区	李屋村委会	277.3738	2007.5	农副产品、服装、日用百货	4981.65
步行街	园洲安康酒楼东东边	下南村委会	1000	2009	服装、百货、饮食	33000
合计			26265.3705			340553.65

附：市场选介

园洲中心市场 园洲中心市场位于中心城区兴园二路旁，镇房地产公司投资，由博罗县金富盈物业管理有限公司承租经营。于1991年正式开业。总投资3280万元，占地面积13300平方米，建筑面积8500平方米，零售档位160个，内设水果、蔬菜、粮油、猪肉、牛肉、三鸟、烧腊、鱼、药材、副食、日杂等档位。为园洲河南下园片区农副产品主要集散地。年营业额5.5亿元。

园洲商贸市场 园洲商贸市场位于中心城区园洲大道旁，镇房地产公司投资，由博罗县金富盈物业管理有限公司承租经营。2003年1月1日正式开业。总投资3800万元，占地面积为37752平方米，建筑面积3万平方米。零售档位130个，内设水果、蔬菜、猪、鱼、大排档、三鸟等档位和水果、粮油、蔬菜等批发区。成为博罗县西部地区农副产品的主要及最大集散地。年营业额7.8亿元。

园洲河北商贸中心农贸市场 园洲河北商贸中心农贸市场位于河北振兴大道于福园路交汇处，镇房地产公司投资，由惠州立达实业开发有限公司承租经营。2016年1月1日正式开业，总投资4000万元，占地面积16000平方米，建筑面积28000平方米，零售档位50个，主要经营猪肉、牛肉、羊肉、生鸡、光鸡、海鲜、冰鲜、鱼、干货、粮油、蔬菜、小百货、烧腊、咸杂等商品。该市场布局规划合理、设计新颖，地理位置优越，交通出入方便，是河北片区农贸往来的主要集散地，年营业额6.6亿元。

园洲商业步行街 园洲商业步行街位于园洲安康酒楼东边，由老圩街改造而成。总长1500米，宽200米，最大建筑物是五层高的新三星商业中心。商业街总投资为1.5亿元，投资主体为上南村民委员会。工程于2007年动工，2009年竣工，2009年开市。辅位32个，经营衣服销售、饮食、百货零售、电器五金零售等。建成后，为广大市民提供一个购物、休闲好去处。

九潭中心市场 九潭中心市场位于园洲镇九潭居委会的东面、义合村的西侧，建于1994年，市场占地面积13800平方米，建筑面积三个框架结构圩亭共计4500平方米。经营农副产品、工商业产品、日常用品、三鸟批发与买卖，主营农贸和商贸，是园洲镇河北片区村居民和外来工4万多人的放心消费的肉菜篮子市场，人流物流车流甚旺，日成交货物产品资金额50多万元。九潭中心市场由九潭中心市场物业管理站管理。九潭中心市场物业管理站的前身是博罗县工商行政管理局的九潭工商所，1999年7月从工商体制改革分离出来的单位，该站在职干部职工8人，是县政府属下的物业和事业单位，行政业务上受县物业管理局领导。

第二节 农村圩市

古往今来，境内水上交通发达，人口密集，经济繁华，形成有6个圩市：泊头、九潭、土瓜、东博、马嘶、元和（上南）。至1996年，境内的圩市仅保留九潭圩。

一、泊头圩

泊头圩，亦称泊头镇，遗址在义合村，总面积约6平方公里。民国《博罗县志》载：“沱头圩距山(罗浮山)十五里，即宋泊头镇。广惠二郡舟楫及自陆至者皆泊此。”是博罗较早有史志记载的圩市。

泊头镇，原称槎江镇，因南临槎江（今沙河）而得名。槎江流经此地，向西注入东江，造就了槎江水陆交通的方便。人们利用水运的便利，将周边出产的谷米、木材、禽鸟、牲口外运，再将当地缺乏的食盐、布匹、煤炭、药材等物品运回，食品货物在此集散，久而久之，形成了集市。随着水上运输的发展，槎头镇逐渐成为西出东江，东（北）上龙华、湖镇、横河、响水等地船运的停靠点，繁忙的埠头成了客运、货物中转站。北宋年间，槎江镇也因此改为泊头镇（当地人称埠头为泊头）。宋明时，泊头镇为最繁荣的圩市，人口最集中，居住有程、杨、戚、杜、苏、吴、黎、孔八大姓人家，人口达7000多人。镇上有数条麻石(花岗岩)铺就的街道。南北走向的“繁华街”是古镇的中心，街道两旁商铺林立，饭馆、客栈、米铺、木行、药店、百货、肉栏、杂货店等一应俱全。

由于泊头镇的繁荣和泊舟登岸游罗浮山为最近，所以，泊头镇不仅是博罗西部、罗浮山地区、东莞和增城地区的商贸、交通和物流中心，而且成为文人墨客游罗浮山的驿站。

因战事频繁、瘟疫流行，旱涝水灾兵灾，人口骤减，于明末废圩。

二、九潭圩

九潭圩位于园洲镇河北区，面积为一平方公里。东面与义合村相连，南面与沙头村隔沙河相望，西面与新村相接，北面相邻沥东村和佛岭村。九潭圩是罗浮山溪和多条河涌流入沙河的汇集点，形成冲积平原，呈三角形。

古时，九潭是一处高岗荒地，北靠罗浮山，南面槎江、东江，东接泊头镇，濒临沙河，是石龙往罗浮山地区的重要水道路。明崇祯年间（1628—1644年）泊头镇衰退，一些商人选择在此定居后，于崇祯三年（1629年）形成圩市，因靠近罗浮山，而得名罗阜圩。清乾隆二十八年《博罗县志》和民国《博罗县志》有罗阜圩的记载。传说，民国初年农历七月十四（盂兰盆节），有10名牧童在沙河转弯深潭中游泳时，淹死其中9人，遂改为"九仔潭"。1945年曾用原圩名"罗埠圩"，因群众沿袭难改，仍称九仔潭。新中国成立后改称九潭。初时只有一条小街，泥砖瓦房，后逐步改建、扩建，四周有十多米高的"炮楼"，圩内有粮油、糖、木器、银器、药材、布匹、日用品等店铺。

清明两朝，随着水上运输的发展，九潭成为罗浮山南面地区农、副、渔、禽畜产品和山货的集散地，是横河、响水往九潭、石龙、广州的主要水运通道。商人多来自增城、龙门、东莞、博罗、南海、顺德等地，特别是博罗的园洲、铁场、石湾、龙华、龙溪、长宁、福田、联和、横河，东莞的石龙、石碣、石排、企石和增城的三江、石滩等地的居民都到此赶圩。新中国成立后，九潭成为博罗西部地区商贸重镇。1986年，修建了"农民街"，街长700米，宽16米。1995年，博罗工商局建一座钢筋水泥混凝土的大型肉菜市场。2003年，九潭镇归入园洲后，地缘优势产业互补，为九潭圩市的繁荣注入了生机与活力。至2016年，九潭圩是园洲镇仅有圩日的圩市，圩期是公历三、六、九日。圩内有粮油、医药、家电、家具、日杂、五金、化肥、农药、副食、饮食、美容、发廊等店铺一百多家。市场集市贸易的主要有猪肉、牛肉、水产、三鸟、瓜菜、水果、糕点、熟食、果苗、竹制品和成衣、鞋帽等。

三、土瓜圩

土瓜圩位于园洲镇东面，离圩镇8公里。东邻土瓜围，西与深沥相望，南面与禾山村衔接，北与凤山一河（沙河）之隔。

至清朝，境内河南区仍没有圩场，村民只能到土瓜围上游的水口圩（龙溪镇旧白勘角村）赶圩。清道光年间（1821—1850年），因受洪灾，水口圩破败，一些村民不约而同在土瓜围西侧的沙河埠头上方摆卖农副产品。此处地面平坦，水路交通要道，上游有横河、湖镇、响水、龙华等地的山货、谷物等产品运往外地；下游有石龙的日什、百货、五金运入山区，过往船只多在此抛锚停歇，借宿休息。周边的泊头、凤山、水口、上村、马西、田头、禾山、深沥村民常到此买卖商品。久而久之，形成商品交换场所。河南区的篆兰、上下南、马嘶、李屋和东莞石排、埜下以及龙溪银岗等地的梁、朱、熊、陈、毛、蔡、丘、黄等姓氏先后在此定居，逐步形成圩市。圩市中心由南、北两条街组成，街道两旁为骑楼建筑。清道光二十二年（1842年）圩市正式开市，取名"水口圩"，以代替原水口圩，后来有一秀才将水字加一点一横变成"永"字，用和字配合，故叫"永和圩"。"永和"寓意商人永远和气，圩和万事兴。当时，永和圩有客栈、饭馆、日什、牛行、猪仔行、三鸟行、油房、染布、牛皮加工、蔬菜栏、鱼肉栏，还有赌摊，热闹非凡。然而，好景不长，"永和"不和，由于居民姓氏繁杂，缺乏包容，斗殴时有发生，圩市混乱，生意不旺，趁圩的人越来越少。后来只有当地农民在此摆卖自产的土特产及瓜菜，没有其他商品交易。同治四年（1865年），人们将"永和圩"改称"土瓜圩"，以土瓜围得名。

清同治十二年（1873年）东博圩开圩，圩日与土瓜圩相同，趁圩的人越来越多，不久土瓜圩散圩，圩内的商人弃商务农。

四、东博圩

东博圩位于九潭圩南面，槎江之南，沙河之北，东接泊头，西连新村。

东博圩原是槎江和沙河之间的一个沙滩，处于东莞和博罗的分界处，面积约100亩。传说，沙河南面的园洲居民赶圩要渡船到九潭圩，很不方便，每遇下雨，因沙河水涨而不能赶圩。于是，赶圩的人就在河边就地交易农副产品，久而久之，这里成了圩场，于清同治十二年（1873年）开圩。圩中有二三十户小商贩，中间有一个砖瓦结构的大亭子。因圩场东靠已废的泊头圩，取名“东泊圩”，寓意要建成一个像东边泊头一样繁荣的圩场。民国《博罗县志》记载：“有店铺50户，有渡（船）至石龙、广州。”开圩后，方便原来要渡沙河（槎江）到九潭、土瓜圩赶圩的义合、风山、上村、水口的村民，圩市日益繁荣。民国初，一些地痞流氓开设赌坊、妓院，与九潭圩竞争客源，圩名改为东博圩，意为东莞、博罗交界之圩。后来，由于“四大天王”明争暗斗，市场环境恶劣，加上圩场窄小拥挤，地势低洼易涝，赶圩的人越来越少，圩场难以形成规模。民国时期圩场停市。新中国成立后归九潭圩管辖。

五、马嘶圩

马嘶圩始建于清末，因位于马嘶东面而得名。马嘶村位于沙河与东江交汇处，人口密集，附近村落皆无农贸圩场，赶集要横渡东江到东莞企石、横沥圩。清末，村中望族筹建圩场。圩场位于马嘶村东边东江支流沙河出口处东岸，占地30多亩，建有农副产品圩场，在圩场上方建成一条长近100米的商业街，设有药材铺、医馆、百货铺、茶楼、客栈、粮店，圩中有猪苗、牲畜档；有肉栏、鱼栏、蔬果栏。逢农历三、六、九日为圩日。由于水陆交通便利，附近横河、响水、湖镇、宁和一带的农产品利用沙河水道之便利，每逢圩日都有数十只货船到此交易，方圆数里村民成群结队赶来趁圩。20世纪60年代后，增设邮政所、农具肥料门市、信用社、卫生所、百货商店、粮所，开办砖瓦厂，集市贸易越来越兴旺。到80年代中期，政府将粮所、农具肥料门市、百货、杂货、茶楼、医院、药材铺迁走之后，马嘶圩日渐衰落。

六、元和圩

元和圩，即上南圩。1939年，时值广东沦陷，惠州至石龙的东江水路兵匪为患，境内的九潭、东博圩生意惨淡，农民盛产的农副产品无法出售，生活所需品无法购进。1940年，上南村族人长老建议在“隔塘园”（地名）筹建圩场。1943年，占地50亩的圩场开圩，圩内南北两列商铺，中间为圩场。由于时间仓促，建造简陋，泥土破砖毛竹为壁，竹帘葵衣茅草为瓦。次年，舞麒麟庆贺圩市开张，简易的店铺被燃放爆竹烧毁，村民美其名“火烧旺地”。自此，改为砖木结构建筑，岭南走廊风格。圩场取名“元和”，意为一元复始，和气生财。街道两边有永安饼家、永成文具、莲香茶楼，还有买药材的永生堂、日用的百货贵记培、陈包暖的闲杂铺、容信记的缸瓦舖、糖水标的酱铺等。圩内有猪苗档、狗子档、谷米档、三鸟档、山货档。1945年，日军投降后，东博、九潭圩恢复了圩日，元和圩渐萧条。1958年，园洲乡从东莞企石分割于博罗县，成立人民公社，社址设在上南。1959年，百年一遇的洪水冲垮了上南80%的房屋，正在动工的上南新街被冲毁。洪水退后，园洲人民公社的社址迁往地势较高的下南村。不久，元和圩被下南圩所代替。

七、下南圩

即园洲下南圩旧街。建于1960年，街道总长150米，两边仿照石龙中山路和广州上下九的骑楼设计，为岭南骑楼风格建筑。由于下南地势较高，不易洪涝，南邻东江，水上运输方便，周边人口密集，又是园洲人民公社所在地，企事业单位聚集，自然形成集市。整个集市沿着街道两侧分布，呈混合式。无固定圩期，早晚成市。随着社会和经济的发展，城镇建设的加快，特别是1996年后，镇府的搬迁和机关事业单位择地新建，园洲综合市场、园洲商贸市场等一批市场的新建，下南圩骑楼的传统建筑逐渐淡出人们的视线，兴旺繁荣的圩市逐渐消失。

第三节　专业市场

一、服装批发市场

（一）义乌休闲服装批发城

位于上南兴园路，由美田公司开办，系民营企业。2013年11月兴建，总投资3亿元，占地面积1.5万平方米，建筑面积10万平方米。分两期建设。第一期，1～5层楼为商业主体；第二期，6～11层为写字楼。第一期工程建筑面积5万平方米已投入运营，一楼经营女装，二楼经营男装，三、四楼经营童装和工艺品批发，五楼为展示区，进驻150家营销企业，从业人员180人，有850个铺位，经营服装、制衣辅料、日用百货小商品等。其中小商品批发3000万件，年销售额9000万元。

（二）中大轻纺城

位于上南村，民营企业，2006年12月动工建，2008年10月建成使用。总投资3800万元，占地面积3万万平方米，建筑面积25000平方米，内设铺位368个，经营布匹和线、扣、花边等制衣辅料。年营业额12026万元。

二、家具市场

镇域的家具专业市场始于21世纪初。至2010年，境内家具市场已形成一定规模。既有“夫妻店”，也有大型家具城。家具品种和款式不断更新，有木制品、钢制品、皮革品及藤条制品。除传统款式外，还从香港和国外传入欧美式，价格分高、中、低三挡。

表8-2

名　称	地　址	经营面积（平方米）	开业时间	投资金额（万元）	产品来源	年营业额（万元）
百年好家具店	刘屋村大英博	1800	2010.10.15	300	中山、顺德	55
国泰家具批发商场	刘屋村大英博	1800	2012.08.10	300	中山、顺德	50
锦堂家私商场	刘屋村大英博48米大道	3000	2000.02.15	200	顺德	25
松大家居广场	桥北路	3000	2014.02.20	250	顺德、深圳	60
好乐居家具商场	上南村48米大道	400	2016.03	30	南海	45
博居家具批发广场	福园路沙头路口	350	2013.6.8	500	中山、顺德	25

三、建材市场

镇域的建材专业市场是随着20世纪90年代建筑业发展，以零售、批发的形式而形成的。21世纪初，经营钢材、瓷砖、水泥的建材门市达50多家。由美安达国际装饰建材城（公司）经营的建材专业市场位于园洲大道西梁屋高头村，该公司系民营企业。2008年8月月开业，占地2万平方米，建筑面积18865平方米，投资2000万元，摊位67个，经营瓷砖、五金、灯饰、墙纸、家私等。内设6000平方米的中庭广场，方便顾客休闲。

在建材市场中，规模和营业额最大的是钢材批发，年销量150吨以上的门市有15家。

1996—2016年园洲镇钢材批发门市情况统计表

表8-3

门市名称	地址	开业时间	年经营钢材（吨）	员工（人）	面积（平方米）
东源钢材经营部	上南村48米大道	2015.12	150	5	800
亿建达鑫建材店	禾山路48米大道	2015.12.9	700	4	600
顺豪钢铁销售部	禾山村尾	2016.5	2000	2	400
永通达钢销售部	禾山村	2013.5	500	2	350
新丰建材贸易部	禾山路48米大道	2016.6	680	3	500
建业钢材门市部	上南园洲大道	2016.9	450	6	2000
荣达建材门市部	桔头村	2014.10	1200	5	800
旺记钢材门市部	九潭福园路桥口	1996.8	400	5	300
建丰源建材店	园洲福园路	2016.5	700	5	300
捷勝建材门市部	园洲福园路	2014.10	600	3	300
鸿运钢材门市部	园洲福园路	2011.6	650	4	800
义胜建材行	园洲福园路	2014.11	600	3	700

续表8-3

门市名称	地址	开业时间	年经营钢材（吨）	员工（人）	面积（平方米）
兴利五金建材店	刘屋48米大道	2008.10	550	6	300
朗达建材五金店	下南村48米大道	2011.7	180	4	300
东源力骏钢材贸易有限公司	九潭振兴大道	2008.8	1800	5	2000

四、轮胎市场

康富龙轮胎市场位于园洲李屋村沙湖，民营企业。2008年9月开办。投资50万元，占地面积111316平方米，建筑面积10021平方米，有27个铺面、184个仓库。有67户商户进驻，主要经营汽车轮胎批发、零售，年营业额600万元。

五、五金贸易市场

博罗县园洲镇明兴五金有限公司位于园洲秀丽路，民营企业。2003年创办。投资50万元，占地面积2500平方米，建筑面积2000平方米，员工13人，每年销售马口铁6000吨，年营业额3000万元。

六、燃料市场

境内的燃料市场主要经营液化煤气，始于20世纪80年代，参见第十五篇“城乡建设”。

第四节　商品供求

明清时期，境内输出商品中，农产品多为粮、油、豆，加工产品以油、糖为大宗。输入商品以海味、煤油、咸鱼、面粉、丝绸、棉布、干果、药材、杉竹、纸、火柴为大宗，涉及屠宰、牲口、鲜鱼、水果、瓜菜、种子、烟丝、谷米、饼食、酱油、洋货（百货）、布匹、故衣、纸宝、陶瓷、山货、文具、药材、柴炭、杉竹、铜铁、木屐、家具、打铁、泥水、纸扇、酒楼、茶室、理发、钟表、旅馆、银号、金银首饰等30多个方面。

民国期间，由于受洋布、洋烟进口的影响，境内布匹、烟叶供应较为紧张。民国28年（1939年），博罗、东莞、增城沦陷，交通阻塞，粮价飞涨。民国29年，大米由民国28年10元/司担（法币）涨至30元/司担，民国32年又涨至6000元/司担，饿死者不计其数。

抗日战争胜利后，商业有所恢复。

新中国成立后，随着基层政权的建设，工农业生产的发展，各项经济政策的实施，园洲人民公社所在地下南新建行政办公机构、供销社、银行营业所、粮管所、邮电所、信用社、茶楼、酒店、旅店等建筑及配套其他一系列服务性设施。上市的商品在保留传统的商品的同时，增加了化肥、农药等生产资料和百货等生活资料的交易。

1950—1957年，国家为稳定市场物价，对人民生活必需的工农业产品。从1953年始，先后实行统购、派购、合同收购，粮食、棉布等人民生活必需品实行计划分配，牌价供应。这一时期，市场物价稳定，商品购销额逐步增长。

由于“大跃进”、人民公社化，加上自然灾害的影响，1960—1961年，镇域出现经济困难，商品流动渠道单一，市场物资紧缺，市场管得过死，城乡物资流动阻塞，造成物资缺乏，价格上涨，市场供应出现全面紧张。1960年冬开始，执行国民经济“调整、巩固、充实、提高”的方针，集贸市场有所好转。1961年，境内执行中共中央发出的《关于改进商业工作的若干规定（试行草案）》，一是开设货栈，自行向外购进商品。供销社从东莞、广州、增城等地采购咸鱼、鲜蛋、腊味、咸蛋，从江西等地采购稻谷、饭碗、瓷具、草席等。二是对人民群众生活的必需品和紧缺品，实行凭证定量、保价供应。由于措施落实，1962年后，农村经济形势迅速好转。

1966—1976年“文化大革命”时期，商业部门受到严重冲击和破坏，市场萧条，物资供应紧张，群众买鱼买肉，往往要用半天时间去排“长龙”。1972年，境内商业部门的干部、职工，坚决落实国务院《关于改进服务工作的通知》精神，立足当地，大办商品生产基地，从人力、物力、资金、技术等各方面帮助社队开展多种经营，发展副业生产。但是，由于生产力水平低，生活资料依然缺乏，特别是日用工业品和副食品供应逐渐紧张，不少生活用品都凭证供应，村民所能凭证购买的只有棉布（每人每年13.5市尺）、食糖（每人每年1市斤）和煤油（每户每年2市斤）。其他凭证供应的商品，如针织品、纺棉、缝纫机、单车、手表、皮革制品、胶鞋、雨衣、铝锅、热水瓶、搪瓷制品、肥皂、香皂、火柴等50多种日用工业品和凭证供应的猪肉、名牌卷烟、名牌酒等，不是用出售农产品换购，就是买不到或买不起。

1978—1985年，商业实行改革、开放，商品经济从封闭式向开放式转变，从单一渠道向多条流通渠道转变，从单一经营向综合经营转变，原来一些凭票证供应的商品全部敞开供应。进入20世纪80年代，园洲人民群众的基本生活需求已从过去食腐乳、面鼓、头菜、咸鱼等食品，转向鲜鱼、猪牛肉、烧腊、海味等；日用大件商品，已从过去“旧三件”的自行车、缝纫机、手表，转向彩电、洗衣机、收录机、电风扇、摩托车的“新五件”；建筑材料，从过去用砖瓦、木材，转向水泥、钢材、锦砖、马赛克。1980年前，境内输出商品是以农副产品为主，如水果、蔬菜、塘鱼、生猪、三鸟以及红糖。2000年后，除上述农副产品品种数量大增外，高档家私、现代交通工具、智能电器、电脑、影视器材等商品陆续登场。

第五节　集市贸易

自古以来，园洲圩场有固定的圩期。制定圩期时，都尽量避免相邻不远的几个圩场同一天集市。集市圩期五天为一周期，即“一轮圩”，每个圩市每月有六个圩日。新中国成立前及新中国成立后一段时间，采用农历计算圩期。“大跃进”时，部分集贸市场关闭。1961年和1962年，贯彻中共中央《农村人民公社工作条例》和《关于商业工作问题的决定》。境内集贸市场受到冲击，从1975年7月起，执行省规定，统一以公历每旬逢一、六日为圩日，即境内每个圩场同一天集市，至1979年终止。此后，恢复原来五天为一圩期，仍以公历计算。20世纪后，圩场的圩期逐渐淡化或没有规定。但这些市场，天天有肉菜等农产品、水产品上市。

园洲历代圩场圩期集市情况表

表8-4

圩场名称	所在地	圩　期
九潭圩	九　潭	公历逢3、6、9
土瓜圩	土瓜圩	农历逢2、5、8
东博圩	东　博	农历逢3、6、9
马嘶圩	马　嘶	农历逢3、6、9
元和圩	上　南	农历逢2、5、8
下南圩	下　南	

集市贸易的形式，各个时期有所不同。1950—1952年，是1949年前的集市贸易形式。1953—1957年，由于国家对粮食、油料、糖、烟、麻、茶、蚕茧、生猪、三鸟等主要农副产品进行统购、派购，产品统一由供销社收购经营，主要的生产、生活资料等工业品，由供销社计划分配销售或奖售，集市贸易只剩下社员自留地、家庭副业和社、队完成统、派购任务后剩余产品。圩期虽照常开放，但远远不及新中国成立初期那么热闹。1958—1965年，政策不够稳定，集市贸易萧条。1958年“大跃进”时取消自留地，大办集体食堂，农贸市场无形关闭。1961年冬，贯彻《农村人民公社工作条例》，允许农民个人开荒种植，恢复分配自留地，发展家庭副业，使农贸市场恢复开放。

1966—1976年“文化大革命”期间，由于受“左”的影响，1970年开始，全镇执行上级规定，统一公历1、6日为圩期，在公社范围内指定地点进行集市贸易，不准转手买卖，不准远途运销，社队完成交售任务后的剩余产品也要卖给国家，实质是把农贸市场又一次打入半封闭状态。

1978年后，实行改革、开放政策，集贸市场迅速发展。1985年中央1号文件明确取消了实施32年之久的农产品统购统销政策，实行农产品合同定购制和议价制并行的双轨制。至1993年6月，全面放开粮价，粮食市场体系初步形成，农产品统购统销政策真正被取消，中国城镇实施40年之久的粮棉油及副食品票证供应制度随之终结。

2000年后，集市的市场容量不断扩大，并向多层次、多样化发展，集市经营品种日益丰富，集市贸易对经济增长的贡献率不断上升。近年来，由于百货商店、连锁商店、超级市场、购物中心等零售业态在境内的兴起，充分利用现代科学技术，发挥其规模经济，不断提高了其对经济增长的贡献。农村圩市则随着城市化进程的加快，逐步被超市所取代。

第六节　市场物业管理

县管市场物业，1999年7月以前，市场管理由工商所负责；7月，县城设立市场物业管理总站；2000年更名为博罗县市场物业管理局。1997年，博罗县市场物业管理局九潭管理站成立，九潭物业管理站主要是对九潭农贸市场的管理，从实际出发，把九潭农贸市场改造成为一个在全县乡镇中设施、档次、服务等方面均一流的新型农贸超市，挖掘了市场潜力，稳定了个体户在场内经营。镇、村市场的经营管理，从实际出发，科学规范，按各经营摊档分类划分位置和数量，采取抽签或招标等公平、公开、公正的方式来确定摊位使用权，并签订相关租赁协议。同时做好市场的服务、卫生、安全、治安等工作，并经常整顿经营秩序，加强市场监督，使经营者做到服从管理、守法经营、买卖公平。

园洲镇房地产开发公司投资建设的园洲商贸市场、园洲中心市场、园洲河北商贸中心农贸市场，发包给博罗县金富盈物业有限公司和惠州市立达事业投资有限公司承包经营。

第三章　生产资料购销

新中国成立前，农业生产资料由私营工商户和个体商贩自产自销。新中国成立后，农业生产资料的大中型机械由农机公司经营。化肥、农药、中小型农具、农用薄膜等农业生产资料均由供销社生产资料公门市经营。1983年后，开放生产资料市场，由于化肥、农药、农膜是重要的农业生产资料，在供不应求的情况下，出现价格混乱的状况。为维护农民利益，促进农村商品经济的发展，1988年11月，执行《国务院关于完善化肥、农药、农膜专营办法的通知》由供销社负责专营，任何单位和个人不得经营化肥、农药、农膜。2000年后，供销社转制，化肥、农药、农膜放开经营。2004年7月1日《中华人民共和国行政许可法》实施后，《广东省农药管理规定》于当年9月13日废止，省农业管理部门和供销社均要求停止颁发化肥、农药经营许可证。

第一节　肥料 农药 农膜

一、化　肥

新中国成立前，镇域农村施用的肥料全是农家肥。新中国成立初期，农业生产用肥仍以人畜粪尿、草木灰、花生麸、土杂肥为主。1950—1954年，供销社经营的化肥以硫酸铵为主，有小量的磷肥。1955年后，适应农业合作社发展的需要，化肥销售量逐年增加。化肥的来源主要来自三个渠道：一是计划分配，由县根据各镇（社）粮食种植面积统一分配。二是计划外分配，随着生产的发展和化肥使用量日益增长，计划供应的化肥已不能满足需要，因此，从1978年起，县、镇（社）两级供销社组织计划外化肥，以弥补计划肥的不足。三是“粮挂肥”，即根据粮食征购任务，每吨收购粮计划分配0.1393吨化肥，实行“粮挂肥”的计划分配模式是在1994年11月至1997年年底。化肥的主要品种有尿素、碳氨、复合肥、过磷酸钙等。1982年前，由供销社根据有关部门安排，分配供应。1983年后，开放化肥市场，准许个体户经营，但一度化肥市场较乱，1988年经整顿后，再由供销社统一经营。2000年后，供销社转制，化肥放开经营。

二、农　药

新中国成立前，境内农药使用以石灰、鱼藤精、烟骨、茶麸等土农药为主。1955年，供销部门开始经营农药，仅有“六六六”一个品种。1955年以后，供销部门经营的农药品种逐年增多，新增加了滴滴涕、乐果等品种，随后又增加了敌敌畏、敌百虫、“一六〇五”粉药等品种，1967年，增加供应除草醚、马拉硫磷、亚胺硫磷、磷化锌等，到1969年，农药品种达10多个。1970年，增加供应稻瘟净等防治农作物病害农药。1972—1977年，又增加杀虫脒、甲胺磷、呋喃丹、多菌灵等品种。由于“六六六”和滴滴涕属高残留农药，1983年4月，根据国务院规定，供销社停止供应。1983年起，增加供应富士一号、托布津、氧化乐果、杀螟松、速灭威、叶蝉散、辛硫磷、除虫菊酯等，取代“六六六”和滴滴涕。1987年以后，境内供应的农药达30多种。农药购进，20世纪50年代以计划分配为主。1978年前，农药销售按需要凭证供应。1979年后，农药的经营方式有了很大改变，计划内农药由供销社经营，计划外农药允许多家经营，除牌价供应外，市场调节的高价农药也有上市，经营的农药品种由原来的30多个增至近百个。1993年后，农药的品种、数量、需求不断增加，农药的经营从少到多，从固体到液体，从粉剂到颗粒，样样俱全。供销社日常经营的农药品种近300种，与1979年对比，经营品种增加三倍，销售总量不断攀升，对防治病虫害起到积极的作用。

1983年前，化学农药属省管商品，全省统一价，由供销社经营。1983年后，农药供应从指令性计划改为指导性调节，低毒农药敞开供应，剧毒农药需持社队证明按需供应。1988年，再由供销社统一经营。2000年后，农药放开经营。

三、农　膜

20世纪60年代，农用薄膜在农村开始使用，农用薄膜开始只用在禾塘（晒谷场）遮盖稻谷、花生、黄豆和早稻育秧，后来推广到甘蔗、花生、瓜果、蔬菜、蚕桑、食用菌生产，需求量逐步增加。1965年，广东省人委决定由供销社统一经营。园洲、九潭供销社经营的薄膜，来自县供销社分配。当时供销社坚持“重点供应早造育秧，适当照顾其他经济作物”的原则，保证生产需要。1971年起，实行计划生产、计划分配，供销社组织销售。1983年后，农膜销售实行多渠道经营。1988年，恢复计划分配。1988年12月，执行国务院决定，由供销社负责专营，任何单位和个人不得经营农膜。2000年后，农膜放开经营。

第二节　农机 农具 农药械

一、农　机

20世纪50年代，推广双轮双铧犁，境内购进9部，由于实用性差而停用。1958年，博罗县设立农机局，开始组织供应农业机械及器材，农机品种主要有中型拖拉机、手扶拖拉机、电动脱粒机、碾米机、粉碎机和其他加工机械等十多种，排灌机械等近十种。当时，由于实行计划经济，主要农机由上级农机部门分配。

1980年以后，国家对农机化的政策进行了逐步调整，形成了农业机械化“计划+市场”的运作机制，允许农民自主购买和使用农业机械，农业机械多种经营形式并存。农民根据生产需要自主选择、自主投资、自主经营。

二、农 具

境内农村使用的中、小农具品种较多，计有犁头、犁壁、锄头、铁搭、禾镰、草镰、田刀、翻铲、铁犁、铁耙、秧铲、铁戽斗、铁钊、钩刀、柴刀、打禾桶、风柜、水车、农艇、木水桶、木尿桶、木射桶、担杆、竹箩、畚箕、牛轭、谷围、蚕箔、葵衣、蓑衣、竹帽、草帽、麻绳、秧盆等。1990年后，农村推广抛秧技术，供销社又增加育秧板。新式农具有打禾机、喷雾器及其他农具。

供销社经营的中、小农具货源主要由省、县公司统一平衡分配。木制农具如风柜、打禾机等由当地组织加工。竹木制品如竹箩、秧盆、木桶等由县农资公司到紫金、和平、连平等地购进，再调拨到镇（社）。1979年以后，取消计划分配供应。1983年后，供销社对中、小农具的组织供应逐步退出市场，中、小农具由个体市场供应。

三、农 艇

详见第十一篇“邮电 交通”。

四、农药械

1956年后，农药械的品种主要有旧式的单管喷雾器、旧式压缩喷雾器、旧式手摇喷雾器3种。1962年后增加“五五二”丙型喷雾器等。20世纪70年代，供销社供应黑光灯、汽灯、蓄电池。1973—1975年，供销社大量供应水唧筒。1980年农村实行家庭联产承包责任制后，农药械品种和需求量增加，增加的新品种有比较常用的温烟雾机、手动喷雾器、机动喷雾器、手扣式喷雾器、气压式喷雾器、背包式喷雾器和喷粉器等。

第三节　建筑材料

一、水　泥

1970年前，水泥供应主要来自计划供应，平均每年分配到镇（社）水泥约200吨，其中用于农田基本建设的占70%。1970年后，水泥依然是统配物资。县产水泥全部由县物资局销售，用户凭县计委下达的指标到水泥厂提货，绝大多数民用建筑所需水泥只能到外地市场购买。1983年，水泥取消了牌价、议价、成本价，统一由生产厂核价。随着园洲镇社会经济大发展，水泥的需求量与日俱增，2010年，全镇水泥销量达1100万吨。2010年1月，罗浮山水泥集团园洲水泥粉磨生产线投产，年产量100万吨，产品多为外销。2016年，全镇水泥销量达1300万吨。

二、砖　瓦

砖瓦是镇域的传统产品，沿江地区烧制砖瓦甚多，尤以马嘶砖瓦厂为著。20世纪60年代及以前，砖瓦多为自产自销。1960年后，马嘶砖瓦厂生产的阶砖经销周边乡镇。70年代后，社队的砖瓦厂越办越多，基本满足了镇内的基本建设和民房建筑的需求。1980年后，砖瓦敞开供应。随着社会经济的发展和环境保护的需要，到2012年，境内的砖瓦厂全部关闭，境内建筑所需的大量的砖瓦由外地购进。

三、木　材

园洲是平原地区，不产木材，建筑所需木材都由山区调入。1970年后，农户大兴建房，木材供应矛盾大，杉木尤为紧张，建筑所需木材多为民间自购自用。1990年，境内有13家加工木材企业。1990年后，随着建筑楼房化和家具钢质化，木材需求量相对减少。2016年，境内有木材加工企业21家。

四、河　沙

镇域有21.8公里的东江河段和13.2公里的沙河河段，河沙资源非常丰富。1980年前，河沙无专营机构，多是民间自采自用。20世纪80年代初，境内基本建设、工厂建设和民房建筑发展较快，河沙需求量增加。1988年后，一些单位及个人开办沙场，用机械从东江、沙河抽取河沙出售。

五、石 料

园洲建筑石料资源缺乏，石料包括石块和碎石基本从外地购进。1980年以前，石料多从东莞企石的虾公山等地购进。1980年后，镇域建筑业兴旺，石料需求颇大，进口的石料来源增城、东莞、广州、博罗等地。

第四节 金属 机电 化工

一、金 属

镇域的金属材料主要是黑色金属钢材，主要来源于计划内分配和计划外自行组织。20世纪60年代初期，境内对钢材的需用量较少，除一些水利工程所需钢材专项分配外，其他方面经核实后，临时申请分配。1963—1979年，年平均计划分配的钢材均在50吨左右。1979年后，钢材需用量呈直线上升。1985年，金属市场放开。至2016年，境内有钢材批发门市12家，年供应钢材1400万吨。

二、机 电

镇域的机电产品大多是二、三类产品的内燃发动机、工业轴承、农用电动机等。1980年前，这些产品主要来源于计划内分配，到县物资部门提货。1981年后，机电产品开放供应，境内有多家机电产品批发、销售门市。

三、化 工

化工类产品有硫黄、石蜡、松蜡、硫酸、硝酸、盐酸、明矾、硫酸铝、纯碱、颜料、油漆以及橡胶、轮胎、三角带等化工原料及制品。新中国成立前，境内没有化工产品购销。新中国成立后，化工产品由国家分配，用户要凭证到县城购买，而且数量不能满足需求。1998年后，化工产品市场开放，随着境内的化工企业的增多，化工购销比较活跃，全镇有50家化工门市，基本满足镇域需要。

第五节　煤炭　石油

一、煤炭供应

（一）生产用煤

生产用煤始于20世纪60年代的砖瓦厂，每年用煤4500吨。生产用煤大多从博罗购进。1980年后，国营、集体、个体均可经营煤炭、建材，价格放开，生产用煤多渠道进入。1992年后，境内的砖瓦厂停办，随之生产用煤大幅度下降。

（二）生活用煤

民用煤炭主要供应学校、机关以及饮食业，而且用量较少。1980年后，随着天然气的普及，煤炭在民用范围内越来越小。

1968年，园洲人民公社“购煤组”成立，有4名员工，从韶关、龙门购进煤，每年购销煤500吨。

（三）石油供应

新中国成立前，境内民间多使用煤油照明，时称“洋油”，有进口美国的“美孚”、英国的“亚细亚”等牌号。煤油、柴油均由私商经营。1950年后，逐步由供销社经销。1960年开始，随着生产力的发展和用户的增多，实行计划管理和供应。1966年后，县内对农田作业、农副产品加工、运输和机关事业单位等的柴油机、车辆所需柴油定机定量凭卡供应的办法。

自1993年中国石油、中国石化等在园洲设加油站后，至2016年，境内有9个加油站，年销售汽油19160吨、柴油6350吨。

1993—2016年园洲镇加油站情况表

表8-5

名称	地址	面积（平方米）	开业时间	投资金额（万元）	加油箱（台）	年销售汽油（吨）	年销售柴油（吨）
园富加油站	园洲镇兴园三路168号	3892	2001.11.23	550	4	360	600
球发加油站	园洲镇兴园一路	1100	1993.11	180	4	800	150
福园BP油站	福园路	3000	2006.4	600	4	6000	800
中海油鸿顺加油站	园洲九潭圩镇	1000	2010.4	100	3	1300	600
中海油顺达加油站	园洲镇兴园一路	1200	2009.8	200	4	1300	600
中国石化粤发加油站	园洲大道	1981	2000.10.12	550	4	5000	1800
中海油园洲加油站	园洲大道南侧	4000	2010.9	400	4	2200	1000
惠达加油站	园洲镇田头村	750	2004.4	100	4	500	300
田头加油站	园洲镇田头村	600	2000.7	85	2	700	500
合　计		17523		2765	33	18160	6350

第四章 生活消费品购销

新中国成立前，镇域的生活消费品由私营商户自由购销。1950年后，东莞、博罗供销社在镇域的河南区和河北区设立供销代销门市，经营百货、针纺织品、五金交电、糖烟酒盐及南北杂货等商品。此外，供销合作社还收购一些当地生产的木、竹制品等充实货源。1955年起，供销社分别在境内的部分乡村设立销售点，由供销社直接供货。1959年起，部分紧俏商品由上级计划分配。1980年后，商业系统贯彻对外开放、对内搞活的政策，供销部门纷纷到外地采购货源，商品日趋丰富。随后，商业系统体制放开，生活消费品实行市场化购销。

第一节 百货棉布

新中国成立前，镇域有零散的小百货商店或货郎，百货业主要有火柴、肥皂、牙刷、牙粉、煤油、蜡烛、针线等，不仅品种少，而且销量亦微。

新中国成立初期，供销代销门市专设百货零售。百货商品由县主管公司直接调拨，以进定销。20世纪50年代中期，随着生产发展、人民生活水平提高，日用品供应量逐年增加，但高档日用百货不多。1954年，棉布凭布票定量供应。1957年，布票定量折半供应。1958—1960年3年困难时期，一些日用品如火柴、火石、煤油、草纸(妇女卫生纸)、肥皂、缝纫机、牙膏、胶鞋、电池、手表、“555牌”挂钟、机制纸等实行凭证(工业票、购物证)或批条供应。高档工业品实行高价供应。1965年，对镜子、锁、牙膏、席、瓷碗等限量供应。“文化大革命”开始后，市场供货更趋紧缺，凭证供应的商品增多，肥皂每人每季供应1.5块，每户每季供应煤油不超过1.5公斤。中共十一届三中全会以后，国民经济好转，在国家计划指导下，积极疏通流动渠道，广开商路，满足人民群众物资生活需要。1982年起，原来凭证供应的商品多数敞开供应。这一时期，新增加或增多的百货和文化用品主要有高档妇女卫生巾(纸)、纸餐巾、塑料鞋、泡沫鞋、塑料袋、洗衣粉、洗发水、化妆品、儿童玩具、台秤、圆珠笔、计算器等。1985年全部开放，高档耐用消费品进入普通家庭。

20世纪50年代中期开始，棉布、棉花、棉纱实行统购统销，由县商业部门花纱布(后为纺织品)公司批发，国营商业部门和供销社零售，凭票定量供应。1959年，因“大跃进”造成物质匮乏，凭票供应的范围扩大到针棉织品(卫生衣、文化衫、背心、毛巾、袜等)，市场上除代售政府补助给困难户的冬寒棉衣外，没有现成的棉布衣服出售。70年代以后，化纤布(绦凉、绦斜等)、混纺布销售量增加，棉布销售量下降。1984年年初，不再执行棉布统购统销政策，取消凭票(多年来每年每人发一丈三尺六寸布票)供应。棉布、纺织品、针织品及化纤布等敞开供应后，制衣、针织业兴起，各式各样的服装、针织品货源充裕，购、销两旺。专营服装的个体商场、摊档，取代了商业局、供销社的纱布门市部。此后，新增加的商品种类及销售量大的主要有化纤、混纺的内衣、西装、衬衫、机恤、卫生衣、文化衫、背心、连衣裙、长袜、文胸、毛巾、床上用品等。20世纪90年代后，市场销售量最大的有床上用品、西装、衬衫、羽绒服、牛仔裤、休闲裤、女时装、女裙、袜子、内衣、卫生衣、风衣、窗帘布等，而手帕、男背心的销售量则逐年减少。

第二节　五金交电

属五金类的有圆钉、圆线、钢镐、洋铲、铁锹、建筑器材、木工工具、家具配件、千斤顶、灭火器等，属交电类的有自行车、收音机、电视机、扩音机、电冰箱、组合音响、电度表、万能表、灯泡、有线电料、无线电零件、电子钟、装饰灯具、自行车及手推车零配件等。1957年前，园洲、九潭没有五金交电销售专营门市，一般民用的铁钉、暖水壶等，要到东莞企石、博罗、石湾购买。1958年后，民用的一般五金交电可在供销社百货门市购买。随着工、农业生产的发展，人民生活水平的提高，园洲、九潭供销社百货门市于1963年开始兼营自行车、缝纫机、手表、照明器材、电线、收音机、灯泡、电线、电表等，自行车、缝纫机、手表凭证供应。1969年，经营半导体收音机。1973年，经营国产黑白电视机、收音机、电风扇等。进入200世纪80年代开始经营摩托车、电冰箱、彩色电视、洗衣机、收录音机、组合音响等。

1979年改革开放后，随着人民生活水平的提高，在此前被视为稀罕及奢侈之物的不锈钢制品(如刀剪、器皿、家具等)、摩托车、电风扇、电冰箱、彩色电视、洗衣机、影碟机、收（录）音机、组合音响等，陆续上市，其中自行车、电风扇、电视机、摩托车在90年代以后销售量最大。2000年，电风扇、自行车已分别达到平均每两人一台(辆)，摩托车拥有量达3万辆，平均每4人一辆，95%以上的家庭有电视机，城镇有三分之二左右的住户拥有彩电、电冰箱、空调、洗衣机。2000年后，98%的住户拥有彩电、电冰箱、空调、洗衣机。

第三节　日用杂品

日用杂品主要有铁锅、陶瓷器、草席、炮竹、煤油灯、木屐、木盆桶、木台凳。“大炼钢铁”时，大家到集体饭堂吃饭，各户的铁锅拿出来砸烂用以“炼铁”。1961年，集体饭堂解散，铁锅需用量剧增，供不应求，经营单位曾到外省组织货源，紧张才得以缓解。直至20世纪70年代中，铁锅都是采用凭票供应或以旧换新，杉木制品凭证供应。二十世纪七八十年代，一些品种更新换代，塑料、铝、不锈钢制品逐步代替部分竹、木、陶制品，如用轮胎底做的“海陆空”凉鞋，塑料、泡沫拖鞋已代替以往销量大的木屐，陶制的大瓦煲(砂锅)、碗头仔、钵头、瓦盆、水缸、尿缸等，至80年代末已无人经营。此后，现代灯具、沙发、燃气炉具、卫生陶瓷及不锈钢厨具、餐具等，在城镇居民中已普及，并逐步销向农村千家万户。

第四节　副食品

一、猪　肉

民国时期，镇域的大、小圩市均设有私营肉铺。新中国成立初期，猪肉购销以供销社为主体。1954

年4月开始，由食品部门经营，物价部门定出最高限价供应。1978年以前，境域内对生猪、家禽实行“派购(把收购任务摊派到农户)、奖售(超任务奖稻谷、化肥指标)”政策。

1957年3月开始，按牌价购销差对卖猪户的自留肉发放留肉证，农户可凭证购买回自留肉。同年12月，对非农业人口实行猪肉凭证定量供应。1958—1962年，猪肉供应紧张，定量供应有时中断。同年下半年，开放农贸市场，允许农民自留肉自由上市议价销售。初时，500克以上肉高达28元，高出牌价29.5倍多，刺激了农民的养猪积极性，猪源逐渐增多。1962年年底，肉价降至每500克6元。1965年，集市价与牌价基本持平。1966—1978年猪肉价每公斤3元，物资短缺。

1978年10月，猪肉开始实行双轨供应办法，即牌价部分凭证供应，议价部分敞开供应。1979年，将收购价格由1962年的每50公斤64.63元提高到80.4元。20世纪80年代初，猪肉供应逐步放开。1984年开始，农村“私屠”（个体户购猪宰杀后售肉者）蜂拥而起。

1985年，国家取消生猪派购后，猪肉价格逐步放开，取消牌价供应，全面实行议价敞开供应，对非农业人口每人每月发给5元的肉价补贴。农民自宰生猪，个体经营者参与竞争，国营部门经营量下降。1996—1998年，由于生猪饲养量大幅度下降，食品站到湖南、江西等地收购生猪，以保证市场肉食供应和搞活食品企业经济。

1985年，中共中央一号文件下达后，取消生猪派购，采用合同订购和市场议价收购相结合的政策，价格实行“上浮下限，下浮不保”的市场调节。

（一）生猪收购

1959年后，生猪收购有派购、换购、议价收购三种。（1）派购。始于1959年1月，至1985年 1 月撤销。方法是见猪派购，购留比例，私养猪最初为“购七留三”， 1975年改为“购六留四”；集体养猪最初为“购六留四”，1978年改为“购五留五”，1979年又改为“购二五留七五”。1961年，对派购任务的生猪，除按牌价结算外，返还一定物资奖售，奖售品种有稻谷、统糠、化肥、布票或补助饲料差价款等。奖售标准随猪肉牌、市价的变化而定。具体情况是：1961年1—3月，每派购50公斤猪肉，奖售稻谷25公斤；4—12月，调为35公斤； 6 月以后，加奖统糠50公斤。1962—1963年，奖售稻谷40公斤、统糠60公斤。1964年，奖售稻谷40公斤，统糠75公斤。1965年，奖售稻谷24公斤、布票1.45米或稻谷36.5公斤。1966年，奖售稻谷43公斤、布票1.21米。1967年，奖售稻谷18.5公斤、化肥3公斤。1968—1971年，奖售稻谷24公斤。1972—1974年，奖售稻谷25.5公斤，超额部分加奖化肥12.75公斤。1974年，县加奖稻谷24.5公斤、碳铵25公斤。1975—1977年，私人养猪奖售稻谷31.75公斤，集体养猪由县加奖稻谷25公斤、碳铵35公斤。1978年，奖售稻谷31.75公斤。1979年，增加碳铵15公斤。1980年至1984年年底，奖售饲料粮63.5公斤（稻谷、小麦各半）、碳铵15公斤。1982年，对每年交售10头以上生猪的养猪专业户实行全头派购，每50公斤猪肉除奖售饲料粮63.5公斤、碳铵15公斤外，另由食品部门补助饲料差价款。1982年补助33元，1983年补助38元，1984年补助25元。（2）换购。由县食品部门对生产者完成派购任务后的剩余产品，返回一定数量物资，各按牌价结算换购。1979年，由于集体计划饲养的生猪较多，食品公司曾以250公斤玉米换购计划外生猪总肉50公斤的比例，向社队换购生猪500吨，既补充计划内货源不足，又促进商品生产、流通。（3）议价收购。随行就市，议价收购，不给奖售。1959 年实行派购后议价收购较少，1979年后才逐渐增多。1985年取消生猪派购，一律改为议价收购。

（二）生猪销售

1954年4月开始，生猪销售由食品部门经营，物价部门定出最高限价供应。1957年3月开始，按牌价购销差对卖猪户的自留肉发放留肉证，农户可凭证购买回自留肉。同年12月，对非农业人口实行猪肉凭证定量供应。1959年9月对生猪实行派购后，除按计划上调、出口外，对城镇居民实行凭票定量牌价供应。议价猪肉另设专档销售。1964—1969年9月，由于生猪货源充裕，牌、市价持平，曾一度取消凭票定量供应。1969年10月，生猪货源偏紧，又恢复凭票定量供应。1985年，全面开放生猪市场，取消凭票供应，对城镇居民采取补价到户，市场全部实行议价销售。凭票定量供应标准，对非农业人口每人每月定量供应猪肉0.8～1.5元，方法是一年发票一次，分月购买。 另“五大节日”（元旦、“五一”、国庆、中秋、春节）

临时增加供应，每人每年合计6～10元，特需供应有各种会议、学习班、合同临时工、回乡探亲和港澳同胞等，凭证明按人定量供应。医院和食堂等单位核定数量供应，饮食业、食品厂、糖饼厂等生产单位实行计划供应，对饲养母猪的农户，每头每年供应猪肉10元。镇域烧卤腊味制品，20世纪50年代年销2～3吨，60年代年销50吨，80年代年销约100吨。2010年后，每年销售约400吨。

（三）生猪屠宰

新中国成立初期，生猪屠宰主要由肉贩根据市场需求自主下乡屠宰，生猪防疫工作不到位，食肉安全没保障。食品部门主要职能是根据县下达的生猪任务下乡收取税费，协调生猪肉食市场供应。1959年后，生猪屠宰、猪肉买卖一直是由食品站独家经营，生猪大部分外调，小部分留站猪肉按牌价供应。1985年7月1日起，取消生猪派购任务，猪肉议价自由供应。食品站的生猪屠宰任务下放，由私营屠工经营，猪肉价格随行就市，分散屠宰，统一检疫，照章纳税。园洲、九潭食品站分别于1997年和1998年建立新的屠宰场，根据国务院《生猪屠宰管理条例》和《广东省生猪屠宰管理规定》的规定，贯彻落实“定点屠宰、集中检疫、统一完税、分散经营”的管理办法，由政府牵头，组织工商、公安、税务、食品、畜牧、防疫等部门组成生猪管理办公室，建立联合执法队伍，负责法律法规的宣传解释和贯彻落实工作，并有针对性地开展联合执法行动。

2000—2016年园洲镇生猪屠宰量表

表8-6　　单位：头

园洲食品站	九潭食品站
46000	3600
48000	3800
45000	3700
40000	4300
49000	4500
50000	6500
52000	6800
51000	6900
59000	7200
50000	7500
55000	7800
57000	9800
56000	12000
58000	15000
60000	18000
61000	19000

续表8-6

园洲食品站	九潭食品站
72500	20100

二、家　禽

鸡、鹅、鸭历来为镇域居民的主要禽类副食品。1949年前，家禽以农民家庭饲养为主，发展缓慢。新中国成立后，家禽发展较快，农户自养自宰，多余的出售，有些在集市出售，有些由供销社或食品站收购，转运到东莞、博罗国营食品公司。1958年，为加强收购，对家禽实行派购奖售政策。“文化大革命”期间，户养家禽饲养受限制，集体饲养亦少。1978年后，农户、集体养禽增多。1980年，取消了禽蛋的派购政策，由双轨经营转向放开价格，由市场调节，市场价高于食品站收购价，饲养户直接投向市场出售，国营食品部门收购量减少，社会商品禽逐年增加。

三、禽　蛋

镇域农户历来以自产禽蛋换取油盐和零用。新中国成立前，有蛋贩串乡收购，然后到东莞企石、博罗等地转销。新中国成立后，由食品部门收购调运城市转销。由于自然灾害和“左”的错误影响，1958年后收购量下降。1961年的收购量仅为1956年的49%。此后，为鼓励农户养好种禽，对禽、蛋实行派购奖售政策。“文化大革命”期间，农户饲养家禽量下降，蛋源亦少，收购量比1965年下降35%。1967—1978年，每年鲜蛋收购量有所上升。

1980年，取消了禽蛋的派购政策，实行议价议销，养禽业迅速发展，社会商品禽蛋购销两旺。

四、畜产品

畜产品主要有皮、毛两类。皮类有牛皮、狗皮、猪皮、兔皮等，毛类有兔毛、鸡毛、鸭毛、鹅毛、羊毛等。毛类由小摊贩（收买佬）走家串户上门收购后出售给供销社收购站（组），再调往外贸部门。皮类主要是牛皮，由生产者送往者供销社收购站（组）加工成正品。毛类收购价格：1984年以前每公斤5.6元，1985年每公斤上升为14元。1990年停止收购。

五、水产品

新中国成立前，园洲水产品主要来自池塘养殖，其次来自江河捕捞。水产品一般都是自产（捕）食，只有小量上市供应。1954年，国家对水产品实行有计划的统购派购，下达塘鱼上调任务。1960年实行塘鱼派购后，除少部分按计划上调和出口外，大部分是凭票定量供应给居民。1960—1963年，每人每月定量1元，1966—1984年为1.5元，对医院病人、军队设特需供应，对港澳等外地回乡探亲人员给予临时供应。1964—1965年，曾一度因货源充足，取消凭票定量供应。1985年市场开放，全部议价销售。市场供应的鲜鱼，除四大家鱼外，还有罗非鱼（福寿鱼）、大口黑鲈（加州鲈鱼）、鳗鲡、大虾和蟹。

六、食　糖

新中国成立前，食糖是议价购销。当时镇域虽有糖蔗种植和制糖业生产，但不能自给，广大农民无力购买食糖，只是在逢年过节时购买一些作佐料。民国时，镇域虽先后办有多家土糖寮，但由于战争影响，加上甘蔗收购价格低，农民对种蔗没有积极性，洋糖仍大量充斥市场。新中国成立后，继续生产、销售土糖。1954年，国家对食糖采取重点供应的办法，照顾大城市及蔗糖产区，农村市场平日少销，节日多销，城镇凭户册供应，按计划销售。1955—1956年，广东省仍实行凭证定量计划供应，境内每人每年供应量3.85公斤。1958—1959年，食糖列入国家一类商品，凭证定量供应，城镇居民每人每月0.15～0.2公斤，农民0.1～0.15公斤，婴儿、产妇每人每月1公斤，荣誉军人每人每月0.5公斤。20世纪60年代初，国家从苏联、古巴进口食糖，仍定量凭证供应。

1964年，食糖由糖烟酒公司统一收购，并实行奖励蔗农的措施和专卖政策。每逢蔗季，加强市场管理，收购蔗糖，从外地调入议价食糖，除供应产妇、病人等特需外，高价出售。

1974年起，贯彻食糖的“四统一”（统一生产、统一收购、统一上调、统一销售）方针，采取凭证定量供应，居民食糖每人每月0.2公斤，农民1.5公斤，节日各加0.25公斤，婴儿、产妇、荣誉军人0.5公斤。这种供应办法一直沿用到1984年。

1985年后，食糖划为三类商品，市场开放，自由购销，结束了食糖凭票定量供应的历史。

七、蔬　菜

镇域蔬菜种植悠久，有50多个品种。新中国成立前，一般农家自种自食，仅有小量在圩场出售。

新中国成立初期，沿袭1950年前自由议价购销。1953年后，粮食开始统购统销，农民种植的蔬菜由县供销社经营。1971年，多数生产队集体办菜场，种植高产优质蔬菜，增加市场供应和组织出口。1979年后，市场开放，菜农不再向商贸部门交售蔬菜。20世纪80年代初开始，园洲镇进入工业化初始阶段，蔬菜的需求量急剧上升，蔬菜供销处于平稳状态。由于农业科技大发展，反季节蔬菜大量上市，蔬菜市场基本没有淡旺季之分，农民种植的豆角、茄子、苦瓜、南瓜、韭黄、甜辣椒等反季节蔬菜，远销港澳地区。

八、水　果

1954年前，农民种植水果较少，市面出售的水果甚少。副食果菜公司还经营从北方运来的苹果、鸭梨等水果。

荔枝在园洲属于特产。20世纪50年代，荔枝价格甚低，普通荔枝（淮枝）每公斤仅0.03～0.06元（1990

年6元），销路主要由供销社在田头村收购荔枝晒干后销往外地。60年代，荔枝的价格有所回升。1980—1990年，荔枝的需求量逐年增加，特别是1985年后，东莞等外地荔枝价格比价高，桂味荔枝市场价每公斤40元左右，淮枝每公斤12元左右。1990年后，由于1970—1980年种下的荔枝大面积挂果，产量猛增，供过于求，出现卖荔枝难的问题，在相当长的时间内，荔枝增产不增收，农民砍掉荔枝转种其他作物，荔枝面积、产量逐年减少。

香蕉也是境内的传统水果，产量高，销路好。1960年集体种植香蕉后，香蕉成为商品，是集体经济的重要来源，香蕉均由供销社收购。1979年后，香蕉种植不断扩大，产品全部进入自由市场，随行就市，远销省内外，全镇有20多人从事香蕉购销。由于受天气和市场的影响，香蕉价格不稳定。

20世纪60年代后期，园洲引进三华李，在坡地或旱地种植。由于市场价格不稳定，至90年代，三华李已无人种植。

1980年，境内引进柑橙种植，经济效益高。1995年后，由于受病虫害影响，特别是水果市场出现了新的变化，进口的高档水果大量上市，镇域种植的柑橙销路不好，种植业受到影响。2000年后，柑橙种植全面萎缩。

镇域原产西瓜为圆形，且果实不大，产量低。1980年后，市面上销售的西瓜，早熟的多产自高要、佛山等地，晚熟的多为江西，长圆形，比当地西瓜大2～3倍。从此，镇域原产品种退出市场。

九、黄红麻

新中国成立前，镇域供应的黄红麻靠从外国进口，称为“番麻”。新中国成立后，有农民种植黄红麻，自由贸易，议价购销。1955年，黄红麻被列为国家统管的二类商品，实行国家派购。黄红麻的种植计划、收购、调拨、价格、加工均由供销社统一管理、统一调拨和经营，并实行每50公斤黄红麻奖化肥15公斤的奖励措施。为了保证黄红麻自给，减少麻、粮争地矛盾，70年代初，境内推广利用早熟水稻田，大量种植稻底麻、路基麻。1980年后，市场开放，种黄红麻收入不高，加上尼龙、塑料加工业发达，生产资料用麻，部分为尼龙、塑料所代替，因而种植面积大减。黄红麻购销量也随之大减，1990年已停止收购。

十、蜂　蜜

1956年前，镇域没有专营蜂蜜的机构，农民自产自销。1957年后，养蜂农户较少，供销社收购站主要收购福田、长宁、龙华、龙溪等地的蜂蜜，收购价每50公斤一等蜜97.5元，二等蜜、三等蜜各递减10元，至1977年不变。马嘶收购站每年收购蜂蜜达1.5万公斤。1978年起，提高蜂蜜收购价格：按每50公斤计，一等蜜为105元，二等蜜为95元，三等蜜为91元。1983年以后，蜂蜜放开经营，境内没有经营收购蜂蜜业务。但是，县土产公司继续经营蜂蜜，并于1987年提高收购价格，每50公斤一等蜜为200元，二等蜜170元，三等蜜为130元，价格按每等级39度计算。此后，由于林木砍伐过量，农作物重施农药，蜜源减小，养蜂业逐年衰退，蜂蜜购销全部推向市场。

十一、食　盐

民国年间，民间食盐由私商专设盐店零售或由杂货店兼销。新中国成立后，国家对食盐保证供应，而且价格一直趋于稳定。20世纪90年代，为消除碘缺乏病，卫生部规定食盐中必须加碘。1996年5月，国务院颁布了《食盐专营办法》，对食盐产销实行国家指令性计划管理，对食盐价格实行政府定价。

十二、烟

新中国成立前，烟草都是由私商经营，自由买卖。大多烟民自种草烟制作烟丝，圩市一些杂货店有烟丝出卖。

新中国成立后，烟叶由国营商业经营。吸烟丝者约占烟民的70%。随着人们生活的改善，吸卷烟的人数和卷烟的供给逐年增多。

1952年，烟类的批发权由国营控制，卷烟全部牌价供应。卷烟价格，每条批发与零售分别为：上海产“中华牌”4.03元与4.40元，“大前门牌”3.03元与3.30元，“飞马牌”2.22元与2.50元；广州产“双喜牌”3.40元与3.70元，“家家乐牌”2.06元与2.30元。年卷烟统一由上级公司下拨到县公司，县公司相应按比例搭配分给基层商店。因货源无法保证，经营困难，草烟（手卷烟）敞开供应，香烟全部牌价凭证，私营零售价不准高过牌价。

1958—1962年，烟叶生产和卷烟工业受“大跃进”和人民公社的影响，走入低谷，供求矛盾突出。有的卷烟厂采用蔗渣、莲藕叶、芭蕉叶等作填充料配制卷烟，市场上出现排队抢购卷烟、烟叶和烟丝的现象，国家采取凭证限量供应和亏本销售阿尔巴尼亚卷烟的措施，商业部门则在销售价格上采用双轨制，凭证限量供应部分实行平价，每名烟民不定期供应卷烟3～5包。

20世纪60年代，国家实行烟草专卖制度。绝大部分香烟从韶关调入，亦有少数中档以上卷烟从湖南、云南、上海等省市调进。1963年，取消凭证供应香烟。1965年以后，出现高档烟极缺而低档烟“大钟”“百雀”“经济”“电车”供过于求的现象，稍微高档的“大前门”“飞鹰”“银球”“上海”要凭工业品券或外汇代用券购买。1971年起，随着卷烟工业的发展，滤嘴卷烟进入市场。

1978年后，城乡经济繁荣，市场兴旺，人民生活水平提高，高档香烟供不应求，黑市买卖的现象比较严重。1979年后，国产“红塔山”“云烟”和“555”等进口烟大量上市，货源充足。1980年，国家准许糖、烟、酒以外的企业个体户经营香烟。1981年后，允许议购议销经营香烟。

十三、酒

酒类历来都是私人经营，以散装米酒为主。当地一些农户主要以家庭作坊的形式自产自用米酒，少量在市场出售。1952年，国家对酒类酒曲实行专卖管理，酒类由国家统一收购和批发。1953年年底，粮食统购统销后，私营酿酒全部停业，酒由商业部门从国营酒厂调进。这期间，主要销售散装米酒为主，支装酒则拆零为小杯散卖。1959年后，以当地产的木薯为主，还有以木薯酒为酒底的支装五加皮、白兰地、葡萄酒等上市。20世纪60年代，由于粮食紧缺，一度缺酒供应。1963年后，实行节日酒计划供应。1964年后，啤酒、红酒进入境内市场。1965年，当地产的散装“糖泡酒”上市。

改革开放后，酒类多渠道经营，镇域市场上广东的“广东米酒”“佛城米酒”“九江双蒸”“仙泉”系列白酒和省外的“五粮液”“贵州醇”“茅台”“四特酒”等名酒销量逐年增加。20世纪80年代初，市场上各类酒逐步开放，敞开供应。1990年后，国产名酒销量不减，国外进口的洋酒“人头马”“XO”等畅销。

随着酒的档次的提升，销路也随之变化。20世纪70—80年代，45～60度的高度酒销量好；90年代后，30多度的低度酒销量好。酒的价格不断上涨，一些名酒涨得更快更高。

十四、其他副食品

镇域圩市供应的各种副食品还有豆腐、腐竹、腐乳、南乳、豆豉、酱油、酱料、各类咸鱼、各类糖果饼干、各类面（米）制品等，多由咸杂店及一些摊档供应。

第五章　饮食　服务

民国时期，镇域的马嘶、上南、东博、九潭圩有餐饮店4家、旅店4家，各村有剃头、屠宰工等，从业人员不足百人。

新中国成立初期，镇域的饮食服务业一度得到发展。“大跃进”和“文化大革命”期间，饮食行业设备简陋，经营单一，服务档次低。

1978年后，全民、集体特别是个体饮食服务业有较大的发展，而且逐渐成为一种产业。饮食业不仅酒家、门店多且建设档次提高。至2016年，上档次的酒店有56家，菜肴越来越丰富，除传统的粤菜、客家菜外，湘菜、川菜及其他各地名菜、名点也传入园洲。与此同时，农家乐饭店成为园洲饮食业的一大特色。此外，服务业较以前门类更多，服务水平有明显提高，服务项目更为周到。

第一节　饮食业

民国时期，镇域饮食店铺较多的有元和、东博圩。圩内尤以元和圩连香茶楼、陈芳包店、“永安初”的饼店、糖水稳的糖水店为最旺。

1950—1951年，镇域的饮食业依然是私人经营餐饮。1951年计有饮食店5家，从业人员仅20人。主要经营来料加工，办理机关团体会议包餐，实行“两带”（带食品、带工具）、“两运”（食品运到田头、运到食堂）的服务。“大跃进”期间，农村大办公共食堂，饮食行业生意不景气。1960年后，供销社等部门在九潭、马嘶等圩开设了7家茶楼。改革开放前，由于粮食紧缺，群众出远门需用餐时，必须自带大米或粮票到一些国营或集体经营的饭店或单位集体饭堂用餐，而且饭店规模小，菜色简单，地方风味菜肴和名菜名点（心）受到限制，常见的菜色有大众化的“杂烩”、猪肉炒青菜和炆鱼；顾客进餐时，先付钱和粮票，自取饭菜。“文化大革命”期间，冷饮业发展，境内各圩均有冷饮经营，卖雪条到村、到田头。

1979年后，饮食业开拓经营。圩镇、农村饮食业齐发展，私人经营的饮食店铺如雨后春笋般蓬勃发展。园洲境内的大小酒楼、饭馆遍布村主要街道、圩镇交通要道旁边，这些饮食业大多经营普通饮食，也有专营海鲜、野味的。20世纪90年代初，社会投资餐饮业资本大幅增加，餐饮网点快速涌现，行业蓬勃发展。2016年，全镇餐饮企业980家，从业人员 5000人，饮食消费总额2亿元。

随着烹调技术的不断提高，经营的菜色呈多样化，白切鸡、碌鹅、河（海）野味应有尽有；服务周到，礼貌待人，斟茶倒水，餐后付款。喝早茶、吃夜宵也逐渐兴盛起来。早茶有龙井、铁观音、普洱等，一般是一桌一个壶，每人一个杯，客到泡茶，喝完再冲，从不催客。早点品种很多，饮食类有粥、肠粉、炒粉、炒面等；点心类有叉烧、猪肉、莲蓉等各种包点、油条、芋头糕、肉丸、鱼丸、虾饺、凤爪等，每件10～20元。夜宵一般在晚上10点后或更晚一些，除少数酒家经营外，主要是一些小餐馆或大排档，食客一般是三五成群的好友亲朋或恋人，或三班倒的夜班下班工人，多是吃炒菜、粥和点心，价格比较实惠。

20世纪后，园洲镇饮食业中的快餐业发展很快。快餐店主要有两种，一种是中式快餐店，其饭盒价格便宜，初时，每盒从3元、5元到10元不等，高质量的20元一盒；现在，每盒15～30元不等，高质量的50元。另一种是引进西餐式快餐店，2007年，美国的麦当劳进入园洲开设连锁店。2008年，美国的肯德基、中国台湾元味等也进入园洲。这些快餐店一般都设在人流旺盛的大商场旁边，其食品主要有汉堡包、薯条、可口可乐等，价格从十多元到数十元不等。与此同时，时尚的茶餐厅进入园洲。茶餐厅是一种起源于香港的快餐食肆，提供糅合了香港特色的西式餐饮，是一种平民化的饮食场所。茶餐厅以其美食的多样化、上菜速度的快捷、轻松的就餐环境以及适中的价钱吸引了非常多的食客，更成为现代年轻人聊天聚会的最佳选择。

近十年来，一种消费合理、价格实惠的特色饭店——农家乐饭店，在农村的鱼塘边、果园间兴办，农家乐饭店成为园洲餐饮业新亮点。农家乐经营的主要菜色有碌鹅、白切鸡、一鱼多食、酿豆腐、焖猪肉、炒油菜等，价格便宜。据统计，全镇有农家乐饭店18家，占地面积26650平方米，建筑面积7228平方米，可容纳就餐3550人，年创税利720万元。

1989—2016年园洲镇农家乐饭店情况统计表

表8-7

名称	地址	注册资金（万元）	占地面积（平方米）	建筑面积（平方米）	可容纳就餐人数	开办时间
银楼饭店	博园路田头路段730号	52	10000	800	800	2011年
桔龙花场农庄	园洲镇桔龙村五队小组	50	2000	1500	300	2014年
田园饭店	县道（园洲镇凤山路段X193线）路旁	20	300	200	150	2010年
凤苑饭店	县道（园洲镇凤山路段X193线）路旁	21	300	200	150	1989年
天天饭店	县道（园洲镇凤山路段X193线）路旁	25	350	220	150	2010年
聚绿菜馆	沥东村福园路旁	20	1000	300	100	2010年
丰谷湖农庄	沥东村福园路旁	20	2500	350	120	2011年
水鱼食馆	沥东村福园路旁	30	3000	400	150	2008年
长福园农庄	沥东村福园路旁	20	800	350	120	2013年

续表8-7

名称	地址	注册资金（万元）	占地面积（平方米）	建筑面积（平方米）	可容纳就餐人数	开办时间
徐和农家菜馆	和安路沥西段	50	1500	500	400	2011年
聚龙居农庄	振兴路沥西段	18	500	248	70	2013年
罗浮山明珠农庄	振兴路沥西段	30	1000	300	200	2013年
琪丰农庄	振兴路沥西段	30	1000	400	200	2015年
蒸味轩食馆	寮仔村	30	200	180	80	2015年
东江河鲜	寮仔村	30	200	180	80	2015年
阿翁农庄	新村村牛头潭	5	800	500	150	2014年8月
润源农庄	新村村牛头潭	4	600	300	130	2011年3月
景龙潭钓虾农庄	新村村牛头潭	6	600	300	200	2016年5月
合计		439	26650	7228	3550	

园洲受港澳饮食文化的影响，注重餐饮产品与文化的融合，消费者追求“色、香、味、营养、卫生”的同时，主张文化与食品、饮食方式、饮食习惯的融合，一种新型的餐厅主题餐厅运用而生。

附：园洲名菜

（一）白切鸡

白切鸡，也叫白斩鸡。白斩鸡制法：（1）选料：选纯正放养的三黄鸡。（2）清洗：去毛，腹部开刀，清洗内腔；在清理鸡的内脏时，注意将鸡肺去掉，然后将鸡体内的水抹干。（3）造型：把鸡脚弯曲进鸡肚里，将鸡脖子向背部弯曲。（4）浸鸡：把光鸡放入开水或原汤中浸3分钟，将鸡提起，倒出其膛内的水，稍滴干水后再次放入水浸3分钟左右提起，如此反复浸烫三次，使鸡的腹腔内外温度保持一致，然后松手把鸡放入开水中，加盖，熄火浸烫10～15分钟（视鸡大小）。（5）斩件：将鸡捞出，透凉或浸冰，用毛巾将鸡身表皮上的水分擦拭干净，涂抹一层芝麻油，使只鸡润泽、黄嫩。最后用锋利的刀斩件，造型上碟。（6）配蘸料：葱、姜去皮，用刀剁成碎末，加入精盐、香油后装入小碗中，把烧好的芝麻油浇上。白切鸡特点：原汁原味，皮脆、肉滑骨香、味浓，百吃不厌。

（二）碌鹅

碌鹅的“碌”是广府语，外人不明其意，听到“碌鹅”还以为是“卤鹅”，实际上“碌”就是“翻”的意思，把鹅放在油锅里不停翻动，直至烧熟变香。碌鹅是园洲人把传统的烹饪技术简化后的烹食方法。正宗的园洲洲碌鹅，首先讲究配料。将南乳、花生油、红糖、蒜泥、五香粉等，按一定比例调和好装入进光鹅的腹腔内封好，然后将适量的蜜糖涂在鹅身上；其次，把鹅放进锅里不停地翻动，这个动作叫作“碌”。锅里的油要放得适量，多了就成了炸鹅，少了又容易使鹅焦煳，所以在恰到好处的油锅里碌鹅，需要长期积累的经验。鹅碌好后，开膛破肚斩件，将鹅腔内的佐料抹上，就可食用。上乘的碌鹅皮脆肉香，有点像烧鹅的口感，但又与烧鹅完全不同，碌鹅通过在油锅中来回碌动的烹制，使其表皮有着诱人的金黄色泽，再加上佐料的入味调制，口感上更加浓郁；且火候恰到好处，肉嫩而骨髓带血，非常新鲜美味，俗称“胭脂鹅”。

（三）鱼丸

鱼丸是园洲地区的传统美食，每逢家宴喜事，无论是在酒楼里包办婚宴，还是在自己家里摆桌贺宴，总能看到鱼丸的身影。鱼丸虽然好吃，但制作工艺复杂。

鱼丸制法：（1）选鱼：一般选用放养一年约200克重的新鲜鲮鱼。（2）清洗：刮鱼鳞，除鳃、内脏和杂质。（3）取肉：从鱼的尾部起刀到头部，一刀切过来；刀要快，用力要均匀，用腕力来剖，然后剔骨去皮起肉，整条鱼转眼间就“脱胎换骨”，只剩下背部两块肉。（4）碎肉：将鱼肉放在砧板上，用双刀有节奏地按顺序排斩，至鱼肉稍有转白，以手感有黏性时为好，注意要斩透，使鱼肉全部成泥；此工序也可用绞肉机操作，但加工的鱼丸口味较差。（5）敲打：把鱼肉打成泥状的鱼胶，这道工序大有讲究，要用力又用势，摔打不够，鱼的胶浆不吐，制成的鱼丸松散而没弹性；摔打过度，鱼浆变老，制成的鱼丸则没有脆、嫩的质感。当搅打至鱼泥黏性增加时，加入少许清水，再进行搅打，重复多次。最值得学习与易被疏忽的是，在开始敲打时不加入任何调味品。（6）调料：仅限于加入盐、水、油脂及蛋清。盐可以加强肌球蛋白和溶胶黏性；水能起到稀释鱼胶的作用，鱼胶可以强烈地融化，使大量的水分子排列在周围；而油脂增加了鱼丸细腻、滑嫩的口感，并有增白的效果；而蛋清也是为了保持鱼丸的嫩度与弹性。（7）挤丸：用左手抓起一把鱼浆，从虎口处挤出一个圆球，右手用羹匙勺舀下放入清水盆内；动作要干净利落，用汤匙刮出丸子的时候，在旁边放一碗水，每刮一次，就把匙子放到清水里沾一下，这样丸子就不会沾在匙子上。挤出的鱼丸在清水中漂浸半小时左右，防止煮制时粘连。（8）煮丸：煮鱼丸要用旺火，火不旺，鱼丸会只热不熟，时间一长会变硬。煮制时，也要防止水过分沸腾，而将鱼丸冲撞破碎。鱼丸煮至熟透后捞起出锅，即为成品。将煮好的鱼丸用漏勺捞出，马上放到冷水里冷却，以增强鱼丸的脆感。鱼丸特点：爽口弹牙；喝一口，鱼味香浓。

（四）焖鱼

焖鱼流行于园洲地区的传统美食。

烹饪方法：（1）选料：必须选2.5斤以上的鲢鱼、鳙鱼或鲤鱼。（2）清洗：去鱼鳞（鲤鱼不用去鱼鳞），除掉鳃，从鱼背直刀切开取出内脏及杂物，剁去鱼鳍及尾鳍，洗净晾干水。（3）斩件：将整鱼斩开两边后，斜刀交叉斩大块。（4）焖鱼：锅洗净，倒入花生油，用中火烧至七八成热时，将准备好的姜片、蒜米、碎豆豉或面豉酱放进锅中爆香，然后将鱼块倒进，用锅铲不断翻动鱼块，至鱼肉变白色（四成熟），放盐翻炒铺平，从锅边拉上花生油，盖锅盖后不要翻动，在锅边洒少许水，改用小火焖约10分钟（鲤鱼15分钟），揭开锅盖后淋芡、放入葱断即可。焖鱼特点：清香嫩滑、原汁原味。

（五）酿三宝

酿菜是园洲菜系中常见的一种做法，许多食材都可以酿。酿三宝通常是指酿苦瓜、酿豆腐和酿茄子。酿三宝的原料是苦瓜、茄子、豆腐。酿三宝用馅料较多，而且经济实惠，色、香、味甚佳，深受食客的青睐。酿三宝可用相同的馅料：五花肉、左口鱼干或鲮鱼肉、葱头等剁成末，顺一个方向打至起胶。将酱油、盐、白糖(酿苦瓜加量)、香油、白胡椒粉、料酒、生粉等，腌制30分钟。也可以根据实际情况调整馅料的用材或配料。

酿苦瓜。酿苦瓜的方法：选个头比较小的瓜果，将苦瓜洗净，用斜刀切成两段；用汤匙把瓜瓤掏空备用，将馅料填进瓜中；酿好后的苦瓜可蒸可煮，因人而异。

酿茄子。酿茄子的方法：(1)在茄块中间划入一刀，做成茄盒，用以填馅。（2）在茄子夹腔内洒撒上一层薄干淀粉，然后将肉馅酿入茄瓜盒腔内。（3）酿入茄盒的肉馅不宜过多，否则在煎炸时肉馅容易脱落。（4）茄盒酿入肉馅后，应在茄子的切面处裹上生粉，可使酿入的肉馅不易脱落，煎制时更紧实。（5）中火烧热炒锅，放茄盒煎至熟，铲起即可食用。

酿豆腐。酿豆腐有两种，一种是酿白豆腐，一种是酿油豆腐。白豆腐的酿制方法：（1）把豆腐切大小适中成长方块。（2）左手拿起豆腐块，右手拿一根筷子，用筷子划开豆腐块，然后把馅料塞进去。（3）将酿好的豆腐表面（有肉馅的那一面）抹上鸡蛋液。（4）将豆腐倒置锅里，将表面煎成金黄色后，起锅。（5）烹制：可红烧，可炸、煎、煮、清蒸，有半煎半煮的，也有打火锅的，五花八门，风味各异。油豆腐的酿制方法：（1）在油豆腐一方撕一个口，口盖别完全撕断。（2）食指插进油豆腐里，沿油豆腐内部转一圈，让内瓤都贴紧豆皮，以腾出更多的空间，灌进更多的馅料。（3）用食指一点点地把肉馅灌进油豆腐里。（4）灌满后，用拇指把原来没撕断的豆皮口盖压紧。（5）放入高压锅蒸，上气后蒸5分钟即可。如果没有高压锅，普通蒸锅上气后，蒸30分钟即可。蒸熟的油豆腐，可即食，可再次烹制，做好这个菜的关键是小火慢炖，让油豆腐入味。油豆腐比白豆腐更能充分吸收汤汁，一口咬下，鲜美的汤汁就溢满整个口腔。酿三宝，除了讲究“酿”，其烹饪除单一烹饪还可以混合烹饪，混合烹饪的特点：苦味、辣味、茄香与肉香交融在一起，风味独特，香而不腻。

第二节　服务业

一、酒店　宾馆

新中国成立前，镇域各圩市客栈（旅馆），设备简陋，主要有木板床、木凳、葵扇、暖水壶等。多住猪、牛、三鸟和山货贩子，可为顾客提供炉具、代请医生、补衣服等。

1942年1月香港沦陷后，很多难民经东莞到罗浮山，旅馆业一时兴旺。新中国成立初期，由于九龙“封关”，走私及“水客”锐减，加上开展土改运动，客源减少，境内旅业不景气。

1956年，各旅店实行公私合营，全部旅店改为公私合营商店，设有代管行李、代挂电话、代请医生、提供伙食等服务。1978年后，个人经营的酒店、旅店越来越多。

1980—2015年，园洲成为外商投资的热点，来往外商与务工者日益增多，酒楼、宾馆不断增加；旅店业与经济同步。2016年，境内酒店宾馆23家，一般外设停车场，内设套间与单间客房。标准单间都放两张双人床，配有彩色电视机、电话、空调，都有卫生空间兼冲凉间，置有桌椅、茶具、保险箱等。有的还备有拖鞋、浴巾、牙刷、牙膏、香皂、梳子、冰柜等，并附设餐饮、美容、美发、娱乐、健身等场所。

1993—2016年园洲镇宾馆酒店情况统计表

表8-8

名　称	地　址	开办时间	房屋自建还是租用	总面积（平方米）
博罗县园洲宾馆	园洲镇兴园三路	1993年3月	自建	41000
博罗县园洲镇晶港酒店有限公司	园洲镇刘屋区	2005年5月	自建	35000
世宝商务酒店有限公司	园洲镇文广路127号	2011年12月	租用	2016
华富商务宾馆	园洲镇中心花园刘安路159号	2015年5月	租用	1500

续表8-8

名　称	地 址	开办时间	房屋自建还是租用	总面积（平方米）
喜来酒店	园洲镇兴园五路167号	2014年10月1日	自建	1980
金富盈假日酒店	园洲镇富民路98号	2014年3月18日	租用	1399
惠州市鑫园洲花园酒店	园洲镇绿化北路	2014年7月	租用	6764
庆丰酒店（园乐）	园洲镇桥北路	2008年9月15日	租用	2000
洪都商务酒店	园洲镇兴园二路22号	2015年4月	租用	1600
金莎酒店	园洲镇刘屋村顺安六路1号	2007年	租用	6489
同庆海鲜酒楼	园洲镇福园路128号	2016年3月12日	租用	1200
丽景假日酒店	园洲镇福园路莫屋路口	2012年11月26日	租用	3420
广盈商务酒店	园洲镇刘屋村永昌路13号	2013年4月6日	租用	3000
力天皇都酒店	园洲大道与福园路交界	2012年9月16日	自建	3744
博罗县裕景酒店	园洲镇秀丽路358号	2015年6月6日	租用	4000
博罗县园洲镇百乐酒店	园洲镇四十八米大道	2015年7月17日	租用	2850
博罗县拉拉酒店有限公司	园洲镇国土局旁	2011年	租用	2600
逸豪休闲会所	园洲镇上南村委会鸽虪函地段	2014年9月18日	租用	2783.49
博罗县园洲镇如一酒店	园洲镇上南村委会鸽虪函地段	2013年8月30日	租用	2783.49
鸿图旅业	园洲镇秀丽路117号	2004年10月	自建	2300
博罗县园洲镇御泉酒店	园洲镇上南村工业区禾田	2015年4月20日	租用	4000
喜悦酒店	园洲镇五丰路	2008年1月	自建	2100
博罗县园洲镇德兴大酒店	园洲镇秀丽路	1999年8月6日	自建	5100
合计				

附：酒店、宾馆选介

（一）园洲宾馆

园洲镇第一家宾馆，位于兴园三路刘屋路段。总投资3500万元，于1991年2月动工兴建，1993年3月建成投入使用。占地面积41000平方米，建筑面积28000平方米，集饮食、旅业、娱乐、健身项目为一体的园林式建筑风格。有标准客房90间，床位160个；餐厅1200平方米，可容纳就餐人数650人；还设置卡拉OK、桑拿、健身等设施。园洲宾馆的建成，成为园洲第三产业的重要配套设施，解决了当时在园洲办厂的外商住宿、饮食、娱乐等问题。

（二）晶港酒店

位于园洲桥北路，系民营企业。酒店于2005年5月建成营业，占地面积28000平方米，建筑面积35000平方米，楼高十二层。是一家集客房、餐饮、娱乐、桑拿、沐足、会议于一体的大型综合性酒店。酒店总投资5000多万元，按四星级酒店设计、装修，拥有豪华套房、高级标准客房160间，有空调、卫生间、有线电视、宽带上网、直拨电话、迷尔酒吧、冰箱及保险箱；有桑拿房75间，KTV豪华房68间；还有西餐厅和钢琴酒吧，配有可以容纳200辆车的停车场。酒店设有先进、完善的安全消防系统，采用四星级酒店管理服务模式，可为中外客商提供优质服务。

二、理　发

园洲的理发业始于1911年辛亥革命爆发后剪辫运动。清末民国初，乡间大的村子都有理发匠，俗称剃头佬，当时理发不仅是单纯的剃头、剪发，还包括拔白头发、拔鼻毛、剃须、挖耳朵、推拿等。理发是一种职业，也是一门手艺。理发师傅背着工具箱穿街走巷，摆摊于榕树下、祠堂门口、街头巷尾，早出晚归，收费很低。在一些地方，这种游业的方式仍普遍存在。

20世纪50年代，园洲、九潭分别成立理发社，实行集体经营，有理发师傅5人。1980年后，理发社解散。

70年代后，理发开始使用电剪刀理发器、电吹风和电风扇。1980年后，传统的理发工具、方式、内容都在改变，原来简陋的理发店变成了时髦的发廊，还兴起一些美发美容院（店），理发的工具、技术更为先进，过去的土法吹风被热电所代替，发型使用定发胶。设备更为高档，一般都装上冷气设备。发型多样，不少男女青年效仿自己追捧的歌星、影星、偶像发型。80年代，男青年多留长发，有些女青年留男子发型。2000年后，一些男青年留中长发头发朝上，用发胶定型，像刺猬一样；有的则将头发的全部或额前一部分染成金黄或雪白色、红色；女青年多留披肩长发。烫发、染发也很多。

2016年，境内有发廊285家，从业人员1600人，理发项目有按摩、洗头、染发、吹风、电烫。

三、沐　足

21世纪初，随着人们休闲娱乐方式的多元化，园洲引进了港澳地区的新型娱乐休闲项目：沐足。沐足，园洲人称为“洗脚”，逐渐成为人们休闲生活的一种方式。

沐足行业作为一个新兴的传统行业，发展速度迅速，据统计，2016年，全镇的沐足企业25家，从业人员1800人。沐足保健疗法是足疗诸法中的一种，是通过水的温热作用、机械作用、化学作用及借助药物蒸汽和药液熏洗，起到疏通奉理、散风降温、透达筋骨、理气和血作用，从而达到增强心脑血管机能、改善睡眠、消除疲劳、消除亚健康状态、增强人体抵抗力等一系列保健功效。

沐足场所装修豪华，空调房间，有单人房、双人或多人房，有饮料、茶水供应。而沐足的工具较为简单：足浴床和足浴盆。

足浴床也称为“浴足床、足疗床、沐足床、洗脚床”，具有沐足泡脚和桑拿按摩休息等用处。一般足浴床的尺寸规格为：长2000厘米，宽80～100厘米,高，450厘米；足浴盆指用于足部冲洗按摩的容器。一般分为两种，一种是电器，带保温按摩功能的塑料盆；另一种是全实木的足浴盆，一般用的是香柏木。

沐足的流程分泡脚和按摩。泡脚分单一的用热水泡脚和中药泡脚两种。按摩就是对足部按摩。沐足按内容时间收费。

四、照　相

1965年前，镇域无照相业，群众照相要到东莞石龙或企石。1965年，园洲、九潭照相馆开业。照相馆的设备简单，拍黑白照片。“文化大革命”期间，照相业务受到限制，以素色为布景，黑色或蓝色的素布服装；有的手拿毛主席语录本，胸戴毛主席像章。

1978年后，彩色胶卷与相机逐步兴起，兼营结婚照的拍摄。1980年后，港台式的婚纱艺术照和山水风光的艺术照在境内兴起。照相馆从单纯的照相逐步发展为摄影录像业务，为新婚、寿诞、开业等庆典活动提供全过程摄像、录像和光碟制作服务。

五、修　理

1949年以前，境内修理业主要有修鞋、补锅、修伞、修钟、补箩及修配钥匙，多数为穿街走巷，上门服务，钱物兼收。1956年，组织个体修理店，合作经营。1960—1970年，主要修理自行车、钟表、收音机、缝纫机、电动机等。1978年后，传统的补锅、修伞逐渐减少，补鞋、擦鞋依然兴盛。随着电视机、电冰箱、电脑、复印机、洗衣机、热水器、抽油烟机、音响等家电的逐年增加，维修门店业不断增多。2016年，全镇有家电维修店60家，摩托车维修店180 家，汽车维修厂（店）68家，电脑维修店78家。

六、广　告

1978年实行改革开放后，特别是1993年实行社会主义市场经济后，园洲经济快速发展，为市场经济服务的广告业发展很快。2016年年底，园洲镇有广告公司38家，从业人员300人，广告营业额1368万元。这些经营单位，人数不多，少则几人，从事名片、工作卡和牌匾、灯箱、标语制作，有的兼营证件复印、文字打印等业务，有的经营霓虹灯、路牌、电子显示牌、窗厨、灯箱户外广告和会议庆典活动等。园洲镇高层建筑顶端、各交通要道、店堂内外到处都有户外广告，特别是重大节日与庆典活动，镇区街道两旁及现场，彩旗、星旗、大小标语随风飘荡，格外醒目。

七、废旧物资回收

历史上，废旧物资收购由私人经营。1951年，县内各供销合作社开始回收废金属，当时只收杂铜、铝、锡，1953年开始回收废钢铁。1958年，供销社把废旧物资收购网点普及到各大队下伸店。

新中国成立前，废旧物资收购主要是私人经营，一些小商贩走街串巷流动收购，收售旧五金、旧家具、旧衣服等，也有的用针线、糖果等与居民换购废旧商品。新中国成立后，随着经济的发展居和民生活水平的提高，经营方式也逐步由零散经营转向专业经营，将废纸、料瓶、毛（鹅毛、鸡毛）骨（牛骨、猪骨）业务并入，实行统一收购，分类销售。1951年，供销合作社开始回收废金属，当时只收杂铜、铝、锡，1953年开始回收废钢铁。1957年下半年，贯彻国务院规定，废铜、废锡、废铁及废橡胶、废轮胎等列为国家统购物资，由国营商业和供销社统一收购，对破布、废纸、废棉的废旧物资下达收购计划。从此，废旧物资的回收成为国民经济的组成部分。

1957年，提出“就地取材，就地加工，使废物变活宝，无用变有用，一用变多用，通过生产解决一切矛盾”的口号，掀起大搞废物利用热潮。1958年“大跃进”中，为了大搞废钢铁回收，进行宣传发动，下达交售任务。由于在执行中带有强制性，出现撬铜、砸锅凑数的现象。1984年，改革流通体制后，废旧物资回收行业开放，进入市场化过渡阶段。1986年，废物回收利用被确定为“物资再生利用”行业，1987年正式更名为“再生资源”产业。

第六章 物流 快递 电商

第一节 物 流

古代，园洲镇域商品运输以水运为主，东江上行经礼村、苏村、博罗至惠州，下行经石龙至广州。沙河上行由九潭泊头经湖镇到罗浮山、响水，下行经石湾、石龙到广州。1902年，开放惠州为商埠后，水上运输更兴盛。抗日战争期间，当广州沦陷后，东江商品运输格外繁忙，流转量大且面广。1902年，开放惠州为商埠后，水上运输更兴盛。抗日战争期间，当广州沦陷后，东江商品运输格外繁忙，流转量大且面广。新中国成立前，园洲镇内商品由私人经营，商品运输自行管理。新中国成立后，园洲镇内设立搬运站。商品流转按行政区划进行，即省商业厅按商品调拨计划，把商品运到各行政区商品转运站，然后再运往辖区内各县商业部门销售。造成商品有的迂回运输，走回头路，商品运输路线长，流转速度慢。

1978年以后，公路建设发展较快。20世纪80年代始，镇内公路与县道、省道、国道和广惠高速公路连接，商品流转通畅，运输便捷，现代物流业发展较快。

2014年，外资（澳大利亚）嘉企业园仓储服务（惠州有限公司）落户园洲镇广惠高速出口旁，由安华和嘉民合作投资建设，项目占地330亩，建筑面积26. 万平方米，总投资6. 6亿元。项目总建筑面积14万平方米，包括高端物流仓储、办公设施和宿舍。该公司主要经营范围：仓储设施建设、经营和管理；提供仓储服务；自有房屋租赁；自有物业管理。项目建成运营后，预计年营业收入5亿元以上，年创税3000万元以上。项目与2015年8月动工，计划2017年完成第一、二期工程并开始运营。

至2016年，落户园洲镇的物流公司网点有29家，有员工152人，年经营票数105.55万件，2016年营业额3643万元。

2007—2016年园洲镇物流公司情况统计表

表8-9

名　称	开办时间	性质	地　址	员工（人）	营业网点（个）	货车（辆）	电动三轮车（辆）	经营面积（平方米）	主要业务	每年经营票数（件）	2016年营业额（万元）
信丰物流园洲分公司	2016.3	民营	园洲镇新三新丰华路33号	5	1		5	150	收送快物件	1万	15
盛辉物流集团（博罗园洲分公司）	2012.1	民营	园洲大道	4	1	2		200	收送快物件	1万	300
商桥物流（园洲营业部）	2016.5	民营	园洲大道附近	6	1	2		200	收送快物件	3万	400
城市之星物流（惠州园洲店）	2016.3	民营	园洲大道899号	3	1			150	收送快物件	2万	260
园洲镇安能物流	2014.10	民营	广东省惠州市博罗县园洲镇沙河大道142号	7	1	4		300	收送快物件	1.5万	300
景光物流	2014.12	民营	园洲大道126号李屋路段	5	1	1	1	200	收送快物件	1.5万	120
百世物流惠州园洲站	2015.9	民营	颖川路	6	1	2		250	收送快物件	4万	350
万隆华江物流有限公司（园洲分公司）	2014.3	民营	园洲大道附近	8	1	3		400	收送快物件	3万	400

续表8-9

名　称	开办时间	性质	地　址	员工（人）	营业网点（个）	货车（辆）	电动三轮车（辆）	经营面积（平方米）	主要业务	每年经营票数（件）	2016年营业额（万元）
中国邮政速递物流股份有限公司惠州市分公司园洲分店	2007.8	国企	中华一路1博罗县交通运输局园洲中心交通管理所附近	14	1	2	7	100	收寄国内国际邮件各类便民服务	18万	300
龙兴物流	2015.8	民营	园洲大道顾屋555号	8	1	2	1	350	收送快物件	1.5万	100
速通物流有限公司	2016.9	民营	园洲镇阵村沙河大道22号	4	2	1		250	收送快物件	2万	150
速通物流	2014.10	民营	沙头大道22号	4	2	2		120	收送物件	1万	17
龙邦物流快递	2016.5	民营	上南中南一路	10	1	1	5	150	收送快物件	5万	150
德邦物流	2013.8	民营	园洲大道632号	15	3		6	250	收送快物件	4万	70
德邦物流（园洲大道）	2010.8	责任有限公司	园洲大道887号	11	3		6	250	收送快物件	8万	70
德邦物流福园营业部	2011.7	责任有限公司	福园路279号	7	3	1	1	150	收送快物件	3万	200
中铁物流园洲分公司	2012.9	责任有限公司	园洲大道1786号	6	1	2		150	收送快物件	2000	200
九邦物流	2014.3	民营	园洲大道271号	8	1			100	收送快物件	800	50
华迅达物流分公司	2012.9	民营	上南秀丽路412号	2	1	1	1	100	收送快物件	500	20
利发物流	2013.9	民营	园洲大道593号（李屋路段）	13	1	5		200	收送快物件	7万	20

续表8-9

名　称	开办时间	性质	地　址	员工（人）	营业网点（个）	货车（辆）	电动三轮车（辆）	经营面积（平方米）	主要业务	每年经营票数（件）	2016年营业额（万元）
天地华宇物流	2013.9	民营	48米大道李屋段832号	6	1	1		200	收送物件	38万	150
合　计				152	29	32	33	4220		105.55万	3643

第二节　快　递

快递，又名速递，是兼有邮递功能的门对门物流活动，即指快递公司通过铁路、公路、空运和航运等交通工具，对客户货物进行快速投递。

园洲镇的快递业始于2013年，至2016年，进驻园洲的快递公司有28家，营业网点53个，员工349人，每年营业票数达1102.5万件，2016年营业额6822万元。

2007—2016年园洲镇快递公司情况统计表

表8-10

名　称	开办时间	性质	地　址	员工（人）	营业网点（个）	货车（辆）	电动三轮车（辆）	经营面积（平方米）	主要业务	每年经营票数（件）	2016年营业额（万元）
百世快递园洲分部	2015.8	民营	广东省惠州市博罗县水岸东路88号	10	2		12	350	收送快递	10万	18
百世快运	2015.9	民营	惠州市博罗县园洲镇下南颖川路6号	8	2		10	200	收送快递	8万	13

续表8-10

名　称	开办时间	性质	地　址	员工（人）	营业网点（个）	货车（辆）	电动三轮车（辆）	经营面积（平方米）	主要业务	每年经营票数（件）	2016年营业额（万元）
博罗园洲中通（上南分部）	2015.11	民营	园洲镇兴园5路28号	8	2		6	100	收送快件	13万	20
中通快递（博罗园洲九潭站）	2016.10	民营	佛岭路13号	5	2		1	150	收送快件	15万	18
圆通快递（园洲分部）	2013.10	民营	中华三路46号	12	3	1	11	150	收送快件、物件	60万	80
园通速递	2007.7	民营	富园路339号	17	3	4	2	150	收送信件	130万	150
圆通快递	2016.8	民营	园洲镇李屋路口	5	3		3	100	收送快递	3万	7
韵达快递园洲分公司	2016.3	民营	刘屋工业路22号	13	3	2	2	500	收快件、分件	75万	1200
韵达快递	2016.8	民营	博罗县园洲镇九潭桦阳工业区振兴 大道638号	4	3		5	150	收快递送件	10万	13
韵达快递分公司	2014.10	民营	园洲秀丽路329号	3	3		3	120	收送快件	25万	35
顺丰速运（园洲分公司）	2014	民营	福园南路8号壹号公馆	68	1	3	48	350	收送快件	100万	1800
天天快递	2016.5	民营	广东省惠州市博罗县Y551（园洲大道）	12	2	10	2	400	快递送件	200万	800
佳吉快运	2015.3	民营	园洲 大道656号	6	1	1	5	200	收快递送件	12万	15

续表8-10

名　称	开办时间	性质	地　址	员工（人）	营业网点（个）	货车（辆）	电动三轮车（辆）	经营面积（平方米）	主要业务	每年经营票数（件）	2016年营业额（万元）
京东快递	2015.9	民营	沙河大道18号	15	1	4	7	150	收快递送件	18万	20
京广速递	2016.4	民营	沙河大道20号	7	1	6	2	150	收送信件	10万	130
安能快递	2014.3	民营	园洲镇颖川路22号	7	1		5	150	收送快递	9万	140
快捷快递	2015.5	民营	园洲镇九潭振兴大道449号	6	1		3	120	收送快递	8万	120
环球通达快递博罗分公司	2016.9	民营	广东省惠州市博罗县园洲镇李屋村李贺路	5	2		3	120	收送快递	7万	110
环球通达	2017.3	民营	园洲镇李屋路口	4	2		1	100	收送快件	2.5万	8
中国邮政（全球邮政特快专递）	2008.10	民营	园洲镇九谭中学福园路969号	2	1		1	60	代理中国邮政汇款、包裹、快递、信件、邮票	300万	300
品骏快递博罗站	2014.10	民营	广东省惠州市博罗县园洲镇富盛路	6	1		3	130	收送信件	6万	100
博罗县园洲镇鑫旺捷运货运代理服务部	2013.8	民营	望江路18号	9	1	2	2	160	收送信件	5万	80

续表8-10

名称	开办时间	性质	地址	员工（人）	营业网点（个）	货车（辆）	电动三轮车（辆）	经营面积（平方米）	主要业务	每年经营票数（件）	2016年营业额（万元）
园洲优速快递	2017.3	民营	福园路291号	12	1	5	2	200	收送信件	4万	160
申通快递	2015.12	民营	福园路682号	4	3	2	1	120	收送信件	16万	200
申通快递园洲总站	2017.6	民营	李屋康富龙轮胎市场旁	75	3	7	40	1200	收送快件	46万	1500
申通快递营业所	2015.7	民营	园洲大道服装一号	9	3	1	7	150	收送快件	4万	25
速腾快递	2016.5	民营	阵村沙河大道58号	9	1	6	2	200	收送信件	4万	60
华通快递	2017.6	民营	园洲镇李屋路口	4	1		2	100	收送快递	2万	6
合计				345	53	54	191	6030		1102.5万	6822

第三节 电子商务

电子商务(Electronic Commerce)是利用计算机技术、网络技术和远程通信技术，实现整个商务（买卖）过程中的电子化、数字化和网络化。

园洲镇的电子商务始于纺织服装业。2009年，园洲镇政府委托省服装协会编制了《园洲纺织服装产业发展规划白皮书》，提出大力发展电子商务，拓展市场空间，建立起适应市场的快速反应的信息系统和营销系统，提高纺织服装企业的竞争力。博罗县园洲纺织服装行业协会通过网络建立供销平台帮助企业接单和产品销售。

2012年，园洲服装直批平台——衣谷网上线，实现了“互联网+服装”的电商运营模式。同时，依托衣谷网平台，于2014年12月1日筹建园洲纺织服装企业动态信息中心（以下简称信息中心），2015年11月30日正式投入使用。信息中心位于园洲镇上南中大轻纺城。项目总投入903034元。2015年10月26日，信息中心与惠州市商乾电子商务有限公司在技术和建设推广的深度合作。合作方通过现有技术专才团队为中心的衣谷网运营提供了技术、数据安全等方面的保障，同时也为衣谷网引入服装类成熟的网络资源——服装专业批零网络平台17网及九州服装渠道。2015年12月至2016年12月，为信息中心提供3万多条采购信息，为园洲服装企业带来5万多件套服装的采购订单，如初语女装、茵蔓女装、林夕梦内衣等品牌商订单就是通过该渠道到园洲的。2017年，信息中心将与GAIA智能买手平台进行生产企业与销售终端优质店铺的无缝对接，这将为园洲服装企业带来新的机遇。

第九篇　乡镇企业

新中国成立前，零散的手工业均属私营。

新中国成立以后，乡镇（社）、村（队）乡镇企业的经济成分不断优化，发展速度不断加快，经济总量不断提升，经济效益不断提高，成为乡镇经济的半壁河山。

镇域的乡镇企业发展始于1956年。在当时的农村社会主义改造过程中，兼营商品性手工业的农民和农村专门手工业者，相继参加农业合作社，办起一些企业。1958年人民公社化后，先后组建了车衣社、铁木农具社、砖瓦厂等一批社办企业。由于全党动手，全民发动，因陋就简，土法上马，发展较快。又由于贪多求快，仓促上马，厂房、资金多为平调，设备简陋，原材料短缺，产品质量低劣，加之连续三年自然灾害，经济严重困难，农民劳动积极性和农业生产力受到很大挫折和破坏。1961年起，陆续停办社队工厂。1962年停办的社队工厂，用其财产归还平调农民的房屋、物资、资金。1963年下半年开始，随着农村经济的恢复和发展，按照“围绕农业办工业”的方针，社队企业开始复苏。1965年，境内河南区社队企业总收入6万元。“文化大革命”期间，社队企业发展缓慢。1977年，河南区成立社队企业办公室后，加强对社队企业的管理和领导。是年，社队企业总收入增至50万元。

1979年后，社队企业逐步推行经济责任制，积极调整行业结构，进行横向联合，出现了新的局面。1983年后，农村管理体制改革后社队企业改为乡镇企业。是年，河南区乡镇企业25家，产值150万元，比1978年增长200%，超历史水平。

1984年，中共中央、国务院发出4号文件，就大力发展乡镇企业制定了一系列方针、政策，社队企业改称为乡镇企业并实行区(镇)、管理区、村、家庭四级办工业，从而打破了城乡分割的局面。

1989—1991年，国家对乡镇企业实行“调整、整顿、改造、提高”的方针，境内的乡镇企业进行结构调整和优化，改善交通、能源、通信等投资环境，加大招商引资的力度，发展外向型企业。1991年，河南区乡镇企业发展到100家，从业人员4000人，营业总收入1200万元，总产值15000万元；上缴税金80万元，利润50万元。

1994年，中共惠州市委、市政府召开全市乡镇企业会议后，河南区（园洲镇）按照惠州市乡镇企业“五个一”工程计划（即县、区乡镇企业总值向100亿元突破，四分之一乡镇向10亿元突破，大部分乡镇超亿元，管理区向1000万元突破，村向100万元突破），努力向奋斗目标迈进。2000年，河南区工业总值突破10亿元大关。

2016年，园洲镇乡镇企业1486家，从业人员101276人，总产397亿元；上缴税金74789万元，利润1.7亿元，年末固定资产原值560亿元。

第一章　体制结构

清末、民国时期，园洲仅有私营工业的单一经济。20世纪50年代，手工业改为集体，私营工业绝迹。

1958年，社队企业伴随着人民公社在农村中大发展。当时强求“一大二公”，只存在单一的公社所有制形式。办企业所需的财力、物力、人力靠“一平二调”的“共产风”。1959年称为社办工业。1959年2月毛泽东称其为社办工业，并称赞它为“伟大的、光明灿烂的希望也就在这里”。1972年叫社队企业，即农村人民公社和生产大队办的集体所有制企业。

1978年12月中共十一届三中全会以后，社队企业发展步伐加快，但体制仍停留在社队两级经营范围。

1984年，中共中央、国务院同意将社队企业改名为乡镇企业，并下文指出“乡镇企业是多种经营的重要组成部分，是农业生产的重要支柱，是广大农民群众走向共同富裕的重要途径”。此后，乡镇企业经营体制结构出现集体、联户、个体一齐上的新格局。

1996年，仍然叫乡镇企业。90年代后期，农村股份合作制、股份制、中外合资合作等新的企业组织形式大量涌现。对此，《中华人民共和国乡镇企业法》规定，乡镇企业是农村集体经济组织或者农民投资为主、在乡镇(包括所辖村)举办的承担支援农业义务的各类企业。1996年，按照农牧渔业部的规定，组办企业视为联户企业，乡镇企业只有镇办企业、村办企业、联户企业、个体企业4种形式。2000年，农业部规定雇佣劳工8人以上的为私营企业，雇工7人以下的为个体企业，原称联户企业的企业，按雇工人数情况，分别纳入私营企业或个体企业，乡镇企业的四种形式又改称为镇办企业、村办企业、私营企业、个体企业。

乡镇企业包括乡(镇)办、村(村民小组)办、联户(合伙)办、户(个体私营)办等多种形式，在这些形式中包含着股份制、中外合资、合作和三来一补等多种形式。

2016年，园洲镇拥有企业1486家，从业人员101276人，总产值397万万元。在这些企业中，镇办企业有3家，从业人员450人，总产值1200万元；村办企业103家，从业人员2000人，总产值5500万元；个体联户企业1380家，从业人员50000人，总产值3亿元。

第一节　镇办企业

1956年实行手工业社会主义改造轻工业，按照“积极领导，稳步前进，自愿互利”的原则，逐步建立手工业生产合作社。1956年正式成立的园洲手工业合作社为境内首家集体企业管理组织。此后，以生产小农具和生活用品为主的合作社相继成立，社员自筹资金，投股入社，自负盈亏，多劳多得。1957年，农村数量不多的私营企业，大部分实行公私合营，部分变为地方国营（二轻）企业。1958年后，社队企业伴随人民公社在农村中开始发展。河南区办起粮食加工厂、副食品厂、农具厂、木器厂、砖瓦厂、农场、养猪场、养蜂场；河北区开办副食品加工厂、粮食加工厂、砖厂、五金厂、化工厂、陶瓷厂、甘蔗场、鱼苗场等，还建立了建筑队、搬运站等。社队企业大多数是公社和各大队根据实际，就地取材，就地加工，就地销售，发展比较缓慢。

1978年年底，镇域有社队企业6家，从业人员300人，产值80万元。1978年以后，农村开始实行家庭联产承包责任制，公社因地制宜发展了一批建筑材料工业、农副产品加工业以及小五金、小塑料等工业。这些企业，自筹资金、自找门路、自主经营、自负盈亏，以加工为主，以小型企业为主，立足当地资源，就地生产，就地销售。

1981年，园洲镇引进全镇第一家“三来一补”企业园洲毛织厂。1986年，九潭镇引进第一家“三来一补”企业新兴制衣厂。此后，多种形式的外向型企业纷至沓来，成为镇域企业的支柱。1995年后，随着民营企业的增加和“三来一补”企业的转型，镇办企业逐渐减少。

第二节 村（队）办企业

20世纪60年代，镇域农村大队和生产队普遍办起农业生产和农民生活的小企业，如粮食加工厂、界木厂、豆腐坊、林果场、养殖场、砖瓦厂、养鱼场、小糖寮等。

最早兴办集体企业的是桔头大队的龙叫生产队，分别于1969年和1970年兴办龙叫耐火砖厂和桔头耐火砖厂。1970后，农副产品加工和建材生产的村（队）办企业出现良好的势头。

1986年后，贯彻中共中央、国务院批转的农牧渔部《关于开展社队企业新局面的报告》后，村办农、工、商企业全面发展。队办企业的形式多种多样，引进“三来一补”企业或合作合资办厂，成为境内兴办企业的重要组成部分。许多队（村）利用征地款兴建厂房，引进来料加工项目，或合作合资办厂。1986年，河北区引进第一家“三来一补”企业新兴制衣厂，投资规模200万元。

20世纪90年代后，境内村办企业持续稳步发展。1992年，刘屋村兴建刘安第一工业区，引进第一家外资企业金恒织造厂。随后，信兴制衣厂、手表带厂等数十家企业落户刘屋。工业总产值突破千万元。2000年，刘屋工业总产值2.8亿元，2016年，刘屋工业总产值3.5亿元。

附：乡镇企业百强村上南村

1982年9月，上南村引进第一家“三来一补”企业，香港商人卢坚祥投资1000万元开办上南制衣厂（1989年后转为华园制衣厂），有员工200人。上南村当年掘得第一桶金，收到厂房租金及各种费用达3万多元

1992年，上南村利用征地补偿款开发工业区，投入9000多万元新建3万平方米厂房，兴办华南制衣厂、耀昌制衣厂、源发制衣厂、汛达制衣厂等十多家“三来一补”企业。

到1997年，引进外商办厂53家，自办工业53家和其他企业157家，拥有固定资产6500万元，从业人员11360人，年营业收入2.43亿元，村民人均收入超万元。1998年，该村被评为广东省乡镇企业百强。2006年，开发占地600亩的民营制衣工业区，对制衣企业实施优惠政策，吸引民资进园投资。至2016年，上南村共有各类工商企业1000多家，村集体经济年收入2000多万元，人均年纯收入约2万元。近年，该村投资近3亿元，统一规划建设高层农民公寓，无偿分配给村民居住。为使老人安享晚年，坚持按月给60岁以上的老年人发放1200元的养老金。2016年，上南村给每位村民每年发放3000元的福利分红。每年投入近50多万元用于改善上南小学的教育教学环境。村里还成立教育基金会，资助本村困难学生完成学业。2015年，上南村被评为“广东省乡镇企业八强村”。

第二章　产业结构

境内乡镇企业产业分布包括工业、商业、交通运输业、建筑业、饮食服务业以及现代种植、养殖业等一、二、三产业，生产经营活动几乎涉及国民经济的各个领域。随着改革开放的深入发展，园洲镇乡镇企业的产业结构（第一产业的农业企业，第二产业的工业企业、建筑企业，第三产业的交通运输业、商业贸易业、饮食服务业及其他企业）在不断发展变化。

2010年，第一产业总产值40228 万元，占全部乡镇企业总产值的2.57%；第二产业总产值901628万元，占全部乡镇企业总产值的57.53%；第三产业总产值 625290万元，占全部乡镇企业总产值的 39.9%。

2015年，第一产业总产值 55757万元，占全部乡镇企业总产值的1.68%；第二产业总产值2016229万元，占全部乡镇企业总产值的 60.92%；第三产业总产值 1237896万元，占全部乡镇企业总产值的37.4%。

第一节　农业企业

农业企业包括种植业和养殖业。1958年后，境内生产部分队办有经营水产和家禽养殖的小企业，但规模都不大。1979年后，贯彻“农林牧副渔并举”的方针，境内的林果、水产、家禽、蔬菜等农业企业有了较大的发展。1990年，全镇乡镇企业中，农业企业85家，其中镇办企业1家，从业人员70人，营业总收入300元；村办企业84家，从业人员360人，营业总收入9000元。

2016年，全镇乡镇企业中，农业企业270家，从业人员7528人，营业总收入（产值）53600万元。其中镇办企业12家，从业人员270人，营业总收入2965元；村办企业258家，从业人员7258人，营业总收入（产值）50635万元。

1988—2016年园洲镇农业企业发展统计表

表9-1

年份	企业数（家）	从业人员（人）	产值（万元）
1988	65	380	7800
1989	80	400	8006
1990	85	430	9300
1991	93	500	10100
1992	100	600	10504
1993	110	670	12306
1994	135	700	13508

续表9-1

年份	企业数（家）	从业人员（人）	产值（万元）
1995	140	850	13803
1996	170	1000	16500
1997	185	1200	17300
1998	200	1400	17800
1999	216	1600	18400
2000	230	1800	27522
2001	240	2100	28726
2002	260	2300	29790
2003	280	2560	30648
2004	310	2870	31779
2005	350	4000	30244
2006	360	4200	29582
2007	380	4500	30204
2008	390	4700	37386
2009	410	4900	36237
2010	430	5220	40228
2011	450	5800	44700
2012	380	5300	47131
2013	390	9130	51691
2014	403	8600	53093
2015	280	8930	55757
2016	270	7528	53600

一、种植业

1978年，全镇有种植业企业10家，企业人数3000人，总收入78万元。其中，社办种植业企业3家，总收入36万元；队办种植业企业7家，总收入42万元。

1982年，境内种植业有了较大的发展。全镇有种植业企业28家，企业人数4200人，总收入482万元。

其中，社办种植业企业4家，总收入88万元；队办种植业企业24家，总收入394万元。在这些企业中，有林场1个，面积150亩；果场18个，面积1500亩；菜场9个，面积2700亩。2016年，全镇有种植业企业85家，企业人数4800人，总收入30368万元。其中，社办种植业企业2家，总收入5200万元；队办种植业企业83家，总收入25168万元。在这些企业中，有林场23个，面积178亩；果场25个，面积450亩；菜场37个，面积13600亩。

二、养殖业

1978年，全镇有养殖业企业12家，企业人数620人，总收入120万元。其中，社办养殖业企业2家，总收入38万元；队办养殖业企业10家，总收入82万元。

1982年，境内养殖业有了较大发展。全镇有养殖业企业45家，企业人数1218人，总收入2180万元。其中，社办养殖业企业家个，总收入188万元；队办养殖业企业43家，总收入1992万元。在这些企业中，有畜牧场4个，水产养殖场4个，面积290亩。

2016年，全镇有养殖业企业13家，企业人数1300人，总收入24805万元。其中，社办养殖业企业1家，总收入3603万元；队办养殖业企业12家，总收入21202万元。

第二节　工业企业

1954年后，特别是1958年人民公社化，镇社合一，贯彻党中央关于“人民公社必须大办工业”的指示，园洲人民公社兴办农具社、粮油加工厂、缝纫、砖瓦、副食品加工厂等小企业。1966—1976年的“文化大革命”期间，社队企业发展缓慢，停留在为农业生产服务水平上。这一时期，兴办的企业主要是砖瓦厂，公社办的砖瓦厂有2家，队办砖瓦厂12家。1979年后，园洲乡镇工业逐步发展起来，不断兴办新企业，并以社队、联户、个体等形式办企业，先后兴办的有小糖厂、农机具修理、五金、木器加工、砖瓦、服装、纺织、粮油加工、副食品加工等企业。1985年，全镇有社队工业企业150家，从业人员3000人，年产值1500万元。其中社办企业20家，从业人员450人，年产值300万元；队办企业130家，从业人员2550人，年产值1200万元。1986年后，开展外引内联，引进外资和设备，兴办“三资”企业。至2000年，先后引进外资项目128个，引进设备价值4893万美元，兴办外向型企业128家，年出口总值45890万元，从业人数25682人。

2015年，全镇乡镇企业中，工业企业1323家。职工人数67526.其中，内资企业1176家，港澳台投资企业132 家，外国投资私营企业15家；营业总收入（产值）1880013万元，占全镇乡镇企业总收入的56.8%。

随着改革开放的不断深入，园洲迈进现代工业行列。乡镇企业中工业行业门类较多，部分工业技术含量较高。

1988—2016年园洲镇工业企业发展统计表

表9-2

年份	企业数（家）	职工人数（人）	产值（万元）
1988	198	4898	1678

表9-2

年份	企业数（家）	职工人数（人）	产值（万元）
1989	212	5480	2109
1990	246	6836	5417
1991	250	7288	8266
1992	255	9863	20276
1993	260	10806	46076
1994	271	12316	65078
1995	285	14323	78023
1996	299	16215	89076
1997	308	18272	92328
1998	320	20102	102620
1999	332	23123	113585
2000	340	24020	128268
2001	371	25918	146832
2002	445	26852	174474
2003	520	28350	199452
2004	600	31062	229380
2005	750	46000	264007
2006	990	46800	315471
2007	1123	49000	413645
2008	1136	52010	547918
2009	1148	53020	693530
2010	1163	56060	832153
2011	1192	58326	970600
2012	1210	60125	1132080
2013	1248	68292	1395000
2014	1296	67820	1648519
2015	1323	67526	1880013
2016	1216	58376	2272936

第三节　运输企业

一、陆　运

镇域公路运输始于1950年后。园洲（上南）和九潭分别有简易公路通向广汕公路。1991年7月，石洲大桥开通后，境内公路连接东莞。1984年开始，随着运输社会化的形成，许多农民自筹资金购买客车、货车、拖拉机、船艇等，从事客货运输业。个体办的运输业，以货运为主，以服务当地为主。参见第十一篇“交通 邮电”。

二、水　运

明清时期，境内东江河有船只来往于广州、石龙、惠州，沙河有木帆船往来横河。1950年后，东江河段的龙叫、桔头设码头，水运成为主要运输形式。1980年以前，水运是境内生产活动的重要运输方式。是年，镇域有大小木船、农艇300艘。2000年后，随着陆路运输的发展和河道的变窄，水运业逐步下滑，取而代之的是机动车辆。

三、装卸搬运

1950年前，境内装卸搬运都是由人工自带担杆、箩筐等工具，受雇于货主。1950年后，搬运工逐渐发展至鸡公车、牛车、胶轮手推车、脚踏三轮车、自行车等非机动工具。

1960年，设立园洲搬运站，有搬运工人30人；1962年，设立九潭搬运站，有搬运工人40人，主要靠人力装卸搬运。1989年后，装卸搬运业放开，园洲搬运站和九潭搬运站于1990年撤销。此后，境内的装卸搬运业在实现社会化的过程中，自发组建装卸搬运公司。至2016年，全镇有装卸搬运公司4家，员工60人。

第四节　商贸企业

1978年以后，上南、九潭圩和各村开设经营服装、百货、建筑材料、装饰材料、副食品、粮油等商店和大小型超级商场，镇所在地下南还开办专业市场或规模较大的综合市场。1994年后，饮食、建材、服装、家具、五金等商贸企业发展迅速。至2015年，全镇乡镇企业中，商贸企业7601家，从业人员29173人，总产值811583万元，占全镇乡镇企业总产值24.52%。

第五节　服务企业

1950年后，境内下南、马嘶、九潭圩的旅店、理发、维修店（钟表、自行车维修）、照相、邮电、商业门市、饮食的服务企业逐步发展。

1979年改革开放以后，小餐馆、小旅店、文化娱乐场所等，如雨后春笋般涌现。随着社会经济的发展，酒店、宾馆、KTV、美容、沐足城等陆续兴建。

2015年，全镇乡镇企业中,服务企业381家，从业人员3147人，营业额145018万元，占全镇乡镇企业总产值的4.384.31%。

第三章　乡镇企业管理

1977年以前，园洲的社队企业是社办社管，队办队管。1977年，博罗县成立乡镇企业机构，乡镇集体企业的经营管理体制逐步完善。

中共十一届三中全会后，园洲乡镇企业发展较快，就业人数大幅度增长。1987—2015年，安排当地就业人数共计77900人，年均安排2686人（1987年600人，1996年1620人，2006年2520人，2015年3200人）。1987—2015年，招收外来工人就业共计1924500人，年均招收66362人（1987年11780人，1996年65100人，2006年102000人，2015年59000人）。

面对企业管理相对薄弱，管理人才缺乏，产品质量和经济效益不高的情况，根据企业内部和外部环境的严峻性，20世纪90年代后，乡镇企业管理部门把乡镇企业管理工作放在重要位置，加强计划管理、财务管理、劳动管理、安全生产管理，乡镇企业效益不断提高。

第一节　管理机构

1950—1958年，境内河南区（园洲）的手工业、商业和交通运输业由东莞管辖，河北区（九潭）由博罗县铁场管辖。

1958年，河南区（园洲）成立工业交通办公室（简称公交办），负责管理和指导社队的工业交通生产经营活动；河北区（九潭）归属铁场人民公社管理。1977年后，园洲公社工业交通办公室改称为“园洲公社社队企业办公室”。1978年，河北区从铁场分出成立独立的行政区域后，即成立社队企业办公室。1977年，园洲公社社队企业办公室和九潭公社社队企业办公室分别改称为“园洲镇乡镇企业办公室”和“九潭镇企业办公室”。

2002年，园洲镇乡镇企业办公室改称“园洲镇经济发展办公室”。2003年，河北区（九潭）并入园洲镇后，九潭镇企业办公室并入园洲镇经济发展办公室，人员95人。下属部门有引进办、民营办、实业发展公司、集群办、外商投资服务公司。园洲镇经济发展办公室保留“园洲镇乡镇企业办公室外”工作职能，依据《中华人民共和国乡镇企业法》所赋予的“规划、监督、指导、服务”等行政职能。履行以下工作职责：（1）贯彻执行国家、省、市关于乡镇企业发展的方针、政策和法律、法规，研究拟订全镇促进乡镇企业发展的政策、规定、措施并组织实施。（2）依法规范乡镇企业经营行为，保护乡镇企业的合法权益。（3）研究拟订全镇乡镇企业发展战略、中长期规划和年度计划。（4）指导乡镇企业技术改造和发展外向型经济。（5）研究、分析乡镇企业发展中的重大问题及经济运行情况，提出相应的对策和建议。（6）指导乡镇企业改革和企业经营管理。（7）引导乡镇企业的产业、产品结构调整。（8）指导乡镇企业科技创新、推行质量规范化管理。（9）指导乡镇企业服务体系建设、教育培训等工作；负责乡镇企业统计工作。（10）提供借贷（金融）、协调招工、办理证件等服务工作。（11）指导、督查企业安全生产。

第二节　计划管理

1956年，园洲的手工业均属小型企业，计划管理人员多由会计兼任。初期的计划内容，仅以工业产值为主。1962年开始，生产计划编制内容增加。“文化大革命”初期，工业生产计划无人过问。1972年，工业、手工业主管机构成立（恢复）工作，各家企业相继配备专（兼）职统计员，并扩大生产计划的考核范围，强调基础工作，抓定额管理，健全原始记录。但由于当时批判唯生产力论和所谓“修正主义”的“管、卡、压”制度，使其流于形式。1978年后，工业生产计划重新得到恢复和加强，列为企业管理的重要内容之一。1981年开始实行全面计划管理。1984年起，随着企业内部经济体制改革的不断深入，对计划的考核措施渐趋完善，各企业都配齐了专（兼）职统计人员。1990年，有专职统计员1人，被评定并授予统计技术职称的有1人。各企业建立原始记录，加强生产定额、原材料消耗等定额管理。2000年后，企业的生产计划管理得到进一步改善和提高。

第三节　劳动管理

1984年前，园洲乡镇企业的劳动管理处于粗放阶段。企业用工制度处于“人治大于法治”的管理阶段，职工多数是复员退伍军人、“根正苗红”的干部子女，企业的管理人员文化程度低。

1984年后，园洲乡镇企业的劳动管理逐步进入现代化管理轨道，企业实行能进能出的用工机制、能上能下的干部机制、效酬挂钩的分配机制和奖罚分明的激励机制。镇村企业直接管理招工、用工、任免干部等人事劳动工作。镇村领导班子有一名领导成员主管企业。企业则根据生产经营实际需要定员和招工，打破铁饭碗，没有固定职工，没有退休人员的包袱。没有铁交椅，企业的领导（厂长、经理）可上可下。企业的领导最初由有一技之长或有一定的经济头脑的农村干部担任，以后逐步在企业中选拔懂经营、懂管理者担任，不论资排辈，能者上，庸者下。中层干部和职工都由企业自行招聘录用。企业和劳动者各自双向选择，拥有择业自主权。对高管人员和工程技术人员，企业在住房、工薪方面给予优待。工人工资实行按件计酬，多劳多得制度。一些规模较大企业还注重企业文化建设，以推行企业自身的经营宗旨、价值观念、道德行为准则，用企业文化培养员工的自我约束、自我控制、自我管理和自我属相的内在机制。外资企业享有比较充分的劳动管理自主权，主要体现在用人权和分配权方面。外资企业可以根据生产经营需要自行决定劳动工资计划，自行招聘招收员工，可以按有关法规和合同规定辞退员工，用工形式灵活多样；管理制度严格，大多建立生产岗位责任制、管理制度、考勤制度、奖罚制度等一整套规章制度，并采用重奖轻罚的经济手段保障这些制度的实行。近年来，外资企业在实行严格管理的同时，重视运用现代的科学的管理方法，调动职工的积极性：一是培养职工的企业意识，经常给职工讲企业生产经营情况、企业发展前途，提倡爱企业、钻技术的风尚，鼓励职工为企业发展献计献策；二是加强感情投注，注重改善劳动条件，改善劳资关系；三是重视职工技术培训，职工技术培训一般以上岗前培训为主，职工进企业后实行3—6个月的试用期，有的企业不惜重金聘请外国专家和技术人员前来传授技术，以提高培训质量。

2008年1月1日，新《中华人民共和国劳动合同法》（简称《劳动合同法》）实施后，园洲人力资源和社会保障所（参见第七篇“工业”第二章“管理”）对辖区内企业不断加强宣传和监督，督促用人单位按《劳动合同法》规定与工人签订劳动合同。镇域企业工人签订劳动合同率达100%。据统计，人社所每年接劳资纠纷案件约1200宗（含电话投诉），结案率达99%以上。人社所积极协助县人社局仲裁股和劳动监察大队进行执法，对违反《劳动合同法》的企业发出整改指令书，自2000年以来，协助仲裁股发出裁决书3540多份，协助监察大队查处并清退童工131人，责令用工单位补办用工手续7530多人次，纠正与《劳动合同法》相抵触的厂规厂纪的企业324家，追回工人被拖欠的工资约59570万元。

第四节　财务管理

20世纪50年代手工业合作初期，每家生产企业均配有会计、出纳各一人（规模小的企业出纳为兼职）。1956年始，经过不断培训、实践，财会人员逐步提高业务水平。1963年，县工业局对工业企业的财务工作进行全面管理，逐步采用分类定额比例法，帮助企业做好产品核算，一改过去综合核算在产品上存在有成本隐瞒的弊端。同时建立财务分析与成本管理制度。“文化大革命”期间，机构瘫痪，财务管理无人过问。1972年，工业管理机构恢复，财务管理制度逐步加强。

1986年开始，通过执行财政部、农牧渔业部颁布的《乡镇企业财务会计制度》和《财务会计制度》，乡镇企业的财务管理逐步走向规范化。

镇企业办对乡镇企业的财务管理，主要坚持四个原则：一是坚持“管死”“盘活”相结合的原则；二是坚持勤俭办企业的原则；三是坚持计划管理的原则；四是坚持专业管理与群众管理相结合的原则。财务管理的内容有货币资金、结算资金、借款的管理与核算，工资的管理与核算，固定资产及专职资产的管理与核算，材料的管理与核算，产品成本管理与核算，生产成品、库存商品、销售的管理与核算，利润、利润分配的管理与核算，专用基金的管理与核算，会计报表（财务报表），财务计划（财务预算），财务分析（会计报表分析），来料加工（装配）、补偿贸易业务的财务管理与核算，合资、合作企业的财务管理与核算。自办企业（即“三来一补”、合资合作企业）着重做好成本管理、成本核算。年初制订成本计划（预算），并分解下达到各部门、车间、工序（或班组），在生产过程中按计划控制执行。每月或每季度进行成本分析，实现计划或成本降低，总结经验；超出计划或成本增加，则分析原因，找出问题，提出措施，以确保成本计划的完成，保证预期经济效益的实现。年终进行完成成本计划情况的总结，吸取经验教训，制订下一年度成本计划，使整个生产经营活动纳入成本管理中。

同时，建立健全财务管理制度。包括原材料采购验收制度；企业内部的计划价格制度；设备管理制度；物资收发领退制度；成品仓库管理制度，后勤管理制度；工资分配制度；计划生育奖励制度；出差补助制度；劳动保护用品发放制度；工医药费、假期、工资的规定。通过这些具体措施，加强经济核算，严格财务管理。

严格财务管理主要是贯彻实施《中华人民共和国会计法》、《乡镇企业财务管理制度》和《财务会计制度》。各级领导以身作则，遵守和执行会计法，加强经济责任和遵纪守法教育，尊重财务人员行使职权，支持他们的工作。财务人员坚持原则，忠于职守，既当好领导的参谋和助手，又充分发挥财会的核算和监督职能，使各个时期的财会工作提高到一个新的水平。

第五节　安全生产管理

园洲的安全生产管理工作始于20世纪80年代初期。当时，改革开放刚刚开始，一些以外来工为主体的“三来一补”企业，片面追求经济效益，忽视安全生产，工伤事故不断。

从1982年开始，境内的河北、河南地区逐步建立和规范工业企业的安全生产的检查，建立以岗位责任制为中心的安全生产汇报、处理等规章制度。

1993年，园洲、九潭镇分别成立安全生产办公室。从此，安全生产工作列入党委和政府的重要工作日程，并不断加强乡镇企业安全生产监管工作，认真贯彻上级的安全生产规定，每年5月开展全镇性的“安全生产周”活动。

利用报纸、广播、电视等进行安全生产宣传教育，对违反安全生产法律、法规的行为给予曝光。各村、各企业健全安全生产管理网络，贯彻安全生产责任制。镇人民政府与各村各企业签发安全生产责任书，使“安全第一，预防为主”的安全生产工作方针落实到实处。各企业采取措施，着重抓好重大事故隐患整改，解决“三合一”（同幢楼房内生产车间、仓库、员工宿舍连为一体）问题，发现一家清理一家，改变一些企业安全管理混乱的问题。

1998年后，每年进行2～3次的安全生产大检查和专项治理，以此为突破口，抓重点，抓薄弱环节，采取措施，防止、减少和杜绝重大事故的发生，推动安全生产工作的深入开展。每年检查企业1000家次以上，发出整改通知书1000多份，整改率达95%。

第四章　经营效益及企业选介

改革开放以后，随着企业的加，而努力推行乡镇企业体制改革和重视企业的管理，提高企业和职工的积极性，乡镇企业的经济效益和社会效益不断提高。

第一节　经营效益

一、经济效益

1978年后，境内乡镇企业蓬勃发展，成为乡镇经济的半壁河山。企业逐步建立现代化制度，企业不吃“大锅饭”，职工不捧“铁饭碗”，干部不坐“铁交椅”，以市场为导向，建立与现代企业制度相适应的经营运行机制，推动企业从封闭式的生产经营转向开放式的市场经营，大多数企业取得了较好的经济效益。镇域乡镇企业纯利润额呈逐年上升态势，到1996年突破千万元，纯利润总额从1978年的50万元增至1080万元，增长21倍多。2008年首次突破亿元大关，比1978年增长200倍。2016年，全镇乡镇企业利润总额2272936万元。

随着乡镇企业纯利润总额逐年上升，工资总额也不断增加，职工工资增幅也随之加大。1990年，全镇乡镇工资总额为5065万元，人年均工资2108元，1995年人年均工资4560元。2016年，乡镇企业工资总额猛增94250万元，人年均工资38400元，分别比1990年和1995年增长18倍和8.5倍。

二、社会效益

（一）增加财政收入

乡镇企业是推动农村经济发展的强大引擎，是农村经济的支柱，是乡镇财政的重要来源，随着境内乡镇企业的发展，产值、收入大幅度增加，上缴国家税金也逐年大幅增加。全镇乡镇企业上缴国家税金：1979年为3.2万元，1995年增至434万元，2016年达74789万元。

（二）推进农村各项建设事业发展

从1995年始，镇办、村办企业每年从企业利润中提取10%～50%上缴镇政府和村民委员会，用于反哺农业生产、推进城镇建设、增加教育和各项福利事业投资。2000年，乡镇企业上缴镇、村利润1200万元，用于支农建农和补助性社会支出。2000—2016年，累计上缴4亿元。另外，一些村民委员会从企业的收入中，直接安排部分资金用于农民的福利事业。1995年，刘屋村建有厂房5万平方米，门店3500平方米，出租及引进外商办厂22家，年收入400多万元，除了全村705人得到分红外，还建立了五项福利制度：老人退休金，女58周岁、男60周岁以上老人，每月发给退休金2130元；小学生全额免费读书（包括各种学杂费）；初中学生每年补助500元；高中生每人每年补助800元；大学生每人每年补助1000元。上南村，60岁以上老人每月生活补贴400～500元；“五保户”每月补助700元；儿童上学免费；考上高中、中专、高等院校的，可分别得到1000～5000元补助。近年，该村投资近3亿元，统一规划建设高层农民公寓，无偿分配给村民居住。为使老人安享晚年，坚持按月给60岁以上的老年人发放1200元的养老金。从2016年开始，上南村给每位村民每年发放3000元的福利分红。每年投入近50多万元用于改善上南小学的教育教学环境，村还成立了教育基金会，资助该村困难学生完成学业。

（三）改善农民生活

乡镇企业的迅猛发展，促进了经济社会的快速发展，许多工业园区、商贸区和房地产的开发与建设需要征用大量土地。农民将征地补偿款作为股金集中起来投资办厂、发展商业贸易。2000年，全镇乡镇企业工资总额12010万元，按全镇农民计算，人均960元，为当地农民人均总收入的3200元的30%。2016年，全镇乡镇企业工资总额94250万元，人均7540元，为当地农民人均总收入的15078.59元的50%。

（四）转移富余劳动力

1980年，园洲镇农村人均耕地面积只有2.5亩（河南区2.4亩、河北区2.6亩），农村富余劳动力18000人。1984年开始，乡镇企业有了相当的规模和经济总量，不仅成为繁荣农村经济、增加农民收入的重要力量，而且承担起了转移农村剩余劳动力的特殊历史使命。据统计，1978年，河南区乡镇企业吸纳的劳动力人数为800人，占当年农村劳动力总数的2.22%；1990年，乡镇企业吸纳的劳动力人数7000人，占当年农村劳动力总数的19.44%；2001年，乡镇企业吸纳的劳动力总数为1.2万人，占当年农村劳动力总数的33.33%。截止到2015年，乡镇企业已吸纳了农村富余劳动力15000人，占全镇农村劳动力的41.67%。乡镇企业的发展缓解了农村人多地少的矛盾。

（五）推进城镇建设

加强农村基础设施建设、推动农村各项公共事业的发展、改善村容村貌、推进小城镇建设，是社会主义新农村建设的重要内容和任务。完成这一任务，乡镇企业为此提供（创造）了物质条件。乡镇企业不但为农村富余劳动力提供了新的就业机会，成为农民就业和增收的主渠道，对繁荣农村经济、促进城乡一体化发挥了重要作用，同时为小城镇建设和文化、教育、卫生、交通、通信等事业提供物质基础。1989—1992年，投入1800万元，分别建设石洲大桥和开通境内程控电话，从此揭开了园洲经济大发展大繁荣的序幕；2006—2016年，投入2亿多元，开通“四桥四路”（东坡大桥、和安大桥、振兴大桥、龙江东江大桥和东坡大道、和安大道、振兴大道、环城北路），形成纵横交错的交通网络；1991年后，投入5000万元，开发工业园，一些园区与原圩镇连成一体，使圩镇区域范围数倍扩大；一些另辟新城，形成新的经济区域。与此同时，先后投资4亿元，建设新的商贸区，增加和扩大域内服务功能。至此，园洲镇政府所在地下南村与周围的上南、刘屋、阵村、高头村连成一体，从原来的10平方公里增至30平方公里。

第二节　企业选介

一、铁场（九潭）鱼苗场

位于九潭太湖，1954年创办，时属铁场人民公社。1960年春，鱼苗场采用“外界环境与内部催情相结合”的刺激法进行鲢鱼、鳙亲鱼人工催情繁殖，获得成功。鱼苗场于1976年停办。

二、园洲副食品加工厂

1958年建成投产，厂址设在刘屋，建筑面积3000平方米，有员工60人，固定资产10万元。有酿酒、酱油、豆豉、饼食、豆制品生产车间。生产腐乳、腐竹、豆豉、酱油、猪仔饼、核桃酥饼、酥饼、月饼等副食品，产品销往镇内外。1982年停办。

三、马嘶砖厂

位于马嘶圩，1958年，在园洲人民公社开办，投资10万元，占地50亩，初期员工15人。年生产红砖15万块、大瓦50万块、小瓦90万块、阶砖10万块。年收入4万～5万元。产品销往境内和龙溪、龙华等地。1981—1991年由私人承包。1991年废弃。

四、园洲农具厂

位于下南码头 ，成立于1958年。建筑面积1500平方米，有员工30人。有铁器、木器、界木3个车间，制造脚踏打禾机，生产秧盆、木桶、板桶、锄头、铁搭、刀具等农业用具和台、凳、柜、桌、床等家具，固定资产80万元，为县二轻集体企业。1980年划归园洲乡镇企业。铁器车间于1985年解散，木器车间于1988年解散。至1990年，园洲农具厂全面解散。

五、园洲农场

位于禾安涵，1961年建场，占地600亩，有员工100多人，场内开办有砖厂，挖塘养鱼，种植水稻、甘蔗、水果。1984年停办。

六、园洲养猪场

1965年，建场于田头村，面积1500平方米，20多名饲养员，年存栏量2000头。1967年停办。

七、园洲养蜂场

1967年，建场于田头村，有3名养蜂员，高峰期放养蜜蜂800多箱。1983年停办。

八、园洲农机站

位于下南草埔，成立于1968年10月。房屋建筑面积2500平方米。有修理车间、铸造车间、农机门市等生产经营部门，有员工80人。1975年，有拖拉机8台（中拖6台，大拖2台），拖拉机手16人，固定资产100万元。1984年，农机站解散，修理车间工人、拖拉机手自谋职业，铸造车间经营至1988年。

九、九潭林场

创办于1970年，时属铁场人民公社，位于九潭黄毛岭。林区面积1000亩，员工12人，主要种植桉树、柠檬桉和经营苗圃。1989年停办。

十、桔龙耐火砖厂

1970年投产，厂房面积3000平方米，原材料土地面积200平方米，员工35人，固定资产15万元，每年生产耐火砖总产值达100万元。产品销往到省内糖厂、立得粉厂、电子厂及广西、湖南省部分国营砖厂。1982年后，发包给个人经营至2000年，年承包款800元。

十一、龙叫耐火砖厂

1970年投产，厂房面积3000平方米，员工40人，固定资产10万元。产品销售到广东、广西、湖南等省，供给国营厂矿。每年生产耐火砖总产值达60万元。1980年后，转给私人承包。由于业务不断扩大，原厂房小，在1993年搬迁到土名（龙叫潭）扩建，改厂名“龙兴耐火砖厂”，厂房占地面积8500平方米，实行股份制投资分红，直到2014年年底停产。

十二、九潭甘蔗场

创办于1974年，时属铁场人民公社，位于九潭牛群埔。有员工40人，种植甘蔗2500亩。因经济效益不好等原因，于1985年停办。

十三、九潭八一砖厂

1978年办，位于九潭牛群埔。因工人来源于复员军人而得名，占地面积30亩，工人30人，主要生产红砖，年产红砖360万块。1982年停办。

十四、潭粮食加工厂

位于九潭圩，成立于1978年。建筑面积1000平方米，员工25人。有稻谷脱壳、打糠、包装等生产设备。1984年，与九潭粮所合并经营。

十五、九潭副食品加工厂

位于九潭农科所旧址，1978年建。建筑面积1210平方米，员工32人。生产酱油、豆豉、南乳、腐乳、腐竹、腌菜（大头菜）等。1984年停办。

十六、九潭化工厂

1982年开办，厂址设在九潭农科所基地。厂房面积1500平方米，员工30人。主要生产泩漆。1990年停办。

十七、九潭五金厂

1982年开办，位于九潭圩。厂房面积700平方米，员工32人。主要生产电线。1995年转包私人经营。

十八、九潭陶瓷厂

1984年建成投产，是博罗县最早兴办的陶瓷厂之一，厂设在九潭新丰街。总投资3000万元，占地30亩，厂房面积7000平方米，生产工人300人。有搅拌、压制、打碎、冲印、烘干、喷釉等工序，生产流程半自动化。1986年引进德国自动化生产线。生产防潮彩釉防潮砖、锦砖、印花地板砖、方瓷砖等十多个品种，日产4.5万块，产品销往省内外，每年上缴税收360万元，1992年更名为宏达建陶厂。1994年3月30日，九潭宏达建陶厂厂长梁金富被广东省人事局、广东省乡镇企业管理局授予1993年度“广东省优秀乡镇企业家”荣誉称号。1995年停办。

十九、九潭电子音箱厂

1985年兴办，位于九潭镇政府大楼三楼。厂房面积750平方米，生产工人20人。生产“罗浮山牌”音箱。1990年转包私人经营。

二十、博罗九潭大理石厂

1986年与湖北襄樊商人合办，位九潭人民公社社址东侧。总投资75万元。占地面积3900平方米，其中厂房面积950平方米，生产工人22人。用水泥、石膏和不饱和聚酯树脂为粘剂，经搅拌成型、研磨和抛光后制成大理石。产品销往省内外。1987年停办。

二十一、九潭新兴制衣厂

1986年，九潭镇引进第一家“三来一补”企业，位于九潭邮电路，投资规模200万元，有员工600人，生产牛仔衣服。

第十篇　粮　油

园洲盛产粮食，一向都是粮食内输外贸的重点。新中国成立前，园洲地区除民田征收田赋外，沙田也征收田赋。征收的方法与征收内容各个时期有所不同。抗日战争和解放战争时期，东江纵队活动地区也实行粮食征收。

新中国成立初期，镇域粮食实行自由贸易，征购粮食逐步纳入国家计划，所缺粮食有多种渠道自然流入，但基本按计划由国家安排调入。粮油管理主要是贯彻“购价略高，销价略低”的原则，开展粮食购销活动，以打击投机倒把，平抑粮价，保证社会稳定。

1949年12月，广东省人民政府制订《征收公粮暂行条例》及《实施细节》，粮食征收成为公粮，又称农业税。对公粮的征收，是人民政府控制粮食的重要手段。

园洲、九潭粮食征收，贯彻执行“田多多出，田少少出，无田不出”和“稳定负担、增产不增税、以率计征、依情减免”的政策。公粮一年计征一次，分早、晚两造缴纳。当时的公粮实施细节规定：凡靠土地收入为主要生活来源者，不分男女老幼，每人一律在平均年收入中扣除稻谷75公斤免征，然后以户为单位，采用累进税率分为十一等，一等1～500公斤，税率6%，以后每等加2%，到5万公斤以上缴税25%。按照上述政策原则，结合“清匪、反霸、减租、退押”八字运动和查黑田黑租，发动群众公议，民主评定，作出依率计征方案，经调查评议会议审查后，交村民小组讨论通过，张榜定案。1950年5月，中央人民政府政务院颁布《关于1950年新解放区夏征公粮决定》（简称《决定》）后，广东省人民政府根据《决定》精神，颁布《实施细节（草案）》，具体规定税率和人口的计算。税率分两种：一是凡农业人口全年每人农业收入稻谷75公斤以下者免征，超过75公斤者从3%～6%分15级累进税率计征；二是负担人口不及农业人口80%者，由将起征点降为50公斤依率计征，而土地特别集中户，应负担人口亦不得低于农业人口的50%为限。

1951年，夏征开始，农村土地改革工作队参与征粮工作，发动群众在自报基础上进行“查、评、比”三榜定案的办法，落实公粮任务，顺利完成公粮计征，为实现粮食统购统销打下基础。

1952年10月，广东省人民政府颁布《广东省1952年农业税秋征工作布置》，强调必须坚决执行中央人民政府政务院“查田定产，依率计征，依法减免逐步实现统一累进，并取消一切附加”的农业税总方针。立即停止逐级增派任务、死任务、活税率和民主评议、摊派负担等违反政策的做法，并公布完成土地改革地区的累计税率：全家每人全年农业收入原粮75公斤以下者免征，75～100公斤为一级，税率7%，以上每增加25公斤增一级，税率增加1%，直至最高975公斤以上为24级，税率230%。1953年，土地改革完成后，全面进行查田定产，编造田册，以新的累进税率计征公粮。

1953年1月，开始实行统一管理、统一指挥和调度的粮食管理体制。当年12月，粮油统购统销政策开始实行，对农村实施粮食计划收购，对城市居民实施计划供应，粮油计划经济体制完全确立，粮食征购、农村留粮安排和城镇粮食供应，均按国家计划进行。该体制维持了相当长的时间。1954年，执行《广东省粮食随征带购试行办法》，以定产为基础，以公粮为比例，结合增产的具体情况，按每户实有在家人口计算余粮，采取“余粮多的多卖，少的少卖，没有的不卖”的原则，确定每户应售粮的数量。

1954年，由于全面实行粮油统购统销，对公粮的征收采取随征带购的办法，从此，粮食征购不再独立进行，征收公粮与统购粮同时由粮食部门接受入库，公粮与统购粮两项任务统称为“征购粮”。

1955年3月后，执行粮食定产、定购、定销的“三定”政策。次年，粮食部门开始兼营油脂、油料业务。1958年，“浮夸风”“共产风”泛滥，征购任务逐年增加，加上公共食堂的大量浪费，造成严重缺粮，番薯、木薯成为重要的食粮之一。经过国民经济调整，1962年下半年起生产开始好转，每年的统购任务都由上级部门核定“包干任务”，一定一年。1958—1962年实行购销差额管理、调拨包干，流动体制实行集中统一、分级管理。1965年，粮食征购实行“一定三年”。因受“文化大革命”影响，该政策至1970年终止。1971年，粮食征购实行“一定五年”，1976年延续，成为第二个“一定五年”。1973—1980年实行购、销、调、存“四统一”，粮权高度集中的粮食流动体制。1982年实行“一定三年”粮食大包干，实行购、销调拨包干。1985年粮食政策作了重大改革，开放粮食市场，结束粮食统购、统销32年的历史，国家取消粮油统购政策，改为按合同定购，出现以国家粮食部门收购为主的多渠道经营粮食的局面。到1987年，国家粮食部门实行计划内（平价）和计划外（议价）两种粮食购销形式的“双轨制”。1992年4月1日起，广东省率先于全国放开粮食经营和购销价格，国家下达的粮食定购任务，除公粮(农业税)继续征收实物外，其余改为指导性收购计划。1993年度，实行粮食购销合同制度，镇政府按国家下达的收购计划同农民签订粮食购销合同。1995年起，把粮食合同收购改为国家粮食定购。1998年，进一步深化粮食流通体制改革，实行按保护价敞开收购农民余粮。1999年后，实行定购价和余粮收购保护价并轨，继续执行按保护价敞开收购农民余粮政策。同时，实行钱粮兼收。2001年取消国家粮食定购任务，开放粮油集市贸易，允许集体、职工经营承包，活跃了粮油市场。

第一章　经营机构

第一节　新中国成立前机构

新中国成立前，园洲历来没有设立田赋管理机构，南区（园洲）由东莞田赋管理机构负责征收，北区（九潭）由博罗田赋管理机构负责征收。

清代，东莞、博罗县衙设钱粮房，管理田赋征收由世袭的田粮师爷包揽，沿袭明代的里甲制，由里、甲长负责催收粮钱和杂税。

民国期间，东莞、博罗两地的县政府管理田赋征收机构，派员到境内收缴田赋。当时粮食购销皆由东莞石龙、企石和博罗石湾的商贩经营，每年购销量数百吨。民国30年（1941年）起，田赋由原来征收货币改为征收实物（稻谷），同时，还向农民实行征借、征购、代收地方积谷和派购军粮等。

第二节 新中国成立后机构

新中国成立初期，东莞、博罗两地粮食部门分别在石龙、石湾等地设立粮食收购站。1952年后，东莞在企石等地设立公粮仓库和中心粮站，时属东莞七区的园洲粮食购销归属企石，在马嘶设立粮食仓库。

1958年，东莞县第一个人民公社在境内南区的园洲乡成立。同年，园洲人民公社组建粮食管理所，并在东江河边（地方名）动工建设粮食仓库，1959年建成容量2万担的粮仓和300平方米的办公用房。1959年，园洲粮所成立，当时有员工12人。1960年，农村粮食由大队统一管理，实行“四统一”（统一收割、统一打晒、统一过秤、统一入库），“三过秤”（田头、禾塘、进仓）。大队设总保管（专管员）、分仓（生产队设保管员）。1961年夏天，贯彻《农村人民公社工作条例》（简称《六十条》），农村粮食由原大队统一管理、分配，改为生产队自主管理分配，包干上调任务。食堂停办，社员口粮按月提粮办法。

1966年“文化大革命”开始，园洲粮所改为园洲粮油组，人员减少。1968年7月，“清理阶级队伍”开始，10月，财政、粮食、银行、工商等局合并成立财粮服务站革命委员会，园洲粮所改为园洲粮油组。1973年，原公社粮油组名称恢复为粮食管理所。1976年，粮所成立贫下中农管理粮食商业委员会。1983年12月，撤销人民公社建制，改为区建制，粮管所名称照旧。1986年，区改为镇后，粮所名称照旧不变。

1978年前，河北区九潭的粮食购销由铁场人民公社粮所负责。1978年4月，九潭粮食管理所成立，所址设在九潭旧街西边，占地面积9000平方米，成立时员工有20人，其中仓管员6人，防化员2人。至1990年，投资18万元，建设办公、仓库面积1500平方米，仓容体积230吨，其中土圆仓2个、瓦仓1个。

2004年后，贯彻落实《国务院关于进一步深化粮食流通体制改革的意见》(国发〔2004〕17号)精神，积极稳妥地推进粮食流通体制改革，做好企业分流职工再就业和社会保障工作。

第二章 粮油征收

第一节 明清时期的田赋征收

明清时期，镇域按田、地、山、塘（鱼塘）四项计税，田、地、塘分为上、中、下三个等级。清雍正元年（1723年），推行摊丁入亩，实行“粮从亩派，丁就田征”的办法，将丁税并归亩征收。农民缴纳田赋，可征粮，也可征钱。乾隆年间（1736—1795年），实行田亩征收，按地丁计赋。而道光以后，地主、商人兼并土地，使得大量土地高度集中在少数人手里。鸦片战争后，清政府向资本主义强国割地赔款，各级官吏在征税之外再加“养廉银”。

第二节　民国时期的粮食征购

民国时期的田赋征收，遵从清朝遗制，按地丁计赋按田亩征收钱粮。民国17年（1928年）7月，国民政府将田赋划为地方税收。民国30年（1941年）4月，国民党五届八中全会通过决议，将各省田赋暂归中央接管，为时13年属地方收入的田赋正式划归中央。由于货币贬值，征收钱改为征稻谷。田赋改征实物后，粮额逐年增加。民国33年（1944年）9月19日，行政院公布："征收稻谷区域按粮额每元折征稻谷四市斗"，比民国30年（1941年）增加一倍。加上征借、征购、积谷、购军粮等，农民如牛负重。

民国33年(1944)8月，东江军政委员会作出决定，向惠东、惠阳、博罗、东莞等县征收"抗日公粮"，以人口为标准，每人6担以下不收税，超过6担上税，按20担、50担、70担、100担、150担、200担、500担七个段组，分别征收3%、4%、5%、7%、10%、12%、15%；500担以上征20%为最高税率。同年12月，东江纵队还发布征收"抗日公粮"条例，根据有钱出钱、有力出力的原则，公粮分田主、佃农、自耕、租偿四种形式，实行合理负担，每年分两造进行征收。

第三节　新中国成立后粮油统购

1955—2005年，镇域征粮经历了"三定"、"一定一年"、"一定三年"和"一定五年"、大包干和合同定购、合同收购、定购、议价收购的粮食商品计划分配和计划流通的特殊形式。

一、粮食统购

（一）粮食统购"三定"

1955年3月，国务院规定对农村粮食实行"三定"到户。一定产，根据田地质量和自然条件，结合农户的经营条件评定出单位面积常年产量，在正常年景下，三年不变。二定购，从每一农户的定产中减去口粮、种子、饲料和公粮外，粮食有余的为余粮户，国家向余粮户统购其余粮80%～90%，1955年定出的数，在正常情况下，自1955年起三年不变，增产不增购。三定销，按核定的粮食产量，减去用粮量（包括种子、口粮、饲料）和实缴公粮后，对农村缺粮户实行定销，定销数每年核定一次，按"当地有什么供应什么"的原则进行供应。

园洲、九潭属余粮乡，由于负担合理，农民生产积极性高涨，1955年12月完成征购任务。1956年，超额10%完成任务。

1956年10月，国务院颁布了《关于农业生产合作社粮食统购统销的规定》，以各户"三定"为基础，确定各农业合作社在各户购销相抵后的定购定销数量，正常年景不变，丰年增购其增产量的40%，灾年适当调减。

1957年年初，由于99%的农户加入农业合作社，粮食征购交售单位由以农户为主转变为以农业合作社集体交售为主。根据"三定"不变原则，于5月进行了以户归社计算。当年早造因水灾减产，未完成"三定"任务。

1958—1960年，因各地虚报粮食产量，引发征购高指标，入库高指标，停止了粮食“三定”。同时，在“粮食已基本过关”和“鼓足干劲生产，放开肚皮吃饭”的错误口号指导下大办公共食堂，仅几个月的时间，把原本并不丰厚的家底吃空，从1958年冬开始转入粮食困难时期。1959年夏，遭受特大洪水灾害，早造粮食基本失收，晚造经过努力，一造夺回一年粮。但园洲、九潭全年总产减产20%，征购任务未能完成，人平口粮165公斤，有些生产队只有100公斤左右。由于高指标、瞎指挥、浮夸风的影响以及大量粮食的浪费，加上自然灾害，造成1959—1961年连续三年粮食产量大幅度下降，不但统购任务完不成，而且农民留粮严重不足，农民生活困难。三年间，境内农民平均每月人均留口粮12公斤。由于粮食缺乏，不少人患“水肿病”，有的甚至饿死。1962年贯彻《六十条》，开放农贸粮食市场，完成征购任务后允许粮食自由上市，并连续两年调减统购粮任务，减轻农民负担，并对集体开荒扩种和社员自留地、五边地所种粮食概不征购；其他粮食作物不计算任务，蚕豆、豌豆可按比例顶一部分征购任务，从而缓解了粮食紧张局面。

（二）粮食统购“一定一年”

1961—1962年，实施奖励交售的办法，按生产队计算，超购任务多购的，加价10%奖励（1963年起任务外超购加价30%，1964年8月起任务外超购加价30%）。

1961年9月1日，广东省委发出通知，决定在农民完成粮食征购任务外，用工业品换购粮食。14日，又发出补充通知，当年换购标准定为换购大米100斤（1斤=0.5公斤），奖售棉布14尺（1尺≈0.33米）、煤油2斤、糖5斤。

1962—1964年，每年的统购任务都由上级部门核定“包干任务”，一定一年。经过国民经济调整，1963年粮食生产恢复到1957年的水平。

自1963年起实行工业品奖售和换购粮食，是年，出售每市担统购粮，奖布票1.63尺，红糖1.4斤。1964年奖布票1.4尺。换购比例：1963年1市斤硫铵化肥换购1斤大米，1964年换购1.3～1.5斤大米，1965年1.5斤大米。布票换购粮，1964年每尺布票上半年换购4斤大米，下半年改为5斤大米，1965年1尺布票换购5斤大米，晚造改为5斤稻谷。1963年开始开展议价收购，议购价格比统购价加30%～50%。这些措施的落实，大大调动了农民的积极性，粮食生产迅速恢复和发展，1965年粮食生产在1964年超历史的基础上再创新高。由于粮食增产，1963—1965年完成和超额完成统购粮任务。1965年，社员口粮全年人平均305公斤，月均25公斤，农村粮食形势很好。

（三）粮食统购“一定三年”和“一定五年”

1965年，毛泽东主席发出“必须下一番苦功夫，合理减轻农民粮食负担，务必达到藏粮于民的目的，绝对不可以购过头粮”的指示。据此，中央决定从1965年度起，实行粮食征购任务“一定三年”不变的政策。以三年实产为基础，参照原“三定”情况，本着留有余地、有产可超的原则，逐个生产队落实稻田面积、亩产和产量，根据人口、牲畜及计划面积等情况和认购相结合，定出征购任务，并落实到生产队，三年内不变动。

1966年，“文化大革命”开始，粮油行业也遭受冲击，粮食收购继续贯彻计划内奖售和计划外换购的政策，对生产队完成征购任务后多余的粮食，粮食部门采取两种方式收购。一是“三超粮”（超产、超购、超奖）：从1964年开始，完成“三定”征购任务之后，县每年都下达“三超粮”任务。奖售比例：三分之一为奖售物资，三分之二为加价奖励。奖售的物资有化肥、棉布、水泥、电动排灌机械等。加价奖售又叫现金奖，规定按统购价加价45%。1967年，继续执行超产超购超奖政策，取消粮油议价议销，规定每1.5公斤大米奖售化肥1公斤，或按统购价加价30%～50%。超购食油100公斤奖售稻谷300公斤，或按统购价格加价50%，并且物资奖只奖化肥。二是“换购粮”：换购从1961年开始，1963年以后换购物资只有化肥（硫酸铵）和棉布两项，换购比例各年度有一些变动。1969年以后没有棉布换购，化肥换购纳入“三超粮”轨道，粮食换购告一段落。

博罗地区由于受极“左路”线的影响，除了公粮、购粮，还有“超购粮”、“忠”字粮、“爱国粮”。那时，征收粮食的办法是“一批”（大批判）、“二斗”（斗争会）、“三强征”（强行征收）。

“一定三年”自1965年开始，到1968年以后，由广东省革命委员会生产组通知一直顺延执行到1970

年年底。

1971年8月，中央发出实行粮食征购任务“一定五年”的通知。“一定五年”是“一定三年”的继续。“一定五年”期间，征购任务不再变动，只对人口、土地等情况的变更加以适当的调整。在贯彻粮食奖售政策方面，“一定五年”后，注意贯彻“三兼顾”（兼顾国家、集体、个人）和“绝对不可以购过头粮”的方针政策，强调“两个起购点”，即征购、超购起购点分别为17.2公斤（口粮）以上，达不到起购点的不购余粮。虽然农民负担仍然较重，但比1970年前稍有减轻，政策又较落实，因而农民积极完成粮食征购任务。1976年，“一定五年”政策又延续，成为第二个“一定五年”。

1978年中共十一届三中全会后，为了减轻农民的负担，增加农民收入，上级采取几项重大措施：一是分别于1979年和1981年两次调减粮食征购基数，相应增加超购粮任务，超购粮按统购价加价50%，同时每百公斤超购粮奖售平价化肥28公斤；二是调整粮食统购价格和奖售政策，从1974年4月1日起，3号稻谷统购价从原来50公斤9.8元调为11.95元，提高22%，超购价从原来加价30%调为50%，1980年每百公斤再补贴2元；三是以生产地为单位，平均每人全年交售征购粮基数175公斤（1983年改为150公斤）以上部分，每百公斤补贴6元。与此同时，粮油流动逐步放开。1979年起全面放开粮食市场。1983年贯彻中央1号文件和《国务院办公厅转发商业部关于完成粮油统购任务后实行多渠道经营若干问题的试行规定的通知》，全面放开粮油市场，实行多渠道经营。

（四）粮食包干和粮食合同定购

1981年，粮食征购由计征到队改为计征到户。由于家庭联产承包责任制极大地调动了农民生产积极性，粮食逐年增产增收，镇域的园洲、九潭人民公社连年超额完成粮食征购任务，而且粮食市场活跃。

1982年1月13日，国务院颁布《关于实行粮食征购、销售、调拨包干“一定三年”的通知》，各地实行“一定三年”粮食大包干。全镇征购的总任务为143707万担，其中征购粮为19261万担，超购粮为123946万担，全面完成粮食征购总任务。

1985年1月1日，中共中央、国务院《关于进一步活跃农村经济的十项政策》，对粮食政策作了重大改革，取消统购、派购，实行合同定购。合同定购粮食仍然是纳入国家计划管理的粮食。实行钱粮兼收。同时还规定，每超购50公斤贸易粮奖售化肥10公斤。合同定购开始后，有的农民认为既然是合同，那么“合则同，不合则不同”，给收购工作带来了困难。后来国家对粮食合同定购的性质进行修正，1987年的提法是：“粮食合同既是经济合同，又是国家任务，是农民应尽的任务。”到1991年又作出决定，将合同定购改为国家定购，把交售国家定购粮作为农民应尽的义务，必须保证完成。粮食定购政策执行到1992年4月1日放开粮食价格和经营后取消，农户只交应交的公粮，而不再交购粮部分。此政策执行到1994年年底。

（五）合同收购

1992年，经国务院批准，按照“计划指导，放开价格，加强调控，搞活经营”的原则，广东省率先于全国放开粮食经营和购销价格。国家下达的粮食定购任务，除公粮(农业税)继续征收实物外，其余改为指导性收购计划。

1993年度，实行粮食购销合同制度，镇政府按国家下达的收购计划同农民签订粮食购销合同。合同收购的粮食实行随行就市和价外加价的办法，属合同收购内的粮食，将原“三挂钩”（奖售平价化肥、柴油和发放预购定金）的物资（化肥、柴油）由平价供应改为平议价补贴，在农民交售粮食时以价外加价形式同随行就市价款一并兑现给农民，同时建立粮食收购保护价格制度，对计划内合同收购的粮食实行收购保护价。由于1992年的粮食放开，合同收购是自愿的，加上粮贩子积极上门收购，因此，国家粮食收购量减少。

（六）粮食定购

1995年起，把粮食合同收购改为国家粮食定购，国家按定购计划内收购粮食（不含公粮），继续实行最低保护价政策。同时，实行粮肥挂钩。1998年实行定购价和余粮收购保护价脱轨，对粮食订购外的余粮按保护价敞开收购。

1999年后，实行定购价和余粮收购保护价并轨，继续执行按保护价敞开收购农民余粮政策。同时，实行钱粮兼收。

（七）粮食议价收购

1953年11月，国家对粮食实行统购统销，对统购任务实行牌价收购，任务外的余粮实行加价收购。1958年，提倡“共产主义风格，任务内外的粮食一律按国家牌价交售（收购）”。1962年9月，中共中央《关于粮食工作的决定》中规定：集体经济单位和农民在完成粮食征购任务以后，可以拿余粮上集市交易，但严禁私商参与粮食集市贸易，供销社可以根据集市粮食上市情况适当收购，也可到完成征购任务后的生产队，用协议价格或以物易物，收购一部分余粮。1963年 6 月，粮食统一由国营粮食部门经营。“文化大革命”期间，对社队的多余粮食，实行“超产超购超奖”，关闭议购议销市场。

1978年11月，中共十一届三中全会通过的《关于加快农业发展若干问题的决定》提出：“在完成国家征购任务后，允许社员通过集市，进行少量粮食、油料等买卖，粮食部门也可以议价收购和出售。”粮食部门全面开展议价粮油经营。1980年1月，粮食部颁发《关于粮食和食用油脂油料议购议销试行办法》，1981年和1982年，议价经营业务继续发展，增设供应摊、流动车，方便群众购买。其间，议价米、面、大豆、赤豆、淀粉等品种降低了零售价。1983年，贯彻中央1号文件和国务院、广东省人民政府关于实行多渠道经营粮油的规定，除粮食部门外，供销社、个体户和其他商业部门按规定经营粮油，城乡粮油经营渠道畅通，有力地促进粮油生产，保证了粮油局势的稳定。粮食部门还采取灵活措施，对不能完成粮油征购任务的农户，采取交钱顶粮的办法，然后从市场议购粮食顶回。

2001年，按照“稳定生产能力，自主种植经营；取消定购任务，放开购销价格；规范市场管理，搞活粮食流通；政府分级负责，确保粮食安全”的思路，全面实行粮食购销市场化改革。取消国家粮食定购任务，放开粮食购销价格。

自2004年起，全国部分省开始试行减免农业税。2005年12月，十届全国人大常委会第十九次会议高票通过，从2006年1月1日起，废止《中华人民共和国农业税条例》，意味着在中国延续两千多年的农业税赋结束了它的历史使命。

园洲各个时期粮食征购任务变化情况表

表10-1　　　　单位：市担

队别	1965年征购一定三年	1969年任务			1972年任务			1981年任务			1985年合同定购任务
		小计	征购	超购	小计	征购	超购	小计	征购	超购	
马蹄	2169	4379	2811	1568	2727	1837	890	3900	2535	1365	4389
田头	8020	16603	10634	5969	15038	10080	4958	14654	9525	5129	16710
桔龙	3370	6882	4412	2470	5658	3795	1863	5813	3778	2035	6913
廖尾	3199	6577	4217	2360	5300	3555	1745	5782	3758	2024	6545
禾山	5639	11626	7449	4177	11211	7515	3696	10276	6679	3597	11693
土瓜圩	2071	4167	2675	1492	2476	1663	813	3713	2413	1300	4173
深沥	4982	10148	6503	3645	9481	6356	3125	8976	5834	3142	10203
阵村	9408	12287	7872	4415	11980	8031	3949	10855	7055	3800	12360
沙头	4583	7195	4613	2582	6071	4072	1999	6414	4169	2245	7268
上南	5955	19526	12505	7021	20460	13713	6747	17224	11196	6028	19655

续表10-1

队别	1965年征购一定三年	1969年任务			1972年任务			1981年任务			1985年合同定购任务
		小计	征购	超购	小计	征购	超购	小计	征购	超购	
刘屋	3539	9207	5901	3306	8380	5619	2761	8078	5251	2827	9256
下南	4689	9648	6183	3465	8895	5964	1931	8466	5503	2963	9700
江头	1652	3579	2299	1280	2838	1906	933	4136	2668	1468	3625
白耀前	1770	3657	2349	1308	2838	1905	932	4136	2668	1468	3624
高头	3530	7216	4626	2590	6048	4056	1992	6396	4157	2239	7248
李屋	4838	9941	6370	3571	9239	6194	3045	8794	5716	3078	9996
寮仔	4648	8433	5405	3028	7473	5011	2462	8380	5447	2933	9603
白马围	3938	8072	5176	2896	7051	4728	2323	7150	4648	2502	8112
上村		11733	7039	4694	10203	6121	4082	8873	5404	3469	8695
水口		16928	10156	6772	14720	8832	5888	12800	7758	5042	12544
凤山		23203	13921	9282	20177	12106	8071	17546	10605	6941	17195
义合		18789	11273	7516	16339	9803	6536	14206	8604	5602	13921
新村		10699	6419	4280	9304	5582	3722	8091	4933	3158	7929
沥东		9118	5470	3648	7929	4757	3172	6895	4215	2680	6757
沥西		9237	5542	3695	8033	4819	3214	6986	4269	2717	6846
佛岭		6183	3709	2474	5377	3226	2151	4676	2883	1793	4582
马石岗		5147	3088	2059	4476	2685	1791	3893	2413	1480	3815
合计	78000	270180	168617	101563	239723	153931	85770	227109	144084	83025	225109

1959—2000年园洲镇征购粮油任务及完成情况表

表10-2

年度	稻谷（吨）									食油（吨）					
	征购任务			完成实绩			其中：早造入库			任务			完成实绩		
	合计	征购	超购	合计	征购	超购	合计	征购	超购	合计	统购	超换购	合计	统购	超换购
1959															
1960															
1961															
1962															
1963															

续表10-2

年度	稻谷（吨）									食油（吨）					
	征购任务			完成实绩			其中：早造入库			任务			完成实绩		
	合计	征购	超购	合计	征购	超购	合计	征购	超购	合计	统购	超换购	合计	统购	超换购
1965	78000			78000			54600			220					
1966	78000			78000			54600			220					
1967	78000			78000			54600			220					
1968	78000			78000			54600			220					
1969	159143	102000	57143	159143	102000	57143	111400	71400	40000	236	200	36	236	200	36
1970	159143	102000	57143	159143	102000	57143	111400	71400	40000	236	200	36	236	200	36
1971	159143	102000	57143	159143	102000	57143	111400	71400	40000	236	200	36	236	200	36
1972	143165	96000	47143	96000	96000	47143	100200	672000	33000	950	500	450	950	500	450
1973	143165	96000	47143	96000	96000	47143	100200	672000	33000	950	500	450	950	500	450
1974	143165	96000	47143	96000	96000	47143	100200	672000	33000	950	500	450	950	500	450
1975	143165	96000	47143	96000	96000	47143	100200	672000	33000	950	500	450	950	500	450
1976	143165	96000	47143	96000	96000	47143	100200	672000	33000	950	500	450	950	500	450
1977	143165	96000	47143	96000	96000	47143	100200	672000	33000	950	500	450	950	500	450
1978	143165	96000	47143	96000	96000	47143	100200	672000	33000	950	500	450	950	500	450
1979	143165	96000	47143	96000	96000	47143	100200	672000	33000	950	500	450	950	500	450
1980	143165	96000	47143	96000	96000	47143	100200	672000	33000	950	500	450	950	500	450
1981	143143	93000	52143	96000	96000	47143	101600	65100	36500	309	309		309	309	
1982	143143	93000	52143	96000	96000	47143	101600	65100	36500	309	309		309	309	
1983	143143	93000	52143	96000	96000	47143	101600	65100	36500	309	309		309	309	
1984	143143	93000	52143	96000	96000	47143	101600	65100	36500	309	309		309	309	
1985	143143	93000	52143	96000	96000	47143	101600	65100	36500	309	309		309	309	
1986	143143	93000	52143	96000	96000	47143	101600	65100	36500	309	309		309	309	
1987	143143	93000	52143	96000	96000	47143	101600	65100	36500	309	309		309	309	
1988	143143	93000	52143	96000	96000	47143	101600	65100	36500	309	309		309	309	
1989	143143	93000	52143	96000	96000	47143	101600	65100	36500	309	309		309	309	
1990	143143	93000	52143	96000	96000	47143	101600	65100	36500	309	309		309	309	
1991	143143	93000	52143	96000	96000	47143	101600	65100	36500	309	309		309	309	

续表10-2

年度	稻谷（吨）									食油（吨）					
	征购任务			完成实绩			其中：早造入库			任务			完成实绩		
	合计	征购	超购	合计	征购	超购	合计	征购	超购	合计	统购	超换购	合计	统购	超换购
1992	143143	93000	52143	96000	96000	47143	101600	65100	36500	309	309		309	309	
1993	143143	93000	52143	96000	96000	47143	101600	65100	36500	309	309		309	309	
1994	143143	93000	52143	96000	96000	47143	101600	65100	36500	309	309		309	309	
1995	143143	93000	52143	96000	96000	47143	101600	65100	36500	309	309		309	309	
1996	143143	93000	52143	96000	96000	47143	101600	65100	36500	309	309		309	309	
1997	143143	93000	52143	96000	96000	47143	101600	65100	36500	309	309		309	309	
1998	143143	93000	52143	96000	96000	47143	101600	65100	36500	309	309		309	309	
1999	143143	93000	52143	96000	96000	47143	101600	65100	36500	309	309		309	309	
2000	143143	93000	52143	96000	96000	47143	101600	65100	36500	309	309		309	309	

二、食油统购

食用植物油在园洲地区主要是花生油，一向由私营工商业经营，自由购销。民国初期，东莞、博罗榨油业兴起，政府对食油的管理，仍循旧习，私商经营，自由买卖。

新中国成立初期，食油由国营贸易公司及供销社经营，镇域的油料生产不多，除农户自用外，有少量余油在自由市场出售。1953年11月15日，中共中央发出《关于在全国实行计划收购油料的决定》，禁止私营商贩收购，关闭了油料自由市场，实行统购统销。食油统购，按“多产多吃，少产少吃”原则，核实产量，按人均年用油1.5～2公斤自留食用，其余均由国家统购，禁止个体商贩收购食油。1954年开始，实行花生派购，并全部派购油料。对私人的榨油进行登记，不准自榨自吃，由油脂机构委托加工，再由国家定量供应食油。1955年执行粮油派购政策，逐级分配任务，实行“多产多购多留，少产少购少留”政策，按食油产量多少进行统购，凡种植花生的农民，均应按照国家分配的数量和收购价格，将其所产的花生除去自用外，剩余花生全部卖给国家。1956年开始，国家实行花生随粮征购的办法。按计划产量除留足种子和自用量外，其余部分分别按比例派购，缺油户由国家按定额供应。花生统购工作与粮食统购工作密切配合，同时部署，统一宣传，一并进行，同时完成任务。1957年，对花生、花生油的收购，实行“社包社、队包队、国家不供应”的包干政策。1957年农业合作化后，榨油下放，允许农业生产合作社自榨油料，国家以统购食油为主，把统购任务逐级分派到农业社，并实行奖励政策：种花生地区的农业税减少30%；完成食油统购任务超额出售25.5～50公斤的，每50公斤加价0.5元，50.5～100公斤的加价0.6元，此后每增加50公斤递加增0.1元，至250公斤以上增1元。同时取消了农村的食油供应，贯彻“多产多吃，少产少吃”的政策。1963年，食油统购实行奖售政策，每交售50公斤食油，奖励棉布（指标，下同）5市尺、针织品5市尺、化肥15公斤、食糖0.655公斤、香烟5包。1965年开始大力开展农田水旱轮作，花生面积产量增幅较大，为食油统购、超购提供了良好的条件。规定完成食油统购任务后多卖的花生，每百公斤可抵稻谷任务250公斤。1966年，统购每百公斤食油，奖售稻谷指标300公斤，磷肥22.5公斤。完成食油统购任务后，多出售的超购油，每百公斤花生（出油28公斤为标准）可抵稻谷统购任务200公斤，每百公斤食油抵稻谷任务520公斤。1971年后，超购油加价30%，统购油每百公斤奖售稻谷指标300公斤，磷肥100公斤。1980—1984年，又改为加价50%。

1985年，取消粮食统购，改为合同定购，定购价（包括奖售折款）每50公斤定价170元，粮食定购家按“倒四六”计价（即四成原统购价，六成原超购价加奖售粮、肥料折款），确定为花生油每市担170元

1987年，食油放开经营，允许私人购销，粮食部门收购量逐年下降。是年，全镇收购56吨，1989年减为53吨，1990年减为50吨。

1970—2000年园洲镇河南区花生（油）生产、收购情况统计表

表10-3

年度	生产			统购（担）	超购（担）	议购（担）	合计	
	播种面积（亩）	总产（担）	总产折油（担）				总收购（担）	占总产（%）
1970	7300	8395	2938	200	360	300	536	0.065%
1971	7100	8165	2857	200	390	350	586	0.07%
1972	7400	9620	3270	500	450	500	1450	0.15%
1973	6960	8212	2628	500	450	550	1500	0.18%
1974	6870	7900	2607	500	450	600	1550	0.19%
1975	7320	8418	2862	500	450	700	1650	0.19%
1976	7000	8050	2576	500	450	730	1680	0.20%
1977	7000	2980	2633	500	450	7520	1700	0.21%
1978	7800	8970	3139	500	450	780	1730	0.19%
1979	7850	9027	3159	500	450	800	1750	0.19%
1980	7760	9001	3240	500	450	810	1760	0.19%
1981	7500	8400	3024	500		1000	1500	0.17%
1982	7320	8491	2802	500		1000	1500	0.17%
1983	6700	7504	2626	500		950	1450	0.19%
1984	6500	7475	2541	500		900	1400	0.18%
1985	5700	6555	2294	500		860	1360	0.20%
1986	5400	6210	2173	500		600	1100	0.17%
1987	5001	5660	1960	500		600	1100	0.19%
1988	4800	5520	1932	500		630	1130	0.20%

续表10-3

年度	生产			统购（担）	超购（担）	议购（担）	合计	
	播种面积（亩）	总产（担）	总产折油（担）				总收购（担）	占总产（%）
1989	4972	6060	4663	500		620	1120	0.18%
1990	5205	5985	2095	500		650	1150	0.19%
1991	5106	5879	1996	500		680	1180	0.20%
1992	5372	6070	1942	500		700	1200	0.19%
1993	4886	5618	1910	500		670	1170	0.20%
1994	4608	5299	1695	500		640	1140	0.21%
1995	4313	4959	1735	500		600	1100	0.22%
1996	4003	4603	1611	500		580	1180	0.25%
1997	3986	4583	1604	500		560	1160	0.25%
1998	3986	4583	1604	500		550	1150	0.26%
1999	3800	4370	1485	500		500	1000	0.22%
2000	3750	4312	1466	500		540	1040	0.23%

园洲镇各个时期食油统购任务变动情况表

表10-4　　单位：市担

区别	1965年一定三年	1969年任务		1972年任务		1981年任务		1985年合同定购
		统购	超购	统购	超购	统购	超购	
合计	300	200	36	500	450	500		850
南区（园洲）	220	200	36	500	450	309		525
北区（九潭）	80					191		325

第三章 粮油统销

第一节 粮食统销

1953年11月23日，政务院颁布《关于实行粮食的计划收购和计划供应的命令》，从此开始了由中央高度集中统一的粮食管理体制，以计划购销代替自由贸易。园洲、九潭地区自此开始了对市镇居民实行粮食计划供应。

粮食供应包括定量人口供应（非农业）、工商行业用粮、特需供应、饲料用等。

一、定量人口粮食供应

1954年年初，圩镇实行凭证不限量供应，规定不得投机贩运。是年9月第二次发证，实行定量供应，重体力劳动每月大米22.5公斤，中体力劳动17.5公斤，其他一律15公斤。粮食定时定量供应，由群众自报计划、民主评议，区乡人民政府批准。

由于取缔了粮食自由贸易，群众不习惯计划用量，心中无数，加上管理上缺乏经验，销售量大增。1955年，因上年秋季收购了大量的农民口粮，第一季度开始返销，加上定量供应工作做不好，出现了第一季度粮食销量大增。第二季度整顿统销，采取“以定量，按量计算到户，凭证分期供应”的办法。同年8月，国务院颁布《市镇粮食定量供应暂行办法》，对居民按劳动差别、年龄大小等情况划分为九个等级，定出各等级的定量标准，实行按人定等，按等定量。园洲镇各个时期非农业人口粮食供应定量如下表：

园洲镇不同年份非农业人口供应定量情况表

表10-5 单位：公斤

等级	1955年10月		1959年3月		1960年7月		1972年3月		1985年12月		1989年12月	
	人口	每月定量	人口	每月定量	人口	每月定量	人口	每月定量	人口	每月定量	人口	每月定量
合计	27811	13.16	34260	10.7	53115	12.3	51521	12.5	77452	13.5	91498	13
特重劳动				15	7080	18.5	3094	20.5	1705	20	1410	23
重体力劳动	3791	20.41	4282	15	12524	17	6813	17	10287	17.5	10673	16
中体力劳动	2027	16.39	1971	15								
轻体力劳动	4405	13.63	5521	11	6701	13.5	3214	14.5	3350	15	2462	14
干部职工	4625	14.15	6151	11	7274	13.5	10657	15	22419	15	28974	15
大中学生	689	14.21	1285	12	3928	13.5	2565	13.5	3254	13.5	6089	13

园洲镇不同年份非农业人口供应定量情况表

续表10-5　　　　单位：公斤

等级		1955年10月		1959年3月		1960年7月		1972年3月		1985年12月		1989年12月	
		人口	每月定量	人口	每月定量	人口	每月定量	人口	每月定量	人口	每月定量	人口	每月定量
一般居民	10岁以上	7570	12.38	8606	11	7454	11	10479	11.5	25510	11.5	31441	11
	6～10岁	1652	7.96	2145	8	2921	9	4997	10	4974	9.5	4488	9
	4～6岁	1645	5.8	2144	5	3284	7.8	5191	7.5	2881	8	2240	7
	3岁以下	1473	3.2	2155	3	1940	4.5	4511	5	2732	4.5	2861	4

1959年，放松了农转非（农业人口转为非农业人口）的审批，把大批吃农村粮的人口转为吃商品口粮人口，加上国家粮食库存薄弱，又遭洪涝水灾，城镇粮食无法正常供应，不得不压缩供应定量。1959年4月，非农业人口定量平均压低2.5公斤，饮食服务行业平均压缩40%。6月中旬，境内遭受百年一遇的特大洪灾，粮食更加困难，再次动员每人每月节约0.5～1.5公斤粮食支援灾区。为减缓粮食供应压力，1962年全国性压缩吃商品粮人口，当时园洲、九潭压缩回农村的约100人，占非农业人口的18%。同时，加强计划管理，严格把住农转非和计划外供应口子，保证了正常的粮食供应。

1985年起，粮食征购改为合同征购，粮食市场放开，议价敞开供应。1988年4月1日起，食油定购任务取消。2001年起，定购粮任务取消，粮食征购的历史从此结束。

1993年2月18日，国务院发布《关于加快粮食流通体制改革的通知》后，取消了城镇口粮定量供应制度。至此，长期以来的票证制度退出历史舞台。

二、工商行业粮油供应

工商行业的粮油供应包括工业、食品、饮食和酿造业等，由用粮单位编造年、度计划，经其主管部门审核后，送县粮食局批准下达计划供应。从1955年冬起，饮食、食品、米酒实行收票（粮票）供应后，凭收回粮票结算和控制指标进行供应。1985年起，上述行业逐步取消牌价供应，改为议价供应，免收粮票。

三、特需粮油供应

特需供应主要是定量外的各项临时性补助粮、油供应，如会议补助、出差补助、夜餐补助、婚丧喜庆补助、产妇补助、病号补助、侨汇补助、侨眷补助、高级知识分子补助、离休干部食油补助等。

四、饲料供应

主要是粮食副产品的供应（玉糠、统糠、混合糠）。新中国成立初期，全部供应原粮、三糠。1955年开始，供应机制“四六统糠”，即四成玉糠、六成大糠粉混合供应。1970年后又改为“三七统糠”。

饲料的分配和供应，统糠供应在1964年前，按公、母猪或按生猪饲养量供应，每月供应统糠公猪50公斤，母猪25公斤。1964年开始，按交售的征购粮食实绩分配供应，直至1984年后取消计划供应，全部改为议价供应。

稻谷供应以出售生猪重量奖售的形式供应，出售50公斤生猪（平肚毛重）奖售稻谷35公斤，1974年改为25公斤，1980年又改为50公斤。1963—1970年出售蛋品、鸡、鸭还有一定数量的粮食奖售。1974年起，每头未出栏的小猪供应稻谷2.5公斤，母猪每年补助供应稻谷100公斤。1985年后，取消了计划供应，纳入粮食分配的项目安排的“五粮”（公粮、购粮、种子、口粮、饲料）中，每年一般人平留饲料粮10～15公斤。

五、奖售粮

奖售粮指国家按奖售政策收购农副产品而奖励的粮食。1962年，广东省委决定：生产单位出售给国家1吨甘蔗，奖售稻谷3公斤。同年，贯彻收购计划外优质谷奖售办法，每百公斤优质谷或大糯谷奖稻谷指标20公斤或化肥10公斤，奖粮不奖肥，奖肥不奖粮。小糯谷每百公斤奖稻谷指标10公斤或化肥5公斤，自此，优质谷每百公斤抵顶征购粮任务130公斤，另奖售化肥10.5公斤，糯谷则在有出口任务的年度才给予奖励。

1963年，广东省人委颁布了收购农副产品和中药材的奖售标准，凡收购的品种，除稻谷外，食油、生猪、“三鸟”、鲜蛋等农副产品和菊花、银花等中药材都给予奖售，奖售的物资有粮食、化肥和棉布。1964年后又逐年调整。随着粮食生产的发展，农副产品的增多，奖售的品种逐年减少。1965年后，大力推广水旱轮作花生（即一造水稻一造花生），并规定于食油统购任务外，多卖的花生，卖百公斤可顶抵稻谷250公斤。

第二节　返销、借销粮

返销粮，又称“回销粮”，指余粮队（户）过去农民一年收获的粮食，交纳农业税后，因受灾减产、失收，需要再向粮食部门购买，这部分粮食就是返销、借销粮。对于这些需要返销、借销粮的队（户），政府部门组织干部深入基层调查情况，摸清缺粮底子，分别不同情况，根据可能分别给予统销、返销或借销粮食指标，保证群众的基本生活需要。最低的基本生活口粮标准，除1959—1961年三年经济困难时期，每人每月最低口粮标准（保护线）12.5公斤原粮外，其余时期都按15公斤为最低口粮标准。

1958年“大跃进”的粮食严重浪费和公社化“共产风”（即无偿调出生产队的粮食和吃饭不要钱）造成的不良后果，加上1959年6月的特大洪水灾害，造成1959年至1961年三年经济困难。由于粮食紧缺，村民不得不以木瓜树干、薯苗、野菜、香蕉头等加工成粉用作代食品。这一时期的农村生活安排成为党和政府的中心工作，在大力恢复生产的同时，拨出返销粮救灾救民。三年经济困难时期，国家拨出河南区（园洲）救济款转为返销粮80万担，平均每年25万担，解决了每人每月25～30斤的口粮，度过了三年经济困难时期。1966年6月，境内遭受仅次于1959年的洪涝灾害。由于有了1959年的经验教训，受灾后立即组织力量开展灾情调查，逐队逐户摸清缺粮情况，做到心中有数，安排好灾后过冬和次年春荒的社员生活，园洲、九潭地区国家返销粮食130万担。

此外，民政部门在歉收年对五保户、烈军属、扶贫户发放救济款时，与粮食部门配合，购买一部分粮食发放给这些困难户。

第三节　食油统销

食油统销是对非农业人口实行定量供应。城镇居民食油供应量：1954—1956年每人每月供应0.25公斤；1957—1959年为0.1公斤；1964—1971年为0.15公斤；　1972—1986年为0.2公斤，重大节日常有增量。工厂企业和商业饮食等单位用油，按正常需要每月编造计划，经粮食主管部门核准后，发证按月供应。

特种供应是在保证居民定量食油的前提下，对一些特殊需要作适当的供应，如对城镇的孕妇每月供应食油0.5公斤，驻军逢节日（“八一”、春节）每人供应0.5公斤，对会议、医院病人等则凭单位证明适当给予食油供应，直至1985年止。

食油市场管理，境内从1954年正式实施食油统购统销开始，就取消了自由市场，加强了市场的严格管理，停止批发商、贩运商经营食油。农民生产的油料只能由国家统一收购，不准卖给私商。农民在完成国家征购任务后，在严格管理下，允许少量互通有无，但要凭证明方可交易。食油实行凭证定量供应后，对私营油商实行经销、代销，油厂（油坊）由国家粮食部门委托加工，农民不得自行开榨。农业社、农户在完成统购任务和按定额留下自用量后的油料，由农民自行处理。1975年，为进一步加强食油市场管理，上级还规定：花生油、芝麻油、豆油及花生、芝麻都是国家统购商品，严禁抢购套购，在国家未宣布统购结束前，只准卖给国家粮食部门，不准售给任何单位和个人。每逢圩日粮食部门配合市场管理人员进入市场加强管理，对违反食油市场管理规定者，视其情节分别予以收购或没收处理。

中共十一届三中全会后，对食油市场管理进行了政策调整。农村社队完成国家统购、派购、超购计划任务后的食油、油料，允许进入农村集贸市场，由生产队与消费者之间直接进行交换。1979年3月，开展议价粮油的经营工作，使停止了十多年的食油议购议销得以恢复。此后，城乡食油市场活跃起来。1983年以后，食油流通领域进一步扩展为除粮食部门的经营外，还允许社会上多渠道经营。农民完成任务后，可以自行处理、加工和运销，也可以按上述原则实行多渠道经营。

1987年开始，取消食油统购统销，放开价格，全面实行市场调节。从此以后，取消了食油合同定购任务，取消了城镇居民食油定量供应，全面实行自由议价买卖。

附：粮油票证

1953年实行粮食统购统销后，粮食统销实行严格的票证使用和管理制度。

1.流通粮票和通用粮票

1955年9月18日，广东省人民政府发布《关于粮食供应票证使用的规定》，自10月1日起在全省范围内统一使用粮票作供应凭证。当时发行使用的粮票分为“全国通用粮票”“广东省流动粮票”“广东省购粮票”（即固定粮票）三种。“全国通用粮票”，分“半市斤”“壹市斤”“叁市斤”“伍市斤”五种，可在全国市镇和农村通用。“广东省购粮票”（即固定粮票），分“壹市斤”“伍市斤”

“拾市斤”“伍拾市斤”四种，只限于指定的粮食供应站或代销店使用，并印上月份，按月供应，不得预买下月粮。县内的粮票有“博罗县内流动粮票”（1957—1959年使用），还有“军用粮票”。

境内使用的粮油票证还有“城镇居民供应证”、“工商行业用粮供应证”、“农村粮食供应证”（或定额票）、“城镇居民临时供应证”、“广东省长年流动粮油供应证”、“农村周转粮证”、“市镇饲料供应证”、“农周转粮证”、“广东省临时流动粮油供应转移证”、“博罗县临时流动粮油供应转移证”、“特种用粮供应证”、“侨汇商品粮油供应证”、“广东省市镇居民粮食供应转移证”。

2. 粮票粮证管理

粮票、粮证实行集中管理，控制发行，加强回收，做好安全，同管理现金、现粮一样认真管好。坚持收发两条线，从领取、发放、收回、上缴等手续上建立严格管理制度，实行专柜专库保管，并专门建立了票证仓库。各种粮票、料票、食油票均属无价证券，只作购粮、购料、购油证明，不作他用，禁止买卖、涂改、伪造，遗失不补。粮食部门对粮票、料票库存实行定期盘点，库存发生长短立即查明原因，多余入账并报上级备查，短少的专案报省粮食厅处理。

第四章　粮食储运、保管、加工

第一节　仓储建设

境内历代都有粮仓。明清以来，按性质分两种：官设的常平仓，民设的义仓、社仓。

民国初年，田赋沿用清制，粮油的储藏与清末变化不大。粮仓多由祠堂庙宇改建，设备简陋，保粮条件差。20世纪50年代初期，为应付收纳公粮，大量借用祠堂为仓。1950年，在上南、马嘶、九潭设临时粮仓3座，容量1000吨。1958年年末，开始建粮仓，到1961年共建粮仓3座，面积1300平方米，容量2万担。这一时期的临时仓库大多都用两种粮食储量，一种是谷围囤储粮，即用4～5条、宽1.2～1.4米、长10～12米的竹谷围，围成粮囤储粮，每个囤一般可储量20～30吨。另一种是包堆储粮，即用麻袋包以堆放大米、豆类、杂粮，堆叠形式“非”字或“井”字形，堆高一般12包，亦有高达20～25包的。

60年代，农民寄存国家粮仓的储备粮逐年增多，部分祠堂又归还，仓库建设逐步增多，当时主要以基建房式仓为主，在仓底和四壁刷上沥青再贴上报纸或纸筋石灰，以利于防潮防霉，节约购谷围、垫底物的费用。

1958—1959年，博罗掀起建仓高潮，各生产队均建粮仓，县粮食部门在园洲河南区建粮仓1座，容量150吨。

1960年后，在下南扩建10万吨仓容的仓库，在马嘶岭背建3座大圆仓（仓容20万吨）和3座仓库（仓容8000担）。到1968年，园洲河南区有粮仓8座，仓容6000吨。

从1965年起全面改造仓库存粮垫底设备，把过去的大糠垫底逐步改为沥青地。原来的祠堂仓库归还业主。

70年代初，为贯彻“备战、备荒、为人民”的储粮方针，博罗县兴起了储粮建仓、大建土圆仓的高潮。

到1972年，园洲、九潭粮所新建“土圆仓”12座。土圆仓是按照原子弹的形状建造，储粮容量大。社队建造的土圆仓，每个可储粮30～50吨。土圆仓的墙壁用稻草、泥巴和石灰糊成，把稻草扭成草绳，糊上和好的稀泥，一层一层一圈一圈地往上摞起，墙壁内外批上砂浆后粉石灰。基脚是红砖砌的，仓内地面经防水处理后用水泥抹平。仓顶用竹子或芦苇搭建成锥体，上面铺上稻草防雨。4～6米直径的土圆仓，大约可存放稻谷20～30吨。土圆仓用泥、草建成，由于质量差，一些未及使用，就经不起暴雨冲刷而崩废；一些虽经试用，但由于南方气候高温多湿，不宜储藏粮食而报废。70年代后期，土圆仓全被淘汰。

1979年后，粮食逐年增产，粮食部门经营议价粮食增加，粮所仓容严重不足。1980年，在园洲建仓2座，容量400吨；1982年，九潭粮所建仓一座，容量10吨。到1985年年底，境内共有仓库点3个、粮仓13座， 面积2万平方米，总容量100吨。

1983年，粮食丰收，仓容紧缺，在刘屋会场、阵村大队部、公社（区、镇）会场设立时仓库，粮所近千米的路面堆满了入库的稻谷。开始出现农民卖粮难的问题。

1985年，园洲粮所有仓库20座，容量745万公斤；九潭粮所有仓库7座，容量200万公斤。

1980年后，由于家庭联产承包责任制，生产队的粮仓全部折价拍卖。

2001年后，粮食体制改革，境内的共容量1145万公斤的27座粮仓闲置。

第二节　粮食保管

粮食保管历代重视。据《东莞市志》记载：清康熙四十一年（1702年）规定，如官员将存仓米亏空或霉烂的，限一年内赔补完毕才准续任，否则解任，两年尚未赔完，就要定罪。清雍正、嘉庆年间都对粮食保管作出了规定，官员如有违反都会受到严惩。民国15年（1926年）颁布《仓捐管理办法》。民国19年（1930年）颁布《各地方仓储管理规则》，将仓制分为县仓、市仓、区仓、乡仓、镇仓和义仓六种。民国25年（1936年）又重新修订，并对仓库的修建作出具体的规定。同时规定各仓积谷应逐年翻晒。

新中国成立后，镇域的公粮仓库开始接受大量粮食，确保粮食安全成为一项重要任务，

国家对粮食保管工作制定了“以防为主，防治并举”的方针。从1954年开始，全面开展“四无”（无虫、无霉、无鼠雀、无事故）粮仓和“四无”油库（无酸败、无混杂、无渗漏、无事故）活动。境内的粮食保管着重突显两个方面：

一、以防为主

在每年两造粮食入库前，县、公社粮食部门集中生产队副队长及保管员到公社进行培训，讲清入库粮质的“四大标准”（水分不超过13.5%，杂质不超过0.5%，无虫害、谷粒新鲜饱满），切实做到“坏粮不出村，虫粮不入库”；仓外“三不留”（不留杂草、垃圾、污水）；同时进行清仓杀虫消毒。入库后的粮食除了自查外，每年夏秋两季，组织技术员到各队粮仓进行粮油保管大检查，做到有仓必到，有粮必查，查必彻底，发现问题及时解决。

二、防治兼施

在检查发现问题后，积极进行治理。按照“治早、治好、治了”的原则，将危害因素消灭在萌芽之中，把损失降低在最低限度内。消灭害虫是粮食保护工作的重点，初期主要用人工将稻谷过筛的办法除虫，后来用“666”粉等药剂杀虫，1968年后使用磷化钙、磷化锌等药剂熏蒸。1984年后，科学管粮推广使用防腐剂和机械通风设备，降低粮温，保证储粮安全。

第三节 粮食调运

1953年前，园洲盛产稻谷，自给有余，常有向外调出粮食，较大的灾年，则需从外地运入。运出输入的粮食以水运为主。

1953年实行粮食统购统销后，执行国家调运计划。1955年，调出粮食7.5万公斤。1960—1985年间，每年上调给国家的贸易粮最少10万担，最多达13万担。其中，1985年调出粮食10.1万担（园洲粮所8.6万担，九潭粮所1.5万担）。

自20世纪50年代初至2010年，境内的粮食的调拨运输主要是 “舟行陆运，车运肩挑”。

一、人力运输

新中国成立后，农民交公粮、卖余粮主要是靠人力挑运。20世纪80年代后，人力挑运减少，农民缴交粮食用船艇、胶轮车、自行车。1980年后，汽车运输代替了人工运输。

二、水路运输

20世纪50—70年代，东江、沙河是境内运粮的主要渠道。短途征购入库运输主要是发掘民间运输工具，如农艇、人力车和自行车等，路程较远的则用船艇运输，运往外地的粮食，则由粮食部门组织帆船定点运输。

1962年7月22日，水上公社沙河运输船队承运园洲粮所稻谷246担，行至上南洲头时，人为造成沉没，损失稻谷215担，折人民币1868元。

三、公路运输

20世纪70—80年代，境内的粮食征购均由各生产队组织拖拉机运入库。1978年后，农村汽车增多，公路运输更方便、快捷。

第四节　粮食加工

农村队（村）和家庭办的小型粮食加工厂始于20世纪60年代初。至70年代，全面实现了粮食、饲料加工机械化和半机械化（参见第八篇“工业”第三章“工业行业”）。粮食系统的粮油加工企业有园洲粮食加工厂和九潭粮食加工厂。

一、园洲粮食加工厂

1973年2月，园洲粮食加工厂投产。园洲粮食加工厂由县粮食局投资，始建于1971年，位于东江边，占地面积1200平方米，厂房面积600平方米，主要设备：日产45匹内燃机碾米机设备一套，采用半风吸风工艺流程，设计年产大米5500吨，1973年实际产量3169吨，1985年实际产量5850吨。1973年，改革为横磨，增设一台碾糠机（日产1000公斤糠），用吸风道与横磨直出连接起来，用一台20千瓦电动机带动两磨，加工时大米和糠自动分家，加工后的大米，不再人工处理。

1975年，粮加厂增设榨油车间、木制榨油机，日加工花生油150公斤。随着花生不断增加，于1978年，改革榨油工具，人工脱粒改为电动脱粒，人工舂碎花生改为机械粉碎，竹线圈箍麸改为钢线圈箍麸，冷榨改为热榨，日加工生产花生油250公斤。

二、九潭粮食加工厂

1989年，九潭粮食加工厂建成投产，总投资20万元，生产设备有电动碾米机、吹风机，日碾粮食300担。同年，九潭粮食加工厂与九潭镇农工商合并。

第十一篇　财税 金融 工商

第一章　财　政

自清朝以至民国的较长时间里，镇域的财政紊乱，自行经营收入、自理财务行政、财税混同不分，税项根据财政实际情况而定设。

新中国成立初期，镇域财政随建制区划分属东莞和博罗两县。1959年，园洲划归博罗县，随之财政归属博罗县。长期以来，镇内贯彻 “取之于民，用之于民”的原则，执行“发展生产，保证供给”的财政经济工作方针，达到财政预算的收支平衡并略有结余。

第一节　管理体制

新中国成立前，中国乡镇没有建立过乡一级财政。中华民国时期，国民党政府于民国19年（1930年）颁布了《乡镇自治施行法》，规定了乡镇财政收入范围。1939年又规定乡镇为法人，并由乡镇公所编制概算，但乡级财政依旧付诸阙如。东莞县、博罗县分别在园洲、九潭地区课征的税收多上缴国库，地方只按规定存留小部分做官役薪俸及其他杂支之用，地方举办教育、公益、慈善等事业所需经费，则由地方公产收入或增加地方税捐解决。

1950—1958年，河南区属东莞县管辖。从1950年开始，园洲乡配备了专职财粮助理员，财税管理体制实行报账制，即收入全部上缴县里，支出凭单据核定报销。1958年人民公社化后，实行“政社合一”体制，财税实行统一管理、分级负责的体制，即采取了下放财权、统一财政计划和财政制度、收支包干的办法。园洲人民公社设财粮助理、财会人员两人，负责管理全社的财税、商业、银行等工作。1964年1月，成立园洲财政管理所。1965年8月，公社财政管理所与税务所合并为财税管理所。1969年11月，财税管理所与工商行政管理所、粮食管理所、食品站、银行合并组成公社财粮银服务站。1973年，恢复设置财税管理所。

1978年，河北区（九潭）从石湾分出后成立九潭财管所。1977年，贯彻财税分级管理的原则，定收定支、超收分成、支出包干、结余留用。1981年，博罗县实行“划分收支，分级包干，权责结合（即分灶食饭），一定五年”的财政管理体制。1984年，财政所分为财政管理所和税务所，园洲财管所和九潭镇财管所成立。1986年撤区设镇（乡）后，保留财管所。财管所隶属镇领导，主要工作职能：落实兑现各级惠农补助资金；围绕乡镇财源建设做好服务；财政项目资金管理和乡镇政府机关财务代理；乡镇公有资产管理利用；财政预算编制、执行及管理。

一、园洲镇财政所

园洲镇财政所1984年1月成立，原有员工3人。2004年九潭镇财政所归并园洲财管所后，有员工9人。多年来，园洲镇财政大力组织财政收入，推进各项财政改革，坚持内抓管理，外树形象，各项基础工作和为民服务水平不断规范和完善，多次被省、市、县评为文明财政所。

二、九潭镇财政所

九潭镇财政所位于九潭政府大院内，1984年1月成立.随着九潭镇并入园洲镇，九潭财政所于2004年4月并入园洲财政所，5名人员中2人进入园洲财政所，其余人员分流至各镇。

第二节　财政收支

一、财政收入

园洲财管所成立之前，镇财政实行报账制，其财政收入归县统管。1984年后，镇财政收入始由镇财政所正式掌管。主要来源于农业税、农林特产税、耕地占用税、契税、企业所得税等。2000—2016年，全镇财政收入累计375490万元，年平均22087.65万元。

二、财政支出

1984年前，镇财政支出仅限于脱产干部的工资和日常办公用费，先后对县实行报账制和经费下拨制。1984年后由镇财政所统一管理财政支出，除行政管理方面开支外，农林水、文教卫生经费和民政部门的抚恤救济，以及支农建设等投入也纳入镇财政预算支出。2000—2016年，全镇财政支出累计375879.57万元，年平均22110.56万元。

三、预算外收支

1996年4月，园洲镇财政始行预算外收支。收入主要有农业附加税、教育附加税等。2010—2015年，共计收入39381.9万元，年平均收入6563.65万元。支出主要用于文化广播事业、民办教师工资和补贴教育经费等。2010—2016年，共计支出39099.98万元，年平均支出6516.66万元。

四、自筹资金

1987年，镇财政始行自筹资金，收入主要来源于土地征用款、工业企业的上缴利润、计划生育罚款等；支出用于扶持企业发展和补充政府办公、会议费的不足等。2010—2016年，全镇自筹资金共计收入87730.43万元，支出88909.88万元。

五、收支平衡

自1995年起，园洲镇财政建立总预算。至2016年年底，全镇财政收支情况，除2013年和2014年支大于收外，年年平衡，略有结余。

2006—2016年园洲镇财政收支情况表

表11-1　　　　单位：元

年份	总收入	总支出
2006	39863343	39629384
2007	86442172	77472622
2008	90761831	80663379
2009	119393666	112333155
2010	102795610	101626752
2011	138611213	137228374
2012	142668471	140293365
2013	124826830	125238342
2014	104355515	124685725

续表11-1

年份	总收入	总支出
2015	264045739	260026239
2016	390215746	382316932

第三节　财政包干

1985年，博罗县实行“划分税种，核定收支，分级包干”的财政包干制，核定区（镇）的收支包干基数。从1986年1月起，实行“统一领导，划分收支，收支挂钩，分级管理，一定四年”的财政体制。其规定内容为：（一）收入包干范围农业税、工商税和糖税三大类。（二）支出包干范围为行政经费、村干部补助经费、教育事业经费、卫生事业差额补助经费、公费医疗经费、乡镇计划生育专职干部经费、农业技术员经费、广播员补助费等。（三）收支基数核定，收入按当年下达的预算包干基数。（四）超支分成、超额完成基数的超收部分实行五五分成（即50%缴县，50%自留）；完不成任务的，县按基数差额减除支出基数拨款。

建立乡镇财政包干后，园洲镇的财政收入由镇预算收入和镇自筹预算收入两部分组成。镇预算收入为固定收入、分成比例收入和调拨收入。固定收入：印花税、利息所得税、车船使用牌照税、文化娱乐税、牧畜交易税、屠宰税、小学学费收入、其他收入（包括契税、规费、地租、市场租、公用鱼塘租、公房租金、罚没收入等）调拨收入，上级补助收入。镇自筹预算收入：农业税附加收入、地方建设公益事业筹款收入。

财政预算支出分为正常支出和专项拨款支出两种，正常支出包括卫生（公费医疗，后卫医疗保险）、教育、行政经费、城市公共事业、优抚、社会福利救济和其他费用。乡、镇财政包干，改变过去长期实行的上缴下拨、统收统支的管理办法。

2010—2016年园洲镇财政包干收支统计表

表11-2　　单位：万元

年度	收入	支出
2010	311.10	311.10
2011	260.44	260.44
2012	423.87	423.87
2013	577.97	577.97
2014	1002.04	1002.04
2015	937.41	937.41
2016	1183.22	1183.22
合计	4696.05	4696.05

第四节 财政管理

镇财政管理所既是镇政府的职能部门，也是县财政局的基层组织，镇人民政府和县财政局双重领导。其主要职责：乡镇财政收支管理，包括乡镇政府预(决)算编制；负责全镇的农业税征收；履行乡镇七所八站财务代管和服务、监督管理、统发工资、人事工作、乡镇国有资产管理和乡镇政府债务管理、村组财务公开、债权债务清理、行政事业性票据管理等各项工作。

一、财政预决算管理

财政预决算工作于年初做好资金预算的编制上报，年中严格按照年初县财政局下达的预算指标合理安排和使用资金，年终做好部门决算和财政决算工作，务必确保全年财政收支平衡。在编制年度预算时，按县规定的收支范围，结合镇的实际情况进行编制，挖掘潜力，把收入打全打足，支出方面厉行节约，反对浪费，正确发挥资金的使用效能。坚持预算收支平衡，略有结余，不安排赤字。预算编制后，提交镇人代会通过后执行。

二、农业税的征管

新中国成立初期，废除国民政府征实、征借、代金、积谷等一切苛杂附加，以“田多多出，田少少出，无田不出”的合理负担原则进行征收，俗谓“缴（交）公粮”。1950年，实行以率计征、落实到户的办法。1953年，镇域粮食实行统购统销，采取统购征收、统一分配的办法。1955年，农业税以社为单位，统一征收，统一减免。1958年，实行稳定负担，增产不增税和灾歉减免的办法。1958年6月3日，第一届全国人民代表大会常务委员会第九十六次会议通过《中华人民共和国农业税条例》（简称《条例》）。《条例》规定，全国农业税的平均税率为常年产量的15.5%。1983年开始，除农业税外，国务院还根据《条例》的规定，决定开征农林特产农业税，1994年改为农业特产农业税。1994年1月30日，国务院颁布《关于对农业特产收入征收农业税的规定》。凡从事农业生产、有农业收入的单位和个人，都是农业税的纳税人。牧区省份则根据授权开征牧业税。至此，中国现行农业税制实际上包括了农业税、农业特产税和牧业税3种形式。2006年取消农业税，标志着在中国已实行了长达2600年的农业税从此退出历史舞台。

园洲的农业税主要是委托粮食部门代征。代征的粮食部门按照票证的管理制度，向财政部门领取农业税收据。纳税人缴纳稻谷时，开具实物收据，加纳现金时开具现金收据作为完成凭证。财政部门定期与粮所按当年规定的收购价格进行结算，然后按全额结转划制度，把农业税上缴给县财政局，把农业税上缴给国库，把带征的附加及自筹粮拨给镇（社）。

三、财务管理

（一）费用开支管理

镇财政的所有开支坚持先请示后开支的原则，凡遇中心工作和重大活动，必须造好预算，报分管领导核实，经书记、镇长批准；其他日常零星开支在报销时，必须发票正规，填写规范，票面相符，报销凭证由经办人签字，经分管领导审核签字后，再由财政所所长对票据的规范性进行审核签字，最后到财政所进行报销。

（二）拨款管理

镇财政所对在镇上有拨款的单位、村(居)的拨款事项及额度要编制好拨款计划。在拨付款项时，由出纳根据领导签批的款项及额度开具转账支票后，再交会计审核盖章后方可办理。

（三）票据管理

镇级财政票据管理实行领退制，从县财政局统一购买，用完后再到县财政局统一核销。

四、财务监管和督查

为保证执行好国家财政的方针、政策和各级财政制度，从20世纪80年代起，每年都组织镇财政、农业中心(农经站)相关人员，对各村(居)财务管理进行一次专项财务审计，定期不定期地对村(居)各项资金拨付和使用情况进行督查。为提高镇村会计人员的业务水平，每年都对各村(居)会计、专业会计进行一次财务专业培训。

第二章　税　务

明清及民国时期，镇域财政分别由东莞县、博罗县统筹。财政收入以田赋为主，工商各税辅之。清光绪年间（1875—1908年）起，杂捐杂税名目繁多。民国时期，财政收入有田赋、工商各税及各类杂捐杂税，抗日战争和解放战争时期，中国共产党领导的东江游击队和博罗、东莞县政府等在辖区内废除一切苛捐杂税，执行“一物一税，税不重征”原则，按章收税，为保障军需民用、夺取抗日战争和解放战争的胜利服务。

新中国成立后，税收取之于民，用之于民。从对资本主义工商业实行社会主义改造到“大跃进”、人民公社，由“文化大革命”到改革开放新时期，境内收税的管理体制、征管工作，不断适应社会经济社会的发展要求，几经周折，发生了重大变化。

第一节 管理体制

1950年，东莞、博罗县分别在园洲博罗设税站。1961年，园洲税务站改称园洲稽征组；1964年改称园洲税务所。1969年11月，财税管理所与工商行政管理所、粮食管理所、食品站、银行合并组成公社财粮银服务站。1973年，公社财粮银服务站撤销，恢复原有建制。

1984年，财政所分为财政管理所和税务所，成立园洲税所和九潭税所。

1994年，国家实行分税制度，博罗县分为博罗县国家税务局和博罗县地方税务局。1995年1月，园洲（河南）、九潭（河北）分别分为国税所、地税所。1998年和2007年，分别成立园洲国税分局和园洲地税分局。

一、博罗县国家税务局园洲国税税务分局

博罗县国家税务局园洲税务分局，简称园洲国税分局。园洲国税分局前身是1984年成立的园洲税务所，位于园洲影湖路，建筑面积1000平方米，有员工7人。因税制改革，1995年园洲税务所分园洲国家税务所和园洲地方税务所，园洲国家税所办公地址设在现园洲庆丰一路1号，建筑面积500平方米，有员工9人。1998年4月，石湾国税分局成立，园洲国家税务所为石湾国税分局管理。2004年，九潭国家税务所归并园洲国家税所。2007年4月，园洲国家税务分局成立，为副科编制，班子一正三副，有干部职工28人，管理辖区6000户纳税人税务登记以及应纳地方税、费的征收管理和日常检查工作。现办公地址位于福园路沙头村路口。下设综合业务股，负责后勤工作；办税服务厅，负责税款征收、发票领用代开、前台受理、办证、公告等；税源管理一股，负责纳税评估、风险管理、复函、注销登记；税源管理二、三股，负责辖区内税收基础管理。

九潭国家税务所位于原九潭镇政府旁边，占地面积120平方米，建筑面积 400 平方米，有员工7人，九潭国家税务所前身是九潭税务所， 1984年成立，当时时有员工7人。1994年税制改革，1995年九潭税务所分国家税务所、地方税务所，九潭国家税所办公地址设在九潭政府旁。1998年4月石湾国税分局成立，九潭国家税务所为石湾国税分局管理。2004年，九潭税务所归并园洲国税所。

二、博罗县地方税局园洲地税分局

博罗县地方税局园洲分局，简称园洲地税分局，前身是园洲税务所。1984年成立，位于园洲广场路，建筑面积2500平方米，有员工7人。1994年税制改革，1995年园洲税务所分园洲国家税务所和园洲地方税务所，园洲地方税务所办公地址设在公园路，建筑面积2000平方米，有员工8人。1998年7月，园洲地方税务所改为园洲分局，隶属于博罗县地方税务局。2004年，九潭地方税务所归并园洲地税分局。2008年，园洲地税分局升格为副科级建制，班子一正三副，有干部职工17人，管理辖区5000户纳税人税务登记以及应纳地方税、费的征收管理和日常检查工作。下设纳税评估组，调查与执行一、二、三组，综合征收组，户籍管理组。

九潭地方税务所位于九潭旧圩，占地面积180平方米，建筑面积300平方米，有员工3人，九潭地方税务所前身是九潭税务所，1997年成立。1994年税制改革，1995年九潭税务所分九潭国家税务所和九潭地方税务所，九潭国家税所办公地址设在旧圩，建筑面积300平方米，有员工4人，隶属于博罗县地方税务局。

2004年，九潭地方税务分局归并园洲地方税务分局。

第二节　税　制

明清时期，镇域均按田、地、山、塘四项分上、中、下三等计征田赋，各等税率不同。另外，凡十六岁以上男丁，皆应服差役。清康熙三十年（1691年）后出生的男丁，不收差役费。雍正五年（1727年）起，将原来征收之差役费，摊入田亩内并同征收，实行“粮从亩派，丁就田征”的办法。田赋故称“地丁”，也叫“钱粮”。

民国时期的田赋征收沿清朝遗制，按地丁计赋改按田亩征收钱粮外，增加了各种名目繁多的苛捐杂税：有对工商业征收的营业税、营利事业所得税、屠宰税、筵席税、营业牌照税、火柴特别消费税、货物税、异地屠宰税等；有的对车船、人力车、畜力车、大小板车征收的使用牌照税；有为解决警察机关、警员费用支出征收的房捐、警捐等。

新中国成立后，园洲的税制经过了不断的变革。

1950年，开征货物税、工商业税、屠宰税、盐税、公粮地税、印花税、交易税、房地产税、车辆使用牌照税。

1958年，征收的税种有工商统一税、所得税、屠宰税、牲畜交易税、集市交易税、车辆使用牌照税和农业税。

1973年，开设的税种有工商税、工商所得税、屠宰税、车船使用牌照税、盐税和农业税。

1983—1984年，进行两步“利改税”政策的相继实施。所谓利改税，是指将国有企业向国家缴纳的纯收入由利润上缴形式改为缴纳所得税和调节税等税收形式，从而把国家与国有企业的利润分配关系用税法的形式固定下来。企业纳税后剩余的利润，全部留归企业支配使用。

1986年，开征的税种有农业税（1987年开征农业特产税）和产品税、增值税、营业税、所得税、城乡个体工商户所得税、个人收入调节税、盐税、房产税、屠宰税、牲畜交易税、建筑税、中外合资经营所得税、个人所得税、奖金所得税、教育附加费等。

1994年，税种分为中央税、中央地方共享税和地方税。1995年1月，国税和地税的征收范围作了具体化划分。

地方税主要负责征收的税费包括企业所得税、个人所得税、资源税、城镇土地使用税、城市维护建设税、印花税、土地增值税、房产税、车船税、契税、耕地占用税、烟叶税、社会保险费、教育费附加、地方教育附加、残疾人就业保障金、工会经费、税务其他罚没收入及其他收入。（文化事业建设费于2016年5月起移交国税征收，堤围防护费2016年10月起全省全面停征，价格调节基金2016年2月起全省全面停征）。

国税征收负责增值税、消费税、车辆购置税、企业所得税等税种的征收管理和出口货物退（免）税管理。

1994—2015年园洲国税分局税收统计表

表11-3　　单位：万元

年份	园洲镇	九潭镇	合计
1994	80	70	150
1995	130	100	230
1996	160	120	280
1997	700	580	1280

续表11-3

年份	园洲镇	九潭镇	合计
1998	850	630	1480
1999	900	680	1580
2000	980	700	1680
2001	1060	930	1890
2002	1150	850	2000
2003	1750	1150	2900
2004			3200
2005			4100
2006			5200
2007			8007
2008			10993.62
2009			11292.33
2010			15332.75
2011			19909.33
2012			22649.72
2013			23178.74
2014			23317
2015			24118.5
2016			41000

1995—2016年园洲地税分局税收统计表

表11-4 单位：万元

年度	园洲镇	九潭镇	合计
1995	1769071	275443	2044514
1996	2537021	364301	2901322
1997	2772470	350722	3123192
1998	3093617	701971	3795588
1999	3948932	534528	4483460
2000	6311081.49	890177.69	7201259.18
2001	8874507	1082645	9957152
2002	12154374	1355562	13509936
2003	15694063	1736337	17430400
2004	22446323		
2005	31221360		
2006	40744394		

续表11-4

年度	园洲镇	九潭镇	合计
2007	55583987		
2008	78486371		
2009	106527305		
2010	124793851		
2011	145179299		
2012	162716237		
2013	211622541		
2014	224592325		
2015	323145562		
2016	337389116		

第三节 税收征管

一、强化管理

（一）分级、分类管理

按照“抓大放小”的原则进行税源分级、分类管理。“抓大”，就是抓住重点税源不放松，做好源头控管。“放小”，就是在已有的条件下，对那些小经营规模小的个体工商业户实行松散型管理，采取一次性（或按季）巡回征收和简并征期的办法，降低管理难度。

（二）提升纳税服务水平

按照为纳税人服务无小事的原则，以“始于纳税人需求，终于纳税人满意”为追求目标，建立或完善各项服务制度。突出纳税服务的针对性、科学性和方法的艺术性，努力满足镇纳税人个性化服务需求，以最大限度满足纳税人所提出的服务要求，使服务做到更加周到细致。

（三）加强税源管理

严格按照税务登记管理办法的规定，建立健全税务登记人机结合分类管理监控台账。强化乡镇纳税人税源情况变动的监控，完善未达起征点纳税人、非正常户纳税人、重点税源户管理制度，在户籍管理上形成规范化，在税源监控管理上形成信息准确化。发挥协税护税作用，深入企业排查税源，组织做好清理欠税工作，确保应征尽征、应入尽入。

（四）强化税法宣传

通过召开会议、设立宣传栏、悬挂横幅、深入企业等多种方式，大力开展税收征收宣传工作，营造浓厚的舆论氛围，优化征收环境，促进税收目标任务圆满完成。把乡镇税收宣传融入乡镇税收管理之中，以边收税边宣传，提高税收遵从度。

（五）强化征管力度

2016年5月1日执行“营改增”（营业税改增值税）工作，各项税务工作有序稳定推进，在原管理基础上进一步转变职能和采取更有效的工作措施。例如：“三证合一”、国地税联合办证、电子申报等推广之后，大大地降低纳税人办理涉税事宜的工作压力和成本，有效地提高国税办税的工作效率。至10月止，国税组织税收3.349亿元，较2015年同期增长119%。

二、借力管理

与城市税收比较，乡镇税收点多、线长、面广，具有隐蔽性、易逝性等特点，单靠地税独家征管鞭长莫及，为此税务部门借助社会力量做好征管工作。

（一）加强信息采集利用

与工商、发改委等经济指标掌握部门加强横向联系，确保涉税信息交换及时、内容完整。

（二）严格源头控管

深化与国土、乡镇财政所等部门的协作机制，在农村土地占用、土地权属转移、房屋过户等环节从严把关，确保数据采集质量和税收一次性全额征收到位，并借以清理房产税、土地使用税基数。地税、国税之间加强协作，加强与乡镇财政所等单位工作衔接沟通，进一步加强管理，堵塞征管漏洞，确保税款安全。

（三）发挥财税等部门综合优势

园洲的农业税、农林特产税、耕地转让税和契约税由镇财政管理所负责委托有关单位征收。税务分局主要负责工商税的征管。征收形式根据园洲镇的实际情况，对主要税种、重要行业、重点户均制定了具体征收和管理的办法。纳税户除按规定时间到税局缴纳税款外，税务人员还采取下厂、下乡征收、查账征收和代扣、代征等办法。

（四）建立综合治税保障机制

建立政府主导、税务主管、部门配合、司法保障、社会参与为主要内容的综合治税保障机制，加强税源控管，促进税收应收尽收。

第三章　银　行

清代，镇域流动的货币主要有制钱（铜币）、银两和银币。一般大额用银，小额用钱，银钱并行。清光绪二十九年（1903年）后，流通的银圆有墨西哥鹰洋、英国站人洋和光绪龙洋等，同时取消散碎银两。民国时期，境内货币流动有孙中山纪念银币、袁世凯头像银币和铜圆、钱票关金券、金圆券等。其中，以袁头银洋流通量最大，时间也最长。

新中国成立前，园洲地区没有金融机构，只在九潭圩有一间典当。新中国成立后，中国人民银行石龙支行和博罗支行的金融业务分别延伸到境内的河南区和河北区。人民币逐渐占领了市场，稳定了物价。与此同时，实施现金管理制度。1951年，中国农业银行东莞县支行在园洲设立营业所。1957年，镇域建立信用社网络。1958年，银行为支持工农业生产的“大跃进”推行全额信贷。1961—1962年，执行“调整、巩固、充实、提高”方针和中共中央、国务院关于加强银行工作的规定，严格信贷管理和现金管理，优先支持农业生产资料供应和收购农副产品的资金需要，发放农业贷款。“文化大革命”期间，银行与财政、税务等单位合并，信用社被撤销，银行各项制度遭破坏，职能未正常发挥。1973年，恢复银行营业所。1974年，恢复信用社，并实行联社统一核算制度。

1978年后，国家实行改革开放政策，金融体制亦作了多方面的改革。1993—2007年，博罗县多家银行在园洲镇设立支行，这些专业银行从实际出发开办各种形式储蓄业务，使信贷资金有更广泛的来源。贷款的发放改变过去单纯按照生产计划和商品流转计划的做法，贯彻“区别对待、择优扶植”和“以销定产、以销定购、以销订货”的原则，支持企业扩大再生产，取得了较好业绩和社会效益。

2016年园洲镇银行存款、贷款余额市场占有率请款表

表11-5　　单位：万元

行别	存款余额		贷款余额	
	金额	市场占有率(%)	金额	市场占有率(%)
园洲农商行	392311	50.69	103560	37.12
园洲农行	170651	22.05	48867	17.51
园洲中行	104259	13.47	90903.6	32.58
园洲工行	48900	6.31	3800	1.36
园洲建行	57759	7.46	31817	11.40
合　计	773880	99.98	278442.6	99.97

第一节 机 构

一、广东博罗农村商业银行股份有限公司园洲支行

广东博罗农村商业银行股份有限公司园洲支行（简称园洲农商行），前身是博罗县农村信用合作联社园洲信用社（简称园洲信用社）。园洲信用社成立于1955年。21世纪60年代，经历了多次改革：1979年，交由农业银行管理；1996年，与农业银行脱离行政隶属关系，统一由人民银行管理；2005年，广东省农村信用合作联社成立，代表省政府履行对辖区内农村合作金融机构管理。

九潭信用社，成立于1955年，2009年9月归并入园洲信用社。下辖2个网点和一个营业部，在职员工22人。

园洲农商行成立于2013年12月16日。位于园洲镇桥北路78号，占地1500平方米，建筑面积2800平方米。支行内设2个部门：信贷部和小企业专营中心，分别负责园洲镇当地贷款业务及小微企业融资业务；下辖13个分理处和1个支行营业部，在职员工108人，资产规模、存款规模、网点数量居园洲镇金融机构首位。2015年，园洲农商行投放自助柜员机30台。截至2016年，园洲农商行在园洲镇共投放自助设备38台，离行式网点2个，开发POS商户400户。

园洲农商行贷款支持的行业，涉及农业、工业、商业及与园洲镇人民日常生活息息相关的公共事业。工业贷款投放，重点支持园洲桦阳工业园区、园洲大型混凝土公司、上南民营工业园区建设；商业贷款，重点支持园洲花园、御景豪庭、御景半岛、盛园华府房地产项目开发贷款及相关楼宇按揭贷款等；农业贷款，重点支持园洲镇自来水厂农村管网改造项目、九潭供水公司农村管网改造项目、上南经济联合社农民公寓建设项目贷款、园洲镇“信用村”村民农业贷款等；基建投资信贷，重点支持部分学校基础设施建设项目、桦阳工业园区污水处理建设项目等；个人贷款，重点支持园洲花园、御景豪庭、御景半岛、盛园华府等小区个人按揭贷款和园洲镇“信用村”村民购房、建房、消费贷款、个体工商户创业、经营、消费等及本地农民、居民装修、购车等综合消费贷款。2011年，推出“卡贷宝”、各类消费贷款等，为客户提供储蓄、贷款、支付结算、保险、消费、代缴代付等综合金融服务。发展手机银行、网上银行业务、鲜特汇服务平台，将便捷的金融服务带到了农户“家门口”。

2002—2004年，园洲农商行连续三年被评为“惠州市农村信用社系统先进单位”；2000—2006年连续7年被评为“博罗县农村信用合作联社先进单位”；2005年分别被评为“惠州市文明窗口服务单位”和“博罗县文明窗口服务单位”称号；2009年、2010年、2011年、2013年、2016年被总行评为先进党支部。

多年来，园洲农商行一直支持园洲镇文化事业发展，如连续多年与园洲镇政府相关部门联合举办并赞助“农信杯”篮球比赛运动。

附：园洲农商行辖属网点

园洲农商行辖属网点表

表11-6　　单位：人

网点全称	联系电话	职工人数
广东博罗农村商业银行股份有限公司园洲支行本部	6181009	22
广东博罗农村商业银行股份有限公司小企业贷款专营中心	6686717	8
广东博罗农村商业银行股份有限公司园洲支行营业部	6681866	14
广东博罗农村商业银行股份有限公司上南分理处	6680046	6

续表11-6

网点全称	联系电话	职工人数
广东博罗农村商业银行股份有限公司陈屋分理处	6685609	5
广东博罗农村商业银行股份有限公司刘屋分理处	6681615	5
广东博罗农村商业银行股份有限公司禾山分理处	6813543	4
广东博罗农村商业银行股份有限公司土深分理处	6820549	4
广东博罗农村商业银行股份有限公司梁屋分理处	6817570	4
广东博罗农村商业银行股份有限公司桔龙分理处	6800548	4
广东博罗农村商业银行股份有限公司马田分理处	6804088	6
广东博罗农村商业银行股份有限公司禾安分理处	6820546	4
广东博罗农村商业银行股份有限公司李屋分理处	6818558	5
广东博罗农村商业银行股份有限公司九潭分理处	6987081	7
广东博罗农村商业银行股份有限公司义合分理处	6986072	6
广东博罗农村商业银行股份有限公司赤沥分理处	6986087	4
合计		108

二、中国农业银行股份有限公司博罗园洲、九潭支行

中国农业银行股份有限公司博罗园洲支行（简称园洲农行），位于园洲镇下南村兴园二路43号，占地面积1123.8平方米，建筑面积3591.65平方米，其中营业厅面积480平方米，在编员工16人，是中国农业银行博罗县支行辖属营业网点，也是农业银行在博罗县西部地区最大的二级支行。2015年，园洲农行在园洲镇设立助农取款点22个，自助银行达14个，投放ATM机50台，金融超市一个。

园洲农行前身为中国农业银行博罗县支行园洲营业所，是中国农业银行东莞县支行辖属营业网点，于1951年在园洲设立。设立营业所以来，在不同的历史时期，园洲农行在服务“三农”和支持经济发展做出了贡献。2009年升格为二级支行后，全面拓宽服务渠道，努力构建“营业网点+离行式自助银行+惠农通服务点+电子银行”的服务模式。

1979年年底，博罗县农业银行在九潭（原称九潭人民公社）设立九潭营业所，2009年升格为二级支行，全称为“中国农业银行股份有限公司博罗九潭支行”（简称九潭支行）。2016年，九潭支行在编员工10人，设立助农取款点12个，自助银行2个，投放ATM机9台。

历年来，园洲农行26次荣获县级先进单位，12次荣获市级先进单位称号及惠州市委授予的“青年文明号”称号，8次荣获省级先进单位称号及省总工会授予“工人先锋号”称号，3次总行级“金融先进单位”“中国农业银行先锋号”“中国农业银行青年文明号”“职业道德建设先进班组”等荣誉称号。园洲农行是第一批文明规范服务导入单位，2012年被惠州银行业协会授予“行业文明规范服务示范单位”称号。同时，本着“德才兼备，以德为本，尚贤用能，绩效为先”的人才理念，园洲农行积极培养“爱岗敬业、多功能型”的专业人才，实现人才人生最大价值，多年来培养中层干部以上人才20多人。

三、中国银行股份有限公司惠州博罗园洲支行

中国银行股份有限公司惠州博罗园洲支行（简称园洲中行），成立于1993年年初，初名为“中国银行博罗支行园洲办事处”，直属博罗县支行管辖，位于园洲镇兴园三路1号，建筑总面积2000多平方米。园洲中行是一家集存款、贷款、外汇业务的品种齐全，业务权限比较高的商业银行。2002年，根据国家外汇局政策规定，商业银行办理外汇结算业务权限必须升格为二级支行，更名为“中国银行博罗园洲支行”，为园洲镇当地企业和个人提供快捷便利的跨境外汇汇进汇出业务和结售汇业务。2013年1月，中国银行惠州分行破格将园洲中行升格为一级支行，直属惠州分行管理，业务权限与博罗县支行平级。营业架构：一个营业部，20名员工，在行式自助设备8台，工业区自助设备8台，商户交易终端POS机120户。

长期以来，园洲中行力求为客户提供 “一站式”的金融服务。一方面，巩固传统强项业务，发挥比较竞争优势做好国际结算业务，开办银行卡、外汇交易、金融衍生产品、贸易融资等业务。另一方面，不断推出新产品、新服务。1999年发行了全国第一张信用卡——长城消费信用卡，随后按市场细分，相继推出了长城国际卡、中银双币信用卡、中银奥运信用卡、长城友谊联名卡、港澳自由行卡等；1994年率先在全国推出了“外汇宝”（个人实盘外汇买卖业务），并相继推出电话银行外汇宝、网上外汇宝，拓宽交易渠道，在此基础上于2007年再推新产品“保证金外汇宝”；因应个人理财需求，还相继推出了“债券宝”、“期权宝”、“两得宝”、“汇聚宝”、“黄金宝”、中银QDII理财系列、中银平稳增值理财系列、中银新股增值理财系列等产品；1998年在同业中率先全面推出个人住房贷款、汽车消费贷款、学生教育贷款等“理想之家”系列消费贷款品种，又相继推出了保单质押贷款、小企业法人贷款等业务品种；通过网上银行先后推出了服务个人客户的网上个人理财、网上个人贷款、网上基金、网上信用卡申请、在线支付等产品，针对公司客户的对公账户查询、汇划即时通、报关即时通、集团理财、银企对接、代发工资（代理报销）等产品；在办理传统国际结算业务的基础上，率先开展外汇保理、福费廷、远期结售汇等业务，并相继推出了进口汇利达、进口保付达、出口全益达、融信达、融付达、融易达等创新产品。

园洲中行贷款支持的行业涉及农业、工业、商业、教育事业。重点支持商业住宅楼盘东洲花园、园洲花园、御景豪庭、御景半岛、东江华庭、水岸香洲、星汇绿洲、汇园国际、假日君悦湾、合富春雨城共10个楼盘按揭业务以及正在办理的东江广雅学校和东晖学校教育融资业务。

四、中国工商银行股份有限公司博罗园洲支行

2004年1月18日，中国工商银行博罗县支行园洲分理处在园洲镇下南村兴园3路104号正式成立。2004年11月，经上级批准，县工行园洲分理处升格为园洲支行。2005年10月26日，中国工商银行股份有限公司经中国银行业管理监督管理委员会批准成立，各分支机构名称随法人名称统一更改。工行园洲分理处正式更改为中国工商银行股份有限公司博罗园洲支行（简称园洲工行），行址位于博罗县园洲镇绿化北路106～107号（园洲花园大门口侧），建筑面积272平方米，属县级二级支行，涉及业务包括个人、公司的存款、贷款、外汇等。现有职工11人，其中二级支行行长1人，大堂值班经理1人，理财经理1人，大堂经理1人，客户经理1人，柜员岗位4人；设一个营业网点，9名员工，自助柜员机设5台，自助终端5台，POS机安装250户。

2005年始，园洲工行第一家开办个体贷款业务，重点支持个人、民营经济、个体贷款，期限分三年、五年和十年，至2015年发放个体贷款超3亿元。对园洲镇第二家住宅小区园洲中心花园独家按揭贷款，同时，参与水岸香洲、假日名城，城市星座等6个楼盘的按揭贷款业务。2005年发放3000万元项目贷款支持园洲镇第二自来水厂改造、升级，成为园洲地区第一家银企合作。2006年发放800万元贷款支持镇经济发

展总公司。2011年3月发放3000万元支持晶港酒店业务升级。同年发放2200万元支持园洲老三新和新三新商场的装修和经营。2011—2016年累计发放超过1.5亿元，支持启丰、泰山石膏等公司生产经营。

2009—2015年，园洲工行获得多项荣誉：2005年，获惠州分行颁发的先进网点称号；2011年，获得省行小企业部颁发的先进小企业信贷支行称号；2012年，行长获得惠州分行先进个人、优秀金融工作者称号，园洲工行理财经理获得惠州分行先进个人、优秀金融理财师称号。

五、中国建设银行股份有限公司博罗园洲支行

中国建设银行股份有限公司博罗园洲支行（简称园洲建行），成立于2007年12月6日，位于园洲大道三新商贸城右侧，占地面积429平方米，建筑面积429平方米，有员工12人，其中网点负责人1人，营运主管1人，客户经理3人，大堂经理2人，柜员4人。自助柜员机设备15台，自助终端机5台，POS机安装48户。

园洲建行贷款的行业涉及住房按揭、工业、商业、高新技术企业、教育事业。近几年，重点支持君悦湾、水岸香洲、假日名城、汇园国际、尚都、信鸿广场等多个楼盘购房贷款按揭。2012—2015年贷款支持惠州市汇能热力有限公司（2000万元）、博罗县园洲利昌制衣厂（2100万元）、博罗县园洲勤达印务有限公司（2500万元）、惠州市正丰泰线缆有限公司（1650万元）、惠州市汇能热力有限公司（800万元）等企业扩大生产规模和持续生产经营。园洲建行开展村镇金融、外汇、投资移民、私人银行、信用卡、电子银行等多元化业务。同时为广大客户提供房屋装修、车位、购车分期付款等业务。2013年在惠州地区首开先河，与博罗县政府共同开展中小微企业“助保贷”金融创新业务，扶持当地中小微企业融资工作。2015年，推出“龙卡·粤通卡”，免费赠送车主电子标签。车主将该卡绑定电子标签后，可以在高速公路上实现不停车自动缴费通行，为市民出行提供便利。

2009—2015年，园洲建行获得中国建设银行惠州市分行多项荣誉：2009年度“双增双争”活动中获得中小企业贷款推荐优秀奖；2012年获得“预审批推动优胜奖”；2012年获得“安全年”先进单位；2015年获得“个人电子银行客户营销优胜行”称号；2015年获得“个人电子银行移动签约”第一名；获得2010年惠州市分行“十佳网点负责人”、2014年惠州市分行“先进个人”称号。

第二节　存　款

一、集体存款

民国时期，银行存款不分公、私、集体和个体，均设定期与活期两种。新中国成立后，银行根据《现金管理规定》中“一切公营企事业、机关、部队及合作社等单位多余的资金，必须存入人民银行”的规定，吸收企事业、机关、团体的多余资金，同时积极发动未实现现金管理的集体、私营企业单位存款。随着经济的发展，单位增多，业务扩大，特别是经济体制改革后，由企业支配的资金增多，存款量逐年增长。

（一）园洲农商行集体存款情况

2000—2016年园洲农商行集体存款情况表

表11-7 单位：万元

年份	集体存款	年份	集体存款
2000	2900	2009	19400
2001	3700	2010	19200
2002	4500	2011	25900
2003	7000	2012	22600
2004	7300	2013	22200
2005	8800	2014	26900
2006	10700	2015	30800
2007	17200	2016	85307
2008	16600		

（二）园洲农行集体存款情况

2008—2016年园洲农行集体存款情况表

表11-8 单位：万元

年份	本外币各项存款年末余额	集体存款
2008	38981	8259
2009	47811	13572
2010	57962	16698
2011	73327	22724
2012	75521	15801
2013	85515	16314
2014	89469	16314
2015	101279	27190
2016	121793	32575

（三）九潭农行集体存款情况

2008—2016年九潭农行集体存款情况表

表11-9 单位：万元

年份	本外币各项存款年末余额	集体存款
2008	14847	986
2009	16832	1312
2010	23108	2240

续表11-9

年份	本外币各项存款年末余额	集体存款
2011	29241	2616
2012	34246	2648
2013	37088	2648
2014	38081	2648
2015	42994	3907
2016	48858	6452

（四）园洲中行集体存款情况

2007—2016年园洲中行集体存款情况表

表11-10 单位：万元

年份	年末余额	集体存款
2007	173.37	4839
2008	2644	5608
2009	4405	5816
2010	5057	6323
2011	16060	7068
2012	3744	8761
2013	7281	7402
2014	50033	10870
2015	50919	9437
2016	58798	15152

（五）园洲工商集体行存款情况

2000—2016年园洲工商行集体存款情况表

表11-11 单位：万元

年份	年末余额	年份	年末余额
2000	1058	2011	6416
2001	2356	2012	4526
2002	2980	2013	4302
2003	3325	2014	4260

续表11-11

年份	年末余额	年份	年末余额
2008	4806	2015	4741
2009	4644	2016	840C
2010	5618		

（六）园洲建行集体储蓄存款情况

2007—2016年园洲建行集体存款情况表

表11-12 单位：万元

年份	年末余额	年份	年末余额
2007	173.37	2012	3744
2008	2644	2013	7281
2009	4405	2014	9410
2010	5057	2015	12496
2011	16060	2016	19131

二、个人存款

农村个人储蓄始于1951年。1957年，银行在境内设立信用网络，实行“存款自愿，取款自由，为储户保密”的办法，采取方便储户措施，简化手续，上门受理，节假日照常营业。1960—1963年，因“大跃进”、三年经济困难等原因，储蓄存款余额连续下降。1964年起有所回升。受“文化大革命”的干扰，1969年存款余额下降。“文化大革命”结束后，恢复信用社机构，加强吸储工作，存款稳步上升。实行改革开放后，经济发展，人民生活水平不断提高，随着银行机构的增多，储蓄存款大幅度上升。

个人存款有保本保值储蓄、定额储蓄、活期储蓄、定期储蓄、定期邮件储蓄、定活两便储蓄、存贷结合建房及耐用消费品储蓄等种类。

（一）园洲农商行个人储蓄存款情况

2000—2016年园洲农商行个人储蓄存款情况表

表11-13 单位：万元

年份	个人存款	年份	个人存款
2000	28400	2009	118900
2001	30400	2010	138400
2002	35600	2011	170100

续表11-13

年份	个人存款	年份	个人存款
2003	38400	2012	194100
2004	46800	2013	228300
2005	59700	2014	250400
2006	77400	2015	271400
2007	9700	2016	307004
2008	113100		

（二）园洲农行人储蓄存款情况

2008—2016年园洲农行个人储蓄存款情况表

表11-14 单位：万元

年份	本外币各项存款年末余额	个人存款
2008	38981	30722
2009	47811	34239
2010	57962	41264
2011	73327	50603
2012	75521	59720
2013	85515	69201
2014	89469	72104
2015	101279	74089
2016	121793	89218

（三）九潭农行个人储蓄存款情况

2008—2016年九潭农行人储蓄存款情况表

表11-15 单位：万元

年份	本外币各项存款年末余额	个人存款
2008	14847	13861
2009	16832	15520
2010	23108	20868
2011	29241	26625
2012	34246	31598
2013	37088	34440
2014	38081	35648

续表11-15

年份	本外币各项存款年末余额	个人存款
2015	42994	39087
2016	48858	42406

（四）园洲中行个人储蓄存款情况

2007—2016年园洲中行个人储蓄存款情况表

表11-16　　单位：万元

年份	年末余额	个人储蓄存款
2007	173.37	30808
2008	2644	33109
2009	4405	34253
2010	5057	36150
2011	16060	38816
2012	3744	36610
2013	7281	41995
2014	50033	39164
2015	50919	41482
2016	58798	43646

（五）园洲工行个人储蓄存款情况

2000—2016年园洲工商行个人储蓄存款情况表

表11-17　　单位：万元

年份	年末余额	年份	年末余额
2000	10158	2009	22347
2001	13453	2010	25336
2002	16529	2011	28308
2003	16874	2012	33514
2004	17358	2013	28841
2005	20668	2014	30717
2006	22089	2015	31519
2007	23148	2016	40500

续表11-17

年份	年末余额	年份	年末余额
2008	21093		

（六）园洲建行个人储蓄存款情况表

2007—2016年园洲建行个人储蓄存款情况表

表11-18　　单位：万元

年份	年末余额	年份	年末余额
2007	831	2012	27418
2008	7295	2013	31053
2009	14981	2014	28273
2010	18333	2015	31851
2011	22119	2016	38628

第三节　信　贷

一、工业信贷

新中国成立初期的工业贷款，采用“供给制”贷款，支持国营企业建设。1953年开始，按财务轧差贷款，主要用于支持手工业生产、私营工商加工订货。由于信贷管理放松，企业盲目采购、生产，造成经营性虚构盈而实亏，挤占了银行信贷资金。1963年以信贷以调整为主，控制信贷规模，有限度地发放新贷款。“文化大革命”期间，银行贷款失控，只要单位申请，主管部门审核，银行照放。

1977年，贯彻中国人民银行《国营工业贷款办法》和《集体工业贷款办法》，着重解决信用发散、企业违反财政纪律及挪用流动资金等问题，信贷工作逐步恢复正常。

1980年后，随着经济迅速发展，工业贷款的范围不断拓展，除一般工业贷款外，增加了国营工商业、乡镇集体企业和个体工业的流动资金贷款和一般技术改造、信托贷款等。1987年还增设特种贷款。2000后，重点支持园洲桦阳工业园区、园洲大型混凝土公司、上南民营工业园区、惠州市汇能热力有限公司、园洲利昌制衣厂、博罗县园洲勤达印务有限公司、惠州市正丰泰线缆有限公司、启丰公司等企业扩大生产规模和持续生产经营。

至2016年，全镇五家银行工业贷款余额127208万元，其中园洲农商行7183万元，园洲农行96855万元，园洲中行9070万元，园洲工行5200万元，园洲建行8900万元。

二、商业信贷

新中国成立初期，商业贷款重点支持供销商业部门收购农副产品和组织生产资料、生活用品的供应，实行“进借销还”的办法。

1958年，为支持商业部门大购大销，取消了“进借销还”的办法，改为分别发放商品流转贷款、预购定金贷款和特需资金贷款；银行开立的存款和放款账户合并，改为“活存透支”，用款时借，有款时还；企业申请贷款，随到随批，盲目支持商业部门“生产什么就收购什么、生产多少就收购多少”，致使商品库存积压，发放贷款失控。1963年，在进行国民经济调整的过程中，信贷部门有计划地支持商业供销部门收购农副产品和组织旺季市场进货所需资金。“文化大革命”期间，信贷工作受到严重干扰。

1978年以后，商业信贷管理制度逐步恢复和加强。1980年后，重点支持经营管理好、资金周转快的商业。随着商品流动体制的改革，使商品的流动与经营发生深刻的变化，为适应市场的需要，银行除支持国营商业完成计划收购的资金需要外，还大力支持有关开放商品的议价经营，使国营商业在农贸市场起主要作用。

1981年，遵照人民银行总行颁发的《关于城镇集体、个体社会服务行业贷款暂行规定》，以自力更生为主，坚持“区别对待、择优扶植、有借有还”的原则，对经工商部门批准开业，持有正式营业执照的零售商业、服务、交通运输以及文化、艺术、旅游、卫生等行业的集体单位和个体经营户，在资金有困难时给予发放贷款。在改革开放的新时期中，商业贷款的范围不断拓展，重点支持园洲花园、洲中心花园、东洲花园、东江华庭、水岸香洲、星汇绿洲、假日名城、汇园国际、假日君悦湾、合富春雨城、御景豪庭、御景半岛、城市星座、尚都、信鸿广场、盛园华府房地产项目开发贷款及相关楼宇按揭贷款。支持晶港酒店业务升级、园洲老三新和新三新商场的装修和发展。

至2016年，全镇银行工业贷款余额443534万元，其中园洲农商行12350万元，园洲中行72384万元，园洲工行3800万元，园洲建行35500万元。

三、农业信贷

（一）农村个人贷款

20世纪50年代初，银行对农村个人发放贷款以发放实物为主，发放的实物主要是种子和农具。在农业合作化过程中，银行发放贷款，帮助困难的贫农解决入社缺乏股份基金的困难。土地改革完成后，1953—1957年，发挥信用合作组织作用，吸取农村闲散资金，帮助农民解决短期周转和生活资金的困难。1957年起，集体农业生产费用统一由集体承贷；对农民个人发放的生产和生活贷款，用于扶贫救灾。1978年后，农业银行和信用合作社发放的农村个人贷款，重点帮助农民发展家庭副业。1983年后，发放贷款的重点是副业生产和从事商业、服务业。1986年后，优化贷款结构，重点支持个体户工业的发展。

（二）集体农业贷款

新中国成立初期，随着农业合作化运动的发展，集体农业生产费用和生产机具和设备需求量增加，银行帮助农业合作社购回耕牛、农机具、化肥、农药、饲料和种子。1958年下半年起，受“大跃进”影响，贷款投放量大幅度上升，而贷款未能取得较好的效益。1959年因洪涝灾害，及时发放贷款，使农民能及时耕种，保证晚造丰收，并发放口粮贷款，帮助缺粮户度过粮荒。1964年开始有计划地发放贷款，帮助生产队购置农业机械、农药和良种等。

1978年后，农村广泛开展多种经营，发展商品生产，商品流动发生了根本变化。这一期间，园洲除原有的主要农副产品有较大的发展外，还大量发展水果生产，其中以香蕉、荔枝、橙、柑为大宗。为解决生产资料及对产品的收购、销售、加工的资金，银行及时向供销部门提供贷款，既支持了水果生产，又支持了供销部门的购销活动。扶贫贷款于1980年起发放，支持专业户购置机动船、汽车、拖拉机，贷款总额达2000多万元。

（三）乡镇企业贷款

1970年后，社队企业逐步发展，贷款额不断增加，贷款范围不断扩大，重点支持办厂和购置农机。1980年后，对镇、村企业贷款实行“区别对待，择优扶持”的原则，先贷款扶持兴办十多家农副产品加工厂和二十多家砖瓦厂。1985年后，重点支持发展“三来一补”、合资合作企业的中方投资所需资金。2000年后，重点支持园洲镇自来水厂农村管网改造项目，园洲镇第二自来水厂改造、升级，镇经济发展总公司、九潭供水公司农村管网改造项目，上南经济联合社农民公寓建设项目，园洲镇“信用村”村民农业贷款等。

随着农业向工业转型，从2000年后农业信贷逐年减少。2016年年底，全镇5家银行仅有园洲农商行农业贷款余额7224万元。

四、基建农业信贷

1950—1955年，镇域的基建资金以“上存下支”拨款的方法，支援农村基本建设。1956年后，基建资金采取“以支代拨”的方式，食堂、仓库等基建项目增多。1961年后，基建按国家基建计划拨款。“文化大革命”期间，基本建设拨款减少。1976年后，基本建设投资逐年增加，先后新建一批供电和水利工程。

1993年，银行开始在镇域进行基本建设投资，银行信贷资金纳入国家综合信贷计划，实行统一计划。1997年后，镇域房地产不断升温，年平均房地产信贷达6000万元以上。与此同时，交通、电信、水利的拨款也逐年增加。1985—2015年，国家投入基建资金达25亿元，重点支持石洲大桥、桦阳工业园区污水处理建设项目建设和东江广雅学校和东晖学校教育融资业务。

至2016年，全镇5家银行仅有园洲农商行农业贷款余额4972万元。

五、个人信贷

新中国成立前，境内的信贷主要是民间高利贷。富人趁一些农民天灾人祸家贫如洗，或青黄不接饔飧不继，借出钱、谷，以很高的利息进行盘剥。新中国成立后，高利贷不复存在。20世纪50年代初期，人民政府为了解决群众“缓急,人之所时有”的资金问题，组建信用合作社，组织群众自愿入股，以吸收社会闲散资金帮助群众解决实际困难。

社员向信用社的个人贷款自20世纪50年代开始，主要解决生活困难如疾病、婚姻、生育、殡葬等临时性的或有其他较大的支出的费用。贷款的数额较少。1980年后，经商、承包经营、专业运输等的农民越来越多，社员个人贷款已从度过生活困难而走向谋求致富之路，贷款额不断翻番。2000年后，个人贷款重点支持小区个人按揭贷款外，重点支持村民购房、建房、消费贷款、园洲镇众多个体工商户创业、经营、消费等及当地农民、居民装修、购车等综合消费贷款。

至2016年，全镇5家银行个人贷款余额302105573万元，其中园洲农商行71831万元，园洲农行31854万元，园洲中行28088万元，园洲工行3800万元，园洲建行301970000万元。

六、各银行信贷情况

（一）园洲农商行

2016年，各类信贷余额：工业贷款余额7183万元，商业贷款余额12350万元，农业贷款余额7224万元，基建投资信贷余额4972万元，个人贷款余额为71831万元。

2000—2016年园洲农商行贷款情况表

表11-19　　单位：万元

年份	累计放款	贷款余额
2000	8800	17300
2001	10100	19600
2002	9300	20900
2003	11100	23400
2004	22100	30100
2005	18800	32300
2006	66400	39800
2007	29200	51200
2008	37400	70600
2009	40000	71100
2010	49200	71600
2011	16300	59600
2012	26300	59593
2013	23800	52865
2014	35000	67685
2015	45800	86700
2016	45648	103560

（二）园洲农行

2016年，各类贷款余额：工业信贷余额17013万元，个人信贷余额31854万元。

2000—2016年园洲农行贷款情况表

表11-20　　单位：万元

年份	个人贷款		公司贷款		各项贷款合计	
	累计放款	贷款余额	累计放款	贷款余额	累计放款	贷款余额
2000		3765		2500	0	6265
2001		3987		2900	0	6887

续表11-20

年份	个人贷款		公司贷款		各项贷款合计	
	累计放款	贷款余额	累计放款	贷款余额	累计放款	贷款余额
2002		4045		3090	0	7135
2003		4215		3150	0	7365
2004		4427		3200	0	7627
2005		4353		3400	0	7753
2006		4485		3487	0	7972
2007		5393		3694	0	9087
2008		5829		3488	0	9317
2009		7605		4782	0	12387
2010		11246		5793	0	17039
2011		13279		6872	0	20151
2012		15874		9628	0	25502
2013		16039		12375	0	28414
2014		16845		14768	0	31613
2015		20644		16650	0	37294
2016		31854	79842	17013	6964	48867

（三）园洲中行

2016年，各类信贷余额：工业信贷余额9070万元，商业信贷余额3744.7万元，个人信贷余额78088.9万元。

2007—2016年园洲中行信贷情况表

表11-21　　单位：万元

年份	累计放款	年末余额
2012	900	5700
2013	10171	10171
2014	18398	28569
2015	10190	38759
2016	46455	85214

（四）园洲工行

2015年，各类信贷余额：工业信贷余额6000万元，商业信贷余额 2515万元，个人信贷余额4619万元。2016年，各类信贷余额：工业信贷余额0元，商业信贷余额0元，个人信贷余额3800万元。

2000—2016年园洲工行贷款情况表

表11-22 单位：万元

年份	累计放款	年末余额
2000	未成立	
2001		
2002		
2003		
2004	0	0
2005	3000	2726
2006	2146	3658
2007	3456	4511
2008	1266	4255
2009	1320	4315
2010	3658	6154
2011	6500	8254
2012	5350	12350
2013	4800	12140
2014	5000	13808
2015	4650	13134
2016	3900	3800

（五）园洲建行

2015年，各类信贷余额：工业信贷余额8525万元，商业信贷余额1300万元，个人信贷余额3.5亿元。

2016年，各类信贷余额：工业信贷余额1470万元，商业信贷余额150万元，个人信贷余额3.0197亿元。

2012—2016年园洲建行信贷情况表

表11-23 单位：万元

年份	累计放款	年末余额
2012	900	5700
2013	6550	9450
2014	9120	18570
2015	12350	9825
2016	43607	31817

第四章　工　商

新中国成立前，由于东莞、博罗工商行政管理无专职机构，镇域南区的园洲和北区的九潭地区的税务分别由东莞、博罗的警察、税务部门监管，维持市场秩序。

新中国成立后，镇域所属的县人民政府采取了一系列措施，管理境内的工商企业、小商小贩、手工业和集市贸易。从1950年开始，建立工商登记制度，整顿流通领域，加快市场建设，依法依规管理市场等。1978年中共十一届三中全会以后，清除“左”的影响，市场管理工作逐步走上为改革，开放发展经济服务的轨道。工商所的基本任务是依据法律、法规的规定，对辖区内的企业、个体工商户和市场经济活动进行登记注册、监督管理，保护合法经营，取缔非法经营，维护正常的经济秩序。20世纪80年代开始，增加经济合同、商标、广告管理，个体工商的行政管理工作也不断加强。

第一节　管理体制

新中国成立前，由于没有工商行政管理的专职机构，镇域的集市管理由乡公所的自卫队负责管理。

新中国成立初期，镇域南区（园洲）、北区（九潭）集市管理分别隶属东莞县和博罗县的有关部门。1959年园洲归并博罗后，随之镇域市场管理归博罗县工商局领导，工商管理隶属博罗县。1963年3月，博罗县工商行政管理局成立，镇域相应成立工商所。1964年四清运动，县工商行政管理局撤销，镇域工商行政管理所的职能由市场管理委员会接替。1965年，县工商行政管理局恢复，园洲人民公社设工商所。1966年“文化大革命”开始，工商行政管理部门受到冲击。此后，博罗县的工商行政管理体制多次变革，镇域的工商行政部门合并到税务部。1973年12月，博罗县工商行政管理局恢复，各公社仍设工商行政管理所。当时的主要职能是进行经济执法，遏制投机倒把、走私漏税等，后来工商部门职能合并到税务部门。1978年改革开放后，镇域的工商行政管理机构一直不变。

一、机　构

（一）园洲工商所

园洲工商行政管理所（简称园洲工商所）成立于1978年1月，原地址位于广东省博罗县园洲镇东堤路16号，2001年搬迁到园洲镇公园路46号，占地面积2600平方米，建筑面积2400平方米。园洲工商所正式成立至2016年，经历8任所长，工作人员从最开始只有5人，发展至2016年，最多时工作人员达20人。至2016年，干部职工人数16人，其中所长1人，副所长2人，科员10人，副科级建制。

（二）九潭工商所

九潭工商所成立于1978年，原址在九潭市场，于2004年并入园洲工商所。

二、主要职责

工商所主要职责是：办理辖区企业登记初审和年检，按照审查手续，并对其核准登记的企业进行监督管理；管理辖区内的集贸市场，监督集市贸易经济活动；管理初审、呈报辖区内个体工商户的开业、变更、歇业的申请事项，对个体工商户的生产经营活动进行监督管理；指导辖区内企业、事业单位、个体工商户正确申请商标注册，并对其使用商标进行监督管理；对辖区内设置、张贴的广告进行监督管理；法律、法规规定的其他工商行政管理职责。

第二节　工商登记

一、国营、集体企业登记

1951—1952年，政府对私营企业加强指导，加强工商企业登记，划清工业、手工业和商业界限。

1953年，国家对私营企业实行“利用、限制、改造”政策，境内改造私营工商业的工作自此开始。1956年，工商企业社会主义改造进入高潮，私营工商业全部实现了公私合营，手工业基本完成了合作化。1958年，国家加强对公私合营企业改造。至1959年，园洲、九潭地区公私合营企业，全部过渡为国营企业；小商贩合作企业，全部被改造成国营或集体企业。

1955年至1965年的10年间，对国营、集体工商业实行归口管理和登记，企业开、停、歇业，由计划和业务主管部门决定，证照则由县长直接审核签发。1965年后，企业登记发证和管理工作，统一由工商行政管理部门负责。同年，镇域开始使用全省统一的工商“营业证照”。

1975年，辖区的国营或集体企业由镇域的工商部门调查初审后报县工商局审核登记发照。规定工商企业登记发证的范围是：国营、地方国营和供销社企业，集体所有制的工商企业，二轻和各局办的企业，机关、学校及部队办的对外营业的企业。1977年贯彻国务院《工商企业登记管理试行办法》，镇域全面开展工商企业登记换发证照的工作。1979年加强特种行业的登记管理，范围是：旅店业：旅馆、住客的饭店、浴室等；旧货业：旧货店、寄售行和收购社会居民废品的收购站等；印铸刻字业：印刷、铸字、刻字、誊写、晒图和拍摄文件资料等行业；修理业：自行车、钟表、照相机、收音机和电视机修理业。1980—1983年，对国营和集体工业企业以及商业、饮食业、服务业和交通运输业进行全面的普查登记与验证，同时换发营业执照。

1984年后，放宽企业登记管理政策，允许外地客商在镇域办乡镇企业。工商部门改进企业登记发照工作，改变过去对经营进口商品和经营范围上限得过死、管得过严的做法。根据政策和结合实际，简化手续，凡是有利于促进生产、加快流通和繁荣经济的新企业申请办证，都尽快给予办理。至1999年，园洲工商所和九潭工商所登记注册国营、集体工商企业33家，从业人员203人，注册资金285万元。

进入21世纪，随着社会经济的发展，镇域的二、三产业发展较快。在工商登记管理工作中，放宽企业经营范围、经营方式和注册资金标准，简化办照程序，取消不适当限制规定，加快办照速度。至2015年，园洲工商所和九潭工商所登记注册国营、集体工商企业87家，从业人员658人，注册资金805万元。

二、个体、私营工商业登记

新中国成立初期，镇域个体工商业者由博罗县或东莞县工商局登记发照，以县长名义签发。1955年2月至1963年，个体工商业者登记由业务主管部门负责，证照用县长名义签发。如个体商贩由商业部门登记，营业牌照用县长名义签发；个体手工业者由手工业局登记，营业牌照也用县长名义签发。1956年对资本主义工商业进行改造，以合作商店、合作小组和手工业社等形式，将个体小商贩与手工业户组合起来集体经营。经过组合改造，单干户所剩无几。

1964年，镇域个体工商业登记发照工作，分别由博罗县和东莞县工商局具体负责。1965年12月，使用全省统一印制的工商“营业执照”。1969年，不允许个体手工业者再单独经营。是时，个体经济濒于绝境。

自1967年至1976年，镇域一度中止个体工商业的登记发照工作。1977年，恢复个体工商户登记发照工作。当时的园洲镇经济发展开始萌芽，登记注册的工商户主要是供销合作社和个别合作小店，河南区登记户数只有50余户，主要集中在园洲镇旧街。1983年，贯彻执行国务院《关于城镇非农业个体经济若干政策性规定》，鼓励个体经济在国家规定范围内和工商行政管理部门监督下适当发展，允许个体工商业者请帮手、带学徒、起字号、刻图章在银行开立账户等。

1984年，放宽个体工商户登记管理，简化手续，鼓励城乡人民办企业，允许农村个体工商业户自理口粮到集镇摆摊设点和开店经营。过去个体工商户申办开业登记手续，须带齐本人申请书、户口本、待业证和所在地居委会或街道办证明以及归口单位签具“同意”的证明等证件到工商部门，工作人员才予受理，简化手续后，业主只需携带申请书、户口本和“计生证”（属育龄人口的），即可向工商部门申办执照；过去从事旅业、旧货业、刻字、印刷、照相、钟表修理业和自行车维修业7个特种行业，须由公安部门审批后，工商部门才能受理核发证照，放宽政策后，后4种行业不需前置审批即可核发证照。此外，退休人员生活有困难的可以申办执照从事个体工商业。职工确因工厂停业发不出生活费，经单位同意已办理停薪留职手续的，亦可申办执照经营个体工商业。1988年6月25日，国务院发布《中华人民共和国私营企业暂行条例》，规定私营企业是指企业资产属于私人所有并雇工8人以上的营利性的经济组织。

至1999年，河南区的个体工商登记户数已从原来的50余户发展至500多户，其中制衣厂、毛织厂、塑胶制品等生产加工型个体户有150多户，粮油、百货、饮食等各类门店户数有400多户。

21世纪，园洲镇的经济发展步入更快的轨道，制衣加工、毛织加工等加工厂快速发展，塑胶加工、五金加工、家私制造等其他产业也进驻园洲，各类实体经济逐渐繁荣，一大批有实力的企业纷纷在园洲镇落户。至2016年，全镇个体、私营企业登记户数13191户，从业人员53423人，注册资金62569.7元。

2000—2016年园洲镇个体（私营）工商业登记统计表

表11-24

年份	户数（户）	从业人员（人）	注册资金（万元）
2000	215	832	1023.63
2001	261	932	1095.51
2002	281	1965	1576.68
2003	326	2032	1821.23
2004	389	2552	2023.25
2005	546	2826	2352.52
2006	569	3025	2694.52

续表11-24

年份	户数（户）	从业人员（人）	注册资金（万元）
2007	654	3625	3035.56
2008	669	3956	3236.35
2009	712	3660	3323.65
2010	748	3892	3583.04
2011	996	3984	5561.36
2012	1126	4038	5896.45
2013	1365	4135	6351.65
2014	1462	4156	6132.96
2015	1284	3862	6323.56
2016	1588	3951	6537.78
合计	13191	53423	62569.7

三、外资企业登记

镇域中外合资企业、中外合作企业和外商独资企业（“三资”企业）都由惠州市工商行政管理局负责登记。而县工商局、镇工商所主要负责辖区范围的“三来一补”企业登记管理、“三资”企业的初审和年审监管工作。至2016年，园洲镇外资工商业登记户数186户，从业人员14050人，注册资金168460元。

2000—2016年园洲镇外资工商业登记统计表

表11-25

年份	户数	从业人员（人）	注册资金（万元）
2000	5	750	10500
2001	3	500	7000
2002	11	1850	29050
2003	11	2150	26500
2004	17	1955	16350
2005	11	1200	11850
2006	18	1180	9050
2007	19	1050	11080
2008	12	780	7050

续表11-25

年份	户数	从业人员（人）	注册资金（万元）
2009	9	280	5450
2010	12	350	3580
2011	11	300	3450
2012	5	150	2780
2013	6	220	5580
2014	11	330	6690
2015	14	450	8550
2016	11	280	3950
合计	186	14050	168460

第三节　市场管理

解放初期，镇域的圩市均是粮食集散地。1952—1953年，为增强社会主义经济对粮食市场的领导权，人民政府采取一系列措施，稳定了粮食市场。1953—1955年，国家对粮油实行统购统销。1956年下半年，贯彻国务院《关于恢复国家领导下的自由市场的指示》，镇域自由市场相继开放。1957年，耕牛进入市场交易，禁止无牌商贩跨行业进行耕牛投机倒把活动。1958年，在实行人民公社化的过程中，受“左”的思想影响，商品的生产和流通基本由国家统一管理。结果造成商品生产受挫，流通渠道受阻，市场商品紧缺，供求关系紧张，群众生活受到严重影响。

1959—1962年，相应放开集市管理，鼓励发展城乡集市贸易。对集市管理，贯彻执行“活而不乱，管而不死”的原则，即应放的坚决地放，该管的也要坚决地管。放与管的界限是：完成任务自留部分的商品应放，未完成的要管，个人消费的应放，投机倒把、转手买卖的要管。所有进口货及华侨和港澳同胞寄回、带回的一切物品，不得在集市上出售；国营企业产品，不得至贸易市场出售。其时，农民家庭副业和自留地的生产方面，获得了一定的活动余地，但在产品的出售范围上，仍受到一定的限制。

1963年，贯彻执行中共中央、国务院发布的《关于严格管理大中城市集市贸易和坚决打击投机倒把的指示》，对镇域的集市贸易从严管理。明确规定：除商业、供销部门外，任何单位和农村社员不得经商；一切国营农、林场和劳改场完成国家交售任务之后的剩余产品，不准在农贸市场出售；农副产品上市要凭生产大队出具的自产自销证明，长途贩运则按投机倒把论处，二道贩子属打击对象。是时，园洲集市贸易受到很大限制。准许上市的只有鸡、鹅、鸭、杂粮、猪糠、鸡糠、蔬菜和鱼虾，生产队宰杀的残牛及社员留成的猪肉等，社员自留糖不准上市，粮、油在征购期间关闭此种市场，待征购任务完成后，须由粮油管理部门下达通知始能开放。

1966年，对少数投机倒把犯，依法判刑，制止黑市活动。

“文化大革命”十年间，镇域市场管理处于“左”的思想主导下运行。正常的商贸活动被当为资本主义批判，农贸市场经历“关闭—开放—再关闭—再开放”过程，市场冷清，商品紧缺。

1979—1983年，贯彻执行中共十一届三中全会精神，集市贸易管理政策逐步放宽，上市商品逐步扩大。

1981年，按照国务院有关政策，相应调整了部分农副产品统购、派购任务。同时允许农村社队集体贩运本社队或附近社队完成国家收购任务和履行议价收购合同后多余的，国家不收购的二、三类农副产品。1983年，贯彻国务院《关于发布城乡集市管理办法》，加强和规范集市管理，同时对投机倒把活动坚决打击。

1985年，国家取消了统购规定，进一步扩大上市商品的范围。同年11月，生猪收购屠宰批发，统一由食品部门负责，个体肉贩领取营业执照后，只能经营零售，不准插手经营批发；取缔无牌肉贩。

随着政策的进一步放宽，农副产品一、二类产品（一类是国家统购统销商品，二类是国家掌握的商品）也允许进入市场经营。

进入21世纪，市场管理走上依法治理的轨道。

第四节　行政管理

一、价格管理

集市商品交易由买卖双方当面议价，在供求矛盾大、价格猛涨时，实行最高限价管理。在限价期间，出现市场外暗中交易，在市场公开交易的商品减少，场外交易价格上升。除制止个别哄抬物价外，对集市上的商品价格由买卖双方自由议价，不加干涉。

二、秩序管理

实行集市商品分类上摊，归行归类，指定交易地点，不得在场外成交。工商行政管理部门对违章违法经营及时处理外，重点查处打击掺杂造假、短秤少量、欺行霸市、哄抬物价等违法行为，严禁倒卖各种票证；不准在集市上测字、算命、游医行骗和进行损人健康的卖艺活动；迷信、荒诞淫秽的书刊、照片、音像制品等不准经营买卖。交易中使用标准计量器具。镇域还建立生猪凭证上市，代销猪肉标价出售，个体商户实行进货登记等制度。

三、年报管理

企业、个体工商户应当于每年1月1日至6月30日，通过全国企业信用信息公示系统报送上一年度年度报告，并向社会公示。企业、个体工商户不按规定报送年度报告或其他自行公示信息的，通过住所（或经营场所）无法联系或者公示信息隐瞒真实情况、弄虚作假的，将会被列入经营异常名录，通过全国企业信用信息公示系统向社会公示，并且市场监督管理部门可以对其进行罚款处罚。2014年度，园洲镇工业类企业、个体户年报率达85.8%，列入经营异常目录占14.2%。至2016年，向市场监督管理部门申请移出经营异常名录工业类企业、个体户有53户。

四、合同管理

2003年前，合同管理工作具体实施由县工商局负责。2003年，县局撤并了合同管理股。园洲工商所与县局相关股室就经济合同的管理与监督检查紧密配合，对经济合同的管理，从以经济合同鉴证为主转向以检查合同的合法性、查处无效经济合同、监督经济合同的履行、调解仲裁合同纠纷为主。累计查办涉及合同违法案件30宗，协办合同仲裁10宗。

五、商标管理

商标监管工作是工商机关的主要职责之一，是实现工商行政职能到位走向监管社会主义大市场的重要举措和基础。1982年，《中华人民共和国商标法》（简称《商标法》）及《商标法实施细节》实施后，镇域开始实行商标管理工作。商标管理，主要是对企业商标注册和商标使用所依法进行管理，既包括国家主管机关对商标的行政管理，也包括企业对商标的经营管理。工商部门商标管理工作的主要方式为：一是调查研究，摸清情况，有的放矢，管理到位；二是加强商标法法规宣传，提高全社会的商标意识；三是指导企业加强商标的自我管理，发现问题，及时纠正；四是监管到位，实行商标印刷、生产、流动环节的全方位监督；五是对假冒、侵权商标等违法违章行为进行严肃处理。

20世纪90年代后，镇域工业兴起，企业增多，各种商标随之产生。园洲、九潭工商所大力宣传《商标法》和商标注册知识，同时改变服务态度，提高服务质量，为企业提供方便快捷的服务。至2016年，全镇注册商标有685个。2000年后，工商所的工作重心转移到商标维权和查处商标违法行为上，累计查处180宗假冒商标违法案件，罚款230万元。

六、广告管理

镇一级工商部门广告工作始于1987年，长期以来，工商所采取措施，加强对广告行业的管理：一是加强广告监督管理的宣传。通过座谈、会议、培训等形式，宣传广告的有关规定，增强广告户的广告管理意识。二是加强监管工作。即对广告主的监管，从源头上制止虚假违法广告；对广告经营单位的监管，实现对广告市场全方位、全过程的跟踪监管，对广告媒介单位的监管，要求媒体单位建立责任追究制，督促媒体单位完善广告档案管理，以备检查。三是加强广告登记工作。要求广告经营者发布户外广告、店堂广告、印刷品广告、临时性广告等，必须到县工商局商标广告股登记，审查广告内容方可发布。已经登记注册的广告业共有77户，其中47家企业、30户个体户。四是突出监管重点。一方面以医疗虚假违法广告整治为重点，打击虚假医疗广告和借用广告销售假冒伪劣农资行为；另一方面以保健食品、药品、化妆品虚假违法广告整治为重点，打击保健食品、药品、化妆品等方面的夸大效果、误导消费者等虚假广告违法行为，同时加强对房地产、汽车广告的监管。

第五节　监督执法

一、抽查监管

工商所对工商企业、个体户会定期进行实地检查与网络检测相结合的抽查管理，保持对工商企业、个体户监管常态化，对监管中发现的问题及时纠正，对违法违规经营行为依法予以责令改正或查处取缔。2015年，园洲工商所共抽查工业类企业出资信息24家，抽查企业、个体户年度报告信息共165家。

二、执法监管

通过现场投诉、电话投诉、网络投诉等渠道，进行执法监督。每当接收到投诉举报，工商执法人员依据投诉内容，对被投诉地进行调查，一经发现违法违规经营问题，将依法责令改正或者予以查处取缔。通过接受投诉举报，每年办理无照经营、商标侵权、广告虚假宣传等经济案件100余宗。2015年度通过群众投诉举报后检查发现工业类无照经营户有25户，其中责令限期改正3户，立案查处22户；发现工业类商标侵权、违法广告等违法经营户43户，并立案查处。

同时采取专项巡查与综合巡查相结合，定期巡查与日常巡查相结合的巡查监管方式，对包括工业类的企业、个体户进行巡查监管。对于巡查监管中发现的工业类的无照经营、超范围经营、制假售假、违法发布广告等违法经营行为依法予以责令改正或查处取缔，每年发出责令改正通知书200余份；每年办理、开业、变更、注销等个体申请2000余户。2015年度通过巡查监管检查发现工业类无照经营户有57户，其中责令限期改正23户，立案查处34户。累计查处180宗假冒商标违法案件，罚款230万元。

同时，开展工业类包括粉尘作业和使用场所防范粉尘爆炸大检查工作行动、危险化学品检查行动、安全生产大检查等专项整治行动，行动中发现有违法违规经营行为的，执法人员将依法予以责令改正或查处取缔。2015年度通过专项整治检查发现工业类无照经营户有35户，其中责令限期改正9户，立案查处24户。近年来，共查处各类经济违法案件共计820多宗，没收非法所得及罚款金额共计684.52万元。

第五章　保　险

1986年7月，园洲区公所根据县府办和县保险公司的业务需要成立园洲保险站，开展简易人身保险业务。区公所根据实际情况，推荐了退伍军人陈运通负责园洲保险站工作。保费逐年增长，扩展了学生平安保险、养老金保险、家庭财产保险、个体工商户财产保险、企业财产保险、机动车船保险、农业保险等业务。

1996年，国家颁布了《中华人民共和国保险法》，实行财产和人寿保险业务分营，原中国人民保险公司改制为中保集团有限公司下辖中保财产保险有限公司博罗支公司，中保人寿保险有限公司博罗支公司。当时因园洲的财产险业务份额比较大，经上级公司批准园洲保险站划归中保财产保险公司博罗支公司管理和开展业务，代理人寿保险业务。1999年，中国人寿保险公司博罗支公司在园洲成立营销服务站，把代理人寿保险业务归还管理。

2004年11月，中国人寿保险股份有限公司在园洲成立营销服务部。

2008年6月，中国太平洋财产保险股份有限公司惠州中心支公司在园洲镇成立营销部。

第一节　太平洋财产保险园洲营销服务部

中国太平洋财产保险股份有限公司惠州中心支公司园洲营销部（简称太平洋财产保险园洲营销服务部），属国营企业，2008年6月成立，公司地址：园洲镇园洲大道1401号。开展保险业务有车险、财产险、工人意外险、建筑工程险。

2010—2016年太平洋财产保险园洲营销服务部保费收入、理赔支出情况统计表

表11-26

年份	计划保费收入（万元）	保费收入（万元）	理赔支出（万元）	理赔占比（%）
2010	300	250	170	68
2011	300	280	150	53
2012	360	320	280	87
2013	400	350	300	85
2014	500	430	270	62
2015	600	680	400	58
2016	700	485	230	47

第二节　人寿保险园洲营销服务部

中国人寿保险股份有限公司博罗县园洲镇营销服务部（简称人寿保险园洲营销服务部），成立于2004年11月17日，是中国人寿保险股份有限公司博罗县支公司在园洲镇设立的分支机构，公司地址为广东省惠州市博罗县园洲镇中园一路假日名城国际商务大厦。业务包括个人和团体人寿保险与年金、意外险和健康险等保险产品和服务。

2010—2016年人寿保险园洲镇营销服务部保费收入、理赔支出情况统计表

表11-27

年份	计划保费收入（万元）	保费收入（万元）	理赔支出（万元）	理赔占比（%）
2010	1200	1150	385	33.48%
2011	1400	1360	375	31.62%
2012	1600	1580	485	30.7%
2013	1800	1750	535	30.57%
2014	2000	1950	605	31.03%
2015	2200	2100	675	32.14%
2016	2500	2600	810	31.15%

第三节　财产保险园洲营销服务部

中国人民财产保险股份有限公司博罗支县公司园洲营销服务部（简称财产保险园洲营销服务部），隶属中国人民财产保险股份有限公司博罗支公司，系国有上市企业，1986年在园洲镇设点开办业务。地址设在博罗县园洲镇园洲大道1309号，现有在岗人员3人，营销人员20多人。近年来，财产保险园洲营销服务部除开办传统的机动车辆保险、企业财险保险、家庭财产保险、船舶险，货运保险、责任保险、短期意外险等外，还大力拓宽种养植保险业务，主要开办了能繁母猪保险、奶牛保险、水稻保险、马铃薯保险、玉米保险等政策性支农惠农保险业务。

第十二篇　邮电 交通

第一章　邮　电

清代前，镇域官方和民间通信靠驿站、驿铺的专使骑着驿马或乘着船，一站一站送达。清代后，东莞、博罗两县设有民信局，形成了马、船、步传的邮递网络。新中国成立后，邮电事业不断发展。1953年，园洲、九潭相继成立邮政代办所、邮电所，1959年后增加电信业务。1998年，邮电分营，南区的园洲和北区的九潭分别设立邮政分局和电信分局。2003年，九潭归并园洲。随着社会经济的不断发展，境内的邮政电信事业逐步进入了高速发展的时期，通过对邮政、电信网络结构的整合，邮政、电信业务量直线增长，技术不断进步，邮政能力不断加强，电信传输手段逐步实现了现代化。

第一节　机　构

20世纪50年代初，园洲河南区属东莞县第七区。1953年，第七区改称为第六区。至1956年，第六区又改称为企石区。与此同时，划分石排、园洲、企石3个大乡，东莞邮电局在园洲下南村开办了邮政代办所，工作、生活用房简单，只有一间20平方米的铁皮房，4名肩背步行的投递员承担着园洲马嘶、田头、禾山、上南、下南等地的邮投任务。1958年，园洲邮电代办所归属博罗邮电局。1959年，成立园洲邮电所，有6名职工，其中总机值守2人，其余4人为投递员。1960年，园洲邮电所正式建址于园洲东堤路，建筑面积450平方米，平房结构。1970年，由博罗邮电局投资进行重建，建筑面积1000平方米，三层楼房结构，一楼设营业厅、仓库、办公室，二至三楼为员工宿舍。1973年，县邮政局和电信局并为邮电局，园洲邮电所改邮电支局。二十世纪六七十年代，邮电业务以报刊为主，电报业务、电话业务较少。80年代初开通单线手摇电话，职工人数也增加为12人，其中总机话务2人，机线维护1人，邮政3人，乡邮员6人。1989年，园洲邮电所改为园洲邮电分局。1992年，邮电局在博园路建新楼，建筑面积6500平方米，三层楼结构，有营业厅、办公室、员工宿舍、程控机房等设置。

1998年，企业改革，邮电分家，分别成立园洲电信分局和邮政分局。

1954年年初，博罗县城分设邮政组和电信组，并接管了长宁邮政代办所，设立长宁营业处，九潭邮政代办所的邮政业务归长宁营业处管理。1954年，九潭在圩镇设立邮政代办所，隶属铁场公社邮电所管理。1958年设立九潭邮电所，位于长福路，建筑面积450平方米，有员工5人。1969年11月，九潭邮电所由铁场邮电支局管理。1989年，九潭邮电所改为九潭邮电支局。

1998年，邮电分营，九潭邮电分局分为九潭邮政分局和九潭电信支局。二十世纪六七十年代，邮电业务以报刊为主，电报业务、电话业务较少。80年代初开通单线手摇电话。

一、园洲邮政支局

1998年邮电分营，成立园洲邮政支局，隶属于博罗县邮政局。园洲邮政支局设在兴园路，建筑面积5500平方米，三层结构，设置营业厅、办公室、仓库等。有工作人员8人，负责镇域河南区的报刊收订、投递和进口邮件的投递工作。

二、园洲电信支局

1998年邮电分营，电信部门独立，成立园洲电信分局，隶属于博罗县电信局，位于博园路。建筑面积1200平方米，二层结构，设置营业厅、办公室、机房等。2016年有工作人员25人，负责全镇的各种业务办理、为客户提供充值交费、话费查 、线路故障维修等工作。

三、九潭邮政支局

1998年邮电分营，成立园洲邮政支局，隶属于博罗县邮政局。园洲邮政支局设在兴园路，建筑面积5500平方米，三层结构，设置营业厅、办公室、仓库等。有工作人员8人，负责镇域河南区的报刊收订、投递和进口邮件的投递工作。2004年，九潭邮政支局并入园洲邮政支局。

四、九潭电信支局

1998年邮电分营，电信部门独立，成立九潭电信支局，位于富民路。建筑面积3C0平方米，二层结构，设置营业厅、办公室、机房等，有员工10人。2004年，九潭电信支局归并园洲电信支局。

第二节 邮 政

一、邮 路

古时为方便传递信函、公文，镇域设有驿站。明洪武三年（1370年），东莞铁岗设有水驿，传递工作延伸至园洲。九潭境内设有驿站，接送官府公文、护送官员物品。以及民间信件、包裹。来往邮件主要靠人背肩挑、步行送达。民国后，逐步形成了马、船、步传的邮递网络。新中国成立后，邮政事业不断发展。1959年后，镇域所有村庄均有邮路贯通。县邮电局将邮件运至公社邮电所，然后由邮电所邮递员投送，投送点扩至机关单位和大队、学校及部分生产队。邮件当日到邮电所并投送至圩镇机关单位，次日至大队。邮运工具以自行车代替步行。1978年，镇域乡邮路线开始使用摩托车投送。至2016年，境内邮路总长300公里（单程）。

二、函 件

信函，分平信、挂号、特种挂号、保价信等项目。清代，园洲已有信函业务。20世纪50年代初，开办的函件业务有信函、明信片、印刷品、普通挂号等。1957年接办机要通信。1960年10月1日开办特种挂号信函业务，内件准寄粮票、油票、布票和户口迁移证、粮食关系转移证等。从1950年1月起，镇域邮政部门按全国国内邮资统一规定收费，平信本埠为4分、国内为8分。1956年起，启用国内邮资已付戳记，对各单位一次交寄超过20件国内邮件的，不用粘贴邮票，由邮局计总收取邮资后，在邮件上加盖此项日戳发出。（2003年4月1日起，“邮资已付”邮戳在中国全部停用。）1966年9月1日起，收寄毛泽东著作一律免费按挂号邮寄。1969年4月停办邮件回执。1973年实行银行挂号信邮寄办法，银行挂号信使用有特定标记的专用信封。

改革开放后，邮政业务有了新的发展。1979年，开放收寄台湾信函。1980年7月，实行邮政编码制度。1981年7月1日，恢复办理国内邮政回执业务。1982年11月，恢复征收邮政附加费，根据邮件每件收取0.15元（党政机关邮件免征）。印刷品平寄每千克收取0.1元。1986年7月1日，邮电部与国家物价局发文，调整印刷品准寄范围，规定经出版行政机关批准印有统一书号，证号的书籍、报纸、期刊、教材可按印刷品交寄，各种事务性通知、稿件、请柬、征订单、入场券、照片、报表以及印有“内部”字样的各种资料作信函交寄。1987年8月，开放国内邮政“有声信函”业务。1990年7月，邮电部对邮政业务作调整，取消代收货价、收件人邮资兑付及回执业务。1991年7月，停办“有声信函”。1992年，开始开办邮政贺年（有奖）明信片。至2000年，每年元旦、春节期间均开办此项业务。

1995年后，随着城乡居民电话普及率的提高以及传真、网络和电脑逐渐普及，大量信息直接通过电话、传真、互联网传递，函件量逐年下降。到2014年，函件收寄从2008年的11100降至8300件，包裹收寄从2008年的32000件降至21000件，汇票开发从2008年的82000张降至21600张。

1998—2016年园洲镇邮政所经营情况统计表

表12-1

年 份	涵件收寄(件)	包件收寄(件)	汇票开发(张)	业务收入(万元)
1998	5800	16000	55000	38
1999	7700	18000	58000	45
2000	7800	20000	61500	50
2001	7500	24000	64000	60
2002	8000	25000	66000	66
2003	7900	26000	68000	65
2004	8800	26500	71000	70
2005	9800	27000	73000	72
2006	9600	27560	72200	77
2007	10800	31000	72300	78
2008	11100	32000	82000	80
2009	9100	27500	72000	81
2010	8860	25100	71500	82
2011	8750	24000	65000	83
2012	8510	23000	48000	84
2013	8255	22500	36000	83
2014	8300	21000	21600	85
2015	8530	23500	22000	86
2016	8890	25200	25000	88

三、包 裹

用户交寄的包裹重量、尺寸限度规定适合邮寄的物品包裹称为包裹，包裹是邮政企业经营的传统业务之一。邮政包裹分为国内快递包裹、普通包裹、国际及港澳台包裹3种。包裹业务，分为包裹和快递小包两种，按所负责补偿责任可分为保价包裹、普通包裹，递运方式分为水陆路包裹和航空包裹。此外，还有代收货价包裹。

新中国成立后，镇域的邮电部门开办包裹邮寄，业务量不大。20世纪60年代后，包裹邮寄业务逐步增加，特别是从香港寄回包裹的数量逐年增多。包裹大部分为衣服布匹、食品、收音机、手表等。1979年，开始收取逾期包裹保管费。1983年，开始办理大宗商品包裹业务，大件商品包裹限重在25公斤以内，最大尺寸能装入1×0.7米的4号邮袋为准。2000年10月开始，包裹直投到户。

邮寄业务。园洲邮政支局1998年成立之初，作为邮政的传统业务，信函和包裹业务量较少，日均收寄函包50件左右。随着园洲镇经济的发展，企业的不断增加，外来务工人员的增多，函包收寄业务量也随即增多，最高峰出现在2008年，日均收寄函包120件，翻了一倍多。仅仅2008年一年，邮寄出镇外的函包数达到43100件。

四、汇　兑

邮政汇兑分普通汇兑和电报汇兑两种。1980年以前邮政汇兑发展缓慢。1980年后有所增长。1983后，“三资”企业陆续落户园洲，出口汇票连年增长，外来人口增加，汇款人数也增多。2000年后，园洲镇房地产开发形成高潮，汇兑业务迅猛发展。2016年，全镇出口汇票达2000万张。

五、邮政快递

邮政特快专递服务，是由万国邮联管理下的国际邮件快递服务，是中国邮政提供的一种快递服务。该业务在海关、航空等部门均享有优先处理权，以高质量为用户传递国际、国内紧急信函、文件资料、金融票据、商品货样等各类文件资料和物品。

园洲邮政特快专递服务始于1981年，设点在下南兴园二路，办公场地150平方米，员工8人，当时覆盖九潭、长宁、福田、石湾区域，当时进出口各500件左右，主要经营EMS标快、国内E邮宝、国际EMS、NT国际业务。1986年，园洲EMS设在中华一路，面积100平方米，员工14人，进口数量1200件，出口数量600件，主要业务范围EMS标快、国际邮件、国内快递包裹，还增设了港澳通行证代办、身份证业务、车管所业务等便民服务。

随着时间的推移，当今的快递业务已经与人们的日常生活息息相关，快递业务量呈几何倍数增长，至2016年12月进驻园洲快递公司达28家，快递进口量日均过万件，出口量日均数万件。

六、邮政储蓄

1987年8月起，县邮电部门开始办理邮政储蓄业务，在园洲设立邮政储蓄网点。

2007年3月20日，隶属于邮政集团公司的中国邮政储蓄银行举行挂牌运作。2008年3月18日，园洲邮政储蓄银行挂牌成立，业务范围不断扩大，逐步开放有存款、信贷、保险、人民币理财、电子银行等业务。2008年，居民存款3000万元，到2016年增长至1.72亿元，年均新增居民存款2000多万。邮政存蓄作为外来务工人员汇款的首选银行，从1998年到2016年间，开发汇票1240000笔，金额52.58亿元。2010年开始，开始承担城乡居民养老保险（新农保）的服务工作，服务面向全镇27个村、2个居委会6万多人。其中参保人数4.8万人，领取待遇人数1.1万人，每月发放养老基金达100万元。

七、报刊发行

民国前，各种报刊都是自办发行，单独经营，邮电局没有开办发行业务。

1950年5月1日起，实行“邮发合一”，开始接办报刊发行工作。1955年后，报刊发行实行收订投递制度。1975年起，建立报纸发行站。生产大队有代派员，队队订有《人民日报》、《南方日报》《参考消息》《红旗》。1982年后，改革报刊收订办法。在农村实行上门收订。1998年邮电分营后，邮政支局设立投递部，有工作人员8人，负责全镇113平方公里的报刊收订，投递，进口邮件的投递工作。随着经济的发展，报刊订阅业务逐年增加，发行的报刊主要有《南方日报》《广州日报》《羊城晚报》《参考消息》《光明日报》《解放军报》《南方》《深圳特区报》《农村报》等100多种，其中发行量最多的是《南方日报》，日均发行量达1350份。投递方式也在不断地改变，从最初的步行到自行车，再到摩托车的投递方式。

1978—2015年园洲报刊发行情况统计表

表12-2　　单位：万份

年份	报纸	杂志	年份	报纸	杂志
1998	42	3	2007	54	4.3
1999	43	3.1	2008	55	4.4
2000	44	3.2	2009	56	4.5
2001	45	3.3	2010	58	5
2002	46	3.4	2011	60	5.5
2003	47	3.5	2012	60	5.5
2004	48	3.5	2014	65	5.7
2005	50	4	2015	70	5.9
2006	55	4.2	2016	73	6.6

第三节　电　信

1958年前，园洲、九潭未开通电话，打电话分需到东莞石排田寮村和铁场。1958年，园洲在上南旧市场开办邮电代办所，开始使用人工磁石电话，线路由东莞石排拉进。20平方米的铁皮机房安装交换机1台，容量约20门，主要为政府相关职能部门和田头、马嘶、桔龙、丰平、莨兰、上南使用。与此同时，九潭邮电代办所业开设磁石电话，安装交换机1台，容量约20门。1965年，镇域开通手摇式人工交换电话，通过总机同县城和其他公社、大队联系。70年代后，电话逐步普及到圩镇各单位和农村大队部。当时农村有线广播利用电话线路，在广播期间不能打电话。1978年，境内通电话14个（大队）村，线杆400条，线路长度20公里，装机40门。1978年，园洲邮电所总机开通国际电话。

20世纪80年代初开通单线手摇电话，主要为政府及机关单位服务。到1986年，总容量增至100门，开通了半自动接转电路。

1985年7月开通自动电话交换机，室内电话结束人工接线历史。1988年，开通直拨电话，当年装机100门。

1989年开始，为了开通农话自动电话，全面改造和更新农话交换设备，在县城与园洲间安装24路特高频机一套。园洲农话开始走向自动电话时代。

1990年，县城到园洲的直达电（线）路22条，其中载波电路10条，实线12条；县城到园洲半自动拨号电路10路。

1992年5月，开始建设程控电话，结束手摇电话的历史。投入资金500万元，建立机房程控中心，机房程控中心建址于园洲博园路168号，端口容量达2000门，电缆3000对。是年，开通1000门程控电话。全部可以与国内外的电话直接拨码打电话，通话更加方便快捷。全镇圩镇及农村中心区域基本实现通信线路到位。1993年，园洲电话号码升至7位。至1996年，河南区（园洲镇）开通4000门程控电话。是年，刘屋村安装程控电话有200户，成为博罗县的第一个电话村。

1998年，园洲电信加大基础设施的投入，扩建成3万门以上的程控设备，铺设铜轴电缆6000多米，出对电缆达万对以上，以满足社会经济发展和人民群众的需要。至2005年，全镇住宅电话普及率已达60%。至2009年，园洲邮电服务电话用户数达3万户。至2016年，镇域邮路总长300公里（单程），程控电话和移动电话用户分别为35000户、8万户，全镇住宅电话普及率、可移动电话普及率分别达90%。

1998—2016年(邮政分家后)园洲电信业务情况表

表12-3

年份	主干线（米）		电话机（门）	业务收入（万元）
	钢轴电缆	光纤	程控电话	
1998年	6000		5000	1600
1999年	10000		8000	1900
2000年	20000		11000	2300
2001年	30000		13000	2600
2002年	40000		15000	2800
2003年	50000		18000	3000
2004年	60000		20000	3200
2005年	70000		240000	3600
2006年	80000		26000	3800
2007年	90000		28000	4000
2008年	100000		30000	4300
2009年	110000		32000	4500
2010年	120000		36000	5000
2011年	120000	100	35700	5200
2012年	120000	500	35500	5300
2013年	120000	1000	35000	5320
2014年	120000	10000	34800	5340
2015年	120000	20000	34500	5360
2016年	121000	20050	35000	5400

一、移动电话

1987年，邮电局开始开办移动电话业务。1992年，开通模拟移动电话，1993年可覆盖园洲，当年装机1000台。1994年，开通数字移动电话。是年，全镇有移动电话2000台。2000年，全镇有移动电话1万台，普及率达10%。2009年，中国电信取得移动业务牌照，园洲电信迎来新的发展，投资5000万元，建成无线电话网，移动业务发展迅猛。2016年，全镇有移动电话35000台，普及率达90%。

二、电　报

园洲电信部门的电报业务始于1959年。电报设备有2条话路，开通2路载报，传真机2部和用户传真机10部。

1978年后，随大通路微波光缆传输设备的建设，人工电路改为电传电路，电报通信发展迅速，形成公众电报、用户电报网络群。电报业务量不断增长。1978年每月电报收发达300～400份。1985年后，电报业务分为公众电报、传真电报、用户电报等，按照用户的需要还可以办理特急、加急邮送业务。1997年，有电报电路2路。1997年，取消电报分机器，改走DDN（数字数据网，专线上网方式），分组交换网电路。2000年后，电报业务逐年减少。

三、无线寻呼

寻呼机，也叫BP机、传呼机、BB机、CALL机。寻呼机是接收寻呼台无线呼叫信号的个人信息中端，由于不具备发射功能，所以寻呼机是单向的接收器。1992年1月，河南开通无线寻呼数字业务，当年开户1000户。1993年，博罗县邮局人工台升级为人工与自动兼容寻呼台，在博园路增设频点，并建2个发射点，容量大幅度增加，达1000户。1997年6月，全省联网“129”自动台和“128”人工台开通。

无线寻呼业务开通后，因移动电话价格昂贵，而无线寻呼价格适中，适合一般群众的消费水平，因而无线寻呼用户迅速发展扩大，成为群众的主流通信工具，至20世纪90年代后期达到鼎盛时期。2000年，数字移动电话价格降低，无线寻呼失去了价格优势，无线寻呼用户量急剧下降。至2002年年底，无线寻呼淡出市场。

无线寻呼资费变动较大，后逐年降价。1989年，无线寻呼开户费（不含机身费），行政事业单位150元，工商企业、个体户235元；服务费每月40元。

1995年，数字寻呼机开户费调整为100元，中文机200元。月租费“988”自动台由40元降为25元，“127”自动台由80元降为30元，“129”全省联网自动台由60元降为35元，中文机由80元降为49元；省内寻呼漫游服务费10元。2000年，数字、中文寻呼机均取消开户费，当地网数字寻呼机月租费降为5元，全省联网数字寻呼机月租费30元，中文寻呼机月租费30元。

四、互联网宽带

1997年，开通互联网业务。至1999年，园洲所有固定电话用户都可以开通互联网。到2000年，有互联网用户1200户。2011年，园洲镇电信率先启动光纤改造，实现宽带上网，百兆光纤入户，千兆光纤入楼。至2014年年底，光纤线路资源已经完成覆盖全圩镇。2016年，光纤宽带用户18000户。

第二章　交　通

园洲交通历史悠久，宋朝以前就有水运，清初，石龙（东莞）设有巡地（军队驻防地段）。设把总有兵近百人。下有双桨、四桨艇数艘，负责园洲下南至石碣梁家村的东江河段治安事宜。清末及民国时期，镇域东江、沙河的码头（横水渡）有8个，船只可通往广州、石龙、博罗、惠州、河源等地。新中国成立后，由于受地理条件的影响，交通不便，基础设施落后。

园洲公路建设始于20世纪60年代末期，至1980年，开通了博园公路（县道216线，龙溪礼村横垦至上南）、福园公路（县道195福园线）、石石公路（县道193线，石坳—石龙），总长达57.885公里。1991年7月，投资1250万元的石洲大桥建成通车，揭开了园洲交通运输历史新篇章。2006—2012年，总投资2亿多元，实施“四桥四路”（东坡大桥、和安大桥、振兴大桥、龙江东江大桥和东坡大道、和安大道、振兴大道、环城北路）工程。2004—2016年，围绕“省补投资，群众筹资，社会捐资赞助”的思路来拓宽筹资渠道，全方位、多层次筹措农村公路硬底化改造建设资金2000多万元，保障了硬底化改造工程的顺利实施。到2016年，全镇公路总里程156.004公里，形成了四通八达的综合路网体系。

从20世纪80年代末起，由于陆路交通运输快速便利，再加上河道障碍物多等原因，水路运输开始步向萎缩，水运量逐年下降。

第一节　交通设施

一、古驿道　古码头

（一）古驿道

古代，园洲河北区泊头（今义合村）有两条驿道通往罗浮山：一条是位于泊头西边的“登山堤”（明崇祯本《博罗县志》记载："登山堤在仙福都泊头村……"），经张屋村、马石岗通罗浮，当地村民多行走此路，故称"民道"；一条是位于泊头东边，经茶寮岭、桥头岭、茶亭通罗浮，途中有驿站，称"官道"。

明代，河南区有菉兰水驿，接驳通往东莞石龙、铁岗等地水驿。

（二）古码头

泊头古码头，位于义合村（古称泊头镇），原有一条注入东江的小溪，两河汇合处，宋代以前称槎溪，宋绍圣元年（1095年），苏东坡谪惠由北江乘船至此泊岸游罗浮山。今仍保留有三处红石级的小码头。据《惠州市志》记载，惠州市的古码头只有"泊头古码头遗址"和"东新桥古码头遗址"。

二、航道　渡口

（一）东江航道园洲段

东江航道园洲段自东向西走向，经马嘶、桔头、廖尾、上南、下南、菉兰、寮仔、白马围等村，航道总长21.8公里，维护航道宽25米，通航水深4米以上，自园洲可通往博罗、惠州、河源、广州、东莞、太平、蛇口、珠海及港澳等地，常年可通50吨级船舶，汛期（4-9月）可通100吨级船舶。该段航道属县交通部门管理。

（二）沙河航道园洲段

沙河航道自东向西走向，有干流和支流流经镇域。干流由东至西流经土瓜围、土瓜圩、深沥、沙头、阵村、上村、水口、凤山、义合、新村、九潭等村流向石湾汇入东江河，全长9.9公里；支流位于镇域的东部，由北向南流经马嘶和龙溪镇银岗，全长3.6公里，河道宽100～230米，通航水深0.5米以上，最大吨位10吨。沙河航运历史悠久，《博罗县志》记载："入罗浮者，亦多自石龙至泊头镇。"1959年，显岗水库截流，其他碍航建筑逐渐增加，沙河流水减缓，河面缩小，河滩显露，曾是历史上博西地区船运交通的大动脉，也日趋衰落。

（三）横水渡

横水渡，亦称渡口或码头。园洲河涌纵横，自古设有许多横水渡。明《博罗县志》有记载沙河的沙头横水渡和东江的菉兰（下南）横水渡。1992年前，镇域东江河和沙河共有七个横水渡口。

1. 龙叫横水渡

位于龙叫村东江河段，渡船固定横过东江到对面东莞企石塱下，南宋嘉定九年（1216年）已有渡船，渡船除了载客过江，还是东江客运船旅客上船或上岸的驳船。该渡口是园洲、龙溪、龙华、湖镇、横河、响水等地区来往于东莞的要津。园洲人民公社成立后，渡口由大队管理，船员（摆渡者）以记公分的形式获取报酬。1980年后，横水渡由私人承包。1979年以前，以人力划船渡运。1979年后，改用机动船渡运。1987-1992年，设汽车渡轮。1992年渡轮停运后，开设载人和摩托车渡船。

2. 下南横水渡

位于下南村东江河段，渡船固定横过东江到东莞石排田寮，开设时间不详。1979年以前，以人力划船渡运。1979年后，改用机动船渡运。1987-1992年，设汽车渡轮。1992年石洲大桥开通后，横水渡废弃。

3. 桔头横水渡

位于桔头村东江河段，渡船固定横过东江到东莞企石，开设时间不详。1979年以前，以人力划船渡运，后用机动船渡运。1992年石洲大桥开通后，横水渡废弃。

4. 沙头横水渡

《博罗县志》记载："县前沙头至石湾横水渡十三处。"俗称"十三渡"。十三渡之一的沙头渡横水渡，位于沙头村与九潭圩之间的沙河上，以人力划船渡运。1989年沙河大桥开通后，沙头横水渡废弃。

5. 李屋横水渡

位于李屋村与石湾镇源头村之间的沙河上，属沙河“十三渡”之一，以人力划船渡运。1993年，横水渡废弃。

6. 白马围横水渡

位于李屋村与石湾镇牛头洲之间的沙河上，属沙河“十三渡”之一，以人力划船渡运。1990年，横水渡废弃。

7. 任屋横水渡

位于李屋村与新村之间的沙河上，属沙河“十三渡”之一，以人力划船渡运。1990年，横水渡废弃。

三、公　路

新中国成立前，镇域无路通车。1958年后，逐步修筑了县、镇、村道路。1985年，镇域一条县道，长10公里；镇通往行政村（自然村）的道路均是机耕路。2016年年底，全镇公路总里程156.004公里，其中县道37.8公里，镇道55.15公里，村道63.054公里，实现路路水泥硬底化，村村通车。

（一）县　道

县道始建于1959年，泥沙路结构，总长37.8公里。20世纪90年代后，由县、镇投资改造为一般公路。

1. 博园公路

县道216线，博罗至园洲公路经龙溪礼村横壆至白马围，经马嘶、廖尾、桔龙、禾山、上南、下南、岗头、白耀前、李屋等村。是博罗西部地区横向主干道，全长12.6公里。1959年，当地政府筹资及发动群众修建而成，1990年由园洲镇投资改建水泥路。2010年10月，园洲镇政府投资1730万元，对216线马嘶至廖尾段5.58公里路面进行加宽及破损路面修补，并对部分视距不良路段进行改线调整。将原设计路基宽8.5米，路面宽7.0米，加宽至路基宽16.5米，路面宽15米，双向四车道，按三级公路标准设计。

2. 福园公路

县道195福园线，是博罗西部地区纵向主干道。该路段由园（洲）至九（潭）和九（潭）至福田组成，共长13．2公里，为三级公路。园洲至九潭段，由上南西方路口（即兴园路）经阵村、沙头直通至沙头大桥，全长3.8公里，路面宽12米，1995年建成通车，1998年改造为水泥路。九潭至福田段，由沙河桥至广汕公路。全长9.459公里，路面宽6米。1993年动工改造为水泥路面，1995年年底通车。路面宽6米。

3. 石石公路上村至沥西路段

县道193线（全长32.805公里），石坳至石龙之上村至沥西路段，途经镇域沥西、沥东、新村、义合、凤山、水口、上村等村，全长12公里，为三级公路，1990年开通，并纳入县道管理。2007年，园洲镇投资650万元改造为水泥路，路面宽7米。

（二）镇　道

镇级公路始建于20世纪60年代。至1990年，总长尚不足20公里，且都是土路。1990年后，采用公建、民办公助、自筹资金的方式加快镇公路建设，2000年，镇域镇道共长55.15公里（不包括县道改造路段）。2010年后，采用地方自筹和国家配套资金相结合，全面实现公路硬底化。

1. 园洲大道

园洲大道，禾山圆盘至白马围段，全长11.8公里，路面宽度14米。途经禾山、上南、刘屋、下南、高头、李屋、寮仔等村。镇政府投资63.48万元，于2004年动工，2006年通车。2010年6月，园洲镇政府投资680万元，改造园洲大道(白坭塘段)与石龙镇祥龙路交通对接路段，全长355米，路基宽度37米，路面宽度

26米，采用二级公路技术标准改造。

2. 兴园路

由下南兴达加油站至学佬寮路口，途经下南陈屋、刘屋、上南、廖尾等村。镇政府投资1000万元，于1991年9月动工，1994年9月通车。全长5公里，路面宽16米。

3. 桥北路

由园洲大道至石洲大桥，途经下南陈屋、刘屋。镇政府投资350万元，于1993年5月动工，1998年10月通车。全长1公里，路面宽45米。

4. 和安大道

由和安桥至广惠高速公路园洲出入口段，经新村、沥西、沥东等村。镇政府投资6500万元，于2009年5月动工，2012年10月年通车。全长4.8公里。路面宽度25.2米。

5. 东坡大道园洲段

为纪念苏东坡谪惠州泊岸园洲泊头游罗浮山而得名。南北走向，贯穿河南区和河北区，途径禾山村、深沥村、义合村、凤山村。镇政府投资14337万元，于2006年动工，计划2019年通车。全长7.75公里，路面宽30米。

6. 振兴大道

由振兴一桥至振兴桥，意为振兴园洲经济。东西走向，横贯河北区，东接龙华镇入广汕公路，西接石湾镇永石大道通入广惠高速公路石湾出入口，途径沥西、沥东、义合等村。镇政府投资4800万元，于2006年5月动工，2010年8月通车。全长3.3公里，路面宽度30米。该路是河北区交通主动脉，与河南区东坡大道、福园路、环城西路构成重要的交通枢纽，对改善河北区群众的生产、生活、交通环境和优化河北区的投资环境起到强有力的促进作用。

7. 环城北路

由和安大道至合益工业园，经沥东等村，与东坡大道连接。镇政府投资600万元，于2007年8月动工，2010年9月通车。全程1.5公里，路面总宽度48米，主车道宽度22米，双向6车道。环城北路的建成使用，是河北区的又一条交通要道，将城市建设和经济开发引向河北中东部，实现全镇南北两区的经济平衡发展。

8. 上园路

由园洲大道禾山圆盘至马嘶，经禾山、廖尾、桔龙、马嘶等村。镇政府投资11000万元，于2003年7月动工，2004年3月通车。全长5.9公里，路面宽68米。

9. 秀丽路

由桥北路至上南布匹市场，经刘屋、上南村。镇政府投资2000万元，于1993年10月动工，2001年8月通车。全长4.1公里，路面宽26米。

（三）村道

园洲镇的村道建设始于20世纪60年代，并逐年延伸和维修扩大，2004年开始实施村道水泥硬底化工程。到2016年年底，投入资金4535.94万元（河南区2437.38万元，河北区2098.56万元）全镇119.771公里，（河南区63.054公里，河北区56.717公里）村道实现硬底化。

2004—2016年园洲镇农村公路改造情况统计表

表12-4

名称	行政村	长度（公里）	开工时间	完工时间	改造资金	建设单位	施工单位
园洲大道至寮仔村道改造工程	寮仔	1.115	2004年8月17日	2004年10月17日	63.48	园洲镇寮仔村民委员会	园洲建筑工程公司338施工队（林想标）
园洲镇寮仔村至白马围村道改造工程	寮仔	1.63	2004年10月17日	2004年12月30日	72	园洲镇寮仔村民委员会	园洲建筑工程公司338施工队（林想标）

续表12-4

名称	行政村	长度（公里）	开工时间	完工时间	改造资金	建设单位	施工单位
园洲大道至江头村村道改造工程	江头	0.85	2004年10月28日	2004年11月30日	37.59	园洲镇江头村民委员会	园洲建筑工程公司368施工队（陈衔伟）
县道193线至陈屋村道改造工程(水口村)	水口	0.7355	2005年4月30日	2005年5月30日	13.31	园洲镇水口村民委员会	博罗县建筑安装工程总公司（叶荣光）
福园线至佛岭村道改造工程(第一期)	佛岭	1	2006年1月2日	2006年3月3日	61.26	园洲镇佛岭村民委员会	园洲建筑工程公司128施工队（姚茂枝）
福园线至佛岭村道改造工程(第二期)	佛岭	1	2006年3月5日	2006年5月20日	60.94	园洲镇佛岭村民委员会	园洲建筑工程公司128施工队（姚茂枝）
福园线至佛岭村道改造工程(第三期)	佛岭	1.5	2006年4月30日	2006年7月25日	84.88	园洲镇佛岭村民委员会	园洲建筑工程公司128施工队（姚茂枝）
县道193线至义合村道改造工程(义合村)	义合	0.88	2006年5月15日	2006年6月25日	32	园洲镇义合村民委员会	博罗县建筑安装工程总公司（叶荣光）
县道193线至黄毛岭村道改造工程(凤山村)	凤山	1.913	2006年6月20日	2006年8月20日	70	园洲镇凤山村民委员会	博罗县建筑安装工程总公司（叶荣光）
园洲镇凤山村马石岗至聚和村道路面改造工程	凤山	2.264	2006年9月29日	2006年11月20日	73.72	园洲镇凤山村民委员会	博罗县建筑安装工程总公司（叶荣光）
园洲镇沥西村县道193线至长平村道路面改造工程	沥西	1.92	2006年10月13日	2006年12月10日	59.75	园洲镇沥西村民委员会	博罗县建筑安装工程总公司（叶荣光）
园洲镇马石岗村县道193线至马石岗村道改造工程	马石岗	3.56	2006年11月2日	2007年4月3日	90.3	园洲镇马石岗村民委员会	博罗县华侨房产建设公司（黄鄢瑜）
县道195线至沙头村道改造工程(沙头村)	沙头	0.445	2007年4月15日	2007年6月10日	29.79	园洲镇沙头村民委员会	博罗县建筑安装工程公司268施工队（梁宝尹）
园洲镇马石岗村委至长虹村道改造工程	马石岗	1.42	2007年9月5日	2007年10月20日	35.82	园洲镇马石岗村民委员会	博罗县建筑安装工程公司268施工队（梁宝尹）
园洲镇田头村马嘶至赤岗村道路面改造工程	田头	1.331	2007年9月12日	2007年10月10日	49.74	园洲镇田头村民委员会	博罗县建筑安装工程公司268施工队（梁宝尹）
园洲镇禾山村县道216线至李屋及路口至林屋村道路面改造工程	禾山	1.65	2007年9月20日	2007年10月20日	45.77	园洲镇禾山村民委员会	博罗县建筑安装工程公司268施工队（梁宝尹）
园洲镇上村村县道193线至南朗村道路面改造工程	上村	0.992	2007年10月30日	2007年11月30日	28.18	园洲镇上村村民委员会	博罗县建筑安装工程公司268施工队（梁宝尹）

续表12-4

名称	行政村	长度（公里）	开工时间	完工时间	改造资金	建设单位	施工单位
园洲镇凤山村县道193线至聚和村道路面改造工程	凤山	2.9	2008年3月20日	2008年5月30日	90.47	园洲镇凤山村民委员会	博罗县建筑安装工程公司268施工队（梁宝尹）
园洲镇上园路至桔头村道路面改造工程	桔龙	0.613	2008年4月20日	2008年5月20日	22.33	园洲镇桔龙村民委员会	园洲建筑工程公司118施工队（谭淦良）
园洲镇凤山村县道193线至上围村道路面改造工程	凤山	0.73	2008年9月20日	2008年11月30日	22.93	园洲镇凤山村民委员会	博罗县建筑安装工程公司268施工队（梁宝尹）
园洲镇新村县道195线至新村电排站村道路面改造工程	新村	1.6	2008年11月6日	2008年12月30日	49.47	园洲镇新村村民委员会	博罗县建筑安装工程公司268施工队（梁宝尹）
园洲镇高头村乡村小道26线（园洲大道至猪母洲）村道路面改造工程	高头	0.5	2009年5月20日	2009年6月11日	16.75	园洲镇高头村民委员会	园洲建筑工程公司339施工队（黎建洪）
园洲镇白耀前村村道945线(垄田至北海段)村道路面改造工程	白耀前	0.58	2009年5月20日	2009年6月10日	19.46	园洲镇白耀前村民委员会	园洲建筑工程公司339施工队（黎建洪）
园洲镇马嘶村村道957线（县道216线至田头小学段）村道路面改造工程	马嘶	1.09	2009年5月20日	2009年6月16日	34.11	园洲镇马嘶村民委员会	园洲建筑工程公司339施工队（黎建洪）
园洲镇土瓜圩村①[乡村小道710(乡村小道555线至东坡路）]，②[乡村小道712线与乡村小道714线(乡村小道710线至上和屋)]，③[乡村小道162线(村口至上南路口）]村道路面改造工程	土瓜圩	2.203	2009年5月23日	2009年7月15日	74.84	园洲镇土瓜圩村民委员会	园洲建筑工程公司339施工队（黎建洪）
园洲镇桔龙村①[乡村小道138（上园路至岭北）]，②[乡村小道140线(乡村小道138线至荔枝墩段）]，③[乡村小道150线(上园路至新村）]，④[乡村小道158线（上园路至门口坊）]，⑤[乡村小道158线（上园路至丁子坊）]，⑥[上园路至大坊头村道路面改造工程	桔龙	2.855	2009年6月2日	2009年8月13日	96.38	园洲镇桔龙村民委员会	园洲建筑工程公司118施工队（谭淦良）

续表12-4

名称	行政村	长度（公里）	开工时间	完工时间	改造资金	建设单位	施工单位
园洲镇桔龙村(上园路至东江堤)、乡村小道504线至海城一路、海城一路至海城二路村道路面改造工程	桔龙	2.8	2009年6月2日	2009年8月15日	93.56	园洲镇桔龙村民委员会	园洲建筑工程公司118施工队（谭淦良）
园洲镇刘屋村①(桥北路至农场)、②(桥北路至刘安路)、③(公园路至绿化路)村道路面改造工程	刘屋	1.114	2009年6月4日	2009年7月2日	37.14	园洲镇刘屋村民委员会	园洲建筑工程公司339施工队（黎建洪）
园洲镇李屋村委新围至黄渔洲村道路面改造工程	李屋	1.04	2009年6月5日	2009年6月30日	33.05	园洲镇李屋村民委员会	园洲建筑工程公司339施工队（黎建洪）
园洲镇廖尾村沿江路至上园路及沿江路至下廖村道路面改造工程	廖尾	1.687	2009年6月20日	2012年12月30日	65.96	园洲镇廖尾村民委员会	园洲建筑工程公司369施工队（陈衍平）
园洲镇沥东村委①乡村小道298线（县道195线至围内）、②乡村小道296线（县道193线至县道195线）村道路面改造工程	沥东	1.45	2009年9月15日	2009年11月10日	46.83	园洲镇沥东村民委员会	园洲建筑工程公司339施工队（黎建洪）
园洲镇九潭上村乡村小道27线(南朗至甲田新屋段)村道路面改造工程	上村	0.43	2009年10月10日	2009年11月6日	13.82	园洲镇上村村民委员会	园洲建筑工程公司339施工队（黎建洪）
园洲镇佛岭村①村道535线沙河桥至佛岭、②乡村小道67线(李屋至球场)、③乡村小道68线(东门路至沙河路)、④乡村小道69线(沙头路至塘博下)、⑤乡村小道70线(乡道533线至乡村小道728线、⑥乡村小道71线(沙头路至西一村)村道改造工程	佛岭	2.127	2010年1月5日	2010年2月5日	66.29	园洲镇佛岭村民委员会	园洲建筑工程公司128施工队（姚茂枝）
园洲镇水口村乡村小道21线(县道193线至叶屋)、乡村小道354线(乡村小道21线至县道193线)村道路面改造工程	水口	0.987	2010年1月10日	2010年2月10日	34.42	园洲镇水口村民委员会	博罗县第二建筑工程总公司（曾瑞平）

续表12-4

名称	行政村	长度（公里）	开工时间	完工时间	改造资金	建设单位	施工单位
新村乡道534线（新村至赤沥）、乡道530线至乡道534线、乡道534线至三组村道改造工程	新村	1.5	2010年11月13日	2011年1月2日	47.64	园洲镇新村村民委员会	园洲建筑工程公司339施工队（翟景明）
沥西村县道193线至新屋、乡村小道07线至县道193线、新屋大塘至青天园、新二至振兴大道村道改造工程	沥西	1.42	2010年12月10日	2011年1月10日	45.34	园洲镇沥西村民委员会	园洲建筑工程公司339施工队（翟景明）
高头村乡村小道591线李屋至白马园、乡村小道258线田寮至沙博头村道改造工程	高头	2.38	2011年1月25日	2011年3月25日	75.79	园洲镇高头村民委员会	园洲建筑工程公司339施工队（翟景明）
白马围村乡道554线（沙河大桥至阵村）、村道925线（上牌至上坦潭）、村道927线（洲尾至白马围村）、乡村小道276线（乡道551线至茶亭）道路面改造工程	白马围	2.929	2011年1月25日	20112-25	99.93	园洲镇白马围村民委员会	园洲建筑工程公司128施工队（姚茂枝）
阵村村乡村小道01线（县道195线至莫屋）村道改造工程	阵村	0.82	2011年5月8日	2011年8月7日	26.96	园洲镇阵村村民委员会	园洲建筑工程公司339施工队（翟景明）
园洲镇深沥村乡村小道206线（沥口至村委）村道路面改造工程	深沥	1.151	2011年10月12日	2012年11月15日	39.44	园洲镇深沥村民委员会	园洲建筑工程公司128施工队（姚茂枝）
园洲镇深沥村村道997线（南乡道552线至沙河堤）、乡村小道202线（村道997线至深沥）、乡村小道204线（村头至头塔）、乡村小道30线（乡道522线至沙河堤）村道路面改造工程	深沥	2.381	2011年10月15日	2011年12月20日	81.97	园洲镇深沥村民委员会	园洲建筑工程公司128施工队（姚茂枝）
园洲镇阵村村乡村小道51线（县道195线至蕉村）村道路面改造工程	阵村	0.25	2011年11月10日	2011年12月6日	9.45	园洲镇阵村村民委员会	园洲建筑工程公司172施工队（莫金忠）

续表12-4

名称	行政村	长度（公里）	开工时间	完工时间	改造资金	建设单位	施工单位
园洲镇沙头村乡道554线（沙河大桥至阵村）、村道991线（村心塘至村尾）、乡村小道208线（三组至门口田）、乡村小道210线（Y552线至高山园）、乡村小道212线（横塘佛至沙河堤）、乡村小道214线（荔枝园至新村）、乡村小道31线（向西餐厅至24米路）村道路面改造工程	沙头	2.093	2011年12月6日	2012年3月30日	77.62	园洲镇沙头村民委员会	园洲建筑工程公司339施工队（翟景明）
园洲镇田头村村道961线（沙石岭至田头塘角）、乡村小道134线（县道216线至乡村小道128线）、乡村小道708线（乡村小道582线至路头岗）村道路面改造工程	田头	1.434	2011年12月10日	2012年1月15日	71.37	园洲镇田头村民委员会	园洲建筑工程公司233施工队（邓文航）
园洲镇佛岭村乡村小道533线（佛岭至古泥塘）村道路面改造工程	佛岭	0.25	2011年12月13日	2011年12月30日	9.15	园洲镇佛岭村民委员会	园洲建筑工程公司339施工队（翟景明）
园洲镇义合村乡村小道326（县道193线至乡村小道15线）、乡村小道44线（县道193线至向南）村道路面改造工程	义合	0.813	2011年12月15日	2011年12月30日	29.55	园洲镇义合村民委员会	园洲建筑工程公司339施工队（翟景明）
园洲镇沥东村乡村小道17线（县道195线至邱岗）村道路面改造工程	沥东	0.105	2011年12月15日	2011年12月30日	3.91	园洲镇沥东村民委员会	园洲建筑工程公司339施工队（翟景明）
园洲镇田头村132线（县道216线至园洲中学）村道路面改造工程	田头	1.09	2011年12月20日	2012年1月12日	40.19	园洲镇田头村民委员会	园洲建筑工程公司233施工队（邓文航）
园洲镇水口村乡村小道362线（县道193线至土瓜圩）、乡村小道364线（土瓜圩至乡村小道362线）村道路面改造工程	水口	1.7	2011年12月20日	2012年3月30日	61.46	园洲镇水口村民委员会	园洲建筑工程公司339施工队（翟景明）

续表12-4

名称	行政村	长度（公里）	开工时间	完工时间	改造资金	建设单位	施工单位
禾山村乡村小道182线(后山至向东李)、乡村小道192线（江尾至彭江）、乡村小道198线（县道216线至新围）、乡村小道184线（会松岭至大园)村道路面改造工程	禾山	1.262	2012年9月20日	2012年10月30日	47.62	园洲镇禾山村民委员会	园洲建筑工程公司199施工队(梁广柱)
廖尾村村道971线（上园路至坎头)村道路面改造工程	廖尾	0.554	2012年9月25日	2012年10月20日	20.37	园洲镇尾村民委员会	园洲建筑工程公司128施工队(姚茂枝)
水口村委乡村小道358线(县道193线至曾屋)、乡村小道356线(县道193线至塘尾)村道路面改造工程	水口	0.612	2012年12月13日	2013年1月10日	23.15	园洲镇水口村民委员会	园洲建筑工程公司329施工队(李勇斌)
马石岗村委乡村小道334线（乡村小道536线至龟岭)、乡村小道15线(新桥至园屋岗）村道路面改造工程	马石岗	1.86	2012年12月15日	2013年1月30日	71.13	园洲镇马石岗村民委员会	园洲建筑工程公司288施工队(朱灼森)
义合村委乡村小道(16线(向西至荔枝园)、乡村小道320线（县道193线至洪圣庙）、乡村小道324线（县道193线至新张）村道路面改造工程	义合	1.299	2012年12月20日	2013年2月2日	49.55	园洲镇义合村民委员会	园洲建筑工程公司399施工队（ 熊茂林）
义合村委乡村小道322线（容屋至县道193线）村道路面改造工程	义合	0.195	2012年12月20日	2013年1月10日	7.49	园洲镇义合村民委员会	园洲建筑工程公司399施工队（ 熊茂林）
园洲镇桔龙村乡村小道140线（乡村小道138线至麻地）、乡村小道146线（乡村小道144线至围中）、乡村小道144线(乡村小道138线至高地塘)、乡村小道148线（村道967线至北门）村道路面改造工程	桔龙	1.082	2013年1月15日	2013年3月10日	40.93	园洲镇桔龙村民委员会	园洲建筑工程公司118施工队（谭淦良）
马嘶村委村道953线(县道216线至鲤鱼洲)村道路面改造工程	马嘶	1.095	2013年1月18日	2013年2月27日	40.68	园洲镇马嘶村民委员会	园洲建筑工程公司123施工队（麦志坚）

续表12-4

名称	行政村	长度（公里）	开工时间	完工时间	改造资金	建设单位	施工单位
廖尾村村道977线（上园路至新围）村道路面改造工程	廖尾	0.284	2013年1月20日	2013年3月12日	27.38	园洲镇廖尾村民委员会	园洲建筑工程公司196施工队（陈树棋）
园洲镇佛岭村乡村小道310线（乡道533线至西一）、乡村小道413线（乡道533线至西二一路）、乡村小道415线（乡村小道310线至乡道533线）村道路面改造工程	佛岭	1.95	2013年7月20日	2013年8月30日	73.86	园洲镇佛岭村民委员会	园洲建筑工程公司339施工队（翟景明）
园洲镇上村乡村小道366线（乡村小道25线至大塘口）、乡村小道25线（县道193线至南朗）村道路面改造工程	上村	0.6	2013年7月28日	2013年8月18日	22.62	园洲镇上村村民委员会	园洲建筑公司339施工队（翟景明）
园洲镇义合村乡村小道312线（祠堂至江头岭）、乡村小道316线（县道193线至温屋）、乡村小道318线（县道193线至曾屋）村道路面改造工程	义合	0.695	2013年10月6日	2013年11月10日	25.93	园洲镇义合村民委员会	园洲建筑工程公司233施工队（邓文航）
园洲镇新村村乡道530线（九潭至石湾）（K1+292至K2+592）村道路面改造工程	新村	1.3	2013年10月20日	2013年11月30日	59.28	园洲镇新村村民委员会	园洲建筑工程公司233施工队（邓文航）
园洲镇廖尾村乡村小道532线（乡道504线至村道971线）、乡村小道886线（坎头至新村）、乡村小道888线（东江堤至新围）村道路面改造工程	廖尾	1.367	2013年11月8日	2013年12月10日	50.69	园洲镇尾村民委员会	园洲建筑工程公司128施工队（姚茂枝）
凤山村乡道623线（广汕线至马石岗）村道路面改造工程	凤山	0.958	2013年12月10日	2014年1月10日	34.58	园洲镇凤山村民委员会	惠州尚林建设工程有限公司（吴伟）
园洲镇沙头村乡道622线土瓜圩至沙头（K2+000至K3+458）路面改造工程	沙头	1.458	2014年7月18日	2014年10月15日	54.37	园洲镇沙头村民委员会	园洲建筑工程公司162施工队（陈炳文）
园洲镇义合村乡道535沙河桥至佛岭（K2+000至K3+280）村道路面改造工程	义合	1.28	2014年8月2日	2014年9月15日	47.63	园洲镇义合村民委员会	园洲建筑公司306施工队（梁锦来）

续表12-4

名称	行政村	长度（公里）	开工时间	完工时间	改造资金	建设单位	施工单位
园洲镇阵村村乡道554线（沙河大桥至阵村）（K0+600至K3+000）村道路面改造工程	阵村	2.4	2014年8月3日	2014年9月30日	89.37	园洲镇阵村村民委员会	园洲建筑工程公司366施工队(李格)
园洲镇沥西村乡村小道288线（县道193线至九潭变电站）、乡村小道290线（县道193线至下岗）村道路面改造工程	沥西	1.138	2014年8月3日	2014年9月15日	44.7	园洲镇沥西村民委员会	园洲建筑工程公司339施工队（翟景明）
园洲镇阵村乡道554线（沙河大桥至阵村）（K3+000至K5+000）村道路面改造工程	阵村	1.862	2014年8月6日	2014年9月26日	74.5	园洲镇阵村村民委员会	园洲建筑工程公司366施工队(李格)
园洲镇刘屋村乡村小道064线(新园路至石洲大桥)村道路面改造工程	刘屋	0.36	2014年8月10日	2014年9月10日	15.7	园洲镇刘屋村民委员会	园洲建筑工程公司233施工队(邓文航)
园洲镇土瓜圩Y622线土瓜圩至沙头（K0+000至K2+000）村道路面改造工程	土瓜圩	2	2014年8月10日	2014年9月28日	74.57	园洲镇土瓜圩村民委员会	园洲建筑工程公司316施工队（谭耀发）
园洲镇马石岗村村道277线陂头至马石岗双孖岭村道路面改造工程	马石岗	1.091	2014年8月15日	2014年10月15日	47.54	园洲镇马石岗村民委员会	园洲建筑公司329施工队（李勇斌）
园洲镇义合村Y535线沙河桥至佛岭(K0+000-K2+000)村道路面改造工程	义合	2	2014年8月18日	2014年10月25日	74.08	园洲镇义合村民委员会	园洲建筑公司306施工队（梁锦来）
园洲镇禾山村乡村小道10线（博园路至田头边界）村道路面改造工程	禾山	0.5	2014年9月20日	2014年10月30日	23.03	园洲镇禾山村民委员会	园洲建筑工程公司329施工队（李勇斌）
园洲镇上南村乡道504线马嘶至上南（K7+121-K8+805段）村道路面改造工程	上南	0.984	2014年10月20日	2014年12月20日	58.89	园洲镇人民政府	园洲建筑工程公司999施工队（张树勇）
园洲镇上南村乡道504线马嘶至上南（K6+230-K7+121段）村道路面改造工程	上南	0.891	2014年10月20日	2014年12月20日	41.49	园洲镇人民政府	园洲建筑工程公司999施工队（张树勇）
园洲镇土瓜圩村乡道555线田头至凤山（K1+215至K1+550）村道路面改造工程	土瓜圩	0.256	2014年11月10日	2014年12月5日	11.71	园洲镇土瓜圩村民委员会	园洲建筑工程公司666施工队（梁汝成）

续表12-4

名称	行政村	长度（公里）	开工时间	完工时间	改造资金	建设单位	施工单位
园洲镇禾山村乡村小道082线(松园顶至上园路)、乡村小道538线(上园路至新围村)、乡村小道95线(林屋至围中)、乡村小道08线（林村至新围)村道路面改造工程	禾山	1.163	2014年12月8日	2015年1月10日	62.58	园洲镇禾山村民委员会	园洲建筑工程公司329施工队（李勇斌）
园洲镇阵村村乡道554线沙河大桥至阵村（K5+000至K7+200）村道路面改造工程	阵村	2.2	2015年1月8日	2015年3月20日	82.28	园洲镇人民政府	园洲建筑工程公司233施工队(邓文航)
园洲镇李屋村村乡道554线沙河大桥至阵村村道路面改造工程	李屋	0.963	2015年1月15日	2015年3月10日	41.66	园洲镇人民政府	园洲建筑工程公司233施工队(邓文航)
园洲镇新村村乡道534线（新村至赤沥）、乡村小道11线（祠堂至下窝）村道路面改造工程	新村	1.297	2015年1月15日	2015年2月8日	59.89	园洲镇新村村民委员会	园洲建筑公司339施工队(翟景明)
园洲镇江头村乡村小道25线（江头至白耀前）、乡村小道246线(乡村小道64线至二组)村道路面改造工程	江头	0.181	2015年1月18日	2015年2月6日	8.36	园洲镇禾山村民委员会	园洲建筑工程公司329施工队（李勇斌）
园洲镇李屋村乡村小道20线（白耀前至熊屋）村道路面改造工程	李屋	0.135	2015年1月20日	2015年2月7日	6.18	园洲镇李屋村民委员会	园洲建筑工程公司329施工队（李勇斌）
园洲镇新村村乡村小道110线(河堤路至背底地)、乡村小道112线(木棉树至背底岭)、乡村小道330线(乡道534线至三组)村道路面改造工程	新村	0.439	2015年1月20日	2015年2月5日	20.08	园洲镇新村村民委员会	园洲建筑公司233施工队(邓文航)
园洲镇桔龙村乡村小道L27线(东江堤至村委会)K0+173-K1+629段村道路面改造工程	桔龙	1.456	2015年4月20日	2015年5月30日	63.35	园洲镇桔龙村民委员会	园洲建筑公司999施工队（张树勇）
园洲镇桔龙村29乡村小道线（丁子坊至上园路）村道路面改造工程	桔龙	0.4	2015年6月13日	2015年7月30日	18.35	园洲镇桔龙村民委员会	园洲建筑公司118施工队（谭淦良）

续表12-4

名称	行政村	长度（公里）	开工时间	完工时间	改造资金	建设单位	施工单位
园洲镇阵村村乡村小道6A3线(乡村小道722线至曾屋)、乡村小道6A4线（曾屋至新村）、村道999线（县道195线至曾屋）、乡村小道250线（村道999线至下围）村道路面改造工程	阵村	0.631	2015年8月6日	2015年9月28日	16.6	园洲镇阵村村民委员会	园州建筑工程公司196施工队（陈树祺）
园洲镇佛岭村委乡村小道542线(乡村小道71线至山垅)村道路面改造工程	佛岭	0.589	2015年9月20日	2015年10月26日	26.98	园洲镇佛岭村民委员会	福建省亿方建设工程有限公司（赖耀祖）
园洲镇禾山村乡村小道72线（新园线至旧围）村道路面改造工程	禾山	0.21	2015年12月10日	2015年12月22日	9.63	园洲镇禾山村民委员会	广东五华二建工程有限公司(曾庆平）
园洲镇马嘶村乡村小道29线（洪岗至赤岗）村道路面改造工程	马嘶	0.542	2016年3月31日	2016年7月20日	24.71	园洲镇马嘶村民委员会	湖南正道建筑工程有限公司(刘光跃）
园洲镇沥西村乡道534线（新村至赤沥）村道路面改造工程	沥西	1.827	2016年3月31日	2016年6月30日	83.01	园洲镇沥西村民委员会	广东五华二建工程有限公司（曾庆平）
园洲镇凤山村乡道555(田头至凤山)K2+114-K4+314村道路面改造工程	凤山	2.2	2016年4月20日	2016年7月30日	95.33	园洲镇凤山村民委员会	广东五华二建工程有限公司（曾庆平）
园洲镇沥西村乡村小道12线（新二至振兴大道）村道路面改造工程	沥西	0.415	2016年5月6日	2016年6月10日	19.02	园洲镇沥西村民委员会	潮州市建筑安装总公司（邹鹏煌）
园洲镇沥西村乡村小道12线(新二至振兴大道)村道路面改造工程	沥西	0.11	2016年5月6日	2016年6月10日	5.11	园洲镇沥西村民委员会	潮州市建筑安装总公司（邹鹏煌）
园洲镇沥西村乡村小道282线(新屋大塘至青头园)村道路面改造工程	沥西	0.1	2016年5月6日	2016年6月10日	4.6	园洲镇沥西村民委员会	潮州市建筑安装总公司（邹鹏煌）
园洲镇廖尾村乡村小道198线(县道216线至新围)乡村小道538线(上园路至新围村)村道路面改造工程	廖尾	0.513	2016年5月13日	2016年6月30日	23.96	园洲镇廖尾村民委员会	潮州市建筑安装总公司（邹鹏煌）
园洲镇土瓜圩乡村小道村546线（土瓜圩桥至东博）村道路面改造工程	土瓜圩	1.16	2016年6月10日	2016年7月30日	52.88	园洲镇土瓜圩村民委员会	湖南正道建筑工程有限公司(刘光跃）

续表12-4

名称	行政村	长度（公里）	开工时间	完工时间	改造资金	建设单位	施工单位
园洲镇水口村乡村小道346线(县道193线至23乡村小道线)村道路面改造工程	水口	0.94	2016年12月26日	2017年1月13日	42.99	园洲镇水口村民委员会	博罗县园洲建筑工程公司838施工队
园洲镇水口村乡村小道360线（县道193线至黎屋）村道路面改造工程	水口	0.626	2016年12月26日	2017年1月20日	28.57	园洲镇水口村民委员会	江西建工第三建筑有限责任公司惠州分公司
合计		119.7715			4535.94		

四、桥　梁

（一）行人桥梁

1.上南麻石桥

位于上南村隔蓼（土名），为上南族人于1815年建造。其结构采用长条方麻石，竖在河道中间以龙门架入榫作横梁，上架长方形麻石，桥面宽1.2米、高3米、长25米，两头用杉木桩围墩。此桥方便农民耕作，也是外地村民来往上南探亲、赶圩必经之路。清末，桥梁倒塌。民国时期，上南村民李福生在原桥下游30米处重建了一座青砖彻作桥墩的水泥桥，上有“李福生建造”字样，后因河道改道，水泥桥弃废。

2.马嘶浮桥

位于马嘶村东边的沙河支流。建于清宣统二年（1910年），因用木条、木板建成的行人桥，故称浮桥。1950年之后，由于年深日久，材质老化，险象环生。1962年改建水泥桥，用红砖建长70米、宽2米的8个桥墩。2005年4月25日，洪水将桥冲垮。2006年4月重建，桥长60米，宽5米。

3.沙头桥

位于沙头村与九潭圩之间的沙河上。横跨沙河，是沙头等村通往九潭圩的乡道桥。1989年，由博罗县公路桥建筑公司设计，沙头村委投资兴建，麻石、钢材、水泥结构，由个大孔组成，孔宽30米，大孔与大孔之间有小孔。桥身长180米，宽7米，高20米，并设有护栏。2012年，因洪涝倒塌。

4.牛头洲沙漠河木桥

位于白泥塘。1990年8月，白马围村村民私人出资购买松树木材架起了一座长70米、宽2米、高3米的临时桥，用一条长4米、直径0.1米的木材做桥柱，上面用长2米、厚0.2米的松板做桥面。此桥搭成后，建桥投资者。通过收取过桥费收回建桥投资款。1996年12月被拆除。

5.李屋桥

位于李屋柠檬基（地名），1956年3月由李屋大队投资建造。桥体为松木结构，长9米，宽2米，高3米，1960年改建为水泥结构。

6.任屋桥

位于任屋渡头而得名，横跨沙河。1984冬动工建设，1986年5月开通，为行人和手扶拖拉机、摩托车两用桥。桥体全长198米、宽4.5米，桥体为双孔型结构，主航道桥孔5个，跨度25米。由于上、下游抽取河沙造成河床下沉，桥墩裸露，于2006年10月崩毁。

（二）公路桥梁

园洲公路桥梁始建于20世纪80年代初，1991年东江石洲大桥开通后，园洲迎来了经济发展的春天，经济的快速发展又促进了公路桥梁的大建设。到2015年，镇域修筑永久性的桥梁有9座。

1.园洲石洲大桥

即东莞石排至园洲的东江大桥，1988年12月立项，1989年11月18日动工，1991年7月26日建成通车。工程规模：桥长949米，其中主桥699米，南北引桥150米，桥面宽12.5米，行人道2×1.75米，桥底高程16.53米，南北延伸公路2.5公里，工程投资1800万元。该桥是园洲镇以“群众集资、上级支持、侨胞赞助、银行贷款”的方式筹集资金兴建的，经省府批准，设立收费站实行双向收费。大桥的收益由园洲与东莞的石排镇平均分配。所获得的收益除了用于偿还贷款外，还用于大桥日常管理开支、公路建设和维护等。

2、东坡大桥

位于东坡大道深沥、土瓜圩交界处，跨沙河连接义合、凤山，因桥在东坡大道而得名。该桥长307.12米，宽19米，高9米，两边行人道各宽2米。总投资2000万元，2007年12月动工，2011年12月完工通车。该桥南面接上园路、新世纪工业园的工业经济圈，经龙江大桥通往东莞市企石镇，北面直通广惠高速罗浮山风景区互通口。

3.和安大桥

位于和安大道阵村，横跨沙河，因桥在和安而得名。主桥长205.08米，宽18米，高9米，两边行人道各宽1.5米。总投资1200万元，于2006年12月动工，2009年12月通车。该桥连接桥北路与环城西路，直通广惠高速园洲互通口，是环城西路的重要桥梁，促进河南区中心经济圈与河北西片经济圈融合，进一步推动大园洲经济的发展。

4.振兴大桥

位于振兴大道佛岭村和义合村交界处，横跨九潭排洪渠，因在振兴大道而得名。桥长140米，宽19米，高6米，总投资700万元。于2009年4月动工，2009年12月通车。该桥是振兴大道的重要桥梁，往东接龙华镇入广汕公路，向西接石湾镇永石大道通广惠高速石湾出入口，贯通河北区。

5.龙江东江大桥

在建工程。位于龙江路桔龙村，跨东江连接东莞企石镇，因在龙江路而得名。桥长1622米，其中主桥长1020米，引桥602米，桥宽26米，双向4车道。该桥是园洲镇与东莞市企石镇合作筹资兴建，计划投资1.9亿元，按国家一级公路桥标准兴建。于2009年动工，由于资金和其他原因，该项目仍是在建工程。

6.振兴一桥

位于振兴大道，横跨铁场排洪渠，因在振兴大道而得名。总投资2122万元，桥长85.04米，宽28.5米，高7米。该桥连接沥西、沥东、义合村。

7.九潭桥

位于九潭圩而得名。该桥横跨九潭排洪渠，建于1971年， 总投资200万元。2006年改建，桥长58.05米，宽7米，高8米。

8.中心桥

位于园洲中心排渠（“文化长廊”），因处于园洲中心而得名。2013年9月动工，2014年1月建成。桥长40.84米，宽25.66米，高4米。

9.沙河大桥

位于福园路，横跨沙河而得名。桥长310米，宽12.5米，高8米。1995年动工，1996年通车。

10.沙头大桥

园洲沙头大桥，位于沙河桥上游800米处，连接沙头村九潭河唇街。始建于1976年，2013年成危桥。

五、高速公路

广惠高速公路园洲段全长4.8公里，六车道。经沥西、沥东、新村，2005年动工建设，2007年通车。广惠高速公路园洲互通口，位于沥西村，投资3300多万元，于2007年11月开通。

第二节　交通运输

一、水上运输

（一）客　运

镇域水路客运始于唐宋时期。流经镇域的东江支流沙河，是广州、石龙游客进入罗浮山的主要水道。东江的龙叫、下南水驿，与东莞沿江水驿连成一体。清末民国初，有客船通往博罗、惠州、石龙、广州等地。1960年后，东江水上客运进入高峰，惠州、博罗、石龙、广州每天有多班客轮来往。1980年后，由于公路客运的发展，水上客运逐步退出运输市场。

（二）货　运

水路货运运出的主要是粮食、糖蔗，运入的货物主要是化肥、农药、煤、建材等生产资料和棉布、盐、百货、日用品等生活资料。1970年前，镇域的生产和生活资料以及收获的农产品的运输方式主要是水运。队队有农艇，1970年，全镇有农艇65艘。20世纪70年代中后期，船只逐渐老化淘汰，随着陆路运输的发展，使水路货源大为减少。1985年后，镇域东江河的货运逐渐减少。加上农田机耕路的开通和河溪水系的减少，农作水上运输逐渐消失，1990年，除了养鱼用船外，镇域的农用船艇几乎淘汰。

二、陆路运输

（一）客　运

镇域公路客运始于20世纪70年代初期。1975年，开通园洲至博罗班车。1996年，园洲至博罗增开四班客车。1980年后，开通园洲至惠州、增城班车。1990年，全镇有营运客车300辆；是年，年客运量3万人次。1991年，石洲大桥通车后，园洲开通开往石龙、东莞城、虎门等地班车。1993年7月，园洲至香港开通直通车，上落点设在园洲宾馆。

20世纪90年代后期，高档次的空调客车逐步取代了低档次的客车，陆续开通广州、深圳的客运班线直达车。进入21世纪，陆续开通湖南、广西、四川、江西、湖北、贵州等地直达车。2000年，全镇有客车15辆、440客位；是年，年客运量43万人次。2004年，惠州市汽车运输公司跨市开通博罗园洲至广州班车。到2015年，全镇有客车21辆、757客位；是年，年客运量74万人次。

园洲客运站为集体企业，始建于2001年，2003年投入使用，总面积15000平方米。是年有30辆车，运客2.5万人次；2016有80辆车，运客7.5万人次。主要运输线路有：园洲至广州、园洲至石龙、园洲至东莞长安、园洲至深圳、园洲至博罗县城。

2015年，实施城乡一体化工程，镇域开通公交车，实行全天候运营，主要线路有：马嘶至黄洲桥、园洲至石湾、园洲至罗浮山、园洲至胜丰工业区、园洲至马石岗村，现行的公交线路基本能直达各村，方便了群众的出行。

（二）货 运

1950年以前，园洲镇内货物运输多靠肩挑背负。1950年以后，出现了部分木制独轮车、牛车、农艇等运输工具。1960年后，牛车、自行车、胶轮车、农艇成为当时的主要运输工具。1975年后，拖拉机成为境内主要运输工具。1980年，全镇拥有中型拖拉机15台、手扶拖拉机296台，汽车仅10辆。1981年后，随着交通设施的不断完善和社会经济的发展以及运输市场体制进一步改革，不仅运输工具实现了机械化，而且营运模式出现了国有、集体与个体，专业与非专业共同发展、共同竞争的局面。2000年，全镇有货车600辆；是年，货运量1800万吨。2016年，全镇有货车1300辆，运货4000万吨。

1988—2016年园洲镇交通运输企业发展统计表

表12-5

年份	企业数（家）	从业人数（人）	产值（总收入）（万元）
1988	265	795	47.7
1989	283	849	59.4
1990	303	908	72.64
1991	415	1660	328
1992	135	1305	110.9
1993	456	1824	164.1
1994	460	2300	172.5
1995	486	1458	166.2
1996	503	2012	201.3
1997	516	1548	184
1998	537	2148	266.7
1999	540	2160	280
2000	560	2800	358.6
2001	587	1761	198
2002	594	2376	266
2003	599	2995	300
2004	601	2404	360
2005	684	2052	340.6
2006	757	3028	460.7

续表12-5

年份	企业数（家）	从业人数（人）	产值（总收入）（万元）
2007	689	3445	560
2008	695	2780	545
2009	786	3930	680
2010	757	3028	7106
2011	796	3980	853.3
2012	896	4480	924.5
2013	880	3520	11016
2014	890	4450	131.4
2015	1100	5500	1430
2016	1340	6700	1630

第三节　运输工具

一、人力工具

新中国成立前，园洲镇域运输最早使用的工具是扁担、竹竿和箩筐、畚箕和绳索。乡下农户和圩镇专业工都备有此类常用工具。

二、船　舶

（一）木船

1960年前，木船一直是园洲的重要水运工具。木船，大者为船，小者称艇。木船构造简单，大船体长七八米，宽近2米，载重量可达数十吨。木船有两种：一种是帆船，船体中装有桅杆，借风驶船，没风时靠人力撑篙摇橹，用以中、长途运输；一种是橹艇和桨划小艇，大型橹艇常需1～2人撑篙，一人摇橹，而带篷的经济艇多是载客的。另外在交通要道江边则有“横水渡”，一江两岸定点对开。1979年，镇域有大小木船183艘。1980年后，随着公路、铁路运输的便利，昔日“独领风骚”木船水运已退出历史舞台，只有零散的小木船用于渔业生产。

（二）机动船

1965年，镇域始有机动船，是装有动力机械（主要是柴油机）的帆船。机帆船柴油机功率初为8马力，后为12、25、40马力不等，风平浪静时，时速12公里。1980年，镇内有机帆船6艘，2016年，有机帆船2艘。

三、车　辆

（一）独轮车

又称鸡公车。由木头制成。车长2米，前窄后稍宽，车轮由一寸（1寸≈3.33厘米）多厚硬木块做成的圆盘，直径0.6～0.8米左右，车轮上高出的部分穿凿有车架，两边用硬木穿凿耸起，避免摩擦到车轮及所运货物。在20世纪60年代大兴水利时，此种车大显身手。那时，修水利全靠人肩挑手锄，有了这种“机械化”运送土石方，工效倍增。鸡公车是为小路而存在的，当越来越多的大路延伸到县、到镇、到村，农民的交通工具也从手推车、牛车、拖拉机变成了摩托车、汽车。

（二）牛　车

即牛拉的车。车轮直径1.8米（俗称高轮车），车身窄，用的全是上好木料。园洲地区没有高山峻岭，地势平坦。在交通落后的年代，牛车是最理想的运输工具，被称为农民最忠实的肩膀。新中国成立后，合作化时期，私人牛车全部入社。从此牛车也作了很大的改进，车体由大改小，车轴用铁和滚珠制作，车轮由高改矮（部分钉橡胶片）。改进后的牛车较为灵活、轻便、耐用，载货量也比以前大大增加了。从20世纪70年代开始，农村胶轮车、自行车的使用取代牛车。

（三）胶轮车手推车

20世纪70年代，胶轮车成为农村田间和短途运输机具，也成为衡量农户家庭经济实力“四转一响”（单车、缝纫机、胶轮车、手表和收音机）的标志之一。1981年，河南区有胶轮车4317辆，基本为一户一辆。

胶轮车主要由车轮、轮胎和车架三部分组成。车轮由轮辋、辐条、条帽、轴承、防尘密封圈、轮轴等构成。轮胎分内外胎，均为橡胶制品。车厢长1.2米，宽约0.9米，使用轻便，省力、经济、方便，载重量300～500公斤。2000年，胶轮车少见。

（四）拖拉机

拖拉机包括手扶拖拉机和大、中型拖拉机，其功能既可农耕又可运输，详见《农业篇》第七章《农用机具》。

（五）汽　车

汽车运输一般具有适于近距离运输，而且近距离运输费用较低、容易装车、适应性强、机动灵活，使用方便等优点。1980年后，汽车成为主要交通运输工具，出现一批客运和货运运输专业户。大型货车多为国产的东风牌汽车，中、小型的货车多为进口的日产车。1980年后，小车开始进入镇域，初时，以公务车的形式进入政府机关、企事业单位，均为日产轿车。进入21世纪后，随着居民生活水平的不断提高，小轿车进入百姓家，小车的款式多样。到2016年，全镇有轿车23000辆。

（六）自行车

1980年前，自行车是一种稀缺商品，要凭证供应。最时髦的是上海产的“凤凰牌”和天津的“飞鸽牌”

自行车，大众化的是广州产的“红棉牌”自行车。1980年后，自行车广泛用于交通代步、运载货物，家家户户都置有自行车。随着摩托车的广泛使用，自行车有所减少，但仍作为环保的交通工具用来代步、出行，越来越多的人将自行车作为健身器材用来骑行锻炼、自行车出游。

（七）摩托车

镇域出现摩托车始于20世纪80年代，主要用于代步。2000年后，摩托车作为一种时髦的现代交通工具，走入寻常百姓家中。在农村摩托车成为一部分农民不可或缺的致富工具，主要用于载物载人，小商小贩则用于经商。2016年，全镇有摩托车21560辆，户均0.98辆。

第四节　交通管理

一、管理机构

（一）园洲交警中队

园洲交警中队成立于2006年7月，位于博罗县园洲镇九潭长寿路政法大楼内，办公用房1299平方米。有编制民警6人，职工2人，其中领导班子3人（其中中队长1人，副中队长2人），协警34人。主要装备有汽车2辆、警用摩托车2辆、计算机7台。

园洲交警中队隶属于博罗县公安局交通警察大队，股级建制，管辖范围有园洲镇全境。

辖区有驾驶员2万多人，机动车15000多辆，管辖主要道路有193（铁九公路）、216（博园公路、上园路）和195（福园公路）3条，总里程约50公里，乡道总里程约90公里，重点管理单位有学校、幼儿园共60多所。

园洲交警中队主要的工作业务有：一、实施交通指挥，维护交通秩序，保障道路交通安全畅通。二、纠正、处罚交通违法行为。三、预防和处理道路交通事故。四、组织实施交通安全宣传教育。五、按照规定执行道路交通保卫任务。六、先期处置公路上发生的治安、刑事案（事）件。七、完成上级交办的其他任务。

2014—2016年，共处理道路交通事故4860起，抢救伤员463人；查处各类交通违法行为23600起，查获盗抢嫌疑汽车16辆、摩托车368辆，行政拘留无证驾车152人；执行各类警卫保障任务506次；开展交通安全宣传活动287次；为群众做好事396件；无因事故处理不当或执法不规范而引起的上访和投诉。

（二）园洲交管所

园洲交管所原名是博罗县交通局园洲交管站，创建于1986年，原址是园洲下南市场惠博沿江公路旁，2006年4月搬至园洲镇中华路1号（即园洲客运站旁）。现有工作人员18人，办公楼一幢，占地500平方米。2015年更名为园洲运输所，职能不变。

（三）九潭交管站

九潭交管所原名博罗县九潭交通管理站，地址为九潭圩镇新村一路（九潭中心小学旁），原有工作人员7人，办公楼一幢，占地200平方米。该所于2015年4月并入园洲交通运输所。

二、航道、公路养护与管理

（一）航道养护与管理

1980年前，东江、沙河的航道的养护与管理，均由博罗县航道管理部门负责。主要负责水上运输安全管理和航道设备维护。1980年后，航道的养护与管理工作不断细化，县航道站定期或不定期维护针织航道，增设航标，提高航行质量，清除航道障碍物。

（二）公路养护与管理

1. 县道养护

园洲道班创建于1987年，班址位于园洲镇土瓜围路口博园公路旁，占地面积902平方米，管护路段：

X195福沙线、X216新园线。有工作人员5人。

九潭道班，创建于1988年，班址位于九潭新街66号，占地面积有260平米，管护路段：X193石石线、X195福沙线。有工作人员5人。

1980年以前，道班仅有一辆“工程车”，负责运载砂石放在路旁，然后由修路工人挑去填坑补氹，当时的养路工具主要是锄、铲、担杆、畚箕。采用自制的公路回沙机，用牛拉行。

1980年后，特别是公路硬底化后，养路工具逐渐改善，实行机械化道路养护，有专门的清扫车、洒水车等管护工具。

2. 镇道管理与养护

由镇村建所作出年度维护计划上报镇政府批准后，由村建所组织实施。每年镇道维护经费达200万元以上。

3. 村道管理与养护

由镇交通运输所组织实施，每年村道维护经费达100万元以上。

4. 道路绿化

1980年前，境内公路两旁植树不多，且有植无管，成活少。1980年后，县道、镇道全部绿化，并制定相应的公路绿化管理办法。至2016年，全镇公路绿化里程280.108公里。

三、安全管理

从1979年开始，每年由县交通部门牵头组织相关部门进行交通安全大检查小组，在重大节日开展交通安全大检查，并成为制度，主要是加强上路查车，深入到基层进行“四查”（查领导是否重视抓安全、查安全制度是否落实执行、查驾驶员安全思想状态、查车辆技术质量），发现问题，堵塞漏洞。1986年，成立园洲交管所。交管所将上路检查监督来往车辆、纠正违章行驶，作为安全管理的一项重要工作。上路检查采取固定点与流动检查相结合，检查驾驶证、行车证、车牌号码、过路车辆装载有无违章，检查车辆的安全部件、各种技术性能是否有效。

四、规费征收

1983年以前，镇域公路规费由县交通部门征收，规费征收的项目主要有公路养路费、公路运输管理费、车辆购置附加费。20世纪80年代，镇内养路费征收以手扶拖拉机为主，每辆每月34元计征；90年代后，公路运输管理费包括营运汽车运输管理费、摩托车运输管理费。20世纪70年代末期，县交通部门开始对运输业户发营业运输许可证，征收管理费。征收标准：营业性货车，2吨以下小货车（含2吨）每辆每月45元；大货车（2吨以上）每吨每月17元；手扶拖拉机、两轮摩托每辆每月15元；营业性客车：5座以下（含5座）每辆每月80元，6座以上至30座（含30座）每辆每月110元，30座以上每辆每月120元。

车辆购置附加费分两级收取：汽车购置附加费由市征收，摩托车购置附加费由县交通局征收。摩托车购置附加费从1985年5月1日开始征收，征收标准以购车总价国产车按10%、进口车按15%计征，1993年征收费率统一改为10%，非营运性车辆、手扶拖拉机、军用车辆及其他批准的车辆免征车辆购置附加费。

五、运输市场管理

1975年10月起，对非专业营运机关企事业单位自备的运输工具，限于自货自运。1983年6月起，对个体经营机动车、船运输者发给营业执照和运输许可证，确定其业务范围，指定营运路线和经营地点。2004年4月14日，国务院颁布《中华人民共和国道路运输条例》，县、镇交通部门加强了道路运输活动和运输市场秩序的管理。规定申请从事客运、货运经营的，应当具备以下三个条件：一是有与其经营业务相适应并经检测合格的车辆；二是有符合规定条件的驾驶人员；三是有健全的安全生产管理制度。对于申请从事班线客运经营的，还要求有明确的线路和站点方案。

第十三篇　城乡建设

古代的园洲地旷人稀。乡村大都聚族而居，自成村落，逐步形成若干圩，其中以九潭为大圩。但因农业经济发展缓慢,长期以来,集镇停在“日中为市”,定下圩期赶集的层面上。城乡建设陈陈相因,泥砖瓦舍,因陋就简。新中国成立后，城乡建设有较大的改变。1978年12月中共十一届三中全会后,城乡建设发生了翻天覆地的变化。20世纪90年代初期，镇域的园洲、九潭镇委聘请了专家、学者,论证和作出了各自的整体规划总体部署,按部施工。无序建造成为历史。与此同时，加强镇域的供电、供水、供气建设和污水处理工作，保证全镇工、农业和居民用电和安全用水的需求。污水处理率达88.8%。清拆、关闭、取缔污染和无牌无证企业249家，整改、升级、改造企业244家，综合投诉处理率达100%。2014年，园洲镇被命名为“广东省生态镇”。

第一章　城乡规划

第一节　总体规划

新中国成立前，镇域乡村建设多随意而行，无规划可言。新中国成立后，镇村建设盲目发展。1992年，编制《博罗县园洲镇总体规划（1992—2010）》和《博罗县九潭镇总体规划（1992—2010）》。1993年，经博罗县人民政府批准实施。1992年12月，经园洲镇第九届人民代表大会第四次会议通过《关于搞好园洲规划和建设的决定》。1994年8月，园洲镇第十届人民代表大会第二次会议通过《园洲城市建设管理细则》。2004年，园洲镇行政区域进行合并调整，编制《博罗县园洲镇总体规划修编（2008—2020）》。2008年，编制《博罗县园洲镇总体规划（2014—2030）和控制性详细规划》。规划镇域110.96平方公里，中心镇界线：含园洲居委、九潭居委、白耀前、江头、高头、陈屋、刘屋、上南、廖尾、禾山、深沥、土瓜圩、阵村、桔龙、义合、沥东、沥西、佛岭、沙头全部用地及新村、李屋、寮仔、田头部分土地，总用地面积60.99平方公里。

第二节　城乡规划

一、城镇布局

（一）镇域空间布局

生态廊道。布局规划沿沙河和甫田排洪渠形成的“人”字形生态廊道，既是园洲镇重要的景观生态廊道，也是各片区之间的天然屏障。

“井”字轴线。布局规划形成“两横两纵”的城镇轴线，形成“井”字轴线，引导城镇建设。其中园洲大道与振兴大道轴线作为城镇发展的主轴线，和安大道和福园路作为城镇发展的次轴线，东侧南北向长福路作为城市交通轴线。

布局规划结合城镇轴线，划分为四个发展区域，分别为园西商贸居住区、园东产业园区、九潭工贸片区和大湖休闲片区。

园洲镇城镇建设用地64723.05亩，占镇域总用地的38.89%。

2016年园洲镇城乡用地平衡表

表13-1

用地名称		面积（亩）	占城乡用地比例（%）
建设用地		64815	38.94
其中	城镇建设用地	61904.55	37.19
	村庄建设用地	1781.55	1.07
	公路用地	855	0.51
	港口用地	176.55	0.11
	区域公用设施用地	97.35	0.06
非建设用地		101625	61.06
其中	水域	24527.85	14.73
	农林用地	68397.3	41.09
	其他非建设用地	8699.85	5.23
总计		166440	

（二）镇域镇村体系布局

园洲镇镇村规模等级结构按“中心镇区—中心村—般村”三级划分。

园洲镇域镇村规模结构一览表

表13-2

村镇级别	区域地位	设置标准（万人）	数量（个）	村镇名称
I	镇区	＞10	1	含园洲居委、九潭居委、白耀前、江头、高头、陈屋、刘屋、上南、廖尾、禾山、深沥、土瓜圩、阵村、桔龙、义合、沥东、沥西、佛岭、沙头全部用地及新村、李屋、寮仔、田头部分用地
II	中心村	0.5～1	2	田头、白马围
III	一般村	小于0.5	10	凤山、李屋、寮仔、马石岗、水口、上村、马嘶

（三）镇域空间职能布局

布局形成综合服务职能、农业职能、商贸职能、工业职能和旅游服务职能等类型主导职能的村镇。

园洲镇域空间职能结构一览表

表13-3

名称		职能
镇 区		综合服务职能、商贸职能、旅游服务职能、工业职能
中心村	田头	综合服务职能、工业职能、农业职能
	白马围	综合服务职能、工业职能、农业职能
一般行政村	凤山	工业职能、农业职能
	李屋	工业职能、农业职能
	寮仔	工业职能、商贸职能
	马石岗	农业职能
	水口	农业职能、旅游服务职能
	上村	农业职能
	马嘶	工业职能、农业职能

（四）产业发展布局

按照新型城镇化发展的战略部署，做大做强镇域经济，以产业园区发展为载体，发展壮大服装产业，积极拓展电子等高新技术产业，适当发展现代化农业，整体推动三产繁荣。

（五）产业空间布局

中心镇区是全镇的政治、经济、文化、交通、信息中心，以发展商贸、旅游、房地产等第三产业为主，服装、电子等工业为辅。沿园洲大道形成的产业发展主轴，是园洲镇东西向发展的大动脉；沿福园公路形成的产业发展次轴，将园洲镇区南北两片连接起来，构成南北向发展的骨架，是园洲镇对外联系的纽带之一。

（六）产业布局

第一产业布局 园洲镇的农业主要分布于中心镇区外围的东部及北部的村庄，规划以发展“三高”农业和生态旅游观光农业为主，成为园洲镇的粮、果、蔬、林生产基地。

第二产业布局 北部工业园、东部工业园、西部工业园三个工业园区。

第三产业布局 第三产业主要集中在园洲中心镇区，以发展餐饮业、观光旅游业、房地产业、商贸物流为主，主要形成四个片区：北部金融商贸片区、中部居住商贸区、西部休闲居住区、东部教育研发区。

（七）空间发展布局

振兴大道、东坡大道、兴园路等交通设施的完善，与石湾、福田、长宁、龙华、龙溪等镇的联系将更加紧密，区域发展条件更加成熟。城镇空间发展脉络仍向北部、东部以及西部发展为主。

（八）镇区空间布局

以园洲老镇区为依托，向东、向南拓展，形成城镇行政、商业、文体等中心。结合沙河和东博排洪渠打造的城镇生态景观廊道，串联起小海城镇绿线及大湖休闲片区的湿地景观。

利用城市主干路形成“两横两纵”的镇区轴线。布局形成一个商业服务组团、一个居住组团、两个产业园组团、一个工贸组团和一个教育研发组团。

商业服务组团：结合中心镇区商业中心、行政中心、文化活动中心、体育活动中心以及两条发展轴线，形成镇区的服务中心。

居住组团：在园西建设小海居住组团，充分利用片区内河滨、公园绿地等景观优势以及区位交通优势。

产业园组团（2个）：沙头村产业园组团及新能源产业园组团。工业产业主要布置于镇区的各个工业园内，承接珠三角产业转移，构建产业集聚发展平台。

工贸组团：在九潭工贸片区，重点推进制造业升级产业园建设。结合新客运站及城际轨道站点建设创新服务中心、时尚体验中心、休闲服装国际物流城等。

教育研发组团：在园洲产业园片区，引进广雅学校和创意研发产业园，示范性教育教学及研发基地。

（九）绿地、公园布局

沿东江形成镇区重要的生态景观轴线；马石岗—长宁排洪渠和沙河共同形成镇区的天然分隔带；镇区内排洪渠、景观道路两侧绿地构筑城镇绿化网络；构筑多处城镇公园绿地、广场。

布局公园绿地面积4500亩，占城镇建设用地8.76%，人均公园绿地面积9.39平方米。布局4处滨河绿地，包括小海公园、中心排洪渠公园绿地、沙河两岸公园绿地以及马石岗排渠九潭段的公园绿地。布局社区公园、带状公园、街头绿地等共计20处。

（十）常住人口及建设用地布局

镇域布局：至2020年年末，镇域常住人口控制在30万人以内，镇域建设用地规模控制在29.83平方公里以内。

中心镇区布局：至2020年年末，人口控制在21万人以内，城镇建设用地规模控制在23.04平方公里以内，人均城镇建设用地指标控制在109.74平方米以内。

园洲镇域建设用地平衡表

续表13-4

用地名称		面积（亩）	占城乡用地比例（%）
建设用地		44737.95	26.88
	公路用地	855	0.51
	港口用地	176.55	0.11
	区域公用设施用地	97.35	0.06
发展备用地		20077.05	9.23
非建设用地		101625	61.06
	水域	24527.85	14.74
其中	农林用地	68397.3	41.09
	其他非建设用地	8699.85	5.23
总计		166440	100.00

二、城市规划

（一）园洲镇城市总体规划

1.规划目的

为适应园洲镇经济社会发展的需要，加强规划建设管理，优化资源配置，依据相关法律、法规及规范，编制规划。

2.规划思想

从局部规划、地区规划向区域规划转变。规划具备区域统筹的思维，从局部的、单个的地区规划向城乡统筹的区域性规划转变，建立科学发展的目标以及实现这一目标的策略措施以及路径的措绘，以统筹空间资源为导向、以公共政策为实施基础的战略和行动规划。

3.规划限期

2014—2030年。其中：近期为2014—2020年；远期为2021—2030年。

4.经济发展目标

全镇生产总值近期保持年均增长率13%以上；到2020年，地区生产总值达到100亿元，文化旅游主要统计指标占全县8%左右，打造区域消费中心，第二产业大力发展商贸物流行业。到2030年，地区生产总值达220亿元。

5.社会发展目标

到2020年达到绿色低碳重点小城镇的相关指标要求的宜居城镇；2030 年建设成为经济活力强、社会和谐、设施完善的博西综合服务中心。

6.生态建设目标

2020年完成生态建设框架，保护自然资源，提高环境质量及资源节约利用水平，构建区域生态安全格局。2030年实现单位生产总值能耗低于全国平均水平，工业废水排放达标率100%，工业废气治理率达100%，工业固体废物综合利用率达100%，完成从依赖资源发展向全面保护资源、集约利用资源的转型。

7.指标体系

（1）经济指标：人均GDP到2020年，达3.33万元/人；到2030年，达5.5万元/人。

（2）人文指标：户籍人口到2020年，达8万人；到2030年，达9.6万人；人口评价预期寿命，到2020年，达75岁；到2030年，78岁。

（3）教育指标：高中阶段教育毛入学率，到2020年，达85%；到2030年，达90%；高等教育毛入学率，到2020年，达40%；到2030年，达60%；平均受教育年限，到2020年，达8.2年；到2030年，12年。

（4）公交出行率：到2020年，达35%；到2030年，40%。

（5）生态指标：绿化覆盖率，到2020年，达35%；到2030年，40%。

（6）污水指标：污水处理率，到2020年，达90%；到2030年，100%。

（7）垃圾指标：垃圾资源化利用率，到2020年，达80%；到2030年，90%。

8. 城镇性质

惠州经济重镇，以发展服装、电子信息产业为主的区域性中心城镇。

9. 城镇职能

博罗西南部综合服务中心；珠三角东岸重要的服装商贸产业集聚区，博罗高端电子信息产业集聚区；.以湿地为特色的休闲旅游目的地。

10. 人口规模

镇域人口：2020年20万人，2030年30万人。

中心镇区人口：2020年12万人，2030年20万人。

11. 城镇化水平

2020年，市域常住人口城镇化水平为70%，户籍人口城镇化率为23%； 2030年，市域常住人口城镇化水平为80%，户籍人口城镇化率为53%。

12. 建设用地规模

2030年，镇域建设用地64815亩，人均建设用地108.03平方米。其中，中心镇区规划城镇建设用地51441.6亩，人均城镇建设用地面积为107.17平方米。

13. 综合交通规划目标

（1）加强园洲镇与相邻城市、城区的交通联系，以广惠高速、从莞高速等对外交通运输体系为支撑，建构与珠三角核心区有机衔接的交通枢纽；

（2）建设与城镇发展相适应的，布局合理、快捷的道路交通体系；

（3）以公共交通为主体，适度发展私人小汽车、限制摩托车的发展，建设安全舒适、便捷的客运交通体系。

14. 水环境保护规划

规划期末中心镇区段水体水质III以上，其他水体II~III类以上，无V类及劣V类水体；规划的集中饮用水源达到II类以上。水环境功能区的质量标准按《地表水环境质量标准（GB3838-2002）》的规定执行。

15. 居住用地规划

镇区规划居住用地总面积约为11814.9亩，占中心镇区城镇建设用地的22.96%，其中一类居住用地面积约为295.35亩，二类居住用地面积约为11519.55亩。

16. 公共管理与公共服务设施用地规划

规划行政办公、文化设施、教育科研、体育、医疗卫生、社会福利、宗教、公共管理与公共服务设施用地2132.85亩，占中心镇区城镇建设用地的4.16%。

17. 商业服务业设施用地规划

规划商业服务业用地3940.35亩，占中心镇区城镇建设用地的7.66%。

18. 工业用地规划

规划工业用地14116.5亩，占中心镇区城镇建设用地的27.44%。

19. 物流仓储用地规划

规划物流仓储用地1832.85亩，占中心镇区城镇建设用地的3.56%。

20. 道路及交通设施用地规划

规划道路及交通设施用地11087亩，占建设用地的21.55%。其中，城市道路用地10982.55亩，占中心镇区城镇建设用地的21.35%。

21.公用设施用地规划

规划公用设施用地711亩，占中心镇区城镇建设用地的1.39%。

22.绿地与广场用地规划

规划绿地与广场用地5806亩，占中心镇区城镇建设用地的11.28%。其中，公园绿地4507亩，占中心镇区建设用地的8.76%，人均公园用地9.39平方米。

23.土地使用强度管制区划

规划针对不同片区提出土地使用强度控制要求。按高密度区、中高密度区、中密度区和低密度区四种类型控制。

园洲中心镇区土地使用密度一览表

表13-5

密度分区	容积率	备注
低密度区	＜1.0	用地主要包括中小学、医疗卫生、市政设施等，原则上建筑密度控制在25%左右，绿地率控制在35%以上。
中密度区	1.0～2.0	用地包括工业用地、仓储用地、多层居住用地以及多层行政办公，原则上多层居住用地以及多层行政办公建筑密度控制在30%左右，绿地率控制在30%以上；工业用地、仓储用地建筑密度控制在35%左右，工业用地绿地率不高于20%，仓储用地绿地率不低于20%。
中高密度区	2.～03.0	用地包括商业用地、部分居住用地，这类用地建筑密度较大，可达到35%左右，绿地率一般在20%左右。
高密度区	≥3.0	用地主要以高层商业用地和办公用地为主，开发强度较大，建筑密度超过40%。

（二）城市专项分区规划

1.综合交通系统规划

（1）道路系统规划

规划形成“五横六纵”的主干路网布局。“五横”包括环城北路、广惠快线、振兴大道、园洲大道和沿江路；“六纵”包括和安大道、水电大道、福园路、东坡大道、福石路和长福路。

园洲镇主干路规划一览表

表13-6

道路名称	走向	道路宽度（米）	车道数	道路性质	长（米）	宽（米）	投资金额（万元）
环城北路	东西	36	双6	主干道	14430	48	18656.3
广惠快速路	东西	60	双6和双8	主干道	10270	60	16597.3
振兴大道	东西	48	双8	主干道	9872	60	15954.1
园洲大道	东西	32～36	双6	主干道	11450	48	14803.5
沿江路	东西	24	双4	主干道	19250	24	12444
和安大道	南北	36	双6	主干道	6293	45	7627.6
水电大道	南北	36	双6	主干道	1000	45	1212.1

续表13-6

道路名称	走向	道路宽度（米）	车道数	道路性质	长（米）	宽（米）	投资金额（万元）
福园路	南北	36	双6	主干道	8430	45	10217.8
东坡大道	南北	52	双6（南段）和双8（北段）	主干道	8700	68	15934.7
福石路	南北	36	双6	主干道			
长园路	南北	60	双6	主干道			

镇区道路系统按主干路、次干路、支路三级规划。其中，主干路总长约为140公里，道路网密度为2.38公里/平方公里；次干路总长约为103公里，道路网密度为1.75公里/平方公里。

主次干路平面交叉口尽量采取渠化设计，增加进出车道，在距离交叉口80～100米的范围内，增加2～4个车道的红线宽度。

（2）客运站场建设规划

将现状客运站搬迁至九潭新建客运站，占地面积约46亩，按一级客运站标准建设，含公交（城巴）、长途客运、出租车和商业配套等设施。

（3）公共交通规划

优先发展公共交通，规划公共交通线网覆盖市区90%以上，路网密度在中心镇区达3～4公里/平方公里，镇区边缘达2～2.5公里/平方公里，覆盖全部主干路和部分次干路。公交停靠站采用港湾式，站距市区按500～800米，郊区按800～1000米控制。

（4）社会公共停车场规划

规划社会公共停车场（库）6处，总用地面积约73.5亩。大型商业、行政办公、文化娱乐、体育等设施按照规范和惠州市及博罗县相关规定配建停车场（库）。鼓励在镇区中心区和居住区利用地下空间停车。

（5）公共加油（气）站规划

中心镇区公共加油（气）站的服务半径宜为0.9～1.2公里，选址应符合国家有关规范的相关规定，进出口宜设置在次干路上，并附设车辆等候加油的停车道。规划公共加油（气）站12个，总用地面积约50.85亩。

（6）慢行系统规划

规划打造低污染、低公害、高效、人性化的慢行系统，鼓励减少高污染、高能耗的小汽车交通的使用，形成以无污染的步行、自行车为主的城镇交通环境。

完善城镇各级道路上的自行车和人行道系统，主干路及以上等级道路均设置独立的自行车道，主干路以下等级道路可根据建设条件和交通量情况，设置独立或混行的自行车道。

与滨河景观结合，着重打造沙河、东江的慢行交通系统，突出河滨特色。

在建设城镇与风景区慢行系统的同时，做到两者有机的衔接。

（7）对外交通对接规划

石洲大桥与东莞市石排镇交通对接道路。

龙江东江大桥与东莞市企石镇企一路交通对接

和安片区30米道路，连接和安大道与石湾镇上滘。

园洲大道，为双向4车道，西接东莞市石龙镇祥龙路。

振兴大道，为双向8车道，东接龙华、龙溪两镇，西接石湾镇。

九铁公路，为双向2车道，东接龙华镇，西接石湾镇。

X216县道，为双向6车道，北接福田镇及广汕公路。

环城路，为双向6车道，东接龙华镇。

东坡大道，为双向8车道，北接长宁镇广惠高速互通口。

沿江路，为双向2车道，东接龙溪镇。

赤岗大道，为双向4车道，东接龙溪镇。

2. 公共服务设施规划

（1）行政办公设施

规划行政办公用地规模约271.8亩。

（2）文化设施

规划文化娱乐设施分为两种类型：城镇级文化娱乐设施和社区级文化娱乐设施。规划文化设施用地157亩。

（3）教育科研设施

规划教育科研用地共约1136亩包括教育科研、高中教育、初中教育、九年一贯制教育、小学教育和学前教育。

（4）体育设施

规划保留刘屋体育广场，结合文化活动设施、城镇广场新增体育活动场地12处，共约10.94公顷。

（5）医疗卫生设施

规划医疗卫生用地共约275.4亩包括综合医院、门诊部、社区健康服务中心。

（6）社会福利设施

规划社会福利设施共4处，总用地面积约103.65亩。

（7）宗教用地

规划保留洪圣寺宗教用地，用地面积约为24.6亩。

（8）商业设施

规划商业设施用地约3629亩，占中心镇区建设用地7.06%。分为镇级商业中心、区级商业中心、社区级商业中心。

（9）商务设施

规划3处商务办公用地，分别位于中部园洲镇人民政府西侧、三新购物广场南侧及东部上园路与东坡大道之间，用地面积共计约243亩。

（10）娱乐康体设施

规划保留上南剧院，用地面积约20亩。

（11）公用设施营业网点设施

公用设施营业网点主要包括加油加气站、电信局、邮政所、煤气瓶装供应站等公用设施，用地面积共计约48.15亩。

3. 绿地系统规划

（1）中心镇区绿地率35%，绿化覆盖率40%，人均绿地与广场用地面积≥11.5平方米/人，人均公园绿地面积≥9.0平方米/人。

（2）规划防护绿地面积1216.35亩，占城镇建设用地2.36%。主要包括高速公路、高压走廊以及输油输气管道两侧的防护绿地。

（3）规划广场用地面积82.35，占城镇建设用地0.16%。

4. 地下空间开发利用规划

（1）镇区地下空间的开发与利用，以“统一规划、综合开发、合理利用、依法管理”为原则；

（2）以社会效益、经济效益和环境效益相结合，考虑防灾和防空等需要，注重地下空间产权与公众利益；

（3）加强地下空间资源的综合开发利用和保护，从立体空间上合理有序地组织镇区功能，适当将镇区部分职能转移到地下空间，提高镇区土地利用效率；

（4）通过地下空间开发利用促进人防工程体系和镇区综合防灾空间体系的建设，提高镇区防灾抗灾能力；

（5）地下空间开发利用的功能、形态与镇区功能、总体形态相协调，各种地下空间设施的功能与其所处地区的镇区功能相协调。

5. 历史文化保护规划

保护城镇历史文化遗产，延续城镇历史文化，促进城镇经济社会和谐发展。

按国家《中华人民共和国文物保护法》要求，应加强文物古迹的修缮、保养，对年久失修的文物古迹的抢救和保护。文物古迹保护主要包括以下四个方面：

（1）对于各级文物保护单位，应根据国家和省、市有关法规，制定各文物保护单位的保护图则，确定其保护范围、建筑控制地带和风貌协调区的具体界线，并制定保护要求。

（2）在文物保护单位之外，文化和建设等主管部门要抓紧对全镇具有历史价值的传统建筑和近现代优秀建筑的普查和划定，实行挂牌保护，并参照文物保护单位的保护，明确其保护内容、保护措施和管理办法。

（3）对镇域范围内古树名木的普查，进行分级和实施有效保护。

（4）对于在历史文化街区内建筑质量较差而需进行更新的传统建筑中所保留的尚完好的传统建筑构件，和其他地区一般传统建筑中保留尚完好的传统建筑构件，如门墩、门楣、窗扇、梁柱屋檐构架等都进行保护措施。

（5）加强地下文物的勘探普查，划定保护范围。对位于地下文物重点保护区内建设项目的选址定点要慎重进行，在工程前期必须由具备相应资质的专业单位进行文物调查勘探工作，并以此为依据对工程设计和建设方式进行调整，制定必要的发掘遗址保护措施，诸如原地保护、发掘收藏、建立档案、设置标志等。

6. 市政公用设施规划

（1）供水工程规划

供水水源：远期规划建设两套供水系统，一套系统供生产及其他使用，另一套供居民生活饮用使用。规划从博罗福田联和水库（或湖镇显岗水库）引水作为园洲的生活饮水水源，而东江作为园洲镇生产及其他用途用水。

供水设施：规划4家水厂。第一自来水厂及第二自来水厂均为现状，作为生产及其他用途的水厂，水源均取至东江，规划新建第三自来水厂和第四自来水厂供给居民饮用水，第三自来水厂水源引自福田镇联和水库，第四自来水厂水源引自湖镇镇显岗水库。

（2）排水工程规划

排水体制：均采用雨污分流制。

雨水工程规划：按照“高水高排、低水低排”原则，雨水系统以分散排放为主，就近排入附近水体，镇区排涝标准采用10年一遇洪水24小时暴雨一天排干标准，农村排涝标准达到10年一遇24小时暴雨一天排干或三天排干标准。

（3）污水处理设施规划：规划4家污水处理厂，第一生活污水处理厂位于中心排洪渠以北、任屋排涝站附近，现状建成；第二污水处理厂位于园洲镇九潭西南部，规划新建；第三生活污水处理厂位于沙河与东江交叉口附近，规划新建；环保园污水厂位于环保园区，属园区污水处理设施，现状建成。

（4）电力工程规划

规划对现状220千伏安九潭变电站、110千伏安园洲变电站进行扩建；新建4座110千伏安变电站，每座变电站主变容量为189（3×63）兆伏安。

（5）通信工程规划

机房建设：将现状两个电信局扩建为总装机容量为5万门的电信局，规划新建 3 个电信端局，每个端局装机容量10万门。

移动通信：移动通信总用户约为28万～36万户。在新区规划及建设中，必须妥善预留基站位置，一般设在大型公建顶部，并尽量避免设在住宅楼顶。基站密度一般1个/平方公里，高度应根据主管部门技术要求确定。

（6）燃气工程规划

近、中期使用液化石油气作为主要气源，同时以瓶装液化石油气作为补充气源。远期气选用天然气作为主要气源。

7. 环保环卫规划

（1）水环境保护规划

规划期末中心镇区段水体水质III以上，其他水体II～III类以上，无V类及劣V类水体；规划的集中饮用水源达到II类以上。水环境功能区的质量标准按《地表水环境质量标准》（GB 3838- 2002）的规定执行。

（2）声环境保护规划

城镇环境噪声达标区覆盖率维持在100%，交通干线噪声昼间控制在70分贝以下，夜间控制在55分贝以下。声环境功能区划执行《声环境质量标准》（GB 3096－2008）。

（3）固体废弃物处理与污染防治措施

促进垃圾集中收集与处理，生活垃圾无害化处理率超过90%，不可回收利用的工业固体废弃物和危险废物处理处置率达100%。

（4）垃圾转运站规划

根据《城镇环境卫生设施设置标准》的相关规定，并结合现有镇区的垃圾转运设施的情况，规划5座垃圾转运站，每座占地1000～3000平方米，总用地面积20.85亩。

（5）公共厕所规划

根据建设部《关于城镇环境卫生设施设置标准》要求：按城区道路人流量确定间距，人流高度密集的街道和商业闹市区道路间距300～500米设置公厕一座，一般街道间距不大于800米设公厕一座。

8. 消防工程规划

（1）消防安全总体布局：“预防为主，防消并重，专群结合；因地制宜，综合减灾”的指导方针。坚持全面规划与重点保护相结合；坚持消防建设与城镇总体规划中的规划、供水、供电、电信及交通等专项规划协调发展；坚持统筹规划，合理布局，综合减灾原则。

（2）消防站：根据建成区现状和城镇建设用地规划布局、消防站责任区面积等因素，规划消防站9处。

9. 防洪排涝规划

（1）加强防洪减灾设施的建设和保护，加强东江、沙河沿线的堤防建设，加大绿化面积，以形成理想的自然隔离带。完善排洪渠建设，提高防洪标准。

（2）中心镇区防洪标准按中等城市50年一遇设防，其他乡村按照20年一遇设防。

10. 抗震规划

（1）规划目标：当遭受多遇地震时，城镇一般功能正常；当遭受相当于抗震设防烈度的地震时，城镇一般功能及生命系统基本正常，重要工矿企业能正常或者很快恢复生产；当遭受罕遇地震时，城市功能不瘫痪，要害系统和生命线工程不遭受破坏，不发生严重的次生灾害。

（2）设防标准：园洲镇属地震烈度小于6度区，一般工程可不设防，生命线工程和重要工程按7度进行设防。

11. 气象防灾规划

（1）近期实现气象灾害发生区域的预警信息公众覆盖率超过80％，远期超过90％。

（2）建（构）筑物按照《建筑物防雷设计规范》等规范、标准进行防雷安全设计。

（3）考虑寒潮及雷暴大风作用，按《建筑结构荷载规范》规定的以50年为重现期的标准设防；对于重要的生命线工程设施，设防标准应提高到100年一遇。

12. 人防工程规划

中心镇区战时留城人数市区按照规划人口的40%计算，防空专业队工程按照战时留城人员数的6%考虑，人均建筑面积3.9平方米。医疗救护工程按照留城人员的3.5%计算，物资仓库工程按照留城人员在半年时间内供需要求考虑。

第二章　村庄规划

园洲镇镇村规模等级结构按“中心镇区—中心村—般村”三级划分。分为中心镇区，中心镇区影响地区和中心镇区外围地区三个发展区划，把村庄分为不保留村庄，限制发展村庄，需要发展的村庄。村庄规划、对每个保留村庄长远发展机遇定位；开展村庄资源研究，寻找发展经济的最佳途径。

农民宅基地实行认真规划、公平分配、严格执行农村宅基地的政策。为解决部分村宅基地用地紧张和分配问题，逐步改革建房方式，节约集体土地，鼓励建设农民公寓，改善人居环境。

第一节　村庄规划指引

根据园洲镇《博罗县园洲镇总体规划修编（2014—2030）》和《控制性详细规划编制》，分为中心镇区、中心镇区影响地区和中心镇区外围地区三个发展区划，分别对应如下三类村庄进行改造指引。

一、中心村

园洲居委会、九潭居委会、陈屋、刘屋、上南和城中村，在中心镇区范围内，已经成为或被总体规划界定为建设用地功能的村庄。

二、不保留村庄

不保留的村庄：园洲居委会、九潭居委会 、白耀前、江头、高头、陈屋、刘屋、上南、廖尾、禾山、深沥、土瓜圩、阵村、桔龙、义合、沥东、沥西、佛岭、沙头村。城中村，在中心镇区范围内，已经成为或被总体规划界定为建设用地功能的村庄。位于生态隔离地带、战略性空间资源控制范围内、规划居住用地内的属于异地搬迁的村庄，居住分散的村庄。

三、限制发展村庄

限制发展村庄：田头、白马围、新村、李屋、寮仔村，多为临近交通干道（省道、县道等）的村庄。

这些村庄的经济发展，凭借良好的非农经济地理区位，以村庄自身的环境条件为发展平台，部分接纳了工业化和城镇化带来的影响，村域范围内的部分用地已经发展非农经济。

四、需要发展的村庄

需要发展的村庄：凤山、马石岗、水口、上村、马西村。城镇建成区的外围地区，基本属于完全的农村地区。这些村庄由于地理区位偏远，经济相对落后，自身经济提升和循环能力弱。从经济的角度看，大多承担着发展农业的责任，往往不适宜开展常规非农经济项目的投资。

第二节　村庄规划标准

一、村庄规划

村的发展变化对于改变农村面貌和推进农村的现代化建设，加速城镇化的进程，日益显示出其重要性。村庄规划标准为规划编制和组织管理工作提供较为全面的技术标准，以促进城乡经济、社会环境的协调发展。

二、村体系和人口预测

村体系是相互联系和协调发展的聚居点群体。这些聚居点在政治、经济、文化、生活等方面是相互联系和彼此信托的群体网络系统。镇与村在体系中的职能，既有行政职能，也有经济与社会职能。在规划中根据镇与村的职能和特征进行具体分析，因地制宜地划分层次。分别按其规划人口的规模划分为特大、大、中、小型四级，以便确定其各项规划指标、建设项目和基础设施的配置等。人口规模均以每个村庄的规划范围内的规划期末常住人口数为准，而非其所辖地域范围内所有居民点的人口总和。

村庄的人口规模不封顶，以适应不同地区的村庄人口规模相差悬殊和发展不平衡的特点。

三、用地分类

（一）居住用地

居住用地划分为一类居住用地和二类居住用地两小类。

（二）公共设施用地

公共设施分为行政管理、教育机构、文体科技、医疗保健、商业金融和集贸市场六小类。由于教育机构在公共建筑用地中占的比例较大，且与人口年龄构成以及提高人口素质密切相关，因而单独设小类。集贸市场虽属商业性质，但与一般商业机构有较大不同，在用地布局和道路交通等方面具有不同要求，其用地规模与常住人口规模无直接关系，并在不同村的集贸市场的经营内容与方式，占地数量与选址等都有很大差异，因此单独设小类。医疗保健的内容包括医疗、防疫、保健、休疗养等机构用地。

（三）生产设施用地

工业用地按其对居住和公共环境的干扰与污染程度分为三小类，以利于规划中的用地布局，并单设农业服务设施用地小类。

（四）对外交通用地

对外交通用地分为公路交通用地和其他交通用地两小类。

（五）道路广场用地

村内不同的道路情况和规划深度的要求，作了如下规定：（1）对于路面宽度等于和大于6米的道路，均计入道路用地，路面宽度小于6米的小路，不计道路用地，而计入该小路所服务的用地之中，以利于用地布局中各类用地面积的计算；（2）对于兼有公路和村道路双重功能时，可将其用地面积的各半，分别计入对外交通用地和道路广场用地。

（六）工程设施用地

划分为工程、环卫设施和防灾设施三小类用地。

（七）绿地

绿地分为公共绿地和防护绿地两类，而不包括苗木、花圃等。因其属于农林生产用地，不参与建设用地平稳。

（八）水域和其他用地

包括不参与建设用地平衡的水域、农林用地、牧草和养殖用地、各类保护区、墓地、未利用地、特殊用地共七小类。

四、规划建设用地标准

（一）一般规定

村规划建设用地的标准包括数量和质量两个方面的内容，具体分为人均建设用地指标、建设用地比例和建设用地选择三项。规定计算建设用地标准时的人口数量以规划范围内的常住人口为准。人口统计范围与用地统计范围一致。规划范围内的常住人口包括户籍和寄住两种人口的人数。

（二）人均建设用地指标

人均建设用地指标调整的原则如下：①对于现状用地偏紧、小于60平方米/人的应增加；②对于现状用地在60～80平方米/人区间的，各地根据土地的好坏，可适当增加；③对于现状用地在80～100平方米/人区间的，可适当增加或减少；④对于现状用地在100～140平方米/人区间的，可适当压缩；⑤对于现状用地大于140平方米/人的，要压缩到140平方米/人以内。

（三）建设用地比例

人口和流动人口较多的中心村，其公共设施用地所占比例宜选取规定幅度内的较大值。规定了居住、公共设施、道路广场和公共绿地四类用地总和在建设用地中的适宜比例。

第三节 村道、机耕路规划

园洲镇对26个村91条村道、机耕路规划建设，建设里程115.098公里。2004年对寮仔、江头村3条村道、机耕路规划建设，长3.65公里。2005年对佛岭、水口村4条村道、机耕路规划建设，长4.235公里。2006年对凤山、沥西、义合、马石岗村5条村道、机耕路规划建设，长10.537公里。2007年对沙头、田头、禾山、上村、马石岗村5条村道、机耕路规划建设，长5.838公里。2008年对桔龙、凤山、新村村4条村道、机耕路规划建设，长5.843公里。2009年对高头、白耀前、刘屋、土瓜圩、马西、李屋、桔龙、廖尾、沥东、上村村11条村道，机耕路规划建设，长15.749公里。2010年对阵村、高头、水口、佛岭、沥西、新村村6条村道、机耕路规划建设，长9.234公里。2011年对白马围、深沥、沙头、阵村、田头、佛岭、水口、沥东、义合村12条村道、机耕路规划建设，长15.81公里。2012年对禾山、廖尾、马西、桔龙、马石岗、水口、义合、凤山村10条村道、机耕路规划建设，长9.323公里。2013年对廖尾、桔龙、李屋、佛岭、上村、义合村7条村道规划建设，长7.72公里。2014年对刘屋、沙头、土瓜圩、阵村、新村、上南、禾山、李屋、沥西、马石岗、凤山、义合村17条村道、机耕路规划建设，长22.905公里。2015年对阵村、江头、新村、马石岗村7条村道、机耕路规划建设，长4.244公里。2016年，投入资金约300万元，完成了农村公路硬底化改造7.16公里，包括凤山、沥西、马嘶、廖尾、桔龙、土瓜圩等村；并完成竣工验收5.14公里的农村公路项目，包括义合、桔龙、新村、李屋、江头、上南、禾山。

第四节 村庄规划举例

一、白马围村规划

（一）土地利用规划

1.居住用地

按照白马围村的功能定位，规划以居住用地为主，共规划居住用地620亩，占总规划用地面积的16.79%。其中二类居住用地355.8亩，公共服务设施用地37.35亩。

2.公共设施用地

规划公共设施用地总计有115.5亩，占总规划面积的3.13%。

（1）办公用地

在村委会周边形成相对集中的行政办公区，方案中共规划该类用地8.4亩。

（2）商业金融业用地

主要集中在各个居住片区、工业片区的核心区域，在规划片区规划农贸市场一座，在村与石龙镇结合部规划一座星级酒店。方案中共规划该类用地100亩。

（3）文化娱乐用地

在中心区布置文化娱乐设施。共规划该类用地3亩。

（4）医疗卫生用地

在村范围内规划医疗中心一处，用地面积3亩。

（5）宗教宗祠用地

保留并改建该村的宗祠，作为村后代教育的基地。该类用地的总面积1亩。

3. 道路广场用地

规划用地763.2亩，占总规划面积的20.68%。

4. 市政公用设施用地

村内规划设置有茶亭电排站与污水处理厂等市政公用设施。该类用地的总体规模为38.4亩。

5. 工业用地

工业用地总面积为970亩，占总用地面积的26.30%。

6. 绿地

规划设置公园、完善道路绿化带、到配置居住社区游憩绿地等方面规划绿地共665亩，其中公共绿地50亩。

7. 水域和其他用地

水域和其他用地总计518亩，水域主要指沙河和东江。

（二）道路交通系统规划

1. 道路网络规划

村现状道路分布多为枝状，成网率低，对外交通联系仅靠园洲大道，比较薄弱。道路网规划的重点就是对总体规划中的路网进行完善，明晰道路等级，形成结构分明、集疏有效的道路网络。

2. 路网规划

根据对村未来发展的宏观分析，村的干路系统主要需要解决好两个方面的联系：一是村与园洲其他村的联系，二是村内部干道之间的联系。该主干道系统同时应该与园洲总规路网以及区域规划路网一致。

3. 道路等级结构

根据以上道路的调整与规划、合理间距以及与上层次规划路网衔接进行布局，将形成主干路、次干路和支路三级路网结构。

总体规划要求，主干路规划红线宽度为48.0米、42.0米、20.0米和24.0米，次干路规划红线宽度为20.0米和24.0米，支路规划红线宽度为12.0米、20.0米和9.0米。考虑景观要求以及未来拓展留有余地，在主干路两侧各规划有20.0米绿化带，在次干路两侧各规划有10.0米绿化带。

4. 公共交通设施

村优先发展公共交通系统，沿主要道路布置公交线路。每500～600米间距布设一处公交停车站。

5. 停车场（库）

由于白马围村是未来园洲发展的重点，为了未来土地开发以及用地布局有足够弹性，机动车停车以各地块解决自身停车问题为主，对于每个地块都规定其必须提供相应的停车位。

6. 交通管理设施

在干路相交时信号灯控制的平面交叉口形式，同时利用干路两侧绿化带作道路交叉口渠化，并设置相应的交通标志、标线和道路监管系统。

7. 步行系统规划

步行系统的分布形式与周边用地功能密切相关，步行系统和绿化（水系）系统密切相连，结合公园、公建带、滨水景观道以及社区公共绿地形成了景观宜人、功能实用、环境亲切的休闲观光线路和林荫步道系统。

（三）配套设施系统规划

1. 教育设施

小学合理的服务半径，对原有的白马围小学进行扩建。

2. 医疗卫生设施

根据总体规划要求，规划有一处医疗健康中心，占地为3亩。

3. 文化娱乐设施

主要指村级的文化中心所包括的村文化站、老年活动中心等设施。另外村祠堂白马围未来的活动中心及青少年教育基地。

4. 体育设施

社区体育活动场地结合住宅区绿地或社区文化娱乐中心布局，可设置户外健身场地（包括室外器械场地、慢跑道等）、篮球场、网球场、羽毛球场、儿童活动场所、游泳池、排球场等设施。

5. 行政管理与社区服务设施

规划结合景观通廊设置有相应的商业性办公区及行政管理用地。其办公用房宜与其他社区公共设施组合设置。

6. 商业设施

结合文化设施及社区公园配备一定规模的商业服务设施，在规划范围内新规划建成一处农贸市场及一家星级酒店。

（四）绿化系统规划

1. 规划原则

（1）结合村自然格局和人文环境条件配置绿地系统。

（2）将绿化体系融于规划区环境大背景中，建立多级绿化层次和多样化的绿色空间体系。

（3）结合生态绿地系统与该村风貌规划开发有特色职能的城市绿地。

2. 绿化系统构成

利用水系等自然条件，规划形成以城市公园为核心、沿岸（路）绿带为主轴、社区绿地为补充、水系为依托、点线面相套嵌的三层次绿化系统。

3. 植被分布与配置原则

（1）公园等公共绿化以常绿乔木界定边界，中央布置景观树与花坛、草坪；

（2）广场、观景平台绿化宜人工与自然相结合，点缀景观树种；

（3）滨水绿带植被分布以自然演替为基础，减少维护管理费用，重点地段布置特色与景观林地；

（4）交通性道路绿化选择树形整齐、四季常绿、大苗成栽、管理方便的树木；生活性道路绿化选择抗性强、病害少、树冠大的树木，林草结合。

（五）景观系统规划

1. 总体构思

景观环境的规划设计强调整体性和序列感，注重功能空间的整体和谐和景观结构的有机构成；充分利用现状的河道水系、湿地，结合用地布局形成景观轴线；通过对建设地块按空间构图原理的有序布置，形成地域标志和个性场所。

2. 景观系统

规划中合理组织绿化用地，强化绿色景观轴线概念，通过开敞空间和公共绿地，依托沙河、小海等自然水体，在核心区中形成两条最主要的视觉景观通廊，这两条通廊将成为该区乃至城市最重要的景观集聚带。

根据村景观资源的自然要素（如河道水系、湿地、滩涂等）和人工要素（广场等），结合用地布局中城市生态公园等景观要素，将形成最主要的滨水地区景观节点。

二、高头村规划

（一）规划定位

以工业为主，兼具居住、行政办公、体育文教、休闲娱乐、商业办公等综合功能的新区。

（二）土地利用规划

1.居住用地

按照村的功能定位，村规划以居住用地为主，共规划居住用地900亩，占总规划用地面积的15.63%。其中二类居住用地192.5亩，公共服务设施用地87.5亩。

2.公共设施用地

村规划公共设施用地总计有87.5亩，占总规划面积的1.52%。公共建筑的造型及体量对城市景观的影响及合理的服务半径，该类用地主要在位于村中心位置的核心区。

（1）办公用地

依据现状，将在园洲大道与兴发路交界处北侧，规划布置新村委会大楼，并在周边形成相对集中的行政办公区，共规划该类用地24.5亩。

（2）商业金融业用地

主要集中在高头中心公园周边以及各个居住片区、工业片区的核心区域，并将现状的高头农贸市场进行扩建，并在园洲大道南侧规划一座商场。共规划该类用地51.6亩。

（3）文化娱乐娱乐用地

在村的中心区布置文化娱乐设施。共规划该类用地1.5亩。

（4）体育用地

在村的中心区布置体育活动设施。共规划该类用地3.75亩。

（5）宗教宗祠用地

保留并改建村的宗祠，作为村后代教育的基地，该类用地的总面积10亩。

3.道路广场用地

规划此项用地980亩，并在高头核心区位置规划建设一处公共停车场和村镇公交站点，占总规划面积的17.06%。

4.市政公用设施用地

村内暂无市政公用设施用地。

5.工业用地

工业用地总面积为1465亩，占总用地面积的25.52%。

6.绿地

规划设置公园、完善道路绿化带、到配置居住社区游憩绿地等方面规划绿地共565亩，其中公共绿地61亩。公园将作为未来高头村组织召开体育活动、会议聚会的公共场所。

（三）水域或其他用地

水域和其他用地总计1746.5亩，水域主要指沙河和东江，总面积为1381.65亩；为了高头的建设留一定的余地，将在规划范围内规划布置365亩的发展备用地。

（四）道路交通系统规划

1.道路网络规划

村现状道路分布多为枝状，成网率低，对外交通联系仅靠园洲大道、兴发路，比较薄弱。道路网规划的重点就是对总体规划中的路网进行完善，明晰道路等级，形成结构分明、集疏有效的道路网络。

（1）路网规划

村的干路系统主要需要解决好两个方面的联系：一是村与园洲其他村的联系；二是村内部干道之间的联系。该主干道系统同时应该与园洲总规路网以及区域规划路网一致。

（2）道路等级结构

根据以上道路的调整与规划，将形成主干路、次干路和支路三级路网结构。

根据总体规划，主干路规划红线宽度为48.0米、32.0米、30.0米和24.0米，次干路规划红线宽度为20.0米和23.0米，支路规划红线宽度为12.0米、16.0米和9.0米。考虑景观要求以及为未来拓展留有余地，在主干路两侧各规划有20.0米绿化带，在次干路两侧各规划有10.0米绿化带。

2.交通设施规划

（1）公共交通设施

村优先发展公共交通系统，沿主要道路布置公交线路。每500～600米间距布设一处公交停车站。

（2）停车场（库）

在核心区位置布置一处公共停车场。

（3）交通管理设施

在干路相交时用信号灯控制的平面交叉口形式，同时利用干路两侧绿带作道路交叉口渠化，并设置相应的交通标志、标线和道路监管系统。

3.步行系统规划

步行系统的分布形式与周边用地功能密切相关，村内的步行系统和绿化（水系）系统密切相连，结合公园、公建带、滨水景观道以及社区公共绿地形成休闲观光线路和林荫步道系统。

（五）配套设施系统规划

1.教育设施

从小学合理的服务半径，对原有的高头梁契权学校进行改建。

2.医疗卫生设施

根据总体规划要求，规划一处医疗健康中心。

3.文化娱乐设施

主要指村级的文化中心所包括的村文化站、老年活动中心等设施。另外结合村祠堂，建成高头未来的活动中心及青少年教育基地。

4.体育设施

社区体育活动场地宜结合住宅区绿地或社区文化娱乐中心布局，可设置户外健身场地（包括室外器械场地、慢跑道等）、篮球场、网球场、羽毛球场、儿童活动场所、游泳池、排球场等设施。

5.行政管理与社区服务设施

规划结合景观通廊设置有相应的商业性办公区及行政管理用地。此外，为了加强对社区的管理，让居民共建社区，根据村人口规模在每处居住社区中心的配套服务设施用地中规划有非独立占地的社区居委会，社区服务站、社区警务室等设施，办公用房宜与其他社区公共设施组合设置。

6.商业设施

村内现状商业服务设施层次较低，规模小。规划中强化核心区商业发展轴的作用，同时将其延续到社区中心，结合文化设施及高头公园配备一定规模的商业服务设施。

7.市政公用设施

对规划范围内的市政公用设施暂不作规划。

（六）绿化景观系统规划

1. 绿化系统规划

（1）规划原则：结合村自然格局和人文环境条件配置绿地系统；将绿化体系融于规划区环境大背景中，建立多级绿化层次和多样化的绿色空间体系：结合生态绿地系统与该村风貌规划开发有特色职能的城市绿地。

（2）绿化系统构成，利用水系等自然条件，规划形成以高头公园为核心、沿岸（路）绿带为主轴、社区绿地为补充、水系为依托、点线面相套嵌的三层次绿化系统。

（3）植被分布与配置原则：滨水绿带植被分布以自然演替为基础，减少维护管理费用，重点地段布置特色与景观林地；交通性道路绿化选择树形整齐、四季常绿、大苗成栽、管理方便的树木；生活性道路绿化选择抗性强、病害少、树冠大的树木，林草结合。

2. 景观系统规划

（1）总体构思：村景观环境的规划设计强调整体性和序列感，注重功能空间的整体和谐和景观结构的有机构成；利用东江、河道水系、湿地，结合用地布局形成景观轴线；通过对建设地块按空间构图原理的有序布置，形成地域标志和个性场所。

（2）景观系统：规划中合理组织绿化用地，强化绿色景观轴线概念，通过开敞空间和公共绿地，依托东江、沙河等自然水体，在核心区中形成两条最主要的礼堂景观通廊。

三、上、下南村农民公寓规划建设

上南村农民公寓位于上南村头、东江河北岸，由上南村集体出资建设。占地面积10万平方米，共建14栋17层896个单元的高层住宅，建筑面积14万平方米，单元面积有150、160平方米两种，每人分配40平方米。2009年动工建设，2012年以抽签形式分配给村民使用。

下南村农民公寓位于下南村北面、园洲大道旁，由下南村集体出资建设。占地面积20833平方米，共建5栋25层276个单元的高层住宅，建筑面积58739平方米，单元面积有99、139、169、219平方米，每人分配45平方米。2011年动工建设，2015年以抽签形式分配给村民使用。

四、阵村朱屋村民小组宅基地规划建设

阵村朱屋村民小组位于镇中心区北面，小组人口730人。按要求，规划宅基地分配给村民。村小组集体出资做好规划、平整土地、建设地下排水及水泥道路、通水、通电。道路规划主路32、24、20米，巷道15米。对住宅建设作统一要求：1. 首层高设为4.5米；2. 首层地台标高高于住宅前面的道路中0.15米；3. 住宅前面跳1.6米阳台，后面跳1.2米阳台；4. 化粪池建设住宅后面阳台滴水线范围内；5. 住宅用地相邻之间留0.3米作冷巷使用。

第三章　房地产

1991年10月，园洲镇第九届人民代表大会第二次会议通过《关于镇管公路两旁房地产开发意见》，园洲镇房地产业开始开发，靠公路两旁耕地开发房地产，从而筹集资金兴建公路及市政设施。随着路通、桥通、工业经济的日益壮大及市政设施的不断完善和社会各项事业的发展，先后开发建设东洲花园、园洲花园、御景豪庭、中心花园、水岸香洲、御景半岛、假日名城等小区。到2016年，园洲镇共有27个房地产相继建成并发售，创造税收10亿元，占全镇税收21%。

第一节　发展目标、规划

一、发展目标

（一）总体发展目标

以发展适应广大市民需要的住房为主，重点解决好低收入家庭的住房，提高廉租房的供应比例，增加中低档商品住房的供给，控制高档商品住房的发展。

（二）规划建设目标

为房地产业持续健康发展，运用新的技术手段，提高住房舒适性和安全性，推动智能住宅和生态住宅建设。

（三）社区发展目标

建设优美社区和生态社区，改善社区环境，完善社区公共设施和公共绿化配置，充分考虑老年人、儿童和残障人士等弱势群体的特殊需要，设置老年公寓、老年活动中心和青少年活动中心。

二、居住用地规划

（一）居住用地规模

至2030年，中心镇区居住用地总面积为11815亩，占城镇建设用地的22.96%，人均居住用地24.61平方米。

（二）居住用地布局

居住用地主要分布在九潭、小海、中心、上南4个居住片区，其他功能片区根据发展需求，适当安排服务片区的居住用地，以满足各组团的发展需求。

第二节　区位确定

一、禁建区

用地面积约14.91平方公里，占总用地面积的24.45%，包括东江、沙河等水域及水滨保护地带，从莞高速公路，输油输气管道、输电线路走廊和电缆通道、基本农田以及坡度大于25度的陡坡地等。

二、限建区

用地面积约6.07平方公里，占总用地面积的9.95%，主要位于中心镇区东北部与西部，包括一般农田以及坡度大于10度小于25度的坡地等。

三、适建区

用地面积约23.39平方公里，占镇区总面积的38.36%，包括尚未开发且适宜进行集中建设的区域以及土地整理后新划定的可建设区域。

四、已建区

用地面积约16.61平方公里，占镇区总面积的27.27%。为现状城镇建成区。

第三节 区位控制

一、城镇黄线

城镇黄线指对园洲镇发展全局有影响的、规划中确定的、必须控制的城镇基础设施用地的控制界线。园洲镇中心区黄线范围面积717亩，包括公共停车场、港口码头、水厂、污水处理厂、垃圾转运站、燃气调压站、变电站、高压走廊、邮政局、电信局、广播电视台、消防站、防洪堤等。

二、城镇蓝线

城镇蓝线指园洲镇规划确定的江、河、湖、库、渠和湿地等地表水体保护和控制的地域界线。园洲镇中心区蓝线范围面积11733.75亩，包括东江、沙河等水域。

三、城镇绿线

城镇绿线指城镇各类绿地范围的控制线。园洲镇中心区绿线范围面积5744亩，包括公园绿地、防护绿地和广场用地。

第四节 效 益

一、推进城镇化建设

房地产综合开发既是城镇开发的先导，又改变城镇面貌，完美城镇功能，园洲镇在1992年、2004年、2008年三次编制城镇总体规划，确保房地产的整体规划，保证城镇功能合理布局，形成建筑物、景观、风格等独具特色。同时使土地资源合理配置，优化结构，达到使用效益最大化；产业布局实现最佳最优，土地不断升值。为城镇经济持续发展创造良好的外部环境和内在条件。

二、带动产业发展

房地产直接和间接与50多个行业相关联，与建筑业、建材业、金融业有直接联系，影响钢铁、化工、塑料、机电等基础工业和制造业；还带动家用电器、家具和室内装饰等行业，促使旅游、园林、商业、咨询、中介服务等第三产业的兴起和繁荣。园洲房地产每年能使相关产业的产值增加5～10个百分点。

三、增加经济收入

房地产综合开发一方面，可以提供大量税金；另一方面，房地产业发展进一步带动其他关联产业发展，间接创造税收和利润。

1991年，园洲镇发动村集体和群众以投资等各种筹资方式共同开发房地产，其中，开发分成方法主要是以主干道为中心，90米范围以内的用地村镇按三七分成；90米～300米范围的用地按五五分成；300米范围以外的用地以村组为主。共同开发主要是规定主干道两旁90米范围以内的市政配套基本由镇政府投资完善，90米范围以外的遵循“谁卖地、谁建设、谁受益”的原则实施。土地利用率达91.39%，土地开发强度为21.78%。

1996年，把大部分土地统筹起来，统一规划，由镇、村两级分成经营，在出售土地使用之前，由政府和各村投入资金进行前期开发，通过完善基础设施开发环境，将生地变熟地、净地，然后以招、拍、挂的方式出让地块使用权，防止土地资产的流失，提高土地的价值。每平方米的工业地价值由以往的三四十元，升到150元以上，部分商业用地价值超过3000元。2010—2016年平均工业地价500～800元左右，每年递增10%。

第五节　居住小区建设

随着工业经济日益壮大及市政设施的不断完善和社会各工事业的发展成熟，得益于良好的发展平台，园洲镇房地产业得到飞速发展。到2016年，园洲镇共有27个房地产项目相继建成并发售，大大提高园洲的城镇建设品位，并极大地改善人民群众的居住环境。

园洲镇居住小区一览表

表13-7

名称	地理位置	建设时间	占地面积（万平方米）	建设面积（万平方米）	单元（套）
御园小区	园洲公园东侧	1999	0.76	3.6	83
园洲花园	上南村大瑛埔	2007年	12	35.25	2549
水岸香洲	阵村村朱屋沙河大道A区	2008年	4.55	22.48	1813

续表13-7

名称	地理位置	建设时间	占地面积（万平方米）	建设面积（万平方米）	单元（套）
汇园国际	下南村园洲大道北面地段	2013年	2.57	10.79	759
汇景新城	振兴大道南面	2010年	0.89	6.19	498
御景豪庭	上南村公园路	2006年	6.05	35	2055
御景半岛	上南村海港城	2010年	1.13	8.79	485
名泽天下	沙头村福园大桥旁	2008年	13.64	15.87	948
中心花园	刘屋村刘安路	2006年	0.78	8.38	817
盛园华府	上南村十二米路	2008年	1.25	5.78	373
广场花园	上南村公园路	2010年	0.24	2.15	238
假日名城	上南村民委员会高墩	2009年	0.96	9.06	641
君悦湾	上南村东江边地段	2013年	2.3	10.71	592
凯雅名苑	桥北路	2010年	0.13	1.71	130
浅水湾	刘屋村	2008年	0.5	3.6	254
淦稳大厦	文广路	2002年	0.55	1.55	48
东洲花园	上南公园西侧	2005年	2.07	6.35	706
园江阁	刘屋村海港城A区	2006年	0.308	1.57	171
明丰东江府	寮仔工业区	2008年	4	6.02	248
东江华庭	上南村下洲海港城	2008年	6.43	23.42	1075
合源新天地	九潭新村一路	2012年	2.12	7.5	493
星汇绿洲	刘屋村大瑛埔、朱屋村地段	2012年	2.84	18	1192
华龙中心城	刘屋村	2012年	0.33	5.74	395
华悦名苑	刘屋村桥北路	2013年	0.59	7.71	676
壹号公馆	福园南路	2013年	0.56	5.51	420
春语城	刘屋村大瑛埔、朱屋村地段	2014年	3.3	17.7	1509
信鸿广场	上南村	2015年	1.7	7.3	763
合计			72.548	287.73	19931

第六节　居住小区简介

一、园洲花园居住小区

园洲花园位于园洲镇绿化东路北面，建筑类型为花园洋房，占地面积124465平方米，建筑面积为352500平方米，总户数2549户，容积率3.37，绿化率为32%，户型结构以94平方米两室、136平方米三室，171平方米四室，210～243平方米五室为主。

二、水岸香洲居住小区

水岸香洲位于园洲镇沙河大道地段，建筑类型为花园洋房，占地面积45500米，建筑面积为224800平方米，总户数1813户，容积率6.59，绿化率为30.4%。

三、御景豪庭居住小区

御景豪庭位于园洲镇公园路北面，建筑类型为花园洋房，占地面积60500平方米，建筑面积350000平方米，总户数2055户，容积率2.0，绿化率为40%。

四、东江华庭居住小区

东江华庭位于园洲镇上南下洲海港城，建筑类型为花园洋房，占地面积64300平方米，建筑面积为23400平方米，总户数1075户。

五、汇园国际花园小区

汇园国际位于园洲大道下南段北面，建筑类型为花园洋房，占地面积25700平方米，建筑面积107900平方米，户数759户。

第七节　房地产管理

一、管理机构

清朝、民国时期，镇域的房产主要为私有。此外，乡公所的房产属国有，祠堂属族产，庙宇、庵堂、过路亭等系地方公产。私人和公有的产业，各自拥有所有权和使用权，也可以自由买卖、自由租赁；而私人的产业，多属于地主、资本家、工商业者、官僚和华侨所有。拥有产业的人，大多是置业安居、自购自用，但也有些通过经营房地产或高价出租房屋来追逐高利润和投机发财。这一时期，镇域没有房地产管理机构，对于房地产不利于民生的活动也只是听之任之。

新中国成立后，土地实行社会主义公有制和集体所有制，接管旧政权房产，接收祠堂、庙宇、教堂，没收敌伪产业为公房及其土地为国家所有，圩镇私有房屋占有的土地也属国家所有，农村的一切土地都归属国家或集体所有。

为管好这些土地，县、区人民政府设立了管理机构。1952年起，河南区和河北区的房地产分别归博罗县财政部门内设地财管理股管理，归属县基建局。1976年9月，博罗县人民政府为加强公房管理，将房地产管理从县财政部门分出，设立博罗县房地产管理所（正股级建制）。下设杨村、柏塘、石湾、长宁、观音阁5个站，每个站的工作人员由当地公社的建筑队或税所派人兼管公房。园洲、九潭的房产管理隶属石湾站。当时主要负责经租房、公产房、代管房的租赁、维修保养、房屋买卖、换发契证、落实私房政策等。

1992年9月，博罗县房地产管理所升格为副科级建制，改为博罗县房地产管理局，下设6个房管所。1992年3月，园洲、九潭设立房产站，隶属石湾所。随着我县经济社会的发展和房地产市场业务的不断增大，1997年1月，博罗县房地产管理局升格为正科级建制。

1995年2月28日，设立园洲房产所，地址位于园洲镇桥北路41号。

九潭不设房产所，1995年前由石湾房产所管理，1995年3月至2016年12月由园洲房产所管理。

房产管理所的主要职能包括：房地产权属登记、房地产抵押登记、房产交易、公房管理、租赁管理、测绘、商品房预售登记、商品房买卖合同登记备案、小区物业管理和各类房地产数据统计等管理工作。

二、政策措施

（一）公房管理

1952年起，根据中央人民政府政务院财务部提出“统一管理，以租养房”的公房管理方针，东莞和博罗县人民政府财政科在镇域的河南和河北区进行了一系列的工作：对直管公房评定租价，收租养房，实行统一分配和调制，统一租金标准，统一维修和管理。

1957年起，根据上级指示，对公房采用直接管理和间接管理两种办法：有些公房，如机关、团体等用房，由政府的房产管理部门直接管理，称之为直管公房；有些公房，如企业等用房，分别由各部门自行管理，称之为自管公房，自管公房的保养维修、租金标准等则要接受政府房产管理部门的指导和监督。这种集中与分散相结合的管理办法，一直沿用至2016年12月。

1981年，成立房产管理所，坚持“统一管理，以租养房”原则，加强房屋维修，积极扩建、改建和新建房屋，制定合理分配房屋方案等。

1990年，贯彻广东省人民政府1983年公布的《广东省共有房屋管理条例》，提出了“转变思想观念，管好房，有好房，以为群众排忧解难为己任，扎扎实实为群众办实事”的指导思想，重点抓好排出危房、解决圩镇住房困难、遵章依法管房等工作。

（二）私房管理

20世纪50年代初，根据国家政策规定，县人民政府对城镇私房采取的措施是：承认、保护私人房产的所有权、使用权，允许产权所有人进行正当的合法经营；由县房产管理部门对城镇私房和房租进行整顿，取缔非法经营，建立正当的租赁关系。

1957年，县人民政府成立华侨房屋遗留问题处理委员会，负责解决土改时没收、征收的华侨房屋问题。

1958年，根据上级指示，对境内圩镇的私有房屋进行社会主义改造；对圩镇私有房屋，除产权所有人按需自用面积外，其余面积交由房产部门经租管理，建立合理的租赁关系。并按省人民政府的规定，确定改造起点面积。

1963年，根据上级文件精神，着手处理私房改造遗留问题。

1966—1976年“文化大革命”期间，私房改造遗留问题处理工作停止。

1989年起，开展落实华侨房屋政策。至1992年，全镇退还侨房38户81间，面积4500平方米。

（三）建房管理

20世纪80年代初期，为解决干部职工住房问题，决根据上级文件精神，实行“战线包单位，单位包到人”分线包干办法。为鼓励多建房屋，对所属的权属作出以下规定：（1）单位自筹自建的，归单位所有和使用；（2）国家投资和地方财政部门拨款建造的房屋，产权归国家和地方所有，管理上委托单位代管或由房产部门统管；（3）商品性宅楼，管理上采用混合形式，房租收费和房屋修理由用户、单位负责，住户有使用权而无转让权、出租权和出卖全；（4）公建民助住宅，预付款户有优先使用权并以资抵租，产权归公有，用户去转让、出租和出卖权；（5）居民、商业户自营自建房屋，产权归自己所有。

（四）房产经营管理

1.收租养房

1952年，实行公房收租“以租养房”的办法。每月租金根据公房坐落的地点、结构状况、面积大小等评定。1962年11月，国家计委、财政部、建筑工程部、国家房管局联合发文《加强城市房屋、公共事业和市政工程设施维修工作的通知》规定：“特定城市房屋的租金标准，应当贯彻以租养房的原则，专款专用，保证用于房屋的经常维修。” 1973年2月，省财政局《关于公产房经租房租金的使用调整问题的通知》规定：“市县公房租金标准的修订和调整，应考虑到房屋折旧费、维修费、管理费、房地产税和职工群众负担等因素”，实行以租养房的形式，专款专用。

1975年5月1日起，进行资金调整，实行按房屋建筑结构、居住面积计租，同时对私有房屋的土地收取地租（后改称土地使用费）。

1979年7月，省革命委员会办公厅转发国家城市建设总局《关于重申制止降低公有住宅租金标准的通知》规定：“住宅住房租金标准，每平方米控制在0.15～0.35元水平以内。房屋租金标准包括折旧费、修缮费、管理费、房地产税和一定的利润，同时也要照顾目前群众的负担能力。”

1980年5月，博罗县革命委员会发出《关于城镇住宅分配控制标准及住房收费若干问题的规定》：“住宅公房或单位房产，一律按统一标准收费（单位房产由单位收租）”。“现根据省办公厅文件，每平方米月租金一角五至三角五以内的规定，结合县内实际，按房屋结构、质量、设备不同，分为六类房屋分别收租。一类：钢筋砖楼房，地面铺砖，有阳台、厕所等，设备齐全，每平方米租价为二角。二类：钢筋砖楼或钢筋与瓦面混合结构楼房，没有厕所或阳台，设施不齐全，每平方米租价为一角八分。三类：砖木结构，没有附属设施，如阳台厕所等，每平方米租价为一角六分。四类：砖木结构新平房，质量好的旧平房，每平方米租价为一角四分。五类：砖木结构，质量较差的旧平房，如没有阶砖水泥地面的，每平方米租价为一角二分。六类：残旧泥砖墙结构平房，每平方米租价为八分。生产用房，应按原租价提高百分之三十收租。”

1984年博罗县政府发出《关于调整非住宅用房租金的通知》，规定了非住宅用房租金收费标准。

1984年博罗县非住宅用房租金收费标准一览表

表13-8　　单位：元/平方米

类别	等级	条件及内容	现行收费标准	调整后收费标准
县城镇	1	钢筋混凝土（柱、梁、楼）结构	0.40	0.56
	2	钢筋砖木混合结构	0.35	0.49
	3	双墙砖木结构楼房	0.30	0.40
	4	砖木结构平房	0.20	0.30
圩镇	1	钢筋砖木混合结构	0.36	0.50
	2	砖木结构楼房	0.29	0.40
	3	泥砖土壁楼房	0.23	0.32
	4	泥砖土壁平房	0.16	0.22

2. 住房改革

1987年起，镇域试行改革城镇住房制度，即从租金制逐步过渡到住宅商品化。住房改革内容：

（1）改革住房建设投资体制。由原来国家或单位统包的投资体制转变为国家、单位、个人三者合理负担的投资体制。

（2）改革住房建设、分配、维修、管理体制。由原来单位统包职工住房建设、分配、维修、管理一体化的单位所有制，转变为住房的生产、建设专业化，维修、管理社会化的体制。

（3）改革住房分配体制。由原来的行政手段、福利性质、实物分配制度，转变为按劳分配为主的货币分配制度。职工根据自己的经济承受能力，通过向市场购买或租赁住房解决住房问题，满足住房需求。

（4）建立双轨制的住房供应体系。即以中低收入家庭为对象的、具有社会保障性质的经济适用住房及廉租住房供应体系和以高收入家庭为对象的商品房供应体系。

（5）建立住房公积金制度。由职工个人和所在单位分别交缴占职工工资一定比例的资金，作为职工个人住房基金，以增强职工住房消费能力。

（6）建立政策性和商业性并存的住房信贷体系，发展住房金融和住房保险。

（7）建立规范化的房地产交易市场，规范交易行为，发展社会化的房屋维修、管理市场，逐步实现住房资金投入产出的良性循环，促进房地产业和相关产业的发展。

1998年7月，国务院发布《关于进一步深化城镇住房制度改革加快住房建设的通知》，宣布从同年下半年开始全面停止住房实物分配，实行住房分配货币化，首次提出建立和完善以经济适用住房为主的多层次城镇住房供应体系：

（1）调整住房投资结构，重点发展经济适用住房，加快解决城镇住房困难居民的住房问题。新建的经济适用住房实行政府指导价，按保本微利原则出售，其成本包括征地和拆迁补偿费、勘察设计和前期工程费、建安工程费、住宅小区基础设施建设费、企业管理费、贷款利息和税金7项因素，原则上企业管理费不超过2%、开发利润不超过3%，使中低收入家庭有能力承受。

（2）对不同收入家庭实行不同的住房供应政策。对最低收入家庭，由政府或单位提供廉租住房，以发放租赁补贴为主，实物配租和租金核减为辅。最低收入家庭人均廉租住房保障面积标准，原则上不超过当地人均住房面积的60%，租金由政府按维修费、管理费两项因素定价。中低收入家庭购买经济适用住房等普通商品住房。对高收入家庭购买、租赁的商品住房实行市场调节价。

（3）发放住房补贴。如果房价收入比(即本地区一套建筑面积为60平方米的经济适用住房的平均价格与双职工家庭年平均工资之比)在4倍以上，政府和单位可以对无房和住房面积未达到规定标准的职工实行住房补贴。

截至1998年年底，全国已经全面停止实物分房。

3.实行住房公积金制度

住房公积金制度是指由职工所在的国家机关、国有企业、城镇集体企业、外商投资企业、城镇私营企业以及其他城镇企业、事业单位及职工个人缴纳并长期储蓄一定的住房公积金，用以日后支付职工家庭购买或自建自住住房、私房翻修等住房费用的制度。

实行住房公积金制度的单位，从2012年1月起按规定在职职工每人每月交缴400元，单位、个人各负担一半。以后，根据各单位经济负担的能力可按工资总额5%～12%交缴。截至2016年年末，归集体单位14个，参加人数达498人，归集总额为1352.19万元。

（五）地产经营管理

园洲镇房地产开发公司成立于1989年，由园洲镇人民政府批准成立，是实行独立核算、自负盈亏的集体所有制企业，受镇政府委托负责全镇的土地征收统筹开发、大型市政公共配套设施投资建设、房地产商业项目开发建设和市场物业管理等工作。现办公地址设立在园洲镇人民政府大院内。园洲镇房地产开发公司自成立以来，开发了：中心市场、商贸市场、成衣市场、皇冠酒店、汽车客运站、御园住宅小区、园洲公园游泳池、中心市场综合楼、河北商贸中心等物业。以上物业由该公司物业组统一管理，并定期进行消防、食品安全生产检查。

第四章　建　筑

第一节　建筑企业

园洲乡镇企业中的建筑企业，最早的是1958年组建的园洲建筑社，为博罗县二轻企业，有员工23人，建筑社规模小，缺乏工程技术人员，局限于居民房屋的维修和砌灶台等小型建筑工程。1984年前，境内的建筑均由农村的泥水匠经营。

1984年后，随着农村、城镇建设发展需求的不断扩大，私营建筑企业逐步发展，规模逐步扩大，设备从“土”到“洋”，技术水平不断提高，从承建简易砖木结构的平房或道路、水利工程，发展到承建数层甚至数十层钢筋混凝土结构的楼房，基本上占领了境内的建筑市场，也有部分建筑公司参与广州、深圳的一些建筑工程。建筑企业的经营方式呈现多样性，有的承接工程后自主经营；有的承接工程后，雇用工程队施工，完工后没有工程承接则解散。

1988年，园洲成立建筑工程公司，可设计和建设1～4层私宅和楼房。1993年，组建博罗县第六建筑工程公司，注册资金3500万元，1998年更名为博罗县园洲建筑工程公司。公司具备建筑、规划、设计能力。公司资质：建筑工程施工总承包二级、市政公用工程设施工总承包三级。经营范围：楼宇房屋建筑工程，市政工程，销售建筑材料。公司主要行业责任：规范园洲建筑市场秩序，坚持“安全第一、预防为主”的安全生产管理方针；制定安全生产规章制度，落实安全生产责任，实行安全目标管理，对全镇在建工程进行监督。2016年，公司有员工134人，其中高级职称2人，中级职称23人，初级职称56人，各类专业技术管理人员75人，拥有一级建造师8人，二级建造师15人。2006年被园洲人民政府评为安全生产监管工作先进单位，2014年成为博罗县建筑业协会第二届副会长单位。2016年，全镇有建筑企业60家，员工6280人，固定资产7065万元，工程标的136261万元。

第二节　建筑工程

一、设 计

博罗县建筑设计院园洲分院2003年成立。初成立时只有5名设计人员，属于建筑行业（建筑工程）丙级企业，只能够承担一般的简单建筑设计。于2012年升级为建筑行业（建筑工程）乙级企业，有设计人员高级工程师4人，中级工程师8人，一级建造师2人，二级建造师23人。可承担建筑装饰工程设计、建筑幕墙工程设计、轻型钢结构工程设计、建筑智能化系统设计、照明工程设计和消防设施工程设计相应范围的乙级专项工程设计业务。

2012年以来，博罗县建筑设计院园洲分院参与了多项大型建筑项目的设计工作，如：园洲海关大楼、园洲便民服务中心、园洲法庭、园洲星海学校、惠州市大红马实业有限公司、园洲文化馆、园洲镇吉星农贸（综合）市场、河北商贸市场、富龙广场等。其中，园洲文化馆是该院与华南理工大学设计院合作共同完成的设计项目，该项目总建筑面积约1.9万平方米，含预应力大梁转换的大跨度复杂结构。园洲镇吉星农贸（综合）市场与河北商贸市场都是该院独立完成的大型综合性商城。富龙广场是该院独立完成的15层商住小区。

2010年—2016年博罗县建筑设计院园洲分院历年设计状况一览表

表13-9

年 份	宗数（个）	面积（平方米）
2010	218	325355.58
2011	229	406143.735
2012	226	358913.675
2013	209	399975.41
2014	247	353638.23
2015	429	541168.59
2016	296	441503.57

二、施工设备

博罗县建筑设计院园洲分院建设队伍中有大、中、小型机械设备303台，能满足各类建设中、小型厂房和中、高楼、道路施工需要。

博罗县建筑设计院园洲分院建设队主要机械设备一览表

表13-10

设备及仪器名称	型号/产地/出厂日期	数量（台）	功率（千瓦）	价值（万元）	
				原价	净值
挖掘机	柳工/WY40A/广西/1993	2	298	56.7	32.7
推土机	东方红T90/洛阳/1989	2	132	36.8	16.2
东风自卸车	EQ1206GZ/湖北/1972	6	792	50.2	17.3
钻桩机	EX300/上海/1993	3	6.3	7.6	4
解放牌汽车	A316092K2-1/长春/1989	5	660	25	9.2
振动式压路机	YJ210C/洛阳/1993	2	176	14	6.7
凿路机	HPJ-Z/顺德/1993	5	22.5	2	1.2
提升机	75*75/南海/1990	17	32	28.6	14.2
灌浆机	J0561/韶关/1994	1	7.5	8.6	4.5
搅拌机	250/350公升广州/1993	32	160	35	20.4
对焊埋弧机	HS-600/佛山/1997	2	0	3	2
钢筋弯曲机	GQW-32B/南海/1993	8	24	12	6
钢筋切铁机	YS-92/广州/1993	8	17.6	0.8	0.4
混凝土切缝机	HOL12/顺德/1992	2	11	1.2	0.8
公路磨光机	Y905-4/连江/1992	3	3.3	1.5	0.9
发电机	TZS/顺德/1994	5	50	10	4.9
手扶拖拉机	工农12K/广州/1992	30	240	45	16.3
附着式振动器	ZF55-50/佛山/1993	60	33	9	2.9
插入式振动器	ZN50/佛山/1993	30	33	12	6.1
三相潜水泵	WQ15-20-1.1/台州/1993	37	40.7	1.8	1
管道泵	GD25-20/佛山/1999	4	3	0.8	0.7
手电钻	910IU/深圳/2000	20	11	1.4	1.1
经纬仪	DJ6-2/俄罗斯/2000	2	0	3	2.4
回弹仪	HT225A/武汉/2000	2	0	0.3	0.2

三、城建工程

1996年公司报建施工120宗，面积86764平方米。到2016年报建施工1360宗，面积441503.57平方米。施工增长约11倍，面积增长约5倍。

1996—2016年园洲镇城建工程一览表

表13-11

年份	报建施工宗数（宗）	施工面积（平方米）	总价（万元）
1996	120	86764	10409520
1997	175	136970	23969750
1998	210	176785	37124850
1999	260	187452	48737520
2000	350	169626	59369100
2001	380	178366	67779080
2002	420	197421	82916820
2003	400	223562	89424800
2004	450	361611	162724950
2005	500	386171.43	193085500
2006	585	676714.16	372192700
2007	600	765429.4	459257400
2008	700	433175.4	303222500
2009	750	427997.2	320997750
2010	800	313699.4	250959200
2011	850	288239.7	245003150
2012	900	294853.4	265367700
2013	950	574070.52	545366500
2014	1050	618694.2	649628700
2015	1200	1160963	1393155600
2016	1360	441503.57	573953900

第三节 建筑管理

一、施工管理

建设工程开工实行施工许可证制度，建筑工程开工前，建设单位按照国家有关规定到县建设局申请领取施工许可证，申请施工许可证应当具备下列条件：（1）设计图纸供应已落实；（2）征地拆迁手续已完成；（3）施工单位已确定；（4）资金、物资和为施工服务的市政公用设施等已落实；（5）其他应当具备的条件已落实。未取得施工许可证的建设单位不得擅自组织施工。

二、质量监督

1985年后，由县建筑监督部门对工程质量进行全程监督。质量监督程序：办理工程质量注册登记手续，制订监督工作方案，抽查工程实体质量，监督工程竣工验收。从图纸设计、基础开挖、钢筋布置到工程竣工，逐项进行质量监督。工程管理人员、施工单位质检员、上级技术主管部门按照“质量管理负责制”、“基础检验不合格，不准进行上部结构施工；主体结构质量检验不合格，不准进行装饰；竣工检验不合格，不准交付使用”的“三不准”和“五严”（严禁偷工减料，严禁粗制滥造，严禁假卓越伪劣、以次充优，严禁盲目指挥、玩忽职守，严禁私招乱雇）。1986年至2016年年底，镇域未发生重大工程质量事故。

三、安全管理

20世纪90年代后，镇内建筑工程安全管理由县、镇建筑监督部门负责。安全监督管理程序：办理安全监督手续，办理人身意外伤害保险，工程安全评价。施工现场进行标准化管理。督促施企业建立“四牌”（安全无重大事故计数牌、施工现场标志牌、安全生产纪律宣传牌、防火须知牌）、“二图”（拟建工程建筑透视图、施工总平面布置图）及安全标志牌制度（在施工部位、作业点，危险区，主要通道口都设有安全宣传标语或符合国家标准的安全标志牌）。单位工程现场标准化管理围绕安全管理、脚手架、“三安四口”（安全帽、安全带、安全网，预留洞口、楼梯口、电梯井门口、通道口）及“五临边”（阳台边、无脚手架的周边、龙门架通道的两侧边、框架建筑的楼层周边、深坑边）防护措施、施工用电、龙门架、施工机械设备、防火安全、场容场貌、生活卫生、场纪场规、民主管理等方面进行。1984-2016年，全镇开展100余次建筑工程安全生产大检查，发现安全隐患及时督促施工企业整改，对整改不到位或隐患较大的采取停工整顿，未达标的坚决不准施工。1986年至2016年年底，镇域未发生重大安全事故。

博罗县建筑设计院对从业人员进行安全教育和培训、制定措施。建筑企业主要负责人和安全生产管理人员定期进行安全生产考核。特种作业人员经过专门的安全作业培训，并取得特种作业操作资格证书，方可上岗作业。

2005—2016年博罗县建筑设计院培训安全管理人员一览表

表13-12 单位：人

年份	人数	年份	人数	年份	人数
2005	8	2009	15	2013	21
2006	16	2010	15	2014	25
2007	12	2011	17	2015	22
2008	14	2012	19	2016	26

第五章　供电、供水、供气

1961年，园洲镇开始有民用供电。1970年开始有村自建水塔供水；1985年开始有瓶装石油气供使用。2015年以后，园洲有第一自来水厂和第二自来水厂，两家水厂最高供水能力34万立方米，自来水普及率达100%，供水合格率100%；有变电站4个，200千伏1个，110千伏3个；配电变压器1614台，总容量608731千伏安，日供电300万千瓦时。百分之百人口用上液化石油气，给人们工作、生活带来方便。

第一节　供　电

一、电　源

1960年前，园洲没有供电设备，居民、农民靠点煤油灯照明。1960年，输入新丰江电站电力。1961年，园洲和安电排站建成投入使用，电排站附近村庄任屋村引电排站电源用于民用电灯照明。1963年，各村陆续兴建电动排站和灌站，电力逐步用于农业排灌、农产品加工、民用照明、医疗卫生等各项事业中。1965年，凤山黄毛岭变电站建成使用，电源来自于新丰江水电站，主要供给河北片使用。1987年，腾飞变电站建成使用，电源来自于110千伏球腾线1412球岗站，主要供给园洲上园片使用。1997年，园洲变电站建成使用，电源来自于110千伏冯园线1479冯屋站，主要供给园洲中心区使用。2002年，九潭变电站建成使用，电源来自于国家大电网，供电范围主要是园洲镇河北片。是年，凤山黄毛岭变电站撤销。2009年，铭盛变电站建成使用，电源来自于220千伏冯屋站及110千伏园洲站，供电范围主要是园洲镇下园片。

二、电网建设

园洲供电所的前身是“博罗县园洲镇机电排灌管理站”，管理园洲镇排灌站的排洪及园洲镇的供电任务。2003年10月27日，园洲镇电排站与园洲镇供电所正式分家，园洲镇电排站属镇政府管理，园洲镇供电所由惠州博罗供电局（原惠州博罗供电分公司）接管，园洲供电所正式成立。

园洲供电所属于博罗供电局下属单位，现有职工80人，主要担负着园洲镇29个村（居）的供电任务，供电面积110.68平方公里。主要进行10千伏及以下线路巡视、维护、检修，客户的抄表、收费，低压客户故障维修，线损管理，低压业扩报装及施工等工作。管辖1千伏0线路58条436.53公里，400伏线路726公里，配电变压器1614台，其中专变1370台，公变244台，总容量608731千伏安，现有用电户48247户，大工业用户307户，普通工业用户6302户，商业用电3690户，居民照明36313户，农业生产用户1812户，稻田排灌90户。

园洲镇供电辖区内有变电站4个，分别是：110千伏腾飞变电站（原田头变电站）、110千伏园洲变电站、110千伏铭盛变电站及220千伏九潭变电站。腾飞变电站的供电范围是河南上园片，园洲变电站的供电范围是河南中心片，铭盛变电站的供电范围是河南下园片，九潭变电站供电范围是河北片。1997年前，腾飞变电站（原田头变电站）供应全园洲镇用电，随着经济发展腾飞变电站无法满足用电需求，1997年，园洲变电站建成正式投产使用。2009年，铭盛变电站也建成使用，全面满足下园片用电需求。

2007年，九潭供电所合并到园洲供电所，服务区域9个村委会和九潭圩镇，面积56.60平方公里，人口约3万人，共有10千伏安主线5条，OKV线路长约85公里，220/380伏线路长约230公里。配电变压器206台，总容量55973千伏安，其中专变154台，容量49558千伏安；公变52台，容量6415KVA，用电户9811户。2004年的供电量695539万千瓦时，售电量6550.94万千瓦时，线损率5.81%；2005年的供电量1.02亿千瓦时，售电量0.96亿千瓦时，线损率5.62%；2006年的供电量12750.1万千瓦时，售电量1208326万千瓦时，线损率5.23%。

三、供电、用电

（一）供电

1987年，110千伏腾飞变电站建成投入使用，110千伏输电线路和变电站成为园洲供电主力军。1997年，园洲变电站建成投入使用，使园洲全年供电量达7661万千瓦时，日均20万千瓦时。2002年，九潭变电站建成投入使用，园洲全年供电量达20556万千瓦时，日均56万千瓦时。2009年，铭盛变电站建成投入使用，园洲全年供电量达64755万千瓦时，日均177万千瓦时。2015年，园洲有用电户48247户，其中大工业用户307户，普通工业用户6302户，商业用电3690户，居民照明36313户，农业生产用户1812户，稻田排灌90户。

（二）用电

1994—1999年，园洲大力开展招商引资工作，“三资”企业大幅增多，投资、消费和出口增长加快，用电量大幅增加，加上农电管理体制改革、农村电网改造、城乡用电同网同价，2003年，全镇用电量达21138万千瓦时，其中工业用电达18477万千瓦时，占87.4%。工业用电所占比重大幅上升，工业用电量是1999年的5倍。2007年，园洲房地产业快速发展，用电量增长迅速，全镇用电量59494万千瓦时，年均增长40%。2014年，全镇用电量达106788万千瓦时，其中工业用电87841万千瓦时，占82%，比2003年增长5倍。

1999—2016年园洲镇用电状况一览表

表13-13

年份	用电量		其中工业用电		电价（元/千瓦时）			
	全年用电量（万千瓦时）	日均（万千瓦时）	全年用电量（万千瓦时）	日均（万千瓦时）	工业	商业	住宅	农田排灌
1999	7661.50	20.99						
2000	12058.10	33.04						
2001	17225.80	47.19						
2002	20556.8	56.32						
2003	21138.81	57.91	18477.42	50.62	大：0.59087 普：0.68076	0.95785	城:0.65 村:0.73	0.36
2004	27010.1	74.00	23533.19	64.47	大：0.64712 普：0.70578	0.97974	0.65	0.36
2005	32837.57	89.97	28261.36	77.43	大：0.68206 普：0.75490	1.00779	0.65	0.36
2006	40589.98	111.21	34871.33	95.54	大：0.71740 普：0.78719	1.04055	0.65	0.36
2007	59494.67	163.00	51898.58	142.19	大：0.70731 普：0.79397	1.04097	0.65	0.36
2008	65492.39	179.43	55982.25	153.38	大：0.81004 普：0.82325	1.06854	0.65	0.36
2009	64755.56	177.41	54086.01	148.18	大：0.82095 普：0.88802	0.94316	0.65	0.36110
2010	79161.76	216.88	67024.38	183.63	大：0.76409 普：0.89035	0.94324	0.65	0.36110
2011	85434.3	234.07	71242.1	195.18	大：0.76505 普：0.89200	0.94275	0.65	0.36110
2012	84174.99	230.62	69381.26	190.09	大：0.79864 普：0.93732	0.88308	0.65	0.38610
2013	97188.01	266.27	80539.47	220.66	大：0.80700 普：0.94359	0.93865	0.65	0.38610
2014	106788.01	292.57	87841.51	240.66	大：0.79580 普：0.94298	0.94462	0.65	0.38610
2015	106150.0077	290.82	86557.63	237.14	大：0.81454 普：0.93916	0.88981	0.65	0.3861
2016	120003.4946	328.78	98176.1313	268.98	大：0.7843 普：0.91882	0.8671	0.65	0.3861

说明：以上单价是均价，工业分“大工业”和“普通工业”

四、电力管理

（一）管理体制

2003年前，园洲镇机电排灌管理站管理园洲镇排灌站的排洪及园洲镇的供电任务，以管水为主、管电为副，隶属县水电局管理，人、财、物属镇管理，管理10千伏农网支线及供用电、10～35千伏农网新建工程。与水利电动排灌有关的工程由县水电局列入计划上报省水电部门拨款解决；属农村民用的，则由镇自行筹款或由供电部门列入农网发展规划，农网改造报省供电部门拨款解决。低压电网维修，除省、县补助部分外，其余均由镇自筹或从“电费提成”中解决。镇水电会按电费的15%～20%提成，实行“以电养电”。

1999年，开展农电管理体制改革、农网改造和城乡用电同网同价工作，将县、镇、村三级管理体制改为县、镇两级管理，取消村管电机构。原村电管理员通过招聘，符合条件的成为镇供电公司职工。把镇管电机构改革为县供电部门的派出机构。其人、财、物纳入县供电部门统一管理，按照营配合一的管理模式，负责10千伏以下农村电网的运行维护和管理，镇供电所直接管理到农村住宅用电，实施“四到户、三公开、五统一”的管理模式和管理标准，取消供电的中间环节，降低农村到户电价，减轻农民负担。

2003年，园洲镇电排站与园洲镇供电所正式分家，园洲镇电排站属镇政府管理，园洲供电所由惠州博罗供电局接管，园洲供电所正式成立。园洲供电所属于博罗供电局下属的单位，有职工80人，主要担负着园洲镇29个行政村的供电任务，供电面积110.68平方公里。主要进行10千伏及以下线路巡视、维修检修、客户抄表、收费、低压客户故障维修、线损管理、低压业扩报装及施工等工作。

（二）“三电”管理

1.计划用电

1983年，实行计划用电包干、超用电量加价和节约奖励的办法。超用5%～15%的电量，每千瓦时罚款0.1元；超用15%及以上的电量，每千瓦时罚款0.5元。合理分配电力指标是计划用电的核心，镇根据县电力指标，重点保证医院、农业排灌、粮油食品加工等用电。1990年，为调动用电移峰填谷的积极性，缓和电网峰期缺电和谷期窝电的矛盾，开放谷期用电，谷期按分配指标电量30%，超计划用电不罚款。计划用电按月结算，每月上旬超计划用电，下旬扣减指标，做到谁超减谁。对连续性三班制企业定调荷避峰用电方案，非连续性生产企业执行分馈线轮休日制度，对违反计划用电而又屡犯不改的企业进行封表限电处理。

因严重缺电，经常停电，每个工厂、商店、酒楼、学校、单位都配备发电机。1988年，修改为超用2%及以上的电量，每千瓦时罚款0.5元。1996年后，由于电力供应较为充足，基本上能满足需要，电力部门按市场需要供应电力，不再进行定量分配。

2.节约用电

包括主要抓偷漏电，改造配电线路，依靠技术进步，推广节电新技术、新工艺、新材料、新设备的应用，淘汰能耗高的用电设备，降低单位产品电耗，降低线损率。每年投入大量资金用于线路新建及农网改造。线损率从1981年的26.3%降至1991年10.3%，1997年降至5%。2014年，园洲镇线路新建及改造8.83公里，投资1009.76万元；2015年线路新建及改造16.89公里，投资1917.57万元；2016年线路新建及改造25.301公里，投资4023.68万元。

3.道路照明

1994年，园洲镇建设兴园二路路灯照明。到2016年，已建路灯照明道路48条，长度132公里，灯数3456支，57万千瓦。

园洲镇道路照明设施状况一览表

表13-14

道路名称	长度（米）	灯数（支）	总瓦数（千瓦）	道路名称	长度（米）	灯数（支）	总瓦数（千瓦）
福园路	16986	447	53640	上南工业区	2964	78	9360
兴园一路	2432	64	7680	上南公园	1784	46	5520
兴园二路	1976	52	6240	上南民营工业园—秀丽路段	2052	54	6480
兴园三路	3686	97	11640	上南民营工业园—哥德堡路段	2166	57	6840
兴园四路	2774	73	53640	上沙路至深沥路段	3420	90	10800
园洲大道—绿兰至白马围段	4256	112	26880	深沥至沙头路段	1672	44	5280
园洲大道—白泥塘段	1444	38	4560	名泽天下	874	23	2760
园洲大道—桥北路至高头段	2166	57	13680	沙头国税路段	1178	31	3720
园洲大道—桥北路至福园路段	1862	49	11760	大昌纸厂路段	1330	35	4200
园洲大道—福园路至禾山段	2812	74	17760	阵村莫屋	494	13	1560
园洲大道—梁屋小学路段	1672	44	5280	福园路丽景路段	874	23	2760
水电路	3382	89	10680	振兴路	2432	66	53640
桥北路	1558	41	9840	佛岭村	1748	46	5520
石洲大桥	1786	47	5640	高速一路	380	10	2400
博园路—x216	6460	170	20400	高速二路	608	16	1920
上园路（高灯）	13680	360	43200	沥东沥西	2432	64	7680
中心区建汇路	684	18	2160	长寿路	1444	38	4560
中心区—江头村	380	10	1200	X193	9158	241	28920
和安桥	1596	42	5040	水口垃圾场	418	11	1320
中心区—兴园路刘屋横路	2128	56	6720	农民街	2432	64	7680
秀丽路—桥北路至中园路	1026	27	3240	水岸香洲	1330	35	4200
秀丽路—中园路至福园路	1710	45	5400	刘安路至福园路	3952	104	12480
中心区—园洲大道刘屋横路	456	12	1440	中心排渠	5092	134	32160
中园路	988	26	3120	广场中华灯	2090	55	13200
海港城	1064	28	3360	合计	131252	3456	569160

第二节　供 水

1967年以前，园洲居民都是饮用东江、沙河水或井水。1968年5月，刘屋村建起全镇第一座水塔之后土瓜圩、阵村等村陆续建水塔。至1995年，镇内共建水塔31座。1991年，河南区在东江刘屋水角建起第一家自来水厂。到2004年，镇政府在上南灰石潭地段再建第二水厂。两水厂日供水量17.5万立方米，能满足全镇居民用水需求。

一、水　井

过去，园洲镇居民普遍使用扁担（担弓）、木桶到东江或沙河岸边挑水，部分村、生产队自行挖掘水井取水，部分居民自挖手摇井取水，水瓮（水缸）是当时人们储水的常用工具。由于当时生活条件差，居民的饮水大多没有经过任何处理，一般用柴火烧开就直接饮用。2016年统计，全镇有水井121口，供应3000人次。

园洲镇各村水井一览表

表13-15

村　名	位　置	打井时间	使用情况	供饮用人数（人）	备　注
马嘶村	村北	1945年	可饮用	1500	
马嘶村	村中心	1945年	可饮用	100	
马嘶村	村东	1945年	可饮用	300	
马嘶村	村南	1945年	可饮用	1300	
田头村旧围	村中心	1543年	可饮用	300	
田头村旧围	村中心	1960年	可饮用	200	
田头村庙下	村中心	1960年	可饮用	200	
田头村庙下	村中心	1960年	可饮用	200	
田头村新村	村中心	1960年	可饮用	150	
田头村竹元岗小组	村中心	1960年	可饮用	300	
田头村竹元岗小组	村中心	1960年	可饮用	200	
田头村赤岗小组	村中心	1968年	可饮用	300	
田头村赤岗小组	村中心	1943年	可饮用	100	
田头村赤岗小组	村中心	1943年	可饮用	100	
田头村赤岗小组	村中心	1950年	不可饮用		
田头村赤岗小组	村中心	1970年	不可饮用		
田头村塘角小组	村中心	1956年	可饮用	150	
田头村塘角小组	村中心	1995年	可饮用	150	
桔龙村	丁子坊小组堤围边	1982年	可饮用	1300	
桔龙村	四队小组堤围边	1982年	可饮用	420	
桔龙村	新村小组岭顶	1982年	可饮用	950	

续表13-15

村 名	位 置	打井时间	使用情况	供饮用人数（人）	备 注
桔龙村	龙叫小组村中心	1983年	可饮用	980	
桔龙村	岭贝小组村中心	1946年	不可饮用		已饮自来水
桔龙村	五队小组村中心	1946年	不可饮用		已接新村水塔
廖尾村	上廖村中心	1947年	可饮用	250	
廖尾村	下廖村中心	1946年	可饮用	300	
廖尾村	学佬村中心	1949年	可饮用	290	
廖尾村	新围村中心	1976年	可饮用	180	
禾山村村尾小组	旧围面东门	1970年	可饮用	200	
禾山村村尾小组	旧围面	清同治四年（1865年）	可饮用	200	
禾山村村尾小组	旧围西门	1968年	可饮用	250	
禾山村虾江小组	梁金波屋对面	1816年	可饮用	100	
禾山村虾江小组	梁旭伟屋边	1970年	可饮用	100	
禾山村虾江小组	朱屋塘塘边	1956年	可饮用	90	
禾山村岗头小组	旧围面北面	1966年	可饮用	200	
禾山村朱屋小组	朱金福屋对面	1366年	可饮用	300	
禾山村朱屋小组	本小组路边	1976年	可饮用	350	
禾山村朱屋小组	朱日清屋对面上	1716年	可饮用	250	
禾山村朱屋小组	朱日清屋对面下	1956年	可饮用	200	
禾山村林屋小组	旧围面东	1716年	可饮用	250	
禾山村林屋小组	旧围面西	1960年	可饮用	300	
禾山村李屋小组	李焕芬屋对面	1936年	可饮用	50	
禾山村李屋小组	李旭芳屋对面	1966年	可饮用	100	
禾山村李屋小组	李伟兴屋	1906年	可饮用	150	
禾山村李屋小组	新围仔，李朱江屋后面	1956年	可饮用	80	
深沥村	六队地塘	1966年	可饮用	350	
上南村	南方围面	1360年	可饮用	500	已封
上南村	北方（饭堂侧面）	1267年	可饮用	1000	已封
上南村	元和圩	1937年	可饮用	300	已封
上南村	西方烂井头	1617年	可饮用	500	只能洗用
上南村	西方耀勤屋地	1717年	可饮用	200	只能洗用
上南村	村头水井	1417年	可饮用	150	已封
上南村	屋厦水井	1567年	不可饮用	300	已封

续表13-15

村　名	位　置	打井时间	使用情况	供饮用人数（人）	备　注
江头村	围面（2口）	1828年	不可饮用		
江头村	围背底（2口）	1963年	不可饮用		
江头村	围西面（1口）	1985年	不可饮用		
江头村	红石坟（2口）	1983年	不可饮用		
白耀前	围面东面		可饮用	200	打井时间不详
梁屋高头村	梁屋巷	1504年	可用	300	
梁屋高头村	洪屋巷	1568年	可用	300	
梁屋高头村	余屋巷	1639年	可用	300	
梁屋高头村	李屋巷	1875年	可用	300	
梁屋高头村（前村）	围前东一口	1360年	可用	180	
梁屋高头村（前村）	围前西一口	1360年	可用	180	
梁屋高头村（熊屋）	熊屋村1号	1360年	可用	200	
梁屋高头村（熊屋）	熊屋村2号	1360年	可用	200	
梁屋高头村	围面西面		可饮用	200	打井时间不详
寮仔村	村北	清同治四年（1865年）	可饮用	500	
寮仔村	村北	约1880年	可饮用	300	
寮仔村	村北	1888年	可饮用	300	已填塞
寮仔村	村北	1972年	不可饮用		已填塞
白马围村	村中心	1970年	不可饮用		
上村东门	东门田心湖	1953. 12	不可饮用		
上村西门	西门龙江塘	1954. 12	不可饮用		
水口陈屋	村头	1981年	可用	103	
水口陈屋	村中心	1915年	可用	91	
水口陈屋	村中心	1913年	可用	87	
水口陈屋	村尾	1986年	可用	366	
水口叶屋	村尾	1982年	可用	118	
水口叶屋	村尾	1983年	可用	119	
水口叶屋	村中心	1971年	可用	103	
水口叶屋	村头	1946年	可用	76	
水口曾屋	村头	1970年	可用	386	
水口曾屋	村头	清同治四年（1865年）	可用	68	
水口曾屋	村中心	1970年	可用	386	

续表13-15

村　名	位　置	打井时间	使用情况	供饮用人数（人）	备　注
塘尾小组	村尾	1716年	可用	83	
水口黎屋	村中心	1972年	可用	321	
水口黎屋	村头	1910年	可用	85	
凤山三厅	三厅老围内		可饮用	830	打井时间不详
凤山上围	上围围面		可饮用	700	打井时间不详
凤山下围	下围围面		可饮用	450	打井时间不详
凤山聚和	聚和围面		可饮用	580	打井时间不详
凤山黄毛岭	黄毛岭围面		可饮用	300	打井时间不详
沥东围内	祠堂前	1816年	可用	300	
沥东围内	谓园	20世纪	可用	400	
沥东围内	新围前田	20世纪	可用	400	
沥东围外	牛路氹田	20世纪	可用	300	
沥东围外	黎岗村庄北边	20世纪	可用	100	
沥东邱岗	邱岗围面前	20世纪	可用	200	
沥东牙岗	牙岗村庄东边	20世纪	可用	300	
沥东牙岗	曾保围位置西边	20世纪	可用	300	
沥东新丰	新丰村庄中心西边	20世纪	可用	100	
佛岭	新围小组	1960年	不可饮用		
佛岭	西二小组	1952年	不可饮用		
佛岭	南门小组	1950年	不可饮用		
义合村向南	村中心	民国初期	可饮用	460	
义合村曾温	村中心	民国初期	可饮用	450	
义合村向西	村中心	1985年	可饮用	360	
义合村容屋	村中心	民国初期	可饮用	100	
义合村岗贝	村中心	清朝	可饮用	600	
新村	村尾	1973年	可饮用	180	
新村	旧饭堂	1973年	可饮用	250	
新村	村中心	1973年	可饮用	140	
新村	村头	1973年	可饮用	160	
沥西村	上周	1974年	可饮用	250	
沥西村	下巷	1975年	可饮用	500	
沥西村	新屋	1973年	可饮用	500	
沥西村	石门楼	1973年	可饮用	500	

续表13-15

村　名	位　置	打井时间	使用情况	供饮用人数（人）	备　注
沥西村	中下周	1974年	可饮用	250	
沥西村	下岗	1974年	可饮用	150	
马石岗	围面前	1636年	可饮用	2000	
合计				34652	

二、水　塔

1972年，白马围村聘请东莞石龙工程队建设水厂，投资22万元在村中心建起一座高22米、直径5米水塔，容量50立方米；过滤池一个，容量100立方米。在沙河边建取水井，通过河沙过滤水质，水泵至过滤池、通过沉淀过滤，遇水质异常时投一些明矾处理，再泵至水塔。通过管道供水至各家各户。水来源于沙河水，属地表二类水。铺设3寸（1寸≈3.33厘米）以上供水主管道2000米，铺设2寸（1寸≈3.33厘米）以上输配管道1500米，供饮用人口800人，成为园洲第一个饮上自来水的村。随后，园洲镇各条村、生产队也陆续兴建水井、水塔，铺设管道实现自供水。由于技术和设备都较落后，村民只能通过河沙过滤和投一些明矾对水作简单处理，水质差，食水安全得不到保障。

1974—1990年园洲镇各村水塔统计表

表13-16

村名	位置	建设时间	建设单位	水塔高度（米）	装水容量（立方米）	水源	主水管长度（米）	配管长度（米）	供饮用人数	备注
马嘶村	东北方	1974	马嘶建筑工程队	20	100	地下水、沙河水	1200	1800	3400	
田头村	田头村民小组	1982	田头	21.5	80	井水	1335	2寸2300米；6-4分11960米	2400	
田头村	竹园岗	1985	竹园岗村民小组	19.6	50	井水	450	2寸1000米；6-4分5200米	1050	
田头村	塘角村	1980	塘角村民小组	16	30	井水	350	268	170	
田头村	赤岗村	1958	赤岗村民小组	16	10	井水	50	50	500	
桔龙村	丁子坊小组	1982	丁子坊小组	30	110	井水	5000	10000	1300	

续表13-16

村名	位置	建设时间	建设单位	水塔高度（米）	装水容量（立方米）	水源	主水管长度（米）	配管长度（米）	供饮用人数	备注
桔龙村	四队小组	1982	四队小组	20	60	自来水	3000	6000	420	水塔已不用
桔龙村	新村小组	1982	新村小组	30	110	井水	5000	10000	950	
桔龙村	龙叫小组	1983	龙叫小组	30	110	井水	5000	10000	980	
廖尾村	坎头村村边地	1983	企石镇包工头	13	15	东江水	150	350	250	
廖尾村	新围村边地	1980	广州城建	13	17	水井水	160	320	180	
廖尾村	学佬村边地	1982	村中包工头	20	17	水井水	250	380	290	
土瓜圩	土瓜圩村	1973.3	石龙工程队	21	60	沙河水	3000	60	970	
深沥村	沙河堤边	1976.12	深沥施工队	21	50	沙河	4400	2000	1000	
上南	荔枝园	1979	广州建筑队	20	300	东江	3000	4000	3800	
刘屋村	村西北角	1968.5	刘屋村	25	80	东江水	600	1200	680	
下南村	西堤路及南岗路之间	1980	下南村	15	31	东江	200	1200	850	
江头村	石桥头路口	1983	福建施工队（陈生）	16	50	地下水				无用
江头村	高头思泉楼	1983	石龙房管所	20	200	东江	1800	7000	2000	
江头村	设自本村围外自留菜地	1988	梁安建筑工程队	19	16	地下水	600	800	500	因卢地下铁锈水，长期弃用
江头村	熊屋村内	1985	本地泥水工	19	16	地下水	400	700	300	
李屋村	巷头	1985	本村建筑队	16	96	井水	800	4000	2200	
寮仔村	寮仔村门牌1号门口	1973	村建筑工程建	25	50	小海东江水	1500	1300	2500	

续表13-16

村名	位置	建设时间	建设单位	水塔高度（米）	装水容量（立方米）	水源	主水管长度（米）	配管长度（米）	供饮用人数	备注
白马围村	村中心	1972	东莞县石龙镇工程队	22	100	地下水	3000	2000	700	
上村	南朗岭咀	1992	无名氏	15	100	沙河水	1080	3000	1250	
水口村	黎屋	1993	水口管理区	50	150	沙河水	1800	2305	2025	
凤山	凤山村面前岭	1993	凤山村	35	300	显岗水	200	8000	3000	
义合村	曾温小组	1982	九潭建筑社	15	30	河充水	200	350	450	
新村	沙河堤边	1978	九潭建筑工程队	12	20	沙河水	2000	500	1000	
沥西村	石门楼	1975	石门楼小组	10	16	水井	500	3000	350	
	村委	1995	村委会	30	300	泵	2000	6000	4000	
佛岭	南门	1990	南门小组	16	100	泵	2000	7500	800	
合计					2774		51025	111243	40265	

三、水　厂

1991年，园洲镇在刘屋水角建园洲第一座自来水厂，1992年建成投产。该水厂投资1200万元，日供水能力1万吨，铺设管道18公里，提取东江水，解决圩镇1.5万人的饮用水。境内的下南、刘屋、上南、圩镇、阵村等村2万多人饮用上自来水。1994—1998年两次扩建，日供水能力扩大4万吨。至1995年，河南区农民饮用自来水的普及面达95%。1992年，当时的河北区九潭镇政府投资1100万元，在东博圩（地名）建一座容量为1万立方米的水厂，铺设管道10公里，提取河沙河水，解决圩镇1万人的饮用水。2004年6月，园洲镇政府投资 8000万元，在上南灰石潭建园洲第二自来水厂，容量5万立方米。2006年，自来水实行联网供水，九潭水厂停产。至此，全镇两家水厂日供水能力16.5万立方米，用水人口约20万人。自来水工程的实施，不仅使居民告别了肩挑手提绳拉的取水历史，从“有水喝”到“喝好水”的嬗变，而且加速改变了村民的生活方式、生活习惯。居民们在新建房里建起了冲水厕所，安装了淋浴设施，添置了洗衣机、热水器。

四、供水管理

2016年，园洲镇供水公司日生产规模16.5万吨，是惠州地区供水规模最大的镇，是一家集自来水生产、销售、服务为一体的中型供水企业，下辖2家自来水厂，下设办公室和抄表、收费、供水、化验、维修、工程、规划、监察、保安等部门，员工120人。2家水厂设计最高日供水能力34万立方米，现日供水能力16.5万立方米。全镇铺设DN250毫米以上供水主管道65公里，DN100毫米以上输配水管道640多公里，供水面积达110平方公里，范围覆盖29个村（居委会），用水人口约20万人。全镇自来水普及率达100%，供水合格率100%。园洲镇供水管网系统设施完善，出厂水各项指标均符合国家生活饮用水卫生要求。

2000—2016年园洲水厂历年供水情况表

表13-17

年份	日供水量（万立方米）	年供水量（万立方米）	年增长率（%）	水质达标率（%）
2000	13151	4800000		
2001	16027	5850000	21.88%	100%
2002	19664	7177386	22.69%	100%
2003	27424	10009581	39.46%	100%
2004	39910	14567099	45.53%	100%
2005	44955	16408423	12.64%	100%
2006	61359	22396153	36.49%	100%
2007	80188	29268495	30.69%	100%
2008	96944	35481336	21.23%	100%
2009	89499	32666955	-7.93%	100%
2010	95044	34691196	6.20%	100%
2011	101577	37075626	6.87%	100%
2012	100606	36821798	-0.68%	100%
2013	103861	37909214	2.95%	100%
2014	101514	37052520	-2.26%	100%
2015	103853	37906484	2.3%	100%
2016	108896	39747132	4.8%	100%

说明：2005年12月，二厂建成投产。2006年，接通河北片（原九潭镇）管道实现全镇供水

第三节 供 气

1985年前园洲镇，农村、机关单位、饮食行业和居民做饭烧水均采用木柴、稻草、作物蒿杆和煤作燃料。镇内液化石油气供给及使用始于20世纪80年代中后期。1985年，供销社开始开设瓶装液化石油气销售业务，以每瓶（15公斤）18元左右供给用户。初期有机关单位、饮食行业、少数居民使用；1986年，县内全面实行封山育林，实行凭证砍伐、收购、运输木柴制度。单位、饮食行业、居民、农民增多了使用液化石油气；1987年，每瓶25元，普及率15%；1988年，每瓶26元，普及率20%；1998年，全镇有八成人家用上液化石油气。

2016年，镇域有煤气供应站21个，年供燃料2590吨，每瓶90元，普及率达97%。

销售液化石油气由博罗县住建局负责审批。审批依据：《国务院对确需保留的行政审批项目设定行政许可的决定》《城镇燃气管理条例》《广东省燃气管理条例》。申请销售液化石油气的企业（供应站）的资格和条件：（1）符合博罗县燃气发展规划要求；（2）有符合安全要求的固定经营场所；（3）取得国土部门核发的土地使用权证（适应Ⅰ、Ⅱ级站）。申请销售液化石油气需要材料：（1）企业申请报告（原件）；（2）供应站备案登记审批表（原件3份，受理窗口领取）；（3）供应站经营场所的房地产权证或产权租赁证明（复印件）；（4）工商部门出具的供应站名称预核准通知文件（复印件）；（5）法律法规规定需要提供的其他文件资料；（6）供应站负责人身份证明和经办人联系电话（复印件）。

2016年园洲镇燃料站供应量表

表13-18

销售点	地址	年营业额（万元）	年供燃料（吨）
易达供应站	上村村	5	40
凤山供应站	凤山村	20	160
鸿顺供应站	义合村	9	72
光燃供应站	新村村	5	40
财发供应站	九潭圩镇	1	12
国力供应站	沥东村	30	240
汉安供应站	沥东村	50	400
园安供应站	阵村莫屋	10	80
湖记供应站	禾山村	3	24
宏发供应站	田头村	10	80
祥记供应站	马嘶村	15	120
忠诚供应站	桔龙村	7	60
大众供应站	上南村	3	30
大嘉旺供应站	上南村	35	300
祥安供应站	刘屋村	21	180
庆成供应站	刘屋村	16	130
光记供应站	下南圩旧街	6	50
鸿盛供应站	下南村	22	200

2016年园洲镇燃料站供应量表

续表13-18

销售点	地址	年营业额（万元）	年供燃料（吨）
群利供应站	下南村	2	20
红星供应站	江头村	38	320
丰盛供应站	寮仔村	4	32
合　计		212	2590

第六章　环境保护

2005年，园洲镇投资2000万元建起第一家污水处理厂，2012年投资3000万元建起第二家污水处理厂。污水处理率达88.8%。清拆污染企业17家，关闭污染企业105家，取缔污染企业6家，关闭无证照企业121家，停产整改污染企业54家，查处违规污染147宗，整改污染企业231家，升级改造13家，无环境手续搬迁34家，整治升级企业锅炉18台，报废黄标车237辆，否决69家有意向落户企业，但存在环境污染隐患企业、处理环保投诉1546宗，综合投诉处理率达100%。2014年园洲镇被命名为“广东省生态镇”，2015年园洲镇创建“国家生态乡镇”通过专家组验收，2015年上南村创建“国家生态村”通过专家组验收。

第一节　管理机构

博罗县园洲镇环境保护办公室下设监察组、业务组、印花组和办公室。其中，监察组以福园路为界，分为上园片、下园片、上九片及下九片，每组5人，主要负责全镇环境监察及投诉处理工作。（参见第七篇“工业”第二章“管理”）

第二节　污染防治

一、污水处理设施

20世纪90年代后期，随工厂数量的增加、规模的扩大，人流和各种车辆不断增多，水污染日趋严重。主要为工业废水、养殖业废水和生活污水等排放量快速增加，渠道、河道污水横流。针对上述情况，2004年6月园洲镇成立污水处理办，筹建污水处理厂。

园洲镇城市生活污水处理厂总占地3.8万平方米，设计总规模为日处理生活污水3万吨，分两期建设。第一期工程设计规模日处理生活污水1万吨，由惠州市绿科环保有限公司以（BOT）模式建设运营，采用改良型氧化沟工艺，总投资约为2000万元，于2005年9月建成投入运行，2007年12月通过环保验收。第二期工程位于一期工程的北面，设计总规模为日处理生活污水2万吨，采用A/A/O微曝氧化沟处理工艺，总投资约为3000万元，由广东省阳江市建安集团有限公司以（BT）模式承建，2012年2月正式动工建设，2013年4月通过五方主体单位竣工初验收，2013年8月完成竣工环保验收。二期配套污水主管网与一期污水主管网采用1.2米宽集水管连接通水，污水主管网与市政污水管网连接已建成集污输水管道共约7.4公里，覆盖面积达10平方公里，可处理约15万人口的生活污水。

2007—2016年园洲镇污水处理厂生产情况表

表13-19

年份	年污水处理（万吨）	年增长率（%）	污水处理占总排污百分率（%）
2007	260.3	--	--
2008	299.5	15.1	--
2009	361.7	20.8	--
2010	375.2	3.7	--
2011	375.5	0.1	--
2012	378.2	0.7	--
2013	843.6	123.1	85.6
2014	874.8	3.7	88.8
2015	895.8	2.4	88.6
2016	995.1	11.1	98.4

说明：

（1）2007年2012年污水处理量只含一期污水厂处理量；

（2）2013年二期污水厂建成，与一期共同处理镇污水；

（3）2013年—2014年的总排污量按照2013年全园洲人民每日生活污水排放量约2.7万吨计算，即年排污总量为985.5万吨。

（4）2015年—2016年的总排污量按照人均日生活污水排放量约2.77万吨计算，即年排污总量为1011万吨

（一）工业废水

2014年，查处并清拆违规印花企业17家，自行关闭18家，规范收集废水企业180家，建成废水收集池

150个、收集桶280个，转运废水5550吨。

2015年，查处非法排污印花厂6家，对存在漏排现象的19家企业下发停产通知书。

2016年，19家印染污染企业共投入8000多万元升级改造污水处理设施，要求7月底前全面稳定达标排放；专门成立了印花企业检查队，规范企业收集处理废水。在整治期间，共关停18家非法排污印花企业。

（二）养殖业废水

全镇对禽畜禁养进一步整治，关闭清理禁养区养殖场83户，其中猪场83户，清理存栏生猪3万头，清理栏舍面积4万平方米。

（三）生活污水

园洲镇城市生活污水处理厂一期位于博罗县园洲镇阵村任屋，设计规模日处理生活污水1万吨，由惠州市绿科环保有限公司以BOR模式建设运营，采用改良型氧化沟工艺，总投资约为2000万元，于2005年9月建成投入运行，2007年12月通过环保验收。

园洲镇城市生活污水处理厂二期工程位于博罗县园洲镇阵村任屋，一期污水处理厂的北面，设计规模为日处理生活污水2万吨，总投资约为2800万元，由广东省阳江市建安集团有限公司以BT模式承建，2013年4月正式投入运行，2013年8月完成竣工环保验收。

两家生活污水处理厂处理后水质的各项指标（C.氨氮、总磷等）按广东省地方标准《水污染物排放限值》（DB 44/26—2001）第二时段一级标准和《城镇污水处理厂污染物排放标准》（GB 18918—2002）一级B标准，排放入镇中心排洪渠，约经400米后汇入沙河，发挥了污水处理厂治污减排效益。

园洲镇第三生活污水处理厂位于惠州市博罗县园洲镇九潭（河北片），为惠州市绿生源水质净化有限公司的一期工业污水处理项目，设施含有约600平方米土地使用权、房屋及其他构筑物、污水处理设施机械设备等，工艺为AO工艺。2016年4月，经博罗县政府批示同意园洲镇人民政府收购该设施，项目收购总价约1950万元，并拟通过技术改造变为AMO工艺，日处理生活污水1万吨，出水标准执行《城镇污水处理厂污染物排放标准》（CB 18918—2002）一级A标准及广东省地方标准《水污染物排放限值》（DB 44/26—2001）第二时段级标准的较严值，用于收集并处理园洲镇九潭老城区及部分邻近村的区域生活污水，现基本完成改造，计划2017年12月底投产试运行。

2016年12月，镇区已建成集污管网83.24公里，主要由7.3公里污水主管网、61.94公里市政排污管网、14公里农村污水收集管网构成管道，基本覆盖全镇居民集中居住区，收集约20万人口产生的生活污水。

其中，镇河南片已建成污水主管网3637米，管径1～1.5米之间，主要沿镇河南片中心排渠两侧布线，连接各市政排污管道的排污出水口，输送至镇一、二期污水处理厂处理，基本覆盖镇河南片中心建成区（上南、刘屋、陈屋、阵村、江头等行政村）约10平方公里15万人口产生的生活污水。

镇河北片在建污水主管网3666米，与三期污水处理配套使用。污水主管网主要沿镇河北片一河两岸、长寿路两侧分布，管径0.5～0.6米之间，连接各市政排污管道的排污出水口，基本覆盖镇河北片中心建成区（九居、新村、沥西等行政村）约5平方公里5万人口产生的生活污水。

剩余未被污水主管网和市政排污管网覆盖的郊区生活污水，则由邻近的行政村自建有的污水处理设施和配套污水收集管网收集并处理，现已建成24处农村污水处理设施和约14公里的配套农村污水收集管网，与镇中心区集污管网形成互补，达到全覆盖全收集生活污水的要求。

二、废气治理

由于镇域工业发展迅速，工业废气排放污染严重。2012年，13家废气污染企业升级改造，12家废气污染企业搬迁或关闭。2013年，查处大气污染企业偷排、漏排、超规模经营、超标超量排污违法行为53起。

2014年，对24家存在环境安全隐患的重污染企业提出整改意见，督促10家重污染企业升级改造；对64家存在环境污染隐患企业下发停产通知书，对存在违法排污行为的85家企业依法查处。对6间塑胶企业依法取缔，对10家无证照塑胶企业关闭搬迁，对10家塑胶企业查封，对21家塑胶企业下发整改通知书。2015年，关闭8家严重影响园洲中学周边环境企业，对存在环境污染隐患的9家企业下达停产整改通知书，对九潭中学周边4家污染企业停产整顿。关闭无证照塑胶厂3家。报废237辆黄标车，剩余49辆待报废，完成进度82.86%。2016年，铸造企业专项整治，关闭2家，下达停产整改通知书16家。锅炉整治。6家企业8台10蒸吨/小时以下的锅炉已完成淘汰或改用生物质燃料；督促8家企业8台10蒸吨/小时的锅炉于2017年年底前改用清洁燃料或关闭淘汰；责令2家企业5台10蒸吨/小时以上锅炉执行《锅炉大气污染物排放标准》，确保稳定达标排放。依法闭关整治19家砖厂。

三、涉重金属行业治理

2012年，转型或依法关闭3家电镀企业，挂牌整治17家电镀企业，电镀企业强制性清洁生产审核开展率达到100%。2013年，关闭11家电镀企业，剩余有保留意向的企业均实施清洁生产审核，通过增加生化池、中水回用系统和更新全自动生产线全面升级改造。2015年，对34家无环保手续线路板企业关闭搬迁。对41家存在环境污染隐患的小五金企业下发停产通知书，依法查处3家污染小五金企业。对10家企业11台10蒸吨/小时以上的锅炉完成淘汰或改用清洁能源，对3家企业4蒸吨/小时以上的锅炉安装独立脱硫设施，同时安装自动加药装置及废气治理设施运行状态监控系统，对3家企业升级改造企业锅炉废气治理设施。

第三节　监管执法

一、无证照污染企业治理

2012年，关闭各类无证照加工厂45家，其中，电镀厂6家、洗布加工场4家、洗水厂2家、线路板厂7家、塑胶厂10家、炼油厂1家、氧化厂3家、炼铝厂5家、五金喷漆厂6家、鞋厂1家。2013年，关闭无证照塑胶厂、无名脱色工场和无名五金厂等各类无证照加工厂43家。2014年，关闭无名脱色工场和无名五金厂等无证照加工厂20家。2015年，对证照不齐全、环保手续不完善的65家企业进行依法关停；对环保手续不完善的321家企业下发停产通知书，协助31家企业完善环保手续。2016年，涉水企业整治：全镇12家废塑胶清洗场已清理清拆；全镇34家无证照线路板厂已停产并关闭搬迁；关闭18家涉前处理、污水直接外排且影响较大的无证照五金厂；要求20家无证照五金厂撤销涉水工艺、拆除涉水设备，并申报环保审批手续。涉气企业整治：对废气问题突出的11家企业，联合县环保局进行立案查处；对102家企业下达了整改通知书，要求其限期内进行整改或关闭；对生产条件恶劣、废气严重影响周边环境的10家企业进行依法关闭。

二、污染投诉治理

2012年，共收到群众污染投诉95起，按照缓、急、轻、重的原则快速处理，处理率达100%。2013年，共收到群众污染投诉159起，其中涉及废气投诉111起，占总投诉起数的69.82%；涉及噪音投诉24起，占总投诉起数15.09%；涉及废水投诉24起，占总投诉起数15.09%。综合投诉处理率达100%。2014年，共收到群众污染投诉185起，其中废气投诉121起，噪音投诉19起，废水投诉45起，综合投诉处理率100%。2015年，共收到群众污染投诉252起，其中废气投诉163起，噪音投诉46起，废水投诉36起，固废投诉7起，综合处理率达100%。2016年，共收到群众投诉222起，其中涉及废气投诉154起，占总投直接起数的69.4%；涉及噪音投诉22起，占总投诉起数的9.9%；涉及废水投诉25起，占总投诉起数的11.2%，其他投诉21起，占总投诉起数的9.5%。综合投诉处理率达100%。

三、清理整顿畜禽养殖业污染

清理整顿畜禽养殖业污染，详见第六篇“水利”第一章“水资源”。

四、项目环境准入治理

2013年，无新增任何重污染企业，否决23家有意向落户但存在环境污染隐患企业。2014年，无新增任何重污染企业，否决34家有意向落户但存在环境污染隐患企业。2015年，无新增任何重污染企业，否决35家有意向落户但存在环境污染隐患企业。2016年，无新增任何重污染企业，否决了30多家有意向落户但存在环境污染隐患的企业。

第四节　生态镇、村建设

一、宣传教育

2010年起，派工作组到各村、各工业园走访企业，了解污染企业排污状况及群众反映强烈的污染企业情况。对13家污染企业升级改造，对12家企业完善环保设施。向企业发放关于“环境污染罪”最新司法解释的14条入刑标准宣传材料。邀请省环境保护厅环境监察局和政策法规处杨迪博士开展新环保法专题讲座。

2016年，向企业发放生态创建宣传材料，制作各类专题片，编制工作简报，及时对清拆无证照企业、非法养殖场等整治行动通过简报、广播电视等方式广泛宣传。

二、创建生态镇、村

从2010年开始，园洲镇开展美丽乡村“清洁先行.清水治污.绿满家园”的创建生态镇、村行动，全镇共聘请保洁员367人，建成272个农村生活垃圾收集点、3个生活垃圾转运站，初步形成“户收集、村集中、镇转运、县处理”的生活垃圾管理模式，农村生活垃圾处理率和保洁覆盖率均达100%。实施最严格的生态保护制度，划定生态发展区、禽畜禁养区，严守生态红线。严禁上污染工业项目，并把东江沿岸3公里范围以及东江支流排渠两岸1公里范围划为禁养区。2010年以来，累计依法清拆、关闭、取缔污染和无牌无证企业家，整改，升级改造企业244家，综合投诉处理率达100%。2014年，园洲镇被命名为“广东省生态镇”。

2014年，园洲镇被命名为广东省生态镇；2015年，建设16个农村生活污水处理设施。其中阵村村已完成建设并投入使用；廖尾、桔龙、马嘶、白马围、水口、义合、佛岭已动工建设；高头、上村、马石岗村已签订合同。完成4个亮点生态村和5个创建生态村建设。2016年，已完成全镇27个行政村市级生态村创建工作。

第五节　生活垃圾治理

一、生活垃圾处理

园洲环卫站成立于1997年。在辖区内每天产生的生活垃圾由环卫工人清扫、收集，然后统一运到就近的垃圾临时堆放点或垃圾转运站进行倾倒，再采用机动车辆转运到园洲镇设置的生活垃圾填埋场进行卫生填埋处理，之后覆盖泥土在上面并种植绿化。每天处理生活垃圾约4.5吨。

二、生活垃圾无害化处理

2015年7月10日开始，按照博罗县人民政府的要求，园洲镇每天产生的生活垃圾要采用密闭的运输车辆装运到博罗县生活垃圾焚烧发电厂，统一进行焚烧无害化处理，经过分类减量资源化流程，生活垃圾量大约在65吨。

1997—2016年园洲镇生活垃圾处理一览表

表13-20

年份	环卫工人（人）			车辆（辆）				垃圾转运站（个）	垃圾压缩站（个）	清扫面积（平方公里）	服务人口（万人）	年垃圾量（吨）
	清扫工	保洁工	清运工	运输车	吊桶车	扫路车	高压清洗车					
1997	18	2	3	1				1		0.3	10	240
1998	23	3	3	1				1		0.35	12	300
1999	31	5	3	1				2		0.55	15	360
2000	38	6	6	2				3		0.8	16	420
2001	43	6	6	2				5		1.2	16.5	480
2002	45	6	9	3				8		1.5	17	560
2003	60	6	12	4			1	12		1.8	18	600
2004	83	8	15	5			1	13		1.9	18.5	720
2005	120	10	16	6			1	15		2	19	780
2006	173	10	18	8		1	1	16		2.1	19.5	840
2007	189	20	18	9		1	2	18		2.3	20	900
2008	236	35	18	9		1	3	19	1	2.43	20	960
2009	239	38	18	10		1	3	22	2	2.43	20	1000
2010	239	39	18	10		1	3	22	2	2.43	19	1000
2011	239	30	18	10		2	3	23	2	2.43	19	1000
2012	228	30	18	10		2	3	25	2	2.43	19	1200
2013	226	30	18	10		2	3	25	3	2.45	18.5	1440
2014	225	30	18	10		2	3	26	3	2.55	18	1440
2015	223	30	18	11		2	3	26	3	2.55	18	1500
2016	228	32	19	13		2	3	26	3	2.55	18	1600

第七章　村镇建设

古代的园洲地广人稀，镇域亦屡有变迁。自1959年3月河南区（园洲）划归博罗县管辖后，镇域始大体稳定下来，但因经济发展缓慢，长期以来，圩镇停留在“日中为市”、定下圩期赶集的状况。村镇建设平房瓦舍，陈陈相因。直至新中国成立后村镇建设才有较大的改变，村镇建设逐年发展，人民安居，市场繁荣。

1978年12月中共十一届三中全会后，镇域村镇建设发生了翻天覆地的变化。街道里巷、公共建筑、房屋建设等日新月异，村镇建设管、房产管理、国土保护等工作步入新的阶段。

第一节　集镇建设

镇域的集镇建设始于明朝，至清末，形成了泊头、九潭、土瓜、东博、马嘶、元和（上南）、下南圩。至 1996 年，境内的圩市仅保留下南和九潭圩。改革开放前，镇域的圩市是一街一市，房屋结构简单，均为砖瓦房。改革开放后，圩市建设步伐逐渐加快，面积逐步扩展,市貌大为改观。原来狭窄的街道，已扩建成水泥路面的平整宽阔的大街，砖或框架结构的公共建筑和居民新建楼房，鳞次栉比，排列有序,取代了低矮破旧的瓦屋平房。随着引进外资投资建设,集镇建设工程大步前进。1992 年后，以旧镇为依托，实行统一征地、统一开发、统一建设、统一配套，改造旧镇区，扩建新镇区。2000 年后，园洲镇实施“以城镇建设推动经济发展　以经济发展促进城镇建设”的发展战略，集镇建设步伐加快。至 2016 年累计投入 30 亿元推进城镇化建设，城区面积增至 30 平方公里，建成布局合理、街道整齐宽阔、环境优美舒的新型集镇。

第二节　农村住宅建设

过去，镇域居民封建的家族组织十分普遍，多是一姓一个村子，或一姓几个村子。河北丘陵山地的民居民宅多在丘陵边或，依山傍水的地方，形式以前后二进或三进，进与进之间有天井及左右两道通廊。在主屋附近再配建牛栏厕所，为单一层土木结构的平房瓦屋或茅草屋。河南平原地区的农舍比丘陵山地的农舍一般要大得多，往往是多进式和排列式，多为青砖灰瓦结构或红砖、泥砖红瓦混合结构。20 世纪 80 年代以后，民居民宅的建造不仅数量众多,而且从形式到结构都发生了根本性的变化。房屋不仅由砖木结构向钢筋混凝土结构过渡，而且由聚居向单家独院的楼房方向发展。每户楼房以二至三层为主。为贯彻落实广东省委、省政府实施“全民安居工程”，根据博罗县的工作部署，园洲镇从 2007 年下半年开始，全面开展“告别泥砖房工程”，用一年的时间对全镇 570 户农户泥砖房进行改造。至 2009 年年底，改造 490 户，占应改造 570 户的 86%，总面积 56000 平方米，总投入资金 4700 万元，其中县补助投入 376.2 万元，镇补助投入490万元，农户自筹3833.8万元。至2016年，农民基本实现住房楼房化。房屋建设不仅规模大、面积大，而且质量也日益提高，新建房屋的布局设计和建筑风格逐步接近城市水准，通风、采光及卫生条件都较好，装修高档、讲究的园林别式的小楼房越来越多。

部分年份园洲镇农民居住情况统计表

表13-21 单位：平方米

年份	年末房屋总面积	人均建设面积
1949	231855	28
1958	231855	32
1978	276833	35
1985	592000	45
2000	922100	50
2016	369147.5	55

第三节 村镇建设管理

一、管理机构

清朝、民国时期，对城乡建设无层级管理机构。

1956—1985年，城镇（圩）建设管理均由县建设部门直接管理。1985年后，河南区、河北区设立乡镇建设管理部门。

（一）村镇建设管理所

园洲镇村镇建设管理所（简称村建所）成立于1992年9月，办公地址位于园洲镇中心市场办公室，1995年迁址到桥北路十字路口办公室（现中国银行旁），1998年年底迁至园洲镇政府城建楼办公。园洲镇村镇建设管理所为正股级编制，公益二类，有员工41人。

九潭镇村镇建设办公室成立于1985年10月，办公地址位于九潭镇政府。1993年6月成立九潭镇村镇建设管理所，办公地址位于九潭镇政府，1996年迁址至福园路与银河北路交会处。

（二）规划建设办

园洲镇规划建设办成立于2002年8月，办公地址位于园洲镇政府城建楼3楼。规划建设办公室是镇人民政府主管规划建设的办事机构，编制2人。

二、管理职能

（一）镇建设管理所主要职能

贯彻执行国家及上级政府有关规划和建设事业的方针、政策和法规，负责镇内各项建设的规划和检查有关规划建设措施的落实，协助办理镇内所有建设项目的规划报建手续，管理镇市容卫生和环境保护工作，协助做好村、镇基础设施、公共设施建设和维护以及园林绿化的实施，负责文物古迹和风景名胜的保护，抓好建筑工程质量安全监督、检查。

（二）规划建设办主要职能

划建设办主要职能：贯彻执行国家及各级政府有关建设事业的方针、政策和法规，研究制定本辖区规划建设的实施办法和规定；负责在总体规划的指导下，组织编制本地乡村规划，组织实施规划的具体工作；负责办理镇内所有建筑项目的规划报建手续，并按规定收取市政设施有关费用，按程序办理建设用地有关手续；负责建筑工程的管理工作，严格执行建筑法律法规，及时处理违章建筑；负责本辖区征地、划拨、转让、出让和发证管理；负责处理在建设中发生的民事纠纷；协助房管部门对房屋产权、产籍的管理；协同镇建设管理所按照政策规定，组织房地产开发公司制订开发计划，实行“统一规划、统一征地、统一管理”；协同镇建设管理所做好村镇基础设施、公用设施建设和维护，负责园林绿化的实施。文物古迹和风景名胜的保护。

三、管理法规

20世纪80年代后，博罗县实施《关于进一步加强基建管理的规定》《人民公社圩镇建设管理的规定》《村镇建设管理暂行规定》《城镇建设总体规划》《关于加强土地开发管理的规定》等规定。

四、管理实施

1981年后，境内进入建房高潮，出现了滥用土地、房地产纠纷的现象。为此，1985年建立镇村建设行政管理机构，制定村镇规划。在规划中，先抓好中心圩镇，以圩镇带动乡村，九潭、园洲区分别抓好一条自然村的建设规划和一条自然村的改造规划为示范点，采取先粗后精的办法，先解决建设的合理布局、控制用地、制止滥用耕地等问题。1988年后，农村建房已普遍实行申请、审批制度。农村建房要先向村民委员会提出申请，经同意报镇主管部门审核，送县主管部门批准，分别发给“规划建设许可证”“土地使用证”，方能建设。

附：报建审查示意图

1. 红线图办理流程

窗口收资料

↓

镇村建所所长审批

↓
镇规划建设办主任审批
↓
镇村建所规划组出图
↓
出图之后地主确认
↓
镇村建所副所长核对
↓
镇规划建设办主任盖章
↓
通知地主领取红线图
↓
资料存档
↓
完成

2. 企业报建流程

窗口收资料
↓
完善规划报建呈批表
↓
到镇村建所放线组办理报建红线图
↓
到镇村建所放线组办理报建红线图
↓
镇村建所所长审批
↓
镇规划建设办主任审批
↓
镇主管领导审批
↓
加盖镇政府公章
↓
通知建设单位领取资料
↓
博罗县行政服务中心（住建局窗口）
↓
完成

3. 住宅报建流程

窗口收资料
↓
完善规划报建呈批表
↓
完善规划报建呈批表

↓
镇村建所所长审批
↓
镇规划建设办主任审批
↓
镇主管领导审批
↓
加盖政府公章
↓
通知报建人领取资料
↓
博罗行政服务中心（住建局窗口）
↓
完成

第四节　国土管理

一、管理机构

1985年以前，镇域没有专一的征地管理机构，村镇建设用地管理一般由镇（区）村镇建设管理站负责。1986年后，镇域分别成立园洲国土所和九潭国土所。

（一）园洲国土所

园洲国土所成立于1988年9月，初期办公地址在东堤路的园洲旧政府大院，后来搬到兴园路的房地产大楼，1998年迁址园洲镇政府大院，2003年11月搬迁到园洲大道的现址大楼。

（二）九潭国土所

九潭国土所成立于1988年9月，1988年9月至1997年8月的办公地址设在原九潭镇政府大院，1997年9月至2004年5月搬迁到福园路九潭中学路段。2007年5月起并入园洲国土所。

二、管理职能

国土所的主要职能：（1）宣传、贯彻、执行国家和省有关国土资源管理的法律、法规和政策以及市、县国土资源管理的决定和文件；（2）参与土地利用总体规划、矿产资源总体规划、测绘发展总体规划、地质环境保护总体规划及其他专项规划的编制和实施工作；（3）负责辖区内的耕地保护特别是基本农田保护，以乡镇为单位，组织实施基本农田保护区的划区定界，建立基本农田保护档案；（4）协助编制土地开发、整理、复垦计划，并对实施情况进行监督管理；（5）受理辖区内农村居民建房用地的申报及批准后的组织实施和监督管理工作；（6）协助做好辖区内农用地转用、集体土地征收征用、具体建设项目供地等有关材料的组织和呈报工作；（7）协助做好辖区内城镇土地分等定级、农用地分等定级、土地评估、土地交易工作；（8）配合做好土地调查、登记和动态监测工作，协助做好有关地籍调查、土地登记发证工作，协助调查处理土地权属纠纷；（9）协助做好辖区内矿产勘查开发的服务工作，参与探矿权、采矿权设置的基础工作；（10）协助做好矿产资源储量登记、压覆矿产资源证明等有关工作；（11）协助调处矿业权属纠纷，维护矿产资源勘查、开发秩序，对矿业权人履行法定权利义务、矿产资源合理开发利用与保护、矿山地质环境保护与治理进行监督检查；（12）组织宣传地质灾害防治知识，指导群众做好防灾工作；开展地质灾害监测和巡查，落实地质灾害群测群防；（13）及时报告地质灾害险情灾情，协助做好地下水动态监测工作和地质遗迹的保护工作；负责测量标志保护与维护工作，并对测量标志委托保管人履行义务、责任情况进行监督，及时报告损毁或擅自移动永久性测量标志的行为，协助做好有关测绘工作；开展国土资源执法巡查，及时发现、制止和报告国土资源违法行为；（14）配合上级国土资源部门做好国土资源违法案件的调查取证和处理工作，负责聘用的国土协管员；（15）做好国土资源信访接待工作，及时调处和化解矛盾，发现重大上访苗头，及时向当地党委、政府和上级国土资源部门报告。

三、管理措施

（一）建设用地管理

1. 国家、集体建设用地管理

新中国成立初期，国家和集体单位基建规模小，建设用地无管理机构。1958年刮“共产风”，国家企事业单位基建时无偿占用农村土地。1974年后，由县基本建设委员会管理全县国家、集体单位建设用地和城镇居民建设用地，规定一次用地5亩以下，由县革命委员会审批，报地区革命委员会备案。超过以上限额，由县革命委员会签署意见，报上级革命委员会审批。对被征用土地的农村社队，由征地单位补偿土地费、安置费和青苗费。1984年，县人民政府对一次性征用土地的审批权扩大到10亩以下（水田3亩以下）。1988年8月县人民政府对一次性征用土地的审批限制10亩以下。1988年，成立国土所，城镇建设用地由国土所管理。

2. 乡（镇）村集体和个人建设用地管理

乡（镇）村、集体建设用地，清末、民国及新中国成立初期，土地私有，镇域乡（镇）、村建设用地各自为政，无计划管理可言。农村合作化后，乡（镇）、村公共事业建设用地基本上是无偿占用或社、队相互调剂和入股兑地。1982年国务院颁发《村镇建设用地管理条例》后，境内乡(镇)、村集体建设用地始实行申报审批。

个人建设用地　镇域个人建设用地管理自20世纪60年代始。1962年，县人民委员会规定个人建房用地要利用原基、荒山、荒地，不准占用良田、好土。20世纪70年代，很少有用耕地建房的现象。1980年，规定由公社管理委员会（后改为区公所、镇政府）负责农村个人建房用地的审批。1981年后，土地承包到户，农村经济发展很快，城乡出现乱占耕地“建房热”。1986年，县、镇成立国土部门，负责个人建房用地的呈报审批。

（二）土地征用

1982年以前，土地征用程序不够规范。1982年5月，针对土地征用及管理上陆续出现的一些问题，中央颁发了《国家建设征用土地条例》。同年12月五届全国人大第五次会议修订的《中华人民共和国宪法》第九条规定：矿藏、水流、森林、山岭、草原、荒地、滩涂等自然资源，都属于国家所有。即人民所有；

“第十条规定：中华人民共和国城市的土地属于国家所有。农村和城市郊区的土地，除由法律规定属于国家所有的以外，属于集体所有；宅基地、自留地、自留山也属于集体所有。国家为了公共利益的需要，可以依照法律规定对土地实行征用。任何组织或个人不得侵占、买卖、出租或者以其他形式非法转让土地”。

1986年国家制定《中华人民共和国土地管理法》，同年11月《广东省土地管理实施办法》出台。接着《民法通则》《城市规划法》《森林法》《草原法》《渔业法》《矿产资源法》《外资企业法》《环境保护法》《水土保持法》《铁路法》《公路法》等法律相继出台，使土地管理有法可依。

1988年《宪法》修正案规定：“任何组织或者个人不得侵占、买卖或者以其他形式非法转让土地。土地的使用权可以依照法律的规定转让”。

其后，广东省人代会修订了《土地管理实施办法》，为管好土地提供了更具体更详细的法律依据。它明确规定了乡镇村居民建房每户用地限额：平原地区80平方米以下，丘陵地区120平方米以下。华侨、港澳台同胞建房用地，在限额内可上浮20%。

县内现行农村建设用地申报审批的一般程序是先由个人提供出用地书面申请，经村讨论同意加章，经管理区核实加章，再由乡镇国土所签证意见后发用地申请表给用地者如实填写，加盖村、管理区、国土所及管国土的镇长或书记的印章并签上意见，后由国土所派员到用地现场勘测记录。测画出用地示意图，写清面积、四邻情况。由用户提供身份证或其他证件后便可办理领取建设规划用地许可证。

农户申请建房用地需交纳水利设施费，如用水田须交耕地占用税，如用旱地须交林木、植被费，管理费，垦复基金，测量费等费用。

城镇建设用地可通过征用出让土地的方法，或是通过土地使用权转让的方法获得土地使用权。

征用出让土地是指政府行为。政府征收集体所有的土地，出让给单位或个人使用。政府可以直接征收集体所有土地，也可委托单位或个人去征收。

委托征用土地，首先要领取征地委托书。其程序大致为：先由用地单位拟写申请用地报告书，写明用途、地点、面积、建设规模、地类、日期、加上本单位印章。还要拟写一份建设项目立项书，包括征地面积、规模、项目可行性分析报告、投资金额、产品销路、经济效益等，县计委或外经委批准立项。以及银行资金证明、企业营业执照、征地红线图等手续材料。

以上材料经县国土局核实无误，即可领取征地委托书。第二步订立《国家建设征用（划拨）土地协议书》，第三步订立《国有土地使用权出让合同书》。即某单位受政府委托用地后，可依法向其他单位或个人转让部分或全部土地使用权。

土地使用权转让又叫土地使用权属变更登记。办理土地使用权转让需交下列文书材料。一是受让方申请用地报告书。二是转让方与受让方签订转让土地协议书。三是原土地批准文件和“土地使用证”复印件。四是转让土地示意图，要有转受双方印章和乡镇国土所签证。五是受让方成立公司或其他企事业单位批复文件。六是受让方营业执照。七是受让方银行资金证明。八是受让方提供领取新的建设用地规划许可证。九是受让方与县国土局签订国有土地使用权合同书。

（三）土地征用实施程序

1.发布征地公告

镇域从2002年1月1日起实行《征收土地公告办法》，征收土地公告包括下列内容：征地批准机关、批准文号、批准时间和批准用途；被征收土地所在地的乡(镇)、村；征地补偿标准和农业人员安置途径；办理征地补偿登记的期限、地点。《征收土地公告办法》发布后，抢栽、抢种的农作物或抢建的建筑物不列入补偿范围。

2.办理征地补偿登记

征地补偿登记由征地公告指定的政府征地部门负责。被征地农民看到征收土地公告后，应当在公告规定期限内，持土地权属证书到指定地点办理征地补偿登记。土地权属证书包括集体土地所有权证、集体土地使用权证。以有偿方式取得土地使用权或承包经营权的，还应当持土地有偿使用合同或承包经营合同的副本办理征地补偿登记。

3. 拟订征地补偿安置方案

由县政府征地部门会同有关单位，根据土地登记资料、现场勘测结结果、经核对的征地补偿登记情况、法律法规规定的征地补偿标准；征地补偿安置方案内容包括土地补偿费、安置补助费、青苗补偿费、附着物补偿费等事项；县国土局在被征收土地所在地的村公告方案；由政府地政部门报市、县政府批准。

4. 确定征地补偿安置方案

征地补偿安置方案确定后，经市、县人民政府批准并报省政府征地部门备案。

5. 实施征地补偿安置方案

县级以上政府地政部门发布“征地补偿安置方案”，内容包括：征地批准机关、批准时间、批准文号和批准用途，被征地的权利人，位置、地类和面积，土地补偿费支付对象、数额和支付方式，安置办法等。费用支付；在方案之日起3个月内支付给被征地的单位和个人，未按规定支付费用的，被征地的单位和个人有权拒交土地。

6. 土地交付

被征地单位和个人应当按规定的期限交付土地。

（四）征地补偿标准

2000年前，征地补偿标准由市人民政府规定，青苗和附着物由镇人民政府确定。2000年后，征地补偿标准和青苗及附着物由市人民政府规定。2007—2016年，惠州市多次调整《惠州市加强项目征地拆迁管理规定》。征地补偿标准

项目包括耕地、园地、林地、养殖水面、未利用地。

（五）地籍管理

1988年7月，县人民政府根据《中华人民共和国土地管理法》，发出《关于土地管理登记及发证办法报告》，规定“凡在我县境内，拥有农村集体土地所有权的集体经济组织以及使用国有或集体所有土地的单位和个人，必须按本办法规定进行土地登记，申领土地证书”。 至2016年年底，累计发出国有和集体土地使用证34705本。

（六）土地监察

1. 利用卫片土地执法检查

自2004年实行“卫星图片”执法以来，查处土地违法案件约1500宗，面积涉及约1800亩。

2. 处理土地纠纷

建立健全接待群众来信往来制度，欢迎群众对违法用地的检举揭发，对土地纠纷案件，抓紧与有关部门共同进行调查解决，2000年至2016年年末，解决土地纠纷11宗，涉及土地权属面积约2000亩。

3. 专项用地清理

（1）清理砖瓦窑。20世纪80年代初，因城乡建设对墙体材料使用量迅速增长，各地实心黏土砖瓦厂竞相建立，以致大量粮田被占，耕地被毁。按照博罗县人民政府部署，园洲镇人民政府对全镇砖瓦厂（窑）用地进行清理。截至2016年，全镇已关停并转27家砖厂，一定程度上遏制了乱占、毁坏耕地的现象。

（2）建设用地清查。至2016年年底，共处理违法用地315宗，其中责令退耕160亩，没收土地19800平方米，拆除违法占地建筑面积96500平方米。

（七）土地资源详查

从1986年开始，园洲国土所开展土地资源调查。全镇行政范围面积11096.85公顷，折合166452.75亩，人均面积2.44亩。其中耕地毛面积3208.36公顷，占总面积的28.9157.8%。

（八）基本农田保护

根据国务院《基本农田保护条例》，1983年开始，全镇开展了基本农田保护规划工作。至2003年，全

镇基本农田划区定界工作全面完成，设定基本农田保护标志牌。全镇共划定基本农田保护区27个。基本农田保护责任纳入政府任期目标考核内容，实行奖惩制度。县、乡(镇)人民政府及村民委员会、农户层层签订了基本农田保护目标责任书，共签订责任书27份。全镇共划定基本农田保护区面积26738.4亩，保护率为16.06%。

（九）实行有偿使用土地

清朝、民国时期，政府对地产实行征收税、地价税。

新中国成立后，县人民政府对地产的管理，基本上处于稳定状态。进入20世纪80年代，由于多家管理，没有土地管理的专门机构，造成土地管理工作混乱。1986年开始，城乡建设用地实行有偿使用。

有偿使用包括的内容是：（1）收取用地、征地管理费。1984年开始由县建设委员会收取宅基地使用管理费，1986年10月开始由县国土局收取征地管理费。（2）收取耕地垦复基金。由国土局统收统支，组织垦复专用。（3）收取个人土地使用费。（4）收取土地证书费。

第十四篇　政　治

明朝开始，园洲地区逐渐建立起都、图、约形式的乡村政权，其中园洲河南区属东莞辖地，河北区属博罗辖地。

民国时期，全国各地革命活动和农民运动高潮迭起，园洲地区表面上虽由国民党政权统治，但在革命宣传和中共党组织领导下，各村先后建立农会，并发起农民斗争运动，逐步参加民主政权建设。

新中国成立初期，园洲河南区和河北区分别由东莞县和博罗县管辖。两区逐步完善农村基层行政机构建设。随着民主法治进程的完善，逐步召开地方党员代表大会和人民代表大会，发扬党内和基层民主；公安、法院、司法、维稳、民政、劳动与社会保障等工作得到发展和完善。其间开展的社会主义革命和建设过程中，加强了共产党的基层组织建设。河南区和河北区先后经历了乡、人民公社、区公所、镇的演变。2003年12月九潭镇并入园洲镇，以沙河为界，划分为河南区和河北区，政党、政法和民政工作均实行统一管理，社会事业和社团组织得到蓬勃发展。

第一章　政　党

1926—1949年，镇域均有共产党组织秘密或公开活动，组织农民协会、农民赤卫队、发展党员等，其中菉兰乡最早有共产党员。新中国成立后，党的基层组织建设不断推进,党员队伍也在不断壮大。2016年12月，全镇共有党支部58个，党员2850人。

第一节　中国共产党地方组织

一、新中国成立前的中国共产党园洲地方组织活动

1926年夏，中共惠州地委和香港中共组织分别派温良、郭华等人到博罗城和园洲菉兰（当时属东莞县）建立中共组织。1926年秋，园洲菉兰、寮仔、李屋、梁屋等村先后成立农民协会，会员近1000人。

1927年，蒋介石发动“四一二”反革命政变后，农会组织被解散，会员遭迫害，园洲梁屋、李屋60多名会员惨遭杀害。

1928年1月，共产党员陈志仁受党指派回乡组建石龙市委，开展武装斗争。他在当地办贫民夜校，从中组织马嘶同盟协会（即农民协会），发展30多名会员。在马嘶农会的协助下，附近的田头、桔头等5个村庄亦先后组建农会。

1928年2月，隐蔽在园洲菉兰的中共党员李养、陈坤、李引田、李九汝等人在陈志仁的领导下，在马嘶、上南、下南、菉兰等地组织农军，开展武装斗争。

1928年6月，石龙市委机关从园洲寮仔迁至石龙镇，策划石龙暴动，配合第一次广州起义。派人策反国民党石龙驻军起义，并组织农军敢死队，接应起义士兵。24日，市委书记陈志仁在石龙公园与国民党军某营长等接头时不幸被捕，27日凌晨被杀害于石龙火车站止轩亭侧，石龙暴动夭折。

为配合东江纵队挺进江北地区，建立以罗浮山为中心的抗日根据地。1945年1月，正式成立博罗县委，建立县以下各级党组织，其间，中共九潭小组成立，党小组组长徐博航，其上级机关是中共博西县工作委员会福田区委。

二、新中国成立后党组织的建设

（一）中共园洲镇（区、乡、公社）委员会

1949年10月14日，东莞全境解放，设置东莞县第七区（企石区）人民政府和中共七区党委会，首任区长魏达（兼区委书记）。第七区（企石区）辖园洲、企石、石排等乡。1955年9月，中共东莞第七区改为第六区委员会（企石区），辖区内的企石乡、园洲乡、石排乡相继建立党支部。

1958年9月东莞开始废除大乡制，试行“政社合一”的人民公社制。1958年9月14日园洲乡成立东莞县第一个人民公社五一人民公社，办事处设在上南洋楼，公社辖马嘶、田头、桔龙、丰平、上南、下南。

1958年10月，五一人民公社改称园洲人民公社。社址设在上南（中心小学旧址）。同年6月成立公社党委。

1959年10月底，社址迁至下南，在东江边筹建公社办公楼，1960年建成迁入办公。

1966年10月，“文化大革命”开始。1967年春，园洲人民公社实行军事管制。1968年3月，园洲人民公社成立革命委员会。同年9月，成立园洲人民公社革命委员会核心小组。1969年12月，恢复中共园洲人民公社委员会。

1976年10月，改设为园洲人民公社管理委员会。

1983年10月，撤社建区，园洲人民公社管理委员会改设为中共园洲区委员会。园洲区辖马嘶、田头、禾山、李屋、寮仔、桔龙、上南、梁屋、下南、深沥、沙头、陈村、廖尾、土瓜圩、刘屋、白马围16个行政乡党支部。

1987年12月，撤区设镇，园洲区委改设为中共园洲镇委员会。园洲镇辖马嘶、田头、禾山、李屋、寮仔、桔龙、上南、梁屋、下南、深沥、沙头、陈村、廖尾、土瓜圩、刘屋、白马围16个行政管理区党支部。

1999年3月，镇所属管理区更名为村，区党支部相应更名为村党支部。

（二）中共九潭镇（区、乡、公社）委员会

1949年10月上旬，博罗全境解放，重新调整行政区域，联和、福田、石湾、九潭四乡组成中共五区区委，并成立九潭乡府支部。

1961年4月，中共九谭人民公社委员会成立。

1963年1月，中共九谭人民公社委员会并入中共铁场人民公社委员会。

1978年4月，九潭从铁场人民公社分出，成立九潭人民公社革命委员会。

1983年12月，改称九潭区，设中共九潭区委员会。九潭区辖上村、水口、凤山、义合、佛岭、马石岗、沥东、沥西、九潭、新村10个行政乡党支部。

1987年3月，改称为九潭镇，设中共九潭镇委员会。九潭镇辖上村、水口、凤山、义合、佛岭、马石岗、沥东、沥西、九潭、新村10个行政管理区党支部。

1999年3月，镇所属管理区更名为村，区党支部相应更名为村党支部。

（三）基层组织建设

新中国成立初期，经历“清匪反霸，减租退押”的“八字运动”、土地改革、抗美援朝、“三反”、“五反”，镇压反革命的一系列重大政治运动。其间，农村、圩镇涌现一批参加运动的积极分子，这些积极分子主动向党组织靠拢，接受党的培养和考验，26名积极分子成为中国共产党党员。1953年6月，赤马、田头、桔龙、丰平、上南、下南、莯兰等乡成立党小组，在中共第七区（企石区）委会领导下开展工作。

1957年10月，撤区建乡，成立中共园洲（上南）乡委员会。这一时期，园洲基层党支部建在高级社。1958年9月，撤乡建人民公社。建社初期，农村基层党支部建在乡。

1959年3月，园洲从东莞县分出，园洲农村基层党支部有16个。

1969—1974年，园洲农村基层（含墟委会）党支部19个，机关企事业单位党支部14个。

1978—1997年，原九潭农村基层党支部10个，机关企事业单位党支部9个。

2004年，中共园洲镇委员会，辖农村基层党支部29个，机关企事业单位党支部21个。

2010—2016年，中共园洲镇委员会农村基层党支部29个，分别是马嘶、田头、桔龙、廖尾、土瓜圩、禾山、深沥、沙头、陈村、上南、刘屋、下南、江头、白耀前、高头、李屋、寮仔、白马围、园洲居委会、上村、水口、凤山、义合、新村、马石岗、佛岭、沥东、沥西、九潭居委会。机关企事业单位党支部26个，分别是镇府企业办、城建系统、园洲交管所、园洲派出所、园洲食品站、园洲镇自来水厂、园洲镇卫生院、园洲镇人社所、园洲工商所、园洲税所、园洲供销社、园洲粮所、园洲国土资源所、园洲邮电所、园洲中学、园洲中心小学、九潭中学、九潭水厂、九潭物业站、九潭派出所、九潭食品站、九潭供销社、博罗电信局九潭支局、九潭卫生院、九潭交管所、九潭中心小学。

至2016年12月，全镇共有党支部58个，党员2850人，其中农村党员1436人。

1970—2016年部分年份园洲党支部和党员情况表

表14-1

年份	党支部数（个）	其中		党员总数（人）	职业分布					
		农村（个）	单位（个）		工人（人）	农民（人）	干部（人）	教师、医生（人）	营业员、服务员（人）	其他（人）
1970	19	10	9	534	8	441	44	16	17	8
1972	19	10	9	542	11	443	45	14	17	12

续表 14-1

年份	党支部数（个）	其中		党员总数（人）	职业分布					
		农村（个）	单位（个）		工人（人）	农民（人）	干部（人）	教师、医生（人）	营业员、服务员（人）	其他（人）
1974	19	10	9	585	16	461	58	15	16	19
1976	33	19	14	632	19	494	52	20	25	22
1978	33	19	14	665	26	506	55	33	23	22
1980	33	19	14	671	31	512	56	28	23	21
1981	33	19	14	676	32	513	58	28	22	23
1985	33	19	14	688	40	518	57	30	24	19
1987	33	19	14	702	42	519	59	33	26	23
1990	33	19	14	719	44	524	61	36	30	24
1994	33	19	14	831	89	551	66	40	45	40
2004	50	29	21	1767	196	963	198	197	196	17
2010	54	29	25	2243	92	1391	486	200	70	14
2016	54	29	25	2850	167	1536	595	307	200	45

三、中共园洲镇各次党员代表大会

（一）中共园洲公社第一次党员代表大会

中共园洲公社第一次党代会于1959年4月6日在园洲上南举行，大会选举黄伟才为党委书记。

（二）中共园洲公社第二次党员代表大会

中共园洲公社第二次党代会于1961年3月在园洲公社大会堂举行，大会选举姚若怀为党委书记。

（三）中共园洲公社第三次党员代表大会

中共园洲公社第三次党代会于1963年4月12日在园洲公社大会堂举行，大会选举余金陵为党委书记。

（四）中共园洲公社第四次党员代表大会

中共园洲公社第四次党代会于1968年10月8日在园洲公社大会堂举行，大会选举黄英为党委书记。

（五）中共园洲公社第五次党员代表大会

中共园洲公社第五次党代会于1978年7月13日在园洲公社大会堂举行，大会选举黄江佑为党委书记，梁润文为副书记。

（六）中共园洲区公所第六次党员代表大会

中共园洲区公所第六次党代会于1983年12月16日在园洲区公所举行，大会选举黎才为党委书记，叶沛贤为副书记。

（七）中共园洲区公所第七次党员代表大会

中共园洲区公所第七次党代会于1987年3月12日在园洲区公所举行。党员代表 97人，出席会议93人。会议选举叶沛贤为书记，徐月镜、陈锦理、陈佛发为副书记。

（八）中共园洲镇第八次党员代表大会

中共园洲镇第八次党代会于1990年3月16日在镇政府会议室举行。党员代表102人，出席会议98人。会议选举徐月镜为书记，朱金福、陈锦理、陈佛发为副书记。

（九）中共园洲镇第九次党员代表大会

中共园洲镇第九次党代会于1993年3月23日在镇委党校召开。出席会议代表161人，占全镇党员总数的19%。其中农村干部和农村党员代表108人，占代表总数的67%，镇机关党员干部代表53名，占33%；妇女党代表15人，占9.3%。这次代表大会的主要议程；一是听取、审议和通过上届镇委工作报告；二是选举新一届的镇委和镇纪委。选举徐月镜等13人为中共园洲镇第九届委员会委员；选举徐月镜为镇委书记，朱金福、陈佛发、谭卓坤、吴建华、陈建群为镇委副书记；选举谭卓坤等5人为中共园洲镇纪律检查委员会委员。

（十）中共园洲镇第十次党员代表大会

中共园洲镇第十次党代会于1996年1月23日在镇委党校召开。出席会议的党员代表115人，占全镇党员总数的13.5%。其中农村党员代表76人，占代表总数的86%，镇机关部门党员干部代表39人，占34%；妇女党员代表12人，占代表总数的10.4%。会议讨论、审议和通过了九次镇委的工作报告；选举梁美兴等9人为中共园洲镇第十届委员会委员，梁美兴为镇委书记，陈佛发、谭卓坤、陈锐深为镇委副书记，谭卓坤为镇纪委书记，任李植、陆惠良为镇纪委副书记。其间：1997年9月，镇委副书记谭卓坤外调石湾镇任镇委书记。

（十一）中共园洲镇第十一次党员代表大会

中共园洲镇第十一次党代会于1999年1月15日在镇政府召开。与会党代表117人，占全镇党员总数的12.6%。其中农村党员代表76人，占代表总数的65%，镇机关党员代表41人，占35%；妇女党代表12人，占10.8%。这次代表大会除了听取、审议通过镇委工作报告之外，还选举梁美兴等11人为中共园洲镇第十一届委员会委员；选举谭宇杰等5人为中共园洲镇纪律检查委员会委员。选举梁美兴为镇委书记，陈佛发、陈锐深、谭宇杰为镇委副书记，谭宇杰为镇纪委书记，任李植、陆惠良为镇纪委副书记。

（十二）中共园洲镇第十二次党员代表大会

中共园洲镇第十二次党代会于2002年1月21日在镇政府召开。出席会议代表113人，占全镇党员数的11.5%。其中农村党员代表75人，占代表总数的66.4%，镇机关党员代表38人，占33.6%妇女；党代表12人，占10.6%。与会代表在充分酝酿、讨论的基础上，以无记名投票差额直接选举的方式，选举徐建辉等11人为中共园洲镇第十二届委员会委员，徐建辉为镇委书记，蔡包景、熊满池、叶植辉为镇委副书记，熊满池为镇纪委书记，陈永汉为镇纪委副书记。其间：2002年6月，刘容森提为镇委副书记；2002年9月，博罗县委组织部副科长高伟强调任镇委副书记；2003年12月，九潭并入园洲镇，梁炎光、王伟斌调任镇委副书记，梁庆光、梁国平、杨雪兰调任镇委委员。

（十三）中共园洲镇第十三次党员代表大会

中共园洲镇第十三次党代会于2006年9月19日在镇政府召开。参加会议的党代表有133人，占全镇党员总数的7.5%。其中农村党员代表77人，占代表总数的57.9%，镇机关党员代表56人，占42.1%；妇女党代表12人，占9%。选举徐建辉为镇党委书记，熊满池、刘容森为镇委副书记，镇委委员13人。

（十四）中共园洲镇第十四次党员代表大会

中共园洲镇第十四次党代会于2011年7月21日在镇政府召开。与会党代表145人。其中各级领导干部代表31人，占21.4%；各类专业技术人员代表23人，占15.9%；各条战线先进人物代表91人，占62.8%；女党员代表23人，占15.9%。会议除了听取、审议和通过上届镇委工作报告与纪委工作报告外；还选举出新一届的镇委和镇纪委班子成员以及选举县级党代表大会代表。选举熊满池为镇委书记，陈沛林、朱新华为镇委副书记，镇委委员13人；选举梁树坚为镇纪委书记，梁锦辉为纪委副书记，镇纪委委员5人。其间：2007年6月，高伟强调任杨村镇任镇长，增选叶立波任党委委员；2007年9月，镇委副书记刘容森调往石湾任镇长；2007年12月，陈沛林任镇委副书记，陈永汉任副镇长，陈焕灼、李沛宁任党委委员；2009年5月，谭洋生调任县公安局任职，增选温党新任党委委员；2011年5月，镇委书记徐建辉调县人大任职；熊满池任镇委书记，朱新华任镇委副书记。

（十五）中共园洲镇第十五次党员代表大会

中共园洲镇第十五次党代会于2016年7月19日在镇政府召开。出席大会的代表143人。其中男性代表116人，占代表总数81.1%；女性代表27人，占代表总数18.9%；村（社区）代表81人，占代表总数56.7%；非公企业代表1人，占代表总数0.7%；圩镇机关部门代表62人，占代表总数43.3%，大会选举熊满池为镇委书记，陈沛林、陈焕灼、刘永忠为镇委副书记，镇委委员13名；选举梁树坚为镇纪委书记，梁锦辉、邓柱洪为纪委副书记。

四、中共九潭镇党员代表大会

1978年3月，九潭人民公社从原铁场人民公社分出，之前第一次至第五次党员代表大会在铁场人民公社召开，在此不作单一叙述。九潭镇从1978年4月至2002年1月，共召开八次党员代表大会。

（一）中共九潭人民公社第六次党员代表大会

中共九潭人民公社第六次党代会于1980年4月3日在九潭人民公社办公大楼三楼会议室召开。大会选举周改为党委书记，黄柱水、梁善忠为副书记。

（二）中共九潭区公所第七次党员代表大会

中共九潭区公所第七次党代会于1983年12月在区三楼会议室召开。大会选举马炼标为党委书记，黄柱水、梁善忠、苏齐宋为副书记。

（三）中共九潭镇第七次党员代表大会

中共九潭镇第七次党员代表大会于1987年3月18日在镇府三楼会议室召开。大会选举马炼标为党委书记，苏齐宋、黄柱水、梁计根为镇委副书记。

（四）中共九潭镇第八次党员代表大会

中共九潭镇第八次党员代表大会于1990年4月10日在镇府三楼会议室召开。大会选举马炼标为党委书记，苏齐宋、黄柱水、梁会光为副书记。

（五）中共九潭镇第九次党员代表大会

中共九潭镇第九次党代会于1993年3月13日在镇政府三楼会议室召开。参加这次代表大会的党代表119人，其中各级干部党员代表30人，占代表总数的25.2%；农民党员代表67人，占56.4%；工人党员代表8人，占6.7%；先进模范党员代表14人，占11.7%。梁会光当选为镇委书记，徐容溪、梁善忠、梁庆光、徐树荣、梁锦源、曾国保当选为副书记，委员10人，纪委委员5人，梁锦源为纪委书记。

（六）中共九潭镇第十次党员代表大会

中共九潭镇第十次党代会于1996年1月25日在镇政府三楼会议室召开。与会党代表125人，其中各级干部党员代表29人，占代表总数的23.2%，农民党员代表61人，占48.8%，工人党员代表21人，占16.8%，先进模范党员代表14人，占11.2；妇女党代表14人，占11.2%。会议选举徐容溪为镇委书记，梁庆光、徐树荣、黄崇基为镇委副书记，张伟忠挂任镇委副书记，委员10人，纪委委员5人；选举黄崇基为镇纪委书记，杨雪兰为镇纪委副书记。

（七）中共九潭镇第十一次党员代表大会

中共九潭镇第十一次党代会于1999年1月18日在镇政府三楼会议室召开。参加大会的党代表103人，其中农村代表56人，占54%，企事业单位干部代表32人，占31%；妇女代表12人，占11.6%；专业技术人员29人，占28%；工人代表18人，占17.5%。会议选举周容志为镇委书记，梁庆光、曾国劳、黄崇基为镇委副书记，曾国劳为镇纪委书记，杨雪兰为镇纪委副书记，党委委员9人，纪委委员5人。

其间：1998年8月，镇委书记徐容溪调任石湾镇任职；同年8月，周容志任镇委书记；同年11月，曾国劳任镇委副书记。

（八）中共九潭镇第十二次党员代表大会

中共九潭镇第十二次党代会于2002年1月24日在镇政府三楼会议室召开。出席会议党代表101人，其中农村代表54人，占53%，企事业单位干部代表32人，占31%；妇女代表11人，占10%；专业技术人员32人，占22%；各单位先进模范代表38人，占38%。与会党代表选举周容志为镇委书记，梁世斌、曾国劳、梁炎光为镇委副书记；选举曾国劳为镇纪委书记，杨雪兰为镇纪委副书记；镇党委委员10人，镇纪委委员5人。其间，2001年11月，梁世斌调任镇委副书记；2002年9月，王伟斌调任镇委副书记。

1959—2016年中共园洲镇（乡、公社、区）历届委员会成员一览表

表14-2

时间	机构名称	职 务	姓 名
1959.4—1966.5	中共园洲人民公社委员会(始设于1959.04)	书记	黄伟才（1959.4—1961.2）
			姚若怀（1961.3—1963.4）
			余金陵（1963.4—1966.5）
		副书记	刘见发（1959.7—1961.2）
			李容德（1961.3—1963.8）
			李东源（1963.5—1966.5）
			李权芳（1963.5—1966.5）
			黄 英（1965.8—1966.5）
		委员	李 稳（1963.5—1966.5）
1966.5—1976.10	中共园洲人民公社委员会(1968年成立革委会)	书记	黄伟才（1966.5—1966.9）
			黄 英（1969.10—1970.4）
			朱玉祥（1970.4—1974.9）
			黄 蜂（1974.9—1976.10）

续表 14-2

时间	机构名称	职　务	姓　名
1966.5—1976.10	中共园洲人民公社委员会(1968 年成立革委会)	副书记	李东源（1966.5—1968.7）
			李权芳（1966.5—1966.7）
			徐计瑞（1966.3—1966.7）
			黄　英（1966.5—1969.10）
			张志明（1972.9—1975.6）
			赖观进（1973.8—1975.3）
			黄江佑（1975.1—1976.10）
			梁汉强（1976.5—1976.10）
			黄敬有（女）（1976.9—1976.10）
		委员	周转、黄谷明、叶锦泰、黄通、梁自想、谭金好
1976.10—1983.12	中共园洲人民公社管理委员会	书记	黄　蜂（1976.10—1978.10）
			黄江佑（1976.10—1983.12）
			黎　才（1982.3—1983.12）
		副书记	黄江佑（1976.10—1978.10）
			黎　才（1976.10—1983.12）
			梁汉强（1976.10—1981.3）
			黄敬有(女)（1976.10—1978.3）
			梁润文（1979.6—1982.8）
			叶沛贤（1982.8—1983.12）
			梁　衍（1983.2—1983.12）
		委员	陈成贵、叶锦太、叶沛贤、陈美秋、黄敬有、李祝龄
1983.12—1987.3	中共园洲镇委员会	书记	黎　才（1983.12—1985.2）
			叶沛贤（1985.2—1987.3）
		副书记	叶沛贤（1983.12—1985.2）
			陈锦理（1984.10—1987.3）
			陈佛发（1984.10—1987.3）
		委员	陈美秋、黄敬有、朱金福、陈锐深
1987.3—1990.4	中共园洲镇第七届委员会	书记	叶沛贤（1987.3—1989.3）
			徐月镜（1989.3—1990.4）
		副书记	徐月镜（1987.3—1989.3）
			陈佛发（1987.3—1993.3）
			陈锦理（1987.4—1993.3）
			朱金福（1989.4—1990.4）
		委员	黄敬有、梁东祥、梁贤泽、陈锐深

续表 14-2

时间	机构名称	职　务	姓　名
1990.4—1993.3	中共园洲镇第八届委员会	书记	徐月镜（1990.4—1993.3）
		副书记	朱金福（1990.4—1993.3）
			陈锦理（1990.4—1991.12）
			陈佛发（1990.4—1993.3）
			谭卓坤（1991.12—1993.3）
			李官正（挂职 1991.3—1993.1）
		委员	梁东祥、黄敬有（女）、梁贤泽、陆惠良
1993.3—1996.1	中共园洲镇第九届委员会	书记	徐月镜（1993.3—1994.11）
			梁美兴（1994.11—1996.1）
		副书记	朱金福（1993.3—1994.11）
			陈佛发（1993.3—1996.1）
			谭卓坤（1993.3—1996.1）
			吴建华（挂职，1993.3—1995.3）
			陈建群（挂职，1993.3—1995.3）
			陈锐深（1995.12—1996.1）
		委员	梁东祥、黄敬有（女）、梁贤泽、任李植
1996.1—1999.1	中共园洲镇第十届委员会	书记	梁美兴（1996.1—1999.1）
		副书记	陈佛发（1996.1—1999.1）
			谭卓坤（1996.1—1997.9）
			陈锐深（1996.1—1999.1）
			赖卓斌（挂职，1996.3—1998.1）
			谭宇杰（1997.9—1999.1）
		委员	黄敬有（女）、任李植、梁海明、熊满池
1999.1—2002.4	中共园洲镇第十一届委员会	书记	梁美兴（1999.1—1999.10）
			徐建辉（1999.10—2002.4）
		副书记	陈佛发（1999.1—2002.4）
			陈锐深（1999.4—1999.4）
			谭宇杰（1999.4—1999.4）
			叶植辉（2000.10—2002.4）
			蔡包景（2001.11—2002.4）
		委员	陈锦理、熊满池、任李植、黄敬有（女）、梁海明、陈永汉

续表 14-2

<table>
<tr><th>时间</th><th>机构名称</th><th>职　务</th><th>姓　名</th></tr>
<tr><td rowspan="10">2002.4—2006.9</td><td rowspan="10">中共园洲镇第十二届委员会</td><td>书记</td><td>徐建辉（2002.4—2006.9）</td></tr>
<tr><td rowspan="8">副书记</td><td>蔡包景（2002.4—2006.9）</td></tr>
<tr><td>熊满池（2002.4—2006.9）</td></tr>
<tr><td>叶植辉（2002.4—2006.9）</td></tr>
<tr><td>刘容森（2002.6—2006.9）</td></tr>
<tr><td>高伟强（2002.9—2006.9）</td></tr>
<tr><td>梁炎光（2004.3—2006.9）</td></tr>
<tr><td>王伟斌（2002.3—2006.9）</td></tr>
<tr><td>廖升安（挂职，2004.3—2006.9）</td></tr>
<tr><td>委员</td><td>陈锐深、梁庆光、黄敬有（女）、梁海明、陈永汉、陈沛林、梁耀洪、朱新华、刘少峰、黎容清、杨雪兰（女）、梁国平</td></tr>
<tr><td rowspan="7">2006.9—2011.7</td><td rowspan="7">中共园洲镇第十三届委员会</td><td rowspan="2">书记</td><td>徐建辉（2006.9—2011.5）</td></tr>
<tr><td>熊满池（2011.5—2011.7）</td></tr>
<tr><td rowspan="4">副书记</td><td>熊满池（2006.9—2011.5）</td></tr>
<tr><td>刘容森（2006.9—2007.9）</td></tr>
<tr><td>陈沛林（2007.12—2011.7）</td></tr>
<tr><td>朱新华（2011.5—2011.7）</td></tr>
<tr><td>委员</td><td>叶植辉、梁炎光、高伟强、梁耀洪、黎容清、王伟斌、陈永汉、杨雪兰（女）、朱日森、谭洋生、叶立波、陈焕灼、李沛宁、温党新</td></tr>
<tr><td rowspan="4">2011.7—2016.7</td><td rowspan="4">中共园洲镇第十四届委员会</td><td>书记</td><td>熊满池（2011.7—2016.7）</td></tr>
<tr><td rowspan="3">副书记
委员</td><td>陈沛林（2011.7—2016.7）</td></tr>
<tr><td>朱新华（2011.7—2016.7）</td></tr>
<tr><td>陈焕灼、王伟斌、杨雪兰（女）、朱日森、温党新、 叶立波、黄水杨、梁树坚、刘永忠、黄卓豪、李向阳、梁润田、黄伟生、林文捷、陈永良</td></tr>
<tr><td rowspan="5">2016.7—</td><td rowspan="5">中共园洲镇第十五届委员会</td><td>书记</td><td>熊满池（2016.07—）</td></tr>
<tr><td rowspan="3">副书记</td><td>陈沛林（2016.07—）</td></tr>
<tr><td>陈焕灼（2016.07—）</td></tr>
<tr><td>刘永忠（2016.07—）</td></tr>
<tr><td>委员</td><td>黄水杨、杨雪兰（女）、王伟斌、刘少峰、陈志荣、梁树坚、梁润田、林文捷、陈永良</td></tr>
</table>

1961—2004年原中共九潭镇(乡、公社、区)历届委员会成员名录一览表

表 14-3

时间	机构名称	职　务	姓　名
1961.4—1963.11	中共九潭人民公社委员会(1963.11 撤销九潭人民公社,并入铁场人民公社)	书记	周根（1961.5—1963.11）
		副书记	梁计根（1961.5—1963.11）
			黄柱水（1961.5—1963.11）
1978.3—1987.11(1978年3月，九潭从铁场人民公社分出，成立中共九潭人民公社委员会。1983年12月，改称九潭区，1987年3月，改称为九潭镇，均设立党的基层委员会）	中共九潭人民公社委员会	书记	周改（1978.4—1982.12）
			马练标（1982.12—1983.12）
		副书记	黄柱水（1978.4—1983.12）
			刘玉梅（1978.4—1982.5）
			苏容稳（1979.7—1982.1）
			苏齐宋（1982.1—1983.12）
			梁计根（1983.1—1983.12）
	九潭区委	书记	马练标（1983.12—1987.3）
		副书记	黄柱水（1983.12—1987.3）
			苏齐宋（1983.12—1987.3）
			梁计根（1983.12—1987.3）
	中共九潭镇委员会	书记	马练标（1987.3—1987.11）
		副书记	黄柱水（1987.3—1987.11）
			苏齐宋（1987.3—1987.11）
		党委委员	徐德全、梁善忠、张伯成、翟旺芳、梁锦源、邬发忠、黄计发、曾铎然
1987.3—1990.4	中共九潭镇委员会	书记	马炼标（1987.3—1990.4）
		副书记	苏齐宋（1987.3—1990.4）
			黄柱水（1987.3—1990.4）
			梁计根（1987.3—1990.4）
		党委委员	梁善忠、黄计发、梁锦源、吴观伙、梁定加、梁庆光
1990.4—1993.3	中共九潭镇委员会	书记	马炼标（1990.4—1993.3）
		副书记	苏齐宋（1990.4—1993.3）
			黄柱水（1990.4—1993.3）
			梁会光（1990.4—1993.3）
		党委委员	钟华钳、黄计发、梁锦源、曾新涛、徐容溪、吴观伙、梁庆光

续表 14-3

时间	机构名称	职　务	姓　名
1990.4—1996.3	中共九潭镇委员会	书记	梁会光（1993.3—1994.6）
			徐容溪（1994.6—1996.3）
		副书记	梁庆光（1994.6—1996.3）
			徐树荣（1993.3—1996.3）
			梁锦源（1993.3—1996.3）
		党委委员	梁善忠、黄崇基、徐景新、吴观伙、曾秀源
1996.3—1999.3	中共九潭镇委员会	书记	徐容溪（1996.3—1998.8）
			周容志（1998.8—1999.3）
		副书记	梁庆光（1996.3—1999.3）
			黄崇基（1996.3—1999.3）
			徐树荣（1996.3—1999.3）
			曾国保（1996.3—1999.3）
			张伟忠（1996.3—1999.3）
		党委委员	梁锦源、曾秀源、梁炎光、梁浩棠、杨雪兰、吴观伙
1994.4—2002.3	中共九潭镇委员会	书记	周容志（1999.4—2002.3）
		副书记	梁庆光（1999.4—2002.3）
			曾国劳（1999.4—2002.3）
			黄崇基（1999.4—2002.3）
			王伟斌（1999.4—2002.3）
		党委委员	徐树荣、梁炎光、梁锦源、杨雪兰、曾秀源、吴观伙
2002.4—2003.12	中共九潭镇委员会	书记	周容志（2002.4—2004.3）
		副书记	梁世斌（2002.4—2004.3）
			曾国劳（2002.4—2004.3）
			梁炎光（2002.4—2004.3）
			王伟斌（2002.4—2004.3）
		党委委员	梁庆光、徐景新、梁国平、马伟雄、杨雪兰

五、党委各时期的工作

（一）基本完成社会主义改造时期（1949 年 10 月至 1966 年 5 月）

党在镇域建立党的基层组织，在上级党委领导下，基本完成了社会主义改造，开始全面建设社会主义。

在清匪反霸斗争、土地改革、镇压反革命、抗美援朝、恢复国民经济、农业合作化和进行第一个五年计划的经济建设中取得了伟大的胜利，在调整经济，克服三年经济困难中作出了巨大的努力，经受住严峻的考验。

（二）“文化大革命”十年时期（1966 年 5 月至 1976 年 10 月）

由于“文化大革命”这一全局性的、长时间的“左”倾严重错误，园洲地区党的建设、国民经济和人民生活遭到新中国成立以来最严重的挫折和损失。党和人民同“左”倾错误和林彪、江青反革命集团进行了艰难曲折的斗争，使“文化大革命”的破坏受到了一定程度的限制，国民经济仍然取得了进展。粮食生产保持了比较稳定的增长，农田水利基本建设取得了一定的成绩。

（三）“文化大革命”后到拨乱反正初期（1976 年 10 月至 1980 年 8 月）

“文化大革命”后到拨乱反正初期(1976年10月至1980年8月)，粉碎江青反革命集团的胜利，国家进入新的发展时期。园洲地区党组织和政权机构的整顿，冤假错案的平反，开始部分地进行，工农业生产、教育文化工作也开始走向正常。中共十一届三中全会之后，党重新确立马克思主义的思想路线、政治路线和组织路线。在上级的领导下，园洲地区调整党组织和加强各级领导班子建设，开始解放思想，拨乱反正，推行联产计酬责任制，恢复农村集市贸易，发展多种经营，引进“三来一补”项目等。

（四）改革开放时期（1980 年 8 月至 1995 年 12 月）

中共十一届三中全会以来的十六年，是园洲人民在党领导下集中力量进行社会主义现代化建设的十六年。园洲镇党委在邓小平建设有中国特色社会主义理论的指导下，不断解放思想、更新观念，把党的工作中心转移到经济建设上来。贯彻干部革命化、年轻化、知识化、专业化的方针，加强廉政建设，加强同人民群众的联系，成为团结和带领群众进行改革和建设的战斗堡垒。十六年间，园洲镇取得了历史性的巨大成就。一是实行家庭联产承包责任制，创办乡镇企业，调整和优化产业结构，开发“三高农业”；二是利用外资，开拓国际市场，发展外向型经济；三是大规模展开交通通信、能源和水利等基础设施的建设；四是发展工业和第三产业；五是实现九年制义务教育；六是建立社会主义市场经济体制。到1995年，园洲镇的工业产业产值开始超过农业产值，由一个农业镇跃为一个工业镇，被列入建设部小城镇建设试点镇名单，成为500个全国小城镇建设试点镇之一。

（五）改革开放之新型城镇化建设时期（1995 年 12 月至 2016 年）

1995年12月至2016年，园洲镇委、镇政府在县委、县政府的正确领导下，以邓小平理论、“三个代表”重要思想和科学发展观为指导，全面贯彻落实中共十八大和十八届三中、四中、五中、六中全会精神，深入学习习近平总书记系列重要讲话精神，主动适应经济社会发展新常态，围绕“以城镇建设推动经济发展，以经济发展促进城镇建设”的总体思路，掀起了经济发展和城市建设新高潮，带动社会各项事业全面进步，促进了各项经济指标稳定增长。全镇广大干部、群众与时俱进、团结务实、开拓进取，有效地促进全镇物质文明、政治文明和精神文明的协调发展，全镇城乡呈现出生机勃勃、欣欣向荣和社会稳定、人民安居乐业的新景象。2016年实现GDP（地区生产总值）65亿元，同比增长13%；完成财政税收7.478916亿元，同比增长30.52%；完成固定资产投资59.15亿元，同比增长24.5%；金融存款为74.4202亿元，同比年初增加15.3575亿元。

六、纪律检查

1993年3月，中共园洲镇第九次代表大会选举产生中共园洲镇纪律检查委员会，由一名党委副书记兼任纪委书记，设委员5人。园洲镇纪委负责园洲镇党的纪律检查工作，包括维护党的章程和党内法规；检查党支部对党的路线、方针、政策和决议的执行情况；贯彻落实党风廉政建设和反腐败斗争，监督检查镇政府各部门及其工作人员执行国家政策和法律法规、国民经济和社会发展计划等情况；负责检查并处理各部门、各支部违反党的章程及法规的案件和各部门及其工作人员违反国家政策、法律法规以及违反政纪行为；受理党员的控告和申诉，会同有关部门做好纪检、行政监察工作方针和政策的宣传工作以及对党员、国家工作人员进行遵纪守法、为政清廉的教育工作。镇纪委对违反党的纪律的党员，遵照“惩前毖后、治病救人”的精神，根据错误性质、情节轻重和认识错误态度，给予批评教育直至纪律处分。2006—2016年期间，全镇共处分党员30名，其中党内警告6人、党内严重警告6人、留党察看1年4人、留党察看2年3人，开除党籍14人，取消预备党员资格2人，撤销党内职务1人。

1989年—2016年中共园洲镇历任纪委书记、副书记名录表

表 14-4

届　别	时　间	书　记	副书记	单位名称
八	1989.6—1991.12	陈锦理	梁衍	园洲区委
九	1991.12—1996.1	谭卓坤	任李植	园洲镇委
十	1996.1—1999.1	谭卓坤	任李植、陆惠良	园洲镇委
十一	1999.1—2002.1	谭宇杰	任李植、陆惠良	园洲镇委
十二	2002.1—2006.9	熊满池	陈永汉	园洲镇委
十三	2006.9—2007.7	高伟强	陈永汉	园洲镇委
十四	2007.7—2011.7	陈焕灼	陈永汉	园洲镇委
十五	2011.7—2016.7	梁树坚	梁锦辉	园洲镇委
十六	2016.7—2016年	梁树坚	梁锦辉、邓柱洪	园洲镇委

1993—2004年中共九潭镇历任纪委书记、副书记任职情况表

表14-5

届　别	时　间	书　记	副书记	单位名称
九	1993.3—1996.1	徐树荣		九潭镇委
十	1996.1—1999.1	黄崇基	杨雪兰	九潭镇委
十一	1999.1—2002.1	曾国劳	杨雪兰	九潭镇委
十二	2002.1—2004.2	曾国劳	杨雪兰	九潭镇委

第二章 政 权

第一节 民国前的政权机构

明天顺八年（1464年），东莞县全县有三坊一厢五乡二十都。五乡：文顺乡为归城乡、恩德乡、延福乡、归化乡。当时，园洲（河南区）隶属东莞县文顺乡（即现在的石龙）。

清雍正八年(1730年)，东莞县设三坊一厢四乡十三都，下统177图、40街巷、356村镇。一厢四乡为迎恩厢，文顺乡、归城乡、恩德乡、延福乡。文顺乡（即现在的石龙）乡公署驻石龙统第一至四都。园洲（河南区）的蒸兰、上南、下南、沙头、深沥、禾山、土瓜、田头、马嘶、龙叫、桔头均属文顺乡管辖。

民国37年(1948年)至新中国成立前夕，东莞全县分为6个区、58个乡、3个乡级镇、1405个保，669004人。园洲乡有30保13172人，辖土瓜圩、禾山梁屋村、禾山朱屋、林屋、李屋、田头村、马嘶村、岭贝村、龙叫村、桔头村、淡岗村、礴头村、廖尾村、上南村、上南村园和圩、上南村鹤佬寮村、下南刘屋村、下南陈屋村、蒸兰岗头村、白耀前村、高头村、李屋村、赤岗村、陈村、沙头村、深沥村。乡公所设在土瓜圩，设正、副乡长各1人，文书、训练员、所长各1人。乡以下设保长、甲长，负责政府征兵、征粮、征税，并调解乡民的民事纠纷，协助维持当地治安等。

河北区(九潭）一直是博罗县辖地。

明洪武四年（1371年），建石湾巡司署，辖仙福、神护、罗仙都三都十一图，管属石湾约、滘下约、鸾冈约、洪圣坊、源头约、上滘坊、铁场约、白沙约、赤沥约、新村约、泊头约、佛岭约、凤屯约（今九潭凤山）等51个约。

清乾隆年间（1736—1795年），博罗县以下政区划分与明万历年间（1572—1620年）基本相同，设4署、10都、48图。仙福都（九潭）归石湾乡的石湾巡司署管辖。

清光绪七年（1881年），博罗全县划为10都、49里，九潭片区仍属仙福都（九潭）5里。

民国27年（1938年），九潭系博罗第十二区（礼义乡），实行保甲制。以九潭为中心，下辖赤沥（徐）、沙径（谢）、白沙（徐、黎）、佛岭（黄）、新村（徐）、前矛冈（徐）、坐（泊）、头、凤屯（凤山）、榕树墩、梁屋田、李下堡、陈牙冈、曾谱围、茶沥、黎冈、冈头岭、蒲江岭、聚和、黄茅岭、马石冈、大岭冈、龟岭、何木围、上村、木杓岭、塘角岭、长冈头、长宁湖、十排场、硬塘湖、水口埔、平埔岭。

民国34年（1945年）7月7日，博罗县抗日民主政府在长宁平埔岭成立，东博、九潭成为其下辖的2个乡，袁仲云任东博乡乡长。

第二节　新中国成立后的政权机构

一、新中国成立初期

1949年8月19日，河南区（园洲）解放；9月10日，中共东莞第七区委（企石）成立，辖区含园洲、茶山、企石、石排等乡。1950年，成立园洲乡，东莞县派莫照任乡长，乡公所在土瓜圩，设乡长1人，副乡长2人。

1949年10月，博罗县建立人民政权，废除保甲制，基层政区改区村制。12月，县内划分为五区一镇。园洲河北区（九潭）设九潭、东博两乡，受第五区所辖。

二、土地改革时期

1950年6月，东莞县划分区人民政府，石排、园洲、民主、丰乐、大同等6个乡组成东莞县第七区,成立园洲乡，东莞县派莫照任乡长。园洲乡辖上南、下南、赤马、田头、丰平、桔头六乡。1951年秋，开展清匪反霸斗争。1950年6月至1952年年底，园洲和全国各地一样，开展分田到户，实行个体经济的土地改革运动。1953年，第七区改称为第六区。1954年冬组织互助组，1955年组织高级社。1954年6月30日，从二区划出菉兰乡给六区。至1956年，第六区又改称为企石区，同时，划分石排、园洲、企石3个大乡。园洲乡辖上南、下南、丰平、田头、赤马、桔龙、菉兰七乡。

1950年3月，博罗全面实行区乡行政管理制，县内划分为5区25乡279行政村1镇。九潭乡属第五区。1952年7月10日，博罗县内的区乡行政管理制由原来的大乡管理改为小乡管理制，划分为11区152乡，上村、水口属第十区，赤沥、义合属第十一区。1955年10月18日，成立区人民政府，调整各区所辖的乡。上村、水口属第十区，十一区为铁场区公所，辖属铁场、九潭、源头、凤山、古泥塘、东博、东平、长宁、石下屯、山下、福田、营盘下、联和、柿树下、道姑田、黄西、西田、中湖、石湾、道滘等乡。

三、人民公社时期

1956年1月4日，因行政区域变迁，东莞县划归惠阳专区管辖。1958年9月14日，东莞县第一个人民公社在园洲乡成立，命名为“五一人民公社”。1958年10月，五一人民公社改称园洲人民公社。公社辖赤马、田头、桔龙、丰平、箓兰、上南（上南、下南合并为上南乡）六个乡，设公社书记1人，社长1人，副社长1人。1959年3月，园洲正式划归博罗管辖，人民公社制一直沿用至1966年“文化大革命”开始。

1961年4月，九潭人民公社成立，社长翟桂灿，辖赤沥、义合、上村、水口、九潭、凤山、东博。1963年1月，并入铁场人民公社。

四、“文化大革命”时期

1966年5月，“文化大革命”开始，园洲人民公社委员会改为园洲人民公社革命委员会，实行党务、行政、经济工作一元化领导，黄英、朱玉祥先后任主任。1980年9月后改为园洲人民公社管理委员会，黄蜂任管理委员会主任。

1978年4月，九潭从铁场人民公社分出，成立九潭人民公社革命委员会，周改任革命委员会主任。1980年9月，九潭人民公社革命委员会改称九潭人民公社管理委员会，黄柱水任管委会主任。

五、改革开放时期

（一）区公所

1983年12月，河南区撤销园洲人民公社管理委员会，成立园洲区公所，区长叶沛贤、副区长徐月镜。

1983年12月，河北区撤销九潭人民公社管理委员会，成立九潭区公所，区长黄柱水。

两区公所均为县人民政府的派出机关，下设民政助理、文教助理、司法助理、经管助理、农业生产助理、计划生育干部、畜牧干部、林业干部等。1985年后增设计划生育助理、资料员。

（二）镇人民政府

1987年3月，河南区撤区建镇，成立园洲镇人民政府，镇长徐月镜。1987年11月至2016年9月，园洲镇先后召开第八届、九届、十届、十一届、十二届、十三届、十四届、十五届和十六届人民代表大会，选举产生各届镇人民政府领导班子。

1987年3月，河北区撤区建镇，成立九潭镇人民政府，镇长苏齐宋。1987年11月至2003年3月，九潭镇先后召开第七届、八届、九届、十届、十一届、十二届、十三届人民代表大会，选举产生各届镇人民政府领导班子。

2003年12月，九潭镇并入园洲镇。

至2016年，园洲镇政府在编人员162人，内设机构有党政办公室、社会事务办公室、经济发展办公室、规划建设办公室、农业办公室、计划生育办公室、维护稳定及社会治安综合治理办公室、环境保护办公室、监察室。所属事业单位有财政管理所、社会保险管理所、文化服务中心、人口和计划生育服务所、农村经济合作服务中心、水利所、村镇建设管理所、农业技术推广站、安全生产监督管理所、统计站。

1949 年 9 月至 2016 年 12 月园洲行政机构领导一览表

表 14-6

行政机构名称	正　职	任职时间（年、月）	副　职	任职时间（年、月）
东莞县第六区园洲乡	乡长：朱文光	1949.9—1950.6	副乡长：李谭初	1949.9—1950.6
			副乡长：李养副	1949.9—1950.6
东莞县园洲乡	乡长：莫　照	1950.7—1956.4		
东莞县园洲乡	乡长：刘建发	1956.5—1959.3	副乡长：麦　旭	1958.5—1959.3
博罗县园洲人民公社	社长：刘建发	1959.7—1961.6		
	社长：黄松源	1961.6—1963.8	副社长：谭志棠	1961.6—1963.8
	社长：黄　英	1965.8—1966.5	副社长：陈成佑	1965.8—1966.5

续表 14-6

行政机构名称	正　职	任职时间（年、月）	副　职	任职时间（年、月）
博罗县园洲人民公社	社长：黄　蜂	1966.5—1968.2		
	主任：黄　英	1968.2—1970.4		
	主任：朱玉祥	1970.4—1974.4		
	主任：黄　蜂	1974.4—1976.10		
博罗县园洲人民公社	主任：黄　蜂	1976.10—1978.7		
	主任：黄江佑	1978.7—1982.3		
博罗县园洲区公所	区长：叶沛贤	1982.1—1985.1	副区长：陈成佑	1982.1—1987.1
			副区长：徐月镜	1982.1—1987.1
	区长：徐月镜	1985.2—1987.3	副区长：陈成佑	1985.2—1987.3
博罗县园洲镇人民政府	镇长：徐月镜	1987.3—1989.4	副镇长：朱金福	1987.3—1989.4
			副镇长：陈美秋	1987.3—1990.4
			副镇长：陈浩林	1987.3—1990.4
	镇长：朱金福	1989.4—1990.4	副镇长：梁美齐	1989.4—1990.4
博罗县园洲镇人民政府	镇长：朱金福	1990.4—1993.3	副镇长：蔡包景	1990.4—1993.3
			副镇长：陈锐深	1990.4—1993.3
			副镇长：陈美秋	1990.4—1993.3
			副镇长：梁美齐	1990.4—1993.3
博罗县园洲镇人民政府	镇长：朱金福	1993.3—1994.11	副镇长：陈美秋	1993.3—1996.1
			副镇长：梁美齐	1993.3—1996.1
	镇长：陈佛发	1994.11—1996.1	副镇长：陈锐深	1993.3—1996.1
			副镇长：蔡包景	1993.3—1996.1
博罗县园洲镇人民政府	镇长：陈佛发	1996.1—1999.1	副镇长：蔡包景	1996.1—1999.1
			副镇长：梁美齐	1996.1—1999.1
			副镇长：陈美秋	1996.1—1999.1
			副镇长：梁贤泽	1996.1—1999.1
博罗县园洲镇人民政府	镇长：陈佛发	1999.1—2002.1	副镇长：蔡包景	1999.1—2002.1
			副镇长：梁沃河	1999.1—2002.1
			副镇长：刘容森	1999.1—2002.1
			副镇长：梁贤泽	1999.1—2001.7
博罗县园洲镇人民政府	镇长：蔡包景	2002.1—2006.9	副镇长：刘容森	2003.5—2003.12
			副镇长：梁沃河	2002.1—2006.9
			副镇长：朱日森	2002.1—2006.9
博罗县园洲镇人民政府	镇长：蔡包景	2002.1—2006.9	副镇长：刘少峰	2003.12—2006.9
			镇长助理：朱耀昌	2003.5—2005.9

续表 14-6

行政机构名称	正　职	任职时间（年、月）	副　职	任职时间（年、月）
博罗县园洲镇人民政府	镇长：熊满池	2006.9—2011.5	副镇长：叶植辉	2006.9—2011.7
			副镇长：梁炎光	2006.9—2011.7
			副镇长：陈沛林	2006.9—2007.12
			副镇长：刘少峰	2006.9—2011.7
			副镇长：陈永汉	2007.12—2011.7
博罗县园洲镇人民政府	镇长：陈沛林	2011.9—2016.9	副镇长：陈焕灼	2011.7—2016.9
			副镇长：梁炎光	2011.7—2016.9
			副镇长：陈永汉	2011.7—2016.9
			副镇长：刘少峰	2011.7—2016.9
博罗县园洲镇人民政府	镇长：陈沛林	2016.9—2016.12	副镇长：黄水扬	2016.9—2016.12
			副镇长：梁耀洪	2016.9—2016.12
			副镇长：叶立波	2016.9—2016.12
			副镇长：王延金	2016.9—2016.12

1978 年 3 月至 2003 年 12 月九潭行政机构领导人一览表

表 14-7

行政机构名称	正　职	任职时间（年、月）	副　职	任职时间（年、月）
博罗县九潭人民公社革命委员会	主任：黄柱水	1978.3—1983.12		
	区长：黄柱水	1983.12—1987.3		
博罗县九潭镇人民政府	镇长：苏齐宋	1987.3—1990.3	副镇长:梁善忠	1987.3—1990.3
			副镇长:温光	1987.3—1990.3
			副镇长:梁庆光	1987.3—1990.3
博罗县九潭镇人民政府	镇长：苏齐宋（1992 年 10 月病故）	1990.4—1992.10	副镇长:梁庆光	1990.3—1993.3
			副镇长:梁善忠	1990.3—1993.3
	镇长:梁会光	1992.11—1994.4	副镇长:温　光	1990.3—1993.3
			副镇长:黄林生	1991.3—1993.3
博罗县九潭镇人民政府	镇长:徐容溪	1993.3—1996.3	副镇长:徐树荣	1993.3—1996.3
			副镇长:梁继添	1993.3—1996.3
			副镇长:曾锦清	1993.3—1996.3
博罗县九潭镇人民政府	镇长:梁庆光	1993.6—1999.3	副镇长:梁继添	1996.3—1999.1
博罗县九潭镇人民政府	镇长:梁庆光	1993.6—1999.3	副镇长:曾锦清	1996.3—1999.1
			副镇长：徐景新	1996.3—1999.1

续表 14-7

行政机构名称	正　职	任职时间（年、月）	副　职	任职时间（年、月）
博罗县九潭镇人民政府	镇长:梁庆光	1999.1—2003.5	副镇长：曾锦清	1999.1—2003.5
			副镇长：梁继添	1999.1—2003.5
			副镇长：徐景新	1999.1—2003.5
			镇长助理：孙权金	1999.1—2003.5
博罗县九潭镇人民政府	镇长:梁世斌	2003.5—2003.12	副镇长：李　平	2003.5—2004.3
			副镇长：徐建扬	2003.5—2004.3
			副镇长：黄水扬	2003.5—2004.3
			副镇长：陈志荣	2003.5—2004.3

六、农村自治组织

1949年10月，园洲、九潭所辖村均成立农民协会，负责组织发动农民进行反霸减租斗争和土地改革，农会内设生产组、武装组和财粮组，并设主席、副主席、妇女主任、文书、民兵队长等职。

1953年，成立农业初级社，设主任、副主任各1人。

1956年，各村成立农业高级社，设主任、副主任、会计、妇女主任、民兵队长等职。

1958年10月，村改称生产大队，设正、副大队长，治保主任，民兵队长，妇女主任，会计出纳等职。同时实行军事化管理，生产大队设连，生产队为排，设正、副连长，指导员,民兵队长等职。

1968年至1980年7月，成立生产大队革命委员会，设主任、副主任各1人。

1980年8月，生产大队革命委员会改称生产大队管理委员会，干部职位未变。

1987年3月，原生产大队管理委员会改称管理区委员会，设正、副主任各1人，其余未变。

1999年3月，实行镇管村体制，原管理区委员会改称村民委员会。至2016年，园洲镇辖有27个村民委员会和2个居民委员会。

第三节　人民代表大会

一、乡镇人大制度的建立

1949年，由于新政权刚刚成立，没有条件召开人民代表大会，而是以各界人民代表会议作为一种过渡形式，起着人民代表大会的作用，代替人民代表大会的职权。其代表由各群众团体摊派或政府特邀。

1952年，第七区（东莞企石区）及辖下各乡都召开各界人民代表会议。1953年颁布的《中华人民共和国选举法》规定，乡人民代表大会两年一届。当时，乡政权刚成立不久，之后机构设置也几番变动，相关资料不详。

二、镇人大制度的恢复、发展

1958—1986年，公社人民代表大会不设主席团，都是由当时的人民公社革命委员会、管理委员会、区人民政府负责召集并主持会议。“文化大革命”后，开始恢复人民代表大会制度，选举产生人民公社革命委员会主任、副主任、委员和县人民法院陪审的群众。1986年，全县撤销人民公社建制，实行乡镇建制，选举产生人民政府镇长、副镇长。1987年以来，各乡、镇人民代表大会选举产生主席团主席、常务主席。此后，乡（镇）人大主席团工作日臻完善。

三、历届镇人民代表大会

（一）园洲镇历届人民代表大会①

1.园洲镇第八届人民代表大会

园洲镇第八届人民代表大会第一次会议于1987年3月16日在下南东江边的镇政府旧址二楼会议室召开。大会选举徐月镜为园洲镇人民政府镇长，选举朱金福、陈美秋、陈浩林为园洲镇人民政府副镇长。

园洲镇第八届人民代表大会第二次会议于1989年4月12日在下南东江边的镇政府旧址二楼会议室召开，大会选举朱金福为园洲镇人民政府镇长，补选梁美齐为园洲镇人民政府副镇长。

2.园洲镇第九届人民代表大会

园洲镇第九届人民代表大会第一次会议于 1990 年 3 月 18 日在下南东江边的镇政府旧址二楼会议室召开。大会选举陈锦理为镇人大主席，选举朱金福为园洲镇人民政府镇长，选举陈美秋、梁美齐、陈锐深、蔡包景为园洲镇人民政府副镇长。

3.园洲镇第十届人民代表大会

园洲镇第十届人民代表大会第一次会议于 1993 年 3 月 18 日在下南东江边的镇政府旧址二楼会议室召开，时间 1 天。出席大会代表 69 人，其中妇女代表 14 人，占 20%，干部代表 12 人，占 17%，知识分子代表 16 人，占 23%，侨属代表 3 人，占 5%，工农及其他劳动者代表 24 人，占 35%。大会选举陈锦理为镇人大主席，选举朱金福为园洲镇人民政府镇长，选举陈美秋、梁美齐、陈锐深、蔡包景为园洲镇人民政府副镇长。

4.园洲镇第十一届人民代表大会

园洲镇第十一届人民代表大会第一次会议于1996年1月20日在园洲政府饭堂二楼会议室召开，时间2天。出席大会代表63人，其中非党代表15人，占23.8%，妇女代表8人，占12.6%，工农代表56人，占88.8%，知识分子代表1人，占1.5%，干部代表9人，占11.1%。大会选举陈锦理为镇人大主席，选举梁东祥为镇人大副主席,选举陈佛发为园洲镇人民政府镇长，选举陈美秋、梁美齐、陈锐深、蔡包景、梁贤泽为园洲镇人民政府副镇长。

5.园洲镇第十二届人民代表大会

园洲镇第十二届人民代表大会第一次会议于1999年1月12日在园洲政府饭堂二楼会议室召开，时间2天。出席大会代表63人，其中非党代表9人，占14.3%，妇女代表7人，占11.1%，工农代表50人，占79.4%，知识分子代表1人，占1.59%，干部代表10人，占15.9%，侨眷代表2人，占3.1%。大会选举陈锦理为镇人大

①园洲第一至第七届人民代表大会召开时间、地点、选举结果等不详。

主席，选举梁美齐、陈美秋为镇人大副主席，选举陈佛发为园洲镇人民政府镇长，选举蔡包景、梁沃河、刘容森、梁贤泽为园洲镇人民政府副镇长。

6. 园洲镇第十三届人民代表大会

园洲镇第十三届人民代表大会第一次会议于2002年1月18日在园洲政府饭堂二楼会议室召开，时间2天。出席大会代表63人，其中非党代表13人，占20.6%，妇女代表6人，占9.5%，工农代表51人，占81%，知识分子代表1人，占1.6%，干部代表7人，占4.8%，私人企业代表2人，占3.2%，个体种养专业户2人，占3.2%。大会选举陈锐深为镇人大主席，选举陈佛发为园洲镇人民政府镇长，选举刘容森、梁沃河、朱日森为园洲镇人民政府副镇长。

7. 园洲镇第十四届人民代表大会

园洲镇第十四届人民代表大会第一次会议于2006年9月16日在园洲政府饭堂二楼会议室召开，时间2天。出席大会代表80人，其中非党代表21人，占26%，妇女代表13人，占16%，工农及其他劳动者代表69人，占86%,知识分子代表3人，占4%，干部代表8人，占10%。大会选举徐建辉为镇人大主席，选举梁耀洪为镇人大副主席，选举熊满池为园洲镇人民政府镇长，选举叶植辉、梁炎光、陈沛林、刘少峰为园洲镇人民政府副镇长。

2007年12月，陈沛林辞去副镇长职务；2008年1月，镇召开人大例会，选举陈永汉为副镇长。

8. 园洲镇第十五届人民代表大会

园洲镇第十五届人民代表大会第一次会议于2011年9月16日在园洲政府饭堂二楼会议室召开，时间2天。出席大会代表80人，其中农民代表58人，占72.5%，知识分子代表1人，占1.25%，干部代表18名，占22．5%，企业单位负责人代表1人，1.25%，专业技术人员代表2人，占2.5%，妇女代表10人，占12.5%。大会选举熊满池为镇人大主席，选举梁耀洪为镇人大副主席，选举陈沛林为园洲镇人民政府镇长，选举陈焕灼、梁炎光、陈永汉、刘少峰为园洲镇人民政府副镇长。

9. 园洲镇第十六届人民代表大会

园洲镇第十六届人民代表大会第一次会议于2016年9月29日在园洲政府饭堂二楼会议室召开，时间2天。出席大会的代表80人，其中非党员代表14人，占17.5%；妇女代表19人，占23.75%；工农和其他劳动者代表72人，占90%；领导干部代表8人，占10%。大会选举朱新华为镇人大主席，选举梁炎光为镇人大副主席，选举陈沛林为园洲镇人民政府镇长，选举黄水扬、梁耀洪、叶立波、王延金为园洲镇人民政府副镇长。

（二）九潭镇历届人民代表大会[①]

1. 九潭镇第七届人民代表大会

九潭镇第七届人民代表大会第一次会议于1987年3月16召开。大会选举苏齐宋为九潭镇人民政府镇长，选举梁善忠、温光、梁庆光为九潭镇人民政府副镇长。

2. 九潭镇第八届人民代表大会

九潭镇第八届人民代表大会第一次会议于1990年3月18日召开。大会选举黄柱水为镇人大主席，选举苏齐宋为九潭镇人民政府镇长，选举梁善忠、温光、梁庆光、黄林生为九潭镇人民政府副镇长。

3. 九潭镇第九届人民代表大会

九潭镇第九届人民代表大会第一次会议于1993年3月17日在九潭镇府召开，时间一天。出席代表53人，其中非党代表27人，占51%，妇女代表11人，占28.8%，知识分子代表8人，占15%。大会选举梁善忠为镇人大主席，选举徐容溪为九潭镇人民政府镇长，选举曾锦清、梁继添、徐树荣为九潭镇人民政府副镇长。

4. 九潭镇第十届人民代表大会

九潭镇第十届人民代表大会第一次会议于1996年1月26日在九潭镇府召开，时间1天。出席代表52人，其中非党代表34人，占65.4%，妇女代表9人，占17.3%，工人代表3人，占5.8%,农民代表35人，占67.3%，知识分子代表6人，占11.5%，干部代表8人，占15.4%。大会选举梁锦源为镇人大主席，选举梁庆光为九潭镇人民政府镇长，选举曾锦清、梁继添、徐景新为九潭镇人民政府副镇长。

①九潭第一至第六届人民代表大会召开时间、地点、选举结果等不详。

5. 九潭镇第十一届人民代表大会

九潭镇第十一届人民代表大会第一次会议于1999年1月16日在九潭镇府召开，时间1天半。出席大会代表代表52人，其中党员代表32人，占61.5%，非党代表20人，占38.5%，妇女代表12人，占23%，知识分子代表5人，占10%。大会选举徐树荣为镇人大主席，选举黄基为镇人大副主席，选举梁庆光九为潭镇人民政府镇长，选举曾锦清、梁继添、徐景新为九潭镇人民政府副镇长。

6. 九潭镇第十二届人民代表大会

九潭镇第十二届人民代表大会第一次会议于2002年1月21日在九潭中学实验楼会议室召开，时间2天。出席代表52人，其中非党代表18人，占34%，妇女代表9人，占17.3%，工人代表2人，占3.8%，农民代表42人，占80%，知识分子代表8人，占15%，干部代表7人，占13.4%。大会选举梁庆光为镇人大主席，选举梁世斌为九潭镇人民政府镇长，选举李平、徐建扬、黄水杨为九潭镇人民政府副镇长。

九潭第一至第六届人民代表大会召开时间、地点、选举结果等不详。

园洲镇历届人民代表大会主席一览表

表 14-8

届　别	职　务	姓　名	任职时间（年、月）
九届	人民代表大会联络组组长	陈锦理	1991.12—1993.3
十届	人民代表大会主席	陈锦理	1993.3—1996.1
十一届	人民代表大会主席	陈锦理	1996.2—1999.1
十二届	人民代表大会主席	陈锦理	1999.2—2000.10
	人民代表大会(副）主席	梁美齐	1999.2—2002.1
	人民代表大会（副）主席	陈美秋	1999.2—2002.1
十三届	人民代表大会主席	陈锐深	2002.1—2006.9
十四届	人民代表大会主席	徐建辉	2006.9—2011.9
	人民代表大会副主席	梁耀洪	2006.9—2011.9
十五届	人民代表大会主席	熊满池	2011.9—2013.8
	人民代表大会副主席	梁耀洪	2011.9—2013.8
十六届	人民代表大会主席	朱新华	2016.09—
	人民代表大会副主席	梁炎光	2016.09—

九潭镇历届人民代表大会主席一览表

表 14-9

届　别	职　务	姓　名	任职时间（年、月）
七届	原九潭镇人民代表大会联络组长	钟华钳	1990.4—1992.9
八届	原九潭镇人民代表大会主席	黄柱水	1992.10—1993.3
九届	九潭镇人民代表大会主席	梁善忠	1993.3—1996.1
十届	九潭镇人民代表大会主席	梁锦源	1996.1—1998.4
十一届	九潭镇人民代表大会主席	徐树荣	1999.3—2002.3
十二届	九潭镇人民代表大会主席	梁庆光	2002.5—2004.3

四、主要工作

人民代表大会的主要任务是审议和通过政府工作报告、审议和通过财政决算和财政预算报告、审议和通过国民经济、社会发展计划的执行情况和草案报告，选举产生镇人大主席、副主席，选举产生镇人民政府镇长、副镇长。

人民代表大会设主席团或代表联络组，代表大会闭幕期间由大会主席团执行人民代表大会工作，并负责组织召开下一届代表大会。主要职责：组织人大代表围绕乡镇政府工作和群众关心的热点难点问题，开展调查、视察活动；组织代表评议乡镇政府正副乡（镇）长、县直机关派驻乡镇机构工作提出批评、建议和意见；组织人大代表学习宪法和法律，增强民主意识和法制观念；负责召开乡镇人民代表大会的筹备工作；参加执法检查，听取乡镇人民政府工作汇报，评议乡镇人民政府及其下辖职能部门的工作；接待、办理人大代表和人民群众来信来访，办理上级人大交办的有关事项。

第三章　社团组织

第一节　农民团体

一、民国时期的农民团体

民国16年（1927年）初，中共党员陈志仁（园洲人）在园洲乡马嘶村举办平民夜校，开展宣传发动工作，启发农民阶级觉悟，号召农民团结起来开展革命斗争。在中共石龙市委的发动和组织下，马嘶村成立了农民协会组织—马嘶村农民同盟协会。响应石龙市委提出“一切权力归农民协会”的主张，带领当地群众同地主豪绅作斗争，开展减租减息废除苛捐杂税、不准放高利贷的运动（详见第二十一篇“人物”）。

二、新中国时期的农民团体

（一）农民协会

1950年6月，中央人民政府公布《中华人民共和国土地改革法》，在全国开展土地改革运动。1951年，撤销乡人民政府，各村相继成立农民协会。1952年，人民政府派出土改工作队在上南搞试点，成立农会和贫雇农主席团，设农会主席、副主席、文书等职。农会以贫苦农民为骨干，发动贫雇农（以贫下中农为主体）加入农会，宣布并实行一切权力归农会。农会坚持党的路线，处理村内日常事务，组织民兵，协助地方政府征兵、征粮，成为新政权的基层群众组织。农会还依靠贫雇农，团结中农，孤立富农，打击地主，参加土改，划分阶级，征收没收、分配土地，完成土地改革运动。土改后，在农业合作化期间，农会组织被撤销，重新建立乡人民政府，农会把权力移交乡政府。

（二）贫下中农协会

1964年7月，园洲人民公社开展社会主义教育运动，在农村中开展“清工分，清账目，清仓库和清财物”，后期发展为“清思想、清政治、清组织和清经济”（又称“四清”）运动。各大队组织贫下中农积极分子建立了贫下中农协会（简称贫协），生产队建立贫农下中农小组。贫协组织派出代表与社队领导和财务人员组成“四清”财务小组，参与清工分、账目、财物、仓库等工作。各大队的贫下中农协会都设有协会主席和副主席。贫协直接参加和干预行政机关各项工作。

1968年8月9日，毛泽东主席发出贫下中农管理学校的批示，在园洲公社革委会领导下，各大队革委会都向学校派进贫下中农宣传队，成立以贫雇农为主体的、有教师代表参加的贫下中农管理学校委员会，决定学校一切重大事宜。

1973年后，贫协组织贫农、下中农参加农村的“斗批改”，结合“批林批孔”，并进行批判农村出现的自由种植、贪污盗窃、走单干及分光食光等资本主义倾向，开展“农业学大寨”运动。1974年8月，贫下中农进一步加强对学校、商店、合作医疗的管理，还肩负起教育知识青年，监督公社、大队、生产队财务和干部作风的责任。

1978年开始，公社、大队、生产队的贫协组织配合当地民政部门开展对农村的贫困农户进行扶贫工作，方式上重点放在做好家庭副业和劳动方面的关照，并解决一些特困户的疾病救治和住房上的实际困难。

1979年底，贫下中农协会被撤销。至此，贫协组织退出历史舞台。

第二节　青少年团体

一、共青团

（一）河南区共青团的组织建设

1950年—1956年，经过土地改革等各项政治运动的考验，一批进步青年加入了新民主主义青年团，并接受团东莞县第六、七区委会领导。1959年7月，共青团园洲人民公社委员会成立。1966年“文化大革命”开始后，团组织处于瘫痪状态。1970年恢复共青团组织。1971年6月，周改任团委书记。1977年9月至1982年7月，黄敬有任书记。1983年9月，园洲撤社建立区公所，共青团园洲区委会下设团总支1个，农村支部18个，机关、企事业单位、学校支部20个。1987年5月撤区公所建镇后，园洲镇团组织有了较大的发展。2016年全镇已建立团支部113个，其中村居团支部29个，单位部门团支部25个，非公企业团支部59个，团员1125人。

（二）河北区共青团的组织建设

1950年4月，中国新民主主义青年团博罗县工作委员会成立，由陈文友任工委书记。接着县内普遍发展团员，九潭乡相应成立支部，接受第五区工委领导。1978年5月，九潭人民公社从铁场人民公社分出，共青团九潭人民公社委员会成立，陈忠友任团委书记。1983年9月8日，九潭撤社建立区公所，共青团九潭区委会下设团总支部1个，农村支部9个，机关、企事业单位、学校支部8个。1987年5月撤区公所建镇后，九潭镇团组织不断发展和壮大，2003年12月并入园洲镇前，全镇已建立团支部62个，其中村居团支部9个，单位部门团支部18个，非公企业团支部35个，团员863人。

二、关心下一代工作委员会

（一）组织建设

园洲镇关心下一代工作委员会（简称关工委）于2000年9月成立。关工委工作人员以离退休老干部、职工为主，开展关心教育下一代群众性工作，营造良好的育人环境，促使青少年健康成长。2005年6月成立园洲镇关心下一代工作委员会领导小组，梁炎光任主任，全镇有关心下一代工作小组33个，成员188人，其中“五老”人员101人，志愿者163人。2013年园洲镇关心下一代工作委员会领导小组主任由朱新华担任，下设办公室，共青团园洲镇委书记朱燕有兼任办公室主任。

（二）工作情况

进一步加强园洲镇关心下一代工作，切实做好对“三失”（失学、失业、失足）青少年帮教，关工委创新工作方法，运用“三工合一”的办法，充分发挥当地老干部、老司法、老干警、老教师、老模范、老军人“六老”作用，配合公安、司法、法庭、工、青、妇、教育等部门做好预防犯罪和帮教工作。在全镇范围内开展创未成年零犯罪学校、村庄（社区）活动。

三、河南区少先队

（一）组织建设

1955年，园洲所属的小学分别建立中国少年先锋队组织（简称少先队）。各小学相应成立了少先队大队，设大队长1人，副大队长2人，委员若干人。中队设中队委员会，正副中队长各1人，委员若干人；小队设正、副队长各1人。少先队在学校统一安排下，每周组织开展一次活动，向队员宣传《小学生守则》的规范知识。1963年，园洲各小学设有大队辅导员1人，中队辅导员2人。1978年11月，少先队重新建立，恢复佩戴红领巾。将少先队活动编入课程（小学每周1节课时）。1983年，扩大少先队组织。随后，根据学校开办的数量增多，也加快了少先队组织的发展。园洲少先队总部定期组织各大队辅导员进行培训，并开展主题教育活动。

（二）活动内容

1955年9月3日，园洲分属各乡村小学少先队组织成立后，响应毛泽东“好好学习，天天向上”的号召，激励、教育少年儿童成长和进步。在广大少先队员中宣传英雄人物，开展向战斗英雄邱少云、黄继光的学习活动。

1959年，组织开展“学习向秀丽，做红色少年”活动。1963年5月，组织开展“向雷锋同志学习”活动。1964年，开展向“草原英雄小姐妹”学习活动，培养热爱集体、大公无私、乐于助人、勇于奉献精神。

1983年，开展“五讲四美三热爱”（即讲文明、讲礼貌、讲卫生、讲秩序、讲道德；心灵美、语言美、行为美、环境美；热爱祖国、热爱社会主义、热爱共产党）活动。1991年，开展“学雷锋、树理想”“学雷锋、做好事”等活动，培育和陶冶广大少先队员思想情操。

（三）获奖情况

1998—2016年，园洲中心小学少先队总部荣获省、市、县级多项荣誉称号：1998年、1999年荣获博罗县少先队先进集体称号；1999年10月，园洲中心小学在庆祝博罗县中国少年先锋队建队50周年仪仗队检阅花样操比赛中，荣获一等奖；2000年10月在惠州市“金宝杯”首届少先队鼓号花样操大赛中，荣获一等奖；1997年、1998年、1999年分别荣获博罗县少先队先进集体称号；2002年被评为“博罗县优秀少先队大队”；2004年被评为“惠州市优秀少先队”；2006年被评为“惠州市先进中队”；2007年荣获“广东省红旗大队”称号；2012年荣获“广东省红领巾示范学校称号”；2012年5月主题中队会《爱我中华》在博罗县教研开放周活动中被评为优秀课例；2013年12月园洲第二中心小学在博罗县鼓号队花样操比赛中，荣获一等奖。

四、河北区少先队

（一）组织建设

1955年，九潭所属的小学分别建立了中国少年先锋队组织（简称少先队）。各校少先队都成立了少先队大队，下设若干中队和小队。大队设大队长1 人，副大队长2人，委员若干人，一般由各中队长当委员。中队设正副中队长各1人，小队设正副小队长各1人。学校安排一名教师当大队总辅导员，各中队也有一名教师当辅导员（一般都是一班为一个中队，班主任兼辅导员）。1967年开始，以“红小兵”代替少先队，以红臂章代替红领巾。1978年后，各校重新建立中国少年先锋队组织，恢复佩戴红领巾，并将少先队活动编入课程（每周一课时）。

“文化大革命”前，少先队的规模不大，每个班都吸收优秀学生参加少先队，人数不到班人数的二分之一。改革开放重建少先队后，规模逐年增大，到最后变成所有学生都参加少先队。每年“六一”儿童节，一年级的所有学生都集体宣誓参加少先队，变成了全校学生都是少先队员。

（二）活动内容

少先队活动内容主要有：组织开展体育活动，举行篮球赛、乒乓球赛、田径比赛、跳绳比赛、拔河比赛；组织文艺排练表演活动，包括唱歌、舞蹈、跟踪追击、找朋友、摸盲鱼、抢旗、找地雷、登山、钓鱼、点爆竹、吹熠烛、抛圈、盲人找物、猜谜语等。

第三节　妇女团体

（一）机 构

1959年，成立上南公社（即五一人民公社）妇女联合会，设主任一人，委员（不脱产）若干人。1964年，成立园洲公社妇女联合会。1966年6月“文化大革命”开始后，受到极“左”路线的干扰，妇联组织处于瘫痪状态。1967年，妇联工作纳入园洲革命委员会政工组。

1973年，妇联工作得到逐渐恢复。农村由生产大队党支部分管妇女工作的委员担任妇代会主任，单位配备兼职妇女干部。1983年，由于公社改称区公所，公社妇女联合会相应改称区公所妇女联合会，设专职主任1人，由黄敬有负责全面工作，不脱产委员7～9人。20世纪90年代初期，机关以及财贸、教育、公安、卫生等部门均成立妇委会，并配备兼职妇委会主任。至2016年，全镇妇女联合会辖有单位妇委会20个，农村（社区）妇委会29个。

园洲镇妇女第十四次代表大会于2012年9月13日召开，出席大会代表81人，听取和审议镇妇联第十三届工作报告；大会以镇十四次人代会提出 的“做大经济总量、优化产业结构、提高经济质量、创新社会管理、实现全面惠民、建设幸福园洲”为目标。选举产生妇联执委会9人，杨雪兰为妇联主席，黄穗为妇联副主席。

1978年5月，九潭从铁场人民公社分出，成立九潭人民公社，妇联随之成立，梁定加任妇联主任。农村由生产大队党支部分管妇女工作的委员担任妇代会主任，单位配备兼职妇女干部。1990年7月后，梁凤莲任妇联主任。2002年8月至并镇前，杨雪兰任妇联主席。

（二）主要工作

开展妇女保健知识和法律法规学习活动，宣传男女平等基本国策、保健知识以及自尊、自信、自立、自强的妇女“四自”精神。自2008年以来，镇妇联在工厂企业开展外来女工流动学校，为广大外来女工带去各类法律知识和婚姻家庭知识讲座十几场。

2014年，在园洲镇刘屋村举行以 “倾听妇女心声，关注妇女权益”为主题的“送法下乡”法律宣传、咨询活动。《中华人民共和国反家庭暴力法》（简称《反家庭暴力法》）于2016年3月1日起实施，镇妇联在全镇范围开展《反家庭暴力法》宣传活动，预防和制止家庭暴力，保护家庭成员合法权益，维护家庭稳定、社会和谐。此外，镇妇联配合执法部门打击侵犯妇女儿童合法权益的违法犯罪行为，做好“打拐”“禁毒”“帮教”等工作。20世纪90年代到21世纪初期，妇联在全镇范围内广泛开展“学文化、学技术、比成绩、比贡献（双学双比）”竞赛活动、“巾帼建功”和“巾帼文明示范岗”活动。在农业战线涌现出一批女能手和先进集体，其中，黄自当被省妇联评为2002年“双学双比”带头人，叶桂香被市妇联评为2004年度“科技兴农带头人”，叶桂香果园被省妇联定为“巾帼科技示范基地”。2005年，镇妇联开展“科技直通车活动”，为广大农民送去农业技术知识。

1989—2016 年园洲镇妇女工作获奖情况表

表 14-10

年 份	单 位	荣 誉 称 号
1989	园洲镇妇女联合会	惠州市“十项女能手”大赛活动组织奖
2005	深沥村叶桂香果园	广东省“巾帼科技示范基地”
2007	园洲镇妇女联合会	惠州市妇联系统“先进集体”
2008	县国税局园洲税务分局	惠州市“巾帼文明岗”
2011	园洲镇上南村	全国妇联基层组织建设示范村
2014	博罗县园洲镇卫生院	惠州市“巾帼文明岗”
2015	园洲美施丽化妆品有限公司	惠州市“巾帼文明岗”
2015	园洲镇园洲花园	惠州市儿童友好社区

第四节　工　会

（一）机 构

1995年10月，园洲镇工会工作委员会正式成立并召开第一次代表大会。正式代表75人，出席代表72人，选举产生了园洲镇第一届工会委员会，梁浩光当选为工会主席。

2005年年初，全镇各村（居）、镇属企事业单位完成基层工会委员会的组建工作，建立基层工会37个及工会小组82个，形成工会工作的组织网络。

2010年12月，园洲镇工会第二次代表大会召开，出席代表256人。大会审议并通过园洲镇工会工作报告,选举产生新一届工会委员会。翟庆和当选为工会主席，曾伟东当选为工会副主席。

2013年，园洲镇已建立工会组织382个（其中外资企业320个、私营企业62个）。2015年工会组织增至747个，有会员63817人。

1995年10月，九潭镇工会工作委员会正式成立并召开第一次代表大会。正式代表46人，出席代表45名，选举产生了九潭镇第一届工会委员会，吴观伙当选为工会主席。

2000年8月，九潭镇工会工作委员会召开第二次代表大会。正式代表50人，出席代表48人，黎焕鹏当选为工会主席。

2003年3月，九潭镇建立工会组织120个（其中外资企业40个、私营企业80个），会员11210人。

（二）工作概况

园洲工会运用不定期咨询、发放宣传单张、有线电视广播等方式，宣传《中华人民共和国工会法》《劳动法》《安全生产法》等法律法规。此外，镇工会非常注重在工厂和职工之间构建和谐劳动关系。他们除了认真抓好集体合同的签订、推行厂务公开民主管理制度外，还推行了工厂与职工平等协商和集体合同制度。

在建会、建制和建家三位一体同步推进中，在完善劳资协调、集体合同制度和以职代会为基本形式的民主管理机制上，履行维权职能，协调好劳动关系。

镇工会每年开展“送温暖”活动，对困难职工、下岗工人进行慰问和帮扶。共发放慰问金4.5万元人民币，发放慰问物品折5.7万元人民币。

工会每届（3年一届）都举办职工运动会，丰富职工的文化生活。2014年，镇工会组织全镇企业工会参加县总工会的大型职工文体运动会，园洲代表队在羽毛球及乒乓球项目赛中取得双冠军的殊荣，园洲镇工会获优秀组织奖。

工会每年开设书画创作、歌唱比赛、劳动法律学习、职业技能培训及学历教育、工会财务培训，实行免费或帮补津贴的方式向广大困难职工提供一个可继续学习的条件。

第五节　民间社团组织

一、博罗县园洲镇纺织服装行业协会

博罗县园洲镇纺织服装行业协会成立于2007年1月，首任会长朱沛容。协会由园洲镇内从事纺织、服饰、布匹、帽、印、染、绣、相关配件生产和流通以及科研、教育的各种经济类企业、事业单位、个体工商户和专家学者自愿组成的全镇性行业组织。

园洲纺织服装行业协会秉承“发展和壮大园洲服装行业、加强企业的联系、交流、互助、合作，促进会员企业利益，维护会员企业合法权益，发展和维护与政府机构和民间团体的友好协作关系，为企业提供优质高效的服务，提高经济效益，促进地方经济发展”的宗旨，增强制衣行业宏观管理调控指导和服务功能。博罗县园洲镇纺织服装行业协会是博罗县成立的首个镇级行业协会。

协会为1200多家纺织服装企业规划发展方向，提供动态信息，特别是为企业与电商融合、创新营销渠道等方面牵线搭桥。2014年10月30日，协会获中国社会组织评估等级AAAA级称号。在园洲镇政府和协会的共同努力下，2009年9月园洲镇荣获“中国休闲服装名镇”称号。

二、博罗县园洲镇志愿者协会

园洲镇志愿者服务中心于2007年7月30日成立，2015年7月20日注册为博罗县园洲镇志愿者协会。园洲志愿者协会是由志愿从事社会公益事业的园洲各界热心人士组成的社会团体，为非营利性社会组织。协会以“奉献爱心、传递真情、服务社会、提高你我”为宗旨，奉行“自愿、奉献、友爱、互助、进步”的准则。

园洲志愿者协会自成立以来，围绕“服务社会、传播爱心、传播文明”的服务宗旨，倡导“奉献、友爱、互助、进步”的志愿精神，以关爱他人、关爱社会、关爱自然为主题，不断开展志愿者活动。园洲志愿者协会已经培育了“六大品牌”志愿服务活动：（1）“关爱老人，你我做起” 志愿服务活动；（2）“扶贫助学，关爱贫困学生”志愿服务活动；（3）“关爱青少年成长”志愿服务活动，（4）“美丽园洲，清洁先行，义务植树” 志愿服务活动；（5）“关爱生命、安全出行” 志愿服务活动；（6）“义剪、义诊便民服务”志愿服务活动。

三、博罗园洲台商联谊会

博罗园洲台商联谊会成立于2007年12月7日，系惠州市台商投资企业协会的分会。协会第一、二届会长柯凯仲，会员企业32家；第三、四、五届会长黄俊辉，会员企业36家；第六、七、八届会长高宏仁，会员企业38家。协会以“团结、交流、服务、发展”为宗旨。协会成立以来，坚持以服务会员、服务社会、发展经济为己任，为会员企业的发展和惠台两地的经贸交流与合作做出贡献。

四、博罗县龟产业协会

博罗县龟产业协会于2013年1月25日经博罗县民政局批准正式成立。协会性质是面向广大龟产业养殖户，由龟产业养殖户和爱好者自愿组成的地方非营利性社会团体组织，接受登记管理机关博罗县民政局的监督管理和博罗县农业和林业局的业务指导。园洲镇养龟专业大户李善荣任会长，惠州李艺金钱龟生态发展有限公司总经理林海燕任副会长兼秘书长，罗月英等20人任副会长，温子雄等5人任理事，李艺金钱龟生态发展有限公司董事长李艺等人为协会顾问。协会宗旨是维护正常的同类产品市场交易秩序，保护公平竞争，促进龟产业的健康发展。成立之初，协会会址设在博罗县城商业东街鹏辉大厦11楼，2016年12月迁至园洲镇文化中心一楼。

五、博罗县园洲粤西商贸促进会

博罗县园洲粤西商贸促进会由黄进武、刘永模、邓德胜、邓行、何新荣、陈源、梁兴新、俞立四、甘敬友、吴肖文、黄志佳、钟国杰等居园洲粤西籍人士发起成立，于2013年1月25日在博罗民政局注册，具有法人地位，是一个服务性、公益性、慈善性的社会团体。遵守宪法、法律、法规和国家政策，遵守社会道德风尚，资源共享、团结奋进、至爱至善、服务社群是园洲粤西商贸促进会的宗旨。

促进会的业务范围：（1）为在园洲的粤西人士提供一个信息平台，互相交流，资源共享；（2）为在园洲的粤西人士提供就业、经商、置业等指导和服务；（3）为在园洲的粤西人士纾危济困，排忧解难；（4）组织参与当地的一些公益性、慈善性活动；（5）组织参与当地的一些文化、体育活动。

六、博罗县园洲镇慈善会

博罗县园洲镇慈善会成立于2015年8月，由园洲镇内各界热心慈善事业的企业和个人自愿发起组成的，发起人熊满池、刘少峰、陈永汉、冯旭球、李永忠、孙斌发、莫锦云、陈满湘、朱沛容、刘泽标等均为当地热心人士，第一任会长刘泽标。

博罗县园洲镇慈善会的宗旨是遵守宪法、法律、法规和国家政策，遵守社会道德风尚；发扬人道主义精神，扶贫解困、赈灾救急、体恤孤寡、捐资助学；弘扬传统美德，急难救助；照顾病残，扶助孤独，资助教育基础设施建设和支援社会公益事业。

博罗县园洲镇慈善会主要集中在博罗县园洲镇辖区及周边地区开展社会慈善活动，活动方式主要组织会员参加慈善捐赠、走访和慰问活动。

七、博罗县园洲镇足球协会

博罗县园洲镇足球协会由李华茂、李永忠、张海彬、毛永康、翟春贺、张振权、梁庆华、梁永健、梁璟、曾兴隆、伍卫胜、王佑祥、王远光、曾国华、杨健乐、蔡锦堂、李永仟、梁志兴、梁永康、梁启山等人共同发起成立。2015年9月10日获博罗县民政局颁发的“社会团体法人登记证书”，博罗县园洲镇足球协会正式成立。协会是园洲镇内从事足球运动的单位和个人自愿组成的，具有法人资格的地方性、联合性、非营利性社会团体，是镇内首个经注册成立的体育协会。协会会长李华茂，副会长李永忠、张海彬、毛永康、翟春贺，秘书长张振权。

博罗县园洲镇足球协会自成立以来，先后成功举办了首届园洲足球超级联赛、首届园洲足协杯足球赛，协办博罗县第三届足球联赛，协办园洲镇2016年“贺岁杯”足球赛。组队参加了博罗县第三届足球联赛并夺得冠军，“U互动”广东省五人足球赛打进惠州区8强，博罗县首届青少年足球赛锦标赛，首届广州“岁月明星杯”青少年足球挑战赛，博罗县迎春杯足球赛等。开办了园洲青少年足球培训班，开展青少年足球培训活动。

八、博罗县园洲镇东方星慈善会

博罗县园洲镇东方星慈善会于2015年11月开始筹组并开展公益慈善活动，有18位理事成员，共有会员300多人，由博罗县内各界热心慈善事业的热心人士组成。会长姜林芳，副会长黄炳森、吴攀峰，监事长李三毛，秘书长童智。2016年4月27日获博罗县民政局颁发的“社会团体法人登记证书”。慈善会的业务范围：（1）调查核实社会弱势人群的基本情况，唤起社会对弱势人群的关心与帮助；（2）组织会员利用业余时间开展活动，不计报酬，服务社会；（3）完成上级管理机构交办的义务服务工作。

九、博罗县园洲镇曲艺协会

博罗县园洲镇曲艺协会和博罗县园洲镇上南曲艺团（简称上南曲艺团），是同一组织、两个牌子的文艺团体，2016年6月7日在博罗县民政局登记注册。博罗县园洲镇曲艺协会是园洲镇戏剧曲艺爱好者自愿组成的、联合性的非营利社会组织。上南曲艺团全体成员共50多人，邱梅田为曲艺协会会长，朱炳渠为曲艺团团长。

上南曲艺团的前身是上南村文娱组和上南曲艺社。1956年，上南村组建文娱组，朱陈法任组长，成员30多人。2016年5月，上南曲艺社以“上南曲艺团”的名称申报注册。6月7日，博罗县民政局下文批复，定名为“博罗县园洲镇上南曲艺团”，颁发证书，授予牌匾。

十、博罗县东坡文化研究会

博罗县东坡文化研究会由镇志办梁润洪、苏仲权、梁润泉、梁金富、谭汉稳、翟容泰、梁国伟、李柱棠、谭景棠、张成、陈汉强等12人共同发起成立，2016年6月8日获得博罗县民政局批准成立。研究会由热心或从事东坡文化研究的专家学者以及博罗县内关心、关注东坡文化发展，致力东坡文化交流的各界热心的企业和个人自愿组成的，具有法人资格的地方性、学术性、非营利性的社会组织。研究会会长毛锦钦，常务副会长梁润洪，副会长苏仲权、梁润泉、谭汉稳（兼秘书长）、梁国伟、李柱棠，监事曾国劳、梁金富、谭景棠，第一届会员50人，单位会员38个。

研究会的活动方式是：（1）搜集和收集整理有关苏东坡游罗浮的文献史料；（2）对苏东游罗浮的足迹开展实地调研考查；（3）不定期开展相关的研讨会，出版发行会刊和发布研究成果。

十一、博罗县车友会

博罗车友会成立于2013年9月18日，是一个由汽车爱好者自愿结成的联合性、地方性、非营利性社会组织。会长梁彩柳，副会长陈干芳、梁旭洪、陈耀洪、蔡振铭、蔡焕庭、吴润祥，秘书长梁松映、彭宇丹。现有单位会员9个，个人会员133人。车友会位于博罗县园洲镇兴园三路102号。宗旨：遵守宪法、法律、法规和国家政策，遵守社会道德风尚，以车会友，为自驾游爱好者及行业从业者提供一个沟通交流、培训、资源共享、合作共赢的平台，为会员争取旅游产品、汽车养护、维修、保险、救援等各类服务，“保车主畅行无忧善行天下，助会员开源节流乐享自游”。

十二、园洲镇篮球协会

园洲镇篮球协会 2004 年 2 月起以协会形式开展活动，时任会长刘松柏。2016 年 7 月 27 日园洲镇篮球协会获博罗县民政局批准成立，徐建寿任会长，会员 30 人。协会成立以来，先后成功协办了“农信杯”男子篮球赛、361° 三对三男子篮球赛、建汇杯男子篮球赛、胜丰杯男子篮球赛等赛事。协会组建的园洲镇男子篮球队代表园洲参加省、市、县举办的篮球比赛，均得优异的成绩。

十三、园洲镇羽毛球协会

园洲镇羽毛球协会于2016年7月27日获博罗县民政局批准成立，会长刘松柏，副会长陈志祥、黄煜辉、梁自强、刘少广，秘书长梁庆华。协会以“以球会友，强身健体，提高球技，增进友谊”为宗旨，充分发挥协会的组织功能和指导培训作用，积极开展形式多样的羽毛球比赛，为广大羽毛球爱好者搭建一个互相交流、切磋技艺的平台。

第四章　政　法

园洲镇（含公社、区公所时期）政法工作机构有派出所、司法所（办），基层组织有村（乡）治保会、基层法律服务所、人民调解委员会等。主要工作：打击刑事犯罪、维护社会治安、户证管理、法制宣传、法律服务和人民调解工作等。

社会事务办公室承担拥军优属、优抚安置、救灾救济、社会福利、婚姻登记、殡葬管理及改革、老龄工作等民政事务。

第一节　公　安

一、治保委员会

（一）组建时期（1952—1956 年）

1952年下半年，根据形势需要，结合土改、镇压反革命运动、民主改革运动，镇域每个村庄建立起治安保卫委员会（简称治保会）。1953年，治保会的主要工作是对地、富、反、坏分子的管制。1954年下半年起，治保会负责农村的防盗、防抢、防火、防治安事故的“四防”工作，特别是粮食收获季节的“保粮”工作。这一时期，治保会大发展。1956年，全镇建立治保会有280个。

（二）全面整顿和培训时期（1957 年—1965 年）

镇域统一治保会的组织机构，规定治保会人数最多不超过15人，设正、副主任2～4人，一个生产单位设一名治保员。1965年，对全镇治保会进行全面整顿，提出对政治上有严重“四不清”（思想不清、政治不清、组织不清、经济不清）的要坚决调整，进一步加强群众对治保会的监督和治保人员的政治思想教育。

（三）瘫痪时期（1965—1972 年）

“文化大革命”期间，由于公安机关受到极大冲击，各项业务未能正常开展，治保会工作也受到严重影响，治保会处于瘫痪状态。

（四）恢复正常运作和发展时期（1972—1978 年）

镇域治保会得到恢复和发展。1977年年底，镇域有治保会29个，治保委员186人，治保小组186个，治保小组成员558人。1978年后，公安部门每年对治保主任培训一次，形成制度，治保会得到健康发展。

（五）治保会的发展时期（1978 年以后）

农村实行家庭联产承包责任制，人们的经济观念增强，价值观念有了很大变化。由于治保人员经济报酬等问题没有解决好，有相当一部分农村治保会不起作用。1983年，积极探索改革开放后的治保工作，各村先后实行了以治保会为主体的治安承包责任制，建立起多种形式的群众治安联防组织。1990年，省政府颁布《广东省群众治安联防组织的规定》，规定了治安防范组织的性质、任务和统一称谓等。至1988年，镇域群众治安联防队伍统一着装，“全天候”巡逻执勤，维护治安秩序。治安联防队员领取工资，已成为专业化队伍。2004年，全镇各种形式的治安联防队30多个，350多人。长期以来，境内治保会在当地公安派出所指导下，为维护社会治安秩序和预防、制止犯罪，做了大量工作，发挥了重要作用。

二、公安特派员

1955年10月，博罗县公安局把公安助理员改为公安特派员。1966年5月，“文化大革命”开始后，公安特派员被当地革命委员会保卫组取代。1973年2月24日，撤销保卫组所有机构，恢复公社公安特派员。特派员配合当地党委、政府做好治安防范、扑灭罪行。特派员身穿制服，肩背“博壳”手枪。邹阳焕、唐继成、黎镜初、刘启荣、李容坤等人先后在园洲担任过特派员。

三、派出所、公安分局

（一）机 构

1.园洲派出所和园洲公安分局

园洲派出所始建于1981年3月，所址设立在原园洲人民公社大院内，建立园洲分局后迁址至位于园洲大道1395号的办公大楼。 1981年，朱金福任所长，指导员黎镜初，干警2人。1987年，谭卓坤任所长，副指导员陈华兴、梁福权，副所长陈贤忠、叶植辉，干警4人。1992年，园洲设立园洲公安分局，为副局级建制。内设秘书股、侦察股、治安股、消防股，为副股级建制。2007年12月29日，园洲公安分局变更为园洲派出所（副科级建制）。

2.九潭派出所

九潭派出所成立前由李裕新担任公安特派员，承担原九潭人民公社的社会治安、案件查处和各项保卫工作。博罗县委组织部于1981年3月6日下发全县增设九潭等16个派出所的通知，九潭派出所全称为“博罗县公安局九潭派出所”，是博罗县公安局的一个股级直属单位，隶属博罗县公安局和当地党委、政府的双重领导。辖区面积46.9平方公里，办公地址最早在原九潭区公所内，1993年2月迁入九潭农民街新建的三层面积750平方米办公楼，2007年2月迁入长寿路22号政法大楼内。九潭派出所成立之初，没有任命所长，梁润棠任副所长，负责全面工作。

1992年，九潭派出所在上村村成立警务区，设警长1人，负责警务区的警务工作。2006年在义合村和沥东村分别设立了义合警务室和沥东警务室，各设警长和民警1人，负责义合村和沥东村的警务工作。2002年3月，九潭派出所挂牌为全国三级公安派出所，2008年4月升格为副科级建制，升格后的李向阳所长、巫向阳教导员为县管副科级干部。

（二）职 能

1.根据户口管理法规和规定，对辖区内常住人口、流动人口和暂住人口进行管理；对公民颁发、查验身份证件；根据国家的户口迁移政策，对申请入户的“农转非”人员进行审核、控制，符合入户条件的报上级公安机关审批。

2.查破本辖区内各种治安案件和一般刑事案件，协助上级公安机关侦破重大刑事案件。

3. 可根据《治安管理处罚条例》的规定，对违反治安行政管理的行为进行处罚。

4. 对依法被判处管制、剥夺政治权利、缓刑、监外执行和被假释的罪犯进行监督改造，对公安、司法机关确定监视居住的刑事案件被告人依法执行。

5. 教育、感化、挽救有违法和轻微犯罪行为青少年和刑满释放、解除劳教和少教人员。

6. 对辖区内的特种行业、公共场所、企事业单位的内部治安开展安全检查监督。

（三）2004—2016 年立案查处刑事、治安案件情况

2004—2016年，园洲派出所共立各类刑事案件4646宗，破1809宗；共立治安案件10619宗，查处10619宗；抓获犯罪嫌疑人2284人，处理违法人员2799人。

2004—2016年，九潭派出所共立各类刑事案件1228宗，破420宗；共立治安案件1049宗，查处1046宗；抓获犯罪嫌疑人2664人，处理违法人员3535人。

（四）受奖情况

1983年9月，因破获田头村盗枪特大案件成绩卓著，受到中华人民共和国公安部嘉奖。1983年10月，园洲派出所打击犯罪成绩突出，广东省公安厅授予集体二等功。时任所长朱金福被公安部授予“全国公安战线功臣模范”；1984年5月被广东省政府授予“严厉打击刑事犯罪先进个人”。1987年，公安部授予园洲派出所集体一等功。2009—2011年度，被惠州市人民政府评为娱乐场所及其他公共服务场所涉毒问题专项整治工作先进单位。2012年侦破“3·15”涉枪案，广东省公安厅给工作组记集体二等功。

2002年、2011年、2014年、2016年度，九潭派出所因打击犯罪、维护社会稳定成绩突出，被惠州市公安局记集体三等功。2009年6月，因侦破泰山石膏公司聚众扰乱社会秩序案件，被县公安局评为侦破十大案件有功单位。2011年分别被县委、县政府和县公安局评为维护稳定及社会治安综合治理和基层基础工作先进单位。派出所党支部多年多次被评为镇先进党支部。1998—2016年，共有12人次荣立个人三等功，有35人次受到嘉奖。

四、园洲镇专职消防队

（一）机 构

园洲镇专职消防队位于园洲镇48米大道（园洲派出所大门左侧），成立于2008年3月。消防大楼于2008年7月动工建设，2009年7月27日正式投入使用。专职消防队有26名成员，设队长、班长。实行48小时轮班制，编4个轮值班。每班5人。

（二）职 能

园洲镇专职消防队成立后，较系统地开展火灾预防工作，采取以预防为主的措施，主要有：通过广播电视站播放公益广告；悬挂标语、发放消防安全知识手册；“9·11”消防宣传日上街进行消防知识宣传及开放消防站让群众参观；组织工厂企业单位管理人员及安全员进行消防培训；到工厂实地开展消防演习，对广大员工进行消防安全知识宣讲。

为贯彻执行《中华人民共和国消防法》《中华人民共和国城乡规划法》《消防改革与发展纲要》、《国务院关于进一步加强消防工作的意见》和《广东省消防工作“十二五”规划的通知》，建立有效的安全保障体系，逐步完善和实施园洲镇消防设施建设，提高园洲镇综合预防和抗御火灾及其他灾害的能力，制定《博罗县园洲镇消防专项规划》。

不定期对工厂、企业的硬件设施、安全生产操作和消防安全责任制落实情况等进行全面监督检查，对所有企业单位建立消防档案，对公共场所聚集人员密集的地方、易燃易爆危险场所进行专项整治，定期重

点检查，防止火灾事故发生。

（三）工作情况

2008—2015年园洲镇专职消防队共接各种火警341宗，其中建筑火警110宗，电线火警84宗，交通火警24宗，其他火警99宗，虚假火警24宗。共出动消防车722辆/次。

2008—2015 年园洲镇专职消防队装备及人员表

表 14-11

年　份	装　备	消防队员（人）
2008	东风水罐车、黄河水罐消防车、东风水罐泡沫车	23 人（合同工 20 人、职工 3 人）
2010	新增装备器材一批	24 人（合同工 20 人、职工 4 人）
2012	新增装备器材一批	24 人（合同工 20 人、职工 4 人）
2013	新增 PM120 水罐泡沫车 1 辆和 SG15 水罐装备车 1 辆	25 人（合同工 21 人、职工 4 人）
2014	新增装备器材一批	25 人（合同工 21 人、职工 4 人）
2015	新增装备器材一批	26 人（合同工 23 人、职工 3 人）
2016	新增装备器材一批	26 人（合同工 23 人、职工 3 人）

五、博罗县公安局交警大队园洲中队

博罗县公安局交警大队园洲中队 见第十二篇“邮电 交通”第二章“交通”。

第二节　法　庭

（一）机 构

1989年，园洲人民法庭成立。1998年，因法庭布局调整并入石湾法庭。2000年，经惠州市中院批准设立园洲巡回法庭。2004年7月，经广东省高院批准正式成立园洲人民法庭。法庭建立初期，办公地点设在园洲镇人民政府旧办公大院内，后搬迁至园洲镇综治办办公大楼。位于九潭长寿路的审判综合大楼，于2007年3月落成并投入使用，建筑面积1700平方米。园洲人民法庭按照最高人民法院“规范法庭”的硬件标准设计，成为园洲镇民主法治和社会经济协调发展的重要标志。现有在编人员6人、聘用制书记员3人、协警2人。

（二）工作概况

1989年，园洲人民法庭成立，开始受理辖区内的法律诉讼案件。当年受理18起案件。此后不断增加，每年超过400起，多是婚姻、经济、交通事故责任等民事纠纷。1998年因法庭布局调整并入石湾法庭，园洲镇诉讼案件由石湾法庭管辖。

2000年，设立园洲巡回法庭。2003年7月，成立园洲人民法庭。

1989—2016年，园洲人民法庭共受理诉讼案件4191起，执行案件706起。结案诉讼案件4191起，结案执行案件411起。结案率：诉讼案件99.6%，执行案件62.1%。

自成立以来，法庭连续多年被县法院评为“先进单位”“调解工作先进单位”。2009年被惠州市中级人民法院荣记集体三等功；同年被广东省高级人民法院授予“全省法院民商事审判调解工作先进集体”称号；2012年被惠州市中级人民法院确定为“全市司法惠民示范法庭”；同年被博罗县委授予“先进基层党组织”称号；2015年被广东省高级人民法院记“集体二等功”。该庭黄植忠被最高人民法院授予“全国优秀法官”“全国模范法官”，被中纪委授予“全国勤廉榜样”荣誉称号；被中共中央、国务院授予“全国先进工作者”荣誉称号；2015年12月被中央文明办评为“中国好人”。叶堂辉荣立个人三等功，被惠州市中级人民法院评为“十佳法官”。

第三节　司法行政

一、机　构

（一）博罗县司法局园洲司法所、九潭司法所

1985年，园洲区公所司法办公室成立，专职司法助理员梁海明，负责人民调解工作。随着法制建设的不断加快和社会发展的需求，1995年，园洲镇司法办公室更名为园洲镇司法所，所长梁海明，在编人员3人，办公地址在园洲镇东堤路园洲镇政府旧大院内。1998年，随园洲镇政府办公地点搬迁，园洲镇司法所搬至镇政府大楼三楼，所长梁林秋。2001年，园洲镇司法所更名为“博罗县司法局园洲司法所”（简称司法所），所长梁林秋，在编人员3人，其中1名所长，2名工作人员。2004年，九潭镇合并园洲镇，原博罗县司法局九潭司法所合并为“博罗县司法局园洲司法所”，所长梁林秋，在编人员5人。2014年，司法所在编人员3人，所长1人，工作人员2人，所长为林国祥。

1985年，九潭区公所司法办公室成立，专职司法助理员梁广桂，负责人民调解工作。1995年，九潭镇司法办公室更名为九潭镇司法所，办公地址在九潭镇政府大院内，所长梁广桂。1996年后，陈树稳任所长。2001年，九潭镇司法所更名为“博罗县司法局九潭司法所”，所长陈树稳，在编人员2人，其中1名所长，1名工作人员。

（二）博罗县园洲法律服务所、九潭法律服务所

法律服务所与司法所同一个办公地点，为一套班子两个牌子的机构，业务上接受博罗县司法局的指导与监督。法律服务所主要为企业和群众提供法律咨询，担任法律顾问，办理见证合同等。

（三）博罗县法律援助处园洲法律援助站

2008年，博罗县法律援助处园洲法律援助站（简称法援办事站）成立，职能是：在博罗县法律援助处的指导下开展法律援助业务，向公民提供免费法律咨询；依法为经济困难，无法承担法律服务费用的公民提供无偿法律援助；根据《中华人民共和国刑法》和《刑事诉讼法》规定，为犯罪嫌疑人、被告人提供无偿法律援助；帮助弱势群体，维护公民合法权益。

二、工作情况

司法所不断加强人民调解组织的网络化、专业化建设，力图将调解工作做实、做到位，“四级调处机制”成效明显。结合群众工作和镇综治维稳中心工作平台，利用社会力量化解矛盾纠纷，宣传法制思想，积极发挥司法行政工作的作用，形成合力调解共同维护全镇人民合法权益的大调解格局。

司法所从2008年至2016年，共受理调解事件256起，成功调解事件256起。

第四节 镇综治信访维稳

（一）机 构

园洲镇综治信访维稳中心由综治、司法、信访、劳动等职能部门组成。

1997年，园洲镇（河南区）维护稳定及社会治安综合治理办公室（简称综治办）成立。综治办与社会事务办合署办公，实行两个牌子、一套人马。

1997年，九潭镇维护稳定及社会治安综合治理办公室（简称综治办）成立。综治办与社会事务办合署办公，实行两个牌子、一套人马。九潭镇并入园洲镇，原九潭综治办并入园洲镇综治办。

2005年，为贯彻落实广东省综治工作精神，园洲镇将原来的旧法庭升级改造成为广东第一个综治示范点园洲镇维稳综治工作中心，综治办与社会事务办分离，并与信访办合署办公，实行两个牌子一套人马。园洲镇维稳综治工作中心当时是全省的标兵，很多省领导及其他市的综治同仁都组团到园洲镇进行观摩学习。

2009年，园洲镇为了响应广东省委推进“强综治、创平安、促发展”的主题活动，整合综治、信访、司法等方面维稳资源，加强综治信访维稳基础建设而创建了园洲镇综治信访维稳中心（简称维稳中心）。维稳中心以综治办为中心，联合信访办、司法所、打私办、禁毒办、党代表工作室、诉前联调工作室、司法惠民工作站、应急办、平安办等部门集合办公。

（二）工作概况

2002—2014年，园洲镇综治信访维稳中心共受理矛盾纠纷调解事件939起，其中“三农”问题391起，“三劳”纠纷186起，损害赔偿26起，死亡案件115起，经济合同110起，城市管理31起，环保环卫13起，商业投诉13起，土地纠纷25起，涉法涉诉20起，其他9起。成功调解904起，成功率达到96%。

第十五篇　军　事

园洲镇地处博西地区，镇域南接东江水，北靠罗浮山，中通沙河，扼广州、粤东互通与东江南北岸水陆交通要冲，军事地理位置重要，是历来兵家经略要地。明清时期开始，即有流民侵扰和农民抗争活动。近代民主主义革命时期，孙中山讨陈东征便将行营设在东接园洲的石龙火车站，经园洲水陆两道行军东征。抗日战争时期，日军往返石龙与博罗、惠州经园洲水陆两道；同时园洲亦是东江纵队活跃的地区，东江纵队开辟园洲、石湾交通线，挺进罗浮山开辟根据地。解放战争时期，中共领导的人民武装依然活跃于镇内各村。镇内群众不仅支持和配合中共领导的武装运动，还积极投身到革命事业中，与日军、李潮伪军和国民党反动派斗争，为解放事业贡献力量。新中国成立后，地方武装与民兵组织一起肃清国民党残余匪特，保家为民，有力地保卫着社会主义革命与经济建设的顺利进行。

第一章　军事活动

从明清时期开始，园洲境内即有军事活动。明末有军队和当地士民共同镇压驱逐种蓝流民的侵扰，清朝时期兴起天地会的农民抗争活动，清末亦有清军与民军战事。到民国时期，受大革命和土地革命的影响，加之东征军对革命的宣传和中共地方党组织的发展，园洲农民运动掀起了高潮，但由于经验不足和国民党右派的镇压，历经波折后农民运动再度中断。到抗日战争时期，随着抗日救亡运动的兴起，形成了国民党武装、中共游击武装和民间自卫武装三方共同抗日。抗日战争进入相持阶段后，国民党武装开始消极抗日；同期东江纵队逐渐在园洲地区活跃，建立起税站、地下交通线，并经园洲挺进罗浮山开辟根据地，同时还积极与日军、李潮伪军和国民党反动派开展斗争活动，逐渐建立起民主政权。东江纵队北撤后，留守的武装力量继续进行隐蔽斗争，并开展解放战争。

第一节　明清时期的战事

一、明朝时期种蓝流民的侵扰及镇压

明崇祯二年（1629年）十月，有福建移民在罗浮山蓝寮（当地百姓称之为南寮，位于罗浮山飞云顶南面的朝元洞）种植蓝草（一种可提取蓝色染料的草本植物），后因故成为流民，到罗浮山山下园洲、长宁、福田一带烧杀抢掠、绑架勒索。惠州知府周以典派参将朱汝忠出兵平息，但抵挡不住，于是下令仙福（今九潭）、神护（今石湾）两都士民驱逐流民。崇祯三年（1630年）正月，种蓝流民再次侵扰仙福都，知府周以典派标营兵前往镇压，捉拿300余人。种蓝流民于是转至侵扰大水坑，长平、宁集、善政等三地民众入山避难。

二、清朝时期农民抗争活动与战事

清嘉庆年间（1796—1820年），福建天地会骨干潜往粤东，在民间秘密发展组织。惠州府博罗、归善、永安三县爆发了较大的天地会起事。嘉庆六年（1801年），博罗天地会会首陈四（又称陈金江，原名陈屐四，博罗柏塘羊屎坑村人）起意纠人拜会，发展下级会首多人。嘉庆七年（1802年）七八月间，陈四等以“自护身家，保全乡里”旗号，在羊屎坑（今柏塘镇洋景坑）祭旗起义“反清复明”，有会首率众到达赤沥、佛岭、马石岗一带焚掠地主富户的粮食、牲畜、财物，发展乡众入会。咸丰四年（1854年）7月18日，东江天地会首领翟火姑（归善东平人，归善东平今属惠州市惠城区）与何亚璜、陈吉麟等人在归善县（今惠阳）三栋起事反清，响应太平天国起义。八九月间，翟火姑率部转入博罗活动，沙河九潭一带有民众起义响应，壮大义军势力。

清宣统三年（1911年）9月初，同盟会领导的民军占领惠州，在东江下游沿岸布防。16日夜，清军派东莞莞城、石龙一带驻军李世柱、吴宗禹统领巡防营，以小型兵船及民船载兵溯江而上，企图夺回惠州，民军在马嘶附近进行截击。清军不支，退回石龙。

第二节　民国时期的军事活动

一、大革命（第一次国内革命）时期

（一）东征军途径园洲

1925年10月，周恩来率领的东征军军政人员从石龙向博罗城出发，为争取沿途民众支持，部队所到之处都对民众进行东征宣传。部队到达马嘶村时，张贴“肃清东江”“统一广东”等标语口号和《革命东征军告人民书》《广东省政府宣言》《革命军告东江各界人民书》《告农民书》等文告，传发各种传单。同时，东征军在马嘶村停驻时军纪严明，未扰及村民生活，受到村民们的欢迎。

（二）革命形势逆转与陷入低潮

1927年，“四一二”反革命政变后，白色恐怖笼罩整个广东，国民党右派在全省范围内进行“清党”和镇压工农革命运动。莨兰一带的农民运动也遭到地方国民党右派镇压。4月下旬，莨兰梁屋和李屋的农会组织和农民运动遭到国民党军张发奎部镇压，梁灿、梁云虎、梁大、李渠等60多名农会会员遭杀害。

1927年4月中下旬，由于国民党右派的镇压，莨兰一带农民运动遭受严重摧残，一批中共党员被捕牺牲，李养、李引田、李九汝等部分共产党员及时分散转入地下隐蔽，中共香港组织委派到莨兰村活动的外地党员郭华等人奉命转移撤往港澳和海外，随之中共莨兰党小组解体，组织活动停止，农民运动进入低潮。

二、土地革命（第二次国内革命）时期

（一）共产党组织重建

1927年9月，园洲籍国民革命军第四军政治部组织股股长兼前方伤兵救护委员会主任、中共党员陈志仁为避开国民党右派的打击和镇压，根据周恩来的指示，几经辗转回到家乡园洲马嘶开展地下活动。陈志仁设法与隐蔽的中共党员李养、陈坤、李引田、李九汝4人取得联系，重新恢复中共园洲地区党组织，并逐步恢复党组织生活。

（二）中共石龙市委与农民运动

1928年1月，共产党员陈志仁秘密前往香港，向中共广东省委汇报其在第四军中脱险经过及返回家乡开展各种活动的情况，请求中共广东省委布置任务、分配工作。中共广东省委指示陈志仁，迅速建立中共石龙市委，发动和组织工农运动，建立工农武装，开展武装斗争。陈志仁返回园洲后，立即组建了中共石龙市委，市委机关设在园洲莨兰寮仔，陈志仁任市委书记。

1927年9月，陈志仁回到家乡园洲马嘶，设法与莨兰的中共党员陈坤取得联系，在陈坤的协助下，发动马嘶村的贫苦农民组织起贫农小组。中共石龙市委组建后，在马嘶村贫农小组的基础上建立起农民“同盟协会”（即农民协会），由陈门广任会长，陈广润任副会长，会员有陈桂芬、陈勤佳、陈洪恩等30多人。农会成立后，还对周边村庄进行宣传发动工作，银岗（现属龙溪镇）、蚬岗（现属湖镇镇）等地的农民还派出代表到马嘶，要求派人前往指导组织农会，这些村庄在马嘶农会的协助下，农会也建立了起来。

为了配合广东各地举行农历新年前后的年关暴动，中共石龙市委根据中共广东省委的指示，做好宣传、发动群众工作，在马嘶村学校（东莞县立第十七初等小学堂）举办平民夜校，号召农民团结国民党左派闹革命。在平民夜校，陈志仁讲授毛泽东的《中国社会各阶级分析》，启发农民的阶级觉悟，认识地主阶级剥削农民的道理。陈志仁在《告农民书》写道：“锄头不拿起，世人皆饿死；拿起锄头来，自己先饿死。”陈志仁经常向农民教唱革命歌曲。马嘶村农民“同盟协会”还集资购置了一台油刷机和油墨、纸张，编印宣传资料、传单、标语，在园洲附近的东博圩、凤屯岗（今凤山）、上村、水口及石龙镇、黄家山、莨兰、阵村、沙头、湖头、龚村、龙华等地张贴散发。中共石龙市委还组织文艺宣传队到附近的田头、桔头、礼村，甚至到几十里外的银岗、蚬岗等地演出，进行宣传发动工作。

1928年2月，隐蔽在园洲莨兰的中共党员李养、陈坤、罗群、李引田、李九汝等人在陈志仁的领导下，率先在马嘶村建立起农民武装自卫军中队（也称赤卫中队），由陈润秋担任中队长，队员有四十多人。中队收缴了公尝（本宗族的公用资产，一般由宗族有威望的长辈维持管理）和地主的枪支，进行军事训练，发动当地群众同地主豪绅作斗争，推行减租减息运动，并指导童子团操练和站岗放哨。随后，境域南区的上南、下南、莨兰等村也陆续组织起农军，开展武装斗争。

中共石龙市委还在马嘶村学校组建 “劳动童子团”，由陈润欢任团长，陈景文任副团长，团员有陈枝桂、陈继伯、陈焕秋等二十多人。他们的主要任务是学习文化、学习政治和进行操练，同时还参加农会宣传、斗争地主豪绅、站岗放哨等工作。

中共石龙市委提出一切权力归农会的主张，带领当地群众同地主豪绅作斗争，并开展减租减息运动。马嘶地主陈容、陈康柏等4人威逼利诱贫苦农民，对农民发出警告，用各种方式阻止和破坏陈志仁组织的农民运动和土地革命斗争。中共石龙市委指导马嘶农民协会成立了清算委员会，公布了大地主陈容和陈康柏的罪行，农民武装自卫军中队则发动群众召开对陈容的斗争大会，对陈容的罪行进行揭发控诉。

（三）革命活动再度中断

1928年春，中共石龙市委机关从园洲寮仔迁至石龙镇，按中共广东省委指示策划石龙暴动。中共石龙市委派人深入国民党第五军第十三师驻石龙的一个团，策反士兵起义，并从农军中挑选40人组成敢死队，准备接应起义士兵。5月24日，中共石龙市委被破坏，陈志仁在石龙公园与前期中共香港组织委派到菉兰村活动的外地党员罗群等人商议暴动时不幸被捕。5月27日凌晨，陈志仁被杀害于石龙火车站心肝亭侧。石龙暴动夭折，许多农会会员被迫逃往外地谋生。

石龙暴动夭折后，中共广东省委决定由罗群回园洲恢复中共石龙市委。6月，中共广东省委派巡视员黎伯岳到园洲指导工作，指定李淦、朱安、陈沃组成中共石龙临时市委，市委机关仍然设在园洲菉兰寮仔村。8月14日，中共石龙市委与中共东莞县委合并，12月中共东莞县委被破坏，园洲的党组织活动再次中断，农民运动也开始沉寂。

三、抗日战争时期

（一）抗日救亡运动

1937年7月7日卢沟桥事变（又称七七事变）后，园洲民众群情汹涌，北区、南区多个村庄纷纷组建起农抗会或农会，各地农抗会、农会与其他群众团体一起开展抗日救亡运动，推行“减轻佃农田租百分之二十五”政策，减轻农民负担，统称“二五减租”。

（二）国民党武装抗日

1938年10月16日，为抵挡大亚湾登陆的日军入侵广州，原驻宝安的国民政府军第一五三师钟芳峻旅率第九一六黄志鸿团、第九一四张孚亨团两个团奉命从广九路东调，于17日到达九潭、禤田一带抗击沿广汕公路西进的日军十八师团。18日拂晓，钟芳峻旅与日军发生激战，第六十三军军长张瑞贵和第一五三师副师长彭智芳经石龙到达九潭坐镇，在九潭圩的炮楼观察战情。日军以坦克为前导，掩护步兵行前进。钟芳峻当即指挥本部及林君勳团、李振第一八六师叶植楠团（后未及时赶到战场），协同夹击，随即日军进行反击。随着日军后续部队赶到，在炮兵和战机强攻下，双方激战至中午时分，钟芳峻守军伤亡惨重。至下午2时，守军已弹尽援绝，撤退时组织混乱，伤亡更重。此役钟芳峻旅损伤严重，日军死伤100余人。

（三）民间自卫抵抗日军入侵

1942年5月，驻石龙日军带一个小队到深沥村进行扫荡抢掠，村民组成临时自卫武装队进行联合抵抗，由于武器装备悬殊和组织松散，村民梁广庆、梁李锡、梁容等人被日军打死。因抵挡不住对民群情汹涌，日军亦死亡一人，随即日军小队撤退。同年8月，日军再次纠集队伍前来进行报复，全村村民获悉四处逃难，日军放火烧村，村民损失惨重。

（四）游击队抗日活动

1943年6月，广东人民抗日游击总队宝安大队副队长、中共党员阮海天奉命率领一支武装小分队进入增城、博西地区活动。10月，小分队扩编为广东人民抗日游击总队独立第二大队，由阮海天任大队长，李筱峰任政治委员，杨步尧任政训室主任。随即开辟增博边游击基地，活动区域逐渐向罗浮山以南的铁场、园洲地区挺进。11月初，阮海天率独立第二大队乘夜成功袭击设在铁场的日伪县警第二中队，控制了石湾至九潭近二十公里河堤一线，随后将活动地区继续向南扩展到东江一带的上南、下南、龙叫和马嘶等地区。

（五）东江纵队的活动

1943年12月2日，东江纵队正式成立。阮海天率领的大队改编为东江纵队独立第二大队。1944年3月下旬，独立第二大队手枪队队长宋刚与梁润开、卢永祥、周新等人，受命前往园洲夺取盘踞在下南的“抗红义勇军”刘辉生团部的两挺机关枪。行动中遇铁东大队大队长谢阳光，经商议将夺枪计划调整为争取刘辉生团部起义。刘辉生团部同意翌日全团起义，即日，宋刚等人赶回源头茹屋向独立第二大队大队长阮海天汇报。是夜，政委李筱峰带领部队前往刘屋村休息待命，准备接受刘辉生的起义部队。次晨，部队开进下南村，发现刘辉生团部已撤至石龙。此时驻石龙日军先头部队乘船沿东江溯江而上，企图从园洲登陆袭击独立第二大队，扫荡上、下南地区，以北进重新占据铁场一带。接村民报告日军正准备在刘屋村段江堤大簕竹附近上岸，独立第二大队的陆仲亨中队首先与之发生激战。日军一部抢占对岸一段废江堤扼守抵抗，另有3名日军乘船而上斜渡至上游北岸的上南圩沙滩下船，企图向独立第二大队后方迂回，却被埋伏击毙2人。独立第二大队占据东江北岸刘屋村段的一条弧形新江堤，对日军形成三面包围态势，双方激战持续一个多小时，日军死伤10余人。中午时分，日军援兵从石龙赶到，独立第二大队退守至上南圩西侧一片坟地，日军企图强攻，独立第二大队顽强抵抗。随后独立第二大队继续退守至上南村，利用地形最终成功击退日军。此役日军死伤20余人，其中被击毙19人，独立第二大队伤亡各1人。此后，东江纵队独立第二大队在上、下南建立了东江河税站、交通站，从而打通从联和到东莞企石的交通线，与活动在东江南岸的铁东大队取得联系，并与总队指挥机关取得了联络。

1944年3月下旬，“抗红义勇军”司令李潮派人到园洲邻镇茹屋村征缴军费，茹屋村民不同意。4月3日下午，李潮部与驻石龙日军联合进攻茹屋村，同时李潮部还派兵进攻上南村税站，牵制东江纵队独立第二大队。驻守茹屋的独立第二大队梁其彪小队和村民武装联合抵抗，与李潮部和日军激战至4月4日下午，因抵挡不住援军的攻击，部队与民兵顺利掩护部分群众撤退至九潭义合的洪圣庙。

1944年9月，路东（指广九铁路以东游击队活动地区）交通站站长罗顺生按东江纵队司令部情报科科长黎崇勋（兼管交通工作）指示，开辟了从桥头经企石，过东江经园洲，再从三江到增城仙村，与阮海天独立第三大队（1944年7月扩编）联系的交通线。1945年1月，邬强、李东明率领东江纵队先遣大队由企石南坑出发，由邹洪兴、邱记清当向导，渡过东江经园洲，直奔罗浮山。之后，中共广东省临委和东江纵队领导机关也通过这条交通线完成了移驻罗浮山的转移。罗浮山根据地建立起来后，为适应形势的发展，此交通线改由罗浮山经长宁、福田、三江到仙村，成为直接联系广州地下党的重点线。

1945年1月，中共广东省临委决定将领导机关迁往罗浮山。1月下旬，王作尧率领东江纵队第三支队第三大队、第二支队和独立第三大队到东江两岸活动，控制东江从园洲、石排至惠州以西地段两岸渡口，打通了南北通道，为东江纵队领导机关和主力部队北渡东江、进入罗浮山地区建立抗日根据地铺平道路。

2月初，王作尧、杨康华率领东江纵队第三支队第三大队和东江抗日军政学校，由独立第三大队的接应，从企石北渡东江，到达马嘶村，随后进抵罗浮山以南及以东一带。

3月，东江纵队第三支队在支队长彭沃、政委陈一民、副支队长翟信的率领下，集中主要兵力袭击驻扎在阵村、马嘶的日伪军李潮部1个团，歼其大部。至20日，陆续控制了罗浮山以南东江北岸的马嘶、礼村和苏村沿河一带地区。

4月11日，东江纵队第三支队进驻马嘶，没收大地主陈禄的家产后，向阵村挺进。23日，李潮、陈禄伪军共一千余人，配合日军向马嘶进攻反扑，企图夺回马嘶，东江纵队第三支队第一大队大队长邓发、政委王士光率部击退。至此，李潮伪军退至石龙一带，邓发部队在马嘶村附近发动群众退租减息，建立了乡政权。

5月11日，东江纵队第三支队队长彭沃与王士光到东博察看地形，布置构筑防御工事，加强战备工作。5月17日，日伪军李潮部300多人，向东博、九潭进犯。邓发率部截击，击退李潮伪军进攻，日伪军死伤约30人，邓发大队无一伤亡。随后，邓发大队在联和乡自卫队福田中队的配合下，攻打驻扎在东博的李潮伪军，毙伤对方数十人，迫其退回到石龙一带。当日，邓发在东博召开申耆会议，商讨建立政权、组织常备队问题，巩固了博西根据地。

经过后续几个月的战斗行动，东江南北两岸解放区连成一片，罗浮山为中心的抗日根据地初步形成。中共广东省临委和东江纵队领导机关顺利经企石北过东江、经园洲进入罗浮山。

1945年7月7日，博罗县抗日民主政府在长宁平埔岭成立，境内北区的东博、九潭成为其下辖的两个乡，其中东博乡成立于3月，袁仲云任乡长。在民主政府的领导下，东博、九潭两乡改选了乡、村政权，组织生产自救，开展减租减息和退租退息运动，发展和壮大了民兵组织并参与打击日伪和反动势力，建立和健全了农抗会、妇抗会、儿童团等群众组织，并发动群众开展抗日民族统一战线工作。

1945年3月，“抗红义勇军”的一个团由营长陈珠（又名陈南光）率众40余人在九潭起义，中共博西特支委员徐文、徐博航负责接收工作，起义部队经小艇安排，从九潭横渡沙河到达对岸的阵村，经东江纵队第三支队安排后，连夜转移到长宁，由中共博罗县委组织部长钟育民进行安置，最后入列东江纵队编制。

四、解放战争时期

（一）东江纵队北撤前的自卫斗争

1945年9月上旬，东江纵队独立第六大队政委曾文率部130余人奉命进驻东博、九潭圩，负责罗浮山南侧警戒和宣传工作，并相机消灭入侵阵村的李潮部。李潮部以国民党军的名义，联合已投降的日军骑兵队，共计近千人进攻东博、九潭圩。曾文根据地形率部扼守在九潭圩东西两面，击退了李潮部和日军骑兵队的多次进攻，随之双方相隔沙河河堤激战持续四五个小时。僵持至中午时分，因双方力量悬殊，同时进攻部队改从上下游渡河对九潭圩进行包围，独立第六大队遂奉命北撤至佛岭、长宁待命，李潮部和日军骑兵队于是进占九潭圩。此役李潮部和日军骑兵队伤亡10余人和3匹马，独立第六大队伤亡3人。

（二）增龙从博人民自卫队的活动

1947年8月，增龙从博人民自卫队在巩固老区工作的基础上，向罗浮山以南平原新区发展，副队长徐文带领王镜中队、王国祥中队在博西建立了一支30多人的武工队，活动区域南至东江北岸的园洲一带，发动群众开展反抗“三征”（田赋征实、征购、征借）、减租减息斗争。武工队还建立秘密据点，进行武装斗争，摧毁国民党乡村政权，并发动青年参军，联络和动员东江纵队北撤时留下坚持隐蔽斗争的干部、战士和复原人员迅速归队。同时加强宣传工作，号召人民群众组织起来，实行武装自卫，维护社会治安。

（三）粤赣湘边纵队的活动

1948年3月初，在中共江北地委的领导下，增龙地区与博西地区部队整编为广东人民解放军江北支队第二团，徐文任团长，钟育民任政治委员，朱骥任副团长，罗声任政治处主任，部队在增城至新作塘、罗浮山至东江北岸的园洲一带开展武装活动。1949年1月1日，中国人民解放军粤赣湘边纵队成立，1月17日，江北支队被改编为解放军粤赣湘纵队东江第三支队。1949年6月，中共江北地委决定在原江北支队第二团的基础上组建解放军粤赣湘纵队东江第三支队第五团，徐文任团长兼政治委员，王国祥任副团长，丘继英任政治处主任，部队以罗浮山为中心继续在原地坚持开展武装活动，直至区域解放战争胜利。

第二章　兵役制度

兵役制度是国家关于公民参加军队和其他武装组织、承担军事任务或在军队外接受军事训练的一项重要的军事制度，兵员征集作为其重要组成部分，不同时期也不一样。明末至清主要实行募兵制，其中清朝八旗兵为世袭制。民国初期沿袭募兵制，颁布《中华人民共和国兵役法》后实行征兵制；抗日战争爆发后，征兵工作停止；抗战胜利后，国民党政府为打内战又强推征兵；其间，园洲不少爱国仁士志愿参加革命队伍推翻封建统治、抗日救国和反抗国民党统治。新中国成立后，先后实施志愿兵役制、义务兵役制和义务兵与志愿兵相结合的制度，并建立起预备役制度，其间，园洲掀起了参军热潮，在抗美援朝、对中越自卫还击作战等战争中涌现了不少出色战士。为完善平时征集和战时实施快速动员的需要，国家实施兵役登记，境内南区与北区也随当时所属的县实施兵役登记。

第一节　兵员征集

一、明清、民国时期兵员征集

明朝时期主要实行募兵制，招募士兵伴有减免田赋税收的优惠政策。明天顺元年（1457年），招募民壮每丁免粮5石，免户下二丁。嘉靖十四年（1535年）改为随粮派征，每名岁给食银七两二钱，器具银二钱。万历五年（1577年）给士兵每人每年食银六两。

明末至清，除八旗兵（即绿营兵）世袭外，均采用募兵制。

民国初期一度沿袭清朝募兵制，应募者多为谋生；也有流氓、土匪渗入，造成兵匪不清，在人民群众中产生极坏印象，所以群众中流传“匪过财富伤，兵来烧杀光”和“好铁不打钉，好男不当兵”的俗语。同一时期，亦有不少爱国者志愿入伍参加革命，镇籍青年李文甫、梁起（又名梁久起）参加清末广州起义（即1911年黄花岗起义），分别任第七选锋队队长、副队长；李源参加中国共产党领导的武装组织，后任中共广东省委书记、中共第六届中央委员；陈志仁、梁包照入读黄埔军校，陈志仁后参加南征、北伐，任国民革命军第四军组织股股长兼前方救护伤兵委员会主任，“四一二”反革命政变后回乡领导中共地方武装组织开展革命斗争工作。

1933年6月17日，国民政府公布《中华民国兵役法》，实行征兵制，命令于1936年3月底实施。征集按家庭调查、抽签等程序进行，凡年满18～45岁的男性公民一律服国民兵役。兵役分现役、缓征和免征，高中以上学校学生和独子为缓征，身体畸形或有病者可免征。由乡、保列具壮丁花名册，按“三丁抽一”“五丁抽二”的原则抽签。抽中者为征集对象，到新兵补训队作补充兵役，经训练后入营。抽签时，保甲长为中饱私囊，往往弄虚作假。中签的壮丁不愿当兵者可花钱雇人顶替，称“买壮丁”；被雇者称“卖壮丁”；若中签不想当兵又无钱雇人顶替者，一旦外逃落空，则强行抓走。故国民政府强抓壮丁、强拉民夫的现象时有发生。第一年征兵过程中，阵村曾屋人发生因抵抗征兵被打死数人、十多人被强征做挑夫的事件。

1938年10月，日军入侵，惠州、东莞地区沦陷，征兵工作停止。抗日战争至解放战争时期，中国共产党在革命根据地游击活动区建立武装时，实行志愿兵役制。爱国青年为抗日保家救国，志愿应征服役，纷纷参加了中共领导的人民武装，计有徐锦祥、陈松佳、陈黄金、徐瑞龙、徐吉利、徐周洪及徐继坤等人，他们或是牺牲在战场，或是一直坚持战斗至人民获得解放。

1946年9月，国民党政府为了打内战，恢复征兵。大多数青壮年不愿应征去打内战。政府采用高压手段，全面实行强迫抽签招兵，发展成抓兵（亦称抓壮丁或“拉猪仔兵”）。一些青壮年为逃避征兵，离家出走；一些富裕人家则出钱雇人顶替，称之为“买壮丁”或“买猪仔兵”；一些地痞、流氓、无赖则以卖身顶替当兵为职业，入伍后逃回，再卖再逃；也有一些穷苦劳动人民被骗卖的，称之为“卖壮丁”或“卖猪仔兵”。其间有保长等当官者还趁机向群众勒索，征收壮丁费。

二、新中国成立后的征兵

新中国成立初期，继续沿用中国共产党在革命根据地游击活动区建立武装时的志愿兵役制。全国掀起了参加中国人民解放军的热潮，特别是1950年美国发动侵略朝鲜战争时，在政府动员统筹下，成批青年志愿报名参军，经体检、政审合格，在县集中后再送到部队。其间，镇籍青年朱树德、潭沛定（曾用名梁沛定）等人通过不同方式参加了中国人民解放军，但最后都牺牲在抗美援朝的战场上。

1955年7月，第一届全国人民代表大会第二次会议通过的《中华人民共和国兵役法》（简称《兵役法》）规定：凡年满18岁的公民都有依法服兵役的义务。自此，境内南区与北区随当时所属的县实行义务兵役制。随后历年的征集条件和服务年限有过多次改变。征集对象方面，1955年为18～25周岁。1973年起改为18～21岁。1980年要求应征兵员达到初中以上文化水平。1984年规定为18～22周岁。服务年限方面，1955年时定陆军三年、海军四年、空军五年。1965年改为陆军四年、海军五年、空军六年。1968年改为陆军二年、海军三年、空军四年。1978年改为陆军三年、海军四年、空军五年。其间，镇籍青年涌现了如冯加胜、梁惠根、徐淦权等一批出色的战士。

1978年后，国家将义务兵役制改为义务兵与志愿兵相结合的制度。部分义务兵兵役期满后，根据部队需要和本人自愿，可申请继续留队当志愿兵，服役期限为12年以上，年龄不超过35岁。

新中国成立后的征兵工作，由镇（公社）成立的征兵工作领导小组和武装部牵头负责，征兵程序有组织准备、宣传发动、自愿报名、体检、政审、审批定兵、新兵运输（即送兵）及征兵总结等几个步骤。征集兵员一般每年一次，历年都能完成上级下达的任务。每次征兵都做到应征者“三自愿”（本人自愿、家庭自愿、亲友自愿）；工作做到“三满意”（本人满意、家庭满意、上级满意）。每次新兵入伍都会戴上大红花，在锣鼓声中参加欢送大会，形成“一人参军、全家光荣”的社会好风气。近年来，随着改革开放经济形势的好转，对在部队服役的家属，镇、村会给予一定的优抚金；每年建军节、春节，镇、村两级会组织慰问军、烈属；义务兵服役期满返回原籍，在招工、就业方面也会给予妥善安置或适当照顾。

1955年，国家在实行义务兵役制的同时，建立预备役制度。凡符合服兵役条件的公民，未应征入伍服现役者均编入预备役。从1955年冬季开始，对预备役人员开展登记工作，同时要求复、转、退军人服预备役。在服预备役期间，一般编入基干民兵组织。预备役工作，一般都与民兵组织结合进行。1980年起，根据国务院、中央军委[1980]1213号文件精神和县武装部的部署，为了掌握能服预备役的兵员数量、专业技能状况，对复员、退伍军人进行了一次系统的登记和专业兵种统计。

第二节　兵役登记

兵役登记是完善平时征集和战时实施快速动员制度的需要。根据2011年新修订的《兵役法》第十三条规定：每年12月31日以前年满18周岁的男性公民，都应当在当年6月30日以前，按照上级兵役机关的安排，进行兵役登记。兵役登记分为适龄青年兵役登记和退伍军人预备役登记。

境内南区与北区分别于1956年、1957年起随当时所属的县实施兵役登记。兵役登记的具体步骤：由镇人民武装部与村（大队）或企事业单位领导组成兵役登记领导小组；镇属村（大队）或单位由民兵营主办登记工作；镇、村（大队）委会或居委会、企事业单位、学校均设登记站。兵役登记后，由镇人民武装部编造《普通民兵花名册》《基干民兵登记册》《预备役人员登记册》和《兵役登记统计表》。符合兵役登记条件和初步审查合格的，登记后发给“兵役证”。

第三章　地方武装

明清时期，镇域北区由石湾巡检司承担兵防、军政事务，南区则由驻石龙水、陆提标同防。清末民国初，社会混乱，有苏宗部匪帮等恶霸横行、鱼肉乡民，园洲各乡村自行组织起乡队、民团保卫家园，个别还组成联防。民国十七年（1928年）后，各乡村武装团体先后以警卫队、壮丁队、民众抗日自卫队的形式出现，个别乡村还有农军和劳动童子团。抗日战争时期，有李潮部匪军掳人勒索、无恶不作，部分村庄还设立了维持会；同期有抗日游击队、东江纵队在该地区活跃；建立民主政权的九潭、东博两乡则组建了常备中队和后备队。解放战争时期，东江纵队北撤后留守的武装力量整编的人民解放军部队继续原地斗争。进入共和国时期，民兵组织逐渐发展壮大，并积极参加训练与教育、土地改革、抗洪救灾、水利建设与农田建设以及维护社会治安等工作，为社会主义革命与建设发挥重要作用。随着地方武装部的设立，辖区内民兵建设、兵员征集、兵役登记等工作逐渐做得更细。

第一节　新中国成立前地方武装

一、地方武装与驻军

明洪武四年（1371年）始建石湾巡检司，镇域北区归属石湾巡检司管辖，巡检司负责稽查往来行人，打击走私，缉捕逃军盗贼，及承担部分地方兵防、军政事务等。清朝时期基本沿袭明制。清同治年间（1862—1874年），陆路提标游击后营派驻石龙，游击1人，统领千总四员，兵丁643人，镇域南区归属该营管辖，有兵丁巡守。另有水师提标前营派左哨千总一员驻石龙汛地，防兵16人，船汛防兵112人，同防上游园洲河段水域，遇汛防汛，有匪防匪。

二、民间武装

（一）各村、乡武装组织

清末民国初，社会混乱，盗贼四起，土匪猖獗，宗族纠纷和械斗时有发生。为了维护地方治安和乡民利益，地主、乡绅或乡、村同姓宗族集资购买枪支，组织武装团体。早期有老更队，亦有称乡勇队、保安（巡丁）队或民团，主要由本宗族祠堂领导，活动经费主要由祖偿、太公（宗族祠堂的公尝）支付或本村按人口出谷摊派，村中凡年满18～50岁的男丁都有义务要参加服役。各村武装团体队伍一般为10～20人，如岗头村乡勇队有20人马嘶村乡勇队有9人桔龙村保安队有19人，主要使用七九式步枪，队伍平时主要任务是保卫家园，一方面维持村内治安，巡更打鼓，防止外来盗贼入村袭击；另一方面保卫生产，防止农作物成熟时被人偷盗。战时村中组织地方武装保家卫国，防御外敌入侵。这些民间武装兴起初期，没有系统组织，队伍按地方大小及人、枪数量而定，多数各自为政。

民国7年（1918年），为防匪患，境内南区下南、菉兰等乡联防队参加东江下游乡村发起组织的联防，与石龙、水南、石碣、南埔、冼沙、茶山、南社、西湖、燕窝、中坑、黄家山、王屋洲、湖山、石湾等乡组成十八乡联防局，联防局设在石龙东庆坊布行会馆，由曾任石龙警察所所长的姚红阶（石湾举人）任主任，麦伟屏任副主任。队员200人，分别负责维护各乡治安，经费由各乡分担。

早期成立的民间武装，到后期，经费来源主要是向本村民众摊派，实际上成为人民的长期负担，且这些组织逐渐变为豪绅们剥削人民、进行宗族械斗、维护其利益的工具。

民国17年（1928年）3月，广东省国民政府颁布《警卫队组织条例》，将地方民团等群众武装组织全部改编为地方警卫队。警卫队分常备队和后备队两种，常备队脱离生产，后备队不脱离生产。园洲各村的警卫队主要以中队的形式设置，如上南的警卫中队。民国二十五年（1936年），广东省国民政府颁布《壮丁训练办法》，警卫队改组成壮丁队，队员为20～40岁男丁，由乡长任队长。壮丁队经过训练后改称为义勇壮丁队。1938年6月，义勇壮丁队又改称为民众抗日自卫队。

民国30年（1941年）后，在日军和李潮部"抗红义勇军"的互相勾结下，为维护日伪统治，在园洲部分乡村设立了维持会。维持会由保长主持工作，其任务是为日军实现"以华制华""分而治之"服务，其经费来源是保长每年到村中各家各户收缴一勺谷，村民有事则找保长解决。民国34年（1945年）9月，维持会随抗日战争结束而消亡。

（二）农民武装自卫军与劳动童子团

民国17年（1928年）1月，根据中共广东省委指示，陈志仁返回家乡园洲，在菉兰寮仔组建了中共石龙市委，并在马嘶村及附近圩镇、村庄开展革命宣传，组建起马嘶村农民"同盟协会"（即农民协会）。是年2月，马嘶村率先建立起农民武装自卫军中队（也称赤卫中队），由陈润秋担任中队长，队员40多人，中队收缴了公尝（本宗族的公用资产，一般由宗族有威望的长辈维持管理）和地主的枪支，开展军事训练，并发动当地群众同地主豪绅作斗争，推行减租减息运动，如召开对大地主陈容的斗争大会，对其罪行进行揭发控诉。同期还在马嘶村建立了劳动童子团，由陈润欢任团长，团员20多人，学习文化、政治和进行红缨枪操练的同时，童子团还参加农会宣传、斗争地主豪绅，并在马嘶村农民武装自卫军中队的指导下站岗放哨。随后，上南、下南、菉兰等村也组织起农军，开展武装斗争。是年春，按中共广东省委指示策划石龙暴动，中共石龙市委从农军中挑选40人组成敢死队，潜伏在石龙驻军国民党第五军第十三师一个团部附近的新围，准备接应起义士兵。5月24日，中共石龙市委被破坏，陈志仁不幸被捕遭杀害，石龙暴动夭折，随后许多农会会员被迫逃往外地谋生，农军与童子团组织随之瓦解。

（三）九潭、东博常备中队（脱产）、后备队

民国34年（1945年）春夏，博罗县解放区推广减租减息和退租退息运动，同期境内北区成立了九潭、东博两抗日民主乡，并进行了乡、村政权的改选。为抵抗少数大地主和国民党特务的反对和破坏，加强敌后抗日游击的群众基础和进一步巩固抗日根据地，在东江纵队的领导下，九潭、东博两乡由开明士绅出借枪支弹药，分别组建了常备中队和后备队。是年7月，博罗县抗日民主政府成立后，九潭、东博两乡常备中队部分队员被抽调参与组建博西常备大队，配合东江纵队第五支队参与作战。

三、人民武装

（一）广东人民抗日游击总队独立第二大队

民国32年（1943年）6月，广东人民抗日游击总队一支武装分队进入增城、博西地区活动。9月，抗日游击总队宝安大队副队长、中共党员阮海天率领增城独立第二中队开赴博罗，开辟罗浮山与东江河畔一带的革命区。10月，武装部队扩编为广东人民抗日游击总队独立第二大队，由阮海天任大队长，李筱峰任政治委员，杨步尧任政训室主任。大队辖一支中队和一支短枪队，中队队长先为徐荣光，后为陆仲亨，短枪队队长为宋刚。独立第二大队在增博边的福田、联和立足后，逐渐向罗浮山以南的铁场、园洲地区挺进。11月初，独立第二大队控制了石湾至九潭近20公里河堤一线，并由所属的短枪队建立了税站，同时独立第二大队活动区域向南扩展到东江一带的上南、下南、龙叫和马嘶等地区。

（二）东江纵队武装部队

民国32年（1943年）12月2日，东江纵队正式成立，广东人民抗日游击总队独立第二大队改编为东江纵队独立第二大队，原编制基本不变，继续在增博边区域开展武装活动。在园洲开展武装活动中，以民国33年（1944年）3月下旬的上、下南战斗为最大，在击退日军后，独立第二大队在上、下南建立了东江河税站、交通站，打通了从联和到东莞企石的交通线，与活动在东江南岸的铁东大队取得联系，并与总队指挥机关取得了联络。是年4—5月后，独立第二大队撤出博罗，转移至增城开辟新的游击区。

民国33年（1944年）2月，东江纵队司令部以第三大队为基础，抽调脱产抗日自卫队和起义部队整编为三个大队，即第三大队、东莞大队和铁东大队。铁东大队由谢阳光（后黄锡良）任大队长，何清（后卢克敏）任政治委员，以东江以南、广九铁路以东两线交于石龙，沿江上溯至桥头，沿铁路南迄石马的三角形地带为武装活动区域。是年3月下旬，铁东大队与独立第二大队共同行动，赶走了下南村的伪军“抗红义勇军”刘辉生团部，参与了上、下南的解放，打通了从东莞企石到联和的交通线，与活动在东江北岸的独立第二大队取得联系。

9月东江纵队第三支队组建成立，由彭沃任支队长，陈一民任政治委员，翟信任副队长。民国34年（1945年）1月，中共广东省临委决定将领导机关迁往罗浮山。2月初，第三支队第三大队开始进入园洲一带活动。3月，第三支队袭击驻扎在阵村、马嘶的日伪军李潮部的1个团，歼其大部，控制了罗浮山以南东江北岸的大部分沿河区域。4月，第三支队派兵分别进驻马嘶、阵村。4月下旬，驻马嘶的第三支队第一大队（大队长邓发）击退日军、李潮部伪军共一千余人的反扑，随后发动群众退租减息并建立了乡政权。5月中旬，第三支队加强了东博的防御工事，由第一大队截击了李潮部伪军对九潭、东博的进攻，赶退了驻东博的李潮部伪军，并建立了东博乡政权。至此，东江南北两岸解放区连成一片，以罗浮山为中心的抗日根据地初步形成。随后中共广东省临委和东江纵队领导机关经企石北过东江，经园洲移驻罗浮山。

民国34年（1945年）3月，东江纵队独立第六大队在博西成立，由徐博航任大队长（未到职），曾文

任政治委员，陈石甫任副大队长，辖三个中队和一个小队。9月上旬，独立第六大队政委曾文率部130余人奉命进驻东博、九潭圩，负责罗浮山南侧警戒和宣传工作，并相机消灭入侵阵村的李潮部。其间在东博、九潭圩与归投国民党军的李潮部和已投降的日军骑兵队发生攻守战，因双方力量悬殊，独立第六大队被迫撤退至佛岭、长宁一线。

（三）中国人民解放军武装力量

民国35年（1946年）6月30日，东江纵队北撤后，留守的人民武装队伍进入艰难的隐蔽时期。民国36年（1947年）8月，增龙从博人民自卫队在巩固老区工作的基础上向罗浮山以南平原新区发展，副队长徐文带领王镜中队、王国祥中队在博西建立了一支30多人的武工队，活动区域南至东江北岸的园洲一带。民国37年（1948年）3月初，在中共江北地委的领导下，增龙地区与博西地区部队整编为广东人民解放军江北支队第二团，徐文任团长，钟育民任政治委员，朱骥任副团长，罗声任政治处主任，部队在增城至新作塘、罗浮山至东江北岸的园洲一带开展武装活动。民国38年（1949年）1月1日，中国人民解放军粤赣湘边纵队成立，1月17日，江北支队被改编为解放军粤赣湘纵队东江第三支队。1949年6月，中共江北地委在原江北支队第二团的基础上组建解放军粤赣湘纵队东江第三支队第五团，徐文任团长兼政治委员，王国祥任副团长，丘继英任政治处主任，部队以罗浮山为中心继续在原地坚持开展武装活动。

四、匪帮恶霸

（一）苏宗部匪帮

大革命时期，土匪苏宗（人称“跛手宗”，原籍园洲蒉兰，本姓高，因家贫被卖给石龙一商家，遂改姓苏）与反动军阀陈炯明残部李泽标连队的散兵游勇勾结，组成一支一百多人和枪的匪帮，长期盘踞在蒉兰村，后期党羽发展到上千人，其势力范围北至增城石滩、博罗石湾，南至东江两岸，西至东莞中堂，东至博罗龙溪龙华，覆盖增城、东莞和博罗三地。其匪帮对园洲当地乡村和圩镇民众进行盘剥抢劫、掳人勒索、杀人放火，特别是从石湾里波水到九潭的沙河河段和从石龙王屋洲到园洲马嘶的东江河段多处设关卡，对过往船只强收“行水”（水路口的过路费、买路钱）、捐税抽税，民众苦不堪言。民国15年（1926年）始，国民革命军第六军第十七师吴铁城部、国民革命军第六军程潜部及下南、蒉兰、石龙、王屋洲等地（乡）民团（商团）陆续对苏宗部匪帮进行歼剿。民国十八年（1929年），随苏宗失踪、匪帮重要头目高发（苏宗弟，人称“烂头发”）被捕枪毙，苏宗部匪帮终被瓦解。

（二）李潮部匪军

民国17年（1928年），李潮（又名李剑琴，东莞石碣桔洲人）从南洋谋生返乡后，纠合数十人开始土匪活动。民国27年（1938年），东莞石龙沦陷后，李潮乘机扩充地盘，势力范围沿东江流域上至蒉兰、铁场，下至芦溪、冼沙，党羽发展到1000多人。因其部勒收“行水”捐税、掳人勒索、打家劫舍、杀人放火，无恶不作，人称李潮为“东江牛魔王”。民国30年（1941年），日军利用李潮部匪军，成立东江“抗红义勇军”，委任李潮为司令，下属11个团，大本营初在蒉兰李屋，不久转移到黄家山，旋又迁至石龙桂芳街。“抗红义勇军”成立后，与日军互相勾结，对乡民欺压、勒索、征收苛捐杂税，维护日伪统治，配合日军搜捕共产党员和抗日民众，打击抗日人民武装、破坏抗日活动。民国34年（1945年）8月日军投降后，东江“抗红义勇军”被国民政府军委会委为“东江先遣军”，其任务是阻止东江纵队接收城市，确保敌伪据点和交通线安全。1945年11月李潮抗命国民政府军第二方面军对其伪军部队的编遣，被国民政府军新一军第三十师第八十八团逮捕押解至广州行营审讯后处决，其部匪军收编补充入广东省保安司令部第三团。

第二节　民　兵

一、民兵组织

1949年10月，博罗县、东莞县建立人民政权，废除保甲制，基层政区改为区村制。随着博罗县人民武装大队、东莞县民兵支队部的成立，境内北区、南区各乡及村相继建立民兵中、小队，参与减租减息运动，维护社会治安工作。

1950年3月，博罗县下属的5个区改设民兵支队，境内北区的九潭、东博两乡改设民兵营，各村设连、排若干，民兵组织属第五区民兵支队管辖。11月起，随着东莞县农村建政工作的开展，境内南区的园洲乡设立民兵中队（亦称乡队），民兵组织属第七区民兵区队管辖。

1951年起，境内南区、北区以民兵中队为单位，配备枪支、弹药，配合土改工作队开展土地改革运动，主要担负站岗放哨、清匪反霸的任务。

1952年7月，东莞县人民武装部成立，辖境内的9个区3个镇相继设立人民武装部，境内南区民兵组织属第七区武装部管辖。12月，博罗县人民武装部成立，辖境内的11个区2个镇相继设立人民武装部，境内北区的九潭、东博两乡民兵组织划归第十一区武装部管辖，上水小乡（今上村、水口村）民兵组织划归第十区武装部管辖。

1953年1—3月，东莞县原9个区划分为15个村级行政区，下辖227个小乡。境内南区的菉兰乡民兵组织划归第二区管辖，下南、上南、阵村、田头、桔龙等乡民兵组织则划归第六区管辖。1954年6月，菉兰乡划归第六区，民兵组织管辖权随之进行调整。

1955年9月，东莞县村级行政区改用地名称呼，第六区改称企石区，境内南区民兵组织归企石区武装部管辖。10月，博罗县第十一区改称铁场区，境内北区民兵组织归铁场区武装部管辖。

随着撤区并乡，推行大乡管理制工作的开展，1956年11月，境内北区划为九潭大乡；1958年1月，九潭乡并入铁场乡，分并过程中民兵组织均属铁场区管辖。1957年12月，境内南区划为上南大乡，但民兵组织仍属企石区管辖。

1959年3月，原属东莞县境内的南区划归博罗县，五一人民公社改称园洲人民公社，并成立武装部，民兵组织管辖权随之进行调整。为响应毛泽东主席“大办民兵师”“实行全民皆兵”的号召，在县武装部的指导下，同年，园洲人民公社设立民兵团，各大队设立民兵营，营下设连、排、班。

1962年起，博罗县按照“民兵工作要做到组织落实、政治落实、军事落实”（简称“三落实”）的指示，对全县民兵组织进行调整，在民兵组织中健全基干民兵队伍，落实制度；坚持社会主义方向，增强国防观念；加强军事训练，尽力做好安全保卫工作。

1970年1月，县改设民兵独立团，下辖4个营。境内南区的园洲人民公社民兵与铁场、福田、长宁民兵组成第四营。同年，园洲人民公社武装部在组织领导各村普通民兵组织的工作中，以基干民兵、复退军人为基础，组建武装部直辖的武装基干民兵连，连下设桔龙、田头、禾山、上南和下南5个武装基干民兵排，每排下设3个班，每班下设3个组，每排30人左右，配备10～15支七九式步枪。

1973年，县复设民兵师，园洲人民公社设农田基本建设民兵团，各村大队成立民兵突击连，每连编制200～300人，参与维护社会治安、支援水利建设和农田基本建设。是年，县武装部到公社召开民兵“三落实”工作现场会议。

1974年秋，在县城召开博罗民兵代表大会，园洲人民公社在会上介绍了民兵工作经验。

1976年，园洲人民公社武装基干民兵连进行武器换装，收回七九式步枪，换装五六式半自动步枪。

1978年5月，九潭人民公社成立，并从铁场划出，公社成立武装部，民兵组织管辖权随之进行调整。

1979年7月底，园洲人民公社武装部对武装基干民兵连枪支进行回收，实行统一管理。

1981年起，民兵体制改革，按改革要求，调整民兵年龄，缩小民兵组织范围，普通民兵年龄，男性公民为18～35岁，女性公民为18～25岁；基干民兵年龄，男性公民为18～28岁，女性公民除特殊者外，一般不再编入基干民兵。民兵突击连也随分田到户政策的实施自动解散，民兵组织数量减少，但民兵的军政素质却相对提高。

1983年11月，博罗县撤销人民公社，恢复区乡建置。园洲、九潭人民公社改为园洲区、九潭区，境内南区、北区民兵组织仍属两区武装部管辖。

1986年1月，博罗县改区设乡镇。园洲区改园洲镇，九潭区改九潭镇，区武装部改称镇武装部，仍管辖辖区内民兵组织，民兵营、连、排等建置不变。

1998年，园洲镇武装基干民兵连进行调整，改名民兵应急分队，以排编制，下设上南、刘屋、下南3个班，每班10人。

2005年4月2日，惠州军分区工作组对博罗县民兵整组工作进行检查，其中点验了园洲的民兵应急分队，成绩优良。2003年12月，撤九潭镇并入园洲镇，两镇武装部进行合并，管辖两镇合并后全镇的民兵组织。

二、训练与教育

（一）军事训练

军事训练的重点是基干民兵。训练时立足于现有装备，着眼于现代化战争，结合民兵特点，按实战需要进行。1970年武装基干民兵连成立后，该连民兵每星期训练一次，每年均邀请罗浮山部队官兵进行训练指导，训练项目主要为射击、投弹和刺杀。1979年起，每年由公社武装部组织，以大队为单位对新吸收的民兵进行训练，对部分老民兵进行复训。以记工分作为训练报酬。1984年，基干民兵每年训练一个月，分两个周期完成。1984年后，根据中共中央规定，每年对吸收的基干民兵训练20天。训练根据兵种、项目不同分开进行，各兵种训练时都结合实弹射击。

（二）政治教育

根据县武装部的组织领导、安排，园洲各时期武装部经常对辖区内民兵进行必要的政治教育，内容包括：民兵基本知识、民兵任务，党和政府在各个时期的路线、方针、政策，社会主义道德、法制以及国防观念、战备思想等。根据中共中央和中央军委的有关指示，凡属全民性教育的，按照地方党委的统一部署，组织民兵参加有关会议，凡属系统性的教育则由主管部门组织实施。在日常工作中，园洲各时期武装部则结合实际情况适时开展基干民兵的政治课教育。在基干民兵集中训练时，安排10%的时间进行政治教育。具体的政治教育安排，由园洲各时期武装部根据县武装部的指示、教育方案执行。

三、参加社会主义革命与建设

（一）参加土地改革

1951年夏至1953年4月，根据东莞、博罗县组织的安排，境内南区、北区以民兵中队为单位，配备枪支、弹药，在土地改革运动中，配合土改工作队开展清匪反霸、退租退押运动。民兵在土地改革运动中主要担负站岗放哨、捕匪抓坏人、收缴反革命分子与地主武装武器以及配合工作队斗争恶霸地主等任务。

（二）参加抗洪救灾、水利建设与农田基本建设

新中国成立以后，民兵承担了主要的抗洪抢险救灾工作。1959年6月，园洲遭受特大洪水袭击，东江、沙河破堤，辖区内多数房屋倒塌，人民的生命财产遭到严重威胁，园洲广大民兵自觉投入抢险救灾斗争，对沙河、东江围堤进行加高加固。1966年6月，东江再次发生特大洪水，干流上下游及各条支流均同时发洪，沙河破堤，园洲围堤溃决，造成万亩以上农田受浸，公社组织抢险救灾，民兵在抗灾中发挥骨干作用。2000年，园洲镇政府派出40人的民兵应急分队参加杨村河抗洪抢险救灾工作。2008年，镇政府又组织30人的民兵应急分队前往沙河白堪角水闸参加抢险工作。

自20世纪50年代至70年代，县、公社都相继组织民兵参与水利建设，堤坝、排渠等工程主要由民兵完成。1951年修成的增博围九潭段堤坝、1954年修成的东博围、1955年修成的园洲围东江堤坝和沙河堤坝，园洲民兵都发挥了重要的作用。到了60年代中期，为防御上游水库汛期泄洪造成的威胁，民兵又主动承担东博堤、上南堤共计62公里长沙河堤坝培土加固的任务。1973年，各村大队成立民兵突击连，每个突击连组织200～300名民兵参加公社的整治中心排渠工程。同时，公社民兵还支援县内外其他地方兴修水利。1970—1971年，园洲人民公社派出200名民兵参加枫树坝蓄水建坝工程；1975至1976年8月，公社又派出700名民兵参加杨村河道整治工程；1977—1978年，公社又从9个大队抽调600名民兵参加惠阳淡澳河排洪工程。

1973年8月至1976年6月，在开展“农业学大寨”运动的推动下，公社组织成立民兵连专业队，大搞农田基本建设，包括挖排灌渠，修建桥梁、涵闸，整治农田，划归改土，扩大耕地和改造低产田等，辖区内减少了农田旱涝威胁，提高了农田收成。

（三）其他活动

新中国成立后，民兵们还承担了维护社会治安、防敌防特工作以及其他急、难、险、重的任务。新中国成立初期，民兵组织参与农村减租减息运动。50年代，辖区内民兵担负守桥护路任务，在重要场所进行治安执勤。1951年至1953年期间，辖区内民兵配合土改工作队开展土地改革运动，担负站岗放哨、巡逻和清匪反霸的任务。自60年代开始，民兵组织按照上级的指示，开展民兵工作“三落实”活动，抓好政治思想教育、增强国防观念、加强军事训练。60—70年代，辖区内民兵多次参与制止偷渡外逃的任务。改革开放以后，辖区内民兵组织还协助公安部门打击走私贩私、扫黄抓赌反毒等违法犯罪行为。在开展两个文明建设活动中，民兵们为群众办实事、做好事，带头科学种田、广开致富门路。

四、人民武装部

新中国成立后至1959年，境内南区园洲乡属东莞辖地，辖区内武装工作由设在企石的区（后改公社）武装部领导。而境内北区九潭、东博乡属博罗辖地，新中国成立后至1978年，辖区内武装工作由设在铁场的区（后改公社）武装部领导。南区、北区初期的武装工作，主要为组建乡与村民兵队伍，领导开展民兵工作，组织民兵军事训练，管理武器，清匪反霸、防敌防特和维护社会治安，开展兵役登记和兵员征集等。

1959年3月，境内南区划归博罗，改称园洲人民公社，并成立公社武装部，办公地点初设上南，1961年搬至下南。1978年5月，九潭人民公社成立，并从铁场划出，成立公社武装部。园洲、九潭人民公社武装的成立，使辖区内的民兵组织划归各自的武装部组织、领导。

改革开放以后，随着武装部组织架构的健全，其职能日益完善。主要负责民兵的组织建设、征兵、招收飞行学员以及民兵预备人员的登记统计工作；负责民兵、预备役人员的军事训练和政治教育；拟制定本地区的各种战备、应急方案，组织并带领民兵完成各项战备执勤任务；负责组织对民兵干部的配备、培养和管理工作；负责民兵武器装备及弹药的管理工作；协助做好现役军人的教育，会同民政部门做好退伍军人安置和烈属的优抚工作；积极参与党委、政府的中心工作，组织和发动民兵参加两个文明建设，维护社会治安、协同有关部门抓好国防教育工作；拟制订本区域的战时动员计划，会同有关部门在平时做好战时

动员的各项准备工作；战时负责动员和组织民兵参军参战，支援前线，保卫后方以及做好本部正规化建设和组织民兵开展以劳养武工作等。

2003年12月28日，九潭镇撤制并入园洲镇，随后两镇武装部进行合并，人员和组织机构进行了调整，但职能未变。

1959—2016年园洲历届武装部部长名表

表15-1

负责人姓名	性别	政治面貌	在职时间	备注
黄坤	男	中共党员	1959.2—1961.8	武装部负责人
梁乐文	男	中共党员	1961.8—1974.11	武装部部长
陈美秋	男	中共党员	1974.11—1981.8	武装部部长
梁贤泽	男	中共党员	1981.8—1996.1	武装部部长
梁海明	男	中共党员	1996.1—2006.9	武装部部长
黎容清	男	中共党员	2006.9—2011.7	武装部部长
刘永忠	男	中共党员	2011.7—2016.9	武装部部长
陈志荣	男	中共党员	2016.9—	武装部部长

1976—2003年九潭（未并入前）历届武装部部长名表

表15-2

负责人姓名	性别	政治面貌	在职时间	备注
梁锦源	男	中共党员	1976.3—1984.3	武装部部长
吴观伙	男	中共党员	1984.4—2002.3	武装部部长
曾羽灵	男	中共党员	2002.3—2003.12	武装部部长

第十六篇　教　育

新中国成立前，镇域有近30所私塾学校。校舍多是祠堂或庙宇，一周5天半教学，实行复式教学。

1952年，园洲地区（含河南区、河北区）人民政府接管教育后，把私塾整合为12所公办小学（河南区和河北区各6所）。截至2016年，小学发展到24所（公办19所，民办5所）。学生从1958年4063人增加至2016年的15974人，教师从1958年210人增加至2016年的798人。

1951年，复办的罗浮中学迁入赤沥的徐家祠堂。1958年，河南区创办园洲农业中学。至1991年，相继办起园洲中学、铁场农业中学（在九潭）、九潭中学、园洲第二中学。2005年，通过整合，保留园洲中学和九潭中学。2016年，全镇在校中学生3886人，教师258人。

镇域的成人教育始于20世纪50年代。50年代中期至60年代初期，各村成立农民夜校，开展扫除文盲教育。60年代后期，河南区成立农民业余文化技术学校，公社农科站技术员当教员，分期分批组织农民学习科学种田的知识，培养大批种养和管理能手。（因河北区当时属铁场人民公社，情况不详。）

1988年以后，镇域引进社会力量办民办教育。至2016年，镇域有民办学校5所，在校学生6902人，教职工301人。幼儿教育稳步发展。

1993年以前，镇域小学教师中，民办教师比公办教师多，教师队伍整体素质不高。1994年以后，教育部门鼓励和组织教师参加继续学习，提升学历。至2002年，中、小学教师学历达标率均为100%。1999—2002年，通过文化考试和教学考核，全镇在职民办教师均转为公办教师。自2008年以后，教师的待遇逐年提高。

1988年以来，镇党委、政府实施教育强镇战略，广泛发动干部群众集资，动员港、澳、侨胞捐资，加强教育硬件建设和教育教学管理。教育教学质量逐年提高。2008年，园洲被评为“广东省教育强镇”。

第一章　旧式教育

1952年以前，镇域地区办教育的形式主要有私塾和书院。清乾隆二十八年（1763年），镇域已有私塾学校。民国时期，私塾教育得以发展，据不完全统计，全境有26所私塾学校。宋、清时期，镇域有书院，其中义合的见龙书院和菉兰的菉兰社学规模较大。

第一节　私　塾

清乾隆二十八年（1763年），龙叫村创办园洲第一所私塾学校——龙叫私塾学堂。马嘶、田头、桔头、廖尾、禾山、土瓜圩、龙叫等村的学子都到此求学。龙叫私塾学堂设在龙叫的宗富公祠敦义堂，学生36人，教师1人，一周6天教学。至新中国成立前，园洲（含河北区）约70%的村都有私塾学堂。私塾学堂规模小，在校学生人数10～40人，男生占95%；教师1～3人。学生自行搬台凳到学校上课，以谷物作学费。

私塾学校都是“混龄班”，复式教学，一名教师在同一课时上几个年级的课。课程设置有四书五经、成语考、《三字经》、《增广贤文》、算术、珠算、写字、图画等。

据1952年秋统计，镇域有私塾学校26所，上南村的岗陵堂学堂规模最大。岗陵堂学堂创办于清乾隆三十年（1765年），校址在上南园和圩。学堂开设6个教学班，学生超120人，教师6人。

第二节　书　院

创办于宋代的泊头（今义合村）见龙书院和创办于清初的菉兰社学，是镇域规模较大的两所书院。见龙书院，占地近300平方米，有学生近100人，教师5人，开设学科齐全。在义合村的渔民自然村东面约10米处仍有书院的遗址。菉兰社学，创办于清朝初期，校址在今菉兰李屋小学校园内。书院有学生40～50人，教师2人，开设学科齐全，是当时东莞县四大社学之一。

1952年前园洲镇私塾、书院情况表

表16-1

私塾、书院名称	办学所在地	办学规模	课程设置
十房厅私塾	马嘶十房	学生10人，教师1人	四书五经、珠算
田头私塾	田头村	学生25人，教师1人	语文、算术等
土瓜围私塾	土瓜围村	学生20人，教师1人	语文、算术等
土瓜圩私塾	土瓜圩村	学生15人，教师1人	语文、算术等
淡岗私塾学堂	桔头淡岗祠堂	学生10人，教师1人	《千字文》《三字经》《增广贤文》《百家姓》等
桔头坊学堂	桔头泗兴堂	学生10人，教师1人	
深沥学校	深沥村	学生20人，教师1人	四书五经、珠算等
上南岗陵学堂	上南园和圩	6个班，学生120人，教师1人	国文、算术、音乐、图画等

续表16-1

私塾、书院名称	办学所在地	办学规模	课程设置
龙叫私塾学堂	龙叫敦义堂	学生36人，教师1人	《三字经》《千字文》等
子桓家塾	下南陈屋	学生12～20人，教师1人	识字、国语、珠算等
长房家塾	下南陈屋	学生12～20人，教师1人	识字、国语、珠算等
陈氏宗祠	下南陈屋	学生20～30人，教师1人	识字、国语、珠算等
兰溪学社	高头大庙	学生12～40人，教师2人	四书五经、珠算
南祖书房	李屋村	学生20人，教师1人	四书五经
震峰祖祠	李屋村	学生20人，教师1人	四书五经
菉兰社学（书院）	李屋向北祠堂	学生40～50人，教师2人	四书五经
仁厚社	寮仔村	学生12～20人，教师1人	识字、国语、算术等
黄屋祠堂	白马围村	学生30～40人，教师2人	成语考、八股文、珠算等
石门楼私塾	沥西村	学生10人，教师1人	国文、珠算等
东昌围私塾	沥东村	学生7～8人，教师1人	国文、珠算等
西门私塾	佛岭村	学生10人，教师1人	国文、珠算等
三厅私塾	凤山村	学生30～35人，教师1人	国文、珠算等
见龙书院	泊头（义合）	荒废久远，无从考究	无从考究
乡贤小学堂	义合村	学生70～80人，教师8人	国文、珠算等
玄武厅学堂	上村村	学生10～20人，教师1人	国文、珠算等
东泊私塾	东博	学生20～30人，教师2人	国文、珠算等
马石岗私塾	马石岗村	学生10～15人，教师1人	国文、珠算等

第二章　各类教育与管理机构

基础教育包括幼儿教育、小学教育、中学教育。1977年以前，镇域的幼儿教育一片空白。1978年，小学开设学前教育，办起学前班。1992年后，兴起幼儿教育。1952年8月，镇域把以前的26所私塾收编融合为12所公办高级小学，由乡人民政府管理。1958年，小学扩大招生，公办小学增设民办班。因师资缺乏且教师素质差，小学教育出现有数量而无质量的现象。“文化大革命”期间，教育质量更是严重下滑。1958年9月，园洲农业中学创立，开启园洲中学教育先河。1960年以后，先后创办园洲中学、九潭中学、园洲第二中学。1991年，河南普及中学（初中）教育。1993年，河北区普及九年义务教育。

中共十一届三中全会以后，教育战线拨乱反正。1988年以后，镇域实施“科教强镇”战略，加大教育资金投入，中、小学教育教学质量不断提高，稳居全县前列。2008年12月，园洲成功创建“广东省教育强镇”。

第一节 行政管理机构

领导全镇小学教育的机构是教育办公室（简称教办）。教办，是镇教育委员会下设的办公室。园洲镇有河南区的园洲教办和河北区的九潭教办，分别成立于1969年和1979年。教办设主任、副主任、督导员、财统员各1人，负责全镇小学教育行政和教学管理，指导小学教研教改，是全镇小学行政、教学、教研和教改指挥中心。2002年，教办更名为中心小学，原来的中心小学更名为中心小学校本部。

第二节 幼儿教育

1978年2月，中共博罗县委、县政府成立托幼领导小组，将幼儿教育列入各级党委的议事日程。镇域根据实际情况，在全镇小学开设学前班，对6周岁儿童进行一年学前教育。

20世纪90年代后期，镇域的园洲、九潭镇委、镇政府拟定“积极发动，大力扶持，正确领导，加强管理”的方针，引进社会力量投资办民办教育。1992年，刘屋村创办全镇第一所幼儿园——刘屋幼儿园。至2016年，河南区有9所、河北区6所面上小学（不含中心小学）办有学前班，学生733人（学前班招收五周岁至不足六周岁儿童）；全镇有幼儿园18所，189个班，学生5737人，教师557人。

一、幼儿园管理

除九潭中心幼儿园是公办外，园洲镇其余幼儿园都是民办幼儿园。幼儿园属镇教办管辖。为加强民办幼儿园的管理，促进民办幼儿教育的健康发展，依据《中华人民共和国民办教育促进法》《中华人民共和国民办教育促进法实施条例》，结合镇域具体情况，2008年9月教办制定幼儿园管理规定，规范幼儿园的管理。

附：园洲镇幼儿园管理条例

⑴ 对民办幼儿园实行教办统筹管理的园长负责制。

⑵ 教办负责全镇民办幼儿园教育工作的统筹协调和宏观管理，主要职责是：贯彻国家相关的政策和规定，负责制定和组织实施本行政辖区内民办幼儿园的发展规划，制定并组织实施地方性管理规章，对幼儿园实施日常管理、业务指导和工作考核。

⑶ 教办对民办幼儿园的卫生保健、安全防护制度、食品卫生、传染病预防、园舍设备设施、消防安

全、接送儿童等工作进行常规性的督导和检查。

⑷ 教办要求民办幼儿园严格按照国家和当地物价部门制定的标准收费，禁止乱收费的现象出现。

⑸ 教办将民办幼儿园纳入当地基础教育的统一管理中，实行统一规划、统一部署、统一检查、统一考核。

⑹ 教办强调民办幼儿园要按照《中华人民共和国教师法》《中华人民共和国劳动法》有关规定，依法同教职工签订聘任合同，明确规定双方的权利、义务和责任，依法保障教职工的福利待遇和合法权益。

⑺ 民办幼儿园实行园长任职资格和教师资格制度。园长、教职工由办学者按国家规定的有关任职资格要求聘任，但必须报教办备案。

二、幼儿园选介

（一）刘屋幼儿园

刘屋幼儿园是一所全日制民办幼儿园，创建于1992年，地处园洲中心区的刘屋教育路，是镇域最早创办的幼儿园。幼儿园占地面积4300平方米，建筑面积3300平方米，绿化面积831平方米。园舍布局合理，设计新颖。园内设有音乐室、美工室、图书室、科学室、生活实验室。园内幼儿400人，教职工32人。2013年12月，刘屋幼儿园被评为博罗县一级幼儿园和“优秀园所”。

（二）蓓蕾幼儿园

蓓蕾幼儿园位于园洲镇福民路，创办于1997年9月，是一所全日制的私立幼儿园。幼儿园占地面积3102.84平方米，建筑面积5560平方米，户外活动场地1765平方米。幼儿园有15个教学班，在园幼儿420人，教师36人。园内有100米环形跑道、50米直跑道各1条，有沙池、戏水池、交通城和角色游戏街、爱迪生科学发现室、舞蹈室、美术室、图书室。每班配有多媒体一体机等现代化的教学设备。

（三）九潭中心幼儿园

九潭中心幼儿园位于九潭圩镇绿化一路，1997年8月创建，是一所公办幼儿园。幼儿园占地面积2468平方米，建筑面积1780平方米，绿化率46%。幼儿园有10个教学班，学生360人，教职工36人。幼儿园内有100米环形塑胶跑道，有大型滑滑梯、荡秋千等游乐设施。除了上课的教室，还有音乐室、美工室、科学启蒙室、图书阅览室及综合游戏室等功能室。

1997—2016年园洲镇幼儿园发展基本情况表

表16-2

年份	幼儿园（所）			班级（个）			学生（人）			教职工（人）		
	合计	公办	民办	合计	公办	民办	合计	公办	民办	合计	公办	民办
1997	2	1	1	7	3	4	176	90	86	25	2	23
1998	3	1	2	12	5	7	354	150	204	36	3	33
1999	3	1	2	14	5	9	293	150	243	44	3	41
2000	3	1	2	14	5	9	398	150	248	44	3	41
2001	3	1	2	14	5	9	403	150	253	44	3	41
2002	5	1	4	23	6	17	594	180	414	69	3	66

续表16-2

年份	幼儿园（所）			班级（个）			学生（人）			教职工（人）		
	合计	公办	民办	合计	公办	民办	合计	公办	民办	合计	公办	民办
2003	7	1	6	37	6	31	1024	180	844	112	3	109
2004	7	1	6	39	6	33	1162	180	982	131	3	128
2005	7	1	6	45	8	37	1333	240	1093	146	3	143
2006	7	1	6	50	8	42	1498	240	1258	157	3	154
2007	8	1	7	60	8	52	1679	240	1439	188	3	185
2008	8	1	7	67	8	59	1898	240	1658	198	3	195
2009	9	1	8	80	8	72	2191	202	1989	251	3	248
2010	11	1	10	92	10	82	2720	300	2420	282	3	279
2011	12	1	11	102	10	92	2977	300	2677	312	4	308
2012	14	1	13	123	10	113	3603	300	3303	399	4	395
2013	16	1	15	138	10	128	4012	300	3712	470	4	466
2014	16	1	15	155	10	145	4553	300	4253	480	4	476
2015	16	1	15	156	10	146	4837	300	4537	554	4	550
2016	19	1	18	189	10	179	5737	300	5437	557	4	553

第三节　小学教育

1952年8月，镇域的私立小学和私塾由人民政府接办，把27所私塾整合为12所乡级完全小学，由乡人民政府管理。办学经费纳入国家计划，教师均转为公办教师。1958年，镇域的公办小学增设民办班，新办6所初级小学（1～4年级）（河北区保持6所高小）。学校从原来的12所增至18所，招聘一批小学或初中毕业的农民当教师，即民办教师。“大跃进”时期，学校办农场、土肥厂，“大炼钢铁”，重劳动，轻文化，教育质量一度下滑。

1963年，中央颁发《全日制小学暂行工作条例（草案）》。1964年，博罗县贯彻“全日制与半日制并举”的两种教育制度和“公办与民办并举”的“两条腿走路”的办学方针，以求大力发展教育事业。但在实施过程中只追求数量，不求质量，效果不理想。1965年8月，按毛泽东主席“减轻学生负担，减少活动总量”的指示精神，镇域教育委员会要求各小学改进教育方法，减轻学生过重负担，提高教学质量，教育形势出现喜色。1966年，根据“学制要缩短，教育要革命”的指示精神，小学全面实施五年一贯制的教学体制。6月，“文化大革命”爆发，学校受到冲击，停课闹革命。1972年，学校“复课闹革命”，教学秩序开始恢复正常，但没有教材。课堂上，学生只有读毛主席语录、唱革命歌曲。1970年后，教育形势稍有好转。园洲中学于1969年停招初中生，九潭中学尚未创办，1970年贯彻“五七指示”，小学（完全小学）办附设初中班。当时，河南区的马嘶、田头、桔龙、禾山、深沥、阵村、上南、蓑兰，河北区的九潭、义合、上水、赤沥、佛岭等15所完全小学都办起附设初中班。附设初中学制两年，每所学校每个年级办1～2个班。学生初二毕业后，可报考园洲中学、九潭中学（1976年创办，只办高中）、罗浮中学、博罗中学读高中。1976年，田头、禾山两所小学各办一个附设高中班。1978年7月，田头小学附设高中班的刘惠仪同学考上华南师范学院化学系。1976年，河北区小学停办附设初中班。1988年，河南区小学停办附设初中班。1984年，博罗全县恢复小学六年制教学体制。

1978年，中共十一届三中全会召开，教育战线拨乱反正。小学重新调整布局，工作重点转移到课堂教学，恢复升留级及考试制度，修订和完善各种规章制度，教学秩序日趋正常。1982年，党政领导发动社会各方力量，集资维修学校危房，建设教学楼，添置教学仪器，改善办学条件和环境，小学教育有较大发展。至2016年，全镇有小学24所，其中公办19所，民办5所，在校学生11314人，教职工798人。1986年以来，镇域小学的教育教学质量稳步提高，一直位居全县镇级小学的前列。1991年，河南区取消小学升初中的考试制度；1993年，河北区也取消升初中考试，小学毕业生100%免试直升初中就读。

1958—2016年园洲镇小学教育发展情况表

表16-3

年份	学校数（所）			班级（个）			学生（人）			教职工（人）		
	合计	公办	民办	合计	公办	民办	合计	公办	民办	合计	公办	民办
1958	18	18		116	116		4063	4063		210	123	87
1959	18	18		122	122		4319	4319		215	123	92
1960	18	18		128	128		4628	4628		224	123	101
1961	19	19		131	131		4681	4681		239	126	113
1962	19	19		133	133		4812	4812		233	126	107
1963	19	19		134	134		4760	4760		236	126	110
1964	19	19		138	138		4799	4799		248	126	122
1965	19	19		140	140		5071	5071		255	126	129
1966	19	19		153	153		5186	5186		258	126	132
1967	19	19		150	150		5262	5262		265	126	139
1968	19	19		152	152		5296	5296		265	126	139
1969	19	19		152	152		5332	5332		267	126	141
1970	20	20		162	162		5511	5511		274	126	148
1971	20	20		164	164		5679	5679		284	126	158
1972	20	20		170	170		5749	5749		286	126	160
1973	20	20		173	173		5857	5857		285	126	159
1974	20	20		173	173		5932	5932		289	126	163
1975	20	20		178	178		6136	6136		296	126	170
1976	20	20		178	178		6126	6126		299	126	173
1977	20	20		178	178		6074	6074		298	108	190
1978	20	20		179	179		6143	6143		302	108	194
1979	20	20		180	180		6037	6037		304	105	199
1980	20	20		180	180		6089	6089		301	105	196
1981	21	21		182	182		6305	6305		313	103	210

续表16-3

年份	学校数（所）			班级（个）			学生（人）			教职工（人）		
	合计	公办	民办	合计	公办	民办	合计	公办	民办	合计	公办	民办
1982	21	21		181	181		6231	6231		311	103	208
1983	22	22		185	185		6376	6376		314	105	209
1984	22	22		186	186		6256	6256		316	105	211
1985	22	22		184	184		6586	6586		297	103	194
1986	22	22		187	487		6598	6598		298	103	195
1987	26	26		205	205		6755	6755		308	103	205
1988	26	26		197	197		6643	6643		307	107	200
1989	25	25		198	198		6451	6451		305	107	198
1990	26	26		199	199		6470	6470		302	110	192
1991	26	26		199	199		6388	6388		309	113	196
1992	26	26		199	199		6379	6379		309	113	196
1993	26	26		198	198		6346	6346		313	113	200
1994	26	26		200	200		6376	6376		312	232	80
1995	26	26		201	201		6387	6387		309	259	50
1996	26	26		201	201		6414	6414		320	294	26
1997	26	26		201	201		6350	6350		326	311	15
1998	26	26		203	203		6389	6389		356	346	10
1999	26	26		204	204		6457	6457		370	360	10
2000	26	26		206	206		6564	6564		377	377	
2001	26	26		204	204		6503	6503		400	400	
2002	26	26		207	207		6654	6654		413	413	
2003	26	26		207	207		6693	6693		407	407	
2004	26	26		207	207		6829	6829		432	432	
2005	29	26	3	225	207	18	7503	6873	630	501	446	55
2006	29	26	3	232	212	20	7681	7009	672	564	479	85
2007	29	26	3	240	214	26	7988	7019	969	578	488	90
2008	22	19	3	244	213	31	8009	6865	1144	571	477	94
2009	22	19	3	251	213	38	8703	7215	1488	587	479	108
2010	22	19	3	262	217	45	11127	8325	2802	604	490	114
2011	22	19	3	278	225	53	13280	9590	3690	630	493	137
2012	23	19	4	318	228	90	14544	10752	3792	757	495	262
2013	23	19	4	326	232	94	14851	11007	3844	763	490	273

续表16-3

年份	学校数（所）			班级（个）			学生（人）			教职工（人）		
	合计	公办	民办	合计	公办	民办	合计	公办	民办	合计	公办	民办
2014	23	19	4	341	232	109	15401	11099	4302	769	489	280
2015	24	19	5	346	232	114	15687	11201	4486	786	497	289
2016	24	19	5	352	232	120	15974	11314	4666	798	497	301

2000—2016年园洲镇公办小学教育发展情况表

表16-4

年份	学校数（所）	班级（个）	教师数（人）	学生人数（人）		
				户籍生（人）	外地生（人）	合计
2000	26	206	377	5286	3199	8485
2001	26	204	400	5145	3471	8616
2002	26	207	413	5342	3413	8755
2003	26	207	407	5317	3891	9208
2004	26	207	432	5353	3897	9250
2005	26	225	446	5378	4840	10218
2006	26	232	479	6103	5021	11124
2007	26	240	488	6650	5995	12645
2008	19	244	477	6754	5779	12533
2009	19	251	479	5957	5236	11193
2010	19	262	490	5252	5428	10680
2011	19	278	493	6456	6067	12523
2012	19	318	495	6691	6139	12830
2013	19	326	490	6647	7065	13712
2014	19	341	489	7311	7592	14903
2015	19	346	497	7142	7950	15092
2016	19	350	497	7266	8708	15974

一、学校选介

（一）园洲中心小学

园洲中心小学位于园洲镇上南村园和圩，前身为上南岗陵堂私塾。民国24年（1935年）春，改办为上南小学，设6个班，学生120人，教师6人。民国33年（1943年），在朱敬修等倡议下集资建校舍，建成会堂（礼堂）1座及3000平方米校舍。是年，有6个年级，6个教学班，学生275人，教师10人。1947年，被东莞县教育局定为园洲乡第一中心国民学校（当时，园洲属东莞所辖）。1959年6月，园洲由东莞划入博罗。1982年9月，上南小学被博罗县教育局定为园洲中心小学。

园洲中心小学校园总面积27亩。1992年，建起一座3层18间课室的教学楼，一栋3层12室的教师宿舍楼。课室、实验室、仪器室、阅览室、音乐室、少先队室齐备。有200米环形跑道及篮球场、羽毛球场、排球场等运动场地。藏书8000册。1996年，学校被评为首批“惠州市一级学校”。2014年，学校有30个教学班，学生1689人，其中进城务工人员子女610人，占36%；教职员工77人，其中小学副高级1人，小学一级1人，小学高级69人，教师整体素质高，达标率100%。

园洲中心小学重视教师队伍建设，重视教法、学法研究，教育教学成绩一贯名列全县前列。1996年以来，有50多名教师获市、省、全国表彰，200多名学生获县、市、省奖励。学校先后获“惠州市文明校园”“惠州市义务教育教学水平优秀学校”“博罗县德育工作示范学校”“广东省红领巾示范学校”等称号。

（二）园洲第二中心小学

园洲第二中心小学位于博罗县园洲镇刘屋村教育路，创办于1993年9月，原名为园洲刘屋小学，2006年更名为园洲第二中心小学。有32个教学班，学生1620人，教职工71人，其中小学高级教师52人，小学一级教师3人，本科学历11人，在读本科31人，专科学历22人，中师学历6人，教师达标率100%。学校先后被评为“惠州市义务教育教学水平优秀学校”“博罗县德育工作示范学校” “广东省义务教育规范学校”。

学校现代化教育设备完善，每间教室都配置电教平台，配备科学实验室、音乐室、美术室、舞蹈室、阅览室、图书室、电教室、体育室、广播室、仪器室、卫生室、计算机室、劳动技术室、队部室、心理咨询室等功能室。每间功能室设备配置齐全，图书室藏书量达3.5175万册。体育设施齐全，有足球场1个，篮球场3个，羽毛球场2个，排球场1个，100米直跑道、200米环形塑胶跑道各1条。

学校在教学“三评”活动中，有30多名教师获县以上奖励。在各类竞赛中，有40多名学生获县以上奖励，其中有4人获全国三等奖。少先队于2010年荣获“惠州市红旗大队”称号，2013年荣获“广东省少先队先进中队”称号；2013年，少先队鼓号仪仗队荣获县花样操比赛一等奖。

（三）园洲第三中心小学（阵村小学）

阵村小学始建于1964年，位于园洲镇文化长廊北面，阵村朱屋与陈屋之间。2008年，园洲创建省教育强镇时，学校拆危楼重建一栋3层共9间课室的功能楼，2009年投入使用。为缓解镇中心区公办学位紧缺的问题，于2012年开始对学校进行扩建改造，升级为园洲第三中心小学。校园面积从原来的5000平方米扩大到17430平方米。原来的教师宿舍楼（危楼）拆掉，在原地建了一栋4层高共20间课室的新教学楼，新建一栋6层共20间两室一厅的教师宿舍楼。运动场设有200米环形塑胶粒面跑道1条、足球场1个、排球场1个、羽毛球场2个、篮球场4个。藏书1.8万册。

每间教室都装备多媒体电教平台，配备自然实验室、计算机室、美术室、音乐室、图书阅览室、劳技室、广播室、心理咨询室、档案室、仪器室、体育室、少先队部室等13个功能室，为全面实施素质教育奠定坚实基础。

2016年全校有23个教学班，学生1079人，教职工50人。教师中，本科及以上学历38人，大专学历10人，中师学历2人，教师学历达标率100%。2015—2016年，毕业生升学考试成绩均名列全镇前茅。

（四）九潭中心小学

九潭中心小学位于园洲镇九潭圩，创建于1951年，原名九潭小学，1981年，更名为九潭中心小学。学校有18个教学班，在校学生 1009人，教职工54人。教师中，大专以上学历46人，占90%；小学高级教师38人，占74%。校园占地25000平方米，生均占地面积24.7平方米；建筑面积9000平方米，生均建筑面积8.9平方米。校园布局合理，教学区、运动区、生活区分明。校园内有花坛草坪、假山水池，绿树成荫，育人环境优美。学校各类设备设施齐全，有科学实验室、图书室、计算机教室、多功能电化教室、美术室、音乐室等功能室。图书室藏书2.7625万册，生均27册。还有少先队室、体育器材室、卫生保健室、心理咨询室、仪器室、广播室等辅助用房。运动区设有单双杠、沙池、健身器材、200米环形跑道、100米直跑道、3个篮球场。

2013年，园洲镇政府投资新建一栋有24间教室、建筑面积3000多平方米的教学楼，设铺塑胶跑道，完善教学平台、教师办公电脑。学校的办学条件得到进一步改善，达到均衡县的要求。

第四节　中学教育

1950年2月，韩绍兴等在冲虚观复办罗浮初级中学。1951年，学校迁入九潭赤沥徐家祠堂，曾炎任校长。1953年，学校迁往长宁的石坳。1957年以前，园洲（含河南区、河北区）没有中学教育，学子要读中学，只能通过考试到石龙中学或博罗中学等学校读书，能读中学的人很少。

1958年9月，河南区创办园洲农业中学。1960年，镇域办起园洲中学；1969年9月，农业中学并入园洲中学。1964年，铁场人民公社在九潭圩创办铁场农业中学，1968年9月并入铁场中学。1970年秋，镇域有15所完全小学开设附设初中班，26个初一班招生，学生998人。之后逐年扩招，各校都办初一、初二两个年级若干个班。招收本大队小学毕业生，实现上初中不出大队。当时的中学课程，主要以工农兵知识为主，实用现学，增加劳动课和军事课。河北区于1976年停办小学附设初中班，河南区于1988年停办。1976年，河北区办起九潭中学；1991年，河南区又办起园洲第二中学，2005年9月与园洲中学合并。1991年，河南区普及九年义务教育。1993年，河北区普及九年义务教育。小学毕业生全部免试升读中学。

自1988年以来，镇域的中学教育逐年发展。1987年，园洲中学和九潭中学共有14个教学班，学生785人，教师48人。1988年，教学班增至23个，学生1323人，教师69人。到2005年，教学班增至53个，学生3210人，教师182人。2010年以后，镇域的中学教育发展更快，到2016年，教学班增至74个，学生3886人，教师258人。

园洲中学、园洲二中（1994—2005年）的教学质量稳居全县镇级中学的前列，九潭中学自2010年以来，教学质量有较大提高。2016年，园洲中学升上重点高中512人，九潭中学123人，2所中学升上重点高中635人，居全县镇级中学首位。

1985—2016年园洲镇中学教育发展情况表

表16-5

年份	教学班（个）				学生数（人）				教师数（人）			
	合计	园中	九中	二中	合计	园中	九中	二中	合计	园中	九中	二中
1985	14	6	8		770	414	356		47	22	25	
1986	14	6	8		779	420	359		47	22	25	
1987	14	6	8		785	422	363		48	22	26	
1988	23	15	8		1323	966	357		69	43	26	
1989	29	19	10		1605	1168	437		92	62	30	
1990	31	20	11		1728	1232	496		98	66	32	
1991	37	20	11	6	2095	1257	509	329	123	69	32	22

续表16-5

年份	教学班（个）				学生数（人）				教师数（人）			
	合计	园中	九中	二中	合计	园中	九中	二中	合计	园中	九中	二中
1992	43	20	11	12	2444	1212	571	661	146	73	36	37
1993	50	18	12	20	2860	1153	624	1083	159	69	39	51
1994	55	21	12	22	3017	1184	653	1180	171	68	42	61
1995	55	21	12	22	3120	1193	642	1285	189	77	42	70
1996	52	17	13	22	2968	1100	635	1233	191	76	42	73
1997	50	17	12	21	2969	1047	646	1276	190	75	42	73
1998	50	17	12	21	2712	982	695	1035	195	78	45	72
1999	47	17	12	18	2613	1007	688	918	194	79	45	70
2000	48	18	12	18	2633	1070	714	849	197	80	47	70
2001	48	18	12	18	2768	1176	723	878	165	67	47	51
2002	50	19	13	18	2882	1245	745	892	175	72	50	53
2003	52	20	14	18	2880	1259	708	913	176	72	50	54
2004	53	20	15	18	3088	1305	882	901	179	75	50	54
2005	53	20	15	18	3210	1435	855	920	182	75	53	54
2006	63	48	15		3528	2651	877		220	165	55	
2007	65	50	15		3542	2637	905		226	171	55	
2008	67	50	17		3708	2784	924		232	174	58	
2009	71	52	19		3867	2860	1007		233	168	65	
2010	71	50	21		4058	2923	1135		243	175	68	
2011	75	53	22		4180	2979	1201		250	175	75	
2012	71	50	21		4179	3017	1162		254	175	79	
2013	71	50	21		4122	2951	1171		258	180	78	
2014	75	53	22		3909	2737	1172		257	181	76	
2015	73	50	23		3836	2635	1201		255	180	75	
2016	74	51	23		3886	2678	1208		258	183	75	

说明：园中、九中、二中分别指园洲中学、九潭中学、园洲二中

一、学校选介

（一）园洲中学

园洲中学创办于1960年9月，校址在下南村陈氏宗祠东南面。校园占地面积15亩，建筑面积1500平方米。公社投资3万元，建有教室4间、教师办公室1间、教师宿舍10间、厨房1间以及冲凉房、厕所等。所有建筑均是平房，设备简陋。运动场只有篮球场和沙池各1个，60米直跑道和200米环形跑道各1条。1960年建校，1961年启用。

学校初办时招收初中一年级2个班，学生100人，教职工7人。借园洲农业中学位于陈屋石榴园校舍的2间课室上课，1961年9月搬到新建的（本）校舍上课。至1966年，办学规模增到3个年级4个班，学生200余人，教职工13人。学校未建学生宿舍，学生到陈屋村租房住。1966年6月，“文化大革命”爆发，学校停课。1968年秋，师生回校“复课闹革命”。1969年9月，学校推行“二·二制”（初中二年，高中二年）的办学模式。1974年，停办初中（小学戴帽办初中），只办高中两个年级2～4个班。1984年9月，停办高中，复办初中一至三年级6个班，学生300余人，教职工19人。1986年，干部、群众、校友和港胞捐集资金120万元，镇政府自筹230万元建新校。新校于1988年9月竣工投入使用。校址位于园洲新城区兴园三路，占地面积80亩，建筑面积9300平方米。校园内建有教学楼2栋、学生宿舍2栋、单家独院教师宿舍72套、容纳1000人同时就餐的师生食堂1栋。1994年，由历届校友捐资90多万元，兴建一栋3层976平方米的实验楼。全部建筑均为钢筋水泥结构，总投资400多万元。体育场有篮球场3个、排球场2个、羽毛球场4个、沙池3个、足球场1个、100米直跑道和200米环形跑道各1条。图书室藏书1.8万册。1988年以后，学校逐年扩大招生。至1994年9月，全校3个年级共有22个班，学生1230人，教职工69人。1996年，学校被评为首批“惠州市一级学校”。

为整合教育资源，提升园洲中学的品位，中共园洲镇党委、镇政府决定建设园洲中学新校区。2004年5月，新校区动工兴建。2005年9月，首期工程竣工投入使用。以后每年续建，至2008年9月，新校区的建筑及设备设施得以完善。园洲中学新校区位于田头村鹅岭岗（即博园公路园洲段779号），占地面积200亩，建筑面积6.6万平方米，按省一级标准建成。校园分教学区、运动区、生活区三大块。教学区有综合楼1栋、教学楼1栋，内设办公室12间、教室57间，每间教室均配备多媒体教学平台；有可容纳500人上课的阶梯课室2间；有实验楼和功能楼各1栋，内设实验室8间、电脑室3间、音乐室2间、舞蹈室2间、美术室3间、心理咨询室2间、电子阅览室3间、图书室3间。图书室藏书8.6万册。运动区有标准足球场1个，100米塑胶直跑道2条，400米塑胶环形跑道1条，篮球场9个，羽毛球场8个，沙池3个，单双杠8副，乒乓球台12张。生活区有2栋容纳3000人同时就餐的师生食堂，有可供3000名学生入住的学生公寓楼4栋，有196个单元的教师公寓楼5栋。

2005年9月，园洲中学与园洲二中合并，搬进新校区，延用园洲中学的校名。此时，学校3个年级共53个教学班，学生2635人，教职工180人。

2010年12月18日，学校举行50周年校庆庆典，与会校友及各界人士8000多人。

1984年以来，园洲中学的教育教学质量稳居博罗县镇级中学的前列。2006年以后，每年考上重点高中的人数和升学率均居全县镇级中学的榜首。学校先后被评为“惠州市一级学校”、全国教育科研先进单位、惠州市“书香校园”、惠州市传统项目学校（篮球）和“博罗县名校”。

（二）九潭中学

九潭中学创办于1976年，校址在今九潭卫生院内。创办时只招高中一年级2个班，学生100人，教师6人，学制2年。校舍只有2间瓦房教室、1间办公室和1间厨房，无任何教学设备。

1978年，在福园公路沙河桥北面500米处建新校。1979年9月，新校建成并投入使用。校园面积2.8万平方米，建筑面积1060平方米，其中1栋钢筋水泥结构教学楼500平方米，其余建筑均为瓦房，仅有1个篮球场，无其他设施。是年，学校停办高中，改办三年制初中，学校更名为九潭中学。1979年，学校开办初一初二2个班，初一招收小学当年五年级毕业生，初二招收小学附设初中班一年级升二年级的学生。两级学生共110人，教师6人。之后，逐年适量扩招，扩大办学规模。

1988年，镇政府集资扩建学校。至1994年，校园面积扩至3.8万平方米，建筑面积7350平方米，其中钢筋水泥结构6000平方米。办学规模增至3个年级15个教学班，学生908人，教职工54人。体育场地有篮球场3个，200米环形跑道和100米直跑道各1条，有实验室、仪器室各2间，办公室3间，三栋2层高教师宿舍35套。

2003年12月，九潭镇并入园洲镇。园洲镇政府对九潭中学进行升级改造，把平房和危房（楼）推倒重建。2008年冬，经过四年多时间的改造，办学规模扩至3个年级23个教学班，学生1230人，教职工72人；校园面积扩至4.5万平方米，建筑面积1.5万平方米，全部钢筋水泥结构；教学区、生活区、运动区界限分明，布局合理。教学区建教学楼2栋，内设多媒体室27间，会议室、教师办公室8间；实验楼和功能楼2栋，内设物理、化学、生物实验室、图书室和电子阅览室、电脑室、音乐室、舞蹈室、美术室等功能室21间。图书室藏书5万册。生活区建有容纳1600人住宿的学生公寓楼2栋（男、女生各1栋），新教师公寓楼4栋37个单元，容纳2000人同时就餐的师生食堂1栋（两层）。运动区有1条200米环形塑胶跑道和2条100米塑胶直跑道、足球场1个、篮球场4个、沙池3个、乒乓球台8张、羽毛球场4个、排球场2个、单双杠6副。

2009年以来，九潭中学的教育教学质量有长足进步，先后获得“博罗县一级学校”“惠州市教学水平评估优秀等次”“花园式单位”“安全文明校园”等称号和“博罗县中考成绩优秀奖”“惠州市教育教学质量进步奖”等荣誉。

（三）园洲第二中学

园洲第二中学（简称园洲二中）创办于1991年9月，校址在田头村麻田湖岭，校园占地面积80亩。

1991年3月，园洲镇政府动工兴建园洲二中，首期工程于当年9月竣工投入使用。第一届招收初中一年级6个班，学生329人，教职工21人。此后边上课边建校，逐步完成校舍二、三期工程及配套建设。至1994年6月，已建成1.0513万平方米的全部钢筋水泥结构的高标准楼房校舍，设有教学楼3栋24间课室，4层高16个功能室的实验楼1栋，单家独院两层高的教师宿舍56套，容纳1200人住宿的学生宿舍楼2栋，容纳1200人同时就餐的食堂1栋。运动场有足球场1个、200米环形跑道1条、100米直跑道2条、篮球场4个、排球场2个、羽毛球场4个、沙池2个、单双杠4副及乒乓球台8张。

1994—1999年，是园洲二中的鼎盛时期。三个年级有22个教学班，学生1285人（其中本镇户籍生706人，外镇籍学生579人），教职工73人。1994—1999年，连续6年中考升重点高中和师范人数居全县第二（仅次于博罗中学）。1994年，首届毕业生参加中考，翟小武获全县状元。1996年，学校被评为惠州市首批一级学校，1996年被评为“广东省贯彻学校体育工作条例先进学校”，1997年和2000年，均被评为“惠州市美丽校园”。2005年9月，学校与园洲中学合并，延用园洲中学校名。

1985—2016年园洲镇中学生升学情况表

表16-6

年份	毕业生（人）				升重点高中、师范（人）					升普通高中（人）				
	合计	园中	九中	二中	合计	园中	九中	二中	升学率%	合计	园中	九中	二中	升学率%
1985	254	136	118		46	36	10		18.1	58	50	8		22.8
1986	255	136	119		55	44	11		21.6	61	52	9		23.9
1987	259	138	121		59	46	13		22.8	56	48	8		21.6
1988	283	164	119		55	43	12		19.4	76	60	16		25.9
1989	333	188	145		59	48	11		17.7	81	67	14		24.3
1990	475	310	165		60	52	8		12.6	61	49	12		12.8
1991	519	350	169		69	54	15		13.3	52	39	13		10

续表16-6

年份	毕业生（人）				升重点高中、师范（人）					升普通高中（人）				
	合计	园中	九中	二中	合计	园中	九中	二中	升学率%	合计	园中	九中	二中	升学率%
1992	600	410	190		75	61	14		12.5	61	44	17		10.2
1993	644	436	208		69	57	12		10.7	63	47	16		9.8
1994	802	279	217	306	152	59	25	68	19	89	69	5	15	11.1
1995	959	350	214	395	188	68	32	88	19.6	70	40	12	18	7.3
1996	979	362	211	406	182	36	28	118	18.6	100	45	18	37	10.2
1997	1039	393	215	431	281	125	33	123	27	136	50	16	70	13.1
1998	1017	353	231	433	200	82	32	86	19.7	121	38	18	65	11.9
1999	894	309	229	356	188	72	35	81	20.6	154	68	18	68	17.2
2000	934	342	238	354	155	76	32	47	16.6	194	81	15	98	21.2
2001	850	323	241	286	177	104	35	38	20.9	199	103	18	78	23.4
2002	858	333	248	277	205	113	44	48	23.9	220	110	22	88	25.6
2003	893	370	236	287	245	101	48	96	27.4	233	130	17	86	26.1
2004	931	373	294	264	299	121	50	128	32.1	239	143	15	81	25.7
2005	952	381	285	286	283	103	61	119	29.8	168	72	12	84	17.6
2006	939	647	292		327	265	62		34.9	270	255	15		28.8
2007	951	650	301		380	308	72		40	244	228	16		25.7
2008	872	564	308		345	258	87		40	269	256	13		30.8
2009	953	618	335		425	328	97		44.6	252	243	9		26.4
2010	1082	704	378		399	297	102		36.9	369	357	12		34.1
2011	1093	693	400		402	298	104		36.8	377	363	14		34.5
2012	1116	729	387		444	345	99		40	374	366	8		33.7
2013	1115	725	390		474	368	106		43	349	346	3		31.3
2014	1177	787	390		514	415	99		43.7	377	370	7		31.4
2015	1256	926	330		571	456	115		45.5	66	60	6		5.2
2016	1366	932	334		635	512	123		46.5	137	123	14		10

说明：园中、九中、二中分别指园洲中学、九潭中学、园洲二中

第五节　成人教育

一、扫除文盲

20世纪50年代中期至60年代初期，镇域开展扫除文盲（简称扫盲）运动。

（一）组织机构

1954年，园洲乡（当时属东莞县企石区）成立以乡文教助理（已故教师刘吉云、上南村的朱其苏等曾任文教助理）为首的三人扫盲领导小组。各村成立以村文书、小学校长和一名教师组成的扫盲领导小组，组织和指导全园洲扫盲工作的开展。

（二）扫　盲

1.夜校扫盲

夜校扫盲的对象是年龄在20～45岁的半文盲男女青壮年（女性是非哺乳期的）。夜校设在本村小学（没有学校的设在祠堂或家祠），采用乡文教组下发的教材或自编教材，实行分班教学（分男、女班或按年龄段分班）。夜校扫盲，农闲多学，农忙少学。农忙季节，隔晚或每周2个晚上上课；农闲季节，每晚上课，用煤气灯照明。夜校每季度对学员进行一次小测验，每年进行一次大测评。

2.小组扫盲

小组扫盲的对象是全部文盲的男、女青壮年，以互助组（后来是生产队）为单位，学习地点是祠堂或集体仓库和有空置房屋家庭。小组扫盲采用村（1956年以后称大队）扫盲领导小组编写的教材，以认字、识字和组词教学为主，诸如田、地、牛、马、耙田、插秧、煮饭等。教师的教具只有一块小黑板和粉笔，学员备有练习本和铅笔，以“马灯”（风雨灯）照明（1963年以后用上电灯）。小组扫盲与夜校一样，农闲多学，农忙少学。经过三五年的学习，原来大字不识一个的学员，都能认识或能书写三四百个常用的字词。

3.家庭扫盲

家庭扫盲的对象是哺乳期的妇女，实行“一对一”的教学。使用村扫盲领导小组编写的教材，以识字、认字教学为主，主要是教学单字，兼学一些组词。教具是一块小“石板”（小学生课堂练习用的黑色石质板），照明用的是家庭煤油灯（1963年以后用上电灯）。家庭扫盲，农忙不学，农闲多学。经过三五年的学习，学员都能读、认300个左右的常用字（或词）。担任扫盲的是小学教师或具有小学、初中毕业程度的人。

1966年，“文化大革命”爆发，镇域的扫盲工作中断。

二、成人高等教育——铁场农业大学

铁场农业大学创办于1975年秋，校址位于九潭圩镇（今九潭卫生院对面）。校舍简陋，只有2间平房教室和1间厨房。

“文化大革命”期间，华南农学院部分教师下放铁场人民公社锻炼，他们的子女下放到铁场人民公社劳动。铁场人民公社与华南农学院挂钩，在九潭（当时九潭属铁场人民公社）开办铁场农业大学，旨在为当地培养中等农业技术人员。学制两年，每年招生40人。教师由华南农学院的教授、讲师担任。课程有土肥、昆虫学、农学、植保、选育种等。教学仪器有显微镜、土壤速测器、激光机等。科研项目主要是激光育种和水稻“晚早一号”试验。其中的早造谷种晚造翻播获得成功。校内试验田的亩产量400公斤，且可在霜降收割，为一年三造争得时间，获省和地区奖励并作经验介绍。1977年，教授、讲师回广州原校，铁场农业大学停办。学生中的教授、讲师子女也随其父母回城。本地籍的学生被安排到博罗县农科所（即博罗县农业大学）继续学习。

三、农民业余文化、技术教育

20世纪60年代后期，河南区成立农民业余文化技术学校，由公社管农、林、水工作的副书记或副社长任校长（黄沛林、谭志棠等均任过此职），农业技术员兼任副校长（阮洪轩、蔡锦湖、梁进球、叶旭坤等均任过此职）。农民业余文化技术学校主要通过公社农科站对农民进行短期教育培训，使农民掌握农业技术，成为既有实践经验，又有文化、懂科学技术的新一代农民。从60年代中末期到80年代后期，农民业余文化技术学校举办过的大型文化技术教育培训班，课程有水稻田间管理、种养绿肥、果树的栽培与管理等。

（一）植保培训

20世纪60年代初期，镇域农民仍坚守传统的耕种和管理方法。由于肥水管理不善，造成水稻病虫害严重，产量不高。1968年以后，公社动员各大队、生产队聘请潮汕地区经验丰富的农民（俗称“老农”）驻队指导水稻的田间管理。镇农民业余学校（农科站）举办多期学习培训班，请“老农”上课，讲解水稻田间管理的知识，强调管理上的关键环节。参与培训的各大队农科组成员、生产队的田间管理员回到各自的生产队后，在驻队“老农”的具体指导下，在田间管理中实践在业余文化技术学校所学的知识，效果显著。全镇水稻亩产量普遍比以前提高15～25斤。

（二）种、养绿肥学习培训

1968—1973年，公社农科站举办多期种田菁、紫云英和养红萍的培训班。每期参加培训人员120多人，包括大队农科小组成员，各生产队的田间管理员。授课老师多数是公社农科站技术员或县农科所的技术员，有时也请广州农科院的专家教授来上课。1973年6月，公社组织学员96人到中山县小榄镇学习种田菁。通过学习、培训，学员们基本掌握种养绿肥的方法，种养绿肥获得成功，并在全县推广。

（三）果树种植、管理学习培训

20世纪80年代初实行家庭联产承包责任制后，农民转变经营模式，广种柑、荔枝、龙眼等水果。为提高果农的种植和管护技术，1984—1993年，农民文化技术学校每隔二三年便举办一期果树种植和管理学习培训班。在学习培训班上，聘请专家授课，果农逐步掌握水果种植的施肥、灌水、杀虫、保果等一系列管理环节。

1992年农业技能培训课程安排表

表16-7　　单位：人

月份	人数	课程
一月	150	组织农技知识培训
二月	150	荔枝、龙眼栽培管理
三月	150	水稻栽培及灭鼠技术培训
四月	150	橙、柑、柚栽培技术

续表16-7

月份	人数	课程
五月	150	水乡养殖
六月	150	荔枝、龙眼栽培管理
七月	150	蔬菜及经济作物栽培
八月	150	畜牧
九月	150	外出参观学习
十月	150	荔枝、龙眼栽培
十一月	150	农村经营管理培训
十二月	150	工作总结

说明：培训对象，各区农业副主任、农技员、镇区农业推广站人员、妇女、青年骨干、各自然村干部以及示范户、重点户人员

第六节　民办教育

1988年起，镇域城镇化建设进程加快，工业发展迅速，外来人口增多。至2004年，外来人口增至近9万人。外来人口大幅增加，现有的小学无法满足外来务工子弟读书的需求，给教育带来巨大的压力。镇委、镇政府积极引进社会力量投资办民办教育，缓解中小学教育的压力。2005年3月，洋洋教育集团在园洲镇创办第一所民办学校——东园学校。至2015年9月，已有5所民办学校进驻园洲，对扩大园洲的教育资源，减轻园洲中小学教育压力起着较大作用。

一、学校选介

（一）东晖学校

博罗县园洲镇东晖学校是经过博罗县教育局于2005年9月批准开办的一所九年一贯制民办学校，校址位于园洲镇兴园四路18号。校园在原园洲中学的基础上进行全新规划、扩建和改造。东晖学校占地面积6.1328万平方米，建筑面积3.3456万平方米。学校绿化覆盖率达90%。校园布局分教学区、运动区、生活区。学校按照“广东省一级学校”的标准要求规划建设，各类体育场地和设施设备齐全，有规范的生物园、地理园，有用于辅助教学的功能场室32个，每个班级都配备有多媒体教学平台。2013年11月，学校分别通过“广东省义务教学规范化学校”和“博罗县一级学校”的评估验收。2014年11月，通过“惠州市一级学校”的评估验收。

2016年学校有49个教学班（小学37个班，初中12个班），学生总人数2352人，教职工158人，专任教师116人。专任教师中，本科学历42人，大专学历69人，中专学历5人，学历合格率为100%。学校自开办以来，把提高教育教学质量作为自身发展壮大的基石。近十年来，师生在教育主管部门组织的各级各类竞赛中共有500多人次获奖，其中获国家级奖励12人次，省级奖励15人。每年的中考和小升初会考成绩一直名

列全县同类学校前茅。学校先后两次获“博罗县中考质量进步奖”，2013年、2015年、2016年三次获得初中教学质量优秀一等奖。初中毕业生累计考取博罗中学168人，考取华侨中学172人，考取博师高级中学263人。其中2007届初中毕业生李素梅、吴泽海、刘素然、柯昌宇、于德水5名同学，通过以上3所重点高中的培育后，分别考取中央美术学院、星海音乐学院、广东工业大学、天津美术学院等知名院校。

（二）东江广雅学校

东江广雅学校是由百年名校广东广雅中学创办的四所民办学校之一，位于桔头村东江之滨。校园占地面积21万平方米，首期工程建筑面积18万平方米，有校门、办公楼、教学楼、实验功能楼、图书馆、教师公寓楼、学生公寓楼、师生食堂、体育馆等建筑。环通相接的风雨连廊把建筑物连成一个整体，可以挡日避雨，利于师生交流沟通。东江广雅学校外显民族化，内显现代化。校园布局既保持传统的书院风格，又具浓郁的岭南特色。

东江广雅学校规划设幼儿园、小学、初中、高中（含国际部），校园可容纳6000名学生。东江广雅学校面向全国招生。2015年9月，招收小学一年级6个班，二至六年级各招收1个班，初中部招收一年级12个班。学校实行小班教学，每班不超过30人。学校教师主要来源于三个方面：一是广雅教育实体有多年教学经验的骨干教师；二是从全国各重点师范院校招聘优秀的毕业生；三是从以英语为母语的国家招聘优秀教师。东江广雅学校分国内部和国际部，两部门双轨运行，资源共享。学制均从小学一年级至高中三年级。国内部：参加高考，考取国内重点大学，面向国内高校输送生源。国际部：参加国际高考，申请美国、英国等地世界名校，面向外国高校输送生源。学校实行全程规划教育，实施“全程规划的优质教育、家校共育的教育、经典启蒙的国学教育、弹性学制的双语教育”的课程结构。

2005—2016年园洲镇民办学校情况表

表16-8

学校名称	创办时间	办学地点	班级数（个）	学生数（人）	教职工数（人）
东园学校	2005.3	深沥村	33	1700	78
东晖学校	2005.9	中园四路18号	49	2352	158
蓓蕾学校	2005.9	颖川路	22	900	45
星洲双语学校	2013.9	阵村	25	1250	118
东江广雅学校	2015.9	桔龙	23	700	68
合 计			152	6902	467

第三章　师　资

新中国成立前，教师以私塾教师为主。社会上的中、上阶层都看不起教师，他们在政治上没有地位，靠收取学生以谷物代交的学费维持生计。1952年以后，人民政府接管私塾学校，清退不合格的教师，其余都转为公办教师，领取国家发给的工资。“文化大革命”期间。教师在社会上的地位跌至最低层。不少教师挨批斗，家庭出身不好的被送进“牛栏”。

中共十一届三中全会以后，被监禁的教师获得“解放”。国家恢复高考制度，实施“科教强国”战略，在全社会提倡尊师重教。1986年以后，党、政换届选举，园洲都有教师被选为镇、县两级的党代表和人大代表，教师的政治地位不断提升。2006年以来，国家多次提升教师的福利。

第一节 教师队伍

1952年，园洲（含河北区）人民政府接管之前的26所私塾和书院，整合为12所公办小学，教师共40余人。1958—1961年学校扩至18所，教师210人，其中公办123人，民办87人。1965年，小学扩办至19所，教师255人，其中公办126人，民办129人，出现民办教师比公办教师多的现象。1993年，小学扩办至26所，教师313人，其中公办113人，而民办却有200人，民办教师是公办教师的2倍。民办教师学历低，多数是初中毕业（少数是“文化大革命”时期高中毕业），教学能力差，不利于教育事业的发展。1994年以后，民办教师参加各种进修和培训，通过考试，分期分批转为公办教师，民办教师的数量逐年减少。2000年，民办教师经考核转为公办教师。经过调整、合并，至2016年，镇域有公办小学19所，教师497人；公办中学2所，教师258人；民办学校5所，教师301人。

第二节 师资培训

一、学历进修

1993年，全镇小学教师313人，其中民办教师200人。1994年，镇教委和教育办公室（简称教办）动员组织不达学历的民办教师报名参加中师函授进修。1994—1997年，分两批组织全镇民办教师参加中师学历函授进修。第一批选拔教龄长、年纪较大、教学能力较强的100人参加进修，1994年9月开课；第二批99人，于1997年9月开课，由博罗县教师进修学校负责培训。中师函授进修学制为3年，每学期集中上课时间为2周，都安排在假日（期），不影响正常教学，其余时间由学员凭教材自学。经考核，第一批学员100人全部合格，第二批除4人中途退学，剩余95人也考核合格。2000年7月，参加中师学历函授进修的199名民办教师，有195人顺利毕业，由博罗教师进修学校颁发中师函授毕业证书。1996年，国家教育部门要求中学教师要具备本科学历，小学教师要具备大专或本科学历（本科只是提倡）。为鼓励小学教师报读专、本科函授进修，教办决定凡取得本科毕业证书的，每人补助2000元。1996年开始，中小学未达学历标准的教师陆续报读专、本科函授。经过3年大专、本科函授进修，2000年，小学教师获得大专学历证书有88人，获得本科学历证书有12人；2005年获大专证书624人（含民办学校教师），获本科证书93人，大专、本科人数占教师总数的96.36%。2003年，小学教师达标率100%。2000年，中学专科学历教师参加进修获得本科学历的有11人；到2005年增加到38人；2016年增加到82人，中学教师达标率100%。

二、技术技能培训

2014年，园洲教委办组织全镇中、小学教师参加“教师公需课全员培训”。参加人数600多人，进修（培训）时间40课时，培训单位是博罗县教师进修学校。主要内容是形势教育、创新、创业教育。

2015年，镇教委办组织全镇教师“信息技术应用能力提升工程网络培训、微课制作理论及实践”进修培训。参加人数600多人，进修时间40课时，培训单位是博罗县教师进修学校。该门课程旨在提高教师操作电脑制作邮件、微课件等技能，提高教师现代教学的操作能力。

1990—2016年园洲镇小学教师学历和职称情况表

表16-9

年份	教师数（人）	中师毕业以下（人）	中师毕业（人）	大专毕业（人）	本科毕业（人）	高级职称（人）	中级职称（人）	初级职称（人）	达标数（人）	达标率（%）
1990	302	17	258	27			48	209	297	98.3
1991	307	17	259	31			58	222	302	98.4
1992	300	15	250	35			67	229	295	98.3
1993	310	14	263	36			82	328	306	98.7
1994	308	10	260	38			95	213	304	98.7
1995	312	8	266	38			109	203	309	99.0
1996	333	3	279	41			123	210	330	99.1
1997	337	3	281	43			130	207	334	99.1
1998	356	3	303	58			133	223	353	99.2
1999	348	3	272	71	3		138	205	346	99.4
2000	359	2	257	88	12		158	212	358	99.7
2001	374	1	255	106	12		172	202	373	99.7
2002	386	1	257	116	12		178	207	385	99.7
2003	380		255	117	8		182	198	380	100
2004	422		273	129	19		199	223	422	100
2005	485		324	137	33		288	237	485	100
2006	554		375	142	33		324	270	554	100
2007	556		365	154	33		322	234	556	100
2008	539		357	144	33	1	322	217	539	100
2009	557		339	177	33	1	336	221	557	100
2010	574		320	209	33	1	359	214	574	100
2011	546		83	405	47	1	377	168	546	100
2012	624		38	496	54	1	408	215	624	100

续表16-9

年份	教师数（人）	中师毕业以下（人）	中师毕业（人）	大专毕业（人）	本科毕业（人）	高级职称（人）	中级职称（人）	初级职称（人）	达标数（人）	达标率（%）
2013	695		31	545	71	1	439	257	695	100
2014	743		26	560	93	2	458	285	743	100
2015	742		25	545	93	2	482	257	742	100
2016	798		20	591	181	4	684	110	798	100

1995—2016年园洲镇中学教师的学历和职称情况表

表16-10

年份	教师总数（人）	本科毕业（人）	占教师总数（%）	大专毕业（人）	占教师总数（%）	高级职称（人）	占教师总数（%）	中级职称（人）	占教师总数（%）
1995	189	13	6.9	170	89.9	1	0.53	12	6.35
1996	191	14	7.3	171	89.5	2	1.05	16	8.38
1997	190	16	8.4	174	91.6	4	2.11	25	13.16
1998	195	16	8.2	179	91.8	5	2.56	28	14.36
1999	194	15	7.7	179	92.3			32	16.49
2000	197	19	9.6	178	90.4			45	22.84
2001	165	22	13.3	143	86.7			58	35.15
2002	175	25	14.3	150	85.7	6	3.43	62	35.43
2003	176	26	14.8	150	85.2	7	3.98	68	38.64
2004	179	34	19.0	145	81.0	8	4.47	87	48.60
2005	182	71	39.0	111	61.0	9	4.95	108	59.34
2006	220	73	33.2	147	66.8	10	4.55	111	50.45
2007	226	84	37.2	142	62.8	12	5.31	109	48.23
2008	232	117	50.4	115	49.6	12	5.17	113	48.71
2009	233	129	55.4	104	44.6	17	7.30	126	54.08
2010	243	158	65.0	85	35.0	20	8.23	137	56.38
2011	250	172	68.8	78	31.2	20	8.00	152	60.80
2012	254	178	70.1	76	29.9	21	8.27	151	59.45
2013	258	196	76.0	62	24.0	23	8.98	169	65.50
2014	257	202	78.6	55	21.4	23	8.95	176	68.48
2015	255	202	79.2	53	20.8	23	9.13	176	69.02
2016	258	205	79.5	53	20.5	23	8.9	175	68.2

第三节　教师待遇

一、政治（社会）待遇

旧制度教育时代，教师被称作“三教九流”。新中国成立后，教师的地位有所提高。中共十一届三中全会以后，教师被尊称为“人民教师”“人类灵魂工程师”。1986年以后，历届地方党政换届选举，镇域均有教师被选为镇、县两级党代表或人大代表。如园洲二中的梁金富、刘屋小学的徐妙凤先后当选为博罗县第十二届和第十三届人大代表。1985年，国家把每年的9月10日定为“教师节”。每年的这一天，镇委、镇政府举行会议，隆重庆祝教师的节日。1988年以后，庆祝教师节的活动从未中断过。每年教师节，镇政府表彰教育教学成绩突出的教师，给中、小学退休教师发慰问金，营造“尊师重教”的社会氛围，提高教师的社会政治地位。

二、安居（住房）待遇

1987年以前，镇域的中小学教师虽然都有宿舍，但都是狭小的砖瓦房，且生活设施简陋。1988年以后，镇党委、镇政府振兴教育事业，要求各办学主体（村委会）筹措资金，全面实施小学的危房改造。1990年，全镇26所小学实现教室和教师宿舍楼房化。教师宿舍单元式结构，有1室1厅2室1厅的（家属宿舍），均具备冲凉房、洗手间或厨房等生活设施。这些宿舍，教师可以一直住到退休。1995年以后，河北区（九潭镇）学校的危房改造基本完成。至2005年，教室和教师宿舍全部实现楼房化，中、小学教师都住入学校内单元式的宿舍。

2007年，镇党委、镇政府把原来准备用来建“教师村”的1块2.2万平方米、位于园洲花园东面的地块无偿拨给园洲花园开发商，在花园内建3栋220个单元的“教师村”，以建筑成本价卖给教师。开发商配合镇政府的工作，承担该项惠教工程。2010—2013年，198名教师相继住进“教师村”。教师村的住房是单元式结构，每套住房2厅4房（含厨房）和2间洗手间，面积135.5平方米，房价1490元/平方米，比当时房价优惠47%。镇内的中学教师，从1988年开始就住进学校的宿舍楼，部分教师也在“教师村”购买住房。镇内大部分教师，工作期间住学校的宿舍楼，假日住“教师村”，居住条件优越。

三、经济（工资）待遇

1990年以前，镇域教师的工资不高。1990年，小学高级教师月均工资576元，一级教师538元，二级教师480元，初级教师455元；中学一级教师576元，二级教师540元，初级教师460元。从2005年开始，教师的工资逐年增加。到2016年，小学高级教师的月均工资7747元、一级教师7223元，二级教师6485元，初级教师5560元；中学高级教师8722元，一级教师6865元，二级教师5747元，初级教师4984元。

从2006年开始，园洲镇政府给每位中学教师每月补助500元，每人每年合计6000元。两所中学共有教师258人，每年补助金额达154.8万元。每年的教师节和春节，镇政府给每位退休教师发慰问金1000元（每个节日500元）。

第四章　教育经费与设施

1958年以前，镇域私塾和小学的校舍都是现有的祠堂、庙宇或空置的旧公屋，设备少而简陋。1959年夏，一场特大洪水冲破东江堤，大量房屋倒塌，用作学校的祠堂、庙宇也难以幸免。洪水退后，各管理区（村）迅速组织人力物力，抢建泥砖木瓦结构的校舍。1960年春季学期，全部校舍投入使用。

1988年以后，镇域发动群众和港澳同胞及海外侨胞集资，投入资金2.2亿元，对中小学老房进行改造，推倒泥砖房，建起钢筋水泥结构的教学楼，添置教学设备，教学环境有较大改善。2007—2008年，镇政府和各村委会在创建省教育强镇中，共投入资金2360万元，升级改造校舍、完善教学设施、美化校园环境。2008年，园洲镇成功创建“广东省教育强镇”。

第一节　教育经费

一、新中国成立前的教育经费

新中国成立前，镇域集体办的私塾的教师由宗族或村负责聘请，教育经费除收取学生的谷物学费外，不足部分由祖堂、公产（学田、学堂）负担或按各户人口、田亩摊派。自办的私塾，教育费用全部向学生收取。

二、新中国成立后的教育经费

1952年8月，政府接管所有私塾，整编为12所公办小学（含河北区），录用的教职工转为公办教师，由人民政府按月发给工资。教育经费正式纳入国家财政预算。

1956年7月，贯彻国务院《关于工资改革的决定》，教职工人平均增加工资20%。同年，按省规定的财务标准收取学生的学杂费作为教育经费，按每学期每生应交计：小学2.5元，初中5元，高中6.5元。1961年，国家处于国民经济困难时期，中央提出调整国民经济指示，向学生增收学费，其中小学增1.5元，中学增2元，并降低学校各项公用经费开支标准。

1988年11月，博罗县决定中小学下放到公社、大队，实行分级办学、分级管理。初级中学和中心小学由所在镇主办，乡村小学由管理区主办，教育经费也相应包干。1988年，镇域的26所小学全部拨给管理区（赤岗小学、土瓜围小学、龙叫小学属自然村）管理。教育经费来源于三个方面：一是收取学生每学期每人学费145元；二是规定管理区（或村）每学年拨给学校5万～20万元，规模小的学校如赤岗、土瓜围、龙叫、廖尾、寮仔等学校5万～8万元；规模大的学校如马嘶、田头、桔头、上南、梁屋等学校18万～20万元（河北区没有实行这项补助）；三是发动港澳同胞、社会热心人士捐赠。如马嘶的陈成稳、梁屋的梁植、梁契权、上南的朱容香、李屋的李棠等港胞，从1988年至1996年期间，每个人都捐资近百万或过百万。陈成稳捐六十多万（港元），梁契权四百多万（人民币），李棠二百多万（人民币）。1988年12月，镇委、镇政府举行首次“教育基金百万行”，筹得资金190多万元（人民币），作为园洲中学的教育经费。加上每学期收取学生每人178元的学费，中学的教育经费可保证正常运作。

从2006年开始，实行义务教育阶段免费教育。学校的办学经费由国家按标准拨给学校。2006年9月，国家规定义务教育阶段免收学杂费。学生在校读书的学费、书费和资料费等由国家财政支付，给学校补助的教育经费逐年增加。2006—2011年，小学生每人每年补288元，中学生每人每年补408元；2012年，小学生每人每年补670元，中学生每人每年补750元；2014—2016年，小学生每人每年补1150元，中学生每人每年补1950元。补助资金由省、市、县三级财政按比例分担，其中省财政80%，市财政10%，县财政10%。国家财政补助的资金，全部作为学校的教学经费，存入各校在县教育局或镇中心小学设立的财务管理中心的账户上（中学在教育局设账，小学在镇中心小学设账），由县教育局和中心小学财务管理中心统一管理和监督使用。

第二节　校舍与设施

一、校　舍

新中国成立前，镇域的私塾学校都是利用旧祠堂、庙宇或一些旧公房作为校舍，面积都在200平方米以内。这样的校舍一直沿用到1959年。1959年，遭特大洪灾，多数小学校舍被洪水冲倒。洪水退后，干部把在洪灾中损失较少的社员组织起来，打泥砖、上山砍松树，半年时间把冲毁的学校建起来。1960年3月，全境小学正常开课。

至1988年，多数学校的教室已变成危房。镇委、镇政府发出“全民办教育，办好教育为人民”号召，发动群众集资、多渠道筹集教育经费，改造学校危房。至1991年8月，河南区19所小学建起水泥钢筋结构的教学楼和教师公寓，校校实现“一无两有”（校校无危房，班班有课室，学生人人有课桌椅）。据不完整统计，全镇小学19栋教学楼的建筑面积39000多平方米，投入资金950多万元；19栋教师公寓，建筑面积16000多平方米，投入资金400多万元。1986年，河南区自筹230万元，发动全镇干部、群众、校友和港澳同胞集（捐）资120万元，在兴园四路兴建园洲中学新校。学校占地面积80亩，建筑面积近1万平方米，有教学楼2栋，学生宿舍楼2栋，教师宿舍楼3栋，学生食堂1栋。新校于1988年秋竣工使用。1994年，河南区政府发动历届校友捐资90多万元，在园洲中学校园内兴建1栋建筑面积976平方米的实验楼，取名“校友楼”。为迎接九年义务教育，1991年3月，园洲镇政府又在田头村附近麻田湖岭上兴建园洲二中。当年9月，园洲二中第一期工程竣工投入使用。至1994年，学校建设工程完成，共有教学楼3栋、学生宿舍楼1栋、教师宿舍楼4栋、实验楼1栋、学生食堂1栋，建筑总面积1.0513万平方米，总投资320多万元。1994年以后，河北区也发动群众集资，推倒7所小学原来的砖瓦平房，建成2～3层混凝土结构的教学楼。

2000年以后，随着园洲城镇化建设进程加速，外来人口大幅度增加，镇中心区和中学的学位越来越紧缺。2003年，九潭撤镇并入园洲（原九潭镇变成园洲镇河北区）。河北区的九潭中学和九潭中心小学不仅学位紧缺，且危房多。基于外来人员大幅度增加，河北区学校危房多和创教育强镇，园洲镇加强学校硬件（校舍）建设。2002—2007年，政府投资500多万元，在园洲中心小学加建教学楼1栋；在第二中心小学（原刘屋小学）加建教学楼2栋；在第三中心小学（原阵村小学）改造和加建教学楼2栋，共计教室102间，建筑面积5000多平方米；投资3000万元，在九潭中学新建教学楼2栋、学生宿舍2栋、教师宿舍2栋、食堂1栋，共计建筑面积1.28万平方米，升级改造运动场和添置教学仪器；投资136万元，在九潭中心小学新建教学楼1栋，建筑面积1134平方米。2004年，镇委、镇政府决定建设园洲中学新校区，合并园洲中学和园洲二中。园洲中学新校区按省一级学校标准建设，2004年5月动工，2005年9月，首期工程竣工并交付使用。至2008年9月，完善学校整体工程建设。园洲中学新校区占地面积200亩，建筑项目含综合楼1栋，教学楼、实验楼、功能楼各1栋，阶梯教室2栋，教师公寓5栋，学生公寓4栋，学生食堂2栋，合计建筑面积6.6万平方米，投入资金1.42亿元。

二、设　施

（一）课堂教学设备

1988年以前，镇域中小学的教学设备简陋，小学没有实验室、功能室，也没有图书室。中学有物理和化学实验室。1995年，中小学争创县、市一级学校，增加教学设备资金投入。至1997年春学期，镇域中小学实现班班有“两机一幕”（录音机、投影机和投影银幕）。园洲中学、园洲二中、九潭中学和园洲中心小学各建立电脑室，每个电脑室配置30台电脑。1998—2005年，全镇29所中小学，有25所学校建立电脑室、音乐室、美术室、舞蹈室、实验室、图书室、阅览室等功能室。园洲中学、园洲二中、九潭中学3所中学、园洲中心小学、园洲第二中心小学（原刘屋小学）、九潭中心小学等学校的功能室齐全，配套完善。

至2016年，全镇中小学的实验室和功能室共118间，其中生物实验室19间，物理实验室6间，化学实验室3间，电脑室22间，电脑705台，音乐室18间，美术室16间，舞蹈室13间，图书室21间。仪器、标本、药物、道具等设施投入1100多万元，其中园洲中学占420万元，九潭中学占239万元。

（二）体育教学设备

1988年以前，镇域中小学中，只有园洲中学有一个不达标（200米环形跑道）的足球场，其他学校只有一两个泥地的篮球场和一两个沙池，几张乒乓球台和少量的铅球、实心球、手榴弹、铁饼、标枪等体育器材。

1995—1996年，园洲中学、园洲二中、九潭中学、园洲中心小学、刘屋小学等学校创市一级学校，改善和充实体育设施，修建运动场、增建篮球场。园洲中学、九潭中学和园洲二中的篮球场从原来的2个增建至4个；园洲中心小学、刘屋小学和九潭中心小学从原来的1个增建至2个，且对原来泥地球场进行改造，全部建成水泥球场。这几所学校都增建100米直跑道、沙地、羽毛球场等场地，增购单双杠、铅球、手榴弹、实心球等体育器材。至2016年，全镇26所中小学（含5所民校）校校有运动场，基本满足学生上体育课和开展体育活动的需要。运动场内的篮球场和羽毛球场都是水泥球场，多数学校都有200米环形和100米直跑塑胶跑道。

园洲中学运动场是园洲面积最大、设备最齐全的体育运动场，总面积4.2万平方米，有标准足球场、400米环形塑胶跑道、2条100米塑胶直跑道、9个篮球场、8个羽毛球场、3个沙池以及单双杠、乒乓球台。至2016年，全镇中小学有运动场26个（含民办学校）、足球场11个、篮球场74个、环形跑道19条、直跑道27条、排球场14个、羽毛球场50个、沙池35个、乒乓球台161张、单双杠63副。中小学运动场改造工程投入资金2300多万元。

1958—2016年园洲镇投入教育事业经费表

表16-11　　单位：万元

年份	投入项目名称	投入资金
1958	园洲农业中学台凳、教学设备添置	0.3

续表16-11

年份	投入项目名称	投入资金
1959	农中建下南陈屋校舍、教学设备添置	1.6
1960—1963	园洲中学创办及扩建工程、教学设备添置	4.3
1964	农业中学水利农场校舍建设及教学设备添置	2
1987—1988	园洲中学兴园三路校区建设及教学设备添置	350
1988—1994	改造小学危房	130
1991—1994	创办园洲二中建校工程及教学设备添置	415
1994	园洲中学及园洲二中中考升学奖	4
2002	园洲中心小学扩建教学楼	34
2003	园洲第二中心小学扩建教学楼	168
2004—2008	园洲中学新校区建设及教学设备设施	14230
2005—2008	九潭中学升级改造建设工程及教学设备添置	3256
2006	九潭中心小学扩建教学楼	86
2008	创建广东省教育强镇	2360
2010—1015	园洲第三中心小学升级改造及教学设备添置	2100
2013	九潭中心幼儿园升级改造	40
2013	创建广东省教育强镇复评	220
1992—2005	园洲中学、园洲二中教师生活补贴	187.9
2006—2015	园洲中学、九潭中学及园洲、九潭教办教师生活补贴	1456.8
2006—2015	中学毕业生中考升学奖	185
合计		25230.9

第三节　教育强镇创建

2008年，中共园洲镇党委、镇政府申报“广东省教育强镇”（简称“创强”）。同年12月，顺利通过评估验收。

一、成立“创强”领导机构

2008年3月，园洲镇成立创建教育强镇领导小组，徐建辉（镇党委书记）任总指挥，镇长熊满池任组长，专职副书记陈沛林任副组长，16名副镇长和党委委员为组员。领导小组下设办公室，副镇长陈永汉兼任办公室主任，成员从镇经济发展办、规划办、文卫办、宣传办、中小学、各村（居）委会等单位和部门抽调26人组成。办公室的职责是组织、领导全镇开展创建教育强镇活动，包括制定“创强”有关的时间、各时间段的工作安排、迎评各项工作的经历、自查和自评工作的要求等有关文件，全程跟踪、督查、指导“创强”工作的开展。

二、“创强”的三个阶段

（一）宣传发动阶段（2008年4—5月）

领导小组和办公室人员学习“创强”评估指标体系，明确“创强”的目的意义，制定《园洲镇创建广东省教育强镇工作实施方案》；制定参加“创强”工作人员的分工和工作任务的明细方案；召开“创强”工作人员、各村（居委）领导干部和各单位部门负责人参加的“创强”动员会议，利用电视广告等各种载体开展广泛的宣传发动，在全镇营造“创强” 的良好氛围。

（二）实施推进阶段（2008年6—10月）

领导小组带领参加“创强”工作人员到深圳市龙江区、东莞市常平镇等地学习“创强”经验；邀请专家培训 “创强”工作人员；“创强”办公室人员到各中小学校，协同学校领导对照规范化学校标准的要求，做好查漏补缺工作；各校制定整改方案，做好功能室、实验室、教学设备、运动场、校园文化、绿化美化的升级改造工作；对照省教育强镇的评估标准，各校做好资料收集、整理、归档、汇总以及上报工作；各学校加强学校工作和教师队伍管理，提升教育教学质量；领导小组邀请省、市专家到园洲，指导工作人员开展“创强”自评工作。

（三）迎评申报阶段（2008年11月—12月）

完成申报广东省教育强镇所需材料，含自评报告、自评说明、评估申报书和评估VCD；完成专题片、宣传画册的制作和档案资料装订等工作；做好迎检接待工作，接受省督导组评估验收。2008年12月，园洲镇顺利通过广东省教育强镇评估验收。

三、“创强”投入资金

在镇政府的领导下，全镇党、政领导、各单位部门及全镇人民大力支持、踊跃投入创建教育强镇活动。经过一年的努力，共筹集2360.45万元的“创强”资金，其中校舍扩建、维修1231.2万元，升级改造运动场81.8万元，完善体育设施和添置器材47.15万元，添置教学设备863.3万元，添置图书137万元，总投入2360.45万元。

第五章　教育成果

长期以来，镇党委、镇政府加大教育的投入，改善办学环境，加强教育教学管理，加强师资建设，倡导尊师重教，提高教师的福利待遇，使教师能安教、乐教、善教，教学教研成果丰硕，教育教学质量一年上一个台阶。无论学校集体或是教师个人，屡受县、市、省和国家教育行政部门的表扬和奖励。1995—2016年，全镇受到市、省级表彰的集体，小学有7项，中学有36项；受市、省、国家级表彰的个人，小学有43人次，中学有39人次；受市、省、国家级表彰的教研成果，小学有71项，中学有242项。

第一节　教育科研

1988年，园洲镇党委、镇政府实施教育兴镇、强镇战略，要求教育战线要加强学校和教师队伍建设，加强教育教学管理，为园洲的建设事业培养有用人才。园洲教委办成立以教办主任为组长，语文、数学和英语三主科的辅导员组成中心教研组，各中、小学成立以抓业务的领导为组长，各科组长为组员的教研组，开展常态化的教育科研活动。

学校要求教师每人拟定1～2个教研专题，并制作成教案，中心教研组和各学校教研组选取有代表性或有创新教法的专题，排期召开公开课或研讨课，让教师观摩和研讨，然后集大家的意见，选定好的教案为教研专题，在全镇推广试验。通过多年的探索和实践，园洲的教育科研取得较好的成绩：园洲二中的“数学四步教学”（阅读消化：学生阅读教材，消化内容；练习检验：学生根据老师出示的题目做作业，（其间叫学生在黑板做题检验学生对教材消化的程度；交流质疑：学生分组交流作业，提出疑难问题，组长向老师反遗学生的质疑问题；点评释难：老师对学生的演练作业进行点评，解答学生的质疑问题），课题被惠州市教育局教研室推荐为惠州市数学教学公开课案例；园洲中心小学的语文“四读巧练”（初度—细读—熟读—精读）课题，2008年获惠州市第五届教育科研成果二等奖和广东省教育创新成果三等奖；全镇中、小学教师鹈优质课例（教改教案），获国家奖的有3个，获省级奖的有15个；教师的科研论文获国家奖的有56篇，获省级奖的有48篇；获市级奖的论文和科研案例共计169篇（个）。

1995—2015年园洲镇小学教师教育教研成果表

表16-12

成果类别	成果名称	获奖时间	获奖者	获奖级别
优秀论文	《让学生拥有一个“问号”——活用以问带思的教学方法》	2012.5	曾雄概	市一等奖
辅导奖	惠州市2014“EF英孚杯”小学生英语知识能力竞赛	2014.7	陈翠珊	市一等奖
优质课	《圆锥的体积》	1996.12	莫玉明	市一等奖
论文	提高小学英语复习课课堂效率	2008.1	胡海峰	市三等奖
论文	《中年级语言表达训练之“导”》	2008	刘远惠	市三等奖
论文	浅谈小学数学有效课堂训练的设计策略	2014.12	柯燕媚	市三等奖

续表16-12

成果类别	成果名称	获奖时间	获奖者	获奖级别
教学论文	在小学英语中实施“任务型”教学初探	2006.12	任家凤	市三等奖
论文	《传承延伸，开拓发展》	2012.12	谭巧芬	市三等奖
优质课	1997年惠州市优质课	1997.12	李小平	市三等奖
论文	《低年级开展尝试探究性浅谈》	2002.12	莫玉明	市三等奖
论文	惠州市优秀论文二等奖	2013.12	陈　颖	市级
论文	《浅谈如何组织学生进行研究性阅读》惠州市三等奖	2009.12	叶国栋	市级
论文	《利用“导学练”有效导学〈荷花〉》惠州市三等奖	2014.12	谭贵笑	市级
课题	《“四读巧练”教学模式》	2008.11	陈永乐	市二等奖和省三等奖
论文	谈谈小组合作学习在小学英语任务型教学中的作用	2006.12	胡海峰	市二等奖
论文	合作性任务设计在小学英语课堂教学中的作用	2007.8	胡海峰	市二等奖
论文	任务引领、提高小学英语语篇教学实效	2010.3	胡海峰	市二等奖
个人作品	《花儿开了》或惠州市“七彩杯”中小学教师绘画比赛	2009.1	郑巧玲	市二等奖
教案	《写一副秋天的图画》	2014.11	李维英	市二等奖
课题	《小学古诗文教学与整合研究》	2014.1	邱婉嫦	市二等奖
作文指导	“英语辅导报”杯英语书法大赛	2014.7	任家凤	市二等奖
教学论文	《小学高年级英语阅读教学探讨》	2009.12	陈淑婷	市二等奖
指导奖	“英语辅导报”杯英语书法大赛	2014.7	陈淑婷	市二等奖
教案	惠州市小学英语六年级教学设计评比	2005.12	陈翠珊	市二等奖
论文	《新课程小低年级开展尝试探究教学的再探讨》	2008.12	莫玉明	市二等奖
作文指导	第四届“粤星杯”小学生作文大赛	2010.3	李月娥	省一等奖
作文指导	第五届“粤星杯”小学生作文大赛	2012.6	伍小红	省一等奖
录像课	《自我介绍》	2014.11	伍小红	省一等奖
论文	《激活自主动力，创设和谐课堂》	2009.7	梁婉华	省一等奖
论文	谈阅读教学中的巧练	2009.9	陈永乐	省一等奖
教案	《桃花心术》	2011.7	陈永乐	省一等奖
论文	《让学生拥有一个“问号”活——用以问带思的教学方法》	2014.6	曾雄概	省三等奖
作文指导	第五届“粤星杯”小学生作文大赛	2012.3	李月娥	省三等奖
作文指导	第六届“粤杯”小学生作文大赛	2014.3	李月娥	省三等奖
作文指导	第五届“粤星杯”小学生作文大赛	2012.3	伍小红	省三等奖
教案	《童年趣事》	2014.12	邱婉嫦	省三等奖
作文指导	第四届“粤星杯”小学作文比赛	2010.3	陈燕芬	省三等奖
论文	《品味古诗词之神韵》	2012.12	梁雪英	省三等奖
指导奖	广东省第五届“粤星杯”小学生作文指导奖	2013.6.3	朱燕玲	省级二等奖

续表16-12

成果类别	成果名称	获奖时间	获奖者	获奖级别
教案	《渔歌子》荣获广东省中小学教学课题教学设计优秀奖	2012.12	朱燕玲	省级
论文	广东省优秀论文二等奖	2008.1	陈丽好	省级
软件	省计算机教育软件整合课例三等奖	2013.12	简丽玲	省级
论文	《语文研究性阅读的理解与实践》 广东省一等奖	2007.6	叶国栋	省级
录像课	口语交际《我想发明的机器人》广东省录像课评比二等奖	2014.8	谭贵笑	省级
录像课	口语交际《感动》广东省录像课评比三等奖	2014.8	叶国栋	省级
教案	《帮垃圾分类回箱——制作多图层动画》	2013.6	陈桂珍	省级
论文	《如何在信息技术教学中培养学生创新意识》	2013.6	陈少康	省二等奖
作文指导	《一只康乃馨》	2014.3	蔡焕玲	省二等奖
录像课	《画》	2013.12	伍小红	省二等奖
论文	广东省中小学教学研究“十一五”规划课题“小学生中华传统文化教育研究”教学论文	2012.12	陈凤娇	省二等奖
教案	《伯牙绝铉》	2013.12	邱婉嫦	省二等奖
教案	《乞巧》教学设计	2011.7	邱嘉恩	省二等奖
作文指导	第五届“粤星杯”小学作文比赛	2012.3	陈燕芬	省二等奖
作文指导	第六届“粤星杯”小学作文比赛	2014.3	陈燕芬	省二等奖
论文	《小学语文有效教学策略的几点尝试与探讨》	2013.6	陈少康	全国一等奖
论文	《提高数学课堂练习有效性的建议》	2014.1	曾雄概	全国一等奖
论文	《谈有效的课堂练习设计》	2014.9	梁燕芬	全国一等奖
论文	《浅谈小学古诗文教学》	2012.12	邱婉嫦	全国一等奖
论文	《谈如何引导学生在观察，实践学习交流中选材》	2014.3	邱婉嫦	全国一等奖
作文指导	全国小学生英语竞赛	2011.5	任家凤	全国一等奖
教学论文	《小学高年级英语阅读教学探讨》	2009.11	陈淑婷	全国一等奖
指导奖	全国英语竞赛	2011.5	陈淑婷	全国一等奖
论文	《如何设计一节有效的课堂操作活动——(买文具)的教学片断与思考》	2014.10	邱燕杰	全国一等奖
论文	全国教师优秀教育教学论文评比活动“传承延伸，开拓发展”	2014.10	谭巧芬	全国一等奖
论文	浅谈如何对学生进行养成教育	2014.11	陈志红	全国一等奖
辅导奖	全国小学生英语能力竞赛	2010.6	陈翠珊	全国一等奖
论文	“中国梦”全国优秀教育论文大赛	2014.11	李月娥	全国二等奖
论文	第八届全国青年教师论文大赛	2014.4	陈凤娇	全国二等奖
论文	以生为本因势利导——浅谈如何在古诗词的教学过程中渗透感恩教育	2012.4	陈志红	全国二等奖
辅导奖	全国小学生英语竞赛六年级二等奖	2009.5	陈翠珊	全国二等奖

续表16-12

成果类别	成果名称	获奖时间	获奖者	获奖级别
论文	规范学校管理、彰显办学特色	2009.6	陈永乐	全国二等奖
论文	《信息技术与小学教学课程整合的实践研究》	2014.5	陈桂珍	国家级

1995—2015年园洲中学教师教育教研成果表

表16-13

成果类别	成果名称	获奖时间	获奖者	获奖级别
论文	谈复式作文教学	1995.12	颜进棠	市二等奖
论文	惠州市优秀论文评选	1996.9	黄桂芬	市优秀奖
优质课	广东省青年教师优质课评比	1996.11	孙斌发	省三等奖
论文	板书艺术初探	1996.12	颜进棠	市优秀奖
论文	第三届课堂教学论文大赛	1996.12	颜进棠	全国优秀奖
优质课	为学	1997.12	颜进棠	市二等奖
论文	发展学生能力是时代的要求	1997.12	颜进棠	市优秀奖
论文	第二届“三老杯”中学语文教师论文大赛	1999.9	颜进棠	全国一等奖
论文	第二届“三老杯”中学语文教师论文大赛	1999.9	杨旭冠	全国三等奖
论文	板书设计五项原则	2000.12	颜进棠	市三等奖
论文	因材施教，启发诱导	2000.12	王远光	市三等奖
论文	倡导发问质疑乃阅读教学的灵魂	2001.12	颜进棠	市三等奖
论文	惠州市优秀论文评选	2001.12	王远光	市三等奖
论文	惠州市优秀论文评选	2001.12	陈剑新	市二等奖
论文	惠州市优秀论文评选	2002.12	叶海深	市三等奖
论文	“语文报杯”教学论文大赛	2003.5	颜进棠	全国三等奖
论文	“语文报杯”教学论文大赛	2003.5	朱国权	省一等奖
论文	“语文报杯”教学论文大赛	2003.5	陈剑新	省三等奖
论文	“语文报杯”教学论文大赛	2003.5	杨旭冠	省三等奖
论文	惠州市优秀论文评选	2003.12	张海波	市三等奖
教学设计	闻王昌龄左迁龙标遥有此寄	2004.12	颜聚棠	省二等奖
论文	“导”的艺术	2004.12	张海波	市二等奖
论文	漫画在政治教学中的作用	2004.12	徐雪梅	市二等奖
论文	让创新意识主导数学课堂	2004.12	覃启秀	市二等奖
课件	立志培养爱国情操	2004.12	饶海辉	市二等奖
课件	爱莲说	2004.12	陈茹洁	市二等奖
论文	如何利用语文新教材中的情感因素培养学生的情商	2004.12	颜进棠	市三等奖
论文	不待扬鞭自奋蹄	2004.12	陈剑新	市三等奖

续表16-13

成果类别	成果名称	获奖时间	获奖者	获奖级别
论文	查漏补缺 对症下药——学生在英语训练中的常见错误与对策	2004.12	王远光	市三等奖
课件	阿基米德原理	2004.12	曾沛棋	市三等奖
案例	范进中举	2006.3	钟小泽	全国一等奖
论文	高扬“人本、和谐、发展”的旗帜	2007.12	颜进棠	全国一等奖
论文	谈谈初中英语听力障碍及对策	2007.9	叶海深	全国一等奖
论文	浅淡初中英语任务型教学课堂设计艺术	2007.12	叶海深	全国一等奖
论文	任务型教学模式在初中英语教学中的运用	2007.12	叶海深	全国一等奖
论文	生本教育为学生的终生发展奠基	2007.12	颜聚棠	全国二等奖
教学设计	维护消费权	2007.12	张东红	全国二等奖
论文	因材施教 启发诱导——浅谈如何对初学英语者进行学法指导	2007.12	王远光	全国二等奖
论文	在交流与合作中提高科学探究效率的尝试	2007.12	左　伟	全国二等奖
论文	发挥化学实验作用，培养学生创新能力	2007.12	刘训江	全国二等奖
论文	选材要严，开拓要深	2007.12	颜继棠	全国二等奖
论文	园洲中学学生错别字的调查与研究	2007.12	罗泽高	全国二等奖
教学设计	行道树	2007.12	陈钻运	全国二等奖
论文	谈谈数学研究性学习	2007.12	梁锐钦	全国二等奖
论文	浅淡中学化学教学中激发学生质疑的技能	2007.12	郑茹涓	全国二等奖
论文	历史教学之魂：培养学生的问题意识	2007.12	周　颖	全国二等奖
论文	学生对立情绪产生的原因及对策	2007.12	周　颖	全国二等奖
论文	班级管理的艺术和策略	2007.12	王金祥	全国二等奖
论文	浅谈新课标下初中英语学困生的成因及转化策略	2007.12	叶海深	全国二等奖
论文	浅谈多媒体技术在初中数学教学中的运用	2008.12	孙斌发	全国二等奖
论文	加强学校德育建设，提高德育工作实效	2008.12	邱燕中	全国二等奖
论文	如何在初中语文教学中培养学生的创新能力	2008.12	朱建良	全国二等奖
论文	浅谈在思想品德课堂教学中如何培养学生的创新能力	2008.12	张东红	全国二等奖
论文	浅谈新时期农村学校音乐教育的现状及对策	2008.12	方美茹	全国二等奖
论文	浅谈中小学英语教学衔接问题与对策	2009.6	陈惠英	全国二等奖
论文	浅谈背诵在农村中学英语教学中的作用	2009.6	陈惠英	全国二等奖
论文	浅谈分组共享教学模式在初中信息技术课堂教学中的运用	2009.6	刁锦达	全国二等奖
论文	浅谈初中班主任人格魅力与管理	2009.6	刁锦达	全国二等奖
教学设计	人生多彩	2009.12	刘杰锋	全国二等奖
论文	教学创新是学生创新的前提	2007.12	张友兴	全国三等奖
论文	让学生插上想象的翅膀	2007.12	钟小泽	全国三等奖

续表16-13

成果类别	成果名称	获奖时间	获奖者	获奖级别
论文	如何进行语感训练	2007.12	陈茹洁	全国三等奖
论文	生本课堂上创造力与破坏力的思考	2007.12	陈珊珊	全国三等奖
论文	流动的数学新课堂	2007.12	陈海祥	全国三等奖
论文	关爱学生，创建和谐班级	2007.12	邱建英	全国三等奖
论文	探究性实验及题型初探	2007.12	李建国	全国三等奖
论文	利用英语任务型教学模式，培养学生综合语言运用能力	2008.11.10	叶海深	全国三等奖
教学设计	思想品德教学设计（《人生多彩》）展示	2009.12.5	刘杰锋	省二等奖
论文	浅谈起始阶段学生英语学习能力的培养	2006.12	王远光	市一等奖
优质课	初中化学优质课展评	2007.3	刘训江	市一等奖
论文	从《二氧化碳的制取》一课教学引发的思考	2007.12	刘训江	市一等奖
论文	新课程理念下初中政治反思性学习探微	2008.12	柯继洪	市一等奖
论文	让学生自主地学习	2005.12	颜聚棠	市二等奖
论文	生本教育为学生的终生发展奠基	2006.12	颜聚棠	市二等奖
论文	如何进行语感训练	2007.12	陈茹洁	市二等奖
论文	谈谈初中英语听力的障碍及对策	2007.12	叶海深	市二等奖
论文	英语听力教学现状及提高策略	2007.12	黎淦全	市二等奖
论文	浅谈初中物理小组合作学习的实效性	2007.12	曾沛棋	市二等奖
论文	运用数形结合思想，提高解题能力	2008.12	赵长征	市二等奖
论文	发挥化学实验作用，培养学生创新能力	2008.12	刘训江	市二等奖
论文	新课标改革的方向——数学课堂应走向“生本”，走向“流动”	2009.12	陈海祥	市二等奖
基本功	惠州市初中政治教师基本功大赛	2009.12.30	张东红	市二等奖
论文	在生本的蓝天里放飞心灵	2005.12	颜进棠	市三等奖
论文	运用多媒体技术　优化英语课堂教学	2005.12	叶海深	市三等奖
论文	浅谈新课标下初中思想品德课的活动教学方式	2006.12	柯燕媚	市三等奖
论文	浅谈幽默在课堂教学中的作用	2006.12	林炜华	市三等奖
论文	我教送别诗	2007.12	颜聚棠	市三等奖
论文	让学生插上想象的翅膀	2007.12	钟小泽	市三等奖
论文	论数学研究性学习	2007.12	梁锐钦	市三等奖
论文	以生为本，因势利导——浅谈初中英语作业的设计与布置	2007.12	谢素勤	市三等奖
论文	注重实践，贴近生活	2007.12	赖秀英	市三等奖
论文	选材要严开拓要深	2008.12	颜继棠	市三等奖
论文	英语课堂的“导演”和“主角”——浅谈教师的主导作用和学生的自主学习	2008.12	曾美容	市三等奖
论文	启发式教学模式与化学思维能力的培养	2008.12	郑茹涓	市三等奖

续表16-13

成果类别	成果名称	获奖时间	获奖者	获奖级别
论文	激发学生兴趣，激活课堂教学	2008.12	徐雪梅	市三等奖
论文	新课改下如何做好物理演示实验教学	2008.12	曾沛棋	市三等奖
论文	生本课堂上的美育之路	2009.12	陈珊珊	市三等奖
论文	初中生物的创造性思维能力	2009.12	张瑞霞	市三等奖
教学设计	维护消费权	2009.12.18	张东红	市三等奖
基本功	第四届全国教师语言文字基本功大赛	2011.4	黄艳玲	全国一等奖
基本功	第四届全国教师语言文字基本功大赛	2011.4	陈茹洁	全国二等奖
基本功	第四届全国教师语言文字基本功大赛	2011.4	罗泽高	全国二等奖
论文	第四届全国教师语言文字基本功大赛暨优秀论文评选活动（论文《名著阅读考查命题研究》）	2011.4	钟小泽	全国三等奖
论文	激发学生对化学实验的兴趣	2011.7.19	李建国	全国三等奖
论文	新课标改革的方向——数学课堂应走向“生本”，走向“流动”	2011.4	陈海祥	省一等奖
论文	“以身立教　为人师表”主题师德征文活动	2011.3.28	莫玉麟	省优秀奖
论文	“以身立教　为人师表”主题师德征文活动	2011.3.28	谭锦洪	省优秀奖
论文	让生本教育走进政治课堂	2010.12	张东红	市一等奖
论文	有效开展小组合作学习，提高英语课堂教学效率	2010.12	叶海深	市一等奖
作文评价	初三语文教师作文评价评比	2010.1	陈剑新	市一等奖
命题	初中数学青年教师命题比赛	2011.1.18	苏福荣	市一等奖
论文	念好名著阅读五字经	2010.12	乐晓勤	市二等奖
论文	创建快乐的语文课堂	2010.12	魏媛媛	市三等奖
论文	浅谈新时期农村学校音乐教育的现状及对策	2010.12	方美茹	市三等奖
论文	音乐课，如何让学生动起来	2010.12	苏英有	市三等奖
教学设计	男生女生的交往之道	2012.5	张东红	全国一等奖
论文	浅谈农村初中物理教学中存在的问题及对策	2012.3	邱燕中	省二等奖
教学设计	男生女生的交往之道	2011.12.12 2011.12.19	张东红	省二等奖 市一等奖
教学设计	我与父母	2011.12.12 2011.12.19	饶海辉	省三等奖 市二等奖
论文	初中物理小组合作学习	2012.3	梁建忠	省三等奖
论文	浅谈课改下如何培养学习地理的兴趣	2012.6	邓建祥	省三等奖
论文	略谈罗浮山宗教文化对旅游业的影响	2012.6	邓建祥	省三等奖
论文	营造快乐地理课堂浅谈	2012.6	黄金红	省三等奖
论文	中学生错别字现象分析及其对策	2011.12	陈会秋	市一等奖
课件	共建地球村	2012.7	徐雪梅	市一等奖

续表16-13

成果类别	成果名称	获奖时间	获奖者	获奖级别
论文	亲近名著·拓展人生	2011.12	颜进棠	市二等奖
论文	例谈多媒体优化政治课堂教学的作用	2011.12	张东红	市二等奖
论文	让生本教育走进生物课堂	2011.12	翟汉文	市二等奖
论文	同读同乐——破解名著阅读的尴尬	2011.12	张友兴	市二等奖
论文	践行生本教育理念，推进英语有效教学	2011.12	叶海深	市二等奖
论文	农村中学英语生本课堂教学策略	2011.12	王远光	市三等奖
教学设计	理解与宽容	2011.12.19	钟鉴强	市三等奖
教学设计	诚信守信	2011.12.19	黄丽辉	市三等奖
论文	随风潜入夜，润物细无声——在思品课中德育渗透的必要性和策略	2012.12.31	张东红	省二等奖
论文	浅谈初中数学教学札记的记法与运用	2013.5 2012.12	叶运安	省三等奖 市二等奖
论文	如何促进学生有效学习——历史教学要将历史与现实相结合	2012.12	徐雪梅	市二等奖
作文评价	初三语文教师作文评价活动	2012.1	陈剑新	市二等奖
论文	多重对话共享名著	2012.12	张友兴	市三等奖
论文	数学课堂改革——以生为本，让学生学会如何思考	2012.12	陈海祥	市三等奖
论文	强化德育渗透意识，提高政治课堂实效	2012.12.31	赖秀英 柯继红	市三等奖
论文	初中思想品德课的德育渗透是教与学的互动	2012.12.31	陈彩云	市三等奖
教学设计	2013年广东省思想政治（品德）教学设计成果展示交流活动（教学设计《我和父母》）	2013.12	张东红	省一等奖
论文	运用多媒体技术　提高英语教学质量	2013.12	叶海深	省三等奖
教师能力大赛	惠州市2013年初中生物教师能力大赛笔试	2013.12	高夏桃	市一等奖
论文	浅谈“先学后教，当堂训练”初中英语课堂教学模式	2013.12	叶海深	市二等奖
命题	惠州市2014年英语中考模拟命题大赛	2014.7	叶海深	市二等奖
解题	2013年惠州市中学化学教师解题能手比赛	2013.11	梁美洪	市二等奖
解题	2013年惠州市十佳青年物理教师解题能力比赛	2013.12	曾沛棋	市二等奖
教学设计	惠州市2013年思想品德（政治）教学设计评比（教学设计《我和父母》）	2013.12	钟鉴强	市二等奖
命题	2014年惠州市物理教师命题比赛	2014.7	莫玉麟	市二等奖
命题	惠州市2014年英语中考模拟命题大赛	2014.7	王远光	市三等奖
命题	2013年惠州市十佳青年物理教师命题评比	2013.12	曾沛棋	市三等奖
教师能力大赛	惠州市2013年初中生物教师能力大赛笔试	2013.12	张惠敏	市三等奖
教师能力大赛	惠州市2013年初中生物教师能力大赛笔试	2013.12	张瑞霞	市三等奖

续表16-13

成果类别	成果名称	获奖时间	获奖者	获奖级别
教学设计	惠州市2013年思想品德（政治）教学设计评比 （教学设计《维护人身权利》）	2013.12	陈彩云	市三等奖
教学设计	惠州市2013年思想品德（政治）教学设计评比 （教学设计《持续发展　生态文明》）	2013.12	饶海辉	市三等奖
论文	学校特色创建与高效管理团队的打造	2014.11	孙斌发	省三等奖
论文	合理运用信息技术，提高英语教学效率	2014.11	叶海深	省三等奖
课题	英语走向生本——农村中学英语生本课堂教学策略	2014.1	王远光	市一等奖
论文	初中思品课高效学习的策略研究——让学生乐学会学	2014.12	张东红	市二等奖
论文	例谈“先学后教，达标训练”英语课堂教学模式的运用	2014.12	王远光	市二等奖
论文	浅谈初中化学“活动与探究”实验教学的一些看法	2014.12	李建国	市二等奖
实验大赛	2014年惠州市物理教师创新实验大赛（初中组） （作品：《探究凸透镜成像的规律》）	2014.11	陈桂芳 谭锦洪 林建英	市二等奖
课题	引导学生走进名著，丰富学养，完善品格的研究	2014.1	颜进棠	市三等奖
论文	初中数学自主学习能力的培养	2014.12	叶运安	市三等奖
解题能手	惠州市中学化学教师解题能手比赛	2014.12	梁美洪	市三等奖
能力大赛	惠州市2014年初中生物教师能力大赛笔试	2014.12	张惠敏	市三等奖
能力大赛	惠州市2014年初中生物教师能力大赛笔试	2014.12	高夏桃	市三等奖
能力大赛	惠州市2014年初中生物教师能力大赛笔试	2014.12	梁达柜	市三等奖
书法大赛	同筑中国梦共铸文明城惠州市首届硬笔书法大赛（教师组）	2014.12	陈剑新	市优秀奖

1995—2015年九潭中学教师教育教研成果表

表16-14

成果种类	成果名称	获奖时间	获奖者	获奖级别
论文	浅谈初中思想政治几点尝试与体会	2003年12月	胡世凯	市优秀论文 三等奖
论文	走进新课标、实施新理念、培养创新人才	2004年12月	胡世凯	市优秀论文 三等奖
论文	浅谈巧记英语单词之方法	2006	陈玲芳	市贰等奖
优秀课例	中国人失掉自信力了吗	2006	张碧红	全国叁等奖
指导奖	数学竞赛优秀辅导员	2007	曾锦裕	国家级
论文	浅谈初中数学实验教学	2007	黄俊昌	市壹等奖
论文	浅谈对生物板书设计的理解	2007	洪小津	市贰等奖
论文	浅谈新课标化学实验教学就注意的几个问题	2007	吴文题	市贰等奖
论文	浅谈在历史教学中塑造学生健全的人格	2007	陈勇	市叁等奖
论文	《实施新理念，探索新方法，践行新课标》	2008年12月	胡世凯	市贰等奖
指导奖	数学竞赛优秀辅导员	2008	张以成	国家级

续表16-14

成果种类	成果名称	获奖时间	获奖者	获奖级别
指导奖	数学竞赛优秀辅导员	2008	杨向民	国家级
指导奖	数学竞赛优秀辅导员	2008	徐海明	国家级
指导奖	数学竞赛优秀辅导员	2008	莫斯永	国家级
论文	新课标下农村初中英语词汇教学的理念与实践	2009	刘元华	全国壹等奖
论文	家校合作型教育模式的探讨	2009	曾雄标	全国贰等奖
论文	浅谈特色学校的创建	2009	陈满湘	全国壹等奖
论文	谈中学物理教学中如何培养学生创新能力	2009	徐翠兰	市叁等奖
论文	浅谈九年级历史课堂讨论教学法	2009	陈勇	市叁等奖
论文	初中化学最优化教学初探	2009	吴文题	市贰等奖
指导奖	数学竞赛优秀辅导员	2009	杨向民	国家级
指导奖	数学竞赛优秀辅导员	2009	黄俊昌	国家级
教学设计	直面挫折	2009	黄彩兰	市贰等奖
课例	化学中考备考	2010	吴文题	省级
论文	学校创特色的改革实践与思考	2011	陈满湘	省级
论文	新时期中学生心理教育的策略	2011	陈满湘	省级
论文	浅谈初中化学教学	2011	向菊凤	省级
论文	怎样上好物理实验课	2011	孙隆胜	省级
指导奖	数学竞赛优秀辅导员	2011	王燕峰	国家级
指导奖	数学竞赛优秀辅导员	2011	王燕峰	国家级
指导奖	数学竞赛优秀辅导员	2011	邹香根	国家级
指导奖	数学竞赛优秀辅导员	2012	黄俊昌	国家级
指导奖	数学竞赛优秀辅导员	2012	邹香根	国家级
指导奖	数学竞赛优秀辅导员	2012	徐庶	国家级
指导奖	“国培计划义务教育骨干教师远程培训项目”优秀学员	2012	陈勇	省级
论文	物理教育与安全教育的互相渗透	2012	孙隆胜	省级
论文	建构法在初中数学中的应用	2012	徐庶	省级
论文	根据智力特点，开发学生智力	2012	徐庶	省级
论文	通过任务型教学提高学生的英语写作能力	2012	曾锦香	省级
论文	重视“图”“画”“表”，提高学生英语综合能力	2012	曾锦香	市级
论文	初中语文教学效能策略探析	2012	曾雄标	省级
论文	优化课堂结构，实施有效教学	2012	陈满湘	省级
论文	多媒体教学在化学教学中的应用	2012	向菊凤	省级
论文	如何培养学生阅读自主学习能力	2012	曾雄标	省级
论文	“六类常规方法”激活初中物理课堂的探讨	2012	孙隆胜	市叁等奖

续表16-14

成果种类	成果名称	获奖时间	获奖者	获奖级别
论文	浅谈学生过错行为矫正的成功教育	2012	王菊芳	市叁等奖
美术设计	智能清洁机器人	2013	陈秀芝	市叁等奖
美术设计	环保透光装饰灯	2013	陈秀芝	市叁等奖
论文	任务型教学法在中学英语词汇教学中的应用	2013	陈秋园	市叁等奖
论文	合理设计、成熟精彩——初中数学中教学设计的探索	2013	徐庶	省级
论文	多媒体在英语复习中的妙用	2013	曾锦香	省级
基本功比赛	惠州市中学化学教师解题能手比赛	2013	朱小妹	市壹等奖
基本功比赛	惠州市初中化学教师基本功比赛	2013	朱小妹	市贰等奖
优质课	惠州市初中化学优质课比赛	2013	朱小妹	市贰等奖
指导奖	数学竞赛优秀辅导员	2013	张以成	国家级
指导奖	数学竞赛优秀辅导员	2013	翟小敏	国家级
指导奖	数学竞赛优秀辅导员	2013	王燕峰	国家级
论文	思品论文评比	2013	王菊芳	国家级
基本功比赛	中学化学教师基本功比赛	2013	朱小妹	市贰等奖
论文	构建高效课堂，提高教学质量	2014	陈满湘	省级
论文	《弟子规》对培养学生良好行为习惯之妙用	2014	曾锦香	省级
论文	浅论数学实验教学	2014	黄俊昌	省级
论文	初中化学优质课堂教学的对策	2014	向菊凤	省级
论文	浅谈班级管理的新模式	2014	张金环	省级
指导奖	数学竞赛优秀辅导员	2014	翟小敏	国家级
指导奖	数学竞赛优秀辅导员	2014	王燕峰	国家级
指导奖	数学竞赛优秀辅导员	2014	沈卫华	国家级
命题比赛	物理教师命题比赛	2014	张惠昌	市叁等奖
基本功比赛	中学化学教师基本功解题能力比赛	2014	邓育斌	市壹等奖
基本功比赛	中学化学教师基本功解题能力比赛	2014	朱小妹	市壹等奖
教师能力大赛	初中生物教师能力大赛	2014	王巧玲	市叁等奖
教师能力大赛	初中生物教师能力大赛	2014	王巧玲	市叁等奖

第二节 教育荣誉

园洲镇教师受科教兴镇、创建教育强镇的鼓舞，全镇1056名中、小学教师（含民办学校教师）踊跃投身教学改革，开展卓有成效的教学科研活动，荣誉有：1996年，园洲中学、园洲二中、园洲中心小学被评为惠州市首批一级学校；1996—2016年，园洲中学，园洲二中，九潭中学，园洲第一、二、三中心小学等12所学校受到县、市、省各级教育行政部门的表彰；全镇教师中，有1人获得“全国优秀教师”荣誉称号、有1人获“南粤优秀校长”荣誉称号、有3人被评为“广东省优秀校长”、有2人被评为“南粤教坛新优”、有62人被评为市省全国各级优秀教师和先进个人。

1995—2016年园洲镇小学获市以上集体荣誉表

表16-15

荣誉名称	获奖学校	获奖时间	获奖级别
2003年度惠州市安全文明校园	园洲镇梁契权学校	2004年1月1日	市级
惠州市绿色学校	园洲镇梁契权学校	2008年1月1日	市级
惠州市少先队先进中队	园洲第二中心小学	2006年6月1日	市级
惠州市红旗大队	园洲第二中心小学	2010年6月1日	市级
广东省少先队先进中队	园洲第二中心小学	2013年6月1日	省级
惠州市花样操比赛一等奖	园洲中心小学	2000年10月3日	市级
广东省红领巾示范学校	园洲中心小学	2013年6月1日	省级

1995—2016年园洲中学获市以上集体荣誉表

表16-16

荣誉名称	获奖学校	级别	获奖时间
惠州市文明学校	园洲中学	市级	1995
惠州市文明学校	园洲中学	市级	1996
惠州市一级学校	园洲中学	市级	1996
1995年度惠州市先进团支部	园洲中学	市级	1996.5
惠州市文明校园	园洲中学	市级	1997
作文比赛优秀集体（语文科组）	园洲中学	省级	1997.9
惠州市文明校园	园洲中学	市级	1998
全国推进素质教育先进单位	园洲中学	国家级	1999
惠州市文明校园	园洲中学	市级	1999
惠州市美丽校园	园洲中学	市级	2000
惠州市先进科组（英语科组）	园洲中学	市级	2000.12
惠州市安全文明学校	园洲中学	市级	2001
惠州市教育教学质量进步奖	园洲中学	市级	2002

续表16-16

荣誉名称	获奖学校	级别	获奖时间
惠州市花园式单位	园洲中学	市级	2002
惠州市创建文明学校先进单位	园洲中学	市级	2002
惠州市安全文明学校	园洲中学	市级	2002
2002年度惠州市安全文明校园	园洲中学	市级	2003.2
2002年度惠州市花园式单位	园洲中学	市级	2003.3
教育科研先进单位	园洲中学	国家级	2008.3
五四红旗团总支部	园洲中学	市级	2008.5
初中教育教学质量进步奖	园洲中学	市级	2008.11
“2009年惠州市中小学实验室管理与应用”先进集体	园洲中学	市级	2010.1
2010—2011年度五四红旗团支部（总支）	园洲中学	市级	2011.5
惠州市第六届中小学生书信活动优秀组织奖	园洲中学	市级	2011.9
惠州市2011年“书香校园”	园洲中学	市级	2012.2
2013年惠州市中小学示范教研组（数学科组）	园洲中学	市级	2013.12
惠州市第三届中小学生合唱比赛初中组三等奖	园洲中学	市级	2014.11
“中国梦·民族魂”2014年惠州市中小学生舞蹈大赛初中组三等奖	园洲中学	市级	2014.12
2014年惠州市“辉达斯巴鲁杯”青少年篮球锦标赛第六名（乙组女子）	园洲中学	市级	2014.12
“同筑中国梦共铸文明城”惠州市首届硬笔书法大赛优秀组织奖	园洲中学	市级	2014.12

1995—2016年九潭中学获市以上集体荣誉表

表16-17

荣誉名称	获奖学校	级别	获奖时间
文明校园	九潭中学	市级	1996年9月
花园式单位	九潭中学	市级	2002年9月
初中教学质量进步奖	九潭中学	市级	2003年11月
惠州市乡村学校少年宫	九潭中学	市级	2011年9月

1995—2005年园洲二中获市以上集体荣誉表

表16-18

荣誉名称	获奖学校	级别	获奖时间
贯彻《学校体育工作条例》先进学校	园洲二中	省级	1995年
惠州市“美丽校园”	园洲二中	市级	1997年
美丽校园	园洲二中	市级	2000年

1995—2016年园洲镇小学教师获市以上表彰表

表16-19

姓名	荣誉名称	所属学校	获奖时间	获奖级别
张雁飞	惠州市信息平台应用先进个人	马西小学	2011年1月	市级
张雁飞	惠州市教育信息化先进个人	马西小学	2014年6月	市级
毛少群	惠州市乡村教师烛光奖	园洲第二中心小学	2012年9月	市级
李映霞	热爱儿童先进个人	园洲李屋小学	1992年12月	市级
李映霞	三八红旗手	园洲李屋小学	1995年2月	市级
陈永乐	惠州市优秀教师	园洲中心小学	2012年9月	市级
梁雪英	惠州市优秀教师	园洲中心小学	1998年9月	市级
茹婉琼	惠州市十佳少先队辅导员	园洲中心小学	2014年5月	市级
陈桂珍	“校讯通”推广应用先进个人	园洲中心小学	2008年1月	市级
陈桂珍	“校讯通”推广应用先进个人	园洲中心小学	2010年1月	市级
宋振华	惠州市“红牛”篮协杯优秀裁判员	园洲中心小学	2013年8月	市级
陈丽云	惠州市优秀班主任	园洲第二中心小学	2004年9月	市级
莫玉明	惠州市优秀教师	园洲中心小学	2001年9月	市级
莫玉明	惠州市“教育拔尖人才十百千工程”名教师培养对象	园洲中心小学	2011年4月	市级
陈丽云	惠州市“教育拔尖人才十百千工程”名教师培养对象	园洲第二中心小学	2011年4月	市级
陈素霞	惠州市“教育拔尖人才十百千工程”名教师培养对象	园洲第二中心小学	2011年4月	市级
谭巧芬	2011年惠州市“校讯通”信息平台应用先进个人	园洲中心小学	2011年12月	市级
邱嘉恩	惠州市优质教育资源建设与应用先进个人	园洲中心小学	2011年12月	市级
邱婉嫦	惠州市优秀班主任	园洲田头小学	1999年9月	市级
邱婉嫦	惠州市优秀教师	园洲中心小学	2004年9月	市级
邱婉嫦	惠州市华萌乡村教师烛光奖	园洲中心小学	2010年8月	市级
陈丽云	2004年惠州市“作文大王”小学生作文指导一等奖	园洲第二中心小学	2004年12月	市级
李贵兰	惠州市“EF英孚杯”英语知识能力竞赛指导一等奖	园洲中心小学	2014年	市级
曾雄概	优秀少先队辅导员	园洲中心小学	2006年6月	市级
陈志红	惠州市优秀少先队辅导员	园洲中心小学	2009年6月	市级
李小玲	惠州市“EF英孚杯”小学生英语能力竞赛指导三等奖	园洲田头小学	2014年7月	市级
李小玲	惠州市“英语辅导报杯”英语书法比赛指导二等奖	园洲田头小学	2014年7月	市级
陈永乐	南粤教坛新秀	园洲中心小学	1996年9月	省级
陈永乐	博罗县优秀校长	园洲中心小学	2005年9月	省级
陈永乐	广东省小语会先进工作者	园洲中心小学	2010年12月	省级
茹婉琼	广东省优秀少先队辅导员	园洲中心小学	2014年6月	省级
陈凤娇	“小学生中华传统文化教育研究”课题优秀实验教师	园洲中心小学	2014年12月	省级
朱淑梅	第四届“粤星杯”作文指导三等奖	园洲中心小学	2010年3月	省级

续表16-19

姓名	荣誉名称	所属学校	获奖时间	获奖级别
陈丽云	第五届惠州市“作文大王”小学生作文指导一等奖	园洲第二中心小学	2009年11月	市级
陈银霞	第七届惠州市“作文大王”小学生作文指导一等奖	园洲第二中心小学	2011年11月	市级
陈桂珍	广东省中小学计算机管理员第四期培训班优秀学员	园洲中心小学	2012年11月	省级
朱淑梅	第五届“粤星杯”作文指导三等奖	园洲中心小学	2012年3月	省级
莫玉明	中国数学奥林匹克二级教练员（小学）	园洲中心小学	2003年7月	国家级
莫玉明	第十四届“华罗庚金杯”邀请赛优秀教练员	园洲中心小学	2009年4月	国家级
莫玉明	全国教书育人标兵	园洲中心小学	2010年12月	国家级
陈月银	第十五届“华罗庚金杯”邀请赛优秀辅导员	园洲中心小学	2010年4月	国家级
陈玉环	第十五届全国华罗庚杯少年数学邀请赛优秀辅导员	园洲阵村小学	2010年4月	国家级
王利珍	华罗庚金杯辅导员	园洲中心小学	2011年4月	国家级
王利珍	华罗庚金杯教练员	园洲中心小学	2012年4月	国家级
曾雄概	第十三届“华罗庚金杯”邀请赛优秀辅导员	园洲中心小学	2008年4月	国家级
曾雄概	第十六届“华罗庚金杯”邀请赛优秀教练员	园洲中心小学	2011年4月	国家级
曾雄概	第十二届“华罗庚金杯”邀请赛优秀辅导员	园洲中心小学	2007年6月	国家级
何志宏	第十六届“华罗庚金杯”少年数学邀请赛优秀教练员奖	园洲田头小学	2011年4月	国家级
李振超	“中国梦·全国优秀教育教学”论文评选大赛二等奖	园洲田头小学	2014年6月	国家级
莫锦云	第五次人口普查先进个人	园洲中心小学	2002年4月	省级
莫锦云	广东省优秀少先队员辅导员	园洲中心小学	2007年12月	省级

1990—2016年园洲中学教师获市以上表彰荣誉情况表

表16-20

姓名	荣誉名称	获奖时间	获奖级别
朱国权	广东省优秀教师	1991	省级
赵尔汉	惠州市优秀校长	1992	市级
孙斌发	惠州市优秀教师	1996	市级
朱国权	惠州市优秀校长	2000	市级
颜进棠	广东省“南粤教书育人优秀教师”	2001	省级
颜进棠	全国优秀教师	2007.9	国家级
张海彬	惠州市优秀团干部	2008.4	市级
颜聚棠	惠州市“乡村明星教师”	2009.9	市级
梁锐钦	惠州市“华萌乡村教师烛光奖”	2009.9	市级
朱国权	惠州市十佳校长	2010.9	市级
颜进棠	惠州市德育工作标兵	2010.9	市级

续表16-20

姓名	荣誉名称	获奖时间	获奖级别
张东红	惠州市华萌乡村教师烛光奖	2010.9	市级
柯继洪	惠州市“华萌乡村教师烛光奖”	2011.9	市级
王远光	惠州市“华萌乡村教师烛光奖”	2012.9	市级
钟小泽	惠州市优秀班主任	2012.9	市级
钟小泽	惠州市未成年人品德教育先进工作者	2012.12	市级
梁建忠	惠州市优秀教师	2013.9	市级
孙斌发	惠州市优秀教育工作者	2014.9	市级

1990—2016年九潭中学优秀教师获市以上表彰荣誉表

表16-21

姓名	荣誉名称	获奖时间	获奖级别
陈满湘	惠州市优秀青年教师	1992年9月5日	市级
陈满湘	南粤优秀教师（教坛新秀）	2000年9月8日	省级
胡世凯	惠州“校讯通”推广应用先进个人	2008年1月	市级
陈满湘	惠州市十佳校长	2009年9月	市级
曾锦香	惠州市“华萌乡村教师烛光奖”	2009年9月	市级
胡世凯	惠州市“华萌乡村教师烛光奖”	2010年9月	市级
曾锦香	惠州市未成年人品德教育先进工作者	2012年12月	市级
张海彬	创特色学校校长论坛二等奖	2013年11月	省级

1991—2005年园洲二中教师获市以上表彰荣誉情况表

表16-22

姓名	荣誉名称	获奖时间	获奖级别
梁金富	优秀教师	1993年	市级
梁金富	南粤优秀校长	1996年	省级
丘和坤	教坛新秀	1998年	省级
翟汉文	优秀团干部	1998年	市级

第十七篇　文化 体育

新中国成立前，镇域的文化、体育落后。新中国成立后，镇域的文化、体育事业得以振兴。

新中国成立前，镇域既无文化场所，又无文化设施，群众能享受到的文化生活，只有在春节或重大喜庆日子里看几场大戏（粤剧）。20世纪50年代中期至60年代初，镇域粤曲（剧）文化兴起，全境组建十余个文娱组，唱粤曲、演粤剧，群众的文化生活比以前丰富。“文化大革命”期间，唱革命歌曲、跳“忠字舞”、演“革命样板戏”取代粤曲（剧）文化。21世纪初，镇域实施物质和精神两个文明齐发展方略，镇政府牵头，动员各村干部筹集资金，修建场所，购置设备，成立众多文化团体，开展形式多样、内容丰富的文化活动，镇域的文化事业繁荣昌盛。

新中国成立前，镇域的民间体育活动主要有舞狮、舞麒麟、扒龙舟等。20世纪50年代中期，学校有简易的体育场地和设备，开设体育课程。至80年代末，镇域的体育事业发展缓慢。21世纪以后，镇领导重视发展体育事业，镇、村两级加大体育方面的资金投入，修建场地、添购设备，开展全民健身运动，体育事业有长足发展。镇域选派的队伍参加各级各类的体育竞赛，均取得好成绩。

第一章　文　化

新中国成立前，镇域文化娱乐活动较落后。一年中，居民能在重大喜庆日子里看上几场大戏（粤剧），已感到心满意足，文化生活少而单调。

20世纪50年代中期至60年代初，马嘶、桔头、禾山、上南、菉兰江头、义合向南、义合岗贝等十余个村庄相继组建文娱组。这些文娱组经常到村庄唱粤曲、演大戏。

“文化大革命”期间，粤曲（剧）被视为“四旧”而受封杀，毛泽东思想文艺宣传队活跃在文艺舞台。他们唱革命歌曲、跳“忠字舞”、演“革命样板戏”，舞台上的工、农、兵形象取代以往的帝、王、将、相。“文化大革命”结束后，毛泽东思想文艺宣传队告别文艺舞台。

进入21世纪，镇、村两级重视文化建设，筹集资金兴建广场、文化馆、公园、文化室、老人康乐中心。上南、刘屋、李屋、沥西、九潭居委等村（居）委重组曲艺社。人民广场经常有大型文艺演出和歌、剧、舞比赛，广场舞遍及城镇和乡村，镇域的文化生活丰富多彩。

选派选手参加各级文艺竞赛，收获颇丰，如上南曲艺社朱顺娣的粤曲演唱、沥西曲艺社的群口相声，园洲中心小学少先队花样操表演都曾获得县、市、省的奖励。

第一节 机 构

园洲文化管理机构是园洲文化站和九潭文化站，事业机构是园洲广播电视站、九潭广播电视站和各种文化团体。

一、行政机构

（一）文化站

1.园洲文化站

成立于1976年10月，办公地点在旧政府大院内，职工3人。1999年，文化站转到镇政府新大院办公，职工13人。2015年10月25日，园洲文化站获评“广东省特级文化站”。

2.九潭文化站

九潭文化站与九潭广播电视站于1981年5月同时成立，两个单位合为一个部门。1989年4月，文化站从广播电视站分出，成为独立单位，办公地点在九潭镇政府大院内。2004年，归并园洲文化站。

（二）文化工作

宣传党的路线、方针、政策，对群众进行社会主义思想教育和革命传统教育；利用各种文化活动，传递经济信息，为经济建设服务；开展以文补文，多业助文活动；组织开展群众喜闻乐见的文体活动，丰富当地群众文化生活；举办文化艺术、科普培训班，辅导业余文艺团体和培养艺术活动骨干；收集、挖掘、整理民间文化艺术，做好文物的保护和宣传工作；组织当地文化工作者开展文艺创作活动，为他们创造良好的创作环境；指导各村建立文化室、业余文化组织和开展各项文体活动。

2006年后，镇文化站配合县文化综合执法大队，依法管理文化市场。在取缔无牌无证文化产品、查处无牌经营、无证演出等执法行动中，取得较好的成效。2008年10月，在园洲中心市场、商贸市场等地，取缔无牌无证音像店3家，没收各类非法盗版音像制品300盒、“黄色”录像带200盒、违禁套装碟50套。2009年12月，在园洲镇康民路、秀丽路、九潭农民街等地，取缔书报摊7档，没收违禁“黄色”书刊500本。

2011年8月，在廖尾、坎头、白马围、刘屋工业区等地，取缔无牌无证影吧20家，收缴电视机、DVD等设备500台；卡拉OK停业整顿1家；收缴盗版VCD、CD1000张。2012年7月，在田头工业区、上南工业区等地，查处电子游戏机室10间，收缴电子赌博机200台。2008—2014年，在刘屋、上南等地，查处无证演出的剧团、马戏团20多个。

（三）重要活动

镇域的文化娱乐、体育活动，均由文化站具体负责组织。2004年以来，组织几十场大型文娱活动和体育赛事。2004—2015年，共举办12届篮球联赛； 2008—2016年，共举办9届“春节环城跑”； 2004—2015年，共举办5届“粤曲演唱晚会”和3届“烟花会演”； 2006—2015年，共举办4届迎“三八”健身操和广场舞比赛； 2009—2016年，分别举办3届庆“七一”表彰先进暨“红歌”演唱会。

二、事业机构

（一）园洲广播电视站

1968年，园洲人民公社组建园洲有线广播站。园洲有线广播站属博罗县广播站管辖单位，县财政工资编制。广播站初建时，只有站长、机修员、播音员各1人。广播站设在公社大会堂3楼，设备简陋，仅有1台电子管扩音机、3个25瓦号筒式高音喇叭、1台唱片机、25个话筒。广播站每天播音3次，分别于上午6点、下午2点、傍晚7点三个时段播放，播放时长1.5小时。播放的内容主要是政治宣传、革命歌曲、农事信息、天气预报、紧急通知等。1968年，园洲人民公社辖管的9个大队建立有线扩大站，广播线路长40多公里，由6～8米高的方形水泥线杆支撑，每个自然村安装15～25瓦的高音喇叭，大队有线扩大站每天3次转播公社广播站播放的节目，其余时间可根据大队的实际情况播放自选内容和节目，人称这个时期为“大喇叭”广播时代。1970年，全公社实施扬声器入户，全社60%的家庭安装功率为5瓦的扬声器。1974年，在惠阳地区广播先进集体和先进个人经验交流会上，园洲人民公社广播站被评为先进单位。1992年，园洲广播站升级为广播电视站，传输中央、省、市、县电视节目信号，经多年不断扩展，于1999年10月，实现村村通，电视转播代替了广播传播。1996年，园洲广播电视站自制新闻栏目《园洲新闻》开播，每天19:30、20:30及21:30三个时间段分别在翡翠台、本港台等频道插播，插播约10分钟。新闻均由电视站记者采写。

2016年5月1日，园洲广播电视站从兴园四路2号搬迁到新落成的园洲文化中心（园洲绿化北路68号）。站内设办公室、新闻广告部、工程部、播出部4个部门，涵盖站长室、广告室、录音室、新闻制作室、播音室、财务室6个科室。站内具备专业的新闻制作机器，有摄像机5台、剪辑电脑4台、录音设备1台，能支持日常新闻制作工作。站内设站长1人、副站长1人、工作人员34人。

（二）九潭广播电视站

九潭广播站成立于1981年5月，办公地点设在原九潭政府大院内，有职工3人。在此之前，九潭广播站只转播铁场人民公社广播站的节目。1998年，九潭广播电视站被博罗县广播电视局收编，直接由县广播电视局管辖。收编后职工编制2人（属事业单位，县财政工资编制），临时工6人。办公地点搬到九潭旧圩沙河堤旁。2011年7月，九潭广播电视站大楼建成投入使用。大楼位于九潭增堤街41号。

2015年1月，博罗县广播电视台体制改革，县内各镇（园洲、石湾除外）广电站由事业单位改为企业单位，被广东省广播电视网络股份有限公司收购。九潭广播电视站更名为广东省广播电视网络股份有限公司九潭广电站。2016年，九潭广电站在职员工6人（全属企业单位性质）。

三、文化团体

（一）文娱组

20世纪50年代中期，镇域的马嘶、桔头、禾山、沙头、上南、陈屋、高头、李屋、白马围等村都组建文娱组。文娱组自发组织，自愿参加，组员二三十人。活动经费或由组员自筹，或由热心人士赞助。排演节目都是粤剧折子戏或唱粤曲。上南、桔头、禾山等村的文娱组除喜庆节日在本村演出，还经常到别的村庄演出。1966年"文化大革命"爆发，各村的文娱组相继解散。

（二）毛泽东思想文艺宣传队

1969年，园洲人民公社成立一支专职（脱产）的毛泽东思想文艺宣传队，队员40多人。宣传队队员回大队记工分，公社适当补助伙食费。随后，上南、马西、禾山等大队成立业余宣传队。演出的节目主要是唱革命歌曲，如《在北京的金山上》《祝毛主席万寿无疆》《我是一个兵》等；演革命样板戏，如《沙家浜》《白毛女》《红灯记》等。公社毛泽东思想文艺宣传队常年到各大队轮回演出，业余宣传队主要在大队表演，公社每年组织2—3次会演。演员跳"忠字舞"时，头戴"红军帽"，身穿"军装"，胸前别着毛主席的像章，手臂挂着"红卫兵"3个黄色字的红袖章，腰间系着"军皮带"，飒爽英姿。"文化大革命"结束，毛泽东思想文艺宣传队随之解散。

（三）曲艺社

20世纪50年代初至60年代初，镇域的粤曲（剧）文化较活跃，曾组建多个文娱组和曲艺社。20世纪中期至20世纪后期，这些文化团体解散。21世纪初期，有些团体重新组建，并开展经常性的活动。

园洲镇文化团体情况表

表17-1

名称	组建时间	规模（人）	活动内容	备注
沙头村头文娱组	1960	30	粤曲、粤剧表演	1964年解散
桔龙村新春剧团	1952	20	古装粤剧	1965年解散
马石岗曲艺社	1978.01	23	曲艺	1980年解散
白马围粤剧社	1970	35	粤曲、粤剧	1979年解散
禾山村文娱组	1954	40	粤剧	1967年解散
高头村文娱组	1960	36	粤剧	1967年解散
廖尾村下廖文娱组	1982.08	50	粤曲、唱歌	1984年解散
义合村向南文娱组	1957	20	粤剧	1967年解散
义合岗贝村文娱组	1957	20	粤剧	1967年解散
江头村一队文娱组	1955	12	唱革命歌曲	1974年解散
江头村二队文娱组	1955	12	唱革命歌曲	1974年解散
上南文娱组	1956	30	曲艺、粤剧	"化大文革命"期间暂停
上南曲艺社	1999.06	45	粤曲、粤剧	
沥西曲艺社	2006.12	20	曲艺、弹奏	
刘屋曲艺社	2012.05	20	曲艺	
江头村曲艺社	2009.08	12	粤曲演唱、弹奏	
九潭曲艺社	2005.12	25	曲艺、弹奏	
李屋曲艺社	2006.09	35	粤曲、弹奏	
深沥曲艺社	2006.09	15	粤曲、弹奏	

第二节　群众文化活动

一、大型文化活动

3200平方米的园洲广场，300平方米的舞台，为举办大型的文化活动提供良好条件。自2003年以来，“三八”妇女节文艺会演，“六一”儿童节文艺会演，“七一”共产党生日唱“红歌”，中秋节烟花会演，跨年倒数晚会，春节粤曲演唱会等大型文化活动都在这里举办。

2006年4月30日晚，园洲镇在园洲广场举办“劳动者之歌”——庆“五一”文艺晚会。晚会共有18个表演节目，园洲中学、九潭中学、园洲宾馆、晶港酒店等单位以及香港明星以歌唱、舞蹈、武术、时装表演等形式，表达对劳动人民勤劳、勇敢、智慧的赞美。

2010年大年初一晚，园洲镇在广场举办“园洲镇荣获‘中国休闲服装名镇’‘广东省十大宜居城镇’暨2010年新春大型焰火晚会”。上南曲艺团、九潭曲艺社为近万名观众表演粤曲演唱、群口相声等节目。特邀嘉宾、粤剧名家曹秀琴、吴国华夫妇，梁淑卿、钟康祺夫妇演唱《分飞燕》《帝女花》等名曲。10时30分，烟火晚会开始。烟火晚会分6个乐章进行，共22980发礼花，历时36分钟。

2011年7月1日晚上，园洲镇在园洲广场举办“庆祝建党90周年表彰大会暨红歌晚会”。全镇共产党员、镇政府全体工作人员、村“两委”干部参加晚会。大会表彰230名“优秀共产党员”、20名“优秀党务工作者”、11名“模范支书”。镇政府八大部门、农村党支部、教育线和单位部门党支部共38支队伍演唱红歌。

2012年5月3日晚，园洲镇在园洲广场举办“庆‘五一’、迎‘五四’感恩母亲节”大型文艺晚会。晚会有企业、妇女团体、学校、社会团体共16支队伍参加演出。演出有舞蹈、独唱、舞台剧、小品等节目。园洲中学的歌舞《校园的早晨》、园洲居委会健身队的《长征》、社区志愿者队的小品《母亲》和嘉年华健身队的《舞出青春》深受群众好评。

2011年9月30日，博罗县第二届粤曲大赛“园洲杯”总决赛在园洲广场举行。参赛的31人是从128名选手中经过层层筛选进入总决赛。园洲上南曲艺团的朱顺娣获得金奖。

2012年12月31日晚，园洲镇在园洲广场举办“园洲镇2013年元旦迎新倒数晚会”。晚会有健身舞、曲艺等节目。

二、经常性文化活动

广场舞是园洲2016年以来当今最流行、最活跃的群众性、经常性的文化活动。无论是镇中心，还是村庄，每到晚上，都能听到伴舞的音乐声，看到欢快跳舞的人群。

（一）自发性广场舞

每天晚上7：00时，舞蹈爱好者便赶去园洲人民广场跳广场舞。广场里有3个大舞池，由个人购买音响设备，放舞曲供大家跳舞，每晚收取跳舞者1元钱。经营者不用交场地费，只交电费。除3个大舞池，还有由10人或8人组成的小舞池。跳舞的人自带小型音响设备，选准合适的场地，便就地开始跳舞。跳广场舞的人有女有男，有长者也有年轻人，甚至还有儿童，中老年女性居多。这种自发性的广场舞场面，不但镇中心区有，60%的乡村也有，普及率较高。

（二）广场舞队

园洲社区、九潭社区以及50%的村委会都建立广场舞队。园洲社区队和九潭社区队开展经常性的集训和排练，曾多次代表园洲镇参加博罗县、惠州市、东莞市的广场舞比赛。2014年，园洲社区广场舞队参加东莞市在石龙镇举办的广场舞比赛，获得第三名。村委会的广场舞队待临近参加大型演出或比赛前2—3个月集训排练。平时，队员们都参加自发性的广场舞活动。办得成功的广场舞队有园洲社区、九潭社区以及上南、刘屋、陈屋、高头、义合、凤山等村的广场舞队。在镇内大型文化活动的表演和比赛中，获奖的都是这些队伍。

园洲镇参加县以上文艺比赛获奖情况表

表17-2

获奖时间	获奖名称	名次	级别	比赛地
2007.09	博罗县老年人体育协会首届文体会演（沥西曲艺社）	一等奖	县级	博罗
2011.05	博罗县“园洲杯”首届职工歌手大赛	金奖	县级	园洲
2011.09	博罗县第二届“园洲杯”粤曲大赛（朱顺娣）	金奖	县级	园洲
2011.12	广东省第二届音乐大赛	银奖	省级	广州
2011.12	第二届广东省曲艺大赛（朱顺娣）	季军	省级	广州
2012.11	广东省“香飘四季”曲艺大赛（朱顺娣）	银奖	省级	广州
2015.12	广东省粤剧私伙局大赛（朱顺娣）	银奖	省级	广州

第三节　公共文化设施

一、广场、公园

（一）园洲广场

园洲广场坐落在广场路和绿化南路之间，西临中园路，东接园洲公园。占地56723平方米，花岗岩地面。中心广场32000平方米，绿化面积16000平方米。广场于2002年12月建成投入使用，耗资1600万元。

广场内有篮球场、儿童娱乐场等设施，革命烈士李源、陈志仁和李文甫的半身白色雕像矗立在中心广场的舞台侧边。广场文化内容丰富、形式灵活，跳舞、下棋、运动、休闲散步。

（二）园洲公园

园洲公园位于园洲广场东侧。占地51000平方米，2003年8月动工兴建，2005年8月建成开放，耗资800万元。公园内设有风雨长廊、六角亭、花坛、绿道、人工湖、拱桥、泳池、假山等。园内绿树成荫，花草茂盛，是集宣传展览、文娱体育、园林绿化、游乐活动于一体的综合性文化娱乐场所。

（三）园洲文化长廊

园洲文化长廊在中心排渠的覆盖面上建造而成，在绿化南路和绿化北路之间。南面隔绿化南路是园洲公园和园洲广场，北面隔绿化北路是园洲文化中心。

文化长廊长1800米，宽40米，建筑面积72000平方米。该工程建设包括渠底硬底化、渠面覆盖、渠顶绿化美化三项内容，总投资2.3亿元。工程于2008年11月动工，2011年9月竣工。

文化长廊分“勤劳”“信念幸福”“和谐”主题区域和休闲活动区域。通过书法、绘画、雕刻、文字等方式展现惠州市、博罗县和园洲镇的历史文化；以景观带为依托，融注惠州起源演变、历史人物、居民文化、民俗风情、历代诗词、民间文学等历史文化内容，运用图、文、物、声、光、电等形式，以雕塑群、浮雕壁、石林、模型、亭台楼榭等为载体，构筑出一个历史文化风貌展示区。文化长廊为居民和游客提供中国象棋、围棋、篮球、太极拳、环城跑、自行车等比赛和书画创作的场地，成为市民健身娱乐的好地方。

（四）借山公园

借山公园，位于水电路沙河堤段的西边，规划总面积39164平方米，首期建筑面积1026平方米。园内设置康体活动中心、广场吊脚楼、遮雨台、烧烤场、园林绿化等休闲景点，是一处集美化、绿化和观赏于一体的家园景观。借山公园工程计划总投资1200万元，2013年，投资700万元完成第一期工程建设，完成填土、挡土墙填石、景观石、南边人行道、北边护坡填土、绿化种植、道路排水等工程。

（五）刘伯温公园

刘伯温公园位于沙河大桥北引桥东边的增堤路边，规划总建筑面积14156平方米，2013年12月完成第一期工程建设，建筑面积5476平方米。园内设置康体活动场所、广场、园林绿化等休闲景点。公园首期工程已投资770万元，完成填土、绿化种植、排水管道、道路扩宽、4000平方米的休闲广场、篮球场、绿化等工程建设。

（六）上南公园

上南公园位于园洲镇秀丽路东段盛园华府小区东侧，是上南村委会投资600万元兴建的村级公园。上南公园占地50亩，于2004年6月动工兴建，2005年12月竣工启用。公园内有人工湖、拱桥、凉亭、石山、喷水池等景观，篮球场、羽毛球场、乒乓球台等健身场地，舞台等文化设施。每逢喜庆节日，上南曲艺团在这里举行粤剧折子戏或曲艺表演。早晨和晚上，老人在公园里跳广场舞、健身操，打太极拳等活动。

二、文化场馆

（一）园洲文化中心

园洲文化中心位于园洲镇绿化路68号，占地17934平方米，楼高5层，建筑面积21005平方米。2008年8月动工兴建，2016年5月1日落成投入使用。文化中心主要由图书馆和影剧院两大部分组成。图书馆包括图书室、阅览室、学术报告厅、会议室、展览室等功能室；影剧院的观众席分楼座和池座两层，共设固定座椅1388张，含有影视大厅、激光录像放映室、大型舞台等，可作电影院、大型文艺演出以及大型会议场所。

（二）园洲图书馆

园洲图书馆设在园洲文化中心内，内设图书室，面积562平方米；阅览室，面积490平方米；电子阅览室，面积490平方米；学术报告厅，面积335平方米；会议室，面积225平方米。2016年12月，图书室、阅览室、会议室等功能室已启用。

（三）学校与乡村图书室

20世纪50年代及以前，镇域的学校和乡村都没有图书室。60年代初，小学设图书角，在课室前面或后面的墙角摆放1～2张课桌，上面摆放图书。80年代中期，镇域12所完全小学（办1～6年级的学校）都建立图书室，面积约40平方米（1间课室的面积）。2008年，博罗县教育局部署创建县、市、省一级学校活动，原来12所完全小学的图书室进行改造升级，6所初级小学（办1～4年级的学校）也办起图书室。中心小学、刘屋小学、阵村小学、田头小学、李屋小学、梁契权小学等办学规模大的学校，除图书室外还设立阅览室。2006年，园洲中学和九潭中学的图书室进行二次升级，两所中学都设立电子阅览室。园洲中学图书室的图书增至8万册，九潭中学图书室的图书增至5万册。至2015年，全镇中小学共有图书室28间。2003年，刘屋村委会建立全镇第一个乡村图书室。图书室面积68平方米，里面摆放桌、凳、书架、书柜。至2014年，全镇27个行政村和2个居委会都建立图书室。

乡村图书室的面积普遍在40～60平方米左右，藏书从500册到15000册不等。图书种类有历史、地理、文艺作品、儿童读物、卫生保健、农业科技、医学、环保、法律、电器维修、汽车维修、安全、家庭等书籍刊物。至2016年，全镇乡村（居）图书室29个，总面积748平方米，藏书33996册。

2016年园洲镇中小学校图书室情况表

表17-3

学校名称	图书室面积（平方米）	阅览室面积（平方米）	藏书数（册）	藏书柜（个）	台、凳（套）	报刊架（个）
园洲田头小学	80	80	12730	20	10	2
博罗县园洲东晖学校	112	56	33000	18	96	4
东园学校	56	56	40000	22	50	5
沙头小学	56	56	7500	8	46	1
园洲第二中心小学	80	60	37000	12	50	4
廖尾教学点	16	0	5040	3	4	3
寮仔分校	41	0	4212	8	40	0
博罗县园洲中心小学	100	150	41000	15	100	5
博罗县园洲马西小学	65	65	11035	8	50	6
星州双语学校	220	100	39977	8	2	0
博罗园洲蓓蕾小学	70	70	12000	20	50	2
深沥小学	72	0	6100	9	50	2
禾山小学	56	56	7000	3	10	4
梁契权学校	100	100	16523	10	48	5
博罗县东江广雅学校	300	220	55000	20	50	3
园洲镇李屋小学	56	56	10120	3	26	3
白马小学	100	100	6600	5	20	1
桔头小学	64	64	10000	8	8	2
阵村小学	80	80	22328	12	50	10
九潭中心小学	120	120	26000	11	40	2
园洲佛岭小学	52	52	6315	4	6	0
凤山小学	56	0	5799	2	48	0

续表17-3

学校名称	图书室面积（平方米）	阅览室面积（平方米）	藏书数（册）	藏书柜（个）	台、凳（套）	报刊架（个）
上水小学	60	20	6054	3	18	1
义合小学	52	0	4603	4	10	0
园洲赤沥小学	28	28	8000	4	48	0
马石岗小学	28	28	1500	2	15	0
园洲中学	240	528	86000	160	280	10
九潭中学	280	800	50000	21	160	0

2016年园洲镇村民委员会图书室情况表

表17-4

单位名称	成立时间	面积（平方米）	藏书数（册）	书籍种类
刘屋村委会		93	2200	历史、科技、文体、健康、法律、医药、儿童读物
沥西村委会		46	300	杂志、农业技术、儿童读物、法律、维修
沥东村委会		46	300	农业技术、杂志、文学作品、法律、儿童作品
禾山村委会	2006.8	40	500	农业技术、武侠小说、儿童读物、法律、维修
佛岭村委会	2006.8	46	400	历史、军事、养殖技术、小说、儿童读物
水口村委会	2008	46	1000	养殖、保健、文娱、致富经、法律等
阵村村委会	2009	40	1000	文娱、文艺、科技、工业、社会、家庭等
凤山村委会	2009	53	3000	医疗保健、农业、少儿读物、法律、历史、地理
深沥村委会	2009	40	2000	农业、科技、历史、健康、医药
高头村委会	2003	40	830	政治、教育、法制、家庭、卫生、环保、安全
李屋村委会	2010	46	1000	畜牧业、历史、国防、文学作品、儿童读物
桔龙村委会	2010	46	1200	农业技术、农村法规、儿童读物、维修知识
田头村委会	2010	53	1500	农业技术、儿童读物、法律法规、维修知识
白马围村委会	2010.7	46	1500	文艺、种植、科技、安全、家庭、环境卫生
江头村委会	2010.6	46	2800	文学、养殖、科技、医学、环境卫生
廖尾村委会	2009.9	46	4500	养殖、法律、医学、维修、电脑
土瓜圩村委会	2009.1	46	1500	农业技术、环保、维修、法律、儿童读物
上南村委会	2008	86	1800	农业技术、环保、维修、法律、医药卫生
下南村委会	2009	36	200	农业知识、维修、家庭
义合村委会	2010.8	63	1764	历史、文学作品、农业知识、健康、卫生
新村村委会	2011	46	1200	农业知识、安全、医药卫生、儿童读物
上村村委会	2011.3	46	1302	农业、科技、青年教育、文学作品

续表17-4

单位名称	成立时间	面积（平方米）	藏书数（册）	书籍种类
白耀前村委会	2012	46	1000	农业、养殖、环境、儿童读物
沙头村委会	2012	46	1000	历史、养殖、文学作品、安全
马西村委会	2012	63	1500	农业知识、杂志、维修、安全教育、杂志
寮仔村委会	2013	46	1500	历史、地理、文学作品、医药卫生、儿童读物
马石岗村委会	2011	46	800	农业知识、杂志、医药、健康、儿童读物
园洲居委会	2009	68	15000	科技、法律、医药卫生、环境、家庭、儿童读物
九潭村委会	2005	46	300	民间故事、散文、诗集

（四）影剧院、录像室、投影场

1994年，园洲第一家影剧院——刘屋影剧院建成并投入使用，总投资480万元，面积1200平方米，有520个观众席。著名粤剧表演艺术家关国华、吴国华、曹秀琴、钟康祺、梁淑卿等曾到此表演。1998—2006年，镇域开设30多个录像室和投影场。2005年，文化站在园洲广场舞台右侧前方20米处，立1根6米高的钢柱，在柱上挂一块长5米、宽3米的电视屏镜，每晚7时至10时，播放电影、电视节目供市民观看。

（五）老人康乐中心

2003年，刘屋村委会成立全镇第一家老人康乐中心。该康乐中心位于刘屋村委会对面，面积220平方米，里面摆放电视机1台、麻将台8张、棋牌台4张、桌椅20套，东面墙设置图书角3个和3个报纸架。图书角上摆放着有关家庭、老人保健、医疗卫生等书籍，报架上挂着《南方日报》《惠州日报》和《羊城晚报》等报刊。2005—2012年，全镇27个村委会相继建立老人康乐中心。虽然各个康乐中心的面积大小、设备设施有些差别，但都有台凳、电视、麻将、棋牌、报刊等，可以满足该村老年人娱乐身心的需要。至2016年，全镇有老年人康乐中心36家，总面积11399平方米。

2016年园洲镇乡村老人康乐中心情况表

表17-5

村委会名称	建立时间	面积（平方米）	地点		设备设施			
			祠堂名称	新建	电视机（台）	麻将（台）	天九（台）	报刊（份）
马嘶	2008	60	秀夫公祠		1	3	5	0
田头	2014	250	琼山公祠		0	3	0	0
田头	2014	250	丽莊公祠		1	1	0	0
桔龙	1998	300	谭氏大公祠		1	4	6	2
桔龙	1999	120	龙叫富祖厅		1	2	4	2
桔龙	2006	100	岭贝喜庆堂		0	2	2	0
廖尾	2008	200	上廖祠堂		1	1	1	2
禾山	2011.7	100		村委会南边	1	3	3	0
深沥	2003	70		旧围	1	1	0	0

续表17-5

村委会名称	建立时间	面积（平方米）	地点		设备设施			
			祠堂名称	新建	电视机（台）	麻将（台）	天九（台）	报刊（份）
沙头	2008.1	120	谷贻堂		0	3	5	1
阵村（曾屋）	1996	380		曾屋餐厅	1	0	0	1
阵村（陈屋）	1998	800	序灵堂		1	0	0	1
阵村（莫屋）	1998	1500		宴乐中心	1	0	0	1
阵村（下朱）	2005	150		下朱餐厅	0	0	0	1
阵村（上村）	2004	2000		世昌楼	1	0	0	1
阵村（任屋）	2000	800		任屋餐厅	1	0	0	1
上南	2005	500	上南祠堂		1	2	1	2
刘屋	1994.4	220		老人康乐中心	1	8	4	3
下南	2008	801	陈氏宗祠		0	0	0	6
江头	2008.12	110	梁氏宗祠		1	5	1	2
白耀前	2011.9	70	村委会后面		2	3	1	4
高头	1992	300	牌坊		1	2	1	0
李屋	1991	165	三房小宗祠		2	2	2	2
寮仔	2002.3	75		村委会旁边	1	2	1	2
白马围	2015.5	130	祠堂北面		1	1	2	1
上村	1996	180	新厅		0	2	3	1
水口（曾屋）	1998.1	68	敬文书室		0	0	0	1
水口（陈屋）	2014.1	80		旧粮仓	0	0	0	1
凤山（三厅）	1986	300	继迷堂		1	2	1	1
凤山（上围）	2001	300	德盛堂		1	2	1	1
凤山（下围）	2010	250	序伦堂		1	2	1	1
义合	2009.8	40	曾温饭堂边		1	3	1	0
新村	2005	80		村委会旁边	1	2	2	1
沥东	2002	120	惇叙堂		1	1	1	2
沥西	2000	300		旧队部（重建）	1	4	2	1
马石岗	1983	90		旧粮仓	1	1	1	2

第四节 文学艺术

一、诗 词

写诗作词是园洲历代文人的爱好，其中明代刘广传和现代徐子瑜的诗词流传甚广。2016年5月1日，园洲诗词协会成立，会员共83人，多名会员在有关媒体发表诗词126篇。

（一）刘广传诗词

刘屋村始立于明正德年间（1506—1521年），至今500多年历史。146世祖肇基始祖讳开七公，字必高，号三朗，妣龚氏、黄氏，生1子，名广传。写有内侍诗：“源湶渊海及涟江，淮汉与浩共马娘。沠浪波河深同腹，列数五房是从杨。”其著名七言古诗曰：“骏马骑行各出疆，任从随地立纲常。年深外境皆吾境，日久他乡即故乡。早晚勿忘亲命语，晨昏须顾祖炉香。苍天佑我卯金氏，二七男儿共炽昌。”广传公以14子先后出生为序，吟七言诗1首，以飨后裔：“‘源湶’系出考宗枝，‘奔放’沠渊映月墀。‘海浪’滔天洋四溢，‘波涟’穿壑钟英奇。‘江淮’皓白千秋在，‘河汉’名流万古宜。祖德‘浩深’垂不朽，天长地久后人知。”又：“源湶滚滚出沠渊，海浪滔滔似波流。江淮河汉满天下，浩深淼淼出神仙。”

（二）徐子瑜诗词

徐子瑜，男，1918年1月生，九潭沥西人，退休教师，14岁即开始传统诗词创作，作品发表于多种刊物。民国21年（1932年），发表诗词《纪念九一八》。1979年后，作品先后发表于《世界和平诗词集》《中国花卉诗词大全》《中外哲理名言》《新时期中国共产党人格言》等十多种刊物。曾获第五届“中华颂”老少文学艺术大赛银杯奖及其他众多奖项。2012年12月，出版诗词集《沧桑歌韵》。

二、戏 曲

园洲毗邻广州、佛山等粤曲（剧）文化发源地，唱粤曲的风气初起于清朝末期，最初主要表现为两种形式：一是乡村里举行庙会、祭祀等重大节日期间进行民俗活动表演的说唱和演出；二是在渔船、河岸码头的渔民和档主叫卖货物时的清嗓说唱。与此同时，东江渔民在日常生活中流行唱龙舟歌、咸水歌，之后一些渔民在园洲镇定居，这种以白话说唱艺术为特征的粤曲艺术，也随之在园洲落地扎根。简易的咸水歌说唱又慢慢演变成排大戏、搭戏棚，内容和形式进一步丰富。

民国时期，镇域民众喜欢听粤曲、看粤剧。春节或遇上重大庆典活动时，都会到广州请戏班来“做大戏”（演粤剧）。20世纪初期，为推翻清朝政府和反动军阀的残暴统治，不少革命者假借粤曲演出的名义，在园洲秘密传播革命思想，李文甫和李源在园洲曾分别组建“醒天梦”“工余乐社”，利用粤曲表演发动和掩护革命。50年代中期至60年代初期，园洲镇组建起近10个文化团体（文娱组），从广州请师傅教唱粤曲、排演粤剧。粤曲（剧）文化步入兴盛时期。“文化大革命”期间，粤曲（剧）文化受到冲击，曾一度中断。90年代，上南、刘屋、沥西、白马围等村重建曲艺社团，其中上南曲艺社规模最大，活动开展正常。

博罗县园洲镇曲艺协会和博罗县园洲镇上南曲艺团（简称上南曲艺团），是同一组织两个牌子的文艺团体，2016年6月7日在博罗县民政局登记注册，邱梅田任曲艺协会会长，朱炳渠任曲艺团团长。上南曲艺团的前身是上南村文娱组和上南曲艺社。1956年，上南村组建文娱组，朱陈法任组长，人称“朱团长”，成员30多人。1962—1965年，朱荫彭主持上南文娱组。1966—1982年，文娱组暂停活动。1983年，在朱荫彭的倡导和主持下，文娱组恢复活动。1990—1998年，文娱组员忙于外出务工和创业，文娱组的活动又一次中断。1999年6月20日，经朱荫彭、朱炳渠、邱梅田等人的策划，成立上南曲艺社，朱荫彭任社长，成员28人。2016年6月7日，更名为“上南曲艺团”。曲艺团团部设在上南公园南面，面积近300平方米，设有舞台、观众席和储物室。曲艺团有成员50多人，乐器、衣服、道具齐全。曲艺团除在镇域演出外，还多次到东莞市石龙镇、红梅镇等地演出，受到兄弟团体和当地群众的好评。

2002年，园洲人民广场建成启用后，经常举办粤曲（剧）专场演出。粤剧名家关国华、吴国华、曹秀琴、钟康祺、梁淑卿等曾多次登台献艺。2009年9月博罗县首届粤曲大赛、2011年9月博罗县第二届“园洲杯”粤曲大赛都在园洲举行。2015年10月22日，广东粤曲私火局大赛总决赛在广州番禺举行。上南曲艺社作为惠州唯一代表参赛，在全省各地30多支队伍中脱颖而出，夺得了成人组银奖。2016年6月7日，博罗县园洲镇曲艺协会和博罗县园洲镇上南曲艺团申遗成功，在博罗县民政局登记注册。

2016年园洲曲艺社统计表

表17-6

曲艺社	社长姓名	曲艺社面积（平方米）	人数（人）	成立时间
上南曲艺社	朱炳渠	278	45	1999.6.20
李屋曲艺社	李明钦	230	35	2016.9.20
刘屋曲艺社	黎淦田	90	20	2012.5.19
九潭曲艺社	谭婉娥	80	25	2005.12.1
沥西曲艺社	徐树荣	110	20	2006.12.10

三、对　联

对联是园洲的一大特色，每逢春节、婚庆、开业、乔迁等日子必定要在门口贴上吉利的对联；还有各村祠堂，保留下了古人优秀的对联。

（一）沥东村徐氏族祠的5副对联

其一，上联“惇一本以亲亲父言慈子言孝肯构肯堂允矣贻某锦世泽”，下联“叙同宗而秩秩兄则友弟则恭兴仁兴让蔼然和气肇家风”；其二，上联“惇九族以雍和明礼义禁非为美俗淳风千世得”，下联“叙一堂而爱敬言谦让行信慎虚怀淑气十分春”；其三，上联“远念仙人创造统垂名望依然付不朽”，下联“泽贻后代宗功祖德思波由此荫无穷”；其四，上联“杰构喜重新鸟之华翠之飞观止日甲第宏開形勢巍巍超北斗”，下联“流光绵远泽凤之毛麟之趾卜他年子孙繁衍冠裳济济震南洲”（清光绪二年重修撰）；其五，上联“奋贯焕新献堂构森严派衍罗江辉沥水”，下联“同坊兼世谊芝瀾契合源流东海汇沙堤”（东昌围祖祠重修落成·沙迳村恭贺）。

（二）刘屋村顺安家塾 祠堂黎照堂门前对联

上联“顺在勤修业”，下联“安居永爱乡”，横联“天下为公”。

（三）白马围村2副对联

其一，才彰黄公祠对联，上联“系传江夏”，下联“派衍马溪”；其二，白马围村乐忍梁公祠对联，上联“罗山拱秀”，下联“癸水朝宗”。

（四）桔头村4副对联

其一，桔头博头坊泽英堂对联，上联“面横江水”，下联“背枕罗峰”。其二，桔头谭氏大宗祠对联，上联“江水为衣带”，下联“罗峰作画屏”。其三，谭智禧在桔头村族谱提联，上联“隔水分村松柏大宁崖口寨”，下联“同源异派桔头凹口水南乡”。上联“宏农世泽源刘远”，下联“齐郡宗枝衍业长”；上联“枝繁叶茂”，下联“源远流长”。其四，诚共勉提，上联“桔头先祖庇佑绽枝叶”，下联“禄郎后裔自律夺名流”。

（五）梁屋村6副对联

其一，梁氏宗祠木雕对联，上联“住板石官增城统绪相傅永启乡贤世胄”，下联“衍禾山发兰水簪缨笏替长流诗礼家声”；其二，孟一梁公祠木雕对联，上联“芳傅板石”，下联“派衍禾山”；其三，康王宫木雕对联，上联“康帝神恩留百世”，下联“真君圣德荫千秋”；其四，高头村牌坊云石雕刻对联，上联“板石源流万众同心兴伟业”，下联“兰溪宝地八方协力振高头”；其五，李屋李氏宗祠（向西）对联，上联“陇西旧泽”，下联“兰水新声”；其六，李屋李氏宗祠（向北）对联，上联“门高拱北”，下联“陇旧传西”。

（六）马嘶村“陈氏宗祠”对联

上联“秀列鸣琴案”，下联“清环浴凤池”。

（七）上村曾忠恕堂对联

上联“东鲁家声远”，下联“南风世泽长”，横联“春辉鲁国”。

（八）上村南朗贻远堂对联

上联“东海家声远”，下联“南洲世泽长”，横联“春满东海”。

（九）上南村有4对联

其一，朱氏宗祠，上联“支分鹿洞”，下联“派衍鹅湖”；其二，上南村养拙祖祠，上联“荣膺总镇”，下联“秀挹罗峰”；其三，上南村讷轩公祠上联“联父奋武”，下联“毓秀钟灵”；其四，上南村一源祖上联“一元复始”，下联“万象更新”。

（十）田头村丽莊公祠4副对联

其一，上联“四海翻腾云水怒”，下联“五洲震荡风雷击”；其二，上联 “百代孝慈高仰止”，下联“万年支派永流泉”。

（十一）下南村绎思堂对联

上联“罗浮钟淑气”，下联“科甲振家声”，横联“陈氏宗祠”。

（十二）义合村2副对联

其一，翟屋翟氏大宗祠，上联“必孝友乃可传家兄弟式好无尤即外侮何由而入”，下联“惟书诗常能裕后子孙见闻正此虽中才不以为非”，横联“叙伦堂”；其二，岗贝梁氏宗祠，上联“揽九子而安定之开祥更钦世德七序薪传留手册”，下联“拱三台太平献瑞预卜文人蔚起千秋茂衍泊头乡”，横联“颐贞堂”。

四、美术、书法、摄影

进入21世纪，园洲镇委、镇政府引导群众开展美术、书法、摄影力度不断加强，群众喜爱美术、书法、摄影的热情不断高涨。2001年春节，园洲镇举办首届美术、书法、摄影作品展，由镇文化服务中心（文化站）承办，在政府大门旁的宣传橱窗展览优秀作品。这些作品来自镇内中小学师生及社会人士。自此，镇域书画摄影艺术逐步成为文学艺术主流之一。2001年，园洲菉兰李丽妹同学考入中央美术学院，成为博罗县考入中央美术学院第一人。2009年，莫树华摄影作品《学习》获“联通杯”广东省第二届家庭摄影大赛三等奖；2014年，莫剑敏摄影作品《一心向党》获广东省首届师生摄影大赛三等奖。

2016年5月，园洲镇文化中心落成启用，其中专门设有艺术展览厅近200平方米，并多次举办各类书画摄影作品展；同时，文化中心图书馆藏有大量艺术类书籍供群众阅读。

2016年5月，园洲镇美术协会、园洲镇书法协会、园洲镇摄影协会成立，为促进本土艺术事业的发展搭建了平台。

第五节　文物古迹

一、遗　迹

（一）梅花墩遗址

梅花墩窑位于田头塘角村。梅花墩窑址是1975年文物普查时发现的，分布范围约1万平方米。梅花墩为一土墩,四周是一片低洼的水田。原有3个高墩,分别叫拉尾墩、中间墩和梅花墩。梅花墩遗址文化堆积分为4层，其中第3层和第4层出土大量方格纹、夔纹、菱格纹、重圈纹、篦点纹等纹饰或组合纹饰印纹硬陶器（片）以及少量酱釉陶片和原始瓷片。陶器为泥质灰、红陶，器型以实用的罐和豆、盂、器盖为主，另有碗、杯、簋、纺轮、网坠、陶拍、陶垫和陶塑动物等，品种不多，以大型器居多。原始瓷器主要有豆、罐、盘、盂等。根据有关专家对遗址第3层和第4层出土陶片和瓷片所做热释光（一种陶瓷烧后时间的测定技术）年龄测定，距今2800年左右，即约在春秋早期。梅花墩遗址的发现，在广东窑业史的研究上具有重要意义。

（二）马嘶村遗址

马嘶村遗址位于马嘶小学旧址南面70米处的荣馨里（地名）。马嘶村遗址是1957年广东省文物考古研究所及惠州市文物部门在考古调查发现的，属于新石器时代晚期贝丘遗址。面积12000平方米，文化层厚1.4米，调查发现有石锛、石环、残石器、骨镞，陶器有夹砂粗黑陶、红陶，也有磨光红、灰陶。纹饰有绳纹、篮纹、曲尺纹、方格纹、云雷纹等。完整器具有纺轮。

（三）上南村遗址

上南村遗址位于上南村北面。上南村遗址属于新石器时代晚期贝丘遗址，位于一座5米高的土墩上，面积900平方米，文化层厚0.8米，调查发现有残石器、陶器。

（四）泊头古码头

泊头古码头位于园洲镇义合村。2015年2月，园洲镇地方志办公室在收集园洲历史资料时，发现大量北宋时期大文豪苏东坡被贬惠州时停留泊头镇，再游罗浮山的文献记载。通过翻阅史料，泊头镇即为现在的园洲镇义合村。经过多次实地调查，镇委领导于2月23日组织村民对古码头遗址进行人工挖掘，先后完成了3个古码头的挖掘工作。1个为7级埠头，长5米，宽3.25米；一个为17级埠头，长7.9米，宽2.6米；一个为11级埠头，长7.1米，宽3.2米，3个古埠头均用红粉石建砌。根据初步探测，3个古码头相连接，总长度超过500米，至2016年沙河支流发现的最长最大的古码头。

经考证，宋绍圣(公元1094年)农历九月二十六日，苏东坡被谪惠州，幼子苏过相随，于这天乘船进入东江支流沙河，至泊头泊岸。次日晨，石湾巡检史珏前来接待并担任向导，游罗浮山。2016年6月14日，博罗县人民政府批准泊头古码头增补为博罗县第九批文物保护单位。

（五）马嘶文笔阁

马嘶文笔阁简称为马嘶文阁，位于马嘶村北面。据说，马嘶文笔阁南侧有子孙墩，代表“官印”，前有一条水沥，代表“墨砚”，意为保佑村中人丁兴旺，出达官贵人。

马嘶文笔阁建于清乾隆年间（1736—1795年），建筑基础深3米，宽3米，全用长方体红石砌至地面，整座墙体青砖至顶，外墙水磨青砖，手做对工精细，墙身丁字砖砌墙，整座阁楼成六角形塔状。阁内宽3.8米，层高约4米，共3层。每层之间用多重三角形花砖翘出，层层开设圆拱门、小窗。各层均设菩萨让人供奉。

阁楼顶用坤殿木做文笔，文笔高约6米。1953年因被雷电击去顶尖，马嘶文阁因而成了没有顶的文阁，随后成为人们口中的歇后语：“马嘶文阁——无顶”（寓意任何力量也抵抗不了）。“文化大革命”期间，文笔阁被拆除。

（六）天主堂

天主堂所在位置是龙叫村原 莫氏宗祠旧址。莫氏宗祠是1座古典式的三进建筑，背靠罗浮山，面向东江河。由于当时龙叫村人少势弱，备受当地大姓和社会恶势力的欺凌，难以立足，族人准备外迁他乡。后来听说东莞县企石乡谢屋村人加入天主教，受教会的保护而免受欺凌。为不受欺负，龙叫村族人便加入了天主教。清乾隆末年，法国籍的天主教传教士让龙叫村人拆掉莫氏宗祠，建起天主堂。教堂大门上方写有“天主堂”3个蓝色大字。

天主堂坐北向南，占地面积350平方米，建筑面积200平方米，二进一天井，是砖木、瓦面结构的2层建筑。前进一厅两厢房，西厢房一木板楼梯通二楼。二楼木板楼阁，阁楼两厢房一大厅。各厢房开1个两扇窗，是天主教徒的寓所。大厅两边各1个两扇窗。后进是1个礼拜堂，每天早晚，天主教信徒都在比诵经。教堂西侧南边有1间面积约40平方米的厨房，厨房北面有一片约80平方米的休闲空地。

新中国成立初期，天主堂曾经做过学校校舍。1991年将天主堂改建成餐厅，现为龙叫村民办喜事摆宴席的场所。

（七）马嘶节孝祠

马嘶节孝祠位于马嘶宗祠的右侧。

清朝，东莞年轻女子姚氏与马嘶村男子陈氏订婚，订婚后两人相敬如宾，感情笃好。

天有不测风云，不料陈氏突然暴死，姚氏伏尸痛哭。未婚夫君去世后，姚氏淑女恪守封建女德，寡居贞洁，始终不渝，终老陈门。其行为之淑贞，节操之坚定，亲戚族人为之敬重。陈氏族众将姚氏的美德懿范上报，经地方长官奏明圣上。光绪皇帝于光绪二十年（1894年）下旨封赏赐匾，建节孝祠以彰姚氏。节孝祠的门楣上方有一红岩石雕的御赐牌匾，由上下两部分组成，上部刻“恩荣”二字，字体庄重有力，谓受皇帝恩宠的荣耀，周围刻有两层纹饰。下部砂岩中间刻“节孝”二字。引首小字是：“钦命都察院左都御使管广东巡抚事提督军务兼理粮饷纪录3次加二级王安国为”，落款有30个小字，隐约中有“妻姚氏”“甲午”等字。

（八）马嘶围

马嘶围位于园洲东，地处东江支流沙河出口。马嘶古村有800多年历史，曾居住几千名陈氏族人。马嘶村是一个保存完好的传统民居村落，村中留存下来的古建筑有800年历史，呈网格布局，块状排列，巷道纵横、井然有序。村落街巷都是两米宽，笔直地交错着，把围村划分成无数个田字；民宅在巷两侧，坐东向西一字排列；约10间屋为1个单元，每间屋前后开窗。村道虽不宽，屋子的门窗也不多，但由于整齐划一，布局严谨，具有交通、通风、采光等多种功能。民居材料一般是红石、青砖、杉木、灰瓦，以“红石半墙，青砖到栋”为建筑特色。街巷十字型布局，红石地板、石门石窗、红石墙裙、灰色墙体。围内有14座有防御功能的楼角，俗称炮楼。炮楼多是与其祖居平房连成一体，多为3层高的三合土或砖石、混凝土结构；每层20～30平方米的面积；其楼顶多建有半层的内阳台，外阳台用作晾晒谷物及衣物；从碉楼的2层开始，在每层的四面墙壁上置有多个内宽外窄梯形的枪眼；碉楼的顶层四边飘出0.6米作檐口，在檐口的四周设置有0.1米左右直径的掷物口（也作枪眼用）。碉楼的建筑多为正方形、长方形、梯形，还有一些是圆形的。炮楼主要是用以防“抢明火”，一般由“更夫”或民团把守。老人说，在解放以前，马嘶因姓大人口多而强势，加上众多而牢固的炮楼，远近的土匪都不敢到马嘶“光顾”，甚至连日寇都望门生畏，不敢“光临”。

马嘶村落的格局，是以公用水井为中心，由井台、寺庙等构成公共活动场所，由此形成影响村落形态的结构核心。村民在此汲水、交流、聚会。公用井水的位置，是村中繁华地带。全村有8口水井，而且处在村中各聚居点的中心。在井的附近，大都建有神庙，或供奉财神水神，或供奉土地诞，或供奉当地历史名人。以井和庙的位置为中心起点，向北延伸，形成村庄纵横交错、阡陌横陈的街市。保留最好的是村头姑婆庙不远处的老井，井口的石井盘年代较远，井口处有明显沟痕。甘甜的井水依然清澈，水井台经过井水的湿润，平滑如镜。

古村的前面和村子的两端，有一条宽1米呈“匚”字形的麻石路直通村后的沙河，当地人称此麻石路为“水道”，即挑水之道。过去，沙河水无污染，清澈见底，是马嘶村民的生产、生活用水。为方便村民提取饮用水，族人在村中的两头（南北）相对应的河段，用木头支起石块，伸延至沙河的中心，以方便民众挑水、洗衣物、洗菜等一直沿延至20世纪70年代。2016年，村前仍保留一段麻石路。

（九）东昌围

东昌围位于察沥（沥东）东面，明洪武年间（1368—1398年），徐氏从南雄珠玑巷南迁增城罗岗，再从罗岗迁至察沥东部立居。东昌围的徐氏族谱中有诗句记载：“发迹肇罗岗派别分支须识源归东海，创基安沥水根深蒂固当思泽萌南洲。”

古村落是一座椭圆形的大围屋，村落东南西北四面都有鱼塘环绕，南北长约200米，东西宽约120米。古村四面筑有高5米、宽3米的坚固围墙，红石门楼，饰门半圆形；西南、西北、东南、东北和正东有炮楼，只有一条小路与外界相通。上层走廊畅通，还装有泉眼视野——每隔数米留“线眼”（作瞪望外面动静和射击用的窗口）。整个村落壁垒森严，固若金汤。围内建有7进约200多间的房屋，靠围墙东南西北面的房屋分别向西北东南，围中央的五进房屋均坐东向西，横街南北走向，直巷东西走向，门楼与厅下之间的横街宽约5米，直巷的宽2.5米。200多间民宅均是红石墙基青砖门面。大门楼左面4间分别是解元徐锡愉和武进士徐国杨的古居。屋檐板雕花草图案，门面墙上壁画，屋内走马阁四面板栏画着人物山水书写诗词图案，显示出其优雅与高贵。

南面村口有一棵约250年树龄的古木棉，树高近20米，主茎约2米，主茎自地面3.5米处有两枝伸向南北的分枝，分枝直径约1米，树冠幅600多平方米。

（十）土瓜圩敷文书院

禾山岗头村梁士玠，字日一，号宁圆，生于明末清初，邑痒生，冠带寿官。他家境殷实，热心公益，赠送土瓜圩西面土地100亩给园洲乡府。由乡府出租给马西、桔头、田头、禾山、深沥、上南、刘屋、陈屋、沙头、阵村、梁屋、李屋、寮仔、白马围等村人耕种（故称十四约洲）。于民国2年（1913年），建敷文书院，书院建成后用作商讨日常开支和聚义筵席。敷文书院（又称公局）是园洲乡公所办公的地方，是1座砖木结构的古建筑，长24米，宽12米，面积288平方米，坐南向北。门高3.1米，宽1.7米，二进而建。内有炉灶，可摆酒，有文、昌二帝。园洲人民为纪念刘氏、苏氏处理土地纠纷有功，立有牌位摆放于内。大门上有块长2.3米、高0.8米的红石，上面刻有“敷文书院”4个大字。1973年，拆掉建粮仓。敷文书院前后有3棵木棉树（又称英雄树），约民国2年（1913年）种，其树高达20米，树围6米。1958年，“大跃进”时烧炭砍掉。

（十一）田头村围门围墙

田头村曾有5个围门。旧围围面有两个围门。向东围门，前后门直通，前门上面写着“两乐俱全”。向西的围门内外形成曲尺门，无名。向南的围面有两个围门，东门向西，村民称为“矮围门”。其南村民称为“高围门”。村后面有个围门，向北，门上边写着“接龙门”。围墙有旧围围面和向南围面两围墙。沿着旧围围面和向南围面的塘边建造，高1.2米、宽0.28米，总长约500百米。围墙建于清咸丰四年（1854年），有160多年历史。由于年久失修、洪水及人为破坏，围门围墙已经不存在。

二、碑

（一）马嘶举人陈邦彦功名碑

陈邦彦，清光绪十九年（1894年）考取武秀才，其文武双全，立有功名。族人在花岗岩刻功名碑，功名碑记载其光绪十九年（1894年）间考取武秀才之事。石碑上刻有“钦赐副贡陈邦彦立”　、“光绪十九年癸巳恩科”等字。

陈邦彦功名碑原立于马嘶村村前的秀夫祠前面，“文化大革命”期间被拆除，村民陈林伍搬入家中保存至2016年。

（二）桔头村始祖墓碑

明己亥年（1599年），桔头村始祖谭禄郎夫妇葬于田头岺地名黄泥坳，其坟墓青砖和灰沙夹墙结构，面积30平方米。中间麻石墓碑刻有“明一世禄郎考谭公之墓”，碑右侧刻有“妣吴氏孺人”，左侧刻有“黄氏孺人”，右边角刻有“坐乾南巽末已亥”。

（三）莫公壁纪念碑

莫公壁纪念碑位于今石龙中心小学南教学楼后面，高近10米（连底座）。莫公壁是博罗园洲人，曾任石龙中学校长。“七七事变”后，他基于爱国热情和民族义愤，大力宣传抗日救亡，组织学生参加文艺演出。1938年10月17日，他带领学生40余人奔赴粤北参加抗日救亡活动，遇敌机轰炸，不幸遇难。日军投降后，石龙人民缅怀为国捐躯的抗日志士，通过决议设莫公壁殉难纪念碑，以表彰其忠义之举。纪念碑正面书有“莫故校长公壁殉难纪念碑”大字。

（四）卫氏墓碑

位于九潭义合村的宋代卫氏古墓是东莞市茶山镇茶园村入粤始祖卫宁远妻子之墓（姓名、具体卒期和葬期均不详）。卫氏入粤始祖墓始建于宋代，占地200平方米，坐北向南，由灰沙和夯土筑成护岭、两个垅环、两进拜堂和月池组成。墓座后面立着1块长方形麻石的墓碑，刻着“卫氏墓铭”等字样，墓座和墓碑保存完整。

（五）高墩园

高头村西北角有一岭岗，面积3万多平方米。岗的西南边有底部面积约3000平方米、突出岗面10多米的土墩，人称“高墩”。据传，北宋末年，有一梁姓放鸭人发现“高墩”这个地方，认为该地一来可以避水浸，二来周边是养鸭的好地方，宜居宜业，便在“高墩”东南边搭寮定居，从事耕洲和养鸭。待家族人众业兴后，梁姓子孙便建房立围（村），这就是菉兰历史上最早的“梁屋（围）”。后来，陆续有李、殷、莫、盖、陈、林、温等姓的耕洲人到“高墩”的西南边建房立围（村），其中李姓人最多，故村子取名“李屋围”。梁、李族人共议，把“高墩”这个地方定为“高墩园”，寓梁、李两姓共同的家园。

李姓人在建围（村）时，预留一条巷道（取名“李屋巷”）直通高墩园，走出巷道便是高墩园。李屋巷门楣上镶嵌着1块白色花岗岩石碑，长1.20米，宽0.5米。石碑上刻着高墩园3个凹陷的大字，清晰可见，且字体圆滑，笔画苍劲有力。1959年特大洪水后，梁姓居民铲平了高墩园，在岭岗上建房。从此，岭岗上的“高墩”不复存在。

第二章　体　育

清朝末期至20世纪50年代，镇域的民间体育活动主要有舞狮子、舞麒麟、扒龙舟等。

50年代中期，镇域12所完全小学有简易的运动场地和体育设备。跑步、操练、跳绳是学校的主要体育课程。

1966—1976年的“文化大革命期间”，民间传统体育活动如舞狮子、舞麒麟、扒龙舟等全部中断。70年代中期，曾掀起一阵篮球热，公社文化站在国庆节、春节举办篮球比赛。80年代至90年代末，青壮年都忙于出外打工或创业，镇域的体育活动处于低潮期。

进入21世纪后，镇党委和镇政府重视物质文明和精神文明建设，加大体育事业的资金投入，修建运动场地，增设体育设备，发展体育事业。篮球、足球、长跑、登山、乒乓球、羽毛球等群众性体育活动逐步兴起。2010年5月和2013年12月举办两届“园洲镇全民健身运动会”。2010—2014年，园洲镇选派的代表队参加县、市举办的各类体育竞赛，均取得好成绩。

第一节　组织机构

新中国成立前，镇域没有建立任何体育运动的组织机构。人口多、规模大的村庄，如桔龙、马嘶、禾山、上南、刘屋、下南、高头、李屋、白马围、凤山、义合等村，有自发的民间社团组织，组建醒狮队、麒麟队、龙舟队，开展舞狮子、舞麒麟、扒龙舟等群众体育活动。新中国成立后，各级政府重视体育活动。1952年，当时属企石区的园洲乡人民政府，委任刘吉云任文教助理员，专管文教体育工作。1964年，园洲人民公社委派党委宣教委员周转分管文教体育工作。1976年，园洲镇成立体育运动委员会和文化站。公社党委派宣传委员李祝龄主管文教体育工作。文化站具体负责管理群众体育活动。1986年以后，镇党委委派党委宣传委员任体育运动委员会主任，陈锐深、黄敬有、朱日森、陈志荣先后任过体育运动委员会主任。

河北区（原九潭镇）没有成立体育专职领导机构，文化和体育工作由文化站兼管。

第二节 群众体育

一、长跑（环城跑）

2008—2015年，河南区连续8年举办环城跑活动。环城跑由镇体育运动委员会主办，镇文化服务中心（文化站）承办，每年农历正月初一举行。市民自愿报名参加，每届参跑人数200多人。环城跑设冠军1名、亚军1名、季军1名、殿军1名，鼓励奖5～10名。

二、登山

2010年，园洲居委会陈锡柏组建第一支登山队之后，民间陆续自发组建登山队，登山成为镇域青壮年喜爱的健身运动。至2016年，园洲有8支登山队，每支登山队一般10～15人。每年的重阳节，登山爱好者都会结队到罗浮山登高，登上罗浮顶峰飞云顶，有的当天下山，有的在山顶过夜，以待次日观日出。

三、绿道单车

2012年10月，园洲居委会的陈锡柏联合东莞市石排镇居委会的年轻人组建绿道单车队。同年12月，蔡金秩等人也组建“园洲自由人”绿道单车队。至2016年，镇域共组建4支绿道单车队。

四、篮 球

篮球活动及篮球比赛也是镇域大型群众性体育活动之一。20世纪50年代中期，马嘶、田头、桂头、沙头、上南、禾兰等高级小学（完全小学）已建泥地篮球场，供学生上体育课时练习篮球技能，开展班级间的比赛。国庆节、春节等重大节日，村与村、生产队与生产队之间的篮球比赛，都在学校的篮球场举行。

60年代中期至70年代中期，越来越多的年轻人喜爱篮球这项活动，学校的篮球场无法满足篮球爱好者的需求。于是，各大队以及人口多的自然村都建起篮球场（泥地）。公社文化站在国庆节或春节都举办篮球赛，各大队都派球队（多数是男球队）参加比赛。80年代至90年代末期，年轻人多数外出打工或创业，篮球热渐冷下来。2004年12月10日，园洲镇在园洲公园举行“园洲镇‘建汇杯’男子篮球联赛”。这次篮球联赛，重新激活了篮球活动的热潮。至2015年，园洲镇男子篮球联赛已举办12届。

镇域每年有35支球队参加联赛，其中农村组27支（每个村委会1支）；镇政府单位部门组织8支球队参赛，分别是党群系统、行政系统、规划建设系统、工业系统、政法系统、农业系统、文教系统、卫生系统。海选赛结束后，成绩排前四名的球队，于次年农历正月初二日，在园洲广场或文化长廊球场举行冠、亚、季、殿军的决赛。2008年2月，在篮球协会指导下，成立园洲镇男子篮球队。在教练员张海彬、梁庆华、李永平的培训和指导下，球队进步快，基本功扎实。2010年11月，园洲男子篮球队参加广东省“万村篮球赛”，获得博罗赛区和惠州赛区的冠军；2012年10月，获得博罗县第八届运动会男子篮球赛冠军。

五、全民健身运动会

2010年5月15—17日，园洲镇在园洲中学举行首届全民健身运动会。该届运动会设23个比赛项目，分单位、企业、农村三大组，55支代表队2500名运动员参加竞赛。运动会设三大比赛类别，22个比赛项目。设奖牌222块，金、银、铜牌各74块。参赛的三个组各决出团体总分前三名。农村组：第一名田头村，第二名上南村，第三名刘屋村；企业组：第一名嘉裕涂料厂，第二名福和纸业有限公司，第三名晶港酒店；单位组：第一名中学联队，第二名园洲中心小学，第三名城建系统。

六、传统民间体育

参见第十七篇“文化 体育”第三章“游艺民俗”。

第三节　学校体育

新中国成立前，因场地缺乏，学校体育活动单调，体育项目主要有跑步、跳绳、拔河、推铅球（或实心球）、投手榴弹等。1955年9月，国家体委、教育部颁发《中小学体育教学大纲》，镇域各小学开展体育常规教学，开设体育课。1978年以后，镇域中小学按教育部《关于加强学校体育工作的通知》精神，施行《国家体育锻炼标准》，逐步配备专职体育教师，设置体育课程，组织学生进行体育锻炼。中小学普遍实行“两课”（每周两节体育课）、“两操”（广播体操、眼保健操）、“两活动”（课间活动、课外活动）。学校体育工作步入常规化、正规化。2008年，园洲创建广东省教育强镇，中小学加大体育教育资金投入，全镇28所中小学，修建运动场26个、足球场11个、篮球场74个、环形跑道19条、直跑道27条、排球场14个、羽毛球场50个、沙池35个、乒乓球台161张、单双杠63副，添置铅球、手榴弹、标枪、铁饼等器材。学校德、智、体教育齐头并进。1995年，园洲二中被评为“广东省贯彻《学校体育工作条例》先进学校”；2000年10月，中心小学少先队参加“惠州市花样操比赛”，荣获一等奖；2014年12月，园洲中学篮球队参加惠州市“辉达斯巴鲁杯”青少年篮球锦标赛，男队获得第五名，女队获得第六名；2016年，园洲中学篮球队参加长宁、福田、龙溪、石湾、园洲、九潭六中学篮球联赛，男女球队双双获冠军。

第四节 体育设施

20世纪60年代以前，农村没有体育设施，部分学校（完小）有简易的篮球场、沙地、乒乓球台、羽毛球场和单双杠等体育设施。60—80年代，每个大队（村）或大的自然村建有篮球场。1990年后，镇域的篮球运动活跃，镇文化站在每年的国庆节和春节举办篮球比赛。

2004年12月，首届“建汇杯”篮球赛后，各村委会和企事业单位加大体育设施的资金投入，兴建体育场馆，增添体育设备。至2016年，全镇27个村委会共有篮球场74个、乒乓球室6个、健身室8个、羽毛球场8个、体育馆1个；镇政府、单位部门和住宅小区建有篮球场12个、足球场6个、游泳场4个、网球场1个、健身馆2个。

2007年9月，刘屋体育馆动工兴建，2008年8月8日投入使用。体育馆长120米，宽36米，高12米，建筑面积2100平方米，投资480万元。体育馆内设篮球场1个、羽毛球场14个。从2008年开始，刘屋村每年的村庆日（农历四月二十八日），都在体育馆举行村民运动会。比赛的项目有老年人麻将、天九，中青年象棋、羽毛球、乒乓球、篮球等。

2016年园洲镇体育场（馆）设施表

表17-7　　单位：平方米

单位名称	场馆名称	占地面积	建筑面积	建成年份	场馆所在地
沙头村	村尾篮球场	500	320	1999年	村尾
	村尾向西篮球场	600	320	2008年	村尾向西
水口村	陈屋小组篮球场	1200	950	1999年	陈屋
	曾塘小组篮球场	1200	950	1989年	曾塘联队
	黎屋小组篮球场	1300	950	2008年	黎屋
	叶屋小组篮球场	1400	950	2000年	叶屋
李屋村委会	李屋篮球场	1200	544	2005年	李屋礼堂旁边
马嘶村	一队篮球场	700	320	2009年	马嘶一队
	田联队球场	800	320	1990年	马嘶四队
	小学篮球场	2500	320	2013年	马嘶小学
	村委会篮球场	5000	320	1998年	马嘶村委会
土瓜圩村	篮球场	620	540	2000年	土瓜圩小学
	乒乓球	45	16	2000年	土瓜圩小学
下南村	篮球场	700	320	1996年	村委旁边
桔龙村	丁子坊球场	500	320	2003年	丁子坊餐厅球场
	体育设施	30		2013年	桔头市场对面
	四队球场	500	320	2008年	四队餐厅
	体育设施	30		2013年	四队餐厅站口右边
	五队体育设施	30		2013年	五队餐厅
	新村球场	500	320	1996年	五队餐厅

续表17-7

单位名称	场馆名称	占地面积	建筑面积	建成年份	场馆所在地
桔龙村	体育设施	30		2013年	新村餐厅东边
	龙叫球场	500	320	2009年	餐厅门前右边
	体育设施	30		2013年	餐厅门前东面
	岭贝球场	500	320	2006年	餐厅
	体育设施	30		2013年	餐厅门前东面
	桔头小学	1000		1992年	桔头小学门前右面
	体育设施	300		1992年	桔头小学门前右面
	丁子坊球场	500	320	2012年	丁子坊110桥东面
	体育设施	30		2013年	上园路38米左边
义合村	义合向南篮球场	800	320	2011年	义合向南小组
	义合岗贝篮球场	600	320	1997年	义合岗贝小组
	义合西联篮球场	600	320	2007年	义合西联小组
上村村	上村村委篮球场	726	320	2009年	
	上村东厅篮球场	1800	320	2010年	
	上村西厅	1800		2010年	
	上村南门	1800		2010年	
白马围村	村委篮球场	600	320	2002年	村委旁边
	健身器材	200	100	2012年	村委旁边
江头村	江头村篮球场东场	480	320	2008年	江头村
风山村	风山三厅小组篮球场	510	320	2001年	村委市场旁边
	风山三厅小组篮球场	510	320	2005年	三厅喜庆堂
	风山下围篮球场		320	2005年	下围围中心
	风山村聚和小组篮球场		320	2005年	聚和围面前
	风山村黄毛岭小组篮球场				黄毛岭文化活动中心
佛岭村	西二篮球场	1500	420	1996年	西二小组
	新围篮球场	2000	420	2013年	新围小组
	南门篮球场	1200	420	1995年	南门小组
	先锋篮球场	800	420	2008年	先锋小组
刘屋村	篮球场	600	420	2000年	刘屋村委会
	乒乓球场	200	200	2000年	刘屋村委会
	室内羽毛球场	2200	2200	2008年	刘屋村委会
	室内篮球场	900	922	2009年	刘屋村委会
	体育馆	3200	2100	2008年	刘屋小学东边

续表17-7

单位名称	场馆名称	占地面积	建筑面积	建成年份	场馆所在地
阵村村	乒乓球场	150	300	2003年	村委办公楼
	篮球场	1250	320	2004年	朱屋
	篮球场	800	320	2002年	任屋
	篮球场	600	320	2001年	陈屋
	篮球场	600	320	2000年	莫屋
	篮球场	500	320	2010年	曾屋
寮仔村	篮球场	500	320	2000年	寮仔村
	龙舟协会场馆	3000	1200	2012年	寮仔村
沥东村	围内球场	660	320	2002年	围内小组
	围外球场	650	320	2007年	围外小组
	牙岗球场	620	320	2003年	牙岗小组
	新丰球场	630	320	2014年	新丰小组
沥西村	长平村篮球场	650	320	2009年	长平村
	三周篮球场（上围、中下围）	620	320	2003年	上周
	新屋篮球场	524	320	1993年	新屋
	下巷篮球场	516	320	2004年	下巷
深沥村	篮球场	500	320	2014年	村文化中心
禾山村	朱屋餐厅球场	500	320	1994年	朱屋
	林屋餐厅球场	500	320	1988年	林屋
	李屋餐厅球场	600	320	2010年	李屋
	岗头餐厅球场	500	320	2002年	岗头
	虾江餐厅球场	400	320	2001年	虾江
	村尾餐厅球场	400	320	2003年	村尾
	村尾门口田球场	700	320	2012年	村尾
高头村	篮球场	4500	320	2013年	东江餐厅、罗浮山餐厅
	健身场	2300		2013年	东江餐厅、罗浮山餐厅
	运动场	6500		2013年	东江餐厅、罗浮山餐厅
廖尾村	篮球场	1392	320	2003年	村委会
	乒乓球室		40	2003年	村委会三楼
	篮球场	500	320	2000年	坎头小组
	篮球场	1000	320	1999年	学佬小组
	篮球场	500	320	2000年	下廖小组
	篮球场	1000	320	2013年	新围小组

续表17-7

单位名称	场馆名称	占地面积	建筑面积	建成年份	场馆所在地
廖尾村	篮球场	800	320	1999年	上廖小组
新村村	新村篮球场	500	320	2009年	新村围面
	休闲运动场所	2000		2012年	新村围面
上南村	公园球场	1200	1000	2006年	公园
	羽毛球场	200	150	2006年	公园
	西方餐厅球场	600	450	2001年	西方
	南方餐厅球场	600	450	2009年	南方
	北方餐厅球场	600	450	2005年	北方
	屋吓餐厅球场	600	450	2008年	屋吓
镇政府	篮球场（7个）	4500	3500	2002年	广场、文化长廊
	游泳池（1个）	1200	1000	2004年	园洲公园
	足球场（7人制，4个）	5300	4800	2014年	文化中心北面
园洲足球协会	足球场（7人制，2个）	2800	2400	2014年	沙头村庆丰二路
园洲工商所	篮球场	600	450	2011年	工商所内
园洲海关	篮球场	600	450	2013年	海关内
园洲花园	篮球场（2个）	1050	900		花园内
园洲花园	网球场（1个）	520	450	2011年	花园内
	游泳池（1个）	1200	100	2010年	花园内
汇园国际花园	篮球场（1个）	450	320	2013年	花园内
	游泳池（1个）	1200	100	2013年	花园内

2016年园洲镇中小学体育设施情况表

表17-8

学校名称	运动场面积（平方米）	足球场面积（平方米）	环形跑道（米）	直跑道（米）	沙池（个）	羽毛球场（个）	篮球场（个）	单双杠（副）	乒乓球台（张）	排球场（个）
田头小学	5600	0	0	80	1	1	2	2	7	0
东晖学校	9000	300	200	110	1	2	4	2	10	2
东园学校	5500	0	200	50	0	2	2	0	4	0
沙头小学	3500	1800	180	65	1	1	2	2	2	0
第二中心小学	1300	1800	200	100	0	1	2	2	5	1
廖尾教学点	700	0	0	1	1	1	1	1	4	0
寮仔分校	1200	0	0	25	1	1	1	3	2	0

续表17-8

学校名称	运动场面积（平方米）	足球场面积（平方米）	环形跑道（米）	直跑道（米）	沙池（个）	羽毛球场（个）	篮球场（个）	单双杠（副）	乒乓球台（张）	排球场（个）
园洲中心小学	2451	0	200	80	1	2	3	3	9	0
马西小学	1200	800	170	60	1	2	2	1	4	1
星州双语学校	3600	1000	150	50	1	3	3	4	5	2
蓓蕾小学	4000	0	200	100	1	2	2	4	10	0
深沥小学	840	0	0	60	1	1	2	1	2	0
禾山小学	3708	0	200	60	1	1	2	2	6	0
梁契权学校	8460	2050	200	100	1	7	3	1	7	0
东江广雅学校	12700	1500	200	100	1	2	8	2	2	1
李屋小学	5500	0	200	50	2	2	2	1	5	0
白马小学	660	0	0	100	2	1	2	2	4	0
阵村小学	7241	1520	200	100	3	2	4	1	2	1
桔头小学	11927	0	178	76	1	1	1	2	8	1
九潭中心小学	3800	800	200	50	1	2	3	4	10	1
佛岭小学	3666	0	200	50	2	2	2	1	2	0
凤山小学	144	0	0	80	1	1	2	0	3	0
上水小学	3076	0	0	100	1	1	2	0	3	1
义合小学	1724	0	0	60	1	1	1	0	4	1
赤沥小学	2000	0	150	50	1	3	1	0	5	0
马石岗小学	2080	0	0	0	1	0	1	0	3	0
园洲中学	42000	8000	400	130	4	3	9	14	25	2
九潭中学	7500	5000	200	100	2	2	5	8	12	0

附：体育竞赛获奖情况

2010—2014年，园洲选派运动员参加县、市体育竞赛，多次获得好成绩，获县级奖12个，其中冠军6个，亚军5个，季军1个；获市级奖12个，其中冠军10个，亚军1个，季军1个。

2010—2014年园洲镇参加县以上体育竞赛获奖情况表

表17-9

获奖时间	获奖名称	名次	级别	比赛地
2010.11	广东省“万村篮球赛”（惠州赛区）	冠军	县级	博罗城

续表17-9

获奖时间	获奖名称	名次	级别	比赛地
2010.11	广东省“万村篮球赛”（博罗赛区）	冠军	县级	惠州
2012.6.17	“中兴杯”惠州国际龙舟邀请赛男子公开赛	冠军	县级	惠州
2012.6.17	“中兴杯”惠州国际龙舟邀请赛男子总决赛	冠军	县级	惠州
2012.10	博罗县第八届运动会团体赛	冠军	县级	博罗城
2012.10.1	博罗县第八届运动会男子篮球赛	冠军	县级	博罗城
2012.10	博罗县第八届运动会乒乓球团体赛	冠军	县级	博罗城
2012.10	博罗县第八届运动会女子1500米（杨华美）	冠军	县级	博罗城
2012.10	博罗县第八届运动会男女混合拔河	亚军	县级	博罗城
2012.10	博罗县第八届运动会男子羽毛球团体赛	亚军	县级	博罗城
2012.10	博罗县第八届运动会女子羽毛球团体赛	亚军	县级	博罗城
2012.10	博罗县第八届运动会男子乒乓球单打（黎玉军）	亚军	县级	博罗城
2012.10	博罗县第八届运动会袋鼠跳接力赛	亚军	县级	博罗城
2012.10	博罗县第八届运动会大脚板接力赛	亚军	县级	博罗城
2012.10	博罗县第八届运动会男子3000米（杨华美）	季军	县级	博罗城
2013.12	“东江广雅学校杯”传统武术比赛（太极）	冠军	市级	园洲
2013.12	“东江广雅学校杯”传统武术比赛（太极、蔡金柏）	亚军	市级	园洲
2013.11	惠州市醒狮比赛（上南醒狮队）	冠军	市级	惠州
2013.11—12	惠州市第四届运动会“骏亚杯” 女子440公斤以上级拔河赛	冠军	市级	惠州
2013.11—12	惠州市第四届运动会“骏亚杯” 男子560公斤以上级拔河赛	冠军	市级	惠州
2014.5	“德盛业杯”2014年中国龙船公开赛 惠州赛区男子公开组总成绩	冠军	市级	惠州
2014.5	“德盛业杯”2014年中国龙船公开赛 惠州赛区男子公开组5000米锦标赛	冠军	市级	惠州
2014.5	“德盛业杯”2014年中国龙船公开赛 惠州赛区男子公开组200米直道赛	冠军	市级	惠州
2014.5	“德盛业杯”2014年中国龙船公开赛 惠州赛区男子公开组500米直道赛	季军	市级	惠州
2016.6	博罗县初中男女篮球联赛（博西片）	男女双冠	县级	博罗

第十八篇　医疗卫生

1957年以前，镇域只有几家私人诊所，偶或有“游医”到村庄坐诊，医疗机构和医务人员匮乏。1958—1959年，镇域相继建立园洲卫生院和九潭卫生院。但规模小、设备简陋，远不能满足居民就医看病的需求。20世纪60年代末期，各大队建立卫生站，有赤脚医生，解决居民“小病不出村”的就医问题。1996年，镇政府集资兴建园洲、九潭两所新卫生院。新卫生院按一级甲等医院标准建设，为居民提供较好的就医和卫生保健服务。1990年后期，城市化建设加快，外来人员大增，产生大量建筑和生活垃圾，严重污染环境。镇党委、镇政府下决心整治脏、乱、差的卫生状况。1996年，镇政府成立镇爱国卫生运动委员会（简称爱卫会）。爱卫会要求卫生部门做好卫生保健工作，汇同防疫站、食品药品检疫站等部门加强卫生检查、管理和监督。2008年，园洲被评为“广东省卫生镇”；2013年，被评为“国家卫生镇”。

第一章　医疗机构

1958—1959年，分别建立园洲卫生院和九潭卫生院。1996年，2所卫生院升级为一级甲等医院。20世纪60年代末，镇域（当时称“公社”）27个大队都建立卫生站。卫生站有1～2名赤脚医生。卫生站建立后，解决群众小病不出村的就医问题。

第一节　卫生院

一、园洲卫生院

园洲卫生院创立于1959年6月，院址在下南陈屋村码头的西面。卫生院占地面积3600平方米，建筑面积1800平方米，有1栋两层高的门诊楼，其余均为瓦房。卫生院当时设施设备简陋，只有外科、内科、儿科和妇产科4个科室，医生6人，护士4人，助产士2人，显微镜1台，病床26张；没有科班出身的医生，只有院长李汉基从私人诊所转过来当主治医生，其他都是从其他医院培训结业的医生。病人病情稍重一点，便要转到石龙等地的医院治疗。

1996年年初，园洲镇人民政府集资300多万元建新卫生院，1997年12月竣工投入使用。新卫生院位于园洲镇中心区的富民路120号，占地面积23000平方米，建筑面积7000平方米。设有急诊室、内科、外科、儿科、妇产科、骨伤科、痔疮科、眼科、耳鼻喉科、口腔科、皮肤科、泌尿科、激光科、碎石室、心电图、B超、放射、检验等20多个科室，病床150张。主要设备有双排螺旋CT、DR、500MAX机、彩超、黑白B超、经颅多普勒、全自动生化分析仪、尿十项、血球计数仪、心电图机、多功能麻醉机、体外震波碎石机、胎儿监护机、阴道镜、利普刀、电子胃镜等。2006年后，卫生院加大资金投入，更新添置临床必备设备和高新设备，如双排螺旋CT、DR、呼吸机、麻醉机、全自动生化分析仪、电子胃肠镜等，有效提高诊断率，降低死亡率。

2016年，卫生院有员工126人。其中行政后勤人员5人，专业技术人员121人。专业技术人员中，高级职称6人，中级职称19人，初级职称96人；本科学历15人，专科学历55人，中专及以下学历51人。

2001年、2003年，园洲卫生院先后被博罗县卫生局评为“先进单位”；2003年，该院被博罗县疾病预防控制中心评为“疾病预防控制工作先进单位”；覃碧兰、黄静仪等5人先后被博罗县卫生局评为“优秀护士”。

二、九潭卫生院

九潭卫生院始建于1958年，原址在东堤街，2004年1月搬迁到原九潭镇政府大院（九潭新街）。卫生院占地面积11704平方米，建筑面积3600平方米。其中门诊大楼1465平方米，住院大楼1535平方米，预防接种门诊大楼250平方米，医技科室大楼350平方米。

九潭卫生院是一所集医疗与预防于一体的一级甲等医院，在职职工94人，其中专业技术人员81人，占总人数的86%；中级职称以上专业人员9人，其中副主任医师1人，主治医师4人，主管护师4人；初级职称60人，聘请专家教授2人。卫生院拥有先进的彩色B型超声波、心电图、DR、尿液分析仪、多功能微波治疗仪、多普勒胎心听诊仪、电动流产吸引器、全自动生化仪、腰椎牵引机、洗胃机、心电图监护仪等50多台现代医疗仪器，设有病床50张。院内设有内科、外科、妇科、儿科等8个功能科室，能开展一级甲等医院各项技术项目。如外科能开展胃大部分切除、阑尾切除、疝气修补、甲状腺肿癌切除、泌尿系统结实取石、各类骨折固定术等手术；妇产科能开展产检、孕检、无痛人流、剖宫产术、子宫全切、宫外孕手术、结扎术等手术；检验方面可以检测血常规、尿常规、白带常规、心功能、肝功能、乙肝两对半、肾功能、血脂、血糖、肺炎支原体等检验；儿保科具备儿检、预防接种、传染病防治和肺结核防控等医疗设备和技术。

1995—2016年园洲卫生院各类人员情况表

表18-1 单位：人

年份	合计	主任医师	副主任医师	医师	护士	护师	检验师	技师	药师	初级卫生技术员	其他技术人员	管理人员	后勤人员
1995	20	0	0	6	4	2	0	0	0	3	2	1	2
1996	20	0	0	6	4	2	0	0	0	3	2	1	2
1997	47	0	0	18	13	4	0	0	0	6	2	1	3
1998	51	0	0	18	13	7	0	0	0	7	2	1	3
1999	54	0	0	20	14	7	0	0	0	7	2	1	3
2000	62	0	0	23	18	7	0	0	0	8	2	1	3
2001	65	0	0	25	19	7	0	0	0	8	2	1	3
2002	73	0	0	29	19	9	0	1	0	9	2	1	3
2003	75	0	0	29	20	8	0	2	0	10	2	1	3
2004	80	0	0	30	21	11	0	1	0	11	2	1	3
2005	87	0	0	31	23	12	0	3	0	12	2	1	3
2006	88	0	1	31	22	13	0	2	0	15	1	1	2
2007	88	0	2	34	21	13	0	1	0	13	1	1	2
2008	86	0	4	33	20	13	0	1	0	10	1	1	3
2009	97	0	4	36	21	17	0	1	1	11	2	1	3
2010	99	0	4	37	18	20	0	1	1	12	2	1	3
2011	113	0	4	42	22	24	0	2	1	10	3	1	4
2012	119	0	4	40	22	26	1	2	1	15	3	1	4
2013	119	0	4	43	16	30	1	3	2	12	3	1	4
2014	120	0	4	46	14	32	1	3	3	9	3	1	4
2015	126	0	3	46	15	32	2	3	3	13	4	1	4
2016	126	0	3	46	15	32	2	3	3	13	4	1	4

1995—2016年九潭卫生院各类人员情况表

表18-2 单位：人

年份	合计	主任医师	副主任医师	医师	护士	护师	检验师	技师	药师	初级卫生技术员	其他技术人员	管理人员	后勤人员
1995	30	0	0	10	8	1	1	1	3	0	2	2	2
1996	52	0	0	15	12	3	2	4	4	0	4	3	4
1997	54	0	0	16	12	4	2	4	4	0	4	3	4

续表18-2

年份	合计	主任医师	副主任医师	医师	护士	护师	检验师	技师	药师	初级卫生技术员	其他技术人员	管理人员	后勤人员
1998	53	0	0	16	12	4	2	5	4	0	4	3	4
1999	55	0	0	17	12	5	2	5	4	0	5	3	3
2000	57	0	0	18	13	5	2	5	4	0	5	3	3
2001	56	0	0	18	13	5	2	4	4	0	4	3	4
2002	58	0	0	19	14	5	2	4	4	0	5	3	3
2003	62	0	0	21	15	6	2	4	4	0	4	3	3
2004	65	0	0	23	16	6	2	4	4	0	4	3	3
2005	97	0	0	31	22	10	4	6	7	0	8	3	6
2006	96	0	0	32	20	11	4	6	6	0	8	3	6
2007	95	0	0	31	21	10	4	6	6	0	8	3	6
2008	99	0	0	33	24	10	4	6	7	0	6	4	5
2009	98	0	0	33	23	11	3	5	8	0	6	4	5
2010	95	0	1	31	21	10	4	6	8	0	7	4	3
2011	94	0	1	32	19	11	4	6	6	0	7	4	4
2012	96	0	1	33	20	12	4	6	7	0	5	4	4
2013	97	0	1	32	21	13	4	6	6	0	7	4	3
2014	91	0	2	30	19	11	4	6	7	0	5	4	3
2015	94	0	2	31	20	12	4	6	7		5	4	3
2016	94	0	2	31	20	12	4	6	7		5	4	3

2000—2016年园洲镇河南区医疗机构及医生构成情况表

表18-3

年份	医疗机构（所）				医生（人）	
	医院	下属门诊	村卫生站	合计	中医	西医
2000	1	2	18	21	1	37
2001	1	2	18	21	1	37
2002	1	2	18	21	1	36
2003	1	2	18	21	1	36
2004	1	2	18	21	1	38
2005	1	2	18	21	1	38
2006	1	2	18	21	1	38
2007	1	2	18	21	2	40

续表18-3

年份	医疗机构（所）				医生（人）	
	医院	下属门诊	村卫生站	合计	中医	西医
2008	1	2	18	21	3	40
2009	1	2	18	21	3	40
2010	1	2	18	21	4	41
2011	1	0	18	19	5	43
2012	1	0	18	19	5	43
2013	1	0	18	19	7	45
2014	1	0	18	19	7	45
2015	1	0	18	19	7	45
2016	1	0	18	19	7	45

2000—2016年园洲镇河北区医疗机构及医生构成情况表

表18-4

年份	医疗机构（所）				医生（人）	
	医院	下属门诊	村卫生站	合计	中医	西医
2000	1	0	10	11	4	28
2001	1	0	10	11	4	29
2002	1	0	10	11	4	29
2003	1	0	10	11	5	30
2004	1	0	10	11	5	31
2005	1	0	10	11	6	33
2006	1	0	10	11	6	34
2007	1	0	10	11	5	34
2008	1	0	10	11	5	35
2009	1	0	10	11	5	35
2010	1	0	10	11	5	34
2011	1	0	10	11	5	34
2012	1	0	10	11	5	35
2013	1	0	10	11	6	36
2014	1	0	10	11	6	35
2015	1	0	10	11	6	35
2016	1	0	10	11	6	35

1995—2016年园洲镇卫生院诊疗情况统计表

表18-5

年份	门诊人次（人）	月均门诊人次（人）	住院人次（人）	急诊人次（人）	出院人次					开放床位（张）	病床使用率（%）	平均住院天数（天）
					治愈（人）	治愈率（%）	好转（人）	好转率（%）	死亡率（%）			
1995	138432	11536	1560	276	876	56	301	19	0	12	46	3
1996	141126	11760	1692	271	770	45	388	22	0	14	54	3
1997	159472	13289	1721	305	635	37	397	23	0	80	53	3
1998	160321	13360	1869	298	831	44	405	22	0.2	80	53	3
1999	162321	13526	1902	296	739	39	476	25	0.1	80	53	3
2000	161013	13418	1979	312	869	44	491	25	0.03	90	60	3
2001	165362	13780	2041	336	792	39	473	23	0	90	60	3
2002	170067	14172	2097	419	965	46	498	24	0.05	90	60	3
2003	187332	15611	2103	450	979	46	507	24	0.2	90	60	3
2004	189779	15815	2368	487	1033	43	566	24	0.05	90	60	3
2005	180113	15009	2442	561	1011	41	605	25	0.1	90	60	3
2006	203367	16947	2561	578	1363	53	667	26	0.03	90	60	5
2007	216315	18026	2584	599	1384	54	766	28	0	120	80	6
2008	272410	22700	3093	544	1635	53	922	29	0	120	80	5
2009	334689	27890	3512	669	1720	49	1057	30	0.1	120	80	5
2010	318143	26511	3708	636	1936	52	1109	29	0.03	140	93	5
2011	324366	27030	3434	648	1652	48	1010	26	0.12	140	93	5
2012	250622	20885	4744	501	2237	47	1312	31	0.06	140	93	5
2013	218683	18223	4995	437	2516	50	1431	28	0.06	140	93	5
2014	197032	16419	4593	394	2792	61	1333	29	0	140	93	5
2015	198104	16508	4326	406	2814	63	1296	31	0	140	93	5

1995—2016年九潭卫生院诊疗情况统计表

表18-6

年份	门诊人次（人）	月均门诊人次（人）	住院人次（人）	急诊人次（人）	出院人次					开放床位（张）	病床使用率（%）	平均住院天数（天）
					治愈（人）	治愈率（%）	好转（人）	好转率（%）	死亡率（%）			
1995	43200	3600	720	3600	684	95	705	98	0.1	10	20%	2
1996	44300	3692	745	3550	693	93	723	97	0.12	10	21%	2.5
1997	43800	3650	712	3650	669	94	691	97	0.1	12	23%	2.5
1998	44100	3675	750	3710	713	95	720	96	0.15	13	25%	2

续表18-6

年份	门诊人次（人）	月均门诊人次（人）	住院人次（人）	急诊人次（人）	出院人次					开放床位（张）	病床使用率（%）	平均住院天数（天）
					治愈（人）	治愈率（%）	好转（人）	好转率（%）	死亡率（%）			
1999	46000	3833	745	4720	715	96	730	98	0.1	13	26%	2.5
2000	47080	3923	756	3807	718	95	733	97	0.13	13	26%	2
2001	47100	3925	760	3822	730	96	730	96	0.15	13	27%	2
2002	47210	3934	765	3860	719	94	742	97	0.1	15	30%	2.5
2003	47255	3938	772	3870	733	95	757	98	0.18	15	31%	2.5
2004	47413	3945	788	3910	749	95	764	97	0.15	16	33%	2.5
2005	97865	8155	1368	7200	1313	96	1327	97	0.1	17	35%	3
2006	100240	8353	1584	9615	1505	95	1552	98	0.16	19	38%	3.5
2007	101174	8431	1676	9508	1575	94	1626	97	0.15	19	37%	3.5
2008	102603	8550	1708	10074	1640	96	1674	98	0.18	20	39%	3.5
2009	102785	8565	1754	10186	1666	95	1684	96	0.1	20	41%	4
2010	104276	8690	1576	10013	1484	94	1529	97	0.12	21	42%	4
2011	105898	8825	1691	10075	1606	95	1657	98	0.13	20	41%	3.5
2012	117409	9784	1821	11780	1748	96	1784	98	0.15	20	40%	4
2013	107582	8965	1523	10135	1447	95	1477	97	0.1	20	41%	4
2014	129954	10830	1392	10215	1322	95	1350	97	0.15	20	40%	4
2015	130034	10836	1376	10210	1315	95	1351	97	0.1	19	39%	4
2016	13876	10638	1297	10168	1283	95	1326	97	0.1	19	39%	4

第二节　卫生站

20世纪60年代末期各大队成立卫生站，有了赤脚医生，群众看病难得到缓和。60年代末到70年代中期，社员参加乡村的农村合作医疗，看病在卫生站记账。卫生站的收支全由大队农村合作医疗小组结算。90年代后期，各村在原有卫生站的基础上，又增办1～2所乡村医务站。医务站的规模比卫生站大，每个医务站都设有诊室、注射室和候诊室三室，有医生、护士，为就医者提供较好的医疗服务，真正实现“小病不出村”。至2016年，园洲镇共有乡村卫生站和医务站45所，其中河南区30所，河北区15所，涵盖每一个行政村。

2016年园洲镇河南区卫生站、医务站名录表

表18-7

名　称	建站时间	负责人	规模、设施
马嘶村卫生站	1958.8	陈建锋	90平方米，医生1人，病床1张
田头村卫生站	1964.8	梁松胜	42平方米，医生1人，病床1张
桔头村卫生站	1980.1	陈创文	76平方米，医生1人
廖尾村卫生站	1993.7	叶永深	100平方米，具备三室，医生、护士各1人，病床1张
禾山村卫生站	1966.3	梁林锐	125平方米，具备三室，医生、护士各1人
土瓜圩卫生站	1980.2	毛财茂	80平方米，医生1人，病床1张
深沥村卫生站	1986.7	梁志锋	100平方米，具备三室，医生、护士各1人，病床1张
沙头村卫生站	1962.10	胡福权	130平方米，具备三室，医生、护士各1人，病床1张
阵村村卫生站	1960.8	陈树昌	90平方米，医生1人，病床1张
上南村卫生站	1978.3	朱树培	63平方米，医生1人，病床1张
刘屋村卫生站	1996.10	廖柳兴	160平方米，具备三室，医生2人、护士各4人，病床3张
下南村卫生站	1998.12	钟柳君	230平方米，具备三室，医生4人、护士各5人，病床3张
江头村卫生站	1968.6	梁智毅	130平方米，具备三室，医生、护士各1人，病床1张
高头村卫生站	1969.9	梁永沂	65平方米，医生1人，病床1张
李屋村卫生站	1966.6	李杨柱	35平方米，医生1人，病床1张
寮仔村卫生站	1968.5	谢桂芳	70平方米，医生1人，病床1张
白马围村卫生站	1983.8	黄超洪	40平方米，医生1人，病床1张
马嘶村医务站	1980.2	陈树基	75平方米，医生1人，病床1张
田头村医务站	1977.9	陈继恩	60平方米，医生1人，病床1张
田头村医务站	1978.3	梁桥旺	75平方米，医生1人，病床1张
桔龙村医务站	1975.6	莫光明	60平方米，医生1人，病床1张
禾山村医务站	1979.11	林勇	120平方米，具备三室，医生、护士各1人，病床1张
廖尾村医务站	1993.4	朱耀球	60平方米，医生1人，病床1张
深沥村医务站	1999.6	唐志聪	100平方米，具备三室，医生、护士各1人，病床1张
阵村村医务站	1996.12	曾浩权	120平方米，具备三室，医生、护士各1人，病床1张
上南村医务站	1979.11	朱锦财	100平方米，具备三室，医生、护士各1人，病床1张
刘屋村医务站	2008.4	罗艳萍	60平方米，医生1人，病床1张
高头村医务站	1996.9	熊汉平	135平方米，具备三室，医生、护士各1人，病床1张
沙头村医务站	1981.6	梁照光	90平方米，具备三室，医生、护士各1人，病床1张
李屋村医务站	1977.1	李锦兰	90平方米，具备三室，医生、护士各1人，病床1张

2016年园洲镇河北区卫生站、医务站名录表

表18-8

名　称	建站时间	负责人	规模、设施
凤山村卫生站	2002.10	梁继湖	100平方米，具备三室，医生、护士各2人，病床1张
义合村卫生站	2002.10	梁曼环	80平方米，具备三室，医生、护士各1人，病床1张
佛岭村卫生站	2002.10	黄进培	80平方米，具备三室，医生、护士各1人，病床1张
上村村卫生站	2006.3	曾润桥	80平方米，具备三室，医生、护士各1人，病床1张
沥东村卫生站	2009.12	温伟宁	100平方米，具备三室，医生、护士各1人，病床1张
沥西村卫生站	2009.12	周杰文	80平方米，具备三室，医生、护士各1人，病床1张
新村村卫生站	2009.12	翟焕柱	100平方米，具备三室，医生、护一各1人，病床1张
马石岗村卫生站	2009.12	钟国栋	80平方米，具备三室，医生、护士各1人，病床1张
佛岭村医务站	2007.12	谭良稳	80平方米，具备三室，医生、护士各1人，病床1张
沥东村医务站	2007.12	徐计扬	80平方米，具备三室，医生、护士各1人，病床1张
水口村医务站	2007.12	曾国超	100平方米，具备三室，医生、护士各1人，病床1张
沥东围内医务站	2007.12	周建英	80平方米，具备三室，医生、护士各1人，病床1张
佛岭村医务站	2007.12	徐杰明	80平方米，具备三室，医生、护士各1人，病床1张
水口村医务站	2007.12	叶济民	80平方米，具备三室，医生、护士各1人，病床1张
新村村医务站	2007.12	林碧清	100平方米，具备三室，医生、护士各1人，病床1张

第三节　私人诊所

1957年以前，镇域没有公办医院，只有6所私人诊所，其中河南区3所，河北区3所。诊所规模小，面积50～100平方米，医生1～2人，护士1～2人。九潭圩“营联诊所”中西结合，其余诊所只有中医。

1957年前园洲镇私人诊所情况表

表18-9

诊所名称	地址	面积（平方米）	医生人数（人）	护士人数（人）	备注
陈志超诊所	马嘶村	60	1	1	中医
陈锦新诊所	马嘶村	60	1	1	中医
李汉基诊所	上南村	70	1	1	中医
黄俊逸诊所	九潭圩东边街	60	1	1	中医
联营诊所	九潭圩东边街	100	2	2	中西医结合
李德英诊所	九潭东博圩	50	1	1	中医

第二章　卫生保健

1996年，园洲卫生院和九潭卫生院升级为一级甲等医院。按照一级甲等医院的标准要求，两所医院扩大规模，完善科室建设，配齐医疗器械，充实医务人员。卫生保健坚持以防为主，及时为儿童接种疫苗，认真做好慢性病的防治，降低群众的发病率。

第一节　防　疫

卫生院按规定全程接种一类疫苗，包括乙肝疫苗、卡介苗、脊灰疫苗、百白破疫苗、白破疫苗、麻疹、乙脑疫苗、麻腮风疫苗、流脑疫苗、甲肝疫苗等11种疫苗，全程合格接种率≥95%。脊灰疫苗、麻疹疫苗基础免疫接种率98%以上，乙肝疫苗首针24小时内接种率和及时率96%以上。所有的疫苗接种与家长签订知情同意书，定期开展查漏补种工作，及时掌握辖区内适龄儿童（包括流动人口儿童）情况。

门诊接种后3个月内，卫生院将数据信息录入儿童预防接种信息系统，接种率考核达到考核要求。在春秋两季新生入托入学时，查验预防接种证并对漏种儿童进行查漏补种，补种率达100%。在疾控机构指导下，卫生院对重点人群有针对性地进行疫苗接种。

卫生院各类疫苗出入库记录齐全。冷链设备、器材使用管理规范，疫苗贮存规范。发现并及时报告预防接种疑似异常反应，并协助疾控中心进行调查处理。

第二节　慢性病防治

一、建立居民健康档案

按照卫生部《城镇居民健康档案管理规范》的要求，卫生院为全镇居民建立健康档案。全镇规范建立档案110371份，建档率98%。档案项目填写齐全，健康档案使用更新及时。

二、落实防治措施

卫生院开展以高血压、糖尿病、核结病、艾滋病、重症精神病为重点的慢性病防治，结合控烟、控酒、饮食、心理干预等措施，开展宣教活动；举办以高血压、糖尿病为重点的科普讲座以及健康讲座，对已确诊的高血压、糖尿病患者以及高危人群进行随诊、随访，指导患者遵医嘱用药；详细了解患者的病情发展情况，降低人群主要危险因素，控制辖区慢性病的发病率和死亡率。

三、加强老年人及高血压、Ⅱ型糖尿病及重症精神病人的管理

卫生院每年对辖区内65岁以上老年人进行免费体格检查，对老年人的饮食习惯、用药以及保健方面进行全面指导；对高血压患者和Ⅱ型糖尿病患者登记造册，每年进行4次定期随访，随访率达95%；对重症精神病患者建档建卡，配合专业机构为重症精神病人进行心理疏导和健康指导。卫生院落实35岁以上人群首诊测血压制度，建立高血压病患者档案5111份，规范管理3923人，规范管理率76.8%；登记管理Ⅱ型糖尿病患者1372人，规范管理1121人，规范管理率81.7%；重症精神病管理204人，全部建立档案和网络登记。

第三节　预防非典型肺炎

2002—2003年，广东某些地区发生传染性非典型肺炎病（简称“非典”），镇领导高度警惕和重视，迅速组织预防和抗击工作。园洲和九潭2所医院　分别成立以院长为组长、副院长为副组长的应急领导小组，组织和指挥医院全体医务人员投入预防和抗击“非典”工作。

医院运用办宣传栏，电视播放，发放宣传资料，派出人员到中小学、幼儿园、机关单位和企业讲课等形式，宣传有关“非典”的知识和预防方法，使“非典”的防治知识家喻户晓，群防严守。

医院派出20名医生到上级医疗部门接受培训。从上级医疗部门培训的人员回来后，对全院医务人员和村医进行培训，培训率100%，从而提高防治“非典”的技术。

在预防“非典”期间，医院配合镇政府开展爱国卫生运动，动员全镇人民大搞室内外清洁卫生、除“四害”、勤洗手、勤消毒以及开展全民健身运动，提高全民预防和抗击“非典”的能力。派出30人次到各村、学校（含幼儿园）、工厂、机关单位、车站、市场进行施药消毒，发放空气消毒剂及除“四害”药物4100瓶、灭蚊水100公斤和灭蚊粉20公斤。医院的医用垃圾都用消洁粉消毒处理。

在预防“非典”期间，医院设立发热诊室、留观察房，对疑似病人，做到早发现、早隔离、早治疗、早报告，杜绝缓报、漏报和瞒报。

“非典”在广东肆虐期间，镇域无发生一例病例。

第三章 妇幼保健

卫生院重视妇女保健工作，一方面，建立孕产期保健手册，对孕产妇产前筛查和诊断，并对她们实行规范管理、产后访视。同时，卫生院为婴儿建立保健手册，加强随访，系统管理。为妇女和婴儿提供安全、有效、规范、便捷的保健服务，提高孕产妇和婴儿的保健管理率，降低孕产妇和围产儿的死亡率。

第一节 妇女孕产期保健

为孕产妇提供安全、有效、规范、便捷的保健服务，提高孕产妇保健管理率，降低孕产妇、围产儿死亡率。

一、建立孕产妇保健手册

卫生院对镇域孕产妇免费建立孕产妇保健手册，掌握孕产妇的数量及分布，建册率98%，早孕建卡率96%。

二、产前筛查和诊断

卫生院对每位孕产妇不少于5次的孕期检查和指导，包括体格检查和产科检查（含体重、血压、宫高、胎心、胎位等），发现不正常现象及时给予纠正治疗。对孕产妇进行心理、孕期营养等方面的指导。

三、规范化管理

卫生院对具有妊娠危险因素和可能有妊娠禁忌证或严重并发症的孕妇及时转到上级医疗机构，规范化管理率达90%，对高危孕产妇的管理率达100%。

四、产后访视

卫生院对全镇孕妇进行至少3次产后访视，了解产妇产后恢复情况，对产后常见问题进行指导，平均产后访视率达98%。

2000—2016年园洲卫生院孕产妇住院分娩情况表

表18-10

年份	孕妇（人）	孕产妇死亡（人）	低体产发生率（%）	缺陷发生率（%）	围产儿死亡（人）
2000	530	0	2.30	0	0
2001	596	0	2.02	0	0
2002	671	0	1.98	0	0
2003	751	0	2.02	0	0
2004	796	0	2.11	0	0
2005	867	0	2.30	0	0
2006	856	0	1.91	0	0
2007	897	0	2.30	0	0
2008	1001	0	1.80	0	0
2009	997	0	2.20	0	0
2010	967	0	2.10	0	0
2011	908	0	1.91	0	0
2012	878	0	2.02	0.08	0
2013	838	0	2.10	0.19	0
2014	999	0	2.20	0	0
2015	767	0	2.90	0	0
2016	742	0	2.30	0	0

2000—2016年九潭卫生院孕产妇住院分娩情况表

表18-11

年份	孕妇（人）	孕产妇死亡（人）	低体重发生率（%）	缺陷生发率（%）	围产儿死亡（人）
2000	487	0	1.30	0.18	0
2001	561	0	1.00	0.15	0
2002	572	0	1.10	0.16	0
2003	618	0	1.40	0.12	0
2004	681	0	2.10	0.15	1
2005	687	0	2.60	0.13	0
2006	694	0	2.80	0.21	0

续表18-11

年份	孕妇（人）	孕产妇死亡（人）	低体重发生率（%）	缺陷生发率（%）	围产儿死亡（人）
2007	712	0	3.02	0.17	0
2008	793	0	3.15	0.20	0
2009	812	0	3.75	0.15	0
2010	897	0	4.22	0.22	1
2011	845	1	2.95	0.12	0
2012	764	0	1.83	0.13	0
2013	736	0	2.40	0	0
2014	565	0	1.23	0	0
2015	485	0	2.68	1.00	0
2016	467	0	2.53	0.32	0

2000—2016年园洲卫生院产妇住院分娩人数表

表18-12　　单位：人

年份	产妇人数	住院分娩人数	活产数
2000	572	572	572
2001	682	682	682
2002	798	798	798
2003	886	886	886
2004	929	929	929
2005	1083	1083	1083
2006	971	971	971
2007	1008	1008	1008
2008	1219	1219	1219
2009	1125	1125	1126
2010	1238	1238	1238
2011	1204	1204	1204
2012	1232	1232	1232
2013	1026	1026	1026
2014	979	979	979
2015	813	813	813
2016	796	791	791

2000—2016年九潭卫生院产妇住院分娩人数表

表18-13　　单位：人

年份	产妇人数	住院分娩人数	活产数
2000	487	487	487
2001	561	561	561
2002	572	572	572
2003	618	618	618
2004	681	681	681
2005	687	687	687
2006	694	694	694
2007	712	712	712
2008	793	792	792
2009	812	812	812
2010	897	900	900
2011	845	845	845
2012	764	764	764
2013	736	736	738
2014	565	565	565
2015	485	481	481
2016	476	470	470

第二节　妇科病防治

一、宫颈癌防治

宫颈癌是常见妇科病之一。园洲镇两所卫生院分别于2001和2010年两次对全镇35～59岁的妇女进行宫颈癌筛查，筛查率达98%。筛查结果令人满意，两次筛查只发现6人疑有轻度宫颈癌病状。医院及时告知患者病情，并督促她们及早治疗，防止病情发展和恶化。

二、乳腺癌防治

乳腺癌是常见妇科病之一。园洲镇两所卫生院分别于2001和2010年两次对全镇35～59岁的妇女进行乳腺癌筛查，筛查率达98%。筛查结果令人满意，两次筛查只发现9人疑有轻度乳腺癌病状。医院及时告知患者病情，并督促她们及早治疗，防止病情发展和恶化。

第三节　婴幼儿保健

一 、建立保健手册

园洲两所卫生院为0～6岁婴儿建立儿童保健手册，掌握辖区内儿童的数量和分布情况。2010—2016年，园洲镇0～6岁儿童保健手册建册率达98%。

二、加强随访

卫生院妇产科的医生对辖区内的新生儿进行3次随访，开展新生儿健康检查、指导母乳喂养、新生儿护理和常见疾病防治等保健指导，访视率达95%。

三、系统管理

卫生院对辖区内0～36个月的儿童进行系统管理，系统管理率达95%；对体弱儿、高危婴幼儿进行转诊及管理，管理率达100%。为4～6岁儿童每年提供一次健康管理服务。服务内容包括体格检查，生长发育和心理行为发育评估，血常规检查和视力筛查，进行合理膳食、心理行为发育、意外伤害预防、口腔保健、中医保健、常见疾病防治等健康指导。

2010—2016年园洲卫生院疫苗接种情况表

表18-14 单位：人

项目 人 数 年 份	2010年	2011年	2012年	2013年	2014年	2015年	2016年
HIB	2925	1441	245	2324	792	127	287
乙脑	3104	3001	3571	4405	3672	3850	3765
流感	500	439	612	389	753	523	512
流脑A+C	2065	2470	2003	2070	2595	3220	3100
百白破	1240	1645	8517	8974	7467	7549	7136
糖丸	8937	8073	8132	9445	10249	9900	9723
甲肝	1184	1533	1568	1829	1833	1877	7866
乙肝	8901	5209	5862	5609	5097	5751	5569
A群流脑	730	760	890	1140	890	990	9276
A群狂苗	402	413	465	564	756	730	697
水痘	2324	931	383	1182	918	1174	1061
白破	635	180	225	240	470	620	592
麻腮风	1863	1350	1536	1887	2169	2198	2076
卡介苗	492	320	320	335	340	350	336
小儿麻苗	1971	1887	1924	1687	1735	203	197

2006—2016年九潭卫生院疫苗接种情况表

表18-15 单位：人

项目 人 数 年 份	2006年	2007年	2008年	2009年	2010年	2011年	2012年	2013年	2014年	2015年	2016年
小儿麻苗	809	1380	1296	1910	1045	903	1001	1019	936	827	793
普通乙脑	1074	1119	1107	1422	1490	1785	1740	1771	1776	1567	1474
精制百日破	1493	1748	2026	2335	2166	2150	2271	2239	1994	1751	1646
糖丸	1308	1355	1719	1966	1766	2143	2083	2079	1771	1864	1758
甲肝	677	640	726	778	701	839	748	823	822	734	699
乙肝5ug	1489	1711	2017	2083	1716	1766	1925	1718	0	0	0
精制狂苗	650	655	682	700	711	721	735	742	768	811	785
水痘	79	234	397	485	489	678	766	554	452	466	412
防感灵	21	25	441	186	143	539	812	412	123	14	12
麻腮风	1030	236	560	321	775	812	791	920	929	718	687
卡介苗	975	1120	1300	1295	1123	1080	1169	1011	891	838	789

2000—2016年园洲镇0～6岁儿童疾病普查情况

表18-16

年份	受检数（人）	受检率（%）	身高正常（%）	体重正常（%）	疾病数（人）	治疗率（%）	缺点数（人）	矫正率（%）	保健管理率（%）
2000	2042	95	96	95	0	0	1	100	95
2001	2121	96	98	96	0	0	0	0	97
2002	2187	97	96	98	0	0	1	100	96
2003	2346	96	97	96	0	0	1	100	97
2004	2328	96	98	97	0	0	2	100	96
2005	2382	97	97	98	0	0	1	100	98
2006	2490	96	97	97	0	0	0	0	97
2007	2516	97	96	97	0	0	0	0	96
2008	2728	96	97	98	0	0	2	100	98
2009	2810	95	98	97	0	0	1	100	97
2010	2985	96	98	98	0	0	2	100	98
2011	2890	96	97	97	0	0	1	100	96
2012	3705	96	98	97	0	0	1	100	96
2013	7645	96	97	97	0	0	0	0	97
2014	5453	97	97	98	0	0	0	0	97
2015	6990	97	96	96	0	0	5	90	95

第四章　公共卫生

1995年以前，镇域没有建立卫生管理机构，公共卫生较差。1996年，镇政府成立爱国卫生运动委员会（简称“爱卫会”），由镇长或主管文教卫生工作的副镇长、党委委员兼任爱卫会主任，下设办公室，领导和指挥全镇开展爱国卫生工作。同年10月，镇爱卫会分别成立园洲和九潭环境卫生服务站（简称“环卫站”），专门管理、监督全镇的环境卫生工作。2000年以后，镇农产品质量安全监督检测站、防疫站、食品药品监督管理所等单位部门，对食品、药品、饮用水进行经常性的检测与监督，确保人民群众的饮食卫生安全。2008年12月8日，广东省爱卫会授予园洲镇“广东省卫生镇”称号；2013年12月28日，园洲镇被评为“国家卫生镇”。

第一节 环境卫生

1993年以前，镇域的公共卫生存在“脏、乱、差”的状况。1996年，成立环境卫生服务站（简称“环卫站”），卫生状况有所好转。2004年以后，环卫站加大资金投入，增购环卫设施，扩大环卫队伍，加强管理，公共卫生逐年改善。

一、环卫机构

园洲环卫站成立于1996年，朱伟贤任站长。环卫站成立初期，干部职工6人，环卫工人25人，运输工具有25辆手推车和4辆手扶拖拉机，镇中心区建20个垃圾池。九潭环卫站成立于1996年，翟松章任站长。之后，梁润忠、梁润焯相继任过站长。建站初期，干部职工3人，环卫工人15人，运输工具有15辆手推车和3辆手扶拖拉机。中心区建有8个垃圾池。

2003年，园洲、九潭并镇后，撤销九潭环卫站，由园洲环卫站统管全镇环卫工作，朱汝文任站长。此后，园洲环卫站的队伍不断扩大，设备不断更新，管理越来越完善，成为护卫镇内公共卫生环境的重要机构。

二、环境卫生责任制度

为加强、规范镇内环境卫生管理，改善人居环境，2010年，镇政府制订《园洲镇环境卫生责任制度》，并要求卫生职能部门、村（居）委会、单位部门和居民认真遵守，自觉执行。

（一）镇环卫站责任

负责全镇环境卫生日常的监督和管理：加强环卫队伍的建设管理，建设一支责任心强、工作效力高的环卫队伍；加强市区环境卫生的检查，发现问题及时整改和解决，特别是要加强卫生死角的整治；开展经常性的卫生巡查，对受到破坏的环卫设施，如垃圾桶、沙井盖、垃圾池等要及时维修、更换或添置；下雨（尤其下大雨）时，要昼夜巡查，发现街道积水严重，要组织人力及时疏通；定期派人到各村委会检查、督促落实环境卫生责任制度；定期在镇区投放灭“四害”（鼠、蝇、蚊、蟑螂）药物。

（二）村民委员会责任

建立以村民小组为单位的环卫队伍，定期清扫街巷和公共场所；村民委员会要定期对村小组的环卫工作进行检查督促，发现问题要及时整改；定期组织村小组的干部进行环境卫生检查评比，评选先进，带动后进；定期发放灭“四害”药物给村小组投放。

（三）居民责任

养成良好的卫生习惯，遵守卫生公约和有关卫生制度；垃圾要投放到指定的投放点，经常打扫自家门前屋后的垃圾，保持整洁的环境；不散放宠物，防止宠物的排泄物污染环境；互相监督，共同保护环境。

三、工具设施

从2004年起，园洲镇环卫站队伍逐年扩大，至2016年，环卫队伍人数235人，年工资总额590万元。2006年以来，环卫站不断增加工具设备。至2016年，环卫站有洒水车3辆、电动巡逻车3辆、机械化扫路车2辆、垃圾压缩清运车2辆、龙马农用车8辆、封闭式收集垃圾人力手推车320辆、环保型果皮箱239个、垃圾桶932个、环保型垃圾收集屋6座、铲车5辆、环保小型垃圾池180个。

2016年园洲环卫站设备情况表

表18-17

设备名称	数量	已使用年限	工况状况	备　　注
上南垃圾压缩运转站	1座	6年	正常	配有垃圾压缩清运整套设备
洒水车	3辆	9年	正常	新旧程度不一
机械化扫路车	2辆	5年	正常	新旧程度不一
环保小型垃圾池	180个	6年	正常	新旧程度不一
比较规范型垃圾临时堆放点	16个	3年	正常	新旧程度不一
电动巡逻车	3辆	2年	正常	
电动保洁车	5辆	2年	正常	
垃圾压缩清运车	1辆	6年	正常	
铲车	5辆	6年	正常	新旧程度不一
清运垃圾龙马农用车	8辆	5年	正常	新旧程度不一
封闭式收集垃圾人力手拉车	230辆	3年	正常	新旧程度不一
环保型果皮箱	239	6年	正常	新旧程度不一
垃圾桶	932	6年	正常	新旧程度不一
分类型垃圾桶	228	3年	正常	新旧程度不一
环保型垃圾收集屋	6座	2年	正常	
江头垃圾压缩转运站	1座	2年	正常	配有垃圾压缩清运整套设备
垃圾压缩运输车	1辆	2年	正常	
垃圾箱运输车	1辆	2年	正常	
密闭式垃圾箱	35个	2年	正常	新旧程度不一
尾压式运输车	1辆	1年	正常	

四、爱国卫生日活动

2009年，中共园洲镇党委、政府确立每月农历初一、十五为爱国卫生日。爱国卫生日期间，镇政府所有单位、部门一律暂停办公，干部职工奔赴各自单位责任制的街巷、路段，扫垃圾、锄杂草、排积水、清沟渠、刷洗“牛皮癣”……农村村委会在此期间也组织村委干部、村民小组干部和各村保洁员上街上路搞卫生。

五、粪便垃圾处理

（一）粪便处理

1994年以前，粪便由各单位、各家庭自行处理。厂矿企业、单位部门和居民家庭都建有化粪池。但排污系统不畅通的村庄，常常污水满地，环境恶臭。2002年，环卫站与君诚环卫清洁服务有限公司（简称“君诚服务公司”）签订合同，由君诚服务公司承包全镇的粪便清理工作。环卫站还制定严格控制滥排、偷排粪便的规章制度，规范全镇对粪便的处理。君诚服务公司公布其服务热线，哪家需要抽排粪便，只要拨打其热线电话，工作人员在15～20分钟内便到达现场。君诚服务公司采用自动化机械清理粪便，20分钟内便可以清理完1个化粪池的粪便。粪便装上密封的运输灌车，运到预先签订供需合同的菜场、果场或沼气场，用作有基肥或发酵沼气。2003年以后，滥排、偷排粪便现象得到有效控制。

（二）垃圾处理

1994年以前，企事业单位部门自建垃圾池，定期雇人用手扶拖拉机清运垃圾。居民家庭产生的垃圾，则处于“无王管”的状态，造成纸屑胶袋漫天飞，餐厨和建筑垃圾堆积如山的乱现象。1996年，环卫站制定《环境卫生责任制度》，规定居民家庭产生的垃圾必须倒到指定的垃圾桶（箱）或垃圾池里；建筑垃圾要倾倒到指定的填埋场中，违者将受到严厉处罚。2004年以后，镇环卫站加大环境卫生的工作力度。每天，环卫工人把收集的垃圾用龙马车运到6座垃圾收集屋，然后用压缩清运车运到博罗县生活垃圾焚烧厂。镇中心区的垃圾日日清，不过夜。乡村各村民小组都在适当的位置放置垃圾箱、果皮箱，建起垃圾池。村民把垃圾投放到垃圾桶或垃圾池里。公共场所雇保洁员每天打扫。村民小组定期雇车把收集的垃圾运送到镇环卫站设立的垃圾收集点里。

第二节　饮食品卫生

一、饮水卫生

1991年及之前，住在东江、沙河边的村庄，如龙叫、土瓜圩、沙头、深沥、陈屋、寮仔以及九潭圩镇等村民，以饮用东江和沙河水为主；住在腹地的村庄，如田头、桔头、禾山、河北区的凤山、上村、佛岭、马石岗、沥东、沥西等村民，以饮用井水为主。江、河、井水均无经过化验，又没有过滤，既不干净，又不卫生，所以，以前镇域患沙眼、肾结石病的人较多。1991—2006年，镇域新建、扩建自来水厂，供水能力16.5万立方米，解决镇域居民的安全饮水问题（详见第六篇“水利”第一章“水资源”）。

二、食品卫生

1995年以前，镇域对食品卫生监管不到位。1996年，园洲中心市场开业，蔬菜、鱼肉集中到中心市场买卖，成立市场管理办公室进行管理。2000年，镇政府成立农产品质量安全监督检测站。之后，兽医站（防疫站）、食品药品监督管理所等单位部门共同参与食品卫生监督管理。职能部门各司其职，共同维护食品卫生安全。农产品质量安全监督监测站负责监督检测蔬菜瓜果类，主要检测内容是蔬菜瓜果的农药残留是否超标、是否有霉烂。食品药品监督管理所负责监督检测食品行业、烟酒行业，主要检测内容是饮食行业是否有用“地沟油”，是否用病死猪肉、牛肉和灌水肉，是否用病死的禽类肉。防疫站负责监督检测生猪和禽类。1998年1月，镇政府成立生猪管理办公室（简称“生猪办”）；2月，生猪办建立生猪屠宰场。生猪屠宰场开业后，取消镇域的屠宰点，全镇出售的猪肉都由镇政府生猪屠宰场供应。在屠宰场里，猪进肉出均要防疫站检查，合格肉盖上检测印章，居民认章购肉。2000年以来，园洲全境没有发生过食物中毒事件。

第三节　学校卫生

学校卫生包括个人卫生、饮食卫生和环境卫生。镇域的中小学校都采取有效的措施，营造良好的卫生环境，确保师生的身体健康。

一、个人卫生

学校要求学生饭前、便后、睡前要洗手。2003年，广东省部分地区发生“非典”以后，学校要求学生每节课上课前都要洗手。为此，学校增设洗手台，并放置洗手液供学生使用。学校要求学生要勤换衣服。学生个性活泼，活动量大，出汗多，学校要求学生在夏、秋季每天换衣服，春、冬季两天换衣服，保持穿衣整齐洁净。学生坚持体育锻炼，上好每节体育课，每天坚持做“两操”（课间操、眼保健操）。

二、饮食卫生

园洲中学和九潭中学从创办开始便有食堂。2006—2015年，河南区第一、第二中心小学和九潭中心小学也办起食堂，为学生提供早餐和午餐。在镇教育委员会和两所卫生院的指导下，办有食堂的学校重视加强师生的饮食卫生管理，从未发生食物中毒现象。

（一）后勤人员

从事食堂工作人员必须到医院体检，持有医院出示的身体健康证明方可上岗。之后，每学期坚持体检

1次，发现不适宜从事饮食行业工作的员工，学校予以辞退。从事食堂工作的员工，在工作期间必须穿工作服、戴口罩和手套。

（二）食 品

食堂所有食品，包括大米、蔬菜、油、盐、酱、醋，都实行定点采购，与供应商签订食品安全合同，一旦发生食物中毒事件，追究有关供应商的责任。

（三）餐 具

食堂配备消毒柜，厨房的餐具坚持先消毒后使用。过时的、有破损的餐具及时更换。食堂内外，坚持每月消毒一次。每次用餐后，工作人员都要擦净台凳，清洗食堂，保持食堂洁净。

（四）定期检查

两所卫生院的防保科，每季度派员工到学校食堂检查食品、饮用水，发现问题通知学校及时整改。

（五）整顿环境

2006年，镇教育委员会联合工商所和食品卫生办，对学校周边的小卖部、小食店进行清理，责令在距离学校50米范围内的饮食经营者全部撤走。

三、环境卫生

（一）张贴警示标语

课室、走廊和公共场所贴上或悬挂“讲卫生光荣，不讲卫生可耻”“不随地吐痰、不乱丢果皮纸屑”、“做讲卫生、守纪律的好学生”等标语，对学生起着警示作用。

（二）坚持制度化

各校都坚持每天一小扫、每周一大扫（大扫除）制度，推行每月一次“卫生流动红旗”卫生评比制度，激发和增强师生加强环境卫生建设的意识。

（三）教学卫生

教学卫生具体要求：教室面积要合理，室内课桌凳、黑板、讲台、灯光照明要符合卫生要求，课程安排要有利于学生健康，符合学生用眼要求，严格控制学生的学习负担，严格控制课时，严格控制课外作业和考试次数。教师要文明执教，衣着整洁，仪表端庄，公共场合不准穿拖鞋、短裤、背心，不拖留课堂。批改作业要细致，批注字迹要清楚，板书要工整，讲课声音要适中，上课时不对着学生咳嗽、打喷嚏，不抽烟。学生上课坐姿要端正、自然，书写时，头要正，背要直，眼睛距纸面一尺（约33厘米）左右，定期调整座位，防止学生患上斜视。

（四）体育卫生

锻炼时先做好准备活动，有病的学生要停止锻炼，根据学生性别、年龄特点和体育活动能力分组进行不同要求的锻炼。生理负担能力差的学生进行保健性锻炼。

（五）社会实践卫生

安排社会实践劳动，不能让学生干有毒、易燃、易爆等危险性大的劳动，要考虑学生年龄大小、个子高低、体质的强弱，调整劳动强度，劳动时间不宜过长，同时要注意劳动保护和安全。

第四节　创建卫生镇工作

2008年4月，中共园洲镇党委和政府向广东省爱国卫生运动委员会呈送《园洲镇创建广东省卫生镇的申请报告》，拉开园洲镇创建“广东省卫生镇”和“国家卫生镇”的序幕。

一、创建广东省卫生镇

（一）组织机构

1.领导机构

总指挥：徐建辉（党委书记）；组长：熊满池（镇长）；副组长：陈沛林（党委专职副书记）以及副镇长、党委委员等16人。成员由党政办、经济发展办、规划建设办、农业办、文卫办、文化服务中心、广播电视站、派出所、交警中队、工商所、兽医站、卫生院、自来水公司、县消杀中心园洲分站以及各村（居）委一把手组成。创建省卫生镇办公室（简称“创卫办”）设在镇文卫办，李永忠兼主任。从党政办、规划办、农业办等部门调抽人员专职办公，协调相关部门落实创建“广东省卫生镇”的具体工作。

2.专业工作机构

（1）爱国卫生组织管理组

负责爱国卫生组织管理内容的落实。责任单位有镇文卫办、各村（居）委会。责任人陈永汉、梁耀洪、李永忠。

（2）健康教育与健康促进组

负责健康教育与健康促进内容的落实。责任单位有文卫办、文化服务中心、广播电视站、工商所、卫生院、各村（居）委会。责任人陈永汉、梁耀洪、李永忠。

（3）镇容环境卫生组

负责镇容环境卫生的落实。责任单位有规划建设办、广播电视站、各村（居）委会。责任人黎容清、李沛宁、朱伟贤、梁洪根。

（4）环境保护组

负责环境保护的落实。责任单位有经济发展办、环保办、各村（居）委会。责任人叶植辉、刘永忠。

（5）市场管理组

负责市场管理的落实。责任单位有房地产开发公司、工商所、卫生院。责任人陈焕灼、蔡金柏、朱小平、曾幸莆。

（6）公共场所卫生、饮用水卫生组

负责公共场所和饮用水卫生的落实。责任单位有卫生院、自来水公司。责任人黄水杨、朱容浩、朱小平。

（7）食品卫生组

负责食品卫生的落实。责任单位有博罗县卫生监督所、卫生院、农业办。责任人林恩思、朱小平、陈万良。

（8）传染病防治组

负责防治传染病防治的落实。责任单位有卫生院、文化服务中心、广播电视站。责任人谭汉稳、梁洪根、朱小平。

（9）除“四害”组

负责除“四害”工作的落实。责任单位有文卫办、县卫生消杀中心园洲分站、卫生院和各村（居）委会。负责人谭汉稳、梁洪根、朱小平。

（10）资料组

负责资料的落实。负责单位有党政办、“创卫办”。负责人梁照英、李永忠。

（11）后勤保障组

负责“创卫”经费的落实。责任单位有镇财政所、各村（居）委会。责任人刘少峰、林学辉。

（二）创建工作

1.动员阶段

2008年4—6月，镇党委、政府召开创建广东省卫生镇动员大会。会上，镇领导阐述创建省卫生镇的意义，要求与会者明确责任，在全镇开展广泛宣传活动，营造创建省卫生镇的社会氛围。参加会议的有镇政府全体干部职工、村（居）委会干部、单位部门负责人等1000多人。

2.自查自纠阶段

2008年7月，各部门、各单位对照省、国家卫生镇的标准，落实基础设施建设，查漏补缺，加强管理，保证各项工作达标。

镇环卫站增购1辆洒水车、1辆扫路车、4辆农用运输车和120辆手推车；增招环卫工60人；增设85个纸皮箱和230个垃圾桶；增建2间垃圾收集屋。原本没有垃圾池的自然村都建起1～3个垃圾池，每个村委会增建垃圾转运站。

3.县调研考核阶段

2008年8—9月，根据博罗县爱卫会在调研考核中提出的意见和建议，对存在的问题认真整改。9月底，惠州市爱卫会审查；10月底，通过市爱卫会的考核验收，上报省爱卫会。

4.省检查调研阶段

2008年11月，市爱卫会协调省爱卫会，组织专家和有关人员调研考核。镇各部门和单位对省调研组提出的问题进行整改。“牛皮癣”刷洗不彻底，城监部门白天、晚上都要上街巡查，单位部门分路段或区域包干，突击刷洗和经常性刷洗相结合。市场垃圾多，城管要求各摊位业主签订保证书，保持摊位所属经营范围长期整洁。

5.迎接考核阶段

2008年12月，各单位部门和村（居）委整理好有关备检资料，巩固成绩，迎接省爱国卫生运动委员会组织的调研考核验收。2008年12月28日，省爱卫会授予园洲镇“广东省卫生镇”的称号。

二、创建全国卫生镇

园洲镇在获得“广东省卫生镇”称号后，省爱卫会建议镇党委、政府向全国爱国卫生运动委员会（简称全国爱卫会）提出创建国家卫生镇的申请。自此，园洲镇向创建国家卫生镇的目标挺进。创建国家卫生镇，保持创建广东省卫生镇的组织领导机构。

（一）创建程序

1. 申报阶段

2009年2月，镇委、政府组织人力起草创建国家卫生镇的申请报告，经反复审核和修正后，于2009年4月呈送全国爱卫会。2010年2月，全国爱卫会把申请报告的批复文件和国家卫生镇评选条件（细则）发给镇委、政府。

2. 学习、自查阶段

2010年3月至2010年8月，镇委、政府反复多次组织领导机构成员和专业工作机构（各小组）负责人学习国家卫生镇评选条件，根据现有成绩，逐条对照自查，找出差距，做好记录，拟定整改方案，并把整改工作落实到各专业工作机构（各小组）。9—12月，各专业工作机构根据镇委、镇政府的整改方案拟定具体的整改计划和措施，送镇委、镇政府班子审阅补充。

3. 整改阶段

这个阶段从2011年2月至2011年12月。在近一年的时间里，各专业工作组各司其职对照“整改方案”逐条逐项落实整改。如爱国卫生组织管理组，组织人员到单位、学校和乡村指导拟订爱国卫生公约；镇容环境卫生组坚持对全镇的大街小巷巡查，对道路卫生、“牛皮癣”等问题进行整改；环境保护组加强对工厂、企业偷排偷放的巡查和处理；除“四害”组定期投放灭鼠灭虫药物等。通过对广大群众的宣传和教育，群策群力，镇域的卫生环境在原有良好的基础上又上了一个台阶。

4. 迎接巡视复查阶段

2012年2—4月，全国爱卫会联合省爱卫会对园洲镇创国家卫生镇的工作进行巡视（明察暗访），在肯定成绩的基础上，对个别存在的突出问题提出限时整改和治理意见。存在比较突出的问题，诸如空气质量仍未达标、沙河的治理还不够彻底、一些偏街小巷仍有“牛皮癣”、处理垃圾的设备仍欠足够等，要求在10月底前必须把存在的突出问题整改和治理好。

5. 突击整治阶段

根据国家爱卫会和省爱卫会的要求，镇委、镇政府拟定2012年5—10月为突击整治阶段。空气不达标，根源来自工厂偷排废气和汽车排放的尾气；沙河的污染源来自工厂偷排工业废水和个别隐匿的养殖场。在这几个月的时间里，多个专业工作组联合起来，昼夜轮值巡查，对偷排工厂，发现1间整治1间。在这段时间里，责令整改的工厂62家，责令停产整治的工厂40家，责令关闭或搬迁的工厂8家，拆除养殖场5个。

6. 迎评阶段

资料组整理好所有资料，迎接国家爱卫会和省爱卫会的联合复查与评审。2012年12月28日，全国爱卫会授予园洲镇“国家卫生镇”称号。

第十九篇　社　会

第一章　民政、社会福利

第一节　民　政

一、机　构

1960年，园洲设立民政办公室。2001年，园洲镇民政办公室按照上级文件要求改为园洲镇社会事务办公室。1980年，九潭从铁场人民公社分出后，设立民政办公室。2001年，九潭镇民政办公室按照上级文件要求改为九潭镇社会事务办公室。

2003年，九潭镇正式并入园洲镇，两镇社会事务办公室合并成园洲镇社会事务办公室，下设园洲镇残疾人联合会和园洲镇老龄工作委员会。2016年，园洲镇社会事务办公室有10名工作人员。

二、社会福利

新中国成立后，党和人民政府对社会福利工作采取“依靠基层，生产自救，群众互助，辅之以政府必要救济”的方针。镇域一面从事社会救济福利工作，保障人民的物资生活，促进社会安定团结；一面举办救济服务事业，积极发展福利生产，为社会提供物质财富。

（一）扶 贫

镇域的扶贫主要有集体扶贫和“一对一”扶贫两种。

1. 集体扶贫

20世纪80年代初期，银行采取无息贷款形式为镇境域内20多户贫困户贷款50多万元，帮助他们购买耕牛、农具以及种苗；卫生院免收贫困户看病的挂号费；学校免收贫困户子弟的学杂费。2009年以前，水库移民的贫困户的生活补贴都是由县民政局发放的。2010年以后，这些贫困户的生活补贴由镇政府发放。从2010年开始，镇政府给予新丰、马石岗、先锋3个移民村的6名失去劳动能力的智力障碍移民每人每月补助300元；从2011年起，给予先锋移民村失偶、一人抚养3名儿女的妇女杨荣新家庭每月补助1000元；从2010年起，给予马石岗移民村患尿毒症病的钟飞羽家每月补助1040元。

2. “一对一”扶贫

2008年，镇党委、镇政府21名副科级以上干部实行“一对一”扶贫。通过调查核实，全镇有21户特困户。每位干部负责帮扶1户贫困户。帮扶内容包括：联系镇域工厂企业，招聘贫困户家庭人员就业；指导和帮助贫困家庭发展种植业、养殖业；帮扶贫困家庭考上大学的子女完成学业；给予贫困户一定资金支持。镇党委规定每位帮扶干部每年至少给予及贫困户1500元的资金支持。“一对一”扶贫一直坚持到2014年。7年的“一对一”扶贫，让21户贫困户中的13户摘除了贫困户的帽子，其余8户的经济环境也有了很大改善。

（二）老人福利

1. 敬老院

园洲镇敬老院始建于1991年，位于园洲镇九潭长寿路，占地面积18亩。2007年，投入资金160多万元新建宿舍楼1幢，并铺设院内水泥路面、排水管、绿化等，新增套房40间；2010年投入资金80多万元建起围墙完善住宿配套房1栋，购置太阳能热水器等，扩建后院内建筑面积1500平方米，套房49间。敬老院工作人员6人（含临时护工2人），供养16位五保老人，每年投入资金30多万元（包括工作人员工资、水电费、其他日常维护费用等）。

2. 五保户帮扶

辖区无劳动能力、无生活来源又无法定抚养义务人(法定抚养义务人，是指按《中华人民共和国婚姻法》负有抚养和赡养义务的人)，或虽有法定抚养义务人，但法定抚养义务人无抚养能力的老年人、残疾人、未成年人，由本人申请或村民小组提名，经由村委会审核，由镇人民政府批准，报县民政部门备案，加入五保户，由县、镇、村三级在吃、穿、住、医、葬以及未成年人教育方面给予生活照顾和基本物质保障。逢年过节，干部均上门慰问，送医送物，使他们生有所养、病有所医、死有所葬、安度晚年。

1964年，博罗全县对五保户实行“五保”（保吃、保住、保穿、保医、保葬）制度。是年，镇域对符合“五保”条件的居民实行“五保”。生产队负责保吃（供应粮食）和燃料，县财政负责其余“四保”。1982年，实行家庭联产承包责任制后，五保户的“五保”资金全部由县财政支付。从1964年至1990年，镇域都是以分散保的形式实行“五保”。

1991年，园洲镇敬老院建立后，镇域实行集中保和分散保相结合的“五保”方法。住敬老院的五保居民实行集中保，分散各村住的五保居民实行分散保。五保资金由县财政发放，不足部分由镇财政补贴（这项补贴只限于集中保即敬老院那一部分）。

2015年，对五保户实行新供应标准，每人每月819元，由县财政委托银行每月10日前足额发放到敬老院和散保户的账户中。2016年，镇境共有五保老人60人，其中16人入住敬老院，44人散居在各村。

3. 老人优待

辖区各村都按照上级要求设有老人活动中心，并提供电视、麻将牌、象棋、乐器等娱乐器具，许多老人到活动中心开展身心愉快的健康活动。部分条件较好的村还定有“老人节”，并视集体经济情况，向60岁以上老人发放老人金。此外，按惠州市老人优待规定，园洲镇65岁以上老人办理“惠州市老年人优待证”，让老人们免费乘车。

（三）福利彩票

1995年，辖区设有福利彩票投注站，地点设在园洲镇兴园一路。福利彩票是国家为筹集社会福利资金，支持社会福利事业所发行的一种有奖凭证。福利彩票的发行宗旨是：助老、助残、救孤、济困。辖区投注的福利彩票，属广东省的有南粤风采36选7、26选5和3，属全国的有双色球36选7和体育彩票大乐透。

三、社会救助

（一）医疗救助

为解决低保对象、五保户、重点优抚对象"看病难"问题，园洲镇为低保对象、五保户、重点优抚对象购买了医疗保险，费用从市级负担的基本医疗救助金中扣除，保障低保对象、五保户、重点优抚对象享受医疗需求。2010—2016年，镇域购买医疗救助保险的"五保"人数变动不大，保持在51～60人之间变动。其中2010年60人，2011年58人，2012年52人，2013年58人，2014年51人，2015年51人，2016年60人。

（二）读书资助

2008年以来，共为150名优抚对象子女申请了困难转业复员退伍军人烈军属子女读书补助，其中高中每学年补助2100元，中专每学年补助2500元，大专每学年补助3000元，本科每学年补助4000元，共计发放困难补助约35万元，解决了优抚对象子女读书难的问题。

（三）残疾救助

园洲镇把残疾人事业经费纳入镇财政预算，在社会事务办设立专户，由镇会计核算中心严格管理，专款专用。对生活有困难的残疾人给予专项补助，2012—2014年，共补助282户，补助款67.68万元。每年的春节，都开展助残活动，镇委、镇政府有关领导带上慰问金和慰问品，探访有困难的残疾人。为保障残疾人生活水平，2013—2014年，园洲镇为残疾人申领"重度残疾人专项补助金"：2013年，申领258人，补助金共15.48万元；2014年，申领282人，补助33.84万元。至2016年，境内共为704名残疾人办理残疾人证。

四、复退军人抚恤优待

（一）安 置

长期以来，镇域各级领导重视复退军人安置工作，相应制定各项安置优抚政策。1986年以来，镇政府机关及下属企事业单位接收安排工作的退伍军人有200多人，经过选拔培养后进入农村担任村干部或后备干部的约有100人，在县直属单位工作的退伍军人有62人，其余的在工厂企业上班或经营自己的生意。不少企事业和厂矿单位对退伍军人都优先招聘录用。注重年轻的退伍士兵的技能培训，每年都积极动员前一年冬季退役的士兵到中等技术院校免费参加职业技能培训学习。2006年以来约有130人报名参加学习培训，同时优先考虑其就业。园洲和九潭派出所巡逻队就安排了约80名退伍兵。

（二）抚 恤

严格按照国家的优抚政策和惠州市有关规定，对烈属、老复员军人、残疾军人、参战、涉核人员等重点优抚对象，按时发放抚恤定补金。2014年，境内每人每月抚恤定补金为：烈士遗属2180元，病故军人遗属1825元，在乡复员军人1330元，带病回乡退伍军人895元，革命伤残军人790元，在乡参战退役军人630

元，直接参与铀矿开采军队退役人员630元。抚恤定补金由银行划拨到个人账户。每年春节与“八一”，镇委、镇政府和各单位、社会爱心团体都对优抚对象进行节日慰问，赠送慰问品和慰问金。

（三）优 待

优待对象是历次革命战争中为国捐躯的烈士家属、因公牺牲和病故军人的家属、在职残废军人、在乡因公致残人员、有功人员和义务兵家属等。优抚的形式有：优待军属劳动日，定期发放优抚金、慰问金、保健金和定期补助等。优抚对象每季度按国家政策享受的待遇落实到其个人存折中。每年春节、“八一”建军节期间开展走访慰问、召开座谈会等活动，为烈属、病故军人家属、老复员军人、病退军人、伤残军人送上1000～2000元／户慰问金及米油等慰问品。2014年春节，镇政府领导慰问参战退役人员及困难复退军人的慰问金达23800元。从2005年12月起，开展的非公经济组织和在职副科以上干部挂钩帮扶重点优抚对象的活动持续不断，至2013年已筹措发放帮扶款超过65万元，每户重点优抚对象每月领取超过300元的帮扶款。2014年春节，优待义务兵军属共41户，在上级评定优待金8869元的基础上，镇政府对每户义务兵家属进行慰问，每户发放慰问金500元；优待重点优抚对象6户，奖励立功受奖军人20人，慰问当年入伍新兵18人，共计发放优待金464780元。为保障抚恤定补优抚对象医疗待遇，切实解决优抚对象医疗困难，贯彻落实《博罗县抚恤定补优抚对象医疗保障实施办法》，建立以城镇职工基本医疗保险、居民基本医疗保险和社会医疗救助为依托，以政府医疗补助和以医疗优惠减免为补充的医疗保障制度，保障优抚对象的基本医疗需求。2010年以来，全镇共为在县外医院住院的优抚对象申请医疗补助8人次，共计发放医疗补助35171元。2008年以来，共为150名优抚对象子女申请困难转业复员退伍军人烈军属子女读书补助，其中高中每学年补助2100元，中专每学年补助2500元，大专每学年补助3000元，本科每学年补助4000元，共计发放困难补助约35万元，解决了优抚对象子女读书难的问题。根据政策规定，共为2名下岗失业后由自己购买社保的参战退役人员申请社保补助，由其先行垫付，民政部门凭其缴纳社保发票，每半年向上级申请社保补助。

五、婚姻登记

1960年，执行《中华人民共和国婚姻法》，为年满20周岁男子、年满18周岁女子办理结婚登记。从20世纪70年代起，中央号召男女青年提倡晚婚，实行晚婚晚育，规定男子不得早于25周岁，女子不得早于23周岁结婚。1980年，国家重新修订婚姻法，规定结婚年龄，男子22周岁，女子20周岁。登记结婚后，女子可以成为男方家庭成员，男子亦可以成为女方家庭成员。

21世纪初，经济快速发展，外来务工人员大增，出现大量当地青年与外地省、市、县青年结婚现象：2000年，登记结婚395对，其中与外地青年结婚的152对，占当年结婚总数的38.5%；2001年登记结婚302对，其中与外地青年结婚的99对，占当年结婚总数的32.8%；2002年登记结婚409对，其中与外地青年结婚的152对，占当年结婚总数的37.1%；2003年登记结婚524对，其中与外地青年结婚的193对，占当年结婚总数的36.8%。原九潭镇：2000年登记结婚190对，其中与外地青年结婚的115对，占当年结婚总数的60.6%；2001年登记结婚181对，其中与外地青年结婚的107对，占当年结婚总数的59.1%；2002年登记结婚220对，其中与外地青年结婚的117对，占当年结婚总数的53.2%；2003年登记结婚236对，其中与外地青年结婚的144对，占当年结婚总数的61.4%。

20世纪之前，当地青年与外地(县、市、省)青年结婚现象不多，出现离婚现象比较少，每年不超过5对。2001年后，出现大量当地青年与外镇(县、市)青年结婚现象，受文化差异和两地分居影响，离婚数量有上升趋势。

六、殡葬改革

镇域民间旧习，死人丧葬，以入土为安。重殓厚葬的民间封建习俗，多以棺木土葬。有钱人家按礼治丧，耗费人力财力甚巨。贫者薄棺一口，葬于冢地，亦有用草席、木板裹尸葬于荒野的。20世纪50年代，上级人民政府引导群众破除殡葬陋习，提倡文明、简朴、节约办丧事。60年代，土葬由集体规划坟地，利用荒山荒地建立集体墓地，改变散葬现象。80年代开始，按上级要求，共产党员去世后带头实行火葬，移风易俗。并规定凡火葬者，若家庭经济困难，可凭“火化凭据”领取殡葬费或生活困难补助费。1986年，贯彻执行国务院《关于殡葬改革管理的暂行规定》和《广东省殡葬管理实施办法》，火葬率有所上升，但仍以土葬为主。

1998年，制定《殡葬管理规定》，通过一系列宣传发动工作，全镇群众大都自觉参与殡葬改革。2000年之后，镇域火化率每年均达100%。

第二节　社会保障

一、机　构

园洲镇社会保险保障管理所于2011年3月正式成立，是全镇社会保险的基层办事机构，在业务上接受博罗县社保局的指导，在人事工作上受当地镇的领导和管理，是镇属的一个股级单位。设所长1人，所长刘志斌。管理所现有事业编制职工3人和镇政府职工4人。主要职责是，负责镇内城乡居民基本医疗保险，城乡居民养老保险与农村基层干部、被征地农民、农村生育两女孩夫妇养老保险等具体业务办理。

二、工作情况

园洲社保所成立以来，缴费人数和缴费金额逐年增加，发放养老金额和住院报销金额也逐年提高，城乡居民养老和医疗保险已全面覆盖。“五保”供养标准达到819元/人/月以上；对收入未达到482元/人/月的特困群众按政策实行最低生活保障。2011—2016年，共受理群众咨询业务17708宗，解决群众反映的热点难点问题5391件，累计发放养老金3582.2万元，办理住院报销金额4398万元。

（一）城乡居民养老费征集

2010年开始征集养老保险费，缴费标准分别为120、240、360、480、600、960、1200、1800、2400、3600元/年，有10个档次选择。2016年，养老保险参保缴费36480人，参保率100%，领取养老待遇8962人，发放养老金108万元，发放率100％；子女养老参保缴费人数为395人，累计缴纳资金94800元。领取子女养老金待遇为4人，每月可领取子女养老待遇270元。截至2017年6月，被征地农民已落实受保障人数9590人，保障资金785.52万元。

（二）城乡居民医疗保险

2010年开始征集城乡居民医疗保险，缴费标准为每年30元。2011—2014年 ， 设A 、B档两档，A档缴费标准为每年30元，B档缴费标准为每年80元。2015年A 档缴费标准为每年80元， B档缴费标准为每年150元。2016年A档缴费标准为每年120元，B档缴费标准为每年200元。2016年，全镇城乡居民医疗参保人数54320人，征集831万元，城乡居民医疗共报销2685人，报销金额386万元。

（三）征集职工工伤保险费、养老保险费

2010年开始征集职工工伤保险费，2010—2014缴费标准820元，2015年起缴费标准1350元。2010年开始征集职工养老保险费，2010—2015缴费标准820元，2016年起缴费标准2900。至2016年，全镇职工工伤参保、养老保险费人数18620人。

第二章　人民生活

新中国成立前，镇域农民单耕独种，耕作技术落后，无力抵御频繁的自然灾害，收入无保障，生活贫困。

1949—1977年，农民走集体化道路。但受生产关系束缚和科学技术制约，农业生产发展缓慢。在此期间，除自然灾害影响，又相继受到“大跃进”“文化大革命”等运动冲击，农业歉收，粮食减产，农民收入不高。

中共十一届三中全会后，农村实行家庭联产承包责任制。富余的劳动力逐渐向第二、第三产业转移。农民收入逐年增加，生活质量和生活水平相应提高，过上丰衣足食的日子。

第一节　收　入

一、农民收入

（一）新中国成立前收入情况

1949年以前，镇域的农户单耕独干，耕作技术落后，水、旱灾常为患，农作物连年减收或失收，农民收入微薄，难以维持温饱生活。逃荒他乡、卖田卖地、卖儿卖女的现象屡见不鲜。

（二）新中国成立后收入情况

1949—1977年，农业走生产合作化集体道路，经历互助组、初级社、高级社和人民公社4个阶段。农民的收入在各个阶段有起有落，不稳定。改革开放政策，调动农民生产积极性，收入逐年增加。

1. 互助合作

1953年，土地改革结束后，镇域农民开始组织农业生产互助合作组（简称互助组）。参加互助组以自愿为原则，一个互助组一般由三五户组成。在农忙季节，几家人互相帮忙，调节劳动力、畜力余缺，避免耽误农时。事实证明互助组的生产开展得比单干户好，组员的收入比单干户多。

2. 初级社

1954年冬，在互助组的基础上，农民组建农业生产合作社（简称初级社）。农民入社仍以自愿为原则，农具折价入社，土地、耕牛入股。劳动力统一劳动，统一管理，评工记分，年终以劳动力工分，兼顾土地、耕牛入股的形式分红。初级社期间，土地集中，利于因地制宜规划种植；农具集中，利于提高农具的使用率；劳动力集中，利于及时完成抢种抢收和抗击自然灾害，农业生产较前有发展，农民收入也比以前有所增长。桔头村谭志棠在互助组时期，一造所收稻谷交完公、余粮后，只剩余200公斤；入初级社后，交完公、余粮还可剩余500公斤，按劳力和土地比例分红，分得156元钱。

3. 高级社

1955年冬至1956年春，镇域各村组建高级农业生产合作社（简称高级社）。农户除每人保留0.2亩自留地，其余田地、果树、鱼塘无偿入社，耕牛、农具折价归公。高级社实行评工记分、按劳分配、多劳多得的分配制度。工分等级分为三级：身强力壮的成年男人为一级劳动力，一个工作日记10分；身强力壮的成年妇女为二级劳动力，一个工作日记8分；年老体弱者和未成年人（14～17岁）为三级劳动力，一个工作日记5～6分。劳动日值的高与低，取决于当年集体收入的多与少。

高级社时期，统一劳力，统一经营，加固堤围，兴修水利，农业、副业齐发展，集体经济壮大，农民收入增加。

从低级社到高级社，粮食、经济作物、副业均获得大丰收，集体公益事业有所发展，社员的生活水平得到提高。详见第四篇“农业”第一章“生产关系”。

4. 人民公社

1958年夏，成立人民公社，农户的土地、耕牛、农具连同自留地等一切生产资料全归集体所有，粮食统一由集体管理。人民公社延续高级社时期的分配制度，社员的收入主要靠农业生产和集体分配。社员生活实行供给制，看病、读书、生育等均由集体负责。由于“浮夸风”盛行，各级虚报粮食产量，办起集体饭堂，吃饭不用钱。集体饭堂开办不到半年，几乎将下一年的谷种也吃光。在此情况下，集体只好压缩社员的口粮，主劳力每餐2.5～3两米，老人小孩每餐只有1.2两米，很多人因此患上水肿病。

1958年冬，公社抽调农村70%的劳动力投入“大炼钢铁”运动，结果铁没有炼成，农田又无人耕种，粮食减产，集体无分红，农民无收入。1959年夏，东江堤马嘶段崩堤，农民生活更困苦，人均每月口粮降至8.5～10公斤谷。

1962年，贯彻“调整、巩固、充实、提高”八字方针，实行包产到户，超产奖励，社员又重新分到自留地，积极性比以前高，生产逐渐发展起来，社员生活好转。人均每月口粮20公斤谷，劳动日0.8～1.2元。

“文化大革命”期间，狠批“以钱为纲”的资本主义倾向，推行大寨式的“政治评分”，严重挫伤农民的生产积极性。社员在劳动中磨洋工，出勤不出力，本来一个月可以完成的插秧工作，却拖到两个月也不能完成。“文化大革命”十年，粮食逐年减产，农民减收。人均月口粮从原来的20公斤减至12.5公斤，劳动日值只有5～6角。一个有2个劳动力的四口家庭，被扣除口粮及少量农副产品，如油、糖以及过年过节分鱼分肉的钱，年终便无结余；一个有2个劳动力的五口或以上的家庭，年终一般会超支。

中共十一届三中全会后，农村实行家庭联产承包责任制。农民除经营传统种植业，还发展养殖业，富余的劳动力外出打工、搞副业，增加家庭收入，经济条件不断改善，人民群众生活逐年改善提高。20世纪80年代，已有人成为“万元户”（年收入一万元或以上的家庭）。

90年代中后期，工业化进程加快，镇域80%的农民向第二、三产业转移，农户收入翻几番。1990年，农村人均纯收入1125元，比1980年增加887元，增长3.7倍。2016年，农民人均收入14761元，比1990年的1125元增加13636元，增长12.1倍。1990年年末，城乡居民储蓄存款余额3661.3万元，比1980年增长21.8倍，人均储蓄1330元。2016年年末，园洲镇城乡居民储蓄余额578423万元，人均储蓄余额8.12万元。

1979—2016年园洲镇农民年人均纯收入情况表

表19-1

年 份	年人均纯收入（元）	同比增加（元）	增长率（%）
1979	685		
1980	729	44	6
1981	773	44	5.7
1982	876	103	11.8
1983	1056	180	17
1984	1236	180	14.6
1985	1447	211	14.6
1986	1645	198	12
1987	1805	160	8.9
1988	1934	219	11.3
1989	2145	211	9.8
1990	2268	123	5.4
1991	2445	177	7.2
1992	2753	208	7.6
1993	2968	215	7.2
1994	3196	228	7.3
1995	3373	177	5.4
1996	3521	148	4.2
1997	3647	126	3.6
1998	3798	151	4
1999	3996	198	5
2000	4188	192	4.6
2001	4409	212	4.8
2002	4699	290	6.5
2003	5012	315	6.2
2004	5408	396	7.3
2005	5864	456	7.7

续表19-1

年 份	年人均纯收入（元）	同比增加（元）	增长率（%）
2006	6490	626	9.6
2007	7009	519	7.4
2008	7570	561	7.4
2009	8175	605	8
2010	8839	664	7.5
2011	9536	697	7.3
2012	10299	763	7.4
2013	11123	824	7.4
2014	12468	1345	10.8
2015	13714	1246	9.1
2016	14761	1047	7.1

二、居民、职工收入

民国至1955年，镇域仅马嘶圩、上南园和圩和九潭圩有居民，人数250人左右。他们从事个体商业和家庭小手工业，或到香港贩咸鱼、酸菜、淡菜仔、虾酱和药材之类回来，上街窜巷兜售，赚取微薄收入。

1956年，对个体工商业进行改造，有劳动能力的居民被安排到地方国营企业、集体企业或公私合营企业工作，成为这些企业的职工，月人均工资22～24元。

1958年，镇域人民公社成立后，开办粮食加工厂、瓦厂、农具社、副食品加工厂、酒厂、搬运站等集体企业，安排居民和从生产大队抽调一批农民到这些集体企业当职工，月人均工资22元；1978年，职工月工资增至56元；90年代末期，职工月工资增至220元。

2000年以后，国营企业、公私合营企业和集体企业陆续解体，职工领取一次性的“解除合同补贴”后便下岗。下岗后的职工或到工厂当工人，或自己创业。下岗再就业的职工月收入1800～2300元，2010年以后，普遍增至3000元。至2016年，职工年平均工资36000元，比1990年的3000元增长12倍。自己创业的下岗职工经营建筑业、餐饮业、办制衣厂、制衣加工作坊，他们的收入比当工人时更丰厚。

第二节　开　支

一、衣、食、住、行支出

（一）衣（衣着）

民国至20世纪60年代，镇域居民身着的是粗布衣服，脚穿的是布鞋木屐。衣服不分冬夏装。男人穿开襟布钮唐装衫，女人穿右边开襟布钮大襟服，男女都穿“打包裤”（人称“大包链”）。衣服多为黑色和蓝色，有的还打上补丁。70年代，干部、职工和小市民逐渐穿上的确良和西装裤。90年代后期，人们对穿着比以前讲究，不同季节穿不同的衣服，款式越来越多样化，布料质量好，颜色鲜艳，再没有人穿打补丁的衣服。偶或探亲访友、出席喜庆活动的人，着西装，穿皮鞋，衣着光鲜亮丽。2016年，全镇人均衣着年开支约1000元。

（二）食（饮食）

20世纪70年代以前，民众以大米为主食，小麦、番薯、芋头、木薯、黄豆、蔬菜为辅食。摆在饭桌上的菜色通常为咸鱼、豆豉、豆酱、青菜、瓜类、榄角、虾酱之类。普通家庭一年也难得吃上几餐鱼肉。70年代以后，主食仍是大米，但辅食中的芋头、木薯、黄豆已很少见。改革开放后，开放自由市场，粮、油、糖充足，鱼、肉、蛋类食品增加，居民每餐有鱼有肉，以前常搬上饭桌的咸鱼、榄角、虾酱等菜式已很少见。

镇域的传统小食和传统风俗食品种类繁多，有“糖不甩”、“大王糍”、糯米汤丸、米糊（芝麻糊、花生糊、豆糊等）、芋头糕、萝卜糕、裹蒸粽、艾角、红团、崧糕、年糕（俗称“饴隆”）、炒米饼、糖环、蒲米、碌堆、油角仔，等等。其中的炒米饼、糖环、碌堆、油角是春节招待亲戚朋友的佳品和拜年送礼必不可少的手信。2016年，人均饭食年开支约12000元。

（三）住（居住）

改革开放及至以前，镇域有30%的民房属青砖木瓦结构，其余都是泥砖屋。房屋矮小，每间30平方米，密封无窗，通风透光差。

20世纪90年代初期，农民建起红砖混凝土结构的楼房，每间房屋62平方米，一般两间并在一起2～3层高，前后有窗，地面铺上瓷砖地板，外墙贴瓷片。

90年代后期以后，居民对住宅小区的需求量越来越大。相继建造了很多住宅小区，据2016年统计，全镇已建成花园小区27个，建筑面积276.83万平方米，19685套单元，入住率60%。城乡住房更新发展迅速，城镇居民住房面积从1978年的人均10平方米增加到2016年的35平方米。

（四）行（交通）

20世纪70年代中期及以前，镇域居民外出都靠步行，若要出远门（如去博罗、石龙、广州等地），只有乘坐客船。那个时期，镇域没有一条水泥路，只有泥路和田间小路供人行走。70年代后期至80年代中期，有单车（自行车）代步；90年代后期，摩托车取代单车，成为主要交通工具；2000年以后，水泥路四通八达，汽车在路上穿梭。2005年以后，居民的汽车拥有量越来越多，汽车的档次越来越高，既有价值十几万元的，也有几十万乃至上百万元的。2016年，人均交通年开支约2775元。

二、通信、家具、燃料支出

（一）通 信

1960—1990年，镇域只有行政部门和企事业单位有手摇电话（座机），普通大众只能以口头或书信传递信息。90年代中期，数码电话进入家庭。90年代后期，移动（手提）电话机也进入群众的生活中。2000年以后，数码电话已普及每个家庭，有60%的人用上手提电话。2016年，人均通信费约1200元。

（二）家 具

20世纪90年代前，居民的家具比较简陋，木制品和瓦制品居多。饭桌是四脚的四方台，人称“八仙台”；凳子有木凳子、竹凳子、竹椅子；睡的是花榻木床或木板床；放衣物的是木橱柜、木箱子；餐具是瓦碗、瓦碟；盛水的是瓦缸。

90年代末期以后，居民家具不断改良。居民吃饭用上玻璃或大理石台面的饭桌；睡觉用上海绵钢丝床；饮茶用上大理石或红木茶几；饭后品茶聊天或看电视，坐在沙发上。普通家庭拥有电饭煲、电冰箱、电视机、热水器、电磁炉、微波炉，平板电脑也陆续进入家庭。

（三）燃 料

20世纪90年代前，农家煮饭煲汤、烧茶炒菜都用禾草、麦秆、豆秆、甘蔗渣（俗称“蔗肤”）、甘蔗壳（蔗叶）、榄树叶、木柴、竹片等为燃料。90年代后期以后，石油气和电已成为主要燃料。2016年，人均燃料开支约1400元。

（四）照 明

20世纪60年代前，家庭照明用的是煤油灯（俗称“火水灯”）和蜡烛，夜间走路用的是风雨灯（俗称“马灯”），开会、演戏用的是大光灯（俗称“煤气灯”）。

1963年夏，居民照明全都用上交流电。90年代中期，镇域中心区主要道路装上路灯。2000年以后，中心区的街道和通往各村的村道全装上了路灯。2016年，人均照明费约500元。

2016年园洲镇居民人均开支情况表

表19-2

开支项目	开支金额（元）
衣　着	1000
饮　食	12000
交　通	2775
通　信	1200
燃　料	1400
照　明	1500
合　计	19875

说明：开支金额只是约数字

第三章　华侨及港澳台同胞

新中国成立前与新中国成立后，镇域有居民到海外和香港、澳门、台湾打工谋生。据2015年4月统计，镇域有港、澳、台同胞和海外侨胞6万多人，是博罗县内名副其实的侨乡。

镇委、镇政府协同园洲镇归国华侨联合会（简称“侨联”），认真贯彻落实华侨政策，为港、澳、台同胞和海外侨胞回乡办企业开足“绿灯”，激发他们的爱国爱乡之情。他们踊跃回乡办实业，慷慨解囊资助家乡的公益事业，为园洲的建设和发展做出贡献。

第一节　概　况

镇域移民始于抗日战争时期。民国27年（1938年），日本军队入侵马西、桔头、上南、菉兰等村实行烧、杀、抢“三光政策”，逼得300多人逃亡到香港及海外。民国23年（1944年），土匪李朝洗劫菉兰李屋村，致使250人无家可归，逃到香港及国外谋生。民国36年（1947年），东江堤廖尾段崩堤，廖尾、桔头、禾山、菉兰等村共有2000多人逃往香港、南洋等地谋生。破产的农民被贩卖到美、英等国挖金矿，修铁路，成为“契约华工”。新中国成立后，由于自然灾害频发和经济困难，分别于1957年、1961—1980年发生三次逃港高潮。1980至1981年，马西、禾山、桔头、上南、梁屋、李屋等村逃往香港的人数有250～300人。据不完全统计，全境逃往香港人数近2000人。20世纪80年代末期以后，港、澳、台同胞和海外侨胞在国内的家眷通过合法途径，迁居海外和港、澳、台地区，成为合法移民。据不完全统计，这些移民近2千人。

据2015年4月统计，镇域共有港、澳、台同胞和华侨超过6万人。其中港、澳同胞12467人、台胞63人；华侨1万多人，侨胞分布在美国、加拿大、英国、荷兰、日本、越南、澳大利亚、印度尼西亚、新加坡等国家。

2015年园洲镇各村（居委会）港、澳、台同胞和海外侨胞分布情况表

表19-3

村（居）名	华侨（人）	港、澳同胞（人）	台胞（人）	分布国家和地区
园洲居委会		73		香港、澳门
马嘶村		2500		香港、澳门
田头村	5	76		美国、中国香港、中国澳门
桔龙村	41	1510	10	美国、中国香港、中国澳门、中国台湾
廖尾村	6	296		美国、中国香港、中国澳门
禾山村		1100	33	香港、澳门、台湾
土瓜圩村	12	90		日本、加拿大、中国香港、中国澳门
深沥村	21	184		荷兰、加拿大、中国香港、中国澳门

续表19-3

村（居）名	华侨（人）	港、澳同胞（人）	台胞（人）	分布国家和地区
阵村村	5	205		加拿大、中国香港、中国澳门
沙头村		181		香港、澳门
上南村	40	2700		美国、加拿大、中国香港、中国澳门
刘屋村		420		香港、澳门
下南村		310		香港、澳门
江头村	81	353		越南、美国、加拿大、中国香港、中国澳门
白耀前村	13	300		美国、加拿大、中国香港、中国澳门
高头村	4	59		澳洲、加拿大、中国香港、中国澳门
李屋村	268	836		美国、加拿大、澳洲、新加坡、越南、中国香港、中国澳门
寮仔村		43		香港、澳门
白马围村	20	400	20	美国、澳洲、中国香港、中国澳门
九潭居委会	3	10		加拿大、中国香港、中国澳门
上村村	3	120		美国、中国香港、中国澳门
水口村		13		香港、澳门
凤山村	9	82		新加坡、中国香港、中国澳门
义合村	15	200		美国、加拿大、中国香港、中国澳门
佛岭村	1	14		英国、中国香港、中国澳门
沥东村		150		香港、澳门
沥西村	23	61		美国、中国香港、中国澳门
新村村	4	70		美国、中国香港、中国澳门
马石岗村	3	120		美国、中国香港、中国澳门
合计	577	12467	63	

说明：此表人数按迁出镇域时统计，在港、澳、台及国外繁衍的人数难以统计，粗略估计共有4万多人

第二节　侨务工作

一、侨务机构

1962年，河南区成立园洲镇归国华侨联合会（简称“侨联”），办公室设在原公社政府（在陈屋村东江边码头东侧）大楼内。梁锡田任主席，工作人员1人，共2人。1998年，侨联办公室搬到镇政府大院（园洲大道），工作人员增至3人。侨联的工作主要是处理归侨、港澳台胞事务，贯彻和落实国家的华侨政策，保护华侨及港澳台同胞的正当权益。

二、落实华侨政策

（一）“侨改户”

“侨改户”，即改变华侨、港澳台同胞被错划的阶级成分。1981年，镇域开始落实“侨改户”政策，将121户被错划的“华侨地主”“华侨富农”改为华侨、自由职业或群众成分。

（二）落实华侨私房政策

镇侨联认真贯彻、落实《中发办〔1984〕第44号文》关于加快落实华侨私房政策的意见的通知精神，于1984—1989年，将以前没收的、现在仍保存完好的97间侨房（含港澳台胞私房）全部退回给原屋主；对没收已倒塌的102间房屋，按面积计算折价退款给原房主。

（三）关心和服务华侨（含港澳台同胞）

侨眷、港澳台同胞亲属申请移民，镇政府和侨联热情接待并认真指导协助他们办理相关手续。据不完全统计，至2016年，协助办理赴港澳定居的港澳同胞亲属有723户，共1796人。

港澳台同胞在镇域创业或生活等方面遇到困难，镇党委、镇政府协同侨联及时给予帮助和解决。如协助港胞朱容香、李棠办理兴办惠园染织厂相关手续，帮助越南归侨梁应新申请抚恤金，协助梁楷烈等九位归侨申请生活补贴。

对生活困难的归侨，侨联主动向上级侨务部门申请为他们发放补助资金，并每年会同县侨务局慰问他们。根据博外侨〔2012〕02号文件精神，镇侨联协助周洪顺和梁应新两位困难归侨，向县外事侨务局申请归侨补助资金，从2012年至2016年1月共37400元；2015年11月，越南归侨梁应新去世，侨联协助其向县外事侨务局申请发放1000元抚恤金；2012年9月起，协助江头村梁玉玲、梁楷烈、梁楷仁，深沥村梁梅妹、梁国添、姚连，沥东村徐进东、林娣妹以及寮仔村李彩兰等9人，申请领取惠州市老年归侨每人每月100元的生活补贴；2014年8月，帮助园洲居委会困难归侨梁应新的女儿周心彤，申请助学金每年6000元，直至完成4年大学学业。

镇政府在香港设立办事处，安排专职人员长驻办事处办公，负责联络港澳同胞和招商引资工作。

驻港办事处组织港胞在香港成立香港园洲同乡会，每年进行2～3次联谊活动，加强港胞的相互沟通，增进乡里的感情。

镇党委、镇政府协同侨联，邀请港澳台同胞和海外侨胞回乡参加“春节茶话会”“中秋烟花晚会”、“荔枝节座谈会”等活动。在活动中，领导向他们通报家乡的社会、经济发展情况，阐明园洲招商引资的优惠条件，让港澳台同胞和海外侨胞熟识园洲、了解园洲，增强他们回乡投资办企业的信心，协助他们办理各种手续。镇党委和镇政府为回乡投资办企业的港澳台侨胞实行优惠政策，主动让利，赢得投资者的欢迎和好评。

第三节 对家乡建设的支持

一、投资办实业

1988年，港胞朱容香和李棠回乡开办起惠园染织厂。随后，福和纸业有限公司、嘉禾塑胶电子有限公司、惠州市城业家具有限公司等十多家大型港资企业相继落户园洲。至2016年，园洲外资企业200余家。

1986—1992年园洲镇港澳台同胞和海外侨胞回乡办企业（工厂）情况表

表19-4

企业（工厂）名称	法人姓名	投入资金	用工人数（人）	年产值	创税	备注
创纪五金制品有限公司	朱少忠	2200万港币	100	3000万人民币	100万人民币	
华基塑胶制品有限公司	朱满权	1000万港币	100	2000万人民币	60万人民币	
惠州市广业五金有限公司	翟灿荣	300万港币	50	600万人民币	20万人民币	
泉记制衣织造有限公司	刘泳泉	1200万港币	150	2500万人民币	100万人民币	
昌兴五金有限公司	朱梁明	100万美元	30	800万美元	200万人民币	
联华织带有限公司	朱丽华	1050万港币	60	600万人民币	15万人民币	
永超制衣有限公司	朱浩平	1231.8万港币	100	1000万人民币	30万人民币	
嘉和塑胶电子有限公司	刘兆辉	850万港币	750	1500万美元	100万人民币	
东江电子有限公司	谭照庭	1293万港币	60	500万人民币	20万人民币	
昌利制衣有限公司	朱继祥	100万美元	120	600万人民币	30万人民币	
万达织造厂	刘贵洪	50万港币	100	800万港币	30万人民币	
恒利织带厂	谭卓辉	100万人民币	20	60万人民币	10万人民币	
福和纸业	梁契权	3.4亿港币	2000	4亿港币	1500万人民币	停产
福晟塑胶化纤（惠州）有限公司	梁惠珍	7000万港币	200	2000万港币	100万人民币	停产
惠园染织厂	朱容香	2亿港币	1500	3.5亿港币	80C万人民币	停产

二、资助公益事业

1996—2010年是园洲城镇化建设的黄金时期，建医院、建学校、造桥梁、铺道路、修水利……各项公益设施和民生工程在紧张建设中。但是，资金不足成为加速城镇化建设的瓶颈。在园洲办企业的港澳台同胞和海外侨胞了解到情况后，以香港园洲同乡会的名义发起倡议，号召大家有钱出钱，有力出力，共同为园洲的建设事业做贡献。

一纸“倡议书”唤起昔日游子的故土情、家乡爱。港澳台同胞和侨胞热情伸出援手，慷慨解囊支持家乡的建设。截至2009年，据不完全统计，在园洲办企业的港澳台同胞和海外侨胞为家乡的公益事业和民生工程建设捐赠2616.7535万元，其中梁植、梁契权、李棠、朱计祥、叶志强等九人，捐款超100万元。

第四章　水库移民

园洲地区为配合、支持国家和地方大型水利电力工程建设，于1972—2000年，先后安置广东省龙川县岩镇人民公社珍贝村四组、龙川县岩镇人民公社珍贝村六组、龙川县贝岭人民公社石马坝村、博罗县公庄人民公社水东陂村、重庆市巫山县大昌镇凤凰村六组、重庆市巫山县大昌镇凤凰村八组共六批水库移民(简称“移民”）。至2000年7月，龙川、公庄、重庆巫山三地六批195户537名移民在镇域安居乐业，成为镇域永久性居民。

第一节　机　构

1971年10月和1979年3月，河北区、河南区分别成立水库移民安置办公室（简称“移民办”）。河北区（当时属铁场人民公社）由黄志新任办公室主任；河南区由主管农业的副书记陈锐深任办公室主任,组员有谢景亮、刘容森和朱耀芬3人。各村委会派一名干部管理和协调移民村的工作：沥东村杨东林，佛岭村黄石圳，马石岗村钟新华，沥西村吴木林，上村村梁柱林，白马围村黎小勤。

第二节 移民安置

一、枫树坝移民安置

20世纪70年代初，广东省启动河源市龙川县枫树坝水库建设，库区内的村庄均要搬迁。1972—1977年，河北区先后建起新丰、先锋和长虹3个水库移民村，分三批安置枫树坝库区的移民137户471人。

（一）新丰移民村

新丰移民村位于沥东村北面，距沥东村委会3公里，坐北朝南，占地面积50亩，属沥东村的一个村民小组。1972年6月，龙川县岩石人民公社珍贝村四组的移民80户247人安置于此。2016年，全村119户436人。

按政策规定，移民安置房的面积为每人12平方米，当时所建的安置房均为泥砖木瓦结构的平房。全村房屋总面积2964平方米，每平方米造价75元，总造价222300元，由广东省移民办拨款兴建。

新丰村建村时，当地政府划给500亩耕地供村民耕种，其中水田450亩，旱地50亩。灌溉水源头是福田石坑水库，流经福田的荔枝墩、横溪头注入新丰，水量充足，能保证500亩农田灌溉用水需求。

1975年6月，省移民办协同南方电网，拨款37.5万元，安装1台功率310千瓦的变压器，高压线长800米、低压线长12000米，解决村民生产、生活用电。

1994年10月，省移民办拨款74.8万元改造村道，实现水泥硬底化，全长3公里，路宽3.5米，厚度0.25米。

2002年9月，省移民办拨款7.2万元，铺设1条长3.6公里、口径4厘米的输水管引自来水入村，解决村民安全用水问题。

2006年，改造泥砖房，省移民办补贴每人3600元，移民自筹余款，把泥砖房改建为钢筋水泥结构的2层半楼房。

（二）先锋移民村

先锋移民村位于佛岭村东北面，距村委会1.5公里，坐北向南，占地面积40亩，属佛岭村的一个村民小组。1972年10月，龙川县岩石人民公社珍贝村六组的移民25户78人安置于此地。2016年，全村55户206人。

先锋移民村人均住房面积、房屋结构、建造单价（元/平方米）均与新丰移民村一样。全村安置房总面积936平方米，总造价70200元，由省移民办拨款兴建。

先锋建村时，当地政府划给150亩耕地让村民耕种，其中水田110亩，旱地40亩。灌溉水源头是罗浮山大洞水库，流经长宁镇乌坭塘注入先锋。因水源不足，流经路线长，加上人为破坏输水道，致使35%的农田不能自然灌溉。1998年，省移民办拨款1.85万元，为该村建泵房，安装1台扬程3米、汲程2米、水管口径0.1米的水泵，村民出劳力筑水槽，解决35%的农田用水困难。

1975年7月，省移民办协同南方电网拨款33.2万元，安装1台功率310千瓦的变压器，高压线长2000米、低压线长4000米，解决村民生产、生活用电。

1998年，由省移民办拨款3.8万元。铺设1条长2公里、口径4厘米的输水管，把自来水引入每家每户。

2006年，改造泥砖房，省移民办补贴每人3600元，移民自筹余款，把原来的泥砖房改建为钢筋水泥结构的2层半楼房。

2007年11月，省移民办拨款66万元。把通往村委会1.5公里的村道改造成硬底化水泥路，路宽7米，厚0.25米。

（三）长虹移民村

长虹移民村位于马石岗村西北面，距村委会1.5公里，坐北朝南，占地面积60亩，属马石岗村的一个村民小组。1973年3月，龙川县贝岭人民公社石马坝村移民32户146人安置于此地。2016年，全村46户216人。

长虹移民村人均住房面积12平方米，房屋是泥砖木瓦结构，造房单价每平方米75元，房屋总面积1752平方米，总造价131400元，由省移民办拨款兴建。

长虹建村时，当地政府划给200亩耕地给村民耕种，其中水田125亩，旱地75亩，另外还划给45亩鱼塘。灌溉水源头是罗浮山大洞水库，流经长宁镇乌坭塘注入长虹。因源头水量不足，流经水路长，加上自1996年以来，水道被人为破坏，致使30%的农田无法自然引水入田。1998年3月，省移民办拨款2.8万元，为该村建了1间20平方米的泵房，安装1台扬程6米、汲程5米、口径0.1米的水泵，解决30%的农田用水问题。

1978年6月，省移民办协同南方电网拨款34.5万元，安装1台功率310千瓦的变压器，高压线长1600米、低压线长4200米，解决村民生产、生活用电。

1994年10月，由省移民办拨款33万元，把通往村委会1.5公里的村道改造成硬底化水泥路。路宽3.5米，厚0.25米。

1998年12月，省移民办协同供水部门为该移民村铺设1条长2.4公里、口径4厘米的自来水管引水入村，总造价4.1万元。

2006年，改造泥砖房，省移民办补贴每人3600元，移民自筹余款，把原来的泥砖房改建为钢筋水泥结构的2层半楼房。

二、水东陂移民的安置

20世纪70年代后期，博罗县启动公庄水东陂水库建设，库区内水东陂村村民安置到河北区长平移民村。

长平移民村位于沥西村北面与福田镇的交界处，距沥西村委会1.5公里，坐北向南，占地面积50亩，属沥西村的一个村民小组。1977年冬，博罗县公庄镇水东陂村村民43户135人安置于此。2016年，全村43户150人。

该村人均住房面积12平方米，泥砖木瓦平房，建房总面积1620平方米，每平方米造价75元，总造价12.15万元，由县移民办拨款兴建。

长平建村时，当地政府划给300亩耕地给村民耕种，其中水田250亩，旱地50亩。灌溉水源是福田的石坑水库，流经福田的荔枝墩、横溪头注入长平。水源足，水路畅通，能满足300亩农田灌溉用水需求。

1979年10月，南方电网投资34.5万元，安装1台功率310千瓦的变压器，高压线长1600米、低压线长4100米，解决村民生产、生活用电。

1998年12月，县移民办拨款4.1万元，铺设一条长3.6公里、口径4厘米的自来水管引水入村。

2006年，改造泥砖房，博罗县移民办补贴每人3600元，移民自筹余款，把全村泥砖房改建为钢筋水泥结构的2层半楼房。

2008年8月，县移民办拨款37.4万元，把通往村委会的1.5公里和通往广汕公路200米的村道改造成硬底化水泥路，路宽13.5米，厚0.25米。

三、三峡移民的安置

2000年，镇域安置两批长江三峡移民，一批安置在上村（当时属九潭镇）移民村，一批安置在白马围移民村。

（一）上村移民村

上村移民村位于上村村东北面的草埔岭，距村委会400米，坐西向东南，占地面积8亩，属上村村一个村民小组。2000年5月，重庆市巫山县大昌镇移民7户26人安置于此。2016年，全村7户36人。

省移民办按人均20平方米的住房标准建7套钢筋混凝土结构房屋（1层）供移民安住。房屋总面积520平方米，单价720元/平方米，总造价37.44万元，由省移民办拨款兴建。

移民进村前，县移民办已拨款0.9万元，铺设口径4厘米导水管196米和400米低压电线入村，村民入住后便有电和自来水用。

上村建村时，河北区（当时是九潭镇）政府划给25亩耕地供村民耕种，其中水田17亩，旱地8亩。灌溉水源是显岗水库，流经湖镇、龙华、龙溪的白勘角注入上村，水量充足，能满足25亩农田自然灌溉用水。

2010年，因房屋出现裂缝、漏水等问题，个别房屋已成危房。园洲镇政府（九潭镇于2003年12月并入园洲镇）拨款23.4万元，按原来住房标准，在九潭圩银河路新建7套钢筋水泥结构的房屋（1层）安置移民。上村移民村虽然迁到九潭圩，但仍属上村村的1个村民小组。

（二）白马围移民村

白马围移民村位于白马围村“围面前”（村的最前面），距村委会250米，距园洲大道200米，坐北向南，占地面积7亩，属白马围村的一个村民小组。2000年7月，重庆市巫山县大昌镇凤凰村八组村民8户33人安置于此。2016年，全村8户33人

白马围移民村按人均20平方米（含“三栏一所”）的住房面积标准，建8套钢筋水泥结构房屋（1层）供移民居住。房屋总面积660平方米，单价720元/平方米，总造价47.52万元，由省移民办拨款。

移民与白马围的村民共享生活资源。建村时，省移民办已拨款1.2万元，铺设水管210米和低压电线350米，村民入村后便用上电和自来水。

白马围建村时，园洲镇政府划拨34亩耕地给村民耕种，其中水田27亩，旱地7亩。灌溉水源头在显岗水库，流经湖镇、龙华、龙溪的白勘角村，入园洲后沿北灌渠注入该村，水量充足，能满足34亩农田灌溉用水需求。

第三节　移民帮扶

一、传授耕作技术

移民来自各地，他们的耕作技术和所种的农作物都与镇域有所不同。为了让移民尽快掌握镇域的耕种方法和技术，移民定居的村（队）组织人力，指导移民学习和掌握镇域的耕作技术。移民定居点附近的村

民，主动为移民传授耕作技术。

白马围移民刚来时不懂抛秧技术，白马围村委会选派2名农技较好的村民，从育秧到抛秧全程指导，让移民在短时间内学会育秧和抛秧技术。粉葛是白马围的品牌农产品，移民们也想学种粉葛，白马围村委会又派一名种粉葛能手指导他们种植，并获得成功。

二、实施民生工程

移民村建村时间不长，各种基础设施还不够完善。为完善移民村的生产和生活设施，园洲镇政府协同镇侨联，向省、市、县各级移民办申请拨款，加强移民村的生产和生活基础工程建设，让移民在园洲住得安心，过得开心。

2012年，园洲镇政府申请省、县移民办拨款203.2万元，为新丰、先锋、长虹和长平4个移民村安装村道路灯。4个移民村到村委会的村道总长7500米，每隔30米装1盏，灯泡为120瓦LED型、高8米的路灯，总共安装254盏（只装一边路）。

2015—2016年，省、县移民办拨款100.98万元，为新丰、先锋、长虹、长平、上村和白马围6个移民村的187户各安装1台太阳能热水器。

2010年，省、县移民办拨款37.44万元，为新丰、先锋、长虹和长平4个移民村分别建1间文化室。文化室的建筑面积120平方米，4间总面积480平方米

2010年，省、县移民办拨款22.176万元，为新丰、先锋、长虹和长平4个移民村分别修建一个篮球场。单个篮球场的面积为504平方米，4个篮球场总面积2016平方米。

三、排忧解困

移民在日常生活中，难免会遇到经济、疾病、子女读书和就业等问题和困难。园洲镇政府和镇侨办，对遇到困难的移民向来给予关心和帮助。

新丰移民村的陈敏、杨展容，先锋移民村的黄建海，马石岗移民村的钟明艺、钟明山、杨达理6人，都是45～60岁的单身男人，他们或智障或残疾，失去劳动能力。2004—2009年，县民政局为他们办理“低保”，并每月补助他们每人200元生活费。从2010年开始，由园洲镇政府给他们发放生活补贴费，每人每月300元。

先锋移民村的杨荣新，丈夫于2011年病逝，杨荣新本人有些残疾。一名35岁的妇人带着3个儿女，最大的读六年级，最小的读学前班，生活困难。园洲镇政府为她办理“低保”，每个月给她家发1000元的生活补贴。

马石岗移民村的钟飞羽，于2008年患尿毒症病，每月要换血，育有1男1女，男孩8岁，女孩6岁，一家四口全靠老婆打工维持生活。从2010年起，园洲镇政府为她家办理“低保”，并每月补助她家1040元生活费。

园洲镇水库移民村基本情况表

表19-5

名称	建村地点	村庄规模（户）	迁入人数（人）	投入资金（万元）	迁入时间	迁出地	迁出原因
新丰移民村	沥东村	80	119	650	1972.6	龙川县岩镇公社珍贝村	枫树坝水库建设
先锋移民村	佛岭村	25	78	318	1972.10	龙川县岩镇公社珍贝村	枫树坝水库建设
长虹移民村	马石岗村	32	146	370	1973.3	龙川县贝岭公社石马坎村	枫树坝水库建设
长平移民村	沥西村	43	135	432	1977年冬	博罗县公庄镇水东陂村	公庄水东陂水库建设
上村移民村	上村村	7	26	248	2000.5	重庆市巫山县大昌镇凤凰村	长江三峡水库建设
白马围移民村	白马围村	8	33	247	2000.7	重庆市巫山县大昌镇凤凰村	长江三峡水库建设
合计		195	537	2265			

说明："投入资金"一栏中含附设工程资金在内

第五章　知识青年

20世纪60—70年代，城市知识青年（简称"知青"）响应国家号召，上山下乡，学工、学农、学军，接受"贫下中农再教育"。1964—1974年，镇域（含当时的园洲人民公社和九潭人民公社）先后接收3批知青共1712人，安置到18个生产大队。

知识青年在劳动中艰苦锻炼，经受考验，获得重用，有一百多人或被选拔为民办教师，或被录用为干部、职工。知青与农民同生活、同劳动，结下友谊，喜欢上农村这片土地。镇域有35个知青放弃回城机会，在镇域安家立业，扎根农村。

1974年开始，知青按政策分期分批回城。至1978年冬，除在镇域落户的35人外，其余均返回到原来的城市生活。

第一节　机　构

1964年春，镇域成立2个知识青年安置办公室。河南区办公室设在公社大院内，工作人员3人，首任办公室主任是梁相文。河北区（此时属铁场公社）首任负责人是曾秀源。知青安置办公室负责：跟下乡知青的城市知青办联系沟通，接收下放知青的任务；安排知青落队；检查各大队安置知青的落实情况；协助各大队处理和解决在安置过程中遇到的问题和困难；不定期到各大队了解插队知青的生活和工作情况，帮助解决知青在生活和工作中遇到的实际问题；协助做好知青的回城工作等。

第二节　知青工作

一、安置知青

1964—1974年，镇域分3批接收来自广州、惠州、汕头、博罗等城市的知青和印度尼西亚归国华侨1712人，安置到18个生产大队。1964年，第一批安置618人，含来自广州538人、惠州34人、汕头46人。1966—1968年，第二批安置685人，含来自广州539人、惠州72人、汕头66人、博罗2人、印度尼西亚6人。1972—1974年，第三批安置409人，含广州349人、惠州25人、汕头35人。

1712名知青中，安置到马嘶大队31人、田头大队100人、桔龙大队76人、禾山大队（含禾山、廖尾）145人、土深大队（含土瓜圩、深沥）82人、和安大队（含沙头、阵村）143人、上南大队（含上南、刘屋、陈屋）257人、梁屋大队（含高头、江头、白耀前）95人、李屋大队（含李屋、寮仔、白马围）138人、上村大队53人、水口大队103人、凤山大队123人、义合大队117人、沥东大队73人、沥西大队67人、新村大队29人、马石岗大队13人、佛岭大队67人。

二、为知青解难

十几岁的小孩，离开城市，离别父母，加上农村的环境、生活都比城市差，他们难以适应农村的生活。要这些手无缚鸡之力的年轻人当农民、干繁重的农活，更是重大的考验。公社知青安置办公室的职工和当地的干部群众，关心知青的工作和生活，为他们排忧解难。

（一）安排落户搭食

知青们自小在家少做饭，加上初来人生地不熟，一时难以适应独立生活。在他们落队三个月内，生产队干部安排他们到农户家中搭食，伙食费由生产队集体补贴给搭食户。三个月内，搭食户要负责教会知青做饭。

（二）建住房

按上级规定，知青一人一住房。经济条件好的生产队，在知青落队前已建好“知青房”；经济条件差的生产队，在三个月内要建好“知青房”。“知青房”都是砖瓦房，面积18～25平方米不等。厨房和冲凉房是公用的，有小便处，但如厕则要到生产队的公用厕所。

（三）购置生活、生产用品

知青的睡床（一般是2块床板）、饭台饭凳和厨房用具、劳动工具，都由生产队购置。

（四）提供生活食品

各知青点的生产队规定，知青可到生产队的菜场摘菜；每逢生产队网鱼，为知青提供鲜鱼；逢年过节，生产队都分猪肉分鱼给知青。

三、健康成长

知青刚到农村，见农民的穿着、饮食、语言都跟城里人有很大区别，觉得生活在这样的群体中很不习惯，不愿跟农民多接触，空闲时间都把自己关在房间里看书，或几个人聚在一起聊天。日子长后，有的农村青年主动接近他们，希望能从他们那里知道一些有关城市的事；一些农妇经常送些瓜菜或自制的豆豉、虾酱之类给他们；有的青年人主动为他们挑谷去碾米甚至为他们挑水做饭。他们觉得农民热情好客、善良朴实，渐渐喜欢跟农民交往，与农村青年称兄道弟，叫农民大叔大妈，还常到农家串门。

知青从初期畏惧劳动、不愿出勤，到后来主动挑重活干；从不闻政事到请求当学习毛主席著作的宣传员、辅导员，得到农民（贫下中农）的好评和当地领导的重视。据不完全统计，1968—1976年，全公社有50多名知青被选拔当民办教师；有7人被提拔为职工或干部：田头大队知青张建英（女）被选送到博罗县文工团（县文艺宣传队）；李屋大队的李惠红（女）、义合大队的莫燕芳被招为供销社职工；义合大队的陈月好、曹秀珍、梁五妹三人招为博罗县公路局职工；白马围知青郭明珠，从民办教师做起，后来当上小学校长；上南大队的袁丽霞（女）被招为公社广播站播音员（县财政发工资）。表现最优秀的是1968年11月插队原九潭公社沥西大队的梁汉强，1971年被招为龙华宁和供销社职工，参加博罗县第一、二批路线教育运动后提干，1973在博罗县外经委工作，1976年调任园洲人民公社党委副书记，1978年回城，在广州一家银行任职。

四、扎根农村

知青从开始害怕农村、厌倦农村，到后来喜欢农村、喜爱农民。在3批知青中，有35人（都是女知青）放弃回城，扎根园洲，与当地青年结婚生子、成家立业。其中和安大队4人、上南大队7人、梁屋大队9人、李屋大队6人、禾山大队2人、义合大队6人、上村大队1人。

广州知青郭明珠（女），1964年10月4日落队白马围，1970年与白马围青年黄检沂结婚。1965年当民办教师，1983年转为公办教师、入党、任白马围小学校长，2004年退休。当教师期间，多次被评为镇、县、市先进教师。1997年，被评为广东省“教书育人先进个人”。

广州知青袁丽霞（女），1968年10月落队上南村，1972年与上南青年朱带钦结婚。1968年1月当上南大队广播员，1971年当民办教师，1973年当园洲公社广播站广播员，2005年退休。

五、落实政策

1974年冬，按政策规定，镇域第一批知青236人返回城市（回城）。之后，接到回城批文（通知）的知青陆续返回城市。至1978年冬，除扎根农村和分配工作的，其他知青都返回到原来的城市生活。

二十世纪六七十年代园洲镇域安置知识青年情况表

表19-6

批次	第一批				第二批				第三批				合计
来源地 大队	广州	惠州	汕头	博罗	广州	惠州	汕头	博罗	广州	惠州	汕头	博罗	
马西	20		3		8								31
田头	24				47	2	3		24				100
桔龙	22				35				8	6	5		76
禾山	30				65	5	5		25	7	8		145
土深	23				23		3		25		8		82
和安	42	2	2		48	4	6		35	2	2		143
上南	83	20			66	30	10	6	42				257
梁屋	43				39	10	3						95
李屋	52				44	7	14	2	19				138
上村	13	10			30								53
水口		2	36		23		10		32				103
凤山	30				13	14	8		58				123
义合	65				10		2		40				117
佛岭					32				35				67
沥东	40				25				8				73
沥西	34				33								67
新村	12						2		15				29
马石岗	5				8								13
合计	538	34	41	0	549	72	66	8	366	15	23	0	1712

第二十篇　风土民情

风土民情是世代相传的民间生活习俗，是百姓生活离不开的风俗。充满地域特色的园洲民情习尚源远流长，世代相传。

第一章　信仰民俗

自古以来，园洲民间有原始崇拜、图腾崇拜、神鬼崇拜、尊神求仙的习俗，这种宗教和俗神信仰，都要通过一定的载体来展现。除了一个土堆、一潭水、一棵树、一间屋外，还有专门的场所用来供奉和朝拜，于是建宗祠、庙宇，从春秋到清朝一直没有停止过，即“村村有庙宇，户户有神坛，姓姓有宗祠”。

第一节　宗教信仰

一、佛　教

新中国成立前，镇域建有众多的寺庙庵堂，如义合（泊头）村建有洪圣庙、天后庙、槎岗庵，莯兰李屋建有活如院（和尚）等。这些寺庙庵堂都住有尼姑和尚从事宗教活动，香火不断。20世纪50年代初期，大部分寺庙庵堂被拆除。80年代初，国务院落实宗教政策，恢复了宗教活动。由于得到当地政府和有关部门的大力支持，热心人士的赞助。地处义合村的洪圣寺、莨兰李屋的活如禅院，经重修后，恢复了正常的活动。园洲信民崇拜观音菩萨、文殊菩萨、普贤菩萨和地藏菩萨。特别是观音菩萨，在园洲民众中家喻户晓，妇孺皆知。很多家庭的厅堂都“坐”有观音菩萨，每逢农历初一、十五，或在每年农历的二月十九、六月十九、九月十九的观音诞，均在观音菩萨像前添香点灯祈福。

二、道　教

道教，融合民间流传的各种方技、术数、神仙、鬼怪、神话和谶纬等内容，杂取儒家、墨家、阴阳家、养生家和神仙家等多种学说，通过清修养性、积精炼气、金丹服食、符箓科教等方法，追求长生成仙。

园洲镇地处道教圣地罗浮山南侧，民间自古以来就有修祠建庙、信奉道佛、神鬼崇拜、香烛朝拜、占卦算命等习俗，村建庙宇，氏族建宗祠，户设神坛。乡民设酒肉，香烛以祀，以求风调雨顺、五谷丰登、平安吉祥。在治丧的仪式上，有请南巫道士念经超度、开道场、做神功的习俗。

第二节　俗神信仰

一、拜　神

每逢清明、重阳扫墓，镇域民众都有拜神的风俗。拜神祭祖的祭品有猪肉、“三牲”（鸡、鹅、鸭）、米饭、酒水、糕点、水果等。祭拜时，点上香烛，燃烧“金银元宝”，燃放爆竹，合掌叩头跪拜，口中念念有词，道祖护佑，祈愿天下太平，国泰民安，风调雨顺，丁财两旺，身体健康，平安吉祥。进入21世纪后，扫墓拜祭的贡品“与时俱进”，纸扎产品琳琅满目，从传统的冥钱、元宝，到很多新奇物品，“奢侈品”、“名车豪房”一应俱全。而最流行的莫过于“苹果系列”，纸品高仿包括iPad、iPhone4S、Macbook Air、苹果显示器，不仅外观以假乱真，而且配件齐全，保护套、耳机、充电器、数据线、支架、蓝牙键盘等一应俱全。许愿还愿也是拜神的一种形式。一些家庭的大龄子女迟迟未婚，又或者媳妇婚后多年未育，家中老人会为此心急，便在家门口前，点燃香烛、“金银”衣纸，备上猪肉、“三牲”、酒水，祈祷祖先神灵保佑儿女早日成婚，媳妇早生贵子。

二、酬　神

如有人得了重病，家中老人为病者祈祷祖先神灵保佑病患者远离病魔，早日康复。若病者病愈，大难不死，认为是祖先神灵和神仙菩萨显灵，因而要酬谢神恩，备上猪肉、“三牲”、酒水，点烛添香，燃烧

“金银”衣纸。有的还设家宴款待亲朋好友。20世纪60年代至80年代末，镇域逃港之风盛行。凡能逃港成功者，认为是祖先神灵保佑，才得以成功，因而要酬谢神恩，备上猪肉、“三牲”、酒水，点烛添香，酬神。设家宴款待亲朋好友，庆贺一番。家里有人当兵或读上大学，也要酬谢神恩，并设家宴款待亲朋好友。丰收之年，或卖了大猪，也要点烛添香，酬谢神恩。

三、喊“同年”（喊惊）

喊“同年”是当地一种传统的信神方式。镇域的百姓人家如有孩童身体生病或精神不佳，老人认为是由于惊吓所致，便给予喊“同年”（喊惊）祈求神灵保佑。喊“同年”（喊惊）者一般为村中老太婆，他在主人家大门正中，一手拿衣服，一摇一曳，一手向空中撒米，口中念着“东方米粮东方归，南方米粮南方归，北方米粮北方归，东南西北四方五路同年一齐归咯……”，接着用刀剪先在地上划几道痕后，后向空中剪数下，口念“绞剪剪南北剪东西，剪开天罗地网赎魂归……”，最后，走进孩童床前，朝床上撒米，口念有词：“同年归啰，一路平安福寿齐咯，归来落得眠床睡得香……同年归啰！”

四、拜七姐

农历七月初七是七夕节，又称七巧节。20世纪60年代以前，园洲镇的广大乡村，年轻姑娘有拜七姐习俗。这天入夜，各村女间（年轻女子集体宿舍，又称女屋）里便热闹起来。姑娘们晚饭冲凉后后，集聚一堂拜七姐。场地设在宿舍门前的空地或晒谷场。现场摆放着数张八仙台和拜祭的香案，八仙台上放着的供品有富贵子、西瓜、石榴、香蕉、花生、红绿豆、糖果等。另一张八仙台摆放着剪刀、红线、肥皂等。拜七姐选择的方向是银河系的牛郎星和织女星。活动的节目，有唱歌谣的，有做乞巧游戏的，有剪纸表演的，有做针线活的。

上述的俗神信仰，除拜“七姐”的活动于20世纪60年代后消失外，拜神、酬神、喊“同年”（喊惊）的习俗，至今仍在镇域流行。

第三节　祠堂、庙宇

一、祠　堂

镇域多以姓聚族而居，必有世族祠堂，自宋代以来就大兴土木。这些祠堂的建设，以大、小家族（房）为基本单位，建有祖祠、房祠和家祠。保留比较好的有上南村朱氏宗祠、葉兰梁氏宗祠、葉兰李氏宗祠（大门向北）、葉兰李氏宗祠（大门向西）、白马围村黄氏、梁氏宗祠、沙头村尾梁氏宗祠、马嘶村陈氏宗祠、下南村陈氏宗祠、桔龙村谭氏大宗祠、义合村翟氏大宗祠、禾山村尾梁氏宗祠、禾山朱屋朱氏宗祠、义合岗贝梁氏宗祠、禾山岗头梁氏宗祠等。

（一）上南村朱氏宗祠

上南村朱氏宗祠建于明洪武元年（1368年），至今已有650年的历史。宗祠位于上南村正北方的大塘之南，坐南向北，面朝罗浮山，占地面积1000平方米，建筑面积490平方米，三进两天井两厢房的建筑。大门贴着“支分鹿洞、派衍鹅湖”的祠堂联。前堂进门屏风柱上的止步联为“欲向堂前巡俎豆，须从门外整衣冠”，横批“止步扬声”。中堂屏风上方悬挂“冈陵堂”三个大字，是先祖议政的重地。后堂供奉着历代祖先的牌位，是祭祖重地。朱氏宗祠是上南村的主宗祠，宗祠的左边还坐落着养掘祖祠，右边坐落着讷轩公祠。三座祠堂并列，连成一排。祠堂对面，是一个东西长60米、南北宽15米的广场。广场的北侧矗立着4尊石狮子。堂内堂外麻石柱座，红石柱子，榫构拱托，琉璃绿瓦，雕梁画栋，屋脊镶嵌狮子、麒麟、鳌鱼、凤凰。拱梁、檐板、回廊、屏风，雕刻花草鸟兽、帝皇将相、才子佳人图像，内外墙壁墙檐画着人物山水壁画。

上南村朱氏宗祠曾经办过私塾，办过学前班，曾是园洲农业中学的始办地、园洲人民公社粮所的分仓库、上南村曲艺社、醒狮队排练的场所，2014年，由上南村民和海外侨胞捐资320万元，把朱氏三祠修饰一新。现在为上南村的老人活动中心。

（二）莯兰梁氏宗祠

莯兰梁屋村的梁氏宗祠是梁屋高头、江头、白耀前三个梁姓自然村的宗祠。梁氏宗祠建于明朝永乐二十二年（1403年），位于梁屋村东南面，至今已有六百多年的历史。宗祠坐北向南，长50米，宽15米，面积750平方米。宗祠长条红石墙基，青砖墙体，圆木桁角，琉璃瓦面，是一座三进两天井两厢房的建筑。每进脊梁灰塑，板檐雕刻花草鸟类图案。天井两边是回廊，堂内壁画历历在目，堂外门前麻石柱坐红石圆柱，大门麻石门礅，红石鼓台。石柱木柱交织的横梁上，雕刻着人物图像。大门两边悬挂“住板石宦增城统绪相传永启乡贤世胄，衍禾山发蘭水簪缨笏替长留诗礼家声”的祠堂联。中殿上方正中悬挂“敦睦堂”牌匾，后进主殿堂陈列历代祖先神主牌位。1950—1980年，这里曾是梁屋大队的大队部。经2007年重修后，整座宗祠保存完好。

（三）莯兰李氏向北宗祠

莯兰李屋李氏，始祖讳X于咸淳元年（1268年）从陕西陇西迁至此立居。李氏宗祠始建于明洪武年间（1368—1398），堂号为“永思堂”。因宗祠坐南向北，故称“向北宗祠”。宗祠占地面积713平方米，通面阔11.9米，通进深37.5米，建筑面积459平方米，为三间三进二天井建筑。墙体红石青砖砌筑，天面辘筒瓦，前堂龙船脊上设置鳌鱼麒麟吉祥物。中进大堂木板屏风悬挂“永思堂”牌匾。永思堂为议事、结婚、上灯、喜庆之用。后堂主要安放历代祖先灵位，供族人添香拜祖。祠堂大门对联为“门高拱北，陇旧传西”，横额为“李氏宗祠”。李氏向北宗祠在民国15年（1926年），因兵匪争斗中栋被烧毁。当时由李旭华、外侨“金山妹”等人出资，改用混凝土柱顶，框架行条维修。解放初期至1962年，向北宗祠曾作莯兰小学校舍。因年月已久，风雨侵蚀，部分结构破损。于1994年，香港同胞捐资29800港元，居家村民捐资62723元，将天面全部重修。

李氏向北宗祠为该族每年年满60岁男性老人入祠堂以及当年出生男丁“上灯”仪式活动的场所，也是春节期间演出粤剧之地。

（四）莯蘭李氏向西宗祠

莯兰李屋村李氏始祖讳岩，字南山祖，于南宋德祐二年（1276年），从陕西陇西迁此立居。于明永乐年间（1403—1424）建造李氏宗祠，堂号为“惠宗堂”。宗祠坐东向西，故称“向西宗祠”。宗祠占地面积1300平方米，通面阔20米，通进深42.4米，建筑面积850平方米，为前、中、后三间三进二天井建筑。天井两侧设回廊，每进两边内设共6厢房。大门对联为“陇西旧泽，兰水新声”。前进和中进各设一屏风，中进屏风上悬“惠宗堂”匾额。惠宗堂为喜庆、上灯、议事之用。后进为成思堂，主要安放历代祖先灵位。

灵位对联“世代源流千古远，宗枝发叶万年长”，横额是“百子千孙”。

李氏向西宗祠于明万历年间（1573—1620）第一次大修。由于岁月长久，风雨侵蚀，中后进天面破损。1990年，香港同胞李棠先生回乡倡议维修，个人捐资27万港元，该村香港同胞捐资共8.19万港元，本居村民捐资17658元，投入人民币共计283046元，宗祠整个天面改用混凝土结构。维修工程于1991年2月竣工。

李氏向西宗祠为每年该族年满60岁男性老人入祠堂以及当年出生男丁“上灯”仪式的场所，并为春节期间演出粤剧之地。

（五）白马围村黄氏、梁氏宗祠

白马围村有黄氏、梁氏两座宗祠，左为梁氏宗祠，右为黄氏宗祠，坐南向北，至今保存较为完好。黄、梁两宗祠建于明万历二十六年（1598年），均是客家建筑风格，至今已有400多年的历史。两宗祠均为二进三开间，大堂内壁画有大量精美山水人文彩画和书法作品。祠堂的后堂内摆放祖先牌位，后堂的祖先神台同是“世代源流远，宗枝奕世长”的楹联。

（六）沙头村尾梁氏宗祠

沙头村尾梁氏宗祠建于明万历年间（1573—1620年），坐东向西。毁于1959年洪水之灾。于1985年由村民集资和该村旅港同胞捐资按原貌重建。宗祠通进深29米，通面阔11米，总面积320平方米，是红石柱、砖瓦、木料结构的三进三开间两天井建筑。宗祠大门两边书写“源流板石，支派沙溪”的堂联。屏风两侧写着“入其门必恭敬止，由是路惟考有于”。中堂上方悬挂“穀贻堂”匾额，中堂两边有“谷氏女一句法言克勤克俭，贻子孙两条正路惟读惟耕”的对联。后进中间设神台，安放历代祖先神主牌位。梁氏宗祠1950—1959年曾是丰平小学校舍。1985—2005年曾是村人结婚办喜宴的餐厅，现在是老人休闲和聚餐的场所。

（七）马嘶村陈氏宗祠

马嘶村祠堂众多，全村共有大小祠堂23座，大多分布在村庄前面的前排，坐东向西。马嘶村的祖祠陈氏宗祠是马嘶村祠堂群中规模最大的祠堂，始建于清初，位于前排建筑的中央，为三进二井二回廊建筑。虽经多次维修，仍保留原貌。宗祠大门联为：“秀列鸣琴案，清环浴凤池”。祠堂前殿屏风有“人则爱严”四个大字，传说为东莞清朝探花陈伯陶书。中殿聚庆堂红石柱有“入其门必恭敬止，由是路惟孝友谊”楹联；上殿重伦堂供奉祖先陈中位将军画像，殿前排红石柱有“祖德宗功五百年衍而一懋，子承孙缵二十世久乃弥新”楹联。

（八）下南村陈氏宗祠

下南村陈氏宗祠坐落在陈屋旧村前的正北面，坐南朝北，堂前有口100多亩的大鱼塘，为远近闻名的“罗浮影”，风平浪静之时，从水中可以看到罗浮山的倒影。

陈氏宗祠通面宽19.8米，通进深40米，占地面积792平方米。纵深分三进三开间二大露天院（天井）。祠堂大门对联是“罗浮钟淑气，科甲振家声”。大门上方悬挂“陈氏宗祠”横匾，横匾左下方隐约可见清光绪年间东莞凤冲宗亲探花陈伯陶题书的小字。中进的中央是议事厅，厅正面是木板大屏风，正上方一横匾刻“绎思堂”，匾的左下方有一枚“壬辰年探花水印”，旁有陈伯陶题小字。屏风两边的柱联是：“罗浮瑞气映入华堂千秋万载皆兴盛，东江丽水长流滋润两岸儿孙享太平”。第三进安置历代祖先神位。后堂的柱联是“祖先历尽艰辛种下慈祥因果，晚辈遵循遗愿当享锦绣前程”。

陈氏宗祠建于乾隆三年（1739年），首次重修是光绪十八年（1892年）。2006年村集体经济投入380万元，进行第二次重修，2008年竣工。陈氏宗祠于1950—1983年曾为下南小学校舍，现在是下南村曲艺社和老人活动中心。

（九）桔头村谭氏大宗祠

谭氏大宗祠位于桔头村村前，坐南向北。大宗祠通面阔12.6米，通进深30.3米，占地面积381.78平方米，三间三进，硬山顶，辘筒瓦滴水剪边。正门木匾阳刻“谭氏大宗祠”。堂联是“江水为依带，罗峰作画屏”，横额为“百世其昌”。中堂正中屏风上方匾额刻“崇本堂”。上堂为供奉谭氏祖先牌位处。谭氏大宗祠的建筑为两期工程，前期工程为上堂，属墩梓坊祖祠，建于清康熙六十年（1721年）。清嘉庆九年（1806年），乡人计划扩建墩梓坊祖祠为谭氏大宗祠，将墩梓坊祖祠另择新地。族人名贤赞助和乡人集资5000银两，在墩梓坊祖祠的前面加建中下栋，于嘉庆十年（1807年）建成古木砖瓦结构三进三开间两天井的谭氏大宗祠。1925—1949年，谭氏大宗祠曾办过私塾学校和桔头小学，如今是桔龙村的老人活动中心。

（十）义合村翟氏大宗祠

翟氏大宗祠是由立基村冠古，分支村登俊、街上、新翟、渔村、马石岗六个翟姓自然村集合而建。大宗祠地处义合村的中心位置，建于清道光四年(1824年)。大宗祠坐东向西，通进深38.9米，通面阔13.1米，占地面积510平方米，为三进三间两天井的建筑。宗祠的大门祠堂联是：“叙德家声远，伦迴世泽长”。上方砌长3米、宽1米的长方形麻石门楣，门楣阳刻“翟氏大宗祠”。中堂木板大屏风，屏风上悬牌匾刻“叙伦堂”三个字。两边的堂柱上刻“必孝友乃可传家兄弟式好无尤即外侮何由而入，惟诗书常能裕后子孙见闻正此虽中才不以为非”。后堂书：“祖功宗德千年盛，子孝孙贤万代荣”的堂联，并设有神台，安放历代祖先灵位。翟氏大宗祠是族人喜事盛事聚会和议事的场所，也是接待外地同姓兄弟和世叔来访的地方。每年农历大年初一，凡翟氏大宗祠所属村(含马石岗)年满60岁的男丁，均在祠堂里畅饮新年酒。

新中国成立后至20世纪70年代末，翟氏大宗祠曾是义合小学的所在地，20世纪80—90年代，曾是义合乡和村委会的办公场所。2013年4月23日，翟氏大宗祠被博罗县人民政府定为“博罗县不可移动文物”，并立石碑。

（十一）禾山村尾梁氏宗祠

禾山村村尾梁氏宗祠，建于清朝中期，坐落于村尾旧围面中心地段。坐西北向东南，是三间两进一天井的殿堂式建筑。宗祠堂号为“载義堂”，堂联是“源流板石，派衍禾溪”。宗祠通进深18米，通面阔11.5米，建筑面积220平方米，材料为青砖、红石块、红石柱、优质红木、杉木、瓷瓦等构建。后进是正堂，设一个巨大神台，安放村尾梁氏历代祖先牌位。

梁氏宗祠是村尾历代族人拜祖重地，是长老和村民商议村务的场所，也是村人喜庆设宴及接待外村兄弟友人的地方。民国时期曾作过私塾学校，新中国成立后至1959年，是禾山小学校舍。1959年因特大洪水而倒塌，后由政府资助和村民集资，将宗祠后进修复后，作过禾山小学校舍、村尾村文化室、村民喜庆宴会厅。现为禾山村村尾村民小组办公场所。

（十二）禾山朱屋朱氏宗祠

禾山村朱屋朱氏宗祠建于清朝时期，坐落在朱屋旧围的中心，坐北向南，通进深为18米，通面阔为10.5米，总面积约200平方米。为青砖、红石、麻石、杉木、青绿色琉璃瓦材料构建，是一座三间两进一天井的古式建筑。宗祠堂号为“余庆堂”。后进正堂设高1.2米大神台，摆放该村历代祖先牌位。

朱氏宗祠是该村历代村民拜祭祖先重地，也是商议大小村务的主要场所。民国时期是该村族人大小喜庆摆宴席和接待外乡友人的地方，也曾作过私塾。新中国成立后，朱氏宗祠为该村集会、议事和休闲场所。合作化时期，做过仓库，作过办公场所。公社化时期为知青宿舍。20世纪80—90年代，为朱屋村文化室。因年久失修，现成危房而空置。

（十三）义合岗贝梁氏宗祠

义合村岗贝梁氏宗祠位于义合村东北面岗贝自然村中心。建于清光绪年间，坐西向东，通进深37.1米，通面阔11.2米，面积416平方米。红石柱、青砖墙体、辘筒瓦、杉木结构的三间三进两天井的建筑。堂号为“颐贞堂”，堂联是：“揽九子而安定开祥更钦世德作求七序薪传留手泽，拱三台而太平献瑞预卜文人蔚起千秋茂衍泊头乡”。中堂正厅屏风上悬“颐贞堂”三字。后堂设神台，安放历代祖先灵位。

岗贝梁氏宗祠在新中国成立前和建国初期曾为学堂，19902011年做过喜宴餐厅。

（十四）禾山岗头梁氏宗祠

禾山村岗头梁氏宗祠，建于民国初期，至今有一百多年历史。宗祠位于岗头村围面，坐东南向西北，是一座三间两进一天井的建筑。通进深16.5米，通面阔10.5米，建筑面积170平方米。前进是一个长宽均为4米的正方形大厅，后进正堂长9米，宽4米。后堂设神台，摆放本族历代祖先牌位。宗祠的堂号为“厚容堂”，堂联是“源流板石家声远，派衍岗头世泽长”。横额“永世其昌”。

岗头村梁氏宗祠是岗头村族人拜祭祖先、商议村务重地，也曾是村民办喜事摆宴席的场所。20世纪60—70年代曾为禾山小学校舍。

二、庙　宇

镇域乡村建有庙宇25座，其中规模较大，保存较好的有义合村的洪圣寺、莨兰李屋的活如院等。

（一）洪圣寺

洪圣寺坐落在园洲镇义合（泊头）村的中心偏北位置，原为洪圣庙，始建于明万历年间，至今已有500多年的历史。20世纪50年代中期，因破旧立新被拆除，原料用于修建罗浮中学。21世纪初期，由博罗县宗教协会主持，于2002年开始征地筹备重建。2004年，投入化缘善款5000万元，在原洪圣庙的旧址动工兴建，于2006年建成，并得到国家宗教事务局的正式批复，命名为“洪圣寺”。洪圣寺位于义合村岗头岭南侧，占地20亩余，建筑面积约7000平方米，是一座水泥钢筋结构、古典园林式的建筑。大门面向西边的龙珠湖。寺内树木成荫，庭院钟声，香火鼎盛。据该寺住持称，重13吨，高3米余，为岭南第一玉佛坐于大雄宝殿正中。

洪圣寺规模宏大，是罗浮山外围一座颇有名气的寺院。香港、深圳、东莞等地的善男信女和众多游客都前来朝拜。香港凤凰卫视为打造罗浮山文化，于2012年8月前来采访拍摄。2014年8月31日（农历八月初七），由有关部门批准，洪圣寺更名为“正德寺”。同时，寺院大门改向正东。因洪圣寺历史悠久，久负盛名，当地群众习惯难改，仍称正德寺为“洪圣寺”。

（二）活如院

活如院（和尚庵）位于园洲镇莨兰李屋西北面，坐东北向西南，建于清嘉庆元年（1796年）。占地面积约1000平方米，建筑面积430平方米，建筑材料为红石墙基，青砖墙体，桁木瓦面结构，是一座前中后的三进建筑，中间两口天井，前后两进共四间厢房。院内坐有天后娘、女祖、佛祖、佛陀、地藏王、门官、土地七位菩萨。曾住有六位女和尚，打理院内事务，每天上香念经，每年正月初一至十五在莨兰的仁、义、礼、智、信五方举行游行盛会，各方轮流抬着菩萨天后娘和莨兰其他庙宇的菩萨出游祈福。

活如院背靠东北面的罗浮山，面朝西南面的东江支流兰溪河。大门两边书写“兰晖共贯珠庭實，溪色平分宝界清”的对联，大门口上有花岗岩雕刻的横额“活如院”。中栋西侧门的对联为“法海曾经心活泼，婵关初步面如来”横额是“左右逢源”。活如院于民国4年（1915年）曾经全面维修，后来由于旷日失修，上栋下宇濒临岌岌可危。1994年由香港热心商贾柳明心及夫人张美卿女士捐资50万元港币、香港同胞陈金满、李娇夫妇捐资20多万元人民币，热心人士捐助123100元，港币3000元，总投入资金88万元人民币，将破旧的活如院全部拆除重建。由于地理环境发生改变，重建后的活如院为坐南向北，占地面积为1500平方米，建筑面积521平方米，中间两个天井的三进建筑，院前左右两边建一休闲亭。

2016年园洲镇宗祠情况统计表

表20-1

地　址	建筑名称	建造时间	重修时间	是否现存或已拆毁	建筑风格	坐向	结构（进数）
马　嘶	陈氏宗祠	清康熙五十四年（1715年）	2013	现存		坐东向西	
马　嘶	英佑祠	清朝		拆除		坐东向西	2
马　嘶	和集祠	清朝		现存		坐西向东	2
马　嘶	孟谦祠	清朝		现存		坐西向东	2
马　嘶	百岁厅祠	清朝		现存		坐东向西	2
马　嘶	一家人寿祠	清朝		现存		坐东向西	2
马　嘶	福昶祠	清朝		拆除		坐东向西	2
马　嘶	虚山祖祠	清朝		拆除		坐东向西	2
马　嘶	十房祠	清朝		改建住宅		坐东向西	2
马　嘶	福添祠	清朝		改建住宅		坐东向西	2
马　嘶	文官祠	清朝		现存		坐向北南	2
马　嘶	节孝祠	清朝		现存		坐东向西	2
马　嘶	悦廉祠	清朝					
马　嘶	庆如祠	清朝					
马　嘶	光叔祠	清朝					
马　嘶	溪祖祠	清朝		现存			2
马　嘶	赞如祠	清朝		现存			2
马　嘶	卫如祠	清朝					
马嘶	崖祖祠	清朝		现存		坐东向西	2
马嘶	北门祠	清朝				坐北向南	2
马嘶	作轩祠	清朝				坐东向西	2
马嘶	七太祠	清朝					
马嘶	浩祖祠	清朝					
马嘶	善庆祠	清朝					
马嘶	玉章祠	清朝					
马嘶	龙祖祠	清朝		现存		坐东向西	2
马嘶	云祖祠	清朝		现存		坐东向西	2
马嘶	五太祠	清朝					

续表20-1

地　址	建筑名称	建造时间	重修时间	是否现存或已拆毁	建筑风格	坐向	结构（进数）
田头	庙公祠	明末清初				向西南	2
田头	东塘公祠	清雍正十年(1732年)					
田头	琼山公祠	清道光二十五年（1849年）					
田头	丽庄公祠	清同治六年(1867年)					
田头	抱全公祠	清光绪二十四年（1898年）					
田头（土瓜围）	祖堂	元朝	1963		瓦房	坐南向北	3
田头（土瓜围）	礼河梁氏公祠	清末				坐南向北	4
田头(土瓜围)	叶屋祖祠	清末				坐南向北	3
田头(土瓜围)	圃槐庄悦梁氏宗祠	清末				坐南向北	
桔头	谭氏大宗祠	清嘉庆十一年（1806年）				坐南向北	3
桔头	泽英堂	清朝					2
桔头	刘光堂	清朝					2
桔头	八祖厅	清朝					2
桔头	谭公祠	清朝				坐南向北	2
桔头	叙伦堂	清朝					2
禾山（村尾）	梁氏宗祠	不详					
禾山（朱屋）	朱余庆堂	20世纪末					
禾山（岗头）	厚容堂	民国					
禾山（林屋）	林氏宗祠	明朝					
禾山（李屋）	李氏祖室	宋朝					
沙头（村尾）	梁氏宗祠（毅贻堂）	明朝末年	1985	现存	村俗风格	坐东向西	3
阵村（朱屋）	朱氏宗祠	明朝	2014	现存		坐北向南	2
上南村	朱氏宗祠	元至正二十五年（1365年）	2004	现存		坐南向北	3
上南（北大塘）	养拙祖祠	明朝	2004	现存		坐南向北	3
上南(北大塘)	讷轩公祠	明朝	2004	现存		坐南向北	3
上南(南方塘)	一源祖祠	清朝		现存		坐北向南	3

续表20-1

地　址	建筑名称	建造时间	重修时间	是否现存或已拆毁	建筑风格	坐向	结构（进数）
上南(南方)	三房厅	清朝		现存		坐北向南	
上南(南方)	缓友祖祠	清朝		现存		坐北向南	
上南(南方)	二房厅	清朝		已拆		坐北向南	
下南(陈屋)	陈氏宗祠	清乾隆四年(1739年)	1892、2008	现存		坐南向北	
江头	梁氏支祠	清光绪年间（1875—1908 ）			南粤	坐北向南	
白耀前	永安堂	1943年				坐北向南	
高头	梁氏宗祠	明永乐二十二年（1403年）		现存		坐北向南	3
高头	孟一梁公祠	明正德十六年（1504年）		现存		坐北向南	2
高头	南旅公祠	清光绪三十四年（1875年）		现存		坐北向南	2
李屋	李氏宗祠(向西)	明永乐年间（1403—1424年）	1990	现存	南粤	坐东向西	3
李屋	李氏宗祠(向北)	明洪武年间（1368—1398年）	1994	现存	南粤	坐南向北	3
李屋	三房小宗祠（旦祖）	明万历年间（1573—1620年）		现存		坐东向西	2
李屋	长房小宗祠	明正德年间（1506—1521年）		现存		坐东向西	2
李屋	二房小宗祠	明正德年间		现存		坐东向西	2
李屋	三房小宗祠	明万历年间		现存		坐东向西	2
李屋	麻石家祠（居仁祖）	清朝		现存		坐东向西	2
白马围	黄氏宗祠	明末清初		现存		坐南向北	2
白马围	梁氏宗祠	明末清初		现存		坐南向北	2
上村	曾氏宗恕堂	清乾隆二十八年（1763年）				坐西向东	3
上村(南朗)	徐氏宗祠	元至正二十年（1360年）	1983	现存	砖瓦房	坐东向西	2
水口(叶屋)	叶氏宗祠	清道光年（1825年）				坐北向南	4
水口(陈屋)	陈氏宗祠					坐西向东	3
水口(黎屋)	黎氏宗祠					坐西向东	1

续表20-1

地　址	建筑名称	建造时间	重修时间	是否现存或已拆毁	建筑风格	坐向	结构（进数）
水口(曾圹取村)`	曾氏宗祠					坐北向南	3
凤山(上围)	梁氏宗祠	清宣统二年(1910年)		现存		坐北向南	2
凤山（三厅）	梁氏宗祠	清朝		现存		坐北向南	2
凤山（下围）	梁氏宗祠	清朝		现存		坐北向南	2
义合(向西)	翟氏大宗祠	清道光年间（1821—1850年）		现存		坐东向西	3
义合（岗贝）	梁氏宗祠	清光绪末年		现存		坐西向东	3
沥东（东昌围外）	徐氏宗祠	明朝		1950年拆除			
沥东	惇叙堂	明朝		已拆毁		坐北向南	3
沥东	远泽堂	明朝				坐西向东	3
佛岭（西门）	黄氏宗祠	明朝末年					

2016年园洲镇庙宇统计表

表20-2

地　址	建筑名称	建造时间	重修时间	是否现存或已拆毁	坐向	进数	有碑记否
马　嘶	天后庙	不详		1959年洪水冲塌			
马　嘶	北帝庙	不详		1963年拆除	坐北向南		
马　嘶	关帝庙	不详		1959年洪水冲塌	坐东向西		
马　嘶	姑婆庙	不详	1989.8	现存	坐东向西	2	
田　头	候王庙	明袁靖八年（1529年）					
桔　头	山宗庙	清朝		被洪水冲塌			
禾山（李屋小组）	上庙	不详		1978年前拆除	坐东向西	2	有
禾山（林屋小组）	中庙	不详		1978年前拆除	坐北向南	3	有
禾山（村尾小组）	下庙	不详		1978年前拆除	坐北向南	2	有
土瓜圩	岑山飞庙	民国6年（1917年）		1973年拆建粮仓	坐南向北	2	有
上　南	大皇庙	元至元元年（1335年）			坐北向南	2	有

续表20-2

地　址	建筑名称	建造时间	重修时间	是否现存或已拆毁	坐向	进数	有碑记否
上　南	盘古庙	元至元元年1335年			坐北向南		有
下　南	康公庙	不详		1958年拆除			
下　南	观音庙	不详		1958年拆除			
下　南	北帝庙	不详		1958年拆除			
下　南	和尚庵	不详		1958年拆除			
高头余屋巷口	康王宫	明朝末期			坐北向南	2	有
李　屋	大庙	明永乐年间	1870	70年代拆除改建莯兰小学			
李　屋	活如院	清嘉庆年间	1994	现存	坐西南向东北	3	
凤　山	凤屯岗盘古庙	清朝		拆除	坐北向南	2	
义　合	洪圣寺（正德寺）	明万历年间	2004		坐西向东		
义合（曾屋）	猴王庙	明洪武年间		1956年后拆除			
义合（上陈）	天后庙	明洪武年间		1956年后拆除			
义合（下陈）	槎江庵	明洪武年间		1956年后拆除			
马石岗（南面）	和尚庵	明朝末年			坐北向南		有

第二章　婚丧民俗

镇域经历漫长岁月的积累，民间百姓逐渐形成的人生庆典活动如婚嫁习俗、点灯习俗、寿诞习俗、丧葬习俗等，其程序、仪式与广东地区的传统习俗基本相同。

第一节 婚姻家庭

镇域百姓的婚姻制度和家庭结构及其生活方式，与中国南方的广大地区基本相同。

一、婚 姻

旧中国的旧式婚姻沿袭封建礼教，男婚女嫁多凭父母之命、媒妁之言亦有指腹为婚、包办婚姻。嫁娶讲究门当户对，同姓不婚，男女互不认识，自由恋爱被视为“大逆不道”，寡妇再嫁备受此歧视。婚姻类型有结发婚姻、买卖婚姻、童养媳、续娶、纳妾。由媒妁传言，父母包办。择配时女家将生辰送与男家和合生辰八字，然后行聘约婚即为定婚。女子一经定婚即为男家人，择吉日乐轿迎娶谓结发夫妻。

新中国成立后，废除封建婚姻制度，实行男女平等，婚姻自主，一夫一妻制度。男女双方恋爱自由，结婚自愿，不从父命，不听媒言，择偶自作决定。结婚、离婚、续婚、男到女家入赘均受法律保护。严禁重婚、纳妾、干涉寡妇再嫁，严惩迫害和虐待妇女等犯罪行为。进入21世纪，随着新的潮流兴起，人的思想发生变化，现代婚姻也有所变化，青年男女未婚同居、婚外情的陋习时有发生，离婚现象也越来越多。

二、家 庭

千百年来，镇域百姓因受封建礼教的影响，家庭组成多为三代一家，少数四代同堂，也有老人独居者。则以多代同居，共饮同乐，共炊为荣。儿辈欲提分家独居会被视为不孝。

新中国成立前，普遍存在着“三纲五常”和男尊女卑、重男轻女是的思想。新中国成立后，由于新的思想影响，大家庭逐渐分解，经济独立的小家庭日益增多。孩大分家，家庭子女婚后多与父母分居。家庭成员男女平等，携手共同建立温馨祥和家庭。尊老爱幼，互敬互爱的家庭新风悄然兴起。家庭成员因人分工，一般老人做些轻微家务，看管和照顾小孩；青壮年人从事各行各业工作，如做工、务农、经商等，还有部分优秀青年参军，妇女多做家务。因时代不同，社会进步，人们的思想不断提高，男人能做的工作，大多数女人也能做到，涌现出很多女强人，妇女也能顶半边天。20世纪80年代后，由于实施计划生育政策，育龄夫妇实行少生优育，大多家庭每户为3～4人。由于镇域工厂企业较多，就业门路广，夫妇无须出远门务工，因而留守儿童较少。

第二节 婚 嫁

婚嫁是人生中最大的喜事之一，民间约定俗成的婚嫁礼节名目繁多。镇域的婚嫁习俗沿革历史程序进行，新中国成立至20世纪70年代后，恋爱自由，婚姻自主，说亲、新媳妇挑水环节基本免除，其余礼节现在仍然存在。

一、说　亲

新中国成立前，婚嫁多是通过红娘和双方家长的撮合，称“盲婚”。新中国成立后至20世纪70年代，相亲一般由男女双方家长找算命先生或巫婆占算卜卦，根据双方的生辰八字，决定婚约。有的人家无须占算卜卦，只把写有男女双方的生辰八字的红纸放在男方灶君的香炉下压着，三天内男方家庭无陶瓷破裂便可订婚。

二、订　婚

决定婚约后，先由女方写礼帖，列出礼金、食物、酒水、物品清单通告男方，男方收礼帖后，裁定女方所列出的条件和要求回帖给女方，经过双方讨价还价，最后协商议定，承诺这门亲事，商定过礼和结婚佳期。

三、过　礼

订婚后就择日过礼，过礼时男方预付部分礼金（订金），随付（石榴仔连对）一双、松柏叶、红绿丝线、礼饼、猪肉数斤、鸡鹅数只（一般双数）送至女家。女方收礼后，回男方公母雏鸡一对。

四、婚　宴

婚宴俗称“摆喜酒”。镇域的婚宴习俗，在20世纪70年代曾一度废止，80年代起复兴。婚宴是各种宴席中最大型的，酒席少则几十桌，多则一二百桌。男女双方异地举行，男方稍比女方隆重一些。婚宴一日两餐。女方宴席的主要食材大部分均由男家以聘礼的形式提供。男方宴席的菜肴比较丰盛，一般十二菜一汤。

五、接送新娘

接送新娘有白天接送和夜间接送两种形式，镇域接送新娘多在晚上进行。新中国成立前，接新娘队伍有鼓乐队，有放鞭炮的，有抬花轿的。迎亲队伍向新娘家进发，沿途爆竹声、吹笛声、锣钹声响个不停。到女家门口时，女方向男方讨“开门利是（红包）”，如果女方提出的要求太高，使男方难于接受，双方先是“口水战”，接着男方青年采用强攻与智取的策略进入女家。女方青年女子则要紧密防守。为不耽误迎亲最佳时辰，有时女方家长会出面调解了事，劝解伴郎伴娘各让一步，让新娘出阁。20世纪90年代后，用车队接送新娘。

六、闹新房

从结婚的当晚起，一连几晚都会闹新房。闹新房的节目多种多样，成群的男青年聚集在新郎房间要求新娘介绍姓名，再要新人唱歌、行长条木凳、双人咬白榄、猜谜语等，也有戏弄新娘的陋习，弄得新郎新娘十分尴尬。

七、斟　茶

婚宴第二天中午饭后，新郎新娘在男女礼生和姑嫂的陪同下，斟茶敬奉先人和长辈。斟茶首先敬奉祖上先人，依次敬奉祖父母、父母亲、伯父母、叔父母……先亲人、后亲戚，从祖辈到晚辈，从亲到疏。亲人依次接过三杯茶（酒），第一杯敬天公，第二杯敬地母，第三杯自己喝。喝过茶后，新人送两粒喜糖给亲人，亲人赏新人一个红包，并祝福新人大吉大利，早生贵子，夫妻和睦，白头偕老，一生平安幸福。有的至亲不赏红包，而是送金戒指、金耳环、金手镯、玉手镯等贵重礼物。

八、回　门

婚后隔天，新娘第一次回娘家，俗称“回门”，园洲人称“返面”，新郎又称“做新女婿”。带上礼物，由新郎的婶母或伯母陪同伴郎同行。到了新娘家，伴郎们要小心行事，有礼有度，接新娘时得罪了众伴娘，会得到报复，或酒中下盐，汤圆中放辣，在座凳中放打屁药，花样之多，防不胜防。岳父岳母设家宴款待新郎，称为“请新女婿”。女家以糕点和两对有雄有雌的“带路鸡”作为回礼。

九、新媳妇担水

回门回来后，新媳妇要到河边或水井挑水，俗称“挑新娘水”。由新郎的婶母或伯母陪同前去，先点燃爆竹、纸钱，然后由新媳妇汲水，挑回家中。此习俗一直沿至20世纪70年代。

第三节　上　灯

一个新的生命降临，镇域居民常常举行一些庆贺仪式，如做满月、过百日、做周岁等。男孩有担负继承家业、传宗接代的重任，新生的婴儿如果是男婴，还要“上灯”。意在添丁，延续香火。这一习俗现在仍然存在。

一、灯　日

镇域为新生男儿“点灯”（上灯）的习俗已经有数百年的历史。丁是灯的谐音，点灯（上灯）寓意延续香火、传宗接代。上灯有“开灯”和“结灯”两个阶段。上灯是男孩出生后的第一个正月初一开始，镇域上灯的日子有初二、初三、初四、初六、初八、初九、初十等，以初二上灯的日子居多。

二、点灯与结灯

同村同宗上一年有男孩出生的家庭，共同买一个大花灯，放在祠堂的后厅里，每个添丁的家庭在大花灯上点上一盏油灯。或各个“丁头”自买一个写有“新丁”字样的灯笼，挂在祠堂的上堂，人们只要看到点上几盏油灯，或挂有几个灯笼，就知道这个宗族增添几个男丁。灯火一直点燃持续到正月十五或十六，再将花灯“升天”（燃烧），这就是“结灯”。

三、饮丁酒

点丁的家庭要煮糖环、碌堆、打米饼贺丁，回礼，还要煮糯米酿造的白酒让全村人喝。饮过丁酒的人，都要给“上丁”的婴儿赏包利是，祝其聪明伶俐、快点长大。 “上丁”当日的添丁人家，要摆上酒席，邀请同房兄弟、村中好友，内亲内戚前来饮丁酒。来贺丁饮酒的人要送上一封利是，表示对婴儿的良好祝愿。

第四节 寿 诞

一、做大寿

"男做齐头女做一"，即男逢60岁、70岁、80岁、90岁、100岁……女逢61岁、71岁、81岁、91岁、101岁……高龄者，儿女、子孙会为他们做大寿，请亲戚朋友前来饮酒，为其祝寿。老人要为每个子孙后代以及至亲晚辈赏一封利是红包，意在如自己一样高寿。满60岁的人，一是有了儿孙，二是父母已经过世，才能在家做大寿，否则只能过生日。老人做寿分上、中、下三寿，100岁以上称大寿，80至99岁称中寿，60～79岁称下寿。

二、过生日

60岁以下的人不能叫做寿，只能在其诞辰日举行一些娱乐活动，叫过生日。中年人过生日，一般在家里进行，邀请一些亲朋好友到家里聚餐、打牌、搓麻将、喝茶聊天等，规模不会很大。青年人过生日，形式多样化，或操办生日宴会，或组织生日舞会，或安排朋友一起郊游、烧烤、野炊，或到卡拉OK歌舞厅包厢房聚会、唱歌等。20世纪80年代以前，普通百姓的小孩生日，只说"日头红"（诞生日）。有些人家会给小孩添件衣服，或煲个鸡蛋让他(她)自己剥壳吃。20世纪70年代后，提倡"少生优生"。少年儿童过生日备受重视，随着生活水平的提高，越来越多的家长为少儿庆贺生日，购置新衣服、买用品玩具，为其举办生日宴会，还邀请亲戚、邻居、幼儿园或学校里的一些小伙伴前来参加，大伙一起唱生日歌，充满欢乐气氛。已结婚的男人，在30岁、40岁、50岁、60岁时，有岳母的会为其过整十岁的生日，买裤段(布匹)祝贺，意在护他步步高升，健康长寿。

第五节 丧 葬

园洲农村丧葬，其仪式庄严隆重，20世纪80年代后，移风易俗，丧事改革，推行火葬，接棺、"捡金"等步骤已经简化。

一、送 终

60岁以上的老人身故，都算寿终，要把白事当作红事办。当老人病重时，家人会意识到他（她）将辞世，于是特别照料，专人守候，为他（她）喂食，换衣梳头，清洗排泄物，极尽孝道。若其子女在外工作，写信、打电话、发电报设法把他们召回侍候老人，为老人送终，尽子女孝心。病危者若是母亲或媳妇，还要及时通知其娘家，不然会受到埋怨，甚至发生纠纷。农村人家多是把临终老人放在自家屋的大厅或村里的“厅厦”（办丧事场所）。老人临终之际，家人要将事先准备好的“寿衣”“寿鞋”给老人穿上。人一断气，子女立即烧“纸钱”，放声悲哭送终。

二、报　丧

老人去世后，丧主要向亲戚、邻里、族人和“八里”（殡葬工）报告死讯，请其帮忙打理殡葬事宜。园洲百姓一家有丧事，众人相帮，不计报酬，丧家只给一包大吉利是（红包）。故者如果是女性，还要派亲人拿着红头绳扎着一元钱，到她的娘家报丧。报丧人不能进入亲家的家门，只能在门口呼叫后告知，亲人会搅一碗糖水或舀一碗冷水给报丧人喝。

三、设灵堂

人死后，男性尸体放在“厅厦”的左边，女性尸体放在厅厦的右边，盖上旧被，尸体头朝内，脚朝外，要在遗体的头部一端点上一盏长明灯，灯火不能熄灭，意为死者赴黄泉之路照明。在遗体的脚部一端摆放香桌， 放上香炉，点上冥香，香炉下放一“火砵”，守灵者不间断地一张一张焚烧“纸钱”，为死者送行。

四、守　灵

亲人死后，孝子们要请有治丧经验的族人打理后事，孝家成员要守灵，日夜守护在遗体旁边，守者不准穿鞋、戴帽，不准穿红衣花衣服，穿着要朴素。

五、接　棺

棺材一般用杉木制造。棺材抬入孝堂时，鸣锣吹笛燃放爆竹，孝男孝女哭着跪在门边迎接，称“接官接财”，谐音“升官发财”。

六、哭丧

亲人去世，孝眷悲痛，以哭声来表达哀悼之情，称为哭丧有真哭、一般哭和假哭三种。子女和近亲属是真哭，媳妇为一般哭，街坊邻里为假哭。俗话说："儿子哭得惊天动地，女儿哭得死去活来，媳妇哭得三心二意，外人哭得毫不在意。"买水的哭丧词是："打响铜锣去买水，锣响三声人到齐，清水买归娘（爷）洗面，洗干洗净上桃园。"又有"瓦盆一个捧在手，为爷（娘）买水双泪流，买水返来洗爷（娘）面，洗净眉目上天庭。"安葬哭丧词是："好时好日娘（爷）座位，啊娘（爷）座位好时辰，新买锄头安新柄，锄开金土葬爷娘。"

七、买　水

寿终正寝的老人丧葬，首先要买水为终者"洗脸"。买水时由族亲引路，喇叭锣鼓手一路吹打，孝子拿着瓦砵到河边去向"河神"买水，买水时要向河神祈祷、付钱，旧时是向河里掷几枚铜钱，现在要向河里掷几个硬币。引路人点燃元宝香烛，烧响爆竹，孝子用旧葵扇拨开水面，用水砵舀水。买回水后，"八里"（负责殡葬的人）中的领头用白手巾沾水为死者洗脸，梳头三下，最后把手巾和梳子扔掉。

八、入　殓

灵堂前摆设一张案台称灵台，灵台中间放着死者的灵牌神位，灵台上摆放着生鸡、猪肉、鸭蛋、米饭、酒水，点上香烛祭亡灵，孝男孝女及亲人依次为死者献上三杯酒。然后把"寿饭""三牲"装入"粮晏"（瓦罐）里，装满后封上盖，安葬时一齐入土，饭菜供逝者享用。祭亡灵后把尸体放入棺材里，俗称入殓（入棺）。此时全体子孙、亲人、外家人都要在场，入棺时，先在棺材底部垫上几层"元宝金银纸"，并在亡者头部用白纸包着三块全瓦当枕头，棺内还放上冥纸、硬币和真钱。家属要围绕棺柩绕行一周，以示告别，随即盖棺。

九、出　殡

盖棺后，灵柩一般由8人抬，从孝堂抬出，棺材前头是脚部，朝出殡的方向行走，送葬队伍中：撒纸钱者居先，次为挽轴、幢幡之列，接着是灵柩和家属之列，后为哀乐队和亲友送丧者，一路敲锣打鼓吹笛放鞭炮。墓地一般在荒山野岭，道路崎岖，抬棺和送葬者遇山过山，逢水涉水，步履不能停，队伍整肃，甚为壮观。外家人送至村外后另路折回，并在半路旁点燃"元宝"香烛，撒下米饭、酒水"辞路头"。棺材抬至墓穴，落棺入穴后，子孙绕墓穴跪绕一周，一边跪行，一边用手扒泥土撒向棺木，之后，"八里"则一起用锄头铁铲埋土成坟。

十、做“喜事”

葬礼结束，灵位尚存，后人要为亡者做丧事，一般把白事当作喜事做。人死后七日，要为亡灵做“头七，然后做二七”“三七” 三个七，一百日后要做“百日”，去世一周年要做“对年”（“英雄”）。做七时，儿子要为亡灵做“灵屋”；做七、做百日、做对年时，女儿要为亡灵做“衣垄”（衣箱）。“灵屋”和“衣垄”烧给亡灵。丧主要儿女“围火”，火盆内放上灯火（开着的电筒）、木屐、松柏、红绿豆，家庭成员每人一封寿钱，孝男孝女脱孝。

十一、“捡　金”

“捡金”为二次葬。死者安葬数年（一般三年）后，定好日子（一般是在农历八月初一），在太阳未升起之前，挖开墓穴，将骸骨按人体的结构装入“金埕”（特制的陶瓮）内，俗称“捡金”，然后重新安放，立上墓牌（碑），这才是逝者永久的墓穴。殡葬改革后（火葬），“捡金”被已废除。

第三章　生活民俗

园洲地处罗浮山之南，东江以北，毗邻东莞、深圳、广州等地，人口密集。其居民的语言、礼仪、岁时、生活习俗与毗邻地区大同小异，但一些生活习俗颇具浓厚的地方特色。

第一节　家　居

一、民居建筑宗旨

民居民俗有三个宗旨：第一，选择房屋宅基地，强调物质和精神的满足；第二，造型、布局、结构形式的合理；第三，避凶趋吉，追求平安吉祥。

二、民居坐向形式

镇域村落坐向多是坐北向南、坐东向西，也有坐西向东、坐南向北。较为常见的房屋是“排列式”，即以祠堂为中心，向后扩展建筑物，祠堂为独立单元的“多堂式”结构，其他房屋以行列式的组合方式在祠堂的左、右、后方有序地建造。以若干房间为一排，房屋按次序排列，前排的地势稍低，而后排略高，后面有龙山、前面有湖塘更好。排与排之间留小巷，若干排为一列（组），列（组）与列（组）之间留大巷。屋与屋之间均为连体共墙，前后开窗，屋之间的长、宽、高每列相等。过去一般一户住一间，前端打灶作厨房，后端为房间住人，楼上堆放杂物。住宅大门是依坐向开启，一般有三种选择。一是开中门，门开在宅前的中间，称朱雀门。二是开左门，门开在宅前的左侧，称青龙门。三是开右门，门口开在宅前的右侧，称白虎门，有“左青龙右白虎”的说法，但开右门的人家很少。

进入21世纪，住宅建筑多是独立式的楼房，装修豪华，配套齐备，宅内套房、客厅、厨房、卫生间、水电设备一应俱全。

三、民居建筑以及入住

（一）择 地

园洲人受道教文化的影响，看重建筑的择地。一要地块平整，二要交通方便，三要讲究“风水”。

（二）择 日

建房很注重日期的选择。选择吉日动土开工，一般都是请风水先生择日，现代民间建房择日大都参考“农历”上标注的宜动土建房的日期，一般选择农历“双日”，也可择单日的“九”，即初九、十九、二十九等日子动工。

（三）开 线

拜祭土地神后，主人给每个动土人员发一个红包，接着就是开线动土，由泥水师傅按房主需要建造房屋的间数及每间的大小、长短立椿开线，沿线画好石灰图，放线开基前，先在宅基竖起用红纸写有“开工大吉”的牌子，时辰一到，便鸣炮仗，随即破土开挖。

（四）上梁（上栋）

上梁，也称升梁。上梁是建屋中最重要的一环。民间多认为上梁顺利与否和建宅后的生活好坏密切相关。所以选择吉日上梁，择定的时间风雨不改，一定要把梁“升”上去。主人给升梁的两人每人一个红包。上梁时先把红布跨悬于梁中间，谓之“披红”，两边分别挂着装有“五谷”的小红袋，以求丁财两旺，然后点燃香烛，燃放鞭炮，以辟邪魔。栋梁徐徐升起。

（五）迁 居

迁居，俗称“返新屋”。迁居礼俗呈多样化：

1.选择吉日

新居建成后，要选择黄道吉日乔迁新居，一般是以农历双日或者单日的初九、十九、二十九为吉日，以示长长久久。

2.净地旺宅

入宅前把新宅打扫干净，每个房间放一盏灯，以示入屋后添丁。请巫婆与家庭主妇先用土地衣、“金银”衣纸、地府冥钱以及“屋契”“地契”祭拜五方土地，俗称“出屋贺”，以示该宅用真金白银建造而成。

3.新居布置

入宅前，添置必要的家庭用具和家私电器，添加新碗筷，以示日“后添碗添筷添人口”之意。在大门、堂屋、厨房等处张贴大红楹联与横幅。有的还在大门上贴“福”字。在大门的左边贴上门官，以示守门，灶台上贴上灶君。墙壁上挂上字画，正厅横墙挂上“乔迁之喜”的大幅画镜。

4.举办酒席

为乔迁之喜，主家还要摆席设宴，俗称“迁居宴”。迁居宴仅次于婚宴，宴请对象比较广泛，有兄弟姐妹、叔侄、同宗乡亲、亲戚朋友、同事、同学、战友等。宴席上尊母族、妻族为上宾。前来喝酒的亲朋好友要送一份礼物，如红包（礼金），也有送家具，还有送镜屏、字画或炮仗等。

第二节　传统美食

园洲镇地处珠三角东北端，雨水充沛，气候湿润，土地肥沃，盛产粮食、蔬菜、水果和禽畜塘鱼，经济发达，传统美食丰富。1978年后，全民、集体、个体饮食服务业有较大发展。至2016年，菜肴越来越丰富，除传统粤菜、客家菜外，湘菜、川菜及其他各地名菜、名点传入园洲，成为园洲美食的一大特色。

一、菜　肴

园洲菜肴属于粤菜中的广州菜系，以咸香带点甜为主，详见第九篇《商业》第六章《饮食服务》。

二、糕　饼

（一）传统年糕

米　饼　又称炒米饼或硬饼。米饼是春节一种必不可少的传统送礼食品，是用水把大米浸透炒熟磨粉，拌上溶化的糖浆，放入炒花生仁、芝麻搅拌均匀成团，用饼印印压，敲打在竹织的饼筛里，放在灶桶上，用木炭暗火烘干而成。米饼香甜爽脆，松散可口，可作早茶或下午茶的佐食。

糖　环　糖环是春节人们应景拜年的一种必备“年果”。用糯米粉与溶糖搓揉成粉团，用糖环印打印成品，放在煮沸的花生油锅里炸熟。糖环圆环形状，像莲花，美观好看，香甜爽脆好吃。

圆　笼　圆笼是园洲人新年贺丁的必备年品。以糯米粉为主要材料，把红糖溶成糖浆倒入粉中调匀呈条状，盛在铺好香蕉叶的大蒸笼里，猛火蒸数小时，蒸熟后的圆笼呈金黄色，切成小块用油煎食。

油　角　油角也是过年不可缺少的年货。用面粉拌上鸡蛋搓揉成“角皮”（用面粉加鸡蛋、水做成外皮），用花生或芝麻炒熟打碎拌上砂糖作馅，角皮包馅，手工捏成花纹角状，下油锅炸熟，油角金黄色，香甜酥脆可口。

米　糕　用黏米炒熟或爆成米花，伴煮熟的糖浆，放上炒香花生仁和芝麻搅匀，乘热放在竹箕或木板上，用木条轻轻压平压实，用菜刀横直切成小长方块，米金黄香甜爽脆可口。

（二）应节“粉果”

甜　团　团皮用适量食用花红粉调成红色，用花生仁或芝麻炒熟打碎，拌上白砂糖作馅。

咸　团　团皮白色，用眉豆、绿豆煮熟揉烂调成咸味作馅。也有用萝卜刨丝，放入腊肉、虾仁、姜、葱、蒜叶煮熟作馅。整作团时用手工把粉捏成椭圆形，把馅灌入内，封口成鸭嘴，用菜果叶垫团，放蒸笼下锅蒸熟。

寿　桃　是清明、重阳等节日和老人生日的必备果品。用糯米粉拌上适量的食用花红粉染色，用寿桃印打而成。形状像桃，故称“寿桃”。寿桃有甜寿桃和咸寿桃两种。甜寿桃用炒香花生仁或香芝麻作馅。咸寿桃用适量食盐，放入花生仁搓匀，印好的寿桃用菜果叶垫，放在蒸笼下锅蒸熟。

松　糕　松糕是园洲人在婴儿满月、子孙入学和“会节”（民间节日）回礼的必备食品。松糕用糯米粉拌糖粉，用筛斗筛在松糕板上，中间放花生仁沫或芝麻作馅，再筛粉覆盖，用木条拉平压实，用水果刀介成正方小块，放在锅上蒸熟。松糕松软，香甜可口。

香米糕　香米糕是中秋节的应节食品。用大米炒熟磨粉，放上炒香打碎的花生仁、芝麻、砂糖，用少量的“七夕水”（又名七姐水，每年农历七月初七的水）搅拌均匀，用糕印印压成小圆形米糕，可以即食，香米糕香甜松脆可口。

粽　粽是园洲人过端午节必备的应节食品，有咸粽和甜粽两种。形状有五角体、三角体或长方体。咸粽：把糯米用水浸透捞起晾干，用洗净的粽叶包米，把调好味的五花腩肉、咸蛋黄、冬菇、虾仁，打碎去壳浸泡的麦豆或眉豆、绿豆作馅放在中间，再放上米包好，用咸草包扎结实，放在锅旦用木柴火煮上数小时至熟。甜粽（碱水粽或“灰水粽”）：甜粽不需馅，只在浸泡晾干的糯米倒入适量的碱水伴匀可包裹，煮熟后粘糖食用。

三、其他传统小食

糖　丸　亦称汤丸，是园洲人平时常食的午餐食品。把糯米粉用水揉成团，用手搓成小丸与糖放在锅里一起煮熟，便可食用，汤丸也有咸丸，咸丸不放糖，放上腊肉或鱼糕，青菜或番薯、芋仔片伴煮，放上盐，便成咸丸。糖丸和咸丸各有风味，由人所好。

糖不甩　是用糯米粉和水揉成团，捏成乒乓球大小压扁后，放在锅里伴糖一起煮熟。糖不甩被糖胶包裹，不带水，很甜，放上炒香的花生仁作伴料，香甜柔软，韧滑可口，回味无穷。

糕　仔　糕仔有甜糕和咸糕两种。甜糕，又叫浮糕，用大米磨成浆，伴上糖，放适量的泡打粉搅拌均匀，盛在铜盆（锑盆）里，放在锅里蒸熟。蒸熟的甜糕中间涌起小孔，外表皮浮起凸面，故叫浮糕。用果刀介成长方块即食。咸糕，大米浆放上煮熟的番薯粒或芋头粒，拌上适量的盐、腊肉、虾仁和炒香的花生仁，或煮熟的萝卜粒、南瓜粒等配料，搅拌均匀，盛在铜盆（锑盆）上，放在锅里蒸熟，切成长方块或尖角块即可食用。糕仔香甜可口，回味无穷。

四、自制传统凉茶

镇域居民有自制多种凉茶的传统习惯，其中以“清明茶”“七夕水”较为传统和闻名。

清明茶　在清明节这天，一些懂得制作清明茶的中老年妇人，一大早就到野外的荒山、树林、草埔、道旁、河涌边等地方去采摘石榴、黄皮、水翁、攀葡、阳桃、竹芯等十多种野生果树的嫩叶，回来洗净晒干，这就成了“清明茶”。把清明茶放在瓦埕里储藏，需要时用适量的清明茶叶煲水晾温饮用。清明茶有消暑、清热解毒、去痧症、去大热症、治感冒、治便秘等功效。

七夕水　每年农历七月初七这天，在太阳升起之前，几乎每个家庭主妇都到江、河、涌去担“七夕水”。据说用七夕水与冬瓜、南瓜、铁胆头、枸干菜、车前草、金钱草、露当根、马齿苋等瓜或草一起浸泡，便成“七夕水”。七夕水久贮不臭，越久越好，水质纯清、甘甜清凉，冷饮服用，有消暑、清热、除湿热、清肠胃、利便等功效。

第三节　服　饰

一、服　装

大襟衫　在20世纪60年代以前，男式上衣多为对襟，中间纽扣；妇女大襟衣，右边纽扣，保持着清朝以前汉族的传统。女子穿的大襟衫的袖口缝上几圈环饰，或在衣襟边上镶些锟边，布色多是蓝色或黑色。少女和青年妇女也穿花布或格布大襟衫。穿上大襟衫，围上围身，插上头饰，便是一位温婉优雅从容的女性。大襟衫穿在人们身上，对于如今来说，已是一道远去的风景。

大裆裤　男女裤子基本无别，一律是宽头大脚的大裆裤。大裆裤有“三大”：裤腰大、裤裆大、裤腿大。裤腰不开口，裤的上口打裤头包，用裤头带紧束。在旧时，男女一般不穿内裤，只穿内衣。

牛头裤　牛头裤也叫大裆短裤，是在夏天穿的。20世纪80年代及以前，穿牛头裤是男人的专利。其中也有一些西装短裤，多是单位、部门男性干部职工所穿。牛头裤或西装短裤长度一般是长裤的二分之一。男性穿上短裤，一是凉爽，二是方便干农活。农村由于随着农活越来越少，80年代以后，穿短裤的男性越来越少，而穿短裤、短裙的却越来越多，已成为当今社会的一种时尚。

唐　装　唐装是两边对开对衬的对襟衫，衫的正面左上边和下边左右两边各一口袋。20世纪80年代前，镇域男性，都盛行穿着唐装。

中山装　中山装是民主革命先驱孙中山先生设计并倡导的服装，故名叫“中山装”。中山装有四个明袋，加上袋盖，各钉纽扣一粒，穿起来硬挺、美观又安全。中山装可作礼服，也可作常服。新中国成立后至20世纪70年代，是部分中小学校长、镇（公社）以上干部最为流行的干部服。

云纱衫　云纱衫男女装皆有。云纱布是用薯莨做成的，制作工艺独特。云纱衫具有穿着爽滑、易洗、快干、耐脏、凉快、除菌、驱虫的特点，是过去有钱人才能买一两件在探亲、访友或庄重场合才穿的衣服，被视为名贵的夏季衣衫。

西　装　西装在中国也曾称其“洋装”，因它是从太平洋彼岸引进的一种服装款式。西装大反领，上设一袋，下设两袋。多用黑、蓝、灰布缝制。是当今干部、经商老板流行的常服。人们在节日、会议等庄重场合，或青年人结婚的大喜日子里，穿上西装，打上领带，显得格外威风、帅气。如今的西装，已代替了以往的中山装、民主装和干部服。

二、装饰

围身裙 20世纪90年代前，镇域的妇女，无论在田头地尾、街头巷尾，还是在灶头锅尾干各种活儿，总爱缆一条围身裙在前胸间。围身由一尺（0.3米）见方的布、银（铜）链、银钮、布花结、围身带缝制组而，多是黑色或蓝色。项链挂颈，围身带束后腰，干活时可防脏污，平时可作装饰。围身轻盈实用，美观大方。

头　帕 也叫围巾或包头布，是用1.5尺（0.5米）见方的布缝制而成，多为白色或红蓝绿间色，一是保护头发，二是保暖，三是装饰，多为中年和老年妇女所用。

布　伞 俗称遮，是遮阳挡雨的工具。伞为“人”字形，由伞架、伞骨、伞把和布料组成。现代还有新款式的缩骨（折）伞。折伞款式多样，短小精致，方便携带。

凉　帽 20世纪80年代以前，凉帽在镇域广为流行。凉帽外形颇似竹编平坦的米筛，中间为圆圈，帽檐缝上4寸（1.3米）宽的柔软绸布和花穗，有黑色和蓝色的，还有花色的，远远望去，像一朵朵美丽的鲜花。这种帽子无论阳光从何处射来，都照不到脸上，缀布飘动时，还有微风拂面，凉爽惬意，故当地人称它为凉帽。凉帽是妇女们的专利，戴上凉帽，能遮羞挡风，遮阴挡阳。

木　屐 木屐是用硬木料精工制作，加上胶皮环绕屐头钉固而成。有白木屐和绘图花木屐两种，一般男着白屐，女穿花屐。其用途等于现代的凉拖鞋。20世纪70年代以前，人们晚上洗脚后，穿上木屐，既方便，又干爽凉快。

耳　环 自古以来男女都戴。近代，女性戴较多。耳环是妇女头饰中不可缺少的一部分，镇域女孩子早在七八岁时就要穿耳（在耳珠处打耳洞）戴耳环。耳环有两种，一种是环式，一种是坠式，孩子或姑娘一般戴环式，结婚后则改戴坠式。耳环有锡耳环、铜耳环、银耳环和金耳环之分，女子结婚时，由母亲打（买）一双耳环作为嫁妆，让女子戴上出嫁。

银　簪 头髻是妇女的一种头饰，她们在姑娘的时候，一般留长发，在脑后结一条单辫或在头上的左右分别结两条辫，叫孖辫，扎上红头绳。一旦出嫁后成了小媳妇直到老，就用一支金属或骨头或玉石长针盘旋发髻。盘发髻成了妇女早上起床后“梳妆”的主要内容。发髻有盘龙髻、鸳鸯髻、栖鸭髻、如意髻等。插上金钗玉簪，戴上金银珠翠或插上鲜花，一是显示身份尊贵，二是用作装饰，三是取悦男子，惹人喜爱。

第四节　发　型

一、男　性

剃光头 用剃刀把头发全部刮得精光。剃光头清洁、卫生，夏天凉爽。1960年以前，剃光头在农村老人中比较流行。

陆军装　用发剪把头发基本剪光，只在前额上端留下0.01～0.02米长的短发。陆军装易洗易干，清洁。头部损伤易于包扎。这种发型1970年以前在青少年和中壮年人群中比较流行。

大西装　亦称花旗装，头发基本保留，只用发剪修短四周发脚。大西装是时髦发型，梳理时打上发蜡，中间分界，把头发两边分开，显得斯文而威风。1960年以前，大西装在机关单位的干部职工和教师、医生队伍中比较流行，现今在男性中普遍流行。

二、女　性

扎　辫　1980年以前，年轻女子多是在头的左右两边分别结扎两条长辫子，叫孖辫。扎上红头绳或红布絮条，额上留一排刘海，显得美丽清秀。

短　发　在一部分年轻女子和中年妇女有留短发。头发剪至齐耳垂，在右耳侧扎红头绳或红布絮，系上蝴蝶结。也有部分青年和中学生背后扎一束马尾发。短发和马尾发，容易梳理，得体大方。

结　髻　结髻是已婚妇女一直至老年的一种发型，是用一支金属或玉石长针盘旋的发髻。在髻中插上金钗玉簪，戴上金银珠翠，或插上鲜花，显得华丽尊贵。

三、孩 童

婴儿发型　一周岁以前的婴儿，一般不剃光头，冬天戴巾（帽）保暖。一周岁以后，在前额的上端留下一长方形小块的毛发。

儿童发型　男童一般留短发，女童一般流齐耳朵的长发或扎小辫子。

四、新潮发型

1980年以后，很少有剃光头和陆军装，男女发型趋向新潮，专业发廊遍布城乡，服务有发型设计、理发、剪发、洗头、吹发、烫发、拉发、焗油、按摩、美容。发型有儿童装、学生装、青年装、运动装、大西装。

第五节　家　具

一、传统家私

厅堂家私　园洲百姓家庭厅堂用的台、凳、椅、桌、茶几均为木制品。桌是长方形，有两个抽屉。凳有长木板四脚双人坐的长凳及单人坐凳。椅有扶手、靠背的高椅。还有四方形可坐8人的八仙桌。有钱人家厅堂用的高级家具是由酸枝木或坤甸木制成，雕龙刻凤或梅兰竹菊，工艺精致。

卧室用具　卧室有长方形四脚直立木制高橱，用于放置衣物，另有装棉被的小柜。床是和合床，两张合并。有的绘画，有的雕凿吉祥物图案，床顶还铺有挡尘板。和合床是结婚嫁妆，床前放置梳妆台。未婚的多用架床及简易木板床。

厨房用具　传统厨房用具有大小铁锅、瓦煲、锑煲、铜或铁制的云鼎。木制的高锅盖、平锅盖、砧板、菜刀、装饭的饭盆、舀水的木勺、吃饭用的四方形（或圆形）饭桌、洗脸用的面盆、洗脚用的脚盆等。

二、现代家私

随着社会的进步和生活水平的提高，百姓家庭的家具与时俱进，推陈出新，厅堂上改用真皮沙发、酸枝木或坤甸木制的沙发，还增添了组合框、酒柜、洗衣机等现代家私。

厨房炊具改用电饭煲、高压煲、微波炉、消毒柜、电冰箱。竹木制作的传统厨具基本由铁、塑胶制品和电器厨具所替代。

第四章　游艺民俗

镇域的游艺民俗有着数百年的历史。传统的游艺民俗活动有舞狮、舞麒麟、舞凤、扒龙舟等。这些民俗体育活动，在清朝末期、民国时期和新中国成立后至20世纪60年代初期较为盛行。

第一节　舞　狮

狮，又称醒狮。清末、民国时期，上村、凤山、义合等村已有醒狮队和舞狮活动。20世纪60年代，桔头小学组建一支醒狮队。80年代，上村、凤山、义合岗贝村、禾山岗头村和上南等村相继组建醒狮队。至2016年，除上南、上村有醒狮队外，其余都没有组建。

舞狮表演分狮拜、舞狮、打棚三个程序。狮拜，即到各家各户拜主人。在屋主人指引下，狮子拜毕大门，屋主人放鞭炮，给狮队送利是（红包）。舞狮表演分“地狮”和“桌狮”两部分。地狮，一人擎狮头，一人掀狮尾，狮子在“大头佛”（人物角色）引领下表演饮水、打滚、捉蚤等动作；桌狮，由“大头佛”把狮子引上八仙桌，在上面表演跳桩、抢青等动作。打棚，即武术表演。武术的式样有棍、刀、剑、戟、凳等套路表演。

第二节　舞麒麟

清末至20世纪50年代，镇域的佛岭、马嘶、田头、桔头、凤山、义合、李屋、白马围等村组建过麒麟队，“文化大革命”期间陆续解散。80年代初期，凤山、禾山村尾、桔头等村曾重组麒麟队。但到90年代初期，舞麒麟的民间习俗已基本消失。舞麒麟的程序与舞狮基本相同。

第三节　舞　凤

舞凤是一种传统民族文化，两人为一组，一人舞凤头，一人舞凤尾。舞者多为10～14岁的男少年。舞凤一般在春节期间演出，先到每户“拜年”，之后回到表演场地进行吹、拉、弹、唱等表演。民国期间，下南村、菉兰李屋村均有舞凤活动。20世纪50年代末至60年代初，义合村的曾温小组曾组建凤队并开展演出活动，“文化大革命”期间解散。2013年10月，义合村曾温小组重建舞凤队，并开展演出活动。

第四节　赛龙舟

民国至20世纪60年代初期，镇域有扒龙艇赛龙舟的习俗。马嘶、田头、桔龙、土瓜圩、上南、刘屋、下南陈屋、白耀前、高头、李屋、寮仔、白马围等村，每年端午节前后都举行扒龙艇赛龙舟活动。龙舟长27米，宽1.6米，全船可容54人，其中划手50人，鼓手、锣手、指挥、舵手各1人。扒龙艇赛龙舟之前，要举行起龙舟、龙舟下水和采青三个仪式。2012年6月24日（农历五月初六），园洲镇在浅水湾南面东江河段举办有史以来规模最大的龙舟锦标赛。参赛龙舟队有上南一、二队，刘屋一、二队，陈屋一、二队，江头一、二队，白耀前一、二队，高头一、二、三队，李屋一、二队，寮仔一、二队，白马围一、二队，田头队、土瓜圩队和佛岭队共22支队伍，参赛队员1500百多人。经过初赛、复赛、决赛三个回合的激烈竞逐，白马围一队获得冠军，土瓜圩队获得亚军，高头一队获得季军，上南一队获得殿军。

园洲镇民间游艺体育组织一览表

表20-3

名称	组建时间（年）	规模（人）	活动内容	备注
桔头麒麟队	民国34年（1945）	30	麒麟舞、武术、拳术	1969年解散
凤山三厅麒麟队	民国35年（1946）	20	麒麟舞、拳术、棍、刀表演	1982年解散
禾山朱屋麒麟队	1962	50	麒麟舞、拳术、刀棒表演	1982年解散
禾山李屋麒麟队	1962	48	麒麟舞、拳术、刀棒表演	1982年解散
禾山林屋麒麟队	1962	48	贺年、贺喜庆、麒麟舞	1982年解散
白马围麒麟队	1970	35	麒麟舞表演、贺年	1979年解散
凤山上围麒麟队	1980	20	麒麟舞表演、贺年	1986年解散
凤山下围麒麟队	1982	20	麒麟舞表演、贺年	1986年解散
义合翟屋麒麟队	1930	25	麒麟舞表演、贺年	1985年解散
禾山村尾麒麟队	1983	50	麒麟舞、刀、棍棒表演	1984年解散
桔头小学醒狮队	1962	25	舞狮表演、武术表演	1969年解散
上村村醒狮队	1980	22	舞狮表演、贺年、贺喜事	
凤山聚和醒狮队	2008	20	舞狮表演、贺年、贺喜事	
禾山岗头醒狮队	1983	50	舞狮、刀、枪、棍表演、贺年	1990年解散
义合岗贝醒狮队	1984	30	舞狮、贺年	1991年解散
上南醒狮队	1988	22	舞狮、贺年、贺喜事	
义合曾、温、梁凤队	2013	28	舞凤、贺年、贺喜事	

第五章　禁忌民俗

禁忌民俗是一种信仰习俗或迷信习俗，其包含有两方面的意义：一是对受尊敬的神物不许随便使用，因为这种神物有神圣或神洁的性质。二是对受鄙视的贱物和不洁、危险之物不许随便接触，违犯这些禁忌会招致不幸。镇域百姓深受影响。

新中国成立后，随着社会进步，时代文明，带有封建迷信色彩的禁忌行为逐渐消失。

第一节　衣食礼节禁忌

一、衣着禁忌

衣冠忌穿着随便，平日里尤其忌穿戴异常，如反穿衣、反悬冠等，这样属凶相，意味着在诅咒亲人的死去。还忌穿别人穿过的衣服，特别是穿已故人穿过的衣服，这样会被认为衣服上附着亡灵，自己的灵魂就会不得安宁。

带有传统观念的人对身体的暴露有着严格的忌讳，男不露脐，女不露皮，规范着人们的形体审美。对于男性干重体力活时太热的照顾，也可出于男性上体无性刺激敏感特征的考虑，对男性上体的裸露限制尚不太严格，对于女性的要求是严格苛刻的。

二、用餐禁忌

（一）饮食的禁忌

年初一吃斋，禁吃荤。平时吃豆腐不能说吃“白豆腐”，只能说“吃豆腐”或“煮豆腐”。过年不能专门吃蛋，认为“蛋”与“完蛋”发音接近，很不吉利。患过顽疾或正患上顽疾的人，不宜吃狗肉、公鸡、虾、鲤鱼、黄牛肉、番鸭之类，人们认为这些食物吃了会难治愈或“翻旧病”。

（二）用筷的禁忌

一忌长短筷（忌三长两短）。请客人吃饭，每双筷子应一般齐，不可一长一短，因为这样容易令人想起“三长两短”不吉利的话语。

二忌指人筷。拿筷子时食指伸出，用大拇指和中指、无名指、小指捏住筷子，因为食指伸出，总在不停地指别人，像在责怪别人。所以，吃饭用筷子时，不能伸出食指，不然就是对别人的不礼貌。

三忌吸螺筷。指的是把筷子的一端含在嘴里，用嘴来回去嘬，像吸田螺一样发出渣渣的响声。这种行为被视为一种下贱的做法。

四忌叮当筷。指的是在等待就餐时，不能坐在餐边，一手拿一根筷子随意敲打，或用筷子敲打碗盏或茶杯。这种行为被看作是乞丐要饭。

五忌挑食筷。在就餐过程中，已经举起筷子，但不知道该吃哪个菜好，将筷子在各碟菜中来回游弋，是令人反感的行为。

六忌铲刀筷。用筷子不住地翻动菜肴，以寻找好的食物，属于缺乏教养的做法。

七忌颠倒筷。用餐时将筷子颠倒，好像饥不择食，这种做法让人看不起。

八忌上香筷。盛饭时盛得太满，像一个突起的小山包，又把一副筷子插入饭中等上菜，这无疑被视同给死人上香一样，属大不敬。

九忌落地筷。用餐时筷子掉落地上，也是严重失礼的一种表现。古人视用餐时筷子掉落地上，出“家伙”（打仗）时可能会流血或阵亡。同时忌吃饭时打破盘碗调羹之类瓷器，打破了应该自嘲地说一句“落地开花，富贵荣华”之类的话。

十忌杂色筷。一双筷子两种颜色，意味着家人不和睦，经常闹别扭，对主客双方都是一大忌讳。

（三）礼节禁忌

一是食不言。吃饭时尽量少说话或不说话。

二要尊重长者。客人赴宴要讲究礼节，入席时不能捷足先登，要让主人或长者坐在上座，宾主要相互谦让，长幼同席，长者上座，同辈人同席，按年龄长幼分座次。开席时，不能先动手，晚辈要请长辈先起筷。

三要食不乱。进食时不打嗝，不要打喷嚏，骨头鱼刺不要随地吐，不要光低头吃饭不管别人，不要狼吞虎咽大吃一顿，更不要贪杯。

第二节　出行禁忌

出行，特别是出远门，要时时、处处、事事做到小心谨慎，对有危害人身财物安全的行为必须有所禁忌。

一、选出门吉日

出门办事忌逢“三娘煞日”，即每月的初三、初七、十三、十八、二十二、二十七这六天，有“逢七不去，八不回”之说，因为含有“七生八死”“七衰八败”之意。出远门时，一般不选有“四”和“七”这两个数字的日子，“四”和“七”均是不吉利的数字，“四”与“死”同音，“七”与“凄”同音。忌因谐音生事。婚姻嫁娶也不选择初三、十三、二十三的日子，“十三”与“失散”谐音。

二、改期出行

已经选好出行日期，临行前或刚起步时有踩死小鸡、小孩跌倒、踢破脚趾头等不好预兆，则要改期出行，否则不吉利。

三、路上行走的禁忌

在行走途中，特别是在山路上、胡同里或夜间行走，突然听到有人叫自己的名字，在未弄清楚之前，切勿随口答应。行路时，突然遇旋风从对面刮来，要吐几口唾沫辟邪。路上，忌讳遇上送葬的，这样会认为不吉利；如遇之，要将帽子或衣服脱下，在身上扑打几下，以散晦气。出门在外忌夸口炫耀钱财，钱银不可露眼，露白会失财。不轻易和生人攀谈，以免被坏人摸清底细，造成不测。“出门三辈低”，遇事要百般忍，忌争强好胜，拌嘴斗殴。

第三节　婚嫁禁忌

婚姻嫁娶是人生中的头等大事，必须遵循乡规习俗，对喜庆有相冲相克的行为必须有所禁忌。

一、婚期禁忌

忌女方主动提出婚期；忌“盲年”即无立春之年结婚；忌同一年内一家举办两次婚事，同屋不能有进有出，即不能在同一年中又嫁闺女又娶媳妇，否则会有一个好一个不吉利的现象；忌孝期内结婚；忌在青黄不接或农忙季节的四月、六月、七月、九月间结婚。如今随着未婚先孕者越来越多，“忌月”已经打破，即使在炎热的夏天也会结婚。

二、迎娶禁忌

忌在迎娶途中遇到另一队的迎娶队伍，这叫“喜冲喜”，会抵消彼此的福气，必须相互放鞭炮以化解之。忌寡妇、孕妇送亲，孕妇使新娘产生忌讳，有未婚先孕的不贞洁行为的感觉。寡妇更使人有一种“守寡”的感觉，都会让人有不吉利的预兆感。新婚之日，新娘进男方家时，忌脚踏门槛。公婆要躲避，避免与新娘撞面，致日后无缘分。村内两人同日出嫁，送嫁不能走同一条路，更不能互相冲撞。出嫁人忌在娘家过年，女儿女婿在娘家忌同床睡觉。嫁妆忌陪送床、锅、钟。送被褥、脸盆、面镜、茶杯、枕巾、椅凳忌单数。

三、婚宴禁忌

酒宴的酒菜要双数，忌讳单数。忌讳寡妇、戴孝者参加婚宴，否则不吉利。忌打破碗碟、茶杯、汤匙等器皿，打破了器皿，认为是不完整的兆头。

四、闹洞房禁忌

闹洞房时，寡妇、孕妇、产妇、戴孝者忌参与；洞房花烛夜点燃的灯忌吹灭，要一夜长明，新婚夫妇谁要先把灯烛吹灭，谁就先过世。

五、回门禁忌

婚后第三天，新婚夫妇携礼回娘家即为“回门”，回门当天忌讳在娘家过夜。席间，新郎忌将娘家人放在碗上的鸡腿（鸡脾）吃掉，否则会成遗腹子（鸡脾仔）。忌每月的初一、十五、冬至回门。

第四节　生育禁忌

孕期、分娩及育婴期间，孕妇和婴儿应该注重卫生、营养和睡眠，对危害母婴身心健康的行为必须有所禁忌。

一、孕妇禁忌

孕妇忌吃甲鱼、黄鳝、白鳝之类的鱼，否则小孩出生后会常伸出舌头；忌吃蟹类，以免婴儿出生后“手脚会无时停”般顽皮；忌吃狗肉、兔肉，以免“化胎气”，易流产；忌食喜物，避免冲犯，如礼饼、喜糖、酒菜等嫁娶喜物，以防冲喜，对人对己不利。

由于孕妇不洁的观念与“喜冲喜”的忌讳，孕妇不能参加别人的婚礼，不能观看嫁娶，不能到新娘身边，不能摸新娘的轿子、嫁妆，忌到新人房间，忌坐新人的婚床。孕妇不能接近丧葬之事，见到棺材、祭祀都会与胎儿相冲。若亲人去世，送葬戴孝时孕妇腰身不缚麻衣，以免束伤胎气。孕妇忌讳接触神事，忌参与祭祀，忌入寺庙，忌坐灶台、窗台、磨台，否则孕妇晦气会污染这些地方。孕妇忌参加搬家，免得动了胎儿，以免劳累过度流产；孕妇及家人忌钉钉子，否则，影响胎儿发育，出生的孩子会残缺。孕妇忌在坟墓旁边方便，否则被认为玷污山神伯公，出生的孩子会畸形；孕妇忌夜晚不归和在外露宿，以免胎儿被鬼煞的邪气伤害。

产妇分娩后要注意保暖，不能受凉，免被风吹着，或被冷水淋着得“产后风”；忌产妇产后未满月就到别人家去串门，俗信认为产妇坐月子期间“血污”未净，晦气重，如进入他人家门，就会“产妇冲宅”，为不祥之兆。

二、育婴禁忌

哺育婴儿第一阶段要母乳喂养。在育儿过程中，注意给幼儿一个安宁、稳定的环境，以免孩儿受到外界的惊扰，禁止100天之内携婴儿出门，生客禁止进入妇门探视婴儿，民间认为婴儿见到生人会“犯冲”，对婴儿成长不利。

第五节　丧葬禁忌

丧葬仪式应该遵循传统习俗，对有违背人们意愿的行为必须有所禁忌。

忌恶死，包括溺死、上吊、雷击、遭杀等，忌把在外恶死者抬回家里或“厅厦”，一般抬到村外荒野处治丧，谓之死鬼不能进屋；年少身亡者、未婚身亡者，尸体棺柩忌入村中“厅厦”，因为年少身亡者俗称“短命鬼”。

忌床上死，即忌病人在原来睡床上死去。一般要把临危者抬到厅厦打个地铺。若病故在高床上，“亡灵就下不了坎”，这给他上天堂带来不利。

忌给死者穿寿衣使用偶数，恐双丧；忌入殓时与死者同属相冲克者在场观看；忌哭丧时眼泪滴在死尸上，盖棺时会将灵魂关在里边，死者留恋不走；出殡前停尸守灵，忌猫近前或从尸体越过，恐诈尸。

在丧后百日内，孝子孝女不许参加宴会和从事文娱活动。来年春节不张贴“门神”春联，不能穿绸缎华服，不得戴金珠头饰，否则是对逝者的不孝。

第六节　祭祀禁忌

祭祀是民间一种严肃的传统习俗，对有违背祭祀活动的行为必须有所禁忌。

禁忌不洁净的人（包括来月经的妇女、孕妇、产妇、婴儿、戴孝者）参加祭祀活动；祭祀时，人们不能随意说话、咳嗽，不能随意走动、抓痒，不能随意大小便，便后一定要洗手；祭祀期间，男女不得单独幽会，禁忌房事，忌食荤腥。

祭祀忌不应时，若不按时日，是对神灵的不恭敬。忌讳在祭地上随便动土、砍伐、钉楔、大小便。土坎是“龙脉”，是神灵的所在地，神圣不可侵犯。

祭品数目忌单数，祭祀的食物忌被人食用过，若让神吃人的剩菜，那就是对神灵最大的不敬。

忌用无鳞无皮的鱼献祭（如鳗鱼、鳝鱼等）。忌用不全的鱼（打鳞去鳃、剪头去尾）献祭，否则神灵会怪罪祭祀者不虔诚。

祭祀时，忌用手指神像，像是数落神明似的，有轻蔑之意；祭祀时，禁人声喧哗，发出笑声、放屁声等。

第七节　节日禁忌

节日是一个充满欢乐气氛的日子，为不节外生枝，人们需遵守各种有关的节日禁忌。

一、春节禁忌

大年初一忌杀生，杀生必见血光，为不祥之兆。大年初一忌打破碗、杯、镜子、陶瓷器物，否则为破财预兆，需说“岁岁平安”“落地开花、富贵荣华”之类的吉利话。大年初一忌扫地、倒垃圾，否则会扫走运气。假使非扫不可，须从外头扫到里边。大年初一忌洗头、洗衣物，免得伤自家财气。大年初一忌到邻居借火、担水，这样会伤别人家的财气。大年初三忌出门访友，此日有客上门，则为穷鬼。大年初四忌出远门，这天是民间习俗中的接神日，所以不宜出门。大年初七为煞日，诸事不宜，尤其忌出远门。

二、中元节禁忌

俗称鬼节，忌夜行，忌游泳，以免被水鬼捉住当替身；天黑之前要把晒在外头的衣服收回来，以免被鬼借穿；忌带小孩夜晚出门，小孩运数不足会被冤魂不息的恶鬼捉住。鬼节忌杀鸡，鸡有利爪，会扯烂水鬼衣服，触怒水鬼，只能杀鸭代替。

第八节　语言禁忌

人的语言行为必须文明礼貌，对有失文明的语言行为需有所禁忌。

一、称谓禁忌

称谓，晚辈要“为长者讳”，不能直呼长辈的名字，否则被视为不尊敬长辈，晚辈在称呼长辈时，要以辈分称谓来代替名字称呼，如阿公（爷爷）、阿么（奶奶）、阿伯、阿叔、阿舅、姑丈、姨丈等。乡间百姓常以动物、物品等名称作为一个人的乳名，如阿牛、阿狗（久）、烂柴、烂布、牛屎等。这些乳名伴随他们的长大并为村里人所熟知，这些人有了后代子孙后，子孙们要忌讳在长辈面前直呼相关他们乳名的东西。给孩子起名时，绝对不能与祖先长辈的名字相同，也忌讳与长辈有同音、谐音的名字。在人际交往中，出于对他人的礼貌和对对方的尊重，一般不能直呼其名，要在其名字后面冠以“兄”“叔”“伯”“姐”、“嫂”“姨”等称谓。

一、凶祸词语禁忌

亲人亡故，忌说“死了”，一般称“走了”“去世了”“过身了”。给死人入殓的棺木忌说“棺材”，而要说“寿方”。给死人挖墓穴忌说挖“棺材氹”而要说“开金井”或说“开龙窝”。给死人送葬忌说“埋人”而要说送其“上山”。见到水上的尸体，渔民忌说“死尸”或“死人”，要称其“水货”。婚礼、生日、入宅等喜庆活动时送礼，忌送时钟。在园洲当地方言中，“送钟”与“送终”谐音，赠送时钟这种行为被视为不吉利。若已送时钟，忌说“送钟”，须说“送计时器”。

第九节　性别禁忌

在封建社会时期，性别歧视、男尊女卑情况十分严重，女性的行为举止备受禁忌。

忌妇女走路时抬头挺胸，这是“桃花克夫”型，会压男人，克子克夫。忌女人睡觉打鼻鼾，男人鼾田庄，女人鼾空房。男人的头、身体、衣物、帽、行李，忌女人踩踏或跨过，这样会发生不祥的事情，是男人的耻辱和不幸。女人专用的洗澡桶、盆、换洗下来的衣物，忌放在灶台或男人的用品之上。挂晒的女人衣服忌在男人衣物之上，女人折叠的衣服忌压在男人的衣服上，否则有秽亵倒霉之嫌。

第六章　传统节日

镇域民间有“四季皆有聚庆，无月不过节”的谚语。节庆形式和内容多姿多彩，地方特色浓郁，民族特点鲜明。

第一节　春　节

春节，又称过年。春节的时间从农历除夕到正月十五。除夕，又称“年卅晚”，是农历一年中最后一天。过了除夕夜，就是新的一年开始。农历新年的第一天，即正月初一，是春节。春节(过年)是民间最大、最隆重的传统节日，活动时间长，气氛浓。

在除夕之前的半个月里，各家各户添置新衣，购买年货，备足油米糖果茶烟酒水。打米饼、煮糖环、炸油角、蒸笼粄（“圆笼”）。送旧灶君神上天，迎新灶主老爷座位，农历十二月二十三日是祭灶日，二十八洗邋遢。洒扫庭院，清洗家具衣物被席。除夕之日，家家户户贴上春联（俗称“门神”），备好猪肉、“三牲”（鸡、鹅、鸭）、酒水，点烛添香奉神。宰鸡劏鹅，蒸鱼炆肉，煮上丰盛菜肴。在外读书、工作的人都回来了，各家各户一家大小欢聚一堂共吃团年饭。除夕夜时针正指零时，家家大门打开，放鞭炮迎春接福。大年初一拜年，男女老少穿上新衣裳，大人们给未婚的青年男女和小朋友赏利是(给压岁钱)，人们互相祝福；身体健康、恭喜发财等之类的吉祥话语。年初二出嫁女“转外家”（回娘家）。女婿带着妻子、孩子，提上礼物前往岳父岳母家拜年，家中的长辈及家人在家接受拜贺。年初三送穷鬼。清早，长者动手打扫卫生，俗称“扫穷鬼”。年初一年初二不扫地不倒垃圾，到年初三一早把垃圾扫干净送到外面去，表示把家里的穷鬼“驱逐出境”，这就可以摆脱贫穷厄运。年初四探亲。人们走访亲戚，带上礼物，互相拜年，迎来送往，一直持续到元宵节。年初五开市。因为正月初五为财神圣日，选择年初五开市，必将招财进宝，生意兴隆。这一天，还有舞狮、舞龙灯、燃爆竹，格外热闹。

春节期间，很多村庄都有开展演大戏(粤剧)、舞狮、舞麒麟、舞凤等传统文体活动和拔河、打篮球、打乒乓球等新兴的体育比赛活动。

第二节　元宵节

元宵节为道教的上元节，在民俗中是一个很重要的节日。元宵节是春节后的第一个传统节日。也是一年中第一个月圆之夜。这一天还要吃元宵，百姓家家户户煮汤丸，煎“圆笼”，摆上糖环米饼，点燃香烛奉神。一家人围坐一起吃汤圆，取团圆之意，意味着一家人团团圆圆。晚上，放烟花、闹花灯，各家各户、工厂企业老板备好的丰盛晚餐称作“开年饭”。食过开年饭，意味着整个新春期间的休闲、娱乐活动全部结束，人们要把精力投入到工作、学习和农耕中去。

第三节　清明节

清明节，过去农村家家户户门口插上柳枝，妇女发髻上插青，以是避邪。镇域百姓在清明节有拜山（扫墓）的习俗。拜山为一年两次（清明和重阳）。是日，外出的人们，即使是远居海外的侨胞也会赶回家拜山。拜山形式有连祖拜（几房人组合），分房拜，单家（自家）拜、拜山时，场面热闹而庄重，一队队的孝子贤孙将坟墓的杂草铲除，往墓上添土，以圆形草皮压上白纸钱。

20世纪80年代以前，拜山的祭品一般是香烛、纸钱、烧酒、猪肉、“三牲”和寿桃饼等。80年代开始，猪肉变成了烧猪肉或烧鹅。进入21世纪，烧猪肉变成烧乳猪。如今，祭品中多了鲜花，纸扎的别墅、汽车、家用电器、佣人、支票、金条、手表、手机、衣服、吊带和鞋袜等。拜祭时点燃香烛纸钱，鸣放鞭炮，洒酒添饭，叩头跪拜，以此形式寄托哀思，缅怀逝去的亲人。过去女人不能参与拜山活动，现在男女都参与了。2007年12月，国务院将清明节纳入国家法定节假日，放假1天。

第四节　端午节

端午节，又称端阳节，镇域人称“五月初五”。端午节当日，各户人家在家门口插上艾叶，在屋内点燃艾条或木糠拌硫黄熏烟，以驱除邪气；一早用面盆装上清水，水中放上黄豆、柠檬叶、竹叶、镜子、尺子，放在太阳光下晒热，于中午时分为儿童喊“龙船惊”(同年)；取一些艾绒香粉，用小花布袋包装，用针线做成三角形或是心形的香囊，挂在小孩的胸前，以驱邪避毒。许多人家用糯米包裹的粽子应节，出嫁女还会带上粽子到娘家拜节。园洲是水乡，临江靠河，每年端午节都有举行龙舟竞渡活动的习俗。2007年12月，国务院将端午节纳入国家法定节假日，放假1天。

第五节　中元节（七月十四）

农历七月十四，俗称“水鬼节”。这天小孩夜晚不出门，白天不到江河湖涌鱼塘里洗澡游泳，不去阴气重的地方。每家每户宰鸭祭祀，焚香烧衣纸拜祭鬼魂，化其怨气。很多妇人折叠一袋袋的“金银”纸筒，到村外的三丫路口、十字路头、大树下、鱼塘边、大路拐弯处燃烧，还点上香烛衣纸，拜祭地府出来的那些冤魂不息的恶鬼，使其不贻害人间百姓。

第六节　中秋节

每年农历的八月十五为中秋节。因处于秋季之中和八月之中，故民间称之为中秋。又因中秋月亮满圆，象征团圆，又称团圆节。中秋节的活动内容很多，节前，外婆、舅妈要为外甥买“莎碌”（灯笼），出嫁女要为娘家送月饼和水果，谓之送中秋。中秋之夜，家家户户都进行赏月拜月活动，人们对着明月，点香祭拜，然后品尝美食，观赏月色，讲嫦娥奔月的故事。食品有月饼、香米糕、芋头糕、香蕉、柚子、柿子、葡萄子、栗子、苹果之类。小孩子们提着点燃蜡烛的灯笼走街过巷游行；未婚青年女子开展“伏仙姑”活动；青年男子聚集在空旷处放“孔明灯”。据说，孔明灯升得越高，飘得越远，象征青年人的前程远大。

进入21世纪，青年男女会在中秋之夜举行赏花灯、猜灯谜的活动。中秋节是中国一个重要的传统节日，2007年12月，国务院将中秋节纳入国家法定节假日，放假1天。

第七节 重阳节

农历九月初九日是重阳节，又称重九节，是中国一个古老的传统节日。在中国的数字当中，九是阳数，故叫重阳。重阳节这一天，古人庆祝重阳节一般包括出游赏秋登高远眺，赏菊等。而现代，人们举行各种的活动，如登高，放风筝(纸鹞)，拜祖先(扫墓)等。放纸鹞在20世纪50年代以前，是青少年男子较为喜爱的活动，随着时代变迁，人们的生活观念和活动方式有所改变。特别是1980年以后，广大青年男女喜欢登高活动。重阳节的前夜，一群一群的青年男女，星夜上山，待次日晨观日出，登高望远。园洲人重视扫墓祭祖，一年举行两次“拜山”(扫墓)，重阳的拜山活动与清明拜山活动一样隆重热闹。

1988年起，中国政府将农历九月初九定为“老人节”。

第八节 冬 至

冬至(过冬)是中国农历中一个重要节气，也是传统的节日，是一年之中既是节气又是节日的两个“双节”之一。园洲人称“过冬”为“做冬”，自古以来有过冬至节的习俗，而且有过冬大于过年的说法。冬至是收完禾稻后的节日，这天，农家户户做萝卜团、萝卜角等粉果吃，宰鹅劏鸡拜神，以庆团圆贺丰收。冬至日是一年之中白天时间最短的日子。过了冬至，白天的时间越来越长。民间有“冬过日头长，年过要思量”的说法，意味着冬至过后民众要着手犁冬晒田，为明年的春耕春播做好准备。

第九节 会 节

会节，又称“做会”，镇域有做会的习俗，有的村子是做“天姬”。各村做会的会期有所不同，多是秋收完毕后，在农闲的十月至十二月或来年正月的某月某日举行。如马嘶村的会日是农历十月十五；水口村是农历十月二十；佛岭村是农历十一月十四；土瓜圩村是农历正月十四；阵村曾、陈、莫、朱屋是农历正月十五；任屋、下朱是农历正月十六；凤山村一年两次会节，分别是农历八月十五和十月十五。第一个会节与中秋节一起过。白马围村是农历正月二十做“天姬”，相当于会节。做会当天，家家户户备足猪肉、鸡、鹅、鸭、鱼，买齐酒菜配料，大摆宴席，邀请亲戚朋友前来做会。客人来得越多越好，以示体面和风光。进入21世纪，“会”越做越大，会期一到，读书的带同学，打工的带工友，在单位工作的带同事。是日，村中街头巷尾人头涌动。新中国成立前，镇域的农村有游会的习俗，做会之日，轮值游会的自然村便组织全村青壮年男人进行游会。很多村庄在会节（“天姬”）期间，从广州、石龙等地请来剧团演“大戏”（粤剧）、木偶戏，以活跃节日气氛。

附：禾山游会

镇域做会最隆重的当属禾山村。禾山村做会始于明朝，至今已经有数百年的历史。禾山会节定于每年开耕之前的农历正月十五（元宵节）。会期为正月十三、十四、十五三天。从十三日开始，出嫁的姐妹、外公外婆、岳父岳母、姨妈姑姐等至亲前来“做会”。十五是会节正日，主人大摆宴席，来的客人越多越开心。会节期间最隆重的是游会活动，由禾山村六个自然村轮流进行，每年一村。游会前，准备好各种道具，从外地聘请各种仪仗艺人。做好人员分工，有负责礼仪的文巡队，有负责保安工作的武巡队，有负责鸣号吹打的鼓乐队。定好出游行进的线路。游会队伍从正月十三至十五日，围绕禾山各个自然村巡游三天。鸣响地炮三声开始巡游。一权威人士骑马在前开路，旗手擎着堂旗（会旗）紧跟其后，接着是文人绅士和抬“龙亭”（“洪圣”菩萨坐的轿）的、担花篮的、扛小旗的、吹螺号的、击鼓乐的、放烟花爆竹的队伍。各自然村的村民聚集村前，摆上茶水、糖饼、水果以接待游行队伍，游行队伍以鸣炮表示谢意。十四日巡游队伍要游至土瓜圩“公局”（相当于现在的派出所）处，作停留礼拜。届时，土瓜圩的长老及村民必定前来迎接，并在“公局”前面鸣炮礼拜。巡游最后一天是举行“走会场仪式”。队伍游至林屋村后的“会场岭”小跑数圈后，随即登上“庙岗顶”，以百多支长短枪同时几番实弹鸣枪谢幕，整个游会活动结束。

第七章　方　言

园洲镇人口密集，地域广阔，河南片区于1959年前属东莞县管辖，区域之间交流频繁，因而土方言较为繁杂。河南北区的马嘶、田头、桔龙、廖尾、禾山、土瓜圩、上南、下南、刘屋、江头、白耀前、梁屋、李屋、寮仔、白马围等村，靠近东莞，故讲东莞话，属粤语广州话语系，方言、词汇与广州语系基本相同。河北片区的上村、水口、风山等村与龙华、龙溪镇交界，讲沙河话。河南片区的深沥、沙头、阵村与河北片的义合、新村、马石岗、佛岭、沥东、沥西等村讲本地方言。镇域常用语的方言、歇后语、民谚、民谣大致相同。

第一节　各类用语

一、称谓用语

园洲话	普通话
佬、男子佬	男子
老公	丈夫

老婆	妻子
大人公	家公
家婆	家婆
新抱	媳妇
爷爷、阿爷	祖父
阿嫲	祖母
阿公	外祖父
阿婆	外祖母
太公，伯公	曾祖父
太婆、伯婆	曾祖母
伯爷	伯父
阿太	伯母
阿叔	叔父
阿娘、阿婶	叔母
阿姑	姑母
阿哥	哥哥
阿嫂	嫂子
息	曾孙
老子、老窦	父亲
老母	母亲
仗人佬	岳父
仔	儿子
细蚊仔、细佬哥	小孩
短命仔、打靶仔	臭小子
事头婆	老板娘（女老板）
财主佬	富人
乡勇	乡丁（治安队员）
天公	指天
地母	指地

膳鸡	已阉的鸡
鸡春	鸡蛋
麻毕	麻雀
乌蝇	苍蝇
哦犬	蚯蚓
禽螺	蜘蛛
禽薯	蟾蜍
吉蚧	青蛙
猪牯	公猪
猪乸（猪婆）	母猪
水牛牯（黄牛牯）	公牛
狗牯	公狗
鹅公	公鹅
鹅乸	母鹅
鸭公	公鸭

鸭乸	母鸭
鸡公	公鸡
鸡乸	母鸡
蒲凸	苦瓜
蒲芦	葫芦
乌豆	黑豆
红光豆	红豆
地豆	花生
和碌	柚子
菜头	萝卜
大髀	大腿
耳吉	耳朵
鼻哥、鼻公	鼻子
屎弗	屁股
牙较	颌骨
肋赤下、胳肋底	腋下、腋窝
背梅	背
面珠墩	脸、颧
拿能	伤疤
基围	河堤
茔（粤音博）	堤
水坑	水渠
水氹	地面坑洼积水
丫沥	河沟
围村	村庄
圩	集市
车路	公路

二、生活用语

园洲话	普通话
铰剪	剪刀
牛头裤	短裤
煲笃	煲底
油衣	雨衣
天棚	天台
下间	厨房
步级	码头步级或楼梯

离脚	墙基
滚水	开水
行开	走开
晒热头	晒太阳
颈渴	口渴
味水	潜水
去聊	去玩
倾计、打牙较	闲谈、聊天
打斗肆	AA制聚餐
食晏昼	吃午餐
揾食	谋生、找工作
投圩	赶集、趁圩
找尾	找钱
剃头（飞发）	理发
等窿	最多
过瘾	有趣
无瘾	没趣
有着数	得便宜
好彩	好运气
皓(音厚)	光
靓	美
系呀	是的
甘架、钢（咁）样	这样
够了	好了
乜野	什么

三、生产用语

园洲话	普通话
驶牛	犁田、耙地
下谷	播种
莳田	插秧
耘田	中耕
割禾	收割
车水	灌溉
做	作
牙镰	镰刀
耕田	种田

四、自然气象用语

园洲话	普通话
热头	太阳/阳光
月	月亮
孔	彩虹
回南天	寒而回暖
热头烘	阳光猛烈
发风	刮风
落水、落雨	下雨
天狗食月	月蚀
阿公声	打雷
交春	立春

五、时间、方位用语

园洲话	普通话
旧底、旧时	过去、以前
旧年	去年
年头	年初
年尾	年底
年晚	近年今日
错日	昨天
前日	前天
天日	明天
后日	后天
天光	天亮
几时	什么时候
头先	刚才
边皮	旁边
钵底	后面
隔离	隔壁
那司、内司、那竖、耐滴	哪里

六、性格行为用语

园洲话	普通话
滚毛滚屎	作梗
打天打押	东拉西扯
打横打铲	蛮不讲理
泥皮	死蠢
言潮	唠叨
废囮墩	废物，垃圾
犯眼犯鼻	看不顺眼
唔使恨	无人疼爱
赖塞	邋遢，不干净、肮脏
伶俐	干净、整洁
无阴公	没公德心、没良心
蒙查查	糊涂、不清楚
迷迷阳	迷迷糊糊
理事	爱管闲事
浮臭	自高自大
盲塞	蛮不讲理
奀皮	调皮、不可调教
百厌、费狮	顽皮、调皮
戆居、废丁	白痴
为食	嘴馋
精	智、聪明
懵	愚蠢
子细	谨慎
生湿	客气、害羞
托手踭	不答应、推托
标心	绑架
缩沙	临阵退缩
推躺	推托
丢架、羞家	丢脸、丢人
夹盲夹地	随随便便
鬼鬼鼠鼠	鬼鬼祟祟

七、动作行为用语

园洲话	普通话
滚死草	玩死
车大炮	说谎/吹牛
闹人	骂人
打单	勒索
晓	知
闹	怒骂
畀	与、给
等	待
企	立
拗	折
碇	投
闩门	关门
旭	动
鼻浓	鼻涕
打髀洞	光屁股
打赤脚	赤足
睇	看、环视
喊	唤
肯	可、愿意
唔	不
扼人	骗人

第二节　歇后语

烂柴打狗——唔（（不）见一截
牛肠煮苦瓜——两头缩
大碌墨打更——乌叮叮
阿茂整饼——无个样整个样
半夜食黄瓜——唔知头尾
扁鼻佬戴眼镜——冇（没有）得顶
陈年中草药——发烂渣
豉油捞饭——整色整水
厨房阶砖（豉油樽盖）——咸湿
单眼佬睇老婆——一眼睇哂

番薯跌落灶——该煨(指这回要受苦)
非洲和尚——乞人憎（黑人僧的谐音）
棺材铺拜神——想人死
和尚担遮（伞）——无法（发的谐音）无天
黄鳝上沙滩——唔死一身潺
火烧旗杆——长叹（长炭的谐音）
无耳茶壶——得把嘴
老公荷包——肤浅（夫钱的谐音）
老公泼扇——悽凉（妻凉的谐音）
老婆担遮——阴功（阴老公的谐音）
老鼠尾生疮——大极有限
落雨担遮——死党（死挡的谐音）
卖鱼佬——有声(腥) 气
卖鱼佬洗身——无晒声(腥) 气
南無佬跌落屎坑——无晒符
年晚煎堆——人有我有
撒路溪钱——引死人
筲箕兜水——漏洞百出
对牛弹琴——不入耳
山草药——噏得就噏
神仙放屁——不同凡响
神台猫屎——神憎鬼厌
生虫枴杖——靠唔住
隔夜痰罐/隔夜茶——唔倒唔得（赌的谐音），形容那些烂赌之人
大肚禽猡（蜘蛛）——无私（丝）不行
石灰铺路——白行
屎坑关刀——文（闻的谐音）又唔得，武（舞）又唔得
屎坑石头——又臭又硬
湿水棉花——无得弹
十月蔗——由头甜到尾
甩头笔——唔舍(写的谐音)得
皇帝女——唔忧嫁
寿星公吊颈——嫌命长
外甥打灯笼——照（舅）旧
阿聋送殡——唔听你支死人笛
除裤放屁——多此一举
黄瓜打狗——唔见左（不见了）一截
灶君跌落锅——精（蒸的谐音）神
桥上倒凉茶——何（河的谐音）苦
冇尾飞陀——有去冇回/无影无踪
床下底破柴——撞板
纸扎下巴——口轻轻
阿婆食粥——无耻(齿的谐音)下流
隔夜油炸鬼——冇晒火气
隔年通胜——唔值钱

秀才手巾——包输（书的谐音）
鱼生粥——啱啱(刚刚)熟
火麒麟——周身瘾。
屙尿射竹筒——靠撞
泥菩萨过水——自身难保
阎罗王探病——问你死未
阎罗王请人——揾鬼来做
铁拐李踢波——脚踢(指一个人独力完成)
船头尺——度水（借钱）
床下底踢毽——大家都係咁高
火烧猪头——熟口熟面
牛头唔搭马嘴——答非所问
裁缝度身——有分寸
麻麻地——一般般
唔食羊肉一身臊——无端受牵连
电灯胆——唔通气
掘尾龙——搞风搞雨
火烧城隍庙——急死鬼
食咗成担蒜头——大口气
冇掩鸡笼——自出自入
上香打喷嚏——一面灰
大石砸死蟹——冇声出
水沟油——捞唔埋、格格不入
炮仗颈——脾气暴躁
猪头骨——难啃兼冇肉
上好沉香当烂柴——唔识货
香蕉树影——粗枝大叶
指天椒——越细越辣
出炉铁——唔打唔得
大花筒——指恣意挥霍的人
一枝筷子食豆腐——搞烂晒
问和尚借梳——嘥气(没有用)，多余
牛皮灯笼——点极都唔明
乌蝇搂马尾——一拍两散
冇米粥——水汪汪（形容事情不实际）
扭纹柴——难搞，难哄的人
猪笼入水——四面来龙（形容财源滚滚来）
打烂沙盆——纹（问的谐音）到笃
石湾公仔——冇肠肚（形容那些思想单纯的人）
刘备借荊州——有借没回头,形容那些借钱不还的人
冷巷担竹竿——直出直入
细佬哥玩泥沙——儿嘻（戏的谐音）
老鼠跌落天平——自称自赞
麻石地堂铁扫把——硬对硬
食猪红屙黑屎——立刻见功

太公分猪肉——人人有份
头顶生疮脚底流脓——坏透了
骆驼生驴子——怪种

第三节 谚 语

一、气象谚语

霜降三潮，过水寻桥。
晏昼起风唔(不) 过日，半夜起风冷缩骨。
过了冬，一天长一葱。
冬至出日头，过年冷死牛。
大寒牛滚浆，交春冷死鱼。
芒种北风浮（起），夏至水横流。
朝出红云晚落雨，晚出红云晒死人。
南闪闪三夜，北闪就泻。
无落（下雨）先唱歌，有落都唔多。

二、生产谚语

七月十四望雷声，八月初一望天成。
霜降降，禾桑桑，霜降三朝禾尽黄。
雷打秋，对半收。
秋后落雨落黄金。
肥仔不如肥娘，肥禾不如肥秧。

三、生活谚语

出门无六月。（指六月虽热，一场风雨，天气突然变冷，出门应多带些衣服）
饭桌无肉容难留，塘中无水鱼难养。
笑一笑，十年少；愁一愁，白了头。
大便常通，浑身轻松。
不染烟和酒，活到九十九。

饥不暴食，渴不狂饮。
贪吃贪睡，添病减岁。
寒从脚下起，病从口中入。
坐卧不近风，走路要挺胸。
睡前烫烫脚，胜服安眠药。
淡汤加盐，咸汤加醋。
精打细算，细水长流。
有计食计，无计难得过世。
食唔穷，着（穿）唔穷，唔晓打算一世穷。
岳母见女婿，口水爹爹滞。

四、事理谚语

人抬人高，水涨船高。
人无足心，花无绿心。
听过不如见过，见过不如做过。
人怕伤心，树怕剥皮。
出门看天色，入门睇面色。
一家之计在于和，一生之计在于勤。
一年之计在于春，一日之计在于晨。
人勤地生宝，人懒地生草。
远水难救近火，远亲不如近邻。
人凭志气虎凭威。
好话一句三冬暖，恶语伤人六月寒。
成人不自在，自在不成人。
人无辛苦力，难得世间钱（前）。
近河唔好洗枉水，近山唔好烧枉柴。
俭食时时有，俭着时时新。
好事做到底，坏事切莫为。
好心有好报，好柴烧烂灶。
吃鱼嘴腥，做贼心惊。
要办良心店，莫赚昧心钱。
称量知重，语测人品。
武艺无假，把戏(魔术)无真。
师傅领进门，深造靠各人。
要学惊人艺，须下苦功夫
无情岁月增中减，有味诗书苦后甜。
三分教，七分学。
人心难测，海水难量。
邻居好，赛过宝。

第四节 儿 歌

水滴滴，水流流： 水滴滴，水流流，两朵红花在面头。阿姐有钱嫁得远，阿妹无钱嫁惠州。嫁得惠州好水路，划甩（甩掉）竹篙船就流。流流流，流到水南头。水南头起乜屋？青砖起屋石门楼。两边门墩开亚树，两只牙鹰博（蹲）两头。长竹企高打榄仔，短竹企高打石榴。石榴生仔丁丁当，菠萝生仔结成球。阿妈落船煮晏昼（中午饭），几时到得外家头。去到外家被嫂闹，三朝两日走回头。

月光光： 月光光，照地堂，年卅晚，摘槟榔，槟榔香，摘子姜，子姜辣，摘蒲达（苦瓜），蒲达苦，买猪肚，猪肚肥，买牛皮，牛皮薄，买菱角，菱角尖，买马鞭，马鞭长，起屋梁，屋梁高，买张刀，刀切菜，买箩盖，箩盖圆，买只船，船漏底，浸死两只番鬼仔，一个浮头，一个沉底。

月光光，照地堂，虾仔你乖乖瞓落床。听朝（明天早上）阿妈要捕鱼虾啰，阿爷掌牛要上山坡。阿仔你快高长大啰，帮手阿爷去掌（牧）牛羊。月光光，照地堂，虾仔你乖乖瞓落床，听朝阿妈要捕鱼虾啰！阿嬷织网要织到大天光。虾仔你快高长大啰，撑艇撒网就更在行。

点虫虫： 点虫虫，虫虫飞，飞到荔枝基，荔枝熟，摘满屋，满屋甜，陪住个细蚊公(小孩)。

落雨大： 落雨大，水浸街，阿哥担柴上街卖，阿嫂出街着花鞋，花鞋花袜花腰带，珍珠蝴蝶两边排，排排都有十二粒，粒粒都係解放牌。

肉肉转： 肉肉转，菊花圆，炒米饼，糯米团，五月初五龙舟节，阿妈叫我睇龙船。我唔睇，睇鸡仔。鸡仔大，摞（拿）去卖，卖得几多钱？卖得三百六十五个仙。

耙莲子： 耙莲子，子连牵，连到太公脚前面，左手弯弯转，右手抓蒲莲。

排排坐： 排排坐，吃果果，猫衣（小猫）担凳比姑婆坐，坐烂个屎忽（屁股），唔好（不要）赖我，赖番隔离（旁边）个二叔婆

鸡公仔： 鸡公仔，尾婆娑，三岁孩儿学唱歌，唔使爹娘教晓我，唱的歌儿多又多，提起唱歌乐呵呵。

点指兵兵： 点指兵兵，点指贼贼，点着谁人做大兵，点着谁人做大贼。

何家公鸡何家猜： 何家公鸡何家猜，何家小鸡何家猜，何家公鸡何家猜，何家母鸡咯，咯，咾，猴子哥哥熊先生，松鼠妹妹牛叔叔，黄狗爸爸羊妈妈，来猜来猜咯啰。

拍大髀(大腿)： 拍大髀，唱山歌，人人话我无老婆，嘀起心肝(下决心)娶返个，有钱娶个娇娇女，无钱娶个豆皮婆，豆皮婆，食饭食得多，屙(拉)屎屙两箩，屙尿冲大海，屙屁打铜锣。

大笨象： 大笨象，揸支枪，去打仗，打完仗，翻来食碗辣椒酱，辣死大笨象。

跳橡筋： 董存瑞，十八岁，为国牺牲炸堡垒，炸到堡垒咯咯脆，全国人民流眼泪。

又哭又笑： 又哭又笑，乌蝇打叫，禽蛇濑尿，老鼠行桥，行到西门口，比人打罗友。

月月月： 月、月、月，担茶叶；茶叶黄，嫁螳螂；螳螂会打鼓，嫁老虎；老虎会爬沙，嫁疍家；疍家会打鱼，嫁蟾蜍；蟾蜍嗡嗡嘴，嫁辆碓；辆碓会舂米，嫁矮娣；矮娣会掩门，嫁铜盆；铜盆会洗面，嫁东面；东面日头红，嫁条龙；条龙会上水，嫁河海；河海深，嫁眼针；眼针利，串穿五婆那只猪仔鼻。

排排坐： 排排坐，饮烧哥（酒），拍大髀，唱山歌：人人话我冇老婆，有钱娶个娇娇女，冇钱娶个豆皮婆，食饭食得多，屙屎屙满箩，屙尿冲大海，屙屁打铜锣。

打掌仔： 打掌仔，买薄刀，买比姑娘剃面毛，姑娘嫌我磨刀倦，我嫌姑娘面毛长，姑娘打我三巴掌，我打姑娘三竹篙。

打掌仔，打哈哈，有就食，冇就罢，无好去巷口，无好去过家，系屋企，听妈话。

麻毕仔（禾雀）： 麻毕仔，麻甩麻，走去田中食谷芽，阿哥归来打阿嫂，阿嫂梳头去外家。去到外家无凳坐，担张凳仔坐横头。

哨牙（牙齿向外突出）： 阿妈话哨牙（牙齿向外突出）好，哨牙点解好（为什么好），哨牙可以刨西瓜，落雨可以遮下巴，饮茶可以隔茶渣，仆街（摔倒）可以铲泥沙。

买只鸡： 我有几文鸡，过年买只鸡，只鸡好好食，夹畀阿妈食，阿妈话我乖， 带我行花街。

读书歌： 读书读得少，“衰”字写成“表”。读书读得差，阿“爷”喊做“爸”。 读书读唔多，“鸟”字读作“乌”。读书读得多“料”字写成“科”。

孔明借东风： 孔明借东风，周瑜用火攻，曹操带兵走，关羽守华容，追到曹操无处走，走到屎坑口，屎坑吹大风，唔走正衰公。

第五节　民　谣

嫁女难（一）

好风仔，好风凉，马嘶人女嫁罗阳。
嫁到罗阳好水景，有得梳头洗衣裳。
嫁到田头筛地豆，嫁到马嘶淋菜头。
嫁到禾山无水食，嫁到土瓜无路行。
嫁到下南筛蚬肉，嫁到菉兰锄蔗头。
嫁到寮仔无屋住，落水又无瓦遮头。
嫁到阵村扒艇仔，行过沙埔到沙头。
嫁到上南好辛苦，帘行耕豆人当牛。

嫁女难（二）——新版

好风仔，好风凉，马嘶人女嫁罗阳。
嫁到罗阳好水景，有得清水洗衣裳。
嫁到田头筛地豆，榄角餸粥蒸芋头。
马嘶文阁唔无顶，朝朝担水淋菜头。
嫁到禾山无水食，田中沙石驶死牛。
嫁到土瓜无路行，满心愁绪上眉头。
嫁到下南筛蚬肉，东江担水望渔舟。
嫁到菉兰无日掂，淋完蔬菜锄蔗头。
嫁到寮仔无屋住，落水又无瓦遮头。
嫁到阵村扒艇仔，行过沙埔到沙头。
嫁到上南衣食足，帘行耕豆人当牛。

老园洲村名歌

上又南（难）时下又南（难），
马嘶龙叫桔龙谭（潭）。
上竹园（捉完）来下竹园（捉完），（廖尾前称）
赤岗红岭捏红团。
行到禾山无水食，
黄泥沙井冷脚田。（不适宜种水稻）
想到土瓜无路去，
只好转返到田头。
乌泥陇土种榄树，

黑榄高高挂枝头。
走到深沥无桥过，
避开学佬又坎（砍）头。
沙头一茫黄沙埔，
最啱种葛同放牛。
阵村随处鱼蹭埗，（拗鱼埗头）
零零丁丁是江（光）头。
白耀前边是祠村，
田少塘多加荒丘。
行落菉兰水淼淼，
尽见放鸭打渔舟。
李屋海仔长又阔，
无船摆渡难过洲。
寮仔起先无屋舍，
草棚遮雨晒热（日）头。
白马（围）皆因无夜草，
马瘦毛长难度秋。

结后语

歌仔唱罢莫闹我，
此乃乡村顺口溜。
盗贼想发横财富，
月黑风高扒园洲。
巧遇秀才编“八爪”[①]，
骗退群贼保园洲。

大话歌[②]

人间百态新鲜事，
光怪陆离好惊奇。
我出海唇洗块面，
遇着鬼王大过天。
泥鳅上岸寻巢穴，
老虎拉牛海底游。
麻骨搭桥沉大海，
石头浮起在岸边。
矮凳会行台会走，
冬瓜生脚上棚眠。
蚝豉有须虾有翼，
白鳝生鳞遮住天。
蝴蝶瓮坭咬烂地，
蛤乸拉蛇满地爬。
鸭乸下田追野狗，
老鼠拉猫在餐头。

①“八爪”是民间的一种顺口溜，以诗歌形式唱咏，娱乐乡民，随手拈来。
②为园洲童谣。

蚯蚓拉鸡随巷走，
吓得蟾蜍打跟斗。
要食白榄开蹭拗，
要食鲤鱼上树熬。
担梯上树掏塘虱，
落水扒泥娶了哥。
海底有人放纸鹞，
罗浮山顶赛龙船。
着起长袍去驶牛，
身着蓑衣去饮酒。
中旬十五娥眉月，
初三初四月团圆。
和尚娶妻人道喜，
着件云裟去拜年。
遇着盲人来睇见，
哑仔高声喊过村。
跛仔赶路如飞快，
聋公听见话系真。
假系真来真系假，
咄咄怪事莫当真。
唱着歌谣追梦去，
走条正道是康庄。

古民谣

牛耕田，马食谷，
老子赚钱仔享福。
象行田，马行日，
过河卒仔不退缩。
兵杀敌，将闪缩，
功成身退享俸禄。
男善变，女善哭，
贫贱夫妻难和睦。
流水清，死水浊，
人望高处无满足。
冰易化，钱难蓄，
巧妇难煲无米粥。
水维生，土长木，
光合作用叶变绿。
赌易学，书难读，
赌仔何曾买大屋。
命注定，运难卜，
三衰六旺好难捉。
仙洒脱，凡人俗，
犯规和尚食狗肉。
阳寿尽，落阴谷，

生老病死乃定局。

第八章 民间故事传说

园洲历史悠久，文化底蕴深厚，奇闻逸事、传说丰富有趣，流传广泛而久远。

第一节 民间故事

一、魁星踢刀谭建勋

清朝时期，园洲镇桔龙村出了一个武艺高强的武官，名叫谭建勋，字朱德，号柱臣，生于道光十二年（1839年），卒于民国13年（1923年）。

谭建勋从小孝顺父母，尊敬长辈，敬重乡亲，聪明好学。15岁时，与兄建熊不满官吏横行，立志奋发读书，出人头地，为民主事。当时族人见其兄弟身材魁梧，相貌威武，臂力过人，便鼓励他们文武兼学，全面发展。由于勤学苦练，功夫精深，不久，兄弟两人在全县童子试择考中名列榜首。尔后，到东莞寻师学艺，武术大有长进，在拳术、棍术、枪术、刀术等领域招式严谨，攻守兼备，进退自如。兄长谭建熊不负乡亲众托，考中三甲武进士。

几年后，谭建勋以过人的才智，高超的武艺，顺利通过童试、乡试、会试，于同治十三年（1874年），带着族人的期望，踏着兄长的殿试之路赴考于京城，进入由皇帝亲自主考的甲戌科武殿试。殿试分三场进行，第一场是外场的马上箭，第三场是内场的考文，最为重要的是第二场外场试舞大刀。大刀分八十斤、一百斤、一百二十斤三种刀号，应试者应把左右闯刀过顶、前后胸舞花等动作一次性完成。谭建勋他胸有成竹，自选一百二十斤的大刀，左右开弓，上砍下劈，挥洒自如。快到结束时，为得到更高分，他额外增加几个高难度动作。不料失手，刀离双手即将落地，刀若真的落地是要杀头的。此时，谭建勋已吓得出了一身冷汗。但他眼疾手快，在千钧一发之际，飞起右脚，把刀踢起五米多高，随即飞身跃起，用双手牢牢接住大刀，继而流利地完成整套动作，获得了满堂喝彩。皇上连声说："好！好！好！太好了！"并问道："刚才你飞脚踢刀的那一招叫什么招式啊？"才智过人的谭建勋，立即脱口而出："回皇上，刚才表演的，是我新创的一个新招式——'魁星踢刀'。"谭建勋把南拳的腿脚踢斗法"魁星踢斗"，借风使船来化险为夷，更赢得皇上的欢心，皇上高兴地站起来说："魁星踢刀，好！好！好！该加分！"

在这次殿试中，谭建勋获得了三甲之第二十六名，成为广东省东莞县第一个入三甲的武进士。后被皇帝封为武官，镇守东莞虎门。而他急中生智"魁星踢刀"的故事，让谭氏族人引以为荣，也在东莞一带传为佳话。

二、卫氏墓

义合村流传着这样一个故事：在清末民国初，东莞县茶园村有一位丈夫姓卫的老太婆，经常在博罗九潭至龙华一带乞食，晚上就在泊头（义合）上陈村一个老大娘家借宿。一天行乞半路途中，突然风雨交加，乞食婆无法进村讨食，就躲在岗头岭侧一棵竹头下（竹林旁边）避雨，因被雨水淋湿身体，又冷又饿，晚上冻死在竹头下边。竹头下是放牛娃们平时避暑玩耍的地方，第二天看见乞食婆死在竹头下，阻碍他们的乘凉和玩耍，几个年纪较大的放牛娃就齐手合力把她抬到南边丢在一个氹里。随后，成千上万的白蚁即在尸体的四周爬泥上埠，泥土渐渐覆盖了尸体，形成了一个小山包，即当地人所说的白蚁上泥。据说白蚁上泥的坟墓风水好，非常吉利。

陈老大娘见乞食婆一夜未归，可能出事了，第二天一早就到东莞县茶园村报信去。当乞食婆的亲人与陈老大娘一路寻找她的下落时，一班放牛娃便说，有个乞食婆已经死了，被丢在下边的牛浸氹里。他们前去一看，已有一座新泥垒起的坟。

自乞食婆死后，茶园村的卫氏后人人丁兴旺，生意兴隆，在政界、商界和学业上，涌现出许多杰出人物，而且福泽了儿子、女儿和娘家三方。

后来，卫氏后人就在土坟上修筑水泥结构、坐北向南的卫氏墓。墓地的后座是两个半圆的墓基，墓基中间立着墓碑，长方形麻石刻着“卫氏墓铭”等字样，墓碑前面是三进逐级而下共约五十平方米的墓堂。义合村人称其为“茶园坟”。从此，每年清明和重阳，卫氏后人都会前来拜祭。

三、父子对峙

话说清末民国初的泊头（今义合）村，有一位姓梁的麒麟功夫高手，武艺高强，是个武术的教头。当他的儿子长到七八岁时，心想：“俗话说，学成八艺好防身，该是教儿子学武练功的时候了。”于是，他便开始每年只教授儿子练习两套功夫，并严格要求儿子。七八年后，儿子已长成十五六岁的小伙子了，功夫也教得他七七八八了，但有两套最关键的斩手（致命功夫）还没有传授给他。（据说，在旧社会，凡是师傅授艺都有“留一手”的职业行规，师傅要看徒弟在拜师学艺过程中如何对待自己，最后才看是否该把全部手艺教授完，甚至儿子也不例外）。

儿子长大了，身体强健，但他还是不思正业，天天东荡西游，父亲经常骂他懒惰。一天，父亲又骂起儿子来，这次儿子竟然顶起嘴来。父亲被激怒了，扬手要打儿子，殊不知，这回儿子不但不服父亲怒骂和挨打，并大喝“嘿”的一声，立即叉开八字马，伸出一双有力的鹰爪，摆出要回击父亲的架势。这时父亲见儿子来势汹汹，竟然用自己教他的功夫来对付自己，顿时为之一震，敏捷地几乎同时大吼“嘿”的一声，立即扎稳八字马，伸出一双粗壮有力的鹰爪，大有与儿子决一死战的势头。父子俩怒目圆睁，杀气腾腾，对峙片刻。这时，儿子一来感到自己理亏，二来看在父亲的份上，三来唯恐敌不过父亲，便渐渐松下了架势，立即转身飞也似地逃遁了。父亲念及父子一场，没有去追打儿子，而是慢慢地收起马步，立在原地，无不感触，庆幸地说：“哼！（得意的声音）好彩毋吐全比你，差啲被你哩个死仔（小子）攞命啊！”

四、仔多饿死爷

民国时期，博罗县园洲镇的河北（九潭）片区，有一户徐姓人家生有5个儿子，夫妇含辛茹苦把5个儿子养育成人。儿子们成家立业后，两位老人商量说：一为不让儿媳嫌弃，二为不让任何一个儿子增加麻烦，三是两老早晚一餐，软硬一餐，所以决定不跟任何一个儿子一起生活。

多年以后，老伴去世，徐老伯过惯了独居生活，还是不愿与任何一个儿子一起生活，继续自己“煲甑”（做饭）。一年年卅晚，五家人或是儿子，或是儿媳，或是孙子，从早上到中午，都来人叫过老人晚饭时到他们家里吃。老人家满心欢喜，乐呵呵地应道：“好！好！谁家早叫就到谁家去吃。”可是到了傍晚时分，家家都在吃团年饭了，但老人的儿子儿媳孙子们，个个都说，他有这么多个儿子，可能已经在谁的家里吃罢了，不用去叫他了。就这样，没有一人再去叫他。但当晚老人没有做饭，坐在家里等儿孙们来叫吃饭。但左等右等都不见有人来叫，心里很是不快，便走出祠堂的大门前，坐在门墩上，生起闷气来。这时，一个中年男子酒足饭饱后出来走走，见徐老伯坐在大门石墩上就问他:“这么晚了，你还坐在这里做什么？”老人没有直接回答，而是反问男子：“你话今晚有无人未食饭呢？”中年男子听了这话，不以为然地大声说：“嘿！开口讲，早过做年，都什么时候了，狗都饱啦！”老人听了男子的话，非常自卑，伤心至极。“哼，都话养儿防老，可我仔多饿死爷。我甚至连狗都不如啊！”一气之下，老人回到家里，拿了个麻包，收拾衣物放在包里，一声不响，星夜上了罗浮山，在庙堂里与和尚同住，度过余生。

五、打虎除害，后人官运亨通

这是在园洲镇上南村流传了130年的真实故事。

清朝末期，位于上南村南方一源祖面前鱼塘南边的东江河，河边有一个五十多亩的荔枝园。话说村中有个村民叫朱乾宗。他学过几年龙虎武师，戟耙枪刀样样了得，此人浓眉大眼，虎背熊腰，脾气暴躁，一副凶相，因此村里人背地里赐给他为“天上雷公，地下牛皮乾宗”之恶名。

一天，天色灰蒙蒙，朱乾宗像往常一早起，牵着家里的大水牛牯去鱼塘边“装牛尿”。大凡练武之人都有“目视八面，耳听四方”的敏锐性习惯。此时，朱乾宗看见离他三四丈远处的荔枝园篱笆旁边，隐约有一头黄牛仔侧卧在那里，心想：“耕牛是农民的命呀！昨晚不曾听说有谁家丢失了牛啊？”想着，他慢慢走近定神一看，一头黄白相间花纹的老虎卧在那里。他想老虎屁股摸不得，发威起来特别凶猛，单人空手难以对付。乾宗便跑回村里搬援兵。

村民们听了朱乾宗的描述，一致推选了几个有胆量、有武术功夫的壮汉去打虎。他们拿着粉枪，扛着舞麒麟用的刀耙棍棒把老虎四面包围。此时老虎好像发觉了人，站起来走了几步见没有动静又卧下了身。这时，大家清楚地看见这是一只重约百斤的小老虎，可能是受了伤。于是，指挥者朱乾宗心里有了底，猛虎也好，伤虎也好，那就把死老虎当作活老虎打吧。朱乾宗一挥手势，“打”！数枪齐发，伤了老虎一条腿。此时老虎咆哮起来，走了几步又趴下了。说时迟，那时快，第二次枪声又响起，很久不见老虎动静了，于是朱乾宗手抓一把三尖耙，狠狠地扎在虎口上，垂死挣扎的老虎咔嚓一声，把一齿耙尖咬断了。但牛皮乾宗手抓尖耙死死不放，用力猛捅进去，并大声叫众人一齐把死老虎当活老虎打。在众人的棍棒下，老虎被打死了，朱乾宗为村民打虎除害立了头功。

事毕，在村中祈福等候多时的村民得知喜讯，欣喜若狂，齐聚荔枝园看热闹。最后有人提议把老虎皮剥下，披在大王菩萨身上，焚香秉烛，祈祷庇佑全村老少平安，风调雨顺，五谷丰登。

六、遗　嘱

民国时期，某村有一妇人，中年丧夫，受生活所迫，把三个未成年的儿子寄养于娘家，自己漂洋过海，远到新加坡打工挣钱养家。

经过十年打拼，妇人已经有了一定的积蓄，此时的她，已经四十多岁。她心想，人总是要落叶归根的，而且，儿子已经长大了，该是回家为他们娶媳妇。于是，她把多年打拼的积蓄，买了一些金银首饰，用两只藤萝装了满满的食品、用品和衣物返乡。回乡后，因她过埠谋生多年，乡亲邻里都称她为“过埠婆”。

多年以后，过埠婆盖了房子，先后把三个儿媳妇娶回家，而且都有了孙子。她艰苦拼搏这些年，积蓄虽然花光了，但看到儿孙满堂，生活舒适，心里总算有个安慰了。仔大分家，老人独居生活，这也是人之常情的事。可儿子儿媳们见老人的钱财已经所剩无几，人老啰唆又多了，因而对老人家渐渐冷淡疏远起来。老人生病，生活冷暖，儿子儿媳漠不关心，极少过问。老人很伤心，气愤，为自己的晚景感到忧愁。老人经过深思，终于想出一条好计策：一天，她提着一个沉甸甸的藤箱，藤箱里装满了石子，站在街巷口，当着村中的乡亲邻里，对着天，用手时而拍着大腿，时而拍着箱子，大声喊：“我啲仔我啲新抱唔睇我，也唔奈我何，天有眼，好得彩，我都（懵唔霉）”，还留下哩箱宝。睇边个仔待我好，等我百年归老后，哩箱宝，就归边个仔。”……她反复地喊。街巷上站满了看热闹的人，过埠婆的儿子、儿媳、孙子也在其中。众人议论纷纷地说：“想不到过埠婆真好计，还留有一手啊！”儿子儿媳们看到“老家伙”还有一箱金银珠宝，个个刮目相看，心中窃喜。从此以后，他们对老人家百般孝顺，平时常常嘘寒问暖，送饭送汤，逢年过节，给老人家买食品添衣物，老人生病时，个个争着护理。多年以后，老人病危在床，她想到自己时日已经不多了。一天她把儿子、儿媳、孙子都叫到床前，还叫来村中一位有点文墨的长者，要为她写遗嘱。儿子儿媳们听闻老人要立遗嘱，心想，应该是分财产的时候了。因此，个个都满心欢喜地来到她的跟前。这时，老人家用手拍着枕边的藤箱，口中一字一句地念，长者一字一句地写：“我有三个仔，无个孝顺仔，如果无哩箱石仔，我真系唔知点样过世？！”儿子、儿媳、孙子们听了老人的“遗嘱”，个个目瞪口呆，惭愧至极。念完，老人带着一脸的悲伤和遗憾，慢慢地闭上了眼睛，离开了人世。在场的后人哭声一片，流下内疚、悔恨的泪水。

七、村民打虎

农历九月初九的重阳节，是民间百姓怀念先人扫墓祭祖的传统节日。民国24年（1945年）园洲镇廖尾梁屋村（今新围村小组）村民梁成安、梁成乐、梁成计兄弟前往野外山坟祭祖，途中突然一阵狂风将他们祭祖的物品吹得散落一地。兄弟几人一时被吓得不知所措。刚好同村的朱财稳、朱满渠兄弟祭祖回家途中得知这一情况，一齐急忙走上前去看个究竟。在田间的路上，看见田中的稻禾间伏着一只约有一百多斤重的大老虎。朱满渠生得人高体大，气力超人，他立即端起锄头向老虎猛力砸去。但老虎随即向朱满渠扑冲过来。霎时，朱满渠被老虎扑倒在田里。老虎伏在他身上，在他的头部、背部乱抓乱咬，人虎相斗持续约三十分钟，朱满渠气力不支，头部、背部的肌肉被撕裂，鲜血直流。如果此时老虎把朱满渠翻转身来，刨挖他的肚子，他必死无疑。但朱满渠紧紧抓住田埂的杂草死死不放，等待救援。

在人命关天、千钧一发的危急关头，村民接得朱财稳报的消息，纷纷从家里拿了枪支、锄头等器械前往相救。他们当机立断，指定一个枪法甚好的，名叫“单眼养”的村民开枪打虎，“砰”的一声，老虎中枪后，放开朱满渠，立即向开枪的人猛冲过来。说时迟，那时快，单眼养随即射出第二枪，老虎终于被打死，朱满渠得救了，经过一段时间治疗得以康复。从此，人们给朱满渠起了一个外号叫“老虎渠”。

第二节　民间传说

一、刘伯温的传说

刘伯温（1311—1375），名刘基，字伯温浙江省青田县南田乡（今浙江省文成县）人，元末明初杰出的军事谋略家、政治家、哲学家、思想家、文学家和诗人。刘伯温通经史、晓天文、精兵法。他辅助朱元璋完成帝业，是明朝开国元勋，被后人比作诸葛武侯。

元至顺四年（1333 年），刘伯温参加元朝的科举考试，中进士。在中国民间流传着“三分天下诸葛亮，一统江山刘伯温；前朝军师诸葛亮，后期军师刘伯温”的说法。

刘伯温料事如神，慧眼识人。他厌恶权贵的斗争，也看出朱元璋只能同艰苦共患难而不能同享福。因此，在功成名就之后，谦虚谨慎，毅然选择急流勇退，于明洪武四年（1371 年），辞去一切职务，到南粤大地重游江湖。

广西民族出版社出版的《千古人豪——刘伯温》一书中这样陈述：“这天刘伯温重游南粤大地，并非他日的明朝大师，而是一个道人装束。与他同行的是一个僧人打扮的人，此人便是昔日元军闻风丧胆的彭莹玉将军。彭莹玉本身就是一位和尚，投效明军不过是一时义愤而已，此时他已决心重返江湖，又跟刘伯温走到了一起。他俩来到罗浮山下的罗埠圩（今九潭圩）沙河边的临江馆[①]门外停下来，在这里遇见曾为刘伯温带路进广州的石老大（是当时临江馆一位住持），而石老大怔怔地盯着道士，无比惊奇地说：“道长，你好像一位熟人呀。”道长微微一笑，对石老大说：“你那位熟人是谁？可是道士吗？”石老大越发迷惑道：“他并非道士，而是当今朝廷一名大名鼎鼎的人物刘伯温，他曾是明朝大军师，而且，南粤得免刀兵之灾，也全靠这位大能人，他可是南粤百姓的大救星啊！”

接着，刘伯温与石老大亲切交谈起来。他说：“南粤大地山清水秀，环境优美，风光无限，日后必定太平盛世，人民安居乐业，幸福安康，这是南粤百姓的福气啊！此次前来游历罗浮山，意在写作诗文，抒发情怀，志在安国兴邦。”

数百年后，刘伯温的预言终于成为现实。为铭记明朝大师刘伯温为国为民立下的丰功伟绩，为纪念他两次游历罗浮山路经园洲大地，园洲镇委，镇人民政府于 2012 年 12 月，在刘伯温来园洲沙河边的临江馆旧址，兴建了刘伯温公园。

二、龙船塘的传说

五六百年前，园洲镇外是一片茫茫的大海，有“落霞与孤鹜齐飞，秋水共长天一色”的景象。当时洲内没有修筑河堤，被四大河道分割成四块，是一个江河交错的水乡，因此，园洲人一向有划龙船的习俗。

洲内的上南村，传说有二三千人。河道中有一条由上南村的眼镜潭流经地名为“过水洲”渡船边，经龙船塘直出深沥长河大塘往北流去，水深浪急。上南村的龙船塘因平时存放龙船而得名。

有一年，东莞县组织附近乡村举行划龙舟比赛，上南村龙舟队获得第一名。龙船上插满了彩旗和奖旗，船上划手兴高采烈，一路锣鼓喧天，爆竹鸣响，龙船速快如飞，传说遇上江中竹木排也能越排而过。龙船很快就回到上南村。划手们把龙船停在龙船塘边，全村上下欢欣鼓舞，热闹非凡。次日，村中一妇人提着

①临江馆是当时泊头镇罗埠圩沙河边的商船客船过往的驿站。

一篮青菜到龙船塘的龙船边洗，妇人把洗好的一扎青菜放在龙船沿上，青菜就无缘无故地消失了，每洗一扎，就消失一扎，最后青菜全部都不见踪影。妇人百思不得其解，想到“龙船抢青，必会成精”。这时妇人被吓得飞快跑回家里，把洗菜时发生的事一五一十地告诉丈夫，并劝丈夫不要再去划龙船了，免得遭祸。但她丈夫听后不以为然。第三日，该村又要组织龙船队出游，那妇人就劝自己的丈夫不要下船了，如果坚持要下，那就当鼓手吧，并告诫丈夫，不要把鼓拴在龙船骨上，而要把那条捆鼓的小绳系在自己的腰间，这样，如果有难，就可以抱鼓而回。丈夫把妻子的话记在心上就上船去了。果然，龙舟开船后，在划得正兴时，突然狂风大作，风急浪高，龙船快如流星，速度到了无法控制的地步。龙船在水面上打转两圈后，就钻入河里，数十名划船大汉也踪影全无。过了一会儿，龙船打鼓者身系大鼓浮出了水面，被人们救了起来。但他却半月惊魂未定，卧床不起。此后夜间，打鼓者和村里的一些人不断会听到隐隐约约的声音：“好时好，可惜少了一个打鼓佬”。听得村里人胆战心惊，夜不敢出门。在打鼓者慢慢恢复身体后，有一日在自家的田里劳动时，突然发昏，跌落水沟活活地被溺死。据说，是打鼓者的魂魄跟随这支龙船队伍而去了。从此，人们就听不到“好时好，可惜少了一个打鼓佬”的声音。但数百年来，每逢端午节前后，无论白天黑夜，村里的人耳边会隐隐约约听到龙船鼓声的回响。

此事过后的数百年来，上南村从来未造过新龙船，每逢比赛，都是从兄弟世叔处借来龙船参赛。

三、禾山出将军，出头唔出身

石湾的铁场如有一百口塘会出皇帝，园洲的禾山如有一百个岗会出将军。相传，明朝遗孤长平公主生性喜好舞刀弄枪，武功非凡，一条拂尘舞得水泄不通，让人难于近身。由于满清入关，明朝败亡，她只身落难民间。但她心有不甘，故而联络明朝旧臣，广发英雄帖，号召天下英雄揭竿而起，在民间组织反清复明运动，其口号是“赶走满清鞑子，还我汉人江山”。反清声势浩大，如火如荼，正在战乱的形势下，石湾的铁场一朱姓大财主喜得贵子，婴儿头大耳粗，天堂圆滑饱满，脸色红润，与众不同，一副福相。将近满月之际，额上长出三条横纹，中间隐隐约约见到一条竖纹，其家人暗自欣喜。心想，老虎额上有“王”字，这是山中百兽之王。传说在反清复明的时势下，需要有个朱家首领带领群雄反清才能赢得明朝天下。自己的孩儿额上有个“王”字，莫非是乱世出英雄？孩儿是真命天子？于是财主命其家人四处寻访高深相师卜算命理，查看家宅祖先墓地风水。财主家大业大，广有人缘，平日里多有接济穷人，所以众人皆说其子乃天子命也。请来的命理相师也不敢说实话，于是人云亦云，买个顺水人情，并煞有介事地说，要在弥月之期杀牛宰羊屠猪杀鸭，“三牲”祭品，焚香秉烛，祈祷各路天神小鬼，在月黑风高的晚上，于村外四野挖一百口塘，把泥土运去园洲的禾山，堆积成一百个岗，这样，北有铁场塘，南有禾山岗，如屏如障。所谓“山不在高，有仙则神，水不在深，有龙则灵”，并要高筑祭坛，请道法高深的僧人作法，这样，铁场出皇帝，禾山出将军便可大功告成。相师说得头头是道，财主听得频频点头，不断赞许，并赏相师白银百两，相师高兴离去。

弥月之日，财主设大宴，宴请方圆数十里名流乡绅、亲朋挚友、父老乡亲。酒毕，高僧登坛作法，铜铃摇得满天响，口念咒语。遍撒纸钱，酒洒满地，口含酒精喷火作法。鼓乐齐鸣，礼炮震耳欲聋。台下乡民跪拜天地，保佑小天子洪福齐天，高呼万岁！台上台下一片欢呼，凡人的诚心邀请感动了诸路神将天兵小鬼。是夜，铁场四野万籁俱静，月黑风高，千万天兵小鬼大施神威，几个时辰已挖出了九十九口塘、泥土，运至禾山已堆起了九十九个岗。禾山的“将军”也在此时开始露头出世了。正当大功即将告成之时，突然有一公鸡从土地庙处叫了起来，四邻的公鸡在睡梦中也跟着叫起来了。此起彼伏的鸡啼声，天兵小鬼知道天要亮了。鬼是最怕光的，一见光便法力全无，一时间兵飞鬼走。此时正打四更，正在神坛及祠堂拜祭祖先的巫婆神棍和高僧法师听到鸡啼，大觉蹊跷，“不好，坏了大事了”。南无佬和法师推断：当天偏偏漏了祭奉土地公公，可知道土地公公是管一方的土地之官。常言道：“不怕官，最怕管，官不如管啊！”故而土地公气愤不平，以鸡啼作乱，吓得小鬼天兵神速逃离。挖塘堆岗中止，致使铁场出皇帝，禾山出将军半途而夭折。因此，数百年来，石湾园洲一带的乡村有“铁场九十九口塘，禾山九十九个岗，崩崩嚓嚓赶牛岗”的顺口溜传唱至今。

四、“天姬诞”的传说

19世纪末，白马洲（围）村人刚到园洲镇西北沙河边上立居不久，因人口不多，势单力薄，常受一些势力强大的村族欺负。为能在此长久立足，白马洲人只好求助于“土地神”庇护，在村边专门建造一座土地庙，做上神台，用木头造了“土地神”，起了个名字刻在“土地神”牌的脊背上，用红绸布罩着。村民每年都来土地庙上香拜祭，还做木偶戏给“土地神”观看。

在天宫的蟠桃宴上，王母娘娘对欧仙公说：“你回园洲吧，那里百姓天天烧香祷告，请求我派你回去，为乡亲父老服务。”欧仙公问：“请问王母娘娘，我回园洲做什么职务？”王母娘娘说：“任园洲土地庙职。”那些年，园洲洪水减少了园洲洪水减少了，白马洲人的生活过得也较安稳，也许是“土地神”的庇护、显灵。因此，人们有好事、不顺心的事都到土地庙来占卜，求得平安大吉。从此土地庙的香火也越来越旺盛了。

园洲镇东南面有东江，西北面有沙河，是江河环绕的水乡。每年端午节，都有赛龙舟的传统习俗。某年的一日，从东莞道滘来了一个人，自称是造龙船的老板，要白马洲派人去他那里提取龙船。当时村中的理事人觉得很奇怪：“我们村没有人去订造龙船呀？”经过询问，老板掏出一张订单，单上写的是白马洲订做龙船一条，订金银圆两锭，预订人“欧德明”。理事人说：“我们村没有欧姓的，是不是你弄错了？”造船老板心神焦急不安地说：“你们还是认了吧，我不敢得罪大仙呀！当时是欧德明老人来我船厂，给了两锭银圆作龙船订金，写明地址走了，至于龙船给多少钱，就随你们心意了。”这时，理事人恍然大悟：“是我们这里的‘土地神’显灵了？”于是，找了几个村里人一起到土地庙，掀开“土地神”上的红绸布罩，看见“神牌”背面果然刻有“欧德明”三个字。于是，理事人派人到船厂把龙船“领”回村里来了。从此，白马洲人每年都参加龙舟节的龙舟竞技活动，并把“土地神”摆放在龙舟的甲板上，年年龙舟竞赛都能夺得冠军。

白马洲的“土地神”显灵，轰动了方圆百十里的乡村，为纪念“土地神”的庇佑和赐福，白马洲人把每年农历正月二十日的“土地诞”日命名为“天姬诞”来庆贺，这就是白马围村一年一度隆重的传统节日——“天姬节”。这天，村里上下热闹非凡，亲朋好友都会提着各色礼物赶来庆祝，大大小小的车辆停满在村中的空地上。小孩子穿上各式的新衣裳，点燃烟花炮竹，欢蹦乱跳。主人们满怀喜悦，用上好的果品和丰盛的酒菜款待客人。村干部为了活跃节日气氛，让村民和客人过上一个欢乐的“天姬节”，还从外地请粤剧团前来一连演出三天，以此庆贺。

五、鲤鱼拜观音

传说鲤鱼拜观音，远在清末，近在民国初期，每年进入雨水季节，到了农历6月中旬，东江河水涨升到一定程度，就出现鲤鱼拜观音的神奇趣事。

话说观音在下南村东江河边屹立的观音庙内。大王庙和观音庙两庙并列相连，坐北向南，俯瞰东江。西是大王庙，居东是观音庙。庙内后堂有尊脸带慈祥的观音菩萨安然稳坐在莲盆上，左右吊挂一副书写清秀有力的对联“紫竹林中观自在，玉莲盆上活儿来”。从庙宇门前平台走下33步级便是河边。从河边向南伸展40～50米的河面，就是鲤鱼神奇出没的水面。每到了龙舟雨水降临，东江洪水上涨达到庙前平台之时，就有观赏鲤鱼现身机会。鲤鱼现身既无前兆，也探讨不到迹象。突然哗啦一声巨响，河面水花四溅，有如两把葵扇般的鱼尾，红中间黄泛起耀眼光芒，露身半截，杯口大的鳞片彩虹金黄闪闪烁烁，令人赞不绝口。瞬间那鲤鱼尾左右摆动数下便沉没了。它如昙花一现，令人赞叹，使人惋惜。有人说："6月19日（农历）乃是观音诞，鲤鱼是前来拜观音。"这事传至方圆百里，说到无人不知。

民国12年（1923年）6月中旬，复兴军（地方军阀）一个连队路经下南村住下来休整，他们听闻鲤鱼拜观音一事，妄想捕捉。他们伏在河边守株待兔了好几天，凑巧时至观音诞之日，那天傍晚，"哗啦"一声，水花四起，鲤鱼半截身竖在水面。那时欣喜若狂的复兴军迫不及待地提枪对准，叭、叭、叭连射数枪，只见水花飞溅，鱼儿却无影无踪了。徒劳的军人只好扫兴而回。事后人们议论纷纷："这些复兴军太缺德，为谋求利益大杀仙景。观音菩萨是普度众生，她显灵保护鲤鱼自然没受伤害。"更有人说："这鲤鱼是仙，她会逢凶化吉。"鲤鱼适时又出现。

人　物

园洲，是一个有千年历史的文明古镇，是一方钟灵毓秀、人杰地灵、英才辈出的热土，从宋、元、明、清、民国到现代社会，涌现出一大批仁人志士、英雄模范和对园洲产生过较大影响的人物。

人物传略和人物录共收录人物27人，他们当中既有古代的，也有现代的；既有正面的，也有反面的；既有本籍的，也有客籍的。他们在园洲的历史中都留下印记。

第一章　人物传略

一、梁应龙

梁应龙（生卒年不详），泊头镇（今博罗县园洲镇义合村）人。自幼家贫而好学，苦于没钱读书，为此常独自叹息，他的母亲感到奇怪，就问其有什么心事，得知梁应龙想读书而没钱买书而苦恼后，就把自己头上仅有的簪珥卖了供梁应龙读书。梁应龙发奋苦读，终于在宋嘉熙二年（1238年）考中进士。发榜时，有个落榜的考生失声痛哭，梁应龙触景生情，也失声痛哭起来。有人问他："别人落榜要哭，你已中榜也哭，究竟是为什么？"梁应龙回答说："本想考中进士获取俸禄赡养母亲，如今我母亲已经离开人世，所以才悲伤落泪。"

梁应龙后来在广西做官，任职20年间，移风易俗，尊老爱幼，黜奢崇俭，令人敬仰。他到常德担任佥判期间，招徒讲学，远近闻名。

他暮年回乡自牧，生活清贫，品德高尚，备受乡人尊崇。

二、曾　禄

曾禄（1453—1505），字汝学，号恕斋。博罗县园洲镇水口村曾屋人。明成化十七年（1481年）登进士三甲第九十八名。成化二十年（1484年）起先后任浙江武义县令、福建监察御史等职。职掌“分察百僚，巡按郡县，纠视刑狱，肃整朝伏”、。

曾禄不但文才丰富，而且官德廉明。弘治七年（1494年），曾禄任云南、贵州巡抚，对官员时时清刷污垢，事事提出警世良言。对贪官污吏的所作所为只要罪证确凿，都毫不留情绳之以法。弘治十年（1497年），任福建巡抚时，他又提出了维护群众利益的巡抚做法，当时老百姓评价甚高，留下了“曾巡抚，风裁益禀，黜贪惩暴，雪冤狱，裁冗费，禁模买，民甚称快”的千古佳话。

弘治十一年（1498年），曾禄调到四川任巡抚，其视察工作更为精到。有一次他发现某地官府以川江之险为名，强征民竹为筏，百姓深受贪官之苦。他亲自查禁此案，派出大量专案人员，刹住了这股歪风。由于他政绩显著，被升任浙江按察司副司使。

曾禄曾向皇上力陈“正心术、慎几微、辨邪正、戒权幸、任贤臣、纳忠谏、绝女宠、明赏罚”八章而被采纳。为电视栏目名。志书还记载着他“识大体、存大局、察大著、襟大怀”的诸多事迹，给世人留下了深刻的印象，家乡人称他为“邑人贤士”。水口村曾屋的家祠对联所书：“敬畏忠三省，文章冠八家”。

三、翟宗鲁

翟宗鲁（1489—1562），字一贯，园洲镇义合村人。明嘉靖十年（1531年）举人。翟宗鲁中举后，即于沙河畔建寒江精舍以教学，后改名为涵江书院。在明代，翟宗鲁是私人创办书院较早一人。由于翟氏因才分类施教和善教，求学者日众，涵江书院名噪岭东。明嘉靖二十三年（1544年），翟宗鲁被授任宣平教谕，他“修庙学，振困乏，先德行，后艺文”，被后来的屈大均誉为“吾粤六位善司教者之一”。嘉靖二十五年（1546年），翟宗鲁受聘执掌四川的考试。依学例，受聘者都有一笔额外聘金，他却把“所得聘金用建文明书院，并置田以赡学者”。嘉靖二十八年（1549年）升任广西融县县令。因放宽征收缴纳赋税，节约财政开支，热心办学，扩大学宫，恢复废止的学宫地租，招抚瑶民，选拔聪颖的瑶民子弟为秀才，政绩卓著，为表彰他的业绩，其故乡泊头（今义合村）冠古被皇帝封为“冠古乡贤”。

翟宗鲁是品行高尚、“爵禄不撄其心”的教育家，品性刚毅有操守，性甘淡泊，因触怒上司，请求告老还乡。嘉靖四十一年（1562年）病逝于家。翟宗鲁热心教育，在家乡兴办涵江书院及罗仙社学，为发展家乡的教育做出了重要的贡献，学者称他为“涵江先生”。

四、杨起元

杨起元（1547—1599），字贞复，号复所。泊头镇（今博罗县园洲镇义合村）人。后迁居归善塔仔湖（今惠城区桥东）。杨起元少年聪颖，8岁能作诮鬼文，15岁入府学。明隆庆元年（1567年）乡试中解元，明万历五年（1577年）进士。历任翰林院编修、国子监司业、司经局洗马、国子监祭酒、南京礼部右侍郎、南京吏部右侍郎摄吏部、礼部尚书事。明万历二十六年（1598年）召为北京吏部右侍郎兼侍读学士。因母卒未任，持丧归乡。次年9月在州惠病逝。

杨起元是明代名儒，尊罗汝芳为师，以理学著，在任广州禺山书院山长时主张“以明德、新民、止至善为宗，而要归于孝、悌、慈”的治学理念。认为善恶皆人之所有，百姓之恶亦有其根源，圣人之善也有其条件，据此提出：“凡属于己者，有善务须看到无，无恶务须看到有；凡属于人者，无善务须看到有，有恶务须看到无。”由此承认人的欲望的自然性和合理性，肯定了人存在的现实性。

杨起元著述甚富，有《证学篇》《证道书义》等。宋元以来，儒必辟佛，杨起元却学不讳禅，需佛合一，除佛家外，还推广道教书。

杨起元在惠州建敦仁书院，讲学永福寺，纂修《惠州府志》；捐资助筑平湖堤并作《重修平湖堤记》，盛赞乡人名无所取，利无所求，而只动于为人之义，为必出身。

杨起元逝世后，被祀于五贤祠。乡人在四牌楼（今惠州中山北路）立牌坊“盛世文宗”褒扬之。

五、朱祚昌

朱祚昌（1598—？），字可大，号王图，园洲镇上南村十四世祖。明万历四十六年（1618年）以乡试第一联登解元，连捷进士，武学教授，转礼部仪制司。历任浙江金衢严处道、广西按察使及四川安棉兵备道。

祚昌公勤奋修习，文韬武略，其著作《躬行君子》赢得主考官赞美，夸其真挚不浮，题理神俱到，文境至此，可谓美碧无尘，实至名归。旧时私塾学子皆以祚昌公为荣，诵读其文，家喻户晓。

《躬行君子》被选在上南村朱氏古族谱篇首，以激励后人，书礼传家。

六、梁士玠

梁士玠（生卒日后不详），字日一，号宁圆，园洲镇禾山岗头（原禾山新屋夏）人。文化学位邑庠，冠带寿官。生两子，长子祖生，字绳其，二子祚生，字鞏其；均是邑庠。

梁士玠家产殷实，有良田千顷、库艮十八担。建有公祠，办有私塾学校。他性格豪爽，热心公益。在当时东莞县管辖的十四约建制立址之时，他慷慨捐赠土瓜洲约一千亩洲地建设办公场所，开设土瓜圩集市。这片洲地后称为十四约洲。

由于禾山村与土瓜圩之间被一片湖水隔开，百姓到对面的十四约洲耕田种地和赶圩要靠划艇。为方便群众通行，他组织新屋下、岗头、朱屋等村联合起来，共同出资买地，互派劳力，造桥筑路，用两年时间，修了一条长2公里、高3米、宽3米的道路，路的两旁种上了石榴树，故名“石榴坐”，建造一座长3米、宽3米、高4米的麻石桥，通往土瓜圩，方便当地百姓的出行。

七、谭建勋

谭建勋（1837—1923），字朱德，号柱臣，博罗县园洲镇桔龙村人。谭建勋从小孝顺父母，聪昳好学。15岁时，立志奋发读书。他身材魁梧，臂力过人，文武兼学。不久，兄弟两人在全县童子试择考中名列榜首。尔后，到东莞寻师学艺，武术大有长进。几年后，谭建勋顺利通过童试、乡试、会试，于清同治十三年（1874年），进入由皇帝亲自主考的甲戌科武殿试。

殿试最为重要的是第二场舞大刀，大刀有八十斤、一百斤、一百二十斤。谭建勋自选一百二十斤的大刀，左右开弓，上砍下劈，挥洒自如。快到结束时，为得到更高分，他额外增加几个高难度动作。不料失手，刀离双手即将落地，刀若真的落地是要杀头的。在这千钧一发之际，他飞起右脚，把刀踢起五米多高，飞身跃起，用双手牢牢接住大刀，继而完成整套动作，获得了满堂喝彩。皇上连声说："好！"并问建勋，"飞脚踢刀是一个什么招式？"谭建勋，立即脱口而出："回皇上，刚才表演的，是我新创的一个新招式——'魁星踢刀'。"谭建勋把南拳的腿脚踢斗法"魁星踢斗"，以张冠李戴来化险为夷。皇上高兴地站起来说："魁星踢刀好！好！好！该加分！"

在这次殿试中，谭建勋获得了三甲之第二十六名，成为广东省东莞县第一个考取三甲的武进士。后被皇帝封为武官，镇守东莞虎门。

八、陈国球

陈国球（1845—1926），字焕新，园洲镇田头村人。年轻时酷爱习武，常常挥舞一把百斤重的关刀练习武功。他力气过人，武术高强，清同治十二年（1873年）考取第五十二名武举人。

中举后，他出资修建一座家祠，招收村民子弟为徒，教授武艺，苦练武功，强身健体。他出于公心，仗义为人，维护村民利益，遏制外来势力欺负田头村人，制止村内宗族纠纷。

田头村西面有一大湖，每到雨季，湖水上涨，淹没东面大部分田地，村民外出也要绕道而行，因而给村民的生产和生活造成诸多不利。光绪九年（1883年），陈国球个人出资，动员全体村民共同出力，修筑一条由村口至水边岗小岭长800米、宽4米、高1.5米的新堤坐，蓄住了湖水，使农田免受水浸，又方便了村民出行。

陈国球热爱家乡、关心村民、热心公益的善举深受广大群众敬仰。

九、梁包照

梁包照（1899—1987），学名梁绍棠，园洲镇土瓜圩村人。祖籍园洲菉兰江头村。清同治四年（1865年），土瓜圩成圩，其祖父从菉兰江头迁至土瓜圩居住，最初撑横水渡，后从商，经营杂货生意。

梁包照青年时代弃商从军，在国民革命军济南军区任职军需主任。1942年，园洲十四约因遭受特大自然灾害，当地百姓生活穷苦，他毅然捐助一批大米、面粉、猪肉、罐头等物资和现金，作救助贫民和修筑东江大堤之用。1950年，回到家乡，曾任园洲十四约水利维持总会会长，后来到香港九龙定居。

十、朱丽泉

朱丽泉（生卒年不详），园洲镇上南村人，近代名贤志士。是将门书香世家朱祚昌的后代。自幼受到家庭的良好教育，在长辈的激励下，刻苦攻读四书五经，研读军事谋略之书，攻文习武，后考入广州中南外交学院深造。毕业后，供职于国民政府中南五省外交部后勤战备保障供需署，后任中南五省外交部部长。

在工作中用功勤勉，清廉为民。

在抗日战争中，以麦理浩为首的英、美、法联军，为打通滇缅战略补给线路，被日军围堵在深山老林之中，弹尽粮绝，十万火急。朱丽泉受命于危难，文官晋武将，毅然率领一支装备精良的国军火速驰援。到达战场后，与联军内外夹击日军，经半天激战，歼敌大部，取得增援战斗的胜利。受到国民政府嘉奖和联军赞扬。其功绩载入抗日战争史册。朱丽泉之后到香港谋生，受到时任港督麦理浩的知恩相报。

十一、朱敬修

朱敬修（1916—1966），名琛，字仲仁，博罗县园洲镇上南村人，家居石龙，广州中医学院教授，全国中医学院教材编委会委员。出身于四代中医世家，少年丧父，由母亲抚养成人。为继承父业，攻读于广东中医专科学校。1937年，以优异成绩毕业。不久日军侵华，广东沦陷，避居香港。1941年，日军占领香港后，携眷回乡，在石排设馆行医，抗战胜利后迁回石龙。因医德高尚，对求医者不论贫富一视同仁，常常赠医赠药施舍给贫困患者。有病患愈者以“再生之德”牌匾和“万家生佛”镜屏赠以纪念。

1956年，受聘为广州中医学院教授。不慕名利，重于友谊，与友人组织“石龙凤群诗社”，于教学医务之余，作诗书法，著文立说，作品良多。著有《赞生堂存稿》《药性括要》等书。其中《药性括要》选用最常用药316种，以主要药分成20类，提取运用性能要点，写成简明骈句，使学生便于记诵。

在石龙行医期间，曾任石龙镇中医工会主席，3次当选石龙镇特邀人民代表。调到广州中医学院后，被评定为高级知识分子、广东省名中医，任学院副教务长兼药物教研组组长，并任全国中医学院教材编委会委员，新中国成立后当选为广东省人大代表。1966年5月8日，在博罗县参加大专院校学者会议，他突患心肌梗死抢救无效去世。省人大、省政府为其治丧，中共广东省委书记陶铸等领导人均致挽联。

人物录

古今人物

一、梁信端

梁信端（生卒年不详），园洲镇凤山村人。生于清嘉庆年间（1796—1820年），逝于清光绪年间（1875—1908年），终年84岁。

咸丰元年（1851年），太平军路过凤山村时，有个军需长因战事紧急，有几埕白银来不及带走，覆盖上干萝卜条，暂时放在村内有威望的梁信端家里，请求代为保管，并说日后前来取回。这个军需长可能在战场战死，且又没有交代其部下回来取拿。过了很久，梁信端打开埕，发现全是白银，这样便意外得了一笔钱财。他用这笔钱做了五件大事：其一，改善居住条件，大兴土木，为其家族陆续建起了几十间麻石半墙、青砖到栋的平房。其二，请名师教授儿子读书成才。其三，兴办家族工厂。其四，鼓励后人学文习武。在博罗县龙华镇的章尉村和长宁镇的福岗村共买100亩水田作为学田，以每年的田租收入奖励村中考取秀才以上功名的子孙后代其五是做善事。每年夏天，还去罗浮山黄龙观赞助一笔钱给黄龙观的道士改善伙食。后来，道长把观里的经济账目交由他打理。之后他便成了罗浮山一带知名的道士。

二、朱启荣

朱启荣(1874—1948),字迪缃，博罗县园洲镇阵村朱屋人。他为人正义，积德行善，调解行和，在东（莞）、增（城）、博（罗）一带地区有很高的威信，人们都尊称他为“启荣叔”。村寨之间发生纠纷，百姓之间闹矛盾，都是找他作中间人调解行和。1949年以前，博罗东莞交界的东博圩（九潭圩东侧，今属九潭居委会），各地到东博圩做生意的档主，常为占据商铺摊位而大打出手。这些打斗事件造成的矛盾和仇恨，都是由他调和化解摆平。1927年8月，石湾镇的白沙沙迳村同宗两房发生械斗，双方经他调解后行和。他是东增博三县的“和头”（和事佬）。

三、刘日初

刘日初（1883—1981），博罗县园洲镇刘屋村人。年轻时参加了国民党军，后被提升为营长。两广军政界的李济深、余汉谋等高官与他结拜为手足。时任广东省政府主席李济深委任他为东江缉私舰舰长。担负由东江的惠州，至西江的广西梧州跨两省两江的商务缉私任务。

民国12年（1923年），家乡被土匪等黑社会恶势力打劫抢掠烧毁。另立新围（村）之初，为治理恶势力，保刘屋村安宁。找到省政府主席李济深立军令状：任何势力不得捣乱刘屋村，让刘屋村民过上安居乐业的生活。民国时期，博罗、东莞、增城几县乡村之间常为农田水利等事而发生械斗，他出面行和，制止事态的发展。新中国成立前夕，全家出港定居。刘日初于1981年去世，终年98岁。

四、苏　宗

苏宗（？—1929），又名跛手宗，原是园洲镇莱兰李屋村人，因家贫，年幼时长辈将他卖给石龙一苏姓人家为子，改姓苏，故而出生年月不详。因上树跛了手，故外号“跛手宗”。

随着年龄增加，萌发发财欲望。放牛时，伺机夺了一个国军排长的手枪，实行抢劫为生。匪帮逐渐形成，队伍逐渐壮大，手下已发展到1000多人。对石龙、石碣、石排、石湾、石滩、企石、园洲一带的人家实行打家劫舍，杀人放火抢掠，一次竟然在石龙蒲溪村牵走了十几头耕牛。在东江、沙河沿岸一带设关卡，收“行水”（通行费）。

民国15年（1926年）4月，吴铁城部队调驻防石龙后，即令进剿苏宗匪帮。民国18年（1929年）春，苏宗掳掠王屋洲时与民团发生激战。民团团长陈九紧追苏宗至东江边把其枪伤后逃到罗浮山，转东莞中堂某村养伤，终因伤重命亡。

五、陈飞雄

陈飞雄（1905—2007），又名陈禄，外号“大脚禄”，园洲镇马嘶村人。跟随土匪李潮结匪为伍，任“东江抗红义勇军”属下的“团长”，手下约有600人。与共产党作对，专打红军。设大小据点，敲诈勒索，奸淫掳掠，以收“行水”和打家劫舍为生为匪20多年。1948年年底至1949年年初逃到澳门，后转香港隐居。2007年在港去世，终年102岁。

六、李 潮

李潮（1911—1945），又名李剑琴，东莞市石碣镇人，土匪、汉奸。自任“东江抗红义勇军”司令。属下十一个团，兵力强大。活动于石龙、博罗西部的广大地区，在东江下游一带设关卡收“行水”，掳人勒索，打家劫舍，杀人放火，广大民众称他为“东江牛魔王”。1945年，日军投降，新一军进驻石龙。9月某日，以收编其部和签领军饷为由，在酒席间将其逮捕后枪决。

七、刘正平

刘正平（1917—1992），园洲镇刘屋村人。广州市九三学社社员。民国24年（1935年），毕业于广东省立电气技术专科学校；民国25年（1936年），毕业于国民革命军第一集团军总司令部机械速成班，后分配到广东第二兵工厂任机械师。民国27年1938年—1947年，在香港南华铁工厂（中国汽车制造公司）当工务员、动力系主任，负责机电管理检修。1948年—1975年，在中国农业机械公司任工务员、工程师、科长、总机械动力师。1975年—1986年，广州市借调其到广州石油化工总厂任总机械动力师、副总工程师（正处级）、技术咨询委员会副主任。1986年退休后，先后任广州石油化总厂科协技术咨询服务公司法人、广州市劳动局压力容器监检所技术顾问；广州市技术职称评审委员会委员和广州市黄埔区经济技术咨询服务公司顾问，广州市第六届政协委员，广州市黄埔区第三届人民代表、政协委员，广东省压力容器学会副理事长、顾问。1992年10月因病在广州去世。

八、梁羽奕

梁羽奕（191—？），园洲镇菉兰江头村人。他丈义为民、除恶济贫，故此，村中的“尊长”（族长）推荐他出来为村民办事。

民国29年（1940年）至民国三十七年（1948年），江头村与邻近的白耀前村、高头村、刘屋村有矛盾，常为一些农田水利等利益而打闹不和。为和解村与村的矛盾，他专门与敌对村的富豪和有威信的头面人物打好关系，经常与刘屋村的刘日初、刘仆，白耀前村的梁植、梁裕，高头村的当权派保长梁昌等人密切交往，一起饮茶、吃饭、聊天。就这样，各村之间的头目和好，村与村之间的紧张关系自然得到缓和，恩怨之事就大事化小，小事化了，很多一械斗得以平息。

九、朱容香

朱容香（1926—2003），博罗县园洲镇上南村人。20岁任上南村生产队长。1957年出香港从商，1972年与朋友合股办了五明生化漂染厂，创立了惠安染织有限公司。中共十一届三中全会以后，回家乡园洲投资办厂，1986年2月与镇政府签订投资协议，同年3月动工兴建惠圆染织厂，1994年创外汇全县第一名；两度被评为惠州市先进单位，被中华人民共和国海关总署评为信得过企业。1996年10月15日，出席广东省外来投资者表彰大会，受到时任总理李鹏的接见并合影留念。其为公益事业捐款共计200多万元。历任博罗海外联谊会、港商联谊会会长，惠州市政协委员、常委。2003年1月去世。

十、李 棠

李棠（1929—2000），博罗县园洲镇莱兰李屋村人。1945年8月随父亲到香港谋生，先从事木工行业，后来成为地产承建商。1990年回家乡投资180万元兴建高标准的李屋小学，捐资300万元购买教学设备、修建灯光球场、为大众办公益和福利事业。历任博罗县第五、第六届政协委员。2000年8月去世。

革命烈士

一、李文甫

李文甫（1890—1911），字炽，号夷丘，博罗县园洲镇莱兰李屋村人。李文甫天资聪慧，从小刻苦攻读经史百家，喜欢阅读革命书籍，深受进步思想影响。青年时期，结识了莫纪彭、林直勉、黄侠毅等人，秘密组织革命活动小组，创办《新民丛报》《中国日报》《革命军》《东莞旬刊》等革命报刊，组织成立“醒天梦”戏剧社团，在石龙、莞城、广州、香港等地演出《熊飞起义》《张家玉会师》《袁崇焕抗清》等历史剧，宣传民主革命思想。

清光绪三十四年（1908年），李文甫离家赴香港，在港结识了汪精卫、胡汉民、冯自由等人，共同组织同盟会南方支部。李文甫任党务，他不畏难险，热情积极，奔走内地宣传革命思想。清宣统元年（1909年），李文甫参加同盟会，与志同者活动于省港地区，任香港《中国时报》协理，后任经理并主持《时事画报》笔政，力倡革命。清宣统二年（1910年）2月，李文甫从港回穗，参加倪映典、赵声等发动的广州新军起义，起义因准备不足而没有成功。但他仍满怀信心，跟随孙中山先生参加革命。1911年4月27日（农历三月二十九日），集结广州的革命党人再度起义，围攻两广总督衙门。李文甫担任第七先锋队队长，协助黄兴分理指挥工作，与林时爽等前驱率众攻打督署。后转至北较场，终因寡不敌众而被捕。翌日，被押护黄花岗刑场，从容就义，英年21岁，为黄花岗七十二烈士之一。

二、李　源

李源（1904—1928），又名梦福、梦九、梦龙、李昌、李泉，博罗县园洲镇禾山李屋村人，中共党员。幼年丧父母，家贫，少时为地主放牛，15岁随兄李桂森赴香港谋生。初做木匠学徒，后在香港亚洲皇后号轮船当海员。民国10年（1922年）秋加入中华海员工业联合总会，民国11年（1922年）1月，参加由中共党员苏兆征、林伟民等发动的香港海员大罢工，开展进步的文娱活动，团结陈郁、陈权等一批追求光明的进步海员。

民国14年（1925年）6月，在中共党员周恩来、陈延年、苏兆征、邓中夏等领导下的省港大罢工爆发，回到广州参加罢工。同年秋，经苏兆征介绍，加入中国共产党，不久担任中华海员工业联合总会中共党支部书记、财政部缉私队指导员。民国16年（1927年）4月，蒋介石在上海、广州等地屠杀大批共产党员和革命工人，突围脱险。同年12月，中共广东省委书记张太雷等领导工人举行暴动起义，任中共广东省委特派员、省委委员，并率领广州工人赤卫队参加震撼中外的广州起义，起义失败后避走香港，并出席省委在香港召开的工作会议。民国17年（1928年）2月，被派至海南岛工作，主持召开琼崖第二次党代会，作政治报告，讨论暴动、政权、土地分配、职工、士兵运动等5项主要工作，当选中共琼崖特委书记。2月下旬返回香港，在省委机关工作，任中共广东省委常委，并代理省委书记，不久任中共广东省委书记，同年6月，党的六大在莫斯科召开，被选为中共中央委员。

同年秋，到粤东的潮汕、兴梅地区指导工作，临行前，他对妻子说："你已身怀六甲，不能随行，如果我不幸牺牲了，往后生下或男或女，请你教育孩子长大以后为烈士报仇，为中国人民谋幸福。"到粤东后，传达党的六大精神，深入联系群众，组织共产党员和革命力量开展革命斗争。秋末，在从丰顺往大埔途经三河坝渡口时不幸被捕。他坚贞不屈，坚决保守党组织和游击队机密，最后英勇就义，时年24岁。

三、陈志仁

陈志仁（1906—1928），乳名安仔，博罗县园洲镇马嘶村人。民国12年（1923年），考入省立第一中学（广雅中学），民国13年（1924年）参加中国共产党，领导学校爱国学生运动。民国14年（1925年）"五卅惨案""沙基惨案"后，他带领学校宣传队上街游行，发表街头演说，声讨帝国主义和卖国贼的罪行，冒着敌人炮火引导群众疏散。1925年7月，毅然投笔从戎，考入黄埔军校。10月，奉周恩来之命提前毕业，在国民革命军第四军政治部任组织股员，参加南征，讨伐追歼广东南路军阀邓本殷，胜利后，嗣入广东农民运动讲习所学习。民国15年（1926年），任第四军组织股股长兼前方救护伤兵委员会主任，随军北伐。在汀泗桥的总攻中，冒着枪林弹雨抢救伤员。民国16年（1927年），蒋介石发动"四一二"反革命政变后，按党组织指示，迅速撤离部队，绕道香港回家乡，举办平民夜校，组建"同盟协会"和建立农民武装军事训练队。民国17年（1928年）1月下旬，前往香港联系上级党组织。党指示他回石龙协助组建石龙市委，并负责军事工作。同年4月石龙市委改选，当选中共石龙市委常委，任宣传科科长兼士兵委员会主席。当时石龙驻有国民党第八师第二补充团又两营的兵力，为动摇敌人营垒，争取为我所用，实行策动国民党驻军起义，并约定与敌一营营长在石龙公园见面。于6月24日早上在公园的八角亭执行任务时被捕。面对敌人软硬兼施，使用各种酷刑，坚贞不屈。6月27日凌晨，在石龙火车站的高地上英勇就义，时年仅22岁。

四、莫公璧

莫公璧（1910—1938），博罗县园洲镇桔龙龙叫村人， 中共党员。自小聪颖，学习成绩优秀。13岁时就读中山大学附属中学，15岁考入大学预科，继而升入本科，攻读数学物理，主攻电学。学习之余，训练童子军，排演戏剧，宣传革命道理。民国19年（1930年）毕业于国立中山大学，获理学士学位。毕业后赴东北等地考察，著有《考察记》一书。民国22年（1933年）秋聘任为东莞第三区区立石龙中学校长，因治校严谨，校风严肃，学生安心就学，工作成绩斐然，一改该校办学三年来的落后面貌，气象日新，学校升为县立中学。民国23年（1934年）夏，第一届毕业学生赴广州会考，取得无一落榜的佳绩。民国26年（1937年）秋，日机轰炸石龙，伤及群众，他率领学生进行救护伤员。石龙成立抗敌会救护团，民众及绅士一致推举其担任主事。

是年，将石龙中学迁至土瓜圩、马嘶祠堂和榄园露天上课。民国27年（1938年）秋，日军进攻武汉，直逼南粤，迫近石龙。他疏散家人到四会避居，自己独留石龙，组织领导学生抗战。10月17日，与教务主任赖士尊和教员谭贤佳，率学生赴粤北抗战，途中遭遇敌机轰炸，不幸殉难，时年28岁。家中遗下丁氏夫人和年幼的二子三女。

石龙各界群众为纪念莫公璧对教育事业和抗日救国做出的贡献，于1985年的6月，在石龙人民公园建立“莫故校长公璧殉难纪念碑”，国民党元老胡汉民题碑记以致纪念。

五、朱树德

朱树德（1931—1951），园洲镇上南村人。家居东莞市石龙镇。新中国成立前，其父朱伟光曾是东莞县第三区警卫中队石龙警察局局长。

朱树德在石龙中学读书。民国34年（1945年）11月，与石龙中学一批同学考入中国人民解放军二野军政大学四分校。在军校期间，一边进军一边学习，从广西南宁、百色越贵州到云南，每天行军60～70公里。

1950年5月，朱树德被分配到秦基伟任军长的15军当文化教员。同年10月，朝鲜战火烧到鸭绿江边，15军参加抗美援朝。1951年3月，朝鲜战争第五战役第二阶段，15军驻守上甘岭，朱树德参加了举世闻名的上甘岭战役。战斗中，臀部被弹片击中致骨碎，血流不止，抢救无效，壮烈牺牲，时年20岁。

1959年，朱树德被确认为烈士。

六、冯加胜

冯加胜（1950—1979），博罗县园洲镇田头村塘角小组人。1965年12月加入中国共产主义青年团，1970年1月参加中国人民解放军，1970年6月加入中国共产党，任解放军某部一营机枪连连长。服役期间，曾获营嘉奖2次，团嘉奖1次，荣立三等功2次，牺牲后追记二等功。

1979年2月25日，冯加胜所在的师接到广州军区前指命令，团所属的机枪连随部队开赴广西板兰地区，与广西边防部队一团歼击越军338师460团所谓的精锐部队，以配合凉山方面部队作战。27日早晨7时整，向敌人发起了攻击，团一营担任主攻，机枪连是配合二连主攻54号界碑左侧的无名高地。一营营长命令机枪连抽一个班支援二连，冯加胜连长带领七班勇士冲出战壕，冲向前沿阵地。冯加胜叮嘱战士检查武器弹药，命令战士用衣服擦净机枪上的泥浆，架好机枪，狠狠地射击敌人，打退敌人的反扑。不料，一颗炮弹在冯连长身边爆炸，冯连长头部中弹，倒在血泊中，经抢救无效，壮烈牺牲。时年29岁。

人物表

园洲镇革命烈士一览表

表21-1

姓名	性别	出生年月	村别	参军（工作）时间	牺牲时间	牺牲地址	牺牲时职务
梁岳英	男	1882	江头	1912		清末台湾（抗倭寇）	福建候补通判
李文甫	男	1890	李屋	1909	1911.4	广州黄花岗	同盟会员 广州起义先锋队队长
陈志仁	男	1906.7	马嘶	1925	1928.6	石龙火车站	中共石龙市委原常委
李　源	男	1904	禾山	1924	1928年秋	大埔	中共广东原省委书记
莫公璧	男	1910	桔龙	1930	1938.1	粤北	石龙中学校长
徐锦祥	男	1921	沥东	1938年春	1940年冬	横河	战士
陈黄金	男	1925	马嘶	1943年冬	1947年春	从化县	战士
陈松佳	男	1926	马嘶	1943年冬	1947.4	龙门县	战士
朱树德	男	1931	上南	1949年冬	1951.4	朝鲜	战士
梁海波	男	1930.10	义合	1951	1952	朝鲜	战士
梁培仔	男	1932	凤山	1950	1952	朝鲜	战士
李　松	男	1909	李屋	不详	1953	李屋村	游击队员
梁卓田	男	1931	凤山	1950	1954	沈阳	战士
冯加胜	男	1950	田头	1970年1月	1979.3	广西边防	连长

园洲镇籍古代科举功名人物一览表

表21-2

姓名	性别	出生年月	村别	朝代	考取类别	官职
陈邦彦	男	1894	马嘶	清光绪年间	武举人	钦赐副贡
叶文采	男	不详	田头	清朝	翰林	
陈国球	男	1840	田头	清同治年间	武举人	

续表21-2

姓名	性别	出生年月	村别	朝代	考取类别	官职
谭建熊	男	1837	桔龙	清朝	武进士	
谭建勲	男	1840	桔龙	清朝	武进士	蓝翎侍卫
梁文槐	男	1850	沙头	清朝	副进士	
朱仲卿	男		上南	元朝		都巡将军
朱　俊	男	1393	上南	明朝	在京纂修志书吏学六载优等（进士级别）	历任永康二尹乐安县正堂
朱延芳	男		上南	明朝	明隆兴四年武举	再考癸卯武魁
朱镇江	男		上南	明朝	明嘉靖戊寅恩科进士	
朱祚昌	男	1598	上南	明万历年间	进士	浙江广西 按察司通议大夫
朱　裳	男		上南	明朝	承德郎礼部制司	通议大夫
朱　殿	男		上南	清朝	举人	
朱　钰	男		上南	清朝	钦赐举人	
朱述祖	男		上南	清朝	恩赐举人	
朱有韬	男		上南	清朝	武举	军功守备
朱才重	男		上南	清朝	武举	历任潮州、韶州二镇分府
朱辉光	男		上南	清朝	邑武生	钦赐蓝翔补用守府
朱辉珊	男		上南	清朝	邑武生	军功五品衔
朱光裕	男		上南	清朝	邑武生	候选县丞
朱　浺	男		上南	清朝	广州将军正白旗披甲	官至定国
朱见英	男		上南	清朝	国学生	诰赠武德将军
朱　侃	男		上南	清朝	国学生	诰赠武德将军
朱　海	男		上南	清朝	邑武生	诰赠建威将军
朱占元	男		上南	清朝	邑武生	诰赠建威将军
朱才兴	男		上南	清朝	邑武生	例授武略骑尉
朱朝阳	男		上南	清朝	邑武生	储封武略骑尉
朱朝杰	男		上南	清朝	邑武生	储封武德骑尉
朱成业	男		上南	清朝	邑武生	军功五品衔
朱　沛	男		上南	清朝	邑武生	诰封武德骑尉
朱　清	男		上南	清朝	邑武生	诰封武功将军
朱维屏	男		上南	清朝	邑武生	诰封昭武都尉
朱祖裕	男		上南	清朝	邑武生	例赠武德骑慰

续表21-2

姓名	性别	出生年月	村别	朝代	考取类别	官职
朱　香	男		上南	清朝	钦赐蓝翎守备府	石牛汛分府
朱大章	男		上南	清朝	武略骑尉	军功六品副总司
朱　齐	男		上南	清朝	陆提后营尽先处委	武略骑尉
朱　业	男		上南	清朝	钦赐蓝翎守备府	陆提后营
朱满韬	男		上南	清朝	军功恩赐蓝翎守备衔	补氏守府（全家迁福建）
朱蕴镛	男		上南	清朝		水师中营总司
朱国桢	男		上南	清朝	武略骑尉	军功守府
朱国安	男		上南	清朝	建威将军	南韶连总镇府
朱国雄	男		上南	清朝	庚子年武举	协镇都督府
朱辉煌	男		上南	清朝	壬子科进士	琼州（海南岛）总镇三江中衡都司
梁　琼	男	1860	江头	清朝	进士	
梁达时	男	不详	高头	清朝嘉庆年间	甲子科进士	湖南省桂东县县令
李睍赞	男		李屋	清朝嘉庆年间	举人	
李蘭亭	男		李屋	清朝光绪年间	武秀才	
李　澄	男		李屋	清朝乾隆十三年	秀才	
李　柰	男		李屋	清朝嘉庆二年	秀才	
李　刚	男		李屋	清朝道光廿四年	秀才	
李建康	男		李屋	清朝同治二年	秀才	
李园宴	男		李屋	清朝光绪元年	秀才	
李启英	男		李屋	清朝光绪七年	秀才	
曾通才	男	不详	上村	清朝光绪年间	钦赐进士	不详
曾　禄	男	1454年	水口	明朝成化十七年	进士三甲	按察使副司使
梁晋阶	男	不详	凤山	清朝同治元年	乡试第八十名武举人	武略骑尉
梁应龙	男	宋朝	义合	宋朝嘉熙三年	进士	广西佥判
翟宗鲁	男	1489年	义合	明朝嘉靖十年	举人	广西融县县令
杨起元	男	1547年	义合	明隆庆元年	解元	南京礼部右侍郎
徐做良	男	1870年	新村	清朝光绪年间	武秀才	
徐国扬	男		沥东	清朝	武进士	
黄冠庭	男	不详	佛岭	清朝	武举人	
黄祺赞	男	不详	佛岭	清末	武举人	

园洲镇获县级以上劳动模范一览表

表21-3

姓名	性别	出生年月	籍贯	工作单位	授予称号	授予时间	授予单位
李锡善	男	1929.8	李屋村	李屋大队	县劳模	1972	县政府
李金水	男	1936.4	李屋村	李屋村大队南北队	县劳模	1972	县政府
梁高厚	男	1948.4	禾山村	禾山村委	县劳模	1976	县政府
蔡秀媚	女	1950.5	禾山村	禾山李屋	县劳模	1976	县政府
毛德坤	男	1934.6	土瓜圩村	土瓜圩	县劳模	1978	县政府
朱金福	男	1937.7	禾山村	园洲政府	国家劳模	1989	国务院
梁映田	男	1941.8	禾山村	禾山村委	省劳模	1989	省政府
陈晃枝	男	1954.12	下南村	下南村委	省劳模	1997	省政府
陈金惠	男	1962.10	水口村	水口村委	县劳模	1998.12	县政府
朱沛容	男	1965.10	上南村	上南村	市劳模	2000.4	市委、市政府
黄淦泉	男	1962.3	佛岭村	佛岭村	市劳模	2007.4	市委、市政府
蔡丽梅	女	1979.3	廖尾村	博罗县支行	五一劳动奖章	2015.5	中国农业银行

园洲镇籍获市级以上先进人物一览表

表21-4

姓名	性别	出生年月	村别	授予称号	授予时间	授奖部门（单位）
陈国基	男	1969.5	马嘶村	全省农村信用社 最佳集体存款员	1994.02	中国农业银行广东省分行
陈国基	男	1969.5	马嘶村	优秀主任	2003.02	中国农业银行广东省分行
陈国基	男	1969.5	马嘶村	优秀主任	2004.02	中国农业银行广东省分行
陈国基	男	1969.5	马嘶村	优秀主任	2002.02	惠州市农村信用合作联社
陈炳毅	男	1975.5	马嘶村	个人三等功	2013.03.27	惠州市公安局
陈炳毅	男	1975.5	马嘶村	个人三等功	2015.12	惠州市公安局
陈炳毅	男	1975.5	马嘶村	个人三等功	2016.12	惠州市公安局
陈盛葵	男	1944.9	田头村	优秀计划生育管理人员	2000.12	国家计生委
陈国齐	男	1955.8	田头村	民兵预备役工作先进个人	1995.02	惠州军分区
叶堂辉	男	1967.1	田头村	个人三等功	2009	惠州市中级人民法院
叶堂辉	男	1967.1	田头村	惠州市“十佳法官”	2012	惠州市中级人民法院
陈国强	男	1968.4	田头村	个人三等功	2008.03	惠州市公安局
陈国强	男	1968.4	田头村	公安消防队先进个人	2010.02	惠州市公安消防队

续表21-4

姓名	性别	出生年月	村别	授予称号	授予时间	授奖部门（单位）
陈国强	男	1968.4	田头村	全省专职消防队执勤岗位练兵先进个人	2012.01	广东省公安消防总队
陈国强	男	1968.4	田头村	个人三等功	2016.02	惠州市公安局
陈广发	男	1970.1	田头村	个人三等功	1996.09	惠州市公安局
陈广发	男	1970.1	田头村	个人三等功	2004.01	惠州市公安局
陈广发	男	1970.1	田头村	个人三等功	2011.09	惠州市公安局
陈赞东	男	1970.10	田头村	2003年度优秀人民警察	2004.03	惠州市公安局
叶茂盛	男		田头村	个人三等功	2006.08	惠州市公安局
陈灿林	男	1975.3	田头村	个人三等功	2010.01.28	惠州市公安局
陈灿林	男	1975.3	田头村	个人三等功	2013.03.30	惠州市公安局
陈灿林	男	1975.3	田头村	2013年“十佳派出所民警”	2013	惠州市公安局
陈灿林	男	1975.3	田头村	个人三等功	2016.04	惠州市公安局
陈沛亮	男	1979.5	田头村	全国工商系统优秀工商行政管理人员	2013.12	国家工商行政管理总局
茹婉琼	女	1984.4	田头村	广东省优秀少先队辅导员	2014.5	共青团广东省委员会
茹婉琼	女	1984.4	田头村	惠州市优秀少先队辅导员	2014.6	共青团惠州市委员会
谭　始	男	1927	桔龙村	“农业学大赛”先进个人	1973	省政府
陈美秋	男	1944.1	桔龙村	民兵工作“三落实”先进个人	1974.4	惠阳军分区
刘菜云	女	1967.10	桔龙村	未成年人品德教育先进工作者	2015.12	惠州市教育局
莫锦云	男	1966.1	桔龙村	第五次全国人口普查省级先进个人	2002.4	省统计局
莫锦云	男	1966.1	桔龙村	广东省优秀少先队辅导员	2007.12	省团委、省教育厅、省少工委
莫锦云	男	1966.1	桔龙村	惠州市教育督导工作先进个人	2016.3	惠州市人民政府教育督导室
谭巧芬	女	1979.9	桔龙村	惠州市校讯通信息平台应用先进个人	2011.12	惠州市教育局
梁福权	男	1957.7	廖尾村	个人三等功	2004.11	惠州市公安局
张游赏	女	1972.5	廖尾村	实验室管理先进个人	2011.1	惠州市教育局
朱金福	男	1937.7	禾山村	全国公安战线功臣模范	1983.9	公安部
朱金福	男	1937.5	禾山村	省严厉打击刑事犯罪先进个人	1984.5	省政府
梁东桂	男	1942.8	禾山村	广东省活学活用毛泽东思想积极分子	1968.9	广东省革命委员会

续表21-4

姓名	性别	出生年月	村别	授予称号	授予时间	授奖部门（单位）
梁金富	男	1944.1	禾山村	南粤优秀校长	1996.7	广东省教育厅
朱文胜	男	1969.5	禾山村	公安消防先进个人	2009.1	广东省公安消防总队
朱国权	男	1955	土瓜圩村	省优秀教师	1989.9	国家教委
梁汉林	男	1970.1	深沥村	惠州市十佳 少先队辅导员	2008.6	共青团惠州市委、 惠州市教育局
邱婉嫦	女	1971.1	深沥村	惠州市优秀班主任	1999.9	惠州市人民政府
邱婉嫦	女	1971.1	深沥村	惠州市第三届 “华萌教师烛光奖”	2010.1	惠州市教育局
梁相明	男	1928.6	沙头村	省先进工作者	1977	省政府
梁相明	男	1928.6	沙头村	省民政系统先进工作者	1983	省政府
胡海峰	男	1974.4	沙头村	惠州市乡村明星教师	2009.9	惠州市人民政府
梁国汉	男	1985.8	沙头村	建行广东省分行 最佳客户经理	2013.2	中国建设银行广东省分行
梁国汉	男	1985.8	沙头村	总行百佳贵金属交易能手	2013.7	中国建设银行总行
梁国汉	男	1985.8	沙头村	2014年度建行惠州市分行 十佳对口客户经理	2015.2	中国建设银行惠州市分行
曾沛棋	男	1977.11	阵村	乡村少年宫优秀辅导员	2016.12	惠州市教育局
莫玉麟	男	1981.7	阵村	市优秀班主任	2016.9	惠州市教育局
朱　权	男	1930	上南村	农业机械化系统 先进科技工作者	1990.8	国家农业部
朱容香	男	1926	上南村	为广东社会经济发展 做出突出贡献奖	1996.10	省政府
朱燕有	女	1978.12	上南村	惠州市优秀共青团干部	2013.4	共青团惠州市委
朱燕有	女	1978.12	上南村	广东省优秀共青团干部	2013.4	共青团广东省委
朱燕有	女	1978.12	上南村	第三次全国经济 普查先进个人	2014.12	惠州市经济普查领导小组
朱燕有	女	1978.12	上南村	惠州市关心下一代 工作先进工作者	2016.4	中共惠州市组织部、 惠州市关心下一代工作委员会
邱嘉恩	女	1982.12	上南村	惠州市校讯通信息 平台应用先进个人	2011.12	惠州市教育局
刘包培	男	1908.2	刘屋村	省贫下中农代表	1975	省政府
刘容柏	男	1953.7	刘屋村	优秀党支部书记	2001.7	中共惠州市委
刘余灿	男	1970.6	刘屋村	个人三等功	1998.1.5	惠州市公安局
刘余灿	男	1970.6	刘屋村	个人三等功	2002.12.4	惠州市公安局
刘余灿	男	1970.6	刘屋村	个人三等功	2004.1	惠州市公安局

续表21-4

姓名	性别	出生年月	村别	授予称号	授予时间	授奖部门（单位）
陈锐深	男	1950.5	下南村	省计划生育先进工作者	1991	省政府
陈晃枝	男	1954.12	下南村	惠州市十大廉政公仆	2003	市政府
陈永乐	男	1962.1	下南村	广东省“南粤教坛新秀”	1996.9	广东省教育厅
陈永乐	男	1962.1	下南村	惠州市优秀教师	2012.9	惠州市教育局
朱带欢	女	1979.3	下南村	第六次全国人口普查先进个人	2011.12	惠州市全国人口普查领导小组
陈安棋	女	1993.9	下南村	2016年度建行惠州市分行优秀行员	2017.2	中国建设银行惠州分行
梁美婵	女	1944.1	江头村	第五届“感动惠州人物”	2013.5	市政府
梁美婵	女	1944.1	江头村	广东十大慈母	2014.5	省妇联
梁锡田	男	1937.10	高头村	全国归侨侨眷先进个人	1991.1	国务院
曾计稳	男	1962.11	上村村	个人三等功	1999.12	惠州市公安局
徐松潘	男	1957.10	上村村	个人三等功	2002.1	惠州市公安局
曾进奎	男	1974.9	上村村	2006年度打假“百日行动”先进个人	2007.5	惠州市打假办
曾进奎	男	1974.9	上村村	2009年度打假“百日行动”先进个人	2010.6	惠州市打假办
曾叙庇	男	1943.6	水口村	全国第四次人口普查先进个人	1990.12	国务院第四次人口普查领导小组
黎桂林	男	1946.11	水口村	优秀党支部书记	1996.12	中共惠州市委
陈月容	男	1958.4	凤山村	个人三等功	2001.1	惠州市公安局
张金木	男	1924.9	义合村	惠阳专区学毛著积极分子、贫下中农代表、民兵代表	1966.9	惠阳行署
张金木	男	1924.9	义合村	惠阳专区学毛著积极分子	1969.5	惠阳行署
梁全光	男	1966.11	义合村	个人三等功	2007.12	惠州市公安局
曾伟东	男	1970.7	义合村	惠州市优秀工会工作者	2007.12	惠州市总工会
梁润琪	男	1949.7	义合村	个人三等功	1979.3	中国人民解放军33744部队
翟卫国	男	1965.6	义合村	个人二等功	1986.1	广州军区守备第三师
黄植忠	男	1961.5	佛岭村	农村社教工作先进工作员	2000.6	惠州市人民政府
黄植忠	男	1961.5	佛岭村	全省法院民商事审判调解工作先进个人	2006.9	广东省高级人民法院
黄植忠	男	1961.5	佛岭村	个人二等功	2007.1	惠州市中级人民法院
黄植忠	男	1961.5	佛岭村	个人二等功	2007.4	广东省高级人民法院
黄植忠	男	1961.5	佛岭村	全国优秀法官	2008.1	最高人民法院

续表21-4

姓名	性别	出生年月	村别	授予称号	授予时间	授奖部门（单位）
黄植忠	男	1961.5	佛岭村	年度民商事审判调解能手	2008.1	广东省高级人民法院
黄植忠	男	1961.5	佛岭村	个人一等功	2008.4	广东省高级人民法院
黄植忠	男	1961.5	佛岭村	全省先进工作者	2009.5	中共广东省委、广东省人民政府
黄植忠	男	1961.5	佛岭村	感动惠州年度人物	2009.5	中共惠州市委、惠州市人民政府
黄植忠	男	1961.5	佛岭村	全国模范法官	2012.1	最高人民法院
黄植忠	男	1961.5	佛岭村	广东省创先争优“南粤先锋”共产党员	2012.7	中共广东省委组织部
黄植忠	男	1961.5	佛岭村	个人二等功	2012.9	广东省高级人民法院
黄植忠	男	1961.5	佛岭村	惠州市“为民先锋”十大模范人物	2013.4	惠州市人民政府
黄植忠	男	1961.5	佛岭村	惠州市好人榜	2013.5	惠州市精神文明建设委员会
黄植忠	男	1961.5	佛岭村	全国勤廉榜样	2014.1	中纪委、监察部
黄植忠	男	1961.5	佛岭村	广东好人	2015.1	广东省文明办
黄植忠	男	1961.5	佛岭村	广东省岗位学雷锋标兵	2015.4	中共广东省委宣传部、广东省精神文明建设委员会办公室
黄植忠	男	1961.5	佛岭村	全国先进工作者	2015.4	中共中央、国务院
黄植忠	男	1961.5	佛岭村	中国好人	2016.1	中央文明办
黄植忠	男	1961.5	佛岭村	全国法院党建工作先进个人	2016.6	最高人民法院
黄海渡	男	1969.9	佛岭村	个人三等功	2005.1	惠州市公安局
张海彬	男	1968	园洲居委	创特色学校校长论坛二等奖	2013.11	广东教育学会
毛少群	女	1964.12	园洲居委	第五届“惠州市华萌教师烛光奖”	2012.9	惠州市教育局
陈志红	女	1970.6	园洲居委	惠州市优秀少先队辅导员	2014.5	共青团惠州市委员会
张雁飞	男	1983.9	园洲居委	惠州市农村学校教育信息化应用先进个人	2014.6	惠州市教育局
薛碧红	女	1986.11	园洲居委	惠州市“五好”优秀党员	2013.7	中共惠州市委

园洲镇外籍获市级以上先进人物一览表

表21-5

姓名	性别	出生年月	籍贯	工作单位	授予称号	授予时间	授奖部门（单位）
李裕新	男	1934.7	博罗县石湾镇	博罗县公安局	公安功臣	1956.8	广东省人民政府
李裕新	男	1934.7	博罗县石湾镇	铁场公社、铁场派出所	先进工作者	1974.7	中共广东省委组织部、广东省总工会
姚积福	男	1924	东莞市	园洲粮所	广东省劳动模范	1985.8	广东省人民政府
苏谷和	男	19441	博罗县龙溪镇	园洲镇政府	全国农牧渔业丰收奖二等奖	1988.9	农业部
苏谷和	男	1944.1	博罗县龙溪镇	园洲镇政府	农业技术推广先进工作者	1992.5	惠州市人民政府
苏谷和	男	1944.1	博罗县龙溪镇	园洲镇政府	先进工作者	1992.9	农业部、全国农业技术推广总站
苏谷和	男	1944.1	博罗县龙溪镇	园洲镇政府	农业科学技术推广工作三等奖	1992	广东省农业技术推广评审委员会
苏谷和	男	1944.1	博罗县龙溪镇	园洲镇政府	惠州市农业技术推广先进工作者	1993.2	惠州市人民政府
苏谷和	男	1944.1	博罗县龙溪镇	园洲镇政府	全国农牧渔业丰收奖二等奖	1996.8	农业部
孙斌发	男	1968.12	惠城区仍图	园洲中学	市优秀教师	1996.9	惠州市人民政府
孙斌发	男	1968.12	惠城区仍图	园洲中学	市优秀教育工作者	2014.9	惠州市教育局
颜进棠	男	1956.12	江西省	园洲中学	全国优秀教师	2007.9	教育部
颜聚棠	男	1964.5	江西省永新县	园洲中学	市乡村明星教师	2009.9	惠州市人民政府
黄运强	男	1970.9	博罗县石坝镇	广东省电信有限公司博罗县分公司	文明标兵	2008.1	广东省电信有限公司惠州市分公司
黄运强	男	1970.9	博罗县石坝镇	博罗电信分公司园洲营销中心	市场运营标兵	2012.9	中国电信集团广东省电信公司
张东红	男	1972.10	河源市东源县	园洲中学	市华萌乡村教师烛光奖	2010.9	惠州市教育局
柯继洪	男	1963.9	博罗县义和	园洲中学	市华萌乡村教师烛光奖	2011.9	惠州市教育局
邱燕中	男	1963.1	惠城区仍图	园洲中学	实验室建设先进个人	2011.1	惠州市教育局
钟小泽	男	1974.2	惠东县梁化镇	园洲中学	市优秀班主任	2012.9	惠州市教育局
王远光	男	1966.4	梅州市梅县	园洲中学	市华萌教师烛光奖	2012.9	惠州市教育局

续表21-5

姓名	性别	出生年月	籍贯	工作单位	授予称号	授予时间	授奖部门（单位）
梁建忠	男	1968.11	博罗县龙溪镇	园洲中学	市优秀教师	2013.9	惠州市教育局
钟鉴强	男	1978.7	博罗县龙溪镇	园洲中学	市优秀教师	2016.9	惠州市教育局
许绍雄	男	1965.6	博罗县公庄镇	九潭派出所	个人三等功	2008.12	惠州市公安局
涂小英	女	1967.11	江西省	惠州市绿光森林电器有限公司	“巾帼建功”惠州市“三八”红旗手	2016.3	惠州市妇女联合会
涂小英	女	1967.11	江西省	惠州市绿光森林电器有限公司	巾帼创新创业优秀女性	2016.3	惠州市妇女联合会、惠州市科技局、惠州市科学技术协会
曹作林	男	1968.8	湖南省	惠州诚业印花有限公司	县劳动模范	2011.4	博罗县政府
麦勇粦	男	1970.10	东莞市企石镇	园洲派出所	个人二等功	2011.12	惠州市公安厅
麦勇粦	男	1970.1	东莞市企石镇	园洲派出所	个人二等功	2013.3	广东省公安厅
黄建新	男	1970.11	博罗县龙溪镇	园洲工商所	先进市管员	1997.1	惠州市工商局
黄建新	男	1970.11	博罗县龙溪镇	园洲工商所	先进工作者	2006.12	惠州市人事局、惠州市工商局
邱前伟	男	1971.1	博罗县麻坡镇	园洲工商所	先进工作者	2002.7	惠州市人事局、惠州市工商局
黄志忠	男	1971.11	博罗县仍图镇	中国建设银行博罗分行	2010年建行惠州市分行十佳网点负责人	2011.2	中国建设银行惠州市分行
黄志忠	男	1971.11	博罗县仍图镇	中国建设银行博罗分行	2010年建行惠州市分行优秀行员	2015.2	中国建设银行惠州市分行
蓝伟军	男	1972.11	博罗县石坝镇	园洲派出所	个人三等功	2011.1	惠州市公安局
蓝伟军	男	1972.11	博罗县石坝镇	园洲派出所	个人三等功	2012.3	惠州市公安局
蓝伟军	男	1972.11	博罗县石坝镇	园洲派出所	十大破案能手	2012.3	惠州市公安局
蓝伟军	男	1972.11	博罗县石坝镇	园洲派出所	个人三等功	2013.3	惠州市公安局
周文尉	男	1973.7	博罗县石湾镇	园洲派出所	个人三等功	2014.8	惠州市公安局
黄玉书	男	1974.1	博罗县湖镇镇	九潭派出所	个人三等功	2008.12	惠州市公安局

续表21-5

姓名	性别	出生年月	籍贯	工作单位	授予称号	授予时间	授奖部门（单位）
蔡小珊	女	1975.9	博罗县杨村镇	博罗电信分公司园洲营销中心	市场运营标兵	2012.9	中国电信集团广东省电信公司
蔡小珊	女	1975.9	博罗县杨村镇	博罗电信分公司园洲营销中心	先进绩效个人	2012.9	中国电信股份有限公司惠州分公司
蔡小珊	女	1975.9	博罗县杨村镇	博罗电信分公司园洲营销中心	先进绩效个人	2014.6	中国电信股份有限公司惠州分公司
黄日辉	男	1976.8	博罗县龙溪镇	博罗电信分公司园洲营销中心	先进绩效个人	2014.6	中国电信股份有限公司惠州分公司
黄日辉	男	1976.8	博罗县龙溪镇	博罗电信分公司园洲营销中心	先进绩效个人	2015.6	中国电信股份有限公司惠州分公司
黄日辉	男	1976.8	博罗县龙溪镇	博罗电信分公司园洲营销中心	先进绩效个人	2016.6	中国电信股份有限公司惠州分公司
陈新辉	男	1977.7	博罗县柏塘镇	九潭派出所	个人三等功	2011.5.30	广东省森林公安局
李锦浩	男	1979.12	博罗县龙华镇	园洲派出所	个人三等功	2014.12	惠州市公安局
郑钟周	男	1980.8	汕尾市陆丰市	园洲派出所	个人三等功	2013.3	惠州市公安局
黄定华	男	1983.1	博罗县观音阁镇	园洲派出所	个人三等功	2013.3.26	惠州市公安局

1912—2016年园洲镇籍正科以上干部一览表

表21-6

姓　名	性　别	出生年月	村　居	曾任最高职务	任职单位	任最高职务时间（年、月）	现任、退休或已故	备　注
陈焕球	男	1958.6	马嘶	科长	深圳		已故	
陈汝伟	男	1971.3	马嘶	支行长	龙门县农业银行	2015.1	现任	
陈畅亨	男	不详	马嘶	正处级	湖南省委		退休	
陈　容	男	不详	马嘶	镇长	东莞企石	1986—1991	已故	
梁淦润	男	1930.1	田头	办公室主任	深圳市供水工程管理局	1983—1990	已故	
陈朋志	男	1934.4	田头	东莞市工会主席	东莞市	1980—1995	退休	
陈淦财	男	1934.8	田头	处级干部	外语系科长	1979—1994	退休	
陈焕球	男	1939.6	田头	水产厅工会主席	处级干部	1990—1999	退休	
陈佛发	男	1946.2	田头	镇长	园洲镇政府	1996—2002	退休	
陈锦柱	男	不详	田头	清远县长、云浮县长	清远县、云浮县			

续表21-6

姓　名	性　别	出生年月	村　居	曾任最高职务	任职单位	任最高职务时间（年、月）	现任、退休或已故	备　注
陈沛林	男	1977.10	田头	镇长	园洲镇政府	2011.09—	现任	
谭若全	男	1875	桔龙	县长	南澳县		已故	
谭棋森	男	1887	桔龙	营长	黄埔军校		已故	
谭联彪	男	1905	桔龙	三省检验检疫局局长	华南三省		已故	
莫贤计	男	1905	桔龙	警察局长	韶关南雄县警察局	1944	已故	
莫炯沂	男	1914	桔龙	陆军少将	国民党陆军		已故	
莫首夷	男	1916	桔龙	县长	云浮县		已故	
莫自修	男	1916	桔龙	厅长	广东省民政厅		已故	
谭细妹	男	1917	桔龙	海关关长	广州黄埔		已故	
谭淦钊	男	1924	桔龙	省工业机械厅厅长	广东省政府		已故	
莫公柱	男	1924	桔龙	农业局局长	东莞市		已故	
谭平石	男	1928	桔龙	党政办主任	南海市		已故	
谭志坚	男	1929	桔龙	少校	南海舰队		退休	
谭同乐	男	1934	桔龙	粮食局长	东莞市		退休	
谭润秋	男	1935	桔龙	林业局局长	东莞市		退休	
莫金桥	男	1939	桔龙	广州部队后勤部团长、主任	广州军区		退休	
谭卓坤	男	1953	桔龙	副县长	博罗县		退休	
谭加禾	男	1954	桔龙	国土资源厅保卫处处长	广东省国土资源厅		退休	
谭　斌	男	1956	桔龙	国土资源局局长	南海市		现任	
谭润志	男	1971	桔龙	惠州大学团委书记	惠州大学		现任	
李　源	男	1904	禾山	原中共广东省委书记	广东省	1928	已故	
朱金福	男	1937.7	禾山	镇长	园洲镇政府	1988	退休	
朱金海	男	1943.8	禾山	正厅级干部	中国人民解放军	1983	已故	
李焕波	男	1949.9	禾山	副处级干部	深圳中外物流	1996	退休	
梁海明	男	1955.5	禾山	正科级干部	园洲镇政府	2006.9	退休	
梁海深	男	1975.11	禾山	正科级干部	惠州市	2009	现任	
梁美兴	男	1948.11	廖尾	镇委书记	园洲镇委	1994.11	退休	
蔡包景	男	1951.2	廖尾	镇长	园洲镇政府	2002.1	退休	
朱毅强	男	不详	廖尾	地方税务局主任	惠州市地方税务局		现任	

续表21-6

姓　名	性　别	出生年月	村　居	曾任最高职务	任职单位	任最高职务时间（年、月）	现任、退休或已故	备　注
梁包照	男	1889	土瓜圩	军需主任	济南军区	1943	已故	
朱鹏飞	男	1899.6	土瓜圩	园洲乡乡长	园洲乡		已故	
梁照新	男	1934.12	土瓜圩	总经理	湖北汽车公司	1997—2005	退休	
熊满池	男	1966.12	土瓜圩	镇委书记	园洲镇	2011.07—	现任	
梁继枝	男	1938	深沥	畜牧局局长	东莞市			
梁积成	男	1942	深沥	正团职	南海舰队			
梁景松	男	1942	深沥	东莞发展银行行长	东莞市			
朱镜培	男	1938	阵村	总经理	中国航空进口公司（香港）总经理		退休	
朱丽泉	男	1875	上南	中南五省外交部部长	广州府	1915	已故	
朱鸾翔	男	1880	上南	惠阳法院承审主任	惠阳专区法院	1920	已故	
朱念慈	男	1885	上南	广东金融局局长	广州府	1930	已故	
朱植初	男	1910	上南	博罗十一区区长	龙华区	1938	已故	
朱伯女	男	1887	上南	东莞第三区保卫团分局局长	东莞石龙镇	1940	已故	字奋廷
朱伟光	男	1915	上南	东莞县第三区警卫中队石龙警察局局长	东莞石龙镇	1945	已故	字萼龄
朱　新	男	1930	上南	东莞市人大常委会副主任	东莞市人大常委会	1990	已故	
朱容香	男	1926	上南	惠州市政协常委	港商	1990	已故	
朱流明	男	1932	上南	广州荔湾区区长	广州荔湾区	1992	已故	
朱荫兴	男	1939	上南	深圳铁路局局长	深圳	1999	退休	
朱汝林	男	1946	上南	广州铁路局调度科科长	广州铁路局	2006	退休	
朱文谦	男	1964	上南	博罗兽医局局长	博罗		现任	
朱惠明	男	1972	上南	广东省公安厅网警处科科长	广东省公安厅	2014	现任	
朱树秋	男	1972	上南	东莞市财政局副局长	东莞市		现任	
朱焕文	男	1962	上南	石湾镇人大主席	博罗县石湾镇	2016.9	现任	
刘日初	男	1883	刘屋	东江缉私舰舰长	广东省政府	1926	已故	
刘正平	男	1917.1	刘屋	中国农业机械公司科长	广州石油化工厂	1975—1986	已故	
刘浩远	男	1934.5	刘屋	广州军区后勤部翠竹集团副总经理	广州军区后勤部	1984—	退休	
刘锦怀	男	1935.1	刘屋	院长（副厅）	广州市人民医院院长		退休	

续表21-6

姓　名	性　别	出生年月	村　居	曾任最高职务	任职单位	任最高职务时间（年、月）	现任、退休或已故	备　注
刘容森	男	1960.5	刘屋	镇长	石湾镇	2007—2010	退休	
刘伟辉	男	1965.5	刘屋	广东省电力投资有限公司高级总经理	广电集团	2014—2016	现任	
刘浩文	男	1969.6	刘屋	县委组织部正科级组织员	博罗县委组织部	2013—	现任	
陈锐深	男	1950.5	下南	镇人大主席	园洲镇政府	2000—2005	退休	
梁润来	男	1936	白耀前	广州氮肥厂、深圳转运站党委书记	广州氮肥厂	1962—1996	退休	
梁柏枝	男	1937.12	白耀前	成都机务段党委书记	成都铁路局	1956—1998	退休	
梁淦芬	男	1963.1	白耀前	科长	云南昆明公安厅	2003—	现任	
梁岳英	男	1882	江头	福建候补通判	福建省	1912—1928	已故	
梁沛光	男	1973.7	江头	广汽党委办主任	广汽集团		现任	正科级
李文甫	男	1890	李屋	香港中国日报总经理	香港中国日报	1909	已故	
李焯尧	男	1932	李屋	营参谋长	北京军区	1968	已故	正局级
李计祥	男	1932.1	李屋	副团长	沈阳3340部队	1969	已故	
李克女	男	1933	李屋	东莞企石镇党委书记	东莞企石镇	1976	已故	正局级
李汉清	男	1944	李屋	博罗县纪委副书记、监察局局长	博罗县委		退休	正局级
李锦光	男	1964.12	李屋	团级副主任	广州空军训练基地	2000	现任	
张　妹	男	1929.5	寮仔	副区长	东莞县企石区	1958	已故	正局
李　牛	男	1931.3	寮仔	场长	广东省林业厅石龙木场	1992	已故	
卢满棠	男	1932.8	寮仔	科长	广州市建筑公司材料科	1993	已故	
李春棉	男	1950.8	寮仔	副书记	广州市文冲船厂	1993	退休	正科
李沛良	男	1958.3	寮仔	协会主席	深圳市商会协会	1998	退二线	
梁惠根	男	1945.11	白马围	副局长	深圳市劳动局和社会保险局	1986	退休	
曾淦荣	男	1939.2	上村	处长	四川成都秘密研究所	1988—1999	退休	
曾柳权	男	1946.2	上村	局长	广州市专利局		退休	
曾月娥	女	1946.7	上村	县委常委	博罗县委	1987—2000	退休	
曾志斌	男	1967.9	上村	主任	深圳罗湖区发改委		现任	
曾健东	男	1969.8	上村	副行长	中国农业发展银行广东省分行	2016.12	现任	

续表21-6

姓　名	性　别	出生年月	村　居	曾任最高职务	任职单位	任最高职务时间（年、月）	现任、退休或已故	备　注
黎　元	男	1896.4	水口	市长	山西省太原市	不详	已故	
曾继承	男	1941.8	水口	纪检委员、办公室主任	深圳市龙岗区纪检委员会	1993.12	退休	正处级
叶沛贤	男	1942.8	水口	副局长	惠州市劳动局	20C2.4	退休	
叶振腾	男	1954.5	水口	副厅长	广东省水产厅	2010.5	退二线	正处级
叶振强	男	1967.1	水口	劳动局长	东莞市石碣镇	2015.8	现任	正科
叶振辉	男	1970.5	水口	缉私分局分局长	黄埔海关新港缉私分局	2015.8	现任	正处级
梁前卫	男	1940.1	凤山	海南省松涛水利局党委书记兼局长	海南省松涛水利局	1994.2—2000.2	退休	
梁定嘉	女	1953.9	凤山村	博罗县纪委主任科员	博罗县纪委	2000.5—2009.9	退休	
梁世斌	男	1966.4	凤山	博罗县移民办主任	博罗县移民办	2014.12—	现任	正科
梁汉威	男	1911.7	义合	广州市公安分局局长	广州	1948—1949	已故	
翟桂灿	男	1927.5	义合	社长	原九潭人民公社	1961—1963	已故	
翟惠初	男	1930.1	义合	正科	广州铁路局		已故	
容银森	男	1933.1	义合	正科级干部	深圳教育局		已故	
容镜中	男	1936.1	义合	处长	广东省安全厅		退休	
翟淦明	男	1936.8	义合	副县长	东莞县		已故	
梁善忠	男	1937.1	义合	人大主席	原九潭镇		已故	
梁桂堂	男	1937.1	义合	镇委书记	新会市		退休	
翟容光	男	1937.2	义合	保卫处长兼武装部长	广州市冶金集团	1992—1997	退休	正处
梁景池	男	1937.9	义合	局长	江门市农业局		退休	
梁润琪	男	1949.7	义合	局长	博罗县建设局	1992.11	退休	
梁庆海	男	1950.9	义合	主任（副处）	惠州移民办		退休	
梁庆光	男	1953.7	义合	镇长	原九潭镇		退休	
梁会光	男	1955.12	义合	镇委书记	原九潭镇		已故	
曾国劳	男	1957.9	义合	正科级干部	园洲镇		退休	
陈锦和	男	1962.11	义合	局长	惠州市委机要局		现任	
张连桐	男	1964.9	义合	副局长	惠州市委机要局		现任	副处
翟志平	男	1966.1	义合	副处级干部	惠州市公安局		现任	
翟小武	男	1978.1	义合	正科级干部	昆明市财政局		现任	
黎　才	男	1931.7	沥东	公社书记	义和、园洲	1958—1978	退休	

续表21-6

姓　名	性　别	出生年月	村　居	曾任最高职务	任职单位	任最高职务时间（年、月）	现任、退休或已故	备　注
徐计瑞	男	1936.4	沥东	公社书记、县国土局局长	泰美、博罗	1975—1985 1986—1996	退休	
徐文洲	男	1937.12	沥东	局长	湛江市农业局	1987—1997	已故	
徐海燕	男	1940.6	沥东	校长	博罗教师进修学校	1985—1998	已故	
徐月镜	男	1949.2	沥东	公社书记、县国土局长	园洲、博罗	1990—1995 1996—2004	退休	
杨达标	男	1963.5	沥东	副局长（副处）	深圳市公安局 大亚湾公安分局	2006—	现任	
徐博航	男	1916	沥西	番禺银行行长	番禺银行		已故	
周朱锡	男	1944	沥西	镇人大主席	龙溪镇		退休	
徐树荣	男	1948	沥西	镇人大主席	原九潭镇		退休	
徐容溪	男	1949	沥西	镇党委书记	原九潭镇		退休	
徐建辉	男	1954	沥西	镇党委书记	园洲镇		退休	
徐钜晃	男	1959.4	沥西	局长	博罗县市场物业管理局	2008.12— 2013.4	退休	
徐松森	男	1940	新村	经理	惠州石油公司			
徐淦权	男	1950.2	新村	局长	佛山市石湾区商业局		已故	
徐小勇	男	1975.8	新村	组织部长	深圳市宝安区 西乡街道办	2006—2015	现任	
徐瑞龙	男	1910	新村	博罗县龙溪区区长	博罗县龙溪区		已故	
黄作新	男	1930.9	佛岭	处长	广东省高教局			
黄柱水	男	1933.9	佛岭	区长	九潭区		已故	
黄树荣	男	1937.12	佛岭	局长	佛山市卫生局		退休	
黄作森	男	1940.7	佛岭	处长	武汉市长江科学院			
黄海柱	男	1970.1	佛岭	镇长	泰美镇	2006.—2009.10	健在	
黄锦辉	男	1969.11	佛岭	宣传处长	广州市卫生 和计划生育委员会	现任		
翟锦荣	男	1978.9	马石岗	深圳市西乡 邮储银行支行长	深圳市邮储银行	1998—	现任	
翟锦源	男	1980.1	马石岗	深圳市龙华区 人事局科长	深圳市人事局	2014—	现任	
刘惠茹	女	1962.7	园洲 居委	惠州市人大常委会委员	惠州学院	十一届	现任	

园洲镇籍具高级职称者一览表

表21-7

姓　名	性　别	出生年月	村　别	现(原)工作单位	授任职称	授任单位	授任时间	健在或已故
陈灿辉	男	1974.11	田头	园洲建筑工程公司	建筑工程管理工程师	省人力资源和社会保障厅	2012.4.25	健在
谭子树	男	1926	桔龙	中山大学	体育教授	中山大学	1955.8	已故
谭炳环	男	1932	桔龙	广州机械织布厂	工程师	广东省人事厅	1956	健在
谭柏川	男	1976	桔龙	惠州	工程师	省人力资源和社会保障厅	2014	健在
梁伟平	男	1966.10	廖尾	博罗县建筑设计院园洲分院	建筑结构设计高级工程师	广东省人事厅	2010.4	健在
蔡金柏	男	1979.5	廖尾	园洲镇自来水厂	建筑施工工程师	惠州市人力资源和社会保障局	2012.3	健在
李郁新	男	1973.9	禾山	博罗县建筑设计院园洲分院	建筑施工工程师	惠州市人事局	2009.2	健在
梁润柏	男	1979.3	禾山	园洲镇村镇建设管理所	建筑结构设计高级工程师	广东省人力资源和社会保障厅	2014.4.1	健在
梁锦辉	男	1979.3	禾山	东莞市水利设计院	水工建筑高级工程师	省人力资源和社会保障厅	2014.2	健在
梁照新	男	1934.12	土瓜圩	湖北汽车总公司	高级工程师	湖北省	1984	健在
朱伟明	男	1979.2	土瓜圩	博罗县人民医院	副主任医师	省人力资源和社会保障厅	2016.10	健在
朱晓明	男	1980.10	土瓜圩	博罗县建筑设计院园洲分院	建筑结构设计高级工程师	惠州市人事局	2013.3	健在
梁培厚	男	1968	深沥	广东省路桥建筑公司	高级工程师	广东省人事厅	2005	健在
梁洁萍	女	1975.5	深沥	博罗农商银行园洲支行	经济师	广东省人事厅	2005.11	在职
梁广才	男	1978.8	沙头	园洲建筑工程公司	建筑工程管理工程师	惠州市人力资源和社会保障局	2011.3.3	健在
梁笑媚	女	1984.12	沙头	博罗农商银行园洲支行	经济师	省人力资源和社会保障厅	2014.1	在职
陈万良	男	1964.3	阵村	镇农办	农艺师	惠州市人事局	2002.12	健在
朱敬修	男	1916	上南	省中医学院	医学教授	省医学院		已故
朱树培	男		上南	广西南宁大学	大学教授	广西南宁大学		已故
朱淦明	男		上南	广州铁道部	工程师	广州铁路局		
朱荫卿	男		上南	深圳铁路局	高级工程师	深圳铁路局		已故
朱　新	男		上南	东莞市	高级农技师	东莞农业局		已故

续表21-7

姓　名	性　别	出生年月	村　别	现(原)工作单位	授任职称	授任单位	授任时间	健在或已故
朱淦亮	男	1968.1	上南	水利所	水利机电技术工程师	惠州市人力资源和社会保障局	2011.11	健在
朱永钧	男	1976.10	上南	园洲镇村镇建设管理所	市政路桥施工工程师	惠州市人事局	2006.12.20	健在
刘正平	男	1917.1	刘屋	广州重型机械厂	工程师	中国汽车制造公司		已故
刘浩远	男	1934.4	刘屋	广东省农业厅	高级工程师	广东省兽药研究所		退休
刘灿忠	男	1973.10	刘屋	园洲建筑工程公司	建筑工程管理工程师	惠州市人事局	2006.2.23	健在
陈永乐	男	1962.1	下南	园洲中心小学	高级教师	省人力资源和社会保障厅	2013.12	健在
陈伟强	男	1980.2	下南	园洲建筑工程公司	建筑工程管理工程师	惠州市人力资源和社会保障局	2011.3.3	健在
梁沛光	男	1973.7	江头	广汽集团	工商管理经济师	中华人民共和国人事部	2001.11	健在
梁伟业	男	1973.12	江头	博罗县建筑设计院园洲分院	建筑结构设计高级工程师	惠州市人事局	2006.12	健在
梁沃池	男	1936	白耀前	山西省临汾农药厂	高级工程师	山西省人事厅	1972	健在
梁广成	男	1974.6	高头	园洲镇房地产公司	建筑工程管理工程师	惠州市人事局	2010.1.4	健在
梁润林	男	1980.2	高头	园洲镇村镇建设管理所	城乡规划工程师	惠州市人事局	2010.1.14	健在
李永忠	男	1969.12	李屋	镇文教科卫办	市政路桥施工工程师	惠州市人力资源和社会保障局	2012.3	健在
李沃铃	男	1974.3	李屋	园洲建筑工程公司	建筑工程管理工程师	惠州市人事局	2010.1.4	健在
李伟彬	男	1979.4	寮仔	园洲建筑工程公司	建筑工程管理工程师	惠州市人事局	2010.1.5	健在
曾雄标	男	1960.1	上村	九潭中学	中学高级教师	省人力资源和社会保障厅	2012.12	健在
黎包柱	男	1933.5	水口	博罗县人民医院	主任医师	省人事厅	1968.1	健在
陈满湘	男	1965.11	水口	九潭中学	中学高级教师	省人力资源和社会保障厅	2012.12	健在
梁继武	男	1964.4	凤山	中信惠州医院	副主任医师	广东省人事厅	2002.11	健在
曾鹤鸣	男	1933	义合	东莞横沥糖厂	化学工程师	东莞市人事局	1960—1970	已故
梁镜池	男	1937.9	义合	江门市农业局	副教授	华南农业大学		健在
黄作森	男	1940.7	佛岭	武汉长江科研	工程师	武汉市长江科学院		健在

续表21-7

姓　名	性　别	出生年月	村　别	现(原)工作单位	授任职称	授任单位	授任时间	健在或已故
黄灿杨	男	1937.6	佛岭	重庆兵工厂	工程师	国防科委		健在
黄柱槐	男	1939.4	佛岭	广州市政维修	工程师	广东省人事厅		健在
黄承锋	男	1947.2	佛岭	省农科院禽病研究院	教授			健在
黄华振	男	1933.5	佛岭	江门市人民医院	教授			健在
黄榕森	男	1954.3	佛岭	北京轻工设计院	工程师			健在
黄东宣	男	1964.10	佛岭	博罗县畜牧局	高级兽医师	广东省人事厅	2006.12	健在
黄海荣	男	1966.12	佛岭	罗阳中心小学	中学高级教师	省人力资源和社会保障厅	2006.12	健在
黄进伟	男	1977.9	佛岭	园洲建筑工程公司	建筑工程管理工程师	惠州市人事局	2010.1.4	健在
黄　敏	女	1978.6	佛岭	广州医科大学附属第三医院	副主任医师	广州医科大学附属第三医院	2016.11	健在
徐全森	男	1939.9	沥东	重庆	总工程师	重庆	1964	已故
徐松森	男	1940	新村	惠州石油公司	工程师	郑州大学	1970.12	退休
刘惠茹	女	1962.7	园洲居委	惠州学院	副教授	广东省人事厅	1997.12	健在
翟汉文	男	1969.5	九潭居委	园洲中学	中学高级教师	省人力资源和社会保障厅	2012.12	健在

园洲镇外籍高级职称者一览表

表21-8

姓　名	性　别	出生年月	籍　贯	现(原)工作单位	授任职称	授任单位	授任时间(年、月)	健在或已故
赵尔汉	男	1939.1	广东新会	园洲中学	中学高级教师	省人事厅	1996.12	健在
叶淡明	男	1939.9	博罗观音阁	园洲中学	中学高级教师	省人事厅	1996.12	健在
颜进棠	男	1956.12	江西省永新县	园洲中学	中学高级教师	省人事厅	2001.12	健在
颜聚棠	男	1964.5	江西省永新县	园洲中学	中学高级教师	省人事厅	2006.12	健在
刘训江	男	1964.7	河南省新郑市	园洲中学	中学高级教师	省人事厅	2008.12	健在
伍青华	女	1969.1	湖南省邵阳市	园洲中学	中学高级教师	省人事厅	2009.12	健在
宋玉琴	女	1963.1	江苏省徐州市	园洲中学	中学高级教师	省人力资源和社会保障厅	2010.12	健在

续表21-8

姓　名	性　别	出生年月	籍　贯	现(原)工作单位	授任职称	授任单位	授任时间(年、月)	健在或已故
周　颖	女	1968.11	江西省永新县	园洲中学	中学高级教师	省人力资源和社会保障厅	2010.12	健在
李建国	男	1966.11	湖南省永州市	园洲中学	中学高级教师	省人力资源和社会保障厅	2011.12	健在
张东红	女	1972.1	河源市东源县	园洲中学	中学高级教师	省人力资源和社会保障厅	2011.12	健在
邱燕中	男	1963.1	惠州市仍图镇	园洲中学	中学高级教师	省人力资源和社会保障厅	2012.12	健在
陈剑新	男	1967.3	湖南省衡阳市	园洲中学	中学高级教师	省人力资源和社会保障厅	2012.12	健在
雷政鸣	男	1965.3	湖南省常宁市	园洲中学	中学高级教师	省人力资源和社会保障厅	2012.12	健在
刘功赋	男	1963.11	湖南省耒阳市	园洲中学	中学高级教师	省人力资源和社会保障厅	2013.12	健在
王远光	男	1966.6	广东梅县	园洲中学	中学高级教师	省人力资源和社会保障厅	2013.12	健在
钟小泽	男	1974.1	广东惠东	园洲中学	中学高级教师	省人力资源和社会保障厅	2013.12	健在
吴文题	男	1971.9	湖北咸宁	九潭中学	中学高级教师	省人事厅	2009.12	健在
贺明德	男	1960.1	江西永新	九潭中学	中学高级教师	省人事厅	2009.12	健在
刘元华	男	1965.12	博罗石坝	九潭中学	中学高级教师	省人力资源和社会保障厅	2010.12	健在
汪永东	男	1954.9	江西永新	九潭中学	中学高级教师	省人力资源和社会保障厅	2010.12	健在
胡世凯	男	1973.6	河南省	九潭中学	中学高级教师	省人力资源和社会保障厅	2011.12	健在
孙隆胜	男	1963.9	湖北恩施	九潭中学	中学高级教师	省人力资源和社会保障厅	2012.12	健在
徐　庶	男	1966.4	湖北恩施	九潭中学	中学高级教师	省人力资源和社会保障厅	2013.12	健在
刘三根	男	1962	江西余姚	赤沥小学	小学高级教师	省人力资源和社会保障厅		健在
杨志华	男	1968.12	湖北孝感	园洲镇卫生院	副主任医师	省人事厅	2005.12	健在
叶国强	男	1966.11	河南周口	园洲镇卫生院	副主任医师	省人事厅	2008.1	健在
吕　杨	女	1962.1	湖南益阳	园洲镇卫生院	副主任医师	省人事厅	2008.7	健在
刘玲英	女	1973.06	湖南永州	园洲镇卫生院	副主任护师	省人事厅	2008.9	健在

续表21-8

姓　名	性　别	出生年月	籍　贯	现（原）工作单位	授任职称	授任单位	授任时间（年、月）	健在或已故
张庆明	男	1977.11	博罗县	园洲供电所	工程师	广东电网公司	2011.12	健在
朱国辉	男	1973.11	博罗石湾	博罗县农商银行园洲支行	高级会计师	省人力资源和社会保障厅	2016.12	在职
王冰心	女	1974.1	博罗杨村	博罗县农商银行园洲支行	经济师	省人力资源和社会保障厅	2012.2	在职
吴春迎	女	1993.3	广东陆河	博罗县农商银行园洲支行	管理工程师	省人力资源和社会保障厅	2015.5	在职
陈立新	男	1967.11	广东梅州	园洲镇卫生院	副主任医师	省人事厅	2008.9	健在
张　丽	女	1970.7	江西南康	园洲镇卫生院	副主任医师	省人事厅	2010.1	健在
刘远秀	女	1963.10	江西赣州	园洲镇卫生院	副主任护师	省人力资源和社会保障厅	2011.11	健在
茹国钦	男	1976.7	博罗石湾	园洲镇卫生院	副主任医师	省人力资源和社会保障厅	2015.12	健在
熊　进	男	1981.6	湖北仙桃	园洲镇卫生院	副主任医师	省人力资源和社会保障厅	2015.12	健在
彭秀英	女	1971.7	湖北孝感	园洲镇卫生院	副主任药师	省人力资源和社会保障厅	2015.12	健在
姚晓方	男	1974.4	江西吉安	园洲镇卫生院	副主任医师	省人力资源和社会保障厅	2015.12	健在
何莉聪	女	1972.1	博罗罗阳	九潭卫生院	副主任医师	省人力资源和社会保障厅	2010.12	健在
张庆华	男	1979.8	增城石滩	园洲镇村镇建设管理所	城乡规划工程师	惠州市人事局	2010.1.14	健在
梁国超	男	1983.8	博罗县龙溪	园洲镇村镇建设管理所	公路与桥梁工程师	惠州市资源和社会保障局	2014.2.18	健在
赵基洪	男	1979.7	广东台山县	园洲镇村镇建设管理所	给水排水施工工程师	惠州市人事局	2010.1.5	健在
叶建忠	男	1974.8	博罗县观音阁	园洲房地产公司	建筑工程管理工程师	惠州市人事局	2010.1.4	健在
刘霭媚	女	1974.7	博罗县石湾	博罗县建筑设计院园洲分院	建筑结构设计高级工程师	省人力资源和社会保障厅	2011.3	健在
丁楚彬	男	1980.3	广州市荔湾区	博罗县建筑设计院园洲分院	建筑结构设计高级工程师	省人力资源和社会保障厅	2010.4	健在

园洲镇博士生、硕士生一览表

表21-9

姓名	性别	出生年月	村别	现（原）工作单位	高学历类别	毕业时间	发证（单位）部门	健在或已故
陈耀祥	男	1982.7	田头	园洲镇人民政府	硕士研究生	2015.1	华南农业大学	健在
梁锦辉	男	1979.3	禾山	东莞市水利设计院	土木工程研究生	2007.12	华中科技大学	健在
梁润柏	男	1979.3	禾山	园洲镇村建所	农业推广硕士研究生	2010	华南农业大学	健在
梁志军	男	1984.8	禾山	园洲镇政府基层办	硕士研究生	2014.7	华南农业大学	健在
梁志刚	男	1984.9	深沥	中兴通讯股份有限公司	硕士研究生	2010.4	西安电子科技大学	健在
朱添祥	男	1980.10	阵村	香港银行	硕士研究生	2006.6	暨南大学	健在
朱树帮	男	1975.9	上南	东莞市财政局	硕士研究生	2004.6	华中科技大学	健在
朱裕明	男	1976.5	上南	园洲镇政府	硕士研究生	2010	华南农业大学	健在
朱汉棠	男	1982.1	上南	博罗住房和城乡规划建设局	硕士研究生	2010.6	重庆大学工程力学	健在
朱锦灿	男	1987.10	上南	中国科学院大学深圳医院	硕士研究生	2015.6	暨南大学	健在
刘春娴	女	1989.1	刘屋	深圳标准技术研究院	硕士研究生	2015.6	深圳大学	健在
陈柏洪	男	1988.7	下南	中山大学在读博士	硕士研究生	2014.6.30	南方医科大学	健在
李沛仁	男	1980.1	李屋	中共博罗县委组织部	硕士研究生	2011.7	华南农业大学	健在
李沛宁	男	1974.4	李屋	惠州市建汇地产有限公司	硕士研究生	2011.7	华南农业大学	健在
李丽梅	女	1981.6	李屋	广东省建筑设计研究院深圳分院	硕士研究生	2010.6	中央美术学院	健在
李嘉豪	男	1993.12	李屋	深圳大学在读硕士	硕士研究生	2016.6	深圳大学	健在
梁润龙	男	1993.8	白耀前	香港	硕士研究生	2016	香港城市大学	健在
梁松柏	男	1993.9	白耀前	在读	硕士研究生	在读	英国世纪大学	健在
梁路非	男	1992.8	白耀前	在读	硕士研究生	2016	清华大学	健在
李良耀	男	1961.3	寮仔	东江控股集团	硕士研究生	2015.7	深圳市（清华）附属学院	健在
梁　坚	男	1977.11	白马围	华晨宝马汽车有限公司	工商管理硕士研究生	2011.11.17	香港科技大学商学院	健在
黄景灏	男	1991.8	白马围	澳洲新南威尔士大学（在读博士）	基础数学硕士研究生	2015.7.1	中山大学	健在
曾志斌	男	1967.9	上村	深圳罗湖区发改委统计局	硕士研究生	1994.6	华南师范大学	健在
叶振腾	男	1954.5	水口	（原）广东省海洋渔业局	硕士研究生	1983.6	华南师范大学	健在

续表21-9

姓名	性别	出生年月	村别	现（原）工作单位	高学历类别	毕业时间	发证（单位）部门	健在或已故
陈云祥	男	1956.11	水口	九潭中心小学	博士研究生	2010.8	北师大	健在
曾月鹏	男	1981.5	水口	东莞理工学院城市学院	硕士研究生	2006.6	华南理工大学	健在
陈春群	女	1982.2	水口	惠州市城区政府	硕士研究生	2007.6	中山大学	健在
陈振中	男	1985.6	水口	博罗县发展和改革局	硕士研究生	2011.6	中山大学	健在
陈夏恒	男	1987.8	水口	广东华侨职校	硕士研究生	2014.6	重庆大学	健在
梁方来	男	1981.3	凤山	深圳市	工商管理硕士研究生	2011.12.30	西南交通大学	健在
翟小武	男	1978.1	义合	昆明市财政局	硕士研究生	2004.6	江西财经大学	健在
翟翠花	女	1984.3	义合	广州大学纺织服装学院	硕士研究生	2010.6	华南农业大学	健在
翟尧杰	男	1984.12	义合	广州市科技局	硕士研究生	2010.6	广州大学	健在
黄海荣	男	1966.12	佛岭	罗阳中心小学	硕士研究生	2009.7	广东社科院	健在
黄锦辉	男	1969.11	佛岭	广州市计生委	公共管理硕士研究生	2014.6	兰州大学	健在
徐伟棠	男	1980.6	沥东	浙商银行深圳龙岗支行	硕士研究生	2006.3	格林威治大学（英国）	健在

园洲镇当选省级以上党、人大代表、政协委员一览表

表21-10

姓　名	性　别	出生年月	村　别	工作单位	当选级别	当选职务	届（次）别	当选时间
谭淦钊	男	1924	桔龙村	省工业厅	省级	人大代表		1968
莫始妹	男	1944.1	桔龙村	桔龙村委	省级	人大代表	七届	1988—1992
朱淦尧	男	1951	上南村	上南村委	省级	党代表		2002
李自醒	女	1938.12	刘屋村	刘屋村委	省级	人大代表	五届	1977—1983
刘容森	男	1960.5	刘屋村	园洲镇政府	全国	人大代表	九届	1998—2002
刘容柏	男	1953.7	刘屋村	刘屋村委	省级	人大代表	十届	2003—2007
刘少辉	男	1969.7	刘屋村	嘉和公司	省级	人大代表	十一届	2008—2012
陈晃枝	男	1954.12	下南村	下南村委	省级	党代表		1999.6
李包发	男	1932.8	李屋村	李屋村委	省级	人大代表		1972
罗博（罗转）	女	1924.11	沥西村	沥西村	省级	人大代表		1963—1964
刘惠茹	女	1962.7	园洲居委	惠州学院	省级	政协委员	十二届	2013

园洲镇个人荣获县级以上文体荣誉称号一览表

表21-11

姓　名	性　别	村　别	荣誉称号	获奖时间	授予部门（单位）
郑礼秋	男	寮仔村	全国第二届语文范文写作比赛三等奖	1997.8	中国教育学会小学语文教学研究会
莫树华	男	桔龙村	广东省第二届家庭摄影比赛三等奖	2005	广东省宣传部、广东省妇女联合会
谭汉稳	男	桔龙村	惠州市基层文化选进个人	2010.10	惠州市文化新闻出版局
李慧祺	男	寮仔村	机器人设计创意荣获二等奖	2010.12	深圳市教育科学研究院
黎丽银	女	沥西村	博罗县第二届粤曲大赛“园洲杯”金奖	2011.9	博罗县宣传部
徐树荣	男	沥西村	第二届广东音乐大赛银奖	2011.12	广州市音乐协会
朱顺娣	女	上南村	第二届广东省曲艺大赛三等奖	2011.12	广东省曲艺家协会
莫剑敏	男	阵村	2012年惠州市中小学自制教具“阳光下的树和房子”三等奖	2012.4	惠州市教育局
莫树华	男	桔龙村	惠州市2012年社会体育指导员先进个人	2012	惠州市体育局
莫树华	男	桔龙村	博罗县文艺突出贡献一等奖	2008.6	博罗县人民政府
任凤迎	女	阵村	博罗县第八届运动会女子1500米季军	2012.10	博罗县人民政府
杨华英	女	园居	博罗县第八届运动会女子1500米冠军	2012.10	博罗县人民政府
黎玉军	男	水口	博罗县第八届运动会男子乒乓球单打亚军	2012.10	博罗县人民政府
任桂忠	男	阵村	博罗县第八届运动会男子3000米殿军	2012.10	博罗县人民政府
陈美容	女	佛岭	博罗县第八届运动会男子1500米殿军	2012.10	博罗县人民政府
陈永源	男	下南	博罗县第八届运动会男子乒乓球单打第五名	2012.10	博罗县人民政府
黄家乐	男	白马围	博罗县第八届运动会男子3000米季军	2012.10	博罗县人民政府
陈金柏	男	下南	博罗县第八届运动会中国象棋个人第五名	2012.10	博罗县人民政府
梁彩贤	女	上南村	惠州市2013年社会体育指导员先进个人	2013	惠州市体育局
莫剑敏	男	阵村	广东省首届中小学师生摄影比赛《一心向党》三等奖	2014.12	广东省教育厅
莫剑敏	男	阵村	2015年“醉美博罗·时代先锋”摄影大赛二等奖	2015.6	中共博罗县委组织部、中共博罗县委宣传部

截至2016年园洲镇籍九十岁以上寿星一览表

表21-12

村别	姓名	性别	出生年月	周岁	生育子女数	健在或已故	备注
马嘶村	童　青	女	1900.12	94	1	已故	
马嘶村	梁珠心	女	1901.9	96		已故	
马嘶村	梁　权	女	1904.9	99		已故	
马嘶村	王　定	女	1905.1	104		已故	
马嘶村	徐　好	女	1905.3	94		已故	
马嘶村	陈刘胜	男	1905.7	91	2	已故	
马嘶村	朱傍兴	女	1906.10	98		已故	
马嘶村	梁包莲	女	1906.2	94	1	已故	
马嘶村	朱灿银	男	1906.3	90	3	已故	
马嘶村	梁　清	女	1907.10	91		已故	
马嘶村	谭　花	女	1908.1	95	2	已故	
马嘶村	陈刘满	男	1908.10	96		已故	
马嘶村	殷　妹	女	1909.10	98	4	已故	
马嘶村	麦衬欢	女	1909.2	91		已故	
马嘶村	李和喜	女	1909.3	103	2	已故	
马嘶村	朱　香	女	1909.4	91	1	已故	
马嘶村	朱　彩	女	1909.6	90		已故	
马嘶村	叶连英	女	1909.8	98	5	已故	
马嘶村	陈　笑	女	1911.11	91		已故	
马嘶村	关杨柳	女	1911.12	92		已故	
马嘶村	钟等娣	女	1911.4	103		已故	
马嘶村	陈葵顺	男	1911.9	95		已故	
马嘶村	黄九妹	女	1913.9	95		已故	
马嘶村	黄彩兴	女	1914.1	93		已故	
马嘶村	朱　妹	女	1915.11	98	5	已故	
马嘶村	张兰景	女	1916.2	101	5	健在	
马嘶村	李观妹	女	1916.3	92		已故	
马嘶村	姚婉笑	女	1916.4	97		已故	
马嘶村	姚梅兴	女	1916.4	91	2	已故	

续表21-12

村别	姓名	性别	出生年月	周岁	生育子女数	健在或已故	备注
马嘶村	陈金树	男	1917.5	94		已故	
马嘶村	陈松新	男	1917.6	92		已故	
马嘶村	李顺好	女	1918.12	91	2	已故	
马嘶村	麦　尚	女	1919.8	95		已故	
马嘶村	廖　清	女	1920.10	97	4	健在	
马嘶村	杨何娣	女	1920.4	91	1	已故	
马嘶村	陈进海	男	1920.4	92	5	已故	
马嘶村	叶　意	女	1920.9	97		已故	
马嘶村	王柳堂	女	1921.3	96		已故	
马嘶村	关　秀	女	1921.5	96	1	已故	
马嘶村	黄敬荷	女	1921.7	90		已故	
马嘶村	关　和	女	1922.1	91		已故	
马嘶村	梁傍桂	女	1922.10	90		已故	
马嘶村	卜爱容	女	1922.7	91	7	已故	
马嘶村	姚朱贵	女	1923.10	91		已故	
马嘶村	梁　银	女	1923.1	94	3	健在	
马嘶村	陈薄泉	男	1923.4	90	7	已故	
马嘶村	陈九奴	男	1924.10	93		健在	
马嘶村	李　旺	女	1924.2	91		已故	
马嘶村	叶宝贝	女	1925.4	92		已故	
马嘶村	陈凤玲	女	1925.7	91		已故	
马嘶村	陈容枝	男	1925.8	90		健在	
马嘶村	张想妹	女	1925.8	90		健在	
田头村	冯梁炳	男	1914.12	99	2	已故	
田头村	陈银柱	男	1918.1	97	4		1子过世
田头村	黎映群	女	1920	95	1		
田头村	陈佰芬	男	1921.12	93	1		
田头村	梁志梅	女	1922.1	93	3		
田头村	关　敬	女	1922.7	92	5		2子过世
田头村	钟润娣	女	1923.12	92	3		
田头村	林自当	女	1923.9	92	5		

续表21-12

村别	姓名	性别	出生年月	周岁	生育子女数	健在或已故	备注
田头村	梁同礼	男	1924.5	90	1		
田头村	关玉顺	女	1925.1	90	5		
田头村	陈流文	男	1925.1	90	无		
田头村	朱淦开	女	1925.12		3		
田头村	钟　锦	女	1925.2	90	5		
桔龙村	谭张锦	男	1926.5	91	8	健在	
桔龙村	迨　熊	男	1826	97	13	已故	
桔龙村	梁　财	女	1869	97	1	已故	
桔龙村	拖　婆	女	1876	92	1	已故	
桔龙村	梁　何	女	1901	97	4	已故	
桔龙村	烟　才	女	1902	96	4	已故	
桔龙村	朱　何	女	1902	94	4	已故	
桔龙村	曾友元	女	1904	100	2	已故	
桔龙村	钟合香	女	1909	99	2	已故	
桔龙村	何　好	女	1914	96	6	已故	
桔龙村	谭函祥	男	1914	93	7	已故	
桔龙村	梁　欢	女	1915	97	4	已故	
桔龙村	谭合占	女	1915	93	4	已故	
桔龙村	梁进球	男	1915	90	6	已故	
桔龙村	谭牛康	男	1915.12	100	5	健在	
桔龙村	谭容计	男	1916	94	6	已故	
桔龙村	谭淦林	男	1916.10	99	6	健在	
桔龙村	谭计明	男	1916.4	99	5	健在	
桔龙村	黄　敬	女	1917	97	4	已故	
桔龙村	朱敬有	女	1917	97	5	已故	
桔龙村	黄焕群	女	1917	93	2	已故	
桔龙村	张水根	女	1917.2	98	4	健在	
桔龙村	郭元娣	女	1919	96	5	已故	
桔龙村	谭重妹	女	1919	90	6	已故	
桔龙村	黄合敬	女	1919.1	96	5	已故	
桔龙村	郭连娣	女	1919.5	96	4	已故	

续表21-12

村别	姓名	性别	出生年月	周岁	生育子女数	健在或已故	备注
桔龙村	黄柳芳	女	1920.9	95	1	健在	
桔龙村	谭　贞	男	1921	93	4	退休	
桔龙村	梁　翠	女	1921	93	6	已故	
桔龙村	刘瑞珍	女	1921.11	94	6	健在	
桔龙村	黄月秀	女	1922.6	93		健在	
桔龙村	谭淦枝	男	1922.9	93		健在	
桔龙村	任朱兴	女	1923.4	92	2	健在	
桔龙村	黄美清	女	1923.8	92	4	健在	
桔龙村	朱秀河	女	1923.8	92	5	健在	
桔龙村	谭进辉	男	1923.08	92	3	健在	
桔龙村	周汝妹	女	1924.10	91	1	健在	
桔龙村	童敬好	女	1924.12	91	2	健在	
桔龙村	莫全进	男	1924.3	91	7	健在	
桔龙村	梁　意	女	1925.10	90	3	健在	
桔龙村	谭淦桃	男	1925.5	90	7	健在	
桔龙村	莫连计	男	1925.7	90	3	健在	
桔龙村	朱月清	女	1925.8	90	8	健在	
桔龙村	梁　秀	女	1897	96	3	已故	
廖尾村	陈多喜	女	1889.5	103	4	已故	1992年去世
廖尾村	陈　英	女	1897.7	95	3	已故	1992年去世
廖尾村	龚　行	女	1900.7	99	4	已故	1999年去世
廖尾村	袁　娣	女	1903.8	94	4	已故	1997年去世
廖尾村	周　喜	男	1907.12	92	6	已故	1999年去世
廖尾村	陈有福	女	1907.8	94	4	已故	2001年去世
廖尾村	朱　钻	女	1909.9	96	7	已故	2005年去世
廖尾村	梁　梅	女	1910.10	98	2	已故	2008年去世
廖尾村	朱清碧	女	1910.3	100	4	已故	2010年去世
廖尾村	谭　英	女	1910.9	92	1	已故	2002年去世
廖尾村	谭进娣	女	1911.2	99	4	已故	2011年去世
廖尾村	朱　容	女	1911.3	99	3	已故	2011年去世
廖尾村	陈　葵	女	1912.6	95	6	已故	2007年去世

续表21-12

村别	姓名	性别	出生年月	周岁	生育子女数	健在或已故	备注
廖尾村	郭　义	女	1912.9	94	2	已故	2006年去世
廖尾村	谭　幕	女	1913.9				
廖尾村	朱雨云	女	1915.5	91	4	已故	2006年去世
廖尾村	谭　进	女	1915.8	97	4		2012年去世
廖尾村	朱煜英	男	1916.11	92	5	已故	2008年去世
廖尾村	朱玉妹	男	1916.5	99	6	健在	
廖尾村	梁　妹	女	1917.02	94	6	已故	2011年去世
廖尾村	朱金瑞	男	1917.08	97	5		2004年去世
廖尾村	蔡计发	男	1918.04	92	6	已故	2009年去世
廖尾村	朱木屑	男	1922.08	91	5	已故	2013年去世
廖尾村	梁　爱	女	1923.05	92	1	健在	
廖尾村	梁丑妹	女	1925.10	90	2	健在	
廖尾村	陈彩群	女	1925.2	90	2	健在	
廖尾村	陈　笑	女	1925.6	90	5	健在	
廖尾村	陈润彩	女	1925.7	90	6	健在	
廖尾村	林　好	女		98	6	已故	
禾山村	冼　连	女	1902.5	91	1	已故	1993年去世
禾山村	余　转	女	1901.7	91	5	已故	1992年去世
禾山村	陈兴彩	女	1905.7	92	5	已故	1997年去世
禾山村	张果珍	女	1907.9	91	4	已故	1998年去世
禾山村	陈　连	女	1911.12	91	1	已故	2002年去世
禾山村	雷　如	女	1909.3	93	6	已故	2002年去世
禾山村	陈　要	女	1914.11	90	4	已故	2004年去世
禾山村	周美玄	女	1912.2	93	7	已故	2005年去世
禾山村	邓润锦	女	1912.5	95	6	已故	2007年去世
禾山村	陈有福	女	1918.12	91	6	已故	2009年去世
禾山村	朱门衬	女	1918.8	94	6	已故	2012年去世
禾山村	李黎炳	男	1916.9	96	7	已故	2012年去世
禾山村	陈刘柱	女	1919.10	95	4	已故	2014年去世
禾山村	梁　基	女	1920.5	94	7	已故	2014年去世
禾山村	梁包柱	男	1919.9	95	6	已故	2014年去世

续表21-12

村别	姓名	性别	出生年月	周岁	生育子女数	健在或已故	备注
禾山村	陈银女	女	1921.9	93	6	已故	2014年去世
禾山村	朱容根	男	1925.11	90	5	已故	2015年去世
禾山村	梁月清	女	1917.11	98	5	已故	2015年去世
禾山村	陈　欢	女	1919.4	96	4	健在	2016年去世
禾山村	刘　笑	女	1919.8	96	2	健在	
禾山村	陈美好	女	1920.10	95	10	健在	2016年去世
禾山村	梁金诺	男	1923.1	92	6	健在	
禾山村	梁九成	男	1923.1	92	6	健在	
禾山村	谭　当	女	1923.5	92	3	健在	
禾山村	尹　顺	女	1925.11	90	8	健在	
土瓜圩村	梁　英	女	1898.6	92	4	已故	
土瓜圩村	邱金松	男	1922.12	93	5	健在	
土瓜圩村	梁增好	女	1916.06	98	9	已故	
土瓜圩村	蔡瑞娇	女	1923.06	92	1	已故	
土瓜圩村	梁　淦	女	1920.7	95	3	健在	
土瓜圩村	梁　锡	女	1920.6	92	0	已故	
土瓜圩村	朱秀群	女	1921.11	91	7	已故	
土瓜圩村	熊顺祥	男	1925.3	90	8	健在	
土瓜圩村	梁　带	女	1923	92	3	已故	
土瓜圩村	熊　钱	男	1920	95	8	已故	
深沥村	徐　孙	女	1921.10	96	5	健在	
深沥村	袁　坚	女	1922.9	93	4	已故	
深沥村	郭旺喜	女	1917.12	99	5	健在	
深沥村	黄树基	男	1925.9	92	7	健在	
深沥村	林改定	女	1921.10	96	3	健在	
深沥村	林　有	女	1925.1	92	4	健在	
深沥村	黄　妹	女	1921.7	96	5	健在	
深沥村	李带娣	女	1920.7	96	3	已故	
深沥村	姚　连	女	1922.11	93	2	已故	
深沥村	梁庆渠	男	1923.10	92	3	健在	
沙头村	梁淦棋	男	1920.5	95	5	健在	

续表21-12

村别	姓名	性别	出生年月	周岁	生育子女数	健在或已故	备注
沙头村	梁淦桐	男	1922.1	93	4	健在	
沙头村	梁财旺	男	1921.1	94	1	健在	
沙头村	陈　风	女	1920.6	95	2	健在	
沙头村	陈　女	女	1923.6	92	4	健在	
沙头村	徐容娇	女	1914.11	101	7	已故	
沙头村	梁　健	男	1924	91	8	健在	
沙头村	梁黄杜	男	1925	90	3	健在	
沙头村	徐　爱	女	1917.12	98	4	已故	
沙头村	任　敬	女	1923.9	92	5	健在	
沙头村	朱　定	女	1922.10	93	3	已故	
阵村	曾乾盛	男	1920.1	96		健在	
阵村	胡　远	女	1912.9	93		已故	
阵村	朱　等	男	1920.9	93		已故	
阵村	梁　秀	女	1917.9	96		已故	
阵村	菇慰心	女	1920.9	102		已故	
阵村	陈望丁	男	1921.5	93		已故	
阵村	梁清妹	女	1921.2	97		已故	
阵村	朱良培	男	1919.9	92		已故	
阵村	任有元	男	1922.7	90		已故	
阵村	陈　礼	男	1921.7	89		已故	
阵村	何　云	女	1918.12	92		已故	
阵村	梁　云	女	1920.4	92		已故	
阵村	朱旭辉	男	1920	96		已故	
阵村	潘　琼	女	1922.1	90		已故	
阵村	朱　玄	女	1912.3	99		已故	
阵村	欧　好	女	1919.5	91		已故	
阵村	温　月	女	1912.2	96		已故	
阵村	余福喜	女	1926.1	90		健在	
阵村	朱锡宗	男	1926.1	90		健在	
阵村	朱锦祥	男	1926.1	90		健在	
阵村	梁金友	女	1926.1	90		健在	

续表21-12

村别	姓名	性别	出生年月	周岁	生育子女数	健在或已故	备注
上南村	朱玉伦	男		96	4	已故	
上南村	朱计祖	男		93	6	已故	
上南村	朱美成	男		94	5	健在	
上南村	朱计洪	男		91	6	健在	
上南村	朱桥焕	男		91	1	健在	
上南村	朱容稳	男		93	5	已故	
上南村	朱容伟	男		91	4	已故	
上南村	朱伟昌	男		91	8	健在	
上南村	朱邱湖	男		91	5	已故	
上南村	朱月安	女		99	4	已故	
上南村	朱日暖	男		92	6	已故	
上南村	朱九奴	男		92	11	已故	
上南村	邱　泽	男		94	7	已故	
上南村	蔡凤笑	女		91	3	已故	
上南村	排　婆	女		104	5	已故	
上南村	朱高母 梁　锦	女		101	2	已故	
上南村	邱如婆 陈　等	女		98	5	已故	
上南	朱伟昌	男	1925.3	90		健在	
刘屋村	朱维善	女	1920	95	4	已故	
刘屋村	黄　女	女	1916	96	1	已故	
刘屋村	陈　欢	女	1922	92	5	已故	
刘屋村	刘有来	男	1913.11	90	5	已故	
刘屋村	梁　淦	女	1917.4	91	5	已故	
刘屋村	刘梁辉	男	1918.12	94	2	已故	
刘屋村	梁　称	女	1921.6	91	2	已故	
刘屋村	刘灿华	男	1924.7	91	6	已故	
刘屋村	朱　妹	女	1925.4	90	6	已故	
刘屋村	姚　改	女	1924.9	91	6	健在	
刘屋村	刘日初	男	1883.11	98	4	已故	
刘屋村	刘灿华	男	1924.7	90		健在	

续表21-12

村别	姓名	性别	出生年月	周岁	生育子女数	健在或已故	备注
下南村	钟　见	女	1911.8	104	3	健在	
下南村	陈西殿	男	1916.3	99	8	健在	
下南村	陈柏森	男	1923.10	92	4	健在	
下南村	李　棉	女	1925.6	90	8	健在	
下南村	朱　科	女	1925.10	90	6	健在	
下南村	李凤兰	女	1925.9	90	4	健在	
下南村	叶运通	女	1921.5	91	2	已故	
下南村	朱　焕	女	1921.7	93	6	已故	
下南村	魏　容	女	1915.6	93	4	已故	
下南村	陈　均	女	1913.9	95		已故	
下南村	陈映笑	女	1916.11	93		已故	
下南村	梁　才	女	1905.8	102	5	已故	
下南村	李　女	女	1907.7	97	5	已故	
下南村	李　映	女	1890	97	5	已故	
下南村	周　玄	女	1914.8	90	7	已故	
下南村	王月兴	女	1902	93	3	已故	
下南村	郑　群	女	1918	97	3	已故	
下南村	李伯诺	女	1913	95		已故	
下南村	陈值基	男	1916	99	3	已故	
下南村	苏礼珍	女	1926	90	5	健在	
下南村	庞金好	女	1926	90	7	健在	
江头村	李　有	女	1921.9	92		已故	
江头村	徐　意	女	1916.8	97		已故	
江头村	李　爱	女	1914.8	99		已故	
江头村	梁时发	男	1923.6	91		已故	
江头村	李　何	女	1923.12	90		健在	
江头村	李宝胜	女	1924.5	90		已故	
江头村	梁树棠	男	1924.4	90		健在	
江头村	梁美植	男	1924.6	90		已故	
白耀前	陈　旺	女	1917.4	99		已故	
白耀前	张　丑	女	1921.2	95		健在	

续表21-12

村别	姓名	性别	出生年月	周岁	生育子女数	健在或已故	备注
白耀前	朱　青	女	1923.6	93		已故	
白耀前	李　容	女	1926.8	90		健在	
高头村	王　用	女	1917.10	98	6	已故	
高头村	梁九耳	男	1925.7	90	7	已故	
高头村	朱　锦	女	1925.02	90	6	已故	
高头村	叶少琼	女	1916.05	97	4	已故	
高头村	梁日新	男	1920.09	94	6	已故	
高头村	朱　明	女	1913.11	101	收养2	已故	
高头村	梁树培	男	1921.4	93	5	已故	
高头村	李　羡	女	1925.4	90	1	已故	
李屋村	李伦德	男	1906.9	98	6	已故	
李屋村	李晃根	男	1922.8	95	4	健在	
李屋村	梁　连	女	1925.8	92	4	健在	
李屋村	杨　欢	女	1881.8	94	8	已故	
李屋村	李宁保	男	1906.10	92	6	已故	
李屋村	梁邓和	女	1916.2	94	6	已故	
李屋村	梁　荷	女	1920.4	91	3	已故	
李屋村	李　思	男	1924.7	92	7	健在	
李屋村	梁　意	女	1913.9	95	6	已故	
李屋村	陈　钻	女	1915.6	93	5	已故	
李屋村	梁　笑	女	1915.5	101	4	已故	
李屋村	王定女	女	1917.6	93	2	已故	
李屋村	梁　嫦	女	1922.2	94	5	已故	
李屋村	李敬光	男	1926.2	91	2	健在	
李屋村	李　应	男	1922.11	90		已故	
寮仔村	黄　娜	女	1915.11	100	2	健在	
寮仔村	王带喜	女	1920.10	95	10	健在	
寮仔村	谢　娇	女	1922.12	93	2	健在	
寮仔村	梁　玄	女	1924.3	91	7	健在	
寮仔村	朱　见	女	1924.11	91	7	健在	
寮仔村	李　克	男	1926.5	90		健在	

续表21-12

村别	姓名	性别	出生年月	周岁	生育子女数	健在或已故	备注
寮仔村	李　尚	女	1886.7	103	5	健在	
寮仔村	吴麦根	男	1903.3	94	3	健在	
寮仔村	陈丽桃	女	1908.5	93	5	健在	
寮仔村	李金镜	男	1905.8	92	8	已故	
寮仔村	李引田	男	1909.6	94	14	已故	
寮仔村	李锦华	男	1913.5	91	5	已故	
寮仔村	朱　银	女	1915.3	99	5	已故	
寮仔村	李良灼	男	1924.9	90	5	已故	
寮仔村	冯　言	女	1925.8	90	5	已故	
白马围村	邹　婵	女	1902.8	94	3	已故	1996年去世
白马围村	黄　钦	男	1915.2	92	6	已故	2007年去世
白马围村	林　珠	女	1920.2	90	6	已故	2010年去世
白马围村	张　娇	女	1925.4	90	4	健在	
白马围村	何　当	女	1923.12	92	6	健在	
白马围村	黄　奴	男	1924.12	91	5	健在	
白马围村	姚　连	女	1910.03	91	2	已故	2001年去世
白马围村	黄　笑	女	1918.12	91	5	已故	2009年去世
白马围村	陈美景	女	1918.2	90	4	已故	2008年去世
白马围村	陈　顺	女	1920.9	95	4	健在	
白马围村	郑　弟	女	1924.5	91	4	健在	
白马围村	黄植波	男	1899.6	90	6	已故	1989年去世
白马围村	房　杞	女	1905.7	90	3	已故	1995年去世
白马围村	吴　润	女	1915.7	96	1	已故	2011年去世
白马围村	黄自琼	女	1921.10	94	7	健在	
白马围村	谢　好	女	1920.8	95	4	健在	
白马围村	梁国洪	男	1923.8	92		健在	
白马围村	黄才风	女	1916.10	92	4	已故	2008年去世
白马围村	黄　字	男	1911.1	92	5	已故	2003年去世
白马围村	熊　娇	女	1910.11	95	5	已故	2005年去世
白马围村	李　英	女	1915.11	92	2	已故	2007年去世
白马围村	陈映群	女	1924.3	91	2	健在	

续表21-12

村别	姓名	性别	出生年月	周岁	生育子女数	健在或已故	备注
上村村	曾　连	女	1923.3	92	5	健在	
上村村	毛带兴	女	1920.9	95	7	健在	
上村村	李　梅	女	1921.1	94	6	健在	
上村村	徐　好	女	1919.8	96	5	健在	
上村村	娥	女	1924.12	91	6	健在	
上村村	杨	女	1915.1	100	3	已故	2014年去世
水口村	关洪女	女	1916.09	95	7	已故	
水口村	陈金玉	女	1917.12	94	5	已故	
水口村	叶积练	男	1899.10	98	8	已故	
水口村	叶带升	男	1899.4	93	3	已故	
水口村	叶傻计	男	1889.3	94	1	已故	
水口村	张　娣	女	1923.8	92	3	健在	
水口村	彭　婆	女	1900.3	98	3	已故	
水口村	徐　玉	女	1918.6	92	4	已故	
水口村	李　瑞	女	1911.7	99	4	已故	
水口村	曾春荣	男	1917.7	93	4	已故	
水口村	徐有连	女	1917.9	93	2	已故	
水口村	陈保兴	男	1918.4	90	2	已故	
水口村	梁　荞	女	1920.3	90	2	已故	
水口村	李　四	女	1893	95	4	已故	
水口村	陈朱清	男	1920	93	6	已故	
水口村	陈创仪	男	1902	92	1	已故	
水口村	陈确森	男	1905	91	2	已故	
水口村	徐　心	女	1908	90	5	已故	
水口村	陈敬忠	男	1903	90	4	已故	
水口村	曾　喜	女	1909	91	4	已故	
水口村	叶　丽	女	1922.2	93	8	已故	
水口村	黄丽娟	女	1924.10	91	6	健在	
水口村	梁刘喜	女	1922.12	92	1	已故	
水口村	袁连欢	女	1920.11	93	5	健在	
水口村	吴润娇	女	1918.7	97	6	健在	

续表21-12

村别	姓名	性别	出生年月	周岁	生育子女数	健在或已故	备注
水口村	黎叶旭	男	1918.4	97	7	已故	
水口村	毛　爱	女	1922.1	93	7	健在	
水口村	曾　千	女	1923.12	92	7	健在	
水口村	朱　上	女	1924.9	91	3	健在	
水口村	梁兰柱	女	1925.2	90	6	健在	
水口村	黎连祥	男	1897.10	99		已故	
水口村	吴叙娇	女	1897.4	95		已故	
水口村	黎佰芬	男	1902.5	98	3	已故	
水口村	徐　兰	女	1919.10	96	4	已故	
水口村	梁　秀	女	1891	99	4	已故	
水口村	梁民女	女	1923.11	90	4	已故	
水口村	陈　云	女	1917.8	95	6	已故	
水口村	徐　由	女	1921.11	91	4	已故	
水口村	李群英	女	1922.6	90	1	已故	
水口村	关琴娣	女	1918.8	93	1	已故	
水口村	麦二妹	女	1901.7	93	2	已故	
水口村	妮　嫂	女	1901.4	93	4	已故	
水口村	黎广兴	男	1926.2	91	6	健在	
水口村	叶帝海	男	1926.7	91	5	健在	
凤山村	陈福娣	女	1908.10	96	2	已故	2004年去世
凤山村	梁枢满	男	1925.2	92	4	健在	
凤山村	梁银桥	男	1925.6	92	7	健在	
凤山村	梁燕栋	男	1914.9	92	9	已故	2006年去世
凤山村	陈　香	女	1921.8	92	4	已故	2013年去世
凤山村	梁望有	男	1919.1	95	5	已故	2014年去世
凤山村	曾　英	女	1925.5	90	6	已故	2015年去世
凤山村	梁火奴	男	1911.10	96	3	已故	2007年去世
凤山村	陈美欢	女	1916.10	92	4	已故	2008年去世
凤山村	陈群清	女	1911.6	95	3	已故	2006年去世
凤山村	关　笑	女	1921.9	95	6	健在	
凤山村	梁洪保	男	1924.10	90	11	已故	2014年去世

续表21-12

村别	姓名	性别	出生年月	周岁	生育子女数	健在或已故	备注
凤山村	梁女明	女	1909.6	92	1	已故	2001年去世
凤山村	叶多敬	女	1921.9	95	5	健在	
凤山村	梁汉佳	男	1922.2	95	4	健在	
凤山村	罗　婵	女	1924.7	92	6	健在	
凤山村	梁林树	男	1925.4	92	5	健在	
凤山村	欧　桂	女	1918.12	94	3	已故	2012年去世
凤山村	廖　欢	女	1923.4	90	5	已故	2013年去世
凤山村	杨　爱	女	1908.7	98	2	已故	2006年去世
凤山村	梁桂华	男	1907.8	92	2	已故	1999年去世
凤山村	梁观妹	男	1906.10	94	8	已故	2000年去世
凤山村	陈　兴	女	1911.1	96	1	已故	2007年去世
凤山村	梁黎灼	男	1925.11	90	6	已故	2015年去世
义合村	冯关留	女	1914.8	93	4	已故	
义合村	王　开	女	1916.8	95	1	已故	
义合村	梁　满	女	1915.2	97	2	已故	
义合村	梁　枚	女	1912.1	100	4	已故	
义合村	谭　本	女	1917.12	92	3	已故	
义合村	翟　布	女	1919.5	90	2	已故	
义合村	莫　合	女	1912.6	97	1	已故	
义合村	朱　葵	女	1913.4	93	2	已故	
义合村	谭　和	女	1916.4	90	2	已故	
义合村	容带有	女	1910.5	96	4	已故	
义合村	梁　昔	女	1911.6	99	4	已故	
义合村	李顺兰	女	1917.8	91	4	已故	
义合村	周　洪	女	1917.3	93	5	已故	
义合村	梁灿荣	男	1912.12	101	5	已故	
义合村	徐　连	女	1918.7	94	5	已故	
义合村	陈　球	女	1922.3	90	2	已故	
义合村	陈　锦	女	1922.1	90	3	已故	
义合村	梁志昌	男	1922.6	90	9	已故	
义合村	梁　金	女	1922.2	91	2	已故	

续表21-12

村别	姓名	性别	出生年月	周岁	生育子女数	健在或已故	备注
义合村	曾容欢	男	1920.9	93	3	已故	
义合村	张　容	女	1920.5	95	4	健在	
义合村	梁　转	女	1922.6	93	6	健在	
义合村	黄　爱	女	1922.9	93	3	健在	
义合村	梁灶兴	男	1923.10	92	8	健在	
义合村	曾纪成	男	1923.11	92	5	健在	
义合村	梁广祥	男	1924.5	91	7	健在	
义合村	刘玉英	女	1924.12	90	3	健在	
义合村	梁计阳	男	1924.3	90	8	已故	
义合村	梁　香	女	1882.1	103	6	已故	
义合村	黄　娇	女	1899.7	91	6	已故	
义合村	毕　见	女	1910	94	4	已故	
义合村	翟容任	男	1918.8	90	4	已故	
新村	梁　转	女	1924.2	91	6	已故	2015年去世
新村	梁　兴	女	1925.7	91	7	健在	
新村	钟碧桃	女	1920.8	94	无	已故	2014年去世
新村	周　妹	女	1918.10	96	7	已故	2014年去世
沥东村	黎柱吉	男	1924.11	91		已故	2016年去世
沥东村	林　容	女	1919.6	97		健在	
沥东村	黎　连	女	1926.1	91		健在	
沥东村	黎林昔	女	1925.12	91		健在	
沥东村	魏贵招	女	1923.9	93		健在	
沥东村	郑仕妹	女	1923.11	93		健在	
沥东村	巫金姐	女	1923.10	93		健在	
沥东村	肖秀英	女	1920.9	96		健在	
沥东村	曾　连	女	1925.12	90		已故	2016年去世
沥东村	翟傍基	女	1914	91		已故	2005年去世
沥东村	温金妹	男	1914	92		已故	2006年去世
沥东村	唐月梅	女	1918	91		已故	2009年去世
沥东村	梁　香	女	1920	91		已故	2011年去世
沥东村	陈　爱	女	1920	91		已故	2011年去世

续表21-12

村别	姓名	性别	出生年月	周岁	生育子女数	健在或已故	备注
沥东村	徐瑞香	女	1920	93		已故	2013年去世
沥东村	徐旺兴	男	1917	97		已故	2013年去世
沥东村	袁和洪	女	1917	96		已故	2014年去世
沥东村	谢　顺	女	1925	91		健在	
沥东村	巫亚二	女	1926	90		健在	
沥东村	何　梅	女	1925	91		健在	
沥西村	田唐开	女	1919.8	96	2	健在	
沥西村	黎　福	女	1921.5	94	2	健在	
沥西村	孔　联	女	1923.5	92	7	健在	
沥西村	林　兰	女	1925.7	90		健在	
沥西村	叶　群	女	1913	102	3	已故	
沥西村	徐　改	女	1915	100	5	已故	
沥西村	周炯帮	男	1915	100	4	已故	
沥西村	叶　芳	女	1920.8	94	5	已故	
沥西村	林　娣	女	1921.7	93	2	已故	
沥西村	罗　转	女	1924.11	90	4	已故	
沥西村	谢苏虾	女	1926.4	91	3	健在	
沥西村	梁　博	女	1926.12	90	3	健在	
沥西村	魏　婵	女	1921.8	91	4	已故	
佛岭村	叶　好	女	1921.8	95		健在	
佛岭村	梁曾友	女	1924.7	92		健在	
佛岭村	黄曾光	男	1925.9	91		健在	
佛岭村	黄计金	男	1922.9			已故	
佛岭村	陈金定	女	1925.7			已故	
马石岗村	翟庆秋	男	1920.4	91	4	已故	
马石岗村	翟洪进	男	1921.3	92	5	已故	
马石岗村	翟容稳	男	1920.4	92	4	已故	
马石岗村	梁　好	女	1922.5	94	5	已故	
马石岗村	梁　婵	女	1921.4	93	4	已故	
马石岗村	翟洪卓	男	1926.11	90	6	已故	
马石岗村	翟金枝	男	1925.11	91	6	已故	

续表21-12

村别	姓名	性别	出生年月	周岁	生育子女数	健在或已故	备注
马石岗村	翟计登	男	1926.1	90	5	健在	
马石岗村	翟容作	男	1926.8	90	0	健在	
马石岗村	梁连娣	女	1925.8	91	6	健在	
马石岗村	梁　玉	女	1925.9	91	5	健在	
马石岗村	何　稳	女	1924.1	93	2	已故	
马石岗村	梁　连	女	1926.9	90	4	健在	
马石岗村	马桂英	女	1922.1	94	5	健在	
马石岗村	陈美香	女	1923.2	93	3	健在	
马石岗村	刘秀英	女	1916.3	100	3	已故	
园洲居委	李玉敬	女	1921.5	93		已故	
园洲居委	陈　扁	女	1921.12	93		健在	
园洲居委	陈　林	男	1925.5	90		健在	
九潭居委	徐　元	女	1917.12	99	2	已故	
九潭居委	徐子瑜	男	1918.1	99	8	健在	
九潭居委	陈耀光	男	1918.10	97	6	已故	
九潭居委	梁　心	女	1922.1	95	7	健在	
九潭居委	翟月森	男	1923.9	93	3	健在	
九潭居委	袁　景	女	1923.8	93	3	健在	
九潭居委	张　娣	女	1923.6	93	3	健在	
九潭居委	徐德全	男	1924.10	92	3	健在	
九潭居委	周　娣	女	1921.2	92	8	已故	
九潭居委	唐　锡	女	1926.12	90	8	健在	
九潭居委	梁孔唐	男	1923.11	90	4	已故	

附 录

附录一

多年来，镇内的企业老板、知名人士关心和支持园洲的建设，使园洲的各项事业得以长足发展，据统计，合计捐款总额高达 1.2515 亿元。其中捐赠 30 万元以上的有 52 人，总金额 1.1157 亿元人民币。兹将捐赠 30 万元以上的企业老板、知名人士之芳名载入志书中，以表园洲人民对他们的感恩之情。

1980—2016 年赞助园洲镇建设 30 万元以上一览表

表 22—1

序号	姓名	企 业 单 位	总捐款金额(万元)
1	梁契权	惠州福和纸业有限公司	3069
2	徐建寿	博罗县园洲镇建汇实业有限公司	900
3	林想标	广东五华二建工程有限公司博罗分公司	650
4	冯贵程	阳澄实业发展有限公司	622
5	梁植	园洲知名港商	433
6	张华伟	惠州市桦阳环保有限公司	403
7	朱继祥	昌利制衣厂	372
8	刘少辉	嘉和塑胶电子有限公司	350
9	朱润流	博罗县园洲利昌制衣厂	300
10	朱容香	园洲惠园染织厂	300
11	黄志坚	胜丰集团	251
12	莫金忠	博罗县园洲镇忠兴土石方工程部	250
13	黄鹏锋	惠州市同展实业有限公司	232
14	李沛良	深圳东江控股	209
15	林尧新	福豪路桥公司	200
16	李棠	惠州市唐鸿实业投资有限公司	187
17	朱润堂	园洲惠园染织厂	171
18	卢嘉威	信鸿房地产有限公司	160
19	梁润财	园洲知名人士	160

续表 22—1

序号	姓名	企 业 单 位	总捐款金额(万元)
20	朱沛容	博罗县园洲镇桦达制衣厂	140
21	朱浩平	博罗县永超制衣厂	135
22	刘泳泉	晶港酒店	130
23	斋藤胜雄	富士精工五金厂	120
24	朱绍基	博罗县园洲镇华超制衣有限公司	110
25	邱梅田	园洲建筑公司 105 施工队	89
26	刘贵树	万达织造厂	84
27	朱树明	园洲建筑公司 102 施工队	80
28	梁李怀	园洲建筑公司 113 施工队	78
29	刘泽标	园洲圻昱装修有限公司	75
30	刘照中	园洲建筑公司 101 施工队	70
31	梁满初	惠州市好顺景食品有限公司	66
32	陈善良	园洲知名港商	61
33	梅军	惠州凯迪照明实业有限公司	57
34		兴宁南控电器设备经营部	52
35		园洲电力有限公司	50
36	李桂容		44
37	梁李堂	伟基制衣厂	40
38	陈照波	博罗县德园电力安装工程有限公司	40
39	刘竹坚	汇星印刷有限公司	36
40	李笑兰	博罗县园洲镇今日纺织有限公司	35
41	王明旺	欣旺达惠州新能源有限公司	35
42	徐旭光	博罗县九潭旭光水泥预制件厂	34
43	邓润财	博罗县九潭芬迪漂染有限公司	33
44	陈山	陈山化肥农药批发部	32
45	张树勇	园洲建筑公司 999 施工队	32
46	朱亮光	博罗县园洲新雅制衣厂	30
47	朱锦波	园洲镇俊利制衣厂	30
48	朱汉平	博罗县园洲镇超群制衣厂	30
50	吴宇鹏	惠州市庆丰年实业有限公司	30
51	梁汉新	博罗县园洲镇宏艺实业发展有限公司	30

续表 22—1

序号	姓名	企 业 单 位	总捐款金额(万元)
52	陈成稳	园洲知名港商	30
合计			11157

说明：此表的统计时段为1980—2016年，编纂人员深入到民政、财政所、工业、城建、教育、医疗、水利、环保、二十九个村（居）委员会和社会团体调查核实出来的。由于跨越时间较长，捐赠较多，如一一列上表里难免有错漏，故只将捐赠30万元以上的录入，敬请谅解

附录二

东坡游罗浮泊岸处添新史证

专家撰文《苏东坡游罗浮山泊岸博罗园洲泊头镇考》公布研究成果

（2016 年 4 月 12 日 《惠州日报》专题）

园洲镇启动挖掘苏东坡游罗浮泊岸遗址座谈会合影

苏东坡舣舟遗址挖掘现场

编者按：前不久，惠州博罗园洲九潭义合村发现了 3 处古码头遗址，或为宋代大文豪苏东坡被贬惠州时到罗浮山游玩的登岸点。这一消息见报后引起了社会各界的广泛关注（详见《惠州日报》3 月 2 日 A5 版及《东江时报》3 月 10 日 A7 版相关报道）。

园洲镇专注苏东坡文化研究的专家苏仲权和毛锦钦先生通过分析大量的文史资料和认真细致的考证，撰写了《苏东坡游罗浮山泊岸博罗园洲泊头镇考》一文，力求从文证、史证、物证三个方面提供一条完整的“证据”链条,佐证苏东坡寓惠初地，就是园洲镇泊头(今义合村)。

现将该文全文刊发，以飨读者。

苏东坡游罗浮山泊岸博罗园洲泊头镇考

研究苏东坡寓惠的始点——乘舟泊头登岸游罗浮，有文为证，有史为证，有物为证！

苏仲权 毛锦钦

时运不济，命途多舛。北宋哲宗绍圣元年（1094年）4月，苏东坡再遭贬谪，于9月26日，船泊博罗县泊头镇（现园洲镇义合村），次日晨，乘轿至罗浮山。从此，苏东坡开始了寓惠两年七个多月的贬谪生涯。因此，园洲泊头，既是苏东坡寓惠初地，也是我们研究苏东坡寓惠的始点。苏东坡寓惠，从泊头到罗浮山，从罗浮山到白水山，从合江楼到嘉佑寺，从江边盆石到湖畔玉塔，从栖禅山到白鹤峰，随处可见他的倔强身影和人格魅力。

东坡寓惠，首登泊头埠游罗浮，诚然与惠州其他"坡公踪迹"相比，显得略"小"了一些，但这个"小"，也能见"大"。于"小"处打造出东坡寓惠期间一条完整的行踪路线，为研究苏东坡文化添上浓墨重彩的一笔。

文证！苏轼舣舟泊头镇

苏东坡寓惠首登泊头埠游罗浮，在《题罗浮》一文中，言简意赅作了叙述。这是我们考究苏东坡在泊头泊岸，登罗浮的最可靠的原始材料，《题罗浮》全文如下（中国古典文学基本丛书，《苏轼文集》之《题跋游行》，中华书局，1986年，第2268页）

"绍圣元年九月二十六日，东坡翁迁于惠州，舣舟泊头镇。明晨肩舆十五里，至罗浮山。入延祥寺宝积寺、礼天竺瑞象，饮梁僧景泰禅师卓锡泉，味其味，出江水上远甚。东三里至长寿观。又东北三里，至冲虚观。观有葛稚川丹灶。次之，诸仙者朝斗坛。观坛上所获铜龙六、铜鱼一。坛北有洞，曰朱明，榛莽不可入。水出洞中，锵鸣如琴筑。水中皆菖蒲，生石上。道士邓守安字道玄，有道者也。访之，适出。坐遗履轩，望麻姑峰。方饮酒，进士许毅来，呼与饮。既醉，还宿宝积中阁。夜大风，山烧壮甚，有声。晨粥已，还舟，憩花光寺。从游者，幼子过、巡检史珏，宝极长老齐德，延祥长老老绍冲，冲虚道士陈熙明，山中可游而未暇者，明福观、石楼、黄龙洞。期明年三月复来。"

《题罗浮》仅仅302个字，却对泊岸泊头游罗浮的时间、人物、地点、场景作了明确的交待。

其一，时间，"绍圣元年九月二十六日"。其二，地点，"舣舟泊头镇"。其三，人物，"从游者，幼子过、巡检史珏……"其四，场景，一是在巡检监督下进行。《博罗县志》附录之《地方掌故选辑》记载："次日晨，石湾巡检史珏前来接待并担任向导。"（广东省地方志丛书，《博罗县志》附录之《地方掌故选辑》，中华书局，第770页）二是在泊头镇上岸后，乘着轿子上罗浮山。

从苏东坡游记《题罗浮》中，可以获取如下信息，并对此进行探讨。时间短。苏东坡游罗浮山的时间，是一天。此后，苏东坡再未能踏入罗浮山，"山中可游而未暇者，明福观、石楼、黄龙洞。期明年三月复来"成为泡影。"任务"重。仅一天的时间，苏东坡游览了包括延祥寺、宝积寺、卓锡泉、长寿观、冲虚观丹灶、朝斗坛、朱明洞、遗履轩等古迹，真所谓是"景点多，路途远，'任务重'"。收获大。访道释，游寺观，拜佛像，饮"佛水"，住寺院，坐遗履轩，获铜龙与铜鱼，并与一些道士和僧人结交朋友，精神上得到了前所未有的释放。传说，苏轼住宝积寺时，与齐德长老一见如故，结交至深。后来苏轼将一柱顶部雕有佛像的 "佛面"拄杖送给他，并赠诗曰（《苏东坡全集》卷三十九《送佛面仗与罗浮长老》，北京燕山出版社，2009 年，第 1002 页）十方三界世尊面，都在东坡掌握中。送与罗浮德长老，携归万窍总号风。

以文为证。由此可知，博罗县泊头镇（现园洲镇义合村），是苏东坡寓惠乘舟泊头，登岸游罗浮之所在。

应该勘误三个问题。第一，苏东坡“顺道登罗浮山”，有误。苏东坡贬谪惠州首登罗浮，不是顺道，是有备而来的。理由有三：一、苏东坡贬谪惠州受管制，给了个“宁远军节度副使”的虚衔，度副使是散官，是十等散官中之最高，为从八品。贬降官，只给半薪，特别是人身自由受到限制。而罗浮离惠州较远，此时不游更待何时？二、苏东坡信佛。苏东坡一生经历坎坷，仕途多舛。但其乐观的人生态度，豁达的处世原则，使其一生荣辱不惊，充满了容忍和达观。苏轼的这种人生态度，应与他结下的佛教之缘大有关联。所以，苏东坡游罗浮山是必然的。此游时间虽短，年届六十的苏轼，忘记了途中的劳累，忘记了官场斗争带来的纷扰，寄情于佛禅道之中，泰然接受禅道佛缘的洗礼，敞开心扉，释放心灵，在逆境中保持乐观、潇洒和从容。三、苏东坡身陷困窘，政治上的失意，身心的郁闷、低落，他多么想找个地方“放松，放松”。因此，游罗浮是他的首选。

第二，苏东坡在此泊岸，“泊头镇因此而得名”，“证据”不充分。一些史料或文章介绍，“泊头镇”其名称的来源，是由于苏东坡被贬，安置惠州，乘船溯沙河至泊头镇登岸，船只停靠在如今义合村冠古的水埠头。泊头镇因此而得名。而苏东坡在他的《题罗浮》早已写道：“舣舟泊头镇”。所以，泊头镇于苏东坡到来之前，已有泊头镇之名。不过，由此传说，便可见证近千年前，苏东坡已在此留下过身影。至于后来改名与否，并不影响九百多年前苏东坡是从泊头村上岸游罗浮的史实。

第三，关于苏东坡 《游罗浮题名记》，最早出现在明代陈琏编的《罗浮山志》（卷九，第 76 页），笔者查找了《苏轼文集》、《苏东坡全集》和 《东坡志林》，均未找到《游罗浮题名记》这篇文章，《游罗浮题名记》第一句是这样表述的：“绍圣元年九月廿七日，东坡居士迁于惠州，舣舟泊头镇。明晨，肩舆十五里实二十八里，至罗浮山”。这里有二处与《题罗浮》不符，一是把“绍圣元年九月二十六日”改成“二十七日”。二是将“肩舆十五里”改成“肩舆十五里实二十八里”。有的文章将绍圣元年误写为 1095 年，有的写成为“明晨肩舆十五里，实二十八日至罗浮山”（实际上，苏东坡在二十八日早上就离开罗浮山了）。千年古籍，代代先传，有错漏不足为奇，然而，它不影响《题罗浮》的真实性。

以文为证，就是此篇考证的主要证据。

史证！泊头镇显其本真

泊头镇，苏东坡游罗浮泊岸的泊头镇在何处？那就是现在的博罗园洲义合村。浩瀚的史料足以证明，列举如下：

《惠州市志》记载（《惠州市志》第五十七篇《文物》第一章《古遗址》之《古码头遗址》，第 4044 页）：“泊头古码头遗址，位于博罗县城西 40 公里九潭镇义合管理区，原有一条注入东江的小溪，汇合处，宋代以前称槎溪，1095 年（宋绍圣元年），苏东坡谪惠由北江乘船至此泊岸游罗浮山，此后槎溪逐名泊头。明代泊头圩有住民 7000 多人，圩旁建有洗马池，有一条繁华巷。明末废圩，逐名泊头村。1953 年，因筑河堤，河水被分段堵截成为段段湖凼，今河边只保留有石级、小码头和古榕 1 棵以及清道光年间建造的祠堂 1 间。当地人挖井、开荒及搞建筑时，曾发现篾缆和属于宋、明时期的墙基”。

《惠州市志》记载（《惠州市志》第五十七篇《文物》第一章《古遗址》，之《活动遗址》，第 4094 页）：“苏东坡赴惠州贬所途中，舟行至清远听了顾秀才‘极谈惠州风物之美’，便做出‘恰从神武来弘景，便向罗浮觅稚川’的决定，像南齐梁时陶弘景把官服丢在神武门后到茅山隐居修道那样，去看一看道家先驱葛洪隐居的罗浮山。当舟行至博罗楼溪时，便泊舟上岸舆行 15 华里至罗浮山……”。

《惠州市志》记载（《惠州市志》之《大事记》，第 21 页）：“九月二十七日，苏轼自博罗泊头圩登岸，乘轿至罗浮山游览，宿一夜。”

《博罗县志》记载（广东省地方志丛书，《博罗县志》第五章之《古遗址》，中华书局，2001 年，第 632 页）：“位于博罗县城西 40 公里九潭镇义合管理区。这里南面原有一条宽约 20 米，东至沙河、西经石湾注入东江的楼溪，古代以前称楼溪镇。1095 年 （宋绍圣元年），苏东坡游罗浮，先是乘船至此泊岸，遂改名泊头镇。1953 年，因筑河堤，河水被分段堵截成为段段湖肉，今河边只保留有石级、小码头和一颗茂盛的固溶以及一间清道光年间建造的祠堂外，宋、明两代的建筑物荡然无存。但当地人挖井、开荒及搞建筑时，也曾发现篾缆和属于宋、明时期的墙基及文物。”

《博罗县志》记载（民国《博罗县志》卷八《古迹》之《旧城古镇》，第 690 页）：“今泊头，距山十五里，即宋泊头镇。广惠二郡舟楫及自陆至者皆泊此……所谓泊头，即此。宋唐庚、清刘世重、缪　鸣、顾嗣立皆有诗”。

《博罗县志》记载（广东省地方志丛书，《博罗县志》第八章《文物古迹》之《古遗址》，广东人民出版社，2011 年，第 761 页）：“宋代遗址：位于县西九潭义合、向南、向西、西联（祠堂）、曾温、岗贝（岗头岭）等村的泊头镇遗址，1984 年挖掘发现属宋明时期的墙基和文物。据民国《博罗县志》记载：‘泊头圩距山十五里，即宋泊头镇。泊头镇原称楼镇……’当年苏东坡云游罗浮，先乘船至此泊岸……”

清乾隆本《博罗县志》卷一《舆地志》之《博罗县治总图（二）》中标志了泊头村的位置境域（清•陈裔虞纂，《博罗县志》卷一《舆地志》之《博罗县治总图（二）》，中国图书出版社，2015 年，第 4 页）：南临沙河，北依佛岭村，东接风毛岗（聚和岗），西连潭瓦岗（九潭）和新村。据考证：泊头所处的方位就是现在的园洲镇义合村。

本本史料，宗宗记载，苏东坡寓惠之初地，一直定格于此——泊头。

透过一行行文字，沿着苏东坡登岸的足迹，在时空和历史的隧道中沉淀岁月的留痕中，感受泊头古镇的昨天记忆。

泊头古镇的繁荣和文明，成全了苏东坡贬谪惠州之初地。

罗浮山下的泊头镇，位于园洲镇北部，罗浮峙其北，东江（沙河）卧其南，据《翟氏族簿》记载：“后拥重岗，前汇大河，左右诸溪环绕”，“其近乡里许，突其小峰，秀媚透迤，层叠而下，至坦夷所在，烟火万家，是为泊头乡。”此地，钟灵毓秀，物华天宝。

苏东坡讲的是“泊头镇”，《翟氏族簿》和清末民初陈伯陶讲的是“泊头乡（村）”。一字之差，却承载着往昔的荣耀与沧桑。

泊头镇原称楼江镇，因南临楼江（今沙河）而得名。清澈的楼江流经此地，往西注入东江，造就了楼江水陆交通的方便。人们利用水运的便利，将周边出产的谷米、木材、禽鸟、牲口外运，再将本地缺乏的食盐、布匹、煤炭、药材等物品运回，食品货物在此集散，久而久之，形成了集市。随着水上运输的发展，楼头镇逐渐成为西出东江，东上龙华、湖镇、横河、响水等地船运的停靠点，繁忙的埠头成了客运、货物中转站。北宋年间，楼江镇也因此改为泊头镇（当地人埠头为泊头）。

宋明时，方圆数十里，数泊头镇为最繁荣，人口最集中，居住有程、杨、戚、杜、苏、吴、黎、孔八大姓人家，人口达七千多人。镇上有数条麻石(花岗岩)铺就的街道。南北走向的“繁华街”是古镇的中心，街道两旁商铺林立，饭馆、客栈、米行、木行、药铺、百货、肉栏、酒店、杂货店等一应俱全。

由于泊头镇的繁荣和泊舟登岸游罗浮山为最近，所以，泊头镇不仅是博罗西部、罗浮山地区、东莞和增城地区的商贸、交通和物流中心，而且成为文人墨客游罗浮山的驿站。

“广惠二郡舟楫及自陆路至者，莫不泊此……”。

据民国时期出版的《罗浮指南》记载，古时人们游览罗浮山，主要有两条路线：一是从石龙墟溯里波水，由罗浮山西南的铁场、罗浮初地、华首台一线进入；另一是在泊头村登岸，“自九子潭北行”至延祥寺。九子潭路线自宋代以来就一直是游览者首选。号称“登岸即可见山”。故有塘庚之《泊头望罗浮》和刘世重之《泊头登岸》诗。

泊头镇有两条驿道通往罗浮山，一条是位于圩镇西边的 “登山堤”（明宋帧本韩日缵《博罗县志》记载：“登山堤在仙福都泊头村……”），经张屋村、马石岗通罗浮，当地村民多行走此路，故称“民道”；一条是位于圩镇东边，经茶寮岭、桥头岭、茶亭，经长宁石下屯，通罗浮宝积寺，清乾隆本《博罗县志》卷一《舆地志》之《博罗县治总图（二）》图中有标明驿道路线。路途有多个驿站，故称“官道”。自古以来，不少文人墨客从这里泊岸走“官道”上罗浮。所以，苏东坡游罗浮，乘舟于泊头泊岸，走“官道”是顺理成章的事了。

陈伯陶《罗浮指南》（原名《罗浮补志》）补充了苏东坡要在博罗县泊头镇：泊船上岸，从此路游罗浮的原因（清末民初·东莞陈伯陶著，罗浮山酥醪观道同图书馆印行，《罗浮指南》，博罗历代经典文化丛书之六 《历代罗浮山游记汇刊》，中国图书出版社，2015 年，第 165 页）：“今入罗浮之路，自东莞石龙圩东北行，溯沙河水，水为罗浮诸水总汇处，三十里至九子潭。其东二里许为泊头村，古泊头镇也。自宋至明游罗浮者多道此。泊头之南有硬塘湖，为东江游，衍地，今湖已淤为田。南去江约十里许。其西十五里为铁场，有明月寺。林光有《宿明月寺》诗。明及国初游罗浮者，多道此。由石龙圩溯沙河水，入里陂水东北至铁场。然皆不若九子潭之捷。自九子潭北行十里许，至第一岭茶亭。又十里许至石麟市，又十里许过金沙水，即至延祥寺。”

文中，陈伯陶至少讲了五个问题：一、泊头村的地理位置：位于九子潭“东二里”；“其西十五里为铁场，有明月寺”。二、泊头村是古泊头镇：“……泊头村，古泊头镇也”。 这里应该补说一下，泊头镇为什么会变成泊头村呢？原因是元朝时期，泊头镇遭遇一次大瘟疫，加上兵灾和水灾，人口锐减，或迁徙，泊头镇十室九空。直到明朝，才陆续有人迁入，并重新发展为村。1958 年，又把泊头村改名为义合村。至今，村民仍习惯叫泊头。三、“泊头村之南有硬塘湖”，“今湖已淤为田”，泊头镇虽改名为义合村，但“硬塘湖”仍在，名称未变。四、从泊头出发，上罗浮山，“自九子潭北行十里许，至第一岭茶亭”，至今“岭茶亭”遗址仍在。五、铁场、明月寺上罗浮的路线与泊头是同时存在的。然而，陈伯陶斩钉截铁地说，“皆不若九子潭之捷”。

综上所述，以及笔者通过多次实地考察，不难看出，古镇泊头固有的本真，成就了苏东坡的明智选择。众多的史证，就是此篇考证的重要证据。

物证！古埠头重现天日

一道从远古走来的风景：树冠呈圆形，远远望去，它就像一把绿色巨伞。近看盘根错节，叶茂根多，亭亭玉立于义合村广场旁，当地居民称此树为“东坡树”。

村中的老人说，清代间，翟氏族人为了纪念苏东坡在此泊船登岸游罗浮而种的榕树，树龄已有110年。树冠伸展之气势，既有静穆森严的凝重，又具飘扬的轻盈。它有四层楼那么高，像一个巨人，守护着一方水土。

古榕树的旁边，有三块挖掘地方，被护栏围了起来。里面就是刚挖掘出来的古埠头。红石砌成的7级埠头，长5米、宽3.25米。除了大榕树下的古码头外，不远处还挖掘出两个古码头。3个码头间隔约五六十米，其中，一个为17级埠头，另一个为11级埠头，用料多为红石，少量为青石。专家认为，此码头始建于宋，历代重修。

古码头是怎样被发现的？园洲镇地方志办公室工作人员给出了答案。原来，近期该办公室在编撰园洲地方志时，通过材料收集，发现大量关于北宋时期大文豪苏东坡被贬惠州时，有停泊在原泊头镇再到罗浮山游玩的记载。翻阅史料，他们发现泊头镇即为现在的园洲镇九潭义合村。同时，翻阅了《博罗县文物志》关于泊头镇遗址的介绍，一致认为九潭义合村为当年的泊头镇遗址。2016年2月23日，园洲镇领导熊书记带领园洲镇志编纂人员到现场考察，决定对泊头镇古码头进行挖掘保护。至25日，三处古码头重现天日。

古埠头重见天日，见证了千年古镇的沧海桑田，见证了苏东坡在此泊岸登罗浮时的风土人情，物盛人兴的情景。小小的埠头，所有的故事都汇聚到了这里，离别、惆怅、荣辱、欢聚、畅想……那斑驳的红石台阶，留下了苏东坡的行行脚印，记载着一个不争的事实——苏东坡被贬安置惠州，是从博罗园洲泊头（义合村）泊岸，游罗浮山。

件件物证，就是此篇考证的最有力证据。

综上所述，大量的文证、史证、物证构成了一条完整的“证据”链条,佐证了苏东坡寓惠初地，是园洲镇泊头(今义合村)，这“证据”链条，它承载的不仅仅是一种历史记忆、怀旧的情绪，更是一种文化认证、文化的积淀。

附录三

博罗县人民政府办公室关于公布泊头古码头为
博罗县第九批文物保护单位的通知

博罗县人民政府办公室文件

博府办〔2016〕25号

博罗县人民政府办公室关于公布泊头古码头为博罗县第九批文物保护单位的通知

各镇人民政府，县府直属有关单位：

根据《中华人民共和国文物保护法》精神，为保护我县文物古迹，经县人民政府同意，现将位于园洲镇义合村的泊头古码头增补为博罗县第九批文物保护单位，现予公布。请园洲镇政府、县文体旅游局、县住建局、县国土资源局等单位按规定做好文物古迹保护工作。

附件：博罗县第九批文物保护单位增补名录

博罗县人民政府办公室

2016年9月14日

博罗县第九批文物保护单位增补名录

名称	简介
园洲镇义合村泊头古码头	泊头古码头遗址位于园洲镇的义合村，始建于宋，历代重修。据《罗浮山志》记载，“绍圣元年（1095年）二十七日，东坡居士迁于惠州，舣舟泊头镇，明晨肩舆十五里，实二十八日至罗浮山”，故有当年苏东坡游罗浮即是乘船至此泊岸前往一说。泊头古码头是我县目前为止发现的首例以红粉石为主体所建砌而成的码头，为研究东江流域航运及此类型码头的形制、布局、用材、工艺等提供了真实完整的实物史料，同时也弥补了我县此类别文物的空白，对我县文物利用和发展有重要作用。

公开方式：主动公开

抄送：县委有关部委办，县人大办，县政协办，县纪委办，县人武部，县法院，县检察院，各人民团体。

博罗县人民政府办公室　　2016年9月14日印发

附录四

园洲3处古码头“浮出水面”

（2016年3月2日 《惠州日报》要闻）

挖掘出的古码头 （李燕文 摄）

博罗县园洲镇日前在该镇九潭义合村挖掘出3处古码头。当地群众相传，此为宋代大文豪苏东坡被贬惠州时到罗浮山游玩的登岸点。昨日，园洲镇在挖掘现场召开了座谈会，邀请市、县以及东莞市石龙镇的专家学者进行座谈考究。

现场

挖掘出的3个古码头均围起护栏。

记者昨日在九潭义合村看到，一棵110多年的大榕树旁，一块挖掘地被护栏围了起来。里面就是刚挖掘出来的古码头，红石砌成的7级埠头，长5米、宽3.25米。除了大榕树下的古码头外，不远处还挖掘出两个古码头。3个码头间隔约五六十米，其中，一个为17级埠头，另一个为11级埠头，用料多为红石，少量为青石。目前，均用护栏围起来。

村民们在围栏外纷纷议论。72岁的村民容翟铎告诉记者，他听太爷说，相传苏东坡游罗浮山就是从这下船登岸的。60多岁的村民翟少波也从祖辈那里听到这样的说法。他说，儿时大榕树前还是河涌，岸堤边还能见古石堤。河边有码头，用于停船上下客，或装卸货物。

发现

编撰园洲地方志时发现线索。

古码头是怎样被发现的？园洲镇地方志办公室工作人员给出了答案。原来，近期该办公室在编撰园洲地方志时，通过材料收集，发现大量关于北宋时期大文豪苏东坡被贬惠州时，有停泊在原泊头镇再到罗浮山游玩的记载。翻阅史料，他们发现泊头镇即为现在的园洲镇九潭义合村。博罗县文化局原副局长、博罗县博物馆原馆长黄观礼从事文物工作30多年。33年前，他开展文物普查工作时曾到过此地。当时，榕树前还是一条河涌，岸边也能见到一些红石堤。由他主编的《博罗县文物志》中，也有关于泊头镇遗址的介绍，他也认为九潭义合村为当年的泊头镇遗址。

经过多次实地调查取证，与村民座谈，初步确定古码头的位置。2月23日，园洲镇组织人员和当地热心村民对古码头遗址进行挖掘。在不破坏古码头的前提下，先后完成3个古码头的挖掘。在古码头挖掘出来后，他们用清水清理污泥，并加设护栏，组织当地村干部和群众对古码头进行保护。

考究

专家学者以史料论证认为此地应是苏东坡泊岸处。

这里是不是苏东坡游罗浮山登岸的地方？3月1日，园洲镇在该村的大榕树下召开启动挖掘苏东坡游罗浮泊岸泊头镇遗址工作座谈会，邀请市、县以及东莞市石龙镇的10多位专家学者进行讨论、考究。

座谈会上，专家学者都提到了苏东坡的《游罗浮题名记》。此书中记载："绍圣元年九月廿七日，东坡居士迁于惠州，舣舟泊头镇。明晨，肩舆十五里实二十八里，至罗浮山。"

哪里称泊头镇？民国《博罗县志》载："泊头圩距山（罗浮山）十五里，即宋泊头镇。广惠二郡舟楫及自陆至者皆泊此。"泊头镇原名槎溪镇，早在北宋以前已形成圩市。明代泊头圩已有7000多人居住。这是博罗较早有史志记载的圩市。

九潭义合村村史上说，由于苏东坡被贬，安置惠州，乘船溯沙河至泊头镇登岸，船只停靠在如今九潭义合村冠古的水埠头，泊头镇因此而得名。其时，泊头镇也是一个圩，居住有程、杨、戚、杜、苏、吴、黎、孔八大姓人家，人口达7000人；曾是一个水陆交通方便、四方村民踊跃前来贸易的繁荣大镇。

惠州市东坡文化协会名誉会长、中国苏轼研究学会理事王启鹏认为，除了《游罗浮题名记》记载外，有3点理由支持这里是苏东坡泊岸处。一是这里跟史料中描述的地形比较相似；二是《博罗县志》记载，泊头圩很热闹，很多名人都在此停船上岸游罗浮山；三是在当时游玩罗浮山的线路中，这条路最为平坦，到冲虚古观、葛洪炼丹遗址等地的距离最近。而苏东坡对葛洪文化很感兴趣。这与"泊头圩距山（罗浮山）十五里"的里程数相仿。

罗浮山文化研究会会长谢泽南认为，古遗址的挖掘对研究东坡文化有重大意义，也对罗浮山东坡文化旅游发展有很大帮助。根据苏东坡的游记，以及相关文献记载，这里应该是东坡泊岸的地方。与会的其他专家学者，也对苏东坡登岸地点发表了看法，他们初步认为，这里很有可能是苏东坡登岸的地方。

接下来，园洲镇将对古码头遗址等加强保护。同时，进一步做好泊头镇遗址的挖掘工作，并就古遗址的资料进一步收集完善。此外，还计划进行保护性的旅游开发等。

本报记者李燕文、贺小山，通讯员梁国伟

附录五

发展步入新常态 幸福园洲展新貌

做大经济总量，优化产业结构，提高经济质量，创新社会管理，实施全面惠民

（2015 年 1 月 23 日 《惠州日报》之《印象博罗》）

美丽园洲

先进的制衣纺织车间

镇干部上门慰问其所包干帮扶的贫困户

全民健身运动会现场

园洲镇，地处博罗县西部，南依东江，北靠岭南第一山罗浮山，全镇辖区面积 112.71 平方公里，总人口约 20 万人。近年来，园洲先后获得“全国小城镇建设示范点”、“中国休闲服装名镇”、“全国发展改革试点城镇”、“广东省文明镇”、“广东省教育强镇”等荣誉称号。在这些荣誉称号的背后，是园洲镇经济社会稳健发展最有力的证明，也体现了园洲镇多年来对新型城镇化建设的重视！

在去年，园洲镇更是围绕“做大经济总量、优化产业结构、提高经济质量、创新社会管理、实施全面惠民、建设幸福园洲”的总体思路，全力抓好“发展质量、城乡建设、民生改善、管理创新、基层建设”五大关，让园洲镇的发展步入新常态，城镇化建设呈现新面貌！

（一） 抓发展质量，推进服装产业转型升级

如何推动园洲镇域经济的平稳健康发展，是园洲镇领导班子一直思考的问题。在他们看来，经济要实现健康平稳发展，首先得抓好各项发展质量！

据了解，自去年以来，园洲镇从“三农”建设、企业转型升级、招商选资、项目落户建设和支柱产业转型升级等方面入手，全力抓发展质量推动园洲经济平稳健康发展。

园洲镇紧紧抓住“加快发展现代农业、进一步增强农村发展活力”的主题，一是实施和推广“稻菜轮作—123 种植模式”，深化农业种植改革，加快科技兴农步伐。二是开展禽畜养殖污染整治，投入资金进行福田排洪渠先锋段挡土墙、沥东村新丰休闲公园等农村民生工程建设，进一步加强农村环境建设；三是进一步提高农民收入。

在工业方面，该镇坚持走“工业立镇”的发展道路，积极为企业搭建人才培育平台和加大银企对接融资平台建设，提升企业发展软实力，推动企业转型发展，实现工业经济稳增长。

另外，在招商引资方面，园洲镇强力推进引优择优策略，加大招商引资力度，有针对性地引进一批上规模、科技含量高、产业关联度大、成长性好的优质项目。与此同时，该镇不忘以项目落户来增强经济发展后劲，紧紧围绕“抓项目促发展”思路，制定项目跟踪服务表，实行一对一全程跟踪服务，有效加快了项目建设进程，顺利实现佳登曼电梯、昌盛工艺礼品等一批较大规模项目的竣工投产，推动了一批重点项目的建设。

以服装行业为例，园洲镇强力推进支柱型产业的转型升级，通过积极引导纺织服装企业从低附加值的代工制造向高附加值的设计和销售转型升级，使得服装行业焕发勃勃生机。

（二）抓管理创新，构建和谐平安园洲

提升居民的幸福指数，构建宜居园洲，离不开平安园洲的创建。为此，园洲镇从创新管理方式入手，积极推进和谐平安园洲的建设。

园洲镇通过强化路面执勤执法，加强对建筑行业安全监管力度，严肃查处 “黑气”窝点和各项违规经营行为，深入开展“三小”场所整治和加大推进“三合一”场所火灾隐患整治，加强卫生安全监督协管，加大对食品药品等领域的整治力度，全面推进安全管理的深度化发展。据了解，该镇去年共查处和纠正各类交通违法行为 13239 起，发出安全隐患整改通知书 368 份；开展日常检查 17 次，下发整改通知书 228 份；共检查、复查“三小”场所 1103 家，排查整改消防安全隐患 30 多处，去年火灾发生次数与前年同比下降 61%；开展饮用水安全巡查 12 次，学校卫生服务巡查 24 次，非法行医巡查 24 次；侦破食品药品案 7 宗，有效地保障了人民群众的生命财产安全和食品药品安全。

该镇全面推进综治维稳管理网格化，为促进园洲镇和谐建设作出了积极贡献。通过构建综治信访维稳镇、村、组三级平台，建立“大调解”工作平台，充分利用“四级调处机制”，及时组织协调处理各类矛盾纠纷。以镇社区和村组织为单元，将全镇划分为 29 个网格，采取“民警包片、治安辅警包块”的方式，将社会治安综合治理工作划分到各自责任区域，全面推进社会治安“网格化”巡防工作。认真开展“6+1”专项行动和 “猎鼠 2014”专项打击行动，成绩显著。

园洲镇坚持以打造阳光透明政府为目标，全面推进信息管理透明化。据了解，去年 1~10 月，该镇主动公开规章文件、政务动态等信息共 398 条。设立档案室信息公开查询点，方便群众申请查阅政府信息，还因此被评为广东省特级档案综合管理单位。进一步促进公共资源交易信息公开，将所有公共资源交易都纳入镇级公共资源交易中心进行规范化管理，逐步实现了让公共资源交易在阳光下运行。狠抓村务公开工

作，将全镇29个村（居委会）纳入农村“三资”监管平台进行监控管理，实时公开农村“三资”信息，以及开展“掌上村务”建设， 建立党员联系村务制度，点对点地确保政府信息公开真正落到实处。

和谐平安园洲的建设，离不开良好的生态环境。去年12月，园洲镇正式被命名为广东省生态乡镇，为该镇创建国家生态镇打下坚实基础。为提高生态环境质量，园洲镇去年采取行动全面改善镇容镇貌，推进环境管理常态化。全面开展卫生死角大清理行动；深入推动市容市貌治理常态化，加大对违规占月城市道路从事经营行为的执法力度；迅速反应，妥善处理“红蓝河”污染事件，依法查处查封无证照加工厂、违规排污企业和严重环境污染隐患、偷排漏排企业53间；严把项目环保准入和“三同时”制度，去年该镇再无新增重污染企业，并否决了30多家有意向落户但存在环境污染隐患的企业。

（三）抓城乡建设，城镇化率超过60%

一直以来，推动新型城镇化建设都是园洲镇发展的重要课题。该镇一直坚持实施“以城镇建设推动经济发展，以经济发展促进城镇建设”的发展战略，大力提升城镇化水平。多年来，该镇累计投入23亿元推进城镇化建设，城区规划面积达31平方公里，其中，建成区面积为16.7平方公里，已成为区域发展的次中心城镇，综合竞争力不断增强。目前，园洲城镇化率已超过60%。

在园洲镇领导班子看来，推动园洲镇新型城镇化建设进程，关键在于抓好城乡建设。通过加强减镇规划建设管理、创新土地开发模式和建设多元化投融资机制等工作，积极提升城镇化发展水平，成就了“园洲模式”的新型城镇化建设。

按照民生优先、共建共享、城乡一体的原则，园洲镇从群众最关注的基本需求出发，通过完善城镇基础设施建设，加快镇区扩容提质，促进基本公共服务均等化，切实提高城乡居民生活水平和幸福指数。目前全镇已初步形成便捷的道路交通网络，镇内共建有150多公里公路，形成 “三轴四线——双中心”的城镇结构。此外，水利基础设施、城镇环卫设施和科教文化基础设施建设也得到完善。

强化产业支撑是经济发展的重中之重，该镇坚持以园区发展带动产业发展。目前，园洲镇兴建了新世纪、富园、桦阳、丰平等20多个工业园区，形成了带状式的工业走廊，让工厂企业按功能分区集聚发展。

土地利用的规范化是园洲镇进行城镇化建设的巨大挑战。为此，该镇建立健全各项土地管理制度，探索农村宅基地建设管理新模式，创新土地开发模式，为城镇化建设提供有效的指导与保障。尤其是创新土地开发模式，针对城乡建设用地“同地不同权、同地不同价”问题，园洲镇探索出“镇村共同开发、共同建设、共享土地增值收益”的共同开发模式，发动村集体和群众以投资等各种筹资方式共同开发建设城镇，较好地解决了珠三角众多小城镇建设中面临的布局散乱的问题，形成了良好的城镇形象。

（四）抓民生改善，推动社会事业全面发展

在推动经济平稳健康发展和城镇化建设的同时，园洲镇高度重视民生改善工作，着力从人民群众最关心、最直接、最现实的问题入手，构建完善的便民服务体系，全力推进各项民生事业发展。

“百年大计，教育为本”。为促进教育事业蓬勃发展，该镇从改善教学办学条件入手，先后投入资金完善阵村小学、九潭中心小学等相关教育教学配套设施建设。为引导公民办教育均衡发展，投资4亿元兴建东江广雅学校；新增5324个学位专供外来务工人员子女入学，缓解学位紧缺问题。

为提升医疗服务水平，园洲镇去年成功引进国家三级医院——广州中医药大学第三附属医院惠博医院，完善当地医疗卫生服务水平。另外，积极组织建立居民健康档案，为适龄儿童建立预防接种证，免费接种国家免疫规划疫苗。同时，广泛开展健康服务活动，举办各类健康知识讲座和健康教育宣传咨询活动。

在精神文明建设上，园洲镇重视文体活动的开展。一是积极参与全面文明镇评选，开展全镇星级文明户，农村文明生态村、文明信用村，企业“诚信经营”等的评比与创建；倡导学校开展 “开学第一课”、“小手拉大手”、“网上祭英烈”等活动，加强学生的价值观教育；组织开展“十星级文明家庭”评比，大力弘扬家庭美德；开展“关爱老人、环保宣传、安全出行、关爱青少年成长、贫困助学、义务植树”六大志愿品牌服务活动，进一步提高志愿者服务水平。此外，加快推进文化中心大楼文化馆部分装修工程建设，进一步完善文化设施。

在社会保障工作方面，该镇进一步扩大社会保险覆盖面，率先实现“社会保障卡户籍人口基本全覆盖”；积极做好扶贫救济、助残解困、慰问救助工作；进一步加强弱势群体保障；全面落实和足额发放优抚优待金；提升便民服务中心的服务质量。

为推动计生工作健康发展，该镇进一步落实层级动态管理责任制，加强利益导向政策体系建设，积极开展两期计生优质服务集中活动，邀请省育儿专家开展育儿讲座，开展国家免费孕前优生健康检查活动，多渠道加大计生宣传力度。

（五）抓基层建设，力促践行党的群众路线

去年以来，园洲镇坚持以依法治镇为抓手，以“树立服务理念、提高服务质量、拓展服务深度、增强服务力度”为主线，加强基层组织建设，推动党的群众路线教育实践活动深入开展。

如何引导基层干部树立服务理念？据了解，园洲镇把学习教育作为基层开展党的群众路线教育实践活动的重要环节，创新探索出“五步学习实践法”，即一学二谈三写四考五干。将学习由“软”任务变为“硬”指标，该镇认真开展“六学六强化”主题学习活动，先后 8 次组织全镇党员干部开展专题集中学习，增强服务群众意识。

该镇以队伍建设为抓手，通过以上率下、以下促上的方式，提升基层组织队伍实践能力和服务能力，提高教育实践活动强度。以村、社区换届为契机，选好、用好、管好基层组织带头人，充分发挥好村 “两委”班子的表率作用；严格执行发展党员工作细则，在党员发展对象中开展答辩活动和社会服务活动，提升吸收党员的素质；建立“五个一帮扶”工作机制，制定“三个倾斜”工作方案，保障后进村基层组织的健康发展；建立“八小时外管理法”，划定“十八不准”红线，规范农村“两委”自行制定干部工作制度，全面加强对党员干部的教育管理。

通过作风转变，拓展服务深度。该镇积极开展“转变工作作风，深入农村基层，与群众面对面交流”和“四查四看”活动，广泛征求群众意见建议；建立整改落实“四个一”工作推进机制；组织镇三套班子成员向社会作出 “为民务实清廉”十项承诺、各村（社区）“两委”班子成员向群众作出“为民办十件实事”的承诺；狠抓“四风”问题，严格落实中央“八项规定”，高质量召开专题民主生活会、专题组织生活会，有效遏制了“四风”方面的突出问题。

抓好问题整改，增强服务力度。该镇制定“十包干”、“三个倾斜”帮扶、滚动式摘牌认领为民办实事等工作方案，共帮扶贫困户 145 名、困难学生 96 名，帮助群众办理证件 631 份，解决信访案件 40 宗，帮助企业解决问题 197 个。开展年年度财务情况抽查，强化财政监督，压缩公用经费支出；强化纪检部门监管，开展纪委委员工作室接访和纪委书记接访日等活动，共督促化解群众矛盾 40 余起，受教育群众达 600 余人次。此外，开设人大代表工作室和开展人大代表述职评议活动，进一步加大人大代表对单位部门依法执政、问题整改的监督力度。

附录六

《园洲镇告别泥砖房工程实施方案》

为贯彻落实省委，省政府实施“全民安居工程”决定以及全省农村安居工程建设现场会精神，加快“四个建设年”实施进程，全面推进我镇辖区范围内的泥砖房改造，改善人民群众居住条件，确保人民群众生命财产安全，提高人民群众生活水平，结合我镇实际，特制定本方案。

一、 指导思想

以邓小平理论和“三个代表”重要思想为指导，按照中央提出的“三农”工作方针的总体要求，加大扶贫解困力度，关心和帮助困难群众，切实改善农民的生产生活条件，维护农村改革、发展、稳定和繁荣的大局，增强农村发展的后劲，提高全镇农民的整体生活水平。

二、组织机构

成立园洲镇告别泥砖房改造工程领导小组，加强对泥砖房工程的组织协调和督促指导工作。人员名单如下：

组　长：熊满池（党委副书记、镇长）
副组长：刘容森（党委专职副书记）
陈沛林（副镇长）
黎容清（党委委员、武装部部长）
黄水杨（副科领导）
成　员：蔡金柏（镇长助理）
陈锡镜（社会事务办）
梁润洪（经济发展办）
朱伟贤（规划建设办）
陈万良（农业办）
林学辉（财政所）
李沛宁（村建所、建筑公司）
叶务丁（国土所）
梁焕成（村建所）
梁润柏（村建所）
黄炜烽（新农办）
梁少强（新农办）

领导小组下设办公室，办公室设在新农办，主任由陈沛林同志兼任，副主任由黎容清和黄水杨两位同志兼任，成员从社会事务办、经济发展办、规划建设办、农业办、村建所、国土所、新农办等部门抽调人员组成，负责泥砖房改造工程专项工作的日常工作。

三、基本原则

告别泥砖房工程坚持如下原则：一是“住户自愿，政府资助”的原则。泥砖房改造是农民自己的事情，要发挥农民主体作用，由农户自愿申请，政府核实后按规定给予适当补助。二是“不分贫富，能者先行”的原则。让的能力改造的农民先建，条件成熟的先行到分步实施，逐步推进。三是“因地制宜，强化规划”的原则。泥砖房改造必须严格执行村庄建设规划，对违反规划的农户一律不列入补助范围。各极大地要根据实际，以村或村民小组为单位统一集中建设。

四、实施时间

从2007年下半年开始，用1年时间对全镇570户农户泥砖房进行改造，要求建成混凝土结构住房，使农民告别居住泥砖房的历史。房屋建成后，人均居住面积不低于18平方米。

五、具体安排

（一）泥砖房改造指标的安排

泥砖房改造工程领导小组办公室根据全镇筹集的资金安排各村的泥砖房改造，各村根据安排开展改造工作。对于原住房倒塌而急需建房的泥砖房住户、居住在泥砖房的军烈属、低保户、重点优抚对象、复员军人、农村独生子女或纯二女户可优先安排。如当地同等条件的申请人数太多，可以抽签决定。

（二）资助对象与范围

凡具有本镇户口且居住在泥砖房的农民列入补助对象范围。有如下情形之一的，不纳入 砖房改造资助对象范围：

1. 泥砖房闲置无人居住以致失修或出租他人居住的；
2. 外出务工经商已经购房的；
3. 父母居住在泥砖房而子女建有楼房或红砖瓦房的；
4. 家村五保户暂不列入考虑范围

（三）资助对象的确认程序

居住在农村泥砖房的农民一向村委会提出申请（同意后公示7天）一报镇泥砖房改造工程领导小组办公室初审（拍照、现场查看、公示7天）一报县泥砖房改造工程领导小组办公室审批通过后，在广播电视台公示，7天内如无群众反映意见，确认为泥砖房改造资助对象。（对于群众的意见的，由县、镇泥砖房改造工程领导小组办公室派人核查。）

（四）资拨付程序

1. 经审批为补助对象的泥砖房住户开工后，要填写《泥砖房改造工程款申请表》；
2. 泥砖房住户所在的组、村干部在《泥砖房改造工程拨款申请表》提出证明意见；

3. 镇江泥砖房改造工程领导小组派员到现场就农户的建房面积、房屋结构等进行确认后，在申请表上签名；

4. 镇分管泥砖房改造工程的领导在申请表上签名后，分级上报镇和县泥砖房改造工程的领导小组办公室；

5. 镇分管泥砖房改造工程的领导小组办公室审核后，将镇筹集的资金直接划拨到户。第一次划拨50%资助资金，待工程完工后，由镇告别泥砖房改造工程领导小组办公室组织验收并拍照，审核通过后，一次性划拨剩余的50%资助资金。

6. 县泥砖房改造工程的领导小组办公室审核后，将建房户名单交县、镇财政部门，直接划拨到户，第一次划拨50%资助资金，待工程完工后，由镇告别泥砖房改造工程领导小组办公室组织验收并拍照，报县泥砖房改造工程领导小组办公室审核通过后，一次性划拨剩余的50%资助资金。

（五）资金筹集和管理

告别泥砖房工程能否顺利完成，关键在于资金落实到位，必须多渠道多形式筹集建房资金，使泥砖房改造工程顺利进行。资金主要从几方面进行筹集：

1. 县筹资金。资助标准为，居住在农村泥砖房的农民，兴建混凝土楼房的每人资助2000元。

2. 镇筹资金。镇政府广拓融资渠道，统筹补助资金。从如下两方面筹集补助资金：

（1）我镇财政筹集600万用于本镇泥砖房改造工簌，资助标准为每户补助1万元。

（2）镇政府下辖各部门及企事业单位。圩镇单位部门、各企业、建筑业单位、个体工商户、社会热心人士等采用结对子帮扶和统筹的形式资助泥砖房改造户。

3. 村、组筹集资金。村、组要大力筹集资金用于本村、组农户泥砖房改造工程，具体要求如下：

（1）对于有村民小 的村委会，村委会资助标准为每人补助不少于1000元，村民小组资助标准为每人补助不少于1000元。

（2）对于没有村民小组的村委会，村资助标准为每人补助不少于2000元。

4. 建房户自筹资金。要保证建房户多筹一点，必须把改造农村泥砖房与发展农村经济结合起来。各村要根据本地的资源优势和流通优势，对农户实施开发式的扶贫战略，大力调整优化农业生产结构，引导农户发展高效高产优质的种养业，并通过加工、流通等服务，为农户开拓经济来源，寻找致富门路，增加经济收入，解决建房资金。发动建房户的亲属、亲戚、朋友从资金、人力、物力上帮助（借）一点，支持帮助改造泥砖住房。

对于筹集的资金公如下几种途径拨款：

县资助资金的使用由县告别泥砖房工程领导小组提出申请，报县农村泥砖房改造工程领导小组审批后将建房户名单交由县民政统一划拨到户。

镇筹资金由各村自行划拨所筹资金到本村泥砖房改造户。

资金的发放要严格实行公示制，村要公布上墙，实行专户专人管理，专款专用，做到使用公开，账目清楚，运作透明，接受群众监督，绝不允许挪作他用。

（六）强化规划，节约用地

1. 告别泥砖房工程的规划要做到四个坚持：一是坚持规划适度超前、量力而行，关键要保证村中道路畅通；二是坚持节约土地，改造泥砖房应以拆旧那新为主，并严格执行一户一宅原则和居民用地标准；三是坚持保护生态环境，避免出现“有新楼没新村”、“室内现代化，室外脏乱差”的现象，同时避免因建房而造成水土流失的现象；四是坚持统筹规划，把改造泥砖房与中心村的规划建设结合起来，鼓励农民到中心村集中建房，改变目前居住分散、文化生洗贫乏的状况，加快农村城镇化进程。

2. 由县、镇规划建设部门提供10种左右不同样式的符合我镇实际的农村住房设计图，无偿提供给广大村民选择，避免农村出现千篇一律单调的楼房，把泥砖房改造成各式美观实用的楼房，成为新农村建设的一道亮丽风景。

（七）实施政策扶持，减轻建房户的负担

为了更好地鼓励和扶持泥砖房住户改造泥砖房，从今年6月份起，对改造泥砖房的农户（居民）实行如下优惠政策：

1. 优先安排用地指标。从今年6月份开始，县国土资源局每年从用地指标中统筹安排部分指标，优先安排给改造泥砖房的用地户，确保所有申请告别泥砖房的农户及时得到用地指标。

2. 简化报建手续。县规划局根据镇村建所报送的材料，及时出具选址意见书，国土部门在受理相关手续后于一个星期内办理完土地审批手续（土地权属有争议或涉及农地转用审批的除外）。

3. 提供优质服务。对泥砖房改造农户，村建所、国土所工作人员要提供优质服务，无偿提供实地勘察丈量、纠纷调处等。

4. 凡属改造泥砖房的农户，除国土和建设部门收取证书工本费外，其他费用一律免收。对变相强制收取服务费的，一经发现严肃查处。

六、保障措施

1. 加强宣传发动，凝聚各方全力。镇宣传办、广播电视站等部门要加强对告别泥砖房工程的宣传发动工作，要通过电视、广播、挂横幅、贴标语等形式进行宣传，使改造泥砖房的目的、意义、要求、政策、任务、措施、办法家喻户晓，使广大干部群众对改造泥砖房工作形成广泛的共识，并化成自觉的行动。要大力宣传泥砖房改造过程中涌现的先进典型和好人好事，在全镇形成你追我赶的良好氛围。

2. 加强组织协调，确保方案的顺利实施。告别泥砖房是一项涉及广、工作量庞大的系统工程，农业办、规划建设办、经济发展办、村建所、国土所、新家办等部门要加强组织协调工作，及时反馈并解决本方案实施过程中出现的问题和困难，顺利推进全镇告别泥砖房工程。

3. 加强挂钩联系，落实岗位责任制。各村、各单位部门要把告别泥砖房工程作为实践科学发展、构建和谐社会的具体行动来抓必须认真制定和落实岗位责任制，责任到人，为告别泥砖房工程创造良好条件。要把告别泥砖房工程作为一件重中之重的民心工程来抓，纳入干部年度工作考核的内容。

4. 加强技术指导，建设各具特色的新农村。城建系统要加强对农村泥砖房改造工程中规划、设计、建设等方面的技术指导，根据各村实际，强化规划，配套建设，合理利用，着力建设一个富有岭南特色兼具现代气息的新农村。

5. 加强检查监督，保质量完成任务。镇班子成员，规划建设办、经济发展办、农业办、泥砖房改造工程领导小组办公室等有关部门要加强监督，做到既要按时完成任务，又要保证工程建设质量，坚决杜绝豆腐渣工程，确保农村泥砖房改造成为优质的民心工程。要建立督查档案，做到每月督查通报一次，年终组织大检查，并及时召开总结表彰大会，彰扬先进，鞭策后进，全面推进泥砖房改造工作的顺利开展。

中共园洲镇委员会
园洲镇人民政府
2007 年 8 月 8 日

附录七

阵村任屋“百人坑惨案”记

1928 年春，国民党军队与阵村任屋联防队在阵村任屋村因误会引发一场激烈枪战，枪战导致 200 多人伤亡。

1927 年的中秋节刚过，在石湾镇的白沙沙迳村，同宗两房发生械斗，由于势力强弱悬殊，弱方为回避强方势头，作暂时退让，决定将枪械转移到其有“世交”关系的园洲阵村曾屋容坤家里存放。（曾容坤，阵村的流氓、地痞。）事后一个月，械斗双方经朱启荣调解后行和，事件得到缓解。数月后，托管枪械的沙迳一方代表前去曾容坤处欲取回枪械。不料曾容坤见对方一个月后都没人来取，遂起贼心，将枪械卖给了当时的土匪头子“跛手宗”（原名苏宗），并矢口否让代管枪械之事。因没有留下字据，口讲无凭，托管方族人商议，只好将此事一纸状告至东莞县府，诉曾容坤窝藏枪支，勾奸养贼。

东莞县府派员调查确有此事，随即派一连军队围剿曾屋村。军队从石龙坐船沿东江东行，向导说在上南上岸后北进两公里，第一个村就是曾屋村。由于当时是夜晚天黑，方向误差，船没有在上南靠岸，而在下南刘屋水角靠岸。军队上岸后，向以北两公里的第一个村进发。第一个村却是阵村的任屋村。当军队行至任屋村南的“大山埔（今星汇绿洲花园所在地）”时，被任屋村的联防队发现。联防队员误认为是跛手宗土匪前来打劫（因为“跛手宗”土匪曾向任屋村勒索 150 担谷作为保护费未果而怀恨在心），即鸣枪警示。军队听到枪声后，则认为是目标地的村民，不加盘问就向联防队员开枪射击。联防队员奋起还击，一场惨烈的战斗瞬间爆发了。从当夜的零时至凌晨 5 点，经过一夜的激战，双方伤亡惨重，任屋村阵亡 107 人，伤 70 人；军队方阵亡 32 人，重伤 23 人。

事后，任屋村村民将阵亡的联防队员合葬在沙河北岸的“深氹窟”（原地名）。新中国成立后，联防队员合葬墓地又被称为“百人坑”，事件称“百人坑惨案”。事件中的曾容坤在清匪反霸期间被人民政府执行枪决。

（上述资料系园洲镇志办根据阵村任屋村民任子富老人口述整理）

表格索引

表 3-1　1956—2016 年园洲镇户籍人口变动状况表 ……………… (073)
表 3-2　2000—2016 年园洲镇人口密度及变动情况表 ……………… (075)
表 3-3　2010 年园洲镇户籍人口分布表 ……………… (076)
表 3-4　2016 年园洲镇各民族常住人口统计表 ……………… (077)
表 3-5　园洲历次人口普查男女性别数据表 ……………… (079)
表 3-6　园洲历年人口普查农业户口数据表 ……………… (080)
表 3-7　园洲历年人口普查非农业户口数据表 ……………… (080)
表 3-8　2000—2010 年园洲镇人口变化情况表 ……………… (081)
表 3-9　2010 年园洲镇外出人口统计表 ……………… (081)
表 3-10　1991—2016 年园洲计划生育情况表 ……………… (085)
表 3-11　园洲镇户籍人口姓氏统计表 ……………… (086)
表 4-1　1956—2016 年园洲镇粮食面积、产量统计表 ……………… (105)
表 4-2　1956—2016 年园洲镇稻谷面积、产量统计表 ……………… (108)
表 4-3　1956—2016 年园洲镇大豆面积、产量统计表 ……………… (113)
表 4-4　1956—2016 年园洲镇花生面积、产量统计表 ……………… (116)
表 4-5　1956—1993 年园洲镇糖蔗面积、产量统计表 ……………… (118)
表 4-6　1956—2016 年园洲镇蔬菜面积、产量统计表 ……………… (121)
表 4-7　1970—2016 年园洲镇机耕情况表 ……………… (153)
表 4-8　1965—2016 年园洲镇各类农机具拥有情况表 ……………… (161)
表 4-9　1976 年赤沥大队劳动定额计算表 ……………… (166)
表 5-1　园洲镇林斑统计表 ……………… (174)
表 5-2　园洲镇园林花木场情况统计表 ……………… (177)
表 5-3　园洲镇古树名木一览表 ……………… (179)
表 5-4　1956—2016 年园洲镇水果面积、产量统计表 ……………… (183)
表 5-5　1969—2016 年园洲镇渔业生产情况统计表 ……………… (191)
表 5-6　1979—2016 年园洲镇耕牛、生猪、“三鸟生”产情况表 ……………… (201)
表 5-7　1969—2016 年园洲镇生猪生产情况统计表 ……………… (204)
表 5-8　1956—2016 年园洲镇耕牛生产情况统计表 ……………… (207)
表 6-1　1963—2016 年园洲镇引水工程（陂头）情况统计表 ……………… (227)
表 6-2　1974—2016 年园洲电灌站基本情况表 ……………… (229)
表 6-3　1961—2016 年园洲镇电力排灌站基本情况表 ……………… (234)
表 6-4　2015 年园洲镇各村负责河堤地段及巡逻护堤人数一览表 ……………… (236)
表 6-5　1959 年园洲特大洪水后修复水利工程统计表 ……………… (239)
表 7-1　2003—2016 年园洲镇工业发展速度表 ……………… (246)
表 7-2　1988—2016 年园洲镇工业企业发展统计表 ……………… (247)
表 7-3　园洲镇年产值 2000 万元以上民资规模工业表 ……………… (249)
表 7-4　园洲镇年产值 2000 万元以上外资企业表 ……………… (251)
表 7-5　1978—1986 年园洲镇 “三来一补”企业利用外资统计表 ……………… (254)
表 7-6　1986—2016 年园洲镇中外合资合作企业统计表 ……………… (255)
表 7-7　1988—2016 年独资经营企业利用外资统计表 ……………… (256)
表 7-8　2003—2015 年园洲“检查场”通关车辆情况一览表 ……………… (260)

表 7-9　园洲镇砖瓦厂统计表 ……………………………… (269)
表 7-10　1920—1964 年园洲镇石绞糖寮统计表 ……………………… (277)
表 7-11　1960—1986 年园洲镇土糖厂（电动）统计表 …………………… (278)
表 8-1　1986—2016 年园洲镇市场建设情况表 ……………………… (299)
表 8-2　2000—2016 年园洲镇家具市场统计表 ……………………… (305)
表 8-3　1996—2016 年园洲镇钢材批发门市情况统计表 ………………… (305)
表 8-4　园洲历代圩场圩期集市情况表 ………………………… (308)
表 8-5　1993—2016 年园洲镇加油站情况表 ……………………… (314)
表 8-6　2000—2016 年园洲镇生猪屠宰量表 ……………………… (318)
表 8-7　1989—2016 年园洲镇农家乐饭店情况统计表 ………………… (324)
表 8-8　1993—2016 年园洲镇宾馆酒店情况统计表 ………………… (327)
表 8-9　2007—2016 年园洲镇物流公司情况统计表 ………………… (332)
表 8-10　2007—2016 年园洲镇快递公司情况统计表 ………………… (334)
表 9-1　1988—2016 年园洲镇农业企业发展统计表 ………………… (342)
表 9-2　1988—2016 年园洲镇工业企业发展统计表 ………………… (344)
表 10-1　园洲各个时期粮食征购任务变化情况表 …………………… (363)
表 10-2　1959—2000 年园洲镇征购粮油任务及完成情况表 ……………… (364)
表 10-3　1970—2000 年园洲镇河南区花生（油）生产、收购情况统计表 …… (367)
表 10-4　园洲镇各个时期食油统购任务变动情况表 ………………… (368)
表 10-5　园洲镇不同年份非农业人口供应定量情况表 ………………… (369)
表 11-1　2006—2016 年园洲镇财政收支情况表 …………………… (379)
表 11-2　2010—2016 年园洲镇财政包干收支统计表 ………………… (380)
表 11-3　1994—2015 年园洲国税分局税收统计表 …………………… (384)
表 11-4　1995—2016 年园洲地税分局税收统计表 …………………… (385)
表 11-5　2016 年园洲镇银行存款、贷款余额市场占有率请款表 …………… (388)
表 11-6　园洲农商行辖属网点表 ……………………………… (389)
表 11-7　2000—2016 年园洲农商行集体存款情况表 ………………… (393)
表 11-8　2008—2016 年园洲农行集体存款情况表 …………………… (393)
表 11-9　2008—2016 年九潭农行集体存款情况表 …………………… (393)
表 11-10　2007—2016 年园洲中行集体存款情况表 …………………… (394)
表 11-11　2000—2016 年园洲工商行集体存款情况表 ………………… (394)
表 11-12　2007—2016 年园洲建行集体存款情况表 …………………… (395)
表 11-13　2000—2016 年园洲农商行个人储蓄存款情况表 ……………… (395)
表 11-14　2008—2016 年园洲农行个人储蓄存款情况表 ……………… (396)
表 11-15　2008—2016 年九潭农行人储蓄存款情况表 ………………… (396)
表 11-16　2007—2016 年园洲中行个人储蓄存款情况表 ……………… (397)
表 11-17　2000—2016 年园洲工商行个人储蓄存款情况表 ……………… (397)
表 11-18　2007—2016 年园洲建行个人储蓄存款情况表 ……………… (398)
表 11-19　2000—2016 年园洲农商行贷款情况表 …………………… (401)
表 11-20　2000—2016 年园洲农行贷款情况表 ……………………… (401)
表 11-21　2007—2016 年园洲中行信贷情况表 ……………………… (402)
表 11-22　2000—2016 年园洲工行贷款情况表 ……………………… (403)
表 11-23　2012—2016 年园洲建行信贷情况表 ……………………… (403)
表 11-24　2000—2016 年园洲镇个体（私营）工商业登记统计表 ………… (406)

表 11-25　2000—2016 年园洲镇外资工商业登记统计表 ……………… (407)
表 11-26　2010—2016 年太平洋财产保险园洲营销服务部保费收入、理赔支出情况统表 ……………………………………………… (412)
表 11-27　2010—2016 年人寿保险园洲镇营销服务部保费收入、理赔支出情况统计表 ……………………………………………… (413)
表 12-1　1998—2016 年园洲镇邮政所经营情况统计表 ……………… (417)
表 12-2　1978—2015 年园洲报刊发行情况统计表 ……………… (419)
表 12-3　1998—2016 年(邮政分家后)园洲电信业务情况表 ………… (420)
表 12-4　2004—2016 年园洲镇农村公路改造情况统计表 ………… (425)
表 12-5　1988—2016 年园洲镇交通运输企业发展统计表 ………… (439)
表 13-1　2016 年园洲镇城乡用地平衡表 ……………………… (446)
表 13-2　园洲镇域镇村规模结构一览表 ……………………… (447)
表 13-3　园洲镇域空间职能结构一览表 ……………………… (447)
表 13-4　园洲镇域建设用地平衡表 ……………………… (449)
表 13-5　园洲中心镇区土地使用密度一览表 ……………………… (451)
表 13-6　园洲镇主干路规划一览表 ……………………… (451)
表 13-7　园洲镇居住小区一览表 ……………………… (468)
表 13-8　1984 年博罗县非住宅用房租金收费标准一览表 ………… (473)
表 13-9　2010 年—2016 年博罗县建筑设计院园洲分院历年设计状况一览表 ‥ (475)
表 13-10　博罗县建筑设计院园洲分院建设队主要机械设备一览表 …… (476)
表 13-11　1996—2016 年园洲镇城建工程一览表 ……………… (477)
表 13-12　2005—2016 年博罗县建筑设计院培训安全管理人员一览表 …… (479)
表 13-13　1999—2016 年园洲镇用电状况一览表 ……………… (481)
表 13-14　园洲镇道路照明设施状况一览表 ……………………… (483)
表 13-15　园洲镇各村水井一览表 ……………………… (484)
表 13-16　1974—1990 年园洲镇各村水塔统计表 ……………… (488)
表 13-17　2000—2016 年园洲水厂历年供水情况表 ……………… (491)
表 13-18　2016 年园洲镇燃料站供应量表 ……………………… (492)
表 13-19　2007—2016 年园洲镇污水处理厂生产情况表 ………… (494)
表 13-20　997—2016 年园洲镇生活垃圾处理一览表 ……………… (499)
表 13-21　部分年份园洲镇农民居住情况统计表 ……………… (501)
表 14-1　1970—2016 年部分年份园洲党支部和党员情况表 ………… (511)
表 14-2　1959—2016 年中共园洲镇(乡、公社、区)历届委员会成员一览表 ‥ (515)
表 14-3　1961—2004 年原中共九潭镇(乡、公社、区)历届委员会成员名录一览表 ……………………………………………… (519)
表 14-4　1989 年—2016 年中共园洲镇历任纪委书记、副书记名录表 …… (522)
表 14-5　1993—2004 年中共九潭镇历任纪委书记、副书记任职情况表 …… (522)
表 14-6　1949 年 9 月至 2016 年 12 月园洲行政机构领导一览表 ……… (525)
表 14-7　1978 年 3 月至 2003 年 12 月九潭行政机构领导人一览表 …… (527)
表 14-8　园洲镇历届人民代表大会主席一览表 ……………… (531)
表 14-9　九潭镇历届人民代表大会主席一览表 ……………… (531)
表 14-10　1989—2016 年园洲镇妇女工作获奖情况表 ……………… (536)
表 14-11　2008—2015 年园洲镇专职消防队装备及人员表 ………… (545)
表 15-1　1959—2016 年园洲历届武装部部长名表 ……………… (563)

表 15-2　1976—2003 年九潭（未并入前）历届武装部部长名表 …………（563）
表 16-1　1952 年前园洲镇私塾、书院情况表 …………（565）
表 16-2　1997—2016 年园洲镇幼儿园发展基本情况表 …………（568）
表 16-3　1958—2016 年园洲镇小学教育发展情况表 …………（570）
表 16-4　2000—2016 年园洲镇公办小学教育发展情况表 …………（572）
表 16-5　1985—2016 年园洲镇中学教育发展情况表 …………（574）
表 16-6　1985—2016 年园洲镇中学生升学情况表 …………（577）
表 16-7　1992 年农业技能培训课程安排表 …………（580）
表 16-8　2005—2016 年园洲镇民办学校情况表 …………（582）
表 16-9　1990—2016 年园洲镇小学教师学历和职称情况表 …………（584）
表 16-10　1995—2016 年园洲镇中学教师的学历和职称情况表 …………（585）
表 16-11　1958—2016 年园洲镇投入教育事业经费表 …………（589）
表 16-12　1995—2015 年园洲镇小学教师教育教研成果表 …………（592）
表 16-13　1995—2015 年园洲中学教师教育教研成果表表 …………（595）
表 16-14　1995—2015 年九潭中学教师教育教研成果表 …………（600）
表 16-15　1995—2016 年园洲镇小学获市以上集体荣誉表 …………（603）
表 16-16　1995—2016 年园洲中学获市以上集体荣誉表 …………（603）
表 16-17　1995—2016 年九潭中学获市以上集体荣誉表 …………（604）
表 16-18　1995—2005 年园洲二中获市以上集体荣誉表 …………（604）
表 16-19　1995—2016 年园洲镇小学教师获市以上表彰表 …………（605）
表 16-20　1990—2016 年园洲中学教师获市以上表彰荣誉情况表 …………（606）
表 16-21　1990—2016 年九潭中学优秀教师获市以上表彰荣誉表 …………（607）
表 16-22　1991—2005 年园洲二中教师获市以上表彰荣誉情况表 …………（607）
表 17-1　园洲镇文化团体情况表 …………（611）
表 17-2　园洲镇参加县以上文艺比赛获奖情况表 …………（613）
表 17-3　2016 年园洲镇中小学校图书室情况表 …………（615）
表 17-4　2016 年园洲镇村民委员会图书室情况表 …………（616）
表 17-5　2016 年园洲镇乡村老人康乐中心情况表 …………（617）
表 17-6　2016 年园洲曲艺社统计表 …………（620）
表 17-7　2016 年园洲镇体育场（馆）设施表 …………（629）
表 17-8　2016 年园洲镇中小学体育设施情况表 …………（632）
表 17-9　2010—2014 年园洲镇参加县以上体育竞赛获奖情况表 …………（633）
表 18-1　1995—2016 年园洲卫生院各类人员情况表 …………（637）
表 18-2　1995—2016 年九潭卫生院各类人员情况表 …………（637）
表 18-3　2000—2016 年园洲镇河南区医疗机构及医生构成情况表 …………（638）
表 18-4　2000—2016 年园洲镇河北区医疗机构及医生构成情况表 …………（639）
表 18-5　1995—2016 年园洲镇卫生院诊疗情况统计表 …………（640）
表 18-6　1995—2016 年九潭卫生院诊疗情况统计表 …………（640）
表 18-7　2016 年园洲镇河南区卫生站、医务站名录表 …………（642）
表 18-8　2016 年园洲镇河北区卫生站、医务站名录表 …………（643）
表 18-9　1957 年前园洲镇私人诊所情况表 …………（643）
表 18-10　2000—2016 年园洲卫生院孕产妇住院分娩情况表 …………（647）
表 18-11　2000—2016 年九潭卫生院孕产妇住院分娩情况表 …………（647）
表 18-12　2000—2016 年园洲卫生院产妇住院分娩人数表 …………（648）

表 18-13　2000—2016 年九潭卫生院产妇住院分娩人数表 ……………（649）
表 18-14　2010—2016 年园洲卫生院疫苗接种情况表 ……………（651）
表 18-15　2006—2016 年九潭卫生院疫苗接种情况表 ……………（651）
表 18-16　2000—2016 年园洲镇 0～6 岁儿童疾病普查情况 ……………（652）
表 18-17　2016 年园洲环卫站设备情况表 ……………（654）
表 19-1　1979—2016 年园洲镇农民年人均纯收入情况表 ……………（668）
表 19-2　2016 年园洲镇居民人均开支情况表 ……………（671）
表 19-3　2015 年园洲镇各村（居委会）港、澳、台同胞和海外侨胞分布情况表 ……………（672）
表 19-4　1986—1992 年园洲镇港澳台同胞和海外侨胞回乡办企业（工厂）情况表 ……………（675）
表 19-5　园洲镇水库移民村基本情况表 ……………（681）
表 19-6　二十世纪六七十年代园洲镇域安置知识青年情况表 ……………（684）
表 20-1　2016 年园洲镇宗祠情况统计表 ……………（692）
表 20-2　2016 年园洲镇庙宇统计表 ……………（695）
表 20-3　园洲镇民间游艺体育组织一览表 ……………（713）
表 21-1　园洲镇革命烈士一览表 ……………（757）
表 21-2　园洲镇籍古代科举功名人物一览表 ……………（757）
表 21-3　园洲镇获县级以上劳动模范一览表 ……………（760）
表 21-4　园洲镇籍获市级以上先进人物一览表 ……………（760）
表 21-5　园洲镇外籍获市级以上先进人物一览表 ……………（765）
表 21-6　1912—2016 年园洲镇籍正科以上干部一览表 ……………（767）
表 21-7　园洲镇籍具高级职称者一览表 ……………（773）
表 21-8　园洲镇外籍高级职称者一览表 ……………（775）
表 21-9　园洲镇博士生、硕士生一览表 ……………（778）
表 21-10　园洲镇当选省级以上党、人大代表、政协委员一览表 ……………（779）
表 21-11　园洲镇个人荣获县级以上文体荣誉称号一览表 ……………（780）
表 21-12　截至 2016 年园洲镇籍九十岁以上寿星一览表 ……………（781）
表 22-1　1980—2016 年赞助园洲镇建设 30 万元以上一览表 ……………（798）

编纂始末

乱世筑城，盛世修志。从2015年至2018年，园洲镇第一届编志工作历时四年后，随着《园洲镇志》的出版发行而圆满结束。博罗县第一部镇志——《园洲镇志》的出版，是中共园洲镇委、镇人民政府领导高度重视、社会各界人士的大力支持和全镇编志人员共同努力的结果。

一、园洲镇修志情况简述

2014年10月23日，中共园洲镇委下发《中共园洲镇委关于成立园洲镇地方志编纂委员会的通知》（博园委〔211号〕），决定成立园洲镇地方志编纂委员会，镇委书记熊满池任主任，镇长陈沛林任常务副主任。下设园洲镇志编纂办公室，在编人员5人。编纂办公室主任、副主任分别由梁润洪、谭汉稳担任。各村委会、部门配有专职和兼职的资料员共84人。镇政府还专门聘请了文笔功底较高的退休干部、老师和青年志愿者参与镇志编纂，由4名文化学者担任主编、副主编。还邀请十多名老干部、文化学者为编志顾问。2014年10月17日，园洲镇召开编志工作会议暨举行镇志办挂牌仪式，启动编志工作，全面实施《园洲镇编志工作方案》。

《园洲镇志》的编写组织工作，以自然地理、经济、政治、军事、城乡建设、社会、文化、民俗风情8个类别，分,6个组撰写。编纂工作分准备工作、收集资料、编写修改、总纂合成、审稿出版5个阶段和制定方案、培训学习、编写篇目、收集资料、组织编写、查漏补缺、精雕细琢、总纂合成8个步骤进行。

由于园洲镇志的编纂是开拓性的工作，我们无论在理论上还是实践经验上都准备不足，没有一个模式来参照执行，只能在摸索中前进。根据实际情况，我们对《园洲镇志》的篇目框架进行多次调整：从原来的10篇53章123节，最后调整为21篇90章338节，共80万字。经过三年多艰苦紧张的编纂、评审（点评）、修改、总纂，2018年5月完成镇志的送审稿，2018年6月，送专家审查。2018年8月15日，召开《园洲镇志（稿）》评审会，邀请中山市档案馆、新闻出版副编审吴冉彬，惠州市民间文艺家协会主席、历史学副研究员邹永祥，博罗县政府地方志办公室主任吴小明参加评审，一致通过志稿评审。11月，按评审意见修改志稿工作完成。2018年12月，送交方志出版社编辑出版。

在编志过程中，我们特别注重对园洲历史文化的开发利用，为当地文化建设提供有价值的历史资料和开展相关的工作。

2016年1月，编纂人员从《惠州市志》《广东省地名志》及《博罗县志》等史料发现，泊头是苏东坡寓惠游罗浮登岸点，接着，镇志办人员多次实地考察和走访村民，证实北宋哲宗绍圣元年（1094）4月，苏东坡再遭贬谪，于9月26日，船泊博罗县泊头镇（现园洲镇义合村），次日晨，乘轿至罗浮山。从此，苏东坡开始了寓惠两年七个多月的贬谪生涯。通过考证，园洲泊头，是苏东坡寓惠初地。党委熊满池书记听取镇志办的汇报后，于2月23日带领镇志办全体工作人员考察现场，并组织人力在义合向南老围墙南边的大古榕树下，挖掘出沉睡千年的苏东坡游罗浮上岸的三处古码头。3月1日下午，镇党委、镇政府在泊头古码头遗址现场，举行了苏东坡游罗浮泊岸遗址见证和保护工作座谈会，并邀请了省、市、县多位文物专家、文化学者前来见证和考证。苏东坡被贬惠州时游罗浮山的登岸点在园洲九潭义合村，这一消息见报后引起了社会各界的广泛关注（详见《惠州日报》3月2日A5版及《东江时报》3月10日A7版相关报道）。《南方日报》、《广州日报》、《中国新闻》、人民网、凤凰网等全国各地近二十家主流媒体进行了报道，《广东电视》、《广东卫视》《惠州电视》《博罗电视》为此也分别作了翔实报播。专注苏东坡文化研究的学者毛锦钦先生和苏仲权老师通过分析大量的文史资料和认真细致的考证，撰写了《苏东坡游罗浮山泊岸博罗园洲泊头镇考》一文，从文证、史证、物证三个方面提供一条完整的“证据”链条，佐证苏东坡寓惠初地，就是园洲镇泊头，于4月12日在《惠州日报》A4整个专题版上公布研究成果。2016年9月，泊头古码头被博罗县人民政府增补为“博罗县第九批文物保护单位”。

2016年6月，由镇志办发起，经县社科联批准和民政局注册登记，成立博罗县苏东坡文化研究会，有会员53人。研究会计划每年出版《东江苏韵》刊物两期。

泊头古码头重见天日和博罗县苏东坡文化研究会的成立，不仅是编纂园洲镇志的重要成果，更是浓墨重彩地谱写了园洲镇文化建设的华丽篇章。

二、镇志编纂工作的几点体会

（一）领导重视，各方支持，是编好镇志的根本

没有贤长官，难成地方志。《园洲镇志》得以成书，全靠园洲镇委、镇政府的高度重视与强力领导。镇委、镇政府十分重视修志工作，虽然工作繁忙，但并没有忘记编志这项既重要又容易被忽视的工作。镇委书记在编志工作会上明确表态，要把修志当作各级领导的分内事，要求全镇各级都积极支持编志工作。他多次深入编志办指导工作，研究落实编志经费、收集资料和编纂工作的开发利用，服务社会等问题，多次参加编纂研讨会，探讨园洲、九潭地名的来历和历史沿革等问题。镇委、镇政府在人力、物力上给予保证和支持，解决了镇志办的办公用房，添置了电脑、打印机、复印机等办公用具；编志经费也随时核拨。负责分管的领导亲自主持召开了多次镇志会议，研究解决镇志编纂工作的协调和经费问题等。编志工作受到社会各方面的大力支持。博罗县县志办主任吴小明亲临指导编志工作，审查《园洲镇志》的篇目框架，为编志工作提出了很好的建议。县、镇、部门、村退休的老干部和各界人士多次参加座谈会和稿件审核会，他们是：叶沛贤、徐建辉、陈佛发、朱金福、蔡包景、陈锐深、陈美秋、叶植辉、梁庆光、刘容森、陈容枝、苏谷和、梁东桂、朱权、梁灿洪、魏运安、刘容柏、朱泽南、黄桥、陈惠祖、刘贵麟、陈锦池、陈黄林、陈家旺、冯贵程、林想标、梁润财、刘贵洪、朱浩平、邱梅田、徐子瑜、梁玉才、梁焕然、朱桂枝、陈国基和镇干部陈万良等。曾任水利会（所）主任的梁灿洪，以主人翁的精神参与镇志的编纂工作，为《水利篇》提供了80%的资料，还亲自修改文稿。

（二）知难而上，团结奋进，是编好镇志的关键

《园洲镇志》是园洲建镇以来第一本镇志。内文时间跨度长，又由于园洲的河南区1959年以前属东莞市管辖，河北区1978年前归属本县石湾（铁场），部分村还归龙溪、龙华、长宁管辖。建置沿革复杂，史料散失严重，使这项复杂的历史文化工程显得更加困难。镇志编纂又是在缺乏专业人才的情况下开展的，因此，要用社会主义的新观点、新方法、新资料编纂新方志，完全是一个崭新的课题。

编志人员虽然来自不同的单位、不同岗位，但大家凑在一起没什么隔阂，能够团结合作，并肩战斗，同心同德，和谐共事，一心系着编纂上档次的园洲镇志。

在时间紧、任务重、难度大的情况下，镇志办的全体人员，默默无闻地工作。办公室主任梁润洪、副主任谭汉稳，把持大局，承上启下、沟通内外、协调左右、联系四面八方，在理顺内外关系，提高编纂效率起到重要作用。全体编纂人员不为名、不为利，任劳任怨，不辞劳苦地收集整理资料，撰写志稿。有的同志病了，把志稿带到病床上修改；节假日和晚上都在自觉加班加点。一些业务骨干每年累计加班时间折合一百天以上。

2016年12月，编纂人员从原来18人裁减至10人，有六人是退休干部和教师，其中两人已经七十多岁的长者，他们“老骥无鞭自奋蹄”。六十多岁的张成，家住义合村，不管天寒地冻，还是刮风下雨，每天开着摩托车到办公室上班，常常加班到深夜。七十多岁的副主编梁金富，老当益壮，不但完成了10万字的编纂任务，还承担十万字的文稿修改工作；为了完成编纂任务，常常加班至深夜；休息了，脑海依然挂着文稿，当想到文稿需要补充或修改的时候，他骨碌从床上起来伏案写稿；“这么辛苦为那般？”爱人劝他别

“死撑”，他说：“既然镇委相信我，一定要写好园洲镇志，给自己的人生画个圆满的句号。”七十多岁的副主编苏仲权，工作勤勤恳恳，任劳任怨，2016年8月爱人病故，他料理好后事后不到一个月带着伤痛继续投入编写文稿工作中。负责资料工作的退休人员谭景堂，不但承受巨大的工作压力，而且长期带病工作，他患有鼻道疾病，大家劝他到医院治疗，他婉言谢绝，坚持工作，直至文稿收官，才到医院接受治疗。

洋洋80万字的《园洲镇志》，定格了园洲的社会、经济、文化历史，成为一部“百科全书”。她，倾注了编纂人员的汗水和心血，我们要为他们知难而上，团结奋进的精神点赞。

（三）准备充分，从容展开，是完成镇志的基础

全镇编志动员大会后，重点做好三项基础工作：

一是学习培训。所有编纂人员，都是第一次接触地方志的编写工作，缺乏编纂志书的经验。镇志办狠抓编志人员的业务培训，不仅购置编志书籍供大家自学，还多次组织编志人员到惠阳、东莞、博罗等地学习。同时，不定期进行学习交流，取长补短，共同提高。从而使编纂人员明确修志的重要意义、指导思想，掌握篇目设计、资料搜集、编纂原则、文稿编纂、志书点评的相关知识。

二是收集资料。没有准确、可靠、翔实的资料，志书将成为无源之水、无本之木。只有全面地搜集资料、准确地运用资料，才能编纂出高质量的志书。收集资料主要有四种形式：

第一，书面提纲，收集原始资料。各编写组根据编目的“清单”，列出收集资料的提纲和表格二千多份，发至每个村委和部门填报。镇志办领导对小数行动较慢的单位，加强协调、反复上门、帮助工作等办法，不厌其烦让他们行动起来，忙起来，写起来。对于一些马虎了事、不符合要求、空洞无物的上交材料，一律返还重来，直至达到符合要求为止。如此反复多达20次，务求收集到既真实又详细的原始资料。

第二，访问座谈,征集口碑资料。镇志办主持召开各类型的座谈会近二百次（场），参与者有镇的老领导、老干部、知情人士三百多人，征集口碑资料约200万字。

第三，走访相关部门，收集历史资料。抽调人员组成征资小分队，先后到了博罗、东莞的方志办、党史办、档案馆等部门搜集文献资料。2015年3月至8月，编辑人员带上照相机、复印机，到县档案馆收集料。县档案馆的领导给予大力的支持，全力提供相关的档案资料。编辑人员自付油费、自食快餐忘我工作。六位编志志愿者（教师），牺牲了暑假时间，专注工作。在大家的努力下，翻阅档案近千册，收集二千多万字的原始资料。

第四，网络搜索，收集参考资料。镇志办副主任谭汉稳等人，利用休息时间，在网络上搜索了大量有价值的参考资料，填补了文献资料不全的缺陷。

经过近八个月的艰辛努力，大规模的资料工作基本结束，积累近亿字的文字、口碑资料和有关志书四十多部，为使《园洲镇志》真实反映历史，提供了可靠依据。

三是制订篇目。篇目是志书体例的具体化。假如把志书比作一座大厦，把体例比作总体规划，那么篇目便是这座大厦的设计蓝图。篇目设计优劣，关系着整个修志工作的成败。在编志伊始，篇目是搜集资料的向导；在编写阶段，篇目是志书的编写提纲；在志书定稿之后，篇目则成为志书目录。制订篇目可称之为编志工作中的第一要务。据笔者所知，就乡镇村志编纂时间而言，少则五年左右，多则七八年甚或十余年。除编志人员配备不足、经费不到位等情况外，忽视了志书篇目的设计，亦是其中一大因素。前车之鉴，教训深刻。所以，用两个月的时间，对镇志篇目反复修改了三次，坚持以体现园洲的地方特色、时代特点、突出重点、志体特点为基本原则，使修志工作少走了许多弯路。确定《园洲镇志》篇目后，将镇志编纂任务分章落实到组、到人。

从容展开，安步当车。我们采取前紧后精的布局，工作一展开以后，每个星期召开一次情况通报会，谈情况，谈问题，谈办法，谈打算，谈要求；互相交流，互相学习，互通有无，取长补短；做到领导心中有数，及时掌握情况，及时化解矛盾，及时部署工作。2016年8月，部分章节开始撰写，至2017年10月，所有文稿都几易其稿，多达八易其稿。

（四）层层打磨，精雕细琢，是提高镇志质量的保证

资治存史，求真甄伪。在没有专家参与编撰的情况下，要出一本好的志书，非下苦功不可。一方面，编撰人员在“战争中学习战争”，在撰写文稿中多看参考书籍，在撰写中提高自己，在实践中变“外行”为“内行”。主编、副主编在完成自己撰稿分工的基础上，不断对文稿进行统稿审阅。每次审稿都下功夫雕琢修饰，逐章逐节、逐字逐句认真地审阅。或查漏补缺，增遗造繁；或易章改节，微调布局；或字斟句酌，核事验实。每次点评，各编撰人员，在吸取评审意见的同时，举一反三，深入查找，对照各自章节，认真仔细修稿，不放过一个标点符号；在召开评审会的时候，则互相启发，引导思维；主篇在综合篇撰人员详改的基础上，广泛征求各方意见，集约智慧。2017年6月后，各编纂人员相互交叉，相互修稿，相互提高，然后由主编逐篇审核，一些需要核实的初稿资料，及时核对；一些需要补充、甚至推倒重来的章节内容，立即重新组织稿件。评稿会后，将志稿有关内容反馈到单位，请他们的领导、内行进行审查把关，消灭史实上的差错。

精雕细琢，加强著述深度。其一，把握宏观。根据需要，在篇、章之前，设置“概述”，和“无题小序”，并努力写好这些著述性的大小文章，或综述源流，展示规律，或概括全貌，体现特色；或前后对比，反映变化；或点名态势，展望前进。其二，重视经济部类的编纂，为了体现名镇特色，反映园洲经济发达、繁荣和改革开放以来经济高速发展的史实，增加了经济部类在全志的比重，经济部类设9篇42章，共32万字，字数占全志总量的45.7%。

《园洲镇志》是园洲地区有史以来编修的第一部地方志，也是博罗县第一部镇志，在编纂过程中，我们把志书质量放在第一位，力求达到政治观点正确、资料翔实、体例完备、文字流畅、合乎逻辑、地方特点突出。但因园洲历无志书，时间跨度大，往事如烟，史料奇缺，时间短，加上编纂人员经验不足，水平有限。所以，本志疏漏以至不当之处在所难免，我们诚恳希望各界人士、广大读者对本志不足之处提出批评指正。

主编 毛锦钦

2016年12月

《园洲镇志》勘误表

序号	页数/行	更正前	更正后
1	11 页/倒数第 1 行	东江堤**岭背至龙叫**段（八百多米）决堤	东江堤**马嘶至岭背**段（八百多米）决堤
2	35 页/第 16 行	**桔头**村民委员会（简称**桔头**村委会）	**桔龙**村民委员会（简称**桔龙**村委会）
3	50 页/第 17 行	1986 年 1 月，九潭撤区设**乡**	1986 年 1 月，九潭撤区设**镇**
4	51 页/第 10 行	1986 年 1 月，九潭撤区设**乡**	1986 年 1 月，九潭撤区设**镇**
5	51 页/倒数第 3 行	2016 年总户数 3830 户，户籍人口 1080 人。	2016 年总户数 1080 户，户籍人口 3830 人。
6	52 页/第 5 行	1986 年 1 月，九潭撤区设**乡**	1986 年 1 月，九潭撤区设**镇**
7	52 页/倒数第 5 行	北宋时，义合村称泊头**村**	北宋时，义合村称泊头**镇**
8	53 页/倒数第 8 行	1999 年 **4** 月后，**归属义合村**村民委员会。	1999 年 **3** 月后，**成立新村**村民委员会。
9	56 页/第 2 行	1949 年 12 月，**沥东**村隶属于博罗县九潭乡	1949 年 12 月，**沥西**村隶属于博罗县九潭乡
10	57 页/倒数第 2 行	至 **2014** 年年底	至 **2016** 年年底
11	59 页/倒数第 7 行	1952 年，九潭圩办过初中	删除
12	76 页/表 3-3	2010 年园洲镇**户籍**人口分布表	2010 年园洲镇人口分布表
13	96 页/第 2 行	有耕地 75574 亩，**每人平均 1 亩，劳动力平均 3 亩**	有耕地**约 45000 亩**
14	104 页/倒数第 2 行	以粮为纲，全**民**发展	以粮为纲，全**面**发展
15	107 页/倒数第 2 行	比 1949 年增加 **28675** 吨	比 1949 年增加 **1221** 吨
16	231 页/第 12 行	**规沙河格**	**规格**
17	472 页/第 15 行	**决**根据上级文件精神	**并**根据上级文件精神
18	472 页/第 19 行	出租权和出卖**全**	出租权和出卖**权**
19	510 页/倒数第 11 行	公社辖马嘶、田头、桔龙、丰平、上南、下南	公社辖马嘶、田头、桔龙、丰平、上南、下南、**菉兰**
20	520 页/续表 14-3	1994.4—2002.3	1999.4—2002.3
21	531 页/第 4 行	选举**黄基**为镇人大副主席	选举**黄崇基**为镇人大副主席
22	533 页/倒数第 8 行	1971 年 6 月，**周改**任团委书记	1971 年 6 月，**周转**任团委书记
23	748 页/第 12 行	为电视栏目名。	删除
24	830 页/倒数第 1 行	2016 年 12 月	2019 年 10 月